中华典故

①

刘庆才　主编

红旗出版社

图书在版编目(CIP)数据

中华典故/刘庆才主编.—北京：红旗出版社，2014.12

ISBN 978-7-5051-3332-7

Ⅰ.①中… Ⅱ.①刘… Ⅲ.①汉语－典故－汇编

Ⅳ.①H136.3

中国版本图书馆 CIP 数据核字(2014)第 287253 号

书　　名	中华典故		
主　　编	刘庆才		
出 品 人	高海浩	责任编辑	张明林
总 监 制	徐永新	封面设计	法思特书装
出版发行	红旗出版社		
地　　址	北京市沙滩北街 2 号		
邮政编码	100727	编 辑 部	010—64001608
E－mail：hongqi1608@126.com		发 行 部	010—64024637
欢迎品牌图书合作		项 目 部	010—84026619
印　　刷	北京德富泰印务有限公司		
开　　本	710mm×1040mm　1/16		
字　　数	1500 千字		
印　　张	80		
版　　次	2014 年 12 月第 1 版		
印　　次	2014 年 12 月第 1 次印刷		

ISBN 978-7-5051-3332-7　　定　　价　　696.00 元(全四册精装)

中 华 典 故

编辑委员会

前　言

　　典故一说由来已久，最早可追溯到汉朝。据《后汉书·东平宪王苍传》载："亲屈至尊，降礼下臣，每赐宴见，辄兴席改容，中宫亲拜，事过典故。"典故依据《词海》解释有两种含义，一是指典制和掌故；二是指诗文中引用的古代故事和有来历的词语。这样看来，典故的释义要比掌故宽泛得多。一般来说，掌故要比典故更民间化、俚俗化、口语化；典故则更书面化、正规化，是正统文学的一个分支。

　　典故有很多种，具体地说，包括历史记载的神话传说、历史故事、民俗掌故、宗教故事或人物、寓言逸闻、成语故事以及流传下来的古书成句等。大到治国安邦，小到处世为人，中华五千年的历史文化，在一个个简短的典故中得到了充分体现。"项庄舞剑，意在沛公"让我们了解到楚汉争霸时的一段历史；"门可罗雀"让我们品味到了世态的炎凉；"卧榻之侧，岂容他人鼾睡"让我们知道了李后主被杀的真正原因；"苛政猛于虎"揭露了反动统治者暴政的可怕；"死诸葛吓走生仲达"让我们见识了诸葛亮的智慧；"牛角挂书"堪称历代读书人的榜样；"郑人买履"告诉我们遇事要会灵活变通的道理；"祸兮福兮"留给我们的则是韵味深长的哲理……

　　典故是中国文化中的一朵奇葩，是浓缩的历史，是语言的精华。人们在日常交往中，如果能恰当地运用典故，就会使语言变得精辟、凝练，谈话更富于感染力。和用"一石二鸟"相比，一个人如果拙嘴笨舌地说"用一块石头打下了两只鸟"就会是截然不同的境界。过去的文人提起某人有学问，常常说他满嘴出典，就是这个意思。如果在行文写作时适当运用典故，则可以增大文章表现力，用有限的词语展现更为丰富的内涵，收到言简意赅、画龙点睛之功效。

　　典故在我们的日常生活中也是司空见惯的，但若要深究一下某个典故的出处、背后的历史故事以及准确含义，则是很多人不能回答的。为了让人们更加深入地了解典故的含义，掌握典故的用法，我们编写了《中华典故》。全书精选了 2000 多则典故，分为言志、情感、形貌、经济、世态、闲趣、言语、勤政、暴政、国家、司法、品行、学问、境遇、罪戾、交往、失策、谋略、景物、时令、人伦、哲理、功业、技艺、军事等篇。编者不仅对典故进行解释，还点明了它的出处，并以通俗易懂的语言将每一个典故背后的人物和故事娓娓道来。阅读典故最原始的故事，了解它们的来龙去脉，不仅可以培养、提高阅读能力，更有助于加深对历史知识的理解，增强学习的趣味。此外，书中还收录了部分不常用的成语或典故，以拓宽读者的知识面。需要说明的是，有些典故在演变过程中，其原有含义已发生了变化，因此我们在分类时难免有不妥之处，读者阅读时如了解了一个个典故，进行了一次语言和历史旅行，那我们的目的也就达到了。

往事越千年，如能追溯、穷究其出处，可得探源寻根之趣，还可增加文史知识，丰富活跃我们的语言。让我们翻开书，一起走进中华典故的世界，一起去品味中华语言文化的博大精深。

目 录

中华典故

中华典故

中华典故

中华典故

第二卷

中华典故

中華典故

中华典故

一五

中华典故

第三卷

中华典故

中华典故

中华典故

第四卷

中华典故

中华典故

中华典故

第五卷

中华典故

中华典故

第一卷

言志篇

版筑饭牛

典出《史记·殷本纪》。

殷代盘庚中兴之后，小辛、小乙继位，殷朝重又中落。武丁即位之后，想复兴殷国大业，可就是找不到好臣子来辅佐朝政。

有一天，武丁做了个好梦，梦见自己遇到一个身高肤黑、两目炯炯有神、名叫"说"的圣人。第二天，武丁遍视群臣百官，其中没有一个像梦中圣人的。武丁跑遍全国寻找圣人，来到了傅岩。傅岩下有一条重要道路，常被大水冲垮，官员们调来一批囚徒，修筑大墙，堵截山洪，保护道路。在修路工中，武丁发现一个身材很高、皮肤黝黑、目光如电的，就是自己梦中见到的圣人。他是个隐士，混杂在囚徒中一起筑墙护路。武丁跟他交谈后，大喜说："你就是我梦中见到的圣人。"立即任他为国相，殷国从此大治。隐士没有名姓，就以傅岩为姓，称为"傅说"。"版筑"就是用版作范，中间实土石筑墙的意思。

而"饭牛"讲的则是春秋时的故事。齐桓公要迎接周天子派来的使臣，天未亮就带领仪仗队开门出城，等候贵宾。城河边，有一队商旅驾着牛车，点着火把，等候天亮开关入城做买卖。桓公驱车上前，私察民情，他见到有个人弯着身子，手捧青草喂牛，边喂边以手拍打牛角，用悠长的声调唱着歌：

> 从昏饭牛至夜半，
> 长夜漫漫何时旦？
> 黄犊上坂且休息，
> 吾将舍汝相齐国！

桓公想："好大口气，一个穷喂牛的，竟想当齐国的宰相……不过嘛，奇人好发奇论，说不定他真的有本事。"

迎宾结束，桓公带着歌者回宫，发现对方果真是个怀大志、有奇才的人物，就毫不犹豫地将国政交给他管理。这个人名叫宁戚。

由以上两则故事形成了"版筑饭牛"的成语。版筑：造土墙。饭牛：喂牛。造土墙和喂牛的人后来做了大官。指出身贫贱，胸怀大志，有奇才的人物。

背水一战

典出《史记·淮阴侯列传》。

汉将韩信卒兵攻赵，出井陉口，令万人背水列阵，大败赵军。诸将问背水之故，韩信曰："兵法不曰：'陷之死口而后生，置之亡地而后存？'"

韩信进攻赵地，派一万士兵首先出发，直抵黄河边，然后回过头来对付赵军。赵军见他如此用兵，都大笑起来："天下哪有这样用兵的？背靠河水，面对敌军，万一打败了，只能跳河。"第二天，经过激烈的战斗，韩信大获全胜。手下的将领问他说："如此背水一战，我们连想都不敢想，而将军却以此获胜，这是什么原因呢？"韩信说："兵法说，把士兵放在没有退路的地方，他们都会拼命去争取生存。我正是用的这种战术。我们的士兵，很多都是新投降过来的，不把他们放在危险的处境中，他们是不会努力作战的。"

后人用"背水一战"的典故比喻后无退路，只能决一死战。

不因人热

典出《东观汉记·梁鸿传》。

梁鸿省孤，以童幼诣太学受世，治《礼》《诗》《春秋》。常独坐止，不与人同食，比舍先炊已，呼鸿及热釜炊。鸿曰："童子鸿，不因人热者也。"灭灶更燃火，鸿家贫而尚节，博览无不通。

东汉时，文学家梁鸿为人孤傲，清贫自守。他同妻子孟光一起隐居在吴地，替别人当佣工。由于生活困难，常常寄居在别人家里。

有一次，梁鸿夫妇寄住在一户当地人家里，这家人做完饭后，见梁鸿还没有生火做饭，就关心地说："我的饭已经好了，灶里的火还燃着，你何不趁着余火，接着做饭呢？"梁鸿听后，就像受到了羞辱一样，正色说："你的好意，我们心里是知道的，但一个人处世，怎么能利用别人的余火来为自己加热呢？"梁鸿说完，舀来水灭掉灶中的火，重新升起火做饭。

后人用"不因人热"比喻性情孤傲、不依赖别人。

拆城记

典出《史记·孔子世家》。

> 孔子言于定公曰："臣无藏甲，大夫毋百雉之城。使仲由为季氏宰，将堕三都……"孔子年五十六，由大司寇行摄相事……诛鲁大夫乱政者少正卯。与闻国政三月，粥羔豚者弗饰贾；男女行者别于涂；涂不拾遗；四方之客至乎邑者不求有司，皆予之以归。

鲁定公收回了失地，为什么反倒不怎么高兴呢？原来这几个地方是当初鲁僖公封给季友的。如今虽说名义上退还给鲁国，实际上只是给季孙斯多加了些土地。季孙斯多了土地，王侯家的势力就更小了。季孙斯却相当感激孔子，准备格外重用他和他的门生。

季孙斯收孔子的门生子路和冉有当家臣。季孙斯的势力越来越大了。有一天，季孙斯问孔子说："阳虎是跑了，可是公山不狃（季孙氏的家臣）的势力眼看着又起来了，怎么办？"孔子说："家臣的势力一大，大夫反倒受了他们的压制。必须把他们的城墙再改矮了，家臣们才不敢随便背叛大夫。"

那时候，不必说一般的诸侯失去了势力，就是掌握在大夫手里的大权也跑到家臣们的手里去了。鲁国在外表上是被"三桓"占了，其实这三家的土地又给他们的家臣占了。那时候，诸侯和大夫只是政治上的贵族，家臣们倒很实际地做了地主。比方说，季孙斯的老家那个地方叫费城（在山东省临沂县西北），由他的家臣公山不狃掌握着。孟孙何忌的老家叫成城（在山东省宁阳县东北），由他的家臣公敛阳掌管着。叔孙州仇的老家叫郈城（在山东省东平县东），由公若貌掌

管着。这三家大夫就知道拼命地扩充自己的势力，不受国君管束。可是他们三家的家臣也一样地都扩充自己的势力，也照样不受大夫管束。这三个家臣把那三座城墙修得又高又厚实，跟鲁国的国都曲阜一样。因此，孔子主张把城墙改矮了。

季孙斯把孔子的意思告诉了孟孙何忌和叔孙州仇。他们都相当赞成。三个大夫就通知三个家臣，叫他们赶紧把城墙削矮三尺。那三个家臣没想到会发生这种事。他们一时都没有主意了，答应也不好，费城的公山不狃想起一个人来，要跟他去商量一下。他就是那时候鲁国颇有名气的人，叫少正卯。公山不狃请他出个主意。少正卯反对孔子。他说："为了保卫国家才把城墙砌得又高又结实。要是怕掌管这城的臣下造反就把城墙改矮，那倒不如把城墙都拆去不是更干脆吗？可是有一点，遇到别国打过来，这儿一点防御工事都没有，那又怎么办呢？那位孔先生是打算把国君的势力把持到他的手里去，才出这个主意来拆散家臣的势力。他哪儿知道大夫失去势力另有缘由。再说，有这些家臣们牵制着大夫，大夫才不敢过分地为难国君。要是把家臣的势力拆散了，那不是给大夫增加势力了吗？大夫的势力一大，国君的势力就更小，君位就更不牢靠了。为了保卫国家，城墙应当往高修，不应当改矮。孔先生这种办法恐怕不太合适吧！"

三家的家臣本来就恨不得把自己的地盘巩固起来，如今听了少正卯这番话，大伙儿就把主人的命令扔到脖子后头去了。三家大夫一见家臣们还没把城墙改矮，就带着士兵围住城。费城的公山不狃首先叛变，又去约会成城的公敛阳和碻城的公若貌一起反抗。公若貌胆子小，不敢跟他们一起干，就被他的一个手下侯犯杀了。侯犯代替了公若貌，跟公山不狃联合在一起。公敛阳可没动手。三家大夫有孔子出主意帮忙，大伙儿联合起来对付这两个家臣，可就好办多了。公山不狃和侯犯打了败仗，跑到别国躲藏去了。

叔孙州仇把碻城的城墙削去三尺。季孙斯也把费城照样改了。孟孙何忌也叫公敛阳把城墙拆掉三尺。公敛阳找少正卯想法子。少正卯说："碻城和费城是因为公山不狃和侯犯背叛过，才把城墙改矮了。您要是也把城墙改矮了，您不是自己承认跟他们一块儿背叛主人了吗？再说，成城是鲁国北面最重要的一座城，要是城墙不高、不结实，万一齐国打过来，那可就守不住了！"公敛阳就回复孟孙何忌说："我把守成城，不光是为了孟孙一家，也是为了整个鲁国！万一齐国打过来，城墙改矮了，怎么守呢？我为了鲁国的安全，宁可把自己的命丢了也不能听别人的话折去一块砖！"

孔子听见这话，就对孟孙何忌说："这话一定是别人要公敛阳这么说的。"他叫孟孙何忌和季孙斯把这件事告诉鲁定公，叫鲁定公召集大臣们商量一下，这城墙到底应不应该拆。鲁定公就召集大臣们商量这件事，叫孔子判断。大伙儿一讨论，有的主张应该拆，有的主张不应该拆，各有各的理由。少正卯一向是反对孔子的，这会儿反倒故意随着孔子心意，说："我赞成孔司寇的主张，应该把城墙拆掉三尺。因为这么一来，至少有六种好处：第一，尊重了国君；第二，巩固了国都的形势；第三，可以减少私人的势力；第四，让那些反叛的家臣没有依靠；第五，能叫三家大夫心平气和；第六，能叫各国诸侯也照样做。"孔子看出了少正卯的奸诈，当时就站起来反驳他，说："这太不像话了！三家大夫都是鲁国的左右手，难道他们是培养私人势力的吗？公敛阳忠心为国，他难道是反叛的家臣吗？少正卯明明是挑拨是非，叫君臣上下彼此猜疑怨恨。这种挑拨是非、扰乱国家大事的人应当判死罪！"大臣们觉得孔子这么说有点过份，都为少正卯辩解。有人说："少正卯是鲁国有名望的人，就算是他说错了话，也不至于死罪。"孔子说："你们哪儿知道少正卯的奸诈？他的话，听起来好像挺有理，其实都是些坏主意；他的举动，看着好像叫人挺佩服，其实，都是假装出来的。像他这种心术不正，假充好人的小人最能够颠倒是非地诱惑人，非把他杀了不可。"少正卯终于被杀了。

这个故事告诉我们：那种道貌岸然、左右逢源的人，会不择手段地耍弄阴谋诡计，以达到其不可告人的目的，要善于辨别这种人，并义正词严地指责这种人。

初生之犊不畏虎

典出罗贯中《三国演义》。

东汉末年，刘备占领汉中，自称汉中王，准备进攻中原。这时，曹操与孙权之间发生了冲突，于是刘备命令镇守荆州的关羽率兵北上，进攻襄阳与樊城。曹操部将曹仁领兵抵抗，被关羽部将廖化、关平打败。曹操接到战报，立即派大将于禁和先锋庞德统领七支人马，前去增援。

庞德率领先锋部队来到樊城，为了表示与关羽决一死战的决心，他让士兵抬着一口棺材，走在队伍前面。两军对阵，庞德耀武扬威，指名道姓要关羽出战。关羽欣然出阵，与庞德大战百余回合，不分胜负。

关羽回到营寨，对众将说："初生之犊不畏虎，我看庞德年轻气盛，只可以用计赚他，不可凭恃武力取胜啊！"

这时正是秋季，樊城地区秋雨连绵，汉水漫上堤岸，樊城被围于大水中。关羽派人堵在水口，等到江水暴涨，扒开水口，洪水漫天遍地，汹涌而下，淹没了于禁率领的 7 支人马。关羽命令将士登上预先造好的船筏，向敌军发起猛攻。庞德率领部下奋勇抵抗，从早晨一直战斗到中午，最后落水被俘，因不肯投降被关羽所杀。

犊：小牛。刚生下的小牛不害怕老虎。原比喻年轻人大胆勇敢，缺少经验。现比喻青年大胆勇敢，敢于创新。

乘风破浪

典出《宋书·宗悫传》。

悫年少时，炳问其志，悫曰："愿乘长风破万里浪！"

宗悫，字元干，南北朝宋时人。他在年纪小的时候，就已抱有远大的志愿，并且学得一身好武艺，又非常勇敢。他哥哥宗泌结婚的那天，来的客人很多。有十几个强盗趁他家忙着办喜事，夜里去抢劫。这时，宗悫挺身而出，奋力抗拒，最终把强盗赶跑了。他的叔叔宗少文问他的志向，他仰起头来激昂地说："愿乘长风破万里浪！"意思是要利用和创造一切有利的条件，冲破面前有如万里波浪的困难，干一番伟大的事业。后来宗悫果然替国家打了不少胜仗，立下了许多汗马功劳。皇帝让他做了左卫将军，封他为洮阳侯。

后来的人，就将宗悫所说的那句话，简化为"乘风破浪"这个成语，来说明人有远大而崇高的理想；也用以形容人刻苦勤劳，努力向上，冲破重重困难，去创立伟大事业的精神。

气壮山河

典出陆游《老学庵笔记》。

身骑箕尾归天上，气作山河壮本朝。

南宋大臣赵鼎21岁考中进士，受到宰相吴敏赏识，被调到都城开封任职。

1125年冬，金国出兵南侵。次年秋攻陷太原，宋钦宗惊慌失措，赶紧召集文武大臣商议对策。一些贪生怕死的大臣，主张割让土地向金国求和。赵鼎却说："祖先留下来的国土，怎能拱手送给别人？望陛下千万不要考虑这种意见！"

可是，钦宗非常惧怕金兵。金军要求把黄河以北的土地全部割让给金国，钦宗竟答应了。但是，金军继续南下。这年底，抵达开封城下。钦宗不等金军攻破就亲自到金军营中乞求投降。不久，金兵统帅扣留了钦宗，让部下进城掠夺，钦宗和他的父亲徽宗论为俘虏，连同搜刮到的大量金银财宝，一起被押至金国。北宋王朝就此灭亡。

钦宗的弟弟康王赵构在南京（今河南省商丘市）建立了南宋王朝，史称宋高祖。即位初期，起用了一批主战派大臣，赵鼎也在其中，后来还当了宰相。在金兵不断的南侵下，高宗被迫撤退到会稽（今浙江绍兴市）。后来，宰相秦桧知道高宗只想偏安江南，而不真心抗金，便竭力唆使他与金国讲和。赵鼎对他自然反对。于是，秦桧经常在高宗面前说赵鼎的坏话。后来，高宗终于将赵鼎贬到外地去当官。

赵鼎在朱崖住了3年，生活非常困苦。秦桧知道他的处境后，认为他活得不可能长久，便叮嘱地方官每月向自己呈报他是否还活着。

赵鼎62岁那年，终于患了重病。临死前，对儿子悲愤地说道："秦桧非要置我于死地不可。我不死，他可能会对你们下毒手；我死了，才可不再连累你们。"说罢，他叫儿子取来一面铭旌（竖在灵柩前标志死者官衔和姓名的长旛），在上面书写了一行字："身骑箕、尾归天上，气作山河壮本朝。"意思是说："我身骑箕、尾两座星宿回归上天，我的气概像高山大河那样雄壮豪迈地存在于本朝。"几天后，赵鼎不食而死。

"气壮山河"比喻人的豪迈之气好像高山大河那样雄伟壮观。

人鼠之叹

典出汉代司马迁《史记·李斯列传》。

秦朝的大臣李斯年轻时，做过郡里的小官吏。一天，李斯去厕所里解便。当他跨进厕所时，不禁大吃一惊。原来，一群老鼠正在厕所里抓蛆吃，见有人来，就四下里惊惶逃窜。过后，李斯想，这老鼠抓蛆吃又何必这样诚惶诚恐呢？

又一天，李斯去郡里的仓库里，发现粮食堆里有几只大老鼠正在细嚼慢吞，安安稳稳地吃着粮食。李斯去赶它们，老鼠毫不理会。原来仓库里很少有人进来，所以老鼠没有半点儿恐惧感。看到仓里的老鼠养尊处优，长得又肥又大，李斯联想到厕所里的老鼠，不由得感慨万分：同是老鼠，由于所处的环境不同，其生活竟有天壤之别！人不是一样的吗？同样的人，爬上去了就是贤者、君子，沦落下层就是愚民、小人！

从这以后，李斯发誓要做人上人。经过多年的努力，他获得了成功，受到秦始皇的重用，对秦国统一六国起了很大作用。

"人鼠之叹"多用来感叹世道之不公平，人与人之间的地位悬殊。

听人穿鼻

典出《南史·张宏策传》。

徐孝嗣才非柱石，听人穿鼻。

南朝齐武帝当政时，有个贵族叫徐孝嗣，他做事没有什么主见，一直听命于齐武帝的差遣，武帝把他作为忠臣看待。

公元493年，齐武帝去世，由皇太孙萧昭业继位。武帝临终时，相信徐孝嗣的忠心，嘱托他辅佐嗣主。第二年，皇族西昌侯萧鸾企图谋夺帝位，他得知徐孝嗣受了托孤之命，而且了解到徐孝嗣为人没有主见，胆小怕事，便想依靠徐孝嗣的作用实现他的野心。为了试探一下徐的反应，萧鸾便派心腹暗底里告知徐孝嗣自己的阴谋，以讨取意见，徐孝嗣得知西昌侯生性残暴，不敢得罪，也不加反对。

徐孝嗣的好友乐豫知道了这件事，对他说："当年齐武帝待你不薄，将托孤之重任交于你，你怎么可以默许萧鸾谋反，这不是有负于当年武帝对你的信任吗！"

徐孝嗣不言，他明知乐豫讲得有理，却又害怕萧鸾。乐豫走后，他一个人在屋里徘徊。

这时，正好萧鸾驾到，徐孝嗣不敢怠慢，忙起身迎接。萧鸾把篡夺帝位的具体步骤告知了徐孝嗣，并要他一起协助完成篡位之事，徐孝嗣思考再三，还是答应了。在他的帮助下，萧鸾派人杀死了皇帝。

皇帝死后，国不可一日无君，萧鸾怕自己现在篡位会引起公愤，便想借用太后名义立十五岁的新安王萧昭文为帝，自己可在暗地里操纵新帝。徐孝嗣便取出早就拟好的太后诏令，满足了萧鸾的心愿。

同年，萧鸾又相继诛杀了齐高帝、齐武帝的子孙，借皇太后的名义再次废去萧昭文的帝位，自己称帝，史称齐明帝。

4年后，齐明帝去世，他的二儿子萧宝卷继承皇位。萧宝卷比其父萧鸾更加残暴专横，整天吃喝玩乐，不理朝政，一不称心就要杀人。朝廷大臣谁也不敢多言。徐孝嗣本性怕事，他虽已担任尚书令，但仍不敢进谏，听任暴君胡作非为。

后人把徐孝嗣的软弱无能的行为，称之为"听人穿鼻"，指听候别人的摆弄。

一日千里

典出战国荀况《荀子·修身》。

又以见《荀子·修身》。

夫骥一日而千里，驽马十驾，则亦及之矣。

在一个晴朗的日子，周穆王把朝政交给几个亲信大臣，只带了几个贴身侍卫，坐上由造父驾驶的马车，向西方进发。造父驾着马车行了一程后，猛一松缰绳，口中一声轻呼，那八匹骏马便撒开四蹄欢快地跑了起来。穆王见此情景，不由得露出了满意的笑容。

他们一直跑啊跑，最后来到了昆仑山下的西王母国。西王母国建立在一片绿洲之中，仿佛世外桃源一般。

年轻美貌的西王母热情接待了穆王，亲自为他接风洗尘，穆王也送给她许多珍贵礼物，表示答谢。穆王沉浸在欢乐之中。转眼一个月过去了，穆王几乎已经忘了他远在东方的国家。造父见此情景，焦虑万分，多次劝穆王回国，穆王却始终不肯。

一天傍晚，穆王与西王母正在纳凉闲坐，突然，造父带着一个满头大汗的武士送来密封文书。原来，东方的徐堰王知道天子久离镐京，便乘机起兵造反。穆王恍如从睡梦中惊醒，立即命造父备车，启程东归。

造父知道时间刻不容缓，就举起鞭子猛力一抽，八匹骏马顿时撒蹄飞奔。造父施展全身的本领，一日千里地向东飞奔，只用三天三夜便赶回了镐京。

回京后，穆王调兵遣将，亲率精锐部队与徐堰王决战。徐堰王被打得落花流水，自己也死于乱军之中。徐国从此灭亡。

后人由此而逐步演化为成语"一日千里"，原指速度快，现用以形容进步神速。

中华典故

义无反顾

典出汉代司马迁《史记·司马相如列传》。

> 夫边郡之士，闻烽举燧燔，皆摄弓而驰，荷兵而走，流汗相属，唯恐居后，触白刃，冒流矢，义不反顾，计不旋踵，人怀怒心，如报私仇。

汉武帝很赏识司马相如的才学，让他在自己身边做官。

这时正赶上唐蒙在修治通往夜郎、僰中的西南夷道。由于他征集民工过多，又是采取高压手段，引起了巴蜀人民的不安，发生了骚乱。汉武帝便派司马相如去责备唐蒙，并让他写一篇文告，向巴蜀人民作一番解释。

司马相如在文告中有一段是这么写的：

这段文告的大意是：有人不晓得国家的法令制度，惊恐逃亡或自相残杀是不对的。士兵作战的时候，应该迎着刀刃和箭镝而上，绝不容许回头看，宁可战死也不能转过脚跟逃跑。你们应该从长计议，急国家之难，尽人臣之道。

"义无反顾"就是从司马相如的文告中"义不反顾"一句中引申出来的，指为正义的事业而勇往直前。

众志成城

典出左丘明《国语·周语下》。

春秋末年，周景王打算铸一口巨大的钟，好享受从未有过的乐声。单穆公劝阻说："这么大的钟，声音一定非常响，敲起来震耳欲聋，哪里还有音乐的美感呢？再说，造大钟要耗费许多钱财，要征集许多工匠，大大加重了老百姓的负担。得罪了老百姓，国家就有危险了呀！请大王谨慎从事！"

周景王想取得司乐官州鸠的支持，谁知州鸠说："音乐的声音有大小、轻重之分，各有各的界限，超过了界限，金石丝竹的声音就不和谐。以音乐的标准来衡量，您铸造大钟是不合适的；以国家和百姓的利益来衡量，您的做法就更不合适。"

周景王却一意孤行。第二年大钟造成了，乐人纷纷夸大钟的声音很和谐很好听。周景王叫来司乐官州鸠说："你不是说大钟的声音不会好听吗？可是，现在它的声音却很和谐啊！"

州鸠严肃地答道："不，陛下，您错了，造大钟，要老百姓都拥护都欢迎，才叫和谐。现在，国家花费了巨资，老百姓也怨声载道，这能算和谐吗？办任何一件事，凡是百姓赞成了的，就一定能成功，凡百姓反对的，就一定要失败。这叫做'众志成城，众口铄金'！"2年后，周景王死了，老百姓都说这是他违背民意而受到的惩罚。

"众志成城"意思是说万众一心，坚如城墙。形容团结一致就能克服困难。

行百里者半九十

典出刘向《战国策·秦策五》。

秦王依靠秦国强大的实力、有利的地形，成功地实行了"远交近攻"的"连横"政策。几年来，六国或被攻破，或被削弱，眼看着大局已定，为此秦王逐渐放松了努力，把政事交给相国，自己在宫中饮酒作乐，恣意享受起来。

一天，侍卫向秦王报告说，有一个年近90岁的老人，刚从百里路外赶到京城，一定要进宫求见秦王。秦王亲自接见了他。

秦王说："老人家，你刚从远地赶来，路上一定很辛苦吧！"

老人说："是啊！老臣从家乡出发，赶了十天，行了九十里；又走了十天，行了十里，好不容易赶到京城。"

秦王笑道："老人家，你算错了吧？开头10天走了九十里，后来的10天怎么只走了十里呢？"

老人回答说："开始的10天，我一心赶路，全力以赴。待走了九十里以后，实在觉得很累，那剩下的十里，似乎越走越长，每走一步都要花出许多力气，所以走了10天才到了咸阳。回头一想，前面的九十里，只能算是路程的一半。"

秦王点点头，说："老人家赶了那么多的路来见我，可有什么话要对我说呢？"

老人回答说："我就是要把这走路的道理禀告大王。我们秦国统一的大业眼看就要完成，就像老臣百里路已经走了九十里一样。不过我希望大王把以往的成功只看做是事业的一半，还有一半更需要去努力完成。如果现在懈怠起来，那以后的路就会特别难走，甚至会半途而废，走不到终点呢！"

秦王谢过老人的忠告，再也不敢懈怠，而是把全部精力都放到统一六国的大业上去了。

一百里路走了九十里，只能算是走完了一半路程。比喻越接近成功，越不能松懈，要坚持到底，去争取最后的胜利。

情感篇

哀妇不忘故

典出《韩诗外传》。

> 孔子出游少源之野，有妇人中泽而哭，其音甚哀。
> 孔子怪之，使弟子问焉，曰："夫人何哭之哀？"
> 妇人曰："乡者刈蓍薪亡吾蓍簪，吾是以哀也。"
> 弟子曰："刈蓍薪而亡蓍簪，有何悲焉？"
> 妇人曰："非伤亡簪也，吾所以悲者，盖不忘故也。"

孔子出外旅行，走到少源的田野里，看见有一个妇女站在沼泽的洼地中啼哭，声音十分伤哀。

孔子觉得奇怪，便派他的弟子去询问。弟子说道："夫人为什么事哭得这样伤心呀？"

妇人说："刚才我在这里割蓍草，把我捆插蓍草的竹签子丢掉了，我所以感到悲伤啊！"

弟子说："割蓍草丢掉了捆插蓍草的竹签子，这有什么值得悲伤的呢？"

妇人说："并不是心痛丢掉了竹签子呀，我所以悲伤，是由于不忘旧呀！"

后人用"哀妇不忘故"比喻不忘旧、不忘本的真情实感。

爱屋及乌

典出《说苑·贵德》。

"臣闻爱其人者，兼爱屋及上之乌；憎其人者，恶其余胥。"

周武王在姜太公、周公、召公的辅助下，宣布出兵讨伐商纣王。因为纣王早已失去人心，周武王的军队势如破竹，很快便攻克了京城朝歌，商纣王自焚而死。商纣王死后，武王认为天下尚未安定，心里很是不安。如何对待商朝遗留下的人员，也是一个很难处理的问题。为此，武王向姜太公讨教。

姜太公说："我听说，如果喜欢一个人，就会连他屋上的乌鸦也会爱惜；如果憎恶一个人，就会对他的仆从家人也感到讨厌，照这样来对待商朝的臣民，怎么样？"

周武王善待商朝的官吏与百姓，国家很快便安定下来。

"爱屋及乌"是说喜爱那座房屋，连房屋上的乌鸦也一并喜爱。比喻由于深爱一个人，从而连带喜欢他的亲属朋友或其他东西。

班姬团扇

典出《汉书·外戚传》。

昔汉成帝班婕妤失宠，供养于长信宫，乃作赋自伤，并为怨诗一首："新制齐纨素，鲜洁如霜雪，裁成合欢扇。团圆似明月，出入君怀袖，动摇微风发。常恐秋节至，凉风夺炎热。弃捐箧笥中，思情中道绝。"

西汉时期，有一个姓班的女子，容貌美丽、多才多艺，擅长写诗作文。汉成帝刘骜即位时，她被选入宫中，备受皇帝宠爱，封为婕妤（汉代宫中女官名）。

后来，汉成帝宠爱美人赵飞燕，班婕妤被冷落一旁，连许皇后也失了宠。赵飞燕为了巩固自己的专宠地位，就在皇帝面前进谗言，诬告许皇后和班婕妤在后宫暗行巫术，诅咒皇帝。皇帝一怒之下，将许皇后废掉。班婕好再三申辩自己无罪，皇帝便没有处罚她。班婕好想到赵飞燕飞扬跋扈，日子长了肯定会遭到她暗算，恐怕连性命也难保。于是她请求去长信宫侍奉太后，离开了皇帝。

班婕好去了长信宫后，回想当日在皇帝身边时的繁华热闹，对比眼前的寂寞凄清，心中愤愤不平。她写了一首《怨歌行》，抒发胸中的怨恨。诗中写道："裁开白如霜雪的丝绸，做成圆如明月的团扇。出入于君王的怀中袖里，摇动时微风轻轻袭来。然而常常担忧秋节到来，清凉的秋风将炎夏驱赶。团扇便被弃于箱笼之中，从此与主人情绝恩断。"

后人用"班姬团扇"的典故形容失宠遭受冷遇；也用以表现孤寂冷落、凄婉哀怨的情感；也可用"团扇"或"班女扇"代指明月。

悲心更微

典出《列子·周穆王》。

燕人生于燕，长于楚，及老而还本国。

过晋国，同行者诳之，指城曰："此燕国之城。"其人愀然变容。指社曰："此若里之社。"乃喟然而叹。指舍曰："此若先人之庐。"乃涓然而泣。指垄曰："此若先人之冢。"其人哭不自禁。同行者哑然大笑，曰："予昔绐若，此晋国耳！"其人大惭。

及至燕，真见燕国之城社，真见先人之庐家，悲心更微。

有一个燕国人出生在燕地，生长在楚地，到老才回故国去。

路过晋国，同行的人骗他，指着城说："这就是燕国的城。"他顿时脸色凄然。同行的人指着土地庙说："这就是你村里的土地庙。"他不禁叹息。同行的人又指着一幢房子说："这是你先人的房屋。"他于是流泪啜泣。同行的人指着一个坟墓说："这是你先人的坟墓。"他再也无法抑制自己的情绪，放声大哭起来。同行的人哈哈大笑，说："我刚才是骗你的，这里是晋国！"那人感到羞惭万分。

当他回到了燕国，真正见了燕国的城郭社庙，见了先人的房舍坟墓，他的悲痛感情反而淡薄了。

后人用"悲心更微"比喻引起人们感情强烈反应的事物，第一次出现给人的刺激是最深的，若重复出现，感情反而会淡薄下来。

不堪回首

典出《虞美人》。

　　春花秋月何时了，往事知多少！小楼昨夜又东风，故国不堪回首月明中。

　　李煜是五代南唐的国君。宋灭唐后，他便成了俘虏。李煜既好书画，又长音乐，能诗善文，尤其擅长填词。他前期的作品大都为描写宫廷的享乐生活之作，风格柔靡；后期的词，表达了他怀古伤今，感叹身世和亡国隐痛的复杂情绪。《虞美人》就是他亡国后身为宋俘时的佳作。他身怀亡国的隐痛，面对冬去春来，感慨不禁油然而生，于是写下了《虞美人》以抒情怀。词的开头就说："春花秋月何时了，往事知多少！小楼昨夜又东风，故国不堪回首月明中。"意思是说，春天的花，秋天的月是没完没了的啊，美好的往事，又涌上了心头。一年一度的春天，又来到了人间；那和暖的春风，昨夜又一阵阵地吹拂着我的小楼；见到那皎洁的月光，不禁想起了我南唐故国。唉，我精神上的痛苦啊，哪里忍受得住。

　　后人用"不堪回首"（堪：可以忍受。回首：回顾，回忆）来表示回忆过去的情况叫人难以忍受，泛指不忍回忆过去的惨痛经历或情景。

不求同日生，但求同日死

典出元代关汉卿《单刀会》。

　　俺弟兄三人在桃园中结义，宰白马祭天，宰乌牛祭地，不求同日生，但愿同日死。

　　汉末，天下大乱，刘备是汉王室的远房子孙，这年他28岁，恰逢幽州太守刘焉召募义兵。他遇到志同道合的关羽、张飞两人，大家决心集合乡里勇猛的人共同应征，为国家出力。张飞说："我庄上有一个桃园，花开正盛。明日就在园中祭告天地，我三人结为兄弟，协力同心，然后才可以图谋大事。"刘备、关羽齐声回答说："这样非常好。"次日，于桃园中备下乌牛白马祭品等项，三人焚香再拜而发誓："念刘备、关羽、张飞，虽然异姓，既结为兄弟，则同心协力，救困扶危；上报国家，下安黎庶；不求同年同月同日生，只愿同年同月同日死。皇天后土，实鉴此心。背义忘恩，天人共戮。"誓毕，拜刘备为兄，关羽次之，张飞为弟。这就是有名的"桃园三结义"的故事。从此，三人忠实于誓言，忠实于兄弟之情，确实做到了同甘苦、共患难。成为历代结义兄弟的榜样。

誓词中"不求同年同月同日生，但愿同年同月同日死"在关汉卿《单刀会》中，简化为"不求同日生，但愿同日死"，也成为结拜兄弟誓词中的必有之言。

后人用"不求同日生，但求同日死"的这个典故表达同生共死的意愿和深情。

长歌当哭

典出清代黄宗羲《亡儿阿寿圹志》。

> 儿卒于乙未之除夕，长歌当哭，遂以哭儿者为之铭。
> 又见《红楼梦》。"妹生辰不偶，家运多艰，姊妹伶仃，萱亲衰迈。……感怀触绪，聊赋四章，匪曰无故呻吟，亦长歌当哭之意耳……"

宝玉与黛玉论琴。黛玉说："高山流水，得遇知音……古人说，'知音难遇'。若无知音，宁可独对着那清风明月，苍松怪石，野猿老鹤，抚弄一番，以寄兴趣，方为不负这琴……"当他们边谈边往外走时，只见秋纹带着小丫头捧着一小盆兰花来。她说："太太那边有人送了盆兰花来，因里头有事，没有空儿玩他，叫给二爷一盆，林姑娘一盆。"黛玉看时，却有几枝双朵儿的，心中忽然一动，不知是喜是悲，便呆呆的傻看。宝玉走后，黛玉回到房中，看着花，心想："草木当春，花鲜叶茂，想我年纪尚小，便像三秋蒲柳。……只恐似那花柳残春，怎禁得风催雨送！"想到此，不禁又滴下泪来。

黛玉正愁得没法解时，只见宝钗那边打发人送封信来。黛玉打开看时，只见上面写道："妹生辰不偶，家运多艰，姊妹伶仃，萱亲衰迈。……感怀触绪，聊赋四章，匪曰无故呻吟，亦长歌当哭之意耳……"黛玉看毕，不胜伤感。

后人用"长歌当哭"表示以歌代哭，多指用诗文抒发胸中悲愤之情。

乘兴而来，败兴而归

典出《晋书·王徽之传》。

　　尝居山阴，夜雪初霁……忽忆戴逵，逵时在剡，便夜乘小舟诣之，经宿方至。造门不前而返。人问其故，徽之曰："本乘兴而来，兴尽而归，何必见安道邪？"

　　大书法家王羲之的儿子王徽之，聪明伶俐，喜好交游，性情豪放，生活十分浪漫。

　　有一回，在一个大雪初霁的夜晚，他见月色清朗，长空无云，不禁想起了一个会弹琴的朋友戴逵。

　　他想：如果戴逵在身边，琴声伴月影，友人话衷肠，岂不美哉！他兴致勃发，不能自已，于是立刻乘小舟前往剡溪拜访朋友。

　　由于路程较远，直至天亮才到。可是，到了戴逵的家门口，他却不进去，反而转桨而归。

　　事后有人为此事问他道："你深夜急急忙忙赶到戴逵家去，为什么到了门口又马上转身回来了呢？"王徽之极为潇洒地说："我本是'乘兴而来，兴尽而返'，何必一定要见戴逵呢？"

　　后人用"乘兴而来，兴尽而返"或"乘兴而来，败兴而归"，表示凭着一时的兴趣或怀着某种希望兴冲冲地赶来，兴趣完了或感到失望就灰溜溜地回去。

楚囚南冠

典出《左传·成公九年》。

　　晋侯观于军府，见钟仪，问之曰："南冠而絷者谁也？"有司曰："郑人所献楚囚也。"

春秋时，郑国在晋的帮助下打败了楚国，俘获楚大夫钟仪。郑国将这个俘虏献给了晋国，但后来郑又附楚疏晋，晋楚之间发生了战争。

有一次，晋侯到军府视察，看见了钟仪。他问："那个戴着南方人帽子的囚徒是什么人？"一个官吏回答说，此人叫钟仪，是郑国人献给晋国的楚国俘虏。想到郑国以往对晋亲近，如今又反目为仇，晋侯十分感叹，于是下令将钟仪释放，并召见了他。

钟仪对晋侯的宽宏大量十分感激，两次向晋侯下拜行礼。晋侯问钟仪的身世，他说世代都是乐官。又问他是否会奏乐，钟仪说："这是我家祖传的职业，我不敢做其他事，只会奏乐。"晋侯命人拿来了琴，让钟仪演奏。钟仪弹起了楚国的民间乐曲，其声伤感。晋侯问起他楚王的情况，钟仪不作正面回答，只推辞说："君王的事，我怎么会知道呢？"

后来，晋侯将见到钟仪的事告诉了范文子，文子很感动地对晋侯说："这个楚国人说起祖业来如此恭敬，不敢违背。让他奏乐，他奏的是本国音乐，不忘故国。君侯何不放了他，让他回去为晋楚友好出力呢？"

晋侯于是放了钟仪，并备了厚礼让他带回国，谋求两国的和平。

后人用"楚囚南冠"的典故形容困居他乡，怀恋故土，或指被囚禁的人。

崔莺莺送郎

典出《西厢记》。

崔莺莺是崔相国的独生女儿。崔相国死后，崔夫人和莺莺扶柩回籍安葬，途中羁留在河中府普救寺内。这时，书生张君瑞上朝应举，路过河中府，顺道瞻仰普救寺。张生和莺莺在寺内无意中会见，彼此十分倾慕。张生租得僧房半间，伺机与莺莺相互留情。

叛将孙飞虎听说崔莺莺漂亮，带兵围困普救寺，要抢她为压寨夫人，扬言三天内如不把莺莺送出和他成亲，就要烧毁佛寺，杀尽寺里所有的人。全寺惊恐万状。崔夫人无计可施，亲口许愿谁能退却贼兵，就把莺莺配他为妻。张生挺身而出，写信给至交白马将军杜确。杜确派兵退走贼兵，解了普救寺之围。张生和莺莺十分高兴，不料崔夫人嫌贫爱富，突然变卦，想要赖婚。她设宴要莺莺向张生敬酒，以兄妹相称。莺莺不肯，掷杯以示反抗，张生因而致病。

崔莺莺怀念张生，让婢女红娘到僧房探病。张生以书简相托。莺莺回信，以诗相约："待月西厢下，迎风户半开；隔墙花影动，疑是玉人来。"张生夜间前来

应约，莺莺却责怪他无礼。张生病况从此愈重，卧床不起。后来由红娘引线，带莺莺同去探病，莺莺即与张生结了百年之好。日久之后，崔夫人得知，拷问红娘。红娘讲出真情，并数责夫人言而无信的过错。崔夫人理屈词穷，见生米已经煮成熟饭，只好应允张生和莺莺成为夫妻。但是，莺莺和张生的爱情道路并不平坦。崔夫人提出三世不招白衣女婿，张生必须应举中上状元才能成亲。张生被迫上朝应取，一对情人又作生离死别。就在一个幕秋的日子里，崔莺莺在十里长亭安排筵席，愁送张生赴京，"悲欢聚散一杯酒，南北东西万里程"。

后用"崔莺莺送郎"形容人间生离死别的伤感情绪。

洞房花烛

典出民间传说。

现在人们都称结婚的新房为洞房，在洞房中还要点燃红烛，称花烛。

相传秦始皇建造了阿房宫之后，在全国挑选美女，送到阿房宫，习歌学舞，供秦始皇一人享受。当时山西有一位民间绝色美女，已不知道她叫什么名字，因在家排行第三，所以大家都叫她三姑娘。三姑娘不仅长得美丽，而且性情刚烈。她被选中入宫后，不甘心被蹂躏，更不愿成为贵族的玩物。于是，她在一个月黑风高的夜晚，冒着生命危险，从阿房宫后墙逃了出来，翻过骊山，向家乡奔去。

在华山险峻的道路上，三姑娘与书生沈博相遇。由于秦始皇焚书坑儒的暴政，沈博十分痛恨秦始皇，他听了三姑娘的经历，十分同情她，也很钦佩他，两人一见钟情，就在华山的一座山洞里对天盟誓，结为夫妻。山洞里很黑，沈博捡了许多树枝，点起火来，在火光上，沈博才看清自己的妻子是个多么美丽的姑娘。拜天地时，没有香，他们就摘折了许多艳丽的花枝插在火堆前，先拜了天地，又拜了祖宗，成了一对恩爱的伴侣。

后来，人们为了表达对三姑娘勇敢抗争，追求爱情精神的崇敬，在通往华山顶峰的路上修建起一座座庙宇。每座庙宇中都供奉着三姑娘的塑像，人们都称她为三圣母。唐代以后，一些文人根据这个民间传说，又创造出三圣母与书生刘颜昌的爱情故事，进一步歌颂三姑娘。

正是由于这个传说，人们就把结婚的新房叫做洞房，把喜庆的红烛叫做花烛。

范进中举

典出《儒林外史》第三回。

范进，原是比较老实、勤学苦读、受人欺侮的穷书生。自 12 岁应考，连续考了 20 余次，还是一个童生。最后一次应考，他实际年龄已经 54 岁，名册上写的却是 30 岁。考试那天，范进第一个交卷。主考官周进也是苦读出身，见范进面黄肌瘦，胡须花白，寒冬天气还穿件麻布大褂，冻得瑟瑟发抖，不由动了恻隐之心，便用意看他的试卷。可是连看两遍，还不解其意，直到看了 3 遍，才知是"天地间最好的文章，真是一字一珠"。不等各卷汇齐，便取范进第一名。

范进中了秀才，还要去参加乡试，找丈人胡屠户借钱，却被骂得狗血喷头。胡屠户骂他："你中了相公，就癞蛤蟆想吃天鹅肉，趁早收了这份心！"范进只好向乡邻同案借了盘费，瞒着人去城里应试。回来时，家里已断粮 3 天。胡屠户知道后，又将他骂了一顿。

发榜那天，范进家里没米下锅，抱着母亲那只生蛋母鸡上集去卖。刚走不久，报喜的人来了。邻居飞奔到集上去找范进，只见他抱着母鸡，一步一踱地四下张望，在寻人买。邻居赶忙上前说："范相公，你中了举人，赶快回去！"范进以为是哄他，只装没听见，低着头直往前走。邻居见他不理，追上去要夺他的鸡。范进挣脱说："高邻，不要开玩笑，我要卖它买米救命啊！"邻居见范进不信，劈手把鸡夺了，扔在地上，拖着范进就往回跑。

范进回到家门口，见到报喜的和邻居们挤了一屋，他三步并作两步往屋里走。屋里已挂起报帖："捷报贵府老爷范讳进高中广东乡试第七名亚元京报连登黄甲"。范进每念一遍，就拍手笑道："噫！好了！我中了！"范进念着，笑着，突然一跤跌倒在地，牙关紧咬，不省人事。他母亲慌忙拿开水来灌救。灌弄了一阵，范进一骨碌爬起来，又拍手大笑道："噫！好了！我中了！"不由分说，往门外飞跑，边拍边笑。大伙都说这位新贵人喜疯了！

范进的母亲和妻子急得大哭。有人出主意说："范老爷因欢喜过度，痰迷心窍，只要他平日最惧怕的人打他一下，说你不曾中，他一吓，把痰吐出来，就明白了！"众人要胡屠户打他女婿。胡屠户为难地说："如今中了老爷便是天上的星宿，打不得啊！"邻居见他如此，便挖苦他，催促他。胡屠户违拗不过，喝了酒，壮壮胆，拿出平日的凶恶样子，对着正在发疯的范进，大骂一声："该死的畜生！你中了什么！"一巴掌过去，把范进打倒在地。众人一齐上前，替范进抹胸口，捶背心，忙了半晌，范进才渐渐喘过气来，睁开眼，不疯了。胡屠户连忙向女婿赔礼道歉，扶他回家。

范进中举之后，结交官绅，变成一个虚伪庸俗的官吏。

后用"范进中举"比喻喜出望外，欢喜若狂。

故剑之思

典出汉·班固《汉书·外戚传》。

汉武帝时，发生了一次因迷信而引起的"巫蛊之祸"，很多人也因此而被牵连致死了。皇后、皇太子、皇太孙都因而致死，只剩下一个襁褓中的皇曾孙。

汉昭帝（武帝幼子）死后，大将军霍光便立皇曾孙为帝，即汉宣帝，又封宣帝做平民时所娶的妻子许平君为婕妤（女官名）。

这时公卿大夫们商讨要替宣帝立皇后，都认为霍光的幼女最为适合。霍光也自以为权高一切，将自己女儿立为皇后乃是意料中之事。不料宣帝却在这时亲自下了一道命令，要寻求微时（即过去做平民时）的旧剑（故剑之思），大臣们知道他所指的是旧时的妻子，于是便立许婕妤为皇后。

霍光的妻子眼见女儿做不成皇后，心中很是怀恨，趁第二年许皇后生产后得了小病，买通御医将许皇后毒死，霍光的女儿才立为皇后。

故：旧。对旧时用过的剑的思念之情。比喻丈夫对结发妻子的思念之情。

何颜见江东父老

典出《史记·项羽本纪》。

秦末楚汉相争之时，楚霸王项羽被汉王刘邦的大军围困在垓下。夜里，他听到四面楚歌，知道大势已去，他心爱的美人虞姬也自杀了。天亮后，项羽带领着残部突围到了乌江。乌江亭长撑了一条船等在江边，他对项王说："江东虽小，方圆也有千里，民众也有十万，还是足够在此称王，干一番事业。请大王赶紧上船渡江吧，江上只有我这一条船，即使汉军追到江边，也对您无可奈何了。"

项王不愿上船逃跑，他笑着对乌江亭长说："老天要让我灭亡，我又何必渡江呢？况且我曾与江东子弟8000人一同渡江西进，如今他们无一人生还。即使江东的父老兄弟可怜我，尊我为王，我又有何面目去见他们呢？"他对亭长说：

"我知道你是好人，我骑的这匹马今年 5 岁，神骏非凡，所向无敌，曾经日行千里。我不忍让它落入敌手，又不忍杀死它，就把它送给你吧。"

于是，项王命令部下全部下马步行，与追上来的汉军短兵相接，展开了激烈的肉搏战。仅仅项王一人就杀死汉军数百人，他身上也有多处负伤。混战中，项王被汉军中一个过去的熟人认出，告诉了周围的人。项王说："我知道刘邦用千金和土地悬赏拿到我头颅的人，我就让你得这个便宜吧。"说完，他便拔出剑来自刎而死。

后人用"何颜见江东父老"的典故形容深感惭愧，没脸见人。

狐死首丘

典出《淮南子·说林训》。

> 鸟飞反乡，兔走归窟，狐死首丘，寒将翔水，各哀其所生。

鸟飞要返回故乡，兔子跑出去要回到窝里，狐狸死的时候，头朝着洞穴，寒将（一种蝉或一种水鸟）在水面飞翔，各自都很眷恋它生长的地方。

"狐死首丘"就是从这里来的。首：头，名词作动词，此处作"头向着"的意思。丘：狐洞穴所在的土丘。传说狐死时，它的头是向着洞穴的。人们用"狐死首丘"比喻不忘本；或比喻对故乡的思念。

黄雀衔环

典出《续齐谐记》。

> 汉人杨宝年九岁，至华阴山，见一黄雀为鸱枭所搏坠地。宝取归，置巾箱中，饲以黄花。百余日，毛羽成，乃飞去。其夜有黄衣童子向宝曰："吾西王母使者，蒙君拯救，实感仁恩。今赠白环四枚，今君子孙洁白，位登三公，一如此环。"

汉代有一个人叫杨宝。传说他 9 岁那年，一次从华阴山北面经过，看见一只猫头鹰追赶一只黄雀，黄雀被猫头鹰抓伤，掉在树下。

杨宝过去一看，可怜的黄雀伤痕累累，而且有大群的蚂蚁将它团团围住。黄雀动弹不得，十分痛苦。看见杨宝，它的眼睛里满是乞怜的神色。杨宝很同情黄雀，小心地用手将它捧起，带回了家中。

回到家后，杨宝将黄雀安置在一只小箱子里，每天精心地照料它，用洁净的清水和新鲜的黄花喂养它。慢慢的，黄雀身上的伤口痊愈了，吃的东西也一天天多了起来。

大约 100 天以后，黄雀的伤完全好了，羽毛长得丰满光滑，它终于又能在天上高高的飞翔了。但黄雀舍不得离开杨宝，它每日白天飞到外面玩耍觅食，晚上又飞回杨宝身边。几天之后，黄雀终于飞走了，再也没有回来。

一天夜里，杨宝读书到了三更时分。忽然，从门外走进一个穿黄衣服的童子，向他跪拜行礼。杨宝很惊奇地问他是谁，来干什么。童子再次下拜，毕恭毕敬地对他说："我就是你救出的那只黄雀，本是西王母的使者。那天我奉王母之命出使蓬莱，途中不慎被猫头鹰伤害。若不是你以仁爱之心将我拯救，我早已死于非命。即使千言万语，也难以表达我对你的感激之情。"说完，他取出四个白色的玉环赠给杨宝，并对他说："祝你的子孙如这玉环般洁白，位居三公。"说罢倏然不见。果然，后来杨宝的后代都做了大官。

后人用"黄雀衔环"或"白环报恩"等典故表示知恩图报。

家有敝帚，享之千金

典出《东观汉记·光武帝纪》。

一旦放火纵兵，闻之可为酸鼻。家有敝帚，享之千金。

东汉初，汉光武帝派大将刘禹去攻打一座城池。那守将竭力防守，使刘禹军损失很大。被攻打了几个月，城里粮尽援绝，守将只好投降。刘禹一怒之下，不但杀了投降的官兵，而且纵兵屠城，把老百姓也杀光。汉光武帝知道了，大为震怒，写信谴责他道："这城已投降了，满城妇女孩子数万人，你却纵兵放火杀人。'家有敝帚，享之千金'，人家连一把破扫把也是十分珍惜的，你却这样不爱护我的子民的生命财产。当我听到这件事时，连眼泪都流下来了，你怎么这样残暴呢？"于是下令撤了刘禹的官职。

后人用"家有敝帚，享之千金"的这个典故比喻自己的东西（或文章）虽然不好，却是非常爱惜它的。

后来压缩为四字成语"敝帚自珍"。

结草报德

典出《左传·宣公十五年》。

> 颗见老人，结草以亢杜回……魏夜梦此老人说："余，所嫁妇人之父也……余是以报。"

春秋时，晋国有一个大夫叫魏武子。他有一个小妾，很受宠爱，却没有生过儿子。魏武子生了病，预感到自己活不长了，就交代了一些后事。在谈到这个爱妾时，他对儿子魏颗说："我死之后，你就让她改嫁。"魏颗自然满口答应。

后来，魏武子病势沉重。病危时，他又提起小妾，并对魏颗说："我死后，就让她为我殉葬。"

等到魏武子死后，魏颗并没有将那女子活埋殉葬，而是让她改嫁了。有人问他为何不按父亲临终遗言办时，他说："人在病重时神志不清，说话不应当算数，我应当遵从的，是父亲清醒时的嘱托。"

后来，魏颗与秦国的军队作战，遇上秦军著名将领杜回。在打得十分激烈的辅氏大战中，魏颗眼看抵挡不住，情势非常危急。这时，突然阵前出现了一位白发苍苍的老人，他抛出一条草编的绳子绊住杜回，使晋军将其生擒，魏颗获得了战斗的胜利。

夜里，魏颗梦见了那位白发老人。他对魏颗说："将军是否记得，你曾将父亲的一个妾改嫁出门，救了她一条命。而我，就是那女子的父亲，因此特来报答你的恩德。"

后人用"结草报德"的典故形容人真心实意地感恩图报。也可写作"结草衔环"。

举案齐眉

典出《后汉书·梁鸿传》。

东汉时，有个名叫梁鸿的穷书生，依靠勤奋进入当时的最高学府——太学。梁鸿完成学业后，回到了家乡。他一点也没有太学生的架子，还是像农民一

样下地干农活。

县里有个孟大爷非常有钱，他什么都满意，就是女儿不肯出嫁。有一次，孟大爷生气地问道："你已经 30 岁了，难道一辈子不嫁人？"

女儿回答说："除非像梁鸿那样的人，我才会嫁给他！"

孟大爷听了，赶紧托人去向梁鸿传达女儿的心意。梁鸿觉得孟小姐很合适，就央人去求婚，孟家自然马上答应。

不久，梁鸿便和孟小姐成了亲，可是一连七天，梁鸿却不与新娘子说一句话。孟小姐十分奇怪，猜不透他为什么这样，便跪着问他这是为什么。

梁鸿不能不开口了，开诚布公地说："我想娶的是生活俭朴的妻子，这样才能跟我一块儿种庄稼，过隐居生活。现在你穿的是绫罗绸缎，戴的是金银珠宝，这哪里是我所希望的呢？"

孟小姐说："我身上穿的是婚礼服。但我知道你的心思，所以，早就准备了粗布衣服麻布鞋，何必为此操心呢？"说完，她退到内室，摘去首饰，换上粗布衣服，挎一只筐子出来。

梁鸿见了，高兴地说："这才是我的好妻子！"

说罢，他高兴地给妻子起了个名字：孟光。

后来，他们搬到了吴中，故意投奔到富翁皋伯通那里，向他借了一间房子住了下来。梁鸿天天出去给人家舂米或者种地，孟光在家里纺纱织布。

每天当梁鸿回家的时候，孟光就托着放有饭菜的盘子，恭恭敬敬地送到梁鸿的面前。为了表示对丈夫的尊敬，她不仰视他，并且每次总是把盘子托得跟眉头平齐。梁鸿也总是很有礼貌地双手接过盘子。

一次，皋伯通看到了他俩互敬互爱的情景，知道梁鸿不是平常的庄稼人，就把他一家接到自己家院里，并且供给他们吃的和穿的，让梁鸿安心读书做文章。不久，梁鸿病死了，孟光才带着儿子回到老家去。

"举案齐眉"是说把端饭的盘子举得高高的与眉毛齐平。形容夫妻互敬互爱。

蓝桥遇仙

典出唐代裴刑《裴航传奇》。

唐穆宗长庆年间，有一秀才，名叫裴航。一次，他在船中偶然遇见一位仙人，别时，仙人赠裴航一首诗，诗上说："喝口美酒便产生好多感受，像白兔捣药后就可以见到云英姑娘，她像嫦娥一样的漂亮，但住处不在玉清宫而在蓝桥附近。"裴航看后，似懂非懂，也不在意。

后来他到了蓝桥附近，便觉口渴起来。环顾四周，见前面有三四间茅屋，就前去讨口水喝。茅屋前，有一老妇人正在绩麻。裴航一拱手，说道："在下有礼了，想讨口水喝。"老妇人未抬头，只向内喊道："云英，拿杯水来，公子要饮。"裴航突然想起了仙人赠他的诗，不觉有些惊奇。这时，从芦苇帘内伸出一只洁白如玉的葱嫩小手，递来一杯清香扑鼻的茶水。他接过水一饮而尽，心里想，里面的女子肯定漂亮，忍不住揭开芦苇帘向里看，只见一女子亭亭玉立，艳丽照人，美似天仙。裴航不禁一见钟情，当即向老妇人求婚，老妇人提出许多苛刻的条件，裴航都一一答应。

后来，裴航经过种种努力，终于完成了老妇人要求做的事。于是，老妇人带着裴航、云英一起进入山中，都成了仙人。

后人"蓝桥"喻指青年男女约会的地点，"云英"指意中人。

厉人生子

典出《庄子·天地》。

> 厉之人，夜半生其子，遽取火而视之，汲汲然惟恐其似己也。

有一个害癞病的人，他妻子半夜里生下了一个儿子，急忙取火烛跑去仔细端详，唯恐儿子长得和自己一样！

这个寓言是庄子于行文中顺手引出的一个小故事，把厉人作为"一惑"的："知其不可得也，而强之，又一惑也。故莫若释之而不推，不推其谁比忧？"就是说把它放开，不去推求，一切听其自然，不要像厉人那么汲汲然的样子，自然就没有谁相与为忧了。庄子的原意是说，厉人生子"恐其似己"，是由于自知其厉，故生此惑；如若茫然不知，也就不会有惑有忧了。这种思想是叫人去知泯欲，显然是错误的。依常理而论，厉人害癞病，吃够了苦头，希望后代不要像自己那样痛苦地生活下去，是一种善良的愿望。

梁园虽好，不是久恋之家

典出《水浒传》。

> 这口鸟气，今日方才出得松臊。梁园虽好，不是久恋之家，只可撇开。

鲁智深这日走了五六十里，肚里又饥，路上没个打火处，蓦地看见一座破败寺院。四个金字都昏了，写着"瓦罐之寺"。寺内满地燕子粪，寻到厨房后一间小房，见几个老和尚坐地，一个个面黄肌瘦，道是：这寺被两个杀人放火的和尚、道士占住，和尚叫崔道成，绰号生铁佛，道士叫丘小乙，绰号飞天夜叉，只在方丈后角门内住。鲁智深大怒，赶去一脚踢开后门，只见一个胖和尚、一个道士、一个年幼妇人正喝酒，见鲁智深来得凶，生铁佛便挺朴刀来抢智深，两个斗了十四五个回合，那生铁佛抵挡不住，丘道人便从背后拿朴刀搠将来。鲁智深一来肚里无食，二来走了许多路程，三来当不住他两个生力，只得卖个破绽，拖了禅杖便走。两个赶出山门，赶过石桥，坐在栏杆上，再不追赶。

鲁智深走得远了，喘息方定，又是饥饿，走一步懒一步，前面一座大赤松林中，恰遇着相熟的好汉九纹龙史进。听说智深肚饥，史进道："小弟有干肉烧饼在此。"便取出教智深吃了，各拿了器械，再回瓦罐寺来。那丘小乙、崔道成兀自在桥上坐地。智深愤怒，抢起禅杖奔过桥来；生铁佛生嗔，仗着朴刀杀下桥去。智深得了史进胆壮，吃得饱了有力，崔道成力怯，飞天夜叉便来协助。这边史进从树林子里跳将出来，四个人两对厮杀。智深得便处喝一声："着！"只一禅杖把生铁佛打下桥去，史进一朴刀，道人倒在一边。两个进入寺中看时，那几个老和尚怕崔、丘两人杀他们，已上吊死了，那个掳来的妇人投井而死，满寺再没一个活人。便灶前缚几个火把四下点着，竟天价烧起来。二人道："梁园虽好，不是久恋之家。"便自走了。

"梁园虽好，不是久恋之家"是说：汉朝时，梁孝王好客，他的花园非常美丽，客人们往往流连忘返，但总不能在梁园久居吧！《西游记》九十六回："长安虽好，不是久恋之家。"《金瓶梅》八十回："扬州虽好，不是久恋之家"，都是一个意思。

令人发指

典出《史记·刺客列传》。

> 又前而为歌曰："风萧萧兮易水寒，壮士一去兮不复还!"复羽声慷慨，士皆瞋目，发尽上指冠。

战国末期，秦国要统一中国，采取了远交近攻的策略，一步一步地消灭其余六国。当秦国大兵开到燕国的西部边境易水河边的时候，燕太子丹非常紧张。于是，他找了一个叫荆轲的勇士，让他到秦国去刺杀秦王嬴政（后来的秦始皇）。

太子丹假装把燕国督亢这个地方献给秦国，让荆轲去送地图，并把一把匕首藏在图卷里，好让荆轲见机行事，刺杀秦王。

这一切都准备好以后，荆轲带着一个随员前往秦国。太子丹和荆轲都明白，这次去秦国可能凶多吉少，说不定会送命。于是太子丹带了一批官员穿上白衣服，戴着白帽子，把荆轲送到易水河边。临别时，荆轲悲切地唱到："风萧萧兮易水寒，壮士一去兮不复还。"送行的人们见荆轲唱得如此激昂、悲切，一个个都睁大眼睛，连头发都直竖了起来。

"令人发指"这句成语中的"令"是使的意思，"发指"就是头发直竖起来。后人用这个典故比喻愤怒到了极点。

六神不安

典出清代李宝嘉的《官场现形记》第二回。

> 这一天更不曾睡觉，替他弄这样弄那样，忙了个六神不安。

《官场现形记》是清末李宝嘉著的一部长篇小说，共 60 回。小说以遣责晚清官场的黑暗为主题，描写了当时官僚贪污勒索、迫害人民和投靠帝国主义的种种罪行，客观地反映了当时的一些社会矛盾，在思想上表现出改良主义倾向。在这部小说的第二回"钱典史同行说官趣，赵孝廉下第受奴欺"中讲到：有一个叫赵温的人中了举人，赵家设宴庆贺，一连忙了几天。派到县里的教官传下话来，让赵温即日赴省，填写亲供（秀才中举后，要在一定的期限里到学台官署去填写新供，写明年龄、籍贯、三代和身貌，并由所属的教官出具保证，证明属实）。赵温的爷爷看过皇历，选择了黄道吉日准备送孙子前往。临行的前一天，赵温的爷爷、爸爸，忙活了一天一夜，替赵温弄这弄那，忙了个六神不安。

六神，按道教的说法，人的心、肺、肝、肾、脾、胆各有神灵主宰，称为六神，后泛指精神。"六神不安"这句成语常用来形容心神不定。

目光如炬

典出《南史·檀道济传》。

　　道济见收，愤怒气盛，目光如炬，俄尔间引饮一斛。

南北朝时，宋国有位大将叫檀道济，金乡（今山东济宁）人，是一位很有谋略的军事家，做到太尉（相当于宰相）。他随宋武帝伐秦国，随宋文帝伐魏国，屡建奇功，威名极重；不仅国内的老百姓尊崇他，敌国也对他十分敬畏。皇帝见他威信日高，便对他怀疑起来，后来借故将他杀了。

当檀道济见到差官持了皇帝的命令来逮捕他时，愤怒气极，张大了眼睛，两道目光像火炬般射出来，一时气得说不出话来。半晌，命人拿出酒器，一下子喝了一斛（古量器，十斗为一斛，此处形容其多也），饮毕，便将头上束发的布带解下，掷在地上，大声道："嘿，这是你自己毁灭你的万里长城！"

后人根据这个故事演绎出成语"目光如炬"，形容非常愤怒，也用以比喻见识深远。

怒发冲冠

典出《史记·廉颇蔺相如列传》。

　　相如视秦王无意偿赵城，乃前曰："璧有瑕，请指示王。"王授璧，相如因持璧却立倚柱，怒发上冲冠。

一天，赵惠文王问蔺相如说："秦王想用十五城交换我和氏璧，可以给他吗？"蔺相如说："秦国强而赵国弱，不得不同意。"赵王说："我给和氏璧，万一他不给我城，怎么办？"蔺相如说："现在很难说，如他不给城，他就失礼；如果我们不给和氏璧，我们就失礼。比较这两种选择，倒不如同意而使秦国失礼。"

赵王听了蔺相如的建议，仍感到为难。他说："这样，使者的任务就重了！谁可以担任呢？"蔺相如立即回答说："如果的确没有人，我愿替大王前往。秦国的城池划入赵国，我就把和氏璧留在秦国；城未划入，我就把它完整地带回来。"

于是，蔺相如带着和氏璧出使秦国。

到了秦国，秦王高坐章台，蔺相如奉璧献上。秦王非常高兴，自己把玩一阵之后，又递给身边的宫娥彩女观看，然后再递给臣下。众人都高兴得呼喊万岁。

这种极为傲慢的态度激怒了蔺相如，他知道秦王无意按约划城给越国，就向前说："大王，璧上有一点儿黑斑，我想指给大王看看。"秦王把璧递给蔺相如，蔺相如紧握着璧退后，倚着柱子，愤怒得连头发都向上冲动了帽子，然后，举璧准备击碎。秦王怕击碎了玉，连忙缓和下来。后来蔺相如终于机智地用计把和氏璧带回了赵国。

后人用"怒发冲冠"形容人愤怒到了极点。

千里送鹅毛

典出宋代欧阳修《梅圣俞寄银杏》。

> 鹅毛赠千里，所重以其人。

唐朝时候，有个地方官得到一只天鹅，他派了手下一个叫缅伯高的人赶赴京城，将天鹅进贡给皇帝。

缅伯高在去京城的路途上，精心照料着那只天鹅。一日，他来到沔阳湖。经过连日赶路，人和天鹅都很困乏。见到碧波荡漾的湖水，缅伯高精神为之一振，天鹅更是扑着翅膀想冲入水中。缅伯高心想，何不在此休息一下，让天鹅在湖里洗洗澡，让它快活快活。

于是，他将天鹅放进湖水里，用手紧紧捉住，让它在水里洗澡。谁知天鹅见了水，高兴极了，使劲地扇着双翅。缅伯高一不小心松了手，让天鹅挣脱开去，

他急急地去追赶，天鹅却展开美丽的翅膀飞到了空中。缅伯高追了一阵，什么也没捞到，只拾到了天鹅身上掉下来的一根雪白的羽毛。

失掉了天鹅，吓坏了缅伯高。他不敢回去见他的上司，只好硬着头皮来到京城，向皇帝献上一根鹅毛。皇帝和满朝文武见他送上一根鹅毛，都感到很奇怪。缅伯高讲述了这事的经过，还顺口念了几句诗道："上复唐天子，可饶缅伯高？礼轻人意重，千里送鹅毛。"

皇帝听后，觉得其情可恕，其诚可嘉，就没有责备缅伯高。

后人用"千里送鹅毛"的典故形容礼物也许很轻微，送礼的人却怀着一片真诚，其中的情意是很值得珍重的。

千里姻缘一线牵

典出《红楼梦》。

自古道："千里姻缘一线牵"。管姻缘的有一位月下老儿……暗里只用一根红丝，把这两个人的脚绊住。

《续玄怪录·定婚店》讲了这么一个故事：有个很有钱的青年公子夜晚回家，看见一个白胡子老头在月光下看书，身边有个袋子，袋子里都是红线。他觉得奇怪。就问他："你怎么在月光下看书呢？"老头说："我很忙，时间不多，只能抓紧时间看。"公子问道："你看的是什么书？"老人说："这是一部姻缘簿，天下的人，谁和谁将结成夫妻，上面都登记了。"公子问："这袋子里的红线有什么用？"月下老人说："我根据簿子里的记载，暗地里用一根红线把男女双方的脚系住，这两个哪怕隔着海呢，终究会结成夫妻，再也跑不了。"公子又问："那么我的妻子是谁呢？"老人说："你的妻子现在还小，明天晚上在某街上有个女孩骑在老仆人背上的就是。"说完，突然不见了。公子第二天夜晚去到街上，果然看见一个老仆人，肩上骑着个女孩，鼻涕拖得老长，头发稀稀拉拉的，丑得很。他气不过，乘黑一刀刺在她眉心上，以为刺死了，乘乱逃跑了。15 年后，他和一个 18 岁的姑娘结婚，定情之夜，细看这姑娘一头黑发，十分美丽，只是眉尖有个刀疤，略微破坏了她的美。问起来，说是 15 年前，老仆人夜晚带她出去玩，被一个凶徒刺伤的。公子十分惊奇，才知道自己终究没有挣断月下老人系下的红线。

后人用"千里姻缘一线牵"的这个典故比喻男女婚配是命中注定的。

前度刘郎

典出南朝宋代刘义庆的《幽明录》。

汉明帝永平五年，剡县刘晨、阮肇共入天台山取谷皮，迷不得返。望山上有一桃树，遂采桃充饥。后遇二女子，姿质妙绝，见刘、阮，便呼其姓，如似有旧，乃相见忻喜，问："来何晚邪？"因邀还家。至暮，令各就一帐宿，女往就之，言声清婉，令人忘忧。二人半年还乡，子孙历七世。

唐代有一位著名的诗人叫刘禹锡。他于贞元九年考中进士，在京城做监察御史。由于朝廷内政治斗争的牵连，他被贬为郎州司马，直到 10 年后才奉召回京。当时正值春天，他去长安附近的玄都观游玩，见观里新栽了大片桃树，桃花盛开，灿烂如霞。联想到自他离京后上任的一批新贵权势逼人，他写了一首诗云："紫陌红尘指面来，无人不道看花回。玄都观里桃千树，尽是刘郎去后栽。"诗中暗含讽刺朝政反复无常的喻意。

此诗传开后，受到权贵嫉恨，他又被贬为连州刺史，离开京城。14 年后，他重被召入京师，看到朝廷中政局又有了改动，人事变迁。他再游玄都观，但见原来的桃树已一株无存。唯有燕麦和菜花在春风中摇晃。刘禹锡心中感慨，又写一首诗道："百亩庭中半是苔，桃花净尽菜花开。种桃道士归何处？前度刘郎今又来。"诗的后两句讽刺那些走马灯式来去更换的当权者，有一种"你们奈我何"的快意。于是他又遭到了权贵的猜忌，再次被贬到外地为官。

刘禹锡因为两首诗而屡遭贬斥，但他并未屈服，始终保持着一种狂傲不羁的人格。诗人白居易对他很佩服，认为他的诗锋芒毕露，无人能比。其实这也是对刘禹锡品格的赞美。

后人用"前度刘郎"的典故形容人去而复来；或用来追怀往事，抒发感伤之意。

切肤之痛

典出蒲松龄《聊斋志异》。

朱生丧偶，见邻人之妻貌美，就与媒人戏说要去求婚，媒人也就势戏说："请杀其男子。"朱生说："好吧！"这本都是玩笑话，谁知数日后，邻人出去讨债归来时果然被杀于荒野。

邑令却疑那人为朱生所杀，但朱坚不承认。邑令又严刑拷问那妇人，朱生因怜妇人只好承认说："是我杀的！我犯了杀人之罪，有血衣为证。"于是被押回家取血衣。朱对母亲说："给血衣也死，不给也死，迟给不如早给。"母亲流着泪入里间，不一会儿果然把血衣托出来了。朱生于是被判为死刑。

一天，忽然有人直上公堂承认自己是凶手，他供说：知道被害者讨债归来，必有钱在身上，就把他杀了。听说朱生招认了，开始暗自庆幸，后来为良心责备，就入公堂投案。

邑令又问朱生："血衣由哪来的？"

朱说不知道。又问其母，其母答："儿急要血衣时，我入里间割臂所染。"当场检查她左臂刀痕仍在，于是朱生免死。一年后，邻母欲嫁其妇，妇人觉得朱生有情义，就嫁给了他。

蒲松龄在文末感叹：由此知地狱中有无数冤魂，其中无辜受牵连者往往奸民少、良民多。他们受万罪于公门，皆属切肤之痛。愿为官者每审案时略一追问，该放走的放走，不该放走的除去，只需一挥笔一动腕之间，就可保全多少身家性命啊！

"切肤之痛"指亲自经历的痛苦。比喻感受极为深切。

秦西巴纵鹿

典出《说苑·贵德》。

孟孙猎得鹿，使秦西巴持归。其母随而鸣，秦西巴不忍，纵而与之。孟孙怒而逐秦西巴。

居一年，召以为太子傅。左右曰："夫秦西巴有罪于君，今以为太子傅，何也？"

孟孙曰："夫以一鹿而不忍，又将能忍吾子乎？"

孟孙打猎获得了一只小鹿，派属下秦西巴带回去。母鹿跟随在车后面哀叫着，秦西巴于心不忍，就把小鹿放回给母鹿。孟孙知道后十分恼怒，便驱逐了秦西巴。

过了一年，孟孙又召秦西巴做太子的老师。左右的官员们问道："那个秦西巴对您是有罪的，现在又请他来做太子的老师，这是为什么呢？"

孟孙说："对于一只小鹿尚且不忍加害，又怎么能对我的儿子有残忍之心呢？"

这则故事最后归纳起来说："巧诈不如拙诚。乐羊以有功而见疑，秦西巴以有罪而益信，由仁与不仁也。"仁者，人也，尊重人，同情人，有人道主义的精神。这样的人，最终也会得到新生与同情；残忍狠毒的人，不会有好下场。这便是这故事所要说明的寓意。

青梅竹马

典出李白《长干行》。

> 郎骑竹马来，绕床弄青梅。同居长干里，两小无嫌猜。

唐朝的大诗人李白，所作之诗俊逸高畅，并且很富情感。有人曾说他的诗才像天上的神仙谪居人世间一般。他的作品中，有一首诗描述男女孩子彼此玩得很投机的情况，其中有两句道："郎骑竹马来，绕床弄青梅"。"青梅竹马"这句成语，就是从这两句诗中得来的。它的意思是说：小孩子们聚在一起，感情很好，很少发生过打架、争吵等事。

"青梅竹马"这个成语通常形容男女幼童天真无邪地在一起玩耍。

人琴俱亡

典出《晋书·王羲之列传》。

> 未几，献之卒，徽之奔丧不哭，直上灵床坐，取献之琴弹之，久而不调，叹曰："呜乎子敬，人琴俱亡！"因顿绝。

王羲之和王献之是东晋时期著名的大书法家。王献之是王羲之的第七个儿子，王献之有个哥哥名叫王徽之，两人性情相投，感情很好。

王徽之生性傲慢，自恃有才，非常任性，做事喜欢我行我素，对做官毫无兴趣。开始他在大司马桓温手下当参军。他整天蓬头垢面，不梳不理，官袍穿在身上连带子也不系，别人看见他这副模样，常常笑他。后来他给车骑将军桓冲当骑兵参军，仍旧是不闻不问，只管自己读书吟诗，寻找乐趣。一天，桓冲问他：

"你是管哪个差事的呀？"

"好像是管骑兵战马吧？"王徽之答道。

"那么你管多少马呀？"

"连马我还不知道呢，哪里知道马数？"

"马死了几匹？"

"未知生，焉知死？"

桓冲面对他这种如呆如痴的派头，只好叹口气走开。

有一次，王徽之听说有一户人家院里，种有好多竹子，便坐着车子去观竹。主人把院子打扫干净，摆上椅子请他坐，可他只顾看竹子，对院主人理也不理。别人对他的这种行为很不理解。

王徽之与弟弟王献之很要好，两人常在一块读书、作诗。王献之从小喜欢写字、画画，后来到朝廷做了中书令。

王徽之晚年弃官回到故乡，正赶上弟弟献之重病卧床。他很伤感，便求巫师说："听说人的寿命是有定数的，活人可以把寿命借给死人，我的才能不如弟弟，我愿意把自己的寿命给他，我替他去死，让弟弟再活几年吧！"

巫师说："不得啊，你的寿命也到了限数啦，没有给别人的了。"

没过几天，王献之病故。家人悲痛欲绝，可王徽之却不哭。他坐在灵床上，取下王献之的琴弹起来，但怎么也弹不上个调子。他长叹一口气，哀伤地说："呜呼，献之啊，人死了，琴也死啦……"说完，便昏绝过去。

由于过分悲痛，王徽之背上的疮痈溃裂不愈，一个月之后也病死了。

成语"人琴俱亡"就是由此而来的，后人用它形容见物思人、悼念死者。

如丧考妣

典出《尚书·舜曲》。

> 帝乃殂落，百姓如丧考妣。观《孟子·万章上》。
>
> 二十有八载，帝乃殂落，百姓如丧考妣。

鲁国有个蒙丘，是孟子的学生。有一次，他去拜见孟子，问孟子道："俗话说：'道德最高的人，君主不能以他为臣，父亲不能以他为子。'舜便是这样的人。舜做了天子之后，尧率领诸侯向北面去朝见他，舜的父亲瞽瞍也向北去朝见

他。舜看见瞽瞍来朝见，局促不安。孔子说："在这个时候，天下就危险得很啊！'不知道事实是否这样。"

孟子回答说："不是这样。尧活着的时候，舜不曾做天子，只是尧老年时叫舜代他执行过天子的职务。《尧典》上说：'28 年之后，尧死了，老百姓像死了父母一样，服丧 3 年，各地都停止了娱乐活动。'孔子对此说过：'天上没有两个太阳，人间没有两个天子。'如果说舜在尧死之前就做了天子，这岂不是同时有两个天子吗！"

后人用"如丧考妣"表示好像死了父母一样的难过和伤心。

如坐针毡

典出《晋书·杜锡传》。

舍人杜锡……性亮直忠烈，屡谏愍怀太子，言辞恳切，太子患之。后置针着锡常所坐处毡中，刺之流血。

晋朝时，有一个叫杜锡的人，他是杜预的儿子，从小受到良好的熏陶，年轻时就以学识渊博著称。先被长沙王请去做文学侍徒，经过几次升迁，最后被调去做太子舍人（官名，掌管宫中一切事务的官），为愍怀太子服务。

愍怀太子是个不肯长进的人，行为乖张，做事不合情理。杜锡对太子这种作风很不同意，便常常向太子劝告，希望他能改进。杜锡的言辞非常忠实恳切，但愍怀太子却觉得他多事，很不高兴，便派人悄悄地在杜锡平日坐的毡（毛织成的毡，可用来做地毯或坐褥）中插了许多针，杜锡不知此事，坐下时被刺得流出血来。过了几天，愍怀太子问杜锡说："前几天你做些什么呢？"

杜锡说："我喝醉了酒，什么事都不知道。"太子一定要问到底，还说："你喜欢责备人，为什么自己也做错事呢？"杜锡被问得狼狈不堪，哭笑不得。

后人便将这个故事引申为"如坐针毡"一句成语，用来形容穷苦到了极点，处处受人压迫，时时被人播弄，弄得坐卧不宁，啼笑皆非的这种情况。也形容坐卧不安的样子。

生子当如孙仲谋

典出陈寿《三国志·吴书·吴主传》。

东汉建安十八年（公元213年）春天，曹操带领大军，进攻东吴。因为曹军来势凶猛，孙权亲自带领7万军队迎战，第一仗就打胜了。曹操吃了亏，便坚守不出。孙权一再挑战，曹军始终不应战。

孙权见曹军老是不出战，决定亲自前去观察曹军的动静。他带领一部分吴军，乘着快艇，驶入曹军水面。曹军众将以为孙权的军队前来挑战，准备还击。曹操对众将说："这一定是孙权亲自观察我军阵营，你们要严阵以待，箭不能胡乱发射。"

孙权的船只行驶了五六里，然后奏着军乐返回。曹操看到孙权的战船旗帜鲜明，队伍严整，进退有条不紊，想起以前镇守荆州的刘表的儿子，简直不能跟孙权相比，很有感慨，因为孙权字仲谋，他就叹了一口气，说："生子当如孙仲谋，刘表的儿子不过像猪狗罢了！"

双方相持了一个多月。当时，春雨连绵，下个不停，孙权便写信给曹操说："春天江水正在上涨，你应该迅速回去。"又在另一张纸上写道："你一天不死，我一天不安。"

曹操看了信，对众将说："孙权没有欺瞒我，他说的是实情。"便下令退兵，回北方去了。

"生子当如孙仲谋"原为曹操对孙权的赞语，后用以形容智勇双全的英雄人物。

食肉寝皮

典出《左传·襄公二十一年》。

> 然二子者，譬于禽兽，臣食其肉，而寝处其皮矣。

鲁襄公十八年，晋国征伐齐国，晋国的州绰用箭射中了齐将殖绰，并俘获了殖绰和郭最。

过了3年，州绰因躲避祸难逃奔到齐国。齐庄公对他说，殖绰、郭最如何勇猛。州绰说："他们等于是野兽，早被射死，肉已被吃，皮已做成卧具，怎么能算勇猛？”

后人用“食肉寝皮”这个典故比喻仇恨极深。

拭目以待

典出《三国演义》第四十三回。

先生今为刘备出谋划策，朝廷旧臣，山林隐士，无不拭目以待。

三国时代，曹操的军队占领襄阳后，又星夜兼程直逼江陵，这极大地威胁着江东的孙权和荆州的刘备。江东的孙权派鲁肃为使，前去说服刘备，同心一意，共破曹操。刘备见曹操势大，难以抵敌，也希望联合孙权，共同御敌。为此，刘备派诸葛亮随鲁肃到东吴共商对策。

一日，孙权召集张昭、顾雍等一班文武 20 余人升堂议事，并请孔明出席。张昭一班人，因惧曹兵势大，力主投降，今见孔明前来出使，料定是来游说，鼓动孙权以抗曹操，因而首先出来诘难孔明。张昭说：“先生自比管仲、乐毅，而管仲为桓公之相，治国有方，一匡天下，称霸于诸侯；乐毅扶持微弱的燕国，使之逐渐强大，一下使齐国的 70 座城池降服，这两个人才真正是济世之才！先生今为刘备出谋划策，朝廷旧臣，山林隐士，无不拭目以待，希望复兴汉室，除灭曹操，然而今天曹兵一出，乃弃甲抛戈，望风而蹿，上不能报刘备，下不能安庶民，管仲、乐毅难道是这样的？”孔明听了，哑然失笑，说道：“复兴汉室，绝非一日之功！一个患了重病的人，先要给他吃稀粥、服平和之药，等到腑脏调和，形体渐安，然后才能以肉食加以补养，以猛药加以治疗。我主刘备向日军败，兵不满千；新野小县，人少粮薄，这正如人染沉疴一样，得慢慢调治。就是在这样的情况下，仍然能博望烧屯，白河用水，使夏侯惇、曹仁等心惊胆裂，就是管仲、乐毅用兵，也不过如此吧！何况胜败乃兵家常事，过去高皇数败于项羽，而垓下一战成功，这不是韩信的良谋吗？”这一番言语，说得张昭无言回答。

后人用“拭目以待”形容期望十分殷切，也表示确信某件事的出现。

中华典故

司马遇文君

典出《史记·司马相如列传》。

　　相如与俱之临邛，尽卖其车骑，买一酒舍酤酒，而令文君当垆。相如身自著犊鼻裈，与保佣杂作，涤器于市中。

　　司马，指西汉著名的辞赋家司马相如，字长卿，蜀郡成都人。

　　司马相如家境贫寒，读书勤奋，好击剑，善操琴，很有才学。他同临邛（今四川邛崃）县令王吉相熟，王吉让他住在临邛城外的大驿站中，每天特意去访问他。当地富翁卓王孙听说县令有这样一个贵客，想结识他，便设宴相邀。司马相如先是称病推托，后经王吉劝说才应邀赴宴。

　　卓王孙有个女儿，名叫卓文君，年轻丧夫，在家守寡。她很有才学，又爱好音乐，久慕司马相如的才学。这次司马来到她家赴宴奏琴，她在暗中偷看，深深被司马相如的翩翩风采和精绝的琴艺所倾倒。司马相如也早闻文君的才貌，这时发觉门首屏风后有个绝色佳人，便弹了一曲《凤求凰》，用琴志拨动对方的心弦。

　　文君听了，立刻明白了司马相如的情意。为了追求幸福的婚姻，她不顾父亲的竭力反对，毅然于当夜离家奔归司马相如，一同返回成都。她毫不计较司马相如家徒四壁，决心和他苦熬岁月。卓王孙痛恨女儿不成器，分文不愿接济。司马和文君婚后便双双来到临邛，以卖酒为生。司马相如系着围裙，亲自洗碗洗碟，卓文君在炉子旁边为顾客温酒送菜，这就是历史上有名的"文君当垆"的故事。

　　卓王孙听说自己女儿在临邛当垆卖酒，觉得丢脸，出于无奈，只得分给文君一笔家产，打发他们离开临邛。

　　"司马遇文君"，比喻男女相爱，感情专注。

碎尸万段

典出《三国演义》第九十九回。

　　汝乃山野村夫，侵吾大国境界，如何敢发此言！吾若捉着汝时，碎

尸万段!

蜀汉建兴七年的夏天，孔明与司马懿在祁山作战。司马懿令郭淮、孙礼引兵五千去救武都、阳平，并抄在蜀兵之后，让其自乱。在行军路上，郭淮问孙礼："司马懿与孔明谁强?"孙礼回答说："孔明大大胜过司马懿!"郭淮接着说："孔明虽高明，但司马懿这一计却有过人之智。蜀兵如果正在打武都、阳平，我们抄到他们后边，岂不是不打自乱了吗?"二人正在谈论，忽然哨马来报：武都、阳平已被蜀兵占领。郭、孙得知，刚要退兵，蜀军已到，喊杀连天。两军交锋，魏兵大败，郭、孙二人弃马爬山逃脱。

郭、孙失败后，司马懿又唤张郃、戴陵各引精兵1万，趁孔明去安抚武都、阳平百姓不在营中之时夺蜀寨。司马懿的打算早已在孔明预料之中，因而张、戴未战即被蜀兵包围。孔明在祁山上大喊："戴陵、张郃，你们二人乃无名小将，我不杀你们，赶快下马投降!"张郃闻言大怒，指着孔明骂道："汝乃山野村夫，侵吾大国境界，如何敢发此言! 吾若捉着汝时，碎尸万段!"说罢，纵马挺枪来战蜀兵。由于孔明早有准备，张郃、戴陵战败而去。

司马懿连战皆败，半月不敢再战。孔明见司马懿不出战，思得一计，传令教各处都拔寨而回。魏军得知，张郃便要去追，司马懿却不同意。以后魏军多次出探，都说诸葛亮接连后撤，司马懿不相信，他亲自去看，果见蜀兵后撤。司马懿回营后对张郃说："此是孔明的计策，不可追赶。"张郃说："孔明用缓兵之计，渐退汉中，都督何故怀疑，不早退之? 张郃愿往决一战!"经张郃的一再请求，司马懿乃驱兵追赶，结果又中了孔明的计策，魏军大败。

后人用"碎尸万段"形容对仇敌最解恨的惩处。

踏青恋情

典出民间故事。

唐代诗人崔护曾作诗《题都城南庄》：去年今日此门中，人面桃花相映红。人面不知何处去，桃花依旧笑春风。

这首脍炙人口的唐诗，是唐朝诗人崔护有一年清明踏青时写的。它叙述了一个令人惆怅而又美好动人的爱情故事。

在桃吐丹霞，柳垂金线的清明时节，古代的青年男女们都要到郊外踏青，也就是春游。这种风气在唐朝最为盛行。男女青年踏青时，常常会发生一些爱情故

事。崔护的故事便是其中一例。一年清明节，风流潇洒的青年侍郎崔护独自到长安郊外踏青赏春。面对花红柳绿的春景。崔护一路赞赏一路吟诗作赋，兴致勃勃。后来，走到一小村庄时，他觉得口渴异常，便来到一家小院，讨碗水喝。院子里种了株桃树，正开得花枝烂漫。小院门打开后，走出来一个年方十七八岁的姑娘。姑娘长得眉清目秀，身材窈窕，那张漂亮的脸在粉红的桃花的映衬下更加娇媚动人。崔护立时被她迷住了。姑娘把崔护请进院中，给他倒了一碗水，崔护一边喝水一边打量姑娘，姑娘也偷偷地看崔护。两人目光相遇，似有无限的情意。但是，古代的封建礼法很严，男女授受不亲，单独待在一起被人看见了，要遭非议。崔护喝完水后，仍不愿离开，那姑娘也有恋恋不舍之意。后来，崔护觉得机会难得，便忍不住大胆地向姑娘表白了自己的爱慕之情，姑娘含羞地接受了。两人约定，第二年清明时再相见。

第二年清明，崔护忆起旧情，十分难忘，便匆匆赶到那户农家小院。当他到的时候，姑娘已经不在了，小院门上上了一把锁。但那株桃花依旧开得花枝烂漫，四周的美景也一如往昔，只是人已去，院已空。崔护惆怅万分，闷闷不乐地回来了。回来后，他便写下了前面那首优美动人的诗篇。这首诗很快流传开来，"人面桃花"还成了一个文学典故。这个爱情故事，给多姿多彩的清明节，又平添了一分异彩。

天壤王郎

典出刘义庆《世说新语·贤媛》

东晋才女谢道韫，父亲是安西将军谢奕，叔父是宰相谢安。谢安的子侄将近20个，其中谢韶、谢朗、谢琰最有才华。谢安喜欢和子侄们一起高谈阔论，不讲究繁文缛节，大家在他面前无拘无束。女孩子中，他最喜欢谢道韫。在平辈兄弟姊妹中，她的诗写得最好，一有新作，总是请叔叔过目指点。

谢道韫后来嫁给了王凝之。王家也是名门望族，王凝之的父亲是赫赫有名的大书法家王羲之。王凝之每天除了写写字外，就是研究玄学，毫无生活情趣。谢道韫从小生活在宽松、和睦的大家庭中，性格开朗，富有情趣，特别喜欢辩论。活泼的她与迂腐的丈夫很难沟通，她对这桩婚事很不满意。

有一次，谢道韫回到娘家，闷闷不乐。谢安关心地问："王郎长得一表人才，你为什么不开心呢？"

谢道韫叹息道："我们这一家里，叔伯辈中、兄弟辈中是何等风流潇洒啊。

想不到，天地之间，还有王郎这种人！"

谢道韫与丈夫不能心心相印，很不幸福。后来，王凝之在孙恩之乱中被杀害，谢道韫一直寡居在会稽。

"天壤王郎"义为天地间竟有这种人。本是谢道韫看不起丈夫王凝之的话，后指妇女对所嫁的丈夫不称心满意。

同仇敌忾

"**同仇**"典出《诗·秦风·无衣》。

> 岂曰无衣？与子同袍。王于兴师，修我戈矛，与子同仇。意思是：谁说没有衣裳？和你同穿战袍。国家出兵打仗，快把武器修好，共同对付仇敌。

"**敌忾**"典出《左传·文公四年》。

> 诸侯敌王所忾，而献其功。意思是：诸侯决心起来讨伐大王（指鲁文公）所痛恨的敌人，上下齐心，打败了敌人后，回来向大王献功。

后人用"同仇"和"敌忾"组合成"同仇敌忾"这个成语，形容怀着无比仇恨和愤怒共同对敌。

痛心疾首

典出《左传·成公十三年》。

> 诸侯备闻此言，斯是用痛心疾首，昵就寡人。

春秋时，秦国和晋国互相以婚姻联系（秦穆公夫人是晋献公女儿。后世称联姻"秦晋之好"就源出于此），秦穆公又曾 3 次替晋国安定君位，晋公子重耳（晋文公）流亡国外，也因秦国相助，得以回国即王位。但由于两国国境相接，双方都要发展自己的势力范围，所以秦晋两国虽属亲戚关系，仍不免发生冲突。

中华典故

从秦穆公到秦桓公的三代中，秦晋两国争战不休。

晋历公即位后，又因边界发生纠纷，于是两国君王互相约在令狐（故址在今山西省猗氏县西）会面，大家订立盟约。可是秦桓公回国后，立刻又背叛了盟约，约楚国攻白狄（秦国边界的小国，是秦敌国，但与晋却是有姻亲之好），楚国答应了。秦国于是派人对白狄说："晋国要攻打你们。"楚国也派人对晋国说，秦国背约和楚国修好，要对付晋国。白狄和楚国都洞穿秦国的用心，全恨秦国背信弃义。晋国派吕相去和秦国绝交，吕相对秦王说："各国诸侯如今都知道秦国唯利是图，不守信用，所以大家都愿意和晋国亲近友好。现在晋国已和各国诸侯做好准备。如果秦国愿意订盟约，我晋国可以劝诸侯退兵，否则，我们与诸侯共同对付秦国"。

后人用"痛心疾首"比喻怨恨非常深，极端痛恨。

土偶与木偶

典出《战国策·齐策三》。

淄上，有土偶人与桃梗相与语。

桃便谓土偶人曰："子，西岸之土也，挺子以为人，至岁八月，降雨下，淄水至，则汝残矣。"

土偶曰："不然！吾西岸之土也，土则复西岸耳。今子东国之桃梗也，刻削子以为人，降雨下，淄水至，流子而去，则子漂漂者将何如耳？"

淄水岸上，有一个泥偶和一个木偶在交谈。

木偶对泥偶说："您，是西岸的泥土，被糅和成人的模样，到了八月时节，大雨下来，淄水一涨，那您就毁坏了。"

土偶人说："不是这样！我是西岸的土，泡散了再回到西岸罢了。您是东方国土上的桃梗，被刻削成人的形状，大雨下来，淄水一涨，把您冲走，那您还不知将要漂到何处去呢。"

后人用"土偶与木偶"比喻人们不应离弃自己赖于生存的故国本土。

兔死狐悲

典出《宋史·李全传》。

> 宝庆三年二月，杨氏使人行成于夏全曰："将军非山东归附那？狐死兔泣，李氏灭，夏氏宁独存？愿将军垂盼。"

南宋时期，山东一带处于金兵控制之下，老百姓不堪忍受金兵的压迫，纷纷起兵抗金。杨安儿、李全等领导的几支红袄军，是规模较大的起义军队。

起义军队遭到金军的残酷镇压，杨安儿不幸牺牲。杨安儿的妹妹杨妙真（号称四娘子），率领起义部队转战各地，继续斗争。杨妙真善骑射，自称梨花枪天下无敌手。在红袄军中被称为"姑姑"。后来，杨妙真的起义军与李全的起义军在磨旗山（今山东莒县东南的马山）会合，杨妙真与李全结为夫妻。1218 年，他们投归宋朝，部队驻扎在楚州（今江苏省淮安县）一带，继续从事抗金斗争。1227 年，他们被南下的金兵包围，战斗失败后投降金军。

1227 年，宋朝派太尉夏全率领兵马攻打楚州，李全处境十分危急。杨妙真心想，夏全原先也是山东起义军的将领，可以对他做一番争取工作，于是派人对夏全说："夏将军不也是从山东率众归附宋朝的吗？可是现在您却带兵攻打我们。狐狸和兔子都是同类，如果狐狸死了，那么兔子就会悲伤哭泣；如果把李全消灭了，难道唯独您能够生存下去吗？希望我们之间不要相互残杀。"夏全终于被说服了。

成语"兔死狐悲"即由此演变而来。意思是，兔子死了，狐狸感到悲伤。比喻因同类死亡而感到悲戚。用于贬义。亦称"狐死兔悲"、"狐死兔泣"。

吴牛喘月

典出《世说新语·言语》。

> 满奋畏风，在晋武帝坐，北窗作琉璃屏，实密似疏，奋有难色。帝笑之，奋答曰："臣犹吴牛，见月而喘。"

晋武帝司马炎时，有一个叫满奋的人，素来怕冷风，一到冬天，更视西北风如猛虎。有一次，他去见武帝，宫中朝北的窗子是用玻璃做屏，这屏做得很密实，但看起来却似很疏松的样子。满奋看了，不禁先打了个冷战，口中虽不敢说，面色上却已做出很为难的样子。

武帝见到他这副尴尬的神气，不觉好笑。满奋不好意思地说："臣犹吴牛见月而喘。"

《世说新语》对"吴牛见月而喘"有如下的解释：在当时，水牛只生长在长江、淮河一带，故称为吴牛。在南方，天气很热，水牛是很怕热的。在晚上见到月亮便以为是太阳，很是害怕，立即气喘起来。所以有"见月气喘"的说法。

后人用"吴牛喘月"形容炎暑酷热，或比喻遇到类似的事物因疑心而胆怯、害怕。

伍子胥过昭关

典出《东周列国志》第七十二回。

春秋时代，楚国武将伍奢与太子建守城父（今河南宝丰县）。国君楚平王不明是非，宠用小人，听信谗言，要废掉太子建。楚平王先把伍奢、伍尚父子杀掉，然后派人到城父杀太子建。伍奢次子伍子胥得到凶信，连忙逃亡，想到吴国去借兵报仇。一天，他到了陈国的昭关（今安徽含山县西北）。陈国是楚国的属国，与吴国相毗邻，只有出了昭关，就能够到吴国去。昭关坐落在两座大山当中，有官兵把守着，并且早已挂了通缉伍子胥的画像公告。凡有出关的人，都得经过官兵仔细盘查。

伍子胥躲在隐士东皋公家里。东皋公说要找一位友人帮他过关。伍子胥担心不能逃出昭关，狐疑不决，夜间寝不能寐，卧而复起，绕室而走，直至东方发白。这时，东皋公叩门而入，见了伍子胥，大吃一惊，说："足下须鬓为什么会变白？"伍子胥取过镜子一看，便抱头痛哭，说："天啊！我的大仇未报，怎么双鬓斑白了！"东皋公劝慰他说："足下不要过于忧虑。你须鬓变白，改了容貌，一时难于辨认，可以混过俗眼。"

过后，东皋公的友人皇甫讷打扮成伍子胥的模样，假装逃犯，慌里慌张地要过昭关，把守关官兵的注意力吸引过来。伍子胥乘机蒙混，逃出昭关。后来，伍子胥做了吴国的宰相，领兵打败了楚国。这时候，楚平王早已死了，伍子胥掘坟鞭尸，替父、兄报了仇。

"伍子胥过昭关"，比喻人忧虑过度，使人显得苍老。

新亭对泣

典出《世说新语·言语》。

> 过江诸人，每至美日，辄相邀新亭，籍卉饮宴。周侯中坐而叹曰：
> "风景不殊，正自有山河之异。"皆相视流泪。唯王丞相愀然变色曰：
> "当共戮力王室，克复神州，何至作楚囚相对。"

东晋大臣王导，字茂弘，琅玡临沂（今属山东）人。西晋末年，他向琅玡王司马睿献计把朝廷移往南方。司马睿称晋元帝后，王导任丞相。王导是个很有才干的人，深得元帝信任，他与堂兄王敦共掌兵权，镇守长江上游。当时人们说："王家与司马，共同管天下。"

当时一位名士叫桓彝，刚从北方过江，他见东晋王朝势单力薄，心中担忧。他对另一位颇受王导赏识的名士周颉说："我就是看到中原一带战乱纷纷，难以自保，自以渡江南来。不料朝廷势力如此微弱，如何能保护我们呢？"后来，他去见了王导，畅谈了一番。回来后，他欣慰地对周颉说："王导是个管仲那样的贤相，晋朝振兴有望，我不再忧愁了。"

建康城南有个新亭，一批跟随晋元帝渡江南下的士大夫们，每周闲暇之时，喜欢邀约着新亭聚会。有一次正在饮酒时，周颉怀念起北方，心中难受，就重重地叹息一声，然后说："到处的风光都是如此美好，可是国家的江山却与过去不一样了。"在座的人听周颉一说，都生发出对故土的思念，大家无可奈何地默默对视，不觉流下泪来。

大伙儿正在伤感，丞相王导一下子变了脸色，生气地说："大家应当努力同心，辅佐朝廷，收复神州失地，为什么要学楚国囚徒那样哭哭啼啼呢？"众人听了很惭愧，连忙擦干眼泪，感激丞相的开导。

后人用"新亭对泣"的典故比喻处境困难，含悲忍辱，束手无策；或形容怀念故国故土的哀伤情状。

想当然

典出范晔《后汉书·孔融传》。

公元 203 年，曹操为了彻底消灭袁氏割据势力，又出兵北方，进攻袁绍的儿子袁尚等人。他的第二个儿子曹丕也随从出征。破城后，曹丕率兵进驻袁氏府第，袁氏的妻子儿女，多数遭到了侵犯掠夺。曹丕遇见了来不及逃走的袁绍夫人和袁绍的儿子袁熙的妻子甄氏。他一眼便发现甄氏长得非常漂亮，便把比他大五岁的甄氏纳为夫人。

此后，曹丕就在邺城留住了十多年。他本人富有文学才能，因此邺城聚集了不少文人，其中孔融、王粲、陈琳等 7 人经常在一起游乐，赋诗唱和，形成一个文学集团。曹丕就称他们为"建安七子"。在"建安七子"中，孔融的年岁较大。此时，正在邺城的孔融知道曹丕私自娶了袁熙的妻子甄氏后，便写了一封信给曹操，说是从前周武王伐商纣王的时候，把纣王的宠妃妲已赏给了周公。曹操读了这封信，没有领悟到其中的意思，后来遇到孔融就问信中写的那件事出自什么经典。孔融笑着回答说："这是我用现在的情况推想过去，应当是这样的吧。"

原来，孔融是对曹丕的做法不满，所以编造了这个典故来加以讽刺。后来人们根据这个故事，把凭主观想象认为如此，与事实并不相合的情况称为"想当然"。

一日夫妻，百日恩义

典出《聊斋志异·张鸿渐》。

张鸿渐是永平府的名士。知府赵某贪暴，有一次用刑打死了姓范的秀才。该府所有秀才都大怒，由张鸿渐执笔向巡抚告状。谁知赵某用重金贿赂上级，结果赵某被判无罪，反而把告状的秀才都抓了起来。张鸿渐于是夜逃，到凤翔府时路费用光了，又迷了路，幸亏遇见一个名叫施舜华的狐仙庇护了他。二人做了情人，非常恩爱。一天，鸿渐对舜华说："我离家三年了，非常想念妻子，你是狐仙，千里路一刻可飞到，能不能带我回去看看她呢？"舜华不高兴地说："我和你这么要好，你却守着我心里想老婆，那么你对我的恩爱都是假的了！"鸿渐说："你怎么这样说呢？'一夜夫妻，百日恩义'嘛，以后我想念你，就和今日想念她一样，假如我得新忘旧，岂不是忘恩负义的人？"舜华笑道："那么我送你回去吧!"于是拿个竹枕头,两人跨着,叫张鸿渐闭上眼睛,只听耳边风声飕飕,不久落地。睁开眼睛,舜华已不见了,人已到家,翻墙进去,其妻惊起,问清是丈夫回来了,便挑灯挽手呜咽。恰有恶少年平时见张妻很美,心里想她。这次见张鸿渐翻墙进去,以为是张妻的野男人,于是也跳墙进来"捉奸"。等到看清是张鸿渐,就要挟道:"张鸿渐是逃犯,竟敢回家?除非你和我好,不然我就去报案。"张鸿渐愤火中烧,拔刀直出,砍杀了恶少,第二天向官厅自首。官厅因张是在逃犯,现在又杀了人,立刻派两个差人押他上京城去,脚镣手铐,戒备森严。途中遇一女子骑马而来,原来是舜华。张鸿渐大声呼救,舜华以手指械,则手脚镣铐立落,引之上马,马行若飞,片刻已至山西太原。施舜华让张下马,说道:"我们从此永别了。"掉头而去,从此再未相见。张鸿渐在太原一躲十年,他儿子长大了,考上了进士,做官了,他才敢回家。

后人用"一日夫妻,百日恩义"的典故比喻应珍视夫妻深情。

一往情深

典出南朝宋代刘义庆《世说新语·任诞》。

桓子野每闻清歌,辄唤奈何,谢公闻之曰:"子野可谓一往有深情。"

东晋时,有一位名将叫桓伊,谯国县(今安徽宿县西南)人,字叔夏,小字子野(一作野王)。桓伊初任淮南太守,后迁都督豫州诸军事、西中郎将、豫州刺史。公元383年,秦苻坚南下,桓伊与谢玄、谢琰大破秦军于淝水,稳定了东晋的偏安局面。后迁都督江州荆州十郡、豫州四郡军事、江州刺史。他虽建有勋功,却从不居功自傲。

桓伊喜好音乐,善吹笛,当时称为"江左第一"。他也很喜欢听别人唱歌,每当听到优美的歌声,就情不自禁,激动不已。当时的政治家谢安也喜爱音乐,他见桓伊对音乐如此倾心,说:"桓子野对音乐真是一往深情啊!"

后人将"一往有深情"简化成"一往情深"形容对人或事物倾注了深厚的感情。

怡情悦性

典出《红楼梦》第十七回。

> 你们不知，我自幼于花鸟山水题咏上就平平的；如今上了年纪，且案牍劳烦，于这怡情悦性的文章更生疏了，便拟出来，也不免迂腐，反使花柳园亭因而减色，转没意思。

大观园修造成功之后，贾珍等来请贾政，要他去园中看看，如有不妥之处再行改造，并且好题匾额对联。贾政听了，沉思了一会儿说："题匾额对联，论理该贵妃（指贾元春）赐题，然贵妃未亲观其景，也难悬拟。但若等贵妃游历之后再题，偌大景致，任是花柳山水，也断不能生色。"跟随贾政的众清客在旁笑着说："现在可根据不同景致拟个灯匾对联挂了，待贵妃游历时最后定夺，岂不两全？"贾政听了道："对，我们且去看看，该题的就题，如若不妥，还可请雨村再拟。"众人听了都笑着说："老爷今日一拟定佳，何必又待雨村。"贾政笑了笑说："你们不知，我自幼于花鸟山水题咏上就平平的；如今上了年纪，且案牍劳烦，于这怡情悦性的文章更生疏了，便拟出来，也不免迂腐，反使花柳园亭因而减色，转没意思。"众清客道，这没有什么关系。我们看了大家都拟，拟得好的就采用。贾政说："这话说得好，就这么办。今天天气和暖，大家去逛逛。"

后人用"怡情悦性"表示使心情舒畅愉悦。

倚门而望

典出《战国策·齐策六》。

> 王孙贾年十五，事闵王。王出走，失王之处。其母曰："汝朝出而晚来，则吾倚门而望；汝暮出而不还，则吾倚闾而望。"

齐国有个人名叫王孙贾，15岁做了齐闵王的侍从。有一次齐国与燕国作战，吃了败仗，齐王出奔于莒。但是王孙贾却不知道齐王到哪里去了。他母亲责备他没有像父母关心儿子那样去关心齐王，并以自己关心儿子的心情、行为来教育王孙贾说："你早晨出去，晚上回来，我都靠在家门边来望你；你晚上出去许久不见回来，我就靠在里门口来望你。"王孙贾的母亲进而还斥责他说："你是齐王的侍从，齐王到哪里去了你都不知道，你为什么还要回家来？"王孙贾听了母亲的教训，马上去找。他到了市中，打听到淖齿作乱把齐王杀了，于是就对市上的人说："齐王被淖齿杀了，我一定要诛杀淖齿。愿意同我一道去诛杀淖齿的，请把右臂袒露出来。"当时市上的人跟随王孙贾去诛杀淖齿的，竟有 400 多人。他们和王孙贾一道去把淖齿杀了，为齐王报了仇。

后人用"倚门而望"或"倚间而望"来形容父母盼望子女归来的殷切心情。

忧心忡忡

典出《诗经·召南·草虫》。

> 未见君子。忧心忡忡。

《草虫》是《诗经》里的一篇诗歌的名子，这首诗可能是周代的一首民谣。《诗序》说："《草虫》，大夫妻能以礼自防也。"但《诗经·召南》上的这首《草虫》并未有此意，只是写了一个女子对丈夫的怀念和相见时的喜悦。诗中写道：没有见到君子，心中忧虑不安。

后人用"忧心忡忡"形容心事重重，不能安静。

忧心如焚

典出《诗经·小雅·节南山》。

> 赫赫师尹，民具尔瞻，忧心如惔。

周幽王是西周的最后一位国王，公元前 781～前 771 年在位。他是在中国历史上的一位有名的昏君。在位期间，任用尹氏（师尹）等人执政，政治混乱，势甚危殆。再加上当时严重的地震和旱灾，人民大众流离失所，国家日趋衰败。面对这种情况，家父（亦作嘉甫或嘉父，周大夫）十分忧虑，便写了《节南山》一诗刺幽王。诗中，家父用讽刺的笔法揭露了尹氏的罪行，希望周幽王明察，以延续周室的统治。诗中写道："煊赫显贵的太师尹氏，人民都瞪着眼睛瞧着你，忧愁的心里像烈火在燃烧……"周幽王对大臣们的劝谏根本听不进去，照样重用这些人，加重对人民的剥削。而且，周幽王宠爱褒姒，废掉申后和太子宜臼。后来，申侯联合犬戎等攻周，周幽王被杀于骊山下，西周遂告灭亡。

"忧心如焚"即愁得心里像火烧。人们常用这句成语形容内心焦虑不安。

泽神委蛇

典出《风俗通·世间多有见怪惊怖以自远者》。

齐公出于泽，见衣紫衣，大如毂，长如辕，拱手而立。还归寝疾，数日不出。有皇士者见公语，惊曰："物恶能伤公？公自伤也。此所谓泽神委蛇者也，唯霸王乃得见之。"于是桓公欣然笑，不终日而病愈。

齐桓公外出，路过一片大泽，看见一个身穿紫色衣服、如车毂一样大、如车辕一样长的怪物拱手而立，受了惊吓，回宫后就病倒在床，好几个月不能外出。

齐国人皇士见到桓公，听他叙述后惊喜地说："怪物那能伤害您呢？是您自己惊吓自己了。这是泽神委蛇，只有称霸诸侯的人才能见到啊！"

于是齐桓公高兴地笑起来当天病就好了。

后人用"泽神委蛇"的这个典故说明，齐桓公病得快，好得也快，都是心理作用。后来人们用此典故比喻心理作用的力量。

昭君出塞

典出《汉书》。

和亲是中国封建统治者与周围少数民族缓和矛盾，促进民族经济文化交流的重要手段之一。最早的和亲是汉高祖刘邦以宗室女嫁给匈奴单于。和亲次数多的是汉朝与唐朝。

汉朝最著名的和亲是汉元帝把王嫱按公主的礼节嫁给匈奴呼韩邪单于。王嫱本名昭君，入宫后改名嫱，她出身于小康人家，知书达理。在后宫，她只是个宫女，但却很识大体，听说要在宫女中选人去匈奴和亲，她主动要求去，得到了元帝的同意。元帝特别命人请了匈奴妇女来给王昭君讲匈奴的风俗习惯、妇女的礼节，还教她匈奴话；还找来许多乐工，教她琵琶、胡琴等。昭君天生聪颖，很快就学会了。

一切都准备就绪之后，呼韩邪单于亲自到长安迎娶。新郎新娘以父礼拜见汉元帝，得到许多赏赐。新婚之后，夫妻离开长安，文武百官代替皇帝送出十里长亭。在向匈奴进发的路上，王昭君写了一首琵琶曲《昭君怨》，诉说自己离开中原，永别父母的忧伤。

王昭君远嫁匈奴，带去了许多先进的生产工具、良种、医药和大量的中国书籍，使匈奴地区的农业生产有了进一步的发展，文化进一步汉化，促进了匈奴的社会发展。

呼韩邪单于很仰慕汉族文化，很尊重昭君，夫妻两人感情很融洽。呼韩邪单于死后，根据匈奴习俗，昭君又嫁给了新立的单于。昭君连续做了两代单于之妻，在匈奴极富人望。她死后，匈奴人根据她的遗嘱，在归化（今呼和浩特）一块向阳的风水宝地为她修了座坟。沙漠地区干旱寒冷，大多数地方只在夏季很短的一段时间才长青草。但昭君墓一年中大部分时间都翠草葱茏，因此人们称昭君墓为"青冢"。

中流击楫

典出《晋书·祖逖传》。

　　仍将本流徙部曲百余家渡江，中流击楫而誓曰："祖逖不能清中原而复济者，有如大江！"辞色壮烈，众皆慨叹。

东晋时候的祖逖，是一位仗义豪侠、忧国忧民的志士。他看到国家失去了北部大面积的地盘，非常痛心。他决心为国家收复失地，重振国威。

晋元帝司马睿在建康定都的时候，祖逖在京口召集了一些勇士，准备北上抗击外族的侵略。他上书晋元帝说：

中华典故

"晋朝所以遭到侵略，是由于藩王争权，自相诛灭，才给敌人造成机会。今天百姓在外族的欺压之下，都有奋击之志、报国之心。您如果能够发威命将，让我做统主，则各方豪杰都会投奔而来，敌兵去除，国耻可雪……"

皇帝答应了祖逖的请求，命他为奋威将军、豫州刺史，拨给他一千人的给养、三千匹布，让他自己去招募兵卒、制造兵器。

祖逖准备停当，带领部民一百多家，渡江北上。船离开南岸，渐渐划到大江中流，大家回望南土，心中都很激动。祖逖望着江心的浪花，手敲着船桨，向众人发誓说：

"我祖逖如果不能肃清中原的贼寇，收复失地，就如江水一样，一去不回！"

"对，我们都跟着你，不打败敌人决不回家！"船上的勇士们都鼓足了勇气，发誓报效国家。

祖逖过江之后，先造兵器，后招兵马，成千成万的人闻讯而来，很快就组成了一支强大的军队。

祖逖勇敢善战，很会用兵，加上他对部下和士卒体贴入微、关怀备至，士卒都愿意为他出生入死、舍命战斗。他接连打了几个胜仗，收复不少城池，不久黄河以南又成为晋朝疆土。祖逖对待有功的军士当天就奖赏；对待投降的敌军将士以礼相待；鼓励百姓植桑种地，自己也叫家人、子弟种地务农，上山砍柴；对战死的士卒收尸埋骨，亲自祭奠。他的这些做法深得老百姓拥护。老百姓自发地为祖逖举行庆功大会，称他为"重生父母"。有人编出民谣赞颂他：

> 幸战遗黎免俘虏，
> 三辰既郎遇慈父。
> 玄酒忘劳甘瓠脯，
> 何以咏恩歌且舞。

晋元帝听说祖逖屡建功绩，也很高兴，封他为镇西将军。

成语"中流击楫"就是由此而来，后人用它形容忧国忧民的慷慨之情。

种花一年，看花十日

典出《醒世恒言·灌园叟晚逢仙女》。

宋朝仁宗年间，平江府长乐村有个种花老头名叫秋先，他爱花入了魔，遇见好花，将衣服典当了也要买回。日积月累，家里成了个花园，那花园遇花开时，烂如锦屏，一花未谢一花又开。他早晚灌水、施肥，晚上坐于花下饮酒歌啸，自半含至盛开，未尝暂离。他花谢则葬花，花被泥污则浴花。他平生最恨的是攀枝摘朵，以为离枝去干，如人遭横祸，因此，轻易不让闲人进园。

城中有个官家子弟叫张委，是仗势欺压良善、奸狡刻薄的人。这日，张委带了如狼奴仆、助恶无赖从秋先门口过，恰值牡丹盛开时节，园中黄魏紫，光华夺目，张委等强闯入园，又攀又摘，把秋先急得叫苦连天，舍命阻拦。被秋先一头撞倒后，张委心中转恼，率众把牡丹打得只蕊不留，扬长去了。只气得秋先抢地呼天，满地乱滚。众邻居扶起秋先，劝慰一番，议论道："自古道'种花一年，看花十日'，这些花不知费了多少辛苦，难怪他爱惜。"

那秋先饭也不吃，哭了又哭，竟感动得花仙下凡，令落花上枝。起初每本一色，如今一本五色俱全，比先前更觉鲜妍。消息传开去，满村男女皆至，都道神仙下降。张委听了不信，率众前来一看，原来真有此事，心下艳羡，便生了独占此园的念头。于是设下毒计，径到平江府衙首告秋先妖术惑众，图谋不轨。大尹听信，一索把秋先拘来，投入狱中。

那张委不胜欢喜，到秋先园中饮宴，却见园中牡丹又一朵不存。正奇怪间，忽一阵大风，把地上花朵吹得都直竖起来，眨眼间俱变成尺许女子举袖扑来，将张委吹入粪窖淹死了。

平江府大尹访知秋先冤屈，遂放了秋先。秋先自此日饵百花，谢绝烟火食物，数年之后，被天帝封为护花使者，拔宅飞升，成仙而去。

后人用"种花一年，看花十日"的这个典故比喻劳动成果得来不易，劝人爱惜。亦有青春短暂，宜善自珍惜之意。

惴惴不安

典出《诗经·秦风·黄鸟》。

临其穴，惴惴其栗。

公元前 621 年，春秋五霸之一秦穆公死时，决定让 100 多个活人殉葬，其中包括秦国大臣子车氏家族的奄息、仲行、针虎。这 3 个人都对国家作出过贡献，是受百姓尊敬的良臣。对他们的不幸遭遇，秦国人民深表同情和痛惜，对他们 3

个人中的每一个，人们都愿意用 100 个人的生命去赎取。为了表示对这 3 个良臣的惋惜，对暴君的憎恨，秦人作了《黄鸟》这首挽歌。这首歌的大意如下：

黄雀叫叽叽，
在酸枣树上歇息。
谁跟穆公去了？
子车家的奄息。
说起这位奄息，
一人能与百人匹敌。
走近了墓穴，
忍不住浑身战栗。
苍天啊苍天！
为什么让好人统统死去？
如果允许赎他的命，
我们愿意以百换一。

黄雀叫叽叽，
飞来桑树上歇息。
谁跟穆公去了？
子车家的仲行。
说起这位仲行，
百人莫敌。
走近了墓穴，
忍不住浑身战栗。
苍天啊苍天！
为什么让好人统统死去？
如果允许赎他的命，
我们愿意以百换一。

黄雀叫叽叽，
飞到牡荆树上歇息。
谁跟穆公去了？
子车家的针虎。
说起这位针虎，

以一当百不含糊。

走近了墓穴，

忍不住浑身战栗。

苍天啊苍天！

为什么让好人统统死去？

如果允许赎他的命，

我们愿意以百换一。

成语"惴惴不安"即由此变化而来，形容因为害怕或担心而不安定的样子。惴惴：恐惧、担忧的样子。

姊姊和兄弟

典出《史记·刺客列传》。

韩相侠累方坐府上，持兵戟而卫侍者甚众。聂政直入，上阶刺杀侠累，左右大乱。聂政大呼，所击杀者数十人，因自皮面决眼，自屠出肠，遂以死。韩取聂政尸暴于市，购问莫知谁子……政姊荣闻人有刺杀韩相者，贼不得，国不知其名姓，暴其尸而县之千金，乃於邑曰："其是吾弟与？"如韩，之市，而死者果政也，伏尸哭极哀，曰："是轵深井里所谓聂政者也。……今乃以妾尚在之故，重自刑以绝从，妾其奈何畏殁身之诛，终灭贤弟之名！"大惊韩市人。乃大呼天者三，卒於邑悲而死政之旁。"

公元前 397 年（周安王五年），有一天，韩国的相国侠累正在办理公事，大门外突然跑进一个人来。他说："有要紧的事报告相国。"卫兵一见那个人莽莽撞撞地跑进来，就过去挡他。哪知道这几个卫兵被他一推，就都躺下了。他推倒了卫兵，飞也似的跑到大厅上，掏出匕首来朝着侠累就刺，一下子刺穿了胸口。当时一片大乱，大伙都嚷着："有贼！有贼！"马上关上大门，卫兵全拥了过去。那个刺客拿着匕首，就在自己的脸上横一刀、竖一刀地划着，又用手指头挖出自己的眼珠子，然后切开肚子把肠子都拉出来。大伙儿一瞧，都愣了。紧接着，那个刺客又在脖子上抹了一刀，才躺下了。

早就有人禀报了韩烈侯。韩烈侯就问："刺客是谁？"大伙儿都说："那个刺客已经瞧不出来模样了。谁还认得出来？"韩烈侯一定要查办那个主使的人和刺客的家属，好给相国报仇。可是刺客的面目都认不出来，上哪儿去打听他的姓名和来历呢？连行刺的人都查不出来，更别想去查办主使的人了。韩烈侯就叫人把刺客的尸首放在街上，给来往的人辨认。又出了一道悬赏令，说："谁要是认得刺客，能说出他的姓名来历的，赏黄金一千两。"有的人想发横财，都来认一认。可是，那尸首的面目已经划得乱七八糟不像样了，两只眼睛都没了。一连放了好几天，看的人不知道有多少，可就是没有一个能认得出来。

这桩没名、没姓、没来历的凶杀案不但轰动了整个韩国，附近的国家也都传遍了。魏国轵邑（在河南省济源县）有个女子叫聂嫈。她一听见这个消息，就哭起来了。她对她丈夫说："哎呀，刺死侠累的一定是我兄弟！兄弟，你死得好惨啊！"聂嫈的丈夫说："你怎么知道是他？"她说："我兄弟有个恩人，叫严仲子。他老帮我们家的忙。我嫁给你的时候，嫁妆都是他帮忙办的。我娘死了，丧事也是他帮的忙。"聂嫈的丈夫想了想，说："哦！我想起来了。我光知道严仲子跟韩国的相国有点私仇，那也不过是争权夺利罢了。做大官的谁没有私仇呢？为了别人的私仇白白地牺牲了自己的生命，我看你兄弟不会那么傻的。"聂嫈瞪着眼睛说："你可别这么说。严仲子是有仇报仇，我兄弟是有恩报恩。恩怨分明，也是大丈夫啊。"

原来严仲子和侠累一起在韩国做官，两个人有仇恨。有一天，严仲子说侠累不好，侠累把严仲子骂了一顿。严仲子就拔出宝剑去刺侠累。幸亏旁边的人将两人拉开了，总算没出事。严仲子怕遭到相国的毒手，就离开韩国，到各处去找刺客，一心想杀死侠累。

严仲子到了齐国，遇见一个宰牛的，长得挺魁梧，又有力气。听他的口音，不像是齐国人。严仲子跟他一谈，才知道他是魏国人，叫聂政。聂政曾经推荐一个朋友给他的主人。那位朋友很会奉承，不到一年工夫，就当了管家，反倒把聂政轰出去。聂政在气头上把那个管家杀了。当时就带着他的母亲和姐姐逃到齐国，给人家宰牛，勉强度日。严仲子一听他的来历和他的遭遇，就把自己的心事告诉了他。两个人便成了好朋友。严仲子的家里是挺富裕的，他送了聂政几千两黄金，还帮着聂政奉养他母亲，又预备了一份很体面的嫁妆把他姐姐嫁出去。过了一年，聂政的母亲死了，严仲子又帮助他办丧事。严仲子在聂政身上花了这么多钱，就是要买动他的心让他替自己报仇。

"我的母亲安葬了之后，"聂嫈接着说，"我就知道兄弟一定要替严仲子报仇了！"她的丈夫说："为什么？"她说："因为我兄弟当初没答应他去刺死侠累，只因为扔不下母亲。如今母亲死了，他哪还能不去呢？我料定韩国街上放着的尸首一定是我兄弟。"他丈夫说："他就这么没名没姓地死去，也未免太冤枉了。"聂荌说："说得是啊！我打算到韩国去，看看到底是不是。"

聂荌是个急性子，说走就走。她到了韩国，那个没有眼睛的尸首，已经在街上放了八天了。她一见这尸首，就趴在上头号啕大哭起来。看尸首的士兵问她："他是你什么人？"她说："他是我兄弟，我是他姐姐。我叫聂荌，我兄弟是轵邑地方的一个侠客。他刺死了这里的相国，唯恐连累我，所以毁了面目，打算就这么没名没姓地死去。可是我哪能那么贪生怕死，让他的名声被埋没啊？"那些看尸首的人说："你兄弟叫什么名字？主使他的人是谁？你好好说出来，我们替你去请求主公，饶你不死。"聂荌说："我要是怕死，就不会来了。我来认尸，为的就是要传扬他的名字。他的事他知道，我不能替他说。""那么，你的兄弟到底叫什么名啊？"她说："他是侠客聂政！"说完，就在石头柱子上撞死了。他们把这事报告了韩烈侯，韩烈侯叹息着说："聂政哪是侠客啊！他只不过是被人收买的一个暴徒罢了。聂荌倒有些侠气。"于是叫人把姐弟俩的尸首埋了。

由这个故事看来，聂政固然是忠心耿耿地为收买他的人效劳，而且不肯连累主使的人，其心可嘉，但同时他的死又是没有意义的为别人卖命而死。他的姐姐聂荌倒是敢做敢当的人。

自惭形秽

典出《晋书·卫玠传》。

> 珠玉在侧，觉我形秽。

晋怀帝时，国内有一位知名人士，名叫卫玠。卫玠27岁那年突然死去，当时人们流传说："卫玠是被人'看'死的！"

原来卫玠生下来就相貌不凡，有一种特别的姿态和风韵，说话、走路、接人、待物皆与一般孩子不同，人人见了欢喜。

卫玠的祖父和父亲都是朝廷的大官。卫玠稍微懂事以后，有一天赶着用羊拉的车进城去。他经过市场，人们见到他都十分惊讶，互相议论说："瞧，他多像用玉雕成的人哪……"顷刻之间，几乎全城的人都来观看他，以为是奇迹。

卫玠的舅舅王济，是骠骑将军，生得英俊健伟，很有风采。可是他一见到小外甥，就感慨地说："卫玠和我站在一起，就像明珠、宝玉在我身边一样，我觉

得自己的形象太难看了。同他一块走，好像是一颗明珠在身旁闪烁，熠熠发光啊！"

卫玠虽然长得异常俊美，又很有学问，但是身体多病，弱不禁风。后来卫玠到了建邺，京师人们早听说他姿容非凡，都想见见他。他走到街上，看他的人像城墙一样，将他围得水泄不通，没过几天，卫玠由于劳烦过度，很快就死了。

后来由此演变成"自惭形秽"一句成语。惭：惭愧之意，形秽：指形态丑陋，因容貌丑陋而感到不如别人。"自惭形秽"比喻自愧不如别人。

形貌篇

抱头鼠窜

典出《汉书·蒯通传》。

> 始常山王、成安君故相与为刎颈之交，及争张黡、陈释之事，"常山王奉头鼠窜，以归汉王。"

楚汉相争时，曾跟随项羽的韩信看到项羽有勇无谋，又不善于用人，便投归了刘邦。在萧何的极力推荐下，刘邦重用了韩信。在刘邦和项羽于荥阳、成皋间对峙时，韩信率军抄了项羽的后路，破赵取齐，占据了黄河下游之地。后被刘邦封为齐王。

这时，有一个叫蒯通（蒯通本名叫蒯彻，因避汉武帝刘彻的讳，改为蒯通）的人来见韩信。他对韩信说："楚汉相争已经几年了，可仍然这么僵持着，他们之间究竟谁胜谁败，大王有举足轻重的作用。你不如谁也不帮，谁也不靠，以齐地为根据地，和他们三分天下，然后再图谋统一全国。"韩信听罢，说："汉王待我这么好，我怎么能忍心背叛他呢？"蒯通说："当初常山王张耳和陈馀是割了脑袋都不变心的好朋友，可是张耳在被迫无奈的情况下，抱头鼠窜，归了汉王，并借汉王之兵消灭了陈馀。现在大王和汉王的交情不见得比张耳和陈馀的交情深。古人说得好：'飞鸟尽，良弓藏；狡兔死，走狗烹。'大王的功劳太大，汉王没法赏您；大王的威名只能叫汉王害怕。我真替大王担心啊！"虽经蒯通反复劝说，韩信始不肯背叛汉王。

后来，刘邦消灭了项羽，平定了天下。但韩信却以谋反罪被吕后诛杀。临死前，韩信感叹地说："我悔不该当初不听蒯通的劝告，以致死在妇人小子之手。"

"抱头鼠窜"这句成语原来是形容常山王张耳窘迫逃亡，如老鼠逃窜的情形。后人用这个典故比喻敌人逃跑时的狼狈相。

暴跳如雷

典出《孔雀东南飞》。

我有亲父兄，性情暴如雷，恐不任我意，逆以煎我怀。

刘兰芝 17 岁那年嫁给焦仲卿为妻。她到焦家上侍公婆，下抚弟妹，殷勤周到。可恨她婆婆性情古怪，苛刻凶狠。她规定刘兰芝每天除做家务事外，还要织绢五匹。刘兰芝起早贪黑、累死累活地做完了这一切，她婆婆还不满意，硬要把她赶回娘家去。刘兰芝与焦仲卿感情深厚，不忍分离。焦仲卿向他母亲跪拜求情，要求留下兰芝，但焦母十分专横，非要焦仲卿休弃刘兰芝另娶不可。

在焦母的威逼下，焦仲卿不得已，只好对刘兰芝说："我本来舍不得你，但母亲威逼太甚，我实在无法，只得望你回家暂避一下，过些日子我再来接你。"

两人含泪相叙，难舍难分。临别之时，夫妻俩都坚决表示：男不再婚，女不再嫁，彼此从一而终。可兰芝想：回家之后，母亲面前倒还好说，哥哥那关就难过了，因此她对焦仲卿说："我有亲父兄，性情暴如雷，恐不任我意，逆以煎我怀。"（我哥哥性情暴躁蛮横，回家之后，恐怕由不得我，很可能不能使我如愿。）

事情果如刘兰芝所料：回家之后，她哥哥立即逼她改嫁；兰芝不从，就在一个晚上投水自尽了。焦仲卿得到兰芝自尽的噩耗之后，悲恸欲绝，也于当天晚上在花园中自缢而死了。

后来"性情暴如雷"中的"暴如雷"被说成"暴跳如雷"。

后人用"暴跳如雷"表示急怒得蹦跳呼喊，好像打雷一般猛烈，用来形容人又急又怒的样子。一般含贬义。

不卑不亢

典出《红楼梦》第五十六回。

他这远愁近虑，不抗不卑，他们奶奶就不是和咱们好，听他这一番话，也必要自愧的变好了。

一天吃过早饭，平儿到探春处聊天。平儿、探春和宝钗三人取笑了一回，便谈起正经事来。

探春认为她们住的园子应该改变一下管理办法，应从园子里的老妈妈中拣出几个老成本分、懂得园圃的人收拾料理。这样，一则有专人培养花木，园子会一年好似一年；二则不致白白糟蹋东西；三则老妈妈也可得点额外收益，不枉成年在园中辛苦；四则可以节省勤杂人员的开支。用这个办法可把园子管理得更好。宝钗点头笑道："善哉……"李纨也说："好主意……"平儿说："这件事须得姑娘说出来。我们奶奶虽有此心，未必好出口。"宝钗听了，忙走过来，摸摸平儿的脸笑道："你张开嘴，我瞧瞧你的牙齿舌头是什么做的？从早起来到这会子，你说了这些话，一套一个样子：也不奉承三姑娘，也不说你们奶奶才短想不到；三姑娘说一套话出来，你就有一套话回奉，总是三姑娘想得到的，你们奶奶也想到了，只是必有个不可办的原故——这会子又是因姑娘们住的园子，不好因省钱令人去监管……他这远愁近虑，不抗不卑，他们奶奶就不是和咱们好，听他这一番话，也必要自愧的变好了。"

后人用"不亢不卑"来表示既不高傲，也不自卑。"不亢不卑"也作"不卑不亢"。

步步金莲

典出民间故事。

南唐最后一个皇帝李煜对治理国家一窍不通，但却是个风流才子，琴棋书画、诗词歌赋无所不通。他犹其擅长的是填词和音乐。他的词在中国诗歌史上独树一帜，自成一派，有很高的研究价值。

有一天，李煜来到秦淮河上游玩，小船在轻风明月下慢慢荡漾，两旁是灯红酒绿的歌舞场。忽然，一阵歌声随风飘来，清脆婉转，娓娓动听。仔细一听，他才听出唱的正是自己写的《望江南》，于是便命随从驾船循声寻找那歌女。找到一家歌舞伎院，一看，唱歌的是一个妙龄少女，长得亭亭玉立，花容月貌，名字叫窅娘。李煜一见窅娘，非常喜欢，又看她能歌善舞，就把她带回宫去。此后，常常是李煜填词作曲，窅娘依照词曲载歌载舞，两人相得甚欢。

这年秋天，风和日丽，李煜带着窅娘在一片盛开的荷花池赏景。只见池内莲花朵朵，绿叶婆娑，美丽极了。李煜看得出了神，随口说："如是有人脚如红菱，

能在这摇摆的荷花上歌舞，真有如仙女一样了!"窅娘听了，心中一动。回到宫中，她就用长长的绸带把自己的脚缠成红菱形状，然后命人用金箔打造了8朵荷花。

一切都准备好了，窅娘就请李煜前来饮酒。酒席宴上，窅娘命人推上8朵金荷花，自己脱去鞋子，露出缠得尖尖的脚，在荷花上轻歌曼舞起来。她时而长舒广袖，时而轻盈跳跃，细腰袅袅，舞姿翩翩。李煜在一旁看得心旷神怡，不觉叹道："真是步步金莲啊!"

从此，人们常把女人的脚叫"金莲"。据说也是从那个时候起，中国的女人以缠足为美，而且缠得越小越尖越好。

不翼而飞

典出《管子·戒》。

无翼而飞者声也。
又见《国策·秦策三》。
众口所移，毋翼而飞。

战国时，秦国派大将王稽去攻打赵国的都城邯郸，一连17个月都没攻下。这时，有个叫佚庄的人向王稽献计说："你为什么不赏赐赏赐部下呢？这样可以鼓舞他们的斗志。"王稽回答说："我执行的是秦王的命令，不用你多嘴多舌的。"佚庄见王稽这样骄横，非常生气地说："你独断专行，轻视士兵已经很久了，这是不对的。我听说，假如有3个人谎报街市上有老虎，听的人就会信以为真；如果有10个人弯一个木槌，就会把木槌弄弯；如果大家都口头传播一个消息，消息没有翅膀也会到处飞行。可见，民众的力量是很大的，你还是赏赐你的部下吧。"王稽始终不听佚庄的劝告。

后来，王稽的部下作起乱来，对战事更加不利，秦王非常恼火，就把他杀了。

后人用"不翼而飞"这个典故比喻言论和消息不待宣传就迅速地传播，但沿用下来，除了这层意思以外，有时也比喻东西突然丢失。

曹操下宛城

典出《三国演义》第十六回。

曹操，字孟德，小名阿瞒，谯郡（今安徽亳县）人。东汉末年，他在镇压黄巾起义中，逐步扩充军事力量。公元 192 年（初平三年），他占据兖州，分化、诱降青州黄巾军的一部分，编为"青州兵"。公元 196 年（建安元年），曹操迎献帝进都许昌（今河南许昌东），以其名义发号施令，先后削平吕布等割据势力。官渡之战，他大破世族军阀袁绍以后，逐渐统一了中国北部。公元 208 年（建安十三年），曹操进位为丞相，率军南下，被孙权和刘备的联军击败于赤壁。他曾封魏王，其子曹丕称帝后，追尊他为魏武帝。

公元 197 年（建安二年），曹操正欲起兵征吕布。忽然，流星快马报说，张济自关中引兵攻南阳，为流矢所中而死，他的侄儿张绣统其众，屯兵宛城，欲攻曹操。曹操起兵 15 万，攻打宛城。张绣率军抵抗，因寡不敌众，只好投降曹操。

曹操得胜，引兵进驻宛城，霸占张济的老婆邹氏，每日取乐，不想归期。张绣知道后，破口大骂："曹操这个老贼，欺我太甚！"决心要报仇雪恨。他事先分兵四寨，准备好弓箭、兵器，并用酒灌醉曹操的卫士，然后在夜间偷袭曹营。结果曹兵大败，曹操在慌乱中上马逃奔，右臂中了一箭，马也被射死。他连爬带滚地逃出宛城，差点被张绣捉住。

"曹操下宛城"形容吃了败仗的狼狈相。

侧目而视

典出《战国策·秦策一》。

> 妻侧目而视，倾耳而听。

战国时代，苏秦到秦国游说，劝秦惠王实行连横的策略。苏秦的意见没被秦王采纳，做不了官，只好垂头丧气地回到洛阳老家。当他走进家门的时候，家里的人都瞧不起他。妻子坐在织布机上不理睬他。嫂嫂不给他做饭，就连他的父母也不愿同他讲话。

过了一年，苏秦又到赵国去见赵王，献合纵之策。苏秦主张赵国联合齐、楚、燕、韩、魏等国共同对付日益强大的秦国。赵王认为他这个策略很好，便封他为武安君，拜为相国。

苏秦做了大官之后，路过洛阳，他父母得到消息，到城外三十里的地方去迎接他。他的妻子吓得恭恭敬敬地站在一边，斜着眼看苏秦，侧着耳朵听苏秦讲话，不敢正视苏秦。他的嫂嫂则跪拜在地，十分谦恭地迎接苏秦。苏秦见嫂嫂这样谦恭，就笑着说："嫂嫂为什么以前那样怠慢我，今天却对我如此恭敬呢？"

后人用"侧目而视"来形容不敢正视，以表示敬畏的情态。也用来表示斜着眼睛看，形容愤怒的样子。

察言观色

典出《论语·颜渊》。

> 质直而好义，察言而观色，虑以下人。在邦必达，在家必达。

孔子有个学生名叫子张，有一次他去问孔子："读书人要怎样才能做到'达'？"孔子觉得子张的询问很不明确，就反问道："你所谓的'达'是什么意思？"子张说："做官的时候要有名望，居家的也一定要有名望。"孔子听了，摇摇头说："这个叫'闻'，不叫'达'。什么叫'达'呢？'质直而好义，察言而观色，虑以下人。在邦必达，在家必达'。"意思是说，品质好，遇事讲道理，又善于辨别人的言语，观察别人的脸色；在思想上愿意对别人让步。这种人，做官的时候就事事行得通，居家的时候也一定事事行得通。

后人用"察言观色"表示仔细观察别人的言语表情，见机行事。

沉鱼落雁

典出《庄子·齐物论》。

> 毛嫱、丽姬，人之所美也；鱼见之深入，鸟见之高飞，麋鹿见之决骤，四者孰知天下之正色哉？

春秋时，越国被吴国所灭后，越王勾践一心想洗雪耻辱，一方面卧薪尝胆，激励自己；一方面物色美女，贡献给吴王，想用美人计来消磨吴王的志气，以达复仇的目的。诸暨的宋萝村，有一个美女名叫西施，每日在溪边浣纱，溪中的鱼，见到西施的美丽，也觉得羞愧，不敢浮上水面，都沉到水底去。后来范蠡找到了她，把她献给吴王。由于西施貌美，迷惑了吴王，不理国政，勾践终于复国。

汉元帝时，挑选天下的美女，入宫当宫女。当时有一美女王昭君被选，奸臣毛延寿因得不到贿赂，故意把昭君的画像弄得丑陋，把真的一幅送给番王。番王见昭君美丽，向汉朝索取，如果不给，就要派兵攻打作为要挟。汉朝为了避免战争，不得已献出昭君来求和，王昭君在出塞时，空中飞过的雁，惊讶她的美丽，竟坠入到树林里面。

庄子的本意是鸟鱼不辨美色，只知道见人躲避。后来意义转变，人们用"沉鱼落雁"称赞女人的容貌美丽无比。

出水芙蓉

典出南朝梁代钟嵘《诗品》。

> 谢诗如芙蓉出水。

南朝宋时，有一位著名的诗人叫谢灵运，原籍陈郡阳夏（今河南太康），后移籍会稽。他幼时寄养于外，族人都称他为客儿，世称谢客。晋末，谢灵运袭封康乐公，入宋以后，曾任永嘉太守、侍中、临川内史等职。

谢灵运诗才出众，其诗大都描写会稽、永嘉、庐山等地的山水名胜，善于刻画自然景物，开创了中国文学史上的山水诗一派。谢灵运的诗善于铺陈雕琢，某些篇章真实地反映了山川景物的自然美，给人以清新可爱之感。文学批评家钟嵘的《诗品》中说：谢灵运的诗像芙蓉出水一般清新可爱。

"出水芙蓉"即刚长出水面的荷花。这句成语原比喻诗写得清新，后常用来比喻女性的美丽。

车水马龙

典出《后汉书·明德马皇后纪》。

　　前过濯龙门上，见外家问起居者，车如流水，马如游龙。

　　前过濯龙门上，见外家问起居者，车如流水，马如游龙。意思是说：日前经过濯龙园门外时，见到马皇后的娘家问安的人极多，门前的车像流水般络绎不绝，马儿连着马儿像游龙那么长。

　　到了南唐时，李煜在他的作品中也有过这样的句子。李煜在金陵（今南京）接皇位后，外有强敌（宋朝）压境，内则国库空竭，已是十分危殆。宋朝两度派人强迫李煜赴宋，李煜均加拒绝。后来宋便用武力攻陷金陵，李煜终成了宋太祖的阶下之囚。在拘禁之中，李煜感到孤独、寂寞、悔恨和凄凉，在这种悲惨的囚徒生活中，他只有晚上在梦中才能忘记白天的处境，在往事的眷恋中陶醉一下。他写了一篇《望江南》的词说：

　　"多少恨，昨夜梦魂中。还似只时游上苑，车如流水马如龙，花月正春风。"

　　李煜尝够了亡国之苦，心中有着"多少恨"！过去的生活多么热闹："车如流水马如龙"，又多么美丽——"花月正春风"，但这一切都只能重温在"梦魂中"！

　　后来人们便把这句话简化为"车水马龙"，用来形容车马众多，络绎不绝的热闹情况。

垂头丧气

典出唐代韩愈《昌黎先生集·送穷文》。

　　主人于是垂头丧气，上手称谢。烧车上船，延之上座。
　　又见《新唐书·宦者列传》。
　　自见势去，计无所用，垂头丧气。

　　唐朝末年，由于藩镇割据，中央的政治统治既软弱又腐败。唐昭宗李晔名为皇帝，实际上是个傀儡。当时，割据京城长安周围地区的是军阀李茂贞，割据黄河中下游地区的是军阀朱全忠（朱温）。由于这两股军阀势力比较强大，影响着朝政，所以朝中臣僚也分成了两派：一派以宦官韩金海为首，站在李茂贞一边；一派以宰相崔胤为首，站在朱全忠一边。

元复元年（公元 901 年），朱全忠为了代唐自立，兵逼长安。李茂贞、韩金海等挟持唐昭宗逃到凤翔（今陕西宝鸡至周至一带）。朱全忠率军继续西进凤翔，李茂贞抵挡不住，连吃败仗，最后粮尽弹绝，只好和朱全忠讲和。这时，韩金海难堪极了，他是依附李茂贞的，又是朝中的宦官，现在，皇帝和李茂贞都要讲和了，他自己见大势已去，又无计可施，只好垂头丧气地等候朱全忠发落。后来，在朱全忠的威逼下，李茂贞交出了唐昭宗，并杀了韩金海等人。

"垂头丧气"即低着脑袋，无精打采。人们常用这句成语形容失意懊丧，委靡不振的样子。

春风得意

典出唐代孟郊《登科后》诗。

昔日龌龊不足夸，今朝旷荡恩无涯。春风得意马蹄急，一日看尽长安花。

唐朝时候，有一位著名的诗人，名叫孟郊，是河南洛阳人。最初在高山隐居，称为"处士"，性情十分耿直，因此很少有人与他合得来，只有大诗人韩愈和他一见如故，他们两人在诗的风格上也有相近的地方，常常唱和于诗酒之间。

孟郊的遭遇很不如意，这从他的诗里怨、伤、愁、病、饥、恨之类的字句可以看出来。他曾两次考进士不第，直至唐德宗贞元十二年才考中了进士，那时他已经 50 多岁了。穷困的生活磨失了旷达的气度，考中进士以后才开朗起来，他高兴地作了一首《登科后》的绝句，表达他当时愉快的心情。他在诗中说："从前那窘迫的日子是不值得夸耀的，今天我的心情忽然开朗了，才觉得皇恩没有边际。我愉快地骑着马儿奔驰在春风里，一天的时间就将长安的花儿看完了。"

后人用"春风得意"形容考上进士后的得意心情，也用来形容官场腾达或事业顺心扬扬得意的样子。

从容不迫

典出《庄子·秋水》。

> 鯈鱼出游从容，是鱼之乐也。

庄周是宋国蒙（今河南商丘县东北）人。他做过蒙地方的漆园吏，因家境贫困，曾借粟于监河侯（官名），但拒绝了楚威王的厚币礼聘。庄周继承和发展了老子"道法自然"的观点，认为"道是无限的"，强调事物的自生自灭，否认有神的主宰。他的思想包含着朴素辩证法因素。

在《庄子·秋水》中，记载着这样一段有趣的对话：有一天，庄周和他的好友惠施在濠梁之上观鱼。庄周说："鱼在水里从容不迫地游，这是鱼的快乐啊！"惠施说："你又不是鱼，怎么知道鱼的快乐呢？"庄周说："你也不是我，怎么知道我不知道鱼的快乐呢？"惠施说："我不是你，固然不知道你，但你总不是鱼，不知道鱼的快乐是无疑的。"

后人用"从容不迫"形容不慌不忙，非常镇静。

大发雷霆

典出《三国志·吴志·陆逊传》。

> 今不忍小忿而发雷霆之怒。

公元 229 年，孙权称帝，国号吴，建都建业（今江苏南京）。当时，曹魏的当权者是魏明帝曹睿。曹睿是个荒淫无度又无真才实学的家伙，曹氏政权已失去了武帝曹操、文帝曹丕时的生气。魏国的辽东太守公孙渊见此情形，便偷偷地跟孙权结成同盟，孙权封他为燕王。但是，辽东和建业相距遥远，公孙渊担心一旦被魏国攻打，远水解不了近渴，和孙吴结盟并非上策，于是又背弃盟约，杀了吴国的使臣。

消息传到东吴，孙权大怒，准备马上派大军渡海远征，讨伐公孙渊。名将陆逊见此情形，上书劝阻。陆逊指出："公孙渊凭借着险要的地势，背弃盟约，杀我使臣，实在令人气愤。但现在天下风云变幻，群雄争斗，如果不忍小愤而发雷霆之怒，恐难实现夺取天下的愿望。我听说，要干大事业统一天下的人是不会因小失大的。"孙权觉得陆逊的意见很对，便取消了讨伐公孙渊的计划。

后人用"大发雷霆"比喻大发脾气，高声斥责。

大腹便便

典出《后汉书·文苑列传·边韶》。

> 边孝先，腹便便。

东汉汉桓帝时，有一位教书先生，名叫边韶，字孝先，曾做过临颖侯相、太中大夫，后来迁为北地太守、尚书令。

边韶勤奋好学，年轻的时候就已经以文章而知名于世了。他招收几百名学生，尽心尽力地给学生们讲书、批文。不过边韶有一个小毛病，喜欢打瞌睡，因为他身子胖，肚皮有些大，行动不那么敏捷，平时总是懒洋洋的样子，学生们看了常常偷着笑他。

有一天，边韶讲了一阵子书，累了，便朝学生摆摆手："去吧，背书去吧！"他自己把肥胖的身子往后一仰，合衣躺在木床上，一会儿工夫就鼾声大作，呼呼地睡过去了。学生们看到他腆着肚皮睡熟了，几个人凑在一块，给老师编了一段顺口溜儿：

> 边孝先，腹便便，
> 懒读书，但欲眠。

学生们一边念，一边哄笑，把先生吵醒了。他听了学生为自己编的顺口溜儿，觉得挺有趣儿，在地上蹀了两圈儿，忽然灵机一动，提笔也写了一首顺口溜，自己摇头晃脑地念起来：

边为姓，孝为字。

腹便便，五经笥。

但欲眠，思经事。

寐与周公通梦，

静与孔子同意。

师而可嘲，

出何典记？

他的这首顺口溜儿大意是说：

"我的肚子是大了点，不过里边装的尽是经书。我是爱睡觉，可是我在梦中会见周公。即使有片刻安静的时候，我也念记孔子的教诲！你们嘲笑先生，这规矩见于哪家的经典啊？"

学生们听他这一说，都惊得目瞪口呆，想不到先生有这样的才华，出口成章，做顺口溜儿也会教训人！那几位恶作剧的学生，也窘得满面透红，偷偷溜出门外，老实地背书去了。

后人从中概括出"大腹便便"这个成语，用来形容人的肚子大。

东家之女

典出宋玉《登徒子好色赋》。

战国时，楚国著名的文学家宋玉，曾当过楚襄王的文学侍从。宋玉不但辞赋写得非常出色，而且人也长得风流潇洒，一表人才。大夫登徒子对宋玉十分妒忌，在楚襄王面前进谗，说宋玉好色。于是楚襄王把宋玉找来询问。

宋玉辩解说："好色的不是我，而是登徒子。"

楚襄王问他有什么根据，宋玉便写了一篇《登徒子好色赋》的文章来说明。文章说：

天下的美女中要数楚国的最美，楚国的美人中要算我家乡的最美。而我家乡的美女中，最美的是我家东邻的一位姑娘。这位姑娘简直像天上的仙女下凡。她微笑的时候，更是一笑倾城，使阳城、下蔡那些花花公子丧魂落魄。这位"东家之女"常常攀着墙头来偷看我，至今已整整三年，可我却至今还没答应接受她的爱情。而登徒子呢，他的妻子是个丑八怪，头发乱，耳朵斜，裂嘴突牙，走起路来一瘸一拐，简直难看极了，可登徒子却那么喜欢她，已经同她生了五个孩子。

这就说明，好色的是登徒子自己，而不是我。

楚襄王看了，觉得宋玉写得似乎很有道理，也就不再说什么了。

后人用"东家之女"形容绝色的美女。

峨冠博带

典出《三国演义》第三十七回。

站外有一先生，峨冠博带，道貌非常，特来相探。

曹操常有取荆州之意，特差曹仁、李典并降将吕旷和吕翔等领兵 3 万，屯樊城，虎视荆州、襄阳。吕翔对曹仁说，今刘备屯兵新野，招兵买马，应早除去。曹仁觉得此话有理，便派二吕前去攻取新野。在战斗中，吕旷吕翔分别被赵云、张飞刺死，其余众军士多被擒获。曹仁得报后大怒，遂起本部兵马，意欲踏平新野报仇雪恨。曹仁在与蜀兵作战中，惨遭失败，不但未能踏平新野，自家的樊城反而被刘备占领了。曹仁折了好些人马，无奈，只得星夜投奔许昌。他在路上打听到刘备军中因有单福做军师，设谋定计，才得以连战连胜。

曹仁回许昌见到曹操，报知此事。曹操问道："单福何人也？"谋士程昱说，单福即颍川徐庶，字元直。曹操听了十分仰慕徐庶的才干。程昱洞知曹操心意，便献策道："徐庶为人至孝，丞相可使人赚其母至许昌，令其母写封书信，那徐庶一见母信，是一定会来许昌的。"

曹操依计而行。可徐庶的母亲不但不愿写信召儿回来，反而大骂曹操。程昱见此计不能得逞，便模拟徐母的手迹，写信召徐庶。徐庶得信后，信以为真，于是辞别刘备，赶至许昌。临别时，徐庶把才干比他高的孔明推荐给刘备。刘备听了徐庶的介绍，十分仰慕孔明的才干，于是准备礼物，偕同关羽、张飞前去隆中请诸葛亮。正在准备礼物之时，忽有人报："站外有一先生，峨冠博带，道貌非常，特来相探。"刘备心想此人莫非孔明吗？随后才知来者不是孔明而是司马徽。司马徽得知徐庶走马荐诸葛之事后，仰天大笑曰："卧龙虽得其主，不得其时，惜哉！"说罢，飘然而去。

次日，刘备便同关、张并从人等到隆中去拜请诸葛亮。

后人用"峨冠博带"指古时士大夫的装束。

鹅行鸭步

典出《水浒》第三十二回。

军卒见轿夫走得快，便说道："你两个闲常在镇上抬轿时，只是鹅行鸭步，如今却怎地这等走得快？"那两个轿夫说："本是走不动，背后好像有人在打我们一样，所以就跑得快了。"

腊月初，山东清风寨知寨刘高的夫人坐着一乘大轿，身边带着七八名军卒，前去化纸上坟。一行人路过清风山时，被占山的王矮虎赶散军卒，将知寨夫人捉上山去。此时，宋江正在清风山上，得知此事便来说情，要王矮虎放走刘高夫人。清风山头领燕顺、郑天寿碍于宋江的情面，不管王矮虎愿意不愿意，喝令轿夫抬下山去。那妇人听了这话，拜谢宋江，口口声声叫道："谢大王！"两轿夫心内害怕，抬着那妇人飞也似的奔下山去。

当那妇人被捉后，几个被赶散的军卒没命地跑回去报告知寨刘高。刘高听了大发雷霆，怒骂那些军卒，并用大棍狠打那些军卒，还声嘶力竭地吼道："如果不把夫人夺回来，统统下牢问罪。"那几个军卒无可奈何，只得央求本寨军兵七八十人，各执枪棒，尽力去夺。不想来到半路，正撞着两个轿夫抬着知寨夫人飞快地来了。众军卒接着了夫人，问道："你们怎地能够下山？"那妇人撒谎道："他们见我说出是刘知寨夫人，吓得慌忙下拜，赶快叫轿夫送我下山。"众军卒簇拥着轿子便回。军卒见轿夫走得快，便说道："你两个闲常在镇上抬轿时，只是鹅行鸭步，如今却怎地走得这等快？"那两个轿夫说："本是走不动，背后好像有人在打我们一样，所以就跑得快了。"

后人用"鹅行鸭步"来形容行走迟缓，摇摇摆摆。

返老还童

典出晋代葛洪《神仙传》。

汉朝时候，有一位淮南王刘安，他虽然居高官，封王爵，但是还有一种非分的妄想，常常希望自己永远不死。听说有一种仙人，是永远长生的，刘安便千方百计去研究和祈求变成神仙的方法。一天，有 8 个老人去访刘安，自称是神仙。刘安的门人，一向是趾高气扬，见这 8 位老人都是须眉皆白，老态龙钟，门人便拒绝通报，并说道："人家说神仙是不会老、不会死、永远是青春的。你们却老得这样可怜，可见不是神仙，我看是骗子也说不定呢！" 8 位老人听说，都哈哈地笑起来，说："你不高兴我们老吗？这容易得很，我们是可以马上返老返童，变成小孩子的。"说罢，8 个老人皆转过脸来，不消一刻，都变做 8 个小孩子了，门人大惊，认为真是神仙，便给他们去通报。这便是"返老还童"一语的来历。

后人常用"返老还童"形容由衰老恢复青春。

蜂目豺声

典出《左传·文公元年》。

　　蜂目而豺声，忍人也。

又见《晋书·王敦传》。

　　洗马潘滔见敦而目之曰：处仲蜂目已露，但豺声未振；若不噬人，亦当为人所噬。

春秋时，楚成王准备立他的大儿子商臣为太子，征求令尹（掌军政大权的最高官员）子上的意见。子上说："大王现在还年轻，爱子之情并不专一，这么早就立商臣为太子，将来有了小儿子，爱子之心转移了，再将商臣废掉，容易发生变乱。就我们楚国来说，历代继承王位的都是君王的小儿子。况且商臣的眼睛长得像蜂目一样，说话时声音像狼叫一般难听，这种人是最凶残的，如果立他为太子，可能要出大乱子，还是不立为好。"

楚王没有听从子上的劝告，立了商臣为太子。后来，楚王又爱上了小儿子子职，想废掉商臣立子职为太子。商臣和他的老师潘崇合谋领兵作乱，逼死了楚成王，自立为王，就是后来的楚穆王。

后人用"蜂目豺声"的这个典故比喻恶人的声音容貌。

狗尾续貂

典出《晋书·赵王伦传》。

晋武帝司马炎建立晋朝政权后，曾把家族子弟分封到各地为王。他原指望通过这种分封制，能有效地巩固一家一姓的专制统治。可是这些分封在各地的王族，一旦羽翼丰满，便不服中央政府的约束，开始谋起反来。

赵王司马伦曾在晋惠帝当政时，率兵入宫，自称皇帝，并号令天下改用新的纪年"建始"。司马伦还好滥封官爵，只要参与谋反的人，都有封赏，包括一些供劳役听使唤的底下人，也给爵位。故每次朝会，殿阶下的百官总挤得满满的。

当时，大官的官帽上，有蝉形图案的金珰饰物，上面插有貂尾，人称"貂蝉冠"。由于司马伦封官太滥，珍贵的貂尾已不够百官们用，只好委屈一部分人带狗尾巴上朝了。所以老百姓有两句歌谣讽刺这件事——"貂不足，狗尾续"。

"狗尾续貂"指珍贵的貂皮不够，用狗尾来续上做成帽子。比喻以丑续美，以劣续优。也有形容文章的末段写得不好，致使整体受到影响。

挂羊头，卖狗肉

典出《晏子春秋·内篇杂下》。

春秋时期，齐灵公有个怪癖，他让宫廷里的女子都按照他喜欢的样子打扮成男人模样，一时间，全国的妇女纷纷仿效。

男人女人一样的装扮，使人难以区分，带来很多不便，也闹出了很多笑话。各地的官吏纷纷向灵公报告男女不辨带来的麻烦。齐灵公决定禁止民间女子再穿男装，他发布了一个命令，规定："凡是女子穿男子衣服的，一经发现，就要撕破她的衣服，扯断她的衣带。"

法令公布以后，虽然有许多女人的衣服被撕破了，衣带被拉断了，但是女穿男装的现象并没有制止住，仍然有许多女子不断犯禁。

齐灵公感到很纳闷，就去向丞相晏子请教说："我已经下令禁止女人穿男人的服装，可是为什么仍然制止不了呢？"

晏子回答说："你让宫中的女子照样穿男人的服装，却禁止宫外的女子学男子的打扮，这就好像在店门外挂着牛头，而在里面卖的却是马肉一样，这怎么能让老百姓信服呢？您为什么不首先在宫中禁止女子穿男装呢？如果宫中女子带头不穿男装，外面的人自然不敢违抗了。"

齐灵公听得直点头，说："你说得很对！"于是下令：宫中女子禁止再穿男人衣服。命令一下，宫中女子只好恢复了女装打扮。不到一个月，全国的女子就再也没有穿男装的了。

成语"挂羊头卖狗肉"就是从"悬牛首，卖马肉"演变而来的。

后人用"挂羊头，卖狗肉"比喻表里不一，打着好的招牌，实际上兜售恶劣的货色。

汗流浃背

典出《后汉书·伏皇后记》。

> 操出顾左右，汗流浃背。

东汉末年，由于汉献帝软弱无能，曹操掌握了军政大权。建安元年（公元196年），曹操把汉献帝迎往许昌，自己当了大将军及丞相，常常"挟天子以令诸侯"。当时，有个叫赵彦的议郎，是汉献帝亲信的谋臣，常给献帝出谋划策，因而遭到了曹操的忌恨，后来竟把赵彦杀了。献帝对曹操的这一暴行很气愤。有一次，曹操去朝见献帝，献帝警告他说："你如果愿意辅助我，就忠厚一点，如果不愿意，就离开我。"曹操听了以后心里十分惊疑，从献帝那里走出来，汗水都湿透了脊背，此后很久没有上朝。

"汗流浃背"原来形容万分恐惧或惭愧。现在常用来形容满身大汗。

河东狮吼

典出宋代洪迈《容斋随笔·卷三》。

苏轼字东坡，因不满于宰相王安石的某些变法措施，被贬到黄州（今湖北黄冈）。在黄州，他认识了一位名叫陈慥的人，两人很谈得来。陈慥很好客，朋友来了，必定热忱招待，有时还要喊几个歌女作陪。

可是陈慥的妻子柳氏却很凶悍，嫉妒心很强。她丈夫喊来歌女和客人一起听歌吟诗的时候，她就在隔壁房间用棍杖使劲敲打墙壁，并大声叫嚷，闹得大家不欢而散。陈慥很怕她，处处陪小心，就怕惹得她发火，使自己下不了台。苏轼就写了一首诗笑话他：

> 龙丘居士亦可怜，
>
> 谈空说有夜不眠。
>
> 忽闻河东狮子吼，
>
> 拄杖落手心茫然。

　　龙丘居士是喜爱佛学的陈慥为自己取的号。"谈空说有"中的"空"、"有"都是佛家经常谈论的话题，这句是形容陈慥常讲佛论经，谈到深夜。"河东"是隐喻陈慥的妻子柳氏。因为柳氏出自河东郡。"狮子吼"本是佛家用来比喻正义和威严的，在这儿，苏轼一方面用来形容柳氏像狮子似的怒吼，另一方面，又描写陈慥这位"居士"正在谈佛时，恰巧"狮子吼"了，可谓语带双关。"拄杖落手心茫然"则是描写陈慥被夫人闹得丧魂落魄的样子。

　　河东：地名，传说那里的妇女很凶悍。后人用"河东狮吼"比喻妻子妒悍，用来嘲笑丈夫怕老婆。

轰轰烈烈

典出宋代文天祥《沁园春·至元间留燕山作》。

　　人生翕云亡，好烈烈轰轰做一场。

　　"轰轰烈烈"原来是由"轰轰"和"烈烈"两个词组成的。"轰轰"形容车马众多之声，也形容各种爆发的巨响，有声势浩大的意思。晋朝大学问家左思在他著名的《三都赋》之一的《蜀都赋》中，曾有"车马雷骇，轰轰阗阗"的句子，这正是"轰轰"这个词的本义，意思是车马众多，声震如雷。"烈烈"一般用以形容猛火燃炽、火焰旺盛、火光灿烂的样子。早在《诗经》《商颂·长发》篇中便有"如火烈烈"的句子。

　　"轰轰"、"烈烈"两个词之所以能连用在一起，不是偶然的，因为"轰轰"和"烈烈"都带有盛大、壮丽和威武的意思。宋朝文天祥在为唐代忠臣张巡的庙所题的"沁园春"词中，有"骂贼张巡，同心许远，皆得声名万古香。后来者，无二公之节，百炼之钢。人生翕云亡，好烈烈轰轰做一场。使当时卖国，甘心降虏，受人唾骂，安得留芳？……"在这首词中，"烈烈轰轰"是文天祥对于张巡（以及许远）的威武不屈的正气的歌颂，也是文天祥自己的刚正光明、烈火似的民族情操的流露。

后人用"轰轰烈烈"形容声势浩大，气象雄伟。

弱不胜衣

典出《红楼梦》第三回。

黛玉的母亲去世以后，贾母念她孤苦伶仃，便把她接进京来，和她一起生活。

黛玉来到外祖母这儿，刚进房门，只见两个人扶着一位鬓发如银的老母迎来，黛玉知是外祖母了，正想下拜，早被外祖母抱着，搂入怀中，"心肝儿肉"地叫着大哭了起来；在场侍立的人，没有一个不跟着流泪的，黛玉也哭个不休。经众人慢慢劝解，黛玉才得拜见外祖母。众人见黛玉年纪虽小，举止言谈却不俗；身体面貌虽弱不胜衣，却有一段风流姿态。众人见她体弱，知她有不足之症，便问："常服何药？为何不治好了？"黛玉道："我自来如此。从会吃饭时便吃药，到如今了，经过多少名医，总未见效……如今还是吃人参养荣丸。"贾母听了便说："这正好，我这里正配丸药呢；叫他们多配一料就是了。"

故事中的"弱不胜衣"是形容黛玉瘦弱得似乎连衣服都承受不起。

后人用"弱不胜衣"来泛指身体虚弱。这是一种夸张的说法。

挥汗如雨

典出《战国策·齐第一》。

临淄之途，车毂击，人肩摩，连衽成帷，举袂成幕，挥汗成雨。

又见《晏子春秋·杂下》。

张袂成荫，挥汗成雨，比肩继踵。

春秋时代有个人名叫晏子，是齐国的相国。他很有才干，能言善辩，聪敏过人。

有一次，齐王派晏子出使楚国。因他是一个矮个儿，楚人想戏弄他，便在大门旁边另开了一个小门，让晏子从小门里进出。晏子见状偏不进去。他说："出使狗国的人，才从狗洞进出；今天，我是到你们楚国来，不应该从这道门进出。"楚国人无话可说，只好让他从大门进去。

晏子见到了楚王，楚王又想戏弄他，便问："齐国没有人吗？"晏子回答说："临淄三百闾那里的人们'张袂成荫，挥汗成雨，比肩继踵'（意思是他们挥一下衣袖，就会使大地成荫；他们挥一下额上的汗，就像天下雨一样；一到街上，人们就肩碰着肩，脚跟着脚），为什么没有人呢？"楚王说："既然如此，为什么要派你来当使者呢？"晏子严肃地回答说："我们齐国派使者的原则是：按其好坏，各有所用。好的使者就派往好的国家，不好的使者就派往不好的国家。我是最不好的使者，就派到你们楚国来了。"楚王又自讨没趣。尽管如此，他还是想再戏弄晏子一次。

有一天，楚王大办筵席，招待晏子。等他喝酒喝得快醉了的时候，有两个差役绑着一个人从楚王面前走过。楚王故意问道："绑着的人是干什么的？"那差役故意大声说："齐国人，做贼的。"楚王也斜着眼睛看了晏子一眼说："齐国人原来惯于偷东西吗？"晏子严肃而郑重地说："我曾经听说：'橘子生在淮南是橘子，生在淮北就变为枳了。叶子虽很相似，但味道却很不相同。其所以如此，那是因为水土不同的缘故。'这个人生在齐国不偷东西，到了楚国就偷东西，这正是楚国的水土使他偷东西的嘛。"楚王听了晏子的话，不知如何回答，只得苦笑着自言自语地低声说："圣人是不能同他开玩笑的，我算自讨没趣了。"

后人用"挥汗如雨"来形容天气太热，流汗甚多。

魂飞魄散

典出《元曲选·百花亭》。

可正是船到江心补漏迟，只看我魄散魂飞。我则索向前来陪着笑颜卖查梨。

北宋时河南洛阳有个贺妈妈，她生了个女儿名叫贺怜怜。怜怜成人之后，人品俊秀，聪敏过人。

一年清明时节，母女俩出外踏青，贺怜怜在百花亭与汴梁才子王涣邂逅相逢。两人相遇，一见倾心，就订为婚姻。

不久，王涣来到贺家与贺怜怜结为亲眷。常言道：久住令人贱，贫来亲也疏。贺妈妈见王涣久住家中，又是一个穷秀才，便把王涣驱逐出门，并将其女怜怜另嫁给种师道手下一个军需官高常彬。从此，贺怜怜被高常彬关在承天寺内，不得与王涣相见。王涣与怜怜情意缠绵，怎忍分离！王涣为了见到怜怜，只得扮做卖查梨的混进承天寺。两人相见，倾诉衷肠，谈得格外亲热。正在这时，高常彬回来了，丫鬟连忙报知怜怜。王涣听说高常彬回来了，不觉大吃一惊道："是得手忙脚乱紧收拾，意急心慌没整理。"高常彬闻声则问："谁人在此，好无礼呀！"王涣心想："可正是船到江心补漏迟，只看我魄散魂飞。我则索向前来赔着笑颜卖查梨。"他打定主意，连忙高声叫道："卖查梨啊！"高常彬醉意朦胧地吆喝道："滚出去！老子不买查梨。"

高常彬因喝醉了酒，没有注意到王涣便休息去了。怜怜趁机给了王涣盘缠，叫他往延安府投托经略麾下，建立功勋，以遂平生之志。王涣连忙向怜怜道谢，并说："决不辜负所望。"

王涣到了延安，受到了马步禁军都元帅种师道的赏识，并立了战功。他依照怜怜的临别之言，上告高常彬盗用官钱，强取民妻。种师道立即把高常彬捉拿归案，把怜怜判归了王涣，使其夫妇团圆。

后人将"魄散魂飞"说成"魂飞魄散"，用来形容惊恐万状，不知如何是好。

惊心动魄

典出晋代王嘉《拾遗记·周灵王》。

> 窃窥者莫不动心惊魂，谓之神人。

又见南朝梁代钟嵘《诗品》。

> 文温以丽，意悲而远，惊心动魄，可谓几乎一字千金。

越国想灭吴国，便收集了天下的奇珍异宝、珍馐美味献给吴王，又把江南万户百姓送到吴国去当仆人，同时还把西施、郑旦两位美人献给吴王。吴王把这两个美人安置在椒房之内。两个美人当窗并坐，对镜理装之时，窃窥者莫不动心惊

魂，谓之神人（凡是偷看西施、郑旦的人，没有一个不为之动心，不为之神魂颠倒，都称两个美人是神仙）。至于吴王，则全然被这两个美女迷住了，整天和她们一起作乐，不管国家大事。直到越国军队攻入吴国，吴王才带着西施和郑旦狼狈逃跑。

这里的"动心惊魂"是形容西施、郑旦美丽异常，诱人极深，使人神魂为之震动。钟嵘在《诗品》中则把"动心惊魂"说成"惊心动魄"，用来形容文字之美，动人心弦。

后人用"惊心动魄"来形容感受很深，震动很大。

酒醉起舞似牡丹

典出唐代白居易《燕子楼》小序。

著名舞伎关盼盼是唐朝张尚书的家伎，因她容貌俏丽，能歌善舞，因而成为张尚书的爱姬。

关盼盼对歌舞非常精通，唐代著名诗人白居易曾看到过关盼盼的歌舞表演，留下了深刻的印象。白居易曾游历徐州、泗水一带，那里山清水秀，景色宜人，白居易玩得痛快，竟流连忘返。有一天，他接到在徐州任职的张尚书的请帖。白居易欣然赴约。张尚书摆下了丰盛的酒宴招待诗人。二人边饮酒，边高谈阔论。喝到高兴处，张尚书略带几分酒意，兴奋地对白居易说："本府内有一舞伎，颇不俗，何不唤她出来，陪酒助兴。"语音未落，只见虚掩着的两扇厅门被轻轻推开，环响处，轻盈地走进来一位妩媚俊俏的少女。少女上前施礼、风度优雅，举止洒脱，她就是关盼盼。

盼盼入席后，陪客人喝了几盅酒，然后欠身离席，翩翩起舞。只见她身穿红色纱裙，体态轻盈，跳舞时，忽而如轻风吹拂，在人眼前飘来飘去，忽而似红玉雕像，动中有静、令人心旷神怡，又加上刚饮罢酒，舞起来，乘着飘飘然的醉意，更添了几分娇妍。白居易看得入神，诗兴大发，立刻向张尚书要来纸墨，即兴题诗相赠，诗中有一句："醉娇胜不得，风袅牡丹花。"把关盼盼酒醉起舞的姿态比喻为在微风中摆动着的雍容华贵的牡丹，惟妙惟肖。

关盼盼的晚年是在孤独和凄凉中度过的。张尚书死后，盼盼不愿出嫁，守在尚书的徐州旧宅中。宅中有一小楼，名曰"燕子楼"，关盼盼就死在这楼中。

乐不可支

典出《后汉书·张堪列传》。

> 捕击奸滑，赏罚必信，吏民皆乐用。匈奴皆乐为用。匈奴尝以万骑入渔阳，堪率数千骑奔击，大破之，郡界以静。乃于狐奴开稻田八千余顷，劝民耕种，以致殷富。百姓歌曰："桑无附枝，麦穗两岐。张君为政，乐不可支。"视事八年，匈奴不敢犯塞。

刘秀称帝，建立了东汉，当时公孙述也在西蜀自称皇帝，刘秀派大司马吴汉率军前去讨伐，张堪被任命为蜀郡太守，跟吴汉一同出征。

吴汉的军队走了许多天，军粮补充不够及时，赶到蜀郡时，军粮只够吃7天了。吴汉担心断粮，不能打败公孙述，便想逃跑。于是派军士暗中准备船只，想从江上逃走。张堪听到风声，急忙去见吴汉，对他说："将军万万不可以走，胜利就在眼前。公孙述目前已是瓮中之鳖，只要我们坚持住，一定能打败他！"吴汉被他说服了，听从了他的计谋，使用少数兵马向公孙述挑战。公孙述亲自出城应战，战不到几个回合，就被汉军刺死在城下。吴汉和张堪顺利地攻入成都。

张堪是一个品行高尚、办事公正的人，自幼熟读经史，德行出众，曾有"圣童"的美称。他进入成都后，查点府库，封存珍宝，一件件地登记造册。然后报告给光武皇帝刘秀。他自己和部下对官府和百姓的财产秋毫无犯，成都的百姓对他的清廉十分称赞。

张堪后被任命为骑都尉，领兵击退匈奴的进犯。不久他又做了渔阳太守。他认真管理郡内的官吏，打击贪官污吏，奖赏有功官兵，又在狐奴地区开垦稻田八千顷，鼓励百姓耕种。所治之内，百姓富足，郡内安定，军民都很快活。他在渔阳做了8年太守，郡内没有发生一次动乱，匈奴也不敢再来侵扰。渔阳的百姓对太守非常敬仰，编了一首民谣颂扬他。

> 桑无附枝，麦穗两岐。
> 张君为政，乐不可支。

后来人们用"乐不可支"形容快乐到极点。

中华典故

慷慨激昂

典出《史记·刺客列传》。

> 太子及宾客知其事者，皆白衣冠以送之。至易水之上，既祖，取道，高渐离击筑，荆轲和而歌，为变徵之声，士皆垂泪涕泣。又前而歌曰："风萧萧兮易水寒，壮士一去兮不复还！"复为羽声慷慨。士皆瞋目，发尽上指冠。于是荆轲就车而去，终已不顾。

战国时燕国的太子丹，曾被扣在秦国为人质，后来逃回来，见秦国有并吞六国的野心，当秦军靠近易水，逼临燕国边境时，他很忧愁，设法请了一位勇士去刺杀秦王。那个勇士名叫荆轲，太子丹待他非常恭敬，天天去问候他衣食行，只要荆轲欢喜的，他总设法供给。

荆轲受着燕太子丹的优待，但很久都没有要到秦国去的意思，太子心里非常着急。荆轲因为要等一个人，所以没有出发。后来燕太子实在急了，荆轲才带了一把很锋利的匕首出发了。荆轲出发的时候，燕太子和他的臣子都穿了白衣服去送行。到了易水边上，将要渡河时，高渐离敲着筑，荆轲唱着歌，声音非常悲哀；一般勇士都流着眼泪，歌唱着"风萧萧兮易水寒，壮士一去兮不复还"。歌声慷慨而激昂，壮士们的眼睛都瞪得很大，头发也都竖起来。

三国时曹操作短歌，也有"慨当以慷"的话。"慷慨激昂"是说一个人的言语举止，都是抱着英雄豪杰的气慨，不可一世的样子，使人见到或听到了，都很相信他，敬服他。

凌波微步，罗袜生尘

典出曹植《洛神赋》。

> 休迅飞凫，飘忽若神，凌波微步，罗袜生尘。动无常则，若危若安。

提起唐代的《凌波舞》，就不能不联想起谢阿蛮，她因《凌波舞》而得名。她本来是陕西临潼县东北新丰地方的人，当她被选进宫那天，正好赶上唐玄宗新作了一支《凌波曲》。传说唐玄宗在洛阳梦见一个女子，容貌美丽，梳着高高的发髻，大袖宽衣，自称是凌波池中护驾的龙女，素知唐玄宗通晓音律，要玄宗为她作支曲子。唐玄宗马上为她用胡琴演奏了一曲，及至他梦醒之后，还清楚地记得那支曲子，于是赶紧排练，在凌波宫的池水旁演奏起来。忽然从池心现出一个女子，正是唐玄宗梦里见到的龙女，于是把这支曲子取名《凌波曲》。

当李隆基和杨贵妃见到谢阿蛮时，都十分喜爱她的舞蹈才能，于是就教她《凌波舞》，并且在宫中的清元小殿让谢阿蛮演出《凌波舞》。伴奏的乐队都是当时的高手，一流的伴奏配备一流的舞蹈，真可谓盖世无双。只见谢阿蛮模仿龙宫中的仙女在波涛上来去飞舞，像在水上漂浮一样。这个舞需要腿上的功夫，谢阿蛮舞得十分动人，就像曹植在《洛神赋》中描写的洛神一样："凌波微步，罗袜生尘。"

安史之乱以后，唐玄宗到了四川，宫里教坊梨园中的歌舞伎人分散在民间。公元 757 年，已成为太上皇的唐玄宗自成都回到长安，派高力士到处寻访梨园旧人，竟找到了谢阿蛮。感慨之中又重新跳起了《凌波舞》。舞蹈勾起了玄宗满腹思绪，不由泪流满面。谢阿蛮只是在宫廷里演出，民间影响不大，所以她的事迹知道的人不多，而她的《凌波舞》也就成了绝响。

慢条斯理

典出《儒林外史》第一回。

老爷亲自在这里传你家儿子说话，怎的慢条斯理。

《儒林外史》是清代吴敬梓写的一部长篇讽刺小说。它通过生动的艺术形象，反映了封建社会末期腐朽黑暗的社会现象，批判了八股科举制度，揭露和批判了程朱理学和孔孟之道。

在这部小说的第一回"说楔子敷陈大义，借名流隐括全文"中有这样一段故事：有一个叫王冕的放牛娃，天性聪明，天文、地理无不通晓，特别是画得一手好画。他画的荷花，就像才从湖里摘下来贴在纸上的一样。因此，王冕的名子全县无人不知，无人不晓。但是，王冕既不求官爵，又不结交朋友，终日里在家闭门读书。

有一天，官府的一个差役奉了县太爷之命来找王冕画二十幅花卉册页（装裱成册的单页小件字画）送给上司，王冕推辞不过，答应了。画好以后，知县时仁发送给王冕一些银子并约见王冕。王冕不肯赴约，时知县只好亲自来请。时知县带着一班人马来到王冕家门口，见大门关着，敲了半天，出来一位老太太，不慌不忙地说："我儿子不在家。"官府的差役见老太太怠慢了知县，说："县大老爷亲自来传你儿子说话，你怎么这么慢条斯理的！快说，你儿子到哪里去了，我好去传。"

后人用"慢条斯理"的这个典故比喻说话做事慢慢腾腾。

门庭若市

典出《战国策·齐策》。

令初下，群臣进谏，门庭若市。

齐国大夫邹忌长得很英俊。有一天早晨，他穿戴完毕，对着镜子照了一会，问他的妻子道："我跟城北徐公比哪一个漂亮？"他妻子道："你漂亮极了，徐公怎能比得上你呀！"徐公是齐国著名的美男子。邹忌可有点不相信自己，又去问他的爱妾，他的爱妾也是这么说："徐公怎么比得上你呀！"第二天，来了一位客人，邹忌请他坐了，在谈话间，邹忌又提出这问题，那位客人说："徐公哪像你这样漂亮啊！"过了一天正好徐公到邹忌家来。邹忌仔细打量比较，知道自己的确不及徐公漂亮。那天晚上，他躺在床上想："我的妻子说我漂亮，是因为她偏爱我，我的妾说我漂亮，因为她惧怕我；我的朋友说我漂亮，是因为他有求于我。"

第二天，邹忌上朝见齐威王，将自己的想法和齐威王说了一遍，并从这件事情上联系到国家的政事，请齐威王要多听君臣的意见。齐威王连声说对。于是下令："无论朝廷大臣，地方官吏以及全国百姓，如果能够当面举出我的过失的，赐给上赏；能够上奏章规劝我的，赐给中赏；能够在朝廷里和街市上说我的过错，传到我耳中的，赐给下赏。"命令一下，群臣们都向齐威王提出各种规谏，一时川流不息，门庭若市。

这本来是记述邹忌用巧妙比喻规谏齐威王虚心接受别人意见的故事，后来人们根据进出规谏的人川流不息，引申出"门庭若市"这个词，用以形容那某地热闹拥挤，来往的人很多。

扪虱而言

典出《晋书·王猛传》。

十六国时期著名的政治家王猛，曾经当过前秦的宰相。

前秦建国后不久，东晋的大将桓温率军前来攻打。大军进入关中后驻兵霸上。当时王猛正隐居在华阴山。听说桓温的军队来到，便披了一件破旧的粗麻布短衣，去军营拜见桓温。

王猛见了桓温，一面谈论天下形势，一面用手捉着身上的虱子，旁若无人。

桓温问他："我奉朝廷之命，带领 10 万精兵北伐，为民除害。可是关中豪杰至今没有一个人前来见我，这是什么原因？"

王猛道："将军不远千里而来，大军深入敌境，长安已近在眼前，却不渡过灞水去攻打长安。百姓都摸不透你的心，自然没有人前来欢迎啦。"

原来，桓温并没有收复失地的诚意，不过利用北伐树立自己的威望而已。王猛这几句话，触及了桓温内心的秘密。

桓温率领大军撤退时，送车马给王猛，并封他官职，邀请他一道到南方去。王猛拒绝了桓温的邀请，在当地留了下来。不久，秦王苻坚闻王猛的美名把他请去。苻坚跟王猛一谈，对他钦佩极了。从此苻坚重用王猛，王猛也得到了大展才能的机会。

扪：摸。一面摸虱子一面谈话。后人用"扪虱而言"形容谈话随便，不拘小节。

眉飞色舞

典出清代李宝嘉《官场现形记》第一回。

王乡绅一听这话，不禁眉飞色舞。

陕西同州府朝邑县城南三十里有个赵老头儿，他的孙子赵温参加了乡试，中了举人，得意非凡。为了庆贺，当下便筹办酒席大宴宾客，拜祭宗祠。赵老头除请邻居、姻亲，族谊外，还特别请了见过一面的王乡绅。到了十月初三那一天，新中举人赵温及其父兄亲邻等来到祠堂拜祭。祭罢祠堂，众人坐等王乡绅到来好吃喜酒。可是左等右等不见人影，直到太阳偏西，王乡绅才姗姗而来。王乡绅一到，立即开席。出席作陪的有一位王举人。王乡绅与王举人在酒席上叙谈起来，方知是本家。王举人比王乡绅小一辈，因此二人以叔侄相称。王乡绅酒到半酣，文思泉涌，议论风生，大谈学八股文章的苦处和妙用。他说："我17岁那年开笔做文章，老师要我读熟《制艺引全》。老师一天教我读半篇，因我记性不好，老是念不熟，为此，不知挨了多少打，罚了多少跪，到如今才挦得这两榜进士。唉！吃了多少苦，也还不算冤枉。"王举人听了，马上接口说："这才合了俗话说的'吃得苦中苦，方为人上人'。你老人家有此阅历，所以讲得如此亲切。"王乡绅一听这话，不禁眉飞色舞，拍着王举人的肩头说："老侄，你能够说出这样的话来，你的文章也就着实有功夫。……小子勉乎哉，小子勉乎哉！"说到这里，不觉闭着眼睛、摇头晃脑起来。

后人用"眉飞色舞"形容人非常高兴、得意的神情。

美轮美奂

典出《礼记·檀弓下》。

> 晋献文子成室，晋大夫发焉。张老曰："美哉轮焉，美哉奂焉。"

春秋时，晋国大夫赵武是一个很精明能干的人。晋平公时被任为正卿，由于他选用有道德有学问的人为国家做事，所以晋国的人都称赞他善于用人。他对外提倡礼义，各国都停止用兵，而和晋国友善起来。

有一次，他的新屋落成了，晋国的大夫都送礼祝贺。有个叫张老的人对赵武说："好极了，建筑多么高大宏伟啊！好极了，装饰多么美丽众多啊！"

赵武在晋国的地位和威望都很高，做大官的住高楼大厦本来也很平常，但由于他一向提倡礼义，崇尚朴素，一旦建造这么宏大的新居，又装饰得这么精致，这与他的言行不相称，所以老张对他的贺词，实际上是含有讽刺的意思。

后人将张老所说的话简化成"美轮美奂"，用来形容高大宏伟的建筑物。

美如冠玉

典出《史记·陈丞相世家》。

绛侯周勃等谗陈平曰："平虽美丈夫，如冠玉耳，其中未必有也。"

秦末汉初时，阳武（今河南原阳东南）有一个叫陈平的，是一位足智多谋的人物。他少时家境贫困，好道表法里的黄老之术。陈胜起义时，陈平投魏王咎，为太仆。后从项羽入关，任都尉。他见项羽有勇无谋，成不了大事，便投奔了刘邦。刘邦见他仪表出众，很有才华，便拜他为护军中尉。当时，周勃和灌婴等人都是跟随刘邦南征北战的功臣，他们见刘邦待陈平为上宾，心里不服气，便对刘邦说："别看陈平仪表堂堂，其实不过像缀在帽子上的玉石一样，外表好看，内里未必有真才实学。"

刘邦是很善于观察和使用人才的。他没有听信周勃等人的话，继续重用陈平。后来陈平建议用反间计使项羽疏远了谋士范增，并以爵位笼络大将韩信。这些都被刘邦所采纳并且取得成功。汉朝建立以后，陈平被封为曲逆侯，历任惠帝、吕后、文帝三朝丞相。

后人用"美如冠玉"比喻人的美貌（多用于男性）。

面面相觑

典出《三国演义》第十一回。

此时人困马乏，大家面面相觑，各欲逃生。

又见《续传灯录六海鹏禅师》。

僧问："如何是大疑底人？"师曰："毕钵岩中面面相觑。"

三国时代，曹操率兵攻打徐州，吕布趁此机会攻占了曹操的兖州和濮阳。曹操闻讯，急收军返回以保其家。

曹军日夜兼程来到濮阳，吕布引军与之大战。第一个回合，曹军大败，后退三四十里。部将于禁对曹操说："吕布的西寨兵卒不多，今夜可引军去袭击；如若得了此寨，布军必然恐惧。"曹操认为于禁说得有理，于是在当日黄昏时引军攻击。吕布的军队不能抵挡，四散奔逃。曹操夺了西寨后不久，吕布派出的援军便到了，于是三军混战。将到天明，吕布亲自引军来到。曹操势单，只得后退，但往北走，张辽、臧霸杀了过来；往西走，又有郝萌、曹性、成廉、宋宪四将拦住去路。在敌强我弱的情况下，众将死战，曹操当先冲杀，但箭如骤雨，无法前进。曹操无计可脱身，大叫："谁人救我！"叫声刚落，军队里一将奔出，此将乃典韦也。典韦飞身下马，插住两戟，取短戟数十支在手，对从人说："贼来十步乃呼我！"遂放开脚步，冒箭而行。当吕布的数十个骑兵追来，离典韦五步远时，典韦飞戟刺杀，一戟一人一马，无一虚发，立杀十数人，余众皆逃。典韦又飞身上马，挺一双大铁戟，冲杀前去。吕布部众抵挡不住，各自逃去。典韦杀散敌军，救出曹操。正当他们寻路归寨时，背后喊声大作，吕布纵马提戟赶来。曹操"人困马乏，大家面面相觑"。正慌乱时，夏侯惇引军来到，于是夏侯惇便截住吕布大战。两军斗到黄昏，大雨如注，乃各自收军。

后人用"面面相觑"形容做错了事或极惊慌时，不知如何是好的样子。

目瞪口呆

典出《元曲选·赚蒯通》。

项王见我气概威严，赐我酒一斗，生豚一肩，被我一啖而尽，吓得项王目瞪口呆，动弹不得，方才保得主公安全回还。

韩信被封为齐王以后，萧何觉得韩信兵权太大，恐日后夺取汉朝天下，于是找来樊哙，共商计策。萧何把他的担忧告诉了樊哙，并拍他的肩头说："朝内功臣虽然不少，但只有将军是天子的至亲，故请你来商量。"樊哙听了有些得意地说："丞相，想鸿门会上主公有难，某立碴鸿门而入。项王见我气概威严，赐我酒一斗，生豚一肩，被我一啖而尽，吓得项王目瞪口呆，动弹不得，方才保得主公安全回还。"樊哙说到这里，十分气愤地说："韩信本是淮阴一饿夫，不料竟拜为帅！而今大事已定，可也罢了。那韩信手无缚鸡之力，有什么本事。只需寻一两个能干的人，唤他来，便可除后患。"

后人用"目瞪口呆"来形容因吃惊或害怕而发愣。

平易近人

典出《史记·鲁周公世家》。

> 鲁公伯禽之初受封之鲁，三年而后报政周公。周公曰："何迟也？"伯禽曰："变其俗，革其礼，丧三年然后除之，故迟。"太公亦封于齐，五月而报政周公。周公曰："何疾也？"曰："吾简其君臣礼，从其俗为也。"及后闻伯禽报政迟，乃叹曰："呜呼，鲁后世其北面事齐矣！夫政不简不易，民不有近；平易近民，民必归之。"

周公是西周时期的著名政治家，他的名字叫姬旦，是周文王姬昌的儿子、周武王姬发的弟弟，因为采邑在周，所以称他"周公"。

周公辅佐周武王伐纣，灭掉了商殷；周武王死后，周成王年少，周公又代他摄政，亲自率领兵马东征，平定管叔、蔡叔的叛乱，而后又封邦建国，推行井田制，制定礼乐，建立各种典章制度，自己又注重礼贤下士，得到百姓拥护。

周公被封于曲阜为鲁公，但他没有去那里，仍旧留在都城辅佐王室。他派自己的大儿子伯禽接受封地，去曲阜为鲁公。

伯禽受封鲁地，去了三年以后才把那里的政治情况报告给周公。周公很不满意，就问他说："已经三年了，才告诉我鲁地的形势，为什么这样迟呀？！"

伯禽答道："我要改变那里的习俗，还要革新那里的礼法，花了三年时间才做完，所以来晚了！"

正巧这时姜尚也来报告齐地的情况。他受封于齐地，才过了 5 个月的时间，就来报告那里的政治形势。周公感到惊奇，便问他说：

"你怎么这样快就报告情况呀？难道齐地的政治已经整顿妥当了吗？"

姜尚泰然自若地说：	"是的，一切都安定了，我是简其君臣礼，从其俗为也。"

周公沉思了半晌，自言自语地说：

"唉，鲁的后世恐怕要败于齐了，齐地一定会胜过鲁地！政不简不行，不行

不乐，不乐则不平易，不平易百姓就不归服。为政简易的，百姓必然亲近，百姓亲近、归服才能强盛啊！"

成语"平易近人"即由该文中的"平易近民"演化而来。现在用它表示态度和蔼，使人容易亲近。

千金一笑

典出《东周列国志》第二回。

幽王曰："爱卿一笑，百媚俱生，此虢石父之力也！"遂以千金赏之。

西周的最后一代帝王周幽王，是历史上有名的暴君。他宠信虢公、祭公、尹珠这三个奸臣；对忠良伯阳父、赵叔带、褒珦等疏而远之。赵叔带以三用枯竭、岐山崩溃为国家不祥之兆，要求周幽王勤政恤民，求贤辅国。幽王不但不听，反将赵叔带驱逐出朝，永不任用。

大夫褒珦闻赵大夫被逐，急忙入朝进谏："大王不畏天变，黜逐贤臣，恐国本动摇，社稷难保。"幽王大怒，以褒珦有慢君之罪，下在狱中。

褒珦的儿子洪德，知道这个昏君江山坐不长久，而且也深知他酷好女色，遂在褒村买到了一个绝代佳人，取名褒姒，献与幽王，以赎父罪。

褒姒生得眉似春山，目如秋水，指排削玉，发挽乌云，可说是羞花闭月之容，倾国倾城之貌。幽王喜出望外，即日纳入后宫，并传旨将褒珦开释。

这个褒姒也果然妖艳动人，周幽王把她放置在琼台之上，日夜追欢寻乐。

幽王的正妻申后，听说天子获得一个妖妃，不理国政，心中不免忧戚。太子宜臼见母亲泪流满面，便借故来到琼台，乘父王不在时，把褒姒辱骂了一顿。幽王回来，褒姒便哭得像一株带雨梨花，使得幽王心都碎了。立即把儿子贬到申侯的国中，严加管束。

不久，褒姒生了一个男孩，取名伯服。在褒姒百般怂恿下，幽王废宜臼为庶人，立伯服为太子，并将申后打入冷宫。

母以子贵，褒姒从妃嫔的身份，一跃而为正宫娘娘了。

褒娘娘虽然宠擅专房，但从未开颜一色。幽王问："爱卿进宫以来，寡人从未见你一展欢颜，朝朝夕夕，召乐工鸣钟击鼓，品竹弹丝，你也全无悦色，究竟卿家所好何事？"

褒姒说："妾妃无他好，唯自喜闻手裂采绢之声，因其声清脆悦耳也。"

幽王遂即广取绸缎绫罗，派宫娥撕给褒姒听。褒姒虽然喜闻裂帛之声，但仍不笑。

幽王无奈，传卜旨意："凡有人能致褒后一笑者，赏赐千金。"

虢公献计说："先生昔年因防御西戎入寇，曾在骊山之下，设有烽火台20所。如有贼寇进犯，就放起狼烟，直冲云天，附近诸侯，见烽火台起了狼烟，立即兴兵来救。今天下太平，烽火皆熄，大王何不携娘娘登骊山，举烽火，使各路诸侯见烽火而至，至则无寇，乘兴而来，败兴而返，娘娘必开颜一笑了。"

幽王大笑说："此计大妙！"即便照计而行。果然，各路诸侯见骊山烽火起来了，这是多年不曾有过的事情，连忙马不及鞍，人不及甲，匆匆兴兵驰至骊山。幽王这时正在山顶与褒姒饮酒作乐。山下各路诸侯从四面八方跑得汗及重衾，来到山下，可是并无发生什么变故，大家都面面相觑，诧异不已。

幽王旋即传旨："敬告各路诸侯，并无外寇侵犯，不劳诸公跋涉，请即回师。"大家只好偃旗息鼓，各回本国去了。

褒姒见诸侯匆匆而来，匆匆而去，并无一事，觉得愚笨得可笑，果然开颜一笑了。

幽王说："爱卿一笑，百媚俱生，此虢公之妙计也。"乃赏赐虢公千金。

后来犬戎犯镐京，幽王再举烽火，诸侯仍以为戏，不至，西周灭亡。

后人用"千金一笑"比喻美人的笑容难得。

倾国倾城

典出《汉书·孝武李夫人传》。

汉代音乐家李延年既善于唱歌，又能创作歌曲。汉武帝时，他是宫中的乐师，很受武帝喜爱。

有一天，李延年在汉武帝面前一边唱歌，一边跳舞。他唱道："北方有佳人，绝世而独立，一顾倾人城，再顾倾人国。宁不知倾城与倾国，佳人难再得！"

汉武帝对这首歌很感兴趣，他问道："世界上真能有这样的绝代佳人吗？"

武帝的姐姐平阳公主说道："李延年的妹妹，就是这样的佳人。"

汉武帝命人把李延年的妹妹带进宫中，一看，果然是个绝代佳人。汉武帝把她留在身边，封她为李夫人，对她非常宠爱。

李夫人原来是个歌伎，她进宫时间不久，便得病而死。汉武帝非常怀念她，让人为她画像，又让术士为她招魂，想和她再见一面。因为想念李夫人，汉武帝写了不少诗歌，抒发对李夫人的感情，如《悼李夫人赋》《李夫人歌》等。

"倾国倾城"的成语就是从李延年的歌中概括出来的。后人用其形容绝色的女子。

犬牙交错

典出《汉书·中山靖王刘胜传》。

> 广封连城，犬牙相错者，为盘石宗也。

汉高帝刘邦为了巩固刘氏的天下，把分封到各地的一些外族王侯全部消灭，而把自己的儿子、侄子、兄弟等封到各地为王，各霸一方。

传到汉景帝的时候，这些同姓王的势力已十分强大了，一个个野心勃勃地想篡夺帝位。当时以南方吴王刘濞为首，7个王侯联合起来一起叛乱。幸亏汉景帝的大将周亚夫英勇多智，才把这次叛乱镇压下去，但是汉景帝并没有接受教训，他又封自己的许多儿子为王。

到了汉武帝继位的时候，这些王侯势力又强大起来。大臣们担心他们会和以前一样搞叛乱，就向汉武帝揭发这些王侯的罪状，并建议武帝削弱他们的势力。王侯们知道后，感到十分恼火，扬言道："诸侯王自以骨肉至亲……广封连城，犬牙相错者，为盘石宗也。"意思是说诸侯王自然是刘家的骨肉至亲，高帝之所以普遍分给他们很宽的地方，让他们的疆土像狗牙那样交错不齐地连在一起，是为了使刘家的天下安如盘石。

后人把"犬牙相错"说成"犬牙交错"，用来形容交界线很曲折，就像狗牙那样参差不齐。也用来比喻错综复杂的情况或双方力量对比互有长短。

山鸡舞镜

典出南朝刘敬叔《异苑》卷三。

> 山鸡爱其毛羽，映水则舞。魏武时，南方献之，帝欲其鸣舞而无由。公子苍舒令置大镜其前，鸡鉴形而舞不知止，遂之死。

山鸡有一身漂亮的羽毛，每当它在河边看到自己的倒影时，就会忍不住翩翩起舞。有一次，南方有个人捕到一只美丽的山鸡，将它献给了曹操。曹操听说山鸡有善舞的本领，便让手下的人逗山鸡跳舞。在场的人都是初次见到山鸡，不熟悉它的习性，不知怎么办才好。任凭大家怎么哄，山鸡一直呆头呆脑地缩在角落里，一动也不动。那个献鸟的人急得冷汗直冒。

正在难堪的时候，曹操的小儿子曹冲进来了，他让人去抬一面大镜子来，并把山鸡抱到镜子前，山鸡顿时变了样：它站立起来，抖落一下羽毛，对着亮晃晃的大镜子忘情地跳起舞来。它转呀、跳呀，五彩的羽毛绚丽夺目，大家都看得眼花缭乱，曹操也很满意，赏给献鸟人很多钱。

后人根据此事，概括出"山鸡舞镜"这一成语，比喻顾镜自爱自怜。

盛气凌人

典出《战国策·赵策四》。

左师触龙愿见太后。太后盛气而胥之。

又见宋人楼钥《攻媿集》。

时户部侍郎李公椿年建议行经界，选公为龙游县覆实官，约束严峻，已量之田隐藏亩步，不以多寡率至黥配，盛气临人，无敢忤者。

战国时期，赵国国君赵惠文王死后，赵孝成王继位，因他年纪尚小，由赵太后（惠文王的妻子，孝成王的母亲）执政。秦国趁此时机派兵攻打赵国，赵军抵挡不住，先后被夺去3座城池。赵太后派人向齐国求救，齐国提出，只有让惠文王的小儿子长安君（赵孝成王的弟弟）到齐都临淄做人质，才能起兵援救。

赵太后非常疼爱小儿子长安君，不肯把他送到齐国去，于是齐国也不肯发兵援救。秦国见此情况，加紧进攻赵国，形势十分危急。赵国的大臣们非常忧虑，纷纷提出劝谏，希望把长安君送到齐国，争取齐国早日出兵。太后十分气愤，他向臣子们说："以后再有人提出让长安君去齐国做人质，我就用唾沫吐他的脸！"

老臣左师触龙求见太后。太后心想，这又是来劝谏的，她满脸怒气地等着接见。触龙慢慢走到太后跟前说："我的腿有病，走路困难，很久没来给您请安，今天来看看您。不知您身体怎样？饮食怎样？"太后看到他并未提起让长安君做人质的事，怒气逐渐消失。

触龙又说："我的小儿子舒祺很不争气，我已经很老了，非常疼爱他，希望能让他在王宫里当一名卫士，不知可否？"太后说："这事好办。你的儿子多大了？"触龙回答："15岁了。他虽然年少，但希望在我死之前对他有个安排。"太后问道："男人也爱小儿子吗？"触龙说："比女人爱得还厉害呀！"太后笑笑说："女人对小儿子是特别疼爱的。"触龙显出惊讶的样子说："我还以为您爱女儿胜过爱长安君呢！"太后摇头说："您说错了，我爱女儿怎么能比得上爱长安君呢？"触龙说："父母疼爱孩子，就要为他们的前途着想。您把女儿嫁给远方的燕王，并不是不想念她，而是为她的长远利益打算，希望她的子孙世世代代为王，难道不是这样吗？"太后点头说："是这样。"触龙接着说："如今您使长安君身居高位，封给他肥美的土地，让他拥有很大权力，但却不给他为国立功的机会。一旦您离开人世，长安君如何在赵国立足呢？所以我认为您没有为长安君的长远利益着想，您爱他不如爱您的女儿。"

触龙的一番议论使太后顿然醒悟，她欣然同意长安君去齐国做人质，齐国很快发兵救赵。秦国听说齐国发兵，便撤军回国，解除了对赵国的进攻。

成语"盛气凌人"便由"盛气而胥之"一句演化而来，用来形容傲慢自大，气势逼人的神态。

失魂落魄

典出《官场现形记》。

> 尹子崇虽然也同他周旋，毕竟是贼人胆虚，终不免失魂落魄，张皇无措。

尹子崇因为偷卖矿产被人告发，官府要捉拿，他逃回家中躲藏。一天，本乡知县老爷突然来到尹家，尹子崇吃惊不小，硬着头皮出来相见。那知县是个老滑头，本是来抓尹子崇到县衙的，他却笑嘻嘻地一面作揖、一面寒暄："哈哈，兄弟直到今日才听说你回府，没有及时来请安，抱歉之至！"尹子崇虽然也同他周旋，毕竟是贼人胆虚，终不免失魂落魄，慌张无措，一时连礼节都忘记了。自己坐到客人的位置上，知县暗暗发笑，从靴筒中抽出一件公文，递给尹子崇。尹子崇顿时吓得面色苍白。

知县见天色已经不早，便吩咐差役说："轿子准备好了吗？我同尹大人此刻就回衙门去！"尹子崇听见这话，明知逃脱不得，只好跟在知县身后，登上轿子。尹家的家眷看见他被县衙拉了去，早已哭成一片。可是知县毫不容情，摆摆手，抬轿人抬起轿子便奔往县衙去了。

后来用"失魂落魄"形容心神不宁、极度惊惶。

尸居余气

典出唐代房玄龄等《晋书·宣帝纪》。

曹魏嘉平年间，大将曹爽掌握了全国的军权，骄奢无度，当时很多人向他规劝，他都不听，他所惧怕的只有太傅司马懿。因为他是大功臣，而且权势也极盛，皇帝也要让他三分。

当时河南尹李胜是曹爽的亲信僚属，他被调任荆州刺史时，知道曹爽最惧怕的人是司马懿，便借向司马懿辞行之机，侦察司马懿的行状。司马懿知道自己的存在是曹爽的威胁，特地装出生病的样子，叫两个婢女扶持着，衣服一半落在地上，用手指指口，表示口渴，婢女给他吃粥，他装出没有气力接碗的样子，就用口在婢女手上喝着吃，粥都流在衣服上了。

李胜说："你的身体怎么已衰弱到这个地步呢？"

司马懿有气无力说："我年老多病，就要死了，你现在去并州，并州地方接近胡人，你要好好地防备，我恐怕不能再和你见面了，至于我的儿子，请你好好地照顾他们。"

李胜说："我是去荆州，不是去并州。"

司马懿又故意胡言乱语一番。李胜回去报告曹爽说："司马懿尸居余气，形神已离，即将死了，不必忧虑他了。"

曹爽终于放松了对司马懿的戒备，终于被司马懿所杀。不久司马懿的儿子司马昭、孙子司马炎夺取了曹魏政权，建立了晋朝。

"尸居余气"指人的躯体虽在，只不过比尸体多一口气，形容气数已尽。

手舞足蹈

典出《文选·卜商〈毛诗序〉》。

咏歌之不足不知手之舞之，足之蹈之也。
又见《红楼梦》第四十一回。

当下刘姥姥听见这般音乐，且又有了酒，越发喜的手舞足蹈起来。

刘姥姥进大观园后，吃酒、游玩一切都很满意。一次喝酒，刘姥姥不慎打烂了瓷酒杯子，便说道，如果有个木头的酒杯，我失了手掉在地上也没得关系。凤姐听刘姥姥这么说，便对刘姥姥道："木头酒杯我们这里有，但那是一套一套的，取来了你一定要吃遍一套才算！"鸳鸯听说，忙去屋里取来十个黄杨根子做的大套杯。刘姥姥看见木杯，又惊又喜。那大的杯子像个小盆子，那小的也比手里的杯子大两倍，杯上一色的山水树木人物，雕镂奇绝。刘姥姥拿着这奇特的杯子，兴高采烈地开怀畅饮。正在畅饮之际，又听得府内箫管悠扬，笙笛并发，那乐声穿林渡水而来，使人心旷神怡。当下刘姥姥听见这般音乐，且又有了酒，越发喜得手舞足蹈起来。

后人用"手舞足蹈"形容高兴到极点的样子。

孙悟空大闹天宫

典出《西游记》第四至第七回。

孙悟空勇猛无敌，蔑视天庭。他发现玉帝封他"弼马温"是个骗局，便取出如意金箍棒，打出南天门，回到花果山，自封"齐天大圣"，与天庭抗衡。玉帝调兵遣将，兴师动众，对他进行镇压和诱骗。孙悟空并没有放下武器，而激起了他的更为猛烈的反抗。他偷蟠桃、盗御酒、窃仙丹、败天兵，一而再，再而三地大闹天宫。后来，玉帝费了九牛二虎之力，搬请各方神祇佛道，才把他拿住，投入了太上老君的八卦炼熔炉，但反而炼出了他的一双火眼金睛。

孙悟空纵身跃出八卦炉后，又抢起金箍棒，左冲右突，天宫顿时大乱。悟空一路杀到灵霄殿前，直杀得九曜星闭门闭户，四天王无影无踪。他还高声喊叫："皇帝轮流做，明年到我家！玉帝老儿，快快搬了出去，将天宫让给老孙！如若不让，定叫你永不安宁！"那帮天兵和三十六员雷将、二十八座星宿，闻讯赶来挡住悟空，护住玉帝。悟空经过卦炉的锻炼，更加刚强结实，一个人被团团围困在核心里，毫无惧色，越战越强。他手中那根金箍棒，舞得像纺车儿一样，没有人敢靠近。孙悟空这一阵大闹，天宫诸神一片慌乱，个个束手无策。

"孙悟空大闹天宫"，比喻被吓得精神紧张，显出慌乱的样子。

谈笑自若

典出《后汉书·孔融传》。

> 建安元年，为袁谭所攻，自春至夏，战士所余裁数百人，流矢雨集，戈矛内接。融隐几读书，谈笑自若。

又见《三国志·吴志·甘宁传》。

> 宁受攻累日，敌设高楼，雨射城避，士众皆惧，惟宁谈笑自若。

三国时期，有一个著名的将领，名叫甘宁。他是巴郡临江（今四川忠县）人，字兴霸。他最初依附刘表，后来投靠孙权。他曾跟随周瑜，攻破曹操，进攻曹仁，跟随吕蒙抗拒关羽。因为有战功，他被任命为西陵太守、折冲将军。

赤壁之战曹操失败以后，向汇陵撤退。孙权和刘备的联军乘胜追击，一直追到南郡（今湖北江陵县境）。驻守南郡的魏将曹仁，以逸待劳，击败了吴军的先头部队。周瑜大怒，准备调兵遣将，与曹仁一决雌雄。甘宁上前劝阻，他认为南郡与夷陵互为犄角，应该先袭取夷陵，然后再进攻南郡。周瑜接受了他的正确建议，命他领兵攻取夷陵。

甘宁率军直逼夷陵城下，与魏军守将曹洪激战二十余回合，曹洪败走，领兵往南郡退逃。甘宁命令部下，迅速夺取夷陵。甘宁手下兵员很少，只有几百人，入城后立即招兵，也不过千人。当天黄昏，曹仁派曹纯和牛金引兵与曹洪会合，共聚 5000 人，把夷陵城团团围住。曹军架设云梯攻城，被甘宁守军击退。

第二天，曹军构筑高楼，然后士兵在高楼上向城中射箭，顿时箭如雨发，射

死射伤不少吴兵。吴兵将此情况飞报甘宁。将士们闻听此讯，都有些害怕，唯独甘宁有说有笑，同往常一样，毫不紧张。他命人收集曹军射来的数万支箭，并派优秀射手与魏军对射。由于甘宁率军沉着顽强地固守，曹军无法攻破城池。

后来，周瑜派来救兵，配合甘宁击退魏军。周瑜为甘宁解围后，亲自慰劳守城将士，并给甘宁记了一功。甘宁临危不惧，镇定自若，谈笑风生，在军中传为美谈。

成语"谈笑自若"即由此而来。自若，跟平常一样。这个成语是指在紧张和危险的情况下，有说有笑，同平常一样。

委靡不振

典出唐代韩愈《送高闲上人序》。

> 颓堕委靡，溃败不可收拾。

又见《宋史·杨时传》。

> 若示以怯懦之形，委靡不振，则事去矣。

北宋时，徽宗皇帝是一个昏庸的家伙。在金兵已经占领了大片北方土地的时候，他还征调大批老百姓从南方搬运奇花异石，运到国都汴京（今河南开封）修建宫殿，装点花园。对于抗金这件大事，他根本不放在心上，随便派了一个无能的童贯去当领兵元帅。童贯连吃败仗，结果金兵很快就打到了京城附近。

一天，宋徽宗正在饮酒作乐，听说金兵快打到汴京了，吓得不知所措，大臣们也慌作一团。这时，有一个叫杨时的大臣，从容地对大家说：现在的形势已经像干柴堆着了火一样危急了，朝廷应当赶快清醒振作起来，拿出抗金的决心和勇气，这样才能鼓舞人心，振作士气。如果还和过去一样委靡不振，胆小软弱，那么大宋王朝就没有什么指望了。

后人用"委靡不振"比喻情绪低落，精神不振。

我见犹怜

典出刘义庆《世说新语·贤媛》。

晋朝的时候，桓温公攻占四川，将李势的女儿掳掠过来为妾。桓温公的妻子南康长公主生性好妒忌。因此桓温公一直瞒着她，将李姑娘藏在书房的后面，常常悄悄地去看望她，对她很怜爱。李姑娘一直幽居不出，如笼中的小鸟，任人玩弄于股掌之上，虽有家仇国恨，却无法报复，心中很是郁闷。

后来，南康长公主听到这个消息，很是气愤，回想这段日子，桓温公对自己的态度确实变了，心中陡生怒意，决定杀掉李姑娘。趁着桓温公不在府中的时候，南康长公主气势汹汹地带着几十名丫鬟去兴师问罪，个个手上都拿着寒光四射的刀子，直奔李姑娘住处。她们破门而入，正在镜子前梳头的李姑娘听到身后有响动，平静地转过身来，她秀长的头发乌黑晶亮，如瀑布般奔泻，似柳丝般飘垂，洁白的肌肤像玉一样，发出晶莹的光泽。南康长公主不由得看呆了，利刀"当啷"落地。她走上前去，抱住李姑娘动情地说："啊呀，你是这般漂亮，连我见了也生了怜爱之心，何况桓温公呢。"

李姑娘不卑不亢地说："国破家亡，本不该来这里享受荣华富贵，只是事出无奈。今天如果被您杀掉，正好了却我以死报国的心愿。"

南康长公主心中更是感动，带人默默地退去。

怜：爱。"我见犹怜"形容女子美貌动人，惹人喜爱。

小丑跳梁

典出《宋史·张景宪传》。

宋代的张景宪曾做过淮南的转运副使，为人正直。当时在山阳有一个叫郑昉的官员，贪污腐败，他的很多亲戚都是达官要人，因此他在当地横行霸道，为非作歹。

张景宪上任后不久，经过周密的查实，终于将郑昉流放到岭外。这事影响极大，一些贪官污吏只得收敛起来。

后来，张景宪因有政绩被提升做了户部副使。元丰初年，张景宪做了河阳地区的最高行政长官。西南地区一些少数民族入侵，张景宪向皇上进言说："那些骚扰边关的人，都是些跳梁小丑，但他们的老巢地处偏僻，地势险恶，易守难攻。假如皇上下命令调动大军前去攻打，路途遥远不说，万一供应部队的粮草给养跟不上，就会影响军心，士气败落，部队将陷于重重围困之中，那样反而对我们不利。"

皇帝说："你说的话非常有道理，但朝廷也是没有办法啊，出兵前去征讨只是不得已而为之，否则将不堪设想。"

听了皇上的话，张景宪便没再说什么。

后人用"跳梁小丑"指行为猖狂、到处捣乱的卑鄙小人。

小鸟依人

典出《旧唐书·长孙无忌传》。

唐朝初年，唐太宗任命褚遂良为谏议大夫。一天，唐太宗故意问他："你每天都要记载我的言行起居，我可不可以阅读啊？"

褚遂良答道："自古以来，帝王的言行善恶都要如实地记载下来，但没听说过皇帝自己可以过目的。"

"那如果我有什么不好的地方，你也照记不误吗？"

褚遂良又答道："凡是皇上有过的言行，我都得写上。"

唐太宗一次对司徒长孙无忌说："我听说君主贤明，大臣们就刚直不阿，人就怕缺少自知之明。你们常当面与我争论不休，评论我的功过得失，今天我也要评一评你们的长处与短处。"唐太宗先评价了长孙无忌，说他注意避嫌，才思敏捷，但带兵打仗不行。又评价了高士廉，说他遇到危难不变节，平日做官不结党营私，但不敢直谏。最后谈到褚遂良，说："遂良的学问大有长进，性格也很刚正，对朝廷坚贞不渝，对我很有感情，平日里一副飞鸟依人的模样，不由我不怜爱他呀。"

唐太宗临终前，指着褚遂良和长孙无忌对太子说："这两人都是忠臣，只要他们在，你就可以放心。"

后人把"飞鸟依人"一语演化为成语"小鸟依人"。意义也发生改变，现多比喻少女或小孩娇小可爱。

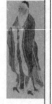

笑容可掬

典出《三国演义》第九十五回。

> 果见孔明坐于城楼之上，笑容可掬，焚香操琴。

三国时，蜀国于建兴六年（公元 228 年）倾全国重兵出军祁山，向曹魏进攻。由于蜀将马谡言过其实，刚愎自用，而致街亭（在今甘肃庄浪东南）失守。魏司马懿率领的大军直逼西城。

当时，退守在西城的诸葛亮已无兵将可调遣。他登上城楼一看，只见东北方向上尘土漫天，魏兵已向西城杀来。诸葛亮逃跑已来不及，守城又无兵无将。正在为难之际，他忽然想起可用"空城计"的办法吓退司马懿。于是，他立刻传令下去：城头旗子一律藏起来；军中不准敲鼓；士兵们不准出来张望。一切布置好了以后，诸葛亮命令大开城门，城门口派几个老弱残兵洒扫街道，自己端坐在城门楼上，焚香抚琴，装得若无其事的样子。

司马懿的大军来到城下，见诸葛亮在城楼上笑容可掬，焚香操琴，怀疑城中有重兵埋伏，果然迅速退走。

"笑容可掬"即满面的笑容仿佛可以用两手捧取。后人用"笑容可掬"的这个典故比喻内心的喜悦自然地流露于外。

兴高采烈

典出刘勰《文心雕龙·体性》。

> 叔夜俊侠，故兴高而采烈。

三国时的魏国，有一位文学家、思想家、音乐家叫嵇康，字叔夜，谯郡（今安徽宿县西南）人。他是曹魏宗室的女婿，官至中散大夫，世人称其为嵇中散。嵇康崇尚老子和庄子的学说，讲求举生服食之道，为魏晋时"竹林七贤"之一。嵇康因声言"非汤武而薄周孔"，且不满当时掌权的司马氏集团，遭钟会构陷，为司马昭所杀。

稽康的文章写得很好，主要成就是散文，被鲁迅称之为"思想新颖，往往与古时旧说反对"。他提出"越名教而任自然"之说，主张回到自然，厌恶儒家各种人为的烦琐礼教。他的诗歌也很出名，尤其长于四言诗，风格清峻。南朝梁代的文学理论家刘勰撰所写《文心雕龙》在论及稽康的性格和他的作品的风格时，称"稽叔夜性高豪爽，他的志趣很高，文辞犀利"。

"兴高采烈"这几个字，原来是说稽康的文章志趣很高，文辞犀利。后人常用来形容人的兴致高，情绪饱满。也形容呈现出的欢乐气氛。

欣欣向荣

典出晋代陶潜《归去来辞》。

木欣欣以向荣，泉涓涓而始流。

陶潜，字渊明，他是晋代浔阳柴桑（江西九江县西南）人。曾祖陶侃是晋朝名将，渊明性情高尚文雅，学问非常渊博，诗文都很好。他不喜欢荣华富贵，饮酒赋诗。游山玩水是他的嗜好。后来因亲老家贫，勉强当了祭酒的官，因不惯于官场上的应酬，不久即辞职，后来又当了彭泽令。

他上任80多天时，朝廷差了一名督邮到县里来，他的部下教他戴着帽，束了腰带去迎接。陶渊明叹了口气说："我不愿为了五斗米的俸禄，弯着腰去迎接权贵。"当天即交回印章，辞官回家去了。

陶潜回到家里，作了一首词，记述这件事。词的题目叫《归去来辞》，其中有一句"欣欣向荣"。这首词成为一篇有名的文章，一直流传到现在。

"欣欣向荣"形容植物茂盛；也比喻精神奋发昂扬或事业兴旺发达。

虚张声势

典出唐代韩愈《论淮西事宜状》。

然则暗弱，自保无暇，虚张声势，则必有之。至于分兵出界，公然为恶，亦必不敢。

又见《红楼梦》第四回。

> 老爷明日上堂，只管虚张声势，动文书，发签拿人。

贾雨村授了应天府，一到任就遇到一个人命案子。这件案子的凶手是薛家的公子薛蟠，而薛家又是金陵一霸，因而就给贾雨村断案带来了麻烦。

贾雨村正要发签差公人将凶犯家属捉来拷问的时候，只见案旁一个门子给他使了一个眼色，叫他不要发签。雨村心中狐疑，退至密室与门子交谈。谈话中雨村方知这个门子是他的故人——葫芦庙里的葫芦僧，雨村笑嘻嘻地拉着葫芦僧的手要葫芦僧为他了结此案出谋划策。葫芦僧把这个案子各方面的联系告诉了贾雨村，并为他想了一个两全其美的断案办法。葫芦僧说："老爷明日上堂，只管虚张声势，动文书，发签拿人——凶犯自然是拿不来的，原告固是不依，只用将薛家用人及奴仆拿几个来拷问，小的暗中调停，令他们报个'暴病身亡'……"贾雨村理解其中奥妙，便照此办理，第二天就把此案断了。贾雨村把案子了结之后，便急忙写信给贾政和京营节度使王子滕，说："令甥之事已完，不必过虑。"贾雨村也因此得到上司的赏识。

后人用"虚张声势"来表示本无实力，故意假造声势来吓唬人。

扬眉吐气

典出唐代李白《与韩荆州书》。

> 而今君侯何惜阶前盈尺之地，不使白扬眉吐气，激昂青云耶？

这是唐代诗人李白为了让韩朝宗举荐他而给韩朝宗写的一封信中的一段话。大意是劝韩朝宗不要舍不得台阶前面一尺宽的地方，给李白一个官职，好让他扬眉吐气，振奋得意地步步高升。

后人用"扬眉吐气"的这个典故比喻摆脱了长期受压抑的境况，心情得到舒展，感到畅快高兴。

怡然自得

典出《列子·黄帝》。

　　黄帝既悟，怡然自得。
又见晋代陶潜《桃花源记》。

　　黄发垂髫，并怡然自乐。

　　晋朝孝武太原年间，武陵地方，有个打鱼的人。有一天，他顺着小溪捕鱼，忘了路程的远近，一直往前走，走进了一片桃花林。此处风景十分优美，为世上所罕见。渔人觉得奇怪，总想看看这座桃林到底有多远多宽。当他把桃林走完时，便发现山旁有一个洞，里面似乎还有光亮。他便走进洞去，初时道路狭窄，再走几十步，豁然开朗，简直是一片平原。平原上桃红柳绿，房舍俨然，男耕女织，怡然自得，人人过着自由幸福的生活。他们看见渔人进来，家家都设酒杀鸡，招待渔人。在言谈中，渔人才知道里面的人是他们的祖先为避秦代的祸乱，才逃进这个洞里来的。他们与世外隔绝多年，也不想再出去了。外面是个什么世道，他们也不知道。渔人在这洞中的平原里待了几天，受到各家各户的热情招待。当他辞别这些好客的主人们时，大家都告诉他："洞中情况，不要给外边的人说。"

　　渔人出来后沿着原来的路往回去，还处处做了标记。到武陵后，渔人就把这事告诉了太守。太守马上派人去找那个世外的桃源，找来找去，毫无结果。

　　后人用"怡然自得"形容高兴而满足的样子。

于思于思

典出《左传·宣公二年》。

　　宋城，华元为植，巡功。城者讴曰：其目，皤其腹，弃甲而复。于思于思，弃甲复来。

春秋时期，有一年郑国派军队攻打宋国，郑国统率军队的是公子归生。宋国派华元和乐吕率兵抵抗。出发之前，华元杀羊犒赏士卒，却单单忘记了替华元驾驭战车的羊斟。羊斟没吃着羊肉，非常恼怒，暗暗骂道："你等着吧，战场上见！"

郑军与宋军在大棘这个地方交战了。华元指挥军队向前攻击。为华元驾车的羊斟，狠劲儿地抽打马背，朝华元喊：

"统帅大人，前天吃羊肉是你做主，今天的战车可由我做主了！"他把战车赶到郑军阵中，结果华元被俘虏，郑军获得大胜。宋军的副统帅乐吕阵亡，尸首被郑军抢去，宋军损失了460辆战车，有250名士卒当了俘虏，战死的军士被郑军割去100只耳朵。

宋国君主听说自己的军队统帅被郑国囚禁，便派使臣带着100辆兵车、400匹良马，与郑国谈判，要求赎回华元。礼物刚送去一半，华元自己逃了回来。羊斟看见华元回到宋国，吓得逃亡到鲁国去了。

不久，宋国修筑城墙，华元负责巡视工程。一天他来到工地，民工们看见华元，便唱起歌来：

"腆着大肚皮，你还瞪着眼，

损兵折将、丢掉皮甲往回转，

满腮胡子，胡子满腮，

丢了皮甲逃回来！"

华元听了也不生气，他让侍从唱着回答：

"只要有牛就有皮，

犀兕咱们多得是，

丢了皮甲算什么！"

民工们哄笑起来，又有人唱道：

"就算你的牛皮多，

没有红漆可奈何？"

华元说不过民工们，便吩咐侍从："我们走吧，他们人多嘴巴多，我只有一张嘴！"华元赶忙转到别处去。

成语"于思于思"就是由此而来，意思是胡子又多又长，后人用这句成语形容人的鬓须茂盛。思，这里同腮的意思。于思：鬓须盛貌。

成语"各自为政"也是由这里来的，原文载道："畴昔之羊，子为政；今日之事，我为政"。"各自为政"原意是各人按照自己的主张办事，谁也管不了谁，也比喻各行其事，谁也管不了谁。现在则用这个成语比喻各行其事，不顾全局。

源源而来

典出《孟子·万章上》。

虽然，欲常常而见之，故源源而来。

有一天，孟子的学生万章去问孟子道："象每天都想谋杀舜，舜做了天子却没有杀他，只是把他流放了，这是为什么？"孟子说："其实是封他于有庳，不过有人说是流放罢了。"万章听了并不满意，又问道："为什么有人说是流放呢？"孟子说："舜虽以有庳之地封他，但不让象在他的国土上为所欲为，所以另自派官吏去治理这个国家，因此有人说是流放。"万章继续问道："舜为什么要这样做呢？"孟子想了一想说："他们到底是弟兄，这是仁人的做法啊！舜想常常见到自己的弟弟，象自然也想见到舜并希望给他一块封地，这样，象便可借朝贡源源而来，舜也可常常借故有政事而接待象。"万章听到这里，觉得没有什么可问的了，就辞别孟子而去。

后人用"源源而来"表示连续不断地到来。

辗转反侧

典出《诗经·周南·关雎》。

求之不得，寤寐思服。悠哉悠哉，辗转反侧。朱熹集注：辗者，转之半；转者，辗之周；反者，辗之过，侧者，转之留。昏卧不安席之意。

《关雎》是古代的一首恋歌，列《诗经》全书之首，也是十五国风的第一篇。《诗序》说此诗是歌咏"后妃之德"的，《鲁诗》则说是大臣（毕公）刺周康王好色晏起之作。现代一些研究者也有的以为是写上层社会男女恋爱的作品。

这首恋歌的大意是：河边有个采荇菜的姑娘文静又秀丽，一个青年男子求她结情侣。追求她，求不到，日夜渴慕思如潮。相忆绵绵恨重重，躺在床上翻来覆去睡不宁。后来，这个青年男子弹琴娶她喜洋洋，两人终于结成情侣。

后人用"辗转反侧"形容心里有所思念，翻来覆去地不能入睡。

正襟危坐

典出《史记·日者列传》。

宋忠、贾谊瞿然而悟，猎缨正襟危坐。

西汉时，有一个叫司马季子的人，通天文地理，见识极高。他游学长安，以卖卜为生。有一天，大夫宋忠和博士贾谊在一起谈论先王圣人之道术。贾谊说："我常听说，古之圣人，不在朝廷为官，必然在卜医者的行列中。现在朝廷中的三公九卿我们都见过了，不知卜者中是否还有能人。于是，他们二人便来到市井的卜肆中。当时，刚下过雨，肆上人很少，司马季子正由三四个弟子侍候着在那里谈天说地。宋忠和贾谊很恭敬地拜见了司马季子。司马季子请他们坐下之后，便滔滔不绝地讲了起来，语数千言，无不顺应天理。

宋忠和贾谊深为司马季子的博闻强记和表达才能所折服，二人揽其冠缨正其衣襟，恭敬严肃地说："看先生之状貌，听先生之言辞，实在是位了不起的人物，我们接触了许多知名人物，没有一个比得上先生的，你为何要身居卜肆干此卑贱之事呢？"司马季子听罢捧腹大笑，说："贤明的人是不和不肖之辈同流合污的。"

"正襟危坐"即正其衣襟端端正正地坐着。形容恭敬严肃的样子。

趾高气扬

典出《左传·桓公十三年》。

楚屈瑕伐罗，斗伯比送之，还，谓其御曰："莫敖必败，举趾高，心不固矣。"

春秋时期，楚国的武王派大将屈瑕带兵进攻罗国。楚国大夫斗伯比为他送行。回来的路上他对驾车的人说："你瞧屈瑕走路把脚抬得高高的，有多神气。他太骄傲了，不把敌人放在心上，这次打仗他一定要失败！"

回来之后，斗伯比马上去见楚武王。他对武王说：

"请您派援军快去帮助屈瑕吧！"

武王说："那怎么可以呢？我们已经没有军队可派了！"

武王没有听取斗伯比的意见，回到宫中对他的夫人邓曼说："你看斗伯比这人多怪，他明知我已无兵可派，却让我派兵去支援屈瑕！"邓曼想了一会儿，对楚武王说：

"我看斗伯比的意思并不在于派援军，而是说屈瑕自以为是，不听人言，贪恃以前的战功，以为这次攻打罗国必然获胜，因而轻敌。你应该教训、告诫屈瑕。"

"哦，原来是这样！"楚武王明白了斗伯比的用意，赶快派人去追回屈瑕，可是已经来不及了。

屈瑕将军队带到鄢水岸边，由于他毫无防备，又没有认真组织兵士渡河，结果在楚军过河的时候，遭到罗国军队的左右夹击，大败而逃。屈瑕一个人跑到山谷里上吊自杀了，其他的将领逃回楚国，向楚武王请罪。楚武王沉痛地说："这是我的过错，我没有多听听大家的意见，就派了屈瑕为将，才有今天的失败！"

后来人们就用"趾高气扬"形容骄傲自大、得意忘形的样子。

重足而立，侧目而视

典出《史记·汲郑列传》。

> 令天下重足而立，侧目而视矣！

西汉时，有一个大臣叫汲黯，字长儒，濮阳（今河南濮阳西南）人。汉武帝时任东海太守，继为主爵都尉。他性情刚直，常直言切谏。如果发现别人有什么过错，便毫不留情地加以指责，甚至汉武帝有什么不对，他也敢当面提出。

当时，有个叫张汤的文官，因为擅长刑律法令，很受汉武帝重视。张汤制定的法令非常苛刻、残酷，汲黯对此很不满意。有一次，他们两人发生了争论，汲黯指着张汤骂道："天下人都说刀笔吏（办理文书的小官）不可以居高位，果然如此。如果定要按你张某的办法去做，天下人就会害怕得坐立不安，连正眼看东西都不敢了。"

"重足而立，侧目而视"这个成语的意思是，并拢脚站着，不敢前进；斜着眼看，不敢正视。后人用"重足而立，侧目而视"的这个典故比喻非常恐慌的样子。

经济篇

抱鸡养竹

典出《古今潭概》。

> 唐新昌县令夏侯彪之，初下车，问里正曰："鸡卵一钱几颗？"曰："三颗。"彪之乃遗取十千钱，令买三万颗，谓里正曰："末便要，且寄鸡母抱之。遂成三万头鸡，经数月长成，令县吏与我卖，一鸡三十钱，半年之间，成三十万。"又问："竹笋一钱几茎？"曰："五茎。"又取十千钱付之，买到五万茎。谓里正曰："吾未须笋，且林中养之，至秋成竹，一茎十文，积成五十万。"

唐朝新昌县令夏侯彪之，刚到任，就向里正打问道："鸡蛋一钱几颗？"里正回答说："三颗。"县令便叫人取出一万钱，买三万颗鸡蛋，并对里正说："我现在不要这些鸡蛋，你可让孵卵的母鸡给孵化出来，就得三万只鸡，过几个月，等它们长大后，让县吏给我卖掉，一只鸡三十个钱，半年之内就是三十万钱。"

过了一会儿，县令又问里正："竹笋一钱几根？"里正回答说："五根。"于日又取出一万钱交给里正，让买五万根竹笋，并吩咐里正说："我现在不要笋，你就在林园里给我培育起来，到秋天长成竹，一根卖十钱，便可得五十万钱。"

后人用"抱鸡养竹"的这个典故鞭挞那些贪官是如何利用职权，想方设法，剥削劳动人民的。

不见可欲，使心不乱

典出《老子》。

> 不见可欲，使心不乱。是以圣人之治也，虚其心腹，弱其志，强其胃，恒使民无知无欲也。

唐朝天宝年间，长安有一个士人名房德，生得伟岸身躯，家贫落魄，全仗着妻子贝氏纺织度日。贝氏小家子出身，器量窄，嘴像刀子一般锋利，因此房德怕她。这一日房德出门，忽地遇一阵风雨，房德衣衫破旧，长了一身寒栗子，只得奔到一座古寺中避雨。进去后见墙上画了一只禽鸟，翎毛、翅膀、足儿、尾儿件件都有，单单不画鸟头。房德心想："常闻人说：'画鸟先画头'，画法怎地不同？"乃向和尚借笔，把鸟头画出。刚画完，一个汉子便来邀他出门，直到乐游原旁一座房里，里面走出十四五个汉子，一起向房德拜伏在地，欢喜曰："我等乃江湖上豪杰，俱是一勇之夫，故此对天祷告，遣个足智多谋的人，画足鸟头，便让他做大哥。今天幸遇秀才这般魁伟，正是真命寨主了。"便奉上锦衣、新靴，宰猪杀羊，祭神摆席，不由房德推辞。古语云："不见可欲，使心不乱"，房德本是贫士，便想："如今贿赂公行，不知埋没多少高才，便依他们胡作一场，也落得半世快活。"酒后已是初更天气，便率众人去延平门外王家打劫。王家有抵国之富，防卫健儿有三十来人，加以庄子前后住庄客甚多，这伙人晦气撞在网里，终被打翻数人，房德亦在数内。是时县尉乃李勉，他见房德系初犯，且又系落魄秀才，怜其才貌，便嘱狱吏王太私下将其放脱。房德一径逃往范阳，投奔安禄山。安禄山久蓄叛志，见房德有才，竟放他做了柏乡县令。

李勉因放走房德，被参"渎职"，罢官为民。他原是个清官，居家二年贫困益甚，乃离家往河北访友，途经柏乡县恰遇房德。房德大喜，乃邀入县衙，并与贝氏商量怎样厚赠报恩。那贝氏道："今若报得薄了，他翻过脸来将旧事和盘托出，你性命难保。报得厚了，做下例子，时时来取索，稍不满欲，必然又揭旧案。自古有言：大恩不报。况且他口如不严，被人知你强盗出身，祸患无穷，不如差人将他刺死，永绝后患。"那房德原来就怕老婆，见她说得有理，便派人去刺杀李勉。谁知这刺客竟是一个大侠士，访知李勉是个清官，又访知李勉义释房德的经过，今见房德反而恩将仇报，如何肯为他去刺杀李勉？于是反戈一击，杀了房德夫妻，飘然而去。

后人用"不见可欲，使心不乱"这个典故比喻看不见能够引起欲念的东西，心就不会乱。

常将有日思无日，莫待无时思有时

典出《警世通言·桂员外途穷忏悔》。

元朝大顺年间，苏州富翁施鉴是个爱财如命的守财奴。其子施济却又散财好

客，周贫恤寡，豪侠仗义。施鉴唯恐儿子将家财散尽，乃密将金银埋藏于地窖数处，不使儿子得知，正是：常将有日思无日，莫待无时思有时。

谁知施鉴一夕五更睡去便不醒了，不曾留下片言遗嘱。其时施济已四十来岁，只生一男，中年得子，便收拾三百两银子，到虎邱山拜佛感谢。忽听得有人哭泣甚惨，上前一看，认得是旧时邻居桂富五，再三盘问，才知他被债主逼迫，家产盘剥一空，鬻子卖妻还不足数，因此想投水自尽。施济是个豪爽性子，悯其遭际，立即赠银三百，代还债务，并将胥门外枣园一所、茅房数间、田十亩借与桂富五一家居用，两家从此就如亲戚往来，不觉过了 3 年多。

一日，桂富五在桑枣园银杏树下挖得一千五百两窖银，这恰是施鉴埋下的一处银两，桂富五大喜，瞒过施济，悄悄在会稽地方购下房、田产，3 年经营乃成富翁。这年，施济得病死了，桂富五携家眷离开苏州，径至会稽落户。

施济生前好施乐善，家中早已空虚，又经这番丧中用费，不免欠下债务。夫人严氏守着孤儿施还，无法度日，遂想起当初曾给桂富五三百两银子的事，又听说桂家近来富足，便携儿远去会稽求助。

谁知"蝮蛇口中牙，蝎子尾后针，两般犹未毒，最毒负心人"。那桂富五不仅不认账，且恐施家不断求索，相待十分冷淡，竟不顾旧日恩情，将施家母子推搪回去。

严氏携施还怄气归来，一病三月，诸医无效，一命归阴。施还年轻，衣衾棺椁一事不办，只得将住宅卖断与人。拆迁之际，在祖父天花板上得一小匣，拆开看时，只有账薄一本，内开：某处埋银若干，某处若干，如此数处。遂挖掘出来，一一如数，只桑枣园树下一千五百两只剩空坛。于是施家赖以中兴。

桂富五赶走施家母子后，以为得计，谁知他儿子又嫖又赌，竟将家产挥霍殆尽，又复贫穷下来。追思前事，又悔又愧，遂终身吃斋念佛，洗心革面，重新做人。

后人用"常将有日思无日，莫待无时思有时"的典故劝人节约、有计划地过日子，切莫挥霍以至后悔。

澄子亡缁衣

典出《吕氏春秋·淫辞》。

宋有澄子者，亡缁衣，求之涂。见妇人衣缁衣，援而弗舍，欲取其

衣，曰："今者我亡缁衣！"

　　妇人曰："公虽亡缁衣，此实吾所自为也。"

　　澄子曰："子不如速与我衣！昔吾所亡者纺缁也，今子之衣禅缁也。以禅缁当纺缁，子岂不得哉！"

　　宋国有个人名叫澄子，丢了一件黑衣服，到路上去找。看见一个妇人穿着一件黑衣服，便扯住不放，想扒下她的那件衣服来，说："刚才我丢了一件黑衣服！"

　　妇人说："先生虽然丢了黑衣服，可这件衣服是我自己做的呀。"

　　澄子说："你不如赶快把衣服给了我！原先我丢的是件夹衣，如今你这件是单衣，拿单衣当夹衣，你还不便宜吗？"

　　这则寓言是对淫辞诡辩之徒的讽刺。澄子横路认妇缁衣，计其禅与纺以为辩，理歪嘴硬，以非为是，正是所谓辩士的形象。

吃人无厌

典出《事林广记》。

　　有人养一虎，毛文可爱。每日将谷与他吃，不吃；又将米喂它，又不吃；将饭菜与它，都不吃。忽有一小儿经过，被他一口吃尽；又有一丈夫过，又被它和衣服尽数吃了。主人乃大声云："畜生！许多物不吃，原来你吃人无厌饱时。"

　　有人养了一只老虎，毛皮的图案非常好看。主人每天拿谷物给它吃，老虎不吃，拿米喂它，也不吃，又将饭菜给它吃，它全不吃。突然有一个小孩路过，老虎一口就把他给吃掉了；一个男子经过，老虎连带他的衣服一块吃掉了。主人看见大声斥责说："你这个畜生，给你那么多东西你都不吃，原来你吃人吃不厌。"

　　后人用这则寓言讽刺爱贪便宜的人。这种人面皮厚，有席就坐，有肉就吃。

楚人遗弓，楚人得之

典出《孔子家语·好生》。

　　共王曰："止，楚人遗弓，楚人得之，又何求焉?"

　　一次，楚共王带了随从出去打猎，中午野餐时，把弓矢解下来，放在地上，大家欢饮后，继续去打猎。走了二十多里山路，楚共王忽然发现自己把弓遗失在地上，忘记拿了。这张弓是上品，是用最好的材料做成，饰以金玉，深为共王所爱。左右侍者很惶恐，立刻要去找回来。楚共王说："不必找了，我是楚国的人，拾到弓的人也必然是楚国的人。楚人遗弓，楚人得之，何必一定要找回来呢?"左右大臣都认为楚王心胸开阔。这句话后来压缩成四字成语"楚弓楚得"。后人用"楚人遗弓，楚人得之"这个典故比喻利益并未外流。

醇酒妇人

典出《史记·魏公子列传》。

　　公子自知再以毁废，乃谢病不朝，与宾客为长夜饮，饮醇酒，多近妇女。日夜为乐饮者四岁，竟病酒而卒。

　　战国时，魏国有一个叫魏无忌的人，他是魏安王的弟弟，因封于信陵（今河南宁陵），号信陵君。公元前 260 年，秦军在长平将赵国的 40 万士兵消灭以后，包围了赵国的都城邯郸。赵国向魏国求救，魏安王不愿派兵救援。魏无忌为了救赵，请魏王的宠姬窃得发兵的虎符，击杀了魏将晋鄙，夺得了兵权，挑选了 8 万精兵，帮助赵国打败了秦国。

　　魏公子虽然窃兵符救了赵国，但却因此得罪了魏安王。打败秦国以后，他把军队和兵符交给魏国的将军带回去，自己留在赵国，一待就是 10 年。秦国见此情形，便连连出兵伐魏。魏王害怕秦国的威势，使人请魏无忌回国。起初，魏无忌不肯，后经人劝说，才回到魏国。魏王把上将军印授给了魏无忌。各国诸侯听

中华典故

说魏无忌又回到魏国带兵了，纷纷发兵援助魏国，共同对付强秦。魏无忌联合五国击退了秦将蒙骜的进攻。从此，魏无忌更加名扬诸侯，威震天下。

秦国见此情景，很害怕，便使用了反间计，用重金收买了晋鄙的一些旧友，造了魏无忌不少谣，使魏王罢了魏无忌的兵权。魏无忌心灰意冷，从此便消沉起来，称病不上朝，与一些宾客日夜饮酒作乐，沉溺于酒色之中，4 年以后，因酒色过度而死。

"醇酒妇人"这个成语原指沉溺于酒色，后常用于形容颓废腐化的生活。

措大吃饭

典出《东坡志林》。

有二措大相与言志。一云："我平生不足，惟饭与睡耳。他日得志，当饱吃饭了便睡，睡了又吃饭。"一云："我则异于是。当吃了又吃，何暇复睡耶！"

有两个穷酸秀才，相互谈论着自己的雄心大志。

一个说："我这一辈子都不富足，只想吃饱了饭、睡足了觉就罢了。将来，有朝一日得志，我定要吃饱了饭便睡觉，睡足了觉又吃饭。"

另一个说："我却和你不一样。我必定要吃饱了再吃，哪里有闲工夫去睡觉呀！"

后人用这则寓言说明人各有志，但有崇高远大和目光短浅之分。这两个穷酸秀才的"雄才大志"，不过是吃饱了便睡，或者吃饱了再吃——满脑子自私享乐，全没有一点济世救民的意愿，反应了当时一些寄生腐儒的丑恶本性。

盗玉大夫

典出《尹文子·大道上》。

魏田父有耕于野者，得宝玉径尺，弗知其玉也，以告邻人，邻人阴欲图之，谓之曰："此怪石也，畜之弗利其家，弗如复之。"田父虽疑，犹录以归，置于庑下，其夜玉明，光照一室。田父称家大怖，复以告邻人。曰："此怪之征，遄弃殃可销。"于是遽而弃于远野。邻人无何盗之，以献魏王。魏王召玉工相之，玉工望之再拜而立："敢贺王得此天下之宝，臣未尝见。"王问其价，玉工曰："此无价以当之，五城之都，仅可一观。"魏王立赐献玉者千金，长食上大夫禄。

魏国有个老农在郊外耕田，无意间掘得一块一尺见方的玉石。

他不知是玉，就去问邻居。邻居一见，心起歹意，想弄到手。于是，对他说："这是一块怪石，保存它对全家不利，不如扔回去。"

老农听了，心中虽有疑虑，但还是把它抱回家里，放在廊下。当天夜晚，宝石大放光明，满屋生辉。农夫一家，非常害怕，又去告诉邻居。

奸诈的邻居故意恐吓说："这就是怪异的征兆啊！赶快把它扔掉，还可以消灾免祸。"

于是，老农立即把宝玉扔到很远的野外去了。

那个邻人一会儿就把宝玉偷了回来，献给魏王。

魏王召来玉工检验。玉工一见，急忙向魏王叩头，表示祝贺，说："恭喜大王获得天下稀有的珍宝！这样名贵的玉石，我还从未见过呢！"

魏王忙问宝玉的价值，玉工回答到："这是无价之宝，不能用金钱估量。即使以 5 个城为代价，也只能看一眼而已。"魏王听了大喜，立即赏赐献玉的那个人一千金子，永远享受上大夫的俸禄。

后人用"盗玉大夫"这个典故讽刺那些不择手段地把别人的财宝据为己有，并转手牟取暴利的人。

道士包醮

典出《广笑府》。

一斋家欲请数道士设醮，一道士极贪财，不顾性命，但欲尽得斋钱，一应宣疏、礼忏击法器等项，俱是一身包做。不分昼夜，脚忙手乱，劳无一息之停。至第三日拜章，遂晕厥倒地。斋家恐虑有人命之累，因商量且请土工扛出，再作区处。其道士在地闻知，乃挣命抬头谓斋家曰："你且将雇土工银与我，等我替你慢慢爬出去罢！"

一个吃斋的人想请几个道士做道场。一个道士特别贪财，想得到所有的斋钱，把宣疏、礼忏、击法器等各项工作全包了下来。他不分昼夜，忙得手忙脚乱，片刻也不得休息。到了第三天拜章的时候，竟晕倒在地上。主人家怕出人命，就商量请人将他扛出去，再作别的安排。道士在地上听见后，拼命抬起头来说："你把雇人的银子给我吧，我替你慢慢爬出去。"

这则寓言反映了贪得无厌的丑行。

得人遗契

典出《列子·说符》。

> 宋人有游于道，得人遗契者。归而藏之，密数其齿。告邻人曰："吾富可待矣！"

宋国有个人，外出路上，拾到一张别人遗弃的废契据，十分高兴。他急急忙忙跑回家去，把它藏了起来，并悄悄屈指数算契据的期限，很得意地告诉邻居说："我发财的日子快到了。"

后人用"得人遗契"的这个典故讽刺那些把赌注全下在不切实际的主观幻想上，企图不劳而获，坐享其成的人。

点石成金

典出《神仙传》。

> 许逊，南昌人。晋初为旌阳令，点石化金，以足逋赋。

晋代初年，有一个县令叫许逊。此人身在官场，实为道士。他经常装神弄鬼，咒符作法，并编造一些离奇古怪的故事，让人们相信他真是位道术高深的仙人。不少人还真让他给蒙住了，都称他为许真君。

据晋代葛洪编的《神仙传》记载，这位许逊在当旌阳令的时候，老百姓交不起租子，他施展法术，把石头点化成黄金，替百姓上缴欠租。

后人常用来比喻把别人不好的文章改为好文章。

钓鳏鱼

典出《孔丛子·抗志》。

子思居卫，卫人钓于河，得鳏鱼焉，其大盈车。子思问之曰："鳏鱼，鱼之难得者也。子果何得之？"对曰："吾始下钓，垂一鲂之饵，过而弗视也；更以豚之半体，则吞之矣。"

子思喟然叹曰："鳏虽难得，贪以死饵；士虽怀道，贪以死禄矣。"

子思居住在卫国。卫国人在黄河钓鱼，得了一条大鱼，大得可以装满一辆车。子思问钓鱼的人说："鳏鱼，是很难得的鱼。您到底是怎么钓到的呢？"钓鱼人回答说："我开始下钓，只垂下一只鲂鱼的诱饵，那鱼经过那里连看都不看一眼；我换上猪肉做的钓饵，那鱼就来吞钓了。"

子思听了，长叹了一声说："鳏鱼虽然难钓，却因为贪吃钓饵而死亡；有些读书人虽然胸怀大志，却因为贪图俸禄而身败名裂。"

这个故事告诫人们不能贪图享受。

东壁余辉

典出汉代刘歆《列女传》。

传说齐国东海地方有一个女子，名叫徐吾，她的家境非常贫寒。每天夜里，她与邻女们聚在一间大屋子里纺线绩麻，而照明的蜡烛则由每个女子由家里带来。

徐吾因为穷，所以她带来的蜡烛最少。有一个姓李的女子很不高兴，便对其他人说："徐吾带的蜡烛不够，以后不要她来和我们一起干活了。"

徐吾听了此话，颇感不平，她分辩道："你怎么能这样说呢？大家都看得到，我每天来得最早，休息得最迟。天天打扫好房间铺好席子等你们来。坐的时候也自觉地坐在下面。这都是因为我穷，自知带的蜡烛太少。何况，同一间屋子内，多我一个人，烛光不会暗淡一点；少我一个人，烛光也不会明亮一些，而我只需借着照在东墙上的余光，就可以每天干自己的活。请你们不要吝惜那一点余光，让我蒙受大家的同情与恩惠吧。"

见徐吾说得很有道理，而且她也的确让人同情，其他女子都不再有异议，李女也无话可说了。从此，徐吾仍天天与邻女们在一起纺线绩麻，也不再有人因为她带的蜡烛少而说三道四了。

后人用"东壁余辉"的典故形容希望沾点别人的光，使自己得到帮助和照应。

东海黄公

典出《郁离子》。

安期生得道于之罘山。持赤刃以役虎，左右指使进退如役小儿。东海黄公见而慕之。谓其神灵之在刀焉，窃而佩之。行遇虎于路，出刀以格之。弗胜，为虎所食。

安期生在之罘山得道成仙了。他拿着一把红色的刀能够驱使老虎。他用刀左右指挥，要老虎进就进，退就退，好像使唤小孩子一般。东海有个黄公，看到这种情况很羡慕。他以为安期生的神妙本领就在刀上，于是将刀偷来佩带在身上。不久，在路上碰到老虎，黄公拿出刀来与虎搏斗。那刀一点儿也不灵。斗不过老虎，黄公就被老虎吃掉了。

这则寓言是改造汉代杂戏"东海黄公"而写成的，原义是讽刺妄求非分的人。

囤积居奇

典出《史记·吕不韦列传》。

战国时候，卫国濮阳（今属河南）有个商人叫吕不韦，来往于各国。当他到了赵国都城邯郸时，得知秦国昭襄王的孙子异人正在赵国做人质，被羁留在丛台，而且穷困潦倒。吕不韦便根据他平时做生意赚钱的思想，想把异人当做一件奇特的货物积囤起来，好待机发个大财。于是，他回家后问他父亲："耕田的利

益有几倍？"他父亲回答说："十倍。"他又问："如果扶助一个人当上国君，掌握天下的土地山河，这种利益有几倍呢？"他父亲笑道："怎能得一个人把他扶助做国君呢？若能这样，利益便有千千万万倍，无法估计。"于是，吕不韦便拿出钱来结交了监守异人的赵国大夫公孙干，由公孙干介绍认识了异人，并且私下对异人说，他准备拿出一千金子到秦国劝说秦太子和太子最宠爱的妃子华阳夫人，想法把异人弄回秦国去。异人听了当然求之不得。

不久，吕不韦的计谋果然成功，异人逃回秦国，华阳夫人认他做嗣子，太子安国君叫他改名为子楚。后来，秦昭襄王和太子安国君相继死去，子楚便继位，称庄襄王，拜吕不韦为相，封为文信侯。

后人用"囤积居奇"或"奇货可居"比喻把某种货物或所擅长的学识、技能暂时隐藏起来，等待好的价钱或机会。

夫妻争度金

典出《迂仙别记》。

里中有富家行聘，盛筐筐而过公门者。公夫妇并观之，相谓曰："吾与尔试度其币金几何？"妇曰："可二百金。"公曰："有五百。"妇谓必无，公谓必有。争执至久，遂相詈殴。妇曰："吾不耐尔，竟作三百金何如？"公犹诟谇不已，邻人共来劝解。公曰："尚有二百金未明白，可是细事？"

乡里有一富户举行订婚礼，竹筐里盛满礼金走过迂公的大门。迂公夫妇一同看见了，互相说道："猜一猜这筐里的钱币有多少。"

妻子说："大约有二百金。"

迂公说："我看有五百。"

妻子说绝对没有那么多，迂公说必定有。争执很久不下，就互相打骂起来。

妻子说："算啦，算啦！我也没有耐心了，最终做三百金怎么样？"

迂公还是责骂不止，邻人们都来劝解。迂公说："还有二百金没弄明白呢，这是小事吗？"

后人用这则寓言说明人和人相处时，在一些非原则的小事上就应该糊涂一点，这样才能求同存异、和睦相处。如果事无巨细都要辩个是非，那就像迁公一样，日子是一天也过不下去的。

夫人属牛

典出《笑得好》。

一官寿诞，里民闻其属鼠，因而公凑黄金铸一鼠，呈送祝寿。官见而大喜，谓众里民曰："汝等可知道我夫人生日只在目下，千万记着夫人是属牛的，更要厚重实惠些。但牛肚里切不可铸空的。"

一个县官要过生日了。当地的人听说他属鼠，就凑了一些黄金，铸了一只老鼠拿去祝寿。县官看见了非常高兴，对他们说："你们可知道我的夫人马上也要过生日了，一定要记住她是属牛的。你们送的礼一定要更加厚重实惠一些，切记牛肚子里千万不要铸成空心的。"

这则寓言是根据冯梦龙《笑府》中同一故事改写的。它既讽刺了官府的贪得无厌，也嘲笑了下属的吹牛拍马。

赴火虫

典出《田间书》。

林子夜对客，有物粉羽，飞绕烛上。以扇驱之，既去复来。如是者七八，终于焦首烂额，犹扑扑，必期以死。人莫不笑其愚也。予谓声色利欲，何啻膏火？今有蹈之而不疑、灭其身而不悔者，亦宁免为此虫笑哉？噫！

一天夜里，林子和客人闲坐聊天，有一只翅膀带粉的蛾子，绕着蜡烛飞来飞去。用扇子去赶跑它，刚飞走又飞了回来。像这样反复了七八次。那蛾子终于被蜡烛的火苗烧得焦头烂额，落在地上，但翅膀还在不停抖动，直到死亡为止。人们没有不笑它愚蠢的。

世上的人们拼命追逐的声色利欲，何止像这照明的油火？现今践此道而不怀疑，毁灭了身躯而不后悔的人，岂不是也免不了要遭到这个蛾虫所受的讥笑吗？

后人用这则寓言说明人们追逐声色利欲，就像飞蛾扑火一样。飞蛾扑火而死，人们笑其愚蠢；人们追逐声色利欲，毁名灭身，岂不更加可笑。

富翁五贼

典出《厅史》。

昔有一士邻于富，家贫而屡空，每美其邻之乐。旦日，衣冠谒而请焉。富翁告之曰："致富不易也！子归斋三日，而后予告子以其故。"如言，复谒，乃命待于屏间。设高几，纳师资之贽，揖而进之，曰："大凡致富之道，当先去其五贼。五贼不除，富不可致。"请问其目。曰："即世之所谓仁、义、礼、智、信是也。"士卢胡而退。

从前，有一个士人和一家富翁做邻居。士人家境长期贫困，每每羡慕邻家的富有快活。这一天，他穿整齐了衣服去谒见邻居，并去请教致富的方法。

富翁告诉他说："求富不是件容易的事啊！你先回去戒斋三天，然后我再告诉你致富的方法。"

士人按照邻居的话去做了，再次去谒见。富翁便让他在屏风外面等着。富翁摆设了高几，接受了对方请求拜老师的礼物，作了个揖，而后请士人进屋说："大概说来，求富的道理，应当首先革除五大祸害。五大祸害不革除，富贵是不可能求得的。"

士人请问五大祸害的名目。

富翁说："就是世界上所谓的仁、义、礼、智、信这五大条目呀！"

士人听罢，掩口而去。

后人用这则寓言揭露了富人的本质。孟子说"为富不仁"。这里的富人，更坦白、更彻底地指出，致富之道，不但要去掉仁，而且仁、义、礼、智、信，所谓"五行"，要统统去掉。富人致富，是以压榨剥削为前提的，对穷人越不讲仁义礼智信，压榨剥削得越残酷，当然也就越容易致富了。

狗头上搁不住骨头

典出宋《灵异小录》。

唐朝的时候，有个道观，观里派了个名叫裴元智的道士看管观里的财产，谁知裴元智竟把钱财全部偷跑了。临走时，在他寝室的墙上题诗一首，共四句话："将肉遣狼守，置风向狗头。自非阿罗汉，焉能免得偷。"译作现代口语是："你们派我守财物，好像派狼守肥肉，又像狗头上放骨头。我又不是活菩萨，怎能不偷守仓库？"众道士见了觉得又好气又好笑。住持观主觉得这个小偷说了实话，也就不再追究了。

后人用"狗头上搁不住骨头"这个典故比喻财物交给贪心的人管是靠不住的。

棺中鬼手

典出《谐铎》。

萧山陈景初，久客天津。后束装归里，路过山东界。时岁大饥，穷民死者无算，旅客萧条，不留宿客。投止一寺院，见东厢积棺三十余口；西厢一棺，岿然独存。

三更后，棺中尽出一手，皆焦瘦黄瘠者；唯西厢一手，稍觉肥白。陈素负胆力，左右顾盼，笑曰："汝等穷鬼，想手头窘矣，尽向我乞钱耶？"遂解囊橐，各选一大钱予之。东相鬼手尽缩，西厢一手伸出如故。陈曰："一文钱恐不满君意，吾当益之。"增至百数，兀然不动。陈怒曰："是鬼太作乔，可为贪而无得矣！"竟提两贯钱，置其掌，鬼手登缩。陈讶之，移灯四照，见东厢之棺，绵书饥民某字样；而西厢一棺，上书某县典史某公之枢。因叹曰："饥民无大志，一钱便能满愿；而此公惯受书仪，不到其数，不收也。"已而钱声戛响，盖因棺缝颇窄，鬼手在内强拽，苦不得入；绷然一声，钱索尽断，青蚨抛散满地。鬼手又出，四面空捞，而无一钱入手。陈睨视而笑曰："汝贪心太重，乘得一双空手；反不如若辈小器量，还留下一文钱看囊也！"而手犹掏摸不已。陈击掌大呼曰："汝生前受两贯钱，便坐私衙打屈棒，替豪门作犬马。

究竟积在何许？何苦今日又弄此鬼态耶？"言未已，闻东厢之鬼长叹，而手亦遽缩。天明，陈策蹇就道，即以地下散钱，奉寺僧为房资焉。

萧山人陈景初，长期在天津做生意。后收拾行装回老家，路过山东地界。这一年正遇上大饥荒，饿死的穷苦百姓数也数不清，旅店生意萧条，都不愿留住旅客。他只好投奔到一座寺庙里去居住。看见东厢房里堆积着三十几口棺材；西厢房里只有一口棺材，高耸着棺头独占在那里。三更之后，棺材里各伸出一只手来，都是焦黄干枯的样子，只有西房棺材里的那只手，稍微肥白一些。陈景初平素自恃有胆力，他左右观看着，笑道："你们这些穷鬼，想来是手头困难了，都来向我要钱了吧？"就解下钱口袋，各选了一个大钱送给它们。东厢房里的手都回去了；唯独西房里的那只手依然如故地伸着。陈景初说："一文钱恐怕还不能满您的心意，我当再增添一点。"一直增加到一百多，那只手还是高擎着不动。陈景初生气地说："这个鬼太恶劣了，可称得上是贪而无厌啦！"最后拿起两贯钱，放在那鬼的手掌上，鬼的手顿时缩回去了。陈景初很惊异，端过灯来四面照了照，见东厢房里的棺材前面，都写着"饥民某某"的字样，而西厢房的那口棺材，上面写的却是"某县内史革公之柩"。因而叹了一口气说："饥饿的百姓并无过奢的要求，一文钱便满足愿望了；但此公惯于接受贿赂礼物，不到他心中计算的数目，是不会把手收回去的。"

过了一会，西厢房里忽然发出铜钱撞击的声响，原来棺材缝太狭窄了，那只鬼手在棺材里用力强拽，苦于不能把两贯钱拽进去；"嘣"的一声，串钱的绳子拉断了，青钱抛撒了满地。鬼手又伸出来，向四面空捞着，却摸不到一文钱在手。陈景初斜眼瞅着笑道："你贪心太重了，结果只剩得一双空手，反而不如那些小器量的人，还能留下一文钱充一充口袋呢！"棺中那只手仍然四处掏摸不止。陈景初拍着手大叫道："你生前接受了两贯钱，就坐在官衙里打人家屈杀棒，专替豪门大族当走狗。究竟你对人民积了多少德？何苦今日又要弄这些鬼态呢？"话还没说完，就听见东厢房里那些鬼发出长长的叹息，这棺材里的手也就缩回去了。

天亮之后景初就赶着毛驴上了路，把地下抛撒的青钱，都送给寺庙里的和尚当房钱了。

"棺中鬼手"的故事，讽刺辛辣，寓意深远，给人以鲜明而深刻的印象；同时它同情饥民冤魂，表现出人民具有震撼贪吏魂魄的威力，是有进步意义的。

好酒爱屐

典出《猩猩铭·序》。

猩猩在山谷行，常有数百为群。里人以酒并糟设于路侧；又爱著屐，里人织草为屐，更相连接。猩猩见酒及屐，知里人张设，则知张者祖先姓字，乃呼名骂云："奴欲张我，舍尔而去！"复自再三。相谓曰："试共尝酒。"及饮其味，逮乎醉，因取屐而著之，乃为人之所擒，皆获辄无遗者。

猩猩往往几百只在一起，成群结队地出没于山谷中。

它们好喝酒，乡下人把很多酒和酒糟摆在道路两边；它们还爱穿鞋，乡下人就编了不少草鞋并用绳子勾联起来，也放在路旁。

猩猩一见摆着的酒和鞋就知道是乡下人设置的机关，还知道他们祖先的姓名，便指名道姓地骂道："你们这些家伙，想诱捕我们吗？我们决不上当！"说完就走了，但又舍不得美酒，一会儿又返了回来。这样三番五次，实在忍耐不住了。便互相商议说："咱们少尝尝吧。"说着这个一口那个一口地喝起来，越喝越有味，最后全都喝得酩酊大醉。于是，又都把草鞋穿上。就这样，一下子被人们统统捉住，没有一个逃脱。

后人用"好酒爱屐"的这个典故教导人们，处世要当机立断，不要明明知道有害，却不能与之断然决裂，结果越陷越深，最终毁灭了自己。

好讨便宜

典出《笑府》。

一人好讨便宜，市人相戒，无敢过其门者。或携沙石一块，自念无妨，径之。其人一见，即呼："且住！"急趋入取厨下刀，于石上一再鐾，麾曰："去！"

有个人特别爱占便宜，全城的人都防备着他，不敢从他门口走过。有一个人拿着一块沙石，自己觉得没有什么关系，便径直从他家门口走过。那个人一见，就叫道："慢走！"于是急忙跑进家里拿了厨房的菜刀出来，在沙石上鐾来鐾去，把刀磨快了，才挥手说："去吧！"

后人用"好讨便宜"的这个典故讽刺那些爱讨便宜的人。

好逸恶劳

典出《后汉书·方术传·郭玉传》。

> 为其疗也……好逸恶劳，四难也。

东汉时，有一个叫郭玉的人，对医学特别是针灸术很有研究，曾著有《针经》《诊脉法》等书。郭玉家境贫困，曾讨过饭。他的医术学成后，给差役杂工治病，却有时治不好。有一次，汉和帝让一个贵人（妃嫔的称号，东汉光武帝刘秀时开始设置，仅次于皇后）穿上杂工的衣服，换了个地方，让郭玉去给她看病。郭玉问了问病情，只一针就给扎好了。汉和帝觉得很奇怪，就问郭玉是什么原因。郭玉说："王公贵族处于尊贵的地位，哪一个都在我之上，给他们治病的时候，我总是怀着一种恐惧的心理。给这些人治病有四难，其中一难，就是这些人长期以来好逸恶劳，所以得了病就比较难治。"和帝觉得郭玉说得挺有道理。

"好逸恶劳"指喜欢安逸，厌恶劳动。

合本做酒

典出《笑府》。

> 甲乙谋合本做酒。甲谓乙曰："汝出米，我出水。"乙曰："米都是我的，如何算账？"甲曰："我决不欺心，到酒熟时，只还我这些水便了，其余都是你的！"

甲乙两人合伙酿酒做生意。甲对乙说："你出米，我出水。"乙说："米都是我出的，最后怎么算账？"甲说："我决不会欺骗你的，到酒酿好后，你只需还我一些水就行了，其余全是你的了。"

后人用这则寓言十分生动地刻画了一个利欲熏心、损人利己的小市民形象。

和璧隋珠

典出《韩非子·和氏》和《淮南子·览冥训》：

春秋时期，楚国有个叫卞和的人，他在山里偶然发现一块璞玉，心中十分欢喜，马上去奉献给楚厉王。楚厉王见到送来的璞玉很高兴，便找来玉匠，让他们辨认一下是什么样的玉。玉匠看过了，摇摇头说："大王不是什么玉，而是一块普普通通的石头！"楚厉王听说卞和送来的是一块石头，心中十分恼火，气急败坏地说："你竟敢诬骗我，真是好大的胆子！"于是他命令将卞和的左脚用刀砍去。

事隔不久，楚厉王死了，楚武王即了位。卞和捧着那块璞玉来见武王。楚武王接过璞玉，又请玉匠来看，玉匠还说是石头。于是楚武王命令将卞和的右脚砍下。

后来，楚武王又死了，楚文王即了位。卞和听到了这个消息，就抱着那块璞玉，在荆山脚下号啕大哭，一直哭了三天三夜。他哭得非常悲切，眼泪哭干了，眼睛里淌出了血。这件事很快便传到楚文王的耳朵里，文王觉得很奇怪，就派人去问个究竟。派去的官员找到了卞和，问他："你为啥哭呀？天底下像你这样被砍去双脚的人不是很多吗，为什么偏偏你这样悲痛呢？"卞和止住哭声，悲伤地说："我并不是因为失去了双脚而悲痛，我悲痛的是，奉献给大王的璞玉，明明是一块宝玉，却被人当成石头；我对大王是一片真心实意，却被人家说成是骗子。这是让我悲痛的事呵！"

官员把这件事情告诉了楚文王，文王就将卞和请进宫中，又找来玉匠把那块璞玉进行加工，果然得到了世间罕见的美玉，就给它起了个名字，称做"和氏璧"。从此以后，和氏璧便成了极其名贵的珍宝。

"隋珠"也是一件宝物。传说古时候有个"汉东之国"，国内有个姓姬的诸侯，叫"隋侯"。有一天，隋侯在路上遇见一条大蛇，这条大蛇受了重伤，半截身子都快要折断了。隋侯很同情它，就回家取来药，给蛇敷在伤处，又用布带为它包扎好，蛇便钻进树丛离去了。

过了好些天以后，有一次隋侯在江边搭船，忽然一条大蛇从江中浮起，昂着头向他游过来。隋侯吓得惊慌失措，魂不附体。可是那条蛇却没有伤害他，反倒从嘴里吐出一颗硕大的珍珠。这时隋侯定神一看，才看清楚这条蛇正是从前他救过的那条受伤的大蛇。他心里顿时明白了："啊，原来这是蛇从江中衔了一颗珍珠送给我，报答我的救命之恩呀！"于是他高兴地接过那颗珍珠。后来，人们便把这颗神奇的珍珠，称做"隋珠"。

由于"和氏璧"与"隋珠"都是世上稀有的宝贝，所以后来人们便用成语"和璧隋珠"比喻那些极其贵重的珍宝。

患得患失

典出《论语·阳货》。

> 其未得之也，患得之。既得之，患失之。苟患失之，无所不至矣。

有一次，孔子在批评一些品德恶劣的人时说："难道可以和这些品德恶劣的人一起侍奉君主吗？这些人在没有得到（官位）时，总担心得不到。既得到了（官位），又担心失掉。一个人假如担心失掉（官位），那就会无论什么事情都做得出来。"后人用"患得患失"形容老是考虑个人得失。

活佛索钱

典出《笑赞》。

唐三藏西天取经，到了雷音寺，师徒三人，见了佛。佛吩咐弟子与他真经。迦叶长者苦苦索要常例。唐三藏无奈，只得将唐天子赐的紫金钵盂与了他。猪八戒好生不忿，回去禀称："迦叶长者索要常例，受了个金钵盂。"羞得长者脸皮皱了。佛说："佛家弟子也要穿衣吃饭。向时舍卫国赵长者请众弟子下山，将此经诵了一遍，讨得了三斗三升麦粒黄金。你那钵盂有多少金子，也在话下？"说得个猪八戒好似箭穿了雁嘴，恼恨恨的走出来，说道："逐日家要见活佛，原来也是要钱的。"唐三藏说："徒弟不要烦恼，我们回去，少不得也替人家诵经。"《赞》曰：列

宿之中有天钱星。道书言："牵牛娶织女，借天帝钱二万，久不还，被驱在营室。"天也爱钱，况于人乎？佛果无诳语也。

唐僧去西天取经，走到了雷音寺，师徒三个人见到了佛祖。佛祖吩咐一个弟子带他们去拿真经。迦叶长者向他们索要回报。唐僧没办法，只好将唐朝皇帝赐的紫金钵盂给了他。猪八戒特别气愤，回去禀报说："迦叶长者向我们索要回报，得了个紫金钵盂。"迦叶长者羞愧得脸皮都皱了。佛祖说："佛家的弟子也要穿衣吃饭。以前舍卫国的赵长者让众弟子下山，也将这个念了一遍，结果讨回了三斗三升的麦粒黄金。你那个钵盂里头有多少金子，也值得说一下。"说得猪八戒就好像箭射穿了大雁的嘴，气愤地就出去了，还说："原来要见佛祖也是要钱的。"唐僧说："你不要烦恼，等我们回去了，替别人念经也不会少的。"

后人用这则寓言揭露人们利欲熏心的丑态。

济阴贾人

典出刘基《郁离子》。

济阴之贾人渡河而亡其舟，栖于浮苴之上号焉。有渔者以舟往救之，未至，贾人急号曰："我济上之巨室也，能救我，予尔百金。"渔者载而升诸陆，则予十金。渔者曰："向许百金，而今予十金，无乃不可乎？"贾人勃然作色，曰："若渔者也，一日之获几何？而骤得十金，犹为不足乎？"渔者默然而退。

他日，贾人浮吕梁而下舟，薄于石，又覆，而渔者在焉。人曰："盍救诸？"渔者曰："是许金而不酬者也。"立而观之，遂没。

济阴有个商人，渡黄河时翻了船，爬在漂浮的柴草上呼喊救命。有个渔夫划船去救他，还没有到跟前，商人着急地喊道："我是济水一带的大富豪，如能救我，就给你一百金。"渔夫用船把商人运到陆地上，商人却只给十金。渔夫说："刚才你答应给百金，现在只给十金，恐怕不合适吧？"商人勃然发怒，说："你是个打鱼的，一天的收获能有多少呢？而今一下子得到十金，还不满足吗？"渔夫默默地走了。

又有一天，这个商人乘船从吕梁而下，碰到礁石，又翻了船，当时渔夫也在那里。有人对渔夫说："为什么不救他呢？"渔夫说："这是那个答应了金子而不如数酬报的人。"渔夫把船靠在岸边观看，于是商人就沉下去了。

这篇寓言鞭挞那些出尔反尔、言而无信、奸诈狡猾的人。

俭啬老人

典出魏《笑林》。

汉世有人，年老无子；家富，性俭啬，恶衣蔬食。侵晨而起，侵夜而息，营理产业，聚敛无厌，而不敢自用。或人从这求丐者，不得已而入内取钱十，自堂而出，随步辄减；比至于外，才余半在，闭目以授乞者。寻复嘱云："我倾家赡君，慎勿他说，复相效而来。"老人俄死，田宅没官，货财充于内帑矣。

汉代有一个老头儿，没有子女，家里很富裕。他性格吝啬。穿粗衣，吃小菜；清早就起床，深夜才休息，忙忙碌碌地经营家业，多方积累钱财，不知满足。他自己从不花费一文。有时，别人向他借点钱，他不得已才走进房中取上十枚钱，从堂室中慢慢出来，走几步就减掉一枚钱。等走到门外才剩了一半。他心疼得紧闭双眼，把钱交给别人。过了一会儿，又再叮嘱说："我把全部家业拿来帮助你了，切莫告诉别人，免得他们又像你一样到这里来啊。"

老头儿不久便死了。因为没有继承人，他的田土、住宅都被官府没收了，他积累的钱财也进了国库。

这个故事说明：爱财如命，不肯周济别人，是可笑可悲的；但如以"得行乐时且行乐"的观点讥笑别人的勤俭，那也不对。

见金不见人

典出《列子·说符》。

昔齐人有欲金者，清旦衣冠而之市，适鬻金者之所，因攫其金而去，吏捕得之，问曰："人皆在焉，子攫人之金何？"对曰："取金之时，

不见人，徒见金。"

从前，齐国有个朝思暮想想发财的人。

这天清晨，他穿戴整齐，去到集市，直奔卖金子的地方。看到黄澄澄的金子，他伸手拿了就走。官吏捉住他，问道："这么多人都在，你为什么公然抢夺人家的金子？"这人回答说："我拿金子的时候，目中无人，只有金子。"

后人用"见金不见人"这个典故抨击那些财迷心窍，利令智昏的人，只要能得到钱，是不顾一切的。

见利忘义

典出《汉书·樊哙郦商传赞》。

> 夫卖友者，谓见利而忘义也。

汉高祖刘邦死后，其子刘盈继位，就是汉惠帝。惠帝继位之初还能亲理朝政，但因其懦弱无能，大权逐渐落入他的母亲吕后手中。吕后是一个野心家。刘邦死后，她曾想将刘邦时期的文武大臣一网打尽，后因大臣郦商反对，未能得逞。但为了掌握大权，吕后将她的侄子吕产、吕禄分封为王，吕氏及其亲信掌握了中央的军政大权。

汉惠帝做了7年名义上的皇帝后，忧郁而死。吕后先后立了两个小皇帝，又都被废掉。到吕后死时，并没有正式的皇帝。这种安排无疑是企图让吕氏取而代之。

但是，吕氏不得人心。吕后死后，大臣周勃、陈平等便密谋诛灭吕氏家族。因吕禄掌握着北军，周勃等人不能靠近，便劫持了郦商，让他的儿子郦寄欺骗吕禄，并一块儿出外游玩，给周勃造就了机会，将吕氏一网打尽。

郦寄欺骗吕禄一事，天下人都说郦寄卖友。后人用"见利忘义"这个典故比喻看见私利就忘掉了正义。

竭池求珠

典出《吕氏春秋·孝行览·必己》。

> 宋桓司马有宝珠，抵罪出亡，王使人问珠之所在。曰："投之池中。"
> 于是竭池而求之，无得，鱼死焉。

宋国的司马桓有一颗宝珠，他犯了罪而逃亡在外，宋王派人去询问宝珠藏在什么地方。他说："扔到池子里去了。"

宋王于是把池水淘干了去找宝珠，宝珠没有找见，却把池子里的鱼全给弄死了。

后人用"竭池求珠"比喻贪得无厌、财迷心窍的人，往往干出愚不可及的蠢事，给自己招来损失。

竭泽而渔

典出《吕氏春秋》。

> 竭泽而渔，岂不获得，而明年无鱼。

晋文公和楚国在城濮（今山东省濮县南）打仗，楚国的兵力比晋国的雄厚。文公问狐偃道："楚国的兵多，而我们的少，怎样才能打胜仗呢？"狐偃回答说："我听说讲究礼节的人，不怕麻烦；善于打仗的人，不厌欺诈。你用欺诈的方法好了。"文公把这话告诉了季雍，季雍当然不赞成，可是在当时的情势之下，别无他法，也不得不同意，但季雍说："把池塘里的水抽干了来捉鱼，怎么会捉不到呢？但明年就没有鱼可捉了。把山上的树木烧光了打野兽，怎么会打不到呢？但明年就没有野兽可打了。现在虽然可以勉强使用欺诈的方法，可是以后就不能再用，这不是长远的计策！"

后人用"竭泽而渔"比喻只贪图眼前利益而不顾后果，或无止境地索取而不留余地。

近水楼台

典出《清夜录》。

范文正公镇钱塘，兵官皆被荐，独巡检苏麟不见录，乃献诗云："近水楼台先得月，向阳花木易为春。"公即荐之。

范仲淹，字希文。他的性情很刚直，而态度却非常温和。在他还是秀才时，就把管理国家大事当成自己的责任。他曾经说过的"先天下之忧而忧，后天下之乐而乐"这两句话，自宋迄今，广被流传。他后来考取进士，在宋仁宗赵祯朝担任过吏部员外郎，又做过杭州知州。

当他在杭州做知州的时候，城里面有许多官兵僚属都得到了他的推荐信，调到了自己理想的职务。当时有一个叫苏麟的人，正在杭州所属的外县做巡察，没有被他注意。苏麟有一天跑到他办公的地方，送给他一首诗。其中有两句是："近水楼台先得月，向阳花木易为春。"范仲淹看到这诗句后，不禁笑了一阵，也就按照他的愿望，替他写了一封介绍信。

原来苏麟那句诗的意思是：靠近水边的楼台，因映出月亮的反影。即使抬头望不到月亮，也可从水面见到月的倒影；春天的花木必是欣欣向荣，而那些对着阳光的花木，更是能先茁壮成长开花。换句话说，便是因接近而能先得到东西或利益。

以后的人，就引用"近水楼台"或"近水楼台先得月"来比喻由于人事、环境与职务上的便利，而先得到别人所得不到的东西或其他利益。

静坐有益

典出《笑禅录》。

举：《楞严经》云："纵灭一切见闻觉知，内守幽闲，犹为法尘分别影事。"说：一禅师教一斋公屏息万缘，闭目静坐。偶一夜，坐至五更，陡然想起某日某人借了一斗大麦未还，遂唤醒斋婆曰："果然禅师教我静坐有益，几乎被某人骗了一斗大麦！"

颂曰："兀坐静思陈麦帐，何曾讨得自如如；若知诸相原非相。应物如同井辘轳。"

一位禅师教一位吃斋的人屏住呼吸、闭眼静坐的要诀。有一天晚上，斋人坐到五更天，突然想起某天某人借了一斗大麦还没有还，就叫醒他老婆说："禅师教我静坐的法子真是有好处，差一点让人骗走了一斗大麦！"

九头鸟

典出《郁离子·省敌篇》。

> 孽摇之虚有鸟焉，一身而九头。得食，则八头皆争，呀然而相御，洒血飞毛，食不得入咽，而九头皆伤。海凫观而笑之，曰："而胡不思九口之食同归于一腹乎？而奚其争也？"

孽摇山有一种鸟，一个身躯有九个脑袋。得到食物，九个头都争着啄食。呀呀地互相争吵，互相抗拒，甚至啄得身体出血，羽毛乱飞。饮食吃不进咽喉，反而九个脑袋都受了伤。海中的水鸟看到这种情形，笑它们说："你们为什么不想想九张口吃进去的食物都到一个肚子里去了呢？为什么要争夺啊？"

这个故事告诉人们看问题要全面、深入分析，不能只看表面现象或一时之利。

开源节流

典出《荀子·富国》。

> 故明主必谨养其和，节其流，开其源，而时斟酌焉。

《富国》是阐述荀况经济思想的一篇重要著作。文章以富国之道为中心，提

出了许多重要的经济思想和经济政策。荀况指出：若要国家富强，朝廷就要爱护百姓，使老百姓安居乐业，并积极参加生产。只有这样，才能增加积累，充实国库，使国家富强起来。荀况说田野与农村是财的本，官府的货仓和粮仓是财的末。百姓得到好的天时，耕作又适时，这是财货的源，按照等级征收的赋税纳入国库这是财的流。所以，贤明的君主必须谨慎地顺应时节的变化，开源节流，时时慎重地考虑这些问题。

根据荀况的这些论述，人们引申出了"开源节流"这个成语，比喻经济上增加收入，节省开支。

李鬼劫路

典出《水浒传》第四十三回。

黑旋风李逵回沂水县接母亲上梁山泊。因沿途官府有榜文缉捉，他只得起早赶路，正走之间，来到一座大树林里。只见林中转过一条大汉，喝喊："知趣的留下买路钱！"李逵看那人黑墨搽脸，手拿两把板斧，便问："你是什么人，敢在这里拦路抢劫？"那大汉说："若问我名字，吓碎你心胆，老爷叫做黑旋风！你留下买路钱，便饶了你性命，让你过去。"

李逵一听，大笑说："你这家伙是哪里来的，也学老爷名字，在这里胡行！"说着，挺起朴刀直奔那汉子，只一朴刀就把那汉搠翻在地，一脚踏住胸脯，说出自己正是梁山上的好汉黑旋风李逵。那大汉听了，连忙求饶说："小人叫李鬼，不是真的黑旋风。因为爷爷在江湖上有名声，提起好汉大名，神鬼也怕，因此盗学爷爷大名，在此抢劫。"李逵大怒道："你在这里夺人的包裹行李，坏我的名声，岂能饶你！"说着，夺过板斧，要砍死他。李鬼欺骗说家中有个九十岁的老母亲，无人赡养，乞求饶命。李逵听了，饶了他性命，给了十两银子做本钱，劝他改业养娘。

后来，李逵在一家酒店里，发现李鬼撒谎，还同姘妇合谋要害他，感到情理难容，捉住李鬼，结果了他的性命。

"李鬼劫路"，比喻用欺骗手段，盗取别人名誉，去干坏事。

麻雀请宴

典出《笑得好》。

麻雀一日请翠鸟、大鹰饮宴。雀对翠鸟曰："你穿这样好鲜明衣服的，自然要请在上席坐。对鹰曰："你虽然大些，却穿这样坏衣服，只好屈你在下席坐。"鹰怒曰："你这小人奴才，如何这样势利？"雀曰："世上哪一个不知道我是心眼小、眼眶浅的么！"

一天，麻雀请翠鸟、大鹰吃饭。麻雀对翠鸟说："你穿得这么艳丽，当然要坐在上席。"又对大鹰说："你虽然个头很大，但穿得这么破旧，只好屈居下席了。"大鹰气愤地说："你这个小人，竟然如此势利？"麻雀说："世界上谁不知道我心眼小，眼眶浅啊！"

后人用这则寓言说明作者篇末评说："敬衣不敬人，遍地皆是，可见都是麻雀变来的。"寓言除揭露了这种敬衣不敬人的势利眼，还特别指出这些小人的奴才的本质特征——心眼小、眼眶浅。

梦布染色

典出《笑禅录》。

《圆觉经》云："此无明者非实有体，如梦中人梦时非无，及至于醒，了无所得。"说：一痴人梦拾得白布一匹，紧紧持定，天明，即蓬头走往染匠家，呼云："我有匹布做颜色！"匠曰："拿布来看。"痴人惊曰："啐！错了，是我昨夜梦见在。"颂曰：这个人痴不当痴，有人梦布便缝衣，更嗔布恶思罗绮，问是梦么答曰非。

把梦中的事当成现实，极深刻地揭露了痴人的贪心。梦是人们心理活动的一种反映，人们对某一事物朝思暮想，就在梦中相见。痴人梦见捡到白布，醒来还想抱布去染店染色，在贪心这一点上，痴人不痴也。

莫砍虎皮

典出《笑得好》。

　　一人被虎衔去，其子要救父，因拿刀赶去杀虎。这人在虎口里高喊说："我的儿，我的儿！你要砍，只砍虎脚，不可砍坏了虎皮，才卖得银子多！"

一个人被老虎叼走，他的儿子要去救他，就拿起刀赶去杀虎。那个人在老虎嘴里大声喊道："我的孩子，你要砍，千万只能砍脚，不要砍坏了虎皮，那可以卖很多银子呢！"

后人用这则寓言说明作者在篇末"评列"中点明主旨那样："死在顷刻，尚顾银子，世人每多如此，但不自知耳！""不自知"的原因，在于私有欲蒙蔽了眼睛。世界上一切事物，只要到了其人眼下，就被确认是他的私有财产了，哪怕是正在吞食他的老虎也不例外。

牧竖拾金

典出《贤弈编》。

　　有牧竖子，敝衣蓬跣，日驱牛羊牧冈间，时时扼嗌而歌，意自适也，而牧职亦举。一日，拾遗金一铢，纳衣领中。自是歌声渐歇，牛羊亦时散逸不扰矣。

有一个牧童，破衣烂衫，蓬头赤足，每天赶着牛羊群到山冈郊野中去放牧，常常放开喉咙唱歌，他的思想自由自在，放牧的任务也完成得不错。

一天，牧童拾到了一铢钱，装在衣领中。从此以后，他的歌声逐渐消失了，牛羊也时常四面逃散，不顺从他的驯养了。

后人用这则寓言说明心中无私，便能"意自适"、"职亦举"。当牧童放牧放声高歌时，是由于他无忧无虑、心情坦然，而能享尽人生旷达的乐趣。而一旦私心内生，偶然拾钱一铢，即整天患得患失，六神无主，这不仅使他欢乐尽消，连牛羊也不再听他的话了。可见私有欲是坑害人性的本原。

牧羊而梦为王公

典出《苏东坡集》。

> 人有牧羊而复者，因羊而念马，因马而念车，因车而念盖。遂梦曲盖鼓吹，身为王公。夫牧羊之与王公，亦远矣；想之所因，岂足怪乎？

有一个牧羊的人走在回家的路上，从羊而想到马，从马又想到车，又从车想到车盖。回家后，就梦见自己坐在张着曲盖的马车上，两边吹奏着乐曲，已经成为王公贵族了。一个牧羊的人和王公贵族相比较，实在是差得太远了。这是由于他个人的梦想而引起的。难道有什么可奇怪的吗？

后人用这则寓言讽喻了得陇望蜀、贪欲无穷的人，是封建社会等级制度的意识反映。

牛联宗

典出《笑林广记》。

> 牛郎以金钱万缗，载牛背，送到斗牛官交纳。牛忽逃逸下界，自顾形秽，不堪露俗；因思背上物颇多，不难连宗华族，夸耀乡里。遂往东海谒麒麟，告以意。麟曰："予之角，予之趾，公子公族，岂汝触墙蠢物能混我公类乎？"叱之去。又诣西域青狮子，未及通谒，狮见其状丑劣不堪，大声一吼，遗臭满地，逃之荒野，无所适从。忽忆芦上长耳公，有同车之谊，往求之。长耳公曰："南山有金钱豹者，虽托名雾隐，却广交游，仆愿为介。"遂同诣南山。长耳公见金钱豹，道牛之诚，称牛之可。豹初拒之，继见其背上物，笑曰："相君之背，尚可联宗。且我家所以称豹变者，亦因在背上有金钱文耳，若虽无文，尚可以人力为之。"取其金钱，分皮上毛，编成文芒，异色斑斓，金光闪烁，迥异常

牛；与资郎纳官捐职，顿换头衔者无异焉。长耳公熟视笑曰：“一破悭囊，便成俊物，即介葛卢来，亦闻声莫辨矣！”遂别去。豹自此引为同谱，而牛亦掉尾自雄。未匝旬，金钱尽脱，皮毛如旧。豹怒曰：“如此丑态，玷我华宗！”喧逐之。牛狂窘无措，仍投斗牛宫来，牛郎以鞭捶其背，诘其金钱何在？牛具以告。牛郎曰：“蠢哉畜类！若辈所愿与汝联宗者，缘汝有金钱耳！一旦钱尽，岂肯引泥涂中物为祖若父子之异子孙哉？索其鼻，系诸牢后，人遂以“牢”名之。

牛郎用一万缗金钱，驮在牛背上，送斗牛宫去交纳。牛突然逃跑到下界，看着自己的相貌很污秽，对庸俗秉性颇感难堪，想到背上驮着的金钱多，跟豪门贵族之家联宗是不困难的，也可借此夸耀乡里。就去东海求见麒麟，把自己的想法告诉它。麒麟说：“我的角，我的足，都和诸侯同族，难道能让你这样一头碰墙的笨蛋和我这公族相混同吗？”就把牛喝斥跑了。

牛又到西域去见青狮子。还没等通报进见，狮子见它奇形怪状，难以容忍，就大吼一声，吓得牛拉了满地臭屎，逃到荒野里去，不知道怎么办才好。

牛忽然想起住在芦上的长耳公，过去曾有共同拉车的交情，就去求它。长耳公说：“南山有一头金钱豹，虽然名义上托作隐士，但交游甚广，我愿替你作介绍。”就一同去南山。长耳公看见了金钱豹，拼命说牛的诚意，夸牛的好处。豹子开始拒绝，后来看见牛背上驮的金钱，就笑着说：“看见你的背，还可联宗。而且我家之所以称为豹变的，也是因为背上有金钱花纹呀！你虽没有花纹，还可用人力去创造嘛！”取下牛背上的金钱，分开皮上的毛，用钱编成光彩的花纹，五色灿烂，金光闪耀，简直是异乎寻常的牛了；这与富有人出钱捐官、顿时换了头衔并没有什么两样。长耳公注目细看，笑着说：“一破钱口袋，就成了俊美的动物，即使请介葛卢来，也辨认不清了！”说罢就辞别而去。

从此以后，豹子便把牛引作同宗同谱，而牛也摇摆着尾巴自鸣得意。但是，没过几天，牛身上的金钱全都脱落了，皮毛仍旧像从前一样。豹子大怒道：“像这种丑恶的形态，玷污了我家的华宗！”立即把牛叱逐出去了。

牛极度困惑而束手无策，仍然回到斗牛宫来。牛郎用鞭子抽打它的背，质询那些金钱弄到哪里去了。牛就原原本本地禀告了一遍。牛郎骂道：“你这畜生多蠢呀！豹子所以愿意和你联宗，是因为你有金钱罢了！一旦钱用尽了，它岂肯引你这生长在泥涂中的动物做它祖宗的不肖子呢？”

牛郎用绳子穿了牛的鼻子，把它拴在牢后头，于是人们就用“牢”称呼牛了。

后人用这则寓言说明金钱能“联宗华族”，也能害牛“金钱尽脱，皮毛如旧”。有钱则生，无钱则死，这原是旧社会的家常便饭。但是，金钱也并不是万能的，如牛遇到的麒麟、狮子这类有骨气的动物，它们坚守节操、理直气壮，根本没把牛背上的万缗金钱看在眼里，令人尊敬。而如伪装隐居的金钱豹，却见钱眼长，数典忘祖，甘愿与丑恶不堪的秽牛联宗同谱，灵魂何等卑鄙！至于牛之"金钱尽脱"、"仍投斗牛宫来"，并甘愿被牛郎"以鞭捶其背"、"索其鼻，系诸牢后"，这是它应受的惩罚。

寓言尖刻地嘲讽了那些被铜臭染污了灵魂的人。另外，名门世家瞧不起富商巨贾的暴发户，不屑与之联宗，是封建社会后期常有的现象，这故事似乎曲折地反映了这样一种意识。

牛尾狸

典出《燕书》。

> 赵山之中……牛尾狸亦产焉。狸与肉间错，味旨甚。当林实秋肥，狸里饫之，其毛泽泽。狸自料为人所忌，穴山为宫，树石为棚，聚箨为墉，昼伏夜动，无隙可寻。老猎师嗾犬踪迹之，毁棚坏墉，而烟其宫。狸不能烟也，闭目冒火出，犬随毙之。

在赵山里，有一种牛尾狸。狸子的脂肪和肉交错相间，味甚甘美。当群树的果实在秋天成熟得肥美了，狸子吃得饱饱的，它的羽毛光滑润泽，非常好看。狸子自己料想会被人们所忌妒，便寻找一个山洞为屋，竖起石头搭成棚子，聚敛一些竹叶堵在洞口做垣墙，白天埋伏在窝里，黑夜出来寻找食物，让人们无隙可寻。

有一个经验丰富的老猎师，他让猎狗按照狸子的脚印追踪跟来，捣毁了它的棚子，踏坏了它的垣墙，点起火来用烟熏它的窝。狸抵不住烟呛，闭起眼睛冒着火苗冲了出去，猎狗便跟在后面把它咬死了。

后人用这则寓言说明这样一个道理：狸子无罪而见祸，是由于它的"与肉间错，味旨甚"；还由于它的羽毛泽泽，并且"为人所忌"。作者说："匹夫无罪，怀璧其罪"；"人以为无辜，殊不知从己召也"。

狙公养狙

典出《列子·黄帝》。

宋有狙公者，爱狙，养之成群。能解狙之意，狙亦得公之心。损其家口，充狙之欲。俄而匮焉，将限其食。恐众狙之不驯于己也，先诳之曰：“与若芧，朝三而暮四，足乎？”

众狙皆起而怒。

俄而曰：“与若芧，朝四而暮三，足乎？”

众狙皆伏而喜。

宋国有个养猴子的老人，喜爱猴子，养了一大群。他能理解猴子的意思，猴子也很顺狙公的心意。狙公设法减省家人的口粮，以满足猴子的要求。

没多久，家里的口粮短缺了，准备限制猴子的食粮。他害怕猴子不顺从自己，便先欺骗它们说：“给你们橡子吃，早上三颗，晚上四颗，够吗？”猴子们听了嫌少，纷纷跳起来，非常恼怒。

过了一会，狙公又改口说：“以后给你们橡子，早上四颗，晚上三颗，这够吃了吗？”猴子们听了，都俯伏在地上，十分高兴。

“狙公养狙”一方面说明猴子的愚蠢，心目中有偏见，往往使自己受骗，另一方面也反映了狙公的诡计多端。

妻怒而去

典出《说苑·正谏》。

当桑之时，臣邻家夫与妻俱之田。见桑中女，因往追之，不能得。还及，其妻怒而去之。

臣知其旷也。

当采桑的季节，我邻家的丈夫和他妻子一同到田野里去。丈夫看见桑林里有

一个采桑的姑娘，便去追逐她，结果没有弄到手。回到家里，他的妻子愤怒地离开他而去了。

我笑这邻家的丈夫反成了一个没有妻子的男人了。

这个寓言的普遍意义，是叫人不要贪图非分，如果有过多的非分贪图，恐怕连分内的东西也要失去的。赵简子举兵攻齐，下令三军，有敢谏阻的，罪至死。有被甲之士名叫公庐的，望见简公，仰天大笑。简公问他笑什么。公庐便讲了"妻怒而去"这个故事，最后解曰："臣笑其旷也。"这是说"赵简公不但攻齐不会得手，归来恐怕连赵也保不住"。赵简子听了，似有所悟，便说："今吾伐国失国，是吾旷也。"于是罢师而归。

岂辱马医

典出《列子·说符》。

> 齐有贫者，常乞于城市。
> 城市患其亟也，众莫之与。遂适田氏之厩，从马医作役而假食。
> 郭中人戏之曰："从马医而食，不以辱乎？"
> 乞儿曰："天下之辱莫过于乞，乞犹不辱，岂辱马医哉？"

齐国有一个贫穷的人，时常在城市里讨饭。

城里的人讨厌他老是来讨饭，谁也不给他东西吃。他就到田氏家的马棚里，跟随着马医做杂活混口饭吃。

城里人们看见了就戏弄他说："跟随着马医吃口剩饭，你不感觉到耻辱吗？"

乞儿说："天下的耻辱莫过于讨饭，讨饭我都不感觉到耻辱，跟随马医又算得了什么耻辱呢？"

这则寓言深刻地戳穿了私有制剥蚀人的同情心。看这"小市民"多么奇怪："众莫之与"，而又笑人家"从马医而食，不以辱乎？"真是一幅小有产者的讽刺画。

取之不尽，用之不竭

典出宋代苏轼《前赤壁赋》。

惟江上之清风与山间之明月，耳得之而为声，目遇之而成色，取之无禁，用之不竭。

《前赤壁赋》是宋代文学家苏轼被贬到黄州以后写的一篇文辞华美的赋。苏轼在这篇赋的第四自然段中写道："流逝的一切如同这江水一样，然而它又没有因流去而消失，始终还是一江的水；圆缺的东西好像月亮一样，然而它并没有减少或增长，始终还是一轮月亮。如果从变的一面来看，天地不到一转眼的工夫就完了；如果从不变的一面来看，万物和我都没有穷尽。然而这又有什么值得羡慕的呢？况且天地中间，万物各有各的主人，如果不是我所有的，就是一根毫毛也不拿取。只有江上的清风和山间的明月，耳听风成为声音，眼看明月成为景色，拿取这个没有止禁，使用这个不会枯竭。这虽然是造物者的无穷无尽的宝藏，但也是我和您所共有的。"

后人将"取之无禁，用之不竭"的这个典故引申为"取之不尽，用之不竭"，比喻非常丰富，取不完，用不尽。

三虱相讼

典出《韩非子》。

三虱相与讼。一虱过之，曰："讼者奚说？"三虱曰："争肥饶之地。"一虱曰："若亦不患腊之至而茅之躁耳，若又奚患？"于是乃相与聚嘬其身而食之。

一天，三只虱子在一头肥猪身上，相互争吵起来。

这时，另外一只虱子经过这里，见它们争吵不休，便问道："你们为什么争吵呢？"

三虱回答说："为了争夺猪身上最肥美的地方。"

那只虱子听了，说："你们难道不忧虑腊祭的时日即将来临吗？到时候，茅草一烧，这头猪便要被杀掉煮熟成为祭品，你们不趁机吮吸它的鲜血，还争吵什么呢？"

虱子们一听，恍然大悟。于是，停止争吵，挤在一起拼命吮吸着猪血。

后人用"三虱相讼"的这个典故说明一切靠剥削过活的寄生虫，在对待被压迫者的态度上从来是既争夺又勾结。

杀鸡取卵

典出《伊索寓言》。

在古代希腊，流传着这样一个故事：

有一个贪婪的人，家里喂养一只母鸡。他每天拿鸡下的蛋去卖钱。然而卖鸡蛋的钱毕竟有限，不够他花销，所以他整天苦思苦想，妄想能有一天发大财。

一天清晨，他照例去鸡窝，摸鸡蛋。他将母鸡刚下的鸡蛋托在手上："嗬，鸡蛋怎么这样黄呀？"原来这枚鸡蛋与别的蛋不同，它的蛋皮是金黄色的，还有一点发亮。他突然放声大笑："哈哈，这是金蛋呀！我发财的时运到了，这鸡肚子里一定有很多金蛋，不然怎么会下金蛋？！"

他回屋拿起尖刀，一刀将母鸡杀死，剖开鸡肚子，又小心翼翼地切开鸡胃、鸡肠，甚至把鸡血管也翻腾一遍，然而什么东西也没有发现。不用说金蛋，就是铁蛋也没有一个！他失望了。他倚在门框上悲哀地自言自语说："全完了！连一只下蛋的母鸡也没了！"

人们从这个故事中概括出一句"杀鸡取卵"，作为现代汉语的成语用以比喻贪得无厌的人营求暴利，也比喻贪图眼前微小利益而损害长久利益。

诗人无耻

典出《七修类稿》。

> 近见金华一友，惯游食于四方，以卖诗文为名，而实干谒朱紫。有私印一颗，其文云："芙蓉山顶，一片白云。"其自拟清高如此。友人商履之嘲曰："此云每日飞到府堂上。"闻者绝倒。

最近看见金华的一位朋友，经常游食在四方，以卖诗文为名，而实际却想借此求请高官显贵。他有私人印章一颗，上面刻的文字是："芙蓉山顶，一片白云。"他自比清高如此。

友人商履之嘲笑他说："这片云彩天天飞到官府的厅堂上！"

听说这话的人都为之大笑而不能自持。

后人用这则寓言说明封建社会知识分子的理想道路是："十年寒窗苦，一举成名天下知。"即或他们身在江湖，也是心系魏阙，想走终南捷径，像孔子那样待价而沽。一片白云天天想飞到官府的厅堂上去，形象而深刻地表现了封建社会中追求功名利禄的知识分子的心理状态。

虱处裈中，以为吉宅

典出《晋书·阮籍传》。

> 汝君子之处寰区之内，亦何异夫，虱之处裈中！

有一群虱子，寄居在人的裤子里，它们藏身在棉絮中，躲在裤子的线缝里，饿了爬出来，吃人的血，自认这是个安全的住宅。它们行动不离衣缝，更不敢离开这条裤子，自以为行为很合规矩。它们一生一世，不知道有更广阔的天地，更不知道，外界和这条裤子是有关联的。有一天，发了大火灾，整个城市烧毁了，虱子处在裤中，即不知道火灾的征兆，当然也逃不掉灭亡的命运。

阮籍认为：人处在一个城市里，大而言之，处在一个国家中，见识的浅陋，是和处在裤中的虱子一样的。

后人用"虱处裈中，以为吉宅"这个谚语比喻人们见识的狭隘，不知祸患。

豕虱濡需

典出《庄子·徐无思》。

> 濡需者，豕虱是也。择疏鬣自以为广宫大囿，奎蹄曲隈，乳间股脚，自以为安室利处，不知屠者之一旦鼓臂布草操烟火，而己与豕俱焦也。

有种苟且偷安的东西，就是寄生在猪身上的那些虱子。

它们选择在粗疏的毛鬣之间回旋，自以为占据的是帝王宽广的宫廷和园林，扬扬自得；拥挤在股胯蹄脚和乳房之间曲深隐蔽的地方，还以为得天独厚地生活在宁静富饶的乐园。

却不知，一旦屠夫到来，动手屠宰，点火燎毛，自己将和猪一起同归于尽。

"豕虱濡需"这个典故告诉人们，那些在个人小天地里苟且偷生、自我陶醉的人，就像猪身上的虱子一样，不会有什么好命运。

十八罗汉

典出《笑府》。

> 有掘地得金罗汉一尊者，乃以手凿其头不已，问："那十七尊何在？"

有个人挖地，无意之中挖出一个金罗汉，便用手连连敲着金罗汉脑袋问："那17个在哪里？"

后人用"十八罗汉"的这个典故讽刺那些主观主义者。

中华典故

石牛粪金

典出《刘子·贪爱》。

　　昔蜀侯性贪，秦惠王闻而欲伐之。山涧峻险，兵路不通。乃琢石为牛，多与金帛，置牛后，号牛粪之金。以遗蜀侯。蜀侯贪之，乃堑山填谷，使五丁力士以迎石牛，秦人帅师随后，而至灭国亡身，为天下笑。以贪小利失其大利也。

　　从前，四川西部有个蜀国，它的君主生性贪婪，秦国国君惠王了解了蜀侯的为人，就想利用蜀侯的弱点去讨伐它。蜀国的道路险峻，山岩陡峭，涧水深急，进兵的路线不通。惠王于是请人雕琢一只石牛，把很多的金银绸缎放在牛屁股后面，宣称这是石牛屙的。派人告诉蜀侯，要把这举世罕见的宝贝送给他。蜀侯贪得无厌，于是挖开悬岩，填平山谷，派遣5个壮健的勇士去迎接石牛。哪里知道，秦国人早已率军队暗暗地跟在石牛后面，一到山路打通，秦军就一拥而进。蜀侯因此国灭身亡，被天下所取笑。

　　因为一心想占小便宜，结果反而吃了大亏。故事劝诫人们：切莫贪小失大，因利忘害。

蜀贾三人

典出《郁离子》。

　　蜀贾三人，皆卖药于市。其一人专取良，计入以为出，不虚价，亦不过赢。一人良、不良皆取焉，其价之贱贵，惟买者之欲，而随以其良、不良应之。一人不取良，惟其多，卖则贱其价，请益则益之，不较。于是争趋之其门之限，月一易，岁余而大富。其兼取者，趋稍缓，再期亦富。其专取良者，肆日中如宵，旦食而昏不足。

　　有3个四川商人，都在市场上卖药。其中一个商人专门选质地优良的药卖，计算买入的成本而卖出，并不漫天要价，也不过分赚取利润。另一个商人，则把质地优良和低劣的药材放在一起卖，至于价钱的贵贱，只看买药者的愿望而定，而且还顺应买药人说"这是好药那是次药"的说法应答着。还有一个商人，不选取质地优良的药材，只是贪多，卖时贱价处理，买药人要求多拿点他就增添一点，并不计较。于时，买药人纷纷争赴他的家门，把门槛都踏破了，每月一换，过了一年就发了大财。那个兼卖好药和次药的商人，买他药的人略微少一些，但过了两年也富裕起来了。只有那个专门选取良药的商人，把地摊摆在大太阳底下，也像夜间一样冷清，有时早晨吃过饭，晚上就没有吃的了。

后人用这则寓言揭示了旧时商人的投机取巧、牟取暴利的卑鄙手段。作为一个商人，他越是"不取良"，并"贱其价"，再装出一副"请益则益之"的假慈悲面孔，他就能够赚大钱，甚至会被买者挤破了大门；相反，做一个忠实商人，他售货"专取良"，又"计入以为出，不虚价，亦不过取"，虽"肆日中"，也将落个吃了早饭顾不上晚饭的可悲下场。欺诈者为贤能，忠廉者为痴呆。封建社会中官场生活的黑暗现状，极其类似此种商人行径。

束氏狸狌

典出《龙门子凝道记》。

卫人束氏，举世之物，咸无所好，唯好畜狸。狸，捕鼠兽也，畜至百余，家东西之鼠捕且尽。狸无所食，饥而嗥，束氏日市肉啖之。狸生子若孙，以啖肉故，竟不知世之有鼠，但饥辄嗥，嗥辄得肉食。食已，与与如也，熙熙如也。南郭有士病鼠，鼠群行有堕瓮者，急从束氏假狸以去。狸见鼠双耳耸，眼突露如漆，赤鬣，又磔磔然，意为异物也，沿鼠行不敢下。士怒，推入之。狸怖甚，对之大嗥。久之，鼠度其无他技，啮其足，狸奋掷而出。

卫国有个姓束的人，他对世间的东西都不喜好，唯独爱养猫。猫，是捕老鼠的动物，他养了一百多只，家里周围所有的老鼠都被捕完了。猫没吃的了，饿得整天嗥叫，束氏只好每天到市上买肉给它们吃。猫生了儿子又生了孙子，因为经常吃肉的缘故，竟然不知道世界上还有老鼠，只知道饿了就叫，一叫就得到肉吃，吃完了肉就安闲舒适地走走，非常欢欣愉快。

城南有个读书人，家中正遭鼠患，老鼠成群结队的出来乱窜，甚至跌落到水瓮里去，他急忙到束氏家借了猫回去。猫看见老鼠有两只耳朵高高竖着，眼睛突露像黑漆一样贼亮，有红色的胡子，唧唧吱吱地乱叫，便以为是什么怪物呢，所以只是沿着老鼠走过的路慢慢地爬，不敢下去捕捉。这读书人生气极了，就把猫推到老鼠堆里去。猫害怕极了，只对着老鼠嚎叫。过了一会儿，老鼠估计它没有什么本领，就去咬它的脚，猫吓得奋力一跳，返身逃跑了。

作者的本意，原在讽刺宋末"冗官冗兵"的腐败现象，说"武士世享重禄，遇盗辄窜者，其亦狸哉"！军队过分地享乐腐化，是打不了仗的，所以一旦遇到民族危难，就束手无策，丧权辱国。

后人用这则寓言说明凡是过分享乐、久处舒适环境，就会消磨和改变人们的战斗意志，应该引起人们的警惕。

贪得无厌

典出《史记·赵世家》。

襄子立四年，知伯与赵、韩、魏尽分其范、中行故地。……知伯益骄，请地韩、魏，韩、魏与之；请地赵，赵不与，以其围郑之辱。知伯怒，遂率韩、魏攻赵。赵襄子惧，乃奔保晋阳。……三国攻晋阳，岁余……襄子惧，乃夜使相张孟同私于韩、魏。韩、魏与合谋，以三月丙戌，三国反灭知氏，共分其地。

知伯是战国时代野心勃勃的人，不断想扩展自己的土地。有一次，他联合赵、韩、魏三国的兵，去攻打中行氏，把中行氏灭掉，侵占了中行氏的领土。他休息了几年，又派人去向韩国要求割地，韩国怕他，给了他一块有一万户人家的地方。知伯很欢喜，又派人去向魏国要求割地，魏国本想不给，但怕他起兵攻打，只好也和韩国一样，给了他一块土地。知伯更欢喜了，又派人到赵国去，要求割让蔡和皋狼的地方。赵襄王不给他，知伯暗中勾结韩、魏两国去征伐赵国。赵襄王采纳了张孟谈的计策，迁到晋阳去住，准备充足的粮食和兵器去抵抗知伯。知伯把晋阳围攻了3年，始终没有办法攻打下来。这时赵襄王的粮食差不多要完了，着急起来，于是又叫张孟谈去游说韩、魏两国，建议他们联合赵国，倒戈攻打知伯，韩、魏答应了。赵国乘夜出兵，韩、魏两国也响应，结果把知伯击败，杀死了知伯，最后弄得身死地分。那时的人，都讥笑知伯是"贪得无厌"的报应。

后人用"贪得无厌"指贪求权势、财利的愿望永远没有满足的时候。

贪贿无艺

这句成语原作"贪欲无艺"。典出《国语·晋语八》。

　　骄泰奢侈，贪欲无艺。

　　春秋时，有一个叫叔向的人去见韩宣子。韩宣子对他说："我名义是卿（古代国君之下的一种官衔，分为卿、大夫、士三级），位在国君之下，可财富却不多。"叔向听了，马上向韩宣子表示祝贺。韩宣子感到奇怪，问道："我现在已经不能同卿大夫们平起平坐了，正在为此事发愁，你为什么反而向我祝贺呢？"

　　叔向说："从前，栾武子做上卿的时候，才有一百个人，二百顷地，家里没有什么祭祖用的器皿，他只是按照先王的法令和德行办事。这种行为被远方诸侯听说了，都来同他交朋友，连住在西方和北方的部族也来归顺他。可是到他儿子桓子黡继位以后，十分横暴又大肆挥霍。他用不正当的手段，抢夺了大量的财富。这种行为本来应该受到惩罚，只是因为他父亲的德行，才没有受到灾祸。现在，你就像当年的栾武子那样，没有很多财富，我认为这样你就可以实行德政，不致遭到灾祸，所以向你祝贺。"

　　后人将"贪欲无节"转为"贪贿无艺"，用以比喻贪污受贿没有止境。贿：财物；艺：限度，尽头。

贪狼食肉

典出《聊斋志异·狼》。

　　有屠人货肉归，日已暮，一狼来，瞰担中肉，似甚垂涎，步亦步，尾行数里。屠惧，以刃，则稍却，即走，又从之。屠无计，默念狼欲者肉，不如姑悬诸树而蚤取之。遂钩肉翘足挂树间，示以空空，狼乃止。

屠即径归，昧爽往取众，遥望树上悬巨物似人缢死状，大骇。逡巡近之，则死狼也，仰首审视，见口中含肉，肉钩刺狼腭，如鱼吞饵。

有个屠户卖肉归来，天色已晚。忽然，一只恶狼走来，窥视着他担中的剩肉，显出一副垂涎欲滴的样子。这只狼，人走它也走，紧跟不舍，一直尾随了好几里地。

屠户用刀吓唬，狼稍稍退却；等他转身一走，就又跟上来。屠户没办法，心想，狼要得到的是肉，不如暂且把肉悬挂在树上，明天一早再来取走。于是就用肉钩钩住肉，踮起脚尖挂在树枝中间，并向狼示意担子已空，恶狼这才停止跟踪。

第二天黎明时，屠户返回来取肉，远远望见树上悬挂着一个很大的东西，像人吊死一样，心里十分害怕。他提心吊胆地走近，才发现是只死狼。抬头细细一看，只见恶狼嘴里含着肉，肉钩刺穿了它的上腭，好像鱼吞食了钓饵一样。

"贪狼食肉"这个典故告诉人们，贪婪注定不会有好下场。

桃符与艾人

典出《东坡志林》。

桃符仰视艾而骂曰："汝何等草芥，辄居我上？"艾人俯而应曰："汝已半截入土，犹争高下乎？"桃符怒，往复纷然不已。门神解之曰："吾辈不肖，方傍人门户，何暇争闲气耶？"

桃符抬起头望着艾人骂道："你是多么下贱的东西，却敢于这么狂妄地住在我的上面？"艾人低着头回答道："你已经半截身子埋进土里去了，还跟我争什么呢？"桃符大怒，双方反复争吵不休。门神从旁解劝道："我们都算是没有出息的人，正在依傍别人的门户过日子，还有什么闲工夫来闹这种无谓的意气呢？"

这个故事说明了有的人本来是靠着寄人篱下、仰人鼻息过日子的，而相互之间，却又热心于个人名位之争，可怜亦可笑。

剜股藏珠

典出《龙门子凝道记·秋风枢》。

　　海中有宝山焉，众宝错落其间，白光煜如也。海夫有得径寸珠者，舟载以还，行未百里，风涛汹簸，蛟龙出没可怖。舟子告曰："龙欲得珠也，急沈之，否则连我矣。"海夫欲弃不可，不弃又势迫，剜股藏之，海波遂平。至家出珠，股肉溃而卒。

　　海里有座宝山，有许许多多奇珍异宝，交错杂陈，藏在里边，光芒四射，耀人眼目。

　　有个航海的人得到一颗直径一寸的明珠，乘船把它运回家。航行不到百里，突然风起浪涌，船身颠簸，只见一条蛟龙在海涛中出没，样子十分可怕。船工劝他说："蛟龙是想得到那颗明珠啊！请您赶快把它沉入水中，否则就会连累我了。"航海的人心中左右为难：丢掉吧，实在舍不得；不丢吧，情势所迫，又怕大难临头。于是，剜开大腿上的肉，把珠子藏了进去。风浪也随即平息下来。

　　这个航海人回到家里后，取出了明珠，但不久，便由于大腿上的肉溃烂而死去了。

　　"剜股藏珠"这个典故告诫人们，做事情切不可轻重倒置。

卫人嫁子

典出《韩非子·说林上》。

　　卫人嫁其子而教之曰："必私积聚。为人妇而出，常也。其成居，幸也。"其子因私积聚，其姑以为多私而出之。其子所以反者倍其所以嫁。其父不自罪于教子非也，而自知其益高。今人臣之处官者皆是类也。

　　卫国有个人，在他女儿出嫁时嘱咐说："到婆家必须自己多攒些私房钱。给人家做媳妇被休是常见的事。那些能够白头到老的人，只是侥幸而已。"他的女儿因此就多积私房钱，她婆婆认为私房钱积累太多了，因而休弃了她。卫人的女儿带回娘家的私房钱，比她出嫁时的嫁妆多几倍。她的父亲不责备自己教育儿女的错误，反而却自以为这种增加财富的办法很聪明。

今天，一些做官的人都是这类人呀！

后人用"卫人嫁子"的这个典故讽刺那种昏聩、自恃聪明、自欺欺人的人。

蚊虫结拜

典出《嘻谈录》。

蚊子结拜，城中蚊子是把弟，乡下蚊子是把兄。把兄谓把弟曰："你城中大人，珍馐适口，味美充肠，肌肤嫩而腴，尔何修有此口福？我乡下农夫，藜藿充饥，糠秕下咽，血肉粗而浇，我何辜甘此淡泊？"城蚊曰："我在城中，朝朝宴会，日食肥甘，甚觉餍腻。"乡蚊曰："你先带我到城中祗领大人恩膏，然后带你到城外遍尝乡中风味。"城蚊应允，把乡蚊带至大佛寺前城中，指哼哈二帅曰："此是大人，快去请吃"。乡蚊飞在大人身上，钻研良久，怨之曰："你们这大人倒真大，却舍不得给人吃。我使劲钻了半天，不但毫无滋味，而且连一点血也没有。"

两只蚊子结拜为兄弟，城中的蚊子是把弟，乡下的蚊子是把兄。

把兄对把弟说："你们城中的大人们，山珍海味十分适口，用美好的食物充填胃肠，所以肌肉皮肤长得又嫩又胖。你是修了什么德，能有这样的好口福呀？我们乡下农夫，用野菜豆叶充饥，糠皮瘪谷往下咽，血肉生得粗且瘦，我是犯了什么罪，甘心过这种恬淡寡欲的生活呀？"

城中的蚊子说："我在城里，天天赴宴会，时时吃美味的食品，觉得饱胀腻烦了！"

乡下的蚊子说："你先带我到城里去敬领大人的恩德膏血，然后我再带你到城外去遍尝乡里的风味。"

城中的蚊子答应了，就把乡下的蚊子带到大佛寺前，指着大门口的哼、哈二帅说："这是大人，快去请吃吧！"

乡下的蚊子飞到大人身上，用尖嘴钻了很久，埋怨城中的坟子说："你们城里的大人，块头倒真大，却舍不得给人吃。我使劲用嘴钻了半天，非但丝毫没有滋味，而且连一点血也没有。"

这则寓言把城中权贵大人的"守财奴"形象描绘得淋漓尽致。

瓮算

典出《施注苏诗》。

有一贫士，家惟一瓮，夜则守之以寝。一夕，心自惟念：苟得富贵，当以钱若干，营田宅、蓄声妓，而高车大盖，无不备置。往来于怀，不觉欢适起舞，遂踏破瓮。

有一个贫穷的士人，家产仅有一只瓮，夜里常守着它睡觉。

一天晚上，他心里思念着：如果求得富贵，我当用许多钱财，营造田宅，蓄养女乐，添置高大的马车，加置巨形的车盖，总之，一凡需用，没有不具备的。他反复在胸中思念着，竟不知不觉、欢乐畅快地跳起舞来，于是一脚踏破了瓮。

这则寓言告诉人们，应珍惜眼前，切忌得陇望蜀。

卧寝之旁，岂容他人鼾息

典出宋代岳珂《宋史·徐铉入聘》。

江南亦何罪，但天下一家，卧榻之侧，岂容他人鼾睡耶！

宋朝初年，宋太祖统一中原地带后，又灭南汉、灭蜀国、平湖湘，接南塘，以期统一全国。南唐派宰相徐铉来做说客，希望说服宋太祖不要进兵。徐铉博学，有干才，而且极善辩论。这次来见宋太祖时，日夜计谋，该说些什么，怎么讲才有理、有利，想得很细致。宋太祖的大臣们事先告诫太祖说："这个人不好对待，要充分准备。"宋太祖笑道："不怕，你去叫他来。"徐铉一来，叩见后，就说："南唐主无罪，您师出无名。"太祖说："你讲充分些。"徐铉说："南唐服

事宋朝，如儿子孝敬父亲，一点过失也没有啊！为什么攻打它？"说了又说，引申发挥，讲了无数道理。宋太祖等他说完，笑道："你说的很有道理。你把南唐比成宋朝的儿子，那么，你说说看，父子变成两家，合不拢来可以吗？"徐铉张口结舌不能答，只好回去。

不久，南唐被攻危急，南唐主又派徐铉来，再三说南唐无罪，而且责备宋朝太欺侮人，愈说声音愈响。宋太祖大怒，手按着剑喝道："不要讲了。南唐有什么罪呢？没有。但是，天下一家，'卧寝之旁，岂容他人鼾息'？"徐铉灰溜溜地走了。

"卧寝之旁，岂容他人鼾息"，在自己睡觉的床铺旁边，不容许别人呼呼大睡。

后人用"卧寝之旁，岂容他人鼾息"这个典故比喻在自己管辖范围之内不许存在其他势力。

梧树不善

典出《吕氏春秋·遇合》。

邻父有与人邻者，有枯梧树。其邻之父言梧树之不善也。邻人遽伐之。邻父因请而以为薪，其人不说。曰："邻者若此其险也，岂可为这邻哉！"此有所宥也。夫请以为薪与弗请，此不可以疑枯梧树之善与不善也。

邻父有一位邻居，院中有棵枯死的梧桐树。邻父告诉他说："这棵梧桐树预兆不详。"邻居便马上把它砍倒。

邻父于是登门讨取烧火柴。邻居听了，很不高兴，说："邻居居心这样险恶，怎么好做邻居呢？"

邻父的这种卑劣伎俩，完全是利欲熏心所致，要不要讨取烧火柴，不应该编造枯梧树吉祥不吉祥的谎言。

"梧树不善"这个典故告诉我们：用谎言欺骗别人，靠诈骗谋取私利，一定会很快暴露自己，被人们识破。

先炊者先餐

典出《聊斋志异·寄生》。

谚云："先炊者先餐。"

大名府有个姓张的富人，他的女儿名叫五可，极美而且聪明。一天去上坟，路上遇见一个名叫王寄生的秀才，回去对妈妈说了这事。她妈妈听她语气是看中了寄生，就请媒婆于媪去探听对方的状况。哪知王寄生因从未见过五可，不愿凭媒人一句话就允婚。这日王寄生梦见一女郎穿松花色细褶绣裙，比神仙还美，问她姓名，她说："我就是五可啊！"正握手亲近，忽然醒了，而她音容笑貌如在眼前。大奇，于是请于媪来，谋求一见五可。于媪和他约定，第二天午后想法把五可引出门来，让他看个清楚。第二天，王寄生去了，一看，五可容貌衣裙竟和梦中所见一样，大喜，于是决定派媒人去求婚。谁知媒人回来说：五可刚刚和邻村张家订婚。寄生懊丧之极，病倒了，瘦得只剩把骨头。恰恰这时，于媪忽然来了，看他病成这个样子，惊问道："怎么忽然病了呢？"寄生泪下，述说失望之苦。于媪笑道："呆子，前些时人家求上门来你不要，现在又想人家。虽然如此，还来得及。五可订婚，只是口头商订，并没有文约，谚云：'先炊者先餐。'你立刻去下聘礼，写婚约，准成！"寄生大喜，病立即好了，去下聘果然成功。结婚后，五可说："我曾做梦，梦到你家，今天一看，房子竟和梦中无异。"两人一算时间，正是寄生梦见五可的同一天。于是问到五可为什么说已和张家订了婚，害他大病一场。五可说："那你为什么当时不答应婚姻呢？要知道由于你的拒绝，我也曾大病一场啊！就不许我也报复一次吗？"寄生大为感动，从此夫妇过着美满的生活。

"先炊者先餐"意思是：谁先煮饭谁先吃。

后人用"先炊者先餐"这个典故比喻凡事都有先来后到。

象箸玉杯

典出《韩非子·喻老》。

昔者纣为象箸，而箕子怖，以为象箸必不加以土铏，必将犀玉之杯。

从前殷纣王用象牙做筷子，他的太师箕子为此十分担忧。箕子认为：有了象箸筷子，就不会再用土瓷羹器了，必定要用犀玉做杯，才能相配；有了象箸玉杯，就不能再盛普通的食品了，而必须盛以旄象豹胎；吃食都这样讲究，住茅屋穿短褂子就当然不行了，那就得锦衣九重了，广室高台了。有人问箕子为什么这样为纣王担忧。他说："这样下去多么危险啊，我怕因此而走向灭亡啊！"果如箕子所料，没有多久，纣王公然就为肉圃，设炮烙，登糟丘，临酒池，骄奢淫逸，挥霍无度，殷朝因而灭亡了。

后人用"象箸玉杯"表示用象牙来做筷子，用玉石做酒杯，用来形容极度奢侈的生活。

心劳日拙

典出《谐语》。

苏曰：贫家无阔菓荐，与其露足，宁且露手。伴谓人曰："君观吾侪，有顷刻离笔砚者乎？至于困睡，指犹似笔也。"小儿子不晓事，人问："每夜何所盖？"辄答云："盖菓荐。"嫌其太陋，挞而戒之曰："后有问者，但云盖被。"一日，出见客，而荐草挂须上，儿从后呼曰："且除面上被！"——所谓"作伪心劳日拙"者也。

苏东坡说：有一个贫穷汉，夜里睡觉连一领宽阔的草垫席子都没有。他想，与其露着脚，还不如露着手，便假装对人们说："您看我们，有一时一刻离开笔砚的时候吗？即使在睡觉的时候，我们的手指也还像笔一样露在外头。"

贫穷汉有个儿子不懂事。人们问他："你们家每天夜里盖什么睡觉呀？"他立刻回答说："盖草垫席子。"贫穷汉嫌太寒碜，就把孩子打了一顿，又告诉他说："以后如有人再问你，就说是'盖被子'！"

有一天，贫穷汉出外会见客人，有一根垫席的茅草挂在他的胡子上。儿子急忙跟在身后呼叫着说："赶快把你脸上的被子拿下来！"——这就是所谓"作伪心劳日拙"的例证呀。

贫者本来很穷，却要装作富有，结果，欲盖弥彰，心劳日拙，更加露出可怜的穷酸相。这种贫者和一般的穷人不同，他们或刚刚破落，富人乍穷；或读书难觅功名，穷困潦倒。经济上虽已贫困，思想上却还在做富贵的迷梦，因此常常演出这种使人既可笑又可怜的悲剧。

宴安耽毒

典出《左传·闵公元年》。

> 狄人伐邢。管敬仲言于齐侯曰："戎狄豺狼，不可厌也。诸夏亲昵，不可弃也。宴安耽毒，不可怀也。《诗》云："岂不怀归，畏此简书。"简书，同恶相恤之谓也。请救邢以从简书。"齐人救邢。

春秋时，齐桓公做诸侯的盟主，在鲁闵公元年，东北方的狄人向邢国侵略。在这以前，邢国已经被狄人围攻过一次，这次又被围攻，邢国不能抵御外来的侵略，只有派人向齐求救。当时在齐国执政的是中国历史上有名的政治家管仲，他接到邢国的告急公文后，向齐桓公说："戎人和狄人都是像狼一样凶狠的民族，我们不能够让他得到满足；邢国是周公的后人，和我们同是周天子的诸侯，关系是非常亲近的，所以不能放弃援救的时机。一个国家是不应该经常沉浸在安乐中的，如果我们长年在安乐中过日子，它会造成像耽毒一样猛烈的效果，这样会影响君王的霸业……因此我请求君王出兵救邢。"齐桓公听了，认为很有道理，于是出兵援救邢国。

宴安：安于享乐；耽：与鸩同，是一种毒鸟，相传它的羽毛有毒素，将之浸酒，人饮后立死。后来的人便将管仲的这句话——"宴安耽毒，不可怀也"引为成语"宴安耽毒"，用来比喻一个国家或个人终年安于享乐的环境中，就像喝毒酒自杀一样。

烟气难餐

典出《楮记室》。

> 唐乾符中有豪士承籍勋荫，锦衣玉食，极口腹之欲。尝谓门僧圣刚

曰："凡以炭炊饭，先烧令热，谓之炼炭，方可入炊；不然，犹有烟气，难餐。"及"大寇"先陷澶洛，财产漂尽，昆仲数人与圣刚，不食者三日。"贼"退，徒走往河桥道中小店买脱粟饭，于土坯同食，美于梁肉。僧笑曰："此非炼炭所炊。"但惭恧而无对。

唐朝乾符年间，有个富豪承袭了祖先的爵禄，穿的是绫罗绸缎，吃的是山珍海味，把人间的一切好东西都吃厌了。

他经常对门僧圣刚说："凡用炭做饭，先要经过烧炼，去掉黑烟，得到的就是煤炭，才能用来煮饭。不然的话，饭里有烟气，十分难吃！"

有一年，造反的农民军攻占了澶澶水、洛水一带，富豪的全部财产损失殆尽，只剩得弟兄几人和圣刚一起狼狈逃窜，躲藏在荒山野谷，整整三天没有吃东西。

农民军撤出后，他们徒步到河桥道中的一个小店里买来米饭，用手抓着连泥带土一起吞食，感到比精米肥肉还要香甜。圣刚笑着说："老爷，这可不是用炼炭烧熟的饭啊！"

"烟气难餐"这个典故告诉人们，剥削阶级锦衣玉食，并不是天生的高贵，当农民起义的霹雳粉碎了他们的天堂时，他们的所谓尊荣、排场就立刻露出了原形，一钱也不值了。

燕雀处屋

典出《孔丛子·论势》。

燕雀处屋，子母相哺，煦煦焉其相乐也，自以为安矣；灶突炎上，栋宇将焚，燕雀颜色不变，不知祸之将及己也。

燕雀在屋檐下营巢筑窝，安了家。它们子母相哺，快乐自得，自以为安逸舒适，永无忧虑了。

一天，烟囱冒出来的火苗蹿上房顶，檩椽慢慢被引着了。燕雀若无其事，一如往常，不知大祸就要临头了。

后人用"燕雀处屋"这个典故告诉我们：居安思危，何况所居欠安？在和平时期，切不可忘记虎狼在前。

羊裘在念

典出《迂仙别记》。

　　乡居有偷儿，夜瞰公室，公适归遇之，偷儿大恐，弃其所衣羊裘而遁。公拾得之，大喜。自是羊裘在念。入城，虽丙夜必归。至家，门庭晏然，必蹙额曰："何无贼？"

　　乡里有个小偷，夜里去窥探迂公的卧室，迂公恰好回家碰上了，小偷大吃一惊，丢下他身上穿着的羊皮袄逃跑了。迂公拾起羊皮袄，非常高兴。

　　自那以后，迂公心里天天念着羊皮袄事件。每次进城，虽迟至半夜三更，也必要回家。到了家门口，看到门庭安然无事，总是皱起眉头叹息着说："为什么没有贼呢？"

　　后人用这则寓言说明偶得意外之财，便天天想入非非，冀得重获，是愚上加愚。因为迂公没有想到：遇到小偷，是极其偶然的事，而遇到小偷重获羊裘，更是千载难逢。没有贼原本是件好事，假如天天有贼，又不能发觉，不知要丢失多少东西；若再碰到，贼急行凶，赔上一条老命，岂不更加得不偿失了吗？要看到"贼"与"损失"是常常联系着的，应该从正反两方面看问题，不可陷入片面性。

夜狸取鸡

典出《郁离子》。

　　郁离子居山，夜有狸取其鸡，追之弗及。明日，从者摷其入之所，以鸡，狸来而縶焉。身縲而口足犹在鸡，且掠且夺之，至死弗肯舍也。郁离子叹曰："人之死货利者，其犹是也。"

　　郁离子居住在山中，夜里有只野猫偷吃了他的鸡。第二天，随从的人在野猫进来的地方装上捕兽工具，用鸡做诱饵。当天晚上用绳索捆住了野猫。野猫的身子被绳索拘禁着，而它的口和脚却还在那里捉鸡，一面抢一面夺，一直到死都不肯舍弃那只鸡。

郁离子叹了一口气说:"人们死于追求钱财货利的,正像这只野猫一样呀!"后人用这则寓言说明要钱不要命,舍本逐末,贪小失大,其后果是可悲的。

一狐之腋

典出《史记·赵世家》。

简子曰:"大夫无罪。吴闻千羊之皮,不如一狐之腋。诸大夫朝,徒闻唯唯,不闻周舍之鄂鄂,是以忧也。"

春秋末期,有一些诸侯国家名义上是国君掌权,但实权往往操在一些有势力的卿和士大夫手中。晋国就是这样一个国家。公元前 511～前 475 年,晋国的国君是晋定公,但大权却掌握在赵鞅、范氏、中行氏这些卿的手中。为了争权夺利,他们发生了内讧。在内讧中,赵鞅打败了范氏和中行氏,扩大了自己的封地,为以后建立赵国奠定了基础。

赵鞅,即赵简子,又名志父,亦称赵孟。他是一个机智谋略,善于用人处事的贵族。晋定公十九年(公元前 493 年),在袭击护送粮饷给范氏的郑国军队时,赵鞅誓师说:"克敌者,上大夫受县,下大夫受郡,士田十万,庶人工商遂,人臣隶圉免。"结果鼓舞了军心,激励了士气,大获全胜。

赵鞅手下有一个大臣叫周舍。此人为人耿直,经常很直率地给赵鞅提意见,声称自己愿意做一个"鄂鄂之臣",因而很得赵鞅的赏识。后来,周舍死了,赵鞅非常难过,每次上朝都表现得很不高兴。大夫们见此情形,都来问是不是自己做了什么错事得罪了他。赵鞅说:"你们没有得罪我。但是,我听说,一千只羊的皮也不如一只狐狸腋下的皮值钱,现在朝廷之上,只是听到你们唯唯诺诺的顺从,听不到周舍据理直谏的声音了,所以我才闷闷不乐。"

后人用"一狐之腋"比喻珍贵的物品。

一日不作，一日不食

典出《夜客丛书》。

> 一日不作，一日不食。

百丈寺有个老和尚名叫怀海禅师，他非常热爱劳动。凡是种菜、种田的时候，他总是比大家做得多。众和尚看他那么老了，又是方丈，都劝他少干一些，他不听。有一天又要劳动了，大家事先把怀海禅师的劳动工具偷偷藏了起来，让他无法去劳动。哪知怀海禅师整整一天不吃不喝，找个不停，大殿、食堂、地窖，什么地方都找遍了，累得更厉害。从此，全寺传遍了怀海禅师"一日不作，一日不食"的事，再也不敢不让他去劳动了。

后人用"一日不作，一日不食"这个典故比喻一天不劳动，一天便没有饭吃。

以备不生

典出《吕氏春秋·遇合》。

> 人有为人妻者，人告其父母曰："嫁不必生也，衣器之物可外藏之，以备不生。"
>
> 其父母以为然，于是令其女常外藏。
>
> 姑知之，曰："为我妇而有外心，不可畜！"因出之。
>
> 妇之父母，以谓为己谋者以为忠，终身善之，亦不知所以然矣。

有个女子要出嫁，有人告诉她的父母说："嫁人不一定能生儿子。衣服财物可以设法在外面偷偷存藏一些，以便准备着不生儿子被休回来。"

她的父母以为很对，于是便叫女儿常常把衣服财物偷藏在外面。

婆婆公公知道了这件事，说："给我家做媳妇，却有外心，要不得！"因而便休了她。

这女子的父母，还认为给自己出主意的人是对他们忠诚，一辈子感谢他，却

不问女儿所以被休的原因是什么。

这个寓言的主旨在于揭示：明明上了当，还要终身善之，可以算是不辨是非，不识好歹，糊涂至极，至死不悟。

盈成我百

典出《金楼子》。

> 楚富者，牧羊九十九而愿百，尝访邑里故人。
> 其邻人贫有一羊者，富拜之曰："事故羊九十九，今君之一盈成我百，则牧数足矣。"

楚地有一个富人，家里放牧的羊有 99 只，他想凑足百数。为此，他遍访了城镇乡里的亲友近邻。

他有一个邻居，家中很穷只有一只羊，这个富人便去拜访说："我已有了 99只羊，现在您把这一只羊送给我，就可以让我凑满 100，这样我的牧羊数字就够足数了！"

这则寓言揭露了为满足个人欲望而不顾别人死活的可耻行径。

有钱走遍天下，无钱寸步难行

典出唐代张郃《明朝金载》。

> 谚语讲"有钱走遍天下，无钱寸步难行"。

唐朝，吏部是管理官员的选用和升迁的，权很大，主要长官是尚书，其下为侍郎。有个名叫郑的人，担任吏部侍郎，贪污受贿、卖官鬻爵。有钱的候选人，缴纳贿赂后立刻分到好位置，没钱的人一等几年，也不分配。这时有个候选官已经等了两年了，心里又气又急，这天就在鞋上系上一百多个钱，一走一晃地去见郑。郑见了很奇怪，指着钱说："你怎么把它系在脚上？"那人说："谚语讲'有钱走遍天下，无钱寸步难行'，因为寸步难行所以才系上它啊！"郑听了，知道是讽刺他，面红耳赤，心中恼怒，口头上应酬了一下，事后干脆把那人的候选资格也取消了。

后人用"有钱走遍天下，无钱寸步难行"这个谚语比喻社会风气不正，贿赂成风。

予取予求

典出《左传·僖公七年》。

> 唯我知女，女专利而不厌，予取予求，不女疵瑕也。

春秋时，楚国有一个大夫叫申侯，因为能说会道，献媚于楚文王，楚文王非常宠信他。他是一个专爱贪利而永不知足的人。楚国的人都痛恨他。后来楚文王病得快要死了，便将申侯叫来，以最好的玉赐给他，并说："只有我最了解你，你为人贪爱财利，而且永远不觉得满足，从我这里要了这样又求那样，但我并不加你的罪。将来楚国的君主可不能这样待你了，他们会要判你的罪的。我死后，你必须迅速离开楚国，不要到小国去，小国是没法收容你的。"楚文王死后，申侯出奔到郑国。最后被郑文公给杀了。

后来的人，便将楚文王封申侯时说的这一句话引为成语，形容一个人贪得无厌，要了这样又要那样，永远不会得到满足。

鱼目混珠

典出《玉清经》。

> 鱼目岂为珠，蓬蒿不成。

从前有一个人，名叫满愿，他买了一颗珍珠。这颗珍珠又大又圆，光彩耀眼，惹人喜爱。满愿把这颗非常珍贵的珍珠，精心地收藏起来。满愿有个邻居，名叫寿量。有一次，他拾到一个鱼眼珠，自以为是颗珍珠，于是也精心地收藏起来。

后来，有人生了病，需要用珍珠配药才能医治，于是用很高的价钱到处收买珍珠。满愿知道后，就把自己珍藏的珍珠拿了出来，寿量也把自己珍藏的鱼眼珠拿了出来。满愿的珍珠，闪闪发光，耀眼夺目；寿量的鱼眼珠，虽然也很大很圆，却黯淡无光。两个放在一起，立刻就能辨出真假。寿量把鱼的眼珠当成珍珠收藏、出卖，真是"鱼目混珠"。

成语"鱼目混珠"的意思是说，鱼眼掺杂在珍珠里面，比喻以假乱真。

越人溺鼠

典出《燕书》。

鼠好夜窃粟。越人置粟于盎，恣鼠啮，不顾。鼠呼群类入焉，必饫而后反。越人乃易粟，以水浮糠复水上。而鼠不知也，逮夜，复呼群次第入，咸溺死。

老鼠喜欢夜间出来偷吃谷子。有个越国人有意把谷子放在一个罐子里，任老鼠去吃，不加理睬。因此老鼠便把它的同类招来，到罐子里吃谷子，每次都要饱餐一顿才回去。

有一天，越人把罐子里的谷子换成水，到了夜晚，老鼠又都一起来，一个接一个地跳进罐子里，结果全部被淹死了。

"越人溺鼠"这个典故告诉我们，凡事要智谋，在生产建设中，要苦干加巧干。

张良卖剪刀

典出民间故事。

秦朝末年，张良因刺杀秦王不成，隐姓埋名，逃到下邳城（今江苏睢宁西北），跟铁匠朱伫子学打剪刀。朱伫子先让他卖剪刀，每天十把，卖完了到铁匠铺吃饭。

有一天，生意不好，都散集了，张良才卖掉九把。他拿着剩下的一把剪刀，四个城门都走遍了，还是没有人要。天色已晚，月亮出来了。张良又来到城东门的圯桥上，只见一位老人盘腿坐在桥上赏月。张良上前问道："老伯伯，您买剪刀不?"老人没有搭理他，起身便走，不料他的靴子掉到桥下。张良连忙下桥给他拣上来，赔礼说："怪我惊动您了!"老人把脚一伸，说："穿上!"张良一心想卖掉剪刀，便捺着性子给他穿上。老人站起来，把袖子一甩，一声不吭地走开了。张良可火啦! 他操起剪刀要找老人评理。不料老人抽身回来，一抄手，夺下张良的剪刀，说："好小子! 柔中有刚，是块好材料呀!"张良听了，脸刷地红了。他见老人举手有功，便要磕头拜师。老人扶起张良，说："真要认我为师，5天后早上到这座桥上来。"

到了第五天，鸡刚叫两遍，张良就来到圯桥上。可是老人早已站在桥头啦，他责备张良说："你跟老年人相约，就该早点来，怎么叫我等你呢? 回去吧，过五天早上再来!"过了5天，鸡刚叫头遍，张良又来圯桥。他还没有走上桥，就听到老人的斥责声："又来晚了! 回去，再过5天来见我。"又过了五天，鸡还没叫头遍，张良就来到桥头等候，等了一会儿，才见老人蹒跚而来。张良赶忙上前磕头问安。老人夸赞说："青年人要学点本领，就应该这样坚持不懈，不达目的不罢休。"于是，老人送给张良一卷书，说："这是久已失传的《太公兵法》，只要读透了它，将来便可为天下做一番事业。"

张良得到兵书，恨不得一口气读完，可是白天卖剪刀，没有多少时间读书。他想出一个办法：将10把成色一样的剪刀，分成3种价钱去卖。一般买东西的人都认为，一分价钱一分货，价钱贵的货就好。愿买好剪刀的，就出高价钱；手头紧的，就拣贱的买。这样，每天10把剪刀，不出半天就卖光了。贵贱一拉平，张良也不少卖银子，"张良卖剪刀——贵贱一样货。"

张良日夜苦读兵书，刻苦钻研兵法，后来成为一个有名的军事家，辅佐刘邦建立了西汉王朝。

"张良卖剪刀"比喻同样的货色卖不同的价格。

世态篇

阿堵物

典出《晋书·王衍传》。

> 举却阿堵物。

"阿堵",是六朝和唐朝时的常用语,相当于现代汉语的"这个"。东晋时著名画家顾恺之,字长康,擅长画人物。他画人像,有时画了几年都不点眼睛。别人问他为什么。他指着眼睛回答道:"四体妍媸,本无关于妙处,传神为照,正在阿堵中(四肢的美丑,是无关紧要的,画像要能传神,关键就在这个里头)!"

晋人王衍,标榜清高,从来不说"钱"字。他的妻子郭氏,曾多次设法逗他说"钱",都没有成功。有一天晚上,郭氏趁王衍睡熟时,叫婢女悄悄把一串串的铜钱,围绕着床,堆放在地下,让王衍醒来,无法下床行走。她以为这样一定能逼得他说出来"钱"字来了。不料第二天早晨,王衍见此情景,就把婢女唤来,指着床前的钱,说:"举却阿堵物(拿走这个东西)。"

"阿堵物"本意即"这个东西"。但由于上述王衍的故事,"阿堵物"从此成了"钱"的别名,并且带有轻蔑的意味。

巴豆孝子

典出《颜氏家训·名实篇》。

> 近有大贵,以孝著声,前后居丧,哀毁逾制,亦足以高于人矣。尝以苫块之中,以巴豆涂脸,遂使成疮,表哭泣之过。

一位显贵，很有孝顺的盛名。他的父母先后亡故，在居丧期间，这位显贵哀痛毁坏了面容，丧礼超过了定制，用以表现他比一般人更为孝敬。

殊不知这位先生在居丧时，枕着土块，睡着草席，悄悄地将巴豆油涂在脸上，弄出满脸疮痕，以表示自己悲痛欲绝，哭泣得非常厉害。

"巴豆孝子"这个典故告诉我们，统治阶级所表彰的那些忠臣孝子，实际上就是这一类不择手段、沽名钓誉的货色。

半面识人

典出《后汉书·应奉列传》。

> 奉年二十时，尝诣彭城相袁贺。贺时出行闭门，造车匠于内开扇出半面视奉，奉即委去。后数十年于路见车匠，识而呼之。

东汉时的应奉非常聪明，记忆力更是惊人。他二十岁那年，去彭城拜访袁贺。但那天袁贺不在家。他敲了许久的门，有个造车的匠人将门打开了一点点，露出半张脸看了应奉一眼，告诉他主人不在。应奉便离去了。

几十年过去了，有一天他在路上碰见那个车匠，马上认了出来，并招呼他。对方表示不认识他。应奉说："你不就是在袁家门口露出半张脸的那个人吗？"

后人用"半面之识"或"半面曾记"形容人记忆力好，也指相交不深。

白云苍狗

典出唐代杜甫《可叹》。

唐代伟大的诗人杜甫曾经为另一位诗人王季友写过一首诗《可叹》。这王季友，好学，家贫，人穷志不穷，作风很正派。可是他妻子却嫌弃他，终于和他离了婚。有些人不了解内情，纷纷议论，把王季友丑化了。杜甫在诗中针对那些不公正的议论而发出感叹。它不叹王季友好夫没好妻，也不叹他好人没好运，叹的是：这样一个作风正派的人物，被说得那样的卑劣，可叹！作者在诗中就这样表示感慨：

> 天上浮云似白衣，
> 斯须变幻为苍狗；
> 古往今来共一时，
> 人生万事无不有！

诗用兴比起句，说：天上的浮云分明像件清白干净的衣服，一会儿却变成一只灰毛狗的样子了；从古到今都是这样，人生道路上形形色色的事儿哪样没有呢！

由于杜甫的这首诗，后人就借"白衣苍狗"来感叹人事和世态的变迁迅速、出人意料。但一般都说成"白云苍狗"。

不痴不聋，不做家翁

典出《北史·长孙平传》。

平进谏曰："谚云：不痴不聋，不做大家翁。此言虽小，可以喻大。郾绍之言，不应闻奏。"

又见《资治通鉴·卷二二四·唐代宗大历二年》。

子仪闻之，囚暧入待罪，上曰："鄙谚有之'不痴不聋，不为家翁'，儿女子闺房之言，何足听也？"

唐末，爆发了"安史之乱"，以后又接连发生了回纥、突厥等少数民族入侵，唐皇被逼得几次逃难，国势危殆。幸有良将郭子仪，多次打败乱军，使唐王朝转危为安。唐代宗李豫为了酬劳郭子仪，除了给他高官厚禄外，还把自己女儿升平公主嫁给他的儿子郭暧为妻。有一天小两口吵架，升平公主摆起了公主架子。郭暧气愤地说："你是公主又有什么了不起！皇帝不是全靠我爸爸出力才能坐稳皇位吗？我爸爸还不稀罕做皇帝呢，要不然早就做了！"升平公主气得立刻跑回皇宫去向皇帝哭诉。郭子仪吓得要命，郭暖的话如果被追究起来，是要满门抄斩的啊！于是立刻把郭暖捆绑起来，去向皇帝李豫请罪。李豫却不以为然地笑道："俗谚说：'不痴不聋，不做家翁。'儿子、媳妇吵嘴说的话，大人何必计较呢?"一场天大风波，就这样平息了。

后人用"不痴不聋，不做家翁"这个典故比喻作为一家之主，对子侄辈的一些小过失，要装痴假聋，不必追究，否则不能把大家庭维系好。

不可胜数

典出《墨子·非攻中》。

> 百姓之道疾病而死者，不可胜数。
> 又见《汉书·伍被传》。
> 死者不可胜数，僵尸遍野。

淮南王刘安手下有个郎中名叫伍被，此人很有学问。刘安喜欢学者，而伍被则是刘安所喜欢的几个学者中最受赏识的。为此，遇到一些重大政治问题，刘安常常征求伍被的意见。

刘安想起兵造反，多次与伍被商量，伍被皆认为凶多吉少，不宜行动。后来刘安认为可以起兵了，又去找伍被商量。他对伍被说："现在时机已经成熟，可以起兵，因为天下的百姓对皇上不满，诸侯行为失检的也多，而且他们对皇上也怀有疑惧。我想，我们在西乡起兵，必然会有人响应。"伍被还是不同意刘安的看法。他告诉刘安说："汉高祖之所以得天下，是因为秦王残害百姓，杀术士，任刑法。当时男的辛勤耕种还不得一饱，女的勤于纺织还衣不蔽体。秦始皇修筑长城，军队没有住处，都在露天宿营，'死者不可胜数，僵尸遍野'。当时百姓想造反的，十家当中就有五家，而今不是这种情况。"刘安虽然觉得伍被的话有道理，但他造反之心未变。后来伍被另给刘安想了一条起兵之计，但消息很快被朝廷知道，于是伍被便被杀掉了。

后人用"不可胜数"形容为数极多，数也数不清。

不识时务

典出《后汉书·张霸传》。

> 霸名行，欲与为交，霸逡巡不答，众人笑其不识时务。

东汉献帝时，因政权完全操纵在大臣们手里，汉室已面临覆亡的危险，刘备是皇室的子孙，很想找机会挽救汉朝的危机，但是东奔西走，总是没有好的根据地。有一天，他特地去拜访隐士司马徽。司马徽是当时很有才学的人，他对刘备说："我很久就听说你的大名了，你为什么总是东奔西走的没有一个好的根据地呢？"刘备说："这也许是我的运气不好，八字生得不巧呀！"司马徽道："不是的，是没有好的人才扶助你的缘故。"刘备说："我自己虽然没有才能，但是我的左右都是能干的人，文有糜竺和简雍，武有关羽和张飞，不能说没有人才。"司马徽说："糜、简二人只能算是普通的文人，没有多大帮助。关羽和张飞虽然有万夫不当之勇，毕竟是武将之流，不是通权达变的人才。至于糜竺、简雍二人，他们对你没有多大帮助，因为他们都是白面书生，是不识时务的人。识时务的人，才可以称得起是俊杰，你要找到识时务的人来辅助你，才能成大功立大业。"

后人把"不识时务"引申出来，比喻人眼光狭窄，认识不了时势。

不以一眚掩大德

典出《左传·僖公三十三年》。

> 大夫何罪，且吾不以一眚掩大德。

春秋时，秦穆公不听蹇叔的劝告，于公元前 627 年派孟明视、西乞术、白乙丙率师伐郑。在回师经过崤山（今河南陕县东）时，被晋军袭击，兵败被俘。后来，在晋襄公的母后文嬴的请求下，晋军释放了这三员大将。

孟明视等人回到秦国时，秦穆公身穿素服到郊外迎接。孟明视等人跪在地上，请求治罪。秦穆公赶忙把他们扶起来，说："我不听蹇叔的劝告，害得你们吃了败仗，受了侮辱，这个责任应当由我来负，怎么能怪罪你们呢！再说，你们过去都立有战功，我不能因为你们一时的过失就抹杀了过去的功绩啊。"于是，秦穆公继续重用这些将军。后来，经过准备，孟明视等人又两次率师伐晋，终于战胜了晋军，报了崤山之仇。

后人用"不以一眚掩大德"指不因为一次小过错就否定大的功绩。

差强人意

典出《后汉书·吴汉传》。

> 汉性强力，每从征伐，帝未安，恒侧足而立。诸将见战阵不利，或多惶惧，失其常度。汉意气自若，方整厉器械，激扬士吏。帝时遣人观大司马何为，还言方修战攻之具，乃叹曰："吴公差强人意，隐若一敌国矣！"

东汉光武帝刘秀的时候，外乱为患，汉兵讨伐，节节失利。当时许多将官，见到这种情形，都惊慌失措，个个慌了手脚；光武帝看见他们这样都着了慌，心里也有点动摇了。沉思良久，忽然想起了名将吴汉，觉得他颇有胆略，于是派人去看看吴汉的情况是怎样的。不久，派去的人回来向光武帝回报道："大司马吴汉现在正督率部下修理战具武器呢！"光武帝细细一想，毕竟这个人，跟那般酒囊饭袋不同，所以赞叹着说："吴公还是可以振奋人心的。"

"差强人意"一直沿用，本指尚可振奋人心，后用以表示还比较使人满意。

嗔拳不打笑面

典出《金瓶梅》第九十六回。

> 你只顾打他怎的？自古嗔拳不打笑脸，他又不曾伤犯着你。

恶霸西门庆的仆人李铭得罪了西门庆，被赶了出来。李铭买了烧鸭两只，老酒两瓶，送给西门庆的朋友应伯爵，请他在西门庆面前美言几句。

应伯爵"开导"李铭道："他有钱的性儿，随他说几句罢了。常言'嗔拳不打笑面'。如今年时，尚个奉承的。拿着大本钱做买卖，还带三分和气。你若撑硬船儿谁理你？全要随机应变，似水儿活，才得转出钱来。你若撞东墙，别人吃饭饱了，你还忍饥。你答应他几年，还不知他性儿？与他赔个礼儿来，一天事都了了。"——在应伯爵这套"奴才哲学"教导下，李铭果然变得更油滑世故，又被西门庆收了回去了。

"嗔拳不打笑面"，嗔：发怒。意思是发怒人的拳头决不会打笑脸人。

后人用"嗔拳不打笑面"这个谚语劝人制怒、忍辱。

初一忌杀鸡

典出民间传说。

正月初一，是我国农历新年伊始的一天。在这天里，传统习俗中有很多忌讳。不吉利的话不准讲，不吉利的事不准做。如果万一不小心打破了一只碗，人们也要用"岁岁（碎碎）平安"的吉利话来补救。

古时候，许多地区盛行一种禁忌：大年初一不准杀鸡。人们认为，初一是鸡日，应该画只鸡贴在门上，可以避邪，所以杀鸡是绝不允许的。这种习俗，起源于远古时候的一个民间传说。

相传，尧帝在位时，国力强盛，百姓安康。四邻的一些小国，都争先恐后地带着奇珍异宝前来进贡朝拜。其中，有个叫祇支的国家，向尧帝进献了一只稀世珍鸟。此鸟形状像鹰，眼睛如鸡，声音似凤凰，名叫重明鸟。它本领非凡，既能在空中与鹰隼秃鹫等凶猛之鸟搏击，也能在地上与豺狼虎豹等凶恶之兽战斗。除此之外，它还能驱鬼辟邪，妖魔鬼怪都惧怕它。因此，那时的人们都把自己的家门口打扫得干干净净，盼望重明鸟落到自己的门户上。但不知为什么，这只重明鸟飞走了，人们再也见不着它。于是，有人就用金子或木头刻一只重明鸟放在自己的门户上，以求平安。后来，人们觉得雕刻太费事，就只在门上画上重明鸟的样子，也同样能避邪。随着时光的流逝，画上的重明鸟的形象渐渐变成了大家日常所见的鸡的形象了。门上画鸡避邪，初一忌杀鸡的习俗便由此而来。

处之泰然

典出《论语·雍也》朱熹注。

> 颜子之贫如此，而处之泰然。

春秋时，在孔子的学生中，有一个叫颜回的人，被孔子称为品格高尚的君子。有一天，孔子对其他学生说："颜回的品质多么高尚呀！他用一个竹筐子吃饭，一个瓢喝水，住在简陋的小巷子里，别人都忍受不了这种困苦，颜回却照样快乐。他的品质是多么高尚呀！"

南宋时，著名学者朱熹曾注释过《论语》。在颜回的这段记载后面，朱熹感慨地写道："颜回的家境贫困到如此地步，他却处之泰然。"

后人用"处之泰然"来形容对待困难或紧急情况毫不慌乱，沉着镇定。

刺猬与橡斗

典出《启颜录》。

> 有一大虫，欲向野中觅食。见一刺猬仰卧，谓是肉脔。欲衔之，忽被猬卷着鼻。惊走，不知休息。直至山中，困乏，不觉昏睡。刺猬乃放鼻而走。大虫忽起，欢喜，走至橡树下。低头见橡斗，乃侧身语云："旦来遭见贤尊，愿郎君且避道。"

有一只老虎，想到野外找东西吃。它看见一只刺猬朝天睡在那里，以为是块肉。便走拢去，正想衔它，忽然被刺猬卷住鼻子。老虎吓得赶紧跑，不敢休息。一直跑到山中，非常困乏，不觉便昏昏沉沉地睡了。刺猬这才放开虎鼻逃走。老虎醒来，忽然发现刺猬走了，很高兴，跑到橡树下去玩。低着头偶尔看见橡子的壳，以为是只小刺猬。它便侧着身子对橡壳说："刚才我碰上了您父亲，已经领教过了，希望兄弟让让路吧！"

后人用这个故事来比喻那些粗枝大叶的人，上当受骗后不吸取教训却心有余悸。

大巧若拙

典出《老子》第四十五章。

> 大直若屈，大巧若拙，大辩若讷。

老子，姓李名耳（也有人认为姓老名聃），是和孔丘生于同一时代即春秋末期的一位思想家。著有《老子》一书，共八十一章。此书用"道"来说明宇宙万物的演变，包括一些朴素的辩证法，内容涉及政治、军事及日常生活。

《老子》第四十五章是老子人生论的一部分。在这一章里，老子运用朴素的辩证观点指出：有道德修养的人其言行的实质和表现出的现象并不是一致的。他说：大的成就好像亏缺，但它的用处是不会失败的。大的充实好像空虚，但它的用处是不会穷尽的。大的正直好像弯曲。大的灵巧好像笨拙。大的辩才好像语言迟钝。大的得利好像亏本。在生活方面，活动可以战胜寒冷，静止可战胜炎热。在政治方面，清而无欲，静而无为，可以做天下的君长。

后人用"大巧若拙"比喻正直灵巧的人不自炫耀，表面上好像很笨拙。

得过且过

典出《辍耕录》。

> 五台山有鸟名寒号虫……比至深冬严寒之际，毛羽脱落，索然如彀雏，遂自鸣曰："得过且过。"

从前在五台山有一种奇特的小鸟，名叫寒号虫。寒号虫有四只脚，两只肉翅，不会飞行。盛夏季节是寒号虫最快乐的日子，它全身长着绚丽丰满的羽毛，鲜艳夺目，使百鸟十分惊羡。这时，寒号虫得意扬扬，整天走来走去，到处找别的鸟比美。它一边走一边唱道："凤凰不如我！凤凰不如我！"

夏去秋来，有些鸟飞向遥远的南方，到那里去过冬；留下的鸟整天辛勤劳碌，积粮造窝，准备过冬。只有寒号虫仍然游游逛逛，到处炫耀它那身五光十色的羽毛。

秋去冬来，寒风呼啸，雪花飘舞。别的鸟在秋季都换上了一身又厚又密的羽毛，迎接寒冬的到来。寒号虫却与众不同，到了冬天，它那身漂亮的羽毛脱得光光的，一根毛也没剩下，就好像还没有长毛的鸟崽。夜晚，全身光秃秃的寒号虫，躲藏在石缝里，凛冽的寒风不断袭来，冻得它浑身直打哆嗦。它不断地咕噜道："好冷啊，好冷啊，明天就做窝，明天就做窝。"可是，当寒夜过去，太阳从东方升起，温暖的阳光照耀大地，寒号虫却忘记了前夜的寒冷，忘记了要做窝的决心，它又说做："得过且过！得过且过！"

寒号虫始终也没有做窝，就这样一天天的混日子，最后冻死在五台山的岩石缝里。

成语"得过且过"即由此而来，意思是过一天算一天，不作长远打算。现在也指工作、学习中只求过得去即可。

斗鸡走狗

典出《史记·袁盎晁错列传》。

> 袁盎病免居家，与闾里浮沈，相随行，斗鸡走狗。

西汉时，有一个大臣叫袁盎（《汉书》作爰盎，此从《史记》），字丝。吕后专权时，他曾为吕后的侄子吕禄的舍人。袁盎与御史大夫晁错历来不和。汉景帝即位后，晁错告发袁盎"多受吴王（刘濞）金钱"，袁盎被降为庶人。

汉景帝三年（公元前154年），吴王刘濞串通楚、赵、胶东、胶西、济南、淄川等六国，发动了判乱，史称"吴楚七国之乱"。袁盎入见景帝，离间景帝与晁错的关系，以"请诛晁错以清君侧"为名，向景帝建议诛杀晁错。在袁盎的蛊惑下，景帝错杀了晁错。但是，诛杀了晁错，并没有制止刘濞等的叛乱，七国叛军反而更加猖狂地向中央进攻。在事实面前，景帝才清醒过来，重新下了平叛的决心，派周亚夫为太尉率军迎击，最后平息了这次叛乱。

叛乱平息以后，袁盎在楚王刘礼手下为相，但所献计策不被采纳，袁盎遂病免居家。病归以后，袁盎昔日的威风和斗志逐渐消失，竟在乡间随波逐流，斗鸡走狗，以度余生。后来，因事为梁孝王所怨，被刺杀。

人们常用这个典故形容一些游手好闲的人的无聊游戏。

发蒙振落

典出《史记·汲郑列传》。

> 淮南王谋反，惮黯，曰："好直谏，守节死义，难惑以非。至如说丞相弘，如发蒙振落耳。"

西汉武帝时，有一个叫汲黯的人，字长儒。他先任东海太守，继为主爵都尉。汲黯推崇道表法里的黄老学说，对汉武帝常常直言切谏。武帝既尊敬他，又有点怕他。汉武帝可以和大将军卫青蹲在床边上聊天，可以不戴帽子和丞相公孙弘说话，但不戴帽子就不敢和汲黯相见。有一次，汲黯有事来见汉武帝，汉武帝刚巧没戴帽子，于是连忙躲在帐幕后面，叫别人传话去接受汲黯的意见。由于汲黯为人耿直，对皇帝也敢直言进谏，所以好多大臣甚至一些诸侯王都惧怕他。

当时的丞相公孙弘的为人和汲黯不一样，他对人宽厚，与人无争，所以虽身居相位，一些大臣和诸侯王都不把他放在眼里。

淮南王刘安阴谋反叛，但惧怕汲黯。他说："汲黯这个人，好直言进谏，对朝廷忠贞不贰，恐怕难以迷惑他。至于丞相公孙弘，要迷惑他是十分容易的，就像揭掉一件蒙罩物，振动将要掉落的叶子一样。"

后人用"发蒙振落"形容十分容易。

沸反盈天

典出清代李宝嘉《活地狱》第三十四回。

> 里面听见沸反盈天的声响，许多家人小子都赶将出来。

浙江杭州府仁和县有户财主，哥哥叫袁龙宾，弟弟叫袁凤宾。袁凤宾有两个儿子，大的叫袁绍芳，小的叫袁绍芬。

却说袁绍芬这个公子哥儿，靠着荫下之福，饭来张口，衣来伸手，不识高低好歹。一年正月，袁绍芬带着钱外出游逛，便去赌钱。谁知一输再输，越输越想赌，没有钱怎么再赌呢？赌家沈七看出他是个毛头儿，就让他再赌，直到夕阳西下，总共输了银圆二百七十二圆。沈七叫他打了一纸欠条，说定去他家凭条取钱。

沈七收了赌具，欢天喜地到袁绍芬家去要钱。袁家守门人哪里肯信，一伸手给沈七一个耳光，沈七也上去把守门的一把揪住不放，吵闹不止。里面听见沸反盈天，许多家人小子都赶将出来，七手八脚把沈七痛打了一顿，直打到他喊爹叫娘方才放出门去。

沈七钱没讨到半文，反而挨了一顿老拳，心中越想越气，回家便要服毒自杀。沈七的老婆见沈七服毒，急忙叫他到袁家去，既死也要捞口棺材。沈七一气跑到袁家，大门早已紧闭。不一会儿沈七便死在大门口了。沈七死后，看热闹的人很多，吵吵闹闹，擂鼓似的冲撞着大门。喧闹的人群中，夹杂着一些无赖之徒，他们大喊道："袁家仗着有钱有势，威逼人命，你们不打进去，等待何时！"无赖们一阵呼啸，打将进去，把一些值钱之物，以及银钱细软，抢了个精光，早已一哄而散。有顷，袁龙宾、袁凤宾回到家中，听说这事，急得搓手顿脚。

后人用"沸反盈天"形容吵嚷喧哗，乱成一团。

飞短流长

典出蒲松龄《聊斋志异·封三娘》。

从前有一个美貌的姑娘，叫范十一娘，出生在一个官宦人家。有一次，她带了婢女去逛庙会，正游玩时，忽然感觉到有人注视着她。她回头一看，见一位和自己年龄相仿的漂亮女子正对她微笑。那女子问："姐姐莫非是范十一娘吗？"

范十一娘说："是的。你是谁？"

那女子上前拉着范十一娘的手说："我叫封三娘，就住在附近，早就听到过你的名字，今天一见，果然名不虚传。"

十一娘又问道："你怎么一个人来逛庙会，连个陪伴的人也没有？"

三娘说："我父母早已去世，家中只有一个老奶妈相伴。今天她要看家，所以不能来。"

分手时，两人依依不舍。十一娘邀请她到自己家去。三娘推辞道："姐姐家是朱门富户，我家贫寒，我到你家去，恐你家人会嫌弃。"

十一娘忙说："不会的，父母爱我如掌上明珠，我喜欢的人，他们也会喜欢的。"

三娘想了想说："那好吧，我回去和奶妈说一声，过几天我就到你家去看你。"

十一娘回到家里，日夜思念封三娘，等了好几天，也不见她来。重阳节那天，十一娘强打起精神到园中散步。丫鬟在园墙边放了一张躺椅，让她躺在上面观赏园中景致。十一娘刚在椅子坐下，抬头发现有人攀着墙头往这边看，仔细一看，正是自己日思夜想的封三娘，不由得大喜，急忙让丫鬟把她接进园中。

十一娘责怪道："你怎么不讲信用？我想你都想病了。"

三娘流着泪说："我也想你呀！只因我俩家境贫富悬殊，恐人家知道我俩交往，造谣生事，飞短流长，不堪忍受，才迟迟不敢来的呀！"

"飞短流长"指散布谣言，无中生有地说人坏话。

丰沛子弟

典出《史记·高祖纪》。

汉高祖刘邦是沛县人，自从诛灭暴秦，击败项羽后，自己做了皇帝。

高祖登位之后，封一班功臣，都有封地给他们。功臣们在得到王或侯的爵位和地方之后，就培植起自己的势力来，有的竟陆续反叛起来，如韩信、陈豨……

当刘邦消灭陈豨反叛回来，经过沛县，设宴招待沛县的父老，欢宴了十天。因为沛县是他生长的地方，所以把那里的赋税全部免除。高祖回到京城后，觉得分封在外的异姓诸侯大都靠不住，于是陆续把他们撤换掉，改用沛县的子弟。所以在汉初，沛县的人只要略有才干，借着与皇帝是同乡的关系，就不怕没有官做。

又一说汉高祖起兵丰沛，得了天下，一班功臣，大都是丰沛子弟，因为后人拿这四字来形容特殊关系的人。

后来人们用"丰沛子弟"大都含有讥笑的意义，意思是靠亲戚、同乡发迹。

奉若神明

典出《左传·襄公十四年》。

> 爱之如父母，仰之如日月，敬之如神明。又见《后汉书·黄琼传》
> 载李固给黄琼的信。
>
> 近鲁阳樊君被征初至，朝廷设坛席，待若神明。

据《后汉书》记载：东汉时，一些中小地主出身的士人（知识分子）做官的道路，多是通过公府（三公等大官）征聘和郡国荐举。这些人往往以不就官府的征召来抬高自己的身份。每拒绝一次，他们的声望和社会地位便提高一点。封建皇帝为了广罗人才，也往往给这些人以很高的待遇。其实这些士人中，不少都是只有虚名而无真才实学的假名士。

汉顺帝时，鲁阳（今河南鲁山县）有一个叫樊英的人，他精通《五经》和术数之学，隐居于壶山（在今河南泌阳县东北）南面。因为他名声在外，所以拜他为师的人很多，官府和一些名士也荐举他。但州郡礼聘，公卿荐举，他都不愿接受。后来，顺帝以礼征召，他才不得不来到京都洛阳，但仍称病不起。顺帝见此，为他专设了坛席，像侍奉神仙一样地待他，他才不敢再加推辞，后被任命为光禄大夫。但樊英上任后，才能平常，并没有什么特殊的表现。

"奉若神明"就是尊敬得像迷信的人敬神一样。后人用这个典故比喻对某些人或事物极其尊重。现在多用于贬义。

腹胀过而休

典出《艾子杂说》。

> 昔有龙王，逢一蛙于海滨，相问讯后，蛙问龙王曰："王之居处何如？"王曰："珠宫贝阙，翚飞璇题。"龙复问："汝之居处何若？"蛙曰："绿苔碧草，清泉白石。"复问曰："王之喜怒如何？"龙曰："吾喜则时降膏泽，使五谷丰稔；怒则先之后暴风，次之以震霆，继之以飞电，使

千里之内，寸草不留。"龙谓蛙曰："汝之喜怒何如？"

　　曰："吾之喜则清风明月，一部鼓吹；怒则先之以怒眼，次之以腹胀，然后至于胀过而休。"

　　从前，龙王在海滨碰见了一只青蛙，相互问讯之后，青蛙问龙王说："您居住的地方是什么样子的？"

　　龙王说：　"用珍珠宝贝建筑的宫殿，有像飞鸟的屋檐和有美玉雕饰的题额。"

　　龙王也问道："那么您居住的地方又是什么样子呢？"

　　青蛙说：　"有绿色的苔藓和碧青的嫩草，还有清清的泉水和洁白的山石。"

　　蛙又问道："龙王您的喜怒将会怎么样？"

　　龙王说："我喜欢了就降下滋润的雨水，使五谷丰登；发怒了就先刮暴风，接着轰打霹雷，继之飞下闪电，使千里之内寸草不留。"

　　龙王又对青蛙说："您的喜怒又是什么样子呢？"

　　青蛙说："我喜欢了，就在清风明月的夜晚一股劲地咕呱鸣叫；发怒了就先张大眼凸出眼珠子，接着便鼓胀起肚子，最后把肚子胀过了也就罢了。"

　　龙王如果是权贵的代表，青蛙，大概就可以视作某些平常人的化身，自鸣清高，不断发怒，因义愤以至于"怒眼"。而"腹胀"一阵子也就泄了气，这就叫"胀过而休"。

更渡一遭

典出《厅史》。

　　昔有人得一鳖，欲烹而食之，不忍当杀生之名，乃炽火使釜水百沸，横筱为桥，与鳖约曰："能渡此，则活汝。"鳖知主人以计取之，勉力爬沙，仅能一渡。主人曰："汝能渡桥，甚善！更为我渡一遭，我欲观之。"

　　从前，有一个人捉到了一只鳖，打算把它煮了吃，但又不愿意承担杀生的罪名。于是便用烈火把锅里的水烧得滚开，在锅沿上横着放了一根细小的竹子当成桥，和鳖商量说："你能爬过这桥，我就让你活命。"

鳖知道这是主人施计骗杀自己，就费尽精力、谨慎地往前爬，勉强地爬了过去。

主人说："你能爬过这桥，真是太好了！再爬一次，我还想看一看！"

后人用这则寓言揭露一些人的虚伪狡诈。明明要烹而食之，却不肯担当杀生之名。这真是刽子手数念珠，拖延时间，等待"釜水百沸"。

狗咬吕洞宾

典出《红楼梦》。

相传吕洞宾早年有个拜把兄弟苟杳，父母双亡，家境贫寒。吕洞宾把他接来住在自己家里，勉励他苦心攻读，争取功名。苟杳十分感激，整日刻苦读书。有个朋友看上苟杳，想将妹妹许配给他。吕洞宾原先怕误了苟杳的前程，想要推托掉，后来知道苟杳有心与她成亲，便说："既然贤弟主意已定，我也不阻挡了。不过成亲之后，我要先陪新娘住三天。"苟杳一听，不禁愣了，但思前想后，最后还是咬着牙，勉强地答应了。

娶亲三天，苟杳天天躲到一边，暗地里失声痛哭。好不容易过了三天，苟杳刚进洞房，见新娘伤心落泪，连忙上前赔礼说："娘子，太委屈你了！"新娘只管低头哭着说："郎君，何故三夜都不上床同眠，只是对灯读书，天黑而来，天明而去？"这一问，问得苟杳目瞪口呆。半天，他才醒悟过来，双脚一跺，仰天大笑："原来哥哥怕我贪欢忘了读书，就用此法激励我。哥哥用心，可谓太狠啊！"从此，苟杳愈加奋发攻读，果然金榜题名，夫妻辞别吕洞宾家，赴任做官去了。

几年后，吕洞宾家中失火，财产殆尽，日食难度。他经不住妻子再三督劝，只好前往求助于苟杳。苟杳夫妇知吕洞宾遭此大难，相见后连忙安慰他说："哥哥不必过于焦虑，小弟自有妥善安排。"可是一晃十几天过去了，苟杳除了天天盛筵招待外，根本不谈如何资助。吕洞宾心想：肯定苟杳忘恩负义，不肯相助了。一气之下，便怒冲冲地离开苟府。他想回家，身无分文，只好沿途求乞。后来，有个外地人听他讲了苟杳负义的事，深表同情，给了几两文银当路费，他才返回家乡。可是，吕洞宾回到自己家时，见到原先被烧废的楼房又重新盖起来了。新房两边的大门贴着白纸。他慌忙撞进大门，看见屋中停着一口大棺材。妻子全身披孝，正在号啕大哭，猛然见到吕洞宾，惊恐万状，胆战地问："你是人，还是鬼？"吕洞宾愈加诧异不解。

原来吕洞宾到了苟杳府上，苟杳就叫人来帮他重整家园。前天中午有人抬口棺材进来，说吕洞宾在苟府突然病死了。吕洞宾听妻子这么一说，知道是苟杳搞的把戏。他气愤地将棺盖揭开，只见里面全是金银财宝，上面还有一封信，写着："苟杳不是负心郎，路送银，家盖房。你让我妻守空房，我让你妻哭断肠！"吕洞宾看完，如梦初醒，深悔自己不识好人，错怪了苟杳。他苦笑说："贤弟，你帮我也帮得好狠啊！"

从此，苟杳和吕洞宾两家来往不断，倍加亲热。

故事传到后来，讹为"狗咬吕洞宾"，比喻把好心误认为是恶意。

贵易交，富易妻

典出《后汉书·宋弘传》。

> 帝令主坐屏风后，因谓弘曰："谚言贵易交，富易妻，人情乎？"弘曰："臣闻贫贱之交不可忘，糟糠之妻不下堂。"帝顾谓主曰："事不谐矣。"

东汉光武帝有一天和大臣宋弘坐着闲谈。光武帝说："自从建国以来，跟随我起义的将领都富贵了，我看见他们不少人都嫌结发妻子不漂亮，把妻子休了，另娶年轻貌美的老婆。他们过去交往的朋友，都是平民百姓，现在自己地位高了，这些老朋友也不往来了，另外换了一批地位高的人做朋友。我听得谚语说'贵易交，富易妻'，这大概是人之常情吧？因此也就不责备他们。"宋弘听了，站起来说："皇上，我听到的谚语不同，那是'贫贱之交不可忘，糟糠之妻不下堂'，这才是人们赞美的高尚行为。您说的谚语，是平民对抛弃困难时期的老婆、朋友的行为的谴责啊！怎么会是人情之常呢？"光武帝听了宋弘的话，认为很对，于是下令不准随便弃妻另娶。

后人用"贵易妻，富易交"形容世态的炎凉与人情的淡薄。

韩子卢逐东郭逡

典出《战国策·齐策》。

　　韩子卢者，天下之疾犬也；东郭逡者，海内之狡兔也。韩子卢逐东郭逡，环山者三，腾山者五。兔极于前，犬废于后；犬兔俱罢，各死其处。田父见之，无劳倦之苦，而擅其功。

　　韩子卢是天下跑得最快的狗，东郭逡是天下最机灵的兔子。有一天，韩子卢追赶东郭逡，绕着山追了三圈，翻过山追了五趟。兔子在前面累得要命，狗在后面疲倦得抬不起脚。狗和兔子都筋疲力尽，各自死在那里。一个种田的老汉看见了，没有费一点力气就捡到了好处。

　　这篇寓言说明，双方本事再大，力量再强，如果追逐不已，也可能两败俱伤，使第三者（或敌人）不劳而获。

好好先生

典出冯梦龙《古今谭概》。

　　东汉末年，颖川有个名士名叫司马徽。刘备在投奔荆州牧刘表以后，暂驻新野。他听说司马徽是当地名士，便专程前去拜访他，诚恳地邀请司马徽做自己的谋士，共图大业。但司马徽自谦才疏学浅，不堪重任。他向刘备推荐了诸葛亮和庞统两人，使刘备成就了大业。

　　但是，司马徽在明代冯梦龙写的笑话集《古今谭概》中却成了一个"好好先生"，别人无论和他讲什么事，不管是好是歹，他都回答说"好"。

　　有一天，他在路上碰到一位熟人。那人问他身体怎么样，一向可安好？他回答说："好。"

　　又有一天，有个老朋友来到他家，十分伤心地谈起自己的儿子死了，司马徽也说："很好。"

　　等他朋友走了，他的妻子责备他说："人家以为你是个有德行的人，所以相信你，把心里话讲给你听，可是你听说人家儿子死了，反而称好，这算什么？"

司马徽不紧不慢地回答说："好！你的话讲得很好！"

妻子听了，一时哭笑不得。

"好好先生"指不分是非，与人无争，不坚持原则，不得罪人。

侯门似海

典出唐代崔郊《赠去婢》。

> 侯门一入深如海，从此萧郎是路人。

唐代时，有一位叫崔郊的秀才，他的姑母家里有一位端庄美丽，天赋歌喉的使唤丫头。崔郊很爱她，她也很敬慕崔郊。崔郊的姑母不知这一情况。由于家境贫困，姑母后来将这位婢女卖到了大官的府第中。

崔郊非常想念她。但高官的府第门禁森严，普通人怎么进得去？从此，崔郊一直没见着这位心上人。有一年的清明节，崔郊偶然遇见了她。她已是官家的人了，不敢和崔郊打招呼，崔郊也不敢向前问询。两人四目相对，竟如咫尺天涯。崔郊心里很难过，但又无法向人诉说，便写了一首诗《送去婢》。

"公子王孙逐后尘，绿珠垂泪滴罗巾，侯门一入深如海，从此萧郎是路人。"

后人用"侯门似海"（也做侯门如海）形容显贵之家门禁森严，普通人无法进入。

虎畏化缘僧

典出《雪涛谐史》。

> 一强盗与化缘僧遇虎于涂。盗持弓御虎，虎犹近前不肯退；僧不得已，持缘簿掷虎前，虎骇而退。虎之子问虎曰："不畏盗，乃畏僧乎？"虎曰："盗来，我与格斗。僧问我化缘，我将什么打发他？"

有一名强盗与一名化缘的和尚，在路途中碰上了老虎。强盗拿出弓箭抵挡，老虎还是一步一步向他逼近，不肯退却。化缘僧不得已，便拿出化缘的账簿抛到

老虎面前。老虎看到化缘簿，吓了一跳，便逃跑了。老虎崽子问老虎说："你不怕强盗，却怕和尚吗？"老虎说："强盗来了，我还可以跟他格斗，那化缘和尚来了，我拿什么打发他呢？"

这个故事说明打着慈善的幌子而强赖硬要的人，比强盗更可怕。

鸡口牛后

典出《国策·韩策一》。

> 苏秦为楚合从说韩王曰："……臣闻鄙语曰：'宁为鸡口，无为牛后。'今大王西面交臂而臣事秦，何以异于牛后乎？夫以大王之贤，挟强韩之兵，而有牛后之名，臣窃为大王羞之。"

韩国很弱小，恐惧富强的秦国侵略，担心会被其并吞，因此韩王宁愿忍辱求全，接受了秦国的屈辱条件，表示向秦王臣服，以求维持现状。苏秦为了要劝韩王摆脱秦国的控制，认为虽然国小，也要争取独立自由的国际地位，所以说出"鸡口牛后"一句话。一方面讥讽韩王向秦国臣服，即如牛后一样，另一方面促请韩王振作，争回鸡口般的国际地位。

鸡口是鸡用来进食的器官，牛后是牛用来排泄粪溺的部分。鸡的身体很小，牛却是庞然大物，用来进食的口虽小，可以有机会得尝各种食物的美味；而排泄粪溺的器官固大，却是动物身体上最污秽的部分。所以一般人都会抱着宁为鸡口，毋为牛后的念头。

后人用"鸡口牛后"比喻宁可在小局面中独立自主，不愿在大局面中任人支配。此成语也写作"宁为鸡口，毋为牛后"。

饥附饱飏

典出《晋书·慕容垂载记》。

慕容垂是南北朝时前燕王慕容皝的第五个儿子，在战争中屡次立下大功，受到王族中人的嫉恨，只得出逃，投奔前秦的苻坚。

苻坚本来有吞并前燕的企图，只是害怕慕容垂而没有发兵。听到慕容垂来投

奔自己，非常高兴，亲自到城外迎接。前秦宰相王猛观察慕容垂有雄才大略，不会甘心受人管辖，劝苻坚杀掉他，苻坚不听，封慕容垂为冠军将军、宾都侯。

后来，苻坚在淮南打了败仗，军队损失惨重，只有慕容垂的军队能够保全。这时，慕容垂请求到邺地驻兵，苻坚答应了。苻坚手下大臣权翼又劝阻苻坚说："慕容垂是个有名的将领，就像历史上的韩信、白起，胸怀大志，不会甘心受人驱使，即使封侯、赏赐上百里土地，他也不会满足，冠军将军的称号哪能称他的心！况且，慕容垂这个人好像老鹰一样，饥饿了来归附，吃饱了就高飞而去，遇有机会，一定要实现他的凌云大志。应赶快约束他，不能让他随心所欲。"苻坚没有采纳大臣的忠告。

后来，慕容垂果然另树旗帜，成为后燕的第一位君主。

"饥附饱飏"是说饥饿时来依附，吃饱了就要飞走的。比喻贪婪势利，忘恩负义。

既往不咎

典出《论语·八佾》。

　　哀公问社于宰我。宰我对曰："夏后氏以松，殷人以柏，周人以栗，曰，使民战栗。"子闻之，曰："成事不说，遂事不谏，既往不咎。"

春秋时期，鲁国的君主鲁哀公问孔子的弟子宰我，土地神的神主应该用什么树木制作。宰我回答说："夏朝人用松木，殷代用柏木，周代用栗木。栗木意思是使人民害怕得战战栗栗。"孔子听到宰我的回答，大为不满，他责备宰我说："已经做过的事不用再解释了，已经完成的事不要再规劝了，已经过去的事不用再追究了。"

另外在《旧唐书》中也有"既往不咎"的故事：公元619年，唐高祖李渊派大将李靖到夔州进攻梁国。部队推进至硖州，被梁国部队阻击，无法继续前进。李渊以为李靖留恋硖州，不肯前进，于是下令将李靖斩首。都督许绍极力替李靖说情，方才免于一死。

后来，冉肇则出兵袭扰夔州，李靖带领800士兵迅速攻占冉肇则的营地，杀死冉肇则，俘虏5000人，取得很大胜利。李渊听到这个消息，非常高兴，他嘉奖李靖时说："过去的错误不再追究，那些旧事我早已忘记了。"以后李渊任命李靖为行军总管。公元 621 年，李靖率军从夔州顺流而下，围攻江陵，梁国萧铣投降。

成语"既往不咎"即由此而来。意思是以往做错的事不再追究。这个成语亦称"不咎既往"。

见怪不怪

典出唐代欧阳询《艺文类聚》所引《见异录》。

> 见怪不怪，其怪自败。

传说，魏元忠没有做大官的时候，家境不甚富裕。有一天，丫头正在煮饭，忽然来了个老猿为她烧火。她很惊异，赶快去告诉魏元忠。元忠镇静如常地说："老猿知道我没有什么仆人，所以来帮我的忙。"又一次，元忠大呼一个老仆，老仆没有答应，一只狗却答应了。元忠并不奇怪，反说："这真是一只忠顺的好狗啊！"又一次，元忠独坐，有一群老鼠恭恭敬敬地站在他面前。元忠也不惊异，反说："你们是饿了想吃东西吧？"有一天，深更半夜，忽然有几个妇女出现在元忠床前。元忠毫不惊诧，对她们说："你们能不能把我抬到院里去？"妇女一齐动手，把元忠抬到院里去了。元忠又说："你们能不能把我抬回堂屋去？"妇女们又把元忠抬到了堂屋。元忠又说："你们能不能把我抬到街上去呢？"那几个妇女没有再抬，向元忠行了一个礼就走了。临走时妇女们说："他是一个好人，我们不要戏弄他了！"为此，有人就说："见怪不怪，其怪自败。"

后人用"见怪不怪"表示看到怪异的事物，镇静如常，不大惊小怪。

姜太公钓鱼

典出《封神演义》第二十三、二十四回。
姜子牙火烧玉石琵琶精，被纣王封官上大夫。他见纣王荒淫无度，便弃官逃往西岐（今陕西岐山县东北），隐居渭水之滨，以待进取时机。

一天，姜太公在磻溪钓鱼解闷。有个樵夫名叫武吉，唱着山歌走来。他见到姜子牙用直钩钓鱼，离水面三尺，又不用香饵，便耻笑说："真是有志不在年高，

无谋空言百岁。像你这样愚拙，能钓到鱼吗？"姜子牙微微一笑，说："老夫钓鱼是假，待机进取是真。要钓王与侯，宁在直中取，不可曲中求。"武吉说："你哪像王侯，倒似活猴！"姜子牙也笑着说："我看你脸上气色也不好：左眼青，右眼红，今日进城打死人。"武吉听了，很不高兴地说："我同你说笑话，你怎么骂人！"说罢，气呼呼地挑柴进城去了。

不料，武吉在城门口，急于让道，扁担滑掉一头，打死了守门军士王相。说也凑巧，周文王因见纣王无道，欲伐暴救民，四处寻访贤人相佐，路过城门，见此情景，说："武吉打死王相，理应偿命。"武吉想起家中老母亲无人奉养，不禁大哭。文王见他是个孝子，又是误伤人命，应允他回家安排好老母亲的生活，再来领罪。武吉回到家里，老母亲得知原委，叫他去向姜子牙求救。姜子牙也教了他解救的办法。从此，武吉依然上山打柴，只是托乡邻代卖，自己不再进城。周文王等了半年，不见武吉回城赎罪，以为他畏罪身死了。

过了一年，有一天，周文王往渭水河边寻青踏翠。正行间，忽听有人唱歌："凤非乏麟非无，但嗟治世有隆污。龙兴云出虎生风，世人慢惜寻贤路……"周文王命人将唱歌的人找来，见是武吉，大怒说："你怎敢欺我？不来领罪，在此唱歌？"武吉据实禀告，并说这支歌是姜子牙作的。周文王一听，认为找到贤人，便令武吉带路去访姜子牙。

武吉带文王来到姜子牙经常钓鱼的地方，看见姜子牙正在执竿垂钓。周文王近前大礼恭请。姜子牙头也不抬，只是问："来者何人？"周文王说："某是西伯姬昌，今日出猎踏青，偶闻大贤在此，特来请教。"姜子牙一听，便说："我以为是专意求贤，原来是逢场作戏。老夫无名钓叟，岂敢取金紫之名，请大王退去。"说毕，即避入芦苇丛中，不肯露面。周文王见状，心中怅然。但转念一想，只怨自己缺乏诚意，于是决定下次专程来访。

回朝后，周文王在殿前宣旨，百官不回府第，在殿廷斋戒三日，然后同去访贤。大将军南宫适认为渭河老叟恐是虚名，奏谏不要为愚夫所弄。周文王不听，封武吉为武德将军。三日后，周文王带着聘礼，令武吉带路，再访姜子牙。姜子牙见他求贤确属至诚，慌忙出迎。周文王终于请出姜子牙，封为太公。

"姜太公钓鱼"比喻心甘情愿地找上门来。

疥疮五德

典出《事林广记》。

陈大卿患疥疮，上官者笑之。公曰："君无笑，此疾有五德可称，在众疾之上。"其人询之曰："何谓五德？"公曰："此未易言。"上官曰："君试言之。"公曰："不上人面，仁也；喜传于人，义也；令人叉手揩擦，礼也；生蟮指节骨间，智也；痒必以时，信也。"上官闻此语，大笑之。

陈大卿害了疥疮病，他的上司讥笑他。

陈大卿说："您不要见笑。这种病有五种美德可以称道，在所有的病症之上。"

上司问他，说："有哪五种美德呢？"

陈大卿说："这话不好说。"

上司说："不要紧，你且说说看。"

陈大卿说："这种病不害到人脸上，是仁；喜欢传染给别人，是义；它教人叉起手来抓挠，是礼；生在手指关节缝里，是智；定时发痒，是信！"

上司听说了这些话，便大笑起来。

后人用这则寓言说明仁、义、礼、智、信，原是封建道德的最高准则，但在这里，却被陈大卿比成讨厌、肮脏的疥。他的上司听说后捧腹大笑，却没想到陈大卿所讥笑的正是他这种把五德当成行动准则的权贵。在陈大卿的眼里，五德正是毁人体肤、害人心灵的祸害，这无疑是对封建纲常的莫大讽刺。

狙公养狙

典出《郁离子》。

楚有养狙以为生者，楚人谓之"狙公"。旦日，必部分众狙于庭，使老狙率以之山中，求草木之实，赋什一以自奉。或不给，则加鞭焉。

群狙皆畏苦之，弗敢违也。一日，有小狙谓众狙曰："山水果，公所树与？"曰："否也，天生也。"曰："非公不得而取与？"曰："否也，皆得而取也。"曰："然则吾何假于彼而为之役乎？"言未既，众狙皆寤。其夕，相与伺狙公之寝，破栅、毁柙，取其积，相携而入于林中，不复归。狙公卒馁而死。

楚国有个靠养猴子过活的人，人们都称他为"狙公"。每天早晨，他必定在院子里组织分派群猴服劳役，叫老猴子率领着它们到山里去采摘野生的果实，他征收 1/10 用来养活自己。有的猴子交不足数，他就用鞭子抽打。群猴都怕吃苦挨打而恼恨，但谁也不敢违抗。

有一天，一个小猴子对大家说："山上的野果是主人栽种的吗？"

众猴回答说："不是的，那是天生的呀！"

小猴又问："不通过他就不能去采摘吗？"

众猴说："不是的，谁都可以去采摘。"

小猴说："那么，我们为什么要依靠他而受他的奴役呢？"

小猴的话还没说完，众猴便都醒悟了。那天晚上，众猴一同窥伺狙公熟睡了，就砸破栅栏，捣毁木笼，拿走狙公积蓄的果实，手拉手地跑到树林中去，再也不回来了。

狙公终于饥饿而死。

这是一则揭示剥削与反剥削斗争的寓言。在阶级压迫的社会里，劳动人民一旦觉悟到谁养活谁的问题，就要群起反抗，使那些不劳而获的人活活饿死。这几乎成了一条规律。

另外，这则寓言还揭示了封建统治阶级压榨人民群众的手法是"强制性"的，并没有什么高明的道术，因而人民群众一旦觉悟，反动统治阶级的"法术"也就"黔驴技穷"了。

决梁山泊水

典出邵博《闻见后录》。

王荆公好言利。有小人诣曰："决梁山泊八百里水以为田，其利大矣！"荆公喜甚，徐曰："策固善，决水何地可容？"刘贡父在坐中，曰：

"自其旁别凿八百里泊则可容矣。"荆公笑而止。

王安石喜欢讲对国家人民有利的事。有个人向他献媚说："让八百里大的梁山泊里的水流干,将梁山泊开辟成为田地,这个利益可就大啦!"王安石听了很高兴,然后又缓慢地说："这个办法自然好,但是流出来的水什么地方可以容纳下呢?"当时有个叫刘贡父的人在场,接着说:"从它旁边另挖一个八百里大的湖泊就可以容纳下了。"王安石笑了笑,这件事就算了。

这篇寓言讽刺那些拍马溜须,不顾实际情况,专门投上司之所好,巴结上司的人。同时启发人们,在听取意见和建议时,要冷静分析利弊,认真对待。

看命司

典出《厅史》。

中都有谈天者,居于观桥之东,日设肆,于门标之曰:"看命司。"其术稍售,其轩憎之曰:"司者,有司之称,一妄庸术,乃以有司自命,岂理也哉?"相与谋讼之。一人起曰:"是不难,我能使之去。"旦日,徙居其对衢,亦易其标曰:"看命西司"。过者多悟而笑,其人愧赧,亟撤不敢留。

在中都有一个谈天算命的人,每天在宫门桥的东边设了一个店铺,在门上挂起一个招牌,叫"看命的官署"。

他的算命术逐渐兜揽了一些顾客,也有些徒众憎恶他,说:"所谓司,就是官署的称呼,这样一种虚妄凡庸的小技艺,却以官署的名称自居,真是岂有此理呀!"于是乎,人们便商量着要和他争辩是非。

其中有一个人站起来说:"这不难,我能让他走开。"

第二天,这人便迁到算命人的对面街道上,也挂个标记,叫做"看命西官署"。

过路的人领悟到其中的奥妙,都掩口而笑,那算命人羞愧难当,就急忙撤了他的卦摊,慌忙逃走了。

后人用这则寓言说明拉大旗做虎皮,是一些招摇撞骗之徒的惯用伎俩。当然,这种骗人的把戏所以能够奏效,是因为它利用了世俗的弱点,有的人只看现

象，不看本质，只看招牌，不重货色，往往要上当受骗。

哭母不哀

典出《淮南子·说山训》。

> 东家母死，其子哭之不哀。
> 西家子见之，归谓其母曰："社何爱速死？吾必悲哭社！"
> 夫欲其母之死者，虽死亦不能悲哭矣。

东邻家的母亲死去了，她的儿子哭得一点也不悲痛。

西邻家的儿子看见了，回家告诉他的母亲说："妈，你为什么不早点死呢？我一定非常悲痛地哭您！"

凡是盼望母亲早点死的人，母亲虽然死了也不会悲恸的。

这篇寓言揭穿了一切伪善者的假面具。盼望母亲早死，好大哭一场，以图惊动四邻，这种"孝子"只是表演给别人看的。

口蜜腹剑

典出宋代司马光《资治通鉴·唐纪玄宗天宝元年》。

唐玄宗时，宰相李林甫善于谄媚逢迎，看皇帝眼色行事，并对玄宗喜爱的心腹宦官和宠妃，也想方设法讨好卖乖，取得他们的欢心。他就是依靠这种本领，高居宰相之位达19年之久。

平时李林甫和同僚们接触，总是装出一副态度恭谦、平易近人的模样，实际上却非常阴险狡猾，手段毒辣。他专门同有权有势的人结交，结成帮派，壮大自己的势力。凡是有才学有见识的人，他都非常妒忌，如果哪位官员功业超过他，被皇帝重用，地位威胁到他，他一定要想方设法把这个人除掉。

为了掌握唐玄宗的一言一行，李林甫用金钱玉帛买通了宦官和皇帝的嫔妃，因此唐玄宗那儿有什么消息，他马上就能知道。有一次他听说唐玄宗要重用兵部侍郎卢绚，便立即把卢绚调到外地，不久又把卢绚降职，却对唐玄宗说卢绚有病，不能重用。又有一次，他打听到唐玄宗想重用严挺之，就把严挺之请到京城

来看病，然后告诉唐玄宗，说严挺之年老体衰，正在治病。他就这样玩弄两面三刀的手腕，妒贤忌能，陷害了很多比他才能高的人。因此，大家都说他口蜜腹剑，对他十分痛恨。

口蜜：说话甜蜜好听。腹剑：肚里藏着利剑。"口蜜腹剑"比喻口头说话好听，肚里却满是暗害人的主意。

乐羊食子

典出《说苑·贵德》。

> 乐羊为魏将以攻中山。其子在中山，中山悬其子示乐羊。乐羊不为衰志，攻之愈急。中山因熟其子而遗之。乐羊食之尽一杯。中山见其诚也，不忍与其战。果下之，遂为文侯开地。文侯赏其功而疑其心。

乐羊作为魏国的将领，率兵去攻打中山国。他的儿子正在中山国内，中山国人便把他儿子绑起来悬在城上，用以威胁乐羊。乐羊看了，一点也没有减弱斗志，反而攻城更急了。中山国人便把他的儿子烹煮了，然后送来给他吃。乐羊就拿起儿子的肉吃尽了一大杯。中山国人看到他攻城的决心，便不忍心再和他争战了。乐羊果然把中山国攻灭，给魏文侯开拓了疆界。但是，魏文侯嘉赏乐羊的战功后，却怀疑起他的忠心来。

这则历史传说故事，讽谕了"有功而见疑"的主题，说明封建专制统治者的变幻无常，疑神疑鬼，具有寓言作用。据《淮南子·人间训》说：当中山人执子悬城以示乐羊时，乐羊曰："君臣之义，不得以子为私"而"攻之愈急"，证明乐羊是个真正"忠"者；而后乐羊食其子之羹，使者归报中山曰："是伏约死节者也，不可忍也。"遂降之。乐羊为魏文侯开地有功，但"自此之后，日以不信，此所谓有功而见疑者也"。

梁上君子

典出范晔《后汉书·陈寔传》。

汉桓帝时，陈寔曾任太丘长。他出身低微，很能体谅劳动人民的疾苦。他为人正直，无论做什么事都严格要求自己，成为乡里人的表率和榜样。

当时年成不好，人民的生活十分困难，乡里有些人由于日子实在过不下去了，就铤而走险干起了偷鸡摸狗的勾当。

有一天晚上，一个小偷钻进了陈寔的家，躲在房梁上，以便相机行事。陈寔偶然间发现了梁上的小偷，但他不动声色，起床把儿子、孙子都叫了进来，严肃地教训他们说："作为一个人，一定要时时刻刻地勉励自己，才能有出息。有一些做坏事的人，他们的本质并不坏，只因为染上了坏习惯，而自己又不知道克制自己，只一味地任其发展，养成了做坏事的习惯，最终成为坏人。你们抬起头来，看看这位梁上君子吧，他就是这样的人。"

梁上的小偷听后，感到非常惭愧，连忙爬下来，向陈寔叩头认罪。陈寔说道："我看你模样并不像一个坏人。你要记住我刚才所说的话，从此学好，别再当小偷了。"

他又送给小偷两匹绢，并派家人把他送回家。这件事传出后，乡里人非常敬佩他。一些做坏事的人，在陈寔的教诲下，也纷纷改过自新。

窃贼行窃时，往往躲在屋梁上，故名梁上君子。亦可比喻上不着天、下不沾地、脱离实际的人。

乐不思蜀

典出陈寿《三国志·蜀书·后主传》裴松之注。

魏兵攻破蜀国后，后主刘禅投降，司马昭把他带回魏都洛阳。一天，司马昭邀请刘禅参加宴会，有意安排艺人为刘禅表演过去蜀国的杂耍技艺。旁边观看的人都为他难过，可是刘禅却嬉笑自如，拍手欢呼，看得津津有味。看到这个情景，司马昭问亲信贾充："这个人怎么会无情无义到如此地步？"

贾充笑笑，说："要不是这样，殿下怎么能轻而易举吞并他的国家呢？"

过几天，司马昭问刘禅说："你很想念蜀国吗？"

刘禅脱口而出说："这里快乐，不想蜀国。"

这话立即被当作笑料内外传开了。

随后主同来的原蜀国掌管图书的秘书郎郤正听到后，求见刘禅说："假如有人再问你，你应该流利地回答：'先人的坟墓，远在陇蜀，我的心朝西悲伤，没有一天不思念。'然后就闭着眼睛。"

后来司马昭又问这个问题，刘禅就照郤正教的回答了，说完闭上眼睛。司马昭感到很可笑，就说："你的话怎么和郤正说的一样啊？"

刘禅慌忙睁开眼睛，说："的确是这样。"

此话一出，立刻惹来哄堂大笑。

"乐不思蜀"形容快乐得不再思念故国，有忘本之意。

临江之麋

典出《柳河东集·三戒》。

临江之人，畋得麋鹿，畜之。入门，群犬垂涎，扬尾皆来。其人怒，怛之。自是日抱就犬，习示之，使勿动，稍使与之戏。

积久，犬皆如人意。麋鹿稍大，忘己之麋也，以为犬良我友，抵触偃仆，益狎。犬畏主人，与之俯仰甚善，然时啖其舌。

三年，麋出门，见外犬在道甚众，走欲与为戏。外犬见而喜，且怒，共杀食之，狼藉道上。麋至死不悟。

住在临江的一个人，在打猎时捉到了一只小鹿，便把它饲养起来。带进门时，家里养的一群狗看见小鹿就馋得直流口水，都摇着尾巴跑了过来。主人很生气，把狗吓唬跑了。

自此以后，主人便天天抱着小鹿凑到狗的跟前，经常让狗看，叫狗不可乱动，逐渐地又让狗和小鹿一起玩耍游戏。

天长日久了，狗都能顺从主人的心愿。小鹿渐渐长大，忘记了自己是一只鹿了，反而认为狗的确是自己的好朋友，就和狗们相互碰撞翻滚着玩耍，而且愈来愈亲热起来。那些狗由于害怕主人，也就跟小鹿玩得很好，但是经常贪馋地舔着自己的舌头。

3年以后，小鹿走出了大门，看见别家的狗在路上有很多，就跑过去想和它们玩耍。那些狗看见小鹿心中大喜，就狂怒地冲上去，一起把小鹿咬死吃掉了，路上弄得一片血肉狼藉。可是，小鹿至死也没有觉悟到狗为什么要吃它。

这则寓言讽刺了认猛狗为良友的麋鹿；猛狗的本性总是要吃肉的，麋鹿被众犬"共杀食之"尚"至死不悟"，则尤为可悲。

美女入室，恶女之仇

典出《史记·外戚世家》。

　　邢夫人衣故衣，独身来前。尹夫人望见之，曰："此真是也。"于是
乃依头俯而泣，自痛其不如也。谚曰："美女入室，恶女之仇。"

　　汉武帝晚年同时宠爱两个妃子尹夫人和邢夫人。汉武帝怕两人互相妒忌，命令不准她两人互相见面。尹夫人听说邢夫人长得很美，便缠着汉武帝为她安排一次见面的机会。汉武帝被她纠缠不过，就让另一个女人冒充邢夫人带着几十个随从来见尹夫人。尹夫人一见就说："这个人决不是邢夫人。"汉武帝说："你怎么知道？"尹夫人说："我看她的相貌、形态，决不会使你宠爱，所以一定是假的。"于是汉武帝就叫邢夫人穿旧衣服来见尹夫人。尹夫人一见，就说："这才是真的邢夫人啊！"越看越觉得自己没有邢夫人美丽，哭了起来。谚语说："美女入室，恶女之仇"，这话真不错啊！

　　"美女入室，恶女之仇"，"恶"字，作"不美"的解释。后人用"美女入室，恶女之仇"这个典故比喻道德品质好的人往往受别人妒忌。

面从

典出《书·益稷》。

　　予违汝弼，汝无面从，退后有言。

　　唐初政治家魏徵，字玄成，馆陶（今属河北）人。隋末他曾参加瓦岗军起义，失败后降唐，后来做了谏议大夫。魏徵敢于直言不讳地提意见，很多建议得到采纳，成为唐太宗非常信任的重臣之一。

　　贞观六年，一天，唐太宗在丹霞殿设宴招待他的几位亲近臣子。谈话中，唐太宗说："魏徵尽心为朝廷效力，所以我重用他。但有时他的建议不被我采纳，我向他问话，他也不回答我。是什么原因呢？"魏徵说："我认为有些事不对，所以提出劝谏。陛下不接受我的意见，我就不便开口说话。如果开了口，就是附和

了您，事情就会得以施行，所以我不回答您。"唐太宗说："你何必那么死板呢？暂时答应我，然后又找机会再次劝谏，又有何不可呢？"

魏徵很严肃地说："古时君舜曾告诫群臣，议事时不应当面说好，背后又说三道四。我如果心里知道不对，却口头上同意，就是面从。这样一来，不是违背了古代贤君立下的规矩吗？"唐太宗听了大笑说："别人说魏徵举止傲慢，对人不讲情面，我却认为很对心思，这就是他敢于直言的原因呀！"魏徵说："正因为陛下开明，能接受意见，不然，我哪里敢多次冲撞您呢？"

后人用"面从"指一个人对某事明明不赞同，却口是心非，表面上表示同意。

莫予毒也

典出《左传·僖公二十八年》。

> 春秋时晋、楚两国城濮之战，楚国统帅子玉因战败自杀，晋侯闻之而后喜可知也，曰："莫予毒也已！"

春秋初期，南方的楚国力量强大，向北扩张，威胁着北方诸侯各国的安全。后来北方的晋国也渐渐强盛起来，特别是晋文公重耳执政之后，国势更加强盛。由此，晋楚之间发生了争夺诸侯领导权的矛盾，爆发了历史上有名的城濮之战。在战争中，由于晋文公重耳在政治上作了充分的动员，使楚国陷于孤立的地位；在战略战术上，晋文公采取了许多变被动为主动的有利战法，因而大败楚军。楚国战败后，楚帅子玉回师走到连谷，因没得到楚王的赦令，便自杀了。晋文公得到子玉自杀的消息，非常高兴地说："莫予毒也已！"意思是说再没有危害我的人了！

后人用"莫予毒也"来形容没有人能威胁危害自己。

弄假成真

典出《元曲选·无名氏〈隔江斗智〉二》。

> 那一个掌权的怎知道弄假成真。"

又见《三国演义》第五十五回。

却说孙权差人来柴桑郡报周瑜，说："我母亲力主，已将吾妹嫁刘备，不想弄假成真。此事还复如何？"

东汉末年，刘表死后，刘备占据了荆州。东吴以杀退曹兵，救了刘备为由，前来索取荆州。但当时刘表的儿子刘琦尚在，所以商定，等刘琦死了，就将荆州归还东吴。后来刘琦去世，东吴派鲁肃来要荆州。诸葛亮说，要等到夺得安身之处以后才能归还。周瑜和鲁肃怕没讨来荆州不好向孙权交代，便设了一计：趁刘备丧妻，必将续娶之机，假意将孙权的妹妹许配给刘备，待刘备来东吴以后，把他囚在狱中，以换荆州。

谁知刘备到东吴以后，被国太看中，又经乔国老反复说和，真的把孙权的妹妹许配给了刘备，并在东吴成了亲。孙权派人将此消息报给在柴桑郡的周瑜说："我母亲已经做主将我妹妹嫁给了刘备，你们设的计策弄假成真了。"

后人用"弄假成真"比喻假意做作，后来竟成了真事。

匹夫匹妇

典出《孟子·万章》。

战国时，一天万章问老师孟子说："有人讲商汤的贤臣伊尹先是做别人的陪嫁奴隶，后当汤的厨子，取得了汤的信任，才做到宰相的。不知是否真的？"

孟子说："不完全是这样。伊尹曾在莘国的郊外种地，商朝的开国之君曾派人去聘请他，他却悠闲自得地说：'我干吗要接受别人的聘请呢？这样不是很好吗？我终日无拘无束，在田野之中获得了许多乐趣！'汤再三派人去请他。最后，伊尹全然改变态度说：'既然上天生了我，赋予我智慧，我就有责任启发那些缺少智慧的人。唉，像这样的事情，我不应该放弃啊！'

万章说："伊尹真是一位贤臣！"

孟子说："不错，在他看来，天下如果有一夫一妇不蒙受尧舜的恩泽，那就如同自己把他们推进深沟中一样。后来他到了汤的身边，说服了汤讨伐残暴的夏，拯救了广大民众。伊尹是真正的圣人啊！圣人的行为不完全相同，有的远离君主，洁身自好；有的在君主身边，帮助他做好事。所以，我认为伊尹不是以当君主厨子的身份去阿谀奉承，而是宣传尧舜之道。"

后人用"匹夫匹妇"泛指普通的老百姓。

贫儿学谄

典出《谐铎》。

嘉靖间，冢宰严公，擅作威福。夜坐厅内，假儿义子纷来投谒。公命之入，俱膝行而进。进则崩角在地，甘言谀词，争妍献媚。公意自得，曰："某侍郎缺，某补之；某给谏缺，某补之。"众又叩首谢，起则左趋右承，千态并作。少间，檐瓦卒卒有声，群喧逐之，一人失足堕地。烛之，鹑衣百结，痴立无语。公疑是贼，命执付有司。其人跪而前曰："小人非贼，乃丐耳！"公曰："汝既为丐，何得来此？"丐曰："小人有隐衷，倘蒙见宥，愿禀白一言而死。"公许自陈。曰："小人张禄，郑州人。同为丐者，名钱秃子。春间，商贾云集，钱秃所到，人辄餍以钱米。小人虽有所得，终不及钱秃。问其故？钱曰：'我辈为丐，有媚骨，有佞舌。汝不中窍要，所得能望我耶！'求指授，钱坚不许。因思相公门下，乞怜昏夜者，其媚骨佞舌，当十倍于钱。是以涉远而来，伏而听、隙而窥者，已三月矣！今揣摩粗就，不幸踪迹败露。愿假鸿恩，及于宽典。"公愕然，继而顾众笑曰："丐亦有道，汝等媚骨佞舌，真若辈之师也！"众唯唯。因宥有罪，命众引丐去，朝夕轮授。不逾年，学成而归。由是张禄之丐，高出钱秃子上焉。

明朝嘉靖年间，宰相严公独揽大权，作威作福。夜里坐在内厅，假儿义子们纷纷跑来求见。严公命令他们进来，他们都跪着用两个膝盖行走。一进内厅就像山崩一般叩头在地，满嘴阿谀奉承的甜言蜜语，争相献媚讨好。严公自鸣得意，说道："某地侍郎有缺，派某人去补充；某处给谏者缺，派某人补充。"众人听后又叩头致谢，一起身就左边趋进、右边奉承，千形百态，一股脑儿施展出来。

过了一会，屋檐上的瓦片发出轻微的摩擦声，人们一齐呼喊驱逐，忽然有一个人失足落地。拿灯来一照，只见他身穿破衣烂衫，呆呆地站在那里不说一句话。严公以为是贼，就命令差役把他拿住，交给主管官吏去处置。那人跪着说道："小人不是贼，是一个乞丐呀！"严公说："你既然是乞丐，为什么来到此地？"乞丐说："小人内心有不可告人的苦衷，假若能得到您的宽恕，我愿禀告一

句话便死。"严公便答应让他陈说。乞丐说："小人名叫张禄，郑州人。有个和我一起当乞丐的人，名叫钱秃子。今年春天，经商做买卖的人云集市场上，钱秃子所到的地方，人们就救济他钱和米。小人虽也略有所得，但终不及钱秃子收获多。我问他什么缘故？钱秃子说：'我们这号人当乞丐，要有谄媚的骨头，要有花言巧语的舌头。你没有抓住要领，所得到的钱米能和我相比吗？'我请求他教给我办法，钱秃子坚决不答应。因而想到相公门下有许多昏夜乞怜的人，他们的媚骨巧舌当比钱秃子还要高明十倍。因此我就远道而来，趴在屋檐上偷听，从缝隙里偷看，已经有三个月了。现今刚刚揣摩学到一点门道，不幸失足摔了下来，败露了马脚。愿借大人的鸿大恩惠，给我以宽大处理！"严公非常惊讶，接着又回头对众人笑着说："当乞丐也要有技术，你们这些人天生的媚骨巧舌，真够得上是这些乞丐们的老师了！"众人听了，都毕恭毕敬地答应着。严公赦免了张禄，命令众人，日夜轮流教他谄媚阿谀的方法。不到一年的时间，张禄就学成回家了。从此以后，张禄的丐术，远远高出钱秃子之上了。

后人用这则寓言说明行乞有道，谄媚阿谀也有道。讽刺了一切专靠拍马逢迎、吮痈舐痔而升官发财的人。

扑朔迷离

典出《木兰诗》。

雄兔脚扑朔，雌兔眼迷离；双兔傍地走，安能辨我是雄雌？

古时候，流传着一个木兰替父从军的故事。木兰是一个善良勤劳的农家姑娘，整天忙着纺线织布。有一年北方边境上发生战事，皇帝下诏书在百姓之中征兵参战。征兵的名册上卷卷都有木兰父亲的名字。可是父亲年老体弱，怎么能上战场去打仗呢？弟弟年纪还小，也不能替父亲去从军。这可怎么办呀？木兰忧愁得吃不下饭，睡不好觉，整天长吁短叹。一天，她忽然想到：我替父亲去应征，女扮男装，不就解决了难题吗？木兰是个坚强果断的姑娘，说到做到。她跑到市场上买来骏马，又购置了鞍鞯、辔头、马鞭，跟着同村的男子们一块儿出征了。

木兰这一去就是十年，风餐露宿，爬山过河，出生入死，转战千里。将士和同伴们许多死在疆场，木兰侥幸地活着回来了。军队打了胜仗，天子犒赏凯旋的功臣。天子问木兰："你立了功劳，你想要什么，只管说吧！"木兰回答说："我多大的官也不想做，多么值钱的宝贝也不想要，我唯一的请求是骑上千里马，让我早点回到家乡去!"

皇帝答应了木兰的请求，木兰很快就回到了自己的家乡。家里人看到久别重逢的木兰，心情非常激动。年迈的父母互相搀扶着出城外迎接她；姐姐梳洗打扮像迎接贵宾一样；小弟弟磨刀杀猪宰羊给姐姐吃。

木兰终于回来了。她重新走进十年前自己居住的旧房，打开窗户，坐在木床上，心情真是畅快呀!她脱下战袍，找来旧衣服换上。倚在窗台上梳理自己的头发，把头发理成女人的样式。又对着镜子在额头上贴一块花黄，变得和乡里的姊妹一样漂亮。

这时候，一同在疆场上拼杀的伙伴们来探望木兰。木兰穿着女人的衣裳，梳着女人的云鬟，带着女人的饰品，款款走出房门。同伴们一看，全惊呆了："我们在一块行军、打仗 12 年，竟然不知道你是个女的!"

是呵，雄兔四腿跳跃、眼睛动；雌兔眼睛动、四腿跳跃。两只兔子在地上一块儿跑，你怎么能辨别哪个是雄兔，哪个是雌兔呢?

后来人们将"扑朔迷离"比喻事物错综复杂，不易辨认。

秦琼的撒手锏

典出《说唐》第二十七回。

秦琼的父亲名叫秦彝，是隋末齐国武部大将军，镇守济南，为周国行军都总管杨林所杀。秦彝留下祖传的一件兵器，叫金紫锏。这是两条一百三十斤镀金熟铜锏。秦家锏法，共有 56 路，天下无双，尤其"撒手锏"，是个绝招，无人能敌。

秦琼继承父业，练就家传的绝招"撒手锏"。后来，秦琼因不愿当杀父仇人杨林的义子，反出潼关，行近金堤关，遇见程咬金正被金堤守将华公义打伤败退。秦琼与华公义接战三十余回合，不分胜负。他见华公义戟法高强，不能取胜，只得虚闪一枪，回马便走。华公义后面赶来，秦琼把枪左手横拿，右手扯出锏来，执在胸前。华公义马头相撞秦琼的马尾，只见他举戟往秦琼后心便刺，秦琼左手把枪反在背后，往上一架，扭回身右手一锏打去，霎时华公义的脑袋瓜便不见了。这叫：巧使撒手锏，直马取金堤。

"秦琼的撒手锏"，比喻稀有、珍贵，或秘诀、绝招。

穷涸自负

典出《韩昌黎文集·应科目时与人书》。

　　天池之滨，大江之畔，日有怪物焉，盖非常鳞凡介之品汇匹俦也。其得水，变化风雨上下于天不难也；其不及水，盖寻常尺寸之间耳。无高山大陵旷途绝险为之关隔也，然其穷涸不能自致乎水，为獱獭之笑者，盖十八九矣。如有力者哀其穷而运转之，盖一举手、一投足之劳也。然是物也，负其异于众也，且曰："烂死于泥沙，吾宁乐之；若俯首帖耳摇尾而乞怜者，非我之志也。"是以有力者遇之，熟视之若无睹也。其死其生，固不可知也。

　　传说在大海之滨，江河岸畔有个怪物。这个怪物绝非普通的水族之类可比。它置身水中，兴风作浪，飞腾天际，不费吹灰之力；如果一旦离开了水，活动也不过寸尺之间而已。即使没有高山、丘陵、远路、绝壁、关隘阻挡，它窘于干涸，无法自己到达水中，十有八九被那些小小的水獭所嘲笑。

　　如果有力气的人怜悯它的困窘，把它送到水中，只须抬一下手、动一下腿就行了。然而这个怪物自负与众不同，说什么："烂死在泥沙，我心甘情愿。如果去俯首帖耳，摇尾乞怜，我坚决不干。"所以，有力气的人遇到它，熟视无睹，不加理睬。

　　这个怪物是死是活，就很难预料了。

　　后人用"穷涸自负"这个典故讽刺那些自命不凡、孤芳自赏、脱离实际、脱离群众的人。

驱鬼符

典出《笑得好》。

　　一道士被鬼迷住，竟将滋泥涂满身面。道士高喊救命。傍人闻之，忙来啐脸救活。道士感激曰："贫道承救命大恩，今有驱鬼符一道奉谢。"

或问:"既有此符,何不自救?"答曰:"我是顾人不顾己的。"

有一个道士被鬼迷住了,满脸满身都被涂上一层污泥。道士大喊救命。近旁的人听了,急忙赶到,把唾沫吐到他脸上,将他救活。道士很感激,说:"贫道受你的救命大恩,没有别的报答,只好奉送一张驱鬼符。"

有人问他:"你既然有驱鬼符,为什么不能救自己呢?"道士解嘲说:"我是只顾别人不顾自己的。"

这个故事讽喻了那些自欺欺人的人。

三千珠履

典出《史记·春申君列传》。

赵平原君使人于春申君,春申君舍之于上舍。赵使欲夸楚,为玳瑁簪,刀剑室以珠玉饰之,请命春申君客。春申君客三千余人,其上客皆蹑珠履以见赵使,赵使大惭。

春申君是战国时期著名的"四君子"之一。他名叫黄歇,原是楚国的大臣。有一年秦昭王命白起为将,联合韩国和魏国共同讨伐楚国,企图一举灭掉楚国。黄歇听说这个消息后,马上写信给秦昭王,说服他不要攻打楚国,并愿意作为人质到秦国去,以求两国议和。秦昭王答应了黄歇的请求,将白起的军队撤回,两国订立了盟约。黄歇和楚太子完到秦国当了人质。

几年之后,楚国的顷襄王生了病,病得很厉害,黄歇打算让太子完回楚国去继承王位,但秦王不准。黄歇找到秦相应侯说:"现在楚王恐怕活不长了,如果让太子完回国继承王位,将来他势必侍奉秦国。如果不叫他回国,他在你们这里不过是咸阳的一个布衣。楚国一旦立了别人为国君,就不一定与秦国和好了。请你同秦王说一下,放太子完回楚国去吧!"

秦相应侯对秦昭王讲了,可秦昭王只允许黄歇回国看看,但不让太子完离开秦国。黄歇想了一条计策,叫太子完换了一身衣服,化装成楚国使者,骗出了城。秦昭王发觉后,太子完早已走远。他气得火冒三丈,想杀死黄歇,但被秦相应侯劝住了。应侯说:"黄歇是位人臣,当然要为他主子效命,杀了他又有何用?

不如放他回国，以后还会亲善我们。"秦昭王只好放了黄歇。

楚国的顷襄王不久病死了，太子完做了国君，称为考烈王。黄歇做了相国，并被封为春申君，受赐淮北十二县为封地。

当时齐国的孟尝君，赵国的平原君，魏国的信陵君，都广招天下贤士为门客，辅国持权，门客的待遇都相当优厚。有一年，赵国的平原君派自己的门客为使者，去拜见春申君。春申君盛情接待，让赵国使者住漂亮的房子，乘豪华的马车……

平原君的门客想在春申君三千门客面前炫耀一番。他拿出用玳瑁制作的头簪和饰有珠玉的剑鞘给他们看，以为他们必定会感到惊奇。然而赵国的使者想错了，春申君的门客一点也没有羡慕的神色，有的甚至还不屑一顾。赵国使者迷惑不解："他们为什么不对这些上好的珠玉动心呢……"他往春申君门客的脚上一看，顿时明白了：好多门客的脚上竟然穿着用珠玉装饰的鞋子！他自愧弗如，赶忙收拾起头簪和宝剑，躲进屋里去了。

成语"三千珠履"就是由此而来，后来用它形容门客多而且豪侈。

山雉与凤凰

典出《尹文子·大道上》。

> 楚人担山雉者，路人问何鸟也，担雉者欺之曰："凤凰也。"
> 路人曰："我闻有凤凰，今直见之。汝贩之乎？"
> 曰："然。"
> 则十金，弗与。请加倍，乃与之。将欲献楚王，经宿而鸟死。路人不遑惜金，惟恨不得以献楚王。
> 国人传之，咸以为真凤凰，贵，欲以献之。遂闻楚王。王感其欲献于己，召而厚赐之，过于买鸟于金十倍。

楚国有个人挑着野鸡在路上走，有个过路人问是什么鸟，挑野鸡的人骗他说："是凤凰。"

过路人说："我听说过有凤凰，现在竟然见到了。你卖吗？"

回答说："是的。"

过路人愿出十金购买，挑野鸡的不肯给。把价钱又加了一倍，才卖给他。过路人准备把鸟献给楚王，没想到鸟隔夜就死了。他顾不上可惜他的钱，只恨没有能够献给楚王。

都城里的人把这件事传开来，都以为是真凤凰，稀罕宝贵，而且是要献给国王的。于是传到了楚王的耳朵里。楚王为这人要献凤凰给自己的诚意所感动，把他召来重重地赏赐一番，超过了买鸡钱的 10 倍。

后人用"山雉与凤凰"来说明好的名声不一定与实际相符。

舍旧谋新

典出《左传·僖公二十八年》。

> 原田每每，舍其旧而新是谋。

春秋时，晋献公的儿子重耳被迫流亡在外，他先到了卫、齐、曹、宋、郑等国，不被收留。后来，重耳到了楚国，楚王收留了他，并问他："你将来如能再回晋国，怎么报答我？"重耳说："我若能回晋国当上国君，假若晋楚两国发生战争，我将退避三舍，以作报答。"

重耳在外流亡了 19 年，由秦国送回晋国即了位，就是晋文公。公元前 633 年，晋楚两国发生了战争。起初，晋文公为了实现他流亡楚国时说的话，果然退军九十里。楚将子玉依仗大国强兵，坚决要和晋决战。要不要迎战？晋文公仍有些犹豫。这时，晋军中对此事议论纷纷，有的说："一国之君要避让一国之臣（指子玉），太丢人了。"一些知道晋文公和楚国前情的人则说："晋君现在像原田之草，美丽茂盛，可以舍旧谋新了，不应陷在和楚国的旧日情怀中。"晋文公听到这些话，终于下了迎战的决心。城濮一战，晋文公大败楚军。从此，成了一位霸主。

后人用"舍旧谋新"这个典故比喻抛弃从前的旧东西，重新规定和建立新的东西。

时无英雄，使竖子成名

典出《晋书·阮籍传》。

> 时无英雄，使竖子成名。

魏晋之际有个著名文学家、哲学家叫阮籍，字嗣宗，陈留尉氏（今属河南）人。他与当时的名士嵇康等七人并称"竹林七贤"。

阮籍容貌英俊，性格狂傲，志气宏大，学识渊博。他读了许多书，最喜欢的是《老子》《庄子》，在生活中也按老庄的哲学思想处世，顺其自然，不拘小节。他有时在家关起门来看书，可以一连几个月不出来；有时出外游山玩水，又可以多日不归。他不仅诗歌文章写得好，还善于弹琴唱歌，又酷爱饮酒。有时他读书或弹琴到兴致浓时，高兴到了极点，连自身的存在也忘记了（不其得意，忽忘形骸）。

阮籍对当时朝政的腐败黑暗深为不满，常与嵇康等人在竹林下一边饮酒，一边批评朝政。他看不起专权的司马氏集团，也看不起曹氏傀儡皇帝。朝廷曾召他去当参军。他推辞不去。有一次，阮籍登上广武城，观看当年楚霸王项羽与汉高祖刘邦交战的遗址。他很蔑视刘邦的人品和才能，感慨地叹息说："当年是世上没有真正的英雄人物，而让刘邦这种小人成名（时无英雄，使竖子成名）。"

后人用"时无英雄，使竖子成名"的典故形容由于时势的关系，使某人成了名，但并非这个人才能出众。

仕数不遇

典出《论衡·逢遇篇》。

> 昔周人有仕数不遇，年老白首，泣涕于涂者。
> 人或问之："何为泣乎?"
> 对曰："吾仕数不遇，自伤年老失时，是以泣也。"
> 人曰："仕奈何不一遇也?"

对曰："吾年少之时学为文。文德成就，始欲仕宦，人君好用老。用老主亡，后主又用武，吾更为武。武节始就，武主又亡。少主始立，好用少年，吾年又老。是以未尝一遇。"

仕宦有时，不可求也。

从前，周朝有一个人几次想当官都没有碰到机会，后来年纪大了，头发也白了，在路上痛哭流涕。

有人问他说："你为什么哭呀？"

回答说："我数次想当官都没有得到机会，自己哀伤年岁老了，失掉年华了，所以才在这里哭啊。"

又问他："做官为什么碰不到一次机会呢？"

回答说："我年轻的时候学习礼乐制度。等到礼乐教化获得成就，开始想担任官职了，可是君上却喜欢任用老成人。好用老成人的君王死去了，后主又偏爱武勇兵法，我便改习武勇兵法。等到武术兵法学习成功了，偏爱兵法武勇的君主又死去了。少主刚刚登基，又喜好任用少年，但我年岁却老了。所以一生不曾遇到一次当官的机会。"

担任官职是要碰机会的，不是可以强求的呀。

这则寓言说的是"人主好恶无常，人臣所进无豫，偶合为是，适可为上。进者未必贤，退者未必愚，合幸得进，不幸失之"。在封建社会，只凭皇帝个人好恶来选用人才，往往会埋没人才。"合则遇，不合则不遇"，这表现出王充对现实黑暗不公的愤慨之情。看这位周人，学文学武，总跟着人君的好恶打转转，可以说是十足的"风派"了。可是年少之时，人君好用老；及至年老，人君又好用少年。这真是"仕宦有时，不可求也"。正因为如此，所以必须站得高一些，突破一般世俗的看法，因为"今俗人既不能定遇不遇之论，又就遇而誉之，因不遇而毁之"。有真才实学的，尚且如此遭遇，"况节高志好，不为利动，性定质成，不为主顾者乎？"遇不遇与贤不贤，是两码事。只要才高行洁，不要管他什么逢遇与否。

是香是臭

典出《传家宝·笑得好》。

有钱富翁于客座中偶放一屁，适有二客在傍。一客曰："屁虽响，不闻有一毫臭气。"一客曰："不独不臭，还有一种异样香味。"富翁愁

眉曰："我闻得屁不臭，则五脏内损，死期将近，吾其死乎？"一客用手空招，用鼻连嗅曰："臭才将来了。"一客以鼻皱起，连连大吸，又以手掩鼻蹙额曰："我这里臭得更狠。"

一天，一个很有钱的富翁在客厅和两个客人叙谈，偶然放了一个屁。一个客人听见，忙说："您这个屁，声音虽响，却闻不到一丝一毫臭味。"另一个紧接着说："不仅不臭，还有一种异样的清香。"

富翁听了他们的话，立刻愁眉不展，悲伤起来，说："我听说，放屁不臭，那一定是体内五脏损伤，死到临头了。今天放屁不臭，莫非我要死了吗？"

他的话音刚落，一个客人马上伸手在空中招了几下，用鼻连连嗅着说："臭味这才过来。"另一个客人皱起鼻子，狠狠地吸了几口，然后又用手掩住鼻子，皱着眉头说："哎呀，我这里臭得更厉害。"

后人用"是香是臭"这个典故讽刺那些喜欢溜须拍马、阿谀奉承，为了讨好别人而不顾事实，信口胡说的人。在他们看来，是非、曲直、美丑、好恶，好像没有什么客观标准，一切都以权贵者的意志为转移。

鼠窃狗盗

典出《史记·刘敬叔孙通列传》。

> 此群盗鼠窃狗盗耳，何足置之齿牙间。

秦朝末年，人民大众不堪忍受秦王朝的残暴统治，暴发了以陈胜、吴广领导的农民大起义。以这一起义为先导，各地农民和六国的一些旧贵族纷纷掀起了反暴抗秦的斗争。

秦朝当时的统治者二世胡亥是一个昏庸无能的家伙。从东方回来的使者纷纷向他报告各地郡县农民起义的情况，可是丞相赵高谎称这些使者造谣，二世便把他们投进监狱。后来，农民起义的消息不断传进宫中，二世才召集了一帮子人询问情况。有些人照实说了，惹得二世勃然大怒。有一个叫叔孙通的人见此情景，便对二世说："现在天下一家，上有英明的天子，下有严厉的法律，各郡县都有称职的长官，百姓安居乐业，天下太平，谁还敢造反？各地有一些小偷小盗的，免不了，叫郡守、县尉把他们拿了办罪就是了，皇上何必担心。"二世一听高兴了，把说实话的下了监狱，叔孙通反而得了重赏。

从此以后，各地的起义风起云涌，秦王朝终于走上了灭亡的道路。

后人常用"鼠窃狗盗"指小偷小盗。

耸肩而行

典出《笑府》。

> 一人穿新绢裙出行，恐人不见，乃耸肩而行。良久，问童子曰："有人看否？"曰："此处无人。"乃弛其肩曰："既无人，我且少歇。"

有一人穿了新的丝裙外出，生怕别人看不见，就耸着肩膀走路。过了一会，问身边的童子说："有人看吗？"童子说："这里没有人。"于是就把肩膀放了下来，说："既然没有人，我就稍微歇息一下。"

后人用这则寓言讽刺那些喜欢卖弄自己，恶习成癖的人。这种人，生活便是做戏。一生都在做戏，不曾真正生活过一天，难得"我且少歇"也。

昙花一现

典出佛教《法华经·方便品》。

> 佛告舍利弗，如是妙法，诸佛如来，时乃说之，如优昙体花，时一现耳。

昙花（印度梵语"优昙体花"的简称）是属于仙人掌科的一种植物，其老枝为圆柱形，新枝扁平，绿色，呈叶状。昙花都是夜间开，翌晨即萎，仅开数小时。

后人常将一出现很快就消失的现象称为"昙花一现"。

天翻地覆

典出唐代刘商拟作《胡茄十八拍》。

天翻地覆谁得知，如今正南看北斗。

这是描写蔡文姬嫁到匈奴后的遭遇和心情的两句诗。蔡文姬，姓蔡名琰，字文姬，东汉末年人，左中郎将蔡邕的女儿。据《后汉书》记载：文姬博学多才，妙于音律。东汉末年，天下大乱，匈奴入侵。公元196年，文姬被匈奴人虏获，做了南匈奴左贤王的王后，生了两个孩子，直到公元208年才被曹操派人接回。蔡文姬在匈奴12年，饱尝各种辛酸。她怀念祖国，思念亲人并怀着这种沉痛的心情作了《胡茄十八拍》来抒发自己的感情。刘商拟作的《胡茄十八拍》中这两句诗的意思是说，蔡文姬到了匈奴以后感到起了很大的变化，天地都倒了个个儿，连北斗星都转到南方去了。

后人用"天翻地覆"比喻变化很大。

投其所好

典出《太平广记》。

有甲欲谒见邑宰，问左右曰："令何所好？"或语曰："好《公羊传》。"后入见。令问："君读何书？"答曰："惟业《公羊传》。"试问谁杀陈佗者，甲良久对曰："平生实不杀陈佗。"令察谬误，因复戏之曰："君不杀陈佗，请是谁杀？"于是大怖，徒跣走出。人问其故，乃大语曰："见明府，便以死事见访，后直不敢复来，遇赦当出耳。"

有一个人想去拜见县官，问县官身边的人："县太爷最喜欢什么？"有人告诉他说："喜欢《公羊传》。"后来这个人进去拜见。县官问他："你读过什么书？"这个人回答说："专门研究《公羊传》。"县官问他杀陈佗的人是谁。这个人想了好一阵才回答说："我这一辈子实在没有杀过陈佗。"县官看出他回答得很荒谬，就又戏弄他说："你没有杀陈佗，请问是谁杀的？"于是这个人非常恐惧，光着脚跑了出来。别人问他光脚跑出来的原因，他还吹大话说："我去拜见英明的县太爷，他就拿杀人的事情查问我，以后我简直不敢再来了，只是碰上他赦免了我的罪，我才出来的。"

这篇寓言对那些在当官的面前吹牛拍马、讨好卖乖的人进行了尖锐的讽刺。

唾手可得

典出《新唐书·褚遂良传》。

> 但遣一二慎将，付锐兵十万，翔戈云翺，唾手可取。

唐代初年，朝鲜半岛上有 3 个国家：北部是高丽，西南部是百济，东南部是新罗。唐高祖李渊曾和高丽国交换本国流亡人，高丽送还中国流亡人将近 1 万人，可见高丽对唐朝的态度还是友好的。唐太宗李世民即位后，特别是灭突厥后，自恃国大兵强，企图加害弱小的邻国。

贞观十四年（公元 642 年），高丽西部酋长泉盖苏文杀高丽大臣百余人，又杀国王高建武，立高藏为国王。泉盖苏文专擅国政，用严刑立威望，高丽内部不能相安。唐太宗觉得有机可乘，于贞观十六年（公元 644 年）决定亲自率兵往攻。为此，群臣多上书劝阻。褚遂良建议说："陛下不必亲征，派一两名猛将，带领 10 万兵马，便唾手可取。"唐太宗不听劝告，亲自率兵前往，结果遭到失败。

后人用"唾手可得"比喻非常容易得到。

亡赖附鬼

典出《伯牙琴》。

> 有鬼降于楚曰："天帝命我治若土，余良威福而人。"众愕然，共命唯谨，祀之庙，旦旦荐血食，跑而进之，将币。市进亡赖附鬼益众，以

身若婢妾然；不厌，及其妻若女。鬼气所入，言语动作与鬼无不类，乃益倚气势，骄齐民。凡不附鬼者，必谮使之祸。齐民由是重困。天神闻而下之，忿且笑曰："若妖也，而庙食于此，作威福不已！"为兴疾霆，碎其庙，震亡赖以死，楚祸遂息。彼以鬼气势可常倚哉！

有一个楚地恶鬼降到齐地来，说道："天帝派人来统治这块土地，我能够对你们降祸赐福！"人们很害怕，都只得唯命是从，并将鬼供奉在庙里，天天杀牲祭祀，拿钱财跑着进献给它。

街市上有些流氓无赖纷纷依附恶鬼，把自己当成它的奴婢贱妾一样。恶鬼还不满足，又把他们的妻子和女儿找来供它使唤。鬼气侵入，他们的言语行动，都和恶鬼一模一样。于是，他们便依附鬼势，加倍骄横于齐地的百姓。对不肯依附鬼势的人必定要进谗陷害，使之遭祸。齐地的老百姓因此陷入了沉重的灾难之中。

天神听说了这件事，从天降临，愤慨而讥笑地说道："这样的妖魔鬼怪，竟然被供在庙里，享受着人们的奉祭，还在这里作威作福不止！"说罢就发出迅猛的霹雳，劈倒了庙宇，震死了所有的流氓无赖，从此楚地的鬼祸便平息了。

这则寓言尖刻地嘲讽了为虎作伥的无赖汉，并揭露了这伙刁钻、龌龊之徒的可耻嘴脸；同时，寓言还对那些强侵人地、暴戾恣肆、作威作福、为非作歹的恶鬼统治者，给予了愤怒的指控和鞭挞，具有犀利的战斗作用。

望尘而拜

典出《晋书·潘岳传》。

岳性轻躁，趋世利，与石崇等谄事贾谧，每候其出，与崇辄望尘而拜。

潘岳（公元247～300年），晋代文学家，字安仁，荥阳中牟（今属河南）人。祖父潘瑾，曾任安平太守。父亲潘茈，曾任琅琊内史，潘岳自幼聪颖有才华，乡里人把他称为奇童。他年纪很轻时就被征召到司空太尉府任职，成为大名鼎鼎的秀才。西晋泰始（公元265～274年）年间，晋武帝司马炎带着皇后妃子亲自耕田，潘岳作赋对此大加赞美，因此名气更大，受到一些人的嫉妒，潘岳在10年之内未能升迁。后来，他被派任河阳县令，感到郁郁不得志。当时，尚书仆射山涛和吏部官员王济、裴楷等人都得到皇帝的重视，潘岳内心很不服气。不久，潘岳转任怀县令。他在治理河阳、怀县期间，政绩卓著，被任做尚书度支郎，后任太傅主簿，又任给事黄门侍郎。

潘岳性情轻狂浮躁，追名逐利，与石崇等人巴结权贵贾谧。每当贾谧出门时，潘岳与石崇二人老早恭候着，贾谧的车马走远了，他们向着贾谧的车马扬起的尘土下拜。

后来，人们用"望尘而拜"来讥讽阿谀奉承、趋炎附势的人。也以"拜尘"为谄事权贵的贬义词。

畏鬼致盗

典出《郁离子·麋虎篇》。

　　荆人有畏鬼者，闻槁叶之落与蛇鼠之行，莫不以为鬼也。盗知之，于是宵窥其垣，作鬼音。惴，弗敢睨也。若是者四五，然后入其室，空其藏焉。或之曰："鬼实取之也。"心中惑而阴然之。无何，其宅果有鬼。由是，物出于盗所终以为鬼窃而与之，弗信其人盗也。

　　郁离子曰："……谗不自来，因疑而来；间不自入，乘隙而入。由其明之先蔽也。"

有一个怕鬼的楚国人，他听到枯叶落地与蛇鼠爬行的声音，都认为是鬼来了。小偷了解到这一点，便乘着夜晚潜伏在墙边装鬼叫。那楚人心中恐慌，连瞟一眼都不敢。像这样搞了四五次后，小偷进入他的房间，偷光了他家收藏的财物。有人骗他说："这的确是鬼拿去了。"他虽然有些疑惑，但暗地里却认为讲得对。没多久，他的住宅中果然有了鬼。因此，即使他的财物从小偷的住处拿了出来，也认为是鬼偷了给他的，不相信是人偷的。

郁离子说："谗言不会自己找上门来，总是先有疑心才会相信它；离间、挑拨也不会自己找上门来，总是因为有空子可钻才会发生作用。这都是由于聪明早已被蒙蔽住了。"

这个故事说明疑心生暗鬼。

五十步笑百步

典出《孟子·梁惠王上》。

　　孟子对曰："王好战，请以战喻。填然鼓之，兵刀既接，弃甲曳兵而走。或百步而后止，或五十步而后止。以五十步笑百步则何如？"曰："不可。直不百步耳，是亦走也。"

　　一次，梁惠王对孟子说："我对国家真是尽心尽力了，如果河内地方遇到饥荒，我把那儿的居民迁到河东去，又把河东的粮食调到河内；河东出现同样的灾情，我也照样这样做。你说有哪个国家的君主能像我这样替百姓办事呀？可我们魏国的百姓还是不能增多，邻国百姓也不见减少，这是什么道理呀！"

　　孟子说："我先说个故事你听听：一次两国交战，一方的将士刚听到鼓点一响，就抛下盔甲、拖着兵器向后逃跑。有的士卒跑得快，一口气跑了一百步远；有的士卒跑了五十步就停住了。这时候那些只跑了五十步的士卒嘲笑跑了一百步的人说：'你们真是胆小鬼，跑得那么快！'您说他们骂得有理吗？"

　　梁惠王说："跑五十步也是逃跑，干吗耻笑跑一百步的！"

　　孟子说："你明白这个道理，就知道魏国也不比别国强多少了。如果您在农忙季节，春种、秋收时不去征兵、征工，那魏国的粮食就多得吃不完；如果禁止用网眼过小的鱼网去湖里捕鱼，那鱼就总会生生不绝；树木砍伐假若加以限制，木材也会使用不尽。有了这些条件，老百姓能不拥护您吗？您再下令多植桑树，多养猪狗鸡，让大家能穿上丝绵吃上鸡肉，那天下的百姓能不归附于您吗？然而现在却不是这样。大王如果认真改革朝政，那魏国是会强盛起来的……"梁惠王点头称是。

　　"五十步笑百步"意为逃跑五十步的士兵讥笑逃跑一百步的，其本质其实一样。后用来比喻自己跟别人有同样性质的问题，却自以为优越而嘲笑或反对别人。

乌白马角

典出《燕丹子·卷上》。

战国末年，燕王想和秦国结盟，对付赵国，就派太子丹前往秦国做人质。可是，秦国不讲信用，反而跟赵国联合。燕太子不愿再留在秦国当人质，向秦王要求让他回国。

秦王听了，冷冷地说："等乌鸦的头变白，马长出角来，到那时你就可以回国了。"

燕太子丹愤恨地回到自己的住处，看一看庭院里树上的乌鸦、马房里的马，对着天空长叹说："老天爷！让我回燕国吧。"奇怪的事情顿时发生了，树上乌鸦的头真的变白了，马房里的马真的长出角来了。

太子丹喜出望外，马上去报告了秦王。秦王不相信，派人到燕太子丹的住处一看，果真不假。秦王只好答应放燕太子丹回国。秦王虽然答应了，但还不甘心让燕太子丹走。于是，他又在燕太子丹经过的桥上装上机关，人马过桥，桥会自动陷落。哪知道燕太子丹过桥时，机关失灵，没有陷落。

秦王又命边境守关人员，不准放燕太子丹过关。燕太子丹在晚间到了关口，关门还没有开。他就假装鸡鸣，附近的雄鸡也跟着啼叫起来。守关人员以为天亮了，打开了关门。燕太子丹换了一身破衣，乔妆打扮，乘黑夜中混过关口，逃回燕国。

"乌白马角"指乌鸦变白，马头长角。比喻不可能出现的事，或难以实现的理想。

蜗角虚名

典出《庄子·则阳》。

有国于蜗之左角者，曰"触氏"，有国于蜗之右角者，曰"蛮氏"，时相争地而战，伏尸数万；逐北旬五日，而后反。

战国时，魏惠王与齐国田侯牟结成联盟。后来田侯牟背叛了盟约，魏惠王非

常气愤，打算派人去刺杀田侯牟，以发泄心头的愤怒。公孙衍听说后对魏惠王说："大王身为一国之君，却采取一般百姓的报复手段，我真替大王感到惭愧。不如给我二十万兵甲，攻打齐国，活捉他的老百姓，抢走他们的牛羊，使田侯牟一想到此事就浑身冒汗。在此之后再攻占他的国家，捉住他，鞭打他的背，折断他的骨头。"

季子在一旁听了，耻笑说："修筑一道十丈高的城墙，已经筑了七丈，又把它毁坏，岂不是有意劳累百姓吗？魏国有七年不打仗了，这是一件好事，是大王立国之本。公孙衍这个捣蛋的人，无端挑动战争，大王不要听他的。"

魏国朝廷的这场争论，被一个叫惠子的人听见了，他弄不清究竟取哪一种方法才对，就请教一个叫戴晋人的读书人。戴晋人先未直接回答他，而是说："蜗牛的左角有一个国家叫触氏，右角上有一个国家叫蛮氏。有一次两国为了争夺地盘而发生战争，双方大战了半个月，死亡好几万，一时间弄得遍地都是尸体。后来触氏国打胜，乘胜追击，占领了蛮氏国不少的地方。"

惠子听后，笑着说："哎，你也太夸张了，世界上哪有这样的事！"戴晋人解释说："事情虽然有些夸张，但道理是一样的。蜗角两国所争夺的地盘，一个真正完美的人看来，也不过针尖大。他们完全是为了虚名在进行战争！"

惠子佩服地说："你的见解太新鲜了！"

蜗牛的角是很小的，后世以"蜗角"比喻极小的地方；"蜗角虚名"比喻微不足道毫无作用的名声。

心病一般

典出《笑府》。

一亲家新置一床，穷工极丽，自思好床不使亲家一见，枉自埋没。乃假装有病，偃卧床中，好使亲家来望。那边亲家，做得新裈一条，亦欲卖弄，闻病，欣然往探。既至，以一足架起，故将衣服撩开，使裈现出在外，方问曰："亲翁所染何症，而清减至此？"病者曰："小弟的贱恙，却像与亲家的心病一般！"

后人用这则寓言讽喻喜欢卖弄的恶习。有的人工作稍有成绩，就到处炫耀，生怕别人不知道；有的人读了几年书，就引经据典，装出一副学者模样，这些人都应该在这里"照照镜子"。

西施至姣

典出《慎子·外篇逸文》。

　　西施，天下之至姣也，衣之以皮，则见者皆走；易之以玄緆，则行者皆止。由是观之，则元緆色之助也，姣者辞之，则色厌矣。"

　　西施是天下最漂亮的女人，给她戴上鬼怪的假面具，看见她的人也都吓跑了；给她换上美丽的细布衣裳，那么，行路的人都会停步凝望的。由此看来，美丽的细布衣裳是帮助了她的美色，如果漂亮的人不穿它，那么，她的美貌也就会减色了。

　　俗话说，人凭衣裳马凭鞍。这个寓言的主旨，在于宣扬"处势"的重要意义。

一夜十起

典出《后汉书·第五伦列传》。

　　吾兄子病，一夜十往，退而安寝；吾子有疾，虽不省视而竟夕不眠。

　　东汉时候，京兆长陵地方有一个名叫第五伦的人，第五是他的姓氏，伦是他的名字。因为他的先祖原本姓田，分支太多，便以次序定为姓氏。

　　第五伦年轻时勇武侠义，曾率领本族人防御盗贼、修筑营壁。他拒敌在前，豪爽果敢，得到乡亲们的信任。地方官吏看他很有本事，便任命他为小吏，以后他又担任京兆尹的主簿。因为他办事公平，为官清廉无私，很得光武皇帝的赏识，派他去做会稽太守。

　　第五伦生活非常简朴，他虽然有优厚的俸禄，但只留一个月的粮食吃用，余下的粮食都降价卖给贫困人家。平常自己割草喂马，让妻子做饭食，不雇用仆

人。当时会稽地方人们迷信，相信占卜算卦那一套，并且每年要杀耕牛祭神。巫祝说谁要是自己吃了牛肉而不祭神，就会闹病，像牛那样吼叫，然后暴死。因此百姓被弄得很苦。第五伦到任后，决心治理恶习邪俗。他下命令惩罚那些借鬼诈骗百姓的巫祝，又贴出告示，谁无故杀死牛就办他的罪。这样一来，会稽的百姓都安居乐业了。

第五伦后来到朝廷做代理司空的官。他看到肃宗皇帝对太后的亲属都委以重任，觉得很不合于法度，将来必会给国家带来灾难，就上书皇帝，直言不讳地批评圣上。他处处奉公守节，说话办事毫无顾虑，家人和孩子常劝他别太任性，以免得罪权贵自讨苦吃，可他却训斥儿子不忠不贞。

第五伦的铁面无私，在朝廷内外一时传为美谈，人们很敬仰他。一天，一位同僚赞扬他说："像你这样的人真可以说是毫无私情了！"

第五伦却认真地反驳说："你说的不全面呀！以前曾有一位熟人送给我一匹马，想叫我帮他谋个官做。马我当然没收下，可是当我举荐别人做官时，常常想起他。这不是证明我还是有私情吗？再比如说，我的侄儿生病，一宿我起来十回去看他，但回到床上我很快就睡着了，睡得很安稳。我自己的儿子生病就不一样了，虽然夜里我不去瞧他，但我整夜睡不着觉，担心孩子的病情。你看我哪里够得上是毫无私情呢？"

成语"一夜十起"就是由此而来，后人用它形容待人体贴周到。

一身两任

典出唐代韩愈《圬者王承福传》。

王承福是唐朝的一个官宦子弟，祖父和父亲都担任京城高官，门第显赫，威震一方。天宝十四年，王承福随军效力，立下不小的功劳，归来拜见玄宗皇帝。玄宗赐他许多金银财宝，并要封他做官，但王承福婉言拒绝，只求回乡做一个泥水匠。皇上见王承福意志坚决，也不再勉强，恩准了他的请求。

别看王承福出身官家，但没有一点骄横之气。他的手艺也十分高超：造的房子又牢固又美观。日复一日，王承福干这活，一干就干了30年。不少热心人为他做媒，然而王承福竟然一一谢绝了。几十年来，王承福经常把他辛苦赚来的钱送给一些残疾人和穷人。有人问："王公子，你为什么这样做呢？"

王承福说："种田织布要有人去做，只有各尽其力，人们才能生存。做官的，不论职位高低也得各尽其职。不然老天会惩罚这些好吃懒做的人。因此，我干泥水匠这活，虽说很辛苦但我心安理得。功劳大的可以养家，而我这样的，如果娶妻生子，那对我来说又劳身又劳心。一个人担任两重责任，即使是圣人也不能胜任呀！"

王承福独善其身，不图名利，甘愿吃苦的事迹就这样传诵开来，著名文学家韩愈还专门写了一篇《圬者王承福传》，抨击当时官吏的腐败堕落之风。"圬者"即泥水匠之意。

一场春梦

典出《侯鲭录》。

《侯鲭录》这本书是记述前辈文人事迹的，内中有一段说：

东坡老人住在昌化时，有一次，他背着一个大瓢，漫行在田野间，不时还哼着曲调。行了不久，遇到一个年过七十的老婆婆。她对苏东坡的经历比较了解，知道他做过大官，经过很多热闹的场面，想不到如今竟变成了一个普通的乡民。她对苏东坡如此悠闲自在，很是神往，便对东坡叹道："昔日内翰的富贵荣华，只不过像是一场春梦罢了！"

后来，附近的乡民知道了这件事，很赞成这个老婆婆的看法，便称呼她为春梦婆。

后人用"一场春梦"比喻人生变幻无常，世事转眼成空。

晏子的车夫

典出《晏子春秋·内篇杂上》。

晏子为齐相，出，其御之妻从门间而窥：其夫为相御，拥大盖，策驷马，意气洋洋，甚自得也。

既而归，其妻请去。夫问其故。妻曰："晏子长不满六尺，身相齐国，名显诸侯。今者妾观其出，志念深矣，常有以自下者。今子长八尺，乃为人仆御，然子之意，自以为足，妾是以求去也。"

其后，夫自抑损。晏子怪而问之，御以实对。晏子荐以为大夫。

晏子做了齐国的相国，有一天坐着车子出门。他车夫的妻子从门缝里偷看：只见自己的丈夫替相国驾车，坐在车上的大伞盖下，挥鞭赶着高头大马，神气活现，十分得意。

后来，车夫回到家里，他的妻子就要跟他离婚。车夫连忙问是什么原因。他的妻子说："晏子身高不满六尺，当了齐国的相国，在各诸侯国中很有名望。刚才，我看他外出，他的思想显得多么深沉，而他的态度却又总是那样谦逊。而你呢，身高八尺，不过是个替人赶车的车夫罢了，却是那样踌躇满志，自以为了不起，像你这样的人还会有什么出息呢？这就是我要跟你离婚的原因。"

从此以后，车夫常常自己抑制自己，显得谦逊起来。晏子感到奇怪，问车夫为什么变得这样快。车夫就把真实情况告诉了晏子。晏子对车夫很满意，便推荐车夫做了大夫。

这个故事说明满招损，谦受益。

约定俗成

典出《荀子·正名》。

> 名无固宜，约之以命。约定俗成谓之宜，异于约则谓之不宜。

《正名》一文，是荀况用朴素的唯物主义观点阐明"名"与"实"关系的重要论文。他批判了孔子提出的"以名正实"的唯心主义的正名思想，提出了由"实"决定"名"，"名"是"实"的反映的唯物主义的认识路线。荀况指出：事物的名称是人们"约定俗成"的，就是说，事物的名称是根据人们的共同意向而制定的，因而为人们所承认和遵守。

后人用"约定俗成"这个典故比喻人们经过长期实践而确定或形成的某种事物的名称、形式或某种社会习俗。

因棋失"兰亭"

典出民间故事。

《兰亭集序》是东晋大书法家王羲之的得意之作，王家视为珍宝，代代相传。到了唐代，太宗李世民能写一手好字，最喜爱王羲之的书法。他从民间搜罗了很多王羲之的字帖，可就是找不到真本《兰亭集序》，平常与人提起便感到十分遗憾。后来听说真本为永欣寺的大和尚辨才所藏，就把辨才邀请到宫中，询问此事，辨才矢口否认，说这是"谣传"，太宗也无可奈何。监察御史萧翼为人狡猾多谋，为了博得皇帝的欢心，便自告奋勇，愿去寻找。

经过调查，他确信《兰亭集序》就在辨才手中。一天傍晚，他乔装为棋客，到永欣寺求宿。辨才闲来无事正在禅堂中打谱，听说有棋客来访，就邀请萧翼纹枰对座，切磋棋艺。两人棋逢对手，杀得难解难分。第二天，辨才余兴未尽，就让萧翼留下来多住几日，两人通宵达旦地弈棋。一边下棋，两人一边闲谈，很是投机。

十几天过去了，萧翼见时机已经成熟，便把话题扯到书法上来，说："我自幼喜爱王羲之的书法，对羲之父子的书法真迹十分珍视，百看不厌，经常临摹，现在还有几幅带在身边。"辨才一听更加高兴，便说："明天可以拿来给我看看。"第二天萧翼带着事先准备好的几本字帖让辨才鉴赏，辨才仔细地看过之后，对萧翼说："这几本字帖倒是真迹，不过这并不是最好的。贫僧这里也有一幅真迹，是非同寻常的珍品。"萧翼问："什么字帖？"辨才说："《兰亭集序》"。萧翼听完，故意笑着说："这么多年，兵荒马乱的，哪里还能有什么真迹流传在世上。那一定是假的。"辨才见萧翼不信，就接着说："我的老师智永禅师，是王羲之的第七代孙。我跟他学习书法 30 年。怎么会是假的呢？明天你来，我让你看一看。"过了一天，萧翼又来找辨才下棋。辨才亲自从屋梁上把《兰亭集序》拿了下来。萧翼看过之后，还故意说是假的，并和辨才进行了长时间的探讨和研究，辨才眼看不能说服萧翼，又有事要到别人家里去做客，就把《兰亭集序》放在桌子上和萧翼一起出了门。萧翼等辨才走后，以手帕丢在屋里为由，骗过看门的小和尚，拿走了《兰亭集序》返回京城，交给了李世民。

张冠李戴

典出明代田艺蘅《留青日札》卷二十二。

谚云："张公帽掇在李公头上。"有人作赋云："物各有主，貌贵相宜；窃张公之帽也，假李公而戴之。"

东昌有个牛医的儿女名叫胭脂，又美丽又聪明，想嫁个好丈夫。而一般有身份的人家因她父亲是个牛医，瞧不起她家，所以迟迟没订婚。一天，她送邻妇王氏出门，见一少年经过，很有风度，他走远了，胭脂还远远望着他。王氏说："他是鄂秋隼秀才，跟你恰是一对，我给你做媒好吗？"胭脂羞红了脸，不答。但

是心里以为王氏真的给她做媒，很喜欢。一等半月没消息，胭脂饮食无味，病了。王氏来看她，问她病因，她不说。王氏猜到了，在她耳边说："我丈夫出门做生意了，等他回来，叫他去鄂家做媒，好吗？"胭脂喜上颜色。这王氏从小和一宿生要好，嫁了人还和宿生往来。这夜宿生又来了，王氏便把胭脂为鄂生而害相思病的事告诉了他。宿生早知胭脂美丽，第二夜便翻墙进了胭脂家，自称是"鄂生"，抱着她求欢。胭脂不肯，说："你再不放手我就叫了！"宿生怕搞僵，只得松手，胭脂说："我愿做你的妻子，但决不能私通，你请媒人来吧！"宿生脱下她一只鞋带走了。宿生没尝到甜头，于是又到王氏家睡觉。谁知把那鞋搞丢了，怎么也找不到。王氏问他找什么？宿生只好把经过告诉了王氏。谁知被窗外一个叫毛大的贼听见了，恰恰又拾到了鞋，大喜。第二夜毛大翻墙来到胭脂家，胭脂父亲听得声音，持刀追贼，反被毛大杀死，那只鞋子丢在尸体旁。第二天，县官追问这鞋怎么会在尸旁的，胭脂为父亲悲痛至极，直说是"鄂生"脱去了。县官把鄂生捉来，不容分说，一阵毒打，便把鄂生定为凶手，判死刑，报到济南府。知府吴公很干练，一看鄂生不像凶手，追问之下，才知鄂生根本不认识胭脂，胭脂却曾托王氏做过媒。于是把王氏抓来，逼问之下，供出是宿生假冒鄂生之事。于是宿生死罪难逃了。大家都称赞吴太守英明。宿生虽脱履却未杀人，负屈上告。学使施公反复思考，接手此案，把王氏找来，问她此事告诉过别人没有，王氏说："没有。""那么有哪些人调戏过你呢？"王氏说出毛大等4人。施公把这人抓来，说："凶手必是你4人之一，让神来指出来！"于是黑夜把庙壁涂黑，把人放入庙内，说："谁是凶手，神会在他背上写明的。"毛大心虚，怕神真的在他背上写字，把背靠着墙，背染上了黑墨。第二天，施公说："真凶是你！"不打，毛大就招了。

于是宿生、鄂生都释放了，鄂生和胭脂结为夫妻。此案假中有假，"张公帽戴在李公头上"，如果不仔细，险些冤杀鄂生或宿生。

后人将此典压缩成四字成语"张冠李戴"。用来比喻"以此代彼"或"代人受过"。

左右逢源

典出《孟子·离娄下》。

资之深，则取之左右逢其原。

孟子是战国中期的一位思想家和教育家。他重视环境和教育对人的影响，教人注意存心养性，深造自得，行有不得，反求诸己。要求达到"富贵不能淫，贫贱不能移，威武不能屈。"在谈到学习问题时，孟子说：学习必须经过自己的刻苦钻研，深切体会，才能获得高深的造诣。刻苦钻研，才能牢固地掌握知识；牢固地掌握知识才能使知识领域不断扩大，不断深化；知识积蓄多了，就像地底下的泉水，掘到深处，四面八方的水就会源源而来，取之不尽，用之不竭。

"左右逢源"原义是说功夫到家后，自然用之不尽，取之不竭。后来比喻做事得心应手，顺利无碍。有时也用来讽刺为人圆滑，善于投机。

庄周梦蝶

典出《庄子·齐物论》。

> 昔者庄周梦为胡蝶，栩栩然胡蝶也。自喻适志与！不知周也。俄然觉，则蘧蘧然周也。

战国时，著名哲学家庄周在大白天做了一个梦：梦见自己变成一只色彩斑斓的大蝴蝶，翩翩飞舞在开满鲜花的草地上，一会儿停在黄色的花朵上，一会儿停在白色的花朵上，一会儿又停在紫色的花朵上，多么轻松，多么愉快啊！此时此刻，根本不知道自己就是庄周，完全深深沉浸在一片欢乐之中。庄周一觉醒来，睁开眼睛，不禁大吃一惊：咦，我怎么是庄周呢？刚才还是一只蝴蝶！他摇了摇头，认真地思索着这样一个问题：就我个人来讲，不知道是做梦化为蝴蝶，还是蝴蝶做梦化为庄周？不管怎样变化，万物的一生始终处在梦境之中。

这时，一个叫长梧子的人走来，庄周就将自己的想法告诉了长梧子，长梧子说："你思考的这个问题很有意思，就连黄帝那样的人听了，也会疑惑不明的。我听说过这样一件事情：艾地有一个小官吏，他有一个女儿，名叫骊姬，长得十分漂亮。晋献公知道后，找人去把她接到宫里。离开艾地时，骊姬哭得很伤心，眼泪把衣服都湿透了。等她到了晋献公的宫里，看到富丽堂皇的宫殿，吃着山珍海味的佳肴，感到当初离开家乡时的哭泣是错误的。骊姬现在后悔当初的行为，又怎么知道今后不后悔现在的行为呢？"

庄周听了，哈哈大笑起来，拍着长梧子的肩膀说："看来我们都处在似梦非梦之中！"

后人用"庄周梦蝶"比喻人生如梦，变化莫测。

庆父不死，鲁难未已

典出左丘明《左传·庄公三十二年》。

庆父是春秋时鲁庄公之兄。鲁庄公共有兄弟四人，除庆父外，还有两个兄弟：叔牙和季友。庄公和季友是同一个母亲生的亲兄弟，庆父和叔牙是另一个母亲所生的。兄弟四人，就此分成两派。

庄公病得快要死的时候，考虑了谁继任国君的问题，他先征求叔牙的意见，叔牙说："庆父有才，让庆父继任的好。"庄公又问季友，季友表示：誓死扶持公子般为国君。

公子般是庄公的大儿子。庄公共有四个妻子，其中一个没有生儿子，其余3个各生一子：般、申和开。

等到庄公一死，季友怕叔牙支持庆父，便假传国君的命令，派人把叔牙扣押，并且送药酒给他，叫他自杀，叔牙就这样死了。季友随即立了般为国君。

鲁庄公死后不到2个月，庆父就派马夫荦把般暗杀了。季友听说般被害，知道是庆父干的，但是自己没有力量对付庆父，只得躲避到陈国去。庆父为了掩人耳目，暂不登上君位，却让年龄最小的开当个傀儡。于是开继任国君，后称鲁闵公。

鲁闵公的舅舅是齐国的国君齐桓公。齐桓公当然支持鲁闵公，而且帮助季友回鲁国做了国相。闵公元年冬天，齐桓公派大夫仲孙到鲁国访问，探探情况。仲孙在鲁国了解到：庆父的野心还没有死，鲁国的祸害还没完。所以他回国向齐桓公报告道："不去庆父，鲁难未已。"第二年，鲁闵公果然又被庆父杀害了。季友就带着申暂往邾国躲祸。

鲁国人一向信服季友，憎恨庆父，这时便一致起来反对庆父。庆父见形势不妙，逃到莒国去了。

庆父一走，季友就带着申回国，请齐桓公来定君位，立了申为鲁国国君，即鲁僖公。鲁僖公按照季友出的主意，派人送礼物到莒国去，请莒国国君代为惩办庆父。庆父走投无路，终于自杀。鲁国的内乱才算平定。

第二卷

闲趣篇

安步当车

典出《战国策·齐策四》。

　　颜斶辞去曰："夫玉生于山，制则破矣，非弗宝贵矣，然大璞不完。士生乎鄙野，推选则禄焉，非不尊遂也，然而形神不全。斶愿得归，晚食以当肉，安步以当车，无罪以当贵，清静贞正以自虞。"

　　战国时候，齐国有个著名人物叫颜斶。一天，齐宣王召见他，齐宣王说："颜斶过来。"颜斶也说："大王过来吧。"

　　齐宣王听了很不舒服。左右的大臣都质问颜斶说："大王是一国之长，而你呢，不过是一个臣子，竟敢在大王面前这样放肆，成何体统！"颜斶说："不能这样说。要明白：如果我们走到大王的面前，这表示我们仰慕势利，奉承拍马。如果大王走到我面前，就显示着大王是尊重贤士。是叫我仰慕势利，奉承拍马好呢？还是请大王尊重贤士好呢？"

　　齐宣王听了忍耐不住，问："国王高贵呢？还是贤士高贵？"颜斶从容地说："当然是贤士高贵，这是有历史为证的：从前秦国攻打齐国，曾经下过一道命令说：'有谁在贤士柳下惠的墓地上砍伐树木的，处死刑。'又说：'能够取得齐王首级的，封大官，赏千金。'从这点看来，贵为国王的头还比不上一个贤士墓地的树木呢！"

　　齐宣王被弄得啼笑皆非，叹一口气说："好了，君子是不可以怠慢的。请你收我做弟子吧。以后你可以过荣华富贵的生活。"颜斶听罢，立刻辞别齐宣王说："谢大王的厚爱，我是布衣粗食惯了的人，我觉得安步可以当车，晚食可以当肉，我还是回家自食其力好了。"

　　"安步以当车"即以步行代替乘车，指习惯于常规，保守住本分。后来人们用"安步当车"比喻人能不贪富贵，安于贫穷。

白衣送酒

典出南朝宋代檀道鸾《续晋阳秋》。

> 陶潜尝九月九日无酒，宅边菊丛中，摘菊盈把，坐其侧久，望见白衣至，乃王弘送酒也。即便就酌，醉而后归。

我国古代许多著名的大诗人都喜欢喝酒，东晋大诗人陶渊明也不例外。他曾在自传体散文《五柳先生传》里说自己生性最爱好饮酒。但隐居山乡，家境贫困，不是常常都有酒喝的。亲朋故旧知道他的嗜好，有时便备办了酒菜请他去享用。他呢，只要一去，便要一醉方休。尽兴之后，便立即向主人告辞。他性格中的洒脱豪放，也可略见一斑。

有一年的九九重阳节，菊花盛开，南山清晰可辨，秋风吹拂，飞鸟翩然。这么美好的佳节，本是喝酒的好日子，但这天陶渊明家中一滴酒也没有。他只好无聊地坐在房屋外的菊花丛中，有意无意地一把把摘取菊花，以此来消磨时光。正在百无聊赖之时，陶渊明远远望见一个穿白衣服的人向他走来。走近一看，此人手里还抱了一大坛酒。原来，这个白衣人是刺史王弘家的仆役。他受主人的差遣，给陶渊明送来一坛酒。陶渊明真是喜出望外，他连忙向白衣人表示对朋友王弘的谢意，收下了这坛酒。

白衣使者刚走，陶渊明便迫不及待地打开坛盖，阵阵酒香向他袭来，他立即开始喝了起来，一杯又一杯，直到喝得酩酊大醉，方才心满意足地回到屋里。

后人用"白衣送酒"形容赠酒、饮酒，或比喻自己渴望的东西朋友正好送来。

车辙马迹

典出左丘明《左传·昭公十二年》。

楚王冬猎，驻扎在乾谿。一天傍晚，楚国的右尹子革来拜见楚王。楚王和他谈论国事。

楚王说："当年我先王熊绎，和齐、卫、晋、鲁四国的国君一起侍奉周康王，他们四人都得到了宝鼎，只有我国没有。假如我派人到周去要求分鼎，周天子大概会给我的吧？"

子革回答："对！肯定会的！"

楚王又问："许是我伯祖父居住的地方，现在郑国人霸着不给我，如果我去要这块土地，郑人大概会给我的吧？"

子革又顺着楚王说："周天子都不敢吝惜宝鼎，郑国哪敢吝惜土地？"

楚王接着问："当年诸侯各国都怕晋，现在我修筑陈、蔡和两个不羹城的城墙，把这些城墙当成楚国的城池，诸侯大概会怕我了吧？"

子革又赶快附和："楚国如此强大，谁不怕大王您啊！"

侍坐在旁的楚大夫仆析父，趁楚王暂时离开的空隙对子革说："您是楚国有声望的人，您对大王说话都像回声一样，那楚国将怎么办呢？"

子革胸有成竹地说："我这是作准备呵，把刀磨快，等大王回来，我就要斩杀他的暴虐凶恶。"

楚王回来，继续和子革交谈。子革说："昔年周穆王想随心所欲地周游天下，打算在全国各地留下车辙马迹。祭公谋父作了一首《祈招》诗，劝阻了穆王周游，穆王因此没有被篡位、谋杀。"

楚王极想知道《祈招》诗的内容，子革告诉他："这首诗说：'祈招啊，安静祥和，明告善言。国之用民，就如金玉，随器制形，随力使用。去掉醉满过饱之心吧！'"

楚王心中震动，连着几天不吃不睡地思索，他是被子革的话打动了。

长沮桀溺

典出《论语·微子》。

> 长沮、桀溺耦而耕，孔子过之，使子路问津焉。

春秋时代，孔子周游列国，宣传他的政治主张。一天，在路上看见有两个人在田中耕作。孔子叫子路去问他们渡口在什么地方。原来，这两个耕田人一个叫长沮，一个叫桀溺，是两位隐士。长沮问子路："那个坐在车上手握缰绳的人是谁呀？"子路说是孔丘。长沮一听是远近闻名的孔子，便说："他是最熟悉道路的人，何必来问我们呢？"子路又去问桀溺。桀溺又问他："你是鲁国孔丘的徒弟吗?"子路说是的。二位隐士对孔子周游列国的举动很不满意,就借此说道:"如今天下纷乱,如洪水滔滔,谁又能将它改变呢?你与其跟从那个逃避恶人的人,还不如追随那些逃避整个尘世的隐士呢。"然后继续埋头耕作,不再理睬孔子与他的弟子们。孔子听了两位隐士的话,感慨万端。他叹了一口气,说道:"让我隐居山林,与飞鸟走兽同群,我做不到;让我追随那些隐士离开社会和人群,是不行的。如果天下有道,政治清明,我又哪里用得着出来四处奔走谋求改变呢?"

后人用"长沮桀溺"的典故指避世隐居的高人;或形容退隐田间,逃避世事。

莼羹鲈脍

典出《世说新语·说鉴》。

翰因见秋风起,乃思吴中菰菜、莼羹、鲈鱼脍,说:"人生贵在适志,何能羁宦数千里以要名爵乎!"遂命驾而归。

晋代有一个人叫张翰,字季鹰。他曾多年在洛阳任齐王司马炯的属官,官职不高,难以施展抱负。又因官府诸事繁杂,颇多不顺心之处。加之他预见到司马炯将要垮台,恐累及自己,便想避祸退隐。

他曾对同郡人顾荣说:"现在天下战乱纷纷,祸难不断。凡有名气的人都想退隐。我本是山林中人,对官场难以适应,对时局又很绝望。看来,也该防患于未然,考虑一下以后的事了。"然而要断然放弃眼前的功名利禄也不是很容易的事,他迟迟未作出最后的决定。

一年秋天,季鹰在洛阳感受秋风阵阵,似乎带来了泥土的芬芳,他突然产生了强烈的思乡之绪。接着,他又回忆起家乡吴地的莼菜羹和鲈鱼脍等佳肴美味,更觉得乡情无法排遣。于是,他自言自语地说:"人生一世应当纵情适意。既然故乡如此值得留恋,我又何必定要跑到几千里之外,做这一个受拘束的官儿,去博取什么名位呢?"接着他毫不犹豫地到齐王那里辞了官,千里驱车,回到了自己的故乡。

就在季鹰辞官回乡不久,齐王司马炯因谋反被杀,他手下的人纷纷受到牵连,有好些人还丢掉了性命。只有张季鹰幸免于难,人们都称赞他有先见之明。

后人用"莼羹鲈脍"、"季鹰思归"等典故形容人不追求名利,凡事顺乎自然。或用以形容人对家乡的思念之情。

重阳登高

典出民间传说。

农历九月九日是重阳节。重阳节这天，人们要在胸前佩戴茱萸，饮菊花美酒。茱萸，是一种中草药，又叫"艾子"，味道苦而香，有驱虫去湿、延年益寿的作用。菊花酒是菊花加小米酿制而成，芬芳可口，舒筋活血，对身体很有益处。

除此之外，重阳节还有登高的习俗。兄弟姐妹，亲朋好友，相邀登高，望远抒怀，其乐无穷。登高的习俗起源于汉代。围绕登高有一个妙趣横生的传说故事。

东汉时，河南有个叫桓景的人，对道术很感兴趣，便到外地拜了个道士为师，悉心钻研。多年以后，他的学业大有长进。有一年秋天，他师傅告诉他，九月九日那天，他的家将有瘟神降临，让他务必回家一趟，并告诉了他消灾的办法。九月九日那天，桓景日夜兼程地赶回家里。他依照道士的吩咐，给家人每人发了个装有茱萸的绛色小袋挂在胸前，并让他们都喝了菊花酒。之后，他领着家人登上附近的一座山头，痛痛快快地游玩了一整天，直到夕阳落下时才回家。回到家里一看，养的猪、狗、猫、鸡、鸭等统统死掉了，他想，只要家人都平安无事，死些鸡鸭又何妨。九月九日这天过后，他又辞别家人，回道士那里继续学习。见了师傅后，桓景把结果给师傅说了。道士捋着胡须，笑笑说："那些猪狗鸡鸭都是替死鬼，代你家消灾避祸。"

这个故事传开后，登高的风俗便渐渐为人们所继承。登高望远具有了消灾避祸的意义。

杜康美酒，醉伶三年

典出民间传说。

刘伶是魏晋时期的"竹林七贤"之一，诗文写得很好，是个著名的文学家。他又是个著名的酒徒，随身带着个酒壶，走到哪儿喝到哪儿。

刘伶不仅爱喝酒，而且酒量非常大，没有人能比得过。当时，有个著名的造酒师叫杜康。他酿造的酒，味道香甜，但酒性很烈，一般人都不敢多喝。

刘伶听说杜康的酒很有名气，便特意登门造访。进了酒店后，杜康拿出小酒

中华典故

盅、小酒壶来招待刘伶。刘伶大手一挥："拿大碗、搬酒坛来！"杜康微笑着说："先生先喝一盅品品味再说嘛。"刘伶先喝了一盅，觉得味道异常甜美，接着又喝了一盅；头便开始发晕。他照样又喝了第三盅。这第三盅一下肚，刘伶觉得天旋地转起来，舌头打了结，话也说不出，眼也睁不开，趴在桌上起不来了。

杜康叫两个伙计把刘伶扶回家去。刘伶回家后，蒙头大睡。一直睡了七天七夜，也不见醒来。他妻子急得要命，摸摸他的鼻息，发现没气了，大哭一场，把刘伶装进棺材里埋了。

一晃 3 年过去了。有一天，刘伶的妻子正在家里纺线，忽有人来访。此人正是杜康，他是来要酒钱的。原来刘伶三杯下肚便烂醉如泥，酒钱的事早忘得一干二净。他妻子一听，顿时发火道："原来我丈夫是喝了你的酒被醉死的！你要钱，我还要人呢！"说着，就要跟杜康拼命。杜康赶紧劝阻道："大嫂休怒！刘伶不会死的。不信我们看看去。"

两人来到刘伶坟前，挖开坟。刚打开棺材盖儿，红光满面的刘伶像刚睡醒似的，睁开眼，打了个哈欠。

从此后，杜康美酒，醉伶三年的故事便流传开了。后人曾为此事作诗云：

> 天下好酒数杜康，
> 酒量最大数刘伶。
> 饮了杜康酒三盅，
> 醉了刘伶三年整。

当然，这只是民间附会的传说而已，因为杜康和刘伶两人并非同一朝代的人。

二酉藏书

典出民间传说。

我们赞扬某人读书多、学问大，往往用"学富五车、书通二酉"来形容。这"二酉"是什么意思呢？

在湖南省沅陵县西北有座二酉山，山上有个二酉洞。洞外附近四块石头上刻着"古藏书处"四个大字。洞内钟乳石鳞次栉比，姿态万千。传说在秦始皇焚书坑儒时，京城咸阳有两个儒生携带着一批书籍逃难，他们遇路乘车，逢水坐船，千辛万苦逃到此山，把书深藏在这隐秘的山洞里。刘邦建立汉朝以后，这两位书生便把所有一千多卷简册带到京城，使这些宝贵书籍重见天日。人们无不称赞"二酉藏书，功德无量"。"书通二酉"，是赞扬某人对二酉洞那么多藏书都精通了的意思。

访戴

典出《晋书·王徽之传》。

　　尝居山阴，夜雪初霁，月色清朗，四望皓然，独酌酒咏左思《招隐诗》，忽忆戴逵。逵时在剡，便夜乘小船诣之，经宿方至，造门不前而返。人问去其故，徽之曰："本乘兴而来，兴尽而返；何必见安道耶？"

　　东晋著名书法家王羲之有个儿子叫王徽之，曾经做过大司马桓温的参军。他性格豪放，做事不拘泥于一般的规律。

　　他居山阴时，有一晚大雪初霁，月色清朗，四周一片银白。王徽之独自一人在灯下饮酒，并朗诵著名诗人左思的《招隐诗》。忽然，他想起了老朋友戴逵，一时觉得十分思念他，想见到他。但是，戴逵住在剡溪，挺远的。王徽之一时兴起，便连夜乘小船前往剡溪，去访问戴逵。

　　小船走了整整一夜，到天亮时才到达剡溪，眼见已经到了戴逵的家门口了，但王徽之忽然又感到自己不想再见到戴逵了。于是，他放弃了去访问戴逵的打算，又慢慢地将小船划回家去了。

　　别人听说了此事，都觉得不可理解。有人向王徽之问起其中的原因。王徽之说："当时我的兴致很高，所以乘着兴致划船而去。但等到了他家门口时，我的兴致已经消失，就返回家了。凡事乘兴而来，兴尽而回，就可以了，又何必一定要见到戴逵呢？"

　　后人用"访戴"的典故来指思念或访问朋友；或形容兴之所至，趁一时高兴的情趣。

高阳应为室

典出《吕氏春秋·别类》。

高阳应将为室，家匠对曰："未可也。木尚生，加涂其上，必将挠。以生为室，今虽善，后将必败。"高阳应曰："缘子之言，则室不败也。森益枯则劲，涂益干则轻。以益劲任益轻，则不败。"

匠人无辞而对，受令而为之。室之始成也善，其后果败。

高阳应打算盖房子，家里的匠人对他说："不行呀！木料还湿着呢，一加油漆在上面，一定要弯曲的。用湿木料盖房子，现在虽然好，以后一定会塌掉。"高阳应说："按照你的说法那么，房子是不会塌掉的。木料越干就越硬，油漆越干就越轻；凭越来越硬的木料承受越来越轻的油漆，盖出来的房子就不会塌掉。"

匠人没有话回答，就接受命令盖房子。房子刚盖成的时候还好，以后果然塌掉了。

这篇寓言讽刺那些缺乏实践经验，只会夸夸其谈，机械地进行推理的人。他们自作聪明，不接受富有实践经验的人的意见，当然要遭到失败了。

归遗细君

典出《汉书·东方朔传》。

伏日，诏赐从官肉，大官丞日宴不来，朔独拔剑割肉，谓其同官曰："伏日当早归，请受赐，即怀肉去。"大官奏之。朔入，上曰："昨赐肉，不待诏，以剑割肉而去之，何也？"朔免冠谢。上曰："先生起，自责也。"朔再拜曰："朔来朔来，受赐不待诏，何无礼也？拔剑割肉，一何壮也；割之不多又何廉也；归遗细君又何仁也！"上笑曰："使先生自责，乃反自誉。"复赐酒一石，肉百斤，归遗细君。

汉武帝宰了几头牲口，准备把肉赐给他的随从吃。东方朔听了武帝这个命令，便不管别人，自己拔出剑来，劈了一大块拿回家去。看守这些肉的人不敢阻止，只得将这事告诉给武帝。武帝心里不高兴，便叫东方朔来，问他："你为什么不多等一会儿，等到叫你拿的时候再去拿呢？"东方朔是个很聪明的人，他不慌不忙地说："你既然是赐给群臣的，而我又亲自听到了，还用得着叫我去领才去领吗？这算不得是无礼。我见了肉，不等别人来割，自己拔剑来劈，这才是壮士的本色啊！"汉武帝和群臣听了都笑起来。东方朔接着说："我把肉拿回家去，留给妻子来吃。这又充分表示我的爱。既不失礼，又有壮士的本色和感情，这没有什么不对吧?"汉武帝听了便没有再说什么，于是又以酒肉相赠。

后来人们用"归遗细君"比喻赠送财物给别人。

海上沤鸟

典出《列子·黄帝》。

> 海上之人有好沤鸟者，每旦之海上，从沤鸟游，沤鸟之至者，百住而不止。其父曰："吾闻沤鸟，皆从汝游，汝取来吾玩之。"明日之海上，沤鸟舞而不下也。

在遥远的海岸上，有个很喜欢海鸥的人。

他每天清晨都要来到海边，和海鸥一起游玩。海鸥成群结队地飞来，有时候竟有一百多只。

后来，他的父亲对他说："我听说海鸥都喜欢和你一起游玩，你乘机捉几只回来，让我也玩玩。"

第二天，他又照旧来到海上，一心想捉海鸥，然而海鸥都只在高空飞舞盘旋，却再不肯落下来了。

"海上沤鸟"这个典故告诉人们：诚心才能换来友谊，背信弃义将永远失去朋友。此外，我们从另一个角度来看，也给人以这样的启示：好鸥者从海鸥游，这是主观想法，实际上海鸥并不从好鸥者游。往日好鸥者不接近海鸥，海鸥即落下；今日好鸥者要捉海鸥，海鸥就盘旋不下来。可见主观愿望并不是客观事实。

濠上之乐

典出《庄子·秋水》。

> 庄子与惠子游于濠之上。庄子曰："儵鱼出游从容，是鱼之乐也。"惠子曰："子非鱼，安知鱼之乐?"庄子曰："子非我，安知我不知鱼之乐?"惠子曰："我非子，固不知子矣；子固非鱼也，子也不知鱼之乐，

全矣!"

　　庄子曰:"请循其本:子曰'汝安知鱼乐'云者,既已知吾知之而问我,我知之濠上也。"

　　庄子和惠子都是战国时的哲学家。庄子主张"无为",崇尚自然。就是说,人无须改造自然,只要顺应它就行了。惠子主张"合同异",即认为事物之间都有差别,都是相对的同一。由于两人的认识不同,所以常常发生争论,两人都抓住对方的漏洞进行攻击。他俩濠上的争论就是很有意思的。

　　一天,庄子和惠子携手来到濠水的桥上。此时正是桃红柳绿的春天,暖风轻拂,莺歌燕语,春意盎然。桥下碧波荡漾,清澈见底,一条条银白色的鲦鱼紧贴着水中的石底,从容自在地游来游去。当庄子和惠子的影子倒映在水中,鲦鱼似乎是视而不见。庄子禁不住赞叹道:"啊,它们是多么的快乐,你看鲦鱼游的样子!"惠子一听,连忙接过话头说:"你不是鱼,怎么知道鱼快乐呢?"庄子一听,仰头哈哈大笑,说:"好,你说得好!但你不是我,怎么知道我不了解鱼的快乐?"惠子冷冷地笑,说:"我不是你,所以不知道你心里的感受;但你不是鱼,你又怎么知道鱼的感受呢?"庄子转过身,望着惠子说:"这就不对了!你最初不是问我'怎么知道鱼快乐呢'吗?既然询问我,就说明我是知道的。否则,你为何这样问呢?"

　　后人用"濠上之乐"形容从容不迫地出游。

画付酒账

典出民间传说。

　　唐寅是明代名噪一时的大书画家,祖籍江苏吴县,字伯虎,倜傥狂放、不拘小节。关于他的轶闻趣事非常多,下面我们就讲一个他与张灵、祝枝山三个人的小故事。

　　张灵,字梦晋,是唐寅的邻居,人物画很出名。祝枝山,名允明,是明代的大书法家,两人是唐寅最要好的朋友。当时,这三个人的书画,哪一个都得价值千金。一天,三位好友结伴到酒楼买醉,觥筹交错,开怀畅饮,十分尽兴。但最后结账时三人都傻了眼,原来谁都没带钱。这一顿吃了三十两银子,在当时可不是个小数目。最后祝枝山想出个办法,拿出一把一面写了自己诗的扇子,让唐伯虎在另一面画上烂漫怒放的桃花。然后对老板说:"真是对不起,我们没带银子,不知这把扇子能不能抵这顿酒钱?"老板怎会不肯,满脸堆笑地答应了。这时有一位客人,认得这三位大名鼎鼎的文人,忙上前作揖道:"三位,如果张先生能在这扇子上再画个人物,我愿用更高的价钱买下这把扇子。"张灵当时已经半醉,听了这话,夺过扇子,刷刷几笔,在桃花旁勾出一个半身美人。这把扇子同时有唐寅、祝枝山、张灵三人的字画,其价值简直难以想象。于是那位客人恭身施礼,接过扇子问:"不知三位要价几何?"旁人以为这还不得要几千两,谁知唐伯虎却说:"刚才这事,使我们原来很尽兴的一顿酒饭扫了兴,阁下能否请我们一顿,再让我们尽一次兴?"那位客人真是喜出望外,忙吩咐酒家把最好的菜、最好的酒端上来请三位书画家随意吃喝。结果这三个人又大吃大喝起来,最后都醉得东倒西歪了才离开酒楼。

那位客人可是得意得不得了,只用了几十两银子,就得到了价值千金的名家联名之作。

见猎心喜

典出宋·朱嘉辑《二程全书·遗书七》。

北宋著名的哲学家和教育家程颢的学说,后来被朱熹继承和发展,后人称他们为"程朱学派"。

程颢年轻时非常喜欢打猎,不免影响学习和工作。后来他潜心于学问便不再好猎了。过了一段时间,他对朋友们说:"打猎的爱好我今后没有了。"

一位名叫周茂叔的朋友摇头说:"不一定吧,不要说得那么容易!不过是你打猎的心思隐埋起来了没有萌发,不知哪一天萌发起来,你还会像从前一样乐于打猎的。"

12年以后,程颢有一次外出归来,偶然看见田野间有人打猎。他的心顿时动荡起来,手也痒痒,很想与猎手们较量一番。但他记起周茂叔的话,强行控制住自己的欲望,恋恋不舍地离开了猎场。

《二程全书·遗书七》中这样写道:"在田野见田猎者,不觉有喜心。"成语"见猎心喜"就从此文概括出来。

看见别人打猎,心里就十分兴奋。比喻触及旧习,便跃跃欲试。

金针度人

典出元好问《论诗》诗之三。

鸳鸯绣出从教看，莫把金针度与人。

在七夕节乞巧活动中，历史上广泛流传着一个"金针度人"的故事。

唐朝时，有位姓郑的人家生了个女儿名叫郑采娘。这女儿自小就聪明伶俐，心灵手巧。长大后，更是贤淑端庄，十分可人。采娘从小就喜欢做针线活，挑花、刺绣都很精通。她做出来的东西，手工精巧，质量上乘，深得四邻妇女的称赞。然而，采娘总觉得自己的功夫还欠佳，缺少某种技巧。有一年七夕夜晚，她和母亲在香案上摆了供品，恭恭敬敬地跪在地上，对着天边的织女星祈祷，祈求织女赐给她做针线的绝技。

晚上，采娘入睡后，做了个梦。梦见下了场瓢泼大雨，雨中走来一位身穿七彩衣的仙女。仙女走到采娘的床前，对她说："采娘，我是天上的织女。我见你做针线很用心，特地把这枚金针送给你。三天后，你就会得到做针钱活的绝技了，不久，还可以变成男子。但三天内，不准对任何人提及此事，否则，便前功尽弃。"织女说完后，便隐身不见了。

采娘醒来后，见床头果然有一根一寸长的金针，插在一张白纸上。她激动万分，把金针藏了起来。可是，彩娘天生心直口快，心里装不下秘密。她憋了两天后，忍不住把这事告诉了母亲。她母亲也十分好奇，便让她把金针拿出来看看，采娘把金针拿出来后，发现只剩下一张白纸，纸上仍有针痕，但金针已不翼而飞。

采娘还是没有得到针法绝招，但她死后，依仙女的话又托生变成了个男孩儿。

此后，"金针度人"便成为一个典故流传下来，比喻对人传授某种秘法绝招。

孔群好饮

典出《世说新语·任诞》。

鸿胪卿孔群好饮酒。王丞相语云："卿何为恒饮酒？不见酒家覆瓿布，日月糜烂！"群曰："不，尔不见糟肉乃更堪久。"

鸿胪卿孔群很爱喝酒。丞相王导劝告他说："你为什么经常喝酒呢？你看，酒店里那些覆盖酒罐的布，一天天地霉烂了！"孔君回答说："不，你没看见浸在酒糟里的肉，不是能够保存更长的时间吗？"

这个故事说明：喜欢给自己护短的人，总是要强词夺理，想方设法为自己辩解的。

羚羊挂角，无迹可求

典出宋代陆佃《埤雅·释兽》。

传说中，有一种野生的羊，名叫羚羊。它比绵羊要大一些，长着一对向前弯曲的角，这对角不但是它的武器，还有另一种奇妙的功用，夜晚，它跑到大树底下，找到一根横枝，就高高一跃，把角挂在枝上，就这么吊着睡觉了。凶猛的虎豹沿着它的足迹，嗅着它的气味追踪而来，追到树下，突然足迹没有了，气味也消失了——它们怎么会猜想到：羚羊高高挂在树上呢？山上的人们，有时在黎明时刻，看到了羚羊，还以为是有人在树上上吊死了。及至走近，它一跃而下，跑得飞快，一会儿就瞧不见了。

后人用"羚羊挂角，无迹可求"这个典故比喻诗的意境超脱玄妙。宋代诗评家严羽说："盛唐诸人惟在兴趣，羚羊挂角，无迹可求，故其妙处，透彻玲珑，不可凑泊。"清代翁方纲也说："神韵……却如羚羊挂角，无迹可求。"

平原督邮

典出南朝刘义庆《世说新语·术解》。

> 桓公有主簿善别酒，有酒辄令先尝，好者谓"青州从事"，恶者谓"平原督邮"。

桓公（桓温）手下有个主簿，善于辨别酒的好坏。每有酒时，桓公都要叫他先尝。他把好酒叫做"青州从事"，不好的酒叫做"平原督邮"。因为青州有个齐郡，"齐"与"脐"同音，好酒的酒力一直达到小腹的脐部，所以称好酒为"青州从事"。平原郡有个鬲县，"鬲"与"膈"同音，不好的酒，酒力只能达到胸腹之间，所以称不好的酒为"平原督邮"。

后人把好酒叫做"青州从事"，不好的酒叫做"平原督邮"。

齐人有好猎者

典出《吕氏春秋·贵当》。

齐人好猎者，旷日持久，而不得兽。入则愧其家室，出则愧其知友州里。惟其所以不得之故，则狗恶也。欲得良狗，则家贫无以。于是还疾耕，疾耕则家富，家富有以求良狗，良狗则数得兽矣。田猎之获，常过人矣。

非独猎也，百事也尽然。

齐国有个人，喜欢打猎，但空费时日，持续很久，什么野兽也没打到。一到家里，就感到对不起妻室儿女；走出家门，就感到对不起朋友乡邻。仔细想来，打不到野兽的原因，就是喂的猎狗太不中用。于是想买一只好狗，但因为家里十分贫困，买不起。于是，他立即拼命种田。拼命种田，家里就富裕起来；家里富裕起来，也就有钱挑选好狗；猎狗的本领高强，于是每次都能捕获到野兽。从此，他那打猎的收获，经常超过了别人。

不只打猎是这样，其他事情也都是这样啊！

后人用这个故事说明为了解决某一个问题，在找到问题的症结以后，要不畏走曲折的道路，不怕艰苦，才能从根本上解决问题。

清谈误国

典出《晋书·阮籍传》。

魏晋南北朝时期，一批有学问、有地位、向往"纯任自然"的老庄哲学的人，常常聚在一块儿海阔天空地聊，或是在一起分析哲理，这就是历史上的清谈。

魏晋时代，许多仁人志士都沉溺于清谈之中，"竹林七贤"就是最突出的例子。竹林七贤包括嵇康、阮籍、山涛、向秀、阮咸、王戎、刘伶七人，他们常结伴在竹林中谈天，因而被人称为"竹林七贤"。他们在竹林中痛快饮酒，大声的

谈话，讨论周易、老子和庄子（叫做三玄），他们表扬道家的玄学，攻击儒家的礼教。

竹林七贤不但在理论上崇尚玄学，在行为上也狂飙放浪。比如，刘伶常带一坛酒坐在车上，叫仆人拿着锄头跟在他身后，说如果他醉死了便把他就地埋掉。他有时还赤裸着全身在室内饮酒。

嵇康在学术界居于领导的地位，他被人害死时，他的学生已达 3000 多人。玄学越谈越有趣，人才也越来越多，"竹林七贤"之后又有做吏部尚书的王衍和尚书令乐广等人加入，清谈的队伍同时加入的还有不少名人。

在朝的人不断加入清谈，其他的官吏也就乐得寄情酒色，不管国事了。西晋朝野从此呈现一片颓唐、消沉的气氛。八王之乱发生，政局动荡了 16 年，匈奴人刘曜杀了晋愍帝，西晋亡了国。后人因而说西晋亡国是受了清谈的影响。

实际上，清谈对西晋的存亡，确有相当的影响，谈玄学的王衍被石勒捉住，被墙头压死的一刹那，他忏悔地说：我们虽不如古人，但我们如不崇拜浮虚，努力治理天下，哪里会走到今天这样的地步？桓温在北征的时候，同他的僚友登楼眺望中原，也很感慨地说：神州陆沉了，王衍他们不能不负责任呵！清谈误国这句话就这样传下来的。

撕衣成书

典出民间故事。

裴休，字公美，唐代书法家。能文章，尤工楷书，宗法欧阳询和柳公权。

裴休年轻时家境清贫，发愤读书，后来考中进士，登上仕途，离开家乡时自己把故乡的几间老屋加以扩建，捐为僧舍，取名"成化寺"。

有一年，裴休外出巡察，途经故乡，就特地到成化寺拜望寺僧方丈。方丈见裴休荣归故里，连忙盛情款待。裴休在寺内小住两日，心里十分高兴。这天，裴休正欲告辞，方丈突然拉住他的衣袖，硬要他题词。裴休觉得情面难却，只得允诺。他见寺内墙壁粉刷不久，洁白干净，就叫寺僧端来砚台和墨，轻轻研磨起来。他边磨边想：写字难道非用毛笔不可吗？东晋书法名家王献之小的时候，有一次出门玩赏，见泥水匠正在粉刷墙壁，就快步走上前去，借来刷帚，沾上泥浆，写了一个一丈见方的大字。大家都赶来观看，王羲之闻讯后，也跑去观看，深为儿子的大胆创新而骄傲。我这次何不仿效王献之也来个独具一格呢？想到此，他眼睛一亮，于是解开衣襟，撕下一段下摆搓成一团，饱蘸浓墨，不假思

索，神态自若地涂抹起来。不一会儿，写下了一首字势奇绝的即兴诗章，寺僧方丈见了墨宝连称是诗字双奇，拱手感谢。裴休回到家里，妻子见他衣襟散破，忙问何故。裴休乐呵呵地告诉她："我刚才用衣襟布当笔替成化寺书题诗了！"

食不厌精，脍不厌细

典出《论语·乡党》。

食不厌精，脍不厌细。

春秋时的孔子，虽然被劳动人民斥为"四体不勤，五谷不分"，但他的吃穿居住却是很讲究的。

据《论语》记载，孔子吃饭，粮食舂得越精越好，肉切得越细越好。粮食陈旧了和变味了，鱼和肉不新鲜了，不吃。食物的颜色变坏了，不吃。色味不好，不吃。烹调不当，不吃。不时新的菜蔬，不吃。肉切得不方正，不吃。作料放得不适当，不吃。席上的肉虽多，但吃得不超过米面的量。酒可以随便喝，但不能喝醉。从市上买来的酒和熟肉，不吃。每餐必须有姜，但也不多吃。

后人用"食不厌精，脍不厌细"形容饮食极其讲究。

坦腹东床

典出《晋书·王羲之传》。

时太尉郗鉴使门生求女婿于导，导令就东厢遍观子弟。门生归，谓鉴曰："王氏诸少并佳，然闻信至，咸自矜持。惟一人在东床坦腹食，独若不闻。"鉴曰："正此佳婿邪！"访之，乃羲之也，遂以女妻之。

晋王羲之，字逸少，山阴人，他很聪明，不但文章好，字也很好，十三岁时，已有名气。在拜谒周凯以后，他的名气更大了，因为当时周凯的声誉很高，士人们只要得到他称誉一句，身价就会很高。

当时太尉郗鉴有一个女儿，不但美丽而且很有才学，一时找不到足以与之匹

配的世家子弟。后来，想起了王家，郗太尉就派一个门人先到王府去观察，看看是否有适当的人。那位门人到了王府，向家长王导说明来意，王导叫他自己到东厢去观察。

王氏子弟，个个生得眉清目秀，都是一表人才，他们听说郗家遣人前来相亲，不禁都紧张起来，大家装模作样，态度都不很自然。只有一个青年，袒露着肚子，盘坐在东边的床上吃东西，意态自如，旁若无人。

那位相亲的门生把这情形告诉了郗太尉，郗太尉说："那位毫无矫揉造作，意态自如，坦腹东床的青年，正是我心目中的佳婿。"于是就把女儿许配给那个人，他就是王羲之。

由于郗鉴择婿的故事，后来人们凡是称谓女婿就叫坦腹东床，也有人称"东床快婿"，这句话含赞美的意思。

天马行空

典出班固《汉书·西域传》。

新疆境内的伊犁河一带，是古代的乌孙。那里出产一种名贵的马匹，称为"伊犁马"。此马体型长得很标致，毛色也很美观。它的四条腿结实有力，行动灵活、敏捷，特别擅长跳跃。它是优良的轻型乘用马，自古以来就受到人们的喜爱，古人称它是"天马"。

汉朝时，西域的大宛国也出产一种名马，被称为"西极天马"。传说大宛国峤山上有匹神马，可以"日行千里"。因为"西极天马"跑得神速，故称之为"天马行空"。

最早将大宛国出产天马的消息告诉汉武帝的是张骞。汉武帝获悉后，立即派人带着金银珠宝和马匹，去大宛国换天马。可是大宛国王不肯把天马献出，并且扣留下财物，杀了使臣，把宝马藏匿在贰师城。汉武帝大怒，派李广利为贰师将军，领兵讨伐大宛国。大宛国的大臣们，惧怕汉朝的兵威，只得杀了国王毋寡，献出宝马3000匹。汉武帝万分欢喜，便作了一首《天马歌》：

天马徕兮从西极，经万里兮归有德。
承灵威兮障外国，涉流沙兮四夷服。

"天马行空"原指神马奔驰于太空，像是腾空飞行一样神速。比喻才思纵横，气势豪放，不受拘束。

同乡棋圣

典出《清稗类钞》。

范西屏和施定庵是清代两位著名的围棋大师。又都是钱塘江畔的海宁县人，两人年龄仅差一岁，被誉为同乡棋圣。

范西屏天资聪颖，七八岁时就能与当地名手抗衡，他的父亲为把他培养成才，遍访浙江各地，为儿子择师学艺。听说山阴县高手俞长候棋品很高，虽不及国手徐星友等，但在省里也是首屈一指的大师，就重金请来教范西屏下棋。几年过后，到范西屏12岁时，已经和自己的老师旗鼓相当，不相上下了。

施定庵出身书香门第，自幼体弱多病，施父希望定庵能承继家业，就把他送到学馆去念书，后来发现施定庵的学习成绩不好。就在家教他琴、棋，以启迪他的智慧。施定庵对围棋产生了浓厚的兴趣，棋艺水平与日俱增，进步飞快。后来听说同乡范西屏有名师俞长候指导，非常羡慕，就在父亲的陪同之下，也拜在俞长候的门下，和范西屏成为同窗学友。

俞长候曾带领范西屏和施定庵到杭州去拜访过那时已是七十八岁高龄的棋坛名宿徐星友。徐老高兴地授两人三子对弈，并帮助复盘讲解。他那精辟的见解，深深地吸引住了两位小将。弈后徐老又将自己精心著作的《兼山堂弈谱》赠给他们。范、施得此书如获至宝，潜心研究了多年。

"当湖十局"是古代围棋最高水平的代表，也是范西屏和施定庵两位棋圣的代表作。当湖又叫拓湖，是浙江平湖的别称。"当湖十局"是两位棋圣在平湖所下的十局对抗赛的真实纪录。今天我们拿来欣赏，仍然可以从其中洞察到古代围棋艺术的精髓。

范、施同窗多年，彼此十分了解。一次范西屏在扬州与一位盐商胡启麟对弈。棋至中盘，胡启麟的一条大龙被范西屏攻杀，一时找不到好的方法，就称病要求改日接着下。然后带着对局的棋谱找到施定庵，请求指点。施定庵经过推敲，告诉了胡启麟一步摆脱困境的妙招。后来，胡、范接着比赛时，胡启麟按施定庵教给的着式下了一子。范西屏一看这着棋，立即就明白了，笑着说："定庵人没到这里，棋倒是先到了。"胡启麟一听，觉得很不好意思，马上推盘认输了。

王蓝田吃鸡蛋

典出《世说新语·忿狷》。

　　王蓝田性急。尝食鸡子，以箸刺之，不得，便大怒，举以掷地。鸡子于地圆转未止，仍下地，以屐齿蹍之，又不得。瞋甚，复于地取内口中，齧破即吐之。

　　王蓝田是个性急的人。有一次吃鸡蛋，他用筷子去夹，没有夹起来，就大发脾气，把蛋拿起来丢到地上。鸡蛋在地上滚个不停。他就赶上前去，用木屐去踩它，又没有踩到。这下，他更愤怒了，又把它从地上捡起来，塞到口里，嚼碎之后就把它吐掉了。

　　这个故事说明：简单急躁，感情用事，不但无补于事，反而会留下笑柄。

雅戏双陆

典出民间故事。

　　唐代时很盛行一种叫双陆的赌博。在古代，赌博的花样很多，如弹棋、蹴鞠等。大家都知道弹棋是一种游戏，玩的人常用财物赌胜负，而蹴鞠相当于今日的踢球、打球。蹴鞠变成赌博是从宋代的神宗皇帝开始的，那么双陆又是一种什么方式的赌博呢？关于赌双陆还流传着一个有趣的故事。

　　传说中国历史上唯一的女皇帝武则天有一天晚上梦见赌双陆，自己越赌越输，越输越着急，一着急就惊醒了。醒来后她不知是凶是吉，于是，一上朝就命人把圆梦大师狄仁杰找来，请他上殿解梦。

　　过了一会儿，狄仁杰来到殿前，拜见武则天："陛下召见臣有何事！"武则天回答说："朕昨晚梦见赌双陆，而且赌输了，不知是祸是福，故今天请你来解解这个梦。"狄仁杰沉思了一下便开始解梦："臣认为，双陆是一种用箸做筹码、不要下子的赌博，陛下做这个梦说明皇宫无太子；上天托梦给陛下，陛下怎么可以久悬储位呢？"武则天对狄仁杰的解梦十分满意，随即奖赏了他。

　　从此，武则天对玩双陆产生了浓厚的兴趣。有一天，武则天叫梁公和自己的宠臣张昌宗赌双陆，武则天问梁公赌什么，梁公要用自己的朝服赌张昌宗身上穿的狐裘大衣。武则天对梁公说："你穿的紫袍一点也不值钱，而张昌宗穿的狐裘却值一千金，这样悬殊怎么能赌呢？"

梁公回答说："陛下知道，紫袍是大臣上朝时穿的朝服，张昌宗身上穿的狐裘是小人嬖幸宠遇时穿的服装，我的紫袍要比他的狐裘贵重得多，又怎么不能赌呢？"

张昌宗听了梁公的一席话，羞愧万分，很难为情，根本就静不下心来赌，结果一赌就输了。梁公赢了狐裘，走出朝门就把它送给了自己的仆人。

狄仁杰为女皇解梦的事传出宫外，许多王公大臣开始玩双陆上了瘾，不想办正事，有的人成天泡赌场，有的人通宵赌，倾家荡产的人比比皆是。

据考证，双陆有黑、黄两色筹码，每种颜色各有 15 个，玩的时候用两只骰子向赌盘上投，点子大的赢，两只骰子各得 6 点为最大，故名双陆。

也有人说，双陆是古代最文雅的赌博，又叫雅戏，它是从天竺传入中国的。早在三国时代，魏国就有人玩了，南朝的梁和北朝的魏齐以及隋唐以后各代都非常流行。

一日同观三绝

典出《唐朝名画录》。

盛唐时代，人才辈出，令人目不暇接。那时出现了诗仙李白、诗圣杜甫；在绘画当中则出现画圣吴道子。

吴道子从小父母双亡，家境贫寒，但他天资聪敏，喜欢作画，不到 20 岁就画得很出色了，远近闻名。唐玄宗知道后，便把他召入内廷作供奉。开元年间，他随驾到洛阳，这时，他又遇见了当时最善舞剑的裴旻将军和草书大家张旭长史。他们三人一见如故，顿成莫逆之交。

这时裴旻的母亲刚死去不久，他早想请一位丹青高手在洛阳天宫寺给母亲画一幅壁画，因老人家生前笃信佛教，多次给天宫寺布施。这次碰到吴道子，真是机会难得。于是他备了厚礼，请吴道子前往天宫寺作画。吴道子当然不能收他的礼，但却说："裴将军，久闻你的大名，如果你能为我舞一场剑，一饱我的眼福，比什么礼物都强。"裴旻一口答应。

这天，裴旻和张旭陪着画圣吴道子来到天宫寺。吴道子备好颜料和画笔，恭手而立。只见裴旻脱去战袍，里面是锦衣箭袖，早已扎束好了，他提剑在手，掐一个剑诀，舞动起来。吴道子屏气静观，从他那刚柔相济、动静结合、一张一弛的剑术中领悟着造化万物的规律。裴旻舞完，吴道子马上乘兴挥毫，回味着剑术给自己的启发，一口气就把壁画画完了。在一旁的张旭受了他们的感染，也笔走龙蛇，在壁画边上书了几行狂草。

唐朝人称吴道子的画、裴旻的剑术、张旭的草书为三绝。看一绝都是难得的幸事，何况是一天之内同看三绝。这一天逛天宫寺的人可真是眼福不浅啊！

优哉游哉

典出《左传·襄公二十一年》。

> 优哉游哉，聊以卒岁。

春秋时代，晋国的大夫叔向因栾盈之党叛乱而受株连。被捕入狱后，有人对他说："你之所以犯罪入狱，大概是因为你不聪明的缘故吧？"叔向自我安慰地回答说："虽被囚了，但总比死了好些。《诗经》上说得好，'优哉游哉，聊以卒岁'。这就是聪明的表现。"

叔向有个熟人乐王鲋，也是晋国的大夫。此人有些狡猾，是晋君身边的人。当他知道叔向入狱后，便去监狱看望叔向，并向叔向说："我打算救你出狱。"叔向知道他的为人，就没有答应。乐王鲋走时，他也没有表示感谢。人们觉得奇怪，就责备他说："乐王鲋是跟随晋侯的人，他可在晋侯面前为你说话呀！只要他肯救你，就一定能行啊！你为什么还不答应呢？"叔向说："我希望一个秉公正直的人来救我。"他停了一下接着说："这个人就是祁奚，他外举不避仇，内举不避子，多么公正的人哪！如果他知道我的情况，他一定会来救我。"乐王鲋受到叔向的拒绝之后，心中十分不满，总想报复叔向。后来，晋侯问乐王鲋："叔向究竟犯了什么罪？"乐王鲋说："叔向是栾盈的同谋。"就在这时，叔向受到株连的事被祁奚知道了，于是他马上坐着车子去找范宣子商量，希望他能把叔向救出来。范宣子也是晋国的大夫，而且为人公正，听说叔向是受株连，也就乐意出力。经范宣子的营救，叔向终于被救出狱了。叔向认为他们救他是为公而不是为私，所以没有去感谢他们。

后人用"优哉游哉"来形容悠闲无事。

玉屏箫笛

典出民间故事。

玉屏县在贵州东南,是个山青水秀、人口不多的边远小城,但出产的箫笛却是天下第一。据说,玉屏箫笛最盛的时候,满街都是做箫笛卖箫笛的。

这里流传着一个年代久远的故事:那还是在明朝万历年间,郑芝山的先人去黔东南古镇镇远游玩,其间结识了一个云游道人。后来,那个道人到玉屏县游玩,住在郑家,不想老道病倒了,郑氏夫妇端汤送药,关怀备至。老道病好后,为表谢意,到玉屏的飞凤山中砍来几根青毛竹,制成几根箫笛,并把制箫笛的技艺传给了郑家。

后来,老道带玉屏箫笛云游到北京,住在紫禁城边的一个道观里,每到晚上就对月吹箫。一天,万历皇帝在御花园散步,听到这悠雅的箫声,不由自主地驻足品味,叹道:"此曲只应天上有,人间能得几回闻。"第二天晚上,万历皇帝又来听箫,但没有听到,急命太监前去打探。道观中的道士说,那是从贵州玉屏来的一个云游道士,已不知何往。万历下令让太监去玉屏找,一定要找到吹箫之人。

钦差千里迢迢到玉屏寻找道士,未寻见老道,却发现了玉屏出产的箫笛,它的音质浑厚,音色圆润,尤其是那种椭圆形的扁箫更是声音奇绝。从此,这种扁箫被指为贡箫,玉屏箫笛也就出名了。

言语篇

谤书盈箧

典出《战国策·秦策二》。

> 魏文王令乐羊将攻中山，三年而拔之。乐羊反而语功，文侯示之谤书一箧，乐羊再拜稽首曰："此非臣之功，主君之力也。"

战国时期，魏国的国君魏文侯十分贤明，他对手下人很信任，善于运用他们的才能。

一次，魏文侯任命乐羊为将军，率兵攻打中山国。这场战争打得很艰苦，乐羊用了三年时间才攻克中山国，当乐羊得胜回来，向魏文侯报告作战经过时，流露出了炫耀战功、得意扬扬的神色。魏文侯察觉了乐羊的自大情绪，却没有说他什么，而是让手下人取出了两只箱子，让乐羊自己去看。原来，这两只箱子装的是这几年间魏国群臣宾客写给国君的奏书，内容都是责难攻打中山国之事以及诽谤乐羊的。乐羊看到这两箱谤书，吓得浑身直冒冷汗，明白了自己最终能取得这样大的战功，全靠君王对他的信任。于是，乐羊再三地向魏文侯磕头谢罪说："这次攻打中山国成功，不是我的功劳，而是君王之力啊。"

后人用"谤书盈箧"的典故形容遭到别人的攻击、诽谤；或者形容是非不明、谗言可怕。

抱着琵琶进磨房

典出《弦明集·理惑论》。

牟融是东汉末年的著名学者，对佛学颇有研究。有一次，他向儒家学者宣讲佛义，却引用了儒家的《诗经》《尚书》来证明佛教的道理，而不直接用佛经回答问题。儒家学者感到奇怪，问他为什么这样做。牟融也不直接回答这个问题，却先向大家讲了一个有趣的故事。春秋时代，鲁国有个著名音乐家，名叫公明仪。他的七弦琴弹得十分出色。有一天，公明仪看见一头牛在低头吃草，他兴致勃勃，为牛弹了一曲高深古雅的清角调琴曲。但是，那头牛却无动于衷，仍然自顾吃草。公明仪仔细地观察了牛的神态，明白牛不是没有听见琴声，而是它根本听不懂这种高雅的曲调。公明仪弄清原因后，改变了弦法，重新弹琴，模仿着蚊子、牛蝇的嗡嗡叫声和小牛犊寻找母牛的悲鸣声。说也奇怪，那头牛立刻停止了吃草，摇着尾巴，竖起耳朵，踏着碎步，走来走去，好像很认真地听着琴声。

牟融讲完故事，对大家说："我知道你们能理解儒家经典，所以对你们提出来的问题，就引用你们所懂得的《诗》《书》来解释。不然，你们没有读过佛经，我同你们谈佛经，不是等于白讲了吗？"听了牟融这么一说，那些听讲的儒家学者都恍然大悟，更加心悦诚服了。

"抱着琵琶进磨坊"，比喻对不懂道理的人讲道理，对外行人说内行话。含有瞧不起对方的意思。

赤口上天，白舌入地

典出宋代周密《武林旧事》卷三。

又以青罗作赤口白舌帖子，与艾人并悬门楣，以为禳会。

鲁智深原是一个武官，因杀了人，出家做和尚，替开封大相国寺管菜园子。这一日，邻居众泼皮凑了些钱物，买了十瓶酒，牵了一头猪，来请鲁智深。智深道："什么道理，叫你众人坏钞。"众人道："我们有福，今日得师父在此与我等众人做主。"智深大喜，吃到半酣里，也有唱的，也有说的，也有拍手的，也有笑的。正在那里喧哄，只听得门外老鸦呱呱地叫。众人齐道："赤口上天，白舌入地。"智深道："你们做什么鸟乱？"众人道："老鸦叫，怕有口舌。"智深道："哪里取这话！"那种地道人笑道："墙角边绿杨树上新添了一个老鸦巢，每日只噪到晚。"众人道："把梯子上去拆了，也得耳根清净。"李四道："我与你盘上去，不要梯子。"鲁智深趁着酒兴，相了一相，走到树前，把直裰脱了，用右手向下，把身倒缴起，却把左手拔住上截，把腰只一趁，将那株绿杨树带根拔起。

众泼皮见了，一齐拜倒在地，只叫："师父非是凡人，正是真罗汉，身体无千万斤力气如何拔得起?"众泼皮从此见了智深，匾匾的伏。

后人用"赤口上天，白舌入地"比喻人们希望和睦相处，不要有争吵。

大放厥词

典出唐代韩愈《昌黎先生集·祭柳子厚文》。

> 玉佩琼琚，大放厥辞。

柳宗元（公元773～819年），字子厚，河东解（今山西运城解州）人，世称柳河东。他自幼学习刻苦，20岁中进士，被授为校书郎，调蓝田尉，升监察御史里行。柳宗元与刘禹锡等参加了主张革新的王叔文集团，任礼部员外郎。革新失败后，他被贬为永州司马，后迁柳州刺史。

柳宗元文学成就很高，是"唐宋八大家"之一。他的散文峭拔矫健，说理透彻；山水游记，写景状物，多所寄托。公元819年，柳宗元病逝在柳州，时年46岁。

在柳宗元死后的第二年，著名文学家、柳宗元的好友韩愈写了《祭柳子厚文》，寄托对柳宗元的哀思。祭文中对柳宗元的文采和才华大加称赞，说他"玉佩琼琚，大放厥辞。"意思是说，柳宗元的文章文笔秀美，尽力铺陈词藻，美如晶莹净洁的玉石。

"大放厥词"原来是赞扬柳宗元写出了大量的有文采的文章，含褒义。后来，人们在运用这个典故时，语义有了变化，常用来讽刺人大发议论。多用于贬意。

大声疾呼

典出唐代韩愈《昌黎先生集·后十九日复上宰相书》。

> 行且不息，以蹈于穷饿之水火，其既危且亟矣，大其声而疾呼矣!

韩愈，字退之，邓州南阳（今河南南阳）人。他25岁时中进士，到了28岁时尚未被任用，便写信给宰相赵憬，希望得到朝廷的任用。信发出以后，等了19日尚未见复信，韩愈又写了第二封，即《后十九日复上宰相书》。

信中，韩愈大声疾呼朝廷应像救水火之灾那样，来援救和任用那些有才学而面临困境的人。他说："当一个人遭受水火之灾而向人们求救时，不仅亲属为他奔走呼号，就是旁观者也会大声疾呼，希望人们快来救救这个遭受灾害的人。这是因为这个人所面临的情况实在危急，处境实在可悲。现在我的境遇也是这样既危险又急迫，因此我也大声疾呼，希望人们伸出救援之手……"

后人用"大声疾呼"指向人迫切地大声呼吁，使人警觉。

道听途说

典出《论语·阳货》。

> 道听而途说，德之弃也。

艾子是春秋战国时的人，有一次他刚从楚国回到齐国，毛空告诉他说："有一个人家的鸭子一次生了一百个蛋。"艾子不相信问道："哪有这样的事呢？"毛空改口说道："那么是两只鸭生蛋。"艾子说："也不会有这样的事。"毛空又改口说："那么是三只鸭生的蛋。"后来毛空见艾子总是不相信，就一次又一次地把鸭子一直增加到十只。艾子问他道："你为什么不减少蛋的数目呢？"毛空说："我宁愿增加鸭子的只数，也不减少蛋的数目。"艾子只好不说话了。毛空却接着说："上个月天上掉下一块肉来，有三十丈长，十丈宽。"艾子说："没有这个道理。"毛空改口说："那么就是二十丈长。"艾子说也没有道理。毛空又改口是十丈。艾子忍不住了，问他："你看见这个世界上有十丈长、十丈宽的大块肉吗？"接着又问："你刚才说的鸭子是哪一家的？那块肉又掉在什么地方？"毛空老老实实回答道："我是听别人说的。"艾子马上转过脸对他的学生们说："你们可不要像他这样'道听途说'啊！"

从此以后，大家便把随便听来的、没有事实根据的传闻说成"道听途说"。

方寸之地

典出列御寇《列子·仲尼》。

传说春秋时期，有一位道家学者，名叫龙叔。他有一天去请教宋国名医文挚。

龙叔说："我的病情是这样的：我的家乡有了好名声，我也不以此感到荣幸；我的国家遭到恶名，我也不以此感到羞耻；我得到宝贝不觉得喜悦，我丢失东西也不以为值得忧愁；我虽活着却觉得与死了一样；虽然很富裕却与贫穷没有区别；我看人与禽兽相差无几；我看自己的家也和旅店一样，我觉得故乡也好像遥远的蛮夷之国一般……我患的这些病症，用官位和俸禄不能引诱我，用刑罚也不能逼迫我，利害得失不能改变我，哀伤和欢乐也不能移动我。正因为我患有这些严重的疾病，所以我不能去做臣子而侍奉国君；也不能与朋友亲密地交往；甚至对于自己的妻子、家人、奴仆也不能正常地相处……我这些奇怪的疾病，您能医治吗？"

文挚细心地观察龙叔的面颊，琢磨着他的心理。过了一会儿，说："请您面向我，背朝窗子亮处站着，我来看看您的心就知道病在哪里了。"

龙叔按他的吩咐站在窗前，文挚察看龙叔的前胸，看了许久，忽然惊喜地叫道："哈，我看到你的心啦，方寸之地已经空虚啦！你已经够上圣人了，你是把圣人智慧当成疾病，这可不是我这样的医生所能治疗的呀！你已经懂得了长生之道，将来即使你寿终，灵魂也不会死了……"

原来，文挚听了龙叔的自述，知道他讲的全是道家的养生、修身之法，所以和他开了一个玩笑，假称见到了他的心，然后说些道家信奉的死而不亡的话来安慰龙叔。

"方寸之地"原义为心脏所在位置，现在一般用来比喻地方很小的意思。

飞短流长

典出《聊斋志异·封三娘》。

封泣下如雨，因曰："妾来当须秘密。造言生事者，飞短流长，所不堪受。"十一娘诺。

从前有一个年轻美貌的姑娘，名叫范十一娘。父母很疼爱她，凡是来范家提亲的，父母都让女儿自己选择。有一年，七月十五庙会，范十一娘去游玩。在庙会上她遇见一位少女，长得与她一样漂亮，而且说起话来很有礼貌，两人情投意合，相互友爱像姐妹一样。范十一娘问她什么名字，家住何方，她回答说："我叫封三娘，父母早逝，家中只有一个老太太守家望门，我家住在不远的邻村。"

范十一娘邀请封三娘到家串门，封三娘答应了。

一晃去了两个月，封三娘没有如约来范家，范十一娘非常想念她，竟然忧伤出病来。一天傍晚，范十一娘闲得无聊，让丫鬟陪她去花园散心。她们刚在石头上坐定，忽然瞧见封三娘趴在墙上往院里望。范十一娘又惊又喜，忙拉她进园，一起畅谈起来。

范十一娘责怪她说："你为何不守信用？想死人家啦！"

封三娘解释说："我也想念你呢，只是我家贫寒，你家富贵，与你交往我怕让你家仆人婢女耻笑呢！"

范十一娘流着眼泪说："我为你都害病了，你这回不要离开我啦……"

封三娘也流下了眼泪，挽着范十一娘的脖子娇声说："我来这里姐姐可要保守秘密呢！让那些造谣生事的人知道了，流言飞语，说长道短的，实在叫人受不了……"

范十一娘破涕一笑，欢喜地说："只要你留下陪我，我什么都答应你！"

从此她们俩同睡一床，十分友爱，范十一娘的病也好了。父母听说女儿请来一位美丽的小姐，也非常满意……

成语"飞短流长"意思是散布谣言、恶意中伤。"飞短流长"也写作"蜚短流长"。

沸沸扬扬

典出《水浒传》第十八回。

> 后来听得沸沸扬扬地说道："黄泥岗上一伙贩枣子的客人，把蒙汗药麻翻了人，劫了生辰纲去。"

晁盖、吴用等智取了生辰纲之后，大名府留守梁中书、东京太师府蔡京分别寄来书札和指令，要济州府府尹立即捉拿劫取生辰纲的"贼人"。蔡京限济州府十日内捉拿"贼人"归案，否则唯府尹是问。济州府尹得上司指令，慌了手脚，即唤捕快头目何涛从速破案，否则重罪加身，决不宽饶。

何涛领了台旨，焦躁得如热锅上的蚂蚁，立即召集许多做公的到机密房中商议此事。众做公的都面面相觑，如箭穿雁嘴，钩搭鱼腮，尽无言语。当初何涛只有五分烦恼，今见众做公都拿不出办法，又增添了五分烦恼。无奈，只得回到家中，独自一个，闷闷不已。

何涛之弟何清知道其兄的难处后，拍着大腿说："这伙贼，我都捉在便袋里了。"何涛大惊道："兄弟，你如何说这伙贼在你便袋里？"何清道："我赌博输了，便去北门外十五里的安乐村给客店的店小二抄了半个月的文簿。六月三日，有七个贩枣子的客人来投宿，我认得其中一个是郓城县东溪村的晁保正。第二天，又有一个叫白胜的挑着担子从村前经过。后来听得沸沸扬扬地说道：'黄泥岗上一伙贩枣子的客人，把蒙汗药麻翻了人，劫了生辰纲去。'我猜不是晁保正，还能是谁！如今只捕了白胜，一问便知端的。"

何涛听了大喜，随即报告了府尹，当下便差八个做公的去捉拿白胜。

后人用"沸沸扬扬"形容议论纷纷。

丰干饶舌

典出《宋高僧传》卷十九。

二僧人曰："丰干饶舌。"

唐朝时有个僧人名叫丰干。最初，他居住在天台山国清寺，做舂米的工役，后来行化到京兆。此时，京兆有个叫闾丘胤的要到台州去做太守，临行时他问丰干国清寺有没有高明的和尚。丰干回答说："有烧饭、洗碗的两个和尚，名叫寒山和拾得。"闾丘胤到任之后，就去拜访这两个和尚。当闾丘胤见到寒山、拾得说明来意后，这两个和尚笑着说："你怎么会知道我们呢。一定是丰干饶舌。"闾丘胤笑笑说："正是丰干告诉我的。"

后人用"丰干饶舌"指多嘴。

鼓闻百里

典出《笑府》。

　　甲曰："家下有鼓一面，每击之，声闻百里。"乙曰："家下有牛一只，江南吃水，头直靠江北。"甲摇头曰："那有此牛？"乙曰："不是这一只牛，怎谩得这一面鼓？"

　　甲说："我家里有一面鼓，只要敲击，百里之外都能听见。"乙说："我家里有一头牛，如果在江南喝水的话，它的头就靠在江北。"甲摇摇头说："哪会有这样一头牛？"乙说："如果没有这样的牛，怎么会有你那一面鼓？"
　　后人用这则寓言讽刺吹牛、说大话的人。

蛤蟆蛙蝇与晨鸡

典出《墨子间诂·附录》。

　　子禽问曰："多言有益乎？"墨子曰："蛤蟆蛙蝇，日夜恒鸣，口干舌擗，然而不听。今观晨鸡，时夜而鸣，天下振动。多言何益？唯其言之时也。"

　　子禽问道："多说话有好处吗？"
　　墨子回答说："蛤蟆、青蛙、苍蝇，白天黑夜叫个不停，叫得口干舌疲，都没有人去听它。雄鸡在黎明按时啼叫，鸣声一起，天下振动。多说话有什么好处呢？重要的在于话要说得切合时机。"
　　后人用"蛤蟆蛙蝇与晨鸡"比喻话要说到点子上。夸夸其谈，废话连篇，不但毫无益处，还会惹人厌烦。

花言巧语

典出《诗经·小雅·巧言》。

　　巧言如簧，颜之厚矣；

另见于元代王实甫《西厢记》。

　　对人前巧语花言，没人处便想张生，背地里愁眉流泪。

　　《西厢记》里说：张生和崔相国的女儿莺莺相爱，托莺莺的丫鬟红娘带了一封情书给莺莺。嫌贫爱富的相国夫人不许他们相爱，只许他们以兄妹相称。莺莺惧怕老夫人，见了张生的书信后，故意发怒道："我是相国家的小姐，谁敢将这简帖来戏弄我！"当场责备了红娘几句，并写了回信让红娘送给张生。其实，莺莺信中却密约张生月下相会。红娘识破了小姐的用心，把信交给张生时，唱道："我们小姐，在人前花言巧语，没有人时便想张生，背地里愁眉不展，暗自流泪。"

　　后人用"花言巧语"指虚伪而好听的话。

"火"与"虎"

典出刘基《郁离子》。

　　东瓯之人谓火为虎，其称火与虎无别也。其国无陶冶而覆屋以茅，故多火灾，国人皆苦之。

　　海隅之贾人适晋，闻晋国冯妇善捕虎，冯妇所在则其邑无虎。归以语东瓯君。东瓯君大喜，以马十驷，玉二瑴，文锦十纯，命贾人为行人，求冯妇于晋。冯妇至，东瓯君命驾，虚左，迎之于国外，共载而入，馆于国中，为上客。

　　明日，市有火，国人奔告冯妇。冯妇攘臂从国人出，求虎弗得。火迫于宫肆，国人拥冯妇以趋火，灼而死。于是贾人以妄得罪，而冯妇死弗寤。

东瓯国人把火说成"虎"，他们叫火和虎没有区别。那个国家没有制造陶器和冶炼金属的工业，就用茅草覆盖房屋，所以火灾很多，人们都因此而感到痛苦。

海边有个商人到晋国去，听说晋国的冯妇善于打虎，冯妇所住的地方，那里就没有虎。商人回国后，把冯妇的事告诉了东瓯国国君。国君非常高兴，拿出四十匹马，两双玉，十匹锦缎，任命商人为特使，去晋国邀请冯妇。冯妇来到时，东瓯国君命令套车子，把左边的位子空着，亲自到都城外迎接，一块坐着车子进城，安排他住在都城内的宾馆中，当做贵宾。

第二天，街市上发生了火灾，百姓们跑来告诉冯妇。冯妇挽袖子抡胳臂，跟着出去，到处找虎找不到。这时大火快烧近皇宫了。众百姓推着冯妇跑向大火，结果被火烧死了。于是那个商人因妄言胡说的罪名被治罪，而冯妇到死还不明白是怎么一回事。

这篇寓言说明，各地方言不同，不互相学习了解，就可能发生误解，甚至造成严重后果。

讳莫如深

典出《谷梁传·庄公三十二年》。

讳莫如深，深则隐。

春秋战国时代，鲁国国君鲁庄公很喜爱他的妃子孟任，一心想要让孟任生的儿子班继承君位。庄公生病的时候，问他的第二个弟弟叔牙谁可以继承国君。叔牙说庄公第一个弟弟庆父很有才能，可以继承。庄公见叔牙的意见不合自己的心意，又问第三个弟弟季友。季友说愿意用生命来辅助公子班做国君，并且叫大夫针巫把叔牙毒死了。鲁庄公死了以后，季友扶助公子班做了国君。可是庆父却联络庄公的夫人哀姜叫人把公子班杀了；另立哀姜的妹妹叔姜和庄公生的儿子开做国君，称为闵公。过了一年，庆父想自己做国君，又叫人把闵公杀了。鲁国的人民见庆父一连杀了两个国君，认为庆父不死，灾难不止。同时，躲避在陈国的季

友号召鲁国人民诛灭庆父。庆父非常害怕，便逃到齐国去了。

左丘明在《左传》里把这事写成"公子庆父如齐"。《谷梁传》解释说："此奔也，其曰如，何也？讳莫如深。"意思是：庆父因为害怕鲁国百姓和季友要诛灭他，才逃到齐国；而《左传》说他是到齐国去，不说他是逃跑，这是替庆父隐讳了杀死国君的最严重的罪过。

从此以后，人们就用"讳莫如深"来比喻隐瞒得很紧，害怕别人知道。

惠子善譬

典出《新序·善说》。

客谓梁王曰："惠子之言事也善譬。王使无譬，则不能言矣。"王曰："诺。"明日见，谓惠子曰："愿先生言事则直言耳，无譬也。"惠子曰："今有人于此而不知'弹'者，曰：'弹之状何若？'应：'弹之状如弹'，则谕乎？"王曰："未谕也。"于是更应曰："'弹之状如弓，而以竹为弦'，则知乎？"王曰："可知矣。"惠子曰："夫说者固以其所知谕其所不知，而使人知之。今王曰无譬，则不可矣。"王曰："善。"

有一个门客对梁王说："惠子说话，就是善于打比方。大王如果叫他不打比方，那他就无法把一件事情说清楚了。"梁王说："行。"第二天，梁王遇见了惠子，对惠子说："希望先生今后讲什么事情就直截了当地说，不要打比方了。"惠子说："现在如果有一个不知道'弹'是什么东西的人在这里，他问你弹的形状像什么，如果回答说弹的形状就像弹，那他明白吗？"梁王说："不明白。"惠子接着说："在这时就应该告诉他：'弹的形状像把弓，用竹子做弦'，那么他会明白吗？"梁王说："可以明白了。"惠子说："说话的人本来就是用人们已经知道的东西来说明人们所不知道的东西，从而使人们真正弄懂它。现在您却叫我不打比方，这就行不通了。"梁王说："你讲得好。"

这则故事形象地说明了比喻的妙用。它的寓意还在于：把别人的长处看成短处，并且强迫别人放弃自己的长处去说话、办事，那是行不通的。

击鼓骂曹

典出《三国演义》第二十三回。

祢衡，字正平。他有才干，善辩论，擅长于笔墨文章，刚强傲物。

有一次，曹操召见祢衡，不叫他坐。祢衡仰天长叹说："天地虽阔，怎么没有一个人呢？"曹操问："我手下有数十人，都是当世英雄，怎么说没有人？"祢衡说："你手下这些人，我都认识，不是要命将军，就是要钱太守，都像衣架、饭囊、酒桶、肉袋之辈！"曹操听了大怒，叫他当个打鼓手，早晚朝贺和宴会，都叫他打鼓助乐。曹操想用这个办法侮辱祢衡。

一天，曹操在大厅上宴请宾客，叫祢衡出来打鼓。按规矩，打鼓手要更换新衣服，可是祢衡仍然穿着破旧衣服出来打鼓。曹操左右的人问："为什么不换新衣服？"祢衡并不搭腔，当场脱下衣服，裸体而立，浑身尽露，在众宾客面前，大出曹操的丑！曹操气得大骂："大庭广众下这样做，真是太无礼！"祢衡回答："欺君罔上，才是无礼。我露父母之形，以显出清白的身体！"曹操问："你清白，谁污浊？"祢衡慢条斯理地告诉他："你不识贤愚，是眼浊；不读诗书，是口浊；不纳忠言，是耳浊；不通古今，是身浊；不容诸侯，是腹浊；常怀篡逆，是心浊！"祢衡袒露着身体，当着众人面前，一边击鼓，一边历数曹操的罪恶行径。曹操被骂得火冒三丈，立即令人将他遣送给荆州刘表。曹操借刀杀人，被刘表所识破，遂转送给江夏太守黄祖。后来，祢衡被黄祖杀死。

街谈巷议

典出《文选·张衡〈西京赋〉》。

> 街谈巷议，弹射臧否。

东汉时，封建统治阶级依仗他们手中的权力，残酷压榨人民，过着穷奢极欲的生活。封建皇帝自不待说，就是一些达官显贵、皇亲国戚也是肆意勒索，虎狼般地残害人民。据《后汉书》记载，中常侍侯览夺人宅屋 381 所、田地 1 万多亩。侯览的哥哥侯参任益州刺史，肆意勒索。他搜括的金银锦帛珍玩用 300 多辆车子都没装完。还有一些中、下层官吏，也是贪赃枉法，横行霸道。

封建统治者的穷奢极欲，引起了一些志士仁人的愤慨和谴责。有一个叫张衡的文学家，用10年时间写成了两篇名赋：《西京赋》和《东京赋》来讽谏统治者。在《西京赋》中，张衡描写了西汉统治者的奢侈生活，讽刺他们只图享乐而无远虑，借此讽谏东汉统治阶级。赋中讲了这样一个故事：西汉时，丞相公孙贺的儿子当太仆时，擅自动用了北军一千九百万的军费，并因此下狱。公孙贺到处活动为儿子开脱。当时，正在追捕一个叫朱安世的人，公孙贺便串通捕吏捕获了朱安世来顶替自己的儿子伏法。对此，人们街谈巷议，纷纷提出批评和指责。

"街谈巷议"即大街上谈，小巷里议。后人用"街谈巷议"这个典故比喻大街小巷里的人们对某件事情议论纷纷。

绝口不道

典出《汉书·丙吉传》。

> 吉为人深厚，不伐善。自曾孙遭遇，吉绝口不道前恩，故朝廷莫能明其功也。

丙吉，字少卿，年少好学，为人忠厚，后来做过廷尉监。刘询未当皇帝之时，曾遇难入狱，丙吉为此多方设法营救，使他得以安全脱险。

刘询即位后，号称宣帝。这时丙吉被封为关内侯，但他从不矜夸自己的好处。尤其是关于营救过宣帝刘询之事，在任何时候、任何地点，他都"绝口不道"，所以宫廷之中，没有人知道他营救过刘询的事。

丙吉做人忠厚，不谈己善，也不居功。后来刘询加封丙吉为博阳侯，采邑300户。就在这时，丙吉病倒，后经多方治疗，终于痊愈。丙吉康复之后，上书辞谢受封。他说功小受封，于心有愧。经宣帝劝说，他才勉强接受了。五年之后，他代魏相为丞相。

后人用"绝口不道"来形容闭口不说，绝不漏嘴。

侃侃而谈

典出《论语·乡党》。

> 朝，与下大夫言，侃侃如也；与上大夫言，闾闾如也。

在周代的等级制度中，大夫是诸侯下面的一个等级，其中又分为两等，最高一级称为卿，即上大夫，其余称为下大夫。孔丘的地位相当于下大夫。

孔丘是一个一举一动都力求合乎周礼的人。在家乡，在朝廷之上，和上大夫说话，和下大夫说话，他都有不同的举止和言语。在家乡，他显得温和恭顺，好像不会说话一样；在祭祀和朝见的场合，却善于谈论，只是比较谨慎罢了。在朝廷上，当国君不在场时，他同下大夫说话，理直气壮；同上大夫说话，和颜悦色；君主来了，则恭敬而又不安，非常小心谨慎。

后人从孔子和下大夫说话时的"侃侃如也"引申出"侃侃而谈"这句成语，指不慌不忙地谈着。

空穴来风

典出宋玉《风赋》。

> 臣闻于师，积句来巢，空穴来风。

楚国人宋玉是屈原的学生，也是当时著名的文学家。有一次他陪着楚顷襄王到兰台去游玩，到了台上，刚好有一阵风飒飒地吹来，顷襄王披着衣襟，迎着凉风，觉得很凉快，口里说道："这阵风真凉快呀！这是我和老百姓们共有的呀！"宋玉因为顷襄王淫乐无道，又把老师屈原放逐到湘北去，所以借了"风"的题目去讽刺他。说道："这风是你大王独有的，老百姓哪里能和你共有呢？"顷襄王觉得风的吹拂，不分贵贱，现在听宋玉说是他独有的，倒觉得奇怪起来，就叫宋玉把道理讲出来。宋玉说："听我老师屈原说过：枳树弯曲了，就有鸟在上面做巢；空的洞穴中，会生出风来，因为它各有凭借，那么风气就自然不同了……"宋玉用讽刺的口吻，把风划分开来。他说："在高台上，皇宫里那些清静的地方风是清凉的，所以属于贵族的；老百姓居住低洼的陋巷里，即使有风吹来，都是夹杂着许多泥沙和秽臭，所以是属于老百姓的……"

"空穴来风"，本来是宋玉借题来讽刺顷襄王的，但后人把它引申流言乘虚而入。

孔子马逸

典出《吕氏春秋·孝行览·必己》。

> 孔子行道而息，马逸，食人之稼，野人取其马。
> 子贡请往说之，毕辞，野人不听。
> 有鄙人始事孔子者，曰："请往说之。"
> 因谓野人曰："子不耕于东海，吾不耕于西海也，吾马何得不食子之禾？"
> 其野人大说，相谓曰："说亦皆如此其辩也，独如向之人！"解马而与之。

孔子赶路，中途歇息时马饿了，吃了人家的庄稼，农民把他的马扣留起来。

子贡自告奋勇去说情，费尽了口舌，农民根本不听他的。

有个刚跟随孔子的乡下人，说："请让我去说一说。"

这人对农民说："您不是在东海种地，我不是在西海种地，我的马怎么能不吃您的庄稼？"

农民一听这话，大为高兴，互相议论说："说话也有这样雄辩的，哪像刚才那个人！"随即把马解下来归还给他。

后人用"孔子马逸"比喻只有真正熟悉生活的人，才能说出切实有力的语言，一语中的，解决问题。

口若悬河

典出《世说新语·赏誉》。

王太尉云："郭子玄语议如悬河泻水，注而不竭。"

晋国有一个大学问家，名叫郭象，字子玄。他在年纪还小的时候，就很有才学，特别对于日常生活中发生的一切现象，肯下功夫思索。他爱好老子和庄子的学说，并且具有深湛的研究。当时有许多人请他去做官，他一概辞掉了。只是把研究学问和谈论哲理当成最快乐的事情。

因为他的知识很丰富，能够把一切事情的道理讲得清清楚楚，又喜欢尽量发挥自己的见解，于是太尉王衍常常称赞他说："听郭象说话，好比悬在山上的河流泻水，直往下灌，从来没有枯竭的时候。"

后来的人就根据王衍的话，引申出"口若悬河"这句成语。比喻人健谈，言辞如河水倾泻，滔滔不绝。

口是祸之门

典出《艾子杂说》。

艾子病热，稍昏，梦中神游阴府，见阎罗王升殿治事。有数鬼抬一人至，一吏前白之曰："此人在世，唯务持人阴事，恐取财物；虽无过者，一巧造端，以诱陷之，然后摘使准法。合以五百亿万斤柴于镬汤中煮讫放。"王可之，令付狱。有一牛头掉执之而去，其人私谓牛头曰："君何人也？"曰："吾镬汤狱主也，固首主也，而豹皮裈若此之弊！"其鬼曰："冥中无此皮，若阴人焚化方得，而吾名不显于人间，故无焚贶者。"其人又曰："某之外氏猎徒也，家常有此皮，若蒙狱主见悯，少减柴数，得还，则焚化十皮，为狱主作裈。"其鬼喜曰："为汝去'亿万'二字，以欺其徒，则汝得速还，兼免沸煮之苦三之二也。"于是又入镬煮之。其牛头者，时来相问，小鬼见如此，必欲庇之，亦不敢令火炽，遂报柴足。即出镬，束带将行，牛头曰："勿忘皮也。"其人乃回顾曰："有诗一首奉赠云：'牛头狱主要知闻，权在阎王不在君；减刻官柴犹自可，更求枉法豹皮裈。'"牛头大怒，又入镬汤，益薪煮之。艾子既寤，语于徒曰："须信口是祸之门也。"

艾子病了发高烧，有些昏昏沉沉，在睡梦中灵魂去游阴曹地府，看见阎罗王升堂问事。有几个鬼抬上一个人来，一个鬼吏向前汇报说："这个人在阳世上，只顾干些挟制别人隐私的缺德事情，用恐吓的手段诈取财物；就连清白无过的人，也被他巧设机关，诱惑下水，然后按他的指使照他的办法去干坏事。对此人应该用五百亿万斤柴火放在锅底下去烧煮他，煮过之后再放他回去。"阎王认为可以，命令交付牢狱去执行。有个牛头鬼上来揪住他，押了下去。那个人便私下询问牛头鬼说："你是什么人呀？"

牛头鬼说："我是镬汤狱的主管人，凡镬汤狱中的事情我都可以做主。"

那人又说："既然是牢狱的主管人，必定是第一把手了，但为啥穿着这么破烂的豹皮裤子呀！"

牛头鬼说："阴间没有这种豹皮，如果阳间有人焚化了才能得到。而我的名望在人世间并不显著，所以没有人焚化送给我。"

那人又说："我的舅舅是专门打猎的，家里常常有这种皮子，若得到您的怜悯，减少一些烧柴数字，我能够活着回去，就一定焚化十张豹皮，为狱主您做一条好豹皮裤子。"

牛头鬼大喜道："我为你减去'亿万'二字，以欺骗那些小鬼，你就可以迅速回家，并可免除三分之二的开水沸煮的苦处了。"

接着便把那人又进锅里去煮。这个牛头鬼时时来问情况，小鬼们见牛头鬼这般态度，想必是要保护那人，也就不敢把火烧得太旺，并且报告说，柴禾已经烧够了。那人出了汤锅，扎好了腰带准备归程，牛头鬼走来说："可千万别忘了那豹皮呀！"

那人便回过头来对牛头鬼说："我有一首诗要赠送给你：牛头狱主要知闻，权在阎王不在君；减刻官柴犹自可，更求枉法豹皮裈。"

牛头鬼一听勃然大怒，立刻又把那人叉进滚烫的水锅中，并加添了更多柴禾去烧煮他。

艾子醒了以后，就对他的徒弟们说："必须相信口是酿成祸灾的大门呀！"

后人用这则寓言说明口是祸之门，多嘴多舌容易招致灾祸。

口口声声

典出《元曲选·秋胡戏妻》。

你这厮，太无礼了。你待要偕比翼，你也曾听杜宇它那里口口声声撺掇先生，不如归去。

钜野县鲁家庄有个寡妇刘氏，她身边只有一个儿子名叫秋胡。她的邻居罗大户有个女儿叫梅英。经媒说合，秋胡与梅英结为夫妻。成婚之后，媒人因嫌谢礼太少，便从中挑拨。她对梅英说："姐姐一表人才，当初应选一个财主，有吃有穿，一生受用，而今嫁给这个秋胡，穷困艰苦，看你今后怎样过活？"梅英道："至如他釜有蛛丝甑有尘（就是他穷得锅底朝天，甑上有灰尘），我也愿意。"

媒婆之言，梅英根本不听。

结婚不久，秋胡便从军服役去了。债主李大户趁机来向罗大户逼债，想借此机会将梅英弄到手。罗大户因无钱偿还，李大户便摆出一副财主的架势说："既无钱还债，就把你的女儿梅英嫁给我，以了此债。"他还造谣说："你女婿已经死了，你女儿又这么年轻，总不能老守活寡呀！若嫁给我李某，不但你女儿一生吃穿不愁，你这个当岳父的也可跟着享享清福。"经他这么一说，罗大户便动心了。

罗大户来到刘家对刘氏说："秋胡已死，我女儿年轻，不能守寡！而今李大户要娶梅英，他自家牵羊担酒送礼来了。"刘氏无法，只得叫梅英梳妆打扮。她对梅英说："虽然秋胡不在家中，你是个年轻媳妇，也该梳梳头，收拾收拾呀！似这般蓬头垢面，不让人家笑话吗？"梅英说道："你儿不在家已好几年了，妇道人家也该识个好歹高低呀！"婆媳俩正在说话之间，李大户偕同罗大户及罗大户的老婆，带着一班人吹吹打打，鼓乐喧天地到鲁家庄娶亲来了。

梅英对李大户的卑劣行为极力反抗，她坚决而愤怒地对他父母说："要儿改嫁，要等那太阳从西边升起！"此时李大户死皮赖脸地对梅英说："小娘子不要多言，我这模样可长得不丑呀！"梅英听了，好不气愤，啪的一声，一巴掌打在李大户脸上。并且骂道："你有钱，你有势，怎敢把我穷人欺，我虽穷，有骨气，你敢把我良家妇来调戏，滚滚滚，去去去，凤凰岂肯乌鸦配。"李大户见势不妙，只好暂时退去，妄想另找机会报复。

事后不久，秋胡便告假回家探亲来了。

秋胡入伍后，屡立奇功，现在已官至中大夫了。他告假回家，走到自己的桑园时，看见梅英正在采桑，便更衣去戏弄他的妻子。他说："小娘子，左右无人，我央求你，采桑不如嫁郎，你就顺了我吧。"梅英怒骂道："你这厮，太无礼了。你待要偕比翼，你也曾听杜宇在那里口口声声撺掇先生，不如归去。"秋胡还要和他纠缠，被梅英痛骂了一顿。

梅英夫妻团圆之后，秋胡便令钜野县官严惩李大户。县官立即捉拿李大户归案，将他重打四十大板，关押三个月，罚粮一千石，用于救济饥民。

后人用"口口声声"来形容把一种说法挂在嘴边。

老生常谈

典出《三国志·管辂传》。

十二月二十八日，吏部尚书何晏请之，邓飏在晏许。晏谓辂曰："闻君著爻神妙，试为作一卦，知位当至三公不？"又问："连梦见青蝇数十头，来在鼻上，驱之不肯去，有何意故？"辂曰："……今君侯位重山岳，势若雷电，而怀德者鲜，畏威者众，殆非小心翼翼多福之仁。又鼻者艮，此天中之山，高而不危，所以长守贵也。今青蝇臭恶而集之焉，位峻者颠，轻豪者亡，不可不思害盈之数，盛衰之期。……愿君侯上追文王六爻之旨，下思尼父象象之义，然后三公可决，青蝇可驱也。"飏曰："此老生之常谈。"

三国时，魏国有个人叫管辂，从小对天文学很有兴趣，八九岁的时候，和小朋友们一起玩时，便能在泥土上画日月星辰的形象，并加以解说。长大以后，对《周易》了解得很透彻。他常常替人占卜，每次都很灵验。有一次，吏部尚书何晏将管辂请了去，尚书邓飏也在座。何晏对管辂说："听说你能预卜先知，请你替我卜一卦，看我有没有做三公（最高的官职，即司徒、司寇、司空）的希望。最近连续梦见几十只青蝇飞到我鼻上来，赶也赶不走，不知何故？"

管辂说："请原谅我直说，从前周公辅佐周成王，经常是坐着等待天亮，由于他的尽忠职守，才使成王国运兴隆，各国诸侯都拥护他，这完全是遵循天道的结果，不是卜筮可以说明的。现在你权高势赫，但感怀你德行的人少，畏惧你威势的人却很多，这不是好现象。相书说，鼻的位置在天中，青蝇贴面，主危。我希望你上追文王，下思尼父（孔子），则三公可望，青蝇可驱了。"邓飚在旁听了说："这些话我都听厌了，一般人都爱发的议论，有什么新奇的呢？"

后来的人便把邓飚的这席话引申为成语"老生常谈"，比喻没有新意的言论。

李逵骂宋江

典出《水浒传》第七十三回。

黑旋风李逵和浪子燕青离开四柳村，将进荆门镇时，天色已晚，投宿在刘太公庄上。当晚，听说太公的女儿两日前被梁山泊宋江强夺去了。李逵信以为真，气得他一上梁山寨，便直到忠义堂来，拔出大斧，先砍倒了杏黄旗，把"替天行道"四个字扯得粉碎，又抢斧上堂，要杀宋江。众人慌忙拦住，问什么事。李逵气作一团，哪里说得出！还是燕青把经过情况说了一遍。宋江听了，便叫："哪有这回事？"李逵睁圆怪眼，大声嚷叫："我平时把你当做好汉，你原来却是畜生！快把女子送还刘老，不然，我早晚要杀了你！"宋江说："你且不要闹嚷，那刘太公不死，庄客都在，可以同去面对。若对着了，我就拿脖子受你板斧；如果对不着，你这家伙没上下，该当何罪？"李逵说："如果不是你，我这颗脑袋便输给你！"

众人来到刘太公庄上。李逵叫太公快来仔细认一认宋江，他提着板斧立在宋江身边，只等老汉说声是，便要下手。刘太公定睛看了又看，摇摇头说："不是。"宋江说："刘太公，我便是梁山泊宋江。你的女儿，是让假名托姓的骗夺去了。你如果打听出来，我替你做主。"回头又对李逵说："回到寨里再来辩理！"说毕，宋江等人先回山寨。

燕青问李逵："李大哥，怎么办？"李逵说："只是我性太急，做错了事。既然输了这颗头，我自己一刀割下来，你拿去献给哥哥便了。"燕青劝他不要死，教他脱下衣服，绑缚麻绳，背上荆杖，拜伏在忠义堂上，请打求饶。事到如今，李逵无可奈何，只得同燕青回寨来，跪在堂上，负荆请罪，向宋江赔不是。

宋江佯装不饶，要按军令行事，拿头抵罪。众人都替李逵求情。宋江说："要饶他也可以，不过，他要把那假宋江捉来，讨还刘太公的女儿。"李逵听了，高兴得跳起来，说："我去瓮中捉鳖——手到拿来！"后来，李逵和燕青访得是牛头山王江和董海冒名所为，便杀了这两个绿林草贼，将女子送回刘太公庄上。

"李逵骂宋江"，比喻得罪了人，过后向人赔礼道歉。

中华典故

②

刘庆才 主编

红旗出版社

立木南门

典出《史记·商君列传》。

　　令既具，未布。恐民之不信己，乃立三丈之木于国都市南门，募民有能徙之北门者，予十金。民怪之，莫敢徙。复曰："能徙者，予五十金。"有一人徙之，辄予五十金，以明不欺。卒下令。

　　商鞅制定新法完毕，尚未颁布。他恐怕百姓们不信赖自己，于是在秦国都城的南门口竖立了一根三丈长的木杆，召集百姓，告示说："如果有人能将木杆移至北门，赏赐十金。"

　　众百姓听了很奇怪，不知他是什么意思，都不敢贸然去移。商鞅又说："能移木杆人，赏五十金。"这时，人群中走出一个人来，将立木搬至北门，商鞅当众赏赐了五十金，以表示自己言而有信，不欺骗百姓。

　　事后，他便颁布了新法。

　　"立木南门"这个典故告诉我们办事情应该言而有信，绝不能朝令夕改，失信于人。

连篇累牍

典出《隋书·李谔传》。

　　连篇累牍，不出月露之形，积案盈箱，唯是风云之状。

　　李谔是隋朝初年管理文书的官员，他看不惯当时只追求词句的华丽，内容上却空洞无物的文章。因此，他向隋文帝上书，请求明令禁止这种浮华的文风。他在上书中说："写文章互相比赛词句华丽，已经成了恶劣的风气。文章不讲什么正当道理，只写一些虚幻的枝节，只讲究一个韵或一个字的奇特、巧妙；即使一篇又一篇地写了一大堆，甚至堆满桌子、塞满箱子，写的也不外乎什么月、露、云，这有什么意思呢（连篇累牍，不出月露之形；积案盈箱，唯是风云之状）?"

隋文帝杨坚看了李谔的上书后，很是赞赏，但他弄不清对这种事具体该如何处理。李谔说："开皇四年，皇上不是向天下颁布命令吗？要求各种文章，都要照实记录下来。当年九月，泗州刺史司马幼之所写的文章过于华艳，皇上就把他抓进狱中，交付给司法部门治罪。从那以后，公卿大臣再不敢写那种华而不实的文章了。"

隋文帝点头称是，于是，决定将李谔的建议颁行各地，好让地方官参照执行。

可是不久，隋文帝便死去，继承帝位的隋炀帝是个荒淫无道的暴君，他喜欢那种"风花雪月"的文章，所以，李谔的建议很快就落空了。

后人用"连篇累牍"形容数量很多而内容空洞重复的文章。

鲁鱼亥豕

典出《吕氏春秋·察传》。

有读史记者曰："晋师三豕涉河。"子夏曰："非也，是己亥也。夫己与三相似，豕与亥相似。"至于晋而问之，则曰："晋师己亥涉河也。"

有一次，孔子的学生子夏到晋国去，经过卫国，听见有人琅琅念道："晋国伐秦，三豕涉河。"子夏听了，感到有些莫名其妙，为什么晋国的军队征伐秦国，有三只猪渡过黄河呢？恐怕不是什么"三豕涉河"，而是"己亥涉河"吧？他到了晋国，一问，果然是"己亥涉河"。

原来，汉字中有许多字形相同的字，像"鲁"和"鱼"，"亥"和"豕"等，一不小心就要弄错。

后人用"鲁鱼亥豕"表示书籍在传抄、刊印过程中的文字错误。

马谡用兵

典出《三国演义》第九十五回。

马谡，字幼常，三国时代襄阳宜城（今湖北宜城南）人。他好读兵书，在蜀汉军中任参军之职，常夸夸言兵。刘备临死时，嘱咐丞相孔明说："马谡言过其实，不可大用。"

一次，魏国将军司马懿率军攻打军事要地街亭（今甘肃秦安县东北）。马谡要求前往把守街亭。孔明说："曹魏欲取街亭，乃断我咽喉之路。街亭虽小，关系重大。你虽然深通谋略，但街亭没有城郭，又无险阻，防守很不容易啊！"马谡说："我自幼熟读兵书，颇知兵法，难道还守不住一个街亭？"表示愿以性命担保，并立下军令状。孔明只好答应，并派一向谨慎的大将王平相助。

马谡领兵来到街亭，看了地势，冷笑说："丞相太多心了。街亭这样偏僻，魏兵如何敢来？"他要屯兵于一座小山上。王平担心屯兵山上会遭敌围困。马谡说道："你的见识太浅。兵法说：'凭高视下，势如劈竹'。如魏兵来，叫它片甲不回！"王平劝他："这小山是一处绝地，如魏兵切断汲水的道路，就无法坚守。"马谡生气地说："兵书说，'置之死地而后生'。如山上断水，便只有死战，一人能当百人用！"他越说越得意忘形，"连丞相都经常向我请教，你却不信任我！"王平只好请求分兵在山下扎一小寨。

司马懿领兵来到，得知蜀军已经先扎下营寨，认为自己很难取胜。探得蜀兵屯驻山上，街亭大道路口并无寨棚，觉得自己有得胜的把握，感叹地说："马谡徒有虚名，才能平庸，孔明重用此人，如何不误事！"于是令部将张部引军挡住王平的来路，又派兵切断汲水的道路。司马懿亲率大军，将马谡围困在山上。蜀兵被围困了一天，饥渴难忍，人心惶惶。半夜，山南面的蜀兵大开寨门，下山降魏。魏军又在山的周围放火，制造更大的混乱。马谡料想死守不住，便带残部突围下山，逃回祁山，向丞相孔明请罪去了。后来，孔明深悔自己用人失误，挥泪斩了马谡。

"马谡用兵"，比喻说话夸张失实，超过实际所能办到的；也指办事违背了客观规律。

满城风雨

典出《冷斋夜话》卷四。

黄州潘大临工诗，多佳句，然甚贫。……临川谢无逸以书问有新作否。潘答书曰："秋来景物，件件是佳句，恨为俗气所蔽翳。昨日闲卧，闻搅林风雨声，欣然起，题壁曰：'满城风雨近重阳。'忽催租人至，遂败意，止此一句奉寄。"

黄州的潘大临善写诗，创作了很多脍炙人口的佳句，但是此人家境十分贫穷。有一次，临川人谢无逸给潘大临写信，问最近是否有新作。潘大临回信道："秋天到来之后，自然界的景物，样样都可作为写诗的绝好材料。昨天无事，靠在榻上养神，听到从丛林中发出来的风吹雨打的声音，美妙极了，起身提笔，在墙壁上题诗：'满城风雨近重阳。'刚写了第一句，忽然催收房租的人拍门进来，就此将我的诗兴败坏了，所以只能将这一句寄给你看。"

"满城风雨"原指城内处处风雨交加的深秋景色，后来多用以比喻某事很快传播开来，人们议论纷纷。

美女破舌

典出《战国策·秦策一》。

战国时，秦国将军陈轸，原是楚国的将军，后逃到秦国。楚王十分痛恨他，就派张仪到秦国去离间秦惠王和他的关系。

秦国的田莘得到这个消息后，对秦惠王说："从前，晋国要攻打虢国，因惧怕虢国有个叫舟之侨的大夫而没有轻易出兵，晋国大夫苟息对晋献公说，《周书》说，漂亮的女人能够破坏谏臣对臣主的忠言。晋献公于是送给虢君一支女子乐队，使虢君整天沉湎于弦乐酒色之中，不理国事，不听舟之侨的正确意见，舟之侨一气之下离开了虢国，不久，晋国就把虢国灭亡了。"

秦惠王问田莘："你说这个故事做什么？"

田莘继续说："晋国后来又要攻打虞国，因惧怕虞国的大夫宫之奇，也没有轻易出兵，苟息又对晋献公说，《周书》说，男妓能够迷惑老成的人。晋献公就派漂亮的男子去迷惑虞君，说宫之奇的坏话，宫之奇在虞国立不住脚，只好逃走，晋国又把虞国灭亡了。"

"我还是不明白你的意思。"秦惠王摇着头说。

田莘说："我的意思是，现在楚国派张仪来，一定会离间你与陈轸的关系，你可千万别上当啊！"

张仪来到秦国，果然说了陈轸不少坏话，秦惠王没有听取。

"美女破舌"指谏臣的话因女人的挑拨而不为君主接受。

巧发奇中

典出《史记·孝武本纪》。

少君资好方，善为巧发奇中。

西汉武帝时，迷信之风盛行。上至天子，下至百姓，都以为求神祭神可以使子孙尊显，民可以益寿延年。有些以祠灶为业的人深得皇帝的尊崇。

当时，有一个叫李少君的人，被汉武帝召至宫中。李少君无妻无子，他隐匿自己的年龄，装神弄鬼，自言能用药物使人长生不老。少君也确实有点小能耐，常常能说出上百年以前的事实而且准确无误。有一次，他和武安侯田蚡在一起饮酒，座中有一位90余岁的老人。李少君对这位老人说自己曾经和老人的祖父共游过某地。这位老人在孩子时曾随祖父到过此地，举座都为李少君的话而惊奇不已。还有一次，汉武帝召见李少君，说有一件旧铜器，问他认识否。李少君说："这是齐桓公十年时放在柏寝的那件铜器。"后来证实就是此物，宫中诸人大为惊骇，都以为李少君是个神人，可能已是数百岁的人了。司马迁把李少君这种时时发言有所中的才能称之为"巧发奇中"。

后人用"巧发奇中"来形容善于发言而能适合人意。

巧言令色

典出《尚书·皋陶谟》。

何畏乎巧言令色孔壬。

传说皋陶和禹在舜帝面前讨论过治理国家的事情。在讨论的时候，皋陶说："相信并按照先王之道处理政务，就能使谋略实现，大臣之间也就能团结一致，同心同德。"禹说："对呀，但如何才能做到这样呢?"皋陶说："唉，这就应该严格要求自己，以身作则，努力提高品德修养，以宽厚的态度对待同族的人，同时也要使他们贤明起来，努力辅助你治理国家。"禹非常佩服地对皋陶说："你说得好啊!"

接着皋陶又说:"还有,怎样用人也非常重要,一定要做到知人善任。"禹说:"对!知人善任的人,才是有智慧的人;有智慧的人,才能用人得当。如果能做到这点,何必怕那些花言巧语善于谄媚的人呢?"

后人用"巧言令色"来形容花言巧语,伪装和善的样子。

鸲鹆效声

典出《叔苴子·内篇》。

鸲鹆之鸟生于南方,南人罗而调其舌,久之能效人言,但能效数声而止,终日所唱惟数声也。蝉鸣于庭,鸟闻而笑之。蝉谓之曰:"子能人言甚善,然子所言者未尝言也。曷若我自鸣其意哉?"鸟俯首而惭,终身不复效人言。

八哥是生长在南方的一种鸟。人们用网捕到后,便训练它学说话,日久天长,八哥就能跟着人学舌了,但只能模仿几句而已,从早到晚所唱的也就是这么几声。

有只蝉在院里叫,一只八哥听到后便嘲笑它。蝉于是对八哥说:"你能学人说话,这很好。然而你所说的都不是自己的话,实际等于没有说,哪里比得上我叫的都是自己的意思呢?"八哥听后,羞愧地低下头,一生再也不跟人学舌了。

后人用"鸲鹆效声"这个典故讽刺那些自己毫无主见,人云亦云,拾人牙慧还要到处吹嘘的人。

鹊集噪虎

典出《郁离子》。

女几之山乾,鹊所巢。有虎出于朴樕,鹊集而噪之。鸲鹆闻之,亦集而噪。鸲鹆见而问之曰:"虎,行地者也,其如子何哉而噪之也?"鹊曰:"是啸而生风,吾畏其颠吾巢,故噪而去之。"问于鸲鹆,鸲鹆无以对。鹖鴽笑曰："鹊之巢木末也，畏风，故忌虎；尔穴居者也，何以噪为？"

在女罂南边，是喜鹊做窝的地方。有一只老虎从朴薮树后跳了出来，喜鹊一见便群集在树上对着老虎高声乱叫。八哥鸟听见了，也群集在树上高声乱叫。

寒鸦看见了便问喜鹊说："老虎是在地上行走的动物，它跟你有什么相干？对它乱叫是为什么？"

喜鹊回答说："它的长声吼叫可以生风，我害怕它把我的巢颠覆了，所以才叫。"

寒鸦又询问八哥，八哥听了则无言以对。

寒鸦笑着说："喜鹊把自己的巢搭在树枝上，怕风吹，所以畏惧老虎；而你住在山洞里，又何必跟着乱叫呢？"

后人用这则寓言讽喻毫无意义的多嘴多舌者。多嘴多舌的人，往往闻风便是雨，它们既缺乏是非感，也没有现实感。浑浑噩噩，随波逐流，却往往给生活增添许多不必要的麻烦。

人言可畏

典出《诗经·郑风·将仲子》。

> 人之多言亦可畏也。

《将仲子》是《诗经·郑风》中的第二篇。诗中描写了一位热情坦率的姑娘，热切地希望与自己相爱的人幽会，但又恐怕别人觉察，所以让他莫露形迹，以免遭到父母、兄弟和社会的非难。这个姑娘的心情是矛盾的，因而"言似拒之，实乃招之"。

《将仲子》全诗共 3 段，其中第三段的原文是："将仲子兮，无窬我园，无折我树檀。岂敢爱之？畏人之多言。仲可怀也，人之多言亦可畏也。"大意是说：仲子（古歌者情人的名字），仲子，求求你呀，莫将我家墙跨，可别踩断檀树权。我不是心疼这檀树，是怕人多嘴又杂。仲子，仲子，我想你呀，可人多嘴杂也可怕。

后人用常"人言可畏"来形容舆论对人的压力。

三寸不烂之舌

典出《史记·张仪列传》。

张仪尝从楚相饮，已而楚相亡璧，门下意仪盗璧，共执仪，掠笞数百，不服，释之，其妻曰：子无读书游说，安得此辱乎，仪张口曰：视吾舌尚在否，妻曰：在也，仪曰：足矣。

张仪有一次被邀参加楚国宰相的宴会，宴会散了后，楚相发现自己最贵重的玉璧不见了。侍从说："一定是张仪偷的，他又穷又行为不端，除了他还能有谁呢？"于是，楚相派人把张仪抓来，百般殴打追逼，并把他家抄了个遍，却始终找不出来，只好把张仪放了。张仪的妻子因为张仪受了冤屈，又被打得体无完肤，因此守着张仪哀哀地哭。张仪说："不要哭，不要哭，现在要紧的是：你看我舌头还在不在，被打烂了没有？"妻子被逗笑了，说："舌头还在你口里。"张仪说："只要舌头完好，那就不要紧。"后来，张仪西入秦国，凭着他的政治才能和无敌的口才，为秦国统一天下的大业，作出了卓越的贡献。

后人用"三寸不烂之舌"这个谚语比喻只要舌头不烂，就能凭借语言说服人。引申为巧舌如簧地说服别人。

三人成虎

典出《战国策·魏策二》。

庞葱与太子质于邯郸，谓魏王曰："今一人言市有虎，王信之乎？"王曰："否。""二人言市有虎，王信之乎？"王曰："寡人疑之矣。""三人言市有虎，王信之乎？"王曰："寡人信之矣。"庞葱曰："夫市之无虎明矣，然而三人言而成虎。……"

战国时代，互相攻伐，为了使大家真正能遵守信约，国与国之间通常都将太子交给对方作为人质。

魏国大臣庞葱将要陪魏太子到赵国去做人质。临行前对魏王说:"现在有一人来说街市出现了老虎,大王可相信吗?"魏王道:"我不相信。"庞葱说:"如果有第二个人说街市上出了老虎,大王可相信吗?"魏王道:"我有些将信将疑了。"庞葱又说:"如果有第三个人说街市上出现了老虎,大王相信吗?"魏王道:"我当然会相信。"

庞葱就说:"街市上没有老虎,这是很明显的事,可是经过三个人一说,好像真的有了老虎了。现在赵国国都邯郸离魏国国都大梁,比这里的街市远了许多,议论我的人又不止三个,希望大王明察才好。"魏王道:"一切我自己知道。"

市是人口集中的地方,当然不会有老虎。说市上有虎,显然是造谣、欺骗,但许多人这样说了,如果不是从事物真相上看问题,也往往会信以为真的。

这故事本来是讽刺魏惠王无知的,后世人借来比喻有时谣言可以掩盖真相,所谓"众口铄金"。

生公说法

典出《莲社高贤传·道生法师》。

入虎丘山,聚石为徒,讲涅槃经,至阐提处,则说有佛性,且曰:"如我所说,契佛心否?"群石皆为点头。

晋朝时,有个和尚俗名魏道生。他从小出家,苦读经书,钻研佛学,精通佛典,才华出众,大家叫他道生法师,尊称为生公。

生公在京城里传经布道,深受皇帝的器重。当时佛教盛行,佛教中又有许多不同的派别,朝廷里有的大臣见皇帝器重生公,产生嫉妒,奏本诬告生公是邪教。皇帝听信了谗言,便把生公赶出了京城。

生公到处云游,四海为家。有一次,他来到苏州城,看到虎丘山风景特别好,便在这里居住下来,传经布道。苏州人听说虎丘山上来了名僧,大家都来听他讲经。一传十、十传百、百传千……来听经的人群把虎丘山上的一块大磐石都坐满了。

说起虎丘山上的这块大磐石,还有它的一段故事。早年吴王阖闾在虎丘造墓,为了不泄露机密,坟墓造好了,便下令将造墓的一千名工匠全部杀掉。工匠们拼死抵抗,在大磐石上和官兵肉搏厮杀,终因手无兵器,统统被杀害了。千人的鲜血染红了这块大磐石，后人取名"千人石"。千人的鲜血流到磐石边的水池里，殷红殷红，便取名"血河池"，后来池中白莲盛开，改名叫"白莲池"。

生公在虎丘山上讲经的消息，在苏州城内外很快传开了，听他讲经的人越来越多。苏州知府知道后，害怕冒犯朝廷，得罪朝中大官，便下令不准生公讲经，并派出大批官兵将前来听讲的人全部赶走。那"千人石"上只留下一块块垫坐的石头。

生公并不灰心，依然坚持不懈，天天讲经。没有人，向谁讲？他面对一块块的顽石，像往常对着听讲的人群一样，一丝不苟地讲解佛经。说来也奇怪，每当生公讲经的时候，虎丘山上的百鸟停止了歌唱，都静静地听着；白莲池里的水也会盈满起来，所以说"生来池水满，生去池水空"；那池里的千叶白莲听到生公讲经，也都一起开放吐香；连一块块垫坐石，听了也会频频点头。这是什么道理呢？有人说生公讲经讲得好。更多的人说，生公的意志坚韧不拔，精神十分感人，感动得花鸟也知情、顽石都点头！

"生公说法"，比喻道理讲得透彻，使人心服口服。

声色俱厉

典出南朝刘义庆《世说新语·汰侈》。

晋代有两个豪绅，一个叫石崇，一个叫王恺。王恺是晋武帝司马炎的舅父。晋武帝常常支持王恺与石崇争富。有一次，晋武帝送了一只高二尺多、枝条繁茂、世所罕见的珊瑚树与王恺。王恺十分得意，便拿去给石崇看，借以显示自己的富豪。石崇看了一看，便用铁如意将珊瑚打碎了。王恺既感到痛惜，又觉得是石崇嫉妒他有这样稀奇的宝贝，因而便声色甚厉地责备石崇。石崇却无所谓地对王恺说："这有什么稀奇，还你一只得了。"当即便叫人把自己的珊瑚拿出来让王恺挑选。石崇的珊瑚树高三四尺不等，枝条主干姿态绝世，光彩夺目；六七只珊瑚，每只都比王恺的高大而瑰丽。王恺一看，不禁大吃一惊，顿觉愕然。

后人把"声色甚厉"说成"声色俱厉"，用来表示说话的声音和脸色都很严厉。

拾人牙慧

典出《世说新语·文学》。

　　殷中军云："康伯未得我牙后慧。"

　　晋朝时有一个叫殷浩的人，很有学问，又善于说话。曾被封为建下将军，统帅扬、豫、徐、兖、青五州兵马。后因作战失败，被罢官流放到信安（在今浙江省衢县境）。殷浩有一个外甥叫韩康伯，人非常聪敏，又有学问，殷浩也很喜欢他。殷浩在被流放时，韩康伯也随在一起。有一天，殷浩见他对人发表议论，显示出十分得意的神情。事后殷浩就说："康伯连我的牙后慧还没有得到！"

　　牙慧，是指牙上的污秽。殷浩这句话的意思是：韩康伯连殷浩牙齿后面的污秽还没有得到，谈的道理实在和我所知道的差得很远！后人把这个故事引申成"拾人牙慧"这个成语，来比喻沿袭别人说过的话，自己没有真知灼见。

驷不及舌

典出《论语·颜渊》。

　　惜乎，夫子之说君子也！驷不及舌，文犹质也，质犹文也。虎豹之鞟犹犬羊之鞟。"

　　有一天，卫国大夫棘子成和孔子的学生子贡一起谈论怎样才像一个君子。棘子成说："君子只要有好的本质就够了，要那些礼节、形式干什么？"子贡说："可惜呀，先生谈论的君子谈错了。一言既出，驷马难追。本质与文采是同等重要的。这就好比虎豹之皮与犬羊之皮的区别既在本质，也在文采。如果从虎豹、犬羊的皮上拔去有文采的毛，那么，这些兽皮的区别就很小了。"

　　后人用"驷不及舌"来表示说话应当慎重一些，因为话说出之后不能反悔。

滔滔不绝

典出《开元天宝遗事》。

原作"滔滔不竭"，典出五代·王仁裕《开元天宝遗事》。

张九龄善谈论，每与宾客议论经旨，滔滔不竭，如下阪走丸也。

唐代时，有一个大臣叫张九龄，字子寿，一名博物，韶州曲江（今属广东）人。他中过进士，任过右拾遗。当时，吏部选拔人才，都由他和赵冬曦评定等第。开元二十一年（公元733年），张九龄任中书侍郎同中书门下平章事，主张不循资格用人，设十道采访使。

张九龄不但能很好地协助皇帝处理政务，他还是位很有才能的诗人。他善于言辞和辩论，每当和宾客们讲书论经时，总是滔滔不绝，像顺着斜坡滚弹丸一样，毫无阻碍。

开元二十四年（公元736年），因为奸相李林甫的攻击，张九龄罢相。

后人用"滔滔不绝"形容话多，连续不断。

天子无戏言

典出《吕氏春秋·重言》。

周成王时，周朝刚刚平定天下，成王还年幼，由周公摄理国事，处理政务。成王很信赖他。后来成王长大了，周公将政权交还给成王。成王仍尊重他，经常向他咨询各类事务。

有一次退朝后，周成王与他的弟弟叔虞在一起闲聊，成王一时兴起，摘下一片桐叶，削成圭的形状，当成珪玉送给叔虞，并说："我就拿这个封你吧。"叔虞信以为真，将这件事告诉周公。

周公前来请示成王："听说王要封叔虞，请王上择吉日立叔虞吧。"

成王却说："我不过是跟叔虞开个玩笑罢了。"

周公说："我听说过，天子没有开玩笑的话，天子的任何言论史官都会记载下来，说话不慎重，失信于人，将会失去人心啊。"

成王只得择日封叔虞于唐，唐这个地方位于黄河与汾水之东，方圆一百里，因此称为唐叔虞。

从此，成王更善于听取臣僚的意见，对自己的言谈举止更加慎重。他在位时，一派太平盛世的景象。

"天子无戏言"旧指帝王讲话不能随便，说了一定要算数。现多指信守承诺。

妄语误人

典出《阅微草堂笔记》。

里人张某，深险诡谲，虽至亲骨肉不能得其一实语。而口舌巧捷，多为所欺。人号曰"秃项马"。马秃项，为无鬃，鬃、踪同音，言其恍惚闪烁无踪可觅也。一日，与其父夜行，迷路。隔陇见数人团坐，呼问："当何向？"数人皆应曰："向北。"因陷深淖中。又遥呼问之，皆应曰："转东！"乃几至灭顶，鬶薛泥涂，因不能出。闻数人拊掌笑曰："秃项马，尔今知妄语之误人否？"近在耳畔，而不睹其形，方知为鬼所绐也。

乡里人张某，品性十分险恶狡诈，虽是至亲骨肉，也不能讨得他一句实话。而且此人口齿灵巧敏捷，很多人被他欺骗过。因此人们给他起了一个绰号，叫做"秃项马"。马秃了项颈，就是没有鬃毛。"鬃"和"踪"同音，是在形容他的隐约难辨，像夜间闪烁的一点火花，突然无踪无影，不可找寻了。

有一天，张某和他的父亲夜间走路，迷了道。隔着田垄看见几个人围坐在一起，便打招呼问道："应当向哪里走呀？"那几个人都说："向北！"结果深陷在泥沼之中。再问，那几个人又说："转向东走。"向东一转，几乎遭到灭顶之灾，父子二人便在泥沼中盘旋地挣扎着，窘迫地难以移出。听见那几个人拍掌笑着说："秃项马！你今天可知道说假话害人了吗？"声音就在耳边，看不见人形，这才知道是被鬼所欺骗了。

后人用这则寓言说明害人者恒害己，甚至祸及家人，这是一条客观规律，并不是什么"为鬼所绐"。

为人说项

典出唐代杨敬之《赠项斯》诗。

平生不解藏人善，到处逢人说项斯。

唐代时，有一个诗人叫项斯，字子迁，江东人。他在会昌四年（公元 844 年）中进士，曾任丹徒县尉。

项斯在未及第时，虽然诗写得不错，人品也好，但名声不大，几乎不为人所知。有一次，他带着自己的诗稿去拜访当时的名士杨敬之。杨敬之曾读过项斯的部分作品，很赞赏他的才华，这次见面之后，经过交谈，更觉项斯是个很有作为的人，便赠给了项斯一首诗：

几度见诗诗尽好，
及观标格过于诗；
平生不解藏人善，
到处逢人说项斯。

这首诗的大意是说：多次读到你（项斯）的诗，句句都好；现在见到你的人品，比诗还高。我从来不主张隐瞒别人的优点，不论碰到谁我都要为项斯称道。由于杨敬之的推荐介绍，项斯的诗很快在长安流传，项斯也因此出了名。

后人用"为人说项"指为人扬誉或说情。

闻所未闻

典出《史记·郦生陆贾列传》。

大说陆生，留与饮数月。曰："越中无足与语，至生来，令我日闻所未闻。"

秦朝末年，原南海郡龙川令赵佗乘农民起义和楚汉相争之机，自立为南越王，占据南海、桂林等郡。刘邦建立西汉王朝以后，派陆贾出使南越，说服赵佗归顺汉朝。

赵佗虽是真定（今河北正定县）人，但因久居南方，对汉朝不甚了解。陆贾来到南越以后，赵佗问他："我和萧何、曹参、韩信比起来，谁的才能高？"陆贾说："你似乎比他们的才能更高。"赵佗又问："那么我与汉皇帝比呢？"陆贾说："汉皇从丰沛起兵讨伐暴秦，诛灭了强大的楚国，为天下兴利除害，继承了三皇五帝的事业。中国人多地大，土地肥沃，物产丰富，政令统一。你们南越，人不过数十万，地域狭窄，像汉朝的一个郡，怎么能和汉朝相比呢？"赵佗听了陆贾的介绍，顿开茅塞。他对陆贾说："陆先生来到南越，使我听到了以前没有听到过的事情。"后来，赵佗归顺了汉朝，刘邦封他为南越王。

后人用"闻所未闻"来指听到了从没听到过的事。

信口雌黄

典出《晋书·王衍传》。

> 衍既有盛才美貌，明悟若神，常自比子贡。兼声名藉甚，倾动当世。妙善玄言，唯读《老》、《庄》为事。每捉玉柄麈尾，与手同色。义理有所不安，随即改更，世号"口中雌黄"。

晋朝时候有一个叫王衍的，在晋武帝时做了太子舍人，后来又调做尚书郎等职。他从年轻的时候起，就喜欢清谈。做官以后，还是崇拜老子和庄子，整天讲"无为而治"的道理。因为他的才学很高，谈论很精辟透彻，因此，在当时享有很大的名气，许多读书人都佩服他，而且还模仿他的做法。

当王衍读解老庄玄理的时候，手里总是拿着一把玉柄拂尘表现出十分从容宁静的态度。而他有时把义理读解错了，就随口改正。于是人们说他是"口中雌黄"。雌黄本来是山里一种黄赤色的矿物。古时候的人写字用黄纸，写错了，都用雌黄涂抹。"口中雌黄"，便是随即改正说错的话的意思。

后来的人从此引申，便把人随口说出的没有根据，不负责任的话，叫做"信口雌黄"。

信誓旦旦

典出《诗经·卫风·氓》。

> 信誓旦旦，不思其反。反是不思，亦已焉哉！

古时候，有个小伙子爱上了一位美貌的姑娘。他借抱布换丝的名义，向姑娘求爱。俩人结婚后，一片恩爱之情。这位姑娘把家中百事一身担，爱夫之心没有变。可这个小伙子后来却变了心。他对待妻子横眉竖眼，百般虐待。

在悲苦无告的处境下，妻子回忆了前前后后的遭遇，非常痛恨丈夫。她责骂丈夫说："你说白头共偕老，想起这话使我怨。淇河滚滚也有岸，水注漫漫也有边。两小无猜共戏乐，说说笑笑玩得欢。明明白白发过誓，没想你会把心变。恨你变心不念旧，一刀两断就算完。"最后，她愤然决定和这个负心的丈夫一刀两断，彻底决裂。

后人用"信誓旦旦"指誓言说得极其诚挚。

徐庶进曹营

典出《三国演义》。

徐庶，字元直，颍川（今河南禹县）人。他在少年时，好学击剑，因为人报仇杀了人，改名换姓，遍访名师，练就奇才。

徐庶化名单福，做刘备的军师，曾经大破曹仁的"八门金锁阵"。曹操得知单福即是徐庶，慕他才智，怕他帮助刘备对己不利，千方百计地想将徐庶拉拢来。曹操知道徐庶自幼丧父，只有老母亲在许昌家里，无人侍养，便叫人将徐母请来，要她写信劝徐庶回许昌辅佐曹操，不要帮助刘备。徐母不肯，说刘备是当世的英雄，骂曹操："托名汉相，实为汉贼，要叫我儿背明投暗，绝无此理！"曹操一见此计不成，又使一计。他将徐母软禁起来，模仿她的字体，假借徐母名义，写信召徐庶弃刘奔曹。徐庶为人至孝，见到母亲的手迹，事出无奈，只好辞别新野刘备，来投许昌曹操。徐母见到徐庶，勃然大怒，拍案骂他："仅凭一纸伪书，不察详细，便弃明投暗，自取恶名，真是愚夫！我有何面目与你相见呀！"徐母骂罢，转入内室，上吊身死。

徐庶悲愤万分，懊悔无及。他深感刘备知遇之恩，表示对曹操终身不设一谋。后来，徐庶果然是这样做的。

"徐庶进曹营"，比喻不讲话或不爱讲话。也指对人有意见对问题有不同看法，闷在心里不讲出来。

言不由衷

典出《左传·隐公三年》。

　　言不由中，质无益也。明恕而行，要之以礼，虽无有质，谁能间之？

春秋初期，郑国是一个新兴的诸侯国。国君郑庄公是周朝的卿士，执掌朝中大权，根本不把周王放在眼里。当时，周平王是个软弱无能的人，一方面他不得不依靠郑庄公处理朝政，另一方面他对虢公忌父又十分信赖，曾想让他代替郑庄公管理朝政。郑庄公知道后，对周平王非常不满。周平王害怕，赶紧向郑庄公解释说："我并没有让他取代你的想法。"为了让郑庄公相信，周平王和郑庄公决定交换人质，周太子狐到郑国做人质，郑公子忽到周做人质。

公元前720年，周平王死后，平王的孙子周桓王（姬林）继承君位。周桓王也想让虢公忌父代替郑庄公做卿士，掌握政权。郑庄公知道后很生气，于是在这年春天，就派大夫祭足带领兵马，到周朝的温邑，把麦子全部抢割，运到郑国。到了秋天，祭足又带领兵马到周朝的成周，把那里的谷子全部割掉，运回郑国。从此，周朝和郑国之间的关系就更加恶化了，结下仇恨。

当时的史官在评论这件事的时候说："言语不发自内心，即使交换人质也是没有用处的。如果能够设身处地为对方着想，相互谅解而后行事，并用礼仪加以约束，虽然没有人质，又有谁能够离间他们呢？"

成语"言不由衷"即由此演化而来。意思是说出的话不是发自内心，形容虚伪敷衍、不说真话。

言过其实

典出《三国志·蜀书·马良传》。

先主临薨谓亮曰："马谡言过其实，不可大用，君其察之！"

三国时，刘备为关羽复仇，出兵伐吴，失败后退至白帝城，忧愤病倒。将要死的时候，刘备托孤给诸葛亮说："马谡这个人，所说的话，往往夸大，言过其实，今后丞相用他时要格外谨慎。"刘备死后，司马懿出兵攻打街亭，马谡向诸葛亮请求自己愿意去守街亭，结果因才智不够，弄得街亭失守。诸葛亮以马谡不听军令，挥泪把他杀了。

"言过其实"这句成语是指说话的人，语言浮夸，超过实际。

言犹在耳

典出《左传·文公七年》。

今君虽终，言犹在耳，而弃之，若何？

晋襄公去世后，因太子夷皋年少，晋人在立国君一事上感到十分为难。当时执掌国政的赵盾说："襄公弟弟雍年长有经验，而且为人和善，晋文公重耳在世时，对他十分喜爱。雍的母亲是秦伯的女儿，与秦国关系友好，如果立他为国君，国内稳定，外邻友好，再恰当不过了。"大夫贾季说："不如立襄公的另一个弟弟乐，乐的母亲很受晋怀公、晋文公的宠爱，立他，百姓一定高兴。"可是赵盾反驳说："乐的母亲生活很放荡，地位也卑贱。立国君应该找一个与大国有良好关系的人，乐的母亲是陈国人，陈国小，遇事无法援助。"赵盾坚持立公子雍而公子雍此时正在秦国，于是赵盾便派人往秦迎接。贾季也坚持要立公子乐，派人去陈国召来公子乐。赵盾非常愤怒，以贾季曾杀人为理由，废了他的大夫职位。太子夷皋的母亲缪嬴得知公子雍将回国，十分失望，日夜抱着夷皋在朝廷上痛哭。她诉说着："襄公有什么地方对不起大家？太子又有何罪？国内的不立，反而去国外迎接，你们将怎样处置太子呢？"下朝后，她又抱着夷皋到赵盾家哭诉："襄公生前把太子托付给你说，如果孩子成才，他便感激你；如果不成才，他便怨恨你。现在襄公死了，话还在耳边，你就抛弃太子，这是为什么呢？"

赵盾与诸大夫一向惧怕缪嬴，在她的再三逼迫下，只好答应立夷皋为国君，并派人阻止公子雍入境。

后人用"言犹在耳"形容对人家说过的话还记得很清楚。

言之凿凿

典出清代蒲松龄《聊斋志异·段氏》。

> 言之凿凿，确可信据。

从前有个大富翁名叫段瑞怀，年纪已经 40 岁了，膝下还没有儿子。他本想娶一个小妇人，但因其妻连氏十分妒嫉，所以一直不敢。他与一女婢有私，连氏发觉后便把女婢卖给了河间一个姓栾的为妻。段瑞怀年岁日益增长，由于没有儿子，所以他的侄儿们都来向他要钱要粮，可段瑞怀一文不给。段瑞怀考虑自己无子，准备选一个侄儿为子，但侄儿们都反对。这时段瑞怀才后悔过去不该对侄儿那么坏。没有办法，他只得大起胆子去买了两个妾，不久，二妾都怀了孕。但是两个妾的孩子一生下来就死了，全家失望怄气。过了一年多，段瑞怀中风卧床不起，众侄子乘机来家自取牛马什物；连氏出来干涉，众侄子反而反唇相讥。不久段瑞怀身死，众侄儿把他的财产分得精光。正分财产时，忽然一人前来吊丧。众人都不认识，便问他道："你是何人？为何前来吊孝？"那人答道："死者是我的父亲。"众人惊异，便问其故。来人说："我母亲曾是你家婢女，后被卖出。她卖来栾家后，五个月就生下我来。我在栾家，众兄弟都不分财产给我，都说我是段家的儿子。"他"言之凿凿，确可信据。"连氏听了非常高兴，说道："我今天有儿子了。"众侄儿听罢不服，于是告到官府。官府问明情况，将众侄儿夺去的财物尽皆收回，发还原主。

后人用"言之凿凿"形容说得非常真切，有根有据。

中华典故

一傅众咻

典出孟轲《孟子·滕文公下》。

有一年，孟子听说宋国的君主要施行仁政，这正是孟子所竭力主张的，所以他特地到宋国去。

孟子在宋都彭城（今江苏省徐州市）了解了一个时期，感到情况并不像宋国国君说的那样，便打算到别国去游历。

宋国的君主听说孟子要离去，便派大臣戴不胜前去挽留，并向他请教治理国家的方法。

戴不胜说："请问，怎样才能使我们宋国的君王贤明？"

孟子说："先生要使贵国的君王贤明吗？我可以坦言相告。不过我先问一件事：楚国有位大夫，想让自己的儿子学会齐国话。据您看，应该请齐国人来教他呢，还是请楚国人来教他？"

戴不胜说："当然是请齐国人来教他。"

孟子说："是的，那位大夫请了一个齐国人，来教儿子齐国的话，可是儿子周围有许多楚国人整天在打扰他，同他吵吵嚷嚷，在这样的环境中，他怎能学会齐国话呢？如果那位大夫不是这样做，而是将儿子带到齐国都城临淄（今属山东省）的闹市住几年，那么齐国话很快就会学好的。"

戴不胜向宋君复命后，宋君见孟子去意已决，便不再勉强挽留，送了他一些钱，让他离开宋国。

傅：教导的意思。咻：喧闹。"一博众咻"指一人教，众人扰，终无成就。

以讹传讹

典出《红楼梦》第五十一回。

这两件事虽无考，古往今来，以讹传讹，好事者竟故意的弄出这些来以愚人。

一天，李纨、湘云、宝钗、宝琴、黛玉、宝玉等在一起做灯谜玩耍。李纨先说道:"我编了个《四书》上的,即'观音未有世家传',打《四书》一句,请大家猜一猜。"黛玉笑道:"我猜罢。可是'虽善无征'?"众人笑道,猜对了。李纨又说道:"纹儿编了一个是'水向石边流出冷',打一古人名。"探春笑笑说:"是山涛吧?"李纨说:"猜得对。"宝钗听了后说道:"这些虽然很好,但不合老太太的意,不如做些浅近的,大家雅俗共赏才好。"湘云想了一想,笑道:"我编了一支'点绛唇',却真个是俗物,你们猜猜。"说着,便念道:"溪壑分离,红尘游戏,真何趣?名利犹虚,后事终难继。"众人听后都不解。宝玉想了半天说:"必定是耍的猴儿。"湘云笑道:"正是这个。"众人问:"那末一句怎么解释?"湘云回答说:"猴儿不是剁了尾巴的吗?"众人听了,都大笑起来。

大家笑过之后,李纨说:"昨天听薛姨妈说宝琴妹妹见的世面多,走的道路远,诗又做得好,请她编几个谜语让大家猜猜。"过了一会儿,宝琴笑笑说:"我走的地方不少,现挑了十个地方的古迹,做了十首怀古诗,每首诗暗隐俗物一件,请姐姐们猜一猜。"宝琴把诗写出来后,大家都争着看。看毕,大家都称奇道妙。宝钗道:"这十首诗,前八首都是史鉴上有据的,后两首却无从考查,是不是另做两首?"黛玉马上接口道:"后两首诗史鉴上无据何妨?宝姐姐太胶柱鼓瑟了。"李纨也接着说:"这两件事无古稽考不要紧,古往今来,以讹传讹者甚多,只管留着。"对后两首所隐之物,大家猜了半天都没有猜着。

后人用"以讹传讹"表示把本来不正确的话又妄传开去。

营丘之士

典出《艾子杂说》。

营丘士,性不通慧,每多事,好折难而不中理。一日,造艾子问曰:"凡大车之下,与橐驼之项。多缀铃铎,其何故也?"艾子曰:"车、驼之为物甚大,且多夜行,忽狭路相逢,则难于回避,以惜鸣声相闻,使预得回避尔。"营丘士曰:"佛塔之上,亦设铃铎,岂谓塔亦夜行而使相避邪?"艾子曰:"君不通事理,乃至如此!凡鸟鹊多托高以巢,粪秽狼藉,故塔之有铃,所以警鸟鹊也,岂以车驼比邪?"营丘士曰:"鹰、鹞之尾,亦设小铃,安有鸟鹊巢于鹰鹞之尾乎?"艾子大笑曰:"怪哉,君之不通也!夫鹰准击物,或入林中,而绊足绦线,偶为木之所绾,则振羽之际,铃声可寻而索也,岂谓防鸟鹊之巢乎?"营丘士曰:"吾尝见挽郎秉铎而歌，虽不究其理，今乃知恐为木枝为绾，而便于寻索也！"

营丘地方有位先生，生性很不通达，平日好多事，喜欢与人辩论而且总是钻牛角尖儿、认死理。

一天，他登门拜访艾子，问道："大车辕杆下和骆驼脖子上大都挂着铃铛，这是什么道理？"艾子告诉他："马车、骆驼，体躯很大，而且经常走夜路，一旦狭路相逢就很难错让。所以借助铃声彼此照应，以便预先让路回避。"

营丘先生又问道："佛塔上面也吊着铃铛，难道说佛塔也会夜行，需要借助铃声彼此回避吗？"艾子说："您怎么不通事理到了这种地步！鸟雀喜欢在高处筑巢，弄得寺塔污秽不堪。所以佛塔吊着铃铛用来惊吓鸟雀，这怎么能和大车、骆驼相比呢？"

营丘先生又问道："那么，鹰、鹞的尾巴上也带着铃铛。难道鸟儿敢在它们的尾巴上筑巢吗？"艾子禁不住大笑说："真荒唐，您真是不通事理啊！鹰、鹞在捕猎的时候，有时会飞入林中，缚在脚上的丝带一旦被树枝挂住，那么在它奋翅挣扎的时候，就会振响铃铛，这样便于人们循声找寻，怎么能说是防备鸟雀筑巢呢？"

营丘先生听了恍然大悟，说："噢！我曾经看见送葬的时候，挽郎摇着铃铎，嘴里唱着歌，一直不懂其中的道理。现在才明白那是恐怕被树枝绊住，便于寻找啊！"

"营丘之士"这个典故告诉人们，不要把事物表面的一点联系绝对化，偷换论题，混淆概念。

有理言自壮，负屈声必高

典出《警世通言·金令史美婢酬秀童》第十五卷。

秀童叫天叫地的哭将起来。自古道：有理言自壮，负屈声必高。

苏州昆山县有个叫金满的人，读书不成，于是捐了个令史，在本县为吏，身边蓄得一个婢女名金杏，生得甚有姿色，金满平日爱如己女。还有一个小厮名秀童，自小便在金家成长，今已 20 余岁，对金令史一片孝顺之心，甚为乖巧。那金令史千方百计，钻营得管库房之职，不期十一月四日夜，金令史通宵值夜，不

曾离库，亦不曾合眼，却失去四锭元宝。那金令史连声叫苦："失去二百两银子，却把什么来赔补？"千方寻找，可就把这间房翻转来，何尝有个影子？外边都知库房失盗，知县责令十日内补库。金令史越想越恼闷，蓦然想道："这夜只有秀童拿递东西，进来几次，莫非是他偷了？"于是许了捕快二十两银子，请其拷问秀童。捕快一索子将秀童拖至城外冷铺里严刑拷打，吊、打、夹都是不招，且叫天叫地哭将起来，说："我自9岁蒙爷抚养成人，在家没半点差错，不想爷疑心到我头上，今日我只欠爷一死，更无话说。"说罢闷绝去了。自古道："有理言自壮，负屈声必高。"众捕快将其唤醒送得回来，已是七损八伤，一丝两气，金令史心中亦觉惨然。

原来那银却是门子胡美偷的。胡美父母双亡，跟着姐夫过活，喜欢赌钱、吃酒。这夜赌输了，没处设法，便决定来偷库房，见金令史坐着，几遍不好动手，恰值秀童进厨房取蜡烛，打翻了麻油，趁金令史进去看时，乘机盗得四个元宝，夜夜使斧头敲得锭边使用。胡美间壁住着个姓陆的门子，夜夜听得他家打得一片响，从壁缝张看，只见他用斧头敲元宝。心知金令史银必是他偷了，跑来告知。金令史忙禀官搜捕，果然人赃皆获。

金令史因思屈了秀童，受此苦楚，没什么好处酬答他，乃收秀童为子，将金杏配他为妻，家业亦由秀童承顶。

后人从"有理言自壮，负屈声必高"这个典故引出"理直气壮"的成语。

俞伯牙不遇钟子期

典出《警世通言·俞伯牙摔琴谢知音》。

俞瑞，字伯牙，相传生于春秋时代，楚国郢都（今湖北江陵县北）人，任晋国上大夫，善于弹琴。

一次，伯牙奉晋王之命，来楚国修聘。他因离楚十二年，思念故国江山名胜，待公事完毕，拜辞楚王，择水路绕道而回。行至汉阳江口，时当八月十五，中秋之夜。偶遇风雨，船只不能前进，停泊于山崖之下。伯牙独坐无聊，命童子焚香，捧出琴箱，置于案间。他亲自开箱取琴，调弦转轴，弹出一曲。曲犹未终，突然琴弦断了一根。伯牙大惊，按照古代说法，操琴断弦，不是有人盗听，便是遇有刺客。伯牙连忙叫左右的人上崖搜查。

原来有个樵夫，姓钟，名徽，字子期，因打柴晚归，避雨潜身岩畔听琴。俞伯牙令他上船相见，问其乐理，对答如流。伯牙大喜，将断弦重整，抚琴托思。

弹到描写高山的曲调时，在旁听琴的钟子期说："善哉峨峨兮若泰山。"弹到描写流水的曲调时，子期又说："善哉洋洋兮若江河。"只两句话，就说中了弹琴者的心思。俞伯牙大惊，推琴而起，赞叹地说："相识满天下，知心能几人？"当即与钟子期结为兄弟。两人相见恨晚，谈论至东方发白。临别相约明年八月十六日，再到此地相逢。

第二年，俞伯牙如期前来赴约。不料钟子期自遇伯牙，意气相投，回家后，买书攻读，白日采樵负重，夜间诵读辛勤，心力耗废，染成怯疾，不幸病亡。俞伯牙得此噩讯，悲痛欲绝。他来到钟子期坟前，取出瑶琴，挥泪两行，抚琴一操，寄以吊祭。邻近的山村乡民，闻得朝中大臣来祭钟子期，围绕坟前，争先观看。但闻琴韵铿铿，不知其间，鼓掌大笑而散。俞伯牙见状，感慨万分，取出随身携带的小刀，割断琴弦，双手举琴，向祭台上用力把琴摔碎，大哭地说："摔碎瑶琴凤尾寒，子期不在对谁弹！春风满面皆朋友，欲觅知音难上难。"

"俞伯牙不遇钟子期"，比喻不再谈话或议论了。

渊材禁蛇

典出《谈言》。

渊材尝从郭太尉游园，咤曰："吾比传禁蛇方，甚妙，但咒语耳，而蛇听约束，如使稚子。"俄有蛇甚猛，太尉呼曰："渊材可施其术。"蛇举首来奔，渊材无所施其术，反走汗流，脱其冠巾曰："此太尉宅神，不可禁也。"

一次，渊材随从郭太尉在园中游玩，吹牛说："我有一个祖传的禁蛇妙法，特别灵，只要念动咒语，蛇就听从约束，好比摆布小孩一样。"

不一会儿，园中蹿出一条凶猛的蛇。太尉惊呼道："渊材，快施展你禁蛇的本领。"正说着，那条毒蛇已昂首直奔过来，渊材毫无办法，吓得掉头就跑。他汗流满面，摘下帽子，气喘吁吁地说："这是太尉的宅神，禁不得。"

后人用"渊材禁蛇"这个典故说明：靠吹牛皮、说大话混日子的人经不起实际斗争的考验。

辙中有鲋

典出《庄子·外物》。

> 庄周家贫，故往贷粟于监河侯。
> 监河侯曰："诺！我将得邑金，将贷子三百金，可乎？"
> 庄周忿然作色，曰："周昨来，有中道而呼者。周顾视车辙中，有鲋鱼焉。周问之曰：'鲋鱼，来！子何为者邪？'对曰：'我东海之波臣也。君岂有斗升之水而活我哉？'周曰：'诺！我且南游吴越之王，激西江之水而迎子，可乎？'鲋鱼忿然作色，曰：'吾失我常，与我无所处；吾得斗升之水然活耳，君乃言此，曾不如早索我于枯鱼之肆！'"

庄周家里很穷，因此去找监河侯借粮。

监河侯说："好！我就要收租税了，到那个时候，可以借给你三百两黄金，好吗？"

庄周气得脸色都变了，说："我昨天来这里，半路上听到有呼救声，我回头一看，在车沟里有一条鲋鱼。我问它说：'鲋鱼，过来！你在喊什么呀？'鲋鱼答道：'我是东海里的水族，您可有一升半斗的水，救救我这条命吗？'我说：'好！我正要到南方去游说吴越的国王，让他们把西江的水引来迎接你，好吗？'鲋鱼气得变了脸色说：'我失去了正常的生活环境，已经没有地方可待；我只求你给我一升半斗的水就得活命，可是你却说这样的话，还不如早早到干鱼摊子上去找我呢！'"

这则寓言讽刺了不着边际、华而不实的夸夸其谈。

郑人争年

典出《韩非子·外储说左上》。

> 郑人有相与争年者。
> 一人曰："吾与尧同年。"

其一人曰："我与黄帝之兄同年。"

讼此而不决，以后息者为胜耳。

郑国有两个人互相争辩自己的年岁大。

一个人说："我同唐尧同一年生！"

另一个人说："我和黄帝的哥哥同一年生！"

两个人就这样地争吵不休，谁最后住口就算是谁胜利了。

寓言"郑人争年"嘲笑了无聊的辩者：他们往往提出毫无意义、无法证明的命题，争论起来，孜孜不倦，喋喋不休，永远得不到结果，也不企求得到结果。他们嘴里嚼着干蜡，却津津有味，实由于腹内空空，乐趣就全然在他们的嘴皮子上了。

直言贾祸

典出《左传·成公十五年》。

子好直言，必及于难。

春秋时，晋厉公手下有个叫伯宗的大臣，为人耿直，对朝中的坏人坏事敢于直截了当地提出批评。当时，郤克、郤锜、郤至（世称"三郤"）把持着晋国的朝政，晋厉公又是一个昏君，所以，阿谀逢迎者得宠，忠言直谏者遭殃。

伯宗的妻子知道伯宗为人正直，敢说敢谏，所以伯宗每次上朝，她总是劝诫他说："盗贼憎恨主人，百姓讨厌大官，你喜欢直言，必然及于祸患。"后来，伯宗几次劝晋厉公削减"三郤"的权势，厉公不听。"三郤"知道后，在厉公面前说了不少诬陷伯宗的话。最后，伯宗终因直言被害。

后人用"直言贾祸"指直言不讳，会自招祸患。

指桑骂槐

典出《红楼梦》第十六回。

咱家所有的这些管家奶奶，哪一个是好缠的？错一点儿他们就笑话打趣，偏一点儿他们就指桑骂槐的抱怨。

贾政寿辰那天，宁荣二府的人丁都来祝寿，热闹非常。正在这时，那夏太监骑马来到贾府，直至正厅下马，满脸笑容，走至厅上，南面而立，肃然说道："奉特旨：立刻宣贾政入朝，在临敬殿陛见。"说毕，连茶也没喝，便乘马去了。

贾政等连忙整装入朝。入朝后才知道元春被封为凤藻宫尚书，加封贤德妃。喜讯传来，宁荣二府上下内外，莫不欢天喜地，唯有宝玉"置若罔闻"。适逢贾琏与黛玉要回来，先遣人来报信，第二日就可到家了，宝玉听了方略有些喜意。

好容易等到第二天中午，贾琏才把黛玉接到贾府里来。宝玉端详了一番黛玉，觉得她比以前越发出落得超逸了。宝玉便将北静王所赠茯苓香串珍重地取出来，转送黛玉。黛玉却说："什么臭男人拿过的，我不要。"说着便扔还宝玉，宝玉只得收回，暂且无话。

贾琏见过众人之后，便回自家房中，问及别后家中诸事，又谢凤姐的辛苦。凤姐说："我呀，见识又浅，嘴又笨，心又直，人家给个棒槌，我就拿着认作针了……你是知道的，咱家所有的这些管家奶奶，哪一个是好缠的？错一点儿他们就笑话打趣，偏一点儿他们就指桑骂槐的抱怨……"

后人用"指桑骂槐"比喻明指甲而暗骂乙。

众口铄金

典出《国语·周语下》。

> 故谚曰："众志成城，众口铄金。"

周时，景王有一天叫人去铸造无射的大钟，单穆公反对，他说出了许多道理去劝止他，但景王不听他的话，固执地去铸造大钟，等到铸造好后，乐人报告景王说钟声已和平了。景王去问州鸠，州鸠说："还不知道究竟怎样呢？"景王问他缘故，他又说："在上位的制造了乐器，能和百姓共同快乐，才能算是和平，现在财尽民疲，百姓们没有一个不怨恨朝廷的，我们做臣子的不知道它的和平在哪里。因为民众所欢喜的事，没有不济事的；民众所痛恶的，没有一桩事情能够成功。所以有两句歌谣说：'众志可以成城，众口可以铄金。'在这3年里面，王

铸钱造钟，弄得百姓怨声载道，我认为这两桩事情中，必须要废除一桩才好啊！"

"众口铄金"，意思是舆论的力量很强大，即使是其坚如金，也能将它消熔的。

转弯抹角

典出《水浒传》第三回。

当下收拾了行头药囊，寄顿了枪棒，三个人转弯抹角，来到州桥之下一个潘家有名的酒店。

中秋之日，史进邀请少华山头领朱武、陈达、杨春前来庄上宴饮。正当他们在后园饮酒叙谈之际，忽听墙外喊声四起，火把乱明。史进上墙一看，只见华阴县县尉引着两个都头及三四百士兵前来捉拿朱武等人。史进并朱武等略为计议之后，即放火焚烧庄院，带领小喽啰并庄客杀将出去。陈达、杨春一人一朴刀，结果了两个都头的性命，县尉吓得屁滚尿流，慌忙骑马奔逃，众官兵四散逃命。史进、朱武等杀散官兵之后，即来到少华山寨内，杀牛宰马，贺喜饮宴。

史进在少华山住了几日，辞别朱武等人去关西经略府寻师父王进。史进独自一人，夜住晓行，半月之后来到渭州。渭州也有一个经略府，史进想"莫非师父王教头在这里？"于是史进走进一家茶坊寻问。茶坊主人不知王教头的去向。恰在这时鲁智深走进茶坊，于是史进便向鲁提辖施礼请问。当鲁智深得知史进是史家村的九纹龙时，喜不自胜，挽着史进的胳膊便要去酒店饮酒。

二人出得茶坊，在街上走了三五十步，只见史进原来的师父打虎将李忠在街上使枪弄棒卖膏药，于是史进、鲁提辖便邀李忠一同去吃三杯。"当下收拾了行头药囊，寄顿了枪棒，三个人转弯抹角，来到州桥之下一个潘家有名的酒店。"三人在酒楼上饮酒说些闲话，较量些枪法，十分投合。

后人用"转弯抹角"形容行路曲折很多。也用来比喻说话不爽直。

勤政篇

创业难，守成难，知难不难

典出唐《贞观纪要》。

唐太宗有一天和众大臣在一起议论：是"创业"难呢？还是"守成"难呢？

大臣杜如晦、房玄龄等人说"创业"难。当建立一个国家、开创一个新朝代时，要战胜多少强敌，要战胜多少阴谋诡计，要经历多少危难，要牺牲多少勇士的生命……这需要多大的勇气、智慧和力量啊！

大臣魏徵等人却说"守成"难。历史上多少朝代不到两代人就亡了，远的如秦始皇，那么英雄，那么强大，到了儿子手里，亡了。近的如隋朝，文帝那么英明，隋朝那么强大，到了儿子手里，完了。"守成"需要克服错误，战胜骄傲自满，防止腐败、奢侈，要让人民生活好起来。这需要多么谨慎、廉虚、克制；需要多少智慧和管理能力；尤其是需要多么高贵的献身为国的品质啊！

唐太宗倾听了双方的意见后，说道："你们双方说的都很有道理。杜、房等人是协助我创业的元老，他们和我一起经历过'创业'的艰苦，所以深知创业的艰难。魏徵等人则和我一起治理国家，出了很大的力，所以知道'守成'不容易。我们既然知道难在哪里，有了认识，那么困难也难不住我们了。"

后人用"创业难，守成难，知难不难"比喻既认识了事物的矛盾所在，就容易克服了。

白龙下清泠之渊

典出《新序·正谏》。

白龙下清泠之渊，化为鱼。渔者豫且射中其目。白龙上诉天帝。

天帝曰："当是之时，若安置而形？"白龙对曰："我下清泠之渊，化为鱼。"天帝曰："鱼，固渔者之所射也；若是，豫且何罪？"

白龙降落到清泠渊里，变化成一条鱼。渔夫豫且射中了它的眼睛。白龙回到天上，向天帝控诉。

天帝问它："当时，你在哪里？你的形状怎样？"白龙回答说："我降落在清泠渊里，变化成一条鱼。"天帝说："鱼，本来就是渔夫所要追逐的。如果是这样，豫且有什么罪过呢？"

不燃官烛

典出《北堂书钞》。

东汉时期，有一个人叫巴只，他曾任扬州刺史。

巴只为官清廉，品格端方，从来不愿意占公家一点便宜，将公家与私人的界限分得十分清楚。他当官时，从来不将妻室儿女接至任所。他的日常开支严格限制在自己的俸禄之内。他做官时，晚上若有私人的客人来访。他宁愿与客人坐在黑暗之中交谈，也不点官家一支蜡烛。

后人用此典形容地方官吏清正廉洁。

曹参饮酒，不改萧制

典出《史记·曹相国世家》。

西汉的酒制每年正月造酒，当年八月酿成酒。朝廷上酿的酒叫九酝，又叫醇酎，是皇帝跟大臣们共饮的酒。当时，饮酒还没有什么严格规定的礼仪，宫中那些同刘邦同生死、共患难的大臣们常借酒疯胡言乱语，饮酒争功，搅得刘邦很是难堪，但又奈何不了这些功臣们。为此，汉高祖刘邦非常厌烦这样的饮酒方式。

叔孙通当时在朝做博士。他向高祖建议说："我愿意为陛下建立上朝的仪式。"七年以后，汉庭的乐宫落成，在大殿上设置了"法酒"。皇帝坐在正殿上受礼，大臣们跪在殿前，依地位的高低次序起立向汉高祖进酒。殿上有御史纠仪，没有一个人敢失礼。这样一来，刘邦十分满意，对叔孙通说："今天才真正体会到皇帝的尊严和高贵。"

从此，汉朝饮酒之风日盛。萧何是汉代有名的开国丞相，汉朝的规章制度都是他一手订立的，他死后曹参继任。曹参接任以后，凡事都按萧何制定的政策行事，曹参只管每天坐在丞相府中饮酒，百事不理。卿大夫们见曹参不理朝务，甚是不满，要求拜见丞相，诘问他为何只顾饮酒不理朝纲。然而曹参一见来拜见他的人就先请人喝酒，直至喝醉了才准离开，前去拜见的人没有一个能说出要说的话。

曹参丞相府后面住的都是朝廷的官吏，曹参狂饮的消息传入他们耳中，他们也跟着大饮美酒，吵闹不堪。一天，曹参游后花园，周围一些喝醉酒的人一面喝酒一面高歌。曹参听见了不制止，反而叫人去取酒，干脆坐在后花园饮了起来，并跟在园外喝酒的官吏唱歌附和。其实，曹参只顾饮酒是因为他认为萧何所定制度已经很完备，自己的才能也不如萧何，一切事情应完全按萧何的规定办。他的这种"萧制曹随"政策反而使他成为一代名相。

除恶务尽

典出《左传·哀公元年》。

> 树德莫如滋，去疾莫如尽。

公元前 494 年，吴王夫差在夫叔（在今江苏吴县西南太湖中）打败越国的军队，并乘胜攻破越都。开始，越王勾践带着全副武装的五千名士兵守住会稽山，派大夫文种通过吴国的太宰伯嚭向吴国求和，吴王打算答应。吴国大夫伍子胥说："不行。下臣听说：'建树德行最好不断培植，去掉毒害最好扫除干净。'越国和我们同处一块土地，而又世世代代是仇敌，在这种情况攻下了而不拿过来，打算让它继续存在下去，这是违背天而使仇敌壮大。到后来后悔也来不及了。"吴王不听伍子胥的劝告，准备接受越王勾践投降。伍子胥说："越国用十年生聚，十年教训，二十年以后，吴国的宫殿恐怕要成为池沼。"

果然，越王勾践屈服求和后，先是在吴国看坟养马。被释回国后，卧薪尝胆，刻苦图强，任用范蠡、文种等人整顿国家，十年生聚，十年教训，终于转弱为强，灭亡吴国。吴国"除恶未尽"，自食其果。

后人用"除恶务尽"指消除恶势力必须干净、彻底。

丰取刻与

典出《荀子·君道》。

上好贪利，则臣下百吏乘是而后丰取刻与，以无度取于民。

《君道》是荀况论述封建君主在维护地主阶级统治中的重要作用的一篇文章。荀况把封建礼法看成是治理国家的根本，认为君主要治理好国家，必须"审之礼"。君主和臣下在维护封建礼法、巩固地主阶级政权中，具有重要的作用。因此，君主要成为臣下的表率，才能使臣下不至于胡作非为。

荀况说：如果君主好玩弄权术，那么臣下百官中那些好搞谎言欺诈的人就会乘这种机会进行欺骗；如果君主为人做事不公正，那么臣下就会乘机而偏私；如果君主喜欢颠倒是非，那么臣下便会乘机偏邪不正；如果君主贪利好奢，那么臣下便会乘机搜刮民财，对百姓多取少给。

后人用"丰取刻与"这个典故比喻贪婪和掠夺的残酷。

关节不到，有阎罗包老

典出《宋史·包拯传》。

人以包拯笑比黄河清，童稚妇女，亦知其名，呼曰"包待制"。进京师为之语曰："关节不到，有阎罗包老。"

包拯，北宋合肥人，进士出身。仁宗皇帝时，担任过监察御史、开封府尹、龙图阁直学士、枢密副使。他以廉洁著称，执法严峻，不畏权贵，深得人民爱戴，简直把他神化了，说他白天处理人间的不平事，晚上处理阴间的案件，叫他"包青天"、"包阎罗"。民间流传着许多有关他的故事。封建社会政治黑暗，所谓"衙门八字开，有理无钱莫进来"。有罪的，只要有钱、有后台就可以逃避法律制裁；无罪的，却可能被冤枉判刑。行贿受贿司空见惯，叫做"打通关节"。老百姓认为只要有包拯在，哪怕没钱、没关系网也不要紧，谚语说："关节不到，有阎罗包老。"

后人用"关节不到，有阎罗包老"这个谚语赞美正直无私的官员。

海不扬波

典出《韩诗外传》。

成王之时，越尝氏、重译而至，献白雉于周公。周公曰："吾何以见赐也?"译曰："吾受命国之黄发，曰：'久矣，天之不迅风疾雨也，海不波溢也，三年于兹矣，意者，中国殆有圣人，盍往朝之。'于是来也。"

周成王时候，周公摄行相事，处理国政，天下太平，人民安乐，国家治理得非常好，邻国都非常敬仰，纷纷来朝贡。

此时交趾国越裳氏也派了使臣重译来中国朝贡，向周公赠献珍禽白雉。周公很谦虚地说："我国并没有恩德加给贵国，况且有道德的人，是不过分享受物质的，我们又没有好的政令设施，哪里敢把你们当臣属看待呢?"重译说道："我来的时候，我们的国王黄考对我说：'现在天下已没有猛烈的风暴，连绵不断的淫雨；灾难也已好久没有看到了，海不扬波也已经有3年了，我想中国一定出了圣人啦！我们应该去朝贺。'"使臣朝贡完毕，当他回去的时候，归途中迷失了方向，周公特地赐了他一辆指南车，并派人当向导。

后人把"海不扬波"比喻天下太平，好像大海一样，风平浪静，一点没有波涛，也比喻人民的生活非常安定，社会秩序非常良好。

河伯娶妇

典出《史记·滑稽列传》。

魏文侯时，西门豹为邺令。豹往到邺，会长老，问民之所疾苦。长者曰："苦为河伯娶妇，以故贫。"豹问其故，对曰："邺三老、廷掾常岁赋敛百姓，收取其钱得数百万，用其二三十万为河伯娶妇，与祝巫共分其余钱持归。"当其时，巫行视人家女好者，云"是当为河伯妇"，即聘取。洗沐之，为治新缯绮縠衣，闲居斋戒；为治斋宫河上，张缇绛帷，女居其中。为具牛酒饭食，十余日。共粉饰之，如嫁女床席，令女居其上，浮之河中。始浮，行数十里乃没。其人家有好女者，恐大巫祝为河伯取之，以故多持女远亡。以故城中益空无人，又困贫，所从来久远矣。民人俗语曰："即不为河伯娶妇，水来漂没，溺其人民。"西门豹曰："至为河伯娶妇时，愿三老、巫祝、父老送女河上，幸来告语之，吾亦往送女。"皆曰："诺。"

至其时，西门豹往会之河上。三老、官属、豪长者、里父皆会，以人民往观者三二千人。其巫，老女子也，已年七十。从弟子女十人所，皆衣缯单衣，立大巫后。西门豹曰："呼河伯妇来，视其好丑。"即将女出帷中，来至前。豹视之，顾谓三老、巫祝、父老曰："是女子不好，烦大巫妪为入报河伯，得更求好女，后日送之。"即使吏卒共抱大巫妪投之河中。有顷，曰："巫妪何久也？弟子趣之！"复以弟子一人投河中。有顷，曰："弟子何久也？复使一人趣之！"复投一弟子河中。凡投三弟子。西门豹曰："巫妪弟子是女子也，不能白事，烦三老为入白之。"复投三老河中。西门豹簪笔磬折，向河立待良久。长老、吏傍观者皆惊恐。西门豹顾曰："巫妪、三老不来还，奈之何？"欲复使廷掾与豪长者一人入趣之。皆叩头，叩头且破，额血流地，色如死灰。西门豹曰："诺，且留待之须臾。"须臾，豹曰："廷掾起矣。状河伯留客之久，若皆罢去归矣。"邺吏民大惊恐，从是以后，不敢复言为河伯娶妇。

西门豹到了邺城，一看那地方非常萧条，人口也挺稀少，好像刚打过仗、逃难的居民还没回来的一座空城。他就把当地的父老们召集在一块，问他们："这个地方怎么这么凄凉啊？老百姓一定有什么苦楚吧。"父老们回答说："可不是吗！河伯娶媳妇，害得老百姓全都逃了。"西门豹一听，摸不清是怎么回事。又问："河伯是谁？他娶媳妇，老百姓为什么要跑呢？"父老说："这儿有一条大河叫漳河。漳河里的水神叫河伯，他最喜爱年轻姑娘，每年要娶个媳妇。这儿的人必须挑选容貌好的姑娘嫁给他，他才保佑我们，让我们这儿风调雨顺，五谷丰登。要不然，河伯一不高兴，他就要兴风作浪，发大水，把这儿的庄稼全冲了，还淹死３人。"西门豹说："这是谁告诉你们的？"他们说："还谁呢？就是这儿的巫婆。她手下有好几个女徒弟，这里的乡绅又都跟她一个鼻孔出气。我们这些小民没有法子，一年之中，要拿出好几百万钱。他们为了河伯娶妻，大概也得花二三十万，其余的就全都塞进自己的腰包了。"西门豹说："你们就这么让他们随便搜刮，不说一句话吗？"父老说："要是单单为了这笔花费，还不太要紧。最怕的是每年春天，我们正要耕地撒种的时候，巫婆打发她手下的人挨家挨户地去看，瞧见谁家的姑娘长得好看一点，就说：这个姑娘应当做河伯夫人。这个姑娘就没命了！有钱的人家可以拿出一笔钱来赎身。没有钱的人家，哭着求着，至少也得送他们一点东西。实在穷苦的人家只好把女儿交出去。每年到了河伯娶妻那一天，巫婆把选来的那个姑娘打扮成新娘子，把她搁在一只芦苇编成的小船上。那时候岸上吹吹打打，挺热闹的。然后把小船搁到河里随着波浪漂去。漂了一会儿，连船带新娘子就让河伯接去了。为了这档子事，好多有女儿的人家都搬走了，城里的人就越来越少了。"西门豹说："你们这儿常闹水灾吗？"他们说："全仗着每年给河伯娶妻，还好没碰到过大水灾。有时候夏天缺雨，庄稼枯萎了倒是难免的。要是巫婆不给河伯办喜事，那么，除了旱灾，再加上水灾，那就更不得了了！"西门豹说："这么一说，河伯倒是挺灵的。下回他娶媳妇的时候，你们告诉我一声，我也替你们去祷告祷告。"

到了那天，西门豹带着几个武士跟着父老去"送亲"。当地的里长和办理婚礼的人，没有一个不到的。西门豹还派人去约了那些过去曾把女儿嫁给河伯的人家都来看看今年的婚礼。远远近近的老百姓都来看热闹。一时聚了好几千人。真是人山人海，热闹得厉害。里长带着巫婆来见西门豹。西门豹一看，原来是个三分像人、七分像鬼的老婆子。在她后头跟着二十几个女徒弟，手里拿着香炉、蝇甩什么的。西门豹说："麻烦巫婆叫河伯的新媳妇上这儿来让我瞧瞧。"巫婆就叫她的女徒弟去把新娘子带来。只见她们挽着一个十四五岁的小姑娘走了过来。她还哭着呢。苍白的脸上擦着胭脂粉，有不少已经被眼泪冲掉了。西门豹对大伙儿说："河伯夫人必须是个特别漂亮的美人儿。这个小姑娘我看还配不上。劳驾巫婆先去跟河伯说，太守打算另外挑选一个更好看的姑娘，明天送去。请你快去快来。我在这里等你的回信。"说着，他叫武士们抱起那个巫婆，扑通一声，扔到河里去了。岸上的人都吓得连口大气也不敢出。那个巫婆在河里挣扎了一会，沉下去了。西门豹站在河岸上，静静地等着。聚在那儿的人张着嘴，顺着西门豹的眼睛向河心盯着。这么多人却一点声音也没有，只有河里的流水"哗哗哗"地响着。

过了一会儿，西门豹说："巫婆上了年纪，不中用。去了这么半天，还不回来，你们年轻的女徒弟去催她一催吧！"就听扑通两声，两个领头的女徒弟也被武士们扔到河里去了。大伙儿吓得瞪着眼睛、张着嘴，一会望望河心，一会儿望望西门豹的脸。又待了一会儿，西门豹说："女人不会办事，还是麻烦收取捐钱的善士们辛苦一趟吧！"那几个经常向老百姓勒索的土豪正想逃跑，早就被武士们抓住了。他们还想挣扎，西门豹大声喝着说："快去，跟河伯讨个回信，赶紧回来!"武士们左推右拽,不由分说,把他们推到水里。旁边看着的人有的手指着河心,大骂这几个土豪。西门豹冲着大河行个礼,挺恭敬地又等了一会儿。看热闹的人当中有的害怕,有的高兴,有的直咬牙,可是谁也不愿意走开,都要看个究竟。

西门豹回头又说:"这些人怎么这么没有用?我看还是麻烦当地的里长们辛苦一趟吧!"吓得那一班人的脸上连一点活人的颜色都没有了,直流冷汗,哆里哆嗦地跪在西门豹跟前,直磕响头。有的把脑门子都磕出血来了。西门豹就对他们说:"什么地方没有河?什么河里没有水?水里哪儿有什么河伯?你们瞧见过吗?罪大恶极的巫婆,欺压良民的土豪,利用迷信,搜刮百姓的钱财,杀害他们的女儿。你们这些人,不去教导百姓也就罢了,怎么反倒兴风作浪,助长这种野蛮的风俗?你们已经害了多少女子,该不应该抵偿?"一大群年轻小伙子大声说道:"对!应该!太应该了!这批该死的坏蛋,早就该治罪了。"那些里长连连磕头,说:"都是巫婆干的勾当。我们真的是受了她的欺骗,上了她的当,并不是存心要这样干的。"西门豹说:"如今害人的巫婆已经死了。以后谁要再胡说八道地说河伯娶妻,就叫他先去跟河伯见见面!"群众都嚷着说:"对呀!把他扔到河里去!"

西门豹把巫婆跟土豪们的财产都分还给老百姓。从此以后,河伯娶妻的迷信破除了,以前逃走了的那些人慢慢地又都回到邺城来了。

解狐举贤

典出《韩非子·外储说左下》。

解狐举刑伯柳为上党守,柳往谢之曰:"子释罪,敢不再拜。"曰:"举子,公也;怨子,私也。子往矣,怨子如初也。"

解狐推荐刑伯柳做上党的郡守,刑伯柳去向他道谢说:"你原谅我的过错,我怎么敢不再次拜谢你呢!"解狐说:"我推荐你,这是公事;怨恨你,这是私事。你去上任吧,我对你的怨恨,还像当初一样。"

后人用"解狐举贤"的这个典故比喻人要任人唯贤,以国事为重。

君瘦天下肥

典出《资治通鉴》。

唐朝是我国封建社会的全盛时期。唐朝那些有作为的皇帝都很重视用人之道，重用那些刚正不阿、敢于直言进谏的良臣。太宗时重用魏徵，政治清明，出现了"贞观之治"的盛世局面。

到了玄宗时期，任用一个叫韩休的大臣做宰相。韩休为人正直，办事认真，他那一丝不苟的工作态度使得很多大臣都惧他三分，连玄宗也不敢任意妄为。

有一次，玄宗在宫中举行游宴，吃喝弹唱，和众妃嫔尽情地享乐。忽然，玄宗想起了韩休，赶紧问手下的人说："韩休知道我在这里玩乐吗？"

玄宗的话音刚落，部下立即汇报，韩休的谏议书送来了。玄宗打开一看，韩休在谏议书中对玄宗这种纵情声色的行为作了一番指责。

玄宗看完后，情绪没了。他命令众人撤去宴席，自己也闷闷不乐地回到了后宫。

到了宫中后，玄宗举起镜子，看着自己的脸默默不语。他左右的侍臣说："自从韩休当上了宰相之后，皇上您瘦多了。韩宰相也太严厉了，您为什么不把他撤掉呢？"

玄宗放下镜子答道："我虽然瘦去许多，但天下却肥了不少。韩休是位良相，自从他当宰相以来，我的日子是不太顺心。他从来不顺从我的旨意，任何过失也逃不过他的眼睛。我虽然不能为所欲为，但天下的百姓却能更加遂心如愿。我总不能为了自己的肥，而让天下人瘦呀。"

有如此开明的皇帝和认真负责的宰相，使玄宗时出现了"开元盛世"的局面。百姓安居乐业，家家的粮仓都是满满的，国力强盛，国库也很充实。唐代大诗人杜甫曾在《忆昔》一诗中，这样写道："忆昔开元全盛日，小邑犹藏万家室。稻米流脂粟米白，公私仓廪俱丰实。"

励精图治

典出《汉书·魏相传》。

宣帝始亲万机，励精为治，练群臣，核名实。

公元前 73 年，汉昭帝刘询继位。大将军霍光凭借着迎立之功专擅朝政，朋党亲友充塞朝廷，宣帝见了他都惧怕三分。有时，连宣帝都不允许的事，霍光竟然任意发号施令。为了使自己能长期把持朝政，霍光伙同他的老婆买通女医毒死了许皇后，把自己的小女儿纳入宫中。

公元前 68 年，霍光病死。汉宣帝摆脱了羁绊，开始亲自执政。他决心改变霍光在世时的弊政，振奋精神，把国家治理好。后来，霍光夫妇杀害许皇后的阴谋被揭发，宣帝下令诛灭了霍氏三族。

由于除掉了前进路上的绊脚石，宣帝又勤勤恳恳地亲理朝政，制定了一些有利于发展生产、减轻人民负担的措施，汉朝出现了国家富强、民安其业的中兴局面。

后人用"励精图治"这个典故比喻振奋精神，想办法把国家治理好。

南山可移

典出《旧唐书·李元纮传》。

> 累迁雍州司户，时太平公主与僧寺争碾硙……元纮遂断还僧寺，窦怀贞为雍州长史，大惧太平势，促令元纮改断。元纮大署判后曰："南山或可改，此判终无动摇。"

唐代有个正直的官吏叫李元纮，他从小就显出严谨而厚道的性格。他在雍州君郡当司户参军时，在州署中掌管户籍和审理民事纠纷。由于他人很正派，处理事情公正，所以颇受百姓欢迎。但有一次，他遇上了一个棘手的案子。

原来，太平公主仗恃着皇帝的喜爱，十分霸道。她名为"太平"，实则是一个祸害，胡作非为。民间无论田产财物，只要她看得上的，便肆意掠夺。朝廷上下的官产都趋炎附势，争着讨好她，不管她侵犯到何人的利益，也没人敢出来说句公道话。

一天，一所寺院来州署告状，说有人强占了庙里的磨坊。李元纮一查，原来强占磨坊的就是太平公主。李元纮将事情调查清楚后，作出了公正的判决，令太平公主将磨坊归还寺庙。

这个判决作出后，李元纮的顶头上司、雍州长史窦怀贞急坏了，唯恐得罪了太平公主。他立即向李元纮施加压力，要他改变判词，李元纮见之面不改色，还提起笔来在原来的判词后面写道："南山可移，判不可改！"南山，是长安城南的一座大山，李元纮以此表现了他坚决秉公办案、不阿谀权贵的坚强意志。窦怀贞见李元纮决不动摇，也拿他没办法。李元纮后来不论任什么官职，都颇有政绩。他一直做到太子少传，死后谥曰文忠。

后人用"南山可移"的典故形容案件的判决或一个决定已成，绝对不可再行更改。

千金买骨

典出汉代刘向《战国策·燕策》。

战国时代，燕国发生内乱，齐国乘机攻燕并将其打败，新登皇位的燕昭王为复仇决意要大力招揽贤才良将以励精图治。

昭王向大臣郭隗请教，郭隗给他讲了一个千金买骨的故事：古代，有位君王颁发告示，要以千金买匹千里名驹。可经过 3 年，仍见不到良驹踪迹。这时，有位近侍带着千两黄金前去寻找。终于在 3 个月后找到那匹良驹，可惜已经死了。那位近侍便以五百两黄金买回马的尸骨。君王愤怒地说："我所需要的是一匹活的良马，你竟然白花了五百两黄金买了一堆无用的骨头回来！"近侍说："如果连千里马的尸骨都能卖得五百两黄金，那么活马的价值不就更值一千两黄金了？这个消息一旦传开后，天下众人必认为君王是位酷爱良马的人，必然会争先恐后带着千里名马前来让君王您鉴赏的。"果然，不到一年的时间，就有人从各地纷纷将千里马送来请国王评鉴。

郭隗讲完故事后说："大王如果真想招揽贤才，可以先起用我，那么有才德的人会这么想：连郭隗这样平庸的人都能受到重用，那么他们自己必然能受到更高礼遇。"燕昭王便建造华丽府宅给郭隗，并尊他为师。消息传开，四方贤才智者奔走相告前往燕国。燕昭王就凭借这些贤才良将，奋发图强，终于联合秦、楚打败敌国齐国，收复了失去的国土。

"千金买骨"是说用重金去买良马之骨。谓求贤若渴。

求媚受责

典出《贞观政要》。

太宗幸蒲州，刺史赵元楷课父老服黄纱单衣，迎谒路左，盛饰廨宇，修营楼雉以求媚。又潜饲羊百余口、鱼数千头，将馈贵戚。太宗知，召而数之曰：“朕巡省河、洛，经历数州，凡有所需，皆资官物。卿为饲羊养鱼，雕饰院宇，此乃亡隋弊俗，今不可复行。当识朕心，改旧态也。”元楷惭惧。

唐太宗到山西蒲州去视察，蒲州刺史赵元楷强行要求百姓士绅穿黄纱单衣，在大路左边拜见接迎太宗，大肆装饰官衙和房屋，修饰城墙，以求得太宗的好感。同时又暗地里饲养了上百头羊和上千条鱼，准备用来送给随行的皇亲国戚。

太宗知道了这些事，就把赵元楷召来责备他说：“我巡视黄河、洛河一带，经历了好多州，凡是我所需要的，都是由官府供应。你又特备羊和鱼，修饰房屋，装点庭院，这些都是使隋朝灭亡的坏作风，今天你就不应该再那样做了。你应当了解我的心思，改掉旧的坏作风。”赵元楷听了是又惭愧又害怕。

后人用“求媚受责”这个典故比喻那些想凭借逢迎拍马青云直上的人，往往当场受责，丑态百出。

荣州梧桐

典出《夷坚志》。

显谟阁待制董正封，知荣州。使宅一楼极高，可以远眺，而为大梧桐所蔽，举目殊有妨。命伐去。吏辈罗拜乞留，曰：“此木为吾州镇，盖逾二百年，有神物居之，颇著灵效。寻常事以香火，不敢怠。若除之，定起大祸，兼亦未必可致力。”董赋性刚烈，叱众退，自率工匠，运斤斧，自朝至暮，木已倒仆芟削。忽暴风驾云起根中，屋瓦飘扬，雷电晦冥，骤雨倾泻。董与家人共聚一室。其上如奔马腾踏，兽蹄鸟爪，穿透椽箔，如欲攫人之势。老幼咸怖，泣叫相闻。董怡然不为动。未三刻许，风雷皆息，内外晏如，略无所挠。郡人如叹诵其明决。董寿过八十，乃终。

显谟阁待制董正封，主持荣州军政事务的时候，荣州官府有一座很高的楼，可以极目远望。可惜高楼却被一棵高大的梧桐树遮挡，视野很受妨碍。于是董正封下令把梧桐树砍去。

官吏们一听，围着他下拜，请求留下这棵梧桐，说："这棵树是我们荣州镇风水的宝物。已经历时二百年之久，有神物住在上面，很有灵验。平时烧香磕头，不敢怠慢。如果砍掉它，一定要引起大祸，而且也未必能够砍掉。"

董正封性情刚强暴烈，叱退众人，亲自率领工匠，挥动斧头，从早干到晚，梧桐树终于被砍倒了。

这时，忽然一阵狂风迷雾从树根而起，把屋顶上的瓦席卷而去，四下飞扬。刹时间，雷电交加，天昏地暗，暴雨倾盆。董正封和家里人聚集在一间屋里，只听得房上好似奔驰的烈马在拼力腾踏，又仿佛猛兽恶鸟伸出蹄爪，就要穿透屋顶椽箔，大有把人攫去之势。全家老小都很恐惧，哭叫声响成一片。董正封却安然不动。未时三刻左右，终于风平雷息，内外平安无事，没有什么扰乱。荣州百姓这才赞叹董正封决断英明。

后来，董正封年过八十才去世。

后人用"荣州梧桐"这个典故告诉人们，董正封不信邪，敢于触动荣州梧桐这个庞然大物，把偶像打翻，在恶势力所掀起的报复凶焰面前，又能镇定自若，坚持斗争，这种大无畏精神是很值得学习的。

三过家门而不入

典出《孟子·离娄下》。

禹，稷当平世，三过其门而不入，孔子贤之。

传说上古尧的时候，天下洪水滔滔，淹没了山川大地，老百姓流离失所。尧非常焦急，便选择了一个叫鲧的人来负责治理洪水。可是9年过去了，鲧并没有治服洪水，整个大地依然是水患成灾，哀鸿遍野。尧感到这是自己的失职，就把帝位让给了舜。

舜行使天子权力后，就去鲧治水的地方视察，在确认治水毫无进展后，就将鲧杀死在羽山。然后舜推举鲧的儿子禹接替治水的工作。舜对禹说："相信你能够完成这件任务，你努力去办吧。"舜又对大臣们说："我这样做，是因为禹为人慧敏而勤俭，贤德而又不违使命，可亲可近，言行举行符合纲纪法律，他的父亲治水虽然失败了，但我相信他却可以获得成功。"

禹和伯益、后稷一起，率领诸侯、百姓把堵塞的江河大川疏通。原来，鲧治水是采用"堵"的方法，把河流都堵起来，结果水愈积愈多，造成的灾害也更大。禹改变了父亲的方法，采用"疏通"和"引导"，使洪水流入大海。过了一年又一年，肆虐的洪水终于被征服。

当禹开始治水时，他为父亲治水失败被杀感到十分悲伤，所以，他不敢有半点儿松懈，终日忧心忡忡。为了治好水，他在外居住了 13 年，曾三次经过家门都没有进入。由于他治水的方法正确，又处处以身作则，最后终于获得了成功。

后人用"三过家门而不入"形容热心工作，公而忘私。

食少事繁

典出《晋书·宣帝纪》。

> 亮使至，帝问曰："诸葛公起居何如？食可几米？"对曰："三四升。"次问政事。曰："二十罚已上皆自省览。"帝既而告人曰："诸葛孔明其能久乎！"竟如其言。

三国时，魏、蜀、吴各据一方，刘备死后，诸葛亮辅助幼主继承刘备遗志，欲一统天下，便率了 10 万大军向魏进攻。在渡渭水之前，曾派使者去魏国，魏国大将司马懿很敬重诸葛亮，向使者询问诸葛亮的日常生活情形。"诸葛孔明先生生活得很好吗？他的饮食如何？能吃多少饭？"使者说："只有三四升。"接着又问诸葛亮处理政事的情形，使者说："凡是处二十（指挨打）罚以上的公文，诸葛丞相都要亲自审查。"事后，司马懿对他左右的人说："诸葛孔明的食量这样少，而工作又这样繁重，他能长命吗？"后来真的被他说中了。

后人便将司马懿所说的话概括为"食少事繁"，比喻吃的饭很少，事务却很繁多。这成语多用来劝告别人要注意身体的健康，切不要只顾工作，大量支出精力，而对饮食、健康弃之不顾。

五日京兆

典出《汉书·张敞传》。

　　（敞）为京兆九岁，坐与光禄勋杨恽厚善，后恽坐大逆诛，公卿奏恽党友不宜处位，等比皆免，而敞奏独寝不下。敞使贼捕掾絮舜有所案验，舜以敞劾奏当免，不肯为敞竟事，私归其家。人或谏舜，舜曰："吾为是公尽力多矣，今五日京兆耳，安能复案事？"敞闻舜语，即部吏收舜系狱。是时冬月未尽数日，案事吏昼夜验治舜，竟致其死事。舜当出死，敞使主簿持教告舜曰："五日京兆，竟何如？冬月已尽，延命乎？"乃弃舜市。

　　西汉宣帝年间，京都长安闹贼，百姓家里常常被贼窃，闹得家家户户都不得安宁。京都的治安归由京兆尹负责，可是历任的京兆尹都不能把偷窃根绝。宣帝听说在胶东做官的张敞是个能吏，就把张敞调来做京兆尹。张敞到任后，首先亲到民间察访，查知这些窃贼是一个有组织的集团，有几个为首的人在发号施令，而这几个为首的人，平时出入都骑马坐车，住宅豪华，婢奴成群。张敞便收买了这几个为首的人，设计把全城的窃贼都捉到了，从此长安果然再没有盗案发生了。

　　张敞做了几年京兆尹，因他的朋友杨恽犯了大逆不道之罪被杀，朝中公卿大夫奏请凡是杨恽的亲友，在朝做官的都应削职，张敞也在所难免。这时张敞手下有个管窃案的府吏名叫絮舜，张敞要他出去办案，他不去，并且对人说："张敞公还能做几天京兆呢？五日京兆罢了，我为什么还要给他办事？"张敞知道了，很生气，就办絮舜抗命之罪，下在狱中，数日内便将他上刑致死。

　　后人便将絮舜所说的"五日京兆耳，安能复案事？"概括为"五日京兆"一词，用来比喻做官的不能久安于位、仕职不能长久。

昔郭君出亡

典出《韩诗外传》。

昔郭君出亡，谓其御者曰："吾渴欲饮。"御者进清酒。

曰："吾饥欲食。"御者进干脯粱糗。

曰："何备也?"

御者曰："臣储之。"

曰："奚储之?"

御者曰："为君之出亡而道饥渴也。"

曰："子知吾且亡乎?"

御者曰："然。"

曰："何以不谏也?"

御者曰："君喜道谀而恶至言。臣欲进谏，恐先郭亡，是以不谏也。"

郭君作色曰："吾所以亡者，诚何哉?"

御转其辞曰："君之所以亡者，太贤。"

曰："夫贤者所以不为存而亡者，何也?"

御曰："天下无贤而君独贤，是以亡也。"

郭君喜，伏轼而笑，曰："嗟乎! 夫贤人如此苦乎?"于是身倦力解，枕御膝而卧。御自易以备，疏行而生。身死中野，为虎狼所食。——此其不生者。

从前，虢国国君逃亡在外，对他的赶车人说："我渴了想喝水。"赶车人就给他送上清酒。

虢君说："我饿了想吃东西。"赶车人就给他送上肉脯和干粮。

虢君问道："是哪儿弄来的这些东西?"

赶车人说："我储备的。"

虢君问道："为什么要储备这些东西?"

赶车人说："为君王逃亡在外路上饿了渴了时用呀。"

虢君说："你知道我将要逃亡吗?"

赶车人说:"是的。"

虢君说:"为什么不早给我进谏呢?"

赶车人说:"您喜欢听阿谀奉承的话,而讨厌听深切中肯的言语。我想要进谏言,但怕先于郭君而死,所以我才不谏的呀。"

虢君改变了脸色说:"我要逃亡的原因,究竟是什么呢?"

赶车人转过话头说:"国君您之所以会逃亡,是由于太有才能的缘故。"

虢君问道:"有才能的人不能站住脚而要逃亡的原因,是什么呢?"

赶车人说:"天下的君王都不肖,而国君您独自有才能,所以要逃亡呀。"

虢君听了很高兴,倚在车前横木上笑起来,说道:"唉!有才能的人要遭到这般困苦吗?"说罢,于是感到浑身疲乏无力,就枕在赶车人的膝盖上睡着了。赶车人就暗自抽出膝盖给他换上一块石头,漫步扬长而去了。结果,虢君就死在郊野之中,被老虎恶狼吞食了。——这就是不觉悟者的下场呀。

这则寓言讽刺了那些刚愎自用,喜欢阿谀奉承,而厌恶真切诚实的谏言的人。

邹忌论琴

典出《史记·扁鹊仓公列传》。

姓姜的齐康公死在海岛上,恰巧他没有儿子,田太公的孙子,齐桓公午的儿子齐威王算是继承齐康公的君位。从此以后,齐国姜氏的君位绝了根。以后的齐国,虽然还叫齐国,可是已经是田家的了。

齐威王有点像当初楚庄王一开始时候的派头,一个劲儿地吃、喝、玩、乐,国家大事他从来不闻不问。人家楚庄王"三年不飞,一飞冲天;三年不鸣,一鸣惊人",可是齐威王呢,一连九年不飞、不鸣。在这九年当中,韩、赵、魏各国时常来打齐国,齐威王从没放在心上,打了败仗他也不管。

一天,有个琴师求见齐威王。他说他是本国人,叫邹忌。听说齐威王爱听音乐,他特地来拜见。齐威王一听是个琴师,就叫他进来。邹忌拜见之后,调着弦好像要弹的样子,可是他两只手放在琴上不动。齐威王纳闷地问他,说:"你调了弦,怎么不弹呢?"邹忌说:"我不光会弹琴,还知道弹琴的道理!"齐威王虽说也能弹琴,可是不懂得弹琴还有什么道理,就叫他仔细说来听听。邹忌海阔天空地说了一阵,齐威王有听得懂的,也有听不懂的。可是说了这些空空洞洞的闲话有什么用呢?齐威王听得有点不耐烦了,就说:"你说得挺好,挺对,可是你

为什么不弹给我听听呢?"邹忌说:"大王瞧我拿着琴不弹,有点不乐意吧?怪不得齐国人瞧见大王拿着齐国的大琴,九年来没弹过一回,都有点不乐意啊!"齐威王站起来,说:"原来先生拿着琴来劝我。我明白了。"他叫人把琴拿下去,就和邹忌谈论起国家大事来了。邹忌劝他重用有能耐的人,增加生产,节俭财物,训练兵马,好建立霸业。齐威王听得非常高兴,就拜邹忌为相国,加紧整顿朝政。

这个故事是用来劝喻君王在其位要谋其政。

暴政篇

哀鸿遍野

典出《诗经·小雅·鸿雁》。

> 鸿雁于飞，肃肃其羽。之子于征，劬劳于野。爰及矜人，哀此鳏寡。鸿雁于飞，集于中泽。之子于垣，百堵皆作。虽则劬劳，其究安宅？鸿雁于飞，哀鸣嗷嗷。维此哲人，谓我劬劳。维彼愚人，谓我宣骄。

春秋战国时代，诸侯互攻，战争不息，老百姓经常被派遣在外服役，诗人们便借用"鸿雁"为题，写了一首替人民诉说辛劳的诗，以道出人民的苦难。

全诗的意思是：对对的雁儿在空中飞行，它们的翅膀发出沙沙声。那个人的儿子出门，到郊外去做牛马卖命。我们都是受苦难的人，可怜的是既老又无亲。鸿雁儿对对飞去，一同聚集在湖沼里。那个人去筑墙，百丈墙身都已筑起；他吃尽了辛苦，何处是他安身的地方呢？雁儿们已经飞去，它们在空中发出声声叫啼，明白我们的人，说我们是劳苦的；只有那些糊涂虫，还觉得我们不安分！

"哀鸿遍野"便是从这首诗引申出来，比喻到处可以看到呻吟呼号、流离失所的灾民。

逼上梁山

典出《水浒传》。

豹子头林冲，是北宋京都汴梁八十万禁军枪棒教头。他为人忠厚正直、安分守己。

一天，林冲带着妻子去岳庙进香。途中，遇见花和尚鲁智深在耍一把六十多斤重的浑铁禅杖。众人齐声叫好，林冲也被吸引过去观看。鲁智深与林冲两个好汉一见如故。结义为兄弟。正在这时，侍女锦儿慌忙报信儿说，林娘子在路上被歹徒拦截。林冲急忙与鲁智深告辞，去岳庙追赶歹徒。林冲抓住歹徒举拳要打时，发现此人原来是他的顶头上司、奸臣高俅的义子高衙内。高衙内一伙一看那女子是林教头的妻子，害怕打起来不是对手，便假惺惺地劝解："衙内不认得，多有冲撞。"说罢，将高衙内拥走。这时，鲁智深也急忙赶到，听明情况要去追打高衙内，被林冲劝阻。林冲忍下了这口恶气。

高衙内逃走以后仍不死心，还想霸占林娘子。他与高太尉一起设计，以看刀为由将林冲骗进高府，诬陷林冲持刀闯入白虎节堂，将他下狱拷打。高俅一伙不便在京公开杀害林冲，于是将林冲发配沧州（今属河北省）充军，并买通差人，阴谋在路经野猪林时将他杀害。鲁智深暗中保护林冲，大闹野猪林，高俅的阴谋未能得逞。

到沧州后，林冲被分配看管大军草料场。高俅父子贼心不死，又派心腹之人前往沧州，放火烧草料场。这样，即使林冲不被烧死，也会因草料场失火而被处死。当草料场起火燃烧时，林冲听到高俅的心腹们得意地谈论暗害林冲的计谋。这时，林冲再也按捺不住心头的怒火，将仇人一个个杀掉。以后，林冲毅然上梁山，参加农民起义队伍。

后来就用"逼上梁山"这句成语比喻被迫进行反抗，也比喻不得不做某件事情。

不教而诛

典出《论语·尧曰》。

子张问于孔子曰："何如斯可以从政矣？"子曰："尊五美，屏四恶，斯可以从政矣"。子张曰："何谓五美？"子曰："君子惠而不费，劳而不怨，欲而不贪，泰而不骄，威而不猛。"子张曰："何谓惠而不费？"子曰："因民之所利而利之，斯不亦惠而不费乎？择可劳而劳之，又谁怨？欲仁而得仁，又焉贪？君子无众寡，无小大，无敢慢，斯不亦泰而不骄乎？君子正其衣冠，尊其瞻视，俨然人望而畏之，斯不亦威而不猛乎？"子张曰："何谓四恶？"子曰："不教而杀谓之虐；不戒视成谓之暴；慢令致期谓之贼；犹之与人也，出纳之吝谓之有司。"

子张问孔子："怎样才可以管理政事呢？"孔子回答道："尊重五种美德，排除四种恶政，就可以管理政事了。"子张问："什么是五种美德？"孔子答道："君子使老百姓受到好处，而自己却不耗费；让老百姓劳作，老百姓却不怨恨；追求仁德而不贪图财利；庄重而不傲慢；威严却不凶猛。"子张问："怎样才能使老百姓得到一些好处，而不掏自己的腰包呢？"孔子答道："叫老百姓做对他们自己有利的事，这不就是对老百姓有好处，而不掏自己的腰包吗？选择老百姓能干的活，让他们去干，谁还会怨恨呢？自己追求仁德而得到仁，怎能叫做贪图财利呢？无论人多人少，势力大小，君子都不敢怠慢，那不就是庄重而不傲慢？君子衣冠整齐，目光严肃端正，使人望而生畏，这不也就是威严而不凶猛吗？"子张问："什么是四种恶政呢？"孔子回答道："事先不教化而杀人，叫做虐；事先不预告，而要求立刻成功，叫做暴；命令下达很晚，又要求限期完成，叫做贼；同样给人东西，却很吝惜，这就叫做小气。"

"不教而诛"就是从文中"不教而杀"一语变化来的。它的意思是平时不加管教，一旦犯了罪便轻易处死。用来比喻平时不教育，一旦出了问题便一棍子打死的官僚主义行为。

不怕官，只怕管

典出《醒世恒言》二六。

俗谚有云：不怕官，只怕管。岂是我管不着你，一些儿不怕我了。

有个名叫王进的东京八十万禁卫军拳棒教头，他的父亲曾经和高俅比棒，只一棒就把高俅打翻在地，休息了几个月才能走动，因此高俅怀恨在心。十几年过去了，王进的父亲早已去世，那高俅却因会踢球得宋徽宗赏识，一路升官升到殿帅府太尉。第一天上任，高俅便发现王进请病假在家未来参见，大怒，着人将王进拿来，问道："这厮是都军教头王升的儿子？"王进禀道："小人便是。"高俅喝道："你爷是街市上使花棒卖药的，你省的什么武艺？前官没眼，参你做个教头，如何敢小觑我，不伏俺点视，推病在家，安闲快乐？"王进告道："小人怎敢，其实患病未愈。"高太尉骂道："贼配军，你既害病，如何来得？"王进又告道："太

尉呼唤，不敢不来！"高太尉大怒，喝令左右拿下，"加力与我打这厮！"众多牙将都是和王进好的，只得告道："今日太尉上任，好日头，权免此人这一次。"高太尉喝道："你这贼配军，且看众将之面，饶恕你今日，明日却和你理会。"王进谢罪罢，抬头看了，认得是高俅。出得衙门叹口气道："我的性命今番难保了。我道什么高殿帅，却原来正是高俅。他今番发迹，正待要报仇。我不想正属他管。自古道：'不怕官，只怕管'，我如何与他争得？怎生奈何是好？"王进回家后，带了老母连夜投奔边镇延安府去了。

后人用"不怕官，只怕管"这个典故，道出了封建社会塔形政权结构中，上级欺压下级的丑恶现象。

不知天寒

典出《晏子春秋·内篇谏上》。

景公之时，雨雪三日而不霁。公被狐白之裘，坐于堂侧阶。晏子入见，立有间，公曰："怪哉！雨雪三日而天不寒。"

晏子对曰："天不寒乎？"

公笑。

晏子曰："婴闻古之贤君，饱而知人之饥，温而知人之寒，逸而知人之劳。今君不知也。"

齐景公时，大雪连下三日而不停。景公穿着狐皮大衣，坐在大厅一侧的台阶上。晏子进来拜见，侍立了一会儿，景公说："奇怪呀！下雪三天而天气一点也不冷。"

晏子反问道："天不冷吗？"

景公笑了笑。

晏子说："我听说古代贤明的君主，自己吃饱而能知道老百姓受饥饿，自身穿暖而能知道老百姓受寒冻，自己安乐而能知道老百姓劳苦。现在您却是一点不知道。"

后人用"不知天寒"来讽喻养尊处优、脱离人民的人，是不会懂得人民的疾苦的。

豺狼当道

典出《后汉书·张郃传》。

> 汉安元年，选遣八使徇行风俗，皆耆儒知名，多历显位。唯纲年少，官次最微。余人受命之部，而纲独埋其车轮于洛阳都亭，曰：豺狼当道，安问狐狸。

东汉顺帝汉安元年（公元 142 年），朝廷选派了特使，巡行各地，考察政治，如发现刺史太守有贪赃枉法行为，就上急奏弹劾，县令以下的官，可不待奏报，即时逮捕法办。至于清廉而政绩好的则奏闻加以表扬。这些特使都是年高望众的，只有张纲年纪最轻，官位最低。别人都受命出发了，张纲独把自己的车轮卸下，扔在洛阳城外的驿站旁。人们很诧异，问他为什么这样做。他感慨地说："豺狼当道，安问狐狸。"意思是说：大恶不除，何必去问那些小恶？他所指的就是那时当权的大奸臣梁冀。因此上了一封奏章，严厉揭发梁冀的罪恶。但梁冀身为国舅，皇帝虽然明白张纲所弹劾的事实，可是不便发作，加之满朝都是梁冀的死党，怎能动摇他的分毫呢？

梁冀从此恨张纲入骨，屡欲借机把他害死。

之前广陵郡张婴聚众数万反抗官吏，杀死刺史太守，为时十几年，朝廷始终没有办法。梁冀便进言尚书，选派张纲担任广陵太守，以为张纲会被害死。怎知张纲到任后，亲自去见张婴，晓以大义，体谅民疾，抚恤招安，张婴便率众自动放下武器，十几年不能解决的问题，就此瓦解冰消。可惜张纲到任只一年就病死了。

后人把张纲所说的"豺狼当道"引为成语，比喻坏人掌握大权。

朝廷缺清要官

典出《广谈助》。

> 朝廷缺清要官，政府问谁可任者。或以公论对。政府曰："公论如

今甚无用。"或以古道对。政府曰："古道如今亦难行。"或以糊涂对。
政府曰："糊涂如今却去行。"

　　最后有力者举智巧，政府喜曰："尔举甚好，此其人我尝闻之，能
折腰舐痔，惟人颐指气使，而莫予违者。"遂以属铨司。

　　朝廷缺一个清要官职，政府询问谁可以担任。有人说公论可以担当。政府
说："公论现今是最没有用的。"有人说古道可以担任。政府说："古道如今也难
以实行了。"有人说糊涂可以担任。政府说："糊涂其人如今却可以去干得。"

　　最后有个有力量的人举荐了智巧，政府大喜说："你举荐的极好，这个人的
人品我曾听说过，他善于弯腰拜揖、舐人屁股；只是他指挥别人却态度傲慢、气
焰嚣张，是一个不能违抗他的人。"于是便立即授予了他应得的官职。

　　这是一幅腐败的封建专制官僚机构的讽刺画。在封建社会没落时期，官僚制
度日趋腐败，真正有才干、能主持公道的士子是难以跻身政府的，而大量"折腰
舐痔"以趋奉上级、"颐指气使"以凌辱人民的"智巧者"，却充斥政坛。

城狐社鼠

典出《晋书·谢鲲传》。

　　晋朝退守江南建都建康（今南京）后，王敦家跟着南迁，在朝中势力极大，
所以当时人们说："王与马，共天下"。（马指司马氏）但是，司马氏和王氏之间
的内部矛盾却相当尖锐。起初，晋元帝在建康刚即位的时候，彼此还互相支持，
互相利用，矛盾并不突出。后来，王敦被任命为军事统帅，镇守武昌，掌握了长
江中上游地区，声威很盛，对处于长江下游的首都有很大的威胁。晋元帝觉察到
了这一危险的形势，便分别任命刘隗和戴渊为镇北将军和征西将军，名义上是防
范北方各国的南侵，实际上是牵制王敦。

　　王敦也明白晋元帝的企图，便要叛乱，借口说："刘隗奸邪，危害国家，必
须清除他这个'君侧之奸'！"（君王身边的坏蛋）王敦的这个造反借口是从汉初
的吴王刘濞那里学来的。

　　在王敦部下担任"长史"的谢鲲对王敦说："刘隗固然奸邪，可是，他是
'城狐社鼠'呀！"

　　所谓"城狐社鼠"，就是藏在城墙里的狐狸，躲在神庙里的老鼠。人们要想
捕杀城狐社鼠，都不能不有所顾忌。因为捉城狐，恐怕要毁坏城墙，得罪君王；

烧社鼠，恐怕要烧坏神庙，对神不敬。由于这样，狐鼠之辈就仗着皇城和神庙作威作福了。

指以城墙为依托的狐狸，以土地庙为依托的老鼠。比喻旧社会仗着衙门势力欺压人民的官吏。

倒行逆施

典出《史记·伍子胥列传》。

伍子胥，战国时的楚国人，他的父亲叫伍奢，是皇太子的太傅。楚平王为太子娶秦国之女为妻，秦女来了，平王见她绝美，便自己要了，又怕太子不满，派人去杀太子，太子逃走了，便把忠于太子的伍奢抓了起来。楚平王知道伍奢有两个儿子，一个叫伍尚，一个叫伍员（即伍子胥），都很能干，怕杀了伍奢后两人作乱，就派使者去召两人，说："你们来，我不杀你父亲；不来，我马上杀他。"使者一到，伍尚说："我知道，去了不过和父亲一起死而已，但不去，心里不安。"他去了，果然和父亲一起被杀。伍子胥说："我去，和父亲一起死，何益？不如活着给父亲报仇。"于是弯弓搭箭对着使者，使者不敢抓他，他逃了。

他逃到昭关，过不了，急得一夜须发皆白，才混过关。于是独身疾行，至江边，追兵在后，江上一渔夫可怜他，把他渡过长江。行至丹阳，病了，只好靠讨饭生活。总之，受尽千辛百苦逃到吴国，成为吴王阖庐的谋臣。五年后，楚平王死了。九年后，他带领吴兵五战而占领楚国的国都。于是，伍子胥把楚平王的尸首挖了出来，鞭打三百才泄愤怒。他的朋友申包胥派人对他说："你这样报仇，未免太过分了吧！"伍子胥说："请你原谅，我实在是被逼得无路可走了，所以行事才违背常理啊！"

后人用"倒行逆施"比喻违背历史潮流的反动行为。

得丈人力

典出《雅谑》。

有以岳丈之力，得中魁选者，或作语嘲之曰："孔门弟子入试，临揭晓，先报子张第十九，"人曰："他相貌堂堂，果有好处。"又报子路第十三，人曰："他粗人也中得高，全凭那一阵气魄。"又报颜渊第十二，人曰："此圣门高足，屈了他些。"又报公冶长第五，人骇曰："此子平日不见怎的，如何倒中正魁？"或曰："全得他丈人之力耳。"

有一个仰仗老丈人势力得中科举第一名的人，人们编造了一段话嘲讽他，说道："孔门的弟子去参加考试，临揭榜时，先通报子张中了第十九名，人们说：'子张相貌堂堂，果然有他不平凡的地方。'又通报子路中了第十三名，人们说：'子路是个粗鲁人，也能高中，大概全凭他那一副坚强的气魄吧。'又通报颜渊中了第十二名，人们说：'颜渊是孔圣人的高足，中十二有些委屈了他。'又通报公冶长得中第五名，人们惊讶地说：'此人平时表现不怎么样，这次如何反而能得中正魁？'旁边有人答说：'全仗他老丈人的力量呀！'"

后人用这则寓言说明借凭老丈人的势力得中高魁，这在以血缘关系为纽带的封建宗法社会里，是司空见惯的。人们借《论语》的篇目次序，借孔子和公冶长的翁婿关系，编造寓言，讽刺宗法势力，抨击裙带关系。

帝不果觞

典出《龚定安全集》。

群神朝于天。帝曰："觞之！"帝之司觞，执简记而簿之，三千秋而簿不成。帝问焉。曰："皆有异之与者。"帝曰："异者亦簿之。"七千秋而簿不成。帝又问焉。乃反于帝曰："异之与者，又皆有其异之者！"帝默然而息，不果觞。

天上各方神仙都来朝拜天帝。天帝命令说："赐给他们酒喝！"

天帝司觞的大臣，便拿了简记去登记每个神仙的姓名，但是登记了 3000 年也没登记完。

天帝问是什么缘故。司觞大臣报告说："各位神仙都带着抬轿的轿夫。"天帝说："轿夫也登记赐酒。"但是用了 7000 年也没登记完。天帝又问缘故。司觞大臣报告说："抬轿的轿夫也带了抬他们的轿夫。"

天帝默默地叹了一口气，没有赐成酒。

后人用这则寓言辛辣、尖刻地讽刺了官僚机构的臃肿重叠。连杯酒都赐不成，可想而知，办件正事更是难上加难了。如此腐败政体，不"更法"、"改图"如何得了？

东海王鲔

典出《燕书》。

> 东海有巨鱼，名王鲔焉。不知其大多少，赤炽曳曳，见龛赭间，则其鬣也。王鲔出入海中，鼓浪歕沫，腥风盖然云。逢鱼鳍、鲣、鲦，必吞，日以十千计，不能餍。出游黑水洋，海舶聚洋中者万，王鲔一喷，皆没不见。其从雄行海间，孰敢向问之者？沂潮上罗刹江，潮退胶焉，矗若长陵，江滨之人，以为真陵也。涉之，当足处或战，大骇，斫甲而视，王鲔肌之。乃架栈而脔割之，载数百艘。乌鸢蔽体，群啄之，各饫。夫王鲔之在海也，其势为何如？一失其势，欲为小鲔且不可得，位其可恃乎哉！

东海里有一种大鱼，名叫"王鲔"，不知道它的身躯有多么大，在水面上只见有赤色的火苗子一排排地拖延着，现出赤红和土红混合的颜色，原来是王鲔的鳍毛。王鲔出入于大海之中，掀起巨浪，喷射出泡沫，一阵腥风盖天而来，好像灰蒙蒙的云雾。只要碰见白鱼、泥鳅、鲣鱼和鲦鱼等，必定会把它们吞掉，一天要吃上万，也不能填饱肚皮。王鲔出游到黑水洋，海船聚集在大洋中有上万只，王鲔一喷水，它们就沉没不见了。王鲔放纵而神气地游行在大海间，谁敢对它干预一下呢？

涨潮的时候，王鲔蹿上了罗刹江，退潮的时候被搁浅了，身体笔直耸立着，像一座长长的土山，江边的人们还以为真的是一条土山呢！徒步走上去，脚踩的地方突然一阵颤动，害怕极了，便用锄头砍破表面的硬壳，王鲔的肌肉就露出来了。于是用竹木编成了架子，登上栈架把它割成一块一块的肉，装载了数百只大船。一群群乌鸦和鹞鹰飞下来盖满了王鲔的尸体，一齐啄食，饱吃了一顿。

唉，在海上时，王鲔的气势有多大！一旦失去了气势，想要当个活蹦乱跳的小鱼都不可能了，势位是可以依靠的东西吗？

作者借王鲔在海中的气势，比喻封建统治阶级的覆灭。

历史上一切以权势地位骄人的统治者，平时肆意横行，不可一世；而一旦失势，常会人头落地，到那时想当一个普通老百姓也是很困难的了。清人梁树珍在评论这则寓言时，举出李斯为秦始皇相的史实说："如李斯为相，声势炎炎，位何如之？及后临刑时，顾谓其子曰：'吾欲与若，复牵黄犬俱上蔡东门，逐狡兔，岂可得乎？'遂相向而泣。噫！位安可骄人哉！"

防民之口，甚于防川

典出左丘明《国语·周语上》。

西周的周厉王是一个暴君。老百姓对他恨透了，大家遇到一起就讲他的暴行。有一个大臣叫邵公，见人民对周厉王越来越不满，很忧虑，就劝周厉王说："大王，到处都在议论你。"

周厉王一听，吼道："谁敢议论我，立即处死。"他从卫国找来了一个巫师，让他整天在街上转悠，不知有多少人因为说了对周厉王不满的话而送被巫师告密后掉了性命，这样一来，老百姓都不敢议论国君了，甚至连一起讲话也不敢了，两个熟人在街上偶尔遇见，只能互相递个眼色，谁也不敢张口。从此再也没有怨恨之声传到周厉王耳朵里，他得意地对邵公说："你看，我能禁止百姓发议论，现在没人敢说我坏话了吧？"

邵公叹气说："你这是用堵的办法呀！防民之口，甚于防川。所以治理河流的办法是疏导，治理国家的办法呀是让老百姓说话。古代圣贤的君主为政，总要让公卿大臣甚至士大夫发表自己的意见，还要广开言路，让天下百姓都有议论政治的机会，老百姓嘴里讲的都是心里所想，怎么可以不让他们说出来呢？"周厉王根本听不进邵公的劝导，反而更加变本加厉地镇压百姓。三年后，他终于激起民愤，被流放到国外去了。

川：河流。"防民之口，甚于防川"指不让老百姓说话，造成的灾祸比河水泛滥还可怕。现用来比喻压制言论自由造成的危害。

烽火戏诸侯

典出《史记·周本纪》。

褒姒不好笑，幽王欲其笑万方，故不笑。幽王为烽燧大鼓，有寇至

则举烽火。诸侯悉至，至而无寇，褒姒乃大笑幽王说之。数举烽火其后
不信诸侯益不至。

周宣王死后，他的儿子即了王位，即周幽王。这位天子怠忽朝政，一心只想
吃喝玩乐，除了酒肉，就是女人。他打发左右的人到各地去找寻美女，根本置国
家大事于不顾。他喜欢谄媚的人，对于劝告他的人却怀恨在心。最令他嫌恶的是
赵叔带大夫，因为他竟胆大包天，写了一份奏章，说："国家正面临许多灾难，
一些地方发生了地震、山崩、饥荒。天子应当想法子访求能干的人来辅佐朝政才
对，怎么能在这节骨眼上找美女寻欢取乐呢？"

周幽王恼羞成怒，革去赵叔带的官职，把他赶出宫去。周幽王这么做为的是
"杀鸡儆猴"，免得别人再到他跟前说些不中听的话。没想到另一位大臣褒珦还是
怀着忠义之心去见天子，并对他说："天子不把天灾看在眼里，不关心国家大事，
反而亲信小人，赶走大臣。你再这样下去，咱们的国家恐怕要保不住了！"周幽
王大怒，不想与他争辩，仅吆喝了一声，就下令把他囚禁到监狱里，从此以后，
再也没有人敢劝谏他了。

褒珦在监狱里待了三年，一直没有获得释放。他的家人非常着急，四处奔
走。他们想："天子既然贪爱美色，我们就在这上面动脑筋吧。"于是，他们到处
寻觅，终于找到了一个花容月貌的美女。他们花了许多绢、帛，买下那个乡下姑
娘。但小姑娘怎么也不愿意，哭得死去活来，就是不肯走。她的爹娘过怕了穷困
的日子，不肯错失这笔买卖，就一边流着泪，一边劝女儿发发孝心，照顾照顾他
们这又穷又苦的老两口。小姑娘无奈，就咬紧牙根随着褒珦的家人到了京城。她
就是在中国历史上顶顶有名的美女褒姒。

周幽王一看见褒姒，心花怒放，褒姒的美色，他梦也没有梦见过，宫里的美
女跟她一比，一个个都黯然失色。他立刻赦免了褒珦的罪，放他出狱。从此以
后，天子日日夜夜迷恋这位美女，把她当成心肝宝贝。但褒姒却不喜欢他。她总
觉得自己是个苦命女子，被买了来听人的摆布，像个玩物一般。因此她入宫以
后，老是心事重重、愁眉不展。周幽王想尽办法要逗她一笑，都没有用。于是，
天子就诏告天下："有谁能叫娘娘笑一下，就赏他一千两黄金。"

这个消息一经传出，就来了许多想发财的人。可是他们徒然令褒姒生气，有
的甚至被她撵了出去。有个专会奉承天子的小人，叫虢石父，颇有点儿小聪明，
想出了一个"好"法子。他对周幽王说："从前的君王为了防备西戎侵犯京城，
就在骊山那一带造了 30 多座烽火台。万一敌人攻过来，就燃起一连串的烽火，
示意附近的诸侯出兵相救，现在天下太平，烽火台就没有用了。我想请天子跟娘
娘到骊山去玩几天，到晚上，咱们把烽火点着，戏弄诸侯，叫他们上个大当。娘

娘见到一大批的兵马一会儿奔过来，一会儿跑过去，肯定会笑弯了腰。你说我这个办法好不好？"周幽王眯着眼睛，拍手叫道："太好了，就这么办吧！"

他们立即动身，带着褒姒到了骊山。周宣王的兄弟、周幽王的叔叔郑伯友听到这个消息，怕他们酿成事端，马不停蹄地一口气赶到骊山，劝天子别这么做。周幽王正兴致勃勃，哪儿听得进劝告，他生气地说："我在宫里闷得慌，难得和娘娘出来玩一趟，放放烟火，跟诸侯开开玩笑，这也用得着你管吗？"

周幽王随即下令点燃烽火，诸侯一个个领兵点将，连夜赶到骊山。没想到，到了那儿，一个敌人的影子也没看见，只传来饮酒作乐的声音，大伙儿你看我、我看你，都不知道是怎么回事。周幽王派人对他们说："辛苦了，各位！没有敌人，放烽烟只是为了博得娘娘的欢笑，你们回去吧！"诸侯们这才发觉上了天子的大当，一个个愤然离去。

褒姒见大批人马在那儿忙来忙去地瞎撞，果然笑了。周幽王立刻就把一千两黄金赏给了虢石父。

褒姒生了一个儿子，名叫伯服。公元前771年周幽王废了原来的王后和太子宜臼，改立褒姒为王后，伯服为太子。宜臼的母亲是申侯的女儿，于是宜臼就逃往申国去。申侯得知周幽王要攻伐他，还要杀害宜臼，就联合西戎兴兵进攻周室。周幽王赶忙叫虢石父把烽火点起来。但由于先前被戏要了一次，诸侯以为天子又在开他们玩笑，全都按兵不动。烽火兀自燃烧着，却没有一个救兵前来。镐京城里的兵马本来就不算多，很快被敌人团团围住。周幽王和虢石父以及伯服仓皇逃往骊山，半路上都给西戎军杀了。

蛤蟆夜哭

典出《艾子杂说》。

艾子浮于海，夜泊岛峙。中夜闻水下有人哭声，复若人言，遂听之。其言曰："昨日龙王有令，应水族有尾者斩。吾鼍也，故惧诛而哭。汝蛤蟆无尾，何哭？"复闻有言曰："吾今幸无尾，但恐更理会蝌蚪时事也。

艾子在海上航行，晚上停泊在一个岛屿的附近。半夜时分，听到水底下有人发出哭泣的声音，又像是有人在说话，他就认真地听了下去，一个声音说："昨天龙王下了命令，水中的动物，凡是有尾巴的都必须斩首。我是鼋，有尾，所以害怕遭到杀戮，便哭了起来，你是蛤蟆，没有尾巴，为什么也在哭？"又听到有声音说："我现在幸而没有尾巴，但是我害怕会追究到我蝌蚪时代的事上去，因为那时我是有尾巴的。"

这个故事告诉我们：横加罪名，株连无辜，这正是封建专制政治的一个重要侧面。

官官相护

典出《老残游记》。

> 我去是很可以，只是于正事无济，反叫站笼里多添一个屈死鬼。你想，抚台一定要发回原官审问；纵然派个委员前来会审，官官相护……他是官，我们是民……这官司打得赢打不赢呢？

曹州于家屯那个地方，有个财主名叫于朝栋，他有两个儿子。有一年秋天，他家被强盗抢了一次，于家即到官府报案，结果有两个小强盗被捉去杀了，因而强盗与于家结了仇。强盗为了报复，在一次抢劫之后，把一部分赃物悄悄地放进于家一间放杂物的屋子里。

曹州长官玉贤带领人马追捕强盗，途中在于朝栋家搜出了强盗所藏的赃物，于是不由分说，将于朝栋父子三人抓去。此事明明是冤枉，但曹州府玉贤既不调查核实，又不听从下人的意见，硬把于朝栋父子三人放在站笼里活活折磨死了。

于朝栋等死后，众人愤愤不平。

不久，众人议论开了，有的人建议：此事应往上告，要上面重审。有人却不同意这样做。理由是：民家被官家害了，除了忍受，没有别的办法。倘若上告，照例仍旧发回来审问，这样又落在他手里，岂不是又要倒霉吗？当时又有人建议，请于朝栋的女婿去上告，因他是秀才，知书识理，一定有办法。于朝栋的女婿对众人说："我去是很可以，只是于正事无济，反叫站笼里多添一个屈死鬼。你想，抚台一定要发回原官审问；纵然派个委员前来会审，官官相护……他是官，我们是民……这官司打得赢打不赢呢？"众人听了，觉得很有道理，没有办法，只好罢了。

后人用"官官相护"或作"官官相为"表示官吏们互相包庇。

官虎而吏狼

典出《聊斋志异·梦狼》。

直隶白翁的长子白甲在南方做官，一夜白翁梦见自己来到了儿子的官衙，守门的是一只大狼，他正恐惧时，白甲出来了，看见爸爸很欢喜，引他进了门。只见堂上、堂下坐的卧的都是狼。天井里白骨如山，坐了一会儿，一只大狼衔一死人来，白翁更怕，问道："这尸体衔来做什么？"白甲说："给您做午餐啊！"白翁吓死了，连忙推辞。这时忽然有两个金甲神人进来，拿出黑索捆住了白甲，白甲立刻变成了老虎，牙齿锋利如刀，一神出剑欲斩虎头，另一神人说："不忙，那是明年四月事，不如敲齿去。"于是拿出大铁锤锤虎齿，齿尽落，虎大吼，白翁醒来才知是梦。他心里记挂儿子，就派次子去南方探望。次子到南方见了哥哥，见他门牙尽落，大惊，一问，原来是骑马跌下来撞落的，而时间正是白翁做梦的那一天。次子住了几日，见白甲用的人都是污吏，而每天白甲接受贿赂，门庭若市。于是流泪劝告哥哥别这样。白甲说："你不懂，做官的上级喜欢你就是好官，就被提拔；爱百姓有什么用？拍上级马屁没钱行吗？"弟弟知道劝他不动，只好回家把情况告诉父亲，白翁听了大哭。第二年四月，白甲被强盗杀了。

作者蒲松龄说："天下'官虎而吏狼'者，到处都是，何况还有比老虎更凶的政令呢？"

柜中刺史

典出《雅谑》。

刺史孙彦高，被突厥围城，不敢出厅视事，征发文符，俱以小窗接入。及报贼登垒，乃锁州宅门，身入柜中，令奴曰："牢掌钥匙，贼来慎勿与。"

刺史孙彦高被突厥军队围困在城中，吓得不敢升堂理事，收发文书、符令，都从小窗口传递。当得到突厥军队登城的消息以后，他就把州衙、宅院的大门统统锁住，自己藏到柜子里，吩咐家奴说："牢牢掌好钥匙，贼兵来了，千万不要给他们。"

后人用"柜中刺史"这个典故描述封建官僚的腐败愚蠢和那些封疆大臣贪生怕死的丑态。

画影图形

典出《史记·楚世家》。

平王二年，使费无忌如秦为太子建取妇，妇好，来，未至，无忌先归，说平王曰："秦女好，可自娶，为太子更求。"平王听之，卒自娶秦女，生熊珍。更为太子娶。是时伍奢为太子太傅，无忌为少傅。无忌无宠于太子，常谗恶太子建。……无忌曰："伍奢有二子，不杀者，为楚国患。"……伍胥弯弓属矢，出见使者，曰："父有罪，何以召其子为？"将射，使者还走。遂出奔吴。伍奢闻之，曰："胥亡，楚国危哉！"楚人遂杀伍奢及尚。

楚平王一见本国的人安居乐业，属国的诸侯都信服他，到处是太平盛世的样子，就渐渐疏懒荒唐起来。历来荒唐的君王最喜欢人家阿谀奉承他，因为这种人会讨他欢心，给他出新鲜的花样，叫他称心如意。这时候，楚平王的朝廷里就有一个专会逢迎拍马的人叫费无忌。他虽然赢得了楚平王的宠信，太子建却相当厌恶他，常常在他父亲面前数落他。而费无忌当然也在楚平王跟前编造太子建的不是。两个人就这样成了冤家对头。

有一天，楚平王派遣费无忌带着金珠彩币到秦国去替太子建迎娶新娘子孟嬴。费无忌将孟嬴迎至半途，发觉她有绝世之色，就起了坏念头。他先跑回来向楚平王报告，君臣俩窃窃商议了一番，楚平王就叫费无忌设法把孟嬴送到宫里去。费无忌眯缝着眼，下巴抬得高高地，很自得地说："我早就替大王设想好了。新娘子的丫头里有一个长得仪容端整，我已经跟她谈好，叫她冒充孟嬴，嫁给太子，把真的孟嬴留给大王，您说好不好？"楚平王听了，眉开眼笑地对费无忌说："你真行！好好地去办吧！"

楚平王娶了太子建的妻子，自以为神不知鬼不觉，但外头却蜚短流长，议论纷纷。费无忌生怕太子发现了事实，会对他不利，就请楚平王派太子建到城父去镇守边疆。楚平王觉得让他离得远些也好，就真的叫太子建去城父，又叫伍奢和奋扬去帮助他。他们离去之后，楚平王就改立孟嬴为夫人，把原来的夫人，太子建的亲娘蔡姬送回蔡国。

过了一年，孟嬴生了个儿子，就是公子珍。楚平王觉得自己年事渐高，而孟嬴每天又闷闷不乐，就想讨好她，答应立公子珍为太子。如此一来，太子建的命就难保了。费无忌是楚平王肚里的蛔虫，楚平王的心思他揣测得一清二楚。他耸耸肩膀，对楚平王说："听说太子跟伍奢在城父操练兵马，还暗中结交齐国跟晋国。他们这么做，不仅对公子珍不利，恐怕也会威胁到大王啊！"楚平王说："不至于吧！"费无忌说："大王说不至于，想必是不至于吧！不过我可不愿意在这儿等着我的脑袋搬家，请您开恩，让我躲到其他的国家去吧！"楚平王说："办法总是有的。我先把太子废了，好不好？"费无忌说："太子有的是兵马，又有他师傅帮助他。大王如果废了他，他一定会发兵攻打过来。我想不如先把伍奢叫回来，再派刺客去杀死太子，这是最方便省事的了。"楚平王就依照费无忌的话，把伍奢叫回来。伍奢见了楚平王，正要开口，楚平王已抢先问他："太子建打算造反，你知道吗？"伍奢一听这话，不由得生起气来。他义正词严地说："大王您夺了他的妻子，已经不对了，怎么又听信小人的谗言，胡乱猜疑自己的骨肉呢？您这么做于心何忍哪！"费无忌一脸不悦地插嘴说："伍奢骂大王娶了儿媳妇，这不明摆着他跟太子是心怀怨恨吗？如果大王不把他杀了，他们迟早会来谋害大王。"伍奢正想破口大骂费无忌，一旁的武士们已把他推向监狱里去了。

楚平王说："该叫谁去处治太子呢？"费无忌说："奋扬还在城父。这件事就交给他办吧！"楚平王派人去嘱咐奋扬，说："你杀了太子就有重赏，要是你走漏消息，把他放了，就有死罪！"另外又强迫拘押在监牢里的伍奢，写信给他的两个儿子伍尚和伍员。伍奢没有办法，只好照着费无忌的意思写着："我得罪了大王，押在牢里。现在大王看在咱们上辈祖宗过去的功劳上，有意免我一死。你们兄弟俩见了这封信，尽快回来给大王谢恩。否则，大王就要治我的罪。"

楚平王处理了这两件事，就天天等着回音。几天后，只见奋扬坐着囚车来见楚平王，对他说："太子建和公子胜（太子建的儿子）已经跑到别的国家去了。"楚平王听了，顿时火冒三丈。他说："我叫你秘密杀了他，谁把他们放了就是死罪！"奋扬说："当然知道。不然，我怎么会坐着囚车回来？当初大王嘱咐我好好伺候太子，我就是为了要好好伺候太子，才放走了他，更何况太子并没有造反的行为，连造反的意图都没有。大王怎么能把他杀了呢？现在我救了大王的太子，又救了大王的孙子，我就是死了，也问心无愧。"楚平王听了这番话，就说："算了，算了，难为你有这一份忠心。回去好好镇守着城父吧。"那个替伍奢送信的人带着伍尚回来了。费无忌把伍尚和伍奢关在同一牢房。伍奢见伍尚单独回来，忧喜参半，他说："我就知道员儿不会来。可是从此以后楚国很难有太平的日子了。"伍尚说："我们早就料到那封信是大王逼迫爹写的，可是我宁愿与爹一起死。弟弟说，他要留着一条命给咱们报仇。他已经跑了。"

楚平王叫费无忌押着伍奢和伍尚到达法场。伍尚振振有词地骂费无忌，说："你这个诱惑君王，杀害忠良，祸国殃民的奸贼，看你作威作福，能够享受几天富贵！你这个猪狗不如的小人！"伍奢制止他，说："别这样骂人！忠臣奸臣自有公论，咱们何必计较呢？我担心的是员儿，如果他回来报仇，岂不是要连累楚国的老百姓吗？"说完就伸长脖子，不再开口了。费无忌把他们父子俩斩了首，围观的老百姓都偷偷地拭泪。

费无忌对楚平王说："伍员这小子虽然跑了，不过他还跑不了多远。咱们应当赶紧派人去追，伍奢临死的时候不是说担心他回来报仇吗？这小子迟早会回来报仇，非把他捉住不可。"楚平王一面打发人去追伍员，一面又发出一道命令，说："捉住伍员的，赏粮食五万石，并封为大夫；收容伍员的，全家都有死罪。"楚平王还叫画师画了伍员的图像，悬挂在各关口，叮嘱各地方的官员仔细检查来往的行人。像这样画影图形，捉拿逃犯，伍子胥就是插翅也难飞呀！

活埋赵兵

典出《史记·秦本纪》。

四十七年，秦攻上党，上党降赵，秦因攻赵，赵发兵击秦，相距。秦使武安君白起击，大破赵于长平，四十余万尽杀之。

秦昭襄王按照范雎"远交近攻"的计策，一边跟齐国、楚国交好，一边侵略临近的小国，首先是韩国。

公元前261年（周赧王五十四年），秦昭襄王派大将王龁攻打韩国，占领了野王城（在河南省沁阳县），切断了上党（在山西省东南部）和韩国都城（在河南省新郑县）的联系。这一来，上党的军队可就变成了孤军了。这部分军队的首领冯亭对将士们说："秦国占领了野王城，上党再也守不住了。我想，与其投降秦国，还不如去投降赵国。赵国得到了上党，秦国一定会去争。这么一来，赵国跟韩国就不得不联合在一起去抵抗秦国了。"大伙儿全都赞成他这个办法。当时就打发使者带着上党的地图去献给赵孝成王。

赵孝成王叫相国平原君带领5万人马到上党去接收土地。平原君到了上党，仍然拜冯亭为上党太守，又封他为华陵君。冯亭关了门，在屋子里哭着，不愿意跟平原君见面。平原君左三右四地请他出来，他总是推辞说："我有三件大罪，没有脸见人：我不能为国君守住城，这是头一件大罪；自作主张把土地献给了赵国，这是第二件大罪；断送了国家的土地，自己得了富贵，这是第三个大罪。我身上背着这么大的罪过，怎么还能当太守呢？"平原君在门口等着不走，冯亭只好含着眼泪出来跟平原君见面。他请示平原君接收上党，另外派个人去做太守。平原君很诚恳地叫他保卫上党，维持秩序。冯亭实在推辞不了，只好接受了太守的职位，可是不受封号。平原君临走的时候，冯亭对他说："上党归了赵国，秦国一定要来攻打。公子回去之后，请赵王赶快派大军来，才能够把秦军打退。"

平原君回去把所有的经过报告了赵孝成王，赵孝成王得了上党，非常高兴，天天喝酒庆祝，反倒把抵抗秦国的事搁下了。秦国的大将王龁随后就把上党围住。冯亭的军队死守了 2 个月，一直不见赵国的救兵。将士们和老百姓急得没有法子，只好开了城门，拼着死命往赵国逃跑。冯亭的残兵败将，带着上党的难民，一直到了长平关（在山西省高平县西北），这才碰见赵国的大将廉颇带着 20 万军队来救上党，可是上党已经丢了。

廉颇和冯亭会合在一起，打算反攻。秦国的兵马跟着就到了，一下子把赵国的前哨步队打败了。廉颇急忙退下去，守住阵脚，叫士兵开始增高堡垒，加深壕沟，准备跟远来的秦军对峙下去，作个长期抵抗。他下了一道命令说："谁要出去跟敌人开仗，就有死罪，就算打了胜仗，也照样定罪。"王龁三番两次地向赵军挑战，赵军说什么也不出来。两下里耗了足有四个多月，王龁想不出进攻的办法。他派人去禀报秦昭襄王说："廉颇是个有经验的老将，不轻易出来交战。我们老远地到了这儿，本来想痛痛快快决战一下。真要是这么长期对峙下去，粮草接济不上，可怎么好呢？"

秦昭襄王请应侯范雎想办法。范雎说："要打败赵国，必须先想个办法叫赵国把廉颇调回来。"秦昭襄王说："这哪办得到呢？"范雎说："让我试试看。"

过了几天，赵孝成王的左右纷纷地议论说："廉颇太老了，哪还敢跟秦国开仗呢？要是叫那年轻力壮的赵括去，秦国这点儿兵马早就被他打散了。"赵孝成王听了这种议论，就真派人去催廉颇快点跟秦国开仗。廉颇还是照旧不动声色地守住阵线。这下子可把赵孝成王气坏了。他把赵括叫来，问他能不能把秦军打退。赵括说："要是秦国派白起来，我还得考虑一下。如今来的是王龁，他不过是廉颇的对手。要是碰上我，不是我说句大话，简直就像秋天的树叶子遇见大风，全都得刮下来！"赵孝成王一听，特别高兴，当时就拜他为大将，去替换廉颇。

赵括还没动身，他母亲就上了一道奏章，请求赵孝成王别派她儿子去。赵孝成王不知道其中底细，把她召了来。赵括的母亲见了赵孝成王，说："他父亲赵奢临死的时候，再三嘱咐过，他说，'打仗是多么危险的事儿，战战兢兢，处处都顾虑到，还怕有疏忽的地方。赵括这小子倒把军事当做闹着玩儿似的，一谈起兵法来，就眼空四海，目中无人，纸上谈兵，大放厥词。将来要是大王用他为大将的话，我们一家大小遭了灾祸还在其次，怕的是连国家都要断送在他手里'。

为这个，我请求大王千万别用他。"赵孝成王说："我已经决定了，你不必说了。"她说："那么万一有个三长两短，请别连累我们一家大小。"赵孝成王答应了她，就叫赵括带领 20 万兵马，从邯郸一直向长平关开去。

公元前 260 年，赵括到了长平关，请廉颇验过兵符，办了移交。廉颇带着100 多个手底下的人回邯郸去了。赵括统领着 40 万大军，声势非常浩大。紧跟着他就把廉颇的法令废了，换了一些将士，出了一道命令说："要是秦国来挑战，必须迎头打回去；敌人要是打败了，就一直追下去，非杀得他们片甲不留不可。"冯亭极力劝止他，把廉颇打算消耗秦国兵马的意义说了一遍，还劝他像廉颇那样守住阵地。赵括说："他懂得什么？"

当天就有两三千的秦国士兵来挑战。赵括立刻出兵一万，跟他们交战。秦国兵马败了下去，退了十几里地。赵括一看前线得胜了，第二天亲自带领着大队兵马追赶下去。冯亭赶紧拦住他说："秦国人向来狡猾，将军千万别上他们的当。"赵括哪肯听。他说："这种西戎，不值一打。"他带着士兵一气又追下了十几里地。他接着往下追，催促后队人马一起上来。王龁只好反攻为守，不跟赵括交战。

赵括进攻了好几天，王龁不让秦国军队出去。赵括笑着说："我早就知道王龁不过如此！"他正在得意的时候，忽然一位将军慌慌张张地跑来报告，说："后面的大军给秦国人切成两截，过不来了。"话还没说完，接着又有一位将军跑来报告说："西边全是秦国的军队，东边一个人也没有。"赵括只得指挥着军队，往长平关退却。

他们跑了四五里地，横斜里冲出一队人马来，带队的是秦国的大将蒙骜。就听蒙骜高声喊着说："赵括，你中了武安君的计了！还不快快投降！"赵括一听说"武安君"这个名儿，吓得脸色都白了。他早就说过，他不怕王龁，就怕白起。哪知道范雎一得到赵括替换了廉颇的消息，就暗中叫武安君白起去指挥王龁。这下子可真把赵括吓坏了。他连忙在半路上驻扎下来，准备守在那儿。冯亭对他说："咱们虽然打了一阵败仗，要是大家同心协力，跟秦军拼个你死我活，咱们还能够回到大营去。要是在这儿驻扎下来，万一给他们前后围起来，咱们说什么也跑不了了！"赵括不理他，照旧吩咐士兵们筑堡垒，也不跟敌人交战。白起早把他们围上了。

赵括的大军就这样变成了孤军，受尽艰难困苦，守了 46 天，眼看着粮草接济不上，救兵也没有。赵括只得把大军分为四队，四面八方地冲出去。白起早就挑选了弓箭手，四下里埋伏着。赵国军队一出来，就见乱箭像狂风暴雨似的一起射过来了，赵军根本无法突出重围。

赵括的人马实在冲不出去。他们在那圈里凑合着又待了几天。士兵们一见内无粮草，外无救兵，就乱起来了。赵括带着 5000 名精兵作最后一回的挣扎。他首先骑着一匹快马冲出去。没想到迎头来了两位大将，一瞧正是王翦和蒙骜。赵括哪还敢对敌，急忙逃跑，没留神踩了个空，连人带马摔倒在地，给乱箭射死了。赵国军队大乱。冯亭叹了一口气说："我接连劝了他三回，他死也不肯听。这真是无可奈何，我还跑个什么呢？"于是便自杀了。

白起叫人竖起一面大旗，叫赵军投降。赵军一见，全把武器扔了。白起又叫人挑着赵括的脑袋，到赵国另一个兵营去招抚其余的士兵。那边赵国兵营里还有20多万人。他们一听说主将被敌人杀了，全都投降了。盔甲兵器，真是堆积如山，营里的辎重也全被秦军拿去了。

白起一检查赵国前后投降的人数，一共有四十多万人。他把他们分为十个营，每个营配上秦国的士兵，由秦国的将官管理着。当天晚上，秦军将牛肉和酒都搬到赵国兵营里来，给赵国的将士们大吃一顿，对他们说："明天武安君要改编军队。赵国的士兵情愿编在秦国兵营里的都发给兵器，其余年岁大的，身子不太好的，还有不愿意或是不便到秦国去的，武安君都让他们回赵国去。"四十万赵兵一听到这个命令，全都欢天喜地地睡觉去了。

王龁偷偷地跟白起说："将军干什么这么优待他们？"白起说："别傻了！上回你打下了野王城，上党不是早就在你手里了吗？可是他们不愿向你屈服，反倒投降了赵国。由这点就可以看出这儿的人并不是愿意归附秦国的。如今赵国投降的人数，前前后后有40多万，随时随刻都能叛变。谁管得住他们？你去通知咱们那10个将军，叫每个秦国人都拿块白布包上脑袋。这么着，凡是脑袋上没有白布的，全是赵国人，把他们统统杀了。"

秦国的士兵们得到了这个秘密的命令，一起动起手来。那些投降了的赵国人，一来没有准备，二来手里没有武器，全被秦国人捆上。40多万人怎么杀呢？再说这些尸首扔到哪儿去呢？白起早就叫人挖了好几个大坑，把俘虏全都埋了。这是战国时代最残酷的一个大屠杀。赵国40多万士兵，一夜工夫全结束了性命，只留下240人报信。

后人用"活埋赵兵"这个典故比喻残酷的大屠杀或手段残忍的做法。

鸡犬不宁

典出《河东先生集·捕蛇者说》。

虽鸡狗不得宁焉。

永州乡下有一种很特殊的蛇。这种蛇毒很重，接触草木，草木全死；人若被咬，无药可治。但这种毒蛇捉来风干之后，可以做药。捕到这种毒蛇，可以拿去抵纳租税。

有一个姓蒋的人，祖孙三代都靠捕这种毒蛇抵租税。他祖父死在捕蛇上，他父亲又死在捕蛇上，他自己也几次差点死在捕蛇上。有人觉得奇怪，就问他："你为什么一定要冒着生命危险去捕蛇呢？我打算告诉那些当事者们，免去你捕蛇抵纳租税的苦差事。"那个姓蒋的听了非常悲伤地说："唉！租税重得压死人啊！……每年那些征收赋税的残暴凶横的官吏一到乡下，就到处乱喊乱叫，乱冲乱闯，到处骚扰，不仅人们被吓得提心吊胆，就是鸡狗也得不到安宁。老百姓一年劳动所得的全部东西还不够交租税。人们无法生活，被迫流落他乡，饥冻而死的人不计其数。而我呢，虽然是冒着生命危险去捕蛇抵税，但比起我的同乡来还是好一点儿啊！所以，我宁愿冒死去捕蛇也不愿意免去我捕蛇纳税的苦差事。"

后人把"虽鸡狗不得宁焉"说成"鸡犬不宁"，用来形容骚扰十分厉害。

狡兔死，走狗烹

典出《史记·越王勾践世家》。

> 范蠡遂去，自齐遗大夫种书曰："飞鸟尽，良弓藏；狡兔死，走狗烹。越王为人长颈鸟喙，可与共患难，不可与共乐。子何不去？"

吴王夫差自从黄池大会之后，给越王勾践打败，心里老是闷闷不乐。西施拿着一把宝剑跪在夫差跟前，请他处死。夫差把她搀起来，说："你又没犯罪，干吗叫我杀你？"西施说："勾践无礼，得罪了大王。我本来是越国人，按理也应当领罪。"夫差豪爽地说："别这么傻啦！一个人生下来总有个落地的地方。难道说这会儿在越国刚生下来的娃娃跟我们有仇吗？你又不是勾践的女儿，为什么要替他领罪呢？你是受吴国保护的，不是受越国保护的。唉！从现在开始，你别再提这些啦！"此后，夫差灰了心，天天陪西施饮酒解闷，索性连政事也不管了。

公元前473年，越王勾践带着范蠡、文种，亲自率领着大队人马又来攻打吴国。吴国兵马一连吃了几次败仗，在笠泽（江苏省松江县）更是被打得一败涂地。夫差打发王孙雄上越国兵营去求和，情愿当个属国。王孙雄来回跑了六七趟，勾践坚决不答应。夫差没有办法，只好叫伯嚭守着城，自己带着王孙雄逃到

阳山（在江苏省吴县西北，近太湖）去了。范蠡、文种的兵马接连不断地攻打。伯嚭抵挡不住，先投降了。越国的兵马追上夫差，把他围困起来了。

夫差写了一封信，绑在箭上，射到范蠡的兵营里去。范蠡跟文种拿来一看，上头写着："狡兔死，走狗烹；敌国灭，谋臣亡。大夫为什么不留着吴国给自己做个退步呢？"他们写了一封回信，也用箭射了过去。夫差拿来一看，上头写着："你杀害忠臣，听信小人；专凭武力，侵犯邻国；越国杀了你的父亲，你不知道报仇，反倒放走了敌人——你犯了这么些罪过，哪能不死呢？22年前，老天爷把越国送给你，你不要；如今老天爷把吴国送给越王，越王怎么能违背天命啊？"夫差念到末一段，止不住流下泪来。王孙雄说："我再去求求越王，看他还有人情没有？"

过了一会儿，王孙雄回来说："越王看在过去的情义上，愿意把大王送到甬东的岛上去（浙江省定海），给您五百家户口，养您到老。"夫差苦笑着说："要是不废去吴国的宗庙，让吴国当个属国也就罢了，想不到要把我赶走，我已经上了年纪，何必再受这种罪！"回头又对王孙雄说："你拿衣裳挡着我的脸。我还有什么脸去见伍子胥呢？"说着就自杀了。王孙雄脱下自己的衣裳，包上夫差的尸首，他也自杀了。跟着，士兵们有的死了，有的逃跑了。剩下的都投降了越国。

越王勾践进了姑苏城，坐在吴王夫差的朝堂上。范蠡、文种和别的文武百官都来朝见他。吴国的相国伯嚭也站在那儿，等着受封。勾践对他说："你是吴国的太宰，我哪儿敢收你做臣下呢？如今你的国君在阳山，你怎么不去呀？"伯嚭听了这话，低着脑袋，垂头丧气地退出去。勾践派人追上去，把他杀了。

公元前473年，勾践带着大队兵马渡过淮河，在徐州（古地名，在山东省滕县南）会合了齐国、晋国、宋国、鲁国的诸侯。当初中原诸侯最怕的是楚国，自从楚国被吴国打败以后，就转过来怕吴国；如今吴国又给越国灭了，他们只好听从勾践的了。这时候，周敬王的儿子周元王当上天子。周元王派人送祭肉给勾践，承认他为东方的霸主。各国诸侯都向勾践庆贺。楚国也打发使者去朝见。勾践把以前吴国从楚国夺去的地方交还给楚国，从宋国夺去的地方交还给宋国。又叫楚国把以前从鲁国夺去的地方交还给鲁国。这么一来，各国诸侯都说勾践大公无私。

勾践从徐州回到姑苏，就在吴王的宫里开了个庆功大会，一直闹到半夜。大伙儿正乱哄哄地喝酒、唱歌、作乐的时候，勾践发现范蠡不见了，赶紧叫人去找。哪儿有他的影儿呢？勾践怕他变了心，连忙叫文种去接收他的军队，一面又派人上各处去找。大伙儿忙乱了一晚，还是找不到他。

到了第二天，勾践正担心着这件事，有几个派出去的人回来了，说："范大夫自杀了。我们在太湖边找着了他的外衣，衣服里还有一封信。"说着，就把衣裳和信递了上去。勾践赶紧先看那封信，上头写着说："大王灭了吴国，当上了霸主，我的本分总算尽了。可是还有两个人，留着他们对大王没有好处。一个是西施，她迷惑了夫差，弄得吴国灭亡了，如果留着她，也许能迷惑大王，因此，我带她去了。一个就是我范蠡，他帮着大王灭了吴国，留着他，他也许要扩大自己的势力，因此，我也带他走了。"勾践知道范蠡杀了西施以后，他自己也死了。这才放了心。他半天没言语，拿起范蠡的衣裳，说："我全靠你，才有今天。我正想报答你的功劳，你怎么就这么扔下我呢？"大伙儿都有点难受，文种更觉得闷闷不乐，没精打采地出来了。

过了些日子，忽然有人给文种送来一封信。文种拿过来一看，上头写着说："你还记得吴王说的话吧，'狡兔死，走狗烹；敌国灭，谋臣亡'。越王这个人能够容忍敌人的欺负，可不能容忍有功的大臣。我们只能够同他共患难，可不能同他享安乐。你现在不走，恐怕将来想走也走不了啦！"文种才知道范蠡并没死，而是带着西施隐居起来了。其实范蠡已经带着财宝珠玉，弃官经商，改名更姓，到了齐国。后来搬到当时人口众多、交通便利、买卖发达的大城市定陶，称为朱公，财富到万万，就是后来称为陶朱公的大富商。当时文种回头叫那个送信的人，那个人早就跑了。文种就把那封信烧了。心里挂念着老朋友，可是不怎么相信他这些话。他认为勾践不过对待敌人刻薄点，要说他想杀害有功劳的大臣，这未免太多心了。天下不可能有这么没良心的人。

勾践灭了吴国之后，反倒没有一天过着快活的日子。和那些与他一起共患难的人慢慢地疏远了。他向来知道文种的才干，认为越有才干的人越是靠不住，万一他变了心，可难对付了。他真有几分怕文种。

有一天，勾践去看望文种。他坐在文种的卧榻上，对他说："你有 7 个好计策，我用了你 4 个计策，就灭了吴国，你还有 3 个计策没使出来呢。我灭了吴国，万一吴国的祖宗跟我报仇怎么办？寿梦、僚、阖闾他们都是挺厉害的，你得替我想法儿对付他们才好！"文种听得有点糊里糊涂，不知道他葫芦里卖的是什么药。勾践起身，却把自己的宝剑落在文种的身边。文种拿起来一瞧，原来是当初夫差叫伍子胥自杀的宝剑。文种这才明白了，他对天叹息着说："走狗不走，只好让主人烹了。我没听范大夫的话，真是该死！"他又笑着说："这把宝剑杀了伍子胥，又杀了我。它把我们结成了'刎颈之交'（生死朋友的意思），我还有什么不满意的！"说着，他就自杀了。

后人多用"狡兔死，走狗烹"来比喻那些患难中出谋献策、拼死卖命的勇士谋臣，功成后却被抛弃甚至杀害；影射了那些利用别人的人。

荆书杨版写诏书

晋朝武帝死了，他的儿子晋惠帝接位。晋惠帝从小在宫廷里长大，不懂人情世故。有一天夜晚听见青蛙鸣声一片，他问道："这些叫的东西是公家养的还是私人养的？"引起近侍们的嘲笑。又有一次有个大臣禀告：关中大旱，老百姓饿得没有饭吃了。晋惠帝说："没有饭吃，为什么不吃肉糜？"引起了朝臣们的耻笑。这样的皇帝怎么能治理国家呢？大权便落在楚王司马炜和大臣杨骏的手里。民间说："二月末，三月初，荆书杨版写诏书。"意思是："皇帝的诏书只不过是荆（楚）王说的话，写在杨（骏）的木版上。"正因为皇帝是傀儡，所以没多久，皇后贾氏也跳了出来，让楚王杀了杨骏，又叫人杀了楚王，从而引起天下大乱，导致晋国的灭亡。

后人用"荆书杨版写诏书"的这个典故比喻皇权旁落，权臣乱政。

景公求雨

典出《晏子春秋·内篇谏上》。

齐大旱，逾时，景公召群臣问曰："天不雨久矣，民且有饥色。吾使人卜，云祟在高山广水，寡人欲少赋敛以祠灵山，可乎？"群臣莫对。

晏子进曰："不可，祠此无益也。夫灵山固以石为身，以草木为发，天久不雨，发将焦，身将热，身将热，彼独不欲雨乎？祠之何益！"

公曰："不然，吾欲祠河伯，可乎？"

晏子曰："不可。河伯以水为国，以鱼鳖为民，天久不雨，水泉将下，百川将竭，国将亡，民将灭矣，彼独不欲雨乎？祠之何益！"

景公曰："今为之奈何？"

晏子曰："君诚避宫殿暴露，与灵山河伯共忧，其幸而雨乎。"

于是景公出野暴露。三日，天果大雨，民尽得种时。

有一年，齐国发生了大旱灾，错过了播种季节。国王景公召集群臣，问道："天很久没有下雨了，老百姓将要饿得面黄肌瘦。我叫人占卜，说是山神河伯作怪，我想稍微征收一点钱来祭祀山神，可以吗？"臣子们一声不吭。

相国晏子走上前去对国王说："不行，祭祀山神没有用处。山神本来就是用石头做躯体，用草木做毛发。长久不雨，山神的毛发将会晒得枯焦，躯体将要晒得滚烫。它难道不要雨吗？你去祭祀它，有什么用呢？"

景公说："如果不这样，我打算去祭祀河伯，行吗？"

晏子说："不行，水是河伯国土，鱼鳖是河伯的臣民。长久不雨，泉水将要枯竭，地要干涸。它的国土将要沦丧，它的臣民也将干死。它难道不要雨吗？你去祭祀它，又有什么用呢？"

景公说："那么，现在怎么办呢？"

晏子说："国君如果能够离开宫室，在外经受日晒夜露，同山神、河伯一样，为自己的土地和人民担忧，天也许会要下一场雨。"

景公果真走出深宫，来到荒野，日晒夜露，察看民情。过了三天，天果然下了倾盆大雨，全国的老百姓都能栽种了。

后人用这个故事说明：在上位的人，只有走出深宫，了解民情，与老百姓同甘共苦，才能克服困难，渡过难关。

景公游牛山

典出：《晏子春秋·内篇谏上》。

景公游于牛山，北临其国城而流涕，曰："若何滂滂去此而死乎？"艾孔、梁丘据皆从而泣。晏子独笑于旁。公刷涕而顾晏子，曰："寡人今日之游悲，孔与据皆从寡人而涕泣，子之独笑何也？"晏子对曰："使贤者常守之，则太公、桓公将常守之矣；使勇者常守之，则灵公、庄公将常守之矣。数君者将常守之，则吾君安得此位而立焉？以其迭处之，迭去之，至于君也。而独为之流涕，是不仁也。不仁之君见一，谄谀之臣见二，此臣之所以独窃然笑也。"

齐景公到牛山上游览，向北面对着都城流下了眼泪，说："我就要像流水一样离开我的国家而死去了，怎么办呢？"艾孔和梁丘据两个大臣都跟着哭了起来。晏子独自在一旁发笑。景公擦掉眼泪，回头看着晏子，说："我今天游览，感到悲伤，艾孔和梁丘据都跟着我哭泣，你为什么独自发笑呢？"晏子回答说："假使贤德的人能够记得据有这个国家，那么姜太公和齐桓公就将永远据有它了。如果这几位国君永远据有齐国，那么我的君王您又怎么能够得到这个国君的位子呢？正是由于他们一个接一个地据有它，又一个接一个地离开它，所以才到了您现在这样的地步。您却偏偏为了这个流泪，这是不仁德的。不仁德的国君我看见一个，谄媚奉承的大臣我看见两个，这就是我独自暗暗发笑的原因。"

这篇寓言对古代社会中妄想永远骑在人民头上的统治者和随声附和、看上面的脸色行事的人，进行了有力的讽刺。

酒池肉林

典出《史记·殷本纪》。

商纣王，名辛，由于他极端荒淫残暴，人们都不提他的名字，而称他为"商纣"，"纣"是残忍不义的意思。

纣王生活穷奢极欲，他建造了许多离宫、苑囿，规模都非常宏大。譬如，京城中的鹿台有"三里大，千尺高"，里面有他从各地搜括来的珍宝、名犬、良马、奇禽、异兽，纣王自己就整日沉溺在宴饮淫乐之中。为了供宴乐的人饮用，他在一个叫"沙丘"的宫苑中开挖了酒池，池大得可以划船，里面灌满美酒，酿酒剩下的酒糟堆得像小山一样高，绵延七里；又命人悬挂了许多肉条，远远望去，像树林一样，人称"肉林"。几千个青年男女，通宵达旦侍奉纣王淫乐嬉戏。

为了满足这种糜烂奢侈的生活要求，商纣王无休止地增加赋税，还用残酷的刑罚镇压对他不满的人，"炮烙"就是其中一种。"炮烙"就是用炭火烧热了涂有膏油的铜柱，让人赤脚在铜柱上行走，人忍受不了滚烫的铜柱，结果就会坠入炭火中活活烧死，商纣则以此取乐。

商纣的倒行逆施使他失尽民心。当周武王讨伐商纣时，纣王部下纷纷倒戈，商朝迅速覆灭，纣王自焚而死。

后人用"酒池肉林"形容生活穷极侈。

君杀唐鞅

典出《吕氏春秋·淫辞》。

宋王谓其相唐鞅曰："寡人所杀戮者众矣，而群臣愈不畏，其故何也？"唐鞅对曰："王之所罪，尽不善者也；罪不善，善者故为不畏。王欲群臣之畏也，不若无辨其善与不善而时罪之，若此则群臣畏矣。"居无何，宋君杀唐鞅。

一天，宋王问他的相国唐鞅说："我平素杀戮的人够多的了，可是大臣们反而越发不畏惧我，这是什么原因呢？"

唐鞅回答说："这是因为大王杀戮的人，都不是好人；您只杀坏人，好人自然不畏惧您。大王如果想让大臣们敬畏，不如不分好坏，不断地杀戮，这样，他们朝不虑夕，就会敬畏您了。"

唐鞅给宋王出了这个主意后，没有多久，宋王就把他杀了。

后人用"君杀唐鞅"这个典故告诫人们，不要为那些坏人出主意。为坏人出坏主意，往往自食恶果，落个"请君入瓮"的下场。

君王末路

典出《史记·管蔡世家》。

> 楚灭蔡三岁，楚公子弃疾弑其君灵王代立，为平王。平王乃求蔡景侯少子庐，立之，是为平侯。是年，楚亦复立陈。

楚灵王正在饮酒作乐的时候，忽然有一个名叫郑丹的臣下慌慌张张地跑到他跟前，说："公子干做了国王，这里的人也散了一大半！"楚灵王听了，心急如焚，一时也没了主意。不多久，又有人来报告："新王派遣蔡公带领大队人马朝乾溪杀过来了。"楚灵王只好勉强统领着剩下的兵马，往郢都的方向迎上去。将士们跟着楚灵王来侵犯别的国家本来就已经不大愿意，现在又要他们去攻打本国人，不满的情绪当然更高涨。楚灵王拔出宝剑，当场砍了几名打算开溜的小兵。没想到这么一来，逃跑的人更多了。最后，只剩下一百多个士兵。楚灵王看大势已去，长叹一口气，摘下帽子，把外衣也脱下来，挂在河边的一株柳树上，打算独自逃跑。郑丹说："咱们还不如混进郢都去，探听探听到底是怎么一回事。"楚王沮丧地叹口气，说："唉！全国的人都变了，还去探听什么？"郑丹说："那么，暂时先躲到别国去，慢慢再想办法吧！"楚灵王说："哪个诸侯不恨我？何必自讨没趣呢？"郑丹知道跟着他也没指望了，就溜了。

楚灵王一回头，不见了郑丹，愈发觉得孤伶。到最后，他身边一个亲信的人都没有了。腿酸脚麻，饥肠辘辘，他想到村子里去找点儿食物，却不知道该往哪儿走。老百姓当中虽也有人知道他是楚灵王，可是他们听逃出来的士兵说，新王的命令非常严厉，因此没有一个人敢冒险帮助楚灵王。楚灵王一连三天没吃一口东西，饿得眼冒金星，有气无力地倒在路旁，眼巴巴地盼望能有个熟人从旁经过，拉他一把。忽然楚灵王眼睛一亮，他看见一个以前给他看门的使唤人，从远处走过来。楚灵王就央求他，说："你救救我吧！"那个人只好靠近去，向他磕头。楚灵王说："我已经饿了三天，求你替我找点吃的来，我绝不会忘记你的好心搭救。"那个人说："老百姓都怕新王的命令，我到哪儿去找食物呢？"楚灵王叹口气，叫他过来，坐在旁边。楚灵王实在支持不住了，就把头枕在那个人的大腿上歇着。过一会儿，那个人见楚灵王睡着了，就轻轻抽出自己的大腿，另外从旁边拿了块石头搁在他头底下，偷偷地走了。楚灵王醒来，不见那个人，摸摸颈脖下面，原来枕着的是块石头。他不禁心酸得落下泪来，心想："我真到了穷途末路了。"他愈想愈觉得伤心。

过了一阵子，有个以前做过官的人乘着一辆小车过来，听见哭泣声，仔细一瞧，原来是楚灵王，就行了礼，扶着楚灵王上车，把他接到自己家里去。

楚灵王平常住的是细腰宫、三休台、乾溪的行宫。现在到了乡村里，只得低着头进入小屋子，越想越觉凄凉，眼泪又扑簌簌落下来。当天晚上，楚灵王也没宽衣就寝，只是一味伤心叹气。到了黎明将至的时候，终于上吊自杀了。

同一时候，蔡公、朝吴、夏齧这些将士，找不到楚灵王，只好将他挂在柳树上的帽子和衣裳拿回去。蔡公眼珠一转，又想出了一个计谋。他嘱咐观从带着几百个士兵，假装成被楚灵王打败的样子，慌慌张张地跑到城里，散布谣言，说："蔡公已经给楚王杀了。楚王的大军随后就到城里来了！"有的说："大王已经进了东门。"有的说："大军已经把王宫包围了。"子干和子皙听见这些传闻，都慌成一团。忽然瞧见一个将军气喘吁吁地跑进来，说："大王气冲冲地杀进宫里来了！"说完，他就像火烧眉毛似的跑出去了。子干、子皙急得心如火焚，抱头大哭，说："咱们上了朝吴的当了。"他们知道无路可走，只得自杀了。公子弃疾就这样灭了楚灵王、子干、子皙三个兄长，自己踏踏实实地登上了王位，就是楚平王。

楚平王埋葬了子干、子皙，大封功臣。大臣们竞相向楚平王谢恩，只有朝吴、蔡洧、夏齧不但不来谢恩，反而表示想辞职回去。楚平王问他们为什么不愿意做官。他们说："我们出生入死地帮助大王，为的是想恢复自己的家邦。如今大王已经得了王位，可是陈国和蔡国并没有恢复，我们还有什么面目见人呢？我们若继续待在这儿享受荣华富贵，而忘了父母之邦，简直是猪狗不如啊！从前楚王因为并吞陈国和蔡国，失了民心，才弄得一败涂地。大王怎么竟要学他的样子呢?"楚平王说:"你们别急,我答应你们就是了。"他就打发人找着了偃师的儿子公孙吴和公子有的儿子公子庐。楚平王叫他们分别回到本国去当国君,就是陈惠公和蔡平公。朝吴、蔡洧、观从跟着蔡平公回到蔡国,夏齧跟着陈惠公回到陈国。楚平王生怕自己的王位不稳,有意收买民心,索性一不做二不休,叫当初被楚灵王强送到荆山去的六个小国的老百姓回到本乡本土去。六国的老百姓于是兴高采烈地重返了自己的家园。

这个故事讲述了楚灵王穷兵黩武,劳民伤财,失去了民心,引起了国内外的反抗,终于使自己走上了穷途末路。

考弊司舞弊

典出《聊斋志异·考弊司》。

闻人生,河南人,抱病经日,见一秀才入,伏谒床下,谦抑尽礼。已而请生少走,把臂长语,刺刺且行,数里外犹未言别。生伫足,拱手致辞。秀才云:"更烦移趾,仆有一事相求。"生问之,答云:"吾辈悉属考弊司辖,司主名虚肚鬼王。初见之,例应割髀肉,浼君一缓颊耳。"生惊问:"何罪而至于此?"曰:"不必有罪,此是旧例。若丰于贿者,可赎也。然而我贫。"生曰:"我素不稔鬼王,何能效力?"曰:"君前世是伊大父行,宜可听从。"

闻人生是河南人。他患病多日,卧床不起。有一天,忽然有一个秀才推门进来,伏在他的床前拜见,毕恭毕敬,礼节周全,然后请他外出走动一会儿。一路上挽着他的臂膀,一边行走,一边说个没完没了,走出数里后还不道别。闻人生只好停住脚,拱手作礼,主动告辞。秀才说:"烦劳您再走几步,我有一件事求您帮忙。"闻人生问是什么事,秀才回答:"我们这些人死后,全部归属考弊司管辖,司主名叫虚肚鬼王。初次见他照例要被割下大腿上的肉,请您代为求情。"闻人生吃惊地问:"犯了什么罪,竟至于这样呢?"秀才说:"不必有什么罪过,这是惯例。如果能用大量钱财行贿,就可以赦免,然而我却很穷。"闻人生说:"我与鬼王素不相识,怎能替您出力呢?"秀才说:"您前世和鬼王的祖父同辈,他会听从的。"

后人用"考弊司舞弊"这个典故讽刺那种依仗职权、纳贿徇情、执法违法、营私舞弊的人和不正之风。

苛政猛于虎

典出《礼记·檀弓下》。

孔子过泰山侧，有妇人哭于墓者而哀。夫子式而听之，使子路问之，曰："子之哭也，壹似重有忧者。"而曰："然，昔者吾舅死于虎，吾夫又死焉，今吾子又死焉。"夫子曰："何为不去也？"曰："无苛政。"夫子曰："小子识之，苛政猛于虎也。"

孔子和他的学生在泰山旁边走过，听到一位妇人在坟边哭得很厉害。那悲惨沉痛的哭声，竟使孔子的态度也严肃庄重起来。他叫子路过去问明白。

子路走到妇人身边，问他。那妇人摇头。子路又说："我们听你哭得很凄惨，想必有些使你特别伤心的事情吧？"那妇人才勉强点点头，刚开口，泪水又滚滚出来了："就是呀！这一带老虎很多，时常吃人。早先，我的公公在这儿被老虎吃掉，后来，我的丈夫又被老虎吃掉了。唉，前几天，我的孩子又被老虎咬死啦。"

孔子听了，怪这妇人真不懂事，还带了点责备的口气问她："哎呀！那你们这家人为什么不趁早搬走呢？"这话一出口，更引起了对方的伤心，她说："先生，你讲得好容易。可是，我们办不到。你要知道这儿老虎会伤人，但是这儿却没有苛捐杂税呀！"

妇人的这番话给了孔子很大的启发，他像觉悟到什么深奥的道理似的，对子路说："子路，你该记住这话：苛捐杂税，不知真比老虎吃人厉害多少倍呢！"

后人用"苛政猛于虎"比喻残酷压迫、剥削人民的政治。

老不中书

典出《韩昌黎文集·毛颖传》。

颖为人强记而便敏，自结绳之代以及秦事，无不纂录；阴阳、卜筮、占相、医方、族氏、山经、地志、字书、图画、九流、百家、天人之书，及至浮图老子、外国之说，皆所详悉；又通于当代之务，官府簿

书，市井货钱注记，唯上所使自秦始皇帝及太子扶苏、胡亥、丞相斯、中车府令高，下及国人，无不爱重。又善随人意，正直、邪曲、巧拙，一随其人。虽见废弃，终默不泄。惟不喜武士，然见请亦时往。累拜中书令，与上益狎，上尝呼为中书君。上亲决事，以衡石自程，虽宫人不得立左右，独颖与执烛者常侍，上休方罢。颖与绛人陈玄、弘农陶泓及会稽褚先生友善，相推至，其出处必偕。上召颖三人者，不待诏，辄俱往，上未尝怪焉。后因进见，上将有任使，拂试之，因免冠谢。上见其发秃，又所摹画不能称上意，上嘻笑曰："中书君，老而秃，不任吾用！吾尝谓君中书，君今不中书邪！"对曰："臣所谓尽心者。"因不复召。归封邑终于管城。

毛颖先生博闻强记，而且机敏灵活。从结绳记事的上古时代到秦氏王朝的历代史事，他没有一件不予记载。诸如阴阳、卜筮、相术、医药、姓族、山河地理、字书图画、九流百家、天道人事，以及佛教道家、国外传闻，他都无所不知、无所不晓。而且他还精通当今的事务，凡官府文书、店栈账纸，都听凭人们使用。

上自秦始皇帝、太子扶苏、世子胡亥、丞相李斯、中车府令赵高，下至平民百姓，都很爱重他。

毛颖先生还善于随附人的意愿，不管正直、奸邪、圆滑、笨拙的人，一概听凭使唤。有时虽被废弃，也默不做声。他唯独不爱舞枪弄棒的武士，但如果被邀请，也肯前往。

毛颖先生后来升官做了中书令，与皇上更加亲近，皇上曾亲昵地称他为中书君。皇上每天都要亲自处理大量奏章，即使宫人都不准站立左右，而唯有毛颖先生和持蜡烛的侍者经常在旁边侍候，直到皇上休息为止。

毛颖先生和绛州陈玄、弘农陶泓、会稽褚先生最为友好，彼此推心置腹，形影不离。毛颖先生和他的三位好友，有时不等皇帝诏令，就一齐前往，皇上也从不怪罪他们。

后来一次皇上召见，准备用他，毛颖先生脱帽谢恩。皇上见他发疏头秃，所书写的字画也不称心如意，便取笑地说："中书君，您年老头秃，已经不胜任了！从前我曾称您中书，而您现在却不中书了！"毛颖先生答辩说："我算得上是尽心竭力的臣子啊！"但皇上从此便不再召用他了。

毛颖先生只好回到自己的封地，老死在管城里了。

后人用"老不中书"这个典故揭露最高封建统治者的冷酷无情，需要时则加官进爵，不用时则一脚踢开。

厉王击鼓

典出《韩非子·外储说左上》。

　　楚厉王有警，为鼓以与百姓为戍。饮酒醉，过而击之也，民大惊。使人止之，曰："吾醉而与左右戏，过击之也。"民皆罢。

　　居数月，有警，击鼓而民不赴。

　　楚厉王曾通令，遇有国家危急的情况，就打鼓为号，通知老百姓来防守。有一次，厉王喝醉了酒，误把鼓咚咚地敲起来，老百姓大惊，纷纷跑来。厉王派人去阻止他们，说："我喝醉了酒，跟周围的人闹着玩，胡乱打一阵鼓。"老百姓解散回去了。

　　过了几个月，真的发生了紧急情况，厉王拼命敲鼓，老百姓再不去救援。

　　后人用"厉王击鼓"比喻"人而无信，不知其可"。在上位者，对人民失信，更会带来无穷的后患。

潞令当死

典出《聊斋志异·潞令》。

　　宋国英，东平人，以教习授潞城令。贪暴不仁，催科尤酷，毙仗下者，狼藉于庭。余乡徐白山适过之，见其横，讽曰："为民父母，威焰固至此乎？"宋扬扬作得意之词曰："喏，不敢，官虽小，莅任百日，诛五十八人矣！"后半年，方据案视事，忽瞪目而起，手足挠乱，似与人撑拒状。自言曰："我罪当死！我罪当死！"扶入署中，逾时寻卒。呜呼！幸有阴曹兼摄阳政，不然，颠越货多，则卓异声起矣，流毒安穷哉！

　　宋国英是东平人，在教习学业期满以后，做了潞城县令。他贪婪凶狠，而催索赋税，尤其残酷，为此死在仗刑之下的人，横七竖八地丢在庭堂。徐白山有一次正好路过，看到他这样暴戾，讽刺地说："身为百姓的父母，威风势焰竟然达到这般地步吗?"宋国英神采飞扬，得意地说："噢，不敢当，我官职虽小，到任仅 100 天，已杀掉 58 个人啦。"

过了半年，宋国英刚坐在案前办理公事，忽然瞪着眼睛站起来，手挠脚蹬，胡乱挣扎，仿佛抵抗人捉的样子，自己嘴里不住地喊："我罪该死！我罪该死！"被人扶入内室，很快就死了。

幸亏有阴曹地府兼管着阳世人间的政事，不然的话，杀人抢劫的事情干得愈多，清正廉洁的官声就愈加卓著，怎能不流毒天下，贻患无穷呢！

后人用"潞令当死"这个典故告诉人们，封建官僚，暴戾恣睢，草菅人命。然而，压迫愈深，反抗愈烈，血债总是要用血来还的。

率兽食人

典出《孟子·梁惠王上》。

> 庖有肥内，厩有肥马，民有饥色，野有饿莩，是率兽食人也。

战国时代，是我国历史上战乱最多的一个时代。由于诸侯间的连年战争，搞得老百姓流离失所，痛苦异常。孟轲是生活在战国中期的一位思想家。他主张施仁政，并且游说于齐、宋、滕、魏各国，宣传自己的政治主张。

有一次，孟轲在魏国和国君魏惠王（梁惠王）谈论政事。当谈到如何治理国家的时候，孟轲说："要富国强兵，必须爱护人民。"针对梁惠王不体恤民情的情况，孟轲说："现在大王王宫的厨房里藏着肥肉，马厩里养着肥马，然而国内老百姓却面带饥色，野地里遗弃着死者的白骨。这等于率领着野兽去吃人。"

后人用"率兽食人"的这个典故比喻虐害人民。

乱臣贼子

典出《史记·卫康叔世家》。

> 州吁新立，好兵，杀桓公，卫人皆不爱。石碏乃因桓公母家于陈，

详为善州吁。至郑郊，石碏与陈侯共谋，使右宰丑进食，因杀州吁于濮，而迎桓公弟晋于邢而立之，是为宣公。

春秋时候，郑庄公和大臣们正商议着去朝见天子，卫国的使臣来到，说卫桓公去世，公子州吁即位。郑庄公满腹怀疑，觉得这件事里面另有文章，就叫祭足去打听真相。祭足说："外传卫侯是给州吁谋害的。"郑庄公听了，皱眉顿足说："州吁谋害了国君，看样子，他马上会朝咱们这儿攻过来，咱们一定得早作准备啊！"大臣们你看我、我看你，都不明白卫国的内乱怎么会殃及到郑国。

原来卫桓公有两个兄弟，一个是公子晋，另一个是州吁。州吁向来喜欢发兵打仗。他见哥哥卫桓公生性懦弱、憨厚无能，非常瞧不起他，就与心腹石厚密谋抢夺君位。公元前719年（周桓王元年）卫桓公要到雒邑去觐见天子，州吁就在西门外安排筵席为他送行。他举杯向卫桓公敬酒，说："哥哥要出远门，弟弟敬您一杯！"卫桓公说："多谢您费心！我这一去只不过月余就回来，有劳贤弟代理朝政，小心留意。"也斟了一杯酒回敬。州吁双手去接，故意失手使酒杯落地，然后趁弯身捡起酒杯的时候，闪到卫桓公背后，抽出短剑朝他刺去。卫桓公当场重伤而死。但四周布满了州吁的人，有谁敢出面说话呢？

于是州吁自立为君，拜石厚为大夫，对外就说卫侯是得了急病死的，逐一向诸侯报告。可是卫国境内流言满天飞，都传说国君遭到了州吁和石厚的谋害。国君非常畏惧风言风语，如果国内的老百姓和国外的诸侯不服，君位往往保不住。州吁和石厚对这一点也不敢掉以轻心。他们左思右想，非得弄个办法让人家服气不可。他们认为最好的计策是轰轰烈烈地打场胜仗，顺便还可劫掠些粮食。可是发兵打仗，总得有个冠冕堂皇的理由。他们就在临近诸国里东挑西选，找人家的把柄。突然，石厚灵机一动，说："有啦，郑伯寤生杀了他兄弟，又撵走他母亲，天理难容、罪该万死，咱们就冲着他去吧！"州吁直点头，煞有介事地说："对！这理由够充分，像寤生那么不孝顺母亲，不爱护兄弟的家伙，就让咱们来重重地处罚他吧！"

州吁打算联合郑国（在河南省开封市东，是周武王封给虞舜的后人胡公的）和蔡国（在河南省上蔡，后来迁到新蔡，是周武王封给他兄弟叔度的）共同出兵。石厚献计说："最好能再联合宋国（在河南省商丘县，是周武王封给商朝的后人微子的）和鲁国（在山东省曲阜县，是周武王封给他的兄弟周公旦的）的力量，这样一来，五国一起出兵，还怕不能一举打垮郑国吗？"州吁说："陈、蔡两国向来顺从天子，现在天子和寤生意见不合，他们为了讨天子的欢心，一定会答应跟咱们去打郑国。可是凭什么叫宋国和鲁国兴兵相助呢？"石厚说："主公有所不知，现在的宋公是宋穆公的侄子，宋穆公自己的儿子公子冯反而出奔到郑国，宋公老是担心郑伯会邦助公子冯去抢他的君位，咱们约他去袭击郑国，不等于也帮他去灭公子冯吗？这正合他心意，他哪有不答应的道理。至于鲁国嘛，大权全握在公子手里，他根本不把鲁君放在眼里，咱们只要多送给他厚礼，他一定会鼎力帮忙。"

州吁听了石厚这番话，高兴极了，立刻积极进行部署，事情正同石厚说的一模一样，宋、鲁、陈、蔡都按照州吁规定的日子，领着兵马帮助卫国。五国的人马把荥阳的东门团团围住，挤得水泄不通。郑庄公紧急和大臣们研究对策。大臣们一个个方寸大乱，有人主张讲和，有人主张迎战，闹成一团。最后，郑庄公笑着说："这些都不是好法子，在这五国里头，除了宋国因为我们收留公子冯，而与我们有嫌隙之外，其他国家都和我们无怨无仇。州吁刚刚篡夺了君位，不得民心，所以才借故煽动四国出兵打来，目的只不过是为了打场漂亮的胜仗，以耀武扬威，好取得老百姓的信赖，我们只要给他一点面子，他就会退兵了。"于是，他叫公子冯躲避到长葛（郑国地名，在河南省长葛县）去，另外派人去对宋公说："公子冯投奔到我们这里来，我们不好意思杀他，现在他躲到长葛去了，杀不杀他都不干我的们的事，请宋公自个儿看着办吧！"宋公出兵本来就是为了要消灭公子冯，听到这番话，当然就把军队调往长葛去了。蔡、陈、鲁三国见宋国兵马走了，也都意兴阑珊，想班师回去。

此时，郑庄公就派公子吕去跟卫国人交战，并嘱咐他："无论如何要给他留点面子。"于是，公子吕领着一队人马出了城门，石厚就引兵招架。公子吕和石厚交锋了几回合，就往西门跑去，石厚带着人马紧追不舍，谁知公子吕的军队进了城，闭上城门，竟不出来了。石厚只好叫士兵把西门外的稻穗全割下来，送回卫国，大摇大摆地如同打了胜仗般领兵回去。四国的兵马就也就各自散了。

州吁、石厚"凯旋而归"，原以为卫国的人会夹道欢迎，赞扬他们的神勇英明，谁知老百姓反而窃窃私语，抱怨他们无缘无故发动战争，扰得大家不能过太平的日子，有人甚至想结伴到雒邑去向天子告状。州吁对石厚说："唉，国人仍然不服我，怎么办呢？"石厚说："我父亲当年在朝廷里，口碑很好，人人佩服他，如果把他老人家请出来，参与国家大事，老百姓一定没话说，您的君位也就可以确保了。"州吁也认为，找个德高望众的人支持他，也许比攻打郑国更能得人心，就叫石厚去求他父亲。

石厚的父亲石碏，就是因为不耻州吁的所作所为才告老还乡的，此次，仍借口重病，坚决拒绝入朝当官。石厚只好请示他："新君担心人心不服、君位不定，请问您有什么好主意帮助他？"石碏说："诸侯即位应该经过天子的许可，只要天子同意了，也就名正言顺了。"石厚点点头，说："话是不错，就怕天子不同意，总得先有人从旁说和才好哇。"石碏一边抚着银白色的胡子，一边说："唔，我想想看……有了，陈侯对天子百依百顺，天子非常厚爱他，我们和陈侯向来也交情深厚，你们先到陈国去，请陈侯先在天子前面美言几句，然后你们再去觐见天子，这不就行了吗？"石厚把父亲的主意转告了州吁，两人高兴得拍手叫好，立刻置备了一些玉帛礼物，往陈国去了。另外，石碏也写了一封信，暗地里打发人送给他的好朋友陈国的大夫子针，请求他助一臂之力。

州吁和石厚满怀着希望到了陈国，陈桓公叫子针招待他们，请他们到太庙里相见。子针事先早把太庙摆设的整整齐齐，还刻意安排了许多武士准备伺候两位贵宾。他们由子针引导着到了太庙门口，只见门外立着一块牌子，上面写着："不忠不孝的人不准进入。"州吁和石厚倒抽一口冷气，满腹惊疑，不知该不该进去。石厚问子针："这块牌子在这里是什么意思？"子针说："这是敝国的规矩，先君的遗意，没有什么特别的用意。"他们这才放了心，大胆地进去。到了庙堂上，州吁和石厚正要向陈桓公行礼，却听见陈桓公拉着嗓门大声地说："天子有令：逮捕害卫侯的乱臣州吁和石厚！"他的话声一落，旁边的武士一拥而上，立即把他们俩擒住。子针拿出石碏的那封信，当众朗读，大意是说：外臣石碏写信给敬爱的郑侯，卫国不幸，发生了谋杀国君的大祸，这全是州吁和石厚的败德恶行，如此不忠的人若不治罪，往后乱臣贼子势必更加嚣张，横行天下，祸国殃民。我的年岁大了，没有力量处治他们，实在有负先公对我的爱护。现在我想了个办法叫他们前来贵国，请您本着天理正义，严惩他们，这不光是替卫国除害，也是为天下除害！

直到此刻，州吁和石厚才知道他们中了石碏的计谋。陈桓公想当场把他们俩杀了，子针上前拦阻说："先别杀！石厚是石碏的亲生儿子，咱们不便杀他。还是通知卫国，请他们自个儿看着办吧！"陈桓公于是吩咐手下将他们俩分两处监禁，以免他们互通消息，还打发使臣连夜去通知石碏。

石碏自从告老还乡后，就不再过问朝廷里的事了。今天接见了陈国的使臣，才特地到朝堂去找大臣们。大家知道了事情发生的来龙去脉，个个惊惶骇异，都说："这是国家大事，全凭国老做主。"石碏说："他们俩犯的是死罪，咱们只要派人到陈国去杀了他们就行了。"有位大臣挺身而出，说："乱臣贼子，人人都可以杀。我去杀州吁吧！"大臣们都说："好！不过，主犯既然判了死罪，从犯就从轻发落吧！"他们这么说，为的是不忍石碏遭到丧子之痛。不料石碏却火冒三丈，说："州吁的罪，全是我那没出息的小子拨弄出来的，你们网开一面，留他活命，岂不是以情害义吗？你们当我是什么人？……谁去杀石厚？……谁去杀石厚？"问了两声，都没有人回应，朝堂上一片死寂。石碏气得满脸通红，咬牙眦目，最后他说："没有人肯去？好，我自个儿去！否则我无颜见人！"他的一个家臣赶忙上前说："国老别生气，我去就是了。"于是两人就依照卫国大臣们的意见去处置州吁和石厚。他们到了陈国，先去拜见陈桓公，感谢他除暴安良的恩德，然后分头去办事。州吁见了来人，大声吃喝说："你是我的臣下，怎么敢来杀我？"那个人就说："你不是杀了国君吗？我只不过是学习你的榜样罢了。"州吁无言以对，只好俯首受刑。石厚见了来人，央求说："我罪该万死，但请让我见见我父亲再死吧！"那个家臣说："我奉你父亲的命令来杀你，你如顾念父子之情，我就拎着你的脑袋回去见他吧！"然后拔剑斩杀了他。

石碏和卫国的大臣们治死了州吁和石厚，立公子晋为国君，就是卫宣公。卫宣公因为曾联合四国攻打郑国，担心郑伯前来报复，就打发使臣去聘问，也算是向郑国赔不是，借以敦睦邦交。

后人用"乱臣贼子"这个成语指不守臣道，心怀异志的人。现在大多指破坏国家统一，危害人民利益的人。

马驮三千石

典出《幕府燕闲录》。

故事边郡，纳粟三千斛授本州助教。岐山王生纳粟授官，以厚价市骏马犹不如意，每以为恨。尝骑过市，医生李生滑稽能谑，遮道谓曰："君马新市，其价几何？"曰："一百五十千。"李生盛称"壮健"，以为价贱。王怪问之。李生曰："驮得三千石谷，岂非壮健耶？"

为了建设国境边郡，政府规定交纳粟米三千斛者可以授予本州助教的官职。

岐山的王生，交纳了三千斛粟米，被授予助教的官职。为炫耀自己的地位，他用优厚的价钱买了一匹骏马，但并不称心如意，并每每因此懊丧。有一次他骑着骏马过街，有个医生李生能言善辩、口齿伶俐而且善开玩笑，他便拦住王生的路说："您新买了这匹马，它的价钱是多少？"

回答说："一百五十千。"

李生大加称赞"骏马肥壮强健"，并说价钱实在太便宜了。

王生很奇怪地问他什么原故。

李生说："这牲口能驮得三千石谷，难道不是非常肥壮强健吗？"

医生以马能"驮得三千石谷"，巧妙地讽刺了纳粟三千斛授本州助教的王生，抨击了当时的卖官制度。

卖柑者言

典出《郁离子》。

杭有卖果者，善藏柑，涉寒暑不溃，出之烨然，玉质而金色。置于市，贾十倍，人争鬻其一，剖析之如有烟扑口鼻，视其中，则干若败絮。

予怪而问之，曰："若所市于人者，将以祀，供宾客乎，将炫外以惑愚瞽乎？甚矣哉，为欺也！"

卖者笑曰："吾业是有年矣，吾赖是以食吾躯。吾售之，人取之，未闻有言，而独不足于子所乎？世之为欺者不寡矣，而独我也乎？吾子之未思也！今夫佩虎符、坐皋比者，洸洸干城之具也，果能授孙、吴之略耶？峨大冠、拖长绅者，昂昂乎庙堂之器也，果能建伊、皋之业耶？盗起而不知御，民困而不知救，吏奸而不知禁，法而不知理，坐糜廪粟而不知耻。观其坐高堂、骑大马、醉醇醴而饫肥鲜者，孰不巍巍乎可畏，赫赫乎可象也？又何往而不金玉其外败絮其中也哉？今子是之不察，而以察吾柑！"

予默然无以应。退而思其言，类东方生滑稽之流。岂其愤世嫉邪者耶？而托于柑以讽耶？

杭州有一个卖水果的人。他善于保藏柑子，能使柑子经历严寒和暑热而不溃烂。他的柑子拿出来光闪闪的，质地坚实如玉，颜色橙黄如金。到市上去卖，价钱即使比别人的高10倍，大家还是争着买。有人也买了一只，剖开它时却有像烟尘一样的东西直冲口鼻，仔细一看，橙肉已经是干枯得像破旧的棉絮了。

买主责怪地问他说："你卖售给人家的柑子，是用来放在器皿中作为祭祀神灵、招待宾客用的呢，还是只是炫耀它的外表以愚弄蠢人和瞎子呢？你欺骗得太过分了啊！"

卖柑的人笑着说："我从事这职业已经多年了，我专门依赖这个办法养活自己。我卖出柑子，人家取走柑子，从来没讲过什么，难道独独不能满足你的需要啊！现在，那些掌握兵符、坐在虎帐中的人，威威武武地好像是国家的长城，他们果真能够制定出像孙膑、吴起那样的战略吗？还有那些戴着高帽、拖着腰带的人，趾高气扬地好像是朝廷的栋梁，他们果真能够建树起伊尹、皋陶那样的事业吗？现在的实际情况是，盗贼四起却不知道防御，百姓困苦却不知道救济，官吏奸猾却不知道禁止，法纪败坏却不知道整顿，消耗国库中的粮食而不晓得耻辱。你看看那些坐高堂、骑大马、痛饮美酒、饱餐佳肴的人，从外表看来哪一个不是形象高大，叫人感到可敬，威灵显赫，可以作为榜样呢？这样看来，什么地方没有金玉其外、败絮其中的现象啊！现在，你不去考究这些，却来考究我的柑子！"

买者默默地无话可答。回过头来细想他讲的道理，觉得他很像是东方朔一类的人物。难道他是因为痛恨世上邪恶行为而假托柑子来进行讽刺吗？

这个故事告诫人们要有真才实学，不能哗众取宠。卖柑者的层层反诘，词锋犀利，发人深省。

民不聊生

典出《史记·张耳陈馀传》。

> 财匮力尽，民不聊生。

秦朝末年，陈胜、吴广领导的农民起义军打下陈地（今河南省淮阳）以后，曾派一个名叫武臣的人，带领三千士兵北渡黄河向河北进攻。武臣是一个善于用兵的人，他觉得自己的兵力不足，必须加以壮大和充实。于是，一过黄河，他就把当地一些有影响的人物召集起来并对他们说："秦朝的残酷统治已经很多年了。他们派差出役接连不断，苛捐杂税多如牛毛，弄得老百姓家家无余财，户户没劳力，实在是民不聊生啊。"

武臣的政治宣传得到了当地百姓们的支持，因而很快扩充了部队，并占领了十几座城市，使陈胜的农民起义军在黄河以北一带接二连三地取得了重大胜利。

后人用"民不聊生"比喻老百姓没有赖以生活的东西。现常用来形容在剥削阶级的残酷统治下，劳动人民极端贫困，无法生活下去。

民生凋敝

典出《汉书·循吏传》。

> 孝武之世，外攘四夷，内改法度，民用凋敝，奸宄不禁。

西汉武帝刘彻是西汉皇帝中的一位佼佼者。他在位 47 年。在位期间，打击富商大贾，同时兴修水利，移民西北屯田，有利于农业的发展。他曾派张骞两次至西域，加强了对西域的统治，并发展了经济文化交流。

但是，汉武帝崇尚武力，在位期间，连连进行战争。虽然这些战争打击了匈奴贵族，保障了北方经济文化的发展，但连年战争也消耗了大量的人力财力，使人民遭到了严重的灾难。

《汉书》作者班固在编写《循吏传》时指出：汉武帝在位期间，连年对外用兵，内政也必须适应战争需要，军费开支浩大，广大农民负担沉重，以致民生凋敝，犯罪行为增多。

后人用"民生凋敝"形容在剥削阶级统治和压迫下，社会经济衰败，人民生活极端困苦。

宁为太平犬，莫作离乱人

典出《醒世恒言·白玉娘忍苦成夫》。

> 忙忙如丧家之犬，急急如漏网之鱼。正是："宁为太平犬，莫作离乱人。"

宋末元初，有一个叫程万里的人，原是官宦的子弟，去江陵投奔亲友，谁知在路上遇到元将兀良哈歹统率精兵杀来。夜里逃难的人奔走不绝，哭哭啼啼耳不忍闻。程万里奔避不及，被元兵一索捆翻，送给大将张万户为奴。张万户把掳到的男女带回家中，强壮的留下几个，其余都转卖给人。多有妻离子散、家破人亡的。张万户把留下的奴婢召集起来，说："你等或有父母妻子，料必死于乱军之中，你们幸亏遇着我，若逢着别人，死去多时了。今晚分配妻子给你们，今后安心在此，勿生异心。"晚上果然把那掳来的妇女，胡乱一人分配一个，真是"宁为太平犬，莫作离乱人"。

程万里分配到的女子叫白玉娘，是宋朝武将之女，父亲殉国阵亡，她便被掳来做了奴婢。白玉娘是个有志的人，力劝程万里潜逃摆脱奴隶命运，因此被张万户发觉，转卖出去，后来做了尼姑。程万里伺机潜逃，回到南宋领地，逐渐做了大官。为了感念白玉娘而终身不娶。后来时局逐渐安定，程万里千方百计竟然找

到了白玉娘，尽管分别了20来年，两人相爱之心不变，终于获得团圆。

后人用"宁为太平犬，莫作离乱人"这个典故比喻乱世人民生活绝无保障，性命比狗还不值钱，因此羡慕起太平时期的狗来。鲁迅在《灯下漫笔》中写道："假如有一种暴力，将人不当人，不但不当人，还不及牛马，不算什么东西。待到人们羡慕牛马，发生'离乱人不及太平狗'的叹息的时候，然后给予他略等于牛马的价格……则人们便要心悦诚服，恭颂太平的盛世。"

岂非同院

典出《幕府燕闲录》。

国子博士王某知扶风县，有李生以资拜官，每见王辄称"同院"。王不能平，因面质曰："某自朝士，与君名位不同，而见目同院，何邪？"李生徐曰："固知王公未知县事时，自是国子博士，谓之'国博'。某以纳粟授官，亦'谷博'也，岂非同院乎？"王为之大笑。

国子博士王某在扶风当知县，有一位李生以他的官位资格会见他，每次见面就称之为"同院"。王某心中不平，因而当面质询道："我自是朝廷国子博士，和您名位身份不同，而一见面就视为'同院'，是什么道理？"

李生慢条斯理地说："我早就知道王公您未当知县时，自是国子博士，称之为'国博'。而我用交纳粟粮的办法被授予了官职，也可称为'谷博'了，这样，我们俩岂不是'同院'了吗？"

王某听后为之大笑。

后人用这则寓言说明李生纳粟授官，不以为耻，反以为荣，以"谷博"与"国博"音近，死乞白赖，勉强与王某称"同院"。故事揭露了封建社会卖官鬻爵者的丑恶面目。

千里无鸡鸣

典出曹操《蒿里行》。

白骨露于野，千里无鸡鸣。生民百遗一，念之断人肠。

东汉末年，陇西豪强地主势力董卓篡夺了汉王朝的军政大权。关东各军阀推举北方豪强地方的首脑袁绍为盟主，"联合"起来讨伐董卓。曹操为了统一全国，也参加了当时的讨董联军。联军虽然组织起来了，但各地军阀各怀异心，钩心斗角，争权夺利，根本无心讨董。此后各军阀间的矛盾日益激化，互相残杀，连年混战，使广大人民惨遭浩劫，死尸遍野。曹操见此情景，便写了一首反映这种现实的诗《蒿里行》。诗曰：白骨露于野，千里无鸡鸣。生民百遗一，念之断人肠。

诗意是：茫茫大地，白骨成堆；千里焦土，荒无人烟；百姓惨死，百不余一；思念起来，令人悲伤。

这首诗较真实地反映了军阀连年混战给人民带来的严重灾难。

后人用"千里无鸡鸣"来描写战争给人民带来的深重灾难。

强者反己

典出《雪涛谐史》。

黄郡一孝廉，买民田，收其帝瘠者，遗其中腴者，欲令他日贱售耳。

乃其民将腴田他售，孝廉鸣之官，将对簿。其民度不能胜，以口衔秽，唾孝廉面。他孝廉群起，欲共攻之。时乡绅汪某解之曰："若等但知孝廉面是面，不知百姓口也是口！"诸孝廉皆灰心散去。乡绅此语，足令强者反己，殊为可传。

黄郡有位孝廉，买老百姓的田地时，只买旁边那些瘠薄的土地，却留下中间的肥田，为的是想叫老百姓将来贱卖给他。但是老百姓却将肥田卖给别人，那孝廉便告到官府里去。老百姓估计不能胜过对方，就含着满口唾沫，唾在孝廉的脸上。其他一些孝廉都跳将起来，企图群起而攻之。

这时，姓汪的乡里绅士出来解围说："你们只知道孝廉的脸是脸，不知道老百姓的口也是口呀！"众孝廉都灰心丧气地走散了。

乡里绅士的这番话，足可使强者反责自己，是最可传扬的了。

后人用这则寓言说明孝廉倚仗权势欺压百姓，而官吏也是官官相护，百姓自知不能胜，只能含秽唾其面。"孝廉面是面，百姓口也是口"，在豺狼横行、暗无天日的封建社会，能替老百姓说一句这样的公道话，也是难能可贵的。作者认为"乡绅此语，足令强者反己"，是希望强盗发善心，把寄托在恶者的道德自我完善上，这完全是不切实际的幻想。

取道杀马

典出《吕氏春秋·用民》。

宋人有取道者，其马不进，倒而投之溪水。又复取道，其马不进，又倒而投之溪水。如此三者。虽造父之所以威马不过此矣。不得造父之道，而徒得其威，无益于御。

人主之不肖者有似于此。不得其道，而徒多其威。威愈多，民愈不用。

宋国有个急于赶路的人，他的马不肯前进。他便掉转马头，把它赶入溪水，淹得它奄奄一息。这样连续反复三次，那马死活都不肯前进。即使像造父那样最善于驾马的人，他用来威慑马的手段也决不会超过这个宋国人了。宋国人没有学到造父驾马的诀窍，徒然模仿他那驭马的威严，这对于驾马是没有丝毫益处的。

那些昏庸的国君同这宋国人何等相似啊！治理民众，没有正确的方法，只知采用各种威压手段。结果，威压越厉害，民众越不替他效力。

后人用这个故事批评了不讲究正确方法而只知严刑峻法的政治现象。

肉脯可充腹

典出《传家宝·笑得好》。

晋惠帝御宴，方食肉脯，东抚奏旱荒，饥民多饿死。帝曰："饥民无谷食，便食这肉脯，也可充腹，何致饿死？"

一天，晋惠帝大摆宴席。惠帝正津津有味地吃着肉脯，这时，派往东方的巡抚报告说那里旱灾严重，很多饥民都饿死了。惠帝听了，说："那些饥民们即使没有五谷粮食吃，就是吃这种肉脯也可以充饥，怎么能至于饿死呢？"

后人用"肉脯可充腹"这个典故批判那些高高在上，锦衣玉食，却丝毫不了解民间老百姓的疾苦的最高统治者。

如狼牧羊

典出《史记·酷吏列传》。

御史大夫弘曰："臣居山东为小吏时，宁成为南都尉，其治如狼牧羊。成不可使治民。"

西汉时，有一个叫宁成的官吏，南阳穰县（今河南邓县）人。宁成当过济南都尉，后升中尉。他为人狠毒刻薄，执法严峻，为宗室、豪强所畏惧。

汉武帝即位以后，宁成升为内史（掌民政的官），因被外戚诽谤，被捕入狱。后来，宁成从狱中逃出，在乡间买了一千多顷陂田，役使贫民数千家为他耕种。几年以后，宁成靠着收租剥削，成了一个有万贯家财的富豪。武帝想再度起用他当郡守。御史大夫公孙弘说："我在山东当小官的时候，宁成是济南都尉，他管理起百姓来，就像豺狼放牧绵羊一样。这个人不可以让他治理百姓。"后来，武帝虽没有任命宁成为郡守，但拜他为关都尉，出入关的人见到宁成都不寒而栗，说："宁可和老虎相见，也不愿面对宁成之怒。"

后人常用"如狼牧羊"来比喻酷吏欺压人民。

三石之弓

典出《吕氏春秋·贵直论·壅塞》。

齐宣王好射，说人之谓己能用强弓也。其尝所用不过三石，以示左右，左右皆试引之，中关而止，皆曰："此不下九石，非王其孰能用是？"

宣王之情，所用不过三石，而终身自以为用九石，岂不悲哉？

齐宣王喜欢射箭，专爱听别人吹捧自己能使用强弓。他曾使用的不过是拉力三石的弓，故意拿给左右的臣子看，左右的臣子一个个试着拉，只拉开一半就停下来，都异口同声地说："这弓拉力不下九石，要不是大王谁能使用它？"

宣王所使用的不过是三石之弓，而终身自认为用的是九石之弓，这难道不可悲吗？

后人用"三石之弓"抨击了自己本来能力不大，却爱听别人的吹嘘而毫无自知之明的人。

尸位素餐

典出《尚书·五子之歌》。

　　太康尸位，以逸豫灭厥德，黎民咸贰。

又见《汉书·朱云传》。

　　今朝廷大臣，上不能匡主，下亡以益民，皆尸位素餐。孔子所谓"鄙夫不可以事君，苟患失之，亡所不至"者也。

尸是古代祭礼中的一个代表神像端坐着而不需要做任何动作的人。《书经》有句话："太康尸位。""尸位"就是源出于此，用来比喻一个有职位而没有工作做的人，正如祭礼中的尸，只坐在位子上，不必做任何动作一样。

"素餐"见于《诗经》。"彼君子兮，不素餐兮。"后人于是用"素餐"来比喻无功食禄的人。

后人用"尸位素餐"比喻居位食俸而不理政事。

时日曷丧，予及汝皆亡

典出《尚书·汤誓》。

　　时日曷丧，予及汝皆亡。

传说中，夏朝的末代君主名叫桀，他和一批奴隶主非常残酷地役使奴隶，残暴地杀害他们。所用的刑罚惨绝人寰。大批奴隶被害致死，于是爆发了历史上最大的一次奴隶起义，他们悲愤地发出誓言道："时日曷丧，予及汝皆亡。"意思是："倘若注定我要死，我就和你一起死吧！"后来，他们在汤的领导下，终于杀了桀，推翻了夏朝。

后人用"时日曷丧，予及汝皆亡"这个典故于反抗残暴统治的场合。

鼠技虎名

典出《雪涛小说》。

楚人谓虎为老虫，姑苏人谓鼠为老虫。余官长洲，以事至娄东，宿邮馆，灭烛就寝，忽碗碟砉然有声。余问故，阍童答曰："老虫。"余楚人也，不胜惊错，曰："城中安得有此兽？"童曰："非他兽，鼠也。"余曰："鼠何名老虫？"童谓吴俗相传尔耳。

嗟嗟！鼠冒老虫之名，至使余惊错欲走，良足发笑。然今天下冒虚名骗俗耳者不少矣！……夫至于挟鼠技，冒虎名，立民上者皆鼠辈。天下事不可不大忧耶！

楚地人称老虎叫老虫，姑苏人称老鼠为老虫。我在长洲当长官，因公事到娄东去，夜宿驿站旅馆中。刚吹熄了灯想睡觉。忽听见碗碟磕碰的声响。我问什么缘故，看门的仆人回答说："是老虫。"

我是楚地人，听了不禁惊慌失措，问道："在城里怎么会有这种野兽？"

看门的仆人说："不是什么别的野兽，是老鼠呀！"

我说："老鼠为什么叫老虫？"

看门的仆人说，这是吴地的习俗，一直传到今天罢了。

唉唉，老鼠冒老虎的名，以致吓得我惊恐地想逃走，实在令人发笑。然而如今天下那些冒虚名恐吓老百姓的人可真不少呀！……至于那些挟持老鼠技能，假冒老虎虚名，高踞在老百姓头上的人，实在都是些鼠辈。天下的事情不可以不令人严重担忧啊！

作者讲述自己亲自经历的生活故事，目的在演绎出"鼠技虎名"的道理，并以之印证当时社会、官场的种种类似黑暗现象，进而加以抨击和讽刺。

弹冠相庆

典出《汉书·王吉传》。

> 吉与贡禹为友，世称'王阳在位，贡公弹冠'，言其取舍同也。

汉朝王吉和贡禹是一对好友，他们二人自幼好学，通晓五经，学识渊博，为人廉洁。由于他们爱好相同，抱负相同，所以关系特别亲密。正因为如此，在当时的人们看来，王阳做了官，贡禹就会弹去帽子上的灰尘，准备去做官。后来，王吉、贡禹都当了官。汉宣帝时，王吉为博士谏议大夫，因他对宣帝的宫室陈设、车服装备太盛，上书劝谏，被宣帝认为是迂阔，因而不得宣帝信任。王吉心中闷郁，就称病辞官归家。与此同时，贡禹也有类似的遭遇，他做河南令也被罢官掉职。由于他们为官比较廉正，汉元帝刚继位就派使臣前往征聘。二人被召之后，做事勤谨，忠心耿耿，因而颇得元帝的信任。

后人把"王阳在位，贡公弹冠。"说成"弹冠相庆"，指一个人当了官或升了官，他的同伙也互相庆贺将有官可做。

桃园打鸟

典出《史记·晋世家》。

> 灵公壮，侈，厚敛以雕墙，从台上弹人，观其避丸也。……过朝，赵盾、随会前数谏，不听……灵公患之，使钮麑刺赵盾。

晋灵公成年后，只知道贪玩胡闹，国家大事一概推给赵盾去处理。赵盾一心一意想恢复文公的霸业，对晋灵公的怠忽职守，非常不满，常常是阴着一张脸。晋灵公对他又恼又怕，巴不得他离开朝堂，免得一天听他三次训话。只有大夫屠岸贾最能讨他欢心，叫他精神百倍。

屠岸贾就像晋灵公肚子里的蛔虫，对他捉摸得一清二楚。只要晋灵公心机一动，屠岸贾准能料到八九分。他替这个贪玩的国君造了一座花园，由于里头种植了许多桃树，所以就叫做"桃园"。桃园里砌了一座高台，四面围着栏杆，登台

一眼望去，全城的房屋和街道都映入眼帘。

晋灵公和屠岸贾两个人经常在那儿玩乐。有时候他们拿着弹弓打鸟，比赛谁的手快、眼明；有时候喝酒、唱歌，还叫宫女们上台跳舞助兴。一些老百姓也在园外凑热闹，目瞪口呆地瞧着园内的欢乐景象。有一天，晋灵公发觉园外的人比园里的鸟儿更多，一时心血来潮，对屠岸贾说："咱们老是打鸟也没啥意思，今天换个新花样吧！咱们用弹弓来打人怎么样？打中眼睛，算是十分；打中耳朵，八分；打中脑袋，五分；打中身体，一分；打不着人的，罚酒一杯。"屠岸贾当然拍手赞成。于是他们张起弹弓，往墙外人堆里打去，直打得老百姓乱叫乱逃，各自捂着伤处喊疼嚷痛。晋灵公忍不住哈哈大笑，认为打人比打鸟有趣多了。

赵盾和随会知道了这件事，第二天就进宫去见晋灵公。晋灵公还没出来，他们就看见两名宫女抬着一个箩筐，从箩筐里露出一只人手来。赵盾、随会走过去一瞧，原来里面装着一堆肢解了的尸体。赵盾问她们："这是从哪儿来的？"她们说："这是厨子老二。因为他没把熊掌煮熟，主公大发脾气。"赵盾转头对随会说："他把人命当草芥一般看待，简直太过分了！"随会说："还是让我先去劝劝他吧！要是他不听，您再来。"随会进去了。晋灵公一看见他，就挥挥手说："哎，你别说了！从今以后，我改过就是了。"随会瞧他这么坦白，反而不好意思再多说话了。

几天后，晋灵公没到朝堂去，又坐着车往桃园去了。赵盾赶紧抢先赶到桃园门口等着，一瞧见晋灵公过来，就跪在地下。晋灵公很不高兴，板着脸说："相国有事吗？"赵盾说："主公游玩取乐，总得有个节制。怎么可以拿弹弓打人呢？厨子偶尔犯点小错也不能治死他呀！主公再这样继续下去，迟早会出乱子。我怕主公、晋国会遭逢不幸，因此宁可得罪您，也要请您回去！"晋灵公低垂着头，说："你去吧！这次让我玩玩，下次一定听你的，可以吧？"赵盾挡在大门口，坚持叫他回去。屠岸贾说："相国劝主公，当然是出于一番好意。不过主公既然到了这儿，您好歹行个方便，有什么要紧的事，明天再说吧！"赵盾无可奈何，用一双犀利的眼瞪了瞪屠岸贾，侧身让他们进去了。

他们刚进入桃园，屠岸贾就跟晋灵公说："唉！这可是最后一次玩了。从明天起，您得关在宫里，受相国管教了！"晋灵公扯扯屠岸贾，说"你要想个法子啊！"屠岸贾冷笑一声，说："嘿！有了，我家有个大力士叫钮麑。我叫他一刀刺死那个老不死，咱们就不必受他管了。"晋灵公说："好，就这么办吧！"

当天晚上，屠岸贾嘱咐钮麑在五更上朝以前把赵盾刺死。钮麑就在当夜潜入赵盾家里，躲藏在大树底下。过了四更天，天色还暗，赵盾家的人已经起来预备车马，堂屋的门也推开了。他暗暗窥视，只见堂屋上燃着烛火，一位大臣已经穿好上朝的衣饰，坐在那儿等待黎明。钮麑是有良心的汉子，内心不禁有几分感动。他再仔细观察堂屋的摆设，都是一些粗糙的家具，跟他想象中的相府排场完全是两个样子。他心想："这么忠诚敦厚的大臣，叫我怎么忍心下手呢？"他就跑到堂屋门口，高声地说："相国，您听着：有人派我来刺杀您，我可不能丧尽天良，杀害好人。可是也许还会有人来下毒手，您千万多留神啊！"说完转身就走。赵盾壮着胆子，追出去想问个明白。他还没张嘴，就听见那刺客自言自语地说："我要是杀了忠臣，自己就是不忠；要是不杀，对那派我来的人就是不信。像我这么不忠不信的人还有什么脸苟活着呢？"于是他朝一株大槐树猛撞过去，顿时头破脑裂。赵盾看得瞠目结舌。他随即吩咐属下的人趁着天还未大亮，把刺客尸首埋在槐树下面。

那天早上，赵盾依旧准时上朝，晋灵公和屠岸贾暗暗吃惊：莫非钮麑出了差错？散朝以后，屠岸贾对晋灵公说："我有一只猎狗，凶猛极了。要杀赵盾，非它不可！"他又把详细办法说了一遍，乐得晋灵公连连称好。屠岸贾回家以后，做了一个稻草人，给它套上跟赵盾一模一样的衣服，又在它的胸腔部位塞着羊肉。天天训练那只狗扑向稻草人，撕裂它胸脯，饱吃一顿。经过几天的训练，那只猎狗一瞧见那个稻草人，就毫不犹豫地扑过去，在它的胸口上又抓又撕。

有一天，晋灵公召赵盾到宫里去喝酒，赵盾的家臣提弥明陪他同去。屠岸贾当然也在座，他说："主公请相国喝酒，其他的人不准上来。"提弥明只好站在堂下。群臣吃吃喝喝、说说笑笑，气氛倒还十分融洽。谈话当中，晋灵公忽然一再赞赏赵盾的宝剑，要他拔出来让他赏玩赏玩。按照规矩，做臣下的如果在国君面前拔出剑来，就等于犯了行刺国君的大罪。赵盾没有想到这一层。当他正要拔出宝剑的时候，提弥明在堂下急切地嚷着说："且慢！主公面前不得无礼！"赵盾经他这一提醒，才知道这是他们的诡计，就起身告辞。提弥明怒容满面地搀着他出来。屠岸贾立刻放出那只猎狗去追赵盾。它一眼看见活的"稻草人"，就不由分说地扑过去。提弥明眼明手快，一瞧状况不对，赶紧挨过去，将那只猎狗的脖子一扭，当场结束了那条狗命。宫里顿时惊乱了起来。晋灵公大发雷霆，叫武士们去杀赵盾和提弥明。提弥明非常英勇，既要保护赵盾，又要还手抗敌；他杀了几名武士之后，终于也被杀了。剩下赵盾独自往前奔逃，武士们在后头紧追不舍。其中有个武士特别卖力，比别人跑得更快，三两步便追上了赵盾。赵盾瞧了他一眼，随即眼前发黑，倒在地下，一动也不动了。那个武士一把拉起赵盾，背着他就跑。

这时候赵盾的儿子赵朔已经带着家丁迎接来父亲。那个武士把赵盾安放在车上，就拔出刀来，准备跟国君的卫兵拼命。那班卫兵看见赵家人多势众，就放弃追杀，回去了。赵盾问那武士："他们都要来杀害我，你怎么反而救我呢？你是谁呀？"他说："相国难道忘了那个在路旁饿得奄奄一息的人吗？"原来 5 年前赵盾打猎回来，看见路旁躺着一个汉子，以为是刺客，叫人把他抓来。那个人已经饿得站不起来了。赵盾问了他的来历，才知道他叫灵辄，在卫国游学 3 年，这次回来，穷得一无所有，已经饿了 3 天。赵盾很同情他，就给了他一些干粮和盘缠。后来灵辄做了卫灵公的卫士，常常想起赵盾的恩情。正巧屠岸贾唆使国君要杀害赵盾，灵辄就决意要救他的命。赵盾脱了险，就和他儿子投奔到国外去，他们本想带着灵辄同行，可是灵辄早已不知去向了。

罔上虐下

典出《元史·耶律楚材传》。

元朝的耶律楚材是个忠君爱民的大臣，深受当时的皇帝器重。有一次皇帝错抓了耶律楚材，让人把他绑了起来。后来又有了悔意，下令给他松绑。可耶律楚材却不肯，他说："我身居辅佐之位，料理国家大事。陛下当初是因为我有罪才绑我的，那就应该向百官公布我的罪行不能原谅赦免。现在释放我，等于说我无罪。事情怎能这样颠来倒去，像哄小孩子似的？如果遇到国家大事又该怎么办呢？"

在朝的官员都为他这番大胆的表白吓得胆战心惊。皇帝只好向他道歉说："我虽说是皇帝，错误也是难免的啊！"这样，耶律楚材才答应松绑。这件事很能说明耶律楚材的性格。

当时，富人刘忽笃马、涉猎发丁、刘廷玉等人，想用一百四十万两银子买得全国的征税之权。这种由官府核计征税数额，招商人抵押承包征税方法始于宋朝，盛行于元朝，征税权往往由出价最高的人获得。对此，耶律楚材一直表示反对。他知道，那些有钱人即使是出了最高价，总还是有利可图。价出得越高，老百姓受的盘剥也越重，同时，国家还会有巨额的税款流失。耶律楚材思考了很久，决定向皇帝建议废除这种不合理的征税制度。于是，他对皇帝说："那些要求买下征税权的人，都是些贪图巨大利润的人，他们罔上虐下，一心只想自己发财，这样的做法，危害极大。"

耶律楚材去世时，他才 55 岁，死后有人诬告他任宰相的时间长，全国进贡给皇上的东西有一半到他家了。皇后命令人去彻底查看，只见耶律楚材家只有十几把琴瑟和一些字画，他所写下的文章倒有千卷。

罔：蒙蔽。"罔上虐下"义为瞒骗上级，欺压、虐待下属和人民。

威震主者不畜

典出《汉书·霍光传》。

威振主者不畜。

汉朝时，大臣霍光专政，汉昭帝年幼接位，全部政事都是霍光说了算。汉昭帝死后，霍光拥立昌邑王刘贺为帝，不久，又把刘贺废了，拥立汉宣帝。霍光掌权20多年，权倾天下。汉宣帝被他拥戴为帝，第一件事是去参拜祖庙。向祖宗的牌位礼拜是一个大典，惯例是由宰相坐在皇帝的车夫身边陪同去行礼。宣帝心里非常忌惮他，觉得他在身边自己就浑身不自在，好像内衣里有芒刺一样不舒服。俗话说：权威太大，使皇帝惊恐不安的人，皇帝是不会让他继续在位的。"果然，霍光一死，他的家属就受到祸害了。

后人用"威震主者不畜"喻指封建王朝君臣之间相忌恨的矛盾。

为渊驱鱼

典出《孟子·离娄上》。

为渊驱鱼者，獭也；为丛驱爵（通雀）者，鹯也；为汤武驱民者，桀与纣也。

据历史记载，我国夏、商时有两个极其残暴无道的国君夏桀和商纣王，后来被商汤和周武王分别推翻。孟轲在总结这段历史教训时说："替深潭把鱼赶来的是水獭（一种以捕鱼为食的兽类）；替树林把鸟雀赶来的是老鹰；替商汤和周武王把人民赶来的是夏桀与商纣。"

后人用"为渊驱鱼"这个典故比喻反动派的凶残使自己失去了人民。

文恬武嬉

典出《昌黎先生集·平淮西碑》。

相臣将臣，文恬武嬉。

唐玄宗李隆基是唐代帝王中在位时间较长的一个，从公元712年到公元756年，先后统治了45年。李隆基执政期间，先后任用李林甫、杨国忠等奸臣，到开元末年，政治日趋腐败。李隆基本人则爱好声色，奢侈荒淫。同时，由于府兵制遭到破坏，京师和中原地区武备空虚，西北和北方各镇节度使掌握重兵，天宝十四年（公元755年）爆发了安史之乱。第二年，玄宗逃往四川。至德二年末（公元758年）回长安，后郁闷而死。

到了唐宪宗时，淮西节度使吴元济又发动叛乱。公元817年，著名文学家韩愈随宰相裴度前往淮西平叛。叛乱平息以后，宪宗命韩愈撰写《平淮西碑》，以记述此事。韩愈在碑文的开始，首先指出了淮西叛乱发生的根源：唐玄宗时，自恃国力强盛，享乐腐化。安史之乱虽然平息了，但北方的人民却蒙受了深重的灾难。由于皇上荒淫，朝中的文官只知安逸享乐，武将也一味追求声色狗马。这种风气如果延续下去，国家的前途便不堪设想了。

后人用"文恬武嬉"形容文武官僚荒淫腐化，一点也不把国家大事放在心上。

文字狱

典出《金史·佞幸列传》。

清朝顺治皇帝时，有位叫毛重倬的刻书家，他开设有一间刻印图书的作坊。一次偶然的机会他得到一本《制艺》，于是就刻印一些。当管事的官吏拿到此书，发现书的序言中没有使用顺治的年号，而只用干支纪年时，马上报到朝廷，官府定罪说毛重倬目无朝廷，阳奉阴违，立即把他抓来杀掉。这就是历史上的一起"文字狱"。

康熙初年，庄廷钺写了一本《明史稿》。本来是对明朝历史的记述，并没有什么其他意图。可当朝官吏说他的书中有思念明朝，反抗清朝的意思。通缉令发下来，可庄廷钺此时已经病死了，官吏们又转怒于他的家人和参加《明史稿》校对、刻印、装订、作序、题名的人。官府把有关联的 300 多人统统抓进监狱，严加审问、拷打，最后庄氏家族的人不是杀头，就是被流放到盛京（今天的辽宁省沈阳）。那些参与此书出版的人也有不少丢了脑袋，最后算下来，有 230 多人成为屠刀下的冤鬼。康熙末年还发生"戴名世《南山集》案"。康熙皇帝列举的罪只是作者"想"把清朝年号删除，列入明朝的历史中，结果是戴名世整个家族满门抄斩，惨不忍睹。

雍正皇帝当朝以后，制造出"查嗣廷试题案"、"吕留良文选案"，两次文字狱遭受灭顶之灾的不下几百人。

乾隆皇帝继承皇位以后，文字狱有过之而无不及，仅乾隆一朝，史书上记载的文字狱多达 30 多起。乾隆还多次发布禁书法令，规定凡是有民主思想和民族色彩的著作，一律停止销售，并追究作者和印刻图书者的责任。仅仅 1775～1776 年间，政府就烧过 24 次图书，把 13800 多部图书给毁掉了。文人方国泰和卓天柱，因为收藏自己祖辈的作品没有上缴，竟被治罪杀了头。

由于清朝政府大兴文字狱，吓得知识分子再不敢谈论国家大事，不是闭门不出，就是尊口难开，一心钻在故纸堆中做些校勘、考证的事，结果使中国文化的发展步伐缓慢下来。

五马分尸

典出《战国策·秦策》。

卫鞅亡魏入秦，孝公以为相，封之于商，号曰商君。……孝公行之八年，疾且不起，欲传商君，辞不受。孝公已死，惠王代后，执政有顷，商君告归。……商君归还，惠王车裂之。

秦孝公见卫鞅得了西河，打了个大胜仗，就封他为侯，把商于（在河南省淅川县西）一带十五座城封给他，称他为商君。卫鞅就叫商鞅了。

商鞅谢恩回来，非常得意。家臣们和亲友们都向他庆贺。有的说，秦国能够这么富强，全是他的功劳；有的说，他是自古以来最出名的改革家；有的说，他改变了土地制度，真了不起；有的说，他压住了贵族，实行连坐法，哪一件不是

大事情。大伙儿你一言、我一语，说得商鞅心里挺舒服。他自傲地问大家："我比五羊皮大夫怎么样？"大伙儿都奉承着他，说："他哪儿比得上你呢？"其中有位门客叫赵良，听了这些话，实在忍不住了，大声地说："你们都在商君门下吃饭，怎么不替他担心，反倒胡说八道，一味地奉承他！"大伙儿听了，不敢出声。商君有点不高兴，问赵良："先生有什么话要说？"赵良说："您要知道一千个人瞎称赞，不如一个人说真话。要是您不见怪的话，我就说给您听听。"商鞅于是恭敬地说："俗语说，'良药苦口'，请先生指教。"

赵良一想，要说就说个透，要骂就骂个够。他郑重地对商鞅说："您说起五羊皮大夫，我就把他跟您来比一下吧。百里奚在楚国给人看牛，秦穆公知道了，想尽法子，请他来当相国。您呢？三番两次地托个小人景监给您介绍。百里奚得到了秦穆公的信任，就推荐别人。百里奚当了六七年相国，一连三次平定晋国的内乱，中原诸侯个个佩服，西方的小国都来归附。您呢？冤了朋友，夺了西河，只讲武力，不顾信义，谁还能诚心诚意地相信您？百里奚处处替老百姓着想，减轻兵役，不乱用刑罚，叫老百姓能够安居乐业。您呢？把老百姓当做奴隶，拿最严厉的刑罚管理老百姓。百里奚自己平时生活非常俭朴，出去的时候不用车马，夏天在太阳底下走，也不打伞。您呢？每逢出去的时候，车马几十辆卫兵一大队，前呼后拥，吓得百姓来不及躲。百里奚一死，全国男男女女痛哭流涕，好像死了自己的父亲。您呢？把太子的师傅公子虔割了鼻子，在太师公孙贾脸上刺了字，一天之中杀了七百多人，连渭河的水都变红了。上上下下，哪一个不恨您，说句不中听的话，他们恨不得您早点死呢？别人一味地奉承，我可真替您担心哪。"

商鞅听了这番话，叹了口气，说："我这么为秦国尽心竭力地打算，怎么反倒叫人家都怨恨起来？这是什么道理？"赵良说："我知道您替老百姓打算，可是您的办法很不妥当。您有两个最大的毛病：第一，您光是说服了国君，得到他一个人的信任，可是没有别的人来帮助您；第二，只管替百姓打算，不管人家愿意不愿意，就推行新法，可不许老百姓替自己打算。老百姓就算得到了好处，也不感激您，甚至还都怨恨您。您自以为事事都替老百姓着想，其实，您的心目中连一个小民也没有。"商鞅插嘴说："他们知道什么？"赵良说："您以为用不着听从老百姓的意见？自古以来，没有一个国君或是一个大臣单凭着自己的威力，违反老百姓的意志，就能够成功的。俗语说，'顺天者昌，逆天者亡'。这句话一点也不错。违反了老百姓的意志，就是违反天意。违反了天意，没有不失败的。天是什么啊？天没有耳朵，他凭着老百姓的耳朵来听；天没有眼睛，他凭着老百姓的眼睛来看。我看着上上下下的人都怨恨您，就知道天也怨恨您。为这个，我非常替您担心。为什么您还不快点推荐别人来代替您呢？要是您现在能够立刻回头，安分守己地去种地，也许能够保全自己的生命。"商鞅听了赵良这些话，心里头闷闷不乐。可是他哪舍得把大权交给别人？

公元前 338 年，秦孝公得了重病。秦孝公一死，太子驷即位，即秦惠文王。他做太子的时候，为了反对新法，被商鞅定了罪，割去了公子虔的鼻子，又在公孙贾脸上刺了字。如今太子当上了国君，公子虔和公孙贾他们就得了势。这一帮人都是商鞅的冤家对头。以前的仇恨可得清算一下。秦惠文王就加了个谋叛的罪名，下令逮捕商鞅。

商鞅打扮成一个老百姓，打算跑到别国去。他到了函关（在河南省灵宝县南），天黑下来了，只好到客店去投宿。客店老板要检查凭证，商鞅交不出来。老板说："这位客人真不明白。商君下过命令，不准我们收留没有凭证的人。我要是收留你，我的脑袋可就保不住了。"商鞅一听，这可真是哑巴吃黄连——有苦说不出。

当天晚上，他混出了函关，连夜逃到魏国。魏惠王恨他当初欺骗了公子印，夺去了西河，正想抓他。商鞅这才觉得这么大的天下，容不下他这么一个人。他又跑回商于。秦惠文王立刻发兵转往商于，将商鞅逮住，用最残酷的刑罚把他弄死。有的说，他的身子是叫车马撕开的。有的说，他的脑袋和两只手两只脚上各拴上一匹马，有 5 个人往 5 个方向打马，那五匹马分头一跑，商鞅的身子就这么扯成五六块。这就叫"五马分尸"。

五马分尸是一种极其残酷的刑罚，商鞅推行变法，立下不小的功劳，在历史上也有很深的影响，但他自己却没有处理好多方面的关系，因而得到了一个走投无路的结局。

下马作威

典出《汉书·序传》。

> 定襄闻伯素贵，年少自请治剧，畏其下车作威，吏民惝息。

西汉有个叫班伯的少年，家世显贵，常出入宫中，很受皇帝的信任。

当时，定襄石、李两家大姓对抗朝廷，捕杀地方官吏，弄得定襄一带人心惶惶。班伯正准备出使北方的匈奴，听到此事，主动向皇上请求去定襄做太守。

定襄的豪绅大姓听说来了一位年少气盛的新太守，料定他走马上任初期，要雷厉风行，大抓大杀，显示一下威风。因此，他们把犯了罪的人藏起来，然后静静地观看。

班伯首先请来了当地的豪绅大姓，对他们客气地说："在座的都是父兄师父，今后有什么事，还需要大家鼎力支持。班伯一人治理不好定襄，也不打算在定襄待得太久。定襄是在座诸位的，要治理好也是诸位的事。我这次来，只同大家交上朋友。"说完，班伯对年长的行了儿孙礼。从这以后，班伯果然不问定襄的事，日日广交朋友。久而久之，他结交了不少的人，逐渐了解到那些犯法的人匿藏在何处。于是，班伯召集民吏，分头捕获，不到十天，郡中震动。定襄很快恢复了秩序。

后人将此典概括为"下马威"，指新官上任，装腔作势地显示威风。

仙鹤坐车

典出《史记·卫康叔世家》。

懿公即位，好鹤，淫乐奢侈。九年，翟伐卫，卫懿公欲发兵，兵或畔。大臣言曰："君好鹤，鹤可令击翟。"于是遂入，杀懿公。

春秋时期，齐桓公自从打退山戎，救了燕国，又确定了鲁国的君位以后，威名更盛，各地的诸侯都对他心悦诚服，把他看成安定列国的领袖，齐桓公成了名副其实的霸主。因为有管仲可以信赖，齐桓公就放怀饮酒，打鼠取乐，把自己养得肥肥胖胖、福福泰泰。公元前661年，卫国使臣说北狄侵犯进卫国，情况相当危急，请霸主出兵抵抗。齐桓公说："齐国的兵马到现在还没好好地休息呢！"过了几个月，卫国的大夫上气不接下气地跑到齐国，报告说："北狄已攻进卫国，杀了国君，卫国的老百姓眼看家园遭到破坏，无法再住下去，都逃到漕邑（在河南省滑县东南）去了，他们派我到您这儿来报告，请霸主做主。"齐桓公听了，羞愧地说："唉！这全是我的错，没有及早去救卫国。不过，现在还来得及，我马上去打退北狄，替你们的国君报仇雪耻。"随即准备出兵卫国。

那个被北狄杀害的国君叫卫懿公，他是卫惠公朔的儿子。他在位期间怠忽国政，只顾取乐。卫懿公有个特别的嗜好，就是豢养仙鹤。他把养仙鹤的人都封为大官，那些原来的大官有的反而失去了职位；为了养仙鹤，他向老百姓强索粮食，老百姓饿死冻死，他却无动于衷。公子燬（卫宣公的孙子）眼看这种局面，预料卫国终将灭亡，就投奔齐桓公，住在齐国。卫国人向来念念不忘急子的委屈，痛恨着卫惠公，谁料到昏君的儿子又是个昏君，于是就把希望寄托在贤德的公子煆身上。后来连公子煆也出奔了，卫国人就更埋怨卫懿公了。有一天，卫懿公载着几车仙鹤出去玩。他的仙鹤也依照地位的高低分等级，甚至连大夫也得将棚车让给仙鹤坐。那些坐在棚车上的仙鹤叫"鹤将军"，卫懿公一出游，就有不少"鹤将军"前呼后拥地"保驾"，他觉得自己在鹤群中威风八面，而那些仙鹤也神似一队文武百官。他正玩得兴致勃勃时，忽然有人来报告，说："北狄攻进来了！"这真是太扫兴了，他一面赶着回宫，一面派人去守城，谁知老百姓全争着逃难，士兵们也不拿兵器，不穿铠甲、不去应战。卫懿公问他们："为什么不去打北狄呢？"他们说："打北狄也用不着我们，您还是叫将军去吧！"卫懿公说："哪个将军？"他们冷笑一声，不屑地说："当然是鹤将军喽！"卫懿公才明白他已失去了民心，懊恼地敲着脑袋，再三向老百姓认错，并把仙鹤全放了。可是那些娇生惯养的鹤却赶也赶不走，还伸长脖子，拍打着翅膀，频频向卫懿公献殷勤。卫懿公又羞又恼。这些仙鹤，越是在大家跟前炫耀它们美丽的红冠和鲜艳的羽毛，越叫他无地自容，他掐死了一只仙鹤，狠心地把它扔了，表明自己真心悔过，这才勉强召集了一队人马。

卫懿公看见国人惨遭杀戮，仿佛变了个人似的，奋不顾身打杀出去，可是人数实在太少了，根本抵挡不住如狼似虎的北狄官兵。士兵们请卫懿公先化装潜逃，他坚决拒绝，他说："我已经愧对全国人民了，在这节骨眼上要是再贪生怕死，那不是罪上加罪吗？我无论如何要跟狄人拼到底！"结果，卫国军队全军覆没，卫懿公也给北狄杀了。敌人进了城，来不及逃跑的老百姓几乎都被屠杀了，卫国的府库及民间值钱的东西也被掠夺殆尽。这些来自草原上的北狄，平常只会牧马放羊，不懂得耕种，袭击卫国，为的是劫财掠宝，并没有占领地盘的意图。他们为了下次行抢时方便，竟把卫国的城墙拆毁了。当卫国的使臣到达齐国报信时，北狄早就满载而归了。

齐桓公获知卫国国破人亡，立刻派公子无亏带领一队人马，送公子煆回国。公子煆到了漕邑，只见那儿一片荒凉，只算是个小村落，称不上是个都城。他伤心得泪如雨下。他把幸免于死的卫国男女老少集合起来，一共才730人，北狄杀戮之多，怎不叫人齿寒！他只好从别的地方另外召集了一些老百姓，才勉强凑成五千人。这5000人重新建立国家，立公子煆为国君，就是卫文公。卫文公跟着老百姓一起生活，穿的是粗麻布衣，吃的是生果野菜，住的是茅草房子。他以身作则，勤奋地工作。他安慰老百姓，叫他们刻苦耐劳，期望有一天能恢复卫康叔（卫国第一代的国君）的太平盛世。他这种不畏艰辛、不怕流汗的精神不但感动了老百姓，就连齐国的将士也刮目相看。

公子无亏见北狄跑了，打算回去，可是漕邑连城墙都没有，万一北狄再来，怎么抵挡得住呢？他思量再三，终于决定留下 3000 个齐国人屯驻在那儿，协助戍守漕邑，自己就向卫文公辞别了。他回国见到了齐桓公，就把卫国筚路蓝缕的建国气象，一五一十地告诉了他。齐桓公感叹地说："咱们真该好好地帮助卫国。"管仲也说："留下 3000 人也不是办法，咱们不如替卫国砌筑城墙，这样就一劳永逸啦！"齐桓公很赞成这个主意，就打算联集列国诸侯，共同出力去协助卫国。

后人用"仙鹤坐车"这个典故比喻玩物丧志，丧失进取心。

笑骂由他笑骂，好官我自为之

典出《宋史·邓绾传》。

绾谍王安石，除集贤校理，乡人在都者，皆笑骂绾云：笑骂从汝，好官须我为之。

宋朝神宗年间，国势衰微，财库空乏，军事力量薄弱，外寇日逼，政治腐败，已经到了非改革无法生存的地步。这时大政治家王安石被任命为宰相，提出"天变不足畏，祖宗不足法，人言不足恤"（天象变异不用怕；祖宗老办法不必遵守；人们的非难诽谤不必担心和顾虑）的改革指导思想。推行青苗、均输、市易、募役、保甲保马等新法。这些新法本来是正确的，切中时弊的。可是，一些无耻小人，表面积极拥护新法，谋求了有权的官职；背地里却钻新法的空子，更加残酷地剥削农民，谋求私利。结果破坏了新法，使改革归于失败。这批无耻之徒中，有一个叫邓绾，他满口拥护改革，私下贪污、受贿、弄权，发了横财，他的亲友都十分鄙视他，背后嘲笑他、辱骂他，这些笑骂的话传到邓绾耳里，邓绾却无耻地笑道："管他们笑骂什么，我仍然做我的好官。"后来王安石感到改革彻底失败，辞职了，邓绾也被罢了官。

"笑骂由他笑骂，好官我自为之"，后来压缩成四字成语"笑骂由人"。用来比喻贪官污吏的无耻心态。

挟天子以令诸侯

典出《三国志·蜀书·诸葛亮传》。

东汉末年，汉室日趋衰败，曹操专权，以皇帝的名义号令诸侯。当时，诸葛亮隐居乡间以耕种土地为生。

一天，诸葛亮的好友徐庶拜见刘备，对刘备说："诸葛亮像一条卧龙，将军难道不想见一见他吗？"

刘备求贤心切，便去拜访诸葛亮，前后去了三次，才见到诸葛亮。刘备虚心地向他请教时局和发展趋势。诸葛亮回答道："如今曹操已经拥有百万大军，而且挟天子以令诸侯，实在无法与他一决雌雄。孙权占据了江东地区，已经经历了三代，有天险可依，并且人民又依附他，贤能的人为他出谋划策，他可以做您的盟友，您却不可能吞并他。荆州北有汉水、沔水，南通南海诸郡，东与吴郡和会稽郡相连，西与巴郡、蜀郡相通，这是个便于用兵的地方；益州四面都是险阻的要塞，中间是肥沃的平原，它们的主人却不能很好地治理，简直是上天赐给您的！您是汉朝王室的后代，以信义名闻天下，统领各路英雄。如果占据了荆州和益州，依靠险要的地形，然后西面与各少数民族媾和，南面安抚好百越各部族，对外与孙权结盟修好，对内治理好政务，一旦天下有变化，可有攻有守，那么就可以完成霸业，复兴汉室了。"从此，刘备对诸葛亮言听计从，诸葛亮也尽心着力扶持刘备建立蜀汉，与魏、吴三分天下。

后人用"挟天子以令诸侯"比喻借着权威者的名义发号施令。

兄弟俩坐船

典出《史记·卫康叔世家》。

初，宣公爱夫人夷姜，夷姜生子急，以为太子，而令右公子傅之。右公子为太子取齐女，未入室，而宣公见所欲为太子妇者好，说而自取之，更为太子取他女。宣公得齐女，生子寿、子朔，令左公子傅之。太子急母死，宣公正夫人与朔共谗恶太子急。宣公自以其夺太子妻也，心恶太子，欲废之。及闻其恶，大怒，乃使太子急于齐而令盗遮界上杀之。与太子白旄，而告界盗见持白旄者杀之。且行，子朔之兄寿，太子异母弟也，知朔之恶太子而君欲杀之，乃谓太子曰："界盗见太子白旄，即杀太子，太子可毋行。"太子曰："逆父命求生，不可。"遂行。寿见太子不止，乃盗其白旄而先驰至界。界盗见其验，即杀之。寿已死，而太子急又至，谓盗曰："所当杀乃我也。"盗并杀太子急，以报宣公。

春秋时，卫宣公还没当国君以前，就跟夷姜暗中交往，生了一个儿子叫急子。后来他即了位，也明媒正娶，有了夫人，却仍跟夷姜如胶似漆，非常要好。不久，他把夷姜立为二夫人，确定了她的名分，又把急子立为太子，打算将来把君位传给他。急子16岁的时候，卫宣公计划为他娶房媳妇。听说齐僖公有两个女儿，大的叫齐姜，小的叫文姜，都长得风华绝代、聪明伶俐。他就托人做媒。齐僖公答应结这门亲事，就把齐姜送过来。谁知卫宣公贪爱她的美貌，竟把她据为己有。齐姜做了卫宣公的三夫人，后来人们就称她为宣姜。

宣姜生了两个儿子，就是公子寿和公子朔。卫宣公和宣姜朝欢暮乐，早把原先的心上人夷姜撇在一边，甚至想把卫国江山传给公子寿。可是急子早当了太子，而且温柔谨慎，没有犯下什么错误，不便废掉他。卫宣公因此对急子格外反感。公子寿和公子朔虽然都是宣姜生的，秉性却大不相同。哥哥公子寿为人忠厚，眼看公子朔阴险虚伪，私下还蓄养了一些不三不四的武士，非常厌烦他。他愈瞧不起公子朔，就愈与急子亲近，三番两次在父亲跟前赞美急子。但是他母亲和他兄弟正好相反，总是在卫宣公耳朵旁数落急子的不是。卫宣公宠信宣姜，想及早处置急子。正好这时齐僖公邀约卫国出兵去打纪国，卫宣公和宣姜商量决定打发急子到齐国去订出兵的日子，并交给他一面旗子当记号。

公子寿见他们交头接耳地商量着，不免怀疑他们心怀鬼胎。就特地到他母亲那儿去探听消息。宣姜看他是自己亲生的儿子，就毫不隐瞒地告诉他说："莘野（卫国地名，在山东省聊城县西南）是到齐国去的必经之路，我们早在那里设下了埋伏，只要急子赶路到那儿，他就没命了，到时你可就是太子啦！"公子寿心想，事情已发展到这地步，他再说些劝告的话也不管用了。他装出笑容，谢过了他母亲的"用心良苦"，一出宫门，就三步并做两步赶去见急子，把他们的阴谋告诉了他，还说："哥哥这一去，凶多吉少，还不如出奔到别的国家，再作打算。"急子说："天下没有责备父亲的，父亲的话我无论如何得听从。"于是他带着那面旗子，毅然上船走了。

公子寿心想："哥哥真是个仁人君子！他这一去，半路上若给杀害了，父亲立我为太子，我也于心难安啊！唉！怎么办呢？可真把人给急死了！"突然他灵机一动，说："有了！我代他死吧！这样也许能够使爹娘觉悟改变他们的心意。"

于是他坐上另一只船，还预备了酒食，叫人尽快把船划到急子的船旁边，请急子过来喝酒，算是为他送行。急子回答说："多谢费心！可是君父有令叫我去办事，我不能到你那边去。"公子寿没有办法，只好自己带着酒食，登上急子的船。

兄弟俩喝着酒。公子寿斟满酒杯敬急子，还没开口说话，泪珠已滚落酒杯里。急子见了，赶忙接过酒杯，一饮而尽。公子寿说："啊！哥哥！那杯酒已经脏了，怎么还喝呢？"急子说："这是最干净、宝贵的一杯酒，杯里是兄弟的情意啊！"公子寿拭着泪水，说："这次喝的是咱们兄弟俩的决别酒，哥哥得多喝几杯呀！"急子说："兄弟盛情感人，咱们就喝个痛快吧！"两人一边流着泪，一边互相劝酒。公子寿存心要灌醉急子。急子酒量本来不大，一会儿就醉倒了，睡在船上鼾声大作。

过了许久，急子才醒过来，他左顾右盼没瞧见公子寿。手下的人将公子寿留下的字条交给他，他拆开一看，上面写着："我顶替哥哥去了，哥哥快跑吧！"急子急得眼泪都要掉出来了，嚷着说："快！快！赶上去！别叫他们害了我兄弟！"说罢，真的就泪如雨下。船夫不知道是怎么回事，只好拼命地赶、使劲地划。

那天晚上，月明如水，把整条河照得透亮。那只船就像射出去的箭，飞也似的顺河而下。急子站在船头，目不转睛地望着前方，一心想尽快看见公子寿的船。终于，他远远瞧见了一只船的影子，就欣喜地对船夫说："快一点，赶上前面那只船！"船夫说："用不着赶，那只船是往这边来的。"急子很纳闷，就叫船夫把船靠拢过去，只见船上有一批贼党，却没发现公子寿的人。忽然急子在船仓里发现公子寿的头颅，他捧着公子寿的头颅，仰天大哭，说："天哪！天哪！冤枉啊！"那些贼党都吓得愣在原地。急子本来就不愿意跟父母兄弟明争暗斗，弄得一家人乌烟瘴气，他早就认输了。这下贼党错杀了公子寿，他回去有口也难辩。反正是个死，他心一横，就破口大骂贼党："该死的家伙！你们怎么有眼无珠！怎么把公子寿杀了呢？"贼党们一见急子，知道杀错了，唯恐回去无法交代，索性就把他也杀了。他们连夜赶进城，先去拜见公子朔，呈上那面旗子，然后战战兢兢地把误杀公子寿的原因细说了一遍。谁知"一箭双雕"正中了公子朔的心意。他拿出金帛，重重地赏了他们，然后到宫里去见他母亲。宣姜听到公子寿也死了，难免心疼，可是杀死了急子也真够痛快的，她的内心忧喜参半。至于卫宣公，听说两个儿子都给杀了，顿时脸色发青，半天说不出话来。他虽然对急子有反感，却非常怜爱公子寿。他百感交集，想起公子寿的厚道、急子的孝心和夷姜的恩爱，忍不住悲从中来，泪如雨下，觉悟了似的连声说："唉！齐姜害了我！齐姜害了我！"从此以后他就成天唉声叹气，终于一病不起，不到半个月就死了。

燕王好乌

典出《郁离子》。

　　燕王好乌，庭有木，皆巢乌，人无敢触之者，为其能知吉凶而司祸主也。故凡国有事，惟乌鸣之听。乌得宠而矜，客至则群呀之，百鸟皆不敢集也。于是，大夫国人咸事乌。乌攫腐以食，腥于庭，王厌之。左右曰："先王之所好也。"一夕，有鸱止焉，乌群睨而附之，如其类。鸱入宫，王使射之，鸱死，乌乃呀而啄之，人皆丑之。

　　燕国国王爱好乌鸦，庭院里种植的树木，都被乌鸦筑上巢窝，人们都不敢触犯它们，这是因为乌鸦能够预知吉凶而掌管祸福的缘故。因此，凡是国家有事，只依靠听乌鸦的叫声作决断。乌鸦因为得到宠爱而矜骄倨傲，有什么鸟飞来，它们就群起而攻之，所以百鸟都不敢停集在这里。于是，国内的人和士大夫们都恭恭敬敬地侍奉乌鸦。

　　乌鸦喜欢抓取腐烂的动物尸体吃，弄得国王的庭院里腥臊恶臭，国王很讨厌这一点，左右官员们却对国王说："乌鸦是开国祖先所喜爱的呀！"

　　一天晚上，有一只猫头鹰栖止在庭院里，乌鸦都侧目而视，并去靠近依附，像它的同类一样。猫头鹰飞进宫殿大声嚎叫，国王命令弓箭手去射它，猫头鹰被射死了，乌鸦便张口叫着去啄食它的肉，人们都耻笑猫头鹰愚蠢。

　　这是一幅辛辣的讽刺画。"乌鸦群"比喻朝中奸佞权臣。他们由于善于玩弄权术和诈术，骗取国王的宠爱和信任，因而能在朝中陷害忠良、为所欲为。尤其是可怕的是，他们有时还能乔装打扮，把自己改扮成忠良的模样，混在勇于直谏者的队伍里，利用国王的权势，把直谏的忠臣杀害，再去啄食忠臣的肉，作为自己邀功请赏的资本。"凡国有事，惟乌鸣之听"的现象存在时，这个国家必将面临灭亡的绝境。

羊胃羊头

典出《后汉书·刘玄传》。

　　所授官爵者，皆群小贾竖，或有膳夫庖人，多著绣面衣锦裤、煐诸于，骂詈道中。长安为之语曰："灶下养，中郎将；烂羊胃，骑都尉；烂羊头，关内侯。"

东汉刘玄破王莽后，即位为帝。他滥封官爵，用了好多小人，连做厨子的都穿了锦绣的衣服，在长安市上招摇，当时有民谣道。"烂羊胃，骑都尉；烂羊头，关内侯。"骑都尉、关内侯是官爵名。羊头羊胃的解说有三种：一是喻其贱；二是喻其多；三是讽刺厨子做官。

后人引用"羊胃羊头"，是指泛滥的官吏、官职。

养鸷词

典出《刘梦得文集》。

途逢少年，志在逐禽兽。方呼鹰隼，以袭飞走，因纵。观之，卒无所获。行人有常从事于斯者曰："夫鸷禽，饥则为用。今哺之过笃，故然也。"予感之，作《养鸷词》。

养鸷非玩形，所资击鲜力。
少年昧其理，日日哺不息，
探雏网黄口，旦暮有余食。
宁知下韝时，翅重飞不得，
毰毸止林表，狡兔自南北。
饮啄既已盈，安能劳羽翼？

唐王朝后期，藩镇割据，不服从中央政令；朝廷派往讨伐藩镇的武将，大都高官厚禄、养尊处优，毫无战斗力。《养鸷词》便是讽刺这种现象的。诗中以不明养鸷办法的少年比喻不知养兵用将之道的朝廷，以鸷（猎鹰）比喻不能战斗的武将，以狡兔比喻横行无忌的藩镇。

一人飞升，仙及鸡犬

典出晋代葛洪《神仙传》。

临去时，余药器置在中庭，鸡犬啄之尽得升天。

汉朝时，淮南王刘安十分潜心学道，因此感动了神仙来传授他炼仙丹的技术。他在山上结了个茅屋，排斥了种种物质享受，不顾妖魔鬼怪和猛兽的恐吓，抗御了幻化成美女的妖精的诱惑，终于炼成了仙丹。这天他吞下了仙丹，天上响起了仙乐，许多仙人来把他迎上天去。这时，他炼丹的鼎罐留在地上，家里的鸡狗跑来啄的啄、舔的舔，把仙丹的碎末末吃了，竟也变成了仙鸡、仙狗，也一起飞上天去了。

后人用"一人飞升，仙及鸡犬"这个典故比喻一个人当官得势，他的亲戚朋友也跟着沾光。

一骑红尘妃子笑

典出《新唐书·后妃传》。

> 妃每从游幸，乘马则力士授辔策。凡充锦绣官及冶瑑金玉者，大抵千人，奉须索，奇服秘玩，变化若神。四方争为怪珍入贡，动骇耳目。于是岭南节度使张九章、广陵长史王翼以所献最，进九章银青阶，擢翼户部侍郎，天下风靡。妃嗜荔枝，必欲生致之，乃置骑传送，走数千里，味未变已至京师。

杨玉环（公元710年～756年），唐代蒲州永乐（今山西永济）人，晓音律，善歌舞，曾做女道士，号太真。唐玄宗李隆基召她入宫，封为贵妃，倍加宠爱。

杨贵妃经常跟随唐玄宗出游，只要骑马而行，就由太监高力士牵着缰绳，赶马伺候。为她服务的，有担任管理制作朝服的绣官，铸造金属器物、雕刻玉石的匠人等，共有上千人。他们负责满足杨贵妃的各种需要，从新奇的服装到珍稀的古玩，应用尽有，变化莫测。四面八方的官员，都争先搜罗珍奇、古怪的宝物进贡。当时，岭南节度使张九章、广陵长史王翼所献的宝物最好，于是，张九章被授予银印青绶的官阶，享受二千石以上俸禄，王翼也被提拔为户部侍郎，为朝廷掌管户口、财赋。争献宝物的举动，在全国上下风行一时。杨贵妃特别喜欢吃荔枝，但必须是刚摘下来的新鲜荔枝，送来后她才肯吃。为了满足她的要求，官吏们让驿站的骑士日夜兼程，飞驰传送，奔跑几千里路，荔枝的鲜味一点儿也没变，就已经送到京城。

唐代诗人杜牧在《过华清宫》一诗中，写道："一骑红尘妃子笑，无人知是荔枝来。"对杨贵妃的奢侈生活作了辛辣的嘲讽。

"一骑红尘妃子笑"就是从这个故事概括而来的。后来，人们用"一骑红尘妃子笑"讽刺帝王后妃腐朽糜烂的生活。

隐身草

典出《笑赞》。

> 有遇人与以一草，名隐身草，手持此，旁人即看不见。此人即于市上取人之钱，持之径去。钱主以拳打之。此人曰："任你打，只是看不见我。"

有一个人，别人送他一根草。对他说："这就是隐身草。手里拿着他，别人就看不见你了。"这人信以为真，到街上去，拿了别人的钱便走。主人用拳头揍他。他说："随你打，只是你看不见我。"

这则寓讽刺了这样一种社会现象——有人用隐蔽的方式掠夺别人，有人用强力掠夺别人；只有强硬不够、隐蔽手段不高明的人，才可能受到惩罚。真是"窃钩者诛，窃国者侯"！

勇略震主者身危，功盖天下者不赏

典出《史记·淮阴侯列传》。

> 臣闻勇略震主者身危，功盖天下者不赏。

宋朝时，大臣王沂公奉命出使辽国，辽国派与他地位相当的大臣耶律祥做"客伴使"（接待大臣）。耶律祥是皇亲，又是武将，所以在接待过程中，很有些骄傲和礼节不周的地方，王沂公觉得必须挫一下他的傲气。

有一天，在酒宴中，耶律祥又吹嘘起来，他说自己功劳很大，作战如何威猛，皇帝如何信任他。最近皇帝还赐给他"铁券"，铁券上刻着皇帝的誓言，说

永远不会加罪于他。王沂公静静地听着，等他说完了，才慢慢地讲道："我们宋朝有谚语说：'勇略震主者身危，功盖天下者不赏。'当君臣双方互相有了疑忌时，为了使对方安心，才赐给'铁券'。现在贵国皇帝对你一定有了猜忌，不然你又是皇亲，又这么贤良，应该毫无隔膜才是，又用得着什么铁券，赌咒发誓、保你平安呢？"王沂公的话，正说中耶律祥的心病，原来他早就在和皇帝钩心斗角，互相提防了。听了王沂公的话，脸色苍白，气焰顿挫，再不敢那么嚣张了。

这谚语后来压缩成四字成语："功高震主"、"功高不赏"。

羽翼已成

典出《史记·留侯世家》。

汉十二年，上从击破布军归，疾益甚，愈欲易太子。留侯谏，不听，因疾不视事。叔孙太傅称说引古今，以死争太子。上详许之，犹欲易之。及燕，置酒，太子侍。四人从太子，年皆八十有余，须眉皓白，衣冠甚伟。上怪之，问曰："彼何为者？"四人前对，各言名姓，曰东园公、角里先生、绮里季、夏黄公。上乃大惊，曰："吾求公数岁，公辟逃我，今公何自从吾儿游乎？"四人皆曰："陛下轻士善骂，臣等义不受辱，故恐而亡匿。窃闻太子为人仁孝，恭敬爱士，天下莫不延颈欲为太子死者，故臣等来耳。"上曰："烦公幸卒调护太子。"四人为寿已毕，趋去。上目送之，召戚夫人指示四人者曰："我欲易之，彼四人辅之，羽翼已成，难动矣。吕后真而主矣。"戚夫人泣，上曰："为我楚舞，吾为若楚歌。"歌曰："鸿雁高飞，一举千里，羽翮已就，横绝四海。横绝四海，当可奈何！虽有矰缴，尚安所施！"歌数阕，戚夫人嘘唏流涕。上起去，罢酒。竟不易太子者，留侯本招此四人之力也。

汉高祖刘邦在未做皇帝前，和一个姓吕的女子结婚，已生有一个儿子，后来做了皇帝，吕氏被封为皇后（吕后），儿子被封为赵王。高祖因爱戚夫人，早想立赵王为太子，因大臣们力争，一时未将太子废除。后来吕后用留侯张良的计策，请出了4位年高德重的人来辅助太子。

有一次，高祖宴大臣，太子在旁伺候，那4位长者也随在太子身旁。4位长者都是80多岁人，发眉浩白，穿戴十分雄伟。高祖问他们的姓名，原来就是他几次请求辅佐他而不得的。四人向高祖敬酒后便走了。高祖目送他们远去，将戚夫人叫出来，指着四人的背影向他说："我本想立你的儿子为太子，但这 4 个人都已出来辅助原来的太子，太子身旁有了这几个人，就等于鸟类的翅膀已长成，很难再变动，吕后真的是你的主人了。"戚夫人立刻哭了起来。高祖于是叫她跳楚国的舞蹈，自己接唱道："鸿鹄高飞，一举千里。羽翮尚安所施！"终于没能换了太子。

后人将高祖所说的"羽翼已成"引为成语，因为鸟类须借翅膀才能在空中飞翔，而飞翼则是生长在身子的两旁，故这句成语乃是用来比喻左右已有辅佐的人这种情况。

郑人惜鱼

典出《燕书》。

郑人有爱惜鱼者，计无从得鱼，或汕或涔，或设饵笱之。列三盆庭中，且实水焉，得鱼即生之。鱼新脱网罟之苦，惫甚，浮白而喝。逾旦，鬐尾始摇。郑人掬而观之，曰："鳞得无伤乎？"未几，糁麦而食，复掬而观之，曰："腹将不厌乎？"人曰："鱼以江为命，今处以一勺水，日玩弄之，而曰'我爱鱼，我爱鱼。'鱼不腐者寡矣！"不听，未三日，鱼皆鳞败以死。郑人始悔不用或人之言。

郑国有一个非常喜爱鱼的人，想了一些办法没有得到鱼，就用捕鱼的工具或者积水成坑诱鱼，或者编制笱笼投饵捕鱼。他在庭院里摆了三只盆子，都盛满了水，捕到鱼就放到水盆里养着。

那些鱼由于刚刚摆脱了鱼网的折磨，身子疲乏得很，把白色的肚皮翻浮在水面上，或者把嘴露在水面上争着喘气。过了一天，鬐尾才开始摇摆起来。

郑人把鱼捧出水盆来观看，说道："这鱼莫不是受伤了吗？"

过了一会，就拿饭粒和麦子去喂鱼，再把鱼捧出水盆来观看，说道："肚子吃不饱吗？"

旁边有人对他说："鱼儿依凭江河的大水才能活着，如今处在一勺之小的水中，你还天天拿在手里玩弄它们，嘴里嚷着'我爱鱼呀，我爱鱼呀！'鱼要是不死，恐怕是不可能的"

郑人不听，没过三天，所有的鱼都脱鳞死去了。郑人这才懊悔自己没有听信那劝告人的话。

后人用这则寓言说明郑人企图活鱼，却恰好害死了鱼，这是由于他把鱼当成自己的玩物，并不是真正爱惜鱼。作者通过这则寓言，讽喻了封建统治阶级统治人民的腐败政策，他说："民犹鱼也，今之治民者，皆郑人也哉！"

自来旧例

典出《湘山野录》。

杨叔贤郎中，眉州人。言顷有太守初视事，大排乐。乐人口号云："为报吏民须庆贺，灾星移去福星来！"守大喜，问："口号谁撰？"优人答曰："本州自来旧例，止此一首。"

郎中杨叔贤是眉州人。他听说马上有新太守走马上任了，就大排乐队，奏乐欢迎。乐人的"口号"颂道："为了酬报官吏民众，需要大大庆贺，因为灾星走了，福星来临了！"

太守听了大喜，问："这个'口号'是谁作的？"

优人们回答说："这是本州历来的老规矩，只此一首！"

后人用这则寓言讽喻封建官吏从来都是"一年清知府，十万雪花银"的残酷压榨百姓的"灾星"，每次官员调遣，虽然都要喊"灾星移去福星来"的口号，但是对人民群众来说，从来是走了一个猴，又来一个孙悟空，换汤不换药，都是压榨人民的"灾星"。

十二道金牌

典出《宋史·岳飞传》。

南宋抗金名将岳飞，率领岳家军奋勇北伐，力图恢复宋朝一统江山。

岳家军节节胜利，金兵闻风丧胆。不久，岳飞进兵朱仙镇，这个地方，离开故都汴京已经很近了。岳家军与金兵对垒，岳飞又以少胜多，击溃了金兵的10万大军。岳飞高兴地向高宗奏告：金兵锐气丧尽，已丢弃辎重，向北逃窜。机不可失，应即刻准备进兵汴京，迎回徽、钦二帝。

然而，朝廷一向有主战和主和两派。秦桧为首的主和派打算丢掉淮河以北的国土，与金国议和。这时，高宗倒向了主和派。秦桧深知岳飞抗金最为坚定，就先调一向与岳飞不睦的张俊等将领率部先归，然后以岳飞不宜孤军久留为由，命令他班师回朝。怕岳飞不听，一天之内竟连发十二道金字牌，岳飞接到十二道金牌，明白乘胜追击已绝无可能，悲叹道："我十年的努力，没想到在一天之内全部作废了！"

"十二道金牌"原指宋代写上赦书或军事上最紧急的命令的金字牌。后为紧急命令的代称。

国家篇

安居乐业

典出《老子》。

"甘其食，美其服，安其居，乐其俗"。

又见《汉书·货殖传》。

各安其居而乐其业，甘其食而美其服。

老子处在由奴隶社会向封建社会过渡的大动荡、大战乱的时代。当时，阶级斗争非常激烈，人民不满意自己的"食"、"服"、"居"、"俗"，不"重死"，敢于犯上作乱，暴动起义，而且有了频繁的战争。

针对这种现实，老子提出了他的想象：建立一个国小人少的社会。这个社会不要提高物质生活，不要发展文化生活，人民无欲无知，满意于朴素、简单的生活条件和环境，认为他们的饮食香甜，衣服美好，住宅安适，生活满足。

老子的这种想象是复古倒退的，但他的动机是反对奴隶制，反对一个阶级剥削压迫另一个阶级。从这一方面看，尚有它的积极意义。

"安居乐业"即居住的地方安定，对自己的职业喜爱。

后人用这个典故比喻安定地生活，愉快地劳动。

地利人和

典出《孟子·公孙丑下》。

天时不如地利，地利不如人和。

孟轲是战国时的一位思想家，是孔子学说的继承者和发扬者。他认识到民心向背的重要，提出要以"仁政"治国和"民贵君轻"的学说。但他又宣扬"劳心者治人，劳力者治于人"的阶级压迫和阶级剥削的合理性。

孟轲的政治主张、哲学理论等收集在《孟子》一书中。地利人和之说，见于《孟子·公孙丑》的下篇。文中，孟轲论述了战争的胜负决定于人心向背的道理，突出地强调了"人和"在战争中的重要作用。指出，天时有利不如地形有利重要，地形有利不如得人心重要。

根据孟轲的论述，后人引申出了"地利人和"这个词，比喻地理条件和群众基础都好。

儿妇人口不可用

典出《史记·陈丞相世家人》。

> 面质吕婆于陈平曰："鄙语曰'儿妇人口不可用'，顾君与我何如耳。无畏吕婆之谗也。"

汉高祖派大将樊哙带兵去平乱，部队已出发了，这时有人向汉高祖说："樊哙见您病重，希望您早点死，以便他掌握大权呢！"汉高祖大怒，召大将周勃和宰相陈平到他的病床边来，命令道："你们两个立即出发追赶樊哙。赶上后，周勃代替樊哙率领军队，陈平立即砍掉樊哙脑袋，带回来见我！"

陈平、周勃接受命令后，一路商量道："樊哙是汉高祖的老朋友、老部下了，功劳又大，他老婆吕婆是吕皇后的妹妹，这么亲近，高祖一时愤怒要杀他，万一后悔，我两人就糟了。不如不杀，把他捆回来，由汉高祖自己处理，要杀要放，和你我就无关系了！"于是二人用计把樊哙抓住，陈平押了他回京。谁知走过半路，忽然听说汉高祖死了。陈平立即知道：新皇帝年轻，大权必然操在吕皇后手里，倘若吕婆怪他协助高祖，抓了她丈夫樊哙，向她姐姐进谗言，自己性命难保。于是立即日夜奔波，赶回京城，在高祖棺前痛哭，并借机向吕后说明自己没有按照高祖吩咐，保全了樊哙性命的事。吕后很感动，说："累了你了，你休息吧！"于是任命他做郎中令，请他教诲新皇帝，因此，吕婆来不及陷害他。樊哙到京，立即被放，恢复大权。

陈平很聪明，知道吕后忌惮他功劳大、计谋多，时时提防他作乱。所以故意不管政事，日饮醇酒，接近女人、戏子，吕媭于是向吕后进谗言道："陈平一天到晚玩，不管事，喝得醉醺醺的。"吕后听了，不但不怒，反而欢喜，认为陈平决不会和她作对，于是把他找来，当着吕媭的面说道："'儿妇人口不可用'，这谚语是对的，你不必怕我妹妹吕媭谗害你，只要你忠于我就行了！"因此，直到吕后去世，陈平始终安然无恙。

后人用"儿妇人（或女子）口不可用"这个典故比喻孩子、家庭妇女的话听不得。

干戈化玉帛

典出《左传·僖公十五年》。

春秋时，秦穆公娶了晋献公的女儿为妻，两国非常友好。晋献公死后晋国发生内乱，秦穆公帮助晋献公的儿子晋惠公登上了王位；晋国发生了饥荒，秦国运粮去帮助他们渡过难关。可是，晋惠公对秦国却不很友好。有一年，秦国遭了灾，去向晋国借粮，晋惠公却不给。而且，他原来答应送给秦国的城市和土地，也赖掉不给了，秦穆公很气愤，就派兵攻打晋国。

晋军一触即溃，晋惠公带兵逃到韩地。秦兵追到韩地。结果晋惠公被俘，秦穆公打算把他带到秦国去。

秦穆公的夫人穆姬听说同父异母哥哥晋惠公被俘，认为晋惠公忘恩负义，现在又成了俘虏，是她的极大耻辱。于是，她领着几个儿女登上一座高台，台下堆满柴草。然后，她命令人们穿上丧服迎接秦公，并且让他们传话说："上天降下了灾难使得秦、晋两国国君不得用玉帛相见，而是大动干戈。我坚决不见晋惠公，如果大王把他带进国都，我立刻就自焚而死。"

秦穆公只好将晋惠公暂时安置在灵台。后来，秦穆公又和晋惠公讲和，把他送回了晋国，秦、晋两国终于干戈化玉帛。

干戈：古代的两种兵器，这里表示战争。玉帛：瑞玉和束帛。帛是丝织品，古代诸侯会盟时的礼物。指变战争为友好相处。

国人皆曰可杀

典出《孟子·梁惠王》。

左右皆曰可杀，勿听；诸大夫皆曰可杀，勿听；国人皆曰可杀，然后察之，见可杀焉，然后杀之，故曰国人杀之也。

孟子对齐宣王谈过关于选拔人才的问题。

孟子说："国君选拔人才，应当不论其人的地位高低，也不论同你关系的亲疏，必要时，地位低的人可以超过地位高的，关系并不密切的人可以超过亲近的。因为，地位高的，同你亲近的，不一定都是贤能的人才。不过，地位既低、关系又不密切的人，他们的情况就往往很不容易了解，因此在考察某人是否贤能的时候，需要特别慎重。一定不要偏听少数人的意见，而要听取多数人的意见。如果多数人说某人贤能，经过考察，证明他确是贤能，然后才可进用或提升。如果多数人说某人不称职，经过考察，证明他确是不称职，然后才可免职或开除。如果多数人说某人可杀，经过考察，证明他确是可杀，然后杀他，这样，杀他的不是您国君个人，而是全国人民。"

"国人皆曰可杀"这句成语，便是从孟子这段话来的。形容罪大恶极。

划一制度

典出《史记·秦始皇本纪》。

分天下以为三十六郡，郡置守、尉、监。更名民曰"黔首"。大酺。收天下兵，聚之咸阳，销以为钟鐻，金人十二，重各千石，置廷宫中。一法度衡石丈尺。车同轨。书同文字。

在秦始皇统一中原以前，列国诸侯向来就没有一个划一的制度。不说别的，就拿交通来说吧，各国都有车马，主要的地方都有通车马的道路，可是道路有宽有狭，车辆有大有小。各地方的车只能够在自己的地方行驶，但要在三十六郡的道路上都能很快地行驶，可就办不到了。要是秦国的兵车不能立刻开到每个郡县，这么多城怎么管得住呢？秦始皇就规定车轴上两个车轮子的距离，一律改为六尺。车的大小规定好了，道路自然就得修一修。这就是说，三十六郡都应当有一定宽窄的"驰道"。这样，一面改造车辆，一面赶修"驰道"。天下三十六郡都修起驰道来，从咸阳出发，北边通到燕国，东边通到齐国，南边通到吴国、楚国，甚至湖边、海岸上都修了驰道。驰道宽五十步（秦以六尺为一步），每隔三丈还种上青松。天下已经统一，各地方不再打仗，所有的兵器都收集到咸阳来，铸成了十二座很大的铜像（古文叫金人）跟好几个大钟。各地方不打仗，原来士兵的一部分变成了修路的人。改良交通这件事，很快地就办到了。

交通一方便，商业跟着就发达起来了。商业一发达，麻烦的事又多了。除了秦国以外，各地方的尺寸、升斗、斤两全不一样，怎么做买卖呢？比方说：东郡的一丈绢到了南郡一量，才合八尺；三川郡的一斗大麦，用钜鹿郡的斗一量，倒多了一升；南阳郡的十斤腌肉，到了九江郡，才够八斤四两。各地方的买卖人必须来回地折合计算，要不然，就得带着好几十种不同的尺、斗、秤，才能做买卖。那时候，中国早已出现了不少工商业者聚会在一起的大城市，像咸阳、洛阳、临淄、定陶、邯郸、大梁、寿春等。在这些大城市差不多什么东西都能买到，比如说北方的马、牛、羊、大狗；南方的羽毛、象牙、犀牛皮、油漆颜料；东方的海鱼、食盐、西方的皮革、毛织品等。又因为手工业的发达，农民自己不打铁，不烧窑；工商业者自己不种地，不养蚕，也随时可以买到粮食和布帛，甚至绣花的丝织品。全中国工商业的发展，为了通商的方便，也要求有个统一的制度。秦始皇就规定全国一律的度、量、衡，禁止使用旧有且杂乱的度、量、衡。这么一来，全国的老百姓可就方便得多了。

交通和商业的发达促进了度、量、衡的统一。可是还有一件多少年来最难办的事情，也必须有个妥当的改革办法，才能叫三十六郡的官长、百姓，彼此都能交往和了解。那就是语言和文字。中国从夏、商、周三代以来，已经不是一个单纯的民族了。比方说，夏朝人还把东部的人当成夷族，就是所说的"东夷之人"；商朝人把周人当成"西夷之人"。这些"东夷之人"和"西夷之人"全都变成了中国人，中国的民族已经够杂的了；还有南方的群蛮、百濮，北方的匈奴，辽东的东胡和西方的西戎等好多个部族。这么多人合成了一个国家，当然各有各的语言。那时候，各地方虽然都有"方言"，可是已经有了一种比较普通的互相可以听得懂的语言，叫做"雅言"，如同书面官话。这种雅言老百姓不怎么听得懂，可是各国的大夫和读过书的人都能够听懂秦始皇就把这种雅言作为正式的语言。

可是口头的雅言写在书面上应当用哪一种文字呢？秦始皇决定采用比较方便的书法，规定为正式的统一文字，其余各地写法不同的文字，也跟那些杂乱的度、量、衡一样，一律废除。

恢复家邦

典出《史记·管蔡世家》。

十一月，灭蔡。使弃疾为蔡公。

公孙归生和公子有等了又等，不见蔡洧回来，也不见救兵来到，急得焦头烂额。后来他们获得一个消息，说蔡洧回国的时候，被楚国人抓去，已经拘押在公子弃疾的兵营里了。公孙归生对公子有说："咱们不能枯坐在这儿等死。不如我亲自到楚国兵营去见公子弃疾，也许能劝他撤兵。这是无可奈何的一个指望了。"公子有说："现在城里的一切全靠你调度，你一走，怎么办呢？"公孙归生就叫他自己的儿子朝吴去。公子有和公孙归生泪水盈眶地目送朝吴去见公子弃疾。他们提心吊胆，就怕朝吴是羊入虎口，凶多吉少。

朝吴见了公子弃疾，对他说："您来攻打敝国，敝国一定会灭亡。可是敝国到底犯了什么罪？就算先君做错了事，他已经给楚王治死了。他的儿子有什么罪呢？敝国的老百姓又有什么罪呢？请您仔细想一想，发发慈悲吧！"公子弃疾说："我倒能够体谅你们，可是我是奉了大王的命令来攻打贵国的。如果我违抗他的命令，我就有罪。这一点你总该明白吧！"朝吴说："是啊！不过我还有一件要紧的事禀告您，不知道方便不方便在这儿说？"公子弃疾说："左右都是我的心腹，你有话尽管直说。"朝吴说："楚王篡夺君位，您是知道的。贵国的大臣哪一个不是敢怒不敢言？他又大兴土木，劳民伤财，失了民心；欺负小国，跟诸侯结怨。您想过没有？他实际上是您的仇人哩！当初楚共王本来要立您当太子，楚国人全都知道这件事。现在他们依然巴不得能让您当国君。您怎么反而替仇人奔波效命呢？"公子弃疾听到这儿，思忖片刻，向朝吴瞟了一眼，忽然把脸往下一沉，喝叱着说："你来干什么？你这么胡说八道，该当何罪？我本该把你杀了。现在暂且放回去，快点叫蔡国投降，免得全国的人受苦受罪！"说完，又瞥了一眼，吩咐左右把他轰出去。朝吴向公子弃疾点头行礼，就出来了。

蔡国从公元前530年四月被围，苦撑到11月，再也无法支持了。公孙归生得病死了。城里的人饿死了不少；守城的人也都是心余力绌。最后，楚国终于攻破城墙。公子弃疾进了城，安抚百姓，把公子有和蔡洧押上囚车，送到楚灵王跟

中华典故

三九三

前去献功，唯独把公孙归生的儿子朝吴留在身边。楚灵王把蔡国改为一个县，封公子弃疾为蔡公。

楚灵王杀了公子有，将他拿去祭祀鬼神。蔡洧见公子有被杀，整整痛哭了3天。楚灵王很受感动，就把他收在自己手下。从此，蔡国的朝吴伺候着蔡公弃疾，蔡洧伺候着楚灵王。这两个亡国大夫忍辱偷生，投降了敌人。

楚灵王消灭陈国和蔡国之后，又把许、胡、沈、道、房、申6个小国的老百姓遣送到荆山（在湖北省南漳县西）一带去开垦荒地。这些被楚灵王逐出去的"移民"个个咬牙切齿，恨透了楚国。楚灵王却自鸣得意，他踌躇满志，打算灭完了诸侯，再去废掉天子。他嘱咐伍举和蔡洧辅助太子，管理国事，派司马督率领三百辆兵车去侵略徐国，自己则统领着大军，驻扎在乾谿（在安徽省亳县东南），作为接应。那年（公元前530年）冬天，酷寒肆虐，几乎天天下雪。徐国的人民又顽强守城，司马督攻不下来。楚灵王只好在乾谿过冬。过完年，楚灵王发现当地的春天比郢都舒爽，景致更是美不胜收，就叫人在乾谿营建起宫殿，作为行宫。他住在那儿，打打猎，喝喝酒，再也不想回郢都了。

蔡国大夫公孙归生的儿子朝吴，殷勤地伺候着蔡公，但内心时时刻刻都想着要光复蔡国。朝吴有个心腹叫观从，趁着楚灵王正乐不思蜀的时候，他和观从正积极商量着光复蔡国的事。观从说："楚王黩武用兵，这下他离开本国到那么远的地方去，郢都没有留存多大的实力，咱们索性帮助蔡公攻打进去，废了楚王。咱们既然帮助蔡公得了君位，你又是他最亲信的人，到时候，你劝劝他，他一定也会答应我们复国。"朝吴说："万一蔡公不愿意做国君，怎么办？"观从说："当年昏王篡夺君位，他的兄弟子干、子晢、弃疾他们没有一个是甘心的。子干和子晢赌气跑到晋国去了。蔡公弃疾本来就最机灵，他能够曲意听从昏王，八成另有目的。咱们何不假传蔡公弃疾的命令，叫子干和子晢到这里来。就说蔡公愿意保护他们回本国去，他们一定会回来。"朝吴就偷偷地发出了蔡公的命令，把子干和子晢都召回来了。

朝吴先到城外迎接他们，并和他们订了盟约，要替先君报仇。会盟之后，他们才进入城里。一见到蔡公，他们就抱着他痛哭流涕，说："事情已经发展到这步田地，大丈夫做事，应该果敢决断，别再犹豫不定了。"蔡公说："别这么急躁，总得让我考虑考虑。"朝吴不由分说，就叫人到外面去喧嚷，说："楚王无道，灭了我们蔡国。现在蔡国要发兵去征讨昏君，允许我们恢复家邦。你们都是蔡国的老百姓，难道愿意一辈子当亡国奴吗？凡是不愿意当亡国奴的，都应当起来，跟着蔡公去打昏王！"蔡国人民一听见这号召，立刻集拢起来，手持长矛、短刀、锄头、铁耙跟着朝吴群聚在蔡公的门口。蔡公被逼得慌了手脚。朝吴说："民众都归附您，您应当利用他们。要不然，也许就要演变出其他的事端了。"蔡公说："你这不是逼我骑虎难下吗？"朝吴说："我们不是逼您去骑虎，而是请您乘龙。您赶紧跟两位公子带着蔡国的兵马先往郢都进发，我到陈国去请陈公发兵来接应，保证万无一失。"蔡公弃疾只好答应了。

朝吴吩咐观从连夜急奔陈国去见陈公。观从在半路上巧遇一位朋友夏齧，他是夏徵舒的玄孙。两个人就交谈起来。夏齧说："我在陈公手下做事，随时随地都想光复陈国。你们计划进攻楚国，正符合了我的心意。目前陈公正病着，大大小小的事都由我作主。你用不着去见他，我带着陈国的兵马来帮助你们就是了。"观从高兴极了，立刻回去报告了蔡公。朝吴另外又打发心腹带着一封信去见蔡洧，约他作为内应。没有几天工夫，夏齧的兵马到了。他们就一起往郢都进发。

蔡洧一见蔡国兵马到达，立刻敞开城门让他们进入，又对楚国人说："蔡公已经把楚王杀了，大军随后就到，你们赶快去迎接吧！"楚国的老百姓向来怨恨楚灵王，宁愿奉公子弃疾为王，因此没有一个人出来反抗蔡公的兵马。朝中一些忠于楚灵王的臣下，有的自杀了，有的逃跑了。楚灵王的两个儿子也被人杀了。蔡公弃疾接着进了王宫，要立子干为王。子干再三推辞。蔡公说："你是我的兄长，应当由你继承王位。"子干只得即位，拜子皙为令尹，蔡公为司马。

朝吴私下对蔡公弃疾说："您怎么把王位拱手让人呢？"蔡公说："这你就不清楚啦！楚王还在乾溪，这个王位靠得住吗？再说，我上面有这两个兄长，要是我越过他们，不是遭人非议吗？"朝吴这才明白了他的深谋远虑，就提议说："楚王一定不会善罢甘休，咱们干脆先打发能言善道的人去安抚好楚王那边的将士们，劝他们投靠到这边来，然后再发兵去攻打，一定能制住楚王。"蔡公觉得这个办法可行，就打发观从到乾溪去。观从到了那边，向大众宣扬说："蔡公已经奉公子干为王，废了楚王围。新王有命令说：'先回到本国去的，有赏；后回去的，削去鼻子；跟随昏王不回去的，满门抄灭；敢供应昏王饮食的，以死罪论处。'"将士们听了这番话，闹哄哄地散了一大半。

将相和

典出《史记·廉颇蔺相如列传》。

既罢归国，以相如功大，拜为上卿，位在廉颇之右。廉颇曰："我为赵将，有攻城野战之大功，而蔺相如徒以口舌为劳，而位居我上。且相如素贱人，吾羞，不忍为之下。"宣言曰："我见相如，必辱之。"相如闻，不肯与会。相如每朝时，常称病，不欲与廉颇争列。已而相如出，望见廉颇，相如引车避匿。于是舍人相与谏曰："臣所以去亲戚而事君者，徒慕君之高义也。今君与廉颇同列，廉君宣恶言而君畏匿之，恐惧殊甚，且庸人尚羞之，况于将相乎！臣等不肖，请辞去。"蔺相如固止之，曰："公之视廉将军孰与秦王？"曰："不若也。"相如曰："夫以秦王之威，而相如廷叱之，辱其群臣，相如虽驽，独畏廉将军哉？顾吾念之，强秦之所以不敢加兵于赵者，徒以吾两人在也。今两虎共斗，其势不俱生。吾所以为此者，以先国家之急而后私仇也。"廉颇闻之，肉袒负荆，因宾客至蔺相如门谢罪。曰："鄙贱之人，不知将军宽之至此也。"卒相与欢，为刎颈交。

渑池会后，赵惠文王回到本国，正好是三十天工夫。从此以后，他就更加重用蔺相如，拜他为上卿，地位比大将廉颇还高。这可把廉颇气坏了。他回到家里，满脸通红，气呼呼地对自己的门客说："我是赵国的大将，拼着命替赵国打仗，立了多少功劳！他呢，仗着一张嘴，有什么了不起的，倒爬在我的头上来了！有朝一日，他要碰在我的手里，哼！就给他点儿厉害瞧瞧！"早就有人把这话传到蔺相如的耳朵里，蔺相如装病，不去上朝。就是有公事，也不跟廉颇见面。蔺相如手下的人都说他胆小，三三两两地谈论着，替他鸣不平。

有一天，蔺相如带着一群随从出去。真是冤家路窄，老远就瞧见廉颇的车马迎面过来了。他连忙叫赶车的退到东口，走另一条道儿。等到他们退到东口，就瞧见廉颇的车马正从那边过来。蔺相如只好叫赶车的再退回西口。万没想到廉颇的车马很快地又把西口堵住了。蔺相如耐着性子，劝告赶车的退到小巷里去躲一躲，让廉颇的车马过去了再出来。这一来，可把门客和底下的人都气坏了。他们私下里商量，派几个领头的去见蔺相如，对他说："我们远离家乡，投奔在您的门下，还不是因为敬仰您吗？如今您和廉颇同处一室，地位又比他高，他骂了您，您反倒怕了他，在朝上不敢跟他见面，半路上碰见他，也这么藏藏躲躲的，叫我们怎么忍受得了！要这么下去，人家还要骑在我们脖子上来呢！我们没有涵养，只好跟您告辞了！"蔺相如拦住他们，说："诸位看廉将军跟秦王哪个势力大？"他们说："那当然是秦王的势力大啊！"蔺相如说："对呀！天下的诸侯，哪个不怕秦王？哪个敢反对他？可是我蔺相如就敢在秦王的朝堂上当面骂他。怎么我见了廉将军反倒会怕了呢？你们替我抱不平，难道我自己就没有火气吗？可是各位要知道：那样强横的秦国为什么不敢来侵犯咱们赵国呢？还不是因为咱们同心协力地抵御敌人吗？要是两只老虎斗起来，准是'两败俱伤'，秦国听见之后，一定会来侵犯赵国。为了这个缘故，我只好忍气吞声。你们想想：是国家要紧呢，还是私人的面子要紧？"大家听了这番话，一肚子的气全消了。从此以后就更加佩服蔺相如了。

后来蔺相如的门客碰见廉颇的门客的时候，都能够体贴主人的心意，总是让他们几分。可是廉颇反倒越来越自高自大了。

这件事情让赵国的一位名士虞卿知道了。他告诉了赵惠文王。赵惠文王就请他去做和事老。虞卿见了廉颇，先夸奖他的功劳。廉颇听了，很高兴。虞卿接着说："要论起功劳来，蔺相如比不上将军；要论起气量来，将军可就比不上他了。"廉颇听了，十分不悦："他有什么气量啊？"虞卿就把蔺相如对门客说的话跟他说了一遍。廉颇当时脸就红了。虞卿说："秦王独霸天下，列国诸侯全都怕他，可是蔺相如就敢当面骂他，多么勇敢啊！他为了国家，为了共同对付敌人，却又好像挺胆小似的躲避将军，这才是真正的勇敢哪！将军把他看成胆小鬼，错了！说他气量小，更错了！"廉颇举起拳头来，连连敲着自己的脑袋，低着头说："我是个粗鲁人。先生要不说，我还被蒙在鼓里呢！这么说来，我……我太对不起相国了！"说完廉颇露着上身，背着荆条，跑到蔺相如家里，跪在地下说："我是个粗人，见识少，气量小。哪知道您竟这么容忍我，我实在没有面目来见您。请您只管责打我，就是把我打死了，我也甘心。"蔺相如连忙跪下说："咱们两个人一心一意地伺候君王，都是重要的大臣。将军能够体谅我，我已经感激万分了，怎么还来给我赔罪呢？"廉颇连话也说不出来，只是流着眼泪。蔺相如也哭了。两个人很亲热地抱着，好久不放。将军跟相国不但和好了，还做了知心朋友。

两只"老虎"做了好朋友，秦国就真不敢来侵犯。自从渑池会之后，整整10年，秦国和赵国没发生过什么大的冲突。

君终无适子，其国可破也

典出《史记·魏世家》。

君终无适子，其国可破也。

魏国武侯死的时候，没有定下继位的人。他两个儿子子莹和公子缓争为太子，他们各占领了一半魏国国土，争斗不休。国王死了没有定好继位的人，这个国家就可以被外力征服。于是，赵国成侯和韩国懿侯乘机入侵，大败魏军，围住

了子莹。赵成侯主张杀掉子莹，立公子缓为魏王，两国各割取魏国部分土地。韩懿侯则主张把魏国一分为二，则两部分都很弱，就可以永远没有魏国的威胁，可以控制两部分魏国。两国争论不休，统一不了意见，韩懿侯一怒带兵回国了，赵国也只好撤围而去了。子莹濒危而没有死，于是统一了魏国，魏国才又强大起来。

后人用"君终无适子，其国可破也"来比喻一个国家（或单位），没有解决好接班人问题，必会大乱。

流芳百世，遗臭万年

典出《世说新语·尤梅》。

> 桓公卧语曰："作尔此寂寂，将为文景所笑。"既而屈起坐曰："既不能流芳百世，亦不足复遗臭万载邪。"

东晋名将桓温，字元子，是明帝的女婿。他长年南征北战，屡立战功。朝廷封他为大司马，位在诸侯王之上，手握重兵。

桓温虽已位极人臣，权倾一世，但他仍不满足。他一心收复中原，想以军事上的胜利来建立更高的威望，以便夺取政权，实现做皇帝的梦想。

有一次，桓温在亲信们面前闲谈时，表露了想当皇帝的想法，众人都不敢答话。桓温本来躺在床上，激动之余，从床上坐起来抚枕说道："大丈夫如果不能让好名声长久流传，也应当让恶名声在死后留存于世。"

公元 373 年，桓温已经 61 岁了，而且身患重病，已经不久于人世。但是，他仍念念不忘称帝的梦想。病危之际，他还命令袁宏起草诏书，给自己加九锡（古代帝王赐给有大功或有权势的诸侯大臣的九种物品），好为取代晋帝自当皇帝铺平道路。

后人用"流芳百世"形容有益于人民的人，好名声代代流传；用"遗臭万年"指坏人死了，坏名声却留在世上，永远受人唾骂。

靡靡之音

典出 《路史·后纪十三下》。

师旷是春秋末年晋国著名的宫廷乐师，他双目失明，但能够辨音而知凶吉，常对君主进行规劝。

有一回，晋平公大宴群臣，酒酣之际，晋平公得意扬扬地说："做国君最快活。"

这时，师旷正坐在他身边，就搬起面前的琴朝平公掷过去，晋平公赶紧避让，琴碰在墙上摔坏了。

晋平公就问："大师，你掷谁呀？"

师旷说："刚才好像有个无耻小人在我身边说话，所以掷他。"

晋平公说："刚才是我在说话。"

晋平公手下的人要治师旷的罪，平公说："放了他，我要把他的话作为警戒。"

还有一次，晋平公问师旷："我已经快七十岁了，想学点什么，恐怕已经太晚了吧？"

师旷说："那你把蜡烛点上吧。"

晋平公生气地说："做臣子的怎么可以跟他的国君寻开心呢？"

师旷说："我老瞎子怎敢戏弄君王？我听人说，青少年时好学，就像朝阳的光芒；壮年好学，就像中午的阳光；老年好学，就像燃亮的烛光一样。在烛光下行走，跟在黑暗里行走，哪个好呢？晚年学点东西，不是等于增加了夜晚的亮光吗？"

晋平公赞叹说："你说得对极了！"

一天，晋平公设宴款待来拜访的卫灵公。席间，卫灵公让随行的一个名叫涓的乐师为晋公平演奏曲子助兴。晋平公就叫涓乐师坐在师旷身旁演奏。可是，没等音乐奏完，师旷突然用手按住琴，说："停下来！别演奏了！"

晋平公等人都很惊讶，就问："为什么？"

师旷说："这是亡国的乐声，千万不能再演奏了！"

平公问："你根据什么这样说？"

师旷说："这首曲子是商朝一位叫延的乐师所作。纣王无道，延就编了许多柔弱、萎靡、颓废的乐曲，供纣王享乐之用。商纣王沉湎于声色犬马，就在这种

靡靡之音中亡了国!"

然而,晋平公没有听从师旷的劝阻,仍然热衷沉湎于这种靡靡之音。不到3年,他就病死了。

靡:柔弱,萎靡不振。香艳的或低级趣味的格调。后人用"靡靡之音"指黄色、低级的音乐。

佩珏逐菟

典出《淮南子·氾论训》。

> 楚王之佩珏而逐菟,为走而破其珏也。因珮两珏以为之豫。两珏相触,破乃逾疾。

楚国国王佩戴着玉珏去追赶兔子,因为跑得太快而把玉珏碰破了。为此,他便佩戴上两块玉珏以做好准备。结果,两块玉珏互相碰撞,破得更快了。

楚国的政治,很像这件事。

这一则寓言讽刺了过惯了骄奢淫逸生活的剥削阶级,不懂得实践的经验。正像治理国家大事一样,不懂得政治的要领,不顾及实际的矛盾,一味按一己之好恶去办事,就肯定会把国事搞乱。带着佩玉去追赶兔子当然会把佩玉碰坏,这道理是极为浅显的。但是楚王不知道检讨佩玉追兔是不合时宜的,反而佩了两块玉去追兔,结果是越多越坏。

匹夫有责

典出顾炎武《日知录》。

> 保天下者,匹夫之贱,与有责焉耳矣。

顾炎武是明末清初著名的思想家。他出身乡宦家庭。6岁时,祖父和继母王氏便教他读书。14岁时,顾炎武参加了图谋革新的社团——复社的活动。

1645年,清兵攻占了南京。顾炎武同昆山知县杨永言等人一道据守昆山。

不久城破，顾炎武的两个弟弟被清兵杀死，继母王氏也绝食自杀。临终前，她对顾炎武叮嘱道："你千万不要做清朝的臣子!"顾炎武流泪答应。从此，他伪装商人，奔走各地，联络沿海的抗清力量。清朝进士叶方恒为了吞没顾炎武的家产，勾结顾家的仆人陆恩告发了顾炎武，顾炎武被官府追捕，不得不逃离江南，前往山东。

在北方的 20 多年的岁月里，顾炎武足迹遍布河北、山西、陕西、河南等地，一年之中有半年住在旅店里。他与数十位朋友在雁门以北的地方建立秘密活动据点，坚持反清。后来，他定居在陕西华阴。

50 岁以后，顾炎武集中精力撰写《日知录》，阐述他的思想和观点。他说："天下兴亡，匹夫有责。"他始终坚守民族气节，一直到 69 岁去世。

匹夫：平民中的男子。指国家兴亡，每个人都负有责任。

巧退秦兵

典出《淮南子·人间》。

> 秦穆公使孟盟举兵袭郑，过周以东，郑之贾人弦高，蹇他相与谋曰："师行数千里，数绝诸侯之地，其势必袭郑。凡袭国者，以为无备也，今示以知其情，必不敢进。"乃矫郑伯之命，以十二牛劳之。三率相与谋曰："凡袭人者，以为弗知，今已知之矣，守备必固，进必无功。"乃还师而反。

秦穆公派孟盟等出兵偷袭郑国。军队来到郑国以东，郑国的商人弦高和蹇他共同商议说：

"秦国的军队已经远涉几千里，频繁地突破了很多国家，看他们的趋势，一定是要偷袭咱们郑国。凡是偷袭侵犯他国的，侵略者都以为他国不知道，没有准备。如果我们表示知道了他们的真情，他们就一定不敢再前进，这样就可保住郑国不遭侵略。"

于是弦高和蹇他就假称是受郑王的命令，用 12 头牛，去犒劳秦军。秦国的 3 个统帅觉得很奇怪，认为郑国已经发觉了，就互相商议说：

"凡是偷袭别国，都是因为对方不知道。现在人家已经知道了，还特地派人来慰劳，那就一定加强防守了，所以，再按原计划行动，怕是没有好结果。"于

是就退兵回国了。

取之于民

典出《孟子·万章下》。

孟子的学生万章想知道在交际中如何待人，就去问孟子。孟子说："对人应该恭敬。"万章说："今后我一定恭恭敬敬地对待别人。"万章接着又问："俗话说'一再拒绝别人的礼物，这是不恭敬'，这又是为什么呢？"孟子说："尊贵的人送东西给你，如果你先考虑这些东西是否合于义，想好之后才接受，这是不恭敬的。因此，尊贵的人送东西给你，那就不要拒绝。"万章说："今天的诸侯，他们的财物都是取之于民，也可说是不义之财，假如他们把礼物送给我们，我们可以接受吗？"孟子说："孔子在鲁国做官的时候，鲁国人争夺猎物，孔子也争夺猎物。争夺猎物都可以，接受尊贵的人的赏赐又有什么不可以呢？"万章想老师都认为可以，也就不用再问了，于是告辞而去。

后人用"取之于民"表示从百姓那里取得财物。

三家灭智

典出《史记·赵世家》。

三国攻晋阳，岁余，引汾水灌其城，城不浸者三版。……乃夜使相张孟同私于韩、魏。韩、魏与合谋，以三月丙戌，三国反灭知氏，共分其地。

吴王夫差和越王勾践一先一后强大起来的时候，中原诸侯非常衰弱。因此，黄池大会，夫差当上了霸主；徐州大会，勾践当上了霸主。可是中原诸侯越是衰弱下去，大夫的势力越发大了起来。那时候，"三桓"把持着鲁国的大权；田恒（就是陈恒）把持着齐国的大权；"六卿"把持着晋国的大权。这三国的君主全成了挂名的国君。黄池大会之后，田恒杀了齐简公，灭了鲍家、晏家、高家、郭家，齐国的土地从平安以东都成了他的封邑，齐国的大权全把持在他自己手里。晋国的六卿眼见田恒杀了国君，灭了各大家族，还得到了齐国人的拥护，也就效仿。

　　晋国的"六卿"混战了一阵。末了，范乐和中行氏给人家打败了，晋国的大权可就归了四家，就是：智家、越家、魏家、韩家。这四家暗地里把范乐和中行氏两家土地分了，晋出公（晋定公的儿子）很生气。他以为范氏和中行氏既然被灭了，那两家的土地按理应当归还公家，怎么能让四家大夫分了呢？他就背地里派人去约齐国和鲁国　一起来征伐那四家。那时候各国的大夫占有大量的土地，直接剥削农民的劳动，势力超过国君，而且农民在他们的手底下比在国君的直接统治下日子好过一些，压迫和剥削也轻一些，有不少人因为受不了国君的压迫和虐待，情愿逃到大夫的封地里去做农奴或佃农。各国的大夫为了保持自己的势力，国内对老百姓作了一些让步，让他们的生活能好一些，国外都跟别国的大夫连成一气。因此，齐国的田家和鲁国的"三桓"反倒把晋出公的计划向晋公的智家泄了底。智家得到了这个消息就在公元前458年（周贞定王十一年）跟另外三家一块儿对付晋出公。晋出公自讨苦吃，只好逃到别国去了。不料他死在路上，四家就把晋昭公的曾孙拉出来当个挂名的国君，就是晋哀公。

　　晋国四家（智伯瑶、赵襄子无恤、魏桓子驹、韩康子虎）之中，数智伯瑶的势力最大。他对赵、魏、韩三家说："晋国素来是中原的霸主，没想到在黄池大会上，赵鞅让吴国占了先，在徐州大会上又让越国占了先。这是咱们的耻辱。如今只要能够把越国打败，晋国仍然能够当上霸主。我主张每家大夫拿出一百里的土地和户口来归给公家。这样，公家增加了收入，才能够有实力。"这三家大夫早就知道智伯存心不良，想独吞晋国。他所说的"公家"其实就是"智家"。可是他们三家心不齐，没法跟智伯争斗。智伯派人向韩康子虎要一百里的土地和户口，韩康子虎如数交割了。智伯派人向魏桓子驹要一百里的土地和户口，魏桓子驹也如数交割了。智伯就这么增加了二百里的土地和户口。跟着他又派人去找赵襄子无恤要一百里的土地和户口。赵襄子无恤可不答应。他说："土地是先人的产业，我哪儿能随便送给别人呢？韩家、魏家他们愿意送，不关我的事；我可不行！"来人回去把赵襄子的话向智伯说了一遍。智伯气得鼻子呼呼地响。他派韩、魏两家一块儿发兵去打赵家，还应许他们灭了赵家之后，把赵家的土地三家平分。

　　于是，智伯自己统率着中军，韩家的军队在右边，魏家的军队在左边，三队人马直奔赵家。赵襄子知道寡不敌众，就带着自己的兵马退到晋阳（在山西省太原）城里，打算在那儿死守。晋阳城是赵家最严实的一座城。当初由家臣董安于一手经营，里头盖了挺大的宫殿，宫殿的围墙内部全用苇泊、竹子、木板做成，外头再用砖和石头砌上。宫殿里的大小柱子全都是顶好的铜铸成的。所有的建筑又结实又好看。董安于之后又有家臣尹铎治理晋阳城。尹铎安抚百姓，很得民

中华典故

心。这回晋阳人一听到赵襄子来了，全都去迎接。赵襄子一见晋阳城挺严实，粮草又充足，老百姓都乐意跟他在一块儿，他就放心多了。

没有多大工夫，三家的兵马把城围上了。赵襄子吩咐将士们只许守城，不准交战。每逢三家攻打的时候，城上的箭就好像雨点似的落下来，智伯一时打不进去。晋阳城就仗着弓箭守了一年。可是把箭都使完了，怎么办呢？赵襄子为了这个，闷闷不乐。家臣张孟谈对他说："听说当初董安于在宫殿里预备了无数的箭，咱们找找去。"这一下子把赵襄子提醒了，他立刻叫人把围墙拆了一段。果然里头全都是做箭杆的材料。又拆了几根大铜柱子，做成了无数的箭头。赵襄子叹息说："要是没有董安于，如今上哪儿找这么些兵器去呢？要是没有尹铎，老百姓哪儿能这么不怕辛苦、不怕死地守住这座城呢？"

三家的兵马将晋阳城围了 2 年多，没打下来。到了第三年（公元前 453 年），有一天，智伯正在察看地形的时候，忽然想起晋阳城东北的那条晋水来了。晋水由龙山那边过来，绕过晋阳城往下流去。要是把晋水一直引到西边来，晋阳城不就淹了吗？他就吩咐士兵们在晋水旁边另外挖了一条河，一直通到晋阳城，又在上游那边砌了一个挺大的蓄水池。在晋水上垒起土堆来，让上游的水不再流到晋水里去。这时候正是雨季，一连下了几天大雨，蓄水池里的水都满了。智伯叫士兵们开了一个大口，大水就一直向晋阳城灌进去。不到几天工夫，城里的房子多半都淹了。老百姓跑到房顶上避难。竹排，木头板子都当了小船。烧火、做饭都在城墙上。可是全城的老百姓，宁可淹死，决不投降。

赵襄子叹息着说："这全是尹铎爱护百姓的功德啊！"回头又对张孟谈说："民心虽说没变，要是水势再高涨起来，咱们不就全完了吗？"张孟谈说："形势当然非常紧急，可是我老觉得韩家跟魏家绝不会把自己的土地平白无故地让给智伯。他们也是出于无奈，才跟着他来打咱们。依我说，主公多预备小船、竹排、木头板子，再跟智伯在水上拼个死活。我先去见见韩、魏这两家去。"赵襄子当天晚上就派张孟谈偷偷地去跟两家相商。

第二天，智伯请韩康子和魏桓子一起去察看水势。他指着晋阳城，得意地对他们说："你们知道吗？水能灭国。早先我以为晋国的大河像城墙一样可以挡住敌人；照晋阳的情形看来，大河反倒是个祸患了。你们瞧：晋水能够淹晋阳，汾水就能淹安邑（魏家的大城），绛水也就能淹平阳（韩家的大城）。"他们两个人连连答应着说："是，是！"智伯见他们答话有点慌里慌张，好像挺害怕的样子，自己才觉得话说错了。他笑着说："我是直心眼，有一句话说一句，你们可别多心！"他们又都连着回答说："哪儿会呢！您是顶天立地的英雄。我们能够跟着您，蒙您抬举，真是非常荣幸了。"他们尽管嘴上这么说，心里可都觉得赵襄子派张孟谈来找他们，对他们是有好处的。

第三天晚上，约莫四更天光景，智伯正在梦里，猛然间听见一片嚷嚷声。他连忙从卧榻上爬起来，衣裳和被窝已经湿了。兵营里全是水。他想大概是堤防决口了，赶紧叫士兵去抢修。不一会儿工夫，水势越来越大。智伯的家臣智国和豫让带着水兵，扶着智伯上了小船。智伯在月光下回头一瞧，就见兵营里的东西在水里漂荡着。士兵们在水里一起一沉地挣扎着。智伯这才明白是敌人把水放过来的。正在惊慌不定，满眼凄惨的时候，霎时四面八方都响起战鼓来了。一看韩家、赵家、魏家三家的士兵都坐着小船和木排，一齐杀了过来，见了智家这些"落水狗"，就连打带砍，一点不肯放松。当中还夹带着喊叫的声音："别放走了智瑶！拿住智瑶的有赏！"智伯对家臣豫让说："原来那两家也反了！"豫让说："别管他们反不反，主公赶紧往那边走，到秦国借兵去吧！我留在这儿豁出命对付他们。"说着，他跳上一只木排，把敌人杀散，叫智国保护着智伯逃跑。

智国保护着智伯，坐着小船一直向龙山那边划去。这一带没有追兵。智伯这才喘了口气。好容易他们把船划到龙山跟前，急急忙忙地上了岸。幸亏东方已经发白，他们顺着山道走去。跑了一阵子，略略宽了宽心。不料刚一拐弯，迎头碰见了赵襄子！赵襄子早就料到智伯会从这条路儿跑，预先带了一队兵马在这儿等着他。当时就逮住智伯，砍下他的脑袋。

三家的兵马会合到一块儿，把沿着河边的堤防拆了，大水仍旧流到晋水里去，晋阳城又露出干地来了。

赵襄子安抚了居民之后，就向韩康子和魏桓子道谢。他说："这回全仗着二位救了我的命，实在出乎意料。可是智伯虽然是死了，他的同族人还多着呢。斩草得除根，不然的话，终究是个祸患。"韩康子和韩桓子一起说："一定得把他的全族灭了，才能解恨！"他们一同回到绛州，宣布智家的罪恶，就照古时候的习惯把全族的男女老少杀得一干二净。

韩家和魏家的一百里土地，当然又由各家收了回去。他们把智伯的土地三股平分了。

收服中山

典出《战国策·魏策》。

乐羊为魏将而攻中山，其子在中山，中山之君烹其子而遗之羹，乐羊坐于幕下而啜之，尽一杯。文侯谓睹师赞曰："乐羊以我之故，食其

子之肉。"赞对曰："其子之肉尚食之，其谁不食！"乐羊既罢中山，文侯赏其功而疑其心。

"三晋"里头，最盛的要属魏国。魏文侯斯相当贤明。他知道要富国强兵，先得增加粮食生产。远在公元前412年，他就重用了一个当时很出名的法家家李悝；采用他的计划，兴修水利，改进耕种的方法，实行"平籴法"。李悝替魏斯仔细算了算土地的产量。他拿一百里的地界估计一下，除了山地、有水的洼地、还有城镇占的土地以外，能够耕种的土地只有六百万亩。耕种得好，每亩可多生产三斗粮食，这是完全办得到的。耕种得不好，每亩会少生产三斗粮食，这也不是什么意外的事。可是一百里地方的粮食多点或者少点就相差一百八十万石，全国计算起来就差得远了。再说到粮食的价钱，李悝认为：粮价太高了，不种地的老百姓就难过日子；太低了，农民受不了。应该叫粮价不高不低，每年平平稳稳。他把丰年富余的粮食由公家照平价籴（买）进。荒年所短少的粮食由公家照平价粜（卖）出。这么一来，不管年成好不好，也不管是不是荒年，粮价总是平稳的。这种由公家统一掌管粮食和粮价的方法，叫"平籴法"。

平籴法使商人地主不能任意操纵粮食，多少减轻了他们对农民的剥削。粮食由官家来调剂，老百姓的生活就比以前安定多了。

魏文侯全力收罗人才。当时各国的人才没有哪一国像魏国那么多。可是魏文侯还想找一位有能耐的大将去收服中山（古国名，在河北省定县）。中山在魏国的东北边，原来由狄人占领，后来中山的狄人归附了晋国，中山就做了晋国的属国。自从三家分晋以后，中山就没向谁进贡过。魏文侯又怕韩国或是赵国把中山夺过去，再说中山国君荒淫无道，对待老百姓非常凶暴，魏文侯早就打算发兵去征伐中山。他老觉得还少个有能耐的大将。谋士翟璜向他推荐了一个人。这人叫乐羊。他说："乐羊文武全才，品行端正，道德高尚。"魏文侯说："何以见得？"翟璜说："当初乐羊在路上捡了一块金子拿回家去。他的妻子说：'这块金子来历不明，你怎么就拿回来呢？'乐羊就把那块金子搁在原来的地方。后来，他到别的国去游学，过了一年多，他从外面回来。他的妻子正在织帛，见他回来了，就问他：'你的学业完成了吗？'乐羊说：'还没呢，我很想念你，先回来一趟。'他的妻子拿起剪子来，把织布机上的丝线铰断了，对他说：'这就叫半途而废！'乐羊就又走了，一去就是7年，直到学业学成了才回到家里。他的才能和志气可以说都高人一等。他现在正巧在本国。咱们国里有这样的人才，为什么不用呢？"

魏文侯听了翟璜的话，就打算把乐羊找来。有人反对，说："乐羊的儿子乐舒如今正在中山做大官。咱们哪能叫他去打中山啊？"翟璜说："怎么不成呢？乐羊是个挺有见识的人，他儿子曾经奉了他们国君的命令去请他，他不但没去，反倒叫他儿子离开中山，说中山的国君荒淫无道，不能跟他一块自找灭亡。主公只要吩咐乐羊去打中山，准能成功。"魏文侯就叫翟璜去请乐羊。

过了几天，乐羊跟着翟璜来见魏文侯。魏文侯对他说："我打算托你去征伐中山，只是你的儿子在那边，怎么办？"乐羊说："大丈夫为国立功，哪能够为了儿子的私情不顾公事呢？我要是灭不了中山，情愿受您的处治！"魏文侯挺高兴，于公元前 408 年派乐羊为大将，西门豹为先锋，率领着五万人马去打中山。

中山的国君姬窟派大将鼓须去抵挡魏国的兵马，两边打了一个多月也没见胜败。后来乐羊和他的助手西门豹拿火攻的法子把鼓须打败，一直追到中山城下。

中山的大夫公孙焦对姬窟说："乐羊是乐舒的父亲，主公不如叫乐舒去要求乐羊退兵。"姬窟就叫乐舒去办。乐舒推辞说："早先我不是去请过他吗？他始终不干。如今我们父子俩各人为了各人的主人，他决不能答应我。"姬窟逼着他去说。他只好上了城门楼，请他父亲跟他相见。乐羊一见他儿子，就骂他，说："你就知道贪图富贵，不知道进退，真是没出息的东西。赶快去告诉你的国君投降，咱们还有见面的日子。要不然，我先把你杀了。"乐舒说："投降不投降在于国君，我不能作主。我只求父亲暂时别再攻打，让我们商量商量。"乐羊说："这么说吧，为了父子的情义，给你一个月的期限，你们君臣早点打定主意。"乐羊就下令把中山围住，不许攻打。

姬窟满以为乐羊心疼儿子，决不至于再急着攻打。他仗着中山城结实，粮草又充足，不打算投降。1 个月过去了，乐羊准备攻城。姬窟又叫乐舒去求情，再宽限一个月。这么着，一连三回，3 个月拖过去了。魏国朝廷里就有不少人议论纷纷，都说乐羊不好。魏文侯没言语，接连不断地打发人去慰劳乐羊，还告诉他国君正在盖房子，预备等他得胜回朝的时候，送给他住。乐羊非常感激，可就是按兵不动。西门豹也着急了。他说："将军还打算不打算攻打中山？"乐羊说："咱们为了中山国君虐待老百姓才来征伐。要是咱们性子太急，老百姓也许会说咱们同样凶暴。我三番两次地答应他们，让他们三番两次地失信。为的是让老百姓知道谁是谁非。我可不是为了保全父子的情义，为的是要中山的民心。"西门豹听了，这才放心。

又过了一个月，中山还不投降，乐羊可就开始攻击。姬窟眼看不能再支持，就把乐舒捆在城门楼上，准备杀他。乐舒嚷着说："父亲救命！"乐羊骂他，说："你当了大官，不能劝告国君改邪归正，又没法守城，投降又不能投降，抵御又不能抵御，还像个吃奶的孩子哭哭啼啼的干什么？"他拿起弓箭，打算射上去。公孙焦叫人把乐舒拉下来。他对姬窟说："他父亲来打咱们，他也不能说没有罪。"姬窟就把乐舒杀了。公孙焦见乐舒死了，就想出一个主意来。他对姬窟说："人最亲的莫过于父子。咱们把乐舒的肉做成肉羹去给乐羊送去。他一见儿子的

肉羹，必定难受，也许就没有心思再打仗了。"姬窟依了公孙焦的话，打发人把乐舒的肉羹给乐羊送去，还跟他说："小将军不能退兵，我们把他杀了。做一碗肉羹送给你！"乐羊一时怒火中烧，指着瓦罐骂着说："你一心想侍奉无道的昏君，早就该死！"他把瓦罐狠狠地往地下一摔，对来人说："你们会做肉羹，我们的兵营里也有大锅，正等着你们的昏君啊！"乐羊好像受了伤的老虎，非把中山吞下去不可。魏兵加紧攻城，急得姬窟没有法子，只好自杀了。公孙焦开了城门。乐羊数落他的罪恶，把他杀了。接着，他安抚了中山人，叫西门豹带着五千人留在中山，自己带着大队人马回去了。

他到了安成外，就瞧见魏文侯亲自在那儿等着自己。魏文侯慰问他说："将军为了国家，牺牲了自己的儿子。这全是我的过错。"乐羊磕着头回答说："公而忘私，原本是做臣下的本分。"魏文侯和大臣们到了朝堂，乐羊献上中山的地图和拿回来的东西。魏文侯请他到宫里去喝酒。乐羊因为立了大功，非常得意。宴会完了，魏文侯赏了他一只箱子，箱子上下封得很严紧。乐羊一看，就知道不是黄金，就是白玉。他想：大概魏文侯怕别人见了引起嫉妒，才这么封着。他越想越得意，更显出骄傲的神气来。当时就叫手下的人把箱子搬到家里去。

乐羊赶紧回到家里，打开箱子，一看里面的东西便愣住了。原来箱子里装的全是朝廷里大臣们的奏章！他随便拿起一个奏章来瞧瞧，上面写着："乐羊连打胜仗，中山眼瞧就能攻下来了。可是为了乐舒的一句话，就不打了。父子之情，于此可见。"他又拿起一个奏章，上头写着："……主公如不叫回乐羊，恐怕后患难防。"其余的奏章大都写着："别想得到中山，怕是连五万大军也要送给敌人了"；"突然拜他为大将，已经错了主意"；"人情莫过于父子，他怎么可能牺牲自己的骨肉呢？"乐羊掉着眼泪，说："想不到朝廷中有这么多人鸡一嘴、鸭一嘴地毁谤我！要是主公不能坚决地信任我，我哪能成功呢？"

第二天，乐羊上朝谢恩。魏文侯要封他，乐羊再三推辞，说："中山能够打下来，全是主公的力量。我有什么功劳可说呢？"魏文侯说："这倒也是真的，除了我，没有人能够这么信任你；可是除了你，没有人能够收服中山。——你也够辛苦了。我封你为灵寿君。"魏文侯就把灵寿（中山国的地名，在河北省正定县北）封给乐羊，收回了他的兵权。

"收服中山"的故事讲述了乐羊的公而忘私，有胆有识；但同时也告诉我们：在那种时代里，权势之争，钩心斗角，真正有勇有谋的人，要成就一番事业，是要付出相当代价的。

亡国怨祝

典出《论衡·解除》。

晋中行寅将亡，召其太祝，欲加罪焉。曰："子为我祀，牺牲不肥泽也，且斋戒不敬也，使吾亡国，何也？"祝简对曰："昔日吾先君中行密子，有车十乘，不忧其薄也，忧德义之不足也；今主君有革车百乘，不忧义之薄也，惟患车之不足也。夫船车饰则赋敛厚，赋敛厚，则民谤诅。君苟以祀为有益于国乎？诅亦将为亡矣！一人祝之，一国诅之，一祝不胜万诅，国亡不亦宜乎？祝其何罪？"中行子乃惭。

晋国的中行寅，在家族大难当头的时候，召来掌管祭祀的太祝，想问罪处治。

他质问道："你为我祭祀，想必是供神的三牲祭品不肥美，斋戒的心境不虔诚，以致激怒了鬼神，使我们家族处于灭亡的境地。你为什么要这样？"

太祝简回答说："当年我们的先君中行密子，仅有车十乘，但他并不嫌少，每天思虑的是修养德行，崇尚正义，唯恐有所过失。而现在您已拥有兵车百乘，却不考虑修养德行，只嫌兵车不足。要知道滥造战船兵车，穷兵黩武，势必加重对百姓的征敛；赋税徭役过重，必然招致百姓的怨恨和责骂。您难道真以为祈祷上天会造福家族吗？民怨沸腾，人心背离就会灭亡！而且我一人为您祝福，而举国上下却在诅咒您，一口称颂难平万众怨恨，您的家族将亡不是很自然的事吗？我又有什么罪呢？"

中行寅听了羞愧万分。

"亡国怨祝"这个典故告诉我们一个真理：国家兴亡在于人心向背。

文事武备

典出《史记·孔子世家》。

孔子摄相事，曰："臣闻有文事者必有武备，有武事者必有文备。古者诸侯出疆，必具官以从。请具左右司马。"

公元前501年（周敬王十九年），齐景公正打算拉拢鲁国跟别的中原诸侯，以匡复齐桓公当年的事业，可巧鲁国的阳虎跑到齐国来，请齐景公派兵帮他去打鲁国。

阳虎是鲁国大夫季孙氏的家臣。

公元前517年，鲁国的国君鲁昭公被大夫季孙如意（季孙行父的孙子）轰出去了，再也没能回来。鲁国的老百姓都护着季孙氏，说鲁昭公失了民心，不配做国君。他死在国外，谁也不去可怜他。鲁国的政权全在季孙氏、孟孙氏、叔孙氏三家大夫手里。鲁昭公死在外头，三家大夫立鲁昭公的兄弟为国君，就是鲁定公。鲁定公也是个挂名的国君，大权还是在三家大夫手里。那时候，周天子的实权早就掌握在诸侯手里，而诸侯的实权又多半又掌握在大夫手里。

一国的几家大夫得到了实权，国君独尊的局面就给打破了。大夫夺取国君的实权，大夫的家臣又想夺取大夫的实权。

公元前502年，季孙氏的家臣阳虎不但要夺取季孙氏的大权，而且还要把季孙、孟孙、叔孙三家灭了，打算把整个鲁国大权拿到自己手里来。"三桓"给逼得没法儿，只好合到一块儿去对付阳虎，才把阳虎打败。他跑到齐国，请齐景公派兵帮他去打"三桓"。齐景公觉得这样不行。晏平仲请齐景公把阳虎送回鲁国去。齐景公就把阳虎逮住押回鲁国去。半路上阳虎买通了看守他的人，逃了。齐景公给鲁定公写了一封信，告诉他阳虎偷跑了，还约鲁定公到齐、鲁交界的夹谷（在山东省莱芜县）开个会议。鲁定公自己不敢做主，就把三家大夫请来商量。

季孙斯（季孙如意的儿子）对鲁定公说："齐国为了袒护先君昭公，三番两次地来打咱们，弄得咱们总没安定。现在他们愿意和好，咱们怎么能不去呢？"鲁定公说："我去开会，谁当相礼跟我一块儿去呢？"大夫孟孙何忌推荐鲁国的大司寇孔丘去。

齐景公约鲁定公到夹谷去开个会议。鲁定公请孔子做相礼，陪他一块儿到齐国去。孔子对鲁定公说："我听说讲文事的事必须有准备。就是讲和，也得有兵马防备着。从前宋襄公开会的时候，没带兵车去，结果受了楚国的欺负。这就是说，光有文的没有武的不行。"鲁定公听了他的话，便让他去安排。孔子就请鲁定公派申句须和乐颀两名大将带领五百辆兵车跟着上夹谷去。

到了夹谷，两位大将把兵马驻扎在离会场十里的地方，自己随着鲁定公和孔子一同上会场里去。开会的时候，齐景公有晏平仲当相礼，鲁定公有孔子当相礼。举行了开会仪式后，齐景公就对鲁定公说："咱们今天聚在一起，实在不易，我预备了一种特别的歌舞。请您看看。"说话之间他就叫乐工表演土人的歌舞。一会儿台底下打起鼓来，有一队人扮作土人模样，有的拿着旗子，有的拿着长矛，有的拿着单刀和盾牌，打着呼哨，一窝蜂似的拥上台来，把鲁定公的脸都吓白了。孔子立刻跑到齐景公跟前，反对说："中原诸侯开会，就是要有歌舞，也不应该拿这种土人打仗的样子当做歌舞。请快叫他们下去。"晏平仲也说："说的是啊。我们不爱看这种打架的歌舞。"晏平仲哪儿知道这是齐国大夫黎弥和齐景公两个人使的诡计。他们本来想拿这些"土人"去威胁鲁定公，好在会议上向鲁国再要些土地。经晏平仲和孔子这么一说，齐景公也只好叫他们下去。

黎弥躲在台下，等着这些"土人"去吓唬鲁定公，自己准备在台底下带着士兵一起闹起来。没想到这个计策没办到，只好另想办法，散会以后，齐景公请鲁定公吃饭。正在宴会的时候，黎弥叫了几个乐工来对他们说："你们上去唱'文姜爱齐侯'这首歌，把调情那一段表演出来，为的是当面叫鲁国的君臣丢脸。完了之后，就重重地赏你们。"他布置完了，上去对齐景公说："土人的歌舞不合鲁君的胃口，我们就唱个中原的歌儿吧！"齐景公说："行，行！"

那些擦胭脂抹粉儿的乐工就在齐、鲁两国的君臣跟前连唱带跳地表演起来了。唱的是"夫人爱哥哥，他也莫奈何！"这些下流词儿。气得孔子拨出宝剑，瞪圆了眼睛，对齐景公说："他们竟敢戏弄诸侯，应当定罪！请贵国的司马立刻将他们治罪！"齐景公没说话。乐工们还接着唱："孝顺儿子没话说，边界起造安乐窝！"这明摆着是侮辱鲁国的君臣，孔子忍不住了，就说："齐、鲁两国既然和好结为弟兄，那么鲁国的司马就跟齐国的司马一样。"跟着他就扯开了嗓子向台下说："鲁国的大将申句须和乐顾在哪儿？"那两位大将一听见孔子叫他们，飞也似的跑上去把那两个领头的乐工拉出去。别的乐工吓得慌慌张张地全跑了。齐景公吓了一大跳，晏平仲挺镇静地请他放心。这时候，黎弥才知道鲁国的大将也在这儿，还听说鲁国的大队兵马都驻扎在附近，吓得他也缩着脖子退出去了。

宴会之后，晏平仲狠狠地数落黎弥一顿。他又对齐景公说："咱们应当向鲁君赔不是。要是主公真要做霸主，真心诚意地打算和鲁国交好，应当把咱们从鲁国汶阳地方霸占过来的灌阳、郓城和龟阳这三块土地还给鲁国。"齐景公听了他的话，就把三个地方都退还给鲁国。

这个故事告诉我们：要有勇有谋，有胆有识，治国如此，做人也如此。

戏弄使臣

典出《史记·齐太公世家·晋世家》。

六年春，晋使郤克于齐，齐使夫人帷中而观之。郤克上，夫人笑之。郤克曰："不是报，不复涉河！"请伐齐，晋侯弗许。……

"夏，与顷公战于鞌，伤困顷公。顷公乃与其右易位，下取饮，以得脱去。齐师败走，晋追北至齐。顷公献宝器以求平，不听。郤克曰：'必得萧桐子为质。'齐使曰：'萧桐子，顷公母；顷公母犹晋君母，奈何必得之？不义。请复战。'晋乃许与平而去。"

孙叔敖死了四年之后，楚庄王也去世了。晋景公打算利用这机会，耀武扬威一番，就引兵先去攻打齐国。

这时候，中原的诸侯国如郑国、陈国、宋国等都归附了楚国，就连齐国和鲁国也跟楚国亲善起来。晋景公眼看情势的发展对晋国十分不利，心里非常焦急。他采纳了大夫伯宗的建议，派遣大夫郤克去访问齐国和鲁国，打算先将这两个国家联合起来。公元前592年，郤克访问过鲁国之后，准备前往齐国，鲁国正好也有意和齐敦睦一番。两年前（公元前594年，鲁宣公十五年），鲁国刚实施了一项大改革，把以前的公田制改为按亩数收税的"税亩制"。这对于国君大有好处。因为公田制只是收取公田上的谷物，农民无法既耕种公田，又同时供应军役，遇有战事，公田一旦乏人耕种，公家的收入就受影响。现在改为税亩制，农民仍然有服军役的义务，可是五谷的收成是好是坏，公家不管，只是向有田地的人按亩数收税。如此一来，农民既要负担赋税，又要当差打仗，日子就更苦了。然而鲁宣公根本不顾虑这些，还一心一意想借这项新措施来富国强兵。此时鲁国的大臣东门遂和叔孙得臣已经相继死了，大权掌握在季孙行父手里。鲁宣公就派遣季孙行父跟郤克同行。这两国的大夫来到齐国的边界，凑巧遇见了卫国的使臣孙良夫及曹国的使臣公子首。他们也要到齐国去。四国的使臣就一起到齐国去见齐顷公（齐桓公的孙子，齐惠公的儿子）。齐顷公见了他们，办完了公事，请他们第二天到后花园参加宴会。

齐顷公回到宫里见到母亲萧太夫人，就笑了起来。太夫人问他什么事这么好笑。齐顷公说："今天晋、鲁、卫、曹四国的大夫一块儿来访问，已经够巧的了。谁知晋国的大夫郤克瞎了一只眼睛，只眨巴着一只眼睛看人；鲁国的大夫季孙行父是个秃子，头上无发，又光又滑，永远不必梳头；卫国的大夫孙良夫是个瘸子，两条腿，一条长，一条短；曹国的大夫公子首是个驼子，老是弯着腰。您想一个瞎子，一个秃子，一个瘸子，一个驼子，不约而同地到了这儿，不是挺有意思的吗？"萧太夫人说："真有这种怪事吗？明天我可要好好瞧一瞧。"

齐顷公连年进犯邻近的小国，处心积虑想做东方的霸主。以前他只怕西方的晋国和南方的楚国，后来晋国在邲城被楚国重挫锐气后，齐国跟楚国又订立了盟约，他还怕谁呢？这一次，他存心要跟这四国的使臣开个玩笑，看他们服不服自己，也算是试探他们对齐国的态度。

第二天，齐顷公特地挑选了四个人招待这四个大夫，陪着他们到后花园来。接待瞎子郤克的也是一个瞎子，接待秃子季孙行父的也是一个秃子，接待瘸子孙良夫的也是一个瘸子，接待驼子公子首的也是一个驼子。萧太夫人在楼台上瞧见单眼瞎子、秃子、瘸子、驼子，成双成对地走过来，不禁捧腹大笑。旁边的宫女们也跟着笑弯了腰。郤克他们起初瞧见那些招待人员都带点残疾，还以为是凑巧的事，并不十分在意。一听见楼台上不绝于耳的笑声，才意识到是齐顷公故意戏弄他们，个个气得脸色铁青。

他们敷衍地喝了几杯酒，就告辞出来，一打听才知道，在楼台上嘲笑他们的竟是国母萧太夫人，就更加恼火。三国的大夫异口同声对郤克说："咱们诚心诚意地来访问，他竟戏弄咱们，给这些妇女们取乐，简直岂有此理！"郤克说："咱们遭受这种侮辱，如果不想办法报仇，哪算得上是大丈夫！"其他三个大夫都摩拳擦掌地说："只要贵国兴师攻打齐国，我们一定请求国君发兵，鼎力帮助您。"于是四国大夫当场对天发誓，准备报仇。郤克回到晋国，立刻怂恿晋景公去征伐齐国，但是晋景公不答应。郤克只好忍辱暂时搁下这件事。翌年，鲁宣公去世了。他的儿子鲁成公不像他那样小心翼翼地服事齐国，反而有归附晋国的意思。齐顷公就毫不客气地进攻鲁国的北边，夺下了一座城和邻近的土地。齐国乘胜又顺便去侵犯卫国，卫国的孙良夫出兵抵抗，被打了个落花流水。他急奔到晋国去求救，此时鲁国也正向晋国请求救兵。晋景公为了保有中原盟主的地位，不得不发兵去征讨齐国。

公元前589年，晋景公拜郤克为中原大将，带着蛮书、韩厥等人率领八百辆兵车浩浩荡荡向齐国进发。鲁国季孙行父、卫国孙良夫、曹国公子首也各自带领着兵车前来会合，四国兵车绵延三十多里，一辆接一辆地往前奔去。

齐顷公听说四国出兵来犯，就挑选了五百辆兵车去迎战。双方在鞌地（就是历下，在山东省历城县）遭遇上了。齐顷公派国佐、高固两个大将去对付鲁、卫、曹三个小国的军队，自己带领着一队兵马去跟晋国军队交战。他吩咐士兵们拿着弓箭，一起朝他的车马奔跑的方向射过去。他亲自领了一个"冲锋队"，直冲到晋国的阵地里。齐国人的箭随着如蝗虫般纷飞而至，晋国的人马死伤了不少。齐顷公本人在大批的箭矢掩护下，并没有多大的危险。晋国的解张（解扬的儿子）替中军大将郤克赶车，不料胳膊上中了两箭，他咬紧牙，忍着痛，依旧不放松缰绳。郤克亲自擂鼓，激励将士们勇往前进。冷不防迎面飞来一支箭，射中了他的肩膀，他的上衣、下裳和靴子顿时染满了血渍，鼓声就慢慢地微弱下来了。解张急嚷着说："中军的旗鼓是全军的耳目，如果将军还有一分力气，就请把它全使出来吧！"郤克猛然醒悟，狠狠地将军鼓擂得震天响。那辆兵车好似受伤的老虎猛往前冲去，两旁擂鼓的兵车也跟着一起冲过去。鼓声打得越来越急，越急越响，简直是地动山摇。晋国的大军还以为前边打了胜仗，大家精神抖擞，排山倒海似的压了下去。齐国的军队抵挡不住，大败而逃。司马韩厥看见郤克身负重伤，赶忙请他先回去休息，自己代他去追击齐顷公。齐国人已被打得乱窜乱逃。齐顷公往华不注山（在山东省历城县东北）的方向逃去。韩厥在后面紧追不舍。不多久，晋国的士兵越来越多，团团围住了华不注山。

齐国的将军逢丑父对齐顷公说："咱们已经被围住了。主公赶快跟我换穿衣裳，交换座位，让我假扮主公，主公您假扮臣下，也许还能够有条活路。"齐顷公只好照办。他们刚穿好衣服，换妥座位，韩厥的人马便赶到了。韩厥上前拉住齐侯的马，向假扮的齐侯逢丑父行个礼，说："寡君答应了鲁、卫两国来向贵国责问，我只好尽我军人的职责，请君侯跟我到敝国去吧！"逢丑父用手指头指着喉咙，显出一副渴得不能说话的样子，然后拿出一个水瓢，交给齐顷公，挣扎着说了一句："丑父，给我舀点水来。"齐顷公下了车，向韩厥行个礼，征得了他的许可，就拿着水瓢假装去舀水，终于逃跑了。韩厥等了一会儿，不见那舀水的回来，就把那装扮成齐侯的逢丑父带回兵营里去。大家听说擒住了齐侯，都兴奋极了。没想到郤克出来一瞧，却说："这不是齐侯！"韩厥大怒，揪住他问："你是什么人？齐侯呢？"他说："我是逢丑父。主公已经拿着水瓢走了。"郤克说："你冒充齐侯瞒骗我们，还想活吗？"逢丑父说："像我这样肯代国君死的忠臣，竟要被贵国杀害了。"郤克听了，若有所悟，就只把他拘押起来。郤克领着大军及鲁、卫、曹三国的兵马往临淄进攻，决心灭掉齐国。齐顷公只好打发国佐携带着厚礼到晋国兵营去见韩厥，向他求和。韩厥说："因为贵国屡次侵犯鲁、卫两国，他们才请寡君出面主持公道。本来我们和贵国是无冤无仇的呀！"国佐说："寡君愿意把从鲁国和卫国夺来的土地还给他们，这样总该可以讲和了吧？"韩厥说："这个我不能做主。咱们去见中军大将吧！"

韩厥引着国佐去见郤克。郤克说："如果你们真心打算求和，就得依我两件事：第一，萧同叔子（就是萧太夫人）必须到晋国来做人质；第二，齐国境内田地的垄亩全得改为东西向。万一齐国违反盟约，我们就杀了人质，兵车顺着垄亩由西向东直攻到临淄。"国佐说："将军您这个主意行不通呀！萧太夫人是齐国的国母，列国的争端再多，也没有拿国母当人质的道理。至于田地垄亩的方向全是依天然形势辟成，哪能统一改成一个方向呢？将军提出这两个条件，想必是不答应讲和了！"郤克说："偏不答应，你敢怎么样？"国佐说："将军您别太瞧不起齐国，虽然我们打了个败仗，也不至于一蹶不振。要是您不答应讲和，我们还可以再打一次；第二次如果又打了败仗，还可以来第三次；第三次如果又败了的话，顶多是亡国，也不至于拿国母当抵押，更用不着改变垄亩的走向。您不答应就算了!"说毕，他站起来，走了。鲁大夫季孙行父、卫大夫孙良夫听说了这件事，生怕事端扩大，都力劝郤克宽容一些。郤克是个聪明人，就顺水推舟地说："只要两位大夫同意他们讲和，我也不坚持己见。可是齐国的使臣已经走了，怎么办呢?"季孙行父说："我去追他回来。"

齐国就这样又归到晋国这边来了。齐顷公还依约把从鲁国和卫国夺得的土地退还他们。大家订了盟约。晋国把逢丑父释放回齐国，四国的军队全都撤回本国去了。

小康大同

典出《礼记·礼运》。

有一次，孔子参加当地的祭典礼，典礼结束后，他信步来到一座高台上，举目望去，只见远处雾茫茫的一片。这样，他想到诸侯各国征战不止，周王室日渐衰弱，禁不住发出长长的感叹来。

他的学生言偃在一旁问道："先生为什么长吁短叹?是不是为鲁国的前途忧虑呢?"

孔子语重心长地说："我没有赶上尧、舜、禹的时代。那时，天地间的一切财物是大家拥有，所选拔的官吏也是贤明有道德的人;人与人之间和睦相处，讲求信义和友谊，不像现在这样，人们只关心自己家里的人，而对别人家的老人和孤儿寡母也一样的关怀。那样的社会真好啊!"

言偃说："先生说过:那时的东西丢在路上都没有人要，人们唯恐自己的力量贡献不出来，一切财富归公家所有，需要时，人们去取来就是。"

孔子接着说："是的，这就是所谓的'大同社会'。"

言偃又问道："先生曾说过'小康社会'，那又指的是什么?"

孔子回答道："禹、汤、文王、武王、成王、周公，都是以礼义治理天下。他们以此来分清是非，考查人诚实不诚实，树立仁爱的榜样，给人民揭示了生活的准则。如果有人公然违反礼义，群众会把他看成是祸害，使他陷于孤立。这样的社会，就叫做'小康'。"

言偃说："看来礼义是最重要的。但小康社会还会出现吗?"孔子说："恐怕不容易了。"

"小康"与"大同"是儒家所追求的两种理想社会。"小康"指天下统一，用封建道德来巩固君臣、父子、夫妇等封建秩序;现指丰衣足食，国家较为强大的

一种社会。"大同"是儒家将原始共产社会理想化的一种无法实现的社会。

畜犬吠贼

典出《辍耕录》。

> 国家置臣子，犹人家畜犬。譬有贼至而犬吠，主人初不见贼，乃箠犬，犬遂不吠。岂良犬哉！

国家设置臣子，像人们家里养狗。

譬如说，有个盗贼来到，狗便叫了起来。主人因为没看见贼影，便气愤地鞭打狗。于是，狗从此不再叫了。

这难道是好狗吗？

以犬喻臣，确实不恭；但譬喻贴切，抓着要点。它说明当臣子的忠君"爱国"，应该是无条件的，绝对的，纵然有时遭误解，受打击，也还要百折不挠，鞠躬尽瘁。如果被打了几棒子，便"犬遂不吠"，那么"岂良犬哉"！

一国三公

典出《左传·僖公五年》。

> 退而赋曰："狐裘龙茸，一国三公，吾谁适从？"

春秋时，晋献公在晚年的时候去伐小国骊戎，骊国送了两个美女给献公，一个是骊姬，一个是少姬。后来两人都生了男孩，骊姬因得献公宠爱，要立自己的儿子为太子，当时晋太子申生屡立战功，献公没理由废掉他，骊姬便作出主张，将太子申生放出去守曲沃（晋国大城），将另两个儿子重耳、夷吾派去守蒲与屈两个小城。当时蒲、屈两地都是一片空地，献公命大臣士蒍去筑城。士蒍到了那里，命人用柴草夹在泥土中，很草率的完成了筑城的工作。有人便说："你筑的城恐怕不坚固吧？"他笑着说："过几年后，这里便是仇人的城了，何必要坚固呢！"夷吾知道了这件事，去告诉献公。献公派人去责备他，士蒍于是作了一首

诗，说"狐裘龙茸，一国三公，吾谁适从。"意思是权贵者众多，各说其是，自己不知怎样做好。

后人便将士𬤊诗中所说的"一国三公"引为一句成语，来形容主持政事的人太多，意见庞杂，号令不统一，让人无所适从。

殷鉴不远

典出《诗经·大雅·荡》。

> 殷鉴不远，在夏后之世。

在我国历史上，第一个朝代叫夏。相传是夏后氏部落领袖禹的儿子启所建立的奴隶制国家。夏建都安邑（今山西夏县北）、阳翟（今河南禹县）等地。夏朝共传了十三代、十六王，最后一个君王叫桀。夏桀是一个荒淫暴虐的君王，终于被汤所灭。

汤灭夏桀后，建立了商朝。这个朝代共传了十七代、三十一王，最后一个君王叫纣，又称商纣。商纣王也是一个荒淫暴虐的君王，执政期间，政治腐败，当时的周族领袖伯昌曾善意地向纣王提出劝告，说："殷商的教训不必向远处去找，就在夏桀那一代。"也就是告诉纣王：夏代的灭亡，应当作为殷商的鉴戒。但是，昏君纣王不听劝告，还囚禁了伯昌。最后商朝终于毁灭在纣王的手里。

后人用"殷鉴不远"指前人失败的教训就在眼前。

右袒

典出《汉书·高后纪》。

淖齿把齐闵王和夷维害死之后，回到莒城，才想起还得去杀齐太子法章。谁知道法章早就跑了。淖齿把大军驻扎在城外，自己住在齐闵王临时的王宫里，喝着酒、搂着美女，眉开眼笑地当上了"齐王"。他正在得意忘形的时候，有个十几岁的小孩子叫王孙贾，带着400多个壮丁，杀到宫里来了。

王孙贾是齐闵王的手下。他12岁的时候，死了父亲。齐闵王见他可怜，又喜欢他的机灵，便把他留在身边，当个"小大夫"。齐闵王逃难的时候，他跟着

那几十个文武大臣在一块。后来齐闵王和夷维、法章偷偷地从卫国逃出来，王孙贾就和他们失散了。他只好独自逃跑，吃尽了苦头，才回到家里。

他娘一见他，就问："君王到哪儿去了？"他说："我们在卫国失散了，如今下落不明。"他娘咬着牙骂他，说："你做臣下的半夜里跟着君王一块儿逃出去，如今君王不知下落，你独自回来。天下哪有像你这种做臣下的，亏你还有脸来见我！"王孙贾红着脸，辞别了母亲，又去寻找齐王。

他好不容易打听到了齐王的下落，等他跑到莒城，淖齿已经把齐王弄死了。他得到这个消息大哭起来，就用左手把衣裳的右边撕下了一块，露出右边的肩膀来（文言就叫'右袒'），在莒城街上嚷嚷着说："淖齿当了齐国的相国，把君王杀了，这种不顾忠义、没有廉耻的人就应该治罪！齐王虽然有过错，齐国到底是咱们的国家，哪能让这种狼心狗肺的外人骑在咱们的脖子上呢？难道齐国没有人了吗？怎么全不起来呀？谁愿意跟我一块去杀那乱臣贼子的，请右袒！大家跟我一起去吧！"街上的人全聚拢过来，乱哄哄地嚷嚷着说："这么个小孩子都知道忠义，难道咱们还不如他吗？大伙儿去吧！"一会儿就有四百多个年轻小伙子都露着右肩膀，拿着刀、叉、锄头、棍子什么的，跟着王孙贾拥到宫里去。

楚军虽然有 20 万，可是全都驻扎在城外，宫里只有几十个卫兵。冷不防地见这些人拥了进来，摸不清是怎么回事，大伙儿慌了。这一群老百姓不顾死活地抢过卫兵的家伙，杀到宫里去，七手八脚地就把淖齿逮住。你一下、我一下地把他剁成了肉泥烂酱。群众的队伍越来越大。他们杀散了城里的楚国士兵，马上守着莒城。城外的楚国军队一听说大将被人家杀了，有一部分人投降了燕国，其余全回去了。

"右袒"本义指用手把衣裳的右边撕下一块，露出右边的肩膀来显示救主的决心。后人用"右袒"比喻做事下了很大决心的样子。

治大者不治细

典出《列子·杨朱》。

杨朱见梁王，言治天下如运诸掌。

梁王曰："先生有一妻一妾，而不能治；三亩之园，而不能芸。而言治天下如运诸掌，何也？"

对曰："君见其牧羊者乎？百羊而群，使五尺童子荷箠而随之，欲东而东，欲西而西。使尧牵一羊，舜荷箠而随之，则不能前矣。且臣闻之：吞舟之鱼，不游枝流；鸿鹄高飞，不集污池。其极远也。黄钟大吕，不可从烦奏之舞。何则？其音疏也。将治大者不治细，成大功者不成小，此之谓矣。"

杨朱去谒见梁王，夸口说治理天下如同反掌那么容易。

梁王说："先生有一个妻子和一个妾，尚且不能把她们管好；三亩地的园子，还不能除草治理好；而你却说治理天下易如反掌，这是为什么呢？"

杨朱回答说："您见过牧羊的人吗？有成百只的羊群，派一个五尺高的孩童，扬起鞭子尾随着它们，说向东就向东，说向西就向西。假使让尧帝牵一只羊，让舜帝扬起鞭子在后面跟着，那羊也不会听话往前走了。况且我还听说，口能吞船的大鱼，从来不到水的支流里去游泳；鸿鹄飞得很高，从来不翔集在脏水池边。这是为什么呢？是由于它们的目标更加远大呀。黄钟大吕这种乐调，不能伴奏繁杂凑合的舞曲，这是为什么呢？是因为它的声调节奏过于稀疏呀！所以说，要管理国家大事的不去顾及琐屑的生活小事，要成就大功业的不去纠缠小的利益。说的就是这个道理呀！"

这则寓言向人们表明：巨细大小，本来是相比较而存在的，在它们之间并没有不可逾越的鸿沟。古人所说的修身、齐家、治国、平天下，除了反映出封建意识外，作为事物发展过程中的各个发展阶段来说，首先彼此是相通的，其次情形又往往互相区别。从前一方面看，矛盾的普遍性是绝对的，成大不成小，这说法是难以成立的；从后一方面看，矛盾的特殊性是相对的，治大不治细，这说法是能站住脚的。具体事物具体分析，无论做什么事情，都必须抓住要害，亦即掌握主要矛盾。

自矜犆牛

典出《燕书》。

"南海之滨，有昭支沕者，居蛟沕之丘。沕不产牛，有绳犆来者，大如麋，其角茧尔栗尔。昭支疂怖曰：'是何物也？'其友伯昏氏告曰：'此谓犆牛，《易》称'童牛之牿'是也。'昭支疂曰：'吾见貌牛者，形咫尺耳！其大有若斯乎？'恳其人购以归，骄其比邻，矜其舆皁，自以

为无敌也。他日，宁宣子过焉，谓之曰：'是未足为大也。高凉之山，有牛曰犕，其有黄其尾，玄其色，类乎捲，其肉重三百余斤，子盍致之？'昭支矞复往购以归，又自以为无敌也。他日，爰子罏过焉，谓之曰：'是未足为大也。空宾之林，有牛曰旄，赤鬣蔽髀，体长而多力，其肉重六百斤，子盍致之？'昭支矞复往购以归，又自以为无敌也。他日，倨无膝过焉，谓之曰：'是未足为大也，巴峡之中，有牛曰犘，其毛拳然，其睛煜然，其角熠然，其肉重一千斤，子盍致之？'昭支矞复往购以归，又自以为无敌也。他日，梁都之舟过焉，谓之曰：'是未足为大也。合浦之间，有牛曰犩，项肉上蔡，龙胡下绥，迅行如飞，其肉重三千斤，子盍致之？'昭支矞复往购以归，且诧人曰：'如此尚有可敌者耶？'岸舞焉悦，嚚嚚然自溢也。他日，公孙伯光过之，昭支矞出牛雔之。公孙伯光曰：'是犹未足为大也。岷峨之谷，有牛曰犩，锾荡以为项，鹄象以为眼，雕璧以为背，填脂以为尻，其肉重七千斤，子盍致之？'昭支矞惑曰：'有是哉？虽然，旦将验之。'迨至，果如伯光言。因叹曰：'使人不我告，我终矜犆大于天下牛也！'"

在南海边上，有一个叫昭支矞的人，他居住在蛟水弯处的山丘上。水弯地方不产牛，有一个人牵来了一头犆牛，它的体形像四尺长的大狗，而角却像蚕茧、栗子一般小。昭支矞看了以后惊疑地说："这是个什么东西呀！"他的朋友伯昏氏告诉他说："这叫做犆牛。《易经》书上称之为'童牛之牿'的就是它呀"。昭支矞说："我看见画上的牛，它的形体不过咫尺长罢了，活牛竟有这样大的吗？"便恳求牛的主人，买了那头牛牵回家来，向他的近邻夸耀着，对他的差役们吹嘘着，自以为是天下无可匹敌的。

过了几天，宁宣子路过这里，对昭支矞说："这并不足以称为庞然大物呀。在高凉山上，有一种牛叫做犕牛，它有黄色的尾巴、黑色的身子，体形肥壮像个圆筒子，它的肉重三百多斤，你为什么不去寻求来呢？"昭支矞于是再去把犕牛购买回来了，又自以为是天下无可匹敌的。

再过几天，爰子罏路过他的家，对他说："这也不足以称为庞然大物呀。在空宾的森林里，有一种牛叫做旄牛，红色的毛，下垂到大腿，天青色的牛尾毛遮蔽着膝盖。体形很长，力气又大，它的肉重六百斤，你为什么不去寻求来呢？"昭支矞再去把旄牛买回家来，又自以为是天下无可匹敌的。

又过了几天，倨无膝走过他的家，对他说："这不足以称为庞然大物呀。在巴峡里面，有一种牛叫做犘牛，它的毛卷曲着，它的眼睛明亮闪光，它的角非常锐利，它的肉重一千斤，你为什么不去寻求来呢？"昭支矞再去把它购买回来了，再过几天，梁都之舟走过他的家，对他说："这也不足以称为庞然大物呀。在合浦那里，有一种牛叫做摩牛，脖颈上的肉向上隆起，神髯般的胡子往下垂到大腿，跑起来飞一般快，它的肉重有三千斤，你为什么不去寻求来呢?"昭支又去把它购买回来，并且向人们夸耀说："像这样大的牛，世界上还有可以与之相匹敌的吗?"便趾高气扬蹦跳着，傲慢自得地自吹自夸着。

过了几天，公孙伯光走过他的家门，昭支岊便拉出他的牛来应答着。公孙伯光说："这还不足以称为最大的牛呀。在岷峨的山谷，有一种牛叫做犂牛，像用瓦刀抹平的头顶，像天鹅仵立般的脚后跟，像纹彩璧玉般的脊背，填塞满了油脂的屁股，它的肉重七千斤，你为什么不去寻求来呢?"昭支岊听后疑惑地说："真有这样的牛吗? 虽是这么说，明天我也要去验证一下。"及至走到那里，果然有像伯光所说的那样的大牛。因而叹了一口气说："假使别人不来告诉我这些情况，我将始终认为犝牛是天下最大的牛了!"

坐井观天，往往不知天地之大。尤可悲者，反以井天自骄，这就贻笑大方了。故曰："人自狭者，其不可哉!"天地间的大物，岂独一头; 凡人有自满自足者，观此寓言，可以深思。

第三卷

司法篇

大义灭亲

典出《左传·隐公四年》。

石碏纯臣也，恶州吁而厚与焉。大义灭亲，其是之谓乎？

战国时代，卫国百姓因州吁杀了卫桓公自立为王，又任意驱使他们去打仗，十分不满，要派人到洛阳告诉周王。州吁大急，便和他的同谋者石厚商量怎样稳定人心，石厚说："我父亲在朝廷德高望众，如果把他老人家请出来，就好办了。"

石厚父亲石碏本是卫桓公重臣，因不满卫州吁的所作所为，告老还乡。今见石厚来问，便说："诸侯即位应得周王许可，要是周王答应了，还有什么说的。"石厚继续问："怎么才能得到周王许可呢？"石碏答道："陈桓公得宠于周王，又和我们相好，如你们得到陈桓公帮助，在周王面前说几句好话，那周王一定会答应的。"石厚把他父亲的话转告州吁，两人大喜，立即带些礼物到陈国去。

石碏也写了一封信，暗地里打发人送给陈桓公，大意说：卫国不幸，出了祸国殃民的乱臣，这全都应由州吁和石厚两人负责。我年老了，无力处治他们，只好想法叫他们上贵国，请你本着正义，把他们办罪，给卫国除害。

州吁和石厚一到陈国，就被陈桓公捉住了。陈桓公派人到卫国问怎样处置这两个人，卫国派右宰丑赴陈国杀了州吁。关于石厚，大家为了讨好石碏，都主张从轻处治。但石碏说："小子不忠不义，留他何用。"立即派管家獳羊肩赴陈国把石厚杀了。石碏以国家之大义灭父子之私亲的做法，得到后世人的赞许。

"大义灭亲"本指为君臣大义而灭父子的私亲，后泛指为正义而不顾私亲的行为。

奉公守法

典出《史记·廉颇蔺相如列传》。

　　以君之贵，奉公如法则上下平，上下平则国疆，国疆则赵固。

　　战国时，赵国有一个叫赵奢的人，当过田部吏（主管土地、租税等的官）。因他善于用兵，后来当了赵国的大将。在秦赵交兵中，他曾率军大破秦军。因功被封为马服君。

　　在赵奢当田部吏的时候，有一次征收租税，平原君赵胜（赵惠文王的弟弟）家拒不交租，赵奢依法杀了在平原君手下为虎作伥的九个打手。为此，平原君大怒，要杀掉赵奢。赵奢毫不畏惧，他对平原君说："你身为赵国的贵公子，纵容家人抗租不交，这是无视国家法律的行为。国家的法律削弱了，国家就要衰败，国家衰败了，各国诸侯就会出兵攻赵，各国诸侯出兵攻赵，我们赵国就要灭亡了。到那时，你怎么还能有现在这样的荣华富贵呢？以你这样的权势和地位，如果能够奉公守法，那么上上下下都会敬佩你，从而使国家强盛，人民安宁，希望你能以国家的利益为重。"平原君听了赵奢的这番话，觉得很有道理，于是向赵王作了汇报，说赵奢是一个很贤明的大臣，赵奢也因此得到了赵王的进一步重用。

　　后人用"奉公守法"的这个典故比喻遵守国家规定的法令制度。含褒意。

画地为牢

典出司马迁《报任少卿书》。

　　故士有画地为牢，势不可入……

　　西汉时，李陵战败投降匈奴，汉武帝十分生气。大臣中原来赞颂过李陵士气旺盛的人，见此情况都反过来责骂李陵。唯独司马迁对李陵持有不同看法，他爽直地向汉武帝陈述了自己的意见。他说："我和李陵素来没有什么交情，各走各的路，但我看他的为人，很讲交情，很讲义气，恭敬俭朴。他常常想'奋不顾身'以殉国家的急难，确有国士的风骨。现在李陵出了问题，大家都全盘否定他，我实在想不通。这次，李陵只带5000步兵，深入敌境，尽心杀敌，不顾个人生死。他与单于打仗十多天，杀敌之数超过了自己军队的人数，杀得匈奴个个震惊恐怖。匈奴单于在这种情况下，动员全国军事力量，共同攻击李陵，在敌强我弱的不利处境下，李陵辗转战斗，拼死鏖战，最后因箭射完了，粮食吃光了，归路被切断了，士兵很多伤亡了，才被迫停止战斗。他的投降实在处于迫不得已，他不是真投降，而是想等待有利时机报答国家。"司马迁最后还说，李陵的功劳也可以抵补他战败的罪过。武帝听了司马迁的话，大发雷霆，立即把司马迁关进了监狱。廷尉杜周为了迎合讨好皇帝，对司马迁施行了当时最残酷、最耻辱的"腐刑"。

司马迁因身体和精神受到如此严重的摧残，内心极为痛苦，很想一死了之。但他冷静一想，如果真的死去，在达官贵人的眼中，不过像"九牛亡一毛，与蝼蚁何以异"？那样死了不但得不到同情，反而惹天下人耻笑。他认为"人固有一死，或重于泰山，或轻于鸿毛"（人本来都有一死，但有的人的死比泰山还重，有的人的死比鸿毛还轻），为什么要轻易了结自己的生命呢？至于人身受到侮辱，是完全在意料之中的事。他想到猛虎在深山里为王时，百兽见了都震惊害怕，一旦被关进槛圈坑阱之中，也只得向人摇尾乞食，所以士子见到地上画了一个算是监牢的圈儿，都不肯跑进去，而今我已被关进了监牢，有什么办法呢？历史上的王侯将相，如文王、李斯、韩信、魏其都受过侮辱，何况我们这些人呢！于是他决心活下去，忍受奇耻大辱，效法文王、屈原、左丘、孙子等人，在自己的残生尚存之日从事著述。凭借顽强的毅力，他终于写成了《史记》这部伟大著作。

后人用"画地为牢"比喻只许在规定的范围内活动。

居官守法

典出《史记·商君列传》。

　　常人安于故俗，学者溺于所闻。以此两者居官守法可也，非所与论于法之外也。

战国时，秦国国君秦孝公准备任用商鞅进行变法。即将实行的新法将大大提高农民和将士的地位，对秦国在当时称霸于其他诸侯国十分必要。但是，新法又威胁到了贵族和大大小小的封建领主的利益，所以变法之前就遭到了一些权贵们的反对，弄得秦孝公左右为难。有一天，秦孝公让大臣们议论变法的事。大夫甘龙和杜挚极力反对变法。他们认为，风俗习惯不能改，古代的制度不能变，否则就会使大家不方便，国家就会灭亡。

面对这些人的反对，商鞅据理力争。他说：甘龙的话，是世俗之言。一般的人安于故俗，学者们沉溺于自己的所见所闻。这些人如果让他们谨守成法还可以，若和他们谈论成法以外的事，他们一窍不通。古代的制度也许正适合古人的需要，但后来别的都变了，以前的制度也就没有了。成汤和武王改革了古代制度，却兴了国。因此，古代应用古人的制度，今人应用今人的制度。要想国家强盛，就得改革制度，实行变法。死守古法，就会亡国。

秦孝公很同意商鞅的意见，便拜他为左庶长，于秦孝公三年（公元前359年）进行了变法。

后人用"居官守法"来指为官谨守成法，不知变通。

李逵断案

典出《水浒传》第七十四回。

梁山众好汉，为策应燕青与任原相扑，大闹泰安州。黑旋风李逵手持双斧，直到寿张县衙门，吓得知县开后门逃走了。李逵转入后堂寻找，见到一个幞头衣衫匣子。他扭开锁，取出幞头，插上展角，戴在头上，把绿袍公服穿上，系了角带，换上皂靴，拿着槐简，走到厅前。

李逵打扮成知县模样，大叫县衙门里的吏典人等，都来参见，要排衙升堂。众人无可奈何，只得上去答应，擎着牙杖，打了三通摆鼓，向前声喏，表示升堂。李逵见了，呵呵大笑，说："你们当中也得有两个装着告状，来打官司，我好判案。"公吏们商量了一会，推上两个牢子装着打架的，前来告状。

李逵高坐公堂，县门外百姓都放进来看他办案。只见两人跪在厅前，这个告状说："相公可怜我，他打了小人。"那个也告状说："他骂了小人，我才打他。"李逵问："哪个是挨打的?"原告说："小人是被打的。"又问："哪个是打他的?"被告说："他先骂人，小人才打他。"李逵最后判决："这个打人的是好汉，先放他出去。那个不长进的，怎么挨人家打了，给他戴上枷在衙门前示众。"说着，他把绿袍扎起来，槐简揣在腰里，拿出大斧，一直看着把那个原告枷了，押在县门前，然后也不脱去衣靴，便大踏步走了。看热闹的百姓见他这样判案，都忍不住哈哈大笑。

"李逵断案"，讽刺了只要有权势、力量大，本来没有理也说成有理的丑恶现象。

明察秋毫

典出《孟子·梁惠王上》。

明足以察秋毫之末，而不见舆薪，则王许之乎？

战国时，有一次齐宣王请求孟子讲有关齐桓公、晋文公称霸的事，孟子回答说："孔子的学生只学仁、义、道、德，从来没听说过以武力称霸的事，所以我不会讲。当然，如果大王愿意听有关'王道'的事，我会尽力讲好的。"齐宣王说："您讲统一天下的事吧！"孟子回答道："大王只要有同情心，就可以统一天下。"齐宣王笑了，说："哪有这么简单，同情心与统一天下又没有联系。"孟子接着说："我听人说，有一天，大王坐在堂上，有人牵着牛从堂下经过，大王看见了，就问去哪里。那人说，准备杀牛用它的血祭钟。你就叫那人放了，并说：'牛又没有罪，为什么要杀它呢？我不愿看到它被杀时那可怜的样子。'那人说：'那祭钟怎么办呢？'大王就叫他用一只羊代替。由此看出，大王是有同情心的，因为有同情心就会爱护老百姓，爱护老百姓国家就强大。"

齐宣王听了，摸着头说："现在想来，真有些不能理解，齐国即使小，也不至于连一只牛都没有，难怪老百姓说我吝啬呀。"

孟子说："这没有什么奇怪，老百姓不理解大王的深意。表面看，牛和羊都是死，大与小又有什么区别，但实质上却不同了。"齐宣王说："我这种心情与王道有什么相同呢？"孟子回答道："假使有人向大王报告：我的力量能举三千斤，却拿不动一根羽毛；我的目力能看清鸟兽的细毛，却看不清眼前的一车子柴火。大王相信吗？肯定不信。大王只要有同情心，就应该把同情心推广到全国，这是能做到的。"

后人用"明察秋毫"比喻目光敏锐，连极小的事物都看得清楚。

窃金不止

典出《韩非子·内储说上·七术》。

"荆南之地，丽水之中生金，人多窃采金。

采金之禁，得而辄辜磔于市，甚众，壅离其水也，而人窃金不止。

夫罪莫重辜磔于市，犹不止者，不必得也。

楚国南方之地，在丽水这条河流中生有砂金，人们多去偷着采金。

朝廷明令禁止采金，捉住采金的人就在市上施以分裂肢体的重刑。受刑的人很多，以致尸体把丽水都堵塞了，但人们窃金的行为还没有停止。

这个寓言说明只有严刑峻法是不够的，必须还要杜绝人们的幸免心理。治罪没有比分裂肢体于市上更重的了，但人们还是窃金不止，这是由于总有幸脱的人。

缇萦救父

典出《史记·孝文本纪第十》。

汉朝第二个皇帝汉文帝是个很开明的君主，他曾下了一道命令，凡是老百姓遇到解决不了的困难，都可以直接给皇帝上书。

公元前 167 年，一位叫淳于意的县令犯了罪，要被解到长安去问罪。他有 5 个女儿，没有儿子，动身时叹到："唉，生女无用，没有一个能帮我！"小女儿缇萦听了，决定跟父亲一起去长安，沿路照顾他。缇萦到了长安，知道汉文帝的命令，于是写了一封十分诚恳的信，亲自送到皇宫，请侍卫官呈给皇帝。

缇萦在信里写道："我的父亲是个清官，又是个著名的医生。如今他犯了罪，理应治罪。但是现在治罪的肉刑太重了，脸上刺字、割鼻子、砍脚，都会害人一生，以后即使他想要改过自新也没有办法了。希望皇帝能下令改正这种残酷的肉刑，用其他刑罚来代替它们。"汉文帝看了信，觉得这小姑娘的态度肯切，是实话，就召见主管法律的大臣，对他们说："刑法的作用是警诫人们不再犯法，如今这些肉刑，害人一辈子，应该改掉。"

丞相张苍和御史大夫冯敬研究之后，建议以做劳工来代替脸上刺字，以打板子来代替割鼻子和砍脚。汉文帝批准了这一建议，残酷的刑法终于被废止了。缇萦不仅救了父亲，也使天下所有罪犯减轻了痛苦。后来，汉文帝的儿子汉景帝又进一步改革了刑罚，把打板子规定为只许打屁股，板子改得又薄又窄，而且只许由一个人从头打到底。

这样，虽然肉刑没有被完全废除，但减轻了，对人民还是有利的。

鞅法太子

典出《史记》。

令行于民期年，秦民之国都言初令之不便者以千数。于是太子犯法。卫鞅曰："法之不行，自上犯之。"将法太子。太子，君嗣也，不可施刑；刑其傅公子虔，黥其师公孙贾。明日，秦人皆趋令。

新法令在秦国施行不到一年，然而来京城咸阳申诉新法不便的人数以千计。太子也犯了法。商鞅说："法令行不通是上面人犯了法的缘故。"于是想要依法处治太子。太子是国君的继承人，不可加以刑罚。于是商鞅便加刑给太子的辅佐公子虔，将太子的老师公孙贾涂面刺字。第二天，秦国人都急忙按新的法令办事了。

"鞅法太子"是说太子犯法与民同罪。

约法三章

典出《史记·高祖本纪》。

与父老曰，法三章耳：杀人者死，伤人及盗抵罪。

秦二世荒淫无道，宠信赵高，陷害忠良，以致民不聊生，天下大乱。陈胜、吴广揭竿而起，继之江东项羽、丰沛刘邦也举起义师，拥立楚王孙心为怀王，建都盱眙。这时楚军上将军为宋义，项羽为次将，范增为末将，刘邦则自领丰沛起兵的军队，隶属于楚怀王。不久，刘邦封为沛公。

楚军志在灭秦，必先取得关中之地（函谷关以西，今陕西等地）。楚怀王这日登殿，询殿前诸将，谁愿进取关中？项羽、刘邦，俱应声愿往。楚怀王说："谁先进入关中，谁即为关中王。"项羽、刘邦整军出发，项羽从北路进发，刘邦从西路进军。

刘邦受命之后，率领参谋萧何、曹参、武将夏侯婴、樊哙、周勃等从彭城出发，西征暴秦。

西征军道经昌邑县城，就改道高阳西进。在高阳（今河南杞县境）又获得了一位谋士郦食其，因而取陈留、攻开封。在曲遇、白马等地，大败秦军。夺南阳，下宛城，经舟水，出胡阳，所过之处，有征无战，直入武关。

刘邦兵进关中，接连打了几个胜仗，秦地人民，为秦政所苦，楚军进关，反而箪食壶浆，夹道相迎。秦军望风而逃，刘邦直扑咸阳城下，秦二世、赵高等人，惊骇不已。

赵高杀了秦二世，另立秦王婴，想与楚军谋和。但秦王婴杀了赵高，素车白马，出城向刘邦投降。

刘邦进入咸阳，就留恋皇宫的舒适，不肯出皇宫。这位泗上亭长出身的刘沛公，布衣时代，就贪酒好色，一旦身入宫廷，尽力享受荣华富贵，忘了自己干什么来的。樊哙进宫，劝他离去，他不听。张良又进宫劝说："秦皇无道，天下大乱，你才能兵进咸阳，为的是替天下扫除残贼。你刚到了咸阳，就安于宫室犬马，醇酒妇人之乐，这岂不成为助纣为虐？"刘邦大悟，遂出宫回至霸上，召集关中豪杰开会，订立约法三章：杀人者死；伤人者要抵罪；盗窃者要判罪。

刘邦对大家说："我这次出关，是为父老们除害，不是来侵犯父老们的，请你们放心。我不住在咸阳宫中，回到霸上行辕，为的是等待山东六国诸侯会师咸阳，而后再定约束。"

秦国父老们大喜，回家之后，牵着牛羊，抬着酒食，到刘邦军中劳军。刘邦不受，婉转地对父老们说："我们军中有的是军粮，不能接受你们的酒食，但我们非常感谢你们的盛情，如果我们吃了你们的东西，花费了你们的钱食，就失去我们进关拯救你们的初衷了，东西请你们带回，心意我们领了。"

这和秦军搜括民脂民膏唯恐不尽的作风完全相反。关中百姓争相走告："如果刘沛公不回关东，在我们关中做秦王，我们就有好日子过了。"

刘邦入关，与民约法三章，把关中的人心立刻收买住了。

后人用"约法三章"比喻订立必须遵守的规章条款。

做贼心虚

典出《梦溪笔谈·权智》。

陈述古密直知建州浦城县日，有人失物，捕得莫知的为盗者。述古乃绐之曰："某庙有一钟，能辩盗，至灵。"使人迎置后阁祠之，引群囚立钟前，自陈："不为盗者，摸之则无声。为盗者摸之则有声。"述古自率同职，祷钟甚肃。祭讫，以帷围之，乃阴使人以墨涂钟。良久，引囚逐一令引手入帷摸之，出乃验其手，皆有墨，唯有一囚无墨，讯之，遂承为盗。盖恐钟有声，不敢摸也。

枢密直学士陈述古任建州城知县时，有人丢失了东西，抓到一些人却不知道哪个是真正的盗贼。于是陈述古骗他们说："某某庙里有一口钟，能辩认盗贼，特别灵验。"他派人把那口钟抬到官署后阁，祭祀起来，把这一群囚犯带到钟前，自己对犯人说："没有偷东西的人，摸这口钟，它不响，偷了东西的人一摸它，钟就会发出声响。"述古亲自率领他的同僚，在钟前很恭敬地祈祷。祭祀完毕后，用帐子把钟围起来，并暗地里让人用墨汁涂钟，过了很久，钟涂好以后，带领被捕的犯人一个个让他们把手伸进帷帐里去摸钟，出来就检验他们的手，发现都有墨汁，只有一人手上无墨。述古对这个人进行审讯，于是他才承认自己是盗贼。原来这个人是害怕钟响，没有敢去摸。

"做贼心虚"这个典故告诉人们，陈述古善于抓住"为盗者做贼心虚"这一致命弱点，巧设机关，很快破获了一起盗窃案。后人用此词指做了坏事怕人觉察出来而心里惶惶不安。

品行篇

安贫乐道

典出《论语·雍也》。

"贤哉回也! 一箪食，一瓢饮，在陋巷。人不堪其忧，回也不改其乐。"

何晏集解引孔安国曰:"颜渊乐道，虽箪食在陋巷，不改其所乐。"

又见《后汉书·杨彪传》。

安贫乐道，恬于进趣，三辅诸儒莫不仰慕之。"

孔丘是春秋末期的一位思想家，政治家和教育家，是儒家的创始人。为了维护封建贵族的统治，孔丘提出了"己所不欲，勿施于人"，"己欲立而立人，己欲达而达人"等论点，即所谓"忠恕之道"。在此基础上，他还提倡德治和教化，反对苛政和刑杀。在孔丘的学说中，劝人安贫守法是一项重要内容。他曾提出"不患寡而患不均，不患贫而患不安"的论点，并以此作为衡量他的学生品行好坏的一项标准。

相传，孔丘教过的学生有 3000 人，其中著名的有 72 人。在这 72 人中，有一个孔丘最为得意的弟子叫颜渊，他是安贫乐道的典范。孔丘曾称赞他说:"颜渊真是一个很贤德的人啊! 他虽然贫居陋巷，只有一个竹篮子用来吃饭，用瓢饮水，也不改其乐。"

"安贫乐道"原是儒家所提倡的立身处世的态度，后来多指虽处于贫困境地，仍以守道为乐。这是剥削阶级提出的一种骗人的话，意思是要人们安于穷苦生活，愉快地接受他们的那套说教。

不欺暗室

典出《列女传》。

一天夜里，卫灵公突然听到一阵车马行驶的声音，由远而近，大约行到宫门口却无声无息了。过了一会又响起车马声，由近而远，慢慢地又无声无息。卫灵公感到奇怪，就问他的夫人："你知道这是什么人？"

夫人笑了，很自信地回答说："这不会是别人，只能是您的大夫遽伯玉！"

"你怎么知道一定是他呢？"卫灵公越发奇怪起来，"莫非你会占卜？"

夫人一本正经地说：

"我听说凡是臣子路过王宫门前，都要下车致敬，这是朝中的礼节。忠臣和孝子既不在大庭广众之下故意做样子给人家看，也不在没人的地方疏忽自己的行为，遽伯玉是卫国有名的贤人，最为仁智，很遵守礼节。方才一定是他经过宫门，停下来表示敬意。虽然在夜间，无人看到，他仍旧那么遵守礼仪，不是他还能有谁呢？如果您不信，可以派人去调查一下……"

卫灵公派人去问明了情况，夜里行车的果然是遽伯玉。但他想与夫人开个玩笑，故意对她说：

"哈哈，夫人猜错了，那人不是遽伯玉！"

夫人不慌不忙地斟了一杯酒，送到卫灵公面前，恭敬地说："我祝贺君王！"

"贺我什么？！"卫灵公莫名其妙。

"原来我只知道卫国就一个大贤人遽伯玉，现在看来还有一位同他一样的贤大夫，您有了两位贤人。贤人越多，卫国越兴旺，我所以才祝贺君王呀！"

"原来是这样呀，你真是明智的女人哪！"卫灵公心里十分高兴，便把真相告诉了她。

从此之后，人们都说卫灵公夫人仁智、贤良、知人、达理。

后人据此说遽伯玉"不欺暗室"，并用它表示即使在无人的情况下，也不做违反规定的事情。

"不欺暗室"有时也写作"暗室不欺"。

不念旧恶

典出《三国志·魏书·武帝纪》。

汉末，董卓部将张济死后，他的军队就由侄子张绣统领。不久，张绣投降了曹操。后来他又背叛了曹操，射伤了曹操的右臂，杀死了曹操的长子曹昂。接着，张绣又投奔了刘表，和曹操打了好几仗。可是三年后，当张绣再次带兵投降时，曹操不仅没有杀他为长子报仇，反而给他封了侯。

魏钟，早年经曹操举荐为"孝廉"，他在兖州叛变时，曹操想，哪怕别人都背叛了，魏钟也不应该叛变。后来，曹操听说魏钟为保命逃跑了，气得骂："魏钟，只要不逃到南粤、北胡，我一定不放过你！"可是当攻下射犬城，活捉魏钟后，曹操又因为爱惜他是个人才，亲自替魏钟松绑，还封他为河内太守，管理黄河以北地区。

还有臧霸、孙观、吴敬等人，早先追随吕布与曹操为敌。吕布兵败身亡后，臧霸等被俘，曹操都对他们很好，把徐州、青州沿海的土地划给他们管理。

曹操为了大业，不计私怨，所以《三国志》中称赞他："不念旧恶"。

超群绝伦

典出《三国志·蜀志·关羽传》。

孟起兼资文武，雄烈过人，一世之杰，……犹未及髯之绝伦逸群也。

东汉建安十九年（公元214年），刘备领兵进攻益州（今四川），结果出师不利，只好给在荆州的诸葛亮写信，让他再派些兵马来。诸葛亮接信以后，马上召集关羽、张飞、赵云商议，决定留关羽镇守荆州，自己带张飞、赵云前去支援刘备。

来到益州不久，诸葛亮用计收降了西凉猛将马超。关羽得到消息以后，写信给诸葛亮，询问马超的才能。诸葛亮知道关羽这个人虚荣心比较强，于是回信说："孟起（马超字孟起）文武兼备勇猛过人，是一代豪杰，可以和张飞并驾齐驱，然而不及你这样超群出众。"关羽见信后十分高兴。

"超群绝伦"指超出众人，同辈中谁也比不上。

出类拔萃

典出《孟子·公孙丑上》。

有一次，孟子的弟子公孙丑和他的老师谈论孔子的人格。公孙丑问孟子："孔子与伯夷、伊尹相比怎么样？"

公孙丑提到的伯夷，是商末孤竹君的长子。孤竹君生时以次子叔齐为继承人，他死后叔齐让位，但伯夷不接受，后来，两人都投奔到周。到周后，反对周武王讨伐商王朝。武王灭商后，他们逃避到一座山上，坚持不吃周人生产的粮食而死。

公孙丑提到的伊尹，曾帮助汤攻灭夏桀。汤去世后，他辅佐过两个王。太甲继位后，因破坏商汤法制，不理国政，被伊尹放逐。三年后太甲悔过，伊尹又接他回来复位。

孟子评论伯夷和伊尹说："伯夷的处世态度是，不是他理想的君主他不去侍奉，不是他理想的百姓他不役使；天下太平他就出来做官，天下纷乱他就隐居起来。伊尹的处世态度是，什么样的君主他都可以去侍奉，什么样的老百姓他都可以役使；天下太平做官，天下不太平也做官。而孔子的处世态度是，可以做官就做官，可以隐居就隐居，可以继续干下去就干下去，可以马上离开就马上离开。他们三人都是古代的圣人，我个人就是要学习孔子。"

公孙丑又问："他们三人不是一样的吗？"

孟子回答说："不，自从有人类以来，就没有出现过像孔子那样伟大的人物。"

公孙丑又问："那么三位圣人有相同的地方吗？"

孟子说："有，假如让他们做君王他们都能够使诸侯归服，天下统一。但假如要他们去做一件不合道理的事情，或者去杀一个无辜的人，因而得到天下，他们都不会干的。这就是他们相同的地方。"

公孙丑又问："他们的不同又表现在什么地方呢？"

孟子回答说："听听孔子的学生是怎样评论孔子的吧。宰我说：'我的先生比尧舜高明得多。'子贡说：'先生看见一国的礼制就了解它的政治，听到一国的音

乐就知道它的德教，一百代以后的君王，也不会背离孔子之道。'有若说：'难道只是人类有高下之分吗？麒麟对于走兽，凤凰对于飞鸟，泰山对于小丘，江海对于小溪流，何尝不是同类？圣人对于百姓也是同类，但孔子却远远超过了他的同类，大大高出了他那一群。自从有人类以来，没有哪一个能像孔子那样伟大的。'"

成语"出类拔萃"就来源于孟子对孔子的评价。出、拔均指超出。萃指丛生的草，比喻在一起的人或事物。用以形容才能超过一般的人。

出淤泥而不染

典出《爱莲说》。

> 出淤泥而不染，濯清莲而不妖。

周敦颐是北宋著名的学者，他很喜欢花，尤其喜爱莲花。他还专门为莲花写了一篇文章，题目叫做《爱莲说》。文章的大意是这样的：

水里边和陆地上的草木，开的花招人喜欢的是很多的。晋代的大诗人陶渊明偏偏喜爱菊花。可是从唐朝建立以后，世上的人们又偏爱牡丹花。我却喜欢莲花。我喜欢莲花从污泥中生长出来，自己却不被沾染，莲花在清水中洗过，却不显得妖艳。它的梗中间空、外部直挺，不生藤蔓，也不长旁枝。它的气味清香，越远越觉得它香；它端庄、雅静地挺立在水面，人们可以远远地欣赏它，但不能轻慢地赏玩它。我看，菊花是花中的隐士，牡丹花是花中的富贵者，莲花才是花中君子呀！唉，爱菊的人在陶渊明之后不多了。像我一样爱莲花的人还能有谁呢？然而爱牡丹的人世上却是很多很多哩！

"出淤泥而不染"指在污泥中而不受沾染。形容在混浊的世俗社会中不受沾染，永保高尚的品质。

淳于髡荐贤

典出《战国策》。

淳于髡一日而见七士于宣王。

王曰："子来，寡人闻之，千里而一士，是比肩而立；百世而一圣，若随踵而至也。今子一朝而见七士，则士不亦众乎？"

淳于髡曰："不然。夫鸟同翼者而聚居，兽同足者而俱行。今求柴胡、桔梗于沮泽，则累世不得一焉；及之睾黍、梁父之阴，则郤车而载耳。夫物各有畴，今髡，贤者畴也。王求士于髡，譬若挹水于河，而取火于燧也。髡将复见之，岂特七士也。"

淳于髡在一天之内，就向齐宣王推荐了七名贤士。

齐宣王大为惊奇地对于髡说："请先生走近一点。我听说，在方圆千里的地方，能够找到一个贤士，就等于贤士肩并肩地站在面前；在百代之中，能够出现一个圣人，就算是圣人接踵而至了。现在，在短短的一天里。您就向我推荐了七个贤士，那贤士不是太多了吗？"

淳于髡说："事情并不如此。同类的鸟，往往聚在一起；同种的野兽，往往住在一起。如果我们到低湿的地方去寻找柴胡、枯梗，即使寻找几辈子，也将得不到一株；如果到围泰山和梁父山的北面去寻找，那就多得要用车子装运了。世界上都是物以类聚的。今天，我淳于髡在贤者之列啊。大王向我寻求贤士，就好比到河里舀水，用火石取火一样。我将不断地向大王推荐贤能呢，何止这 7 个人！"

后人用这个故事说明不是没有人才，问题在于没有通过适当的途径去发现。

大瓠之用

典出《庄子·逍遥游》。

夫子固拙于用大矣。……今子有五石之瓠，何不虑以为大樽而浮于江湖，而忧其瓠落而无所容，则夫子犹有蓬之心也夫！

战国时，有一次惠子对庄子说："我种了一种瓠（葫芦），容量达到五石。由于大而无用，我就把它打破了。"

庄子听后，嘲笑惠子说："怎么能说大而无用呢？只是你不善于使用大的东西罢了。同样的东西，在不同人的手里，却有不同的用法。你有容量五石的瓠，为什么不把它做成船呢？那样，可以乘上它遨游在江河湖泊之上。而你却感到忧心忡忡，最后打破了它。看来，是你的思想飘忽不定，没想到罢了。"

后人用"大瓠之用"比喻量才使用。

井臼亲操

典出《后汉书·冯衍传》。

冯衍是西汉末年时人。那时，天下大乱，王莽篡汉，农民起义不断。后来，刘玄称帝，冯衍被尚书仆射鲍永征召为立汉将军，与太守田邑等一起镇守上党一带。不久，刘秀做了皇帝，田邑听说刘玄已败，就投降了刘秀，而冯衍坚持不肯投降，并且严词斥责田邑不顾大义，对更始皇帝怀有二心，一直到知道刘玄已死的确实消息，冯衍才不得已收兵投降。

冯衍一共做了20多年的官，曾经身居高位，但他不失清廉的品格，不羡高官厚禄，不贪千金的财富，他写给皇帝的"上书"中曾说："家无布帛之积，出无舆马之饰。"后来他被刘秀打发回家之后，即断绝了与官宦、名士的交往，闭门作赋写文。

因为生活清贫，冯衍自己得亲自下地耕耘，以求一家温饱。他娶了一个姓任的北方女子为妻。妻子十分凶悍，家中仅有的一个婢女，也被她折磨得奄奄一息，不能干活，只得由年幼的子女做舂米、打水之类的家务事。就在这样困顿的生活中，冯衍"井臼亲操"，保持了晚节，直到年老去世。

井：打井水。臼：春米。"井臼亲操"形容亲自做家务事。

木人石心

典出《晋书·夏统传》。

西晋时的某年三月初三，京都洛阳城的王公贵戚、才子佳人，都到洛河两岸宴饮游春。权势显赫的太尉贾充也来游玩。

贾充忽然发现在河边一只小船上，有个人神情庄重，端坐船上，对周围的花花世界无动于衷，便好奇地问他的姓名。原来这人叫夏统，会稽永兴人，因母亲病重，来京都买药。

贾充问他家乡有没有三月初三游乐的风俗，夏统傲然回答："我们那里，性情平和，节操高尚，不慕荣华，有大禹的遗风。"

贾充又问："你家居水乡，会划船吧？"夏统便驾船在河面上往返三次。他高超熟练的驾船本领，惊呆了两岸的游人。

贾充再问："你能唱家乡的歌吗？"夏统唱了三首赞颂大禹、孝女曹娥和义士伍子胥的歌曲，歌声慷慨激越，动人心弦。

贾充觉得夏统是个人才，便要保举他做官，不料夏统便再也不愿答话。贾充调来威武的仪仗队，在夏统面前显示荣耀，调来一大群美女，载歌载舞，引诱夏统。然而，夏统稳坐船中，冷漠而又严肃，贾充等人议论："这个家伙真是木人石心呀！"

后人用"木人石心"比喻意志坚决，不受名利诱惑。

蓬生麻中

典出《荀子·劝学》。

> 蓬生麻中，不扶自直。

汉武帝第五个儿子刘胥，被封为广陵王。他年轻时能把沉重的铜鼎扛起来，甚至可以徒手与棕熊和野猪搏斗。但他生性粗鲁，所以并不讨武帝的喜欢。

公元前 87 年，武帝去世，传位给他最宠爱的小儿子、年仅 8 岁的刘弗陵，即汉昭帝，由大司马大将军霍光等辅政。刘胥虽然没有什么才学，但野心倒不小，见昭帝年少无子，就希望他早日死去，好轮到他当皇帝。

刘胥请来一个女巫，叫她诅咒昭帝早死。那女巫装神弄鬼，说是武帝的阴魂附到了她的身上，传话要让广陵王做皇帝。刘胥听了很高兴。

碰巧的是昭帝寿命不长，只活到 21 岁就死了，刘胥以为是女巫的诅咒起了作用，高兴地等待着由他继位。不料霍光等大臣决定迎立武帝的孙子昌邑王刘贺为帝。刘胥非常恼怒，又命女巫诅咒刘贺早死。

其实不用女巫诅咒，刘贺也很快被废掉了。原来他一听说朝中大臣要迎立他为帝，就滥用权力，强抢民女，甚至不顾国丧期间的规矩礼仪，整天玩乐。于是霍光采取果断措施，将他驱逐出宫。这样，他只当了 27 天的皇帝就被废去。

刘胥以为，这回总可以轮到他当皇帝了。不料，霍光等又另立武帝的曾孙刘询为帝，史称汉宣帝。于是，刘胥一方面命女巫诅咒宣帝死，一方面与楚王刘延寿暗中勾结，阴谋以武力夺取皇位。后来事败，刘延寿畏罪自杀，刘胥则被免去死罪。

刘胥不甘心，又让女巫诅咒皇帝。这件事后来终于败露，朝廷决定查究。刘胥惊恐万状，将女巫及知情宫女二十余人全部毒死。

刘胥杀人灭口的消息传开后，朝廷公卿大臣都要求皇帝诛杀刘胥。宣帝特地派大臣去审理这个案子。

刘胥自知罪行严重，难逃制裁，所以在王府索性摆开宴席，将儿子叫来，并命宠姬来献歌献舞陪饮，直闹到天明，与大儿子诀别后，上吊自杀。

西汉的史学家褚少孙引用了《荀子》中的话并加以评论说："蓬草生在直挺挺的大麻秆当中，不用扶它自然会挺直；白色的沙子掺在黑色的泥中，混合起来都会成黑色的，这是土地的影响才使它们这样的啊！"

后人用"蓬生麻中"比喻人在好的环境中能变好，在坏的环境中则变坏。

千人所指

典出《汉书·王嘉传》。

西汉时，汉哀帝的侍臣董贤，因美貌而又善于奉承，很受宠幸。一天，董贤陪哀帝午睡，一个翻身，把哀帝的衣袖压住。哀帝醒来见他睡得很熟，怕抽出衣袖惊醒了他，便索性叫宫人用剪刀剪断衣袖起身。

董贤得宠后，他不断得到赏赐，家人也跟着得福，尽管如此，哀帝觉得对他还不够好，想找机会封他为侯。

哀帝没有儿子，又体弱多病，东平王想篡位，就和王后串通起来，暗地里诅咒他早日死去。不料，这件大逆不道的事被两个朝臣知道了。他们联名写了一道奏章，通过太监宋弦向哀帝告发。结果，东平王畏罪自杀，王后亦被处死。

事后要论功行赏，有人迎合哀帝心意，建议把通过太监宋弦送奏章改为通过董贤送，这样，便可封他为侯。哀帝大喜，亲自起草了一道诏书，把董贤和那两个大臣一起封为侯。诏书下达后，丞相王嘉和御史大夫贾延竭力反对，哀帝心虚，只好把这件事搁起来再说。过了几个月，哀帝不顾一切地下诏封董贤为侯。丞相王嘉再次竭力反对，哀帝很扫兴，从此对王嘉疏远起来。

公元前 2 年，哀帝的祖母傅太后去世。哀帝以傅太后有遗命为由，加封给董贤两千户。王嘉接到诏书后，把它封起来退给哀帝，并又进行劝谏。他在奏章中写道："董贤靠着陛下的宠幸，骄奢放纵，恶名远扬，俗语说，千人所指，无病而死。臣为他今后的下场感到寒心。望陛下考虑到祖宗创业的艰难，别再这样做了！"

哀帝大怒，逼王嘉服毒自杀，王嘉严词拒绝，在狱中绝食身亡。王嘉死后，没有人再敢向哀帝直言进谏了。于是，哀帝任命董贤三大公之一的大司马，这时董贤才 22 岁。

但是，董贤的好景不长。公元前 1 年哀帝病死，董贤失去靠山，皇太后罢了他的官。董贤和妻子恐惧地自杀了。

"千人所指"比喻品行恶劣，被众人所遣责。

人死留名

典出《新五代史·王彦章传》。

五代时期，梁朝名将王彦章，作战时爱使一杆铁枪，跃马在沙场之上，如入无人之境，被誉为"王铁枪"。

王彦章年轻时跟随梁太祖朱温征战南北，屡建奇功，深得朱温的赏识和器重。末帝牛友贞继位后，朝廷大权为一伙奸臣把持，不重用王彦章，因而梁地连连失守。后来，晋军攻破梁的郓州城，深入梁的腹地。梁朝举国上下惊恐万分。

这时，末帝听取了宰相敬翔的建议，任命王彦章为招讨使，率军迎敌。王彦章带领精锐人马，只用了三天时间就攻克了滑州、南州。可是梁军的后援不力，王彦章的人马终因寡不敌众而失利。末帝听信了谗言，下令撤去了王彦章的兵权。

不久，后唐军又发兵攻梁，直趋梁的重地兖州。末帝见势不妙，不得不重新起用王彦章，还把京城中的500名御林军给他。但由于御林军缺少训练，毫无作战能力，因而兖州一战王彦章再次失利，身负重伤，被后唐军俘获。

后唐庄宗劝诱王彦章归顺。王彦章大义凛然地说："我是梁朝的大臣，承受皇帝的恩泽，虽死不能相报，岂能替唐朝效力呢？梁人常说：豹死留皮，人死留名。如果我向你屈膝投降，就要遭后人唾骂了。我王彦章是顶天立地的大丈夫，决不苟且偷生!"不久，王彦章便被杀害了。

"人死留名"指人生前建立功业，死后留下美名。

三省吾身

典出《论语·学而》。

曾子曰："吾日三省吾身——为人谋而不忠乎？与朋友交而不信乎？传不习乎？"

孔子的学生曾参，年纪虽小，却勤奋好学，深得孔子的喜爱。

一天，同学们问他："你为什么进步这么快呀？"

曾参说："我不过每天都要多次地这样问问自己：替别人办的事情有没有尽到力啊？与朋友交往有没有不诚实的地方啊？先生教我的学业是不是学习好啦……如果发现哪样做得不合适，我就及时改正。这样慢慢地也就成了习惯了!"

后人由此引出"三省吾身"的成语，指经常自我检查，反省自己。

三思而行

典出《论语·公冶长》。

季文子三思而后行。子闻之，曰："再，斯可矣。"

春秋时，鲁国大夫季孙行父，即季文子，为人谨慎，凡事都要多次考虑以后才决定做不做和怎样做，即主张"三思而行"。

一般说来，在干一件事情之前，多考虑考虑，然后行动，总是利多弊少的。可是孔子却并不赞同季文子的这种态度。孔子出生的时候，季文子已经死去十多年了。后来，孔子听人说到关于季文子的谨慎态度时评论道："没有必要'三思'，只要能'再思'，也就可以了。"

孔子为什么认为只要"再思"就可以了呢？《论语》中没有说明。宋代儒学家程颢、朱熹等的解释是：考虑一两遍，就足以决定；考虑一多，反而要患得患失、疑惑不定了。

"三思而行"的"三思"，就是指多想。"三"不是限于三次的意思，而是"再三"、"反复多次"。劝人好好考虑考虑，有时也可以用到这句成语。

杀马毁车

典出《后汉书·周燮传》。

东汉时的冯良，出身低微，30岁的时候，县令调他当县尉的"从佐"，也就是随从。有一次，郡里要派一个督邮官来县里，督邮将代表太守来督察县乡的工作，县令吩咐冯良到驿路口去迎候，必须执礼恭敬，不可怠慢，他迎到县衙，才算完成差事。冯良带着车马，来到路口。谁知从上午等到日落西山，还不见督邮人影。冯良满腹愤慨，便一口气把马车赶到十几里路外的山边无人之处，取出佩刀，杀了那匹马，又把车砍破，脱下"从佐"的公服，撕成了碎片，再狠狠地把帽子踩坏。之后，逃到一个叫犍为的地方，投在名师杜抚门下，学习《诗》、《礼》、《易》，决心大长学问。

当晚，冯妻急了，四处寻找，都不见踪迹。十几天以后，在山边的草丛里，找到了破车、死马和冯良那件破碎的公服，以为冯良必是遇到了野兽或是被强盗所害，性命早已完结了。冯妻哭哭啼啼，替他办了丧事。

过了十几年，冯良回到家乡。这时候，冯良已学了更多的礼法，行为品德更加高洁，真是非礼不动，对妻子也客客气气，如同君臣相处。乡里人议论说："冯良这一去十几年，回来像是换了个人了，真可以做大伙的表率了。"后来，冯良多次被公车征召做官，都以有病推辞，可是他的名望却更高了。

"杀马毁车"意思是将马杀了，将车毁了。比喻弃官归隐。

舍身取义

典出《孟子·告子上》。

生亦我所欲也，义亦我所欲也，二者不可得兼，舍生而取义者也

春秋时代，晋国的义士豫让，曾受到智伯的重用。智伯后来被三晋打败身亡，因赵襄子是杀智伯的主谋，所以豫让要杀赵襄子替智伯报仇。他扮成一个残废的人，走到襄子的厕所去，假装成粉饰墙壁的人，想伺机刺死襄子。襄子去小便，忽然觉得心里有点跳动，知道有人要刺杀他，便叫人捉住粉饰墙壁的人，一问原来就是豫让。襄子知道他是替智伯报仇，感念他是义士，所以把他释放。

后来豫让又用漆涂在身上，剃去胡须和眉毛，毁了容貌，扮作一个乞丐，连他的妻子也认不出来，但说话的声音还没有改变，于是他又吞炭改了声音。一天，他预先躲在赵襄子必经的桥下，赵襄子将要走到桥上时，忽然他的坐骑惊叫起来，赵襄子知道一定又是豫让来行刺了，叫人搜查，果然不错。赵襄子叹道："豫让，你替知己报仇，人家都已知道你的义举了，这次我不再释放你，成全你吧，请你自己了断吧！"豫让也被襄子的话所感动，请求襄子把袍子脱下来，他在襄子的袍子上刺了3刀，然后自杀。

孟子说过："生，是我所喜欢的，义也是我所喜欢的，二者没有办法同时得到时，我宁愿不要生命而去争取义的。"

身：生命。取：求取。"舍身取义"指舍弃生命以求得正义。

舍儿救孤

典出《东周列国志》。

春秋时代，晋灵公的武将屠岸贾，恃宠专权，陷害忠良。大臣赵盾家属三百人全部被杀害，只剩下一个刚出生不久的孤儿赵武，被赵盾的门客程婴救出，期望以后为赵家报仇。屠岸贾知道了赵氏有遗孤，下令要将晋国境内半岁以下的婴儿全部杀尽，以绝后患。

程婴为了拯救晋国婴儿，保存赵家孤儿，找晋灵公的退职老臣公许臼商

量，甘愿以自己才生下来的儿子冒充孤儿献出，把赵武作为自己亲生的儿子隐藏下来。公孙杵臼与赵盾是"刎颈之交"，他愿意假冒隐藏孤儿的人，让程婴出首去告密。

屠岸贾得知孤儿下落，立即派武士跟着程婴去抓来公孙杵臼和婴儿，果真将程婴的儿子误认为是赵氏孤儿，把他活活地摔死了。公孙杵臼受尽严刑拷打，触阶而死。屠岸贾以程婴告密有功，收为门客，作为心腹，还将孤儿认作义子。

二十年后，赵武学成文武技艺，经过程婴点破，领悟自己的身世，乘机砍杀屠岸贾，为赵家报了仇。

"舍儿救孤"比喻为了他人而牺牲自己的利益。

桃李不言，下自成蹊

典出《史记·李将军列传》。

> 太史公曰：……余睹李将军悛悛如鄙人，口不能道辞；及死之日，天下知与不知，皆为尽哀……谚曰："桃李不言，下自成蹊"。此言虽小，可以喻大也。

西汉初期，北方的匈奴不断南下骚扰，陇西（今甘肃省东部）的名将李广奋勇抗击，匈奴既怕他，又敬重他，称他为"飞将军"。一次，李广率领4000名骑兵，从右北平出发，博望侯张骞带领1万骑兵和他在一起。他们分两路围剿匈奴。李广这一路前进几百里后，被匈奴左贤王率领的4万骑兵包围。面对优势敌人，李广竭尽全力组织抗击。后来张骞的大军赶到才得以解围。这一次，李广几乎全军覆没，只得撤兵回去。事后，朝廷追究责任，张骞因拖延行程应处死刑，后出钱赎去死罪降为平民；李广杀敌有功，但部队损失太大，功过相抵既没有被处罚，也没有受封赏。

有一次，李广私下对占卜天象的王朔说："自从汉朝抗击匈奴以来，我李广没有一次战役不参加的。我率领过的部队当中，职位低的校尉中，才能不及一般人，而以抗击匈奴有功被封侯的，有数十人之多。我李广比起别人来不算落后，但却从来没有因为积功而取得侯爵的封邑，这是为什么呢？"

王朔反问他说："你曾经做过什么可以引以为遗憾的事没有？"

李广想了想说："我镇守陇西的时候，羌人曾经起来造反，我用计哄骗他们，使他们投降了。后来我又用诡计，把这800多投降者在同一天内杀死了。这是我所引为最大遗憾的事。"

王朔叹息道："给人带来灾祸的事，最严重的莫过于把已经投降的敌人杀掉。这就是将军所以没有被封侯的原因。"

公元前119年，朝廷决定对匈奴再发动一次大规模的攻击，分两路向匈奴进军，已经60多岁的李广主动请战，担任前将军，归卫青指挥。李广在行进途中几次迷路。等他赶到会合地点，已比指定的时间迟了好几天。当时，匈奴已被卫青的大军打败。会合后，卫青派手下的人问李广迷路的经过情况，并催促李广的部下快到卫青那里去听审受问。李广气愤地说："我的部下并没有罪，误期迟到的责任全在我一人身上，要审问就审问我。我现在亲自去大将军的幕府去听候审问。"接着，李广对部下说，"我一生跟匈奴打了大小70多次仗，这次跟着大将军出战，本来很幸运可以同单于的军队接触，没想到大将军又把我的队伍调开，让我走那条迂回遥远的路，而偏偏又迷失了路径，这岂不是天意吗？况且我已经60多岁了，毕竟不能再同那些舞文弄墨的小吏去打交道了！"说完，拔刀自刎。

司马迁评论说："孔子曾经说过：'如果本身正派，做得对，就是不发号施令也没有行不通的事；如果本身不正派，做得不对，就是发号施令也没有人听从。'这好像是针对李将军而说的。我看李将军诚实得像个乡下人，嘴里不会花言巧语。他死后，天下人不论是否与他相识，都非常悲痛。俗语说：'桃花和李花是不会说话的，但它开放的时候，欣赏的人都在树下踩出小路。'这话虽然讲的是小事，但却可以用来比喻大事。"

蹊：小路。原指桃树、李树虽不会向人打招呼，但其花朵艳丽动人，其果实甘美，引人喜爱，树下自然会走出路来。比喻为人真实坦诚，必然会有极大的感召力。

瓦器蚌盘

典出《陈书·高祖纪》。

陈霸先生于南朝梁代天监年间。梁代末年，侯景起兵反叛，梁武帝忧愤而死。陈霸先北上声讨侯景，与王僧辩会师，兵临建康城下，侯景沿河设防。

王僧辩与陈霸先商讨对策。陈霸先见各路大军不敢打前锋，便主动请求走在前面，他针锋相对地修筑了工事。陈霸先采用了分兵把守、分散敌军的策略。于是各军分别布兵，陈霸先大败侯景，声名大振。

凯旋南归后，陈霸先与王僧辩共同把萧方智迎接到建康，而北齐却抢先一步，将萧渊明送回来做梁朝君主，企图以此操纵梁国政权。陈霸先坚决反对，而王僧辩却在北齐的威逼利诱下屈服了。于是陈霸先从京口起兵，杀死王僧辩，拥立萧方智为帝。从此陈霸先总揽朝政，晋爵为陈王。公元557年，梁敬帝让位于陈霸先，陈霸先建立陈国，这就是陈武帝。

陈霸先一生南征北战，胆略过人，审时度势，抓住有利时机，当机立断，决不优柔寡断。在处理政务上，务求宽松、简练，除紧急军务外，不轻易征用兵力。加上他勤俭朴素，日常饮食每每不过几个菜，即使宴会，也没有山珍海味，盛食物的器具都是用陶土或蚌壳制成。陈霸先富有远见卓识，又能严于律己，因此他能得天下，又能治理天下。

"瓦器蚌盘"泛指粗劣的食具。形容生活俭朴。

一毛不拔

典出《孟子·尽心》。

战国初期，魏国的哲学家杨朱主张"贵生"、"重己"，也就是重视个人生命的保存，反对别人对自己的侵夺，也反对侵夺别人。思想家墨翟与杨朱的主张正好相反，他主张"兼爱"，反对战争，提倡生产劳动，谴责贵族奢侈糜烂的生活。

有一次，墨翟的学生禽滑厘问杨朱道："如果拔你身上一根汗毛，使天下人得到好处，你干不干？"

杨朱说："天下人的问题，绝不是拔一根汗毛所能解决得了的！"

禽滑厘又说："假使能的话，你愿意吗？"

杨朱默不作声了。

有人问孟子对杨朱和墨翟这两位学者的观点如何评价。

孟子坦率地说："杨朱主张一切为自己，连拔下自己的一根汗毛有利于天下的事，他都不肯干，这也太自私了。墨翟与杨朱正相反，他提倡爱世上的所有人，只要对天下有利，他一切事情都愿意做，哪怕磨秃头顶、走破脚跟，也心甘情愿，这是多么难得呀！但这恐怕不容易做到，尤其是要每个人都来做，更困难。鲁国贤人子莫提倡中道，我觉得主张中道情况就差不多了，但也要有灵活性，要会变通，不然坚持一点，不顾其余，就有损于仁义之道了。"

"一毛不拔"意思是说一根毫毛都不肯拔掉。形容非常吝啬。

煮酒论英雄

典出《三国演义》。

东汉末期，刘备被吕布打败后，到许昌投奔曹操。他为了不引起曹操的猜忌和怀恨，便假装对天下大事毫不关心，成天在后园种菜。实质上，他胸怀称王天下的大志，而且还与国舅董承密谋除掉曹操。为此，他心中对曹操非常戒备。

一天，曹操邀请刘备去小亭中喝酒，桌上摆好了一盘青梅、一壶煮酒。二人开怀畅饮。酒兴正浓时，天上阴云密布，暴雨将临，一团浓云如飞龙悬挂天边。二人靠在栏杆上欣赏那天空中水墨画似的奇景，曹操有意问刘备："先生知道龙的变化吗？"刘备说："请您说说看。"曹操说："龙能大能小，能显能隐，随时变化，如当世的英雄，纵横四海。先生您知道谁是当世的英雄吗？"刘备一连举了当时有势力的好几位，如袁术、袁绍、刘表、孙策等，曹操都认为够不上称"英雄"。最后，刘备只好假装糊涂地说："那么还有谁才称得上英雄，我实在不知道。"曹操用手指指刘备，又指指自己，然后说："天下英雄，只有您与我二人罢了。"

刘备一听这话，大吃一惊，手里拿的筷子"啪"的一声掉在地上。正好这时天上雷声大作，刘备乘机从容地拾起地上的筷子说："雷声的威力可真大呀。"将自己惊惶失措的真正原因巧妙地掩饰过去，没有引起曹操的怀疑。

后人用"煮酒论英难"或"青梅煮酒论英雄"的典故比喻人与人之间评论功绩。

中山猫

典出《郁离子·枸橼篇》。

赵人患鼠，乞猫于中山。中山人予之猫。善捕鼠，及鸡。月余，鼠尽而其鸡亦尽。其子患之，告其父曰："盍去诸？"其父曰："是非若所知也。吾之患在鼠，不在乎无鸡。夫有鼠，则窃吾食，毁吾衣，穿吾垣墉，毁伤吾器用。吾将饥寒焉，不病于无鸡乎？无鸡者，弗食鸡则已耳，去饥寒犹远。若之何而去夫猫也。"

赵国有一户人家被老鼠害苦了，便从中山国讨取捕鼠的猫。中山人给了他一只。那只猫很会捕老鼠，也喜欢捉鸡。一个多月以后，他家里老鼠捉尽了，但他养的鸡也被吃光了。他儿子认为那只猫是个祸害，告诉他父亲说："为什么不赶跑它呢？"他父亲说："这件事，不是你能了解的。我们的祸患在于有老鼠，不在于没有鸡。有了老鼠，便偷吃我家的粮食，咬烂我家的衣服，钻穿我家的墙壁，啃坏我家的家具。这样，我们就要挨饿受冻，比没有鸡不是更有害吗？仅仅没有鸡，我们最多不吃鸡罢了，离开挨饿受冻还远得很呢。为什么要赶走那只猫呢？！"

这个故事说明做事、用人都要权衡利害大小；做事不要怕付出代价，因噎废食；用人不要责备求全，以瑕掩瑜。

学问篇

白公堤

典出《警世通言·白娘子永镇雷峰塔》。

又见《新唐书·白居易传》。

美丽的西湖有一道长堤，原来的名字叫白沙堤，可是后来百姓们都叫它白公堤，这是什么缘故呢？

中唐时期，有一年杭州大旱，西湖旁边的千顷良田，地皮都干裂了，稻禾枯黄。老百姓天天都到州衙门口去请求那些官老爷，放西湖水，救救干渴的农田。可是那些当官的，恐怕放掉了湖水，自己不能泛舟湖上、寻欢作乐了，一直不理睬百姓的请求。

有一天，百姓们又拥到衙门口，嚷着请求官老爷们放水浇田。知州大老爷被吵得气不过，跑到衙门口怒冲冲地问："放西湖水，那湖里的鱼不都死了？"这时，人群中走出一位五缕长髯的老人，轻蔑地看着知州老爷问："请问，鱼和百姓的性命哪个要紧？"

知州被噎住了，但又强词夺理地说："那荷花菱角怎么办？"老人又冷冷一笑："那再请问，荷花菱角和稻米哪个要紧？"

周围的百姓听老人说得有理，嚷得更厉害了："说得对！还是放水浇田吧！"知州早已气得浑身发抖，指着老人颤颤巍巍地问，"你，你，你是谁?！竟敢煽动百姓闹事！"老人微然一笑，指着知州说："你问我是谁？我是白居易！"

知州一听，身子一下矮了半截，连忙满脸堆笑地说："原来是新任刺史白大人到了，下官有失远迎，当面谢罪，谢罪！"

第二天，碧绿的西湖水，沿着无数水渠哗哗地流进了百姓的农田。干枯的禾苗，都像喝了甘露，一下子挺起了腰。百姓们望着得救的庄稼，高兴得泪水横流。不久，白居易又发动农民在钱塘门外修了一道堤，安上一座石闸，把湖水贮存起来。为了教导百姓和告诫以后的官员，他又写了一篇《钱塘湖石记》刻在石碑上，详细地写明堤坝的用处以及蓄水用水的方法，上面甚至还写明放一寸湖水能灌多少顷田，湖水最低可放到多深。

在白居易任刺史的时候，有一个贵公子命人在湖边填湖，要修一个水心亭。这事被白居易知道了，把这贵公子和他当官的父亲都叫来，对他们说："西湖，是百姓的西湖，谁也没有权利占用它。现在，罚你家在湖边开一百亩田。"又有一次，白居易看见有人从湖边的山坡上砍了两棵树，他马上命衙役把那人抓来，罚他种上一百棵树。

终于，白居易任期满了，要离开杭州了。当仆人把他剩余的俸禄装进行李箱时，他说："把它们存到官库里，留着整治西湖吧！"

白居易离开杭州那天，成千上万的百姓跪在他的马前痛哭流涕，白居易眼含着热泪，把百姓一一扶起，和他们挥手告别。从那以后，杭州百姓为了纪念白居易，就把白沙堤叫做白公堤了。

不耻下问

典出《论语·公冶长》。

> 子贡问曰："孔文子何以谓之'文'也？"子曰："敏而好学，不耻下问，是以谓之'文'也。"

春秋时，卫国有一个叫孔文的大夫，死后被谥为"文"。子贡就这件事询问孔子说："孔文子凭什么谥为'文'？"孔子回答说："他聪明灵活，爱好学问，并且谦虚下问，不以为耻辱，所以用'文'字做他的谥号。"

"不耻下问"的意思是不以向学识、地位不如自己的人请教为耻。

不求甚解

典出晋·陶潜《五柳先生传》。

> 好读书，不求甚解。

从前有这样一个人，不知叫什么名字，因为他住宅旁边有五棵柳树，所以大家都叫他五柳先生。五柳先生有些沉默寡言，不大喜欢说话，但是他对各种问题都喜欢思考，对各种社会现象都留心观察，并且有他独到深刻的见解。不大喜欢说话，并非他的天性，只要遇到知己，他可以慷慨激昂地抒发胸中的积闷，抨击官场的劣迹、社会的弊端。他"好读书"，但"不求甚解"，一心领会它的精要之处；一旦解除了一个疑团，懂得了一些新的道理，便乐得手舞足蹈，有时甚至连饭都忘记吃了。五柳先生尤其可贵之处是不羡慕名利，不愿低三下四奉迎拍马，对那些仗势压人高高在上的官僚，他极为轻蔑鄙视，总是避而远之。由于他不愿与世浮相处，所以隐居故里。

"不求甚解"在这里是指读书只领会要旨，不在文句上下工夫。后人用"不求甚解"来说明学习不够认真，不求深入了解，或了解情况不深入。

不学无术

典出《汉书·霍光金日磾传》。

然光不学亡术。暗于大理……

我国东汉时期的著名史学家、文学家班固，用了 20 年的时间写了一部《汉书》，书中叙事详赡，文辞渊。在《霍光金日磾传》的卷末，他写了这样一段赞语：

"霍光以结发内侍，起于阶闼之间，确然秉志，谊形于主。受襁褓之托，任汉室之寄，当庙堂，拥幼君，摧燕王，仆上官，因权制敌，以成其忠。处废置之际，临大节而不可夺，遂匡国家，安社稷。拥昭立宣，光为师保，虽周公、阿衡，何以加此！然光不学亡术，暗于大理，阴妻邪谋，立女为后，湛溺盈溢之欲，以增颠覆之祸，死才三年，宗族诛夷，哀哉！"

班固这里谈论的是汉代大司马大将军霍光，由于生前犯了一个大错误而导致死后祸灭九族之罪。霍光曾是朝廷上举足轻重的大人物，受到朝野上下万人景仰。他跟随汉武帝二十八年，深得皇帝的器重。汉武帝刘彻临终时，将幼子弗陵交给他辅佐。汉昭帝死后，他又改立刘询为皇帝。霍光掌握朝廷上的军政大权长达 40 多年，可以说对刘氏朝廷功勋显赫。可是，有一件事情他没有做对，因此而带来了祸患。

那是刘询刚刚继承皇位的时候，霍光的妻子出于私利，想把小女儿成君嫁给刘询做皇后。然而刘询立了许妃为皇后，霍光妻子因此想阴谋害死许妃。她买通了女医淳于衍，趁许妃生病的时候，下毒药谋害了她。许后暴死，朝廷逮捕了女医淳于衍，关进大牢里严加审问。这件事霍光事先并不知道。他的妻子看女医下了狱，害怕事情败露，才如实告诉了丈夫。霍光一听，大为惊骇，想去举发，又不忍心让亲人伏罪，便将此事隐瞒起来，还替女医说情，把案子包庇下来了。

可是没有不透风的墙，纸里是包不住火的。等霍光死了以后，有人把这件事向皇帝告发了。皇帝派人调查处置这个案子。霍光妻子和家里人听到风声，又惊又怕。知道自身性命难保，便生了杀机，企图谋反朝廷，召集兄弟姊妹女婿一同策划举事。不料朝廷早已发觉他们的计谋，派兵将霍氏家族搜捕、杀戮。因这个案子受牵累的近亲、远戚有几千户人家，均被诛杀。

班固在评价霍光的功过时，指出霍光对自家人缺乏管教，过分宽容、放纵，所以才招致这样的结局。班固还说这是由于霍光不学无术，不明白大道理的缘故。

成语"不学无术"，意思是说人没有学问和办事的本领。

斗牛图

典出《独醒杂志》。

马正惠公尝珍其所藏戴嵩《斗牛图》。

暇日展曝于厅前。有输租氓见而窃笑。公疑之，问其故。对曰："农非知画，乃识真牛。方其斗时，夹尾于髀间，虽壮夫膂力不能出之。此图皆举其尾，似不类矣。"公为之叹服。

马知节先生曾经非常珍视他所收藏的唐代名画家戴嵩画的一幅《斗牛图》。

有一个空闲日子，他将画展开在厅前晒太阳。一个前来送租税的农民见了这幅画，暗暗发笑。马知节疑惑不解，问他为什么发笑。那农民回答说："我这个耕田人，不懂得画，但是却熟悉真正的活牛。那牛打架时，总是把尾巴紧紧地夹在大腿中间，即使身强力壮的人，使尽全身力气，也不能拉出它来。而这张斗牛图，牛都举起尾巴，这似乎很不相像啊。"马知节听了，对农民的见识很佩服。

这个故事说明有实际生活经验的人往往有真知灼见。

怪哉冤虫

典出《太平广记》。

汉武帝幸甘泉，驰道中有虫，赤色，头、牙、齿、耳、鼻尽具。观者莫识，帝乃使东方朔视之，还对曰："此虫名怪哉"。昔时拘系无辜，众庶愁怨，咸仰首叹曰："怪哉！怪哉！"盖感动上天，愤所生也，故名"怪哉"。此地必秦之狱处。即按地图，信如其言。上又曰："何以去虫？"朔曰："凡忧者，得酒而解，以酒灌之当消。"于是使人取出置酒中，须臾糜散。

秦始皇统一六国后，建立起中央集权统治，推行严刑峻法。无辜百姓也常常被关在狱中，饱受折磨。

到了西汉时期，有一次汉武帝乘车前往甘泉宫。行至长平坂道中，走在前面的随从发现大路上有一种奇怪的虫，全身红得发紫，长着类似人的头和眼睛、嘴巴、牙齿等。众人感到惊奇，赶紧跑去报告汉武帝，汉武帝派了些有学问的人去察看，但谁也说不出这是什么虫。

汉武帝有一个臣子叫东方朔，最为聪明博学。他也跟着汉武帝出来了，在后面的车中。汉武帝派人叫东方朔去看虫，东方朔说："这是因为秦代拘禁无辜的老百姓在狱中，众人心中忧愁，糊里糊涂地吃了官司，都仰头叹息'怪哉'。这种虫就是忧冤之气所结，名叫怪哉。这个地方一定是秦代的监狱。"汉武帝派人去拿地图来对照，这里果然是秦代设监狱的地方。

汉武帝又问东方朔，该用什么方法对付这种虫。东方朔说："大凡人有忧愁，都喜欢用酒来化解。这种虫是忧冤所结，想来用酒也可消解。"汉武帝命人取了酒来。随从们将虫捉来放到酒里，果然一会儿就消散了。大家都佩服东方朔无所不知，真是奇才。

后人用"怪哉冤虫"的典故比喻人有冤愤，郁结难消。

囫囵吞枣

典出《湛渊静语》。

客有曰："梨益齿而损脾，枣益脾而损齿。"一呆弟子思久之，曰："我食梨则嚼而不咽，不能伤我之脾；我食枣则吞而不嚼，不能伤我之齿。"狎者曰："你真是混沦吞却一个枣也。"遂绝倒。

有个客人说："梨子对牙齿有益处，却损害脾脏；枣子对脾脏有好处，却损害牙齿。"一个呆头呆脑的青年人想了很久，猛然醒悟地说："我如果吃梨子，就只嚼不吞，那就不能伤害我的脾脏了；我如果吃枣子，就只吞不嚼，那就不会伤害我的牙齿了。"有个熟人跟他开玩笑说："你真是囫囵吞下个枣子啊。"满座的人都笑得前俯后仰。

"囫囵吞枣"这个成语比喻不求甚解。

将勤补拙

典出《自到郡斋，公经旬日，方专公务，未及归游，偷闲走笔题二十四韵》。

救烦无若静，补拙莫如勤。

公元825年，唐敬宗李湛任命大诗人白居易为苏州刺史。当时的苏州已是一个交通发达，商业繁盛，人口众多的重镇。白居易被派到此任职，深感自己肩负着重大的责任。

到职以后，白居易顾不上一洗旅途的疲劳，更顾不上去玩赏苏州的名胜古迹，马上投入了紧张的工作。他召集下属，询问公务，调查研究，制定治理措施，每天从早忙到晚，有时甚至工作到深夜。白居易喜好饮酒和音乐，但到苏州以后，由于公务繁忙，往往十天来滴酒不沾口，个把月不听一次音乐。

后来，白居易给他的朋友写了一首诗，谈了自己当时的心情，诗中写道：自己笨拙，担当不起苏州刺史这样的重任，除了用勤奋来补救外，没有其他办法。

白居易以勤补拙、勤政爱民的举动深得苏州人民的爱戴和崇敬。

"将勤补拙"指用勤奋补救笨拙，含自谦之意。

举一反三

典出《论语·述而》。

> 举一隅不以三隅反，则不复也。

孔丘是我国历史上的一位教育家，据说，他门下的弟子有 3000 人。《论语》是记录孔丘和他的学生对话的一本书。

记载，有一天孔丘对他的学生们说："我举出一个墙角，你们就应独立思考，融会贯通，而联想推类到其余三个墙角，并用其余三个墙角来反证我指出的一个墙角；如果不是这样的用心去学习和灵活运用，那么我就不再教你们了。"

后人用"举一反三"比喻善于推理，能由此及彼。

脍炙人口

典出《孟子·尽心下》。

> 脍炙，所同也；羊枣，所独也。

春秋时的曾参是个孝子。他的父亲曾晰喜欢吃羊枣（一种野生小柿子，俗名牛奶柿）。曾晰死后，曾参竟不忍心再吃羊枣。因此被儒家传为美谈。

有一次，孟子的学生公孙丑就这件事向孟子提出了问题："脍炙（精美的肉食）和羊枣哪样东西好吃？"孟子说："当然是脍炙好吃。"公孙丑说："那么曾参父子一定都爱吃脍炙了，可为什么父亲死后，曾参只戒羊枣，不戒脍炙呢？"

孟子回答说："脍炙，人所同嗜，是大家都爱吃的；羊枣却是曾晰的特殊嗜好，所以曾参继续吃脍炙而不吃羊枣。"

后人用"脍炙人口"比喻人人赞美和传诵（多指诗文）。

老面鬼

典出《谐铎》。

　　吾师张楚门先生设帐洞庭东山时，严爱亭、钱湘舲俱未入词馆，同堂受业。一夕，谈文灯下，疏棂中有鬼探着而入。初犹面如箕，继则如覆釜，后更大如车轴。眉如帚，眼如铃，两颧高厚，堆积俗尘五斗。师晚微笑，取所著《橘膜编》示之曰："汝识得此字否？"鬼不语。师曰："既不识字，何必装此大面孔对人！"继又出两指弹其面，响如败革。因大笑曰："脸皮如许厚，无怪汝不省事也。"鬼大惭，顿小如豆。师顾弟子曰："吾谓他长装此大样子，却是一无面目人，来此鬼混。"取佩刀砍之。铮然堕地，拾视之，一枚小钱也。

　　张楚门先生在太湖洞庭东山教书时，严爱亭、钱湘令都还没有进翰林院，他们在一起听张先生讲课。一天晚上，师生们在灯下谈论诗文，忽然，有一只鬼从那窗格里伸进头来。起初鬼脸不过撮箕那么大，接着，就像倒罩着的一口大锅，最后更加大得像口车轴。脸上的眉毛像扫把，眼睛如铜铃，两边的颧骨高高突起，上面堆积的尘土足足有半担。张先生瞟了它一眼，微笑着，拿出自己写的《橘膜编》给它看，说："你认得这些字吗？"鬼默默不语。先生说："既然斗大的字都不认得，何必装成这么个大面孔来吓人！"接着，先生又伸出两个指头弹弹那鬼脸，响声就像那破败的牛皮一样。先生又大笑着说："原来脸皮这样厚，难怪不懂事呢。"鬼十分惭愧，一下子缩小得像一粒豆子。先生回头对学生们说："我说这怎么装出这么个大得吓人的样子，却原来是个完全没有面孔的家伙，跑到这里来鬼混。"顺手拿起佩刀对着鬼头砍下去，"铿锵"一声响，鬼头掉在地上，捡起来一看，原来是一枚小小的铜钱。

陋室铭

典出《全唐文》。

　　唐代诗人刘禹锡由于主张改革旧政，被从京城贬到和州（今安徽和县）当一个小官判。和州知府是个势利小人，看刘禹锡被贬，又对自己不恭敬，就想办法整治他。按规定，通判应住三大间前廊后厦的大宅院，但知州却在城南门外给他

三间小瓦房住。谁知刘禹锡根本就没理会房大房小，一看房子正对大江，还挺高兴，随手写了一副对联贴在门上："面对大江观白帆，身在和州思争辩。"

过了几天，知州听说刘禹锡对住房无所谓，每日吟诗读书，挺自在，又恼又怒，吩咐下人给他搬家，搬到只有一间半的北门外一处茅草房里。这次刘禹锡明白知州的用意了，但他仍不露声色，依旧读书作诗，游山玩水，而且又在门前贴了副对联："杨柳青青江水平，人在历阳心在京。"

知州见刘禹锡还是不买自己的账，既不来拜访自己，也不来送礼，气得胡子都撅了起来，于是又命人给刘禹锡搬家。刘禹锡这半年多时间，连搬三次家，这回只是一间房。刘禹锡看到房前有一棵枯树，而旁边却是一片欣欣向荣的绿荫，他当即又在门前贴上一副对联："沉舟侧畔千帆过，病树前头万木春！"

刘禹锡依然是每日读书访友，和当地的文人墨客联诗联句。转眼又是一个多月过去了，知州还不见刘禹锡对自己有什么表示，心想，这准是个书呆子，是块石头！于是他命人把放在衙门口前的一块上马石给刘禹锡送去，想要羞辱刘禹锡一番。

这天，刘禹锡访友归来，心情很好，看看自己的小屋子，里面一张床、一张桌、一张椅、一架书、不觉欣然命笔，写了一篇盛赞这小屋的《陋室铭》。

"山不在高，有仙则名；水不在深，有龙则灵，斯是陋室，唯吾德馨……"

短短的百字小文，却洋溢着蓬勃向上，傲岸不屈的精神。谁知刚写完，知州那块石头就送到了。刘禹锡看看这块三尺半长，一尺多高，一尺多宽的石头，顿时一个主意涌上心头。他满脸笑容地对来人说："请回去对知州大人说，我刘禹锡多谢他的礼物！"知州听完回报，心里又好气又好笑，更觉得这是个十足的书呆子了。

刘禹锡请一位石匠，把自己那篇《陋室铭》工整地刻在了这块石头上，放在自己的书架前。

直到今天，《陋室铭》石刻一直保留在和州，供来往的人们观赏凭吊。同时，人们也通过这块石刻，了解了刘禹锡身居陋室，不改高洁本性的品质，同时也看到了当年那个知州的丑恶嘴脸。

门墙桃李

"门墙"也叫"宫墙"，典出《论语》。

譬之宫墙：赐之墙也，及肩，窥见室家之好；夫子（指孔子）之墙数仞，不得其门而入，不见宗庙之美、百官之富。得其门者或寡矣。夫子（指叔孙武叔）之云，不亦宜乎！

子贡，春秋时卫国人，姓端木，名赐，是孔子的得意门生之一。鲁国大夫叔孙武叔曾在朝中向其他大夫说："看来子贡要比他老师强些。"这话传到了子贡的耳朵里，他就说：

"拿住宅四周的围墙来说，我家的围墙，才肩头那么高，从墙外向里一望，屋子里有什么比较好的东西，谁都能全部看得清清楚楚；而我老师家的围墙却有几仞高（周尺七尺为一仞），要是找不到大门、走不进去，就根本没法看到里面祖庙的雄伟美观、各种房屋的富丽堂皇。不错，有幸而从我老师的大门走进去的人，恐怕是不多的。这样看来，武叔他老人家说出那样的话，不是也难怪吗！"子贡这段话是说自己的品德学问都肤浅有限，无法同他高深渊博的老师相比。

后来，人们就称师门为"门墙"。形容初步学得一点东西，叫做"入门"。

"桃李"典出刘向《说苑·复思篇》。

阳虎在卫国犯了罪，便来到北边的晋国，对赵简子说："今后我再也不培养人了。"

赵简子问："为什么？"

阳虎说："坐在厅堂上判事的人一半以上是我培养的，朝廷的官吏、边境的将士，经我荐举的也都在一半以上。可是现在，堂上之人叫国君冷落我，朝中之吏叫大伙仇视我，边境之士叫军队搜捕我。"

赵简子说："种桃李的人，夏天可以在它们的绿荫下乘凉休息，到秋天还可以有果子吃；种蒺藜的人，夏天既不能从它们那里得到乘凉的荫地，到秋天它们还会长出许多刺来刺人。现在看来，你所植的都是蒺藜。以后一定要先择对象，而后加以培植，不要先培植，后选择。"

门墙：指师长之门。桃李，比喻后辈学生。用以尊称他人培养出来的学生。

妙笔生花

典出《开元天宝遗事·梦笔头生花》。

唐代诗人李白是继屈原之后我国古代又一位伟大的浪漫主义诗人。他的诗歌在我国文学史上闪耀着灿烂的光芒。传说，他少年时代曾做过一梦，梦见他的笔头上生了花。后来便天才赡溢，文思敏捷，斗酒百篇，超群出众。

而今天看来，李白在诗歌创作上的伟大贡献，绝非得力于梦，而是他丰富的经历和刻苦学习的精神所铸成的。

后人把"梦见笔头生花"说成"妙笔生花"，用来称赞别人杰出的写作天才。

名人酒徒

东晋偏安江南约 100 年，当时最流行的风俗是清谈。有人不务世事、高谈空论；有人放浪形骸，饮酒高歌，竹林七贤中的刘伶就是纵酒放荡最出名的一个。

刘伶当时在东晋做建威将军，每天都要饮一石酒。有时不醉、有时微醉，酒醒以后又继续饮五斗。刘伶一想喝酒就向其妻要，他的妻子很不赞成刘伶这样狂饮，就对他说："喝酒非养生之道。"劝他戒酒，刘伶回答说："你的意见很对，我发誓从此戒酒，今天你给我买五斗酒，饮最后一次。"刘伶拿到五斗酒以后，又说："天生刘伶，以酒为名，一饮一石，五斗解酲，妇人之言，慎莫可听。"说完又狂饮起来。

当时，如刘伶这样嗜酒的不乏其人，下面略举一二。

晋末宋初的陶渊明是名闻遐迩的田园诗人，他辞官以后就住在庐山的栗山与里山之间的一块大石头旁。这块大石可坐 10 人，在此可仰视瀑布，他在兴致来时坐在大石上饮酒，酒醉后就仰卧在大石上。他的朋友颜延之顺路来看他。就与他同饮。见他生活困顿，临走留下二万钱让他买米，而陶渊明得到钱却又送给酒家了。

据说吴兴太守陆纳与大司马桓温是酒友。陆纳问桓温的酒量，桓温说："饮酒三升就会醉，吃肉不过十块。"陆纳临行时邀桓温喝酒，桓温欣然接受。陆纳只带来酒一斗，鹿肉一块，同座的人怪他带的酒肉太少。陆纳则说："桓公的酒量只有三升，我的酒量只有二升，所以只带一斗酒来。"说完，宾客们才觉得陆纳为人的确率真，他只管自己和约好的酒友。

牛角挂书

典出《新唐书·李密传》。

闻包恺在缑山，往从之。以蒲鞯乘牛，挂《汉书》一帙角上，行且读。越国公杨素适见于道，按辔蹑其后，曰："何书生勤如此？"密识素，下拜。问所读，曰："《项羽传》。"因与语，奇之。

隋代襄阳人李密，专心向学，从来不浪费一分钟，因此，他的学习生活是相当紧张的。有一次，他到缑山（有作猴山）去，怕旅途之中耽搁时间太多，出发以前，想出了个一面行路一面读书的好办法：他用蒲公英编织了个鞍子放在牛背上，把要看的汉书挂在牛角上。就这样，他很舒服地骑着牲口，一手拿书本，一手牵缰绳，走着走着，几乎跟在屋子里没有两样。

走在途中，因为李密的注意力太集中了，他一动也不动，像是一座雕塑摆在牛背上。正巧，当朝大臣杨素也经过这里，见到牛上还有这般好学的人，便顾不得自己赶路，偷偷地紧跟在后边，走上一大段路，李密一点都不知道。直到他挪转牛头，准备另换一本书的时候，杨素才和他谈话，问他看什么书。这时候，李密也只是勉强动了动脑袋，向身边一瞥，漫不经心地说："看《项羽传》！"

后人用"牛角挂书"比喻勤奋读书。

歧路亡羊

典出《列子·说符》。

杨子之邻人亡羊，既率其党，又请杨子之竖追之。杨子曰："嘻！亡一羊，何追者之众？"邻人曰："多歧路。"既返，问："获羊乎？"曰："亡之矣。"曰："奚亡之？"曰："歧路之中又有歧焉，吾不知所之，所以返也。"

杨子是战国时代的一个大学问家，有一天，他的邻居丢了一只羊。那人央请了许多亲戚朋友一道去寻找。杨子说："丢了一只羊，何必要这么多人去寻找呢？"邻居说："因为岔路太多，不多请些人，就不能分头寻找呀！"等了一会，找羊的人都先后空手回来。

杨子说："这么多的人去寻找，怎么还会让一只羊丢了呢？"邻居说："因为岔路太多呀！每条岔路之中又有许多岔路。因此没有办法寻找，人们只得回来了。"杨子听了，低下头，整天闷闷不乐。一个学生问杨子，说："邻居丢走了一只羊，这算不得什么大事，也和老师没有什么牵连，又何必为了这事整天发愁呢?"杨子说:"你说的也不错,但我整天想的并不单是邻居丢了羊这件事情;而是连带想到求学问的道理。我们求学问要是没有正确的方向而只是盲目的东钻钻、西钻钻,那就会白白花费了很多的时间与精力,永远达不到目的。结果将要像岔路上寻羊一样,还是寻找不到。"

后来人们用"岐路亡羊"比喻迷失方向,或者比喻事理复杂、事绪纷繁,容易犯错误。

取长补短

典出《孟子·滕文公上》。

今滕,绝长补短,将五十里也,犹可以为善国。

战国时代,滕文公做太子时,曾去各国访问。有一次,他去楚国路经宋国时,会见了孟子。孟子给他讲了一些人性本是善良的道理,又勉励他要以尧舜之道来治理天下。滕文公回国时又在宋国会见了孟子。孟子怕他还不明白人性本善和以仁政治理天下的道理,又给他讲了文王、周公的治国之道。当谈到滕国还是可以治好时,他说:"现在的滕国,如果截长补短,将近有五十平方里的国土,如能以仁政来治理天下,滕国还能成为一个好国家。"他停了一下接着说:"但如不振作精神去痛除积弊,那也就难说了。"滕文公听了孟子这番议论未置可否,只是微微笑了一笑。

后人把"绝长补短"说成"取长补短",用来表示虚心学习别人的长处,用以弥补自己的短处。

身有至宝

典出《龙门子凝道记·先王枢》。

西域贾胡有持宝来售,名曰者,其色正赤如朱樱,长寸者,直踰数十万。龙门子问曰:"可乐饥乎?"曰:"否。""可已疾乎?"曰:"否。""能逐厉乎?"曰:"否。""能使人孝悌乎?"曰:"否。"曰:"既无用如

是，而价数十万，何也？"曰："以其险远，而获之艰深也。"龙门子大笑而去，谓弟子郑渊曰："古人有云：黄金虽重宝，生服之则死，粉之入目则眯。宝之不涉于吾身者尚矣。吾身有至宝焉，其值不待数十万而已也。水不能濡，火不能，风日不能飘炙；用之则天下宁，不用则身独安，乃不知夙夜求之，而唯此为务，不亦舍至近而务至远者耶！"

西域的一个经商的胡人，拿着一件名叫璔的宝玉前来出售。宝玉的颜色像樱桃一样鲜红，直径不过一寸，价值却超过了数十万。

龙门子问道："可以充饥吗？"回答说："不能。""可以治病吗？""不能。""能够驱灾免祸吗？""不能。""能够使人孝悌吗？""不能。"龙门子然后说："既然如此无用，为什么价值高达数十万呢？"胡商说："因为它藏于险峻的地方，很难获得。"

龙门子听了大笑，拂袖离去，对弟子郑渊说："古人曾经讲过，黄金虽然贵重，但生吞下去，人就会死去，它的粉末进入眼里，人就会变瞎。宝物对我们自身没有什么好处，如此，要它干什么呢！其实，人类自身就有无价之宝，它的价值绝不只数十万；而且水不能淹没它，火不能烧毁它，风吹日晒也不能损伤它；应用它可以使天下安宁，不用它也可以保重自身。这样宝贵的东西居然不知勤奋探求，而专为寻找璔一类的宝物而忙碌奔波，不是舍近求远吗？"

"身有至宝"这个典故告诫人们要广开才路，特别要重视人才的使用。人是最宝贵的，人的聪明才智比任何珠宝都贵重。

失之毫厘，差之千里

典出宋代司马光《资治通鉴·汉记》。

赵充国是西汉时代的上邽（今甘肃清水县）人。有一次他奉汉宣帝的命令去西北地区平定叛乱。

到了那儿，一看地势，发现叛军的力量虽大，但军心不齐，他就决定采取招抚的办法。经过他的努力，果然有1万多叛军前来投诚。赵充国便打算撤回骑兵，只留一小部分队驻留原地开垦土地，等待叛军全部归顺。

可是还未等到他把情况上报皇帝，皇帝却已下达了限时全面攻击叛军的命令。经过再三考虑，赵充国决定还是按照自己原来的打算去做招抚叛军的工作。

赵充国的儿子赵卬听到这个消息，急忙派人劝他父亲接受命令，省得因违抗

皇帝命令而遭杀身之祸。这使得赵充国想起了种种往事。

赵充国曾向皇帝建议让酒泉太守辛武贤去驻守西北边境，但皇帝却派了不懂军事的义渠安国带兵，结果被匈奴人杀得大败。

有一年，金城、关中粮食大丰收，赵充国向皇帝建议收购300万石谷子存起来，那么边境上的那些人见到军队的粮食充裕，他们想叛变也不敢动了。

可是后来耿中丞只向皇帝申请买一百万石，皇帝又只批40万石，义渠安国又轻易地耗费了20万石。正由于做错了这两件事，才发生了这样大的动乱。

赵充国想到这些，深深地叹了口气说："真是'失之毫厘，差之千里'啊！如今战事未停，危机四伏，我一定要用生命来坚持我的正确主张，替皇帝扭转这个局面。我想，明达的皇帝是可以对他讲真心话的。"

于是赵充国把他撤兵、屯田的设想奏报皇帝。宣帝终于接受了他的主张，最后招抚了叛军，取得了安邦定国的结果。

毫厘都是长度单位。"失这毫厘，差之千里"形容稍微相差一点，就会导致极大的错误。

食肉寝皮

典出《左传·襄公二十一年》。

食其肉，而寝处其皮矣。

晋国有个人叫州绰，此人聪敏、勇敢而又善战。有一次，齐晋两国在平阴打仗，州绰获胜，并生俘了齐国勇士殖绰和郭最。后来，州绰的好友栾盈与晋国当权的范宣子有矛盾，栾盈被囚，州绰因此出奔齐国。

有一天早朝，齐庄公指着殖绰、郭最说："他们是我的勇士啊！"州绰心中不服，便说："大王认为他们是勇士，谁又敢说不是呢？不过在平阴一战，他们是被我生俘过的。"

不久，庄公准备封一批勇士，其中有殖绰、郭最，但却没有州绰。为此，州绰很不满意地对庄公说："前次齐晋之战，我从平阴打到了齐国的都城，在都城的东门从容不迫地数点过东门的门板，难道还不算勇敢吗？"庄公解释说："你那时是替晋国打我们齐国啊！你到我们齐国来还不久啊！"州绰十分恼怒地说："我在齐国虽是新仆，但殖绰、郭最被我生俘时，他们好比禽兽一般，我恨不得吃他们的肉，把他们的皮剥下来垫着睡觉，那算什么英雄！"齐庄公不管州绰如何恼怒，还是没有封他为勇士。

后人把"食其肉，而寝处其皮"简缩成"食肉寝皮"，用来表示仇恨极深。

司马懿攻八卦阵

典出《三国演义》。

诸葛亮出师北伐，魏国将军司马懿率军到祁山，与蜀汉军对抗于渭滨。这里一边是河，一边是山，中央平原旷野，确是一处好战场！

两军相迎，各用箭射住阵脚。三通鼓罢，魏阵中门旗开处，司马懿出马。这边孔明端坐在四轮车上，手摇羽扇，态度安闲。司马懿劝孔明回兵。孔明笑答："等我收了中原，自然回兵。"司马懿大怒，要与孔明决一胜败。孔明笑问："你想要斗将，斗兵，还是斗阵法？"司马懿要先斗阵法。孔明轻摇羽扇，把早在汉中操练精熟的八卦阵布成，问："识得此阵吗？"司马懿说："这是八卦阵，怎么不识！"孔明又问："识是识了，可敢攻打？"司马懿说："识了便敢打。"他叫3名将领各引30名骑兵，吩咐他们从正东生门杀入，往西南休门杀出，再由正北开门杀入。三人领兵杀入生门，往西南冲去，却被蜀兵射住，冲突不出。阵中门户重重迭迭，难分方向。三将不能相顾，只管乱冲乱撞，弄得魏军精疲力竭，昏昏沉沉，一个个都被缚住。孔明下令将他们的衣服脱了，脸上涂墨。放出阵去。叫他们回去告诉司马懿，"再读兵书，策观战策，那时再来决雌雄，也不为晚"。

3个魏将和90名军士，面涂黑墨，光着上身，从蜀阵中步行逃出，向魏阵奔来。司马懿一见，咬牙切齿，怒气冲天，说："如此挫败锐气，有何面目见中原大臣！"他拔剑在手，指挥三军，向蜀军冲来，想一举攻破八卦阵，报仇雪耻。结果，八卦阵没有攻破，魏兵反被伤亡了十分之六七，司马懿只好败退了。

"司马懿攻八卦阵"，比喻态度不老实，不了解事情的真相假装了解，结果自己吃亏。

探玄珠

典出《叔苴子·外编卷二》。

昔人闻赤水中有玄珠也，相与泳而探之。维时有探得螺者，有探得

蚌者，有探得石卵与瓦砾者，各自喜为获玄珠也。

象罔闻之，掩口失声而笑。人攻象罔。象罔逃匿黄帝所，三年不敢出。

吁，今学士之测经索理，皆是类也。

从前，人们听说赤水里有玄珠，都争着游泳去摸取。当时，有人摸到一只螺蛳，有人摸到一只蚌蛤，有人摸到一颗鹅卵石，有人摸到一块瓦片。大家都非常高兴，自以为摸到了真正的玄珠。

象罔听到这件事，禁不住掩着嘴巴笑起来。大家听说象罔嘲笑他们，都围攻象罔。象罔没法，只好逃到黄帝那里躲避，三年不敢出来。

唉，现在那些轻易猜测和解说经典的书生，都是这一类人啊。

这个故事说明强不知以为知者最怕别人揭他的底。

王寿负书而行

典出《韩非子·喻老》。

王寿负书而行，见徐冯于周涂。

冯曰："事者，为也。为生于时，知者无常事。书者，言也。言生于知，知者不藏书。今子何独负之而行？"

于是，王寿因焚其书而舞之。

王寿背着一大包书走路，在四通八达的大道上碰见了徐冯。

徐冯说："做事情，是人们的行为。人们的行为都是在适当的时机中产生的，因此，智者没有固定不变的行为。书本上所记载的，都是人们的言论。言论是由人们的知识而产生的，因此知者不藏书。现在，你为什么要背着书走路呢？"

于是，王寿便烧了那些书，并且高兴地跳起舞来。

"知者无常事"，固然是对的，教人不要死读书、不要读死书、不要读书死，也都是对的；可是，"知者不藏书"，反知识，反学习，以致"焚其书而舞之"，这就成为读书无用论的老祖宗，无非是原始的农民意识的反映。

韦编三绝

典出《史记·孔子世家》。

> 孔子晚而喜《易》，读《易》韦编三绝。

孔子到了晚年，特别喜欢阅读《易经》。司马迁在写《孔子世家》时说："孔子晚而喜《易》，读《易》韦编三绝……假我数年，若是，我于《易》则彬彬矣。"意思是说孔子晚年喜欢读《易经》，翻来复去地读，把编简册的绳子都翻断了多次……在这种情况下，他还自言自语地说："就这样读它几年，那我对《易经》也就学深学透了。那时，我一言一行都会更加文质彬彬的了。"

后人用"韦编三绝"来形容读书认真，百读不厌。

问一得三

典出《论语·季氏》。

> 陈亢退而喜曰："问一得三：闻《诗》，闻《礼》，又闻君子之远其子也。"

孔子的儿子叫孔鲤，字伯鱼。当时，在孔子的学生中，有些人认为孔子在教学上不一定把全部知识都传授给学生，还有人怀疑孔子可能教对自己的儿子的更多一些。

有一天，孔子的学生陈亢问伯鱼："您在老师那里听到过什么特别的教导吗？"伯鱼回答说："没有。有一天，他一个人站在那里，我快步经过庭院。他问我：'学过《诗》吗？'我说：'没有。'他说：'不学《诗》，在官场中就不会说话。'我回去就学《诗》。又有一天，他又是一个人站在那里，我从他面前快步经过庭院。他问我：'学过《礼》吗？'我说：'没有。'他说：'不学《礼》，就站不住脚。'我回去后就学《礼》。我只知道这两件事。"

陈亢听了孔鲤的回答，心里很高兴。他说："我提一个问题，得到三点收获：

了解到学《诗》的道理；了解到学《礼》的道理；又了解到君子不偏向自己的儿子。"

后人用"问一得三"比喻问的少，得到的多。

无益反损

典出《笑禅录》。

举：《坛经》云："诸佛妙理，非关文字。"说：一道学先生教人只体贴得孔子一两句言语，便受用不尽。有一少年向前一恭，云："某体贴孔子两句极亲切，自觉心广体胖。"问："是哪两句？"曰："食不厌精，脍不厌细。"颂曰：自有诸佛妙义，莫拘孔子定本；若向言下参求，非徒无益反损。

有一个道学先生本身就是半瓶子醋，他教育他的学生说："只要懂得孔老夫子的一两句言语，就会受用不尽。"话刚讲完，有一个学生上前深鞠一躬说："教师说得太好了，我对孔老先生的两句话感到非常亲切。"这位先生问："是哪两句话啊？"学生说："'食不厌精，脍不厌细'。"

后人用这则寓言强调对于经典著作的言论不能寻章摘句，机械执行，否则无益反损。道学先生教人只要能体会孔子一两句话便受用不尽，他们把孔子由凡人捧为神人，认为孔子的言论一句顶一万句，完全是欺人之谈。

学而不厌

典出《论语·述而》。

学而不厌，诲人不倦，何有于我哉？

孔子在教学上有丰富的经验，常常和学生们一道研讨问题。他一走入学生群中，学生们总是提出各种问题来请教他，而孔子总是耐心地给学生解答。一天上课之余，一个学生问孔子道："老师，你苦口婆心地教导我们，希望我们将来有出息，根据目前我们的实际情况，你觉得哪些问题应该引起我们注意，哪些事情是你最忧心的呢？"孔子和善地看了看这个学生，然后说："品德没有很好地培养，学问没有很好地深钻巩固，听到说要做好事，却不身体力行，自己有了缺点，却不立即改正，这些都是我的忧虑。"接着另一个学生问道："老师，我们学得的知识怎样才能巩固呢？"孔子回答说："学了之后，要经常复习，才能把学得的知识巩固下来，才会越学越有兴趣。"孔子给学生解答问题恳切又耐心，释去了学生脑海中一个又一个的疑问，大家很受感动，情不自禁发出了感叹：老师真好啊！老师不但在学习上不知疲倦，而在教导我们上又这样耐心，真是难能可贵啊！孔子听了学生们的赞扬，谦逊地说："学习努力不厌弃，教导别人不知疲倦，这些事我做到了哪些呢？"

后人用"学而不厌"表示专心学习，不知疲倦，不知满足。

晏子使楚

典出《晏子春秋·内篇杂下》。

晏子使楚。楚人以晏子短，为小门于大门之侧而延晏子。晏子不入，曰："使狗国者从狗门入，今臣使楚，不当从此门入。"傧者更道，从大门入。

见楚王。王曰："齐无人耶？使子为使。"

晏子对曰："齐之临三百闾，张袂成阴，挥汗成雨，比肩继踵而在，何为无人！"

王曰："然则何为使子？"

晏子对曰："齐命使，各有所主。其贤者使使贤主，不肖者使使不肖主。婴最不肖，故宜使楚矣。"

齐国的晏子出使到楚国去。楚国人认为晏子身材矮小，想奚落他一顿，事先在大门旁边开了个小门。晏子到了，楚人请晏子从小门进去。晏子不肯进去，说："只有出使狗国的人，才从矮小的狗洞中爬进去。今天，我是出使堂堂的楚国，不应当从这扇狗门进去。"招待他的人只得换一条路，让晏子从大门进去了。

晏子拜见楚王。楚王说："齐国没有人吧？怎么派遣你做使者！"

晏子回答说："齐国的都城临淄横街竖巷，鳞次栉比，人来人往，熙熙攘攘，人们张开袖子，可以遮住半边天；大家甩一把汗，整个天空就会像下雨一样，喧腾的人流中，人们肩并着肩，脚挨着脚，怎么会没有人呢!"

楚王说："既然如此，那么为什么要派遣你这样的人?"

晏子回答说："我们齐国派遣使者，各有一定的对象。哪个国家的君主贤明，就派有远见卓识的使者到那里去；哪个国家的君主昏庸，就派不学无术的使者到那里去。我晏婴最没有出息，所以最适宜出使到楚国来。"

一目十行

典出《梁书·简文帝纪》。

太宗幼而敏睿，识悟过人，六岁便属文，高祖惊其早就，弗之信也，乃于御前面试，辞采甚美。高祖叹曰："此子，吾家之东阿。"既长，器宇宽弘，未尝见愠喜。方颊丰下，须鬓如画，眄睐则目光烛主。读书十行俱下。九流面氏，经目必记，篇章辞赋，操笔立成。

南北朝时期梁国的简文帝萧纲，是梁武帝萧衍的第三个儿子。萧纲小时候十分聪颖，识悟过人，刚刚 6 岁他就会写文章，大家都感到惊奇，不肯相信。一天，梁武帝把萧纲叫到跟前，给他出了一个题目，说：

"你就坐在我面前写，我亲眼看着，就知道你到底会不会写文章!"

梁武帝吩咐左右，取来纸笔，萧纲便提起挥写，一会儿工夫便写完了。梁武帝边读边摇晃脑袋，嘴里不停地称赞说：

"好啊，语句流畅，辞采甚美，我这个儿子快赶上七步成诗的曹植啦……"

萧纲长大以后，非常喜欢读书，而且看得极快，一眼可以看完十行文字，别人对他看书的速度简直不敢相信。萧纲对各种各样的书籍都看，九流百氏，诸家学说，无所不晓。尤其喜欢诗辞歌赋，拿起笔来就能写上一篇。他办事也很干练，十几岁就能独立处理事物。

梁武帝死后，萧纲即位，当上了皇帝，但没有几年就被废掉，接着又被害死，死的时候只有 49 岁。

成语"一目十行"就是由该文中的"十行俱下"一句演变而来，意思是一眼看十行书，后人用它形容看书的速度快。有时也指阅读粗糙。

一知半解

典出《唐宋诗醇》。

> 洵乎独立千古，非一代一人之诗也；而陈师道顾谓其初学刘禹锡，晚学李太白，毋乃一知半解。

宋朝诗人陈师道称赞苏东坡的诗初学刘禹锡，后学李太白。清朝乾隆十五年御定的《诗醇》却不同意这种说法。《诗醇》在评论苏轼的诗时写道："洵乎独立千古，非一代一人之诗也；而陈师道顾谓其初学刘禹锡，晚学李太白，毋乃一知半解。"意思是相信宋代大诗人苏轼的诗真是独立千古，不能当成一个时代一个人的诗来看，而宋代诗人陈师道认为苏轼的诗开始学刘禹锡，晚期学李太白，这是对苏轼之诗并不十分了解的说法。

后人用"一知半解"来表示对问题了解得不深不透，所知不多。

依样画葫芦

典出《东轩笔录》卷一。

> 穀不能平，乃俾其党与，因事荐引。以为久在词禁，宣力实多。亦以微伺上旨。太祖笑曰："颇闻翰林草制，皆捡前人旧本，改换词语，此乃俗所谓依样画葫芦耳，何宣力之有？"穀闻之，乃作诗于玉堂之壁曰："官职须由生处有，才能不管用时无。堪笑翰林陶学士，年年依样画葫芦。"太祖益薄其怨望，遂决意不用矣。

宋代陶穀文才出众，任翰林院学士，自认为才高位低，心中愤愤不平，于是使亲朋好友在宋太祖赵匡胤面前举荐，声称陶穀久居宫廷词林，为陛下写了不少文章，出力很多，应该提拔。陶穀本人也巧妙地对宋太祖进行暗示，略表不满。宋太祖笑着说："我经常听说，翰林学士们写文章，都是抄袭前人旧作，改换改换词语而已。这正如俗话所说：照着葫芦的样子画葫芦，有什么费力之处呢？"

陶穀听到宋太祖的话以后，就在玉堂壁上题了一首诗，发泄自己的不满。他写道："官职须由生处有，才能不管用时无。堪笑翰林陶学士，年年依样画葫芦。"宋太祖对他的怨望之意更加瞧不起，下决心不再任用他。

"依样画葫芦"就是从这个故事来的。一作"依样葫芦"。人们用它比喻模仿别人，缺乏新意，没有创意。

映月读书

典出《南史·孝义传》。

> 江泌，字士清，……少贫，昼日斫屟为业。夜读书，随月光，光斜则握卷升屋，睡极堕地则更登。

南朝齐代的江泌，小时家穷。白天，他要帮助家庭搞些手工业来维持生活。晚上，人们休息了，他却抓紧时间来学习。屋子里没灯光，他把书本拿到屋子外面，利用月光学点东西。月光是要移动的，慢慢地西斜了，江泌就搬梯子来，搁在墙脚下，站在梯子上念书；跟着月亮下坠，他也一级一级升高，一直爬到屋顶。有时，他白天工作累极了，晚上精神支持不住，看看书本，人渐渐地迷糊起来，眼睛闭上了，人就从梯子上摔下来。江泌摔痛了，也摔醒了，神志反而振作起来。于是，他拾起地上的书本，好像没这回事似的，身上的泥土也不掸掉，又赶紧爬上了梯子，继续一句一句地读下去。

后人用"映月读书"形容勤奋读书。

谋略篇

乘虚直入

典出《资治通鉴·唐纪》。

> 守州城者皆羸老卒，可乘虚直抵其城。

唐代安史之乱以后，唐王朝的统治大大削弱，各地藩镇兴起，它们各自为政。当时淮西节度使吴元济盘据蔡州，为非作歹，烧杀抢掠，无所不为，闹得民众困苦不堪。唐王朝虽曾派兵征讨，但却无法平息。宪宗元和十年（公元816年）十二月又派李愬前往讨伐。

李愬到蔡州后，故意放出风声说："我是来安抚蔡州军民的，不是来打仗的。"以此麻痹乱军，使其放松警惕。同时，李愬积极前往慰问降兵降将，了解吴元济军中情况。有一天李愬和降将李祐一起聊天，谈到吴元济军中情况时，李祐对李愬说："蔡州精兵全在洄曲及四境拒守，守蔡州城的都是些老弱残兵；可乘其不备，径直攻打蔡州。"李愬听了，觉得此计可行，十分高兴。之后，李愬做好了进攻的准备，选了个大雪纷飞的夜晚，带领人马，飞奔蔡州。李愬之军进入城内，竟没有人觉察。凌晨时分，李愬潜入吴元济宅外，吴元济还在熟睡之中。李愬命令下属攻打牙城，夺取武库，烧其南门，百姓争先恐后负薪相助。全面进攻一开始，城头上飞箭如雨，杀声震天，到了申时，吴元济自知无力抵抗，便上城请降。

"可乘虚直抵其城"后被简化成"乘虚直入"或"乘虚而入"。

后人用"乘虚而入"表示趁着空虚侵入或进攻。

出奇制胜

典出《史记·田单列传》。

兵以正合，以奇胜。善之者，出奇无穷。奇正还相生，如环之无端。

战国时，齐湣王骄傲自大，奢靡腐化，不问国事。临近的燕国乘着这个机会，派大将乐毅带领了五十万精兵，又联合了秦、赵、魏、韩四国兵马，共同进攻齐国，把齐兵打得落花流水，占领了齐国七十座城，只剩下莒城和即墨两个小城没被攻破。齐湣王在逃亡中被人杀死了。

齐国百姓当初恨透了齐湣王，大家无心抗敌，但后来他们看到燕兵奸淫掳掠，都感到国破家亡的痛苦，于是纷纷逃往莒城和即墨，誓死守城抗敌。不久，即墨大夫死了，大家推举田单为守城领袖。

田单是齐王的远族，很有智谋，又懂得兵法，他带领全城军民奋力守城。乐毅围城3年，都没法攻下这座小城。一天，田单知道燕昭王死了，燕惠王继位，他便派人到燕京去散布流言，造成燕王和乐毅之间的猜疑，燕王便派骑劫代替了乐毅。

骑劫是个残暴而又愚蠢的人，他到了齐国，虐待士兵，弄得全军士气低落，人无斗志。田单便乘这一时机，突然发动反攻，乘黑夜用火牛车大破燕兵，不到几个月光景，便完全收复了失地。因而齐人称田单为"齐国之父"。司马迁在《史记·田单列传》中赞扬他说："兵以正合，以奇胜，善之者，出奇无穷，奇正还相生，如环之无端。"

后人由此引申出"出奇制胜"这个成语，意思是使出神奇的策略，取得胜利。

毒蝎去尾

典出《七经纪闻·记蝎》。

管子客商邱，见逆旅童子有蓄蝎为戏者，问其术。曰："吾捕得，去其尾，故彼莫予毒，而供吾玩弄耳。"索观之，其器中蓄蝎十数，皆甚驯，投以食则竞集，撩之以指，骇然纷起窜。观其态，若甚畏人者然。

管子旅居商邱的时候，见客舍的孩子们有养蝎子做游戏的，就问他们制服蝎子的办法。小孩说："我捉到以后，去掉它的尾刺，它就不能毒害我，而我就可以放心玩耍了。"

管子请他们拿来一看，盛放的器具中养了十几条蝎子，都非常驯服。扔进食物，它们就聚集在一起争着吃；用手指去撩拨，便吓得纷纷逃窜。看它们的样子，好像是十分怕人一样。

"毒蝎去尾"这个典故告诉人们，要战胜凶恶的敌人，必须击中要害，解除他们的武装。正如蝎子虽毒，然而一旦去掉它的尾刺，便不能危害于人。

二桃杀三士

典出战国《晏子春秋·谏下二》。

春秋时期，齐国的齐景公有三员大将，他们是公孙接、田开疆、古冶子。三人以勇猛无敌、力大无穷而闻名齐国。

但这三个人都没有修养，态度傲慢无礼，宰相晏婴深以为患，就对齐景公说："我认为贤明的君主手下的将官，应该明白君臣的礼节，懂得上下的规矩。这样，在国内才可以禁绝暴乱，在国外可以阻挡敌人。可是公孙接、田开疆、古冶子这三个人，既无君臣之仪，又无上下之礼，内不可以用来禁暴，外不可以用来拒敌，因此他们是危害国家的人，不如趁早除掉他们！"

齐景公为难地说："他们三人武艺高强，怎么办呢？"

晏婴说："我倒有个主意，你派人去送给他们三人两只桃子，让他们按照功劳大小分配，谁的功劳大，谁就可以吃桃子。"

齐景公按计行事。

公孙接高兴地收下桃子，说："我的力量既能够制伏野猪，又能够逮住猛虎，按我的功劳可以吃桃子。"于是他先拿起一个桃子。

田开疆说："我带兵打仗能够打退敌人三军，我也有资格吃桃子。"于是他也夺去一只桃子。

这时，桃子被拿光了。古冶子愤愤不平地说："我曾经跟随君主出门，有一次过河，马让河中的大龟衔走了，我把大龟杀死，救活了马。若论功劳我应该吃桃子，你们二人还不将桃子给我！"说罢，便拔出剑来，要与公孙接、田开疆交锋。

公孙接、田开疆看见古冶子动了气，心里觉得过意不去，便说："我们的勇猛不如你，我们的功劳也不如你，我们先取了桃子不让给你，是太贪婪了，我们只有一死，才能表示勇敢和义气。"说完，二人拔剑自刎了。

古冶子看到他们二人自杀了，心里很难过，于是丢下桃子也自刎而死。

后人用"二桃杀三士"比喻借刀杀人。

管庄子刺虎

典出《战国策·秦策二》。

> 有两虎争人而斗者，管庄子将刺之。
> 管与止之曰："虎者，戾虫；人者，甘饵也。今两虎争人而斗，小者必死，大者必伤。子待伤虎而刺之，则是一举而兼两虎也。无刺一虎之劳，而有刺两虎之名。"

有两只老虎争吃人肉，正在拼死厮打着。管庄子遇见后，想上前去刺杀它们。

管与连忙阻止他，说："老虎是凶猛的野兽，人肉是老虎最美好的食物。现在，那两只老虎为了抢夺人肉，正在疯狂搏斗，弱小的定会被咬死，强大的也定会被咬伤。等到死的死了，伤的伤了，你再去刺杀，那就能一举刺死两虎。你没用刺杀一只老虎的劳苦，却能得到杀死两只老虎的美名，这该多好啊！"

这个故事说明：办事要把握时机，才能事半功倍，一举两得。

鸿门宴

典出《史记·项羽本纪》。

> 沛公旦日从百余骑来见项王。至鸿门，谢曰："臣与将军戮力而攻

秦，将军战河北，臣战河南，然不自意能先入关破秦，得复见将军于此。今者有小人之言，令将军与臣有郤。"项王曰："此沛公左司马曹无伤言之；不然，籍何以至此？"项王即日因留沛公与饮。项王、项伯东向坐，亚父南向坐。亚父者，范增也。沛公北向坐，张良西向侍。范增数目项王，举所佩玉玦以示之者三，项王默然不应。范增起，出召项庄，谓曰："君王为人不忍，若入前为寿，寿毕，请以剑舞，因击沛公于坐，杀之。不者，若属皆且为所虏。"庄则入为寿。寿毕，曰："君王与沛公饮，军中无以为乐，请以剑舞。"项王曰："诺。"项庄拔剑起舞，项伯亦拔剑起舞，常以身翼蔽沛公，庄不得击。

于是张良至军门，见樊哙。樊哙曰："今日之事何如？"良曰："甚急。今者项庄拔剑舞，其意常在沛公也。"哙曰："此迫矣，臣请入，与之同命。"哙即带剑拥盾入军门。交戟之卫士欲止不内，樊哙侧其盾以撞，卫士仆地，哙遂入，披帷西向立，瞋目视项王，头发上指，目眦尽裂。项王按剑而跽曰："客何为者？"张良曰："沛公之参乘樊哙者也。"项王曰："壮士！赐之卮酒。"则与斗卮酒。哙拜谢，起，立而饮之。项王曰："赐之彘肩。"则与一生彘肩。樊哙覆其盾于地，加彘肩上，拔剑切而啖之。项王曰："壮士，能复饮乎？"樊哙曰："臣死且不避，卮酒安足辞！夫秦王有虎狼之心，杀人如不能举，刑人如恐不胜，天下皆叛之。怀王与诸将约曰'先破秦入咸阳者王之'。今沛公先破秦入咸阳，毫毛不敢有所近，封闭宫室，还军霸上，以待大王来。故遣将守关者，备他盗出入与非常也。劳苦而功高如此，未有封侯之赏，而听细说，欲诛有功之人，此亡秦之续耳，窃为大王不取也。"项王未有以应，曰："坐。"樊哙从良坐。坐须臾，沛公起如厕，因招樊哙出。

沛公已出，项王使都尉陈平召沛公。沛公曰："今者出，未辞也，为之奈何？"樊哙曰："大行不顾细谨，大礼不辞小让。如今人方为刀俎，我为鱼肉，何辞为？"于是遂去。

楚上将军项羽，降服了秦将军章邯，指挥大军进取咸阳。殊不知沛公刘邦已兼程改道，进入关中，先项羽而占领咸阳了，并驻重兵于函谷关，阻项羽军队前进。项羽大怒，奋力攻关，刘邦守关将士抵挡不住，弃关而逃。项羽指挥大军一路追到新丰，在鸿门设下大营。

项羽的谋士范增说："刘邦本为贪财好色之徒，进入咸阳以后，他的行为有些改变，不近女色，不敛钱财，可见他的志向不小，不如乘他羽翼未丰的时候，一鼓作气把他消灭。如果听任他发展壮大，将来后悔也来不及了。"

项羽接受了这个建议，准备以奇兵袭击刘邦。但为项羽叔父项伯知道了。项伯与刘邦的谋士张良私交甚厚，他知道项军要消灭刘邦，张良在刘军，必被连带毁灭。因此，他来到了刘军驻地灞上，叫张良迅速至项羽军中避祸。

张良获得这个消息，连忙告诉沛公。沛公吓得目瞪口呆，连说："怎么办？怎么办？"

张良说："是谁为你出谋划策，闭关不让项羽军队进来？"

"是鲰生，他说守住函谷关，关中之地就尽归我有了。"沛公情急而惶恐地说。

张良说："你现有的军队能战胜项羽吗？"沛公说："不能！但事已至此，又怎么办呢？"

"为今之计，只有请项伯帮忙了，请他向项羽解释，就说你不敢背叛上将军而自立，外面的谣言请上将军不要轻信。"

刘邦依言办理，设盛宴，把项伯请入席中，恭谨地说："刘邦进关以来，连一根草也没敢动，秦国的府库，我封存起来，秦国的官吏，我登记起来，等候上将军进关处理。至于在函谷关驻守了军队，那是怕其他零散部队骚扰关中，这是一种非常措施，绝非阻止上将军进关。我在灞上，日夜盼望上将军来，好有个交代。我怎敢谋反称王，拒抗大军呢？请你代我转告，我生生世世，也忘不了你的恩德。"

项伯是个老实人，以为刘邦说的是真话，就允诺转告项羽，并叫刘邦亲自到鸿门，向项羽谢罪。刘邦当然遵命办理。

项伯回到鸿门，把刘邦的话复述一遍，并说："刘沛公是个好人，人家先进关，替你在前面铺好了路，让你不费气力进来，有大功不赏，还要打人家，情理如何说得过去？他明天就来拜见你。他如果真想造反，他敢来吗？你应该备了酒宴，好好款待人家。"

项羽耳朵软，喜欢人奉承，同时也看不起刘邦，觉得他没有造反的胆量，就取消了攻击刘军的计划，改在鸿门设宴，等候刘邦谢罪。

沛公刘邦怀着一颗忐忑的心，带领谋士张良，勇士樊哙赴鸿门宴。虽然这是一个危机四伏的宴会，但终因张良之谋，樊哙之勇，得以脱险归去。

后人用"鸿门宴"比喻加害客人的宴会。

借箸代筹

典出《史记·留侯世家》。

食其未行，张良从外来谒。汉王方食，曰："子房，前！客有为我计桡楚权者。"见以郦生语告，曰："子房何如？"良曰："谁为陛下画此计者？陛下事去矣。"汉王曰："何哉？"张良对曰："请借前箸为大王筹之。"

秦朝末年，项羽把刘邦包围在荥阳，刘邦忧心忡忡，与谋臣郦食其谋划对付项羽的办法。郦食其说："从前汤武讨伐夏朝的桀，分封其后代在杞，周武王讨伐商代的纣，分封其后代在宋。后来秦国背信弃义，侵略诸侯，灭了六国，他们的后代失去了生存的地方。假如陛下恢复六国，送去大印，他们一定会感恩戴德，为陛下效劳。这样，项羽就会势单力薄。"刘邦说："此计果然不错。你立刻负责刻印，然后送往六国。"

这时张良从外面进来。刘邦正在吃饭，招呼张良说："你来得正好，刚才有人建议分封六国的后代，你看怎样？"张良听了，叹息一声说："谁出的主意？陛下的大事完了！"刘邦惊奇地说："为什么呢？"张良说："请陛下把前面这支筷子借给我一下。"张良接过筷子后，一边画来画去，一边说："从前汤武、周武王分封灭亡国家的后代，是他们能将敌国置之死地，现在陛下能将项羽置之死地吗？"刘邦摇头说："我被项羽包围，怎么能置他于死地呢？"张良接着说："汤武、周武王的分封都是在消灭敌人，销毁兵器，战马放归，天下平安以后才进行的，现在跟随陛下的将士，都来自六国，他们抛妻别子，血洒疆场，无非是希望有朝一日获得一块土地。如果恢复六国他们将离去，谁给陛下打天下呢？所以我说陛下的大事完了。"

后人用"借箸"或"借箸代筹"表示代人策划。

马陵道上

典出《史记·孙子吴起列传》。

孙子度其行，暮当至马陵。马陵道狭，而旁多阻隘，可伏兵，乃斫大树白而书之曰："庞涓死于此树之下。"于是令齐军善射者万弩，夹道而伏，期曰"暮见火举而俱发"。庞涓果夜至斫木下，见白书，乃钻火烛之。读其书未毕，齐军万弩俱发，魏军大乱相失。庞涓自知智穷兵败，乃自刭，曰："遂成竖子之名！"齐因乘胜尽破其军，虏魏太子申以归。孙膑以此名显天下，世传其兵法。

公元前353年（周显王十六年，魏惠王十八年，齐威王二十六年，秦孝公九年），魏惠王派庞涓进攻赵国，围住了邯郸。赵国的国君赵成侯派使者上齐国去求救，情愿把中山送给齐国作为谢礼。齐威王知道孙膑的才能，要派他为大将去救赵国。孙膑推辞说："不行，我是个残疾的罪人，当了大将会被敌人笑话。大王还是请田大夫为大将吧。"齐威王同意孙膑的话，拜田忌为大将，孙膑为军师，发兵去救赵国。孙膑对田忌说："目前魏国的兵马已经把邯郸围上了，赵国的将士又不是庞涓的对手，去救邯郸已经晚了，不如在半道上等着，就说去打襄陵（魏国地名，在河南省睢县西）。庞涓听到，一定会往回跑。咱们迎头痛击他一顿，一定能把他打败。"田忌就按照孙膑的计策去做。

果然，邯郸敌不过庞涓，投降了。庞涓打发人去报告魏惠王。忽然听说齐国派田忌去打襄陵，他着急起来，立刻吩咐退兵。刚退到桂陵（在山东省菏泽县东北）地界，正碰上齐国的兵马。一开仗，魏国就败了。庞涓正在心慌意乱的时候，忽然瞧见一面大旗，上面有个"孙"字！这一吓，差点把他从马上摔下来。幸亏庞英、庞葱两路兵马赶到，总算把他救了。庞涓逃了活命，可是损失了两万多士兵。齐国人大胜而归。

齐威王重用田忌和孙膑，把齐国的兵权交给他们。有人在齐威王面前说田忌的坏话，说他权力太大，也许自己要做王了。齐威王起了疑心，天天派人暗中察看田忌的行动。田忌就告了病假，把兵权交了出去。孙膑也辞了军师的职位。

庞涓听见了这个消息，又抖擞起精神来了，他说："如今我可以横行天下了。"当时，韩国早把郑国灭了，势力大了起来。赵国要报邯郸的仇，就跟韩国商量一起去打魏国。韩国答应了。庞涓得到了这个消息，就请魏惠王先发兵去打韩国。魏惠王仍旧叫庞涓为大将，把全国大部分的兵马都调出去打韩国。

这时候，齐威王知道了田忌的委屈，又重新重用他和孙膑。庞涓并不知道这事。庞涓带领着兵马去攻打韩国，打了几回胜仗，眼看着要打到韩国的都城来了。韩国接连不断地向齐国求救。公元前343年（周显王二十六年），齐威王派田忌为大将，田婴为副将，孙膑为军师，发兵去救韩国。孙膑又使出他的老办法来了，他不去救韩国，直接去打魏国。

庞涓得到了本国告急的消息，立刻退兵赶回去。等到庞涓的军队到了魏国的边境，齐国的兵马已经过去了。庞涓一察看齐国军队扎过营的地方，发现了齐国的营盘占了很大的地界，就叫人数了数地下做饭的炉灶，足够10万人吃饭用的。庞涓吓得说不出话来。他想："齐国有这么多兵马进了魏国的本土，怎么能把他们打出去呢？"第二天，他们又到了齐国军队第二回次扎营的地方，又数了一数炉灶，只有够供给5万多人用的了。第三天，他们追到了齐国军队第三次扎营的地方，大约只剩下两三万人了。庞涓这才放了心，笑着说："还好！还好！齐国人都是胆小的。10 万大军到了魏国，才 3 天工夫，就逃了一大半。田忌这回是自己来送死。上回桂陵的仇，我这回可以报了。"他就吩咐大军日夜兼程地按照齐国军队走的路线追上去。

他们这一追，一直追到马陵（在河北省大名县东南），正是天快黑的时候。马陵道是在两座山的中间，山道旁边就是山洞，有点像当初孟明视全军覆没的崤山。这时候正是十月底，晚上没有月亮。庞涓恨不能一步追上齐国的军队。虽然是山道，仍吩咐大军顶着星星接着往下赶。忽然前面的士兵回来报告说："前头山道被木头堵住了。"庞涓说："这是齐国人怕咱们今天晚上追过去，就堵住了道路。大伙儿一起下手搬开木头不就得了吗？"庞涓亲自指挥着士兵，只见道路旁边的树全砍倒了，只留着一棵最大的没砍。他奇怪为什么单单留着这一棵呢？细细一瞧，那棵树一面被刮去了树皮，露着一条又光又白的树干来，上头隐隐约约写着几个字。庞涓就叫小兵拿火把来照。有几个小兵点起火来。庞涓在火光之下，看得非常清楚，上面写的是："庞涓死此树下。"庞涓心里一惊，说："哎呀！上了孙膑的当了！"回头对将士们说："快退！快……"第二个"退"字还没说出，也不知道有多少支箭，就像下大雨似的朝他身上射来。庞涓自然就没了命。原来孙膑存心天天减少了炉灶的数目，引诱庞涓追上来，早就算准庞涓到马陵的时间，左右埋伏着 500 名弓箭手，吩咐他们说："一见树下起了火光，就一起放箭。"

不一会儿，山前山后，山左山右，全是齐国的士兵，双方杀到东方发白，才安静下来。魏国的士兵不是投降，就是跑了。齐国的军队带着俘虏从原道回去。走了一程，碰见了魏国后队的兵马，领队的大将正是庞涓的侄儿庞葱。孙膑叫人挑着庞涓的脑袋给他看。庞葱只好跪下哀求饶命。孙膑对他说："我给你一条活路，赶紧回去，叫魏王上表朝贡，要不然，魏国的宗庙也保不住啦！"庞葱连连磕头，抱着脑袋逃回去了。

魏惠王打了败仗，只好打发使臣向齐国朝贡。韩国和赵国的国君更加感激齐国，都去朝贡。齐国的威名从此就大了起来了。齐威王就拜田忌为相国，还要加封孙膑。孙膑不愿受封，亲手把兵法 13 篇写出来，献给齐威王，辞了官职，隐居起来了。

木牛流马

典出贯中《三国演义》。

诸葛亮六出祁山和司马懿对阵的时候，在葫芦谷中制造木牛流马。但这工作很秘密，只有马岱一个人知道。一天，长史杨仪来报告："米粮皆在剑阁，人夫

牛马搬运不便，怎么办呢？"

诸葛亮说："我已经运谋多时，此时正令人制造木牛流马，牛马皆不饮水食料，可以昼夜搬运。"

众人皆惊道："自古及今，未闻有木牛流马的事，不知丞相有何妙法，造此奇物？"

诸葛亮这才把木牛流马的做法，写在纸上，给大家看，众皆惊服，说："丞相真神人也。"

木牛流马造成之后，由右将军高翔，带着1000名运输兵，驱使这木牛流马到剑阁搬运粮食，往来不绝。

司马懿大为惊恐，便派张虎、乐琳二将，率领500名精兵，伪装成蜀汉军，埋伏在小路上，等这木牛流马运输队走尽之后，在它尾队上抢了三五匹牛马回来，照样儿也做一批。不消半月的工夫，造出了2000多匹，同样能行走。司马懿大喜，便命镇远将军岑威，领兵1000多人，驾着这木牛流马到陇西搬运粮草。

诸葛亮知道后大笑说："我正要他抢去，我不过损失几匹牛马，不久我可得到更多的资助。"

原来诸葛亮已料定司马懿会仿照样儿制造。及至听到魏军果然利用木牛流马到陇西运粮，当即派出大将王平，领兵1000名，也扮作魏军，伪装成巡粮兵，混入他们的运输队，把护粮的兵将，尽行杀散，赶着木牛流马回来，并且告之王平，牛马舌头安置着机关，扭转过来，就不能动了，扭转过去，又能行走。魏军是不知道这个机关的，他们追兵追到时，王平便将牛马舌头一扭转，撤军而退。魏军想赶牛马回去，谁知牛马却不能转动，拉又拉不走，扛又扛不动，干瞪眼看着。及至蜀汉的援军到后，魏军只得放弃了木牛流马，仓皇而去。蜀军再把牛马舌头一扭转，又依旧活动起来，把魏军的粮食，搬运到蜀汉军大本营的北原。

南山之蛟

典出《郁离子·鲁般篇》。

汉愍帝之季年，东都大旱，野草皆焦，昆明之池竭。洛巫谓其父老曰："南山之湫有灵物可起也。"父老曰："是蛟也！弗可用也。虽得雨，后必有忧。"众曰："今旱极矣！人如坐炉炭，朝不谋夕，其暇计后忧乎？"乃召洛巫，与如湫，祷而起之。未毕三奠，蛟蜿蜒出，有风随之，飕飕然，山谷皆殷。有顷，雷雨大至。木尽拔，三日不止，伊、洛、缠、涧皆溢，东都大困。始悔不用其父老之言。

汉愍帝末年，洛阳大旱，野外的草木都枯焦了，巨大的昆明池也干涸了。洛阳的神巫们对那些管理公共事务的老人说："南山有一个大水池，其中有一个能兴云作雨的神物，可以请它出来。"老人回答说："那东西是蛟龙啊！不能用它来救旱。用了它，即使可以得雨，但必有忧患。"人们却说："如今干旱到了极点，人们好像坐在生着炭火的炉子中一样，早晨不晓得晚上的事，难道还有工夫去考虑往后的忧患吗？"便请来神巫，跟他们一道到那水池边去，向蛟龙祈祷，请它出来。第三轮祭奠还没有完毕，蛟龙便蜿蜒地爬出来了。随之而来的是一阵凉飕飕的冷风，吹得山谷都震动起来。一会儿，便是大雷大雨。大风把树木都连根拔了起来；大雨连续3天下个不停，伊水、洛水、缠水、涧水猛涨，泛滥成灾，洛阳遭受了极大的灾难。这时，大家才悔恨没有听取老人的意见。

这个故事说明做事、用人都不能只顾眼前，不管将来，而应权衡利弊，通盘考虑。

七纵七擒

典出《三国志·蜀书·诸葛亮传》。

三国鼎立时，蜀汉丞相诸葛亮为了巩固后方，于公元225年率军南征。正当大功告成准备撤兵的时候，南方彝族的首领孟获又纠集了被打败的散兵来袭击蜀军。

诸葛亮得知，孟获不但作战勇敢，意志坚强，而且待人忠厚，在彝族中极得人心，因此决定把他争取过来。

孟获虽然勇敢，但不善于用兵。第一次上阵，见蜀兵败退下去，就以为蜀兵不敌，于是不顾一切地追上去，结果闯进埋伏圈被擒。

孟获认定自己要被诸葛亮处死，不料诸葛亮亲自给他松绑，好言劝他归顺。

孟获不服失败，傲慢地加以拒绝。诸葛亮就放他回去。这样一连捉了七次又放了七次。孟获终于心服口服，为了让各部族都归顺蜀国，他把各部族首领请来，带着他们一起上阵。结果又被蜀兵引进埋伏圈。蜀营里传出话来，让孟获等回去，不少部族首领请孟获做主，究竟怎么办。孟获流着眼泪说："作战中七纵七擒，自古以来没有听说过，丞相对我们仁至义尽，我没有脸再回去了。"

就这样，孟获等终于归顺了蜀汉。

后人以"七纵七擒"指正确使用攻心战使对方心悦诚服。

犬牙相制

典出《史记·孝文本纪》。

> 夫秦失其政，诸侯豪杰并起，人人自以为得之者以万数，然卒践天子之位者，刘氏也，天下绝望，一矣。高帝封王子弟地，犬牙相制，此所谓磐石之宗也。

西汉初年，汉高祖刘邦为了巩固刘氏天下，封了许多同姓王。刘邦死后，吕后一度专权，吕后的近亲也从各方面把持了朝政。公元前180年，吕后病重死去，大将周勃、陈平等诛灭诸吕，迎接代王刘恒为帝。

当使者来到代地，向刘恒报告朝廷大臣公推他即位，请他立即动身时，刘恒不敢轻易答应。他召集大臣们询问对策。郎中令张武说："朝廷上的大臣都是高祖手下的将军和谋士，他们只知欺诈，不讲信义，大王不如推说有病，看看动静再说。"中尉宋昌不同意张武的意见，他对刘恒说："大王尽可放心地去。残暴的秦皇失了天下，诸侯豪杰一窝蜂似的起兵，谁都想做皇帝，然而只有高帝成功了，统一了天下。高帝封了同姓王，使他们地界相连，如犬牙相制，使刘氏天下坚如磐石。现在老百姓厌乱思治，就算有的大臣想作乱，老百姓也不肯听从。大王可以放心地回去即位。"

刘恒觉得宋昌的话有道理，又派娘舅薄昭到长安见太尉周勃，探听到朝臣们拥他为王是真心实意，便动身回京，做了皇帝，即汉文帝。

后人用"犬牙相制"形容地界相连，如犬牙交错，可以互相牵制。

上楼去梯

典出《三国志·蜀志·诸葛亮传》。

> 共上高楼，饮宴之间，令人去梯。

中华典故

东汉末年，山阳高平（今山东邹县）有一个皇族姓刘名表，字景升。初平元年（公元 190 年），刘表任荆州刺史，取得豪族蒯良、蒯越等人的支持，据有今湖南、湖北地方，后为荆州牧。官渡之战后，曾一度依附袁绍的刘备投靠了刘表。

当时，刘表很宠爱蔡夫人生的小儿子刘琮，而不大喜欢大儿子刘琦，刘琦因此很苦闷。刘备和诸葛亮来到荆州后，刘琦曾多次找到诸葛亮，请他为自己想个自全之策。诸葛亮怕招惹是非，没有答应。有一天，刘琦约诸葛亮到后花园游玩，一同登上高楼饮酒。欢宴之际，刘琦令人把楼梯抽去（古时楼房，楼梯为木制，可以搬动），然后对诸葛亮说：现在上不着天，下不着地，你说我听，没有外人，请先生赐教。诸葛亮见刘琦处境确实危险，便示意说："春秋时，晋国公子申生在国内而遭害，公子重耳弃国出走而保全。"刘琦听了，顿时醒悟。正好当时江夏太守黄祖死了，刘琦便乘机请求出任江夏太守。

后人用"上楼去梯"比喻极端秘密的策划，也用来比喻诱人上前而断其退路。

死诸葛吓走生仲达

典出《三国志·蜀书·诸葛亮传》。

公元 231 年，诸葛亮再次出兵祁山，与魏军对峙于渭水南岸。诸葛亮夙兴夜寐，殚精竭虑，终于积劳成疾，昏倒在地。他知道自己时日不多，叫来姜维、马岱，传授兵法和锦囊妙计。又吩咐杨仪："我死后，不要发表，可以做一个大龛，将我的尸体放在龛中，嘴里放入米粒，脚下点一盏长明灯。军中一切照常，让后面的营寨先撤退，然后一营一营缓缓而退，不要急躁。如果司马懿来追，你可布成阵势，摇旗击鼓。等他来到，就将我的雕刻木像放在车上，推到队伍前面，命令将士们分列左右。司马懿见了肯定会惊吓而走。"——布置妥当，当夜，诸葛亮去世了。

这时，司马懿获知诸葛亮已死，随即下令追击。刚出寨门，又生疑虑："孔明善用计谋，莫非他见我不出战，故意以死诈我出来？我若贸然追击，肯定中他的计。"于是又勒马回寨，只令夏侯霸带领数十骑，到蜀军驻地探听消息。

夏侯霸探得确切消息，赶紧报告说："蜀军全部退走了。"司马父子率军直奔蜀寨，果然已空无一人。司马懿引军在前，追到山脚下，远远望见蜀兵，于是奋

力追赶。忽然，背后喊声大震，姜维命杨仪举旗鸣鼓，树影中飘出大旗，上面写着："汉丞相武乡侯诸葛亮。"司马懿大惊失色，再定睛一看，只见数十员大将，拥出一辆四轮马车来，车上端坐着的竟是诸葛亮，司马懿惊呼："孔明还活着，我中计了。"回头便逃。姜维从背后杀出来，魏兵魂飞魄散，丢盔弃甲，死伤无数。司马懿一口气跑了五十余里，仍惊魂不定。蜀军从容撤退。

后来人们嘲笑司马懿："死诸葛吓走了生仲达。"

望梅止渴

典出《世说新语·假谲》。

> 魏武行役失汲道，军皆渴，乃令曰："前有大梅林，甘酸可以解渴。"士卒闻之，口皆出水，乘此得及前源。

曹操带兵攻打张绣时，行军中路过一个没有水源的地方，曹操派人四下找水。可是这里是一片荒原，没有河，也没有井，根本找不到水喝。曹操又命令士兵就地挖井，挖了半天，也见不到一滴水。

曹操心想：要想个办法让大家走出荒原才行。他灵机一动，想出了一个办法。于是他站在高处，大声对将士们说："前边不远有一大片梅林，梅子又多又大，咱们到那儿去吃梅子吧！"

听曹操这么一说，将士们马上想到了梅子的酸味，人人嘴里都流出不少口水，这样就不那么渴得难受了。曹操趁此机会赶紧整顿队伍，继续前进，终于带领大军走出了这片大荒原，赶到了目的地。

"望梅止渴"意思是说看到酸梅就解了渴。比喻用空想的办法来慰藉自己。

未雨绸缪

典出《诗经·豳风·鸱鸮》。

> 迨天之未阴雨，彻彼桑土，绸缪牖户。

"鸱鸮"是一种体小，嘴尖，性驯的小鸟。这首诗的作者通过一只失去小鸟，但仍努力营筑巢室的母鸟的哀怨口吻，写出它自己的辛勤劳瘁。

"迨天之未阴雨，彻彼桑土，绸缪牖户。"意思说：趁着天还没有下雨，用桑根的皮把巢室的空隙之处缠缚紧了，只有巢室坚固，才能免去人的侵害。

以后人们把这几句诗引申为"未雨绸缪"，意思是做任何事情都应事先准备，以免临时手忙脚乱。

胸有成竹

典出《文与可画筼筜谷偃竹记》。

> 故画竹，必先得成竹于胸中，执笔熟视，乃见其欲画者，急起从之，振笔直遂，以追其所见，如兔起鹘落，少纵即逝矣。

宋朝有一个读书人，姓文名同，字与可。他很擅长写生，喜欢用水墨画的形式画一些花鸟石鱼、翔鹰飞燕、旭日晚霞之类。

他生平很爱竹，就在自己的寓所前栽植许多青竹，并耐心地培育这些心爱的东西。从早春到隆冬，从晴天到阴雨，从早霜到晚雾，他凭窗仔细观察，品评竹叶和竹枝在每一个季节、每一种气候里的变化和不同的姿态。时间过得久了，他对竹的各种变化和姿态便十分熟悉，甚至能瞑目成形，把竹叶和它的枝干细致地默绘出来，而且每幅作品都很动人而富有生气。

有一天，他的一位知己晁补之来找他，看到了这种情况，便赋了一首诗，诗中写道："与可画竹时，胸中有成竹。"意思说文与可下笔画竹之前，心中早已孕育了竹的形象。苏东坡在其所作《画竹记》中，也有"画竹必先得成竹在胸中"之句。

后来，人们用"胸有成竹"比喻做事已经有成熟的计划。

扬汤止沸

典出《三国志·魏书·刘廙传》。

> 臣罪应倾宗，祸应覆族，遭乾坤之灵，值时来之运，扬汤止沸，使

不焦烂，起烟于寒灰之上，生花于已枯之木；物不答施于天地，子不谢生于父母，可以死效，难用笔陈。

刘廙，字恭嗣，东汉末期南阳郡（今属河南省）人。他的哥哥刘望之被荆州刺史刘表所杀，他于是投奔曹操。当时，有个名叫魏讽的人阴谋袭击曹操，被人告发后，曹操就把魏讽处死。刘廙的弟弟刘伟是魏讽的同党，因此同被诛戮。按当时法律，刘廙因弟弟牵连也当获罪，并应全家抄斩。可曹操爱惜人才，同时也了解刘廙的为人，所以曹操没有对刘廙判罪。刘廙很感激曹操，恭恭敬敬地写了一封信给曹操，大意是说：我的罪，理应灭绝祖宗和家族，幸而遇到天大的好运，蒙您扬汤止沸，救了我的命，真好比使冷灰重新冒起烟来，使枯树重新开出花来一样，这样的大恩，等于天地缔造万物、父母养育子女，永远也报答不了，今后我只有拼死为您效劳，在这封信里，实在写不尽我的感激心情。

"扬扬止沸"指把烧开的水舀出来再倒回去，使它稍冷，暂不沸腾。比喻暂时缓解急难之意。

移花接木

典出《战国策·楚策四》。

楚考烈王无子，春申君患之，求妇人宜子者进之，甚众，卒无子。赵人李园，持其女弟，欲进之楚王，闻其不宜子，恐又无宠。李园求事春申君为舍人，已而谒归，故失期。还谒，春申君问状。对曰："齐王遣使求臣女弟，与其使者饮，故失期。"春申君曰："聘入乎？"对曰："未也。"春申君曰："可得见乎？"曰"可。"于是园乃进其女弟，即幸于春申君。知其有身，园乃与其女弟谋。园女弟承间说春申君曰："……今妾自知有身矣，而人莫知。妾之幸君未久，诚以君之重而进妾于楚王，王必幸妾。妾赖天而有男，则是君之子为王也，楚国封尽可得，孰与其临不测之罪乎？"春申君大然之。乃出园女弟谨舍，而言之楚王。楚王召入，幸之。遂生子男，立为太子，以李园女弟立为王后。楚王贵李园，李园用事。李园既入其女弟为王后，子为太子，恐春申君语泄而益骄，阴养死士，欲杀春申君以灭口，而国人颇有知之者。……楚考烈王崩，李园果先入，置死士，止于棘门之内。春申君后入，止棘门。园死士夹刺春申君，斩其头，投之棘门外。于是使吏尽灭春申君之家。而李园女弟，初幸春申君有身，而入之王所生子者，遂立为楚幽王也。

楚考烈王没有儿子，春申君曾经给楚王献上过好几个女子，但她们连一个也没生养过。急得春申君想不出主意来，只能叹气出神。他的心事被从赵国来的门客李园看出来了。李园想把他妹妹献给楚王，又怕她照样不能生养，白费心机。为此，他大费心机。

李园向春申君告假，说是要回老家去一趟，到了日子一定回来。春申君答应了。李园到了赵国以后，存心误了限期才回楚国去。春申君问他，为什么在家里住了这么长时间。李园说：“都是受了我妹妹的累！因为她长得有几分姿色，连齐国人都知道了。没想到齐国还真派人来求婚，我只好招待他几天。”春申君一想：“赵国的女子，连齐国也知道，一定是个天下无双的美人！”不由得就问：“你答应齐人了吗？”李园说：“还没呢。”“那么，能不能叫我见一见？”李园连连点头，说：“我在您门下，我妹妹就是您的丫头，这还用说吗？”李园把妹妹送给了春申君。不到 3 个月，李园的妹妹有了身孕。兄妹两个一商量，就想“移花接木”，来夺取楚国的大权。

春申君就替楚考烈王做媒，把李园的妹妹嫣嫣送到后宫。不久，李园的妹妹生了个男孩，楚王就立她为王后，孩子为太子，李园为国舅，跟春申君一起管理朝政。

楚王死后，李园设下伏兵，然后才去通知春申君。春申君一入宫门，即被杀死，其族被灭。从此，李园把持了楚国的国政。

后人用“移花接木”这个成语指把一种花木的枝条嫁接到另一种花木上，比喻暗中使用手段以假换真欺骗他人。

以夷制夷

典出《后汉书·邓训列传》。

议者咸以羌胡相攻，县官之利，以夷伐夷，不宜禁护。

东汉汉章帝时候，有一年因为护羌校尉用兵失策，引起羌人愤怒，起兵犯境，朝廷命邓训为校尉，前去平叛。

当时羌人有四万多，聚会结盟，打算等冬天封冻以后渡河，攻打邓训的军队。羌人的首领是迷唐，他率领一万骑兵先去胁迫月氏胡。月氏胡有二三千骑兵，虽兵数不多，但是十分骁勇善战，每次与羌人作战，总能以少胜多。邓训的部下得知羌人攻打月氏胡，心里很高兴，对邓训说："真是老天助我，羌人打月氏胡，月氏胡打羌人，让他们互相打吧，我们可以坐等他们的毁灭，这是以夷伐夷的谋略呀……"

邓训却不这样想，他深谋远虑地说：

"你们的想法不对呀，前任护羌校尉所以失策，就在于他失信于羌，惹得羌有骚乱，结果让朝廷兴师动众，耗费巨资，又使边塞百姓不得安生。让羌胡服从汉朝，必须获得他们的信任。若想让他们信任，就应该对他们有恩赐。眼下月氏胡危难，遭到迷唐的围击，我们要救援月氏胡！"

汉军按照邓训的命令，打开城门，让月氏胡的妇女、老人、孩子和伤员进城，然后严兵防御。迷唐的羌兵退走以后，月氏胡的兵士看到自己的父老、妻子受到汉军的保护，深受感动。他们纷纷跪伏地上，给邓训叩头，流着眼泪说：

"邓使君待我们胡人这般慈爱，我们真是感恩不尽呀，以后我们一切听从邓使君的，决不与汉朝三心二意！"

邓训挑选一批年轻力壮的胡人作为汉军兵士。胡人欢天喜地，愿同汉人结为一家。

当时羌人和胡人中流行一种风习，人生了病，久治不愈，便用刀自刺而死，认为病死是一种耻辱，不如自杀。邓训想改变这种恶习。他听说谁家胡人生了病，就去问候，并且将病人隔离开，收取他的刀剑，然后派医生为他耐心治疗。这样一来，好些病人痊愈了，一传十，十传百，胡人对邓训更加崇拜和敬仰。

不久，邓训依靠月氏胡骑兵的帮助，平定了迷唐的叛军，俘虏了他们的将领，主要头目多被杀死，边境从此安定下来。

邓训 23 岁时病死了。羌胡人听说后非常悲痛，成千上万的人为他送葬，胡人号啕大哭，用刀子割下自己的肉，又杀死犬马牛羊，表达自己的哀痛。他们哭喊着："邓使君死了，我们也不愿活着！"后来胡人家家设立邓训祠庙，像供奉神一样供奉他，谁有了病，就向邓训祠讨寿求福。

"以夷制夷"原指封建统治阶级对待其他民族的一种民族分化政策，后来也可用它表示利用一国势力抵制另一国的势力。

予取先与

典出《国策·魏策一》。

　　君予之地，知伯必骄骄而轻敌，邻国惧而相亲。以相亲之兵，待轻敌之国，则知氏之命不长矣。《周书》，将欲败之，必姑辅之，将欲取之，必故予之。

　　春秋末期，晋国的一个当权贵族知伯向另一个贵族魏桓子强要土地，魏桓子拒绝了。任章劝魏桓子还是把土地割让给知伯。他说："你把土地割给他，知伯必然骄傲而轻敌，而邻国必然惧怕他而互相团结起来。以互相团结的诸国之兵，来对付骄傲而轻敌的晋国，那么知伯的命就不会长了。《周书》上说的好，要想打败对方，必须暂时扶植他；要想从对方那里得到什么，必须先给他一点东西。"后来魏桓子照任章的话做了，知伯果然因为骄横、贪得无厌而丧了命。

　　后人用"予取先与"这个典故比喻要想从对方那里得到什么，必须先给对方一点甜头。这句成语有时也写作"将欲取之，必先与之"。

斩草除根

典出《左传·隐公六年》。

　　周任有言曰："为国家者，见恶如农夫之务去草焉，芟夷蕴崇之，绝其本根，勿使能殖，则善者信矣。"

　　春秋时期，有一次卫国与陈国联合去讨伐郑国。郑国的郑庄公请求陈国的陈桓公，希望讲和。陈桓公不答应，他的弟弟陈五父劝他说："与善人亲近，与邻国和睦相处，是最宝贵的东西。我看还是与郑国讲和吧！"

　　听了弟弟的话，陈桓公很生气，说：

　　"宋国和卫国是强大的国家，我害怕他们难为我；可郑国是一个小国，我去攻打它，它难道还能把我怎么样呢？"于是继续攻打郑国。

两年以后，郑国强大起来，派兵侵袭陈国，把陈国打得大败。邻国眼看着陈国吃了败仗，然而却坐视不救。人们议论说：这是陈国自找苦吃，长期作恶事不知改悔。古书有言，做恶事容易，这犹如燎原烈火一样，无法扑灭，最后必然将大祸引到自己头上。周朝的大夫周任讲过这样的道理：

"作为国家的国君，对待恶事应像农夫对杂草一样，将它们铲除，连根挖掉，不让它们再生长出来，这样做的结果，善事才能伸张起来。"

"斩草除根"这句成语就是从这里演变来的，比喻除掉祸根，以免后患。

"斩草除根"也称"剪草除根"。

成语"怙恶不悛"也是由上面这个故事中来的。原文为"善不可失，恶不可长，其陈桓公之谓乎！长恶不悛，从自及也。虽欲救之，其将能乎！"后人将"长恶不悛"改为"怙恶不悛"，表示一贯作恶，不肯改悔。

诸葛亮的锦囊

典出《三国演义》。

孙权为了取得荆州，采用周瑜的"美人计"，想以招亲为饵把刘备诱去东吴。当时，刘备犹疑不决，诸葛亮却说："主公，你尽管去吧！我已定下三条计策，要赵云陪你去才行。"他把赵云唤到近前，附耳低言交代："你保主公到东吴，要带上这三个锦囊，囊中有三条妙计，依次而行。"

这锦囊，是用锦做成的袋子，古人多用以藏机密文件或诗稿。诸葛亮是一个足智多谋的人，他常把可能发生的事变以及应付的办法，用纸条写好装在锦囊里，交给办事的人，嘱咐在遇到紧急情况时拆看，按照预定的办法应付。当下，赵云接过诸葛亮递给的三个锦囊，将它贴身收藏，到了东吴，依着锦囊妙计，一一行事。

首先一到东吴的南徐，赵云就打开第一个锦囊，按计为刘备来东吴招亲大造舆论，说动乔国老和吴国太在甘露寺看新郎，促成亲事。刘备在东吴成亲后，沉溺于安乐生活中，忘了荆州，忘了国家大事。赵云到年终，打开第二个锦囊，依计而行。他谎报曹操大军进攻荆州，及时使刘备猛醒，商同孙夫人离开南徐。孙权闻信，派兵追赶，情势危急！这时，赵云又拆开第三个锦囊，刘备依计智激孙夫人，怒斥东吴追兵，终于安然无恙地回到了荆州。

"诸葛亮的锦囊"，比喻善于用计，能及时提出解决问题的办法。

醉翁之意

典出《醉翁亭记》。

太守与客来饮于此，饮少辄醉，而年又最高，故自号曰醉翁也。醉翁之意不在酒，在乎山水之间也。

欧阳修，字永叔，卢陵人（今江西吉安）。仁宗年间举进士甲科。他在很年轻的时候，父亲就死了，完全是母亲负责教养。他常到南州一个姓李的大户人家找书阅读，有一天，他找到了6卷《昌黎先生集》，就借回家读，爱不忍释。当时天下学者，是以能诗文取科第。将来出人头地，夸耀人间，都赖时文。像韩文这种古朴的章法，是无人问津的。欧阳修立志，等到一旦显贵，决定提倡韩昌黎体例的古文。他进士及第之后，就与尹师鲁等人竭力倡韩文，把从前那部《昌黎先生集》补缀校定，以致天下学者渐趋于古。韩文没而不见200余年而得欧阳修之倡，始得盛行于世，那时如苏家父子、王安石等，莫不习韩文。

王安石为相，倡新法，欧阳修是站在以司马光为首的旧派这一边，反对新法的。他做陈官，论事切直，被贬为滁州太守。滁州有一琅琊郎山，风景绝佳。欧阳修做滁州太守时，琅琊山的寺僧建了一个亭子，欧阳修常到这个亭子上与客饮酒。他写了一篇文章，叫《醉翁亭记》。文章说："太守与客来饮于此，饮少辄醉，而年又最高，故自号曰醉翁也。醉翁之意不在酒，在乎山水之间也。山水之乐，得之心而寓于酒者也……"

后人用"醉翁之意"比喻本意不在此而在彼。也比喻别有用心。

智子疑邻

典出《韩非子》。

宋有富人，天雨墙坏，其子曰："不筑，必将有盗。"其邻人之父亦云。暮而果大亡其财，其家甚智其子，而疑邻人之父。

宋国有个富人。一次，天降大雨，他家的院墙塌了一个缺口。他儿子着急地说："要不赶快修好，一定会被盗。"邻居老人看见，也这样劝告他。

当天夜晚，果然丢失了很多财物。

富人一家痛悔之余，都称赞自己的孩子有先见之明，但对邻家老人却发生了怀疑。

"智子疑邻"这个典故告诉我们：从个人感情出发去判断是非，用主观臆测去鉴别事物，是不可能得出正确判断的。邻人和其子的建议，完全一样，为什么称赞其子聪明，而怀疑邻人偷了他的东西呢？这是从感情出发，主观臆断。

景物篇

二分明月

典出《忆扬州》。

　　天下三分明月夜，二分无赖是扬州。

　　扬州，在古代并不是专指现在这个江都县境。在《禹贡》中，扬州就为九州之一，那时不但淮海一带皆统称扬州，便是江南一带也叫扬州。周秦时，现在的江苏、安徽、江西、浙江和福建各省，皆属扬州。东汉年间，扬州州治在今安徽和县；三国时魏、吴均有扬州，魏在今安徽合肥，吴在今南京；到隋文帝统一南北，才把扬州设在江都，也就是今日的扬州。古时扬州十分繁华，隋炀帝为了游扬州而开凿大运河，那是人心向往之所，唐朝徐凝在《忆扬州》诗中说："天下三分明月夜，二分无赖是扬州。"所谓"二分无赖是扬州"，就是形容扬州的繁华占了天下三分之二的风光。

　　后人用成语"二分明月"形容一个地方的繁荣。

高屋建瓴

典出《史记·高祖本纪》。

　　地势便利，其以下兵于诸侯，辟犹居高屋之上建瓴水也。

　　西汉初年，刘邦刚刚平定了天下，就接到下面的报告，说大将韩信准备谋反。刘邦一向怕韩信本领大、不好对付，现在听说他准备谋反，十分害怕，便召集大将周勃、樊哙、灌婴等人商量对策。这些大将都主张用武力征伐。刘邦又和陈平商量。陈平不同意，他说："韩信不比别的将军，要是他真的叛乱，没有人能抵挡过他。皇上不如假装游云梦，让诸侯来陈城朝见，等韩信一到，叫武士捉拿。"

刘邦采纳了陈平的计策，假装游云梦，打发使者去通知诸侯到陈城会见。当时，韩信并无意叛乱，所以也来朝见刘邦，被刘邦捉拿。刘邦把韩信带到了洛阳，一面准备惩办他，一面下令大赦天下，以表明自己的政德。

不少大臣听到要大赦天下的消息，都向刘邦道贺。有一个叫田肯的大夫祝贺说："皇上逮到了韩信，又收复了三秦，建都关中。三秦幅员广大，山河相隔有千里之远。秦地兵员众多，地势险要。以此来加兵于诸侯，将高屋建瓴，势如破竹。除此以外，皇上又收复了齐地。三秦和齐地都是很重要的地方，除了嫡亲子弟以外，皇上千万不可把这两个地方封给别人啊！"

刘邦是个聪明人。他知道，三秦和齐地都是韩信打下来的。田肯名为祝贺，实际上是替韩信说情来了。再说，说韩信造反，也没抓住真凭实据，杀了韩信，反遭大臣议论。于是免了韩信的罪，封为淮阴侯。

"高屋建瓴"比喻居高临下，不可阻遏的形势。

虎踞龙盘

典出《太平御览》引张勃《吴录》。

> 钟阜龙盘，石城虎踞。

南京是我国的一座古都。战国时，楚置金陵邑，秦称秣陵，三国时吴称建业，晋时称建康，明时称南京，清为江宁府治所在地。三国吴、东晋、宋、齐、梁、陈、五代南唐、明初、太平天国及辛亥革命时均建都于此。

南京滨临长江，地势险要。东汉末年，刘备、孙权、曹操分别割据一方。刘备的军师诸葛亮在同孙权谈论政治军事形势时，说："钟阜龙盘，石城虎踞。"意思是，钟山像龙盘绕在东面，石头城（南京城）像虎蹲在西面。劝孙权凭借天险，独据一方，进而联刘灭曹。

钟阜，即钟山，又名紫金山，在今南京市东郊。石城，又名石头或石头城，南京市的别名。

"虎踞龙盘"形容地势险要。也说龙盘虎踞。

火树银花

典出《南齐书·礼志上·晋傅玄朝会赋》。

华灯若乎火树，炽百枝之煌煌。

又见唐代苏味道《正月十五夜》（一作《观灯》）诗。

火树银花合，星桥铁锁开。暗尘随马去，明月逐人来。游妓皆秾李，行歌尽落梅。金吾不禁夜，玉漏莫相催。

唐睿宗是唐代君主中最会享受的一位皇帝，虽然他只当了一年的皇帝，但不管什么事情，他总要用很多的物力人力去大肆铺张。他每年逢正月元宵的夜晚，一定要扎起二十丈高的灯柱，点起五万多盏灯，号为"火树"。后来，诗人苏味道就以此为主题，写了一首诗，描绘它的情形。"火树银花合，星桥铁锁开。尚暗尘随马去，明月逐人来。游妓皆秾李，行歌尽落梅。金吾不禁夜，玉漏莫相催。"这首诗把当时热闹的情况真实地描写了出来。

后人用"火树银花"形容辉煌的灯火。

金碧辉煌

典出《画鉴·唐画》。

李思训画着色山水，用金碧辉映，自成一法。

唐代时，有一位著名的画家叫李思训，字建，一作建景。唐高宗时，李思训为江都令，武则天临朝后，他弃官潜匿，中宗时又出而为官，到了唐玄宗李隆基时，他官至左武卫大将军。

李思训的书画造诣很深。他工书法，尤擅山水树石，笔力遒劲。他好写湍濑

潺湲、云霞缥缈之景，鸟兽草木，亦得其态。他曾应诏画大同殿壁和掩障，几个月才画完。

在中国绘画史上，李思训以金碧辉映的山水画独创一格。他的画笔法工整，色彩鲜艳，装饰性强，给人以绚烂多姿和富丽堂皇的印象。元代书画评论家汤垕说："李思训画着色山水，使用泥金和青绿，色彩艳丽，独具风格。"

"金碧辉煌"后用来形容建筑物装饰华丽，光彩耀眼。

山雨欲来风满楼

典出《咸阳城西楼晚眺》。

> 溪云初起日沉阁，山雨欲来风满楼。

唐朝诗人许浑，做监察御史的时候，在一个秋天的傍晚，独自登上与长安仅一水之隔的咸阳古城西楼观赏景致。这时天上飘过一片黑云，一阵凉风从西南方向刮来，越刮越大，越刮越紧，天地之间显得空空荡荡，景色更加萧瑟肃然。诗人凭栏远眺，面对暮色之中的衰柳枯杨和河塘芦苇，不禁想起了自己的家乡。那是水乡泽国的江南呀！回忆自己大半生的蹉跎岁月，眼见朝廷的腐败，忧情愁绪顿生心间。他慢慢地吟出一首诗来：

> 一上高城万里愁，蒹葭杨柳似汀洲。
> 溪云初起日沉阁，山雨欲来风满楼。
> 鸟下绿芜秦苑夕，蝉鸣黄叶汉宫秋。
> 行人莫问当年事，故国东来渭水流。

这首诗不仅充满诗情画意，语言优美凝炼，更重要的是诗中"山雨欲来风满楼"这一句，脍炙人口，意味无穷。它既是自然现象的真实写照，同时，又是社会重大变故的预言和征兆。

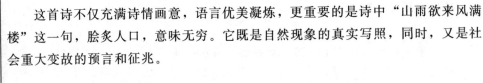

天涯海角

典出《徐孝穆集四武皇帝作相时与岭南酋豪书》。

天涯藐藐，地角悠悠。言面无由，但以情及。

据说宋代的大文豪苏轼（别号东坡居士）和这个成语大有关系。苏东坡在59岁那年，有人诬告他所作诏令有斥责先朝的话，被贬到海南岛的昌化。他在昌化时，常到"角岭"一带去游览。这一天，他正在海边欣赏那水连天的景色，忽然狂风暴雨，波涛翻滚。这番情景，引起了他的兴致，便在避风雨的那块大石上题了"天涯"和"海阔天空"6个大字。事后，石匠便把这几个字刻在石上。久而久之，这个地方就被人们称为"天涯"，又因这里本是"角岭"的一部分，所以后来的人把"天涯"和"角岭"结合成"天涯海角"这个名词。

天涯：天边，遥远的意思；海角：海隅，也是遥远的意思。两个词都是表示遥远，比喻极其边远的地方。又作天涯地角。

万紫千红

典出《春日》。

等闲识得东风面，万紫千红总是春。

朱熹是南宋时的哲学家和教育家，字元晦，一字仲晦，号晦庵，别称紫阳。徽州婺源（今属江西）人，侨寓健阳（今属福建）。他曾任秘阁修撰等职，主张抗金。朱熹广注典籍，对经学、史学、文学、乐律以至自然科学都有不同程度的贡献。他的理学一直成为后来封建地主阶级统治人民的理论工具，在明清两代被提到儒学正宗的地位。他的博览和精密分析的学风，对后世学者很有影响。

据记载，有一天，朱熹到郊外去游春踏青。这天，天气晴朗，风和日丽，朱

熹所到之处，遍地百花盛开，绚烂多姿。无限春光引得朱熹诗兴大发，回家后，他把这次郊游的感受写成了一首题为《春日》的诗："胜日寻芳泗水滨，无边光景一时新。等闲识得东风面，万紫千红总是春。"

"万紫千红"原来形容春色艳丽。现在，人们常用这句成语比喻事物丰富多彩或景象繁荣兴旺。

时令篇

不舍昼夜

典出《论语·子罕》。

子在川上曰："逝者如斯夫！不舍昼夜。"

孔子到了晚年，也常和他的学生在一起。有一天，他和学生一道去散步，走到河边，眼望着奔腾不息的河水久久不语。学生们不知他在想什么，没有去打扰他。他望了很久，然后叹了一口气道："光阴一去不复返啊，它大概就像这河水一样，昼夜不停地奔流吧，（逝者如斯夫，不舍昼夜）。"学生们听了孔子的慨叹，领会到孔子说这话的深意，于是，立刻向孔子表示："老师，我们一定好好学习，爱惜光阴，决不辜负您的期望。"孔子听了深有所感地说："应该爱惜光阴，认真学习啊！"

后人用"不舍昼夜"表示时间不停地流逝。

旷日持久

典出《战国策·赵策四》。

今得强赵之兵以杜燕将，旷日持久数岁，令士大夫余子之力，尽于沟垒。

战国时期，燕国封宋人荣蚠为高阳君，派他率领军队攻打赵国。荣蚠很能打仗，赵王非常害怕。他与平原君赵胜商量，准备割让济东合卢、高唐、平原等座城池 57 处地方送给齐国，以此请求齐国名将安平君田单担任赵军统帅，抵抗燕军的进攻。赵国大将马服君赵奢反对这种主张。他对平原君赵胜说："难道我们赵国就没有能率兵打仗的大将吗？仗还没有打，就先割让三座城池五十七处地方送给齐，这怎么行呢？大王为什么不派我为统帅呢？我熟悉燕国地形，派我领兵作战，一定能够取胜。为什么要求助于田单呢？"

接着，赵奢进一步指出，即使请田单指挥赵军作战，赵国也不可能取胜。他说："第一，如果田单愚蠢，那他一定打不过荣蚡，这样就白请他来了；第二，如果田单聪明、有本事，他也未必肯为赵国出力，因为赵国取胜强大起来，对齐国称霸是不利的。"

赵奢最后说："依我看，让田单领兵作战，他一定会把赵国军队拖在战场上，荒废许多时间。长久地拖下去，就会把我国的人力、财力、物力消耗掉，后果不堪设想。"

赵王和赵胜没有听取赵奢的正确意见，到底割让三座城池送给齐国，请田单统率赵国军队。结果，不出赵奢所料，战争拖了很长时间，赵国付出很大代价，却没有取得理想的结果。

成语"旷日持久"即由此而来。旷：荒废。这句成语形容空废时日，拖延很久。也作"旷日弥久"。

日不暇给

典出《汉书·高帝纪下》。

"虽日不暇给，规摹宏远矣。"颜师古注："给，足也。日不暇足，言众事繁多，常汲汲也。"

西汉的开国皇帝刘邦从泗水亭长兵戎起家。起初，他重武轻文，看不起儒生，曾往儒生的帽子里撒过尿。得天下以后，儒生陆贾时常和他说起《诗》、《书》的重要，劝他文武并重。刘邦说："老子是在马上得天下的，《诗》、《书》有什么用？"陆贾说："陛下在马上得天下，难道能在马上治天下吗？打天下当然要用武力，但治天下就不能不用文教，文武并重，才能长治久安。"刘邦觉得陆贾说的有道理，便重视起文教和儒生来，并命陆贾著《新语》。书成后，刘邦十分满意。

《汉书》的作者班固在评价刘邦时说：高祖在天下平定以后，曾命令萧何颁布法令，韩信定军法，张苍制定律令法规，叔孙通制定朝仪，陆贾著《新语》。这些事情虽然很多，使他日不暇给，但却是深谋远虑的治国之策。

后人用"日不暇给"形容事情多，时间不够用。

岁不我与

典出《论语·阳货》。

> 不可，——日月逝矣，岁不我与。

季氏几代都把持着鲁国的政权。季氏有个家臣名叫阳货，他手握权柄之后，就想利用孔子做他的助手，以稳定政局。为此，他要孔子去拜会他，可是孔子不去。于是他便想了一个方法，即趁孔子不在家的时候，送了个蒸熟的小猪去，这样使孔子不得不去道谢。

孔子不愿见到阳货，也想了一个方法，即打听到阳货不在家的时候去拜谢他。没有料到孔子去的时候在路上碰见了阳货。孔子无可奈何，只得走过去。阳货以奉承又带责备的口吻说："国家乱纷纷的，你有一身本领，对国事却不闻不问，这难道叫仁爱吗？"孔子听了，没有吭声。阳货接着又说："一个人喜欢做官，却又屡次错过机会，这叫做聪明吗？"孔子仍不吭声。阳货无法，只好自言自语地说："不行。光阴一去不复返啊！时光也不会等待我。"

后人用"岁不我与"表示时光一去不返，它是不会等人的。

一朝一夕

典出《周易·坤·文言》。

> 臣弑其君，子弑其父，非一朝一夕之故，其所由来者渐矣。

又见《列子·力命》。

> 病非一朝一夕之故，其所由来渐矣。

战国时，有一个叫季梁的人生了病，而且越来越严重。季梁的儿子见父亲的病挺厉害，就去请了3位医生。

矫医生对季梁的病进行了诊断，说："你冷暖没有节制，虚实失调，中气不足。病源是饥饱失度，纵欲斫丧（摧残、伤害的意思），慢慢地就可治好。"季梁听后说："这是个一般的医生。"

俞医生对季梁的病情进行了诊断，说："你的病不是一早一晚形成的，病由来已久，恐怕治不好了。"季梁听后说："这是位良医。"

卢医生对季梁的病情进行了诊断，说："药物对你已经没有什么作用了。"季梁赞许地说道："你真是一位神医啊！"于是送给卢医生礼物，让他回去了。

原来，季梁得的是精神方面的病症，没过多久，就自个儿好了。

后人用"一朝一夕"这个典故形容极短的时间。

一日三秋

典出《诗经·王风·采葛》。

> 彼采葛兮，一日不见，如三月兮。彼采萧兮，一日不见，如三秋兮。彼采艾兮，一日不见，如三岁兮。

葛：一种多年生蔓草，古人用来作织布原料。萧：蒿类草，有香味，古人用来供祭祀用。艾：菊科植物，嫩叶可食，干后可作药用。三秋：有三种解释。一说是以一秋为一年，谷子在秋天成熟，故古人以谷熟为秋，除南方外，谷类多一年一熟，故三秋便可说是三年。第二种说法是三季，就是九个月。第三种说法是仅指秋天的三个月为三秋。

这是一首怀念人的诗，被怀念者可能是女性。古时的歌谣很多是歌唱爱情的，因此这首诗可以当成男人思念爱人的歌辞。全诗的意思是说：我忆念中的人儿啊！她在外面采摘葛藤，一天不看见她，就如三个月不见那样。我忆念中的人儿啊！她正在野外采摘萧草，一天看不见她，就像有九个月那么长啊！我忆念中的人儿啊！她正在野外采摘艾草，一天没有见她的面，就像隔了三年哪！

很显然，这是一首"怀情"的诗歌，是男人怀念女人的"一日三秋"，这充分描写出思念之切，这种心情是每一个正在热恋中的男女所能深切体验的。

"一日三秋"这句成语便是比喻分别了一天，想念的心思好像隔别了很长的一段时间。现在应用这个成语，已不限于男女之间的相思，举凡朋友、亲戚、同学、同事间的别后怀念，都可用"一日三秋"来形容。

中华典故

人伦篇

"表壮不如里壮"与"篱牢犬不入"

典出《水浒传》第二十四回。

　　"我哥哥为人质朴，全靠嫂嫂做主看觑他。常言道：'表壮不如里壮。'"及武松再筛第二杯酒，对那妇人说道："嫂嫂把得家定，我哥哥烦恼做甚么？岂不闻古人言：'篱牢犬不入。'"

　　武松是山东阳谷县的步兵都头，这一日被县官差往东京去干事，心中放心不下他的哥哥武大郎。他知道哥哥懦弱，嫂嫂潘金莲不但漂亮而且淫荡，生怕自己走后，嫂嫂会勾引男人闹出事来。因此买了一瓶好酒并菜蔬之类，径投武大家来。让哥嫂上首坐了。酒至数巡，武松倒了杯酒，拿在手里，看着武大说："大哥在上，武松今日蒙知县差遣去东京干事，多是3个月，少是一月便回。有句话特来对你说，你从来为人懦弱，我不在家恐怕外人来欺侮。你从明日起，少卖些炊饼，每日迟出早归，不要和人吃酒，归家便早闭门，省了多少是非口舌。若是有人欺侮你，不要和他争闹，等我回来自和他理论。大哥你依我时，满饮此杯。"武大接了酒道："兄弟说得是，我都依你。"喝了一杯酒。武松再斟第二杯酒，对那妇人说："嫂嫂是个精细的人，不必要武松多说。我的哥哥为人质朴，全靠嫂嫂做主，常言'表壮不如里壮'，嫂嫂如能保持家庭和睦，我哥哥还烦恼什么？岂不闻古人云'篱牢犬不入'？"

　　后人用"表壮不如里壮"这个谚语比喻有个贤惠妻子，比丈夫能干更重要。"篱牢犬不入"比喻只要家庭和睦，坏人钻不了空子。

风树之叹

典出《韩诗外传》。

皋鱼曰："……树欲静而风不止，子欲养而亲不待也。"

春秋时，有一次孔子带了一群学生出门去。走在路上，听到前面传来一阵哭声，很是悲伤。孔子对赶车人说："快点赶上去，看看是什么人在那里哭泣。"

他们走近一看，正在哭泣的是一个须发斑白的老人。孔子问他："先生是谁？为什么在这里哭？"老人回答说："我叫皋鱼，因为想起平生的 3 次重大损失，所以伤心痛哭。"孔子又问："您的 3 次重大损失是什么？"皋鱼说："一是我年少时就外出求学，父母很早就双双去世；二是我自命清高，立志不为昏君做事，如今年老却一事无成；三是我原有不少情谊深重的朋友，但却中途断绝了与他们的友情。现在我想起这些，心潮难平，就像树木想安静下来怎奈风要吹个不停。我想尽孝奉养双亲，他们却过早去世。想到人的年龄一去不复返，双亲死后永不能再见，我实在悲痛难忍。从此，我要与这个世界永诀了。"说罢，皋鱼便如枯木一般呆立不动，孔子仔细一看，原来他已经气绝身亡了。

后人用"风树之叹"的典故表现孝道，或感叹对父母未能尽孝；又用"树欲静而风不止"形容本想保持宁静的心态，但却有某事影响人的情绪，使人心潮难平。

孤犊触乳，骄子骂母

典出《后汉书·仇览传》。

谚曰："孤犊触乳，骄子骂母。"

有一个人，因为是独子，所以受到母亲的娇惯，他由撒娇而顶嘴，由顶嘴而骂母亲，最后竟打起母亲来。众邻居看到妇人被打得鼻青脸肿，还依然关注儿子的脉脉眼神，都感到气愤。有一天，这儿子看见一群人围在一起议论纷纷，他挤进去一看，只见一头母牛鲜血淋淋的，原来是被小牛用角触伤了。有人大声说："把这没良心的小牛杀了算了，它竟这样对待妈妈。"有人说："谚语讲：'孤犊触乳，骄子骂母。'牛是畜生嘛，可是有的人比畜生还不如。"儿子觉得大家好像全看着他，眼中充满了鄙夷，因此又羞又怕，从此改过，成为受人尊敬的孝子。

后人用"孤犊触乳，骄子骂母"这个谚语比喻对孩子娇惯不得，孩子的不孝往往是父母娇生惯养的结果。

鼓盆之戚

典出《庄子·至乐》。

庄子妻死，惠子吊之，庄子则箕踞鼓盆而歌。

战国时，庄子的妻子去世了，他无钱安葬妻子，就把她停放在露天，用一张旧席子掩盖着。

惠子听说庄子的妻子去世，前去吊丧。他在路上想，庄子一定很悲痛。但当他看见庄子时，只见他蹲坐在地上，披头散发，衣衫破烂，手里拿着一根木棍，在不断地敲着铜盆，大声地唱着歌。惠子惊异地说："你和她长期生活在一起。她在世时，为你生儿育女，抚养老人，如今死了，你不痛哭也罢，为何要敲着盆子唱歌，岂不太过分了吗？"

庄子对惠子说："妻子去世，我难道不悲伤吗？可是一个人本来是没有生命的；不仅没有生命，而且还没有形体；不仅没有形体，甚至还没有气息，处在若有若无之中。后来逐渐变成气息，气息变成形体，形体变成生命；现在又回归了自然。如此生生不息，就像春风，夏日，秋雨，冬雪一样，周而复始，四时运行。现在，我妻子静静地躺在大地上，灵魂飘游在白云之间，最终融合到大自然之中，找到了自己的归宿。我何必哭哭啼啼的呢？唉，人应该了解生命的来龙去脉，才能通达！"庄子继续敲着盆，唱着歌。

后人用"鼓盆之戚"表示丧妻及丧妻之哀。

横眉冷对千夫指，俯首甘为孺子牛

典出鲁迅先生《自嘲》诗。

运交华盖欲何求，未敢翻身已碰头，破帽遮颜过闹市，漏船载酒泛中流。横眉冷对千夫指，俯首甘为孺子牛。躲进小楼成一统，管他冬夏与春秋。

"孺子牛"一语见于《左传·哀公六年》。

"汝忘君之为孺子牛而折其齿乎？"晋朝杜予解："孺子茶也，景公尝衔绳为牛，使茶牵之，茶顿地，故折其齿。"

春秋时，齐国国君齐景公有个儿子名茶，号安，他幼年时为景公所钟爱。只要儿子喜欢，景公什么事都依着他。有一次，景公竟爬在地上当牛，除了让儿子骑在背上驮着走之外，还在嘴里咬着一根绳子，叫孺子茶牵着跑。不料用力过猛，竟把景公的门牙给拉断了，弄得满嘴是血。虽然如此，景公毫不责怪儿子，他心甘情愿这样做。

这个故事本身非常陈腐，但鲁迅先生化腐朽为神奇，赋予它极深刻的含义。后人用这两句诗形容革命者憎恨敌人，热爱人民的鲜明立场。

姜子牙娶媳妇

典出《封神演义》。

姜子牙，名尚，号飞熊，俗称姜太公。他 32 岁在昆仑山跟元始天尊学道，72 岁奉师父之命，下山辅佐周室。80 岁在渭水边为周文王访得，拜为宰相。从此以后，他帮助周武王起兵伐纣王，统率许多道术之士，经过与纣军的激烈斗法，终于完成兴周的大业，最后奉命发榜封神。

姜子牙在昆仑山修行 40 年。一天，师父元始天尊命他下山封神，扶助明主。姜子牙收拾琴剑衣囊，拜别师尊，又辞众位道友，出玉虚宫下山，投靠朝歌城里的结义仁兄宋异人。

姜子牙来到朝歌城，见了宋异人，旧友重逢，格外高兴。宋异人问他在昆仑山上四十年，有没有学些道术。子牙回答："怎么没学？有挑水，浇松，种菜，烧火，扇炉，炼丹。"宋异人笑着说："这些都是奴仆干的杂役，怎能说是道术呢？如今贤弟既然回来，就住在我家里，找些事做，不必出家，也不要住别处去了。还有，明天我跟你找一门亲事，安个家，好好地过日子吧。"

于是，姜子牙就在朝歌城宋家庄住下来。宋异人果真为他议了一门亲事。新娘子是马家庄员外马洪的女儿，是个 68 岁的老姑娘。当即，择选良时吉日，迎娶马氏。姜子牙同马氏洞房花烛，结成夫妻。

后人用"姜子牙娶媳妇"比喻晚年遇到喜事。

九子不葬父，一女打荆棺

典出《谚谜·荆棺峡谚》。

> 峡壁有棺，以荆为之。相传九子，不能葬，女编荆为棺。土人谚
> 云："九子不葬父，一女打荆棺。"

在长江三峡险峻的峡壁上，可以看见有一具用荆梗编成的棺材。传说从前有个人生了 9 个儿子和 1 个女儿。他偏爱儿子，总觉得女儿没有用。后来他死了，如何埋葬父亲呢？九个儿子互相推诿，谁也不肯拿钱出来买棺材，也不愿费力操办后事。小女儿哀哀地哭着，她很穷，买不起棺木。于是她去割荆条，削去刺，一根一根编起来，做成一具荆条棺，装殓了父亲，她的手指被刺破，血染红了荆条。又怕泥土腐蚀荆条，便费力把荆棺送上峡壁，搁在岸石凹处，终于耗尽体力，坠江而死。因此人们常说："九子不葬父，一女打荆棺。"

后人用"九子不葬父，一女打荆棺"这个谚语比喻办事人多，互相推诿，反而不如一个人负责容易成事。

龙生九子

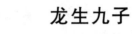

典出《玉芝堂谈荟·龙生九子》。

> 龙生九子不成龙，各有所好。

东海龙王，生了9个儿子：

大儿子叫囚牛，爱好音乐，尤喜胡琴；今胡琴头上刻的兽形，就是它的形象。

老二名叫睚眦，平生好杀，今金刀把上刻的龙吞口就是它的形象。

老三名叫嘲风，一生喜欢探险，今殿角上的走兽就是它的形象。

老四名叫蒲牢，平生好鸣，今钟上兽钮，就是它的形象。

老五名叫狻猊，平生好坐，今佛座狮子，是它的形象。

老六霸下，素爱负重，今碑座兽，为其形象。

老七狴犴，平生好讼，今监狱门上的狮子头，为其形象。

老八负屃，平生好文，今碑两旁文龙，为其形象。

老九螭吻，平生好吞，今殿脊兽头，为其形象。

龙王的9个儿子性格各不相同，各有所长，各有所好。

后人用"龙生九子"比喻同胞兄弟性格志趣各不相同。

鲁有恶者

典出《吕氏春秋·去尤》。

鲁有恶者，其父出而见商咄，反而告其邻曰："商咄不若吾子矣！"且其子至恶也，商咄至美也。彼以至美不如至恶，尤乎爱也。

鲁国有个丑八怪。他父亲外出，看见了美人商咄，回到家里告诉邻居说："商咄的容貌比不上我的儿子啊！"这个人的儿子是个最丑的人，商咄是个最美的人。而他竟然以为最美的人比不上最丑的，这是由于他被对儿子的偏爱迷住了心窍。

后人用"鲁有恶者"这个典故喻指偏爱。偏爱是出于自私，这样的"爱"犹如害。

陆绩怀橘

典出《三国志·吴书·陆绩传》。

绩年六岁，于九江见袁术。术出橘，绩怀三枚去，拜辞堕地。术谓曰："陆郎作宾而怀橘乎？"绩跪答曰："欲归遗母。"术大奇之。

陆绩是三国时东吴的一位学者，他幼年做客怀橘的故事，广为后人流传。

陆绩6岁那年，在九江见到袁术（东汉末年的大军阀）。袁术见他聪明伶俐，就叫人拿出橘子来招待他。他见袁术与别人说话时没注意，就拿了3只橘子揣在怀中。

临走时，陆绩向袁术弯腰行礼，想不到怀中的3只橘子骨碌骨碌地滚了下来。但他却不慌不忙地又把3只橘子拾起来放进怀里。袁术感到奇怪，问他说："小孩儿，你做客还偷带主人的桔子吗？"

陆绩跪下说："我很想带回去给母亲尝尝。"

袁术很感动，赞叹道："这孩子不寻常啊！"

后人常用"怀橘"二字表示对父母的孝顺。

妻离子散

典出《孟子·梁惠王下》。

吾王之好鼓乐，夫何使我至于此极也？父子不相见，兄弟妻子离散。

齐国的大臣庄暴对孟子说："齐王说他喜欢音乐，我不知道好不好。"孟子说："如果真的那样，齐国便很不错了。"

过了几天，孟子去见齐王，他问齐王："庄暴说你喜欢音乐，是吗？"齐王不好意思地说："我并不爱好古代音乐，只喜欢一般流行的音乐。"孟子说："只要你爱好音乐，那齐国就会很不错了"。接着孟子又说："一个人单独欣赏音乐和跟别人一道欣赏音乐，究竟哪一种更快乐呢？"齐王回答说："当然跟别人一道欣赏更快乐啊！"孟子又进一步问："跟少数人一道欣赏音乐，和跟多数人一道欣赏音乐，哪一种更快乐呢？"齐王微笑着说："当然跟多数人一道欣赏快乐。"孟子接着说："假如你在这儿奏乐，老百姓却感到头痛，埋怨道：'大王这样爱好音乐，为什么让我们受苦呢？为什么使我们父子不能相见，兄弟妻子离散呢？'如果这样，就是大王只图自己快乐，而没有'与民同乐'！"齐王听了，不知如何说才好。孟子看到齐王没有反对的意思就接着说："如果大王在这儿奏乐，百姓听到钟鼓箫笛之声，就互相转告说：'我们国君很健康，他还在奏乐呢。'这就做到了王与百姓同乐了。如能与百姓同乐，就可以使天下的人都归服。"齐王觉得孟子讲得有理。

后人把"兄弟妻子离散"说成"妻离子散"，用来形容一家人被迫分离四散。

三迁之教

典出汉代刘向《列女传》。

孟子名轲，3 岁丧父，由母亲抚养长大。母亲很有教养，非常重视对孟轲的教育。

孟家附近有一块墓地，出殡、送葬的队伍经常从他家门前走过。于是，孟子经常模仿队伍中吹鼓手和妇女哭哭啼啼的样子。孟母认为这种环境对儿子成长不利，便把家迁到了城里。

但他家处于闹市，打铁声、杀猪声、喊卖声终日不断，他经常和小伙伴玩起了做买卖的游戏，还是静不下心来读书。孟母便再次搬迁到城东的学宫对面居住。

学宫那里的环境果然不一样，经常书声琅琅，一派读书气氛。孟子果然安下心来读书。有时，他还向学宫里张望，观看里面的学生是怎样读书，又是怎样跟随老师演习周礼（即周代传下来的有关祭祀、朝神等的礼仪）的。回到家里，竟也模仿起来。

一天，孟母发现儿子在磕头跪拜，以为他又在玩埋死人的把戏了，不禁板起了脸，后来听儿子说是在演习周礼，顿时眉开眼笑。不久，她将孟子送进了学宫，系统地学习《诗》（即《诗经》）、《书》（即《尚书》），长进很快。后来，孟子终于成为战国时代著名的思想家和教育家。

生男无喜，生女无悲

典出清李春荣《水石缘》。

> 叹道："生男勿喜，生女勿悲。怎么连这话也就忘了？"

汉武帝刘彻即位后，好几年没有生儿子。他的姐姐平阳公主很关心这事，就挑选了十几个美女藏在家里。有一天汉武帝到她家来，平阳公主让美女们侍候他，谁知汉武帝一个也看不上。后来，宴会时，歌女卫子夫出来表演，只见她星目流盼，姿态灵动，艳媚入骨，汉武帝被她迷住了，就把她接进宫去，尊宠日隆，后来立为皇后，生三女一男。卫家亲戚竟有多人封侯，其中包括抗击匈奴有大功劳的卫青（卫子夫的弟弟）、霍去病（卫子夫姐姐的儿子）。卫青的几个儿子也封了侯，贵显天下，因此，民间流传谚语说："生男无喜，生女无悲。"

后人用"生男无喜，生女无悲"是针对重男轻女观念而言的。

升堂拜母

典出陈寿《三国志·吴书·周瑜传》。

东汉末年，董卓废少帝，立献帝，自为太师，专断朝政，各路军阀纷纷举兵讨逆，江东孙坚也招兵准备北伐董卓。可是他打仗无法顾及家眷，孙坚想不出两全之策，为此忧心忡忡。

孙坚的长子孙策，当时才十五岁，他结交了不少江东名士，很有些少年英伟的名声。舒城有个周瑜，年龄与孙策相仿，也是一个才能出众的少年，慕名从舒城来到江东拜访孙策，两人在一起谈论时事经纬，武艺韬略，十分投合，成了好朋友。

周瑜见孙坚满面愁云，问明缘由后对孙策说："我家有一所宅院空着，可安置你全家住下，伯母如果愿去，是很方便的。"孙策回去一说，孙坚和夫人也很赞成。这样，孙坚心中的石头总算放下了，就把搬家的事交给孙策去办。

孙策把母亲、弟妹以及家常需用器物搬迁到了舒城。周瑜对孙母吴氏十分尊敬，把她当成母亲侍奉，每天一早，必与孙氏兄弟一同来到堂上跪到孙母面前，一起向母亲叩拜请安（升堂拜母），每到这时，吴氏总是喜不自禁，伸出双手先把周瑜搀起，把他当成儿子看待。吴氏问起周瑜年龄，正好与孙策同年，小两个月，便嘱咐孙策，对待周瑜，要如同胞弟一样。从此，孙、周两家比一家人还要亲近。

"升堂拜母"指进入后堂去拜见友人或故人的母亲。指结成深厚的情谊，如同一家。

天上石麟

典出《南史·徐陵传》。

南朝时，有个叫徐陵的人。相传母亲臧氏怀他时，曾梦见五色彩云变为彩凤，落到她的左肩上，醒来后不久，就生下了他。小时候，家人带他去看望当时颇有声望的高僧宝志。徐陵相貌俊美，举止大方，宝志抚摸着徐陵的头顶说："这孩子真是天上的石麒麟啊！"

徐陵果然才智不凡。8岁时，就会写文章，13岁时，已能读懂读通庄子和老子的著作。长大后，被尊为一代文宗，朝廷的许多文书，都由他撰写。他的文笔绮艳柔丽，体裁、立意很有新意，与当时的庾信齐名，被称为"徐庾体"。

徐陵在政治上也表现了不凡的才能。太清二年（公元 548 年），他奉命出使东魏。东魏举行宴会款待他。

当时天气炎热，席间，东魏大臣魏收嘲笑说："北方本来是不热的，今天这场闷热，是徐常侍从南方带来的吧？"

徐陵当即回击："是啊，魏国原来是没有礼仪制度的，王肃来到这里后，才使魏人懂了礼仪；今天我又奉命出使，使你们懂得了天气的寒暑变化。"徐陵的反击使得魏收羞愧满面。

麟：麒麟，古代传说中被认为是象征祥瑞的一种动物。"天上石麟"指才华卓绝，多用来赞誉别人的儿子。

舐犊情深

典出《后汉书·杨彪传》。

后子修为曹操所杀。操见彪问曰："公何瘦之甚？"对曰："愧无日

碑先见之明，犹怀老牛舐犊之爱。"操为之改容。

东汉时代有一个叫杨修的人，字德祖，华阴（今陕西省华阴县）人氏。他很有学问，曾给曹操当主簿。有一次，曹操领兵打到汉中，驻在斜谷界口，想再去打刘备；但心里盘算当时的情势，既不能进，又不能守，退又要丢面子，正在为难的时候，恰巧厨师送上一碗鸡汤，曹操看见汤里面有几块鸡肋，引发了一阵感触。这时部将夏侯惇来问夜里的口令，曹操随口说："鸡肋！鸡肋！"杨修听到这个口令，马上收拾行李，准备回去。夏侯惇吃惊地问他这是为什么，他说："鸡肋这东西，吃之无肉，丢掉它却觉得还有点滋味。我们现在进不能取胜，退又恐惹别人耻笑，住在这里既没有益处，不如早点回去。丞相既然说出'鸡肋'两字，一定就要回去了。所以我预先收拾行李，免得临时忙乱。"后来曹操果然下令班师，并且知道杨修猜中了他的心思。曹操对杨修本已疑忌，就借此机会说他惑乱军心，把他杀了。杨修死时才34岁。

后来曹操见到杨修的父亲杨彪，问他为什么瘦得这样厉害，杨彪流着泪哀声说："我很惭愧没有金日磾那样能对事情有预见，还深深地怀着'老牛舐犊之爱'啊！"曹操听了之后也为之感动。

犊：小牛，老牛因为非常爱怜小牛，总是用舌头舐小牛的身体。以后的人便根据杨彪所说的这句话，引申出"舐犊情深"这个成语，用来形容父母对儿女情感的深挚。

王祥卧冰

典出《搜神记》。

西晋时有个名叫王祥的人，是西晋琅邪临沂（今属山东）人。他幼年丧母，父亲王融又再娶朱氏。朱氏想尽办法虐待他。可是王祥对后母还是非常孝顺。

王家院里有棵李树，结的李子又大又甜，非常可口。一年，李子快要熟了，朱氏爱吃李子，担心鸟雀来啄食，叫王祥在院里赶鸟雀。一天夜里，空中突然刮起大风，一会儿，又下起倾盆大雨。不少李子经受不住风吹雨打，一个接一个地落了下来。王祥抱着李树，痛哭失声。朱氏看了不觉感动起来。

一年冬天，朱氏忽然想吃鲜鱼。当时河面上结了厚厚一层冰，渔民无法下网捕鱼。王祥跑了几条街镇，买不到鲜鱼，便拿了渔网和木棒，跑到河旁，准备把冰击开，然后下网。冬天衣服太厚，不便用力，王祥脱去外衣，用力敲冰。冰太厚了，一时很难敲打。他想可利用自己的体温融化坚冰。于是，他真的在冰上躺了一会。不久，他又继续起来打冰。他不断地使劲敲击，最后终于在冰上打了一个大窟窿。王祥撒下网去，第一网就捕获了两条金色的大鲤鱼，他连忙把这两条鲤鱼拿回家，孝敬后母。

由于王祥想尽办法孝敬后母，后来朱氏对待王祥也像对待亲生儿子一样了。

徐德言买半镜——破镜重圆

典出《本事诗·情感第一》。

徐德言，南北朝时人，妻子乐昌公主是陈朝末代国君陈叔宝的妹妹。夫妻两人情投意合，十分恩爱。徐德言看到当时社会腐败，预感到陈朝很快就会发生大乱。他把一面铜镜破做两半，自己留下半块，另外半块给乐昌公主，说："万一今后咱俩分散，你就让人在正月十五日拿它上街叫卖。我如果活着，看到这片破镜，就能找到你。"

果然，没有多久，陈朝被隋文帝杨坚灭了。灭陈有功之臣杨素，被封为越国公，得到了许多赏赐，其中包括乐昌公主及女妓十四人。徐德言在战乱中四处避难，后来为了寻找妻子，又设法回到了京城。

正月十五这一天，徐德言来到闹市，见到有个老人拿着半面铜镜高声叫卖。他接过镜子一看，跟自己的半面镜子恰好相合。徐德言悲喜万分，对老人说："卖给我吧！"原来这老人是越国公府里的老家人，是乐昌公主叫他来"卖镜"的。

徐德言买了半镜，睹物伤情，思绪万千。他提笔写了一首诗："镜与人俱去，镜归人不归；无复嫦娥影，空留明月辉。"交老人带回去给乐昌公主。公主读了这首诗，想到当年夫妻恩爱的情景，十分伤心，整天泣不成声，茶饭点滴不进。杨素知道了这件事情之后，深表同情，召徐德言进府，设宴款待徐德言和乐昌公主。席间，杨素令公主赋诗。乐昌公主当即写了一首，描绘她此时此地的复杂感情，诗中说："今日何迁次，新官对旧官。笑啼俱不敢，方验作人难。"杨素看了这首诗，受到感动，就让乐昌公主随她丈夫回去。徐德言夫妻重逢，悲喜交集。两块半镜在他俩手中重又拼成一面明镜。

后来，徐德言带着乐昌公主归返江南，不乐于仕宦，甘愿林泉自隐。

"徐德言买半镜——破镜重圆"，比喻夫妻失散或决裂后重新团聚。

一马不跨两鞍

典出《元史·列女传》。

  衣氏，汴梁儒士孟志刚妻。志刚卒，贫而无子，有司给以棺木。衣氏绐匠者曰："可宽大其棺，吾夫有遗衣服，欲尽置其中。"匠者然之。是夕，衣氏具鸡黍祭其夫，家之所有悉散之邻里及同居王媪，曰："吾闻一马不被两鞍，吾夫既死，与之同棺共穴可也。"遂自刭死。

  元代，有一个姓衣的贞烈女子，是汴梁（今河南开封市）的一个书生孟志刚的妻子。孟志刚死了，家贫如洗，又没有儿子，官吏给送来了棺木，以做安葬之用。衣氏对木匠说："请你把棺椁作得宽大些，我丈夫遗留的衣服多，我要把这些衣物都装进棺椁，给丈夫带走。"木匠觉得她说得有道理，就答应了。这一天的晚上，衣氏杀鸡做饭祭奠丈夫，把家里所有的东西都送给邻居和同住的王婆婆，说："我听说，一匹马不披用两副鞍子，既然我的丈夫已死，我应当与他同棺共穴。"说完，就自杀了。

  "一马不跨两鞍"就是从这个故事来的。人们用它比喻贞女不事二夫。

玉镜台

典出《世说新语·假谲》。

  温公丧妇，从姑刘氏，家值乱离散，唯有一女，甚有姿慧，姑以属公觅婚。公密有自婚意，答云："佳婿难得，但如峤比云何？"姑云："丧败之余，乞粗存活，便足慰吾余年，何敢希汝比？"却后少日，公报姑云："已觅得婚处，门地粗可，婿身名宦，尽不减峤。"因下玉镜台一枚。姑大喜。既婚，交礼，女以手披纱扇，抚掌大笑曰："我固疑是老奴，果如所卜！"

温峤（公元288～329年），晋代太原祁县人，字太真。东晋元帝（司马睿）

时期，在大将军刘琨（公元 270～318 年）手下当右司马。东晋明帝（司马绍）即位后，温峤被拜为侍中，转中书令。后为讨平王敦和苏峻叛乱立下功劳，当上骠骑大将军。

温峤曾经丧妇，欲娶后妻。其姑母刘氏家中离散，身边只有一女，甚是美丽、聪明，姑母拜托温峤给她找个好女婿。温峤自己很想娶这个女郎，回答说："好女婿很难找到，像我温峤这样的人，可以吗？"姑母说："兵荒马乱的年月，我家已经遭到丧败，能混口饭吃凑合活着，我在有生之年就感到心满意足了，怎敢奢望找一个像您这样的女婿？"过了几天之后，温峤告诉姑母说："已经找到女婿了，门第尚可，女婿是个大官，其官职不低于我。"又取出一个玉镜台作为聘礼，姑母十分高兴。结婚那一天，新郎新娘交拜成礼后，新娘分开纱扇一看，拍手大笑说："我早就怀疑是你这个老东西，果不出我所料！"

"玉镜台"就是从这个故事来的。人们用它指求婚事，或用以咏镜。

月下老人

典出《续幽怪录·订婚店》。

韦固，少未娶，旅次宋城，遇老人倚囊而坐，向月检书，固问之，答曰："此幽明之书。"固曰："然则君何主？"曰："主天下之婚姻耳。"因问囊中赤绳子，曰："此以系夫妻之足，虽仇家异域，绳一系之，终不可易。君妻乃此店北卖菜陈妪女尔。"后十四年，参相州军事，刺史王泰妻以女，年十六七。女曰："妾郡守之犹子也，父卒于宋城任，时方襁褓，乳母鬻蔬以给朝夕。"宋城宰闻之，名其店曰"定婚店"。

唐朝，有一个人名叫韦固。一次到宋城旅行，住在南店里。一天晚上，他看见一个老人在那里对着月光翻检一本又大又厚的书，韦固问他说："老人家，你看的是什么书？"那老人答道："这本是天下男女的婚谱。"韦固又问："你袋中这么多红绳又有什么用呢？"老人说："这些绳用来系夫妇之足，即使男女两人现在是仇家，或分居异地，只要用这些红绳一系，他们必定结合为夫妇。"韦固与老人同走入米市，见一盲眼的老妇人抱着一个 3 岁左右的小女孩走来，老人便对韦固说："这盲妇抱的女孩子就是你的妻子。"韦固大怒，以为这老人有意开他玩笑，回去便磨尖一把小刀，叫一个家奴把那女孩子杀掉。那家奴拿了小刀当众刺了女孩子一刀便走了。事隔 14 年，相州刺史王泰将女儿许配韦固，这女子容貌十分美丽，只是眉间有一伤疤。韦固问道："她为什么有这个伤疤呢？"王泰说："14 年前，她的保姆陈氏抱她到米市行走，为一狂徒刺伤。"韦固又问："那保姆是不是一个盲眼的老妇？"王泰说："对！"于是韦固将 14 年前的遭遇对王泰说了一遍，岳婿二人都不禁惊奇不止。此后韦固夫妇十分恩爱。这件事为宋城耆老知道，大家便题名那南店为订婚店。

以后人们称男女婚姻介绍人为"月下老人"或称"月老"。

遇人不淑

典出《诗·王风·中谷有蓷》。

中谷有蓷，暵其乾矣。有女仳离，嘅其叹矣。嘅其叹矣，遇人之艰难矣。

中谷有蓷，暵其脩矣。有女仳离，条其歗矣。条其歗矣，遇人之不淑矣。中谷有蓷，暵其湿矣。有女仳离，啜其泣矣。啜其泣矣，何嗟及矣。

这一首诗描写了一个"遇人不淑"的女子，在凶年饥馑的日子里，被丈夫抛弃，道出了内心的悲愤。全诗的意思是：山谷里生长的夏枯草，它快被太阳晒干了。有个女子因天灾而被丈夫抛弃，她正在深深地叹息，选择丈夫是多么艰难不容易？山谷里的夏枯草，被太阳晒枯了枝条。这个被抛弃的女子多么美好，她正在哀怨地长啸！她正在哀怨地长啸！为的是她被丈夫抛弃了。山谷中的夏枯草，虽然生长在水边也干枯了。这个女子因灾荒被抛弃，她伤心地哭了！她伤心地哭了！事到如今，不知如何是好。

"遇人不淑"的意思是遇到不善良的人，指女子嫁了个不好的丈夫。

哲理篇

白往黑归

典出《韩非子》。

杨朱之弟杨布，布素衣而出。天雨，解素衣，衣缁衣而反。其狗不知而吠之。杨布怒，将击之。杨朱曰："子毋击也，子亦犹是。向者使汝狗白而往，黑而来，子岂能毋怪哉？"

杨朱是战国时有名的思想家，主张万事"为我"，反对"兼爱"，他认为，人的本性就是自私自利的。杨朱有个弟弟，叫杨布，家里养了一只活蹦乱跳的小白狗，杨布很喜欢它。他对杨朱说："我这只小白狗真讨人喜欢，一见到我，就摇头摆尾，亲热极了。"杨朱反驳说："这并不表明什么，你经常喂它，所以它才对你亲热，这样可以骗得更多的食物。"杨布听了，心中很不愉快："你那套'为我'的自私学问，甚至用到狗身上！"

杨布平时爱穿白衣服，一天外出，淋了一身雨，就把外面的白衣换成黑衣。返回家里，那小白狗竟向他"汪、汪、汪"地吠叫起来。杨布非常愤怒，随手拾起一根棍子就要打。一道来的杨朱立刻劝住了他，并说："何必呢？它把你认成了另一个人，所以要吠叫。现在不妨换个角度，你的小白狗外出，回来时变成了一条小黑狗，你难到不感到奇怪吗？你会认为是别人的狗，而别人的狗，不会对你摇头摆尾地表示亲热。"杨布知道杨朱在讽刺他，但细细一想，果然有一些道理。

后人用"白往黑归"比喻只看表面现象而不注重本质，或首尾不一。

杯水车薪

典出《孟子·告子上》。

有一家药店挂牌开张，一串串鞭炮闪着火光，噼里啪啦地响，突然，一串鞭炮落在干草堆上，顷刻间，浓烟腾起，亮起火光，风助火势，烈焰冲天。药店里账房先生听见"救火"的喊声，也探出头来，看见火堆就在眼前，他二话没说，端起一杯水，拨开众人，冲出门外，对准火焰正旺的地方浇下去，大声说："没事了，大家自己忙去吧。"可是，只听见"哧"的一声，水没了，而火照样旺盛，而且越烧越猛。

账房先生呆住了。看了一会儿，愤愤不平地斥责道："这火真不像话，竟然用水都灭不了，真是岂有此理？"转念又想，莫非天道已变，水已不能胜火了？如果真这样，那就不是人力所能做到的。他后退了几步，对大火观望起来。不久，火焰渐渐熄灭，草堆塌成红红的一堆灰烬。

"杯水车薪"指用一杯水去救一车柴烧起的火。比喻力小办大事，无济于事。

扁鹊说病

典出《韩非子·喻老》。

扁鹊见蔡桓公，立有间。

扁鹊曰："君有疾在腠理，不治将恐深。"

桓侯曰："寡人无疾。"

扁鹊出，桓侯曰："医之好治不病以为功。"

居十日，扁鹊复见曰："君之病在肌肤，不治将益深。"桓侯不应。扁鹊出，桓侯又不悦。

居十日，扁鹊复见曰："君之病在肠胃，不治将益深。"桓侯又不应。扁鹊出，桓侯又不悦。

居十日，扁鹊望桓侯而还走。桓侯故使人问之。

扁鹊曰："疾在腠理，汤熨之所及也；在肌肤，针石之所及也；在肠胃，火齐之所及也；在骨髓，司命之所属，无奈何也。今在骨髓，臣是以无请也。"

　　居五日，桓侯体痛，使人索扁鹊，已逃秦矣。桓侯遂死。

　　扁鹊去谒见蔡桓侯，在旁边站了一会。

　　扁鹊说："君王有病在皮肤里，如果不医治恐怕要加重。"

　　桓侯说："我没有什么病。"

　　扁鹊走出去了，桓侯说道："医生爱医治没有病的人，借以显示他的医术高明。"

　　过了10天，扁鹊又去谒见蔡桓侯，说："君王的病已经发展到肌肉里了，再不医治便会越发厉害。"桓侯不理睬。扁鹊走出去了，桓侯又很不高兴。

　　再过了10天，扁鹊又去谒见桓侯，说："君王的病已经蔓延到肠胃里去了，再不医治将会越发严重！"桓侯仍是不理睬。扁鹊走出去了，桓侯又很不高兴。

　　又隔了10天，扁鹊一看见蔡桓侯，扭头便走掉了。桓侯特意找人去问他是什么缘故。

　　扁鹊说："人的病要是在皮肤，用汤药洗或者用热敷，药力都是可达到的；病在肌肉里，扎针的功效是可以达到的；病在肠胃里，服火剂汤的力量也是能够达到的；病在骨髓里，那便属于掌管生死大权的神明的事情了。如今君王的病，已经深入骨髓，所以我便不再要求给他治疗了。"

　　过了5天，桓侯浑身疼痛，叫人到处去找扁鹊，扁鹊已经逃往秦国去了。于是桓侯便死了。

　　这则寓言非常深刻地揭示了一切事物都有其发生、发展的过程，如果能够寻见了它发生的根源，把握了它发展的趋势，就可以从开始时给它施加影响，引导它朝着有利的方向发展。"图难于其易，为大于其细。天下难事必作于易，天下大事必作于细。"文见《老子》六十三章。韩非采取"扁鹊说病"这一历史传说或民间故事，加以点染，改编为寓言，便恰好用以说明《老子》的旨义。看来是难事也必定作于易，大事也必定作于细，要"早从事焉"。早从事的关键是依照客观规律办事。韩非的这种观点和方法，是符合唯物主义原则的，对我们仍有启发性。谁要忽视并违反这一原则，便免不了要步蔡桓公的后尘。

　　后人用"扁鹊治病"这个典故告诫人们：有了错误，必须认真检讨，及时纠正，慎易避难，防微杜渐。如果自以为是，讳疾忌医，拒绝别人的善意批评，错误就会越犯越重，甚至会发展到不可救药的地步。

不可同日而语

典出《战国策·赵策二》。

> 夫破人与破于人也，臣人之与臣于人也，岂可同日而言之哉。

战国时期，苏秦是主张"合纵"的，他建议燕、赵、韩、魏、齐、楚六国联合起来，共同对付秦国。为了说服赵国的君主采纳他的意见，他从燕国来到赵国。赵王比较年轻，做君王的时间不长，很想听他的主张，便热情地接待了他。

苏秦婉委转对赵王说：

"现今贵国疆域有二千多里，军队有几十万，战车千部，战马几万匹，粮食够吃十年。就地形而论，西有常山，南有漳，河东有清河，北邻燕国。目前秦国虎视眈眈，想把赵国吞掉，然而迟迟不敢举兵来征伐，是担心韩国和魏国打他的主意。所以说韩、魏两国也是贵国的屏障。可是秦国一旦占了韩、魏，那么赵国就大祸临头了。这就是我为大王忧虑的问题呀！想当年，尧没有什么地盘，舜也无一点土地，却能占有天下。禹不足一百个部属，却成为诸侯的领袖。成汤和周武王也不过三千士卒，三百战车，也做了天子。这是什么缘故呢？因为他们都具有远见卓识。圣明的君主能够了解敌国的强弱，清楚自己士兵的数目、将士的优劣，不必等到战场上厮杀，对于胜负、存亡就已经心中有数了。哪有光听议论，糊涂地决定国家大事的呢？我计算过各国的版图，六国的土地比秦国大五倍；六国的军队比秦国多十倍。如果六国合成一体，共同讨伐秦国，那秦国必定失败。可是你们现在不做长远打算，盘算着屈服秦国，情愿做人家的臣子。你们可应该知道呀，打败敌国和被敌国打败，别人当自己的臣子和自己当别人的臣子，这两种境遇可是不能够放在一起相比着说的呀！我的意见请大王深思啊！"

赵王对苏秦的主张很感兴趣，决定封他为武安君，给他一百辆车子，二万两黄金，一百双白璧和许多绸缎、衣物，让他去劝说其他几个国家。

后来便从中演变出"不可同日而语"一，勿用来说明两种情况完全相反或差别很大。

吃素

典出《笑林》。

　　猫项下偶带数珠，老鼠见之，喜曰："猫吃素矣！"率其子孙诣猫言谢。猫大叫一声，连啖数鼠。老鼠急走，乃脱，伸舌曰："他吃素后越凶了！"

　　猫在脖子下面偶然挂起了几颗佛珠，老鼠看见了，非常高兴地说："猫吃素了！"便率领着自己的子孙后代，前往猫的居处表示感谢。猫突然大叫一声，一连吃了好几只老鼠。老鼠急忙逃窜，才脱了险，便伸出舌头来说道："他吃素念佛之后更加凶狠了！"

　　后人用这则寓言告诫我们，对待任何事物，要看其本质，不要被一时的非本质的表面现象所迷惑，否则就要吃亏上当。

唇齿相依

典出《三国志·魏书·鲍勋》。

　　王师屡征而有未克者，盖吴、蜀唇齿相依，凭阻山水，有难拔之势故也。

　　鲍勋字叔业，泰山平阳人。魏文帝时，任御史中丞。魏文帝想攻打吴国，鲍勋就面见魏文帝说："大王的军队曾几次远征都没有取胜，究其原因是吴国和蜀国地势相连，有如嘴唇和牙齿的关系一样，他们相互支援；其次是路途太远，山水相阻，行军困难，故要战胜吴国是很困难的。）文帝不但不考虑有益的意见，反而十分愤怒，把鲍勋从右中郎将降为治书执法。

　　后人用"唇齿相依"来比喻关系密切，互相依存。

蹈水之道

典出《庄子·达生》。

孔子观于吕梁，县水三十仞，流沫四十里，鼋鼍鱼鳖之所不能游也。见一丈夫游之，以为有苦而欲死也，使弟子并流而拯之。数百步而出，被发行歌而游于塘下。

孔子从而问焉，曰："吾以子为鬼，察子则人也。请问，蹈水有道乎？"曰："亡，吾无道。吾始乎故，长乎性，成乎命。与齐俱入，与汩偕出，从水之道而不为私焉。此吾所以蹈之也。"

孔子曰："何谓始乎故，长乎性，成乎命？"

曰："吾生于陵而安于陵，故也；长于水而安于水，性也；不知吾所以然而然，命也。"

孔子在吕梁观赏瀑布的景色，那水流从三十仞的高处直泻而下，江面水珠飞溅，直到四十里之远，鼋鼍鱼鳖都不能在这里浮游。忽见一个男子游在江中，以为是有什么痛苦而自寻短见的，便让他的学生沿河往下游去救他。却见这人游到数百步外便从水中出来，披散着头发，在堤岸下悠游自在地边走边唱起来。

孔子赶忙跟上去问他，说："我以为你是鬼，细看却还是人。请问，你游水有秘诀吗？"

那人回答说："没有，我并没有什么秘诀。我凭着人类的本能开始了我的生活，又依靠人类的适应性而成长，顺乎自然而成功。同漩流一起潜入水底，随涌流一同浮出水面，完全顺从水性而不凭主观意志从事。这就是我能驾驭汹涌的急流的缘故。"

孔子问："什么叫做凭本能开始生活，靠适应性而成长，顺乎自然而成功呢？"

那人回答说："我生在陆地而安于陆地，这就是本能；长在水上而安于水，这就是适应性；不知道我为什么会这样而结果是这样，这就是顺乎自然。"

后人用"蹈水之道"说明做任何事情只有按照客观规律行动，才能完全驾驭它。

东野稷之御

典出《庄子·达生》。

　　东野稷以御见庄公，进退中绳，左右旋中规。庄公以为文弗过也，使之钩百而反。

　　颜阖遇之，入见曰："稷之马将败。"公密而不应。

　　少焉，果败而反。公曰："子何以知之？"

　　曰："其马力竭矣，而犹求焉，故曰败。"

　　东野稷给鲁庄公表演驾车的技巧，进退笔直，左右旋转就像画圆规，处处合乎驾车的规矩。庄公认为这种驾车的姿式就是天下最美的了，又让他在路中间原地来回反复绕圈子。

　　颜阖见到这种情况，便去见庄公，说："东野稷的马将被毁掉。"庄公闭口不答理他。

　　一会儿，东野稷果然失败回来了。庄公这才问颜阖说："你凭什么知道要坏事呢？"

　　回答道："他的马体力已消耗完了，却还要继续驱使它，所以说一定会毁掉。"

　　后人用"东野稷之御"比喻做任何事情都要适可而止，不应过分。这就是使主客观统一，主观愿望不超过客观条件的许可。矜智逞能，忘乎所以，以致超出客观条件所许可的限度，是没有不失败的。

饵同钓异

典出《田间书》。

　　予尝步自横溪，有二叟分石而钓，其甲得鱼至多且易取；乙竟日亡所获也，乃投竿问甲曰："食饵同，钓之水亦同，何得失之异耶？"甲曰："吾方下钓时，但知有我而不知有鱼，目不瞬，神不变，鱼忘其为

我，故易取也。子意乎鱼，目乎鱼，神变则鱼逝矣，奚其获？"乙如其
教，连取数鱼。予叹曰："旨哉！意成乎道也。"

有两个老汉分别蹲在两块石头上钓鱼，其中甲老汉很容易地钓了许多鱼；乙
老汉终日没有钓得一条鱼，他就把钓竿扔在地上询问甲老汉说："咱们两个人钓
鱼食相同，钓鱼的水也相同，但为什么得失之间有这么大的区别呢？"

甲老汉说："我刚要放下钓钩时，只知道有我这个人而不知道有鱼，眼睛不
眨，神情不变，鱼忘了有我这个钓鱼的人，所以非常容易钓到鱼呀。而你呢，心
里总想着鱼，眼睛总望着鱼，神情变幻多端，鱼就吓跑了，怎么还能钓得到
鱼呢？"

乙老汉按照他的教导去做，一连钓了好几条鱼。

多好啊！意愿的实现在于掌握规律呀！

"旨哉，意成乎道也"是这则寓言的旨义。它告诉我们，无论做什么事情都
必须按规律办事。同时还告诉我们，办事不能光想到利，精力不集中是难以成
功的。

佛道自尊

典出《传家宝·笑得好》。

一庙中塑一老君像在左，塑一佛像在右。有和尚看见曰："我佛法
广大，如何居老君之右？因将佛搬在老君之左。"又有道士看见曰："我
道教极尊，如何居佛之右？"因将老君又搬在佛之左。彼此搬之不已，
不觉把两座泥像都搬碎了。

一所庙堂上塑着两尊泥像，左面是老君，右面是佛祖。一天，有个和尚走来
看见，不满地说："我们佛法无边，怎么能屈居老君之下，放在右边呢？"于是就
把佛像搬在老君像左。后来，又有一个道士看见，不平地说："我们道教极其尊
贵，怎么能屈居佛教之下，放在右边呢？"说着又将老君像搬在佛像左面。

就这样，彼此不停地搬来搬去，最后竟然把两尊泥像都搬弄碎了。

后人用"佛道自尊"这个典故告诫人们，光有良好的动机和愿望而不看客观
效果，并不是真正的好心。

害群之马

典出《庄子·徐无鬼》。

有一次，轩辕黄帝要到具茨山（今河南省境内）会见大隗，走到了襄城（今河南省襄城县一带），他忽然迷了路，恰巧遇见一个放马的男孩。

轩辕问道："你知道具茨山在哪儿吗?"

男孩答道："知道。"

他又问道："你知道大隗住在哪儿吗?"

男孩回答："知道。"

黄帝很高兴，说道："小孩你真不简单，不但知道具茨山，还知道大隗的住处。让我再问问你，你可知道怎样治理天下吗?"

男孩说："治理天下也没什么了不起。我前几年独自游历天下，当时还生着病，有位长辈告诫我说：'你游览襄城野外，要注意日出而游，日入而息。'现在我身体好多了，打算游历更远的地方。所谓治理天下，只不过如此而已。我还有什么可说的?"

小孩在这里并没有说出什么来，但他说话口齿伶俐。黄帝见男孩十分聪明，坚持问他到底如何治理天下，小孩无奈，便回答说："所谓治理天下的人，难道与放马的人有什么不同的地方吗? 只不过是把危害马群的坏马驱逐出去而已。"

黄帝对牧童的回答非常满意，称牧童为"天师"，恭敬地向牧童拜了几拜，然后离去。

后人用"害群之马"比喻危害集体的人。

狐裘而羔袖

典出《左传·襄公十四年》。

余狐裘而羔袖。

春秋时期，卫国的右宰相名字叫榖，他居官清正、辛勤，很有政绩，可是却不善于打仗。在一次战争中，他率领的军队被打得大败，榖逃了回来，听候处分。卫君和大臣们商议后，认为丧军辱国，罪很大，决定判处他死刑，问他有什么辩护的意见没有。縠说道："就这次打仗的失败而言，您的处分是适当的。我决不为此而辩护。但是，正如谚语说的，我是'狐裘而羔袖'者也，你们可不可以整体地评价一下我的功过呢？"卫君听了，回忆起縠一生的功绩，于是下令赦免了他的罪行。

"狐裘而羔袖"，是说一件袍子，整体都是用极贵重的狐皮做的，只有袖子用的是贱价的羊羔皮。

后人用"狐裘而羔袖"这个典故比喻大体很好，只是稍有不足之处。

画荚者

典出《韩非子·外储说左上》。

客有为周君画荚者，三年而成。君观之，与髹荚者同状。周君大怒。

画荚者曰："筑十版之墙，凿八尺之牖，而以日始出时加之其上而观。"

周君为之，望见其状尽成龙蛇禽兽车马，万物之状备具。周君大悦。

有一个人给周君画荚，三年才画成。周君一看，和用漆漆满的荚一个样。周君大发雷霆。

画荚的人说："筑十版高的墙，凿开一个八寸大小的窗户，在太阳刚出来时把它放在窗户上观看。"

周君照着办，看见那上面画满了龙蛇禽兽车马，万物的形状都包罗了。周君非常高兴。

后人用"画荚者"比喻对待事物粗枝大叶，不细致观察，深入研究，往往分不清好坏，辨不清是非。

即且遇蟹

典出《郁离子》。

　　即且与蟹遇于瞳，蟹塞首而逝。即且追之，蹁旋焉绕之。蟹迷其所如，则呀以待。即且摄其首，身弧屈而矢发，入其肮，食其心，齰其脊，出其肮。蟹死不知也。他日，行于煤，见蚰蜒，欲取之。蚿谓之曰："是小而毒，不可触也！"即且怒曰："甚矣！尔之欺予也！夫天下之至毒莫如蛇，而蛇之毒者又莫如蟹。蟹噬木则木翳；齰人兽，则人兽毙。其烈犹火也，而吾入其肮，食其心，菹鲊其腹肠，醉其血而饱其脊，三日而醒，融融然。夫何有于一寸之蛇蠕乎？"跋其足而凌之。蚰蜒舒舒焉，曲直其角，煦其沫以俟之。即且粘而颠，欲走则足与须尽解，腮而卧，为蚁所食。

　　蜈蚣和蟹子在郊外碰到一块，蟹子昂起头逃跑了。蜈蚣去追它，旋转着围绕着它。蟹子迷失了方向，不知道要往哪里去，便张大了嘴等待对方处置。蜈蚣缩起头，弯曲了身子，像射箭一般突然冲向蟹子，钻进蟹子的喉咙里，吃了它的心，咬断了它的肠子，最后从它的尾部爬了出来。蟹子到死还不知道是怎么回事呢。过了一天，蜈蚣在灶上爬行，遇见蜒蚰，又想把它抓住，马陆告诉蜈蚣说："这个东西虽小，可是有毒，不可触动它！"蜈蚣生气地说："太过分了！你是在欺骗我呀！天下最毒的东西莫过于蛇了，而蛇中最毒的莫过于蟹子了。蟹子咬了树木，树木就会枯萎；咬了人和兽，人和兽就会死掉。它的毒像烈火一般凶猛，但是我钻进它的喉咙里，吃了它的心，把它的肠胃当肉酱吃，把它的血当酒喝了，饱餐了它的油脂，3天后才醒过来，简直畅快极了。我怎么会在乎这个寸把长的蠕动小虫呢？"

　　于是蜈蚣去欺凌蜒蚰。蜒蚰舒展了身子，把头上的角一屈一伸，吐着黏液等待着它。蜈蚣刚走到蜒蚰身旁，就被黏住翻倒在地，想抽身逃跑，脚和须都被黏断，瘫痪在地上不能动弹，最后被一群蚂蚁吃掉了。

　　后人用这则寓言说明所谓"一物降一物，卤水点豆腐"。世界上任何事物，都有它的对立面；即使它有强大的进攻武器，但总有胜过它的其他事物。所以决不能恃才傲物，盲目自大。否则，即使强者，也可能败于弱者。蜈蚣可以战胜最毒的蛇，然而却被看来似很软弱的蜒蚰所击毙，在这一胜一败之间，很能领悟到一些生活辩证法的道理。

解铃还须系铃人

典出《指月录》。

金陵清凉泰钦禅师，性豪逸，众易之。法眼独契重。一日眼问众："虎项系铃，是谁解得？"众无对。师适至，眼举前语问，师曰："系者解得。"

金陵清凉山法灯禅师，还是一个普通的小和尚的时候，聪明机智，性格豪迈，并不一天到晚念经拜佛。因此大小和尚都瞧不起他，只有主持方丈法眼禅师特别器重他，以为他对佛学造诣领悟最深。一天，众和尚聚会听法眼讲经，法眼突然向大家问道："虎项金铃，是谁解得？"半天，没一个人答得出来，恰值这时，法灯从外面进来，法眼禅师又把这个问题问他，法灯不假思索地答道："是谁把铃子系到虎颈上去的，谁就能解下来。"法眼禅师非常赞赏他的回答，向大家说道："听见没有？你们轻视他不得呢！他将来的成就必定高于你们。"后来，法灯果然成为一代名僧。

后人用"解铃还须系铃人"这个典故比喻谁惹出来的问题，仍应由谁去解决。

荆人涉水

典出《吕氏春秋·察今》。

荆人欲袭宋，使人先表澭水。澭水暴益，荆人弗知，循表而夜涉。溺死者千有余人，军惊而坏都舍。

向其先表之时可导也。今水已变而益多矣，荆人尚犹循表而导之，此其所以败也。

楚国想攻打宋国，派人先去测量滩水的深浅做好标志。滩水突然大涨，楚国人不知道，依然按照旧标志在深夜中涉渡。结果淹死了 1000 多人，三军惊哗，好像都市中的房舍倒塌一样。

原先做标志的时候本是可以渡过去的，如今河的情况已经发生变化，水已涨了，楚国人仍然依着旧标志渡河，这就是他们失败的原因呀。

作者采录这样一则历史传说作为寓言，是嘲讽当时泥古不化反对变法的人。这些人看不出矛盾的斗争已将客观过程推向前进了，而他们的认识仍然停止在旧阶段。他们也像这一伙荆人一样，脑子里死记住一个"表"，无论形势发生了多少变化，还是"循表而夜涉"，这就是由于"他们的思想离开了社会的实践"，他们的认识仍然停止在旧阶段。即使原先是正确的，现在也行不通了："向其先表之时可导也，今水已变而益多矣，荆人尚犹循表而导之，此其所以败也"。忘记了对具体情况作具体分析，忘记了适应着已经发展和改变的局势而改换对策，事必败也。

率　然

典出《孙子·九地篇》。

> 率然者，常山之蛇也。
> 击其首则尾至，击其尾则首至，击其中则首尾俱至。

率然是常山地方的一条大蛇。打它的头，尾巴就来救应；打它的尾巴，头就来救应；打它的当中，头和尾巴都来救应。

这个寓言是说善于用兵的人，能使部队像"率然"一样，也就是能使士兵好像一个人的左右手互相支援，才能打胜仗；而要使部队"齐勇若一"去作战，这在于将帅领导的得法；要使全军"刚柔皆得"发挥作用，这在于地形利用的适宜。所以善用兵者必须胸有全局，使全军首尾呼应，才能攻无不克，防如铁壁。

墨鱼自蔽

典出《田间书》。

> 海有虫，拳然而生者，谓之墨鱼。其腹有墨，游于水，则以墨蔽其

身，故捕者往往迹墨而渔之。噫！彼所自蔽者，所以自祸也欤？人有恃智，亦足以鉴。

海里有一种动物，屈曲而生长，称之为墨鱼。它的肚子里有一个墨囊，游动在水中，能放出墨汁来掩蔽自己的身体，渔翁往往跟着墨汁的踪迹去捕捉它。

唉！它所用来掩蔽自己的，恰好是给自己招来祸灾的原因呀！那些凭借个人小聪明的人，也是可以以此作为借鉴了。

后人用这则寓言说明墨鱼"所自蔽者，所以自祸也。"任何事物都有其两重性，在一定条件下，好事往往能够转化为坏事，这则寓言具有朴素辩证法的因素。

作者的目的，是从墨鱼自蔽的教训过渡到人。人有聪明智慧，原本是件好事；但是一味凭借个人才智，处处耍弄小聪明也必将引火烧身，招来祸灾。这样的教训，在日常生活中不乏其例。

其父善游

典出《吕氏春秋·察今》。

有过于江上者，见人方引婴儿而欲投之江中，婴儿啼。人问其故。曰："此其父善游。"
其父善游，其子岂遽善游哉？

有个人从江边经过，看见一个人正拉着一个婴儿要把他投到江里去，婴儿吓得大哭。这个人就问那个人是什么缘故。那个人说："这个孩子的爸爸善于游水。"
爸爸善于游水，他的孩子难道就应该善于游水吗？
这篇寓言对那些惯于机械推理，抱有历史成见或血统论观点的人都是有力的讽刺。

两个茅茨

典出《增补万宝全书》。

　　昔年有兄弟二人，父死，拆烟。其兄乖巧，其弟痴蠢。兄于十字路口起造茅茨一间，每年不胜其利。弟妇不忿，怒骂其夫。弟亦于路口做茅茨，用石灰粉壁，绘画干净。过者疑为庙宇，往来无一解手。

　　从前，一户人家有兄弟二人，父亲死后，兄弟俩分了家，哥哥为人办事聪明能干，弟弟却痴呆无能。

　　哥哥在十字路口搭起一间茅厕，每年受益不少。弟媳妇愤愤不平，埋怨责怪自己的丈夫。弟弟于是也在路口盖了一间茅厕，用石灰粉刷了墙壁，又在上面彩绘了图画，装饰得优雅干净。过往行人都以为这是一座庙宇，没有一个人进去解手。

　　后人用"两个茅茨"告诫人们，搞形式主义、不讲实际效果，是无益而有害的。

轮扁斲轮

典出《庄子·天道》。

　　桓公读书于堂上。轮扁斲轮于堂下，释椎凿而上，问桓公曰："敢问，公之所读者何言邪？"

　　公曰："圣人之言也。"

　　曰："圣人在乎？"

　　公曰："已死矣。"

　　曰："然则君之所读者，古人之糟魄已夫！"

　　桓公曰："寡人读书，轮人安得议乎！有说则可，无说则死。"

　　轮扁曰："臣也以臣之事观之。斲轮，徐则甘而不固，疾则苦而不入。不徐不疾，得之于手而应于心，口不能言，有数存焉于其间。臣不能以喻臣之子，臣之子亦不能受之于臣，是以行年七十而老斲轮。古之人与其不可传也死矣，然则君之所读者，古人之糟魄已夫！"

齐桓公坐在堂上读书。轮扁在堂下斲削木头造车轮，他放下工具走到堂上，问齐桓公说："请问，您读的书里都说些什么呢？"

桓公答道："是圣人之言。"

问："圣人还活着吗？"

回答说："已经死了。"

轮扁说："那么您所读的，是古人的糟粕了！"

桓公生气地说："我在这里读书，做轮子的匠人怎么可以随便议论呢！说得出道理来则罢，说不出道理就要你的命。"

轮扁从容回答说："我用我所从事的工作来考察它。斲削车轮，活做得太慢，卯起来就松弛而不牢固；活做得太快了，又会因卯太紧而安不进去。不慢不快，得心应手，用语言无法表达，却有技巧存在于其间。这种技巧我不能用语言直接传授给我的儿子，我的儿子也不能靠我口传直接学到，因此到了70岁我还在斲轮。古人和他们那些不能用语言传给后人的技巧都一起埋没了，那么您所读的东西，不正是古人的糟粕吗？"

后人用"轮扁斲轮"嘲讽了历史上那些轻视劳动人民的实践，专靠搬弄"圣人之言"装璜门面的统治者，强调了通过自身长期的实践取得直接经验的重要性。然而完全否定从书本获得间接经验的可能性，也未免片面。

盲人摸象，各执一见

典出《景德传灯录》。

有僧问："众盲摸象，各说异端，忽闻明眼人又作么生？"师曰："汝但举似诸方。"师经行次，众僧随从。

古时候，有个皇帝召集了一批瞎子，让他们各摸大象的一个部分。等他们摸完了，然后逐个问他们："大象是什么样子的？"摸象牙的人说："大象像一个长萝卜。"摸耳的人说："它像一只簸箕。"摸头的人说："它简直是一块大石头。"摸鼻子的人说："不，它像一根木杵。"摸背的人说："它像一张大床。"摸肚子的人说："怎么我觉得它像一只大瓮子呢?"摸尾的人说："你们说的都不对,大象像一根绳子。"他们各根据自己的触觉各执一见,争论不休,其实谁也未见整体,都说错了。

后人用"盲人摸象,各执一见"比喻不见整体者必执偏见。

孟子休妻

典出《韩诗外传》。

孟子妻独居,踞。孟子入户,视之,白其母曰"妇无礼,请去之。"母曰:"非妇无礼,乃汝无礼也。《礼》不云乎:'将上堂,声必扬;将入户,视必下。'不掩人不备也。今汝独燕私之处,入户不有声,令人踞而视之。是汝无礼也非妇无礼也。"孟子自责,不敢去妇。

孟子的妻子一个人在屋里,两脚叉开坐着。孟子走进门内,看见这种情况,就禀告他的母亲说:"我的妻子不守礼法,请求把她赶走。"孟子的母亲说:"不是你的妻子不守礼法,而是你自己不守礼法呀。《礼》书上说:'将要走上庭堂,声音必须高扬;将要走进房门,眼睛必须下视。'这是不让乘人不备呀。今天你单独去卧房,进门时没有一点声音,使你的妻子不知防备,叉开两脚坐着而让你看见。这是你不守礼法,不是你的妻子不守礼法啊。"孟子责备自己错了,也不敢休掉妻子了。

这篇寓言告诫人们,看问题办事情要有全面观点,实事求是。如果看到一点不加分析,主观妄断,有时自己错了,却要责怪别人,就往往会把事情办坏。

蹑迹纵绁

典出《新序·杂事第五》。

得齐有良兔曰东郭骏,盖一旦而走五百里。于是齐有良狗曰韩庐,亦一旦而走五百里,使之遥见而指属,则虽韩庐不及众兔之尘。若蹑迹

而纵绁，则虽东郭逡亦不能离。

从前，齐国有一种狡兔叫东郭逡，一天能跑五百里。还有一种好狗叫韩庐，一天也能跑五百里。

假如向狗指示兔子远去的踪迹，令狗追赶，那么即使是韩庐也望尘莫及。

倘若狗预先潜伏起来，再突然跳出捕捉，那么即使是东郭逡也不能逃脱。

"蹑迹纵绁"的典故告诉人们，对待强敌，必须讲究战略战术，出其不意，攻其不备，这样才能战而胜之。

临河而钓

典出《淮南子·人间训》。

夫临河而钓，日入而不能一鲦鱼者，非江河鱼不食也，所以饵之者非其欲也。及至良工执竿，投而摆唇吻者，能以其所欲而钓者也。

有个人坐在河边钓鱼，直到日薄西山也没有钓上一条鱼。这并不是因为鱼不贪食，而是因为他所用的钓饵，不合鱼的口味。

等到另一个善于钓鱼的人执竿垂钓，鱼儿纷纷上钩。这是因为他能够用鱼爱吃的东西做钓饵的缘故。

后人用"临河而钓"的典故说明只有根据事物的特点，采取相应的办法，才能取得较好的效果。两个人在同一地方钓鱼，收获如此悬殊。两个人从事相同的工作，所得却往往不同，其中既有认识问题，也有方法问题。

落茵落溷非因果

典出《梁书·范缜传》。

南北朝时，佛教在中国迅速扩大影响，不论北魏、北齐，还是梁朝，佛教都为国教，皇帝自己讲经，梁武帝甚至几次做了和尚。寺庙遍国，国家花大量钱修寺、修佛像。由于做和尚可以不服劳役、兵役，出家人激增，国家税收锐减。在这种情况下，公开反对信佛的人，是要有巨大勇气的。梁朝的尚书左丞范缜，公开反对迷信，他认为形体存在则灵魂存在，身体死亡则灵魂也灭亡了，两者不可分，正如刀刃存在，锋利存在，刀刃消失，锋利也没有了。他著《神灭论》宣传唯物思想。他认为佛教在精神上毒害了人民，在物质上破坏了生产。当时，梁朝奉佛教为国教，因此朝廷对他非常恼火。梁武帝命王公、大臣、僧正 60 余人和范缜在朝廷上辩论，仍不能辩赢他，皇帝说：“你不放弃你的言论就罢你的官。”范缜说：“我不能‘卖论取官’。”毫不屈服。

梁朝竟陵王萧子良虔信佛教，集合许多高僧和他辩论“因果报应”的有无，萧子良说：“假如没有前世因果，世上人为什么有人富贵、有人贫穷呢？这是他们有的前世积善、有的前世积恶的报应啊！”范缜说：“人的一生，譬如一树开的花，被风吹落，有的落在茵席上，像殿下你就是这样；有的落在粪坑里，像我就是这样。你富我贫，是生下来环境不同，有什么因果报应呢？”

“落茵落溷非因果”，强调唯物论思想，批驳了宿命论。

骑马顶包

典出《嘻谈续录》。

一人头顶被包，骑在马上，或问之曰：“因何顶包不梢在马后？”答曰：“恐马负太沉，顶在头上，可省马力。”

一个人头顶着被包，骑在马上赶路，晃晃悠悠，十分吃力。有人见他这副狼狈样，奇怪地问：“为什么要顶着被包，而不把它搭在马背后呢？”那人回答说：“恐怕马的负担太重，顶在头上，可以省些马的力气。”

后人用“骑马顶包”的典故告诫人们，认识事物一定要认识事物之间的依从关系，不能把彼此关联的事物孤立起来。

弃璧负婴

典出《庄子·山木》。

春秋时，孔子为了实现自己的政治理想，带着一批弟子周游列国，向各国诸侯进行游说，但成果不佳。孔子灰溜溜地回到鲁国，他的有些朋友见他一事无成，日益同他疏远，他的不少弟子也先后离开了他。孔子心中非常难过，便去向隐士子桑雽请教。

孔子说："我平时对待朋友和弟子都很注重礼仪，讲学也十分尽心，为什么在我艰难困顿的时候，我的朋友疏远了我，我的弟子离开了我呢？"

子桑雽听了，就讲了一个林回弃璧负婴的故事给他听：

林回是假国人。有一次，强大的晋国向弱小的假国发动进攻，城中的百姓纷纷逃出都城。林回身怀玉璧，背着自己刚满周岁的儿子随着人流逃难，不一会儿，他便累得气喘吁吁。他果断地把身上的玉璧扔掉，而背着孩子继续逃难。

有人问他："对于一个逃难的人来说，财宝是最为重要的，不然你逃出去后将无法生活；其次，拖累要越少越好，这孩子既不值钱，背在身上又是很大的累赘，可是你却宁愿把价值千金的玉璧丢掉，而背着孩子逃难，这是为什么呢？"

林回回答说："我和玉璧只是利益的结合，而这孩子却是我的亲生骨肉，我和他血肉相连，有着天然的联系。这种父子之情，是任何珍贵的财宝所无法代替的。"

子桑雽讲完故事，又继续说道："如果人与人之间的关系只是以利益相结合的，那么遇到艰难困苦就会互相抛弃；你的朋友和一些弟子都是为了利才来亲近你的，那么你现在艰苦困顿，无利可图了，他们离开了你，又有什么奇怪呢？你只有和你的弟子和朋友建立深厚的感情，待他们像亲骨肉一样，他们才不会离开你！"

孔子听了，恍然大悟。

于是，孔子回去后，便抛开经书，不再进行严肃的说教，也不要弟子们对他行揖拜的礼节，而是努力培养师徒间的真诚感情。从此，弟子们对他的敬爱与日俱增，再也没有离开他了。

"弃璧负婴"是说在患难时，宁愿丢弃璧玉，也要把孩子背在身上，因为玉是身外之物，而孩子却是亲生骨肉。指重视内在的自然的联属关系。

前车可鉴

典出《荀子·成相》。

前车已覆，后未知更何觉时。
又见《汉书·贾谊传》。

前车覆，后车诫。

贾谊是西汉时洛阳人。有一次，他向汉文帝讲述治理国家的道理说："秦朝的时候，宦官赵高教导秦始皇次子胡亥，单教他怎么去处决犯人，他所学习的，不是斩杀犯人，就是灭绝犯人的全族！"

秦始皇死于沙丘，次子胡亥做了皇帝，第二天就射杀人了。有人用忠言去劝他，他认为是诽谤；有人给他贡献治国的计策，他认为是妖言。他杀起人来，简直像割草一样。难道胡亥的本性生来就是那样凶残吗？不是的，是因为教导他的人教得不合道理罢了！俗语说："不熟悉做官的，只要看他所办的公事成绩如何就可以知道！"又说："前车覆，后车鉴。"意思是教人注意从前自己或别人做事的失败，作为后来做事的警戒，要特别小心，不可再蹈从前失败的覆辙。

这是用来警惕自己劝喻别人做事要谨慎的话。这句话也被人说成"前车之鉴"或"殷鉴不远"，都是劝人不要再蹈从前覆辙的话。

人面逐高低，世情着冷暖

典出《古今小说》四十。

常言道："人面逐高低，世情着冷暖。"冯主事虽然欠下老爷银两，见老爷死了，你又在难中，谁肯唾手交还？

明嘉靖年间，奸相严嵩父子弄权，卖官鬻爵，杀害忠良，举朝侧目缄口，岂敢得罪宰相，却有那不怕死的忠臣沈炼一再揭露其劣迹，虽屡遭贬斥，仍不退缩，终于被杀害，连其妻子也被流放边荒。严嵩深恨沈炼，为了斩草除根，嘱心腹杨顺买通公差张千、李万，命其于解送途中杀害其子沈小霞。小霞和妻子闻氏看出解差不怀好意，用心提防。见他们不住交头接耳，又见其包裹中有倭刀一把，其白如霜，害怕起来。沈小霞对闻氏说："明日是济宁府界上，过了府去，便是太行山，一路荒凉，倘若行起凶来如何是好？"闻氏道："官人如有脱身之计，请自方便，留奴家在此，不怕两个泼差生吞了我。"计议已定，次日黎明早在济宁城外，住下店来。沈小霞道："东门冯主事借过先父二百两银子，想去取讨前欠，路上盘缠也得宽裕。"闻氏道："常言道：'人面逐高低，世情着冷暖。'你在难中，谁肯唾手还你？还不如休去讨人厌贱。"李万贪这两百两银子，一力

撺掇该去。小霞便与李万两个望东门而去。李万不合内急起来，登坑方便，沈小霞借机急奔冯主事府，冯主事仗义将其藏在复壁之内，待得李万走到查问，冯主事怎肯承认？到处寻小霞不见，两个差人慌作一团。闻氏听说丈夫去了，心中欢喜，却噙着眼泪，双手扯住公差叫起屈来，口口声声说他们谋杀了丈夫，于今又打算奸骗自己，竟自奔到兵备道前，击鼓鸣冤。张千、李万说一句，闻氏就剪一句，说得句句在理。官府道："你做公差的所管何事？若非谋杀，必然得财买放。"将那两公差重责30大板，将闻氏发尼姑庵住下，差4个民壮锁押张千、李万追寻沈小霞，五日一逼。挡不得闻氏每到五日，必去府里啼哭，要生要死。官府无奈，只得惩处两差，每人打十几鞭，打得两差爬走不动，张千得病身死，李万逃命去了。

那沈小霞在冯主事家一住八年，直至严嵩被参倒，被害诸臣尽行昭雪，才敢出来，到尼姑庵访见闻氏，夫妇抱头大哭。闻氏离家时已怀孕3月，今在庵中生下一子，也已10岁了。

后人用"人面逐高低，世情着冷暖"的典故比喻在世风不好的情况下，对待人的态度因地位高下、处境好坏而有所不同的。

三人同舍

典出《淮南子·诠言训》。

三人同舍，二人相争。争者各自以为直，不能相听。一人虽愚，必从旁而决之。

非以智，不争也。

有三个人同住在一间房屋里，其中有两个人互相争辩不休。争辩的人都说自己的意见是正确的，而且互不相让。另外一个人虽然很愚笨，必定能从旁边决断谁是谁非。

不是因为他聪明，而是因为他没有参加争辩的缘故。

这个寓言的主旨，在于说明陷于争论的双方，由于都想在争论中取胜，往往自以为是，强词夺理，各持己见，互不相让；旁观者由于置身事外，故能心平气和，摈除利害之心，自见是非之理，于是便能够根据事实，秉公而断。谚云："当局者迷，旁观者清。"此之谓也。

三年之艾

典出《孟子·离娄上》。

战国时期，诸侯大国为争霸天下，相互攻伐兼并，连年征战不休，社会动荡，百姓遭难，孟子针对这一社会现实，提出"行仁政"而"富民"的主张。

弟子请教孟子道："先生，夏桀和殷纣为何失去了天下？"

孟子说："因为他们都施行暴政，对外兴兵，对内镇压，只贪图自己安乐，根本不顾百姓的死活，因而失去了老百姓的支持。老百姓一同起来反对他们，他们当然要垮台啦。"

弟子又问："那么，如果一位君主施行仁政，顺应民众意愿治理国家，那他就能获得天下了吧？"

孟子说："是这样的。商汤和周武王之所以获得天下，就因为他们都施行仁政，顺乎民心。现在也是这样，如果诸侯中有谁实行'富民、仁民、教民'的仁政，那么获得天下便指日可待了。可当今却没人这样做，这就像害病求药一样，一个人如果生病 7 年了，那么他只有用放了 3 年的陈艾来医治才能见效。艾草陈放得越久，越干燥，药效才越好。如果平时不留意积蓄一些，待到病危时才临时去找一棵艾草医治，那已经不顶用了。仁德也是这样，如果君主平常不留心培养自己的仁德，一旦社会矛盾尖锐紧张，恐怕就要遭受灭顶之灾了！"

"3 年之艾"原义是存放了三年的艾草。比喻凡事必须早做准备。

神奇化腐朽，腐朽化神奇

典出《庄子·知北游》。

纂腐复化为神奇，神奇复化为臭腐。

智慧想弄懂世间的一切道理，便到北方游历。一天，智慧来到玄水边，碰到无所谓。智慧对无所谓说："我想问你一些问题，具有怎样的思想，怎样的考虑，才真正懂得道理呢？具有怎样的地方，怎样的行动，才能与道理相处呢？从什么路径，用什么方法，才可以得到道理呢？"智慧连问三次，无所谓都没有回答。

智慧得不到解答，便来到白水的南边，无意中又碰到了狂屈，智慧又将上述问题去问狂屈。狂屈说："唉！道理我是懂得，我告诉你吧！"狂屈心里正想说出来，可立刻又忘掉了他想说的话。

智慧还是没得到解答，就回到帝宫里去见黄帝，向他请教。黄帝说："没思想，没有考虑，才能懂得道理；没有地方，没有行动，才能与道理相处；没有路径，没有方法，才能得到道理。"智慧接着问道："你能说出道理，无所谓和狂屈都说不出来，究竟谁真正懂得道理呢？"黄帝说："无所谓是真正的懂得的，狂屈还差不多，我和你终究是不懂道理的人。因为真正的道理是说不出来的，能说的就已经不是道理了。人们往往把喜欢的认为是神奇，把厌恶的认为是臭腐，但天地间的事很奇怪。"智慧听了黄帝的话后，认为黄帝说得很对，就再不想去弄懂道理了。

后人将好的东西变成不好的东西形容成"神奇化腐朽"，将不好的东西变成好的东西形容成"腐朽化神奇"。"神奇化腐朽，腐朽化神奇"两句合用则表示事物的好坏是相互转化的。

师旷调琴

典出《郁离子》。

晋平公作琴，大弦与小弦同。使师旷调之，终日不能成声。公怪之。师旷曰："夫琴，大弦为君，小弦为臣，大小异能，合而成声，无相夺伦，阴阳乃和。今君同之，失其统矣。夫岂瞽师所能调哉？"

晋平公让人做了一张琴，琴上的弦精细一样，没有大弦、小弦的区别。

琴做好后，他让乐官师旷来调音。师旷调了一整天，也没调出个曲调来。

晋平公很不满意，怪怨师旷不会调琴。师旷回答说："一张琴，大弦为主，小弦为辅，大弦小弦各有各的用途。它们彼此配合，才能合成音律；它们有条不紊，才能奏出和谐悦耳的音乐。您现在把琴弦搞得一模一样，破坏了它们应有的系统。这样的琴让我怎么调呢？"

后人用"师旷调琴"这个典故说明：人们要进行正常的生活和有秩序的生产，就必须以一定的方式组织起来，分工协作。

顺者昌，逆者亡

典出《史记·太史公自序》。

> 夫阴阳四时、八位、十二度、二十四节各有教令，顺之者昌，逆之者不死则亡。

在我国漫长的奴隶社会和封建社会中，统治阶级为了维持其统治，规定了一整套等级制的社会规范和道德规范，称之为礼。统治阶级及其御用文人们认为，"齐之以礼"是维护其统治的手段。因此，以"礼"为重点，制定了数不尽的纲常之伦，特别是"君为臣纲，父为子纲，夫为妻纲"的三纲和"仁、义、礼、智、信"这五常，成了不可侵犯的维护封建等级制的道德教条。鼓吹"作为父子君臣，以为纪纲。纪纲即正，天下大定"。《史记》的作者司马迁是封建社会的史官，因此，维护封建等级制度，鼓吹纲常之伦是他所处的时代和他的世界观所决定了的。司马迁指出，遵循这些"纪纲"是"天道之大经"，就像要遵循阴阳四时一样，顺从就生存，违抗就灭亡。

后人用"顺者昌，逆者亡"比喻不可抗拒。

未分香臭

典出《金楼子》。

> 昔玉池国有民，婿面大丑，妇国色鼻齆。婿求媚，此妇终不回家，遂买西域无价名香而熏之，还入其室。妇既齆矣，岂分香臭哉？
> 世有不适物而变通求进，尽皆此类也。"

从前，玉池国有户人家，丈夫长得奇丑，妻子生得倾国倾城，但是患有鼻塞病。丈夫向妻子讨好，但这妇人始终不愿回家。丈夫就买了西域出产的名贵熏香拿回来点燃，把妻子接回家来。但妻子鼻塞不通，怎么能够分辨出香臭来呢？

世界上凡是用不适当的办法去求得变通进取的，都是这一类人。

这个寓言揭示了光有良好的愿望，却对具体情况缺乏实际的调查研究，就不能对症下药，得不到如期的效果。

五尺之童

典出《孟子·滕文公上》。

战国时候，有一位名叫许行的学者，从楚国来到滕国拜见滕文公说："听说您实行仁政，我特地来做您的百姓。"滕文公礼貌地接待了他，还分给他一处房子居住。许行和他的弟子穿着粗麻衣服，以打草鞋、编席子为生。

过了一阵子，许行对滕文公开始不满意了。他说："滕文公还不算贤明，贤明的君主应该和百姓一道耕田种地……"另一位学者陈相，很赞成许行的话，便去对孟子说了。

孟子却反问道："许行的饭锅是自己造的吗？他的农具是自己做的吗？他的衣帽是自己缝的吗？"

陈相说："都不是自己做的，是用粮食换的！"

孟子说："百姓有百姓的事，国君有国君的事，如果一件件东西都要是自己制造出来才能使用，那是率领天下人疲于奔命，所以我看许行讲的是邪说，不应该相信他……"

陈相辩解说："不过依照许行的话去做，市场上就不会有欺假的行为，价钱公平一致，即使是打发五尺之童去买东西，也没有卖主欺他；布匹、丝绸长短一样，价钱便一样；麻线、丝绵轻重一样，价钱也一样；鞋子大小一样，价钱也一样……"

孟子开导陈相说："你说得不对呀，价钱一样并不一定是好事。因为各种物品的成色不相同，有好有次，所以价钱就应该有差别，假若不分优劣一律划为一个价格，那样会使天下发生混乱的。你想一想，好鞋和坏鞋卖同样价钱，谁能高兴呢？许行的话是虚伪的，照他的办法是治理不好国家的！"

物腐虫生

典出《荀子·劝学》。

肉腐出虫，鱼枯生蠹，怠慢忘身，祸灾乃作。

这句成语，最初见于《荀子》："肉腐生虫，鱼枯生蠹。"蠹，蛀虫也。但后来成为一句能广泛地应用的成语，却是由于宋代大文学家苏轼的《范增论》而开始的。

范增是秦朝末年反抗暴秦的英雄之一项梁的谋士，项梁战死后，他侄子项羽继承了抗秦的事业；项羽是一个有武少谋的人，凭着勇武和范增的策划，取得了诸侯的领导权。当时，范增以为能和项羽相争的便是刘邦，所以主张先将刘邦消灭，在鸿门宴中，范增虽已安排好了杀刘邦之计，只因项羽没有决心，终让刘邦逃脱。从此，刘邦便从各方面造谣中伤范增，来离间项羽和范增的感情，项羽是个有勇无谋的人，果然中了刘邦的计，渐渐疏远范增，范增愤而离开项羽，不久便病死。项羽也终为刘邦所灭。

苏轼在《范增论》中谈到这事时，有"物必先腐也，而后虫生；人必先疑也，而后谗入之。"意思是说：一件物体一定是先腐烂了，然后才生出虫来；一个人对另外一个人先有了疑心，才会听信关于他的谣言和毁谤。

这是一句很有道理的成语，天地间的事物，必先是内部起了变化，才影响到外界的。

象虎遇駮

典出《郁离子》。

楚人有患狐者，多方以捕之，弗获。或教之曰："虎，山兽之雄也，天下之兽见之，咸詟而亡其神，伏而俟命。"乃使作象虎，取虎皮蒙之，出于牖下。狐入遇焉，啼而踣。他日，豕暴于其田，乃使伏象虎，而使其子以戈掎诸衢。田者呼，豕逸于莽，遇象虎反奔衢，获焉。楚人大喜，以象虎为可以皆服天下之兽矣。于是，野有如马，被象虎以趋之。人或止之曰："是駮也！真虎且不能当，往且败！'弗听。马雷而前，攫而噬之，颅碎而死。

楚国有一个遭狐狸祸害的人，他想尽法子捕捉狐狸，也没有捕到。

有人教给他一个办法说："老虎是山中猛兽之王，天下的野兽看见了它，都会吓得丢魂丧魄、趴在地上等死。"

楚人便找人做了一个老虎模型，拿一张虎皮蒙在上面，放在窗户下边。狐狸溜进来碰见了，大叫一声便跌倒了。

有一天，野猪糟蹋了他地里的庄稼，他又叫人把老虎模型埋伏起来，并派他的儿子手持利戈在大路口把守。地里的人一齐叫喊，野猪逃奔到丛林里，恰好遇到老虎模型，返身就往大路上奔跑，便被捉住了。

楚人高兴极了，认为老虎模型可以降服天下所有猛兽。这时，野地里出现了一种像马的动物，他又披着老虎模型迎上去。

有人劝阻他说："这是驳呀！真老虎都不敢抵挡它，你去了一定会遭殃的！"楚人没有理睬。

那像马的大野兽雷鸣般地吼叫着冲到面前，把他抓住便咬，这个楚人就被撕裂了头颅死去了。

后人用这则寓言说明老虎的模型吓跑狐狸和野猪一类动物，并取得了一些效果，这原是带有一定偶然性的现象；其实，楚人本身并没有坚实而可靠的力量。可悲的是，楚人竟被"像虎"这种虚假"威力"所迷惑，并以此沾沾自喜，狂傲自大，结果，遇驳而亡。

寓言教育人们不要依靠投机取巧的伎俩自恃高明，更不可盛气凌人、一意孤行。因为生活的逻辑是"强中自有强中手，能人之上有能人"，要依靠真本事吃饭，要有自知之明，否则，必将遭致身败名裂的下场。

星火燎原

典出《书·盘庚上》。

若火之燎于原，不可向迩。

又见《后汉书》。

涓流虽寡，浸成江河；爝火虽微，卒能燎原。

窦宝是后汉和帝的母舅，和帝接位时，因年幼由他母亲窦太后临朝，窦宝也从原来的虎贲中郎升为侍中的官。后来窦宝因犯了法请求率兵反击匈奴的侵略来赎罪，结果大破匈奴，回来后，封为大将军，从此兄弟数人，执掌大权，差不多满朝都是他的爪牙。和帝成长后，疑忌他的权势，便设法治死了窦家兄弟；只有一个名叫窦环的侥幸地留在朝中。御史周纡本与窦家有怨，于是便怂恿和帝说："涓流虽寡，浸成江河；爝火虽微，卒能燎原。"意思是说：细小的水虽少，慢慢地也会汇成江河；一把火虽很小，终能烧遍原野。劝告和帝斩草须除根，免生后患。

"星火燎原"来比喻小事故可能酿成大祸乱，现在用来比喻起初力量虽然很微小，但是会迅速发展壮大。

许由弃天下而家人藏其皮冠

典出《韩非子·说林下》。

尧以天下让许由，许由逃之，舍于家人。家人藏其皮冠。

夫弃天下而家人藏其皮冠，是不知许由者也。

唐尧要把管理天下的重任让给许由，许由不愿接受而出逃，住在一家平民家里。那平民家的主人慌忙藏起了自己的皮帽子。

这个寓言表明：必须经过考验，才能取得信任，实践是检验真理的唯一标准。这样看来，许由能够抛弃天下，而平民家主人却藏起自己的皮帽子，真是不理解许由的人呀。许由敝屣天下，而家人藏其皮冠，这是"以小人之心度君子之腹"。

雪泥鸿爪

典出《和子由渑池怀旧》。

人生到处知何似？

应似飞鸿踏雪泥。

泥上偶然留爪印，

鸿鹄那复计东西。

老僧已死成新塔，

坏壁无由见旧题。

> 往日崎岖君记否？
> 路长人困蹇驴嘶。

苏轼之弟苏辙曾写了一首《渑池怀旧》诗，苏轼就写了一首诗和他，题目叫做《和子由渑池怀旧》。

苏轼和苏辙兄弟俩，曾到过渑池，并曾在那儿的一所寺院里住宿过。寺院里的老和尚奉闲还殷勤地招待他们，他们也在寺内的壁上题过诗。当苏轼后来从苏辙的怀旧诗回忆起这些情景的时候，奉闲已经去世，题诗的墙壁也可能已经坏了，想想自己漂流不定的行踪，不由得感慨起来，和诗的大意是说："人生在世，到这里、又到那里，偶然留下一些痕迹，你道像是什么？我看真像随处乱飞的鸿鹄，偶然在某处的雪地上落一落脚一样。它在这块雪上留下一些爪印，正是偶然的事，因为鸿鹄飞东飞西根本就没有一定规律。老和尚奉闲已经去世，他留下的只有一座藏骨灰的新塔，我们也没有机会再到那儿去看看当年题过字的破壁了。老和尚的骨灰塔和我们的题壁，是不是同飞鸿在雪地上偶然留下的爪印差不多呢！你还记得当时往渑池的崎岖旅程吗？——路又远，人又疲劳，驴子也累得直叫。"

"雪泥鸿爪"原指鸿雁从融化雪水的泥土上走过，留下了爪印。比喻往事所留下的痕迹。

循名责实

典出《韩非子·定法》。

> 因任而授官，循名而责。

韩非子是战国末期的思想家。有一次，他和别人谈到申不害与公孙鞅二人的言论时，有人问他道："你认为申不害和公孙鞅这两家的言论哪家于国家有益？"韩非子说："申不害讲求术，公孙鞅讲求法。所谓术，就是君主要依据人的才能而授给适当的官职，按照他的职务来要求他的实际工作，让当官的人掌握杀生之权，按照一定的标准来考核群臣。而法呢，就是国家要建立一定的制度，让人们去遵守，好的则赏，奸佞则罚，做到赏罚严明。"有人又问："术和法哪样重要呢？"韩非子说："一个君主没有控制和使用群众的技术，那君位就要发生危险；

如果不讲法治，那下面就要乱套。所以，术和法都是统治者不可缺少的手段。"

后人用"循名责实"比喻因名求实，使名实相副。

养猿于笼

典出《郁离子》。

人有养猿于笼十年，怜而放之，信宿而辄归。曰："未远乎？"舁而舍诸大谷。猿久笼而忘其习，遂无所得食，鸣而死。是以古人慎失业也。

有个人用笼子养了一只猿猴，已经 10 年了，心里十分怜悯，就把它放了。没过两夜，那猿猴又回到家来。这人心里说："是送得还不够远吧？"他就派人抬着猿猴，一直送到深山大谷里。这只猿猴由于长期生活在笼子里，忘记野外取食的习性，终于没法获得食物，哀鸣而死。

所以古人都采取谨慎的态度，防止失掉自己的专长。

"猿久笼而忘其习"，说明外部的条件经久不息，水滴石穿，也能对内部的变化发生作用——显示出从量变到质变的过程。所谓"古人慎失业"，可说在长期社会实践中得出的经验之谈。

一动不如一静

典出宋代张端义《贵耳集》。

孝宗幸天竺及灵隐，有僧端相随。见飞来峰，问端曰："既是飞来的，如何不飞去？"对曰："一动不如一静。"

杭州西湖有个小山峰名叫飞来峰，据说有个印度和尚看到它，惊讶地说："这个山峰原来是坐落在西天灵鹫山前的，怎么会飞到这里来了呢？"听到这话的人说："你怎么知道它是西天飞来的呢？"印度和尚说："这峰中有个老猿，常常出来到灵鹫山听佛讲经，我见过多次，不信我把它唤出来你瞧瞧。"于是噏口作啸声，果然半山腰有个老猿应声出来，向印度和尚拱手行礼，从此人们叫它飞来峰。

这年，南宋孝宗皇帝到西湖游玩，看到飞来峰，就问跟随他一起游湖的和尚僧端："这峰既然是飞来的，那么它为什么不再飞走呢？"僧端非常巧妙地回答道："谚语不是说'一动不如一静'吗？"他的回答，一方面宣扬了佛教动不如静的哲学思想，一方面规劝孝宗皇帝不要在政事上经常更变，骚扰百姓。

后人用"一动不如一静"这个典故比喻没有把握或无益的事，还是不做为妙。

一日千里

典出《后汉书·王允传》。

同郡郭林宗尝见允而奇之，曰："王生一日千里，王佐才也。"

东汉时，山西太原有一个叫王允的人，字子师，他在少年时便以聪敏称于乡里。当时和他同乡的大学问家郭泰（字林宗）与他相谈之后，大为折服，事后尊崇地对人说："王生一日千里，王佐才也。"意思是说，王允的学问进步得很快，真是一日千里，将来必定是辅助帝王成大事业的人！从此以后，郭泰便和他成了要好的朋友。汉献帝时，王允曾做司徒。当时适值董卓专权，挟持了献帝，荒淫凶暴，整个朝廷乌烟瘴气，老百姓也非常痛苦。王允表面上附和他，而暗中结交吕布，密谋除掉他。后来终将董卓刺死；但王允却因不听从吕布除恶务尽的劝告，结果被董卓的部将李傕、郭汜所杀。

后人根据郭泰称赞王允的话，将"一日千里"引为成语，用来比喻在学习或工作中进步得快，或是一件事物发展得很快。

一木难支

典出南朝刘义庆《世说新语》。

南北朝宋顺帝时，权臣萧道成把持政权，残害忠良，横行恣肆，大有篡夺王室的企图。当时大臣袁粲和刘东两人秘密商量要杀死萧道成，但被萧道成的亲信褚渊知道了，向萧道成告密，萧道成十分恼怒，立刻派部将戴僧静率领了很多人马去攻打袁粲，把城池团团围住了。这时，袁粲对他的儿子袁最说："我明知道一根木柱不能支持一座大厦使其免于崩塌，但为了名誉义节，不得不死守下去。"

后来，戴僧静率领部下越墙冲进城里去。在敌人的刀枪剑戟下，袁最勇敢地用身体掩护父亲。这时，袁粲对儿子袁最说："我是个忠臣，你是个孝子，我们死而无愧。"结果他们父子都牺牲了。

后人用"一木难支"比喻一个人的力量难以胜任艰巨的工作。

医与王女药喻

典出《百喻经》。

昔有国王，产生一女。唤医语言："为我与药，立使长大。"医师答言："我与良药，能使即大。但今卒无，方须求索。比得药顷，王要莫看；待与药已，然后示王。"于是即便远方取药。经十二年，得药来还，与女令服，将示于王。王见欢喜，即自念言："实是良医。与我女药，能令卒长。"便敕左右，赐以珍宝。

过去有位国王，生了一个女儿。他把医生叫来说："给我喂药，立刻叫她长大。"医生回答说："我喂她好药，便能叫她立刻长大。只是现在一下子没有，须要去寻找。但在我找药的时候，请国王不要去看公主；等到给她喂了药，然后叫您看。"于是就到远方找药去了。过了十二年，才得到药转回京城。他将药喂给国王的女儿吃了，再带着她去见国王。国王一看女儿长大了，非常高兴，心想："实在是个好医生，给我女儿喂了药，叫她一下子便长大了。"于是命令手下的人，把珍宝赐给那个医生。

强迫别人去办做不到的事，就可能出现浮夸的现象，得到虚假的回答，使自己成为受愚弄的对象。

庸医止风

典出《雪涛谐史》。

有僧、道、医人同涉，中流遇风，舟楫危甚。舟人叩僧、道曰：

"两位老师，各祝神祈止风如何？"僧咒曰："念彼观音力，风浪尽消息！"道士咒曰："风伯雨师，各安方位，急急如律令！"医亦复咒曰："荆芥，薄荷，金银花，苦楝子。"舟人曰："此何为者？"答曰："我这几般，都是止风药！"噫！庸医执疗病，往往若此。

有和尚、道士、医生三个人共同渡河，在中流遇见大风，渡船的处境非常危急。船夫就向和尚、道士叩拜着说："两位大师，请赶快祷告神灵制止大风好吗？"

和尚便念咒道："念观世音菩萨的威力，风浪都要熄灭。"

道士念咒道："风神雨神，各回到自己的位置上去，急急如律令！"

医生也跟着念咒道："荆芥、薄荷、金银花、苦楝子！"

船夫问道："这些是干什么用的？"

医生答道："我这几种药，都是用做止风的药！"

唉！庸医开方治病，往往都像此人。

后人用这则寓言说明不同性质的矛盾，要用不同的方法解决，一把钥匙开一把锁。我们看问题，做事情，都必须注意矛盾的特殊性，从客观实际出发，运用切合实际的具体办法去解决。

欲速则不达

典出《论语·子路》。

子夏为莒父宰，问政。子曰："无欲速，无见小利。欲速，则不达；见小利，则大事不成。"

子夏，姓卜名商，春秋时期卫国人，是孔子很得意的一个学生。

子夏当上了莒父县的县令，他向老师孔子请教，如何处理好县政、事务。孔子回答说："不要图快，不要只顾小利。图快，反而不能达到目的；只顾小利，就办不成大事。"

《韩非子》中也记载了一个欲速则不达的故事。

春秋末期，齐景公正在海边游玩，忽然接到侍者的报告："相国晏婴生病，十分危险！"晏婴是长期帮助景公治理国家的功臣，威望非常高。景公得到这个

消息，非常着急，立刻下令火速返回都城。他挑选最好的驭手驾车，挑选最好的马拉车。在车上，他不住地催促"快点跑！快点跑"！虽然马车跑得飞快，但景公仍然觉得太慢。于是他把驭手推到一边，自己拿起鞭子赶车。这样跑了一阵，他还是觉得不够快。他心急如火，干脆跳下车子奔跑起来。跑了一会儿，便累得汗流浃背，上气不接下气。景公当然不会有四条腿的马跑得快，他一心想快，但这样做的结果反而更慢了，根本达不到他的预期目的。

成语"欲速则不达"就是根据孔子的话形成的。意思是说一味求快，反而达不到目的。

"欲速则不达"亦称"欲速不达"。

远水不救近火

典出《韩非子·说林上》。

鲁穆公使众公子或宦于晋，或宦于荆。犁锄曰："假人于越而救溺子，越人虽善游，子必不生矣。失火而取水于海，海水虽多，火必不灭矣，远水不救近火也。今晋与荆虽强，而齐近，鲁患其不救乎？"

鲁穆公为了结交晋楚两个大国，将有的公子派到晋国做官，有的派到楚国做官。犁说："孩子掉到水里了，却跑到越国去请人来搭救，越国人虽然擅长游水，孩子一定活不了。已经失火了，却跑到海边取水回来灭火，海水再多，必定救不了火；这叫远水不救近火。当今晋楚虽然强大，而齐国离我们最近，你却不联合，鲁国的祸患大概无救了吧？"

后人用"远水不救近火"比喻舍近求远，缓不济急，是要误事的。

月晕而风，础润而雨

典出宋代苏洵《辩奸论》。

事有必至，理有固然。惟天下之静者，乃能见微而知著。月晕而风，础润而雨，人人知之。

南宋初年，民僚大地主集团为了推卸北宋灭亡的责任，说北宋亡于金是王安石变法导致的。还在王安石变法时就竭力攻击新法的保守派人物邵伯温，配合当时有官僚集团反对政治的需要，假冒苏洵之名炮制了《辨奸论》，从性格、生活、行为等方面，对王安石进行了诋毁与丑化。因为苏洵死后三年，王安石才入朝执政，所以邵伯温把苏洵打扮成一个预言家，在《辨奸论》中说：早就知道王安石当政会造成祸害。月亮周围起了圆晕，就意味着要刮大风了；屋柱的石座湿润了，就意味着要下大雨了。从王安石不讲究吃穿，不剃头洗脸，可以看出他做事不近人情，是个大奸大恶。

"月晕而风，础润而雨"意思是月亮周围出现圆晕就要刮风，础石湿润了就要下雨。后人常用这句成语比喻事故或事情发生前的征兆。

臧谷亡羊

典出《庄子·骈拇》。

臧与谷二人，相与牧羊，而俱亡其羊。问臧奚事？则挟策读书；问谷奚事？则博塞以游。二人者事业不同，其于亡羊均也。

臧和谷一块去放羊，两个人全都把羊丢了。主人问臧在干些什么？原来他是夹着羊鞭子在读书；又问谷在干些什么？原来他掷骰子玩耍。两个人的行动虽然不同，但是对于跑丢了羊这件事却是相同的。

这则寓言说明：首先应该做好本职工作，如果心不在焉，各事所好，就会发生事故，造成损失。臧、谷亡羊有"读书"和"博塞"的不同原因，但二人亡羊却没有区别——一切失职的人，不论他们的原因多么不同，但没有完成任务则是完全相同的。

郑人买履

典出《韩非子·外储说左》。

郑国有个人想买一双鞋，他不知道自己脚的尺寸，就拿了根草绳依自己脚的大小绞了一段，放在凳子上。他到了集市上，找到鞋铺，这才想起忘了带尺码。

店主是个有经验的人，一见他要买鞋便当即拿出一双，要他试穿，可他却说："不行不行，我忘了带尺码，怎能买鞋？我得回去取！"

回家一看，尺码果然放在凳上，他拿起草绳，又返身往集市赶。

到了集市，集市已散，那铺子也关了门。他十分气恼，连连怪自己太糊涂，以致误了买鞋。

路人笑问："你是给谁买鞋呀？"

"我自己。"

"那你为什么不用自己的脚去试鞋，非要去取什么尺码呢？"

那人摇头说："那怎么行呀，我的脚怎么会有尺码那么准确呢？"

履：鞋子。后人用"郑人买履"讽刺那些只相信本本条条而不顾客观实际的教条主义者。

知其一，不知其二

典出《史记·高祖本纪》。

> 上曰："公知其一，未知其二。"

刘邦消灭了地方势力，统一中国，建立汉朝，于是在洛阳南宫宴请群臣。刘邦说："你们大家不要隐晦，请明明白白地说，为什么我能胜利，项羽为什么失败呢？"高起、王陵两个大臣说："您为人傲慢又常常侮辱人，而项羽却对部下仁厚爱恤。但是，您对部下中不论是谁攻占了城、地，您就让他统管他占领的地方，所以人们乐意为此而努力。而项羽妒贤忌能，有功的人他忌妒，有才能的人他猜疑，战胜时他不给人记功，占领了地方他不让人自行管理，所以失去人心，因此您才能战胜他啊！"刘邦说："你们知其一，不知其二。运筹帷幄之中，决胜千里之外，我不如张良；镇国家、抚百姓，我不如萧何；统领百万大军，战必胜、攻必取，我不如韩信。这三个人都是杰出人才，我能信任他们，所以我能一统天下。而项羽只有一个范增是杰出人才，他却不信任，所以他被我战胜！"

后人用"知其一，不知其二"的典故比喻只看到事物的一方面，而不能全面分析问题。

知无涯

典出《雪涛小说》。

楚人有生而不识姜者，曰："此从树上结成。"或曰："从土里生成。"其人固执己见，曰："请与子以十人为质，以所乘驴为赌。"已而遍问十人，皆曰："土里出也。"其哑然失色，曰："驴则付汝，姜还树生。"北人生而不识菱者，仕于南方，席上啖菱，并壳入口。或曰："啖菱须去壳。"其人自护所短，曰："我非不知，并壳者，欲以清热也。"

问者曰："北土亦有此物否？"答曰："前山后山，何地不有？"夫姜产于土，而曰树结；菱生于水，而曰土产；皆坐不知故也。……物理无穷，造化无尽，盖一例以规物，真瓮鸡耳！

楚地有个生来就不认识姜这种植物的人，他说："姜是从树上结出来的。"有人告诉他说："姜是从土里生成的。"这个楚人固执己见，说道："请你和我问 10 个人，把他们的话当成评断，我愿用我骑的这头驴子打赌。"

不一会儿就问遍了 10 人，都说："是土里生长出来的。"

这个楚人顿时哑然失色，说道："这头驴就输给你了，可姜还是树上长的。"

北方有个生来就不认识菱角的人，在南方当官时，席上吃菱角，他连壳一块吞进口去。

有人对他说："吃菱角必须去壳。"

这北方人却为自己护短，说道："我并不是不知道，连壳一起吞下去，为的是想清火解热呀！"

问话的人又对他说："北方也有菱角吗？"

他回答说："前山后山，哪个地方没有呀？"

姜产在土中，却说是在树上结成；菱角长在水里，却说是在山里长成；这是由于无知的缘故造成的呀……自然界和万物的规律是无穷无尽的，如果拿一个模子去套一切事物，真和瓮中鸡一般见识短浅啊！

这则寓言通过南方、北方人互不懂得姜和菱生长规律的故事，反复阐明了"物理无穷，造化无尽"——"知无涯"的道理，并强调指出"不经闻见"，"盖一例以规物，真瓮鸡耳"的错误倾向，是很有启发意义的。

"实践出真知"。"不经闻见"而竟"固执己见",必然要在事实面前碰得头破血流。所以,任何人都不能强不知以为知;知无涯,学习也是无止境的。不然的话,必定会闹出"姜从树上结成"、"啖菱并壳入口"的笑话来。

中天台

典出《新序·刺奢》。

> 魏王将起中天台,令曰:"敢谏者死!"
>
> 许绾负蔂操锸入,曰:"闻大王将起中天台,臣愿加一力。"王曰:"子何力有加?"绾曰:"虽无力,能商台。"王曰:"若何?"曰:"臣闻天与地相去一万五千里,今五因而半之,当起七千五百里之台。高既如是,其趾须方八千里,尽王之地,不足以为台趾。古者尧舜建诸侯,地方五千里,五必起此台,先以兵伐诸侯,尽有其地;犹不足,又伐四夷,得方八千里,乃足以为台趾。材木之积,人徒之众,仓廪之储,数以万亿;度八千里之外,当定农亩之地足以奉给王之台者。台具以备,乃可以作。"
>
> 魏王默然无以应,乃罢起台。

魏王要修建一座中天台,同时发布命令说:"有敢劝阻的,就要杀他的头!"

许绾担着畚箕拿了铁锹进入宫廷,对魏王说:"听说大王要建造一座中天台,我愿意添一把力。"魏王说:"您有什么力添呢?"许绾说:"我虽然没有什么力气,但是能够商量筑台的事。"魏王说:"怎么样?"许绾说:"我听说天和地之间相距一万五千里,今天大王要筑一个半天高的台,就应当有七千五百里高。像这样高的台,台基就得方圆八千里,拿出大王的全部土地,还不够做台基。古时候尧舜设置诸侯,土地方圆五千里,大王如果一定要造这个台,首先就要出兵讨伐各诸侯国,占领他们的全部土地;这还不够,再去攻打四面边远的国家,得到方圆八千里的土地,才有了做台基的地方。积聚的筑台材料,众多的筑台工人,仓库中储备的粮食,数目都要以亿万为单位来计算;同时,估计方圆八千里之外,还应当规定种植庄稼的面积,以供应造台的人食用。具备了造台的各种条件,才能够动工造台。"

魏王默不作声,无话可答,放弃了造台的事。

后人用这个故事说明要循循善诱，以理服人。

周人怀璞

典出《尹文子·卷下》。

> 郑人谓玉未理者为"璞"；周人谓鼠未腊者为"璞"。
> 周人怀璞。谓郑贾曰："欲买璞乎？"
> 郑贾曰："欲之。"
> 出其璞视之，乃鼠也。因谢不取。

郑国人称没有处理过的玉石为"璞"；周国人把没有制成干肉的老鼠叫做"璞"。

有一次，周国有一个人怀揣着他的璞，对郑国的一个商人说："你想买璞吗？"

郑国的商人说："想买。"

周国人便从怀里掏出他的璞来，一看，原来是一只老鼠。郑国商人便辞谢不要了。

这个寓言的主旨，在于说明璞玉璞鼠，同名异实。这正如称呼那个东西叫"彼"，而"彼"不专用于那个东西，那么"彼"的称呼就不能成立；称呼这个东西叫"此"，而"此"不专用于这个东西，那末"此"的称呼也就不能成立。这是因为，这些用来充当的称呼并不适当，拿不适当的来充当，就要乱套了。虽然两人口中说的都是"璞"，但郑贾要买"玉"，周人实怀"鼠"，这宗买卖当然做不成。可见判断事物，不能只凭名，不求实。

功业篇

大功毕成

典出《汉书·王莽传》。

西汉末年,外戚掌握朝政。汉元帝皇后的侄子王莽先后被封为新都侯、安汉公,权重一时。

一年,王莽上奏皇帝,提议模仿周公建造明堂,设立雍灵台,集中天下学者讲学和著作,目的无非想借此抬高身价,标榜自己是当时的周公。当时王莽为那些求学和研究的人盖了不少房屋,还提供必要的物资和设备,建立一定的制度,配置了有一定专长的教师,广泛收集了天下各类书籍。对于那些有特殊本领的人,则用公府车马将他们请来。这样,先后被网罗到这里的各种人才达几千人。这些人来了之后,便按照王莽的意思著书立说,并纠正对王莽不利的所谓"异端邪说"。

不少大臣纷纷上书讨好王莽说:"当年周公辅政,制定制度尚且用了7年时间,后来明堂毁坏,雍灵台倒塌,千年以来未有人重新兴建。现安汉公辅佐陛下,仅仅4年时间,就功德非常突出了。"

以后,王莽又集中各地书生乃至平民10万多人,写诗文为他歌功颂德,经过近20天的奋力写作,这些诗文才全部完成,亦即所谓"大功毕成"。从此王莽的野心越来越大:先是毒死汉平帝,自称"假皇帝";最后干脆自己称帝,改国号为"新"。但十几年之后,他被赤眉、绿林等农民起义军所杀。

后人用"大功毕成"指巨大的工程或伟大的功勋完成了。

半部论语

典出《鹤林玉露》。

人言普山东人,所读者止《论语》,盖亦少陵之说也。太宗尝以此论问普，普略不隐。对曰："臣平生所知，诚不出此。昔以其半辅太祖定天下，今欲以其半辅陛下致太平。"

北宋著名的政治家赵普年轻时就从军，可读书不多，出任宰相后，在处理公务时常常因文化低而感到力不从心。宋太祖赵匡胤知道他的根底，劝他好好读书。于是，赵普每次上朝回府，就闭门读书，没有多少时间，他的学问大有长进，对宋朝初期天下安定起了积极的作用。

宋太祖死后，他的弟弟赵匡义继位，史称宋太宗。赵普仍然担任宰相。有人对宋太宗说赵普不学无术，所读之书仅仅是儒家的一部经典《论语》而已，当宰相很不恰当，宋太祖不以为然地说："赵普读书不多，这我一向知道。但说他只读一部《论语》，我也是不相信的。"

有一次宋太宗和赵普闲聊，宋太宗随便问道："有人说你只读一部《论语》，这是真的吗？"

赵普老老实实地回答说："臣平生所知道的，确实不超出《论语》这部书。过去臣以半部《论语》辅助太祖平定天下，现在臣用半部《论语》辅助陛下，使天下太平。"

后来赵普因年老体衰，辞去了宰相的职务。不久赵普病逝，家人打开他的书籍，里面果真只有一部《论语》。

后人用"半部论语"指儒家经典为治国之本。

不入虎穴，焉得虎子

典出《后汉书·班超传》。

班超是东汉名将。公元73年，他带领36人出使鄯善国（今新疆维吾尔自治区罗布淖尔西北）。开始，鄯善国国王对他十分敬重，不久却突然变得冷淡了。原来，谈判过程中，匈奴派来使者，挑拨鄯善国与汉朝的关系，因此，国王对建立邦交犹豫不决。于是，班超召集部下说："现在匈奴进行破坏、捣乱，鄯善国王对我们的态度有了反复。如果他把我们抓起来送给匈奴，那我们不但完不成使命，怕要死无葬身之地！"

大家一致表示："事情已经到了这般危险地步，一切都听从你的指挥！"

班超说："不入虎穴，焉得虎子！现在只有乘夜攻入匈奴使者的营垒，把他们消灭，才能很好地完成我们的使命！"

当晚，班超带领 36 个壮士，悄悄摸进匈奴使者的营驿。经过一阵激烈地厮杀、搏斗，把 100 多个匈奴人全部消灭。

第二天，班超会见鄯善国王，说明事情经过，揭露了匈奴使者的阴谋。鄯善国王见班超如此厉害，有勇有谋，心中既敬佩，又害怕，马上表示愿意和汉朝永久友好。于是，班超凯旋而归。

过五关，斩六将

典出《三国演义》。

三国时，刘备兵败后投靠在河北的袁绍处，而关羽却在曹操处。后来，关羽得知刘备的确实下落时就准备辞别曹操，从河南许昌出发，护送刘备的两位夫人一起去寻刘备。

由于关羽没有丞相曹操所签发的通行证，沿途被曹军守将围追堵截。在东岭关，守将孔秀要关羽交验丞相的放行证明，不然就要留下老小作为人质。关羽大怒，举起钢刀，杀了孔秀。

关羽路过洛阳时，太守韩福弯弓搭箭，率领 1000 人马，把守关口。牙将孟坦出马手执双刀来取关公，战了 3 个回合，回马便走，原先是想引诱关羽，想不到关羽的马快，早已赶上，大刀一举，孟坦被砍为两段。此时韩福躲在门首，放了一支暗箭，正射中关羽左臂。关羽大怒，用口拔出箭，血流不止，飞马径奔韩福，将他带头连肩斩于马下。

关羽恐一路上再遭人暗算，便连夜投奔汜水关。关将卞喜在镇国寺中埋伏下刀斧手 200 余人，准备诱关羽至寺后再杀害。此时，镇国寺僧人普净（是关羽的同乡）得知卞喜欲暗害关羽，便向关羽通风报信。关羽便先下手将卞喜一刀劈为两段。

关羽又往荥阳进发，太守王植与韩福是亲家，知道关羽杀了韩福，于是表面上献殷勤，暗中密令部下胡班集合 1000 名士卒，围住关羽的驻地，一人一个火把，待三更时分，一齐放火。后胡班为关羽的人品德行所感动，便将王植的毒计密告关羽。关羽大惊，连夜出奔，王植也拍马挺枪，飞奔关羽，结果被关羽拦腰一斩，砍为两段。

关羽一路跋涉，行到滑州界首。守将刘延出关迎接。关羽提出要借船渡过黄河，刘延怕得罪夏侯惇及其部将秦琪，不肯借船。关羽只得自行设法，到黄河渡口时，秦琪要索看曹操所发的通行证。关羽对秦琪的拦截很是恼怒，一刀砍去，

秦琪的头颅随即落地。

关羽在曹操的辖境内所历关隘五处，斩将六员，最后终于与刘备相会。

后人将这个故事概括为成语"过五关，斩六将"。比喻历尽千辛万苦，克服重重难关，终于达到目的。

力不从心

典出汉代班固《汉书·班超传》。

> 超之气力不能从心。

东汉名将班超，带兵镇守西域 30 多年，安抚联络当地的 50 多个小国，数次平定匈奴的骚乱，为保卫汉朝的西部边境建立了巨大的功绩。班超西去时年方 40 岁，70 多岁觉得精力大不如从前，思念家乡的心情也日甚一日，于是给和帝刘肇写了一封奏书，大意是：

"陛下，臣在西域转眼已经 20 多年了，夜夜日日无时不在思念故乡。臣听说先前的姜太公在齐国做官，可他的五世后代死后还要埋葬在原籍周地，其实周地与齐地之间不过千里；而我现在是身处遥远的西域啊，怎能不思念故乡呢？苏武留在匈奴不过 19 年，可我已经在西域快半辈子了。我不敢盼望回到酒泉，如能回到玉门关之内，也就心满意足了……"

班超的妹妹班昭，是当时有名的才女、历史学家，她读了兄长的信，为之动情，也写信给和帝，替哥哥请求告老还乡，大意是：

"我的胞兄班超，蒙受皇恩，自来西域，志捐躯命，屡立微功。他每逢攻战，总是身披金甲，不避死亡，倚仗陛下的神灵，才在这大沙漠里征战了近 30 年，现年已 70，年老体衰，须发皆白，双手麻痹，耳聋目花，要拄杖才能行走。虽说他要竭尽全力，尽职尽责，以报答皇帝的大恩，可是倘使此地发生暴乱，超之力不能从心，这会损害国家、朝廷的利益，也会使为臣的前功尽弃，如果发生了那样的变故，该令人多么痛心呀！所以，我们诚恳请求返回内地，可是已经过了几年却仍然听不到陛下的答复。现在陛下是以孝理治天下，深得万民欢心。在此，我冒死替家兄班超请求，让他活着回到故乡，我的哥哥以壮年竭尽忠孝于荒野大漠，难道还让他在衰老的时候死在他乡异域吗？我满怀哀痛地向陛下奏禀实情，请皇帝开恩！"

班昭信中"超之气力不能从心"的话,后来演变为成语"力不从心"。

和帝读了班超兄妹这两封情真意切的信后,深为感动,立即下诏传班超回京。公元102年,班超总算踏上了故乡的土地。这年九月,与世长辞。

杀敌致果

典出《左传·宣公二年》。

狂狡辂郑人,郑人入于井。倒戟而出之,获狂狡。君子曰:"失礼违命,宜其为禽也。戎,昭果毅以听之之谓礼。杀敌为果,致果为毅。易之,戮也。"

春秋时候,晋国和楚国是大国,宋国、郑国是小国,小国只能听从大国的命令。有一年,晋国派荀林父领兵征讨宋国,迫使宋国向晋国媾和,降服晋国。楚国为此对宋国不满。第二年春天,楚王就命令郑国替他去讨伐宋国。郑国只好听从楚王的命令,派公子归生率兵去攻打宋国。

宋国的军队由华元、乐吕统率,迎战郑军。双方在大棘打了一仗,结果宋军惨败,损失了460辆战车,250名军士被郑军俘虏,乐吕阵亡,华元也当了俘虏。

在交战中,有一个宋军士卒名叫狂狡,他作战很勇敢,心地十分善良。狂狡追击一个敌人,敌人吓得跳进井里。狂狡把戟倒过来,用戟柄将落井的郑军士卒搭救上来。可是这个郑国人上来后,非但不感谢狂狡的救命之恩,反而把他绑起来,当做俘虏交给将领了。

这件事后来传到宋国,宋国的人们说:"狂狡太可惜了,不过这是他自食恶果。打仗嘛,发扬果敢刚毅的精神,服从命令、击败敌人,这就叫做礼。杀死敌人就是果敢,做到果敢就是刚毅。狂狡丢掉了礼,又违背军令对敌人慈悲,所以才当了俘虏,这是自讨苦吃啊!"

后人从该文中引出一句成语"杀敌致果",用以表示勇敢杀敌以建立战功。

时不再来

典出《国语·越语》。

臣闻之，得时无怠，时不再来；天予不取，反来之灾。

春秋时，越王勾践继承王位 3 年，率兵攻打吴国，结果反被吴国打败，被围困在会稽山上。最后，勾践答应把国库的钥匙交出，自己亲自去吴国当吴王的仆人，吴王才解除了包围。

3 年后，吴王把勾践放回了越国，勾践请教谋臣范蠡说："我继承王位后，因为年轻好胜，迷恋打猎喝酒，结果给越国带来了灾祸，让吴国来统治我们。可是吴国也太过分了，我想同你商量报仇的事。"范蠡说："现在还不可以，应该顺应天时的转变。过早地打主意，事情反而难预料。"

过了一年，勾践听说吴王迷恋声色，疏远贤臣，就想进攻吴国。范蠡劝道："人事上是可以报仇了，可天时还不到，大王暂且忍一下吧！"又过了一年，勾践听说吴王杀了宰相伍子胥，又想进攻吴国。范蠡又劝勾践暂时忍耐。再过了一年，勾践听说吴国遭受天灾，稻被蟹都吃光了，又想报仇。可范蠡还是认为时机不成熟。

勾践发怒说："天时，人事都有了，为什么还要等呢？"范蠡说："战争是无可奈何的事，只有天时和人事都配合好了才能得胜。"一年后，吴国国内人心涣散，范蠡才劝越王勾践出兵进攻。进军之前，范蠡说："我听说得到了时机不能怠慢。时机一失去就不能再来；上天给予的不接受，反而会有灾难。"勾践点头回答："我听从你的建议，一定不盲目进攻；现在有了机会，自然会抓住不放。"

最后，勾践终于打败了吴王夫差。

后人用"时不再来"鼓励人要抓紧时机，时机错过了就不会再来了。

视为畏途

典出《庄子·达生》。

夫畏途者，十杀一人，则父子兄弟相戒也。

春秋时，有个叫田开元的人见到了周威公，周威公对他说："听说一个人保护好肾脏就等于学会了养生之道。先生这次来，能不能给我讲些这方面的道理呢？"田开元回答说："我无非是个手拿扫帚的看门人，哪里有大王的学识渊博呢？"周威公满脸不悦地说："先生也太谦让了，随便讲讲，又有何妨！"田开元说："好吧。我曾听孔子说过，一个善于养生的人，就好比一个牧羊人。鞭打羊时，打它的头就不会走，打它的肚子就会损伤身体，只能鞭打它的后面。"

周威公听了，很不理解地说："为何这样比喻？"田开元说："举个例子吧。鲁国有个叫单豹的人，长期隐居山林，生活简朴，无忧无虑，年满七十却肌肤娇嫩，如婴儿的模样。不幸的是，一次出门遇见饿虎，被吃掉了。另有一个叫张毅的人，拼命追逐物质享受，居住在高门大户之中，有许多财物，可刚到四十岁就得疾病而死。单豹注重颐养性情，却被饿虎咬去了身体；张毅一心追求财富，却被疾病蚕食了精神。这两人，养生都不得其道，就像用鞭打羊打在肚子上一样。善于养生的人，不仅要注重身体和精神，还要注重文化修养，才算是真正的完人。"

庄子知道后，不禁感慨道："一个畏惧在道路上行走的人，听说前面杀了人，就会立刻回到家里告诫全家，然后带上刀刃，结伴而行。这的确是明智的行为！但那些注重吃喝玩乐和声色享受的人却不了解，他们的所作所为远远超过杀人的畏途，却不引以为诫，这不是十分错误的吗？"

后人借"畏途"一典比喻艰险可怕的事物。"视为畏途"是指把事情看得过于艰难。

死马当做活马医

典出清代夏敬渠《野叟曝言》。

既是这先生有起死回生的本事，死马当做活马医他一医罢了。

晋朝有个叫窦固的大官，他有一匹骏马，当真是日行八百，神骏异常。窦固以为天下再无第二匹马可与相比了，因此钟爱之至。谁知有一天，它突然病了，请了好些兽医来也治不好，死了。窦固痛惜之余，便向门房嘱咐道："我今天心里不痛快，谁来拜访我都不见。"郭璞听说此事后，跑来对门房道："我有办法能把死马救活。"门房通报进去。窦固半信半疑，又惊又喜，心想："死马当做活马医嘛，让他试试看。"于是立刻出来迎见。殷勤执行。并请他立即医马。郭璞道："此去东门外三十里有座小山，山上树林密布，你叫几十个人去敲锣打鼓，撵出一个像猴子样的动物来，活捉了，送来这里。"窦固立刻派了上百个士兵前去捉拿，不多时，果然捉来了。那动物比猴子略大，目放金光，灵动异常。它一看见死马，立即扑上去吸它的鼻孔，喷喷有声。吸了一会，那死马竟慢慢动了起来。再过一会儿，那马一跃而起，仰天鸣嘶、踢脚摆尾，竟似完全没有病死过一样。再看那猴子，却不知什么时候跑了。窦固大喜，重赏郭璞。

后人用"死马当做活马医"的典故比喻虽然已经没有希望了的事，也不妨再作一次努力，寄希望于万一。

天下第一

典出《后汉书·胡广传》。

东汉名臣胡广，少年时就喜欢读书写诗。有一次，太守法雄的儿子法真回家看望父亲，发现胡广很有学问，人品也不错。恰好，朝廷要各地推荐人才，法雄知道儿子法真很有眼力，就让他帮助组织考试，从中进行选拔。

考试结束后，法真看了胡广的试卷，立即跑到父亲面前说："胡广这个年轻人真不错啊，应该推荐他去京师。"

安帝刘祜看过胡广的文章，居然高声称赞起来："文章写得好啊，真是天下第一！"于是，胡广被封为尚书郎，后来又升迁为尚书仆射，逐渐成为皇帝身边的重臣。

汉顺帝即位后，要选立皇后。可是，妃子中有四个都很受他的宠爱，到底选谁好呢？顺帝最后决定以卜卦来决定。胡广深感不妥，劝说顺帝："陛下，选立皇后可是一件十分严肃认真的大事，怎么可以卜卦决定呢？选立皇后，还是应该以德行为标准，这才符合祖宗的章法啊！"顺帝被他说服了，最后选立梁贵人为皇后。

"天下第一"指在当代居第一位，无人能比得上。多用来指最出色的人或事物。

天之骄子

典出《汉书·匈奴传》。

匈奴是我国北部的游牧民族。从秦朝末年到汉朝初年，征服了中国北部、西部和东北部许多少数民族，并屡次侵犯汉族地区。汉武帝在位的几十年间，先后派韩安国、卫青、霍去病等大将征伐匈奴，屡次取得胜利。公元前九十年，匈奴单于狐鹿姑又入侵汉族地区。武帝派贰师将军李广利领兵 7 万，御史大夫商丘成领兵三万，重合侯莽通领兵 4 万，前去反击匈奴。

汉军 3 支队伍进入匈奴控制区后，商丘成的人马与匈奴兵交战 9 天，互有死伤；莽通的人马因匈奴兵自行退去，未曾交战；李广利的人马则大败匈奴兵，并乘胜向北追赶。狐鹿姑亲自率领五万骑兵，袭击李广利的队伍。结果，汉军大败，李广利投降，狐鹿姑把女儿嫁给他为妻。就这样，武帝派出的三支军队遭到了严重损失，并未达到反击匈奴的目的。为此，单于派出使者，致书武帝说："南方有大汉，北方有强胡，你们知道我们胡是什么吗？胡，是上天的宠儿啊！"

单于要求武帝开放关口，让匈奴人方便出入；允许他们娶汉女为妻，并每年给匈奴若干美酒、粟米、绸缎布帛。这样，他们就不再在边境骚扰。武帝经过这次较量，知道这"上天的宠儿"一时难以攻灭，于是有了和谈的意思。

"天之骄子"在汉时指匈奴民族，即匈奴是上天所娇宠的儿子，故极其强盛。后指能力非凡或地位优越的人。

统一中原

典出《史记·秦始皇本纪》。

丞相绾等言："诸侯初破，燕、齐、荆地远，不为置王，毋以填之。请立诸子，唯上幸许。"始皇下其议于群臣，群臣皆以为便。廷尉李斯议曰："周文、武所封子弟同姓甚众，然后属疏远，相攻击如仇雠，诸侯更相诛伐，周天子弗能禁止。今海内赖陛下神灵一统，皆为郡县，诸子功臣以公赋税重赏赐之，甚足易制。天下无异意，则安宁之术也。置诸侯不便。"始皇曰："天下共苦战斗不休，以有侯王。赖宗庙，天下初定，又复立国，是树兵也，而求其宁息，岂不难哉！廷尉议是。分天下以为三十六郡，郡置守、尉、监。更名民曰："黔首"。大酺。收天下兵，聚之咸阳，销以为钟镰，金人十二，重各千石，置廷宫中。一法度衡石丈尺。车同轨。书同文字。

齐国灭亡以后，范睢和尉缭的"远交近攻"的计策完全成功了。从此以后，六国全归并到秦国，天下统一。东周列国，经过了五百年的变迁，才合成了一个大国。秦王兼并六国，统一中原，跟着就改变国家的制度。头一样，他知道"名不正，则言不顺。"当初六国诸侯都称为"王"，如今"王"没有了，那么自己又叫什么呢？他总得应比"王"的名号更大、更高吧。还有，君王的称号要等到他死了以后让大臣们共同来取，这不是叫臣下来议论君王吗？秦王把这种办法废了。他用了"皇帝"这个名称。自己是中国头一个皇帝，就叫"始皇帝"。以后就用数字计算：第二个皇帝，就叫"二世"，第三个叫"三世"……这么下去一直到万世，没完没了。他又叫玉器匠刻了一个大印，算是皇帝的玉玺。那玉玺刻好之后，大臣们全都给秦始皇庆贺。

秦始皇瞧了那些大臣们真是什么样儿的人才都有，朝堂上黑压压地都挤满了人。可是那个出计策收买各国大臣的尉缭在哪儿呢？他的门生王敖又在哪儿呢？这回兼并六国，统一中原，拿打仗来说，功劳最大的当然要数王翦、王贲父子俩了。可是拿对付各国的计策来说，尉缭和王敖师徒俩的功劳也不在他们两位大将之下。秦始皇就问大臣们这两个人到哪儿去了。大臣们正在怀疑：皇帝得了天下，怎么还不把土地封给他们呢？丞相王绾就借题发挥了。他说："尉缭、王敖帮助皇帝平定四海。他们的功劳好比周朝的太公、周公，当然指望皇帝封他们做诸侯。如今皇帝没分封有功的大臣，他们就走了。"秦始皇一听这话，又问大臣们："周朝分封诸侯的制度还能用吗？"他们都说："这是古时候的制度，怎么会不能用呢？再说齐国在东边，楚国在南边，燕国在北边，这么又大又远的地界，要是不封王、封侯，怎么管得住呢？"秦始皇想了一想，眼光就停在李斯身上。

李斯早就和秦始皇计划妥当了，背书似的说："周武王把天下分成好几百个小国，封给自己的子弟和功臣们。到后来，这些小国你打我、我打你，简直没有一天安静的日子。好不容易几百个小国并成了几十个，再由几十个并成了十几个，最后，就剩了七国。可是七国还是不安定。老是彼此不合，互相攻打。如今皇帝兼并六国，统一中原，哪能把一统的天下再分开来，重新顺到周朝那种混乱的老路上去呢？有大功的臣下，当然要有重赏，比方说，增加他们的俸禄，却不能割据国家的土地。咱们已经把列国改为郡县，那么，就应当用郡县制度来统治天下。"大伙儿听了，心里全不赞成，可又说不出反对的理由来。

秦始皇就采用了李斯建议的郡县制度，把天下分为三十六郡，郡下面再分县。每个郡由朝廷直接任命 3 个最重要的官长。即郡守、郡尉和郡监，管理全郡。郡守是一郡中最主要的官长。郡尉是个武官，在郡守的下头，管理治安，全郡的军队也由他统领。郡监执掌监察的事情。全国行政机构都统一了，办起事情来当然提高了效率；之后，秦始皇又统一了文学、度量衡等。

后人用"统一中原"比喻把分散的势力联合起来，成就伟大的事业。

完璧归赵

典出《史记·廉颇蔺相如列传》。

赵惠文王时，得楚和氏璧。秦昭王闻之，使人遗赵王书，愿以十五城请易璧。赵王与大将军廉颇诸大臣谋：欲予秦，秦城恐不可得，徒见欺；欲勿予，即患秦兵之来。计未定，求人可使报秦者，未得。宦者令缪贤曰："臣舍人蔺相如可使。"……相如曰："王必无人，臣愿奉璧往使。城入赵而璧留秦；城不入，臣请完璧归赵。"赵王于是遂遣相如奉璧西入秦。

公元前 283 年，秦昭襄王听说赵王得了一块"和氏璧"，就派使者带了国书去见赵惠文王，说秦王情愿拿出 15 座城来换那块玉璧，希望赵王答应。赵惠文王就跟大臣们商量。想要答应秦国，又怕上当；要不答应，又怕秦国打进来。大伙商议了半天，还不能决定到底应当怎么办。赵惠文王问谁能够担当使者上秦国去办这件事。他瞧了瞧大将廉颇，廉颇低着头不说话。

当时有个宦官名叫缪贤的，他对赵王说："我有个门客叫蔺相如，他是个很有见识的谋士。我想让他到秦国去十分合适。"赵惠文王就把蔺相如召上来，问他："秦王拿 15 座城来换赵国的玉璧，先生认为是答应好呢还是不答应好？"蔺相如说："秦国强，咱们弱，不能不答应。"赵王接着又说："要是把玉璧送了去，得不着城，怎么办呢？"蔺相如说："秦国拿出十五座城来换一块玉璧，这个价钱总算够高的了。赵国要是不答应，错在赵国。要是大王把玉璧送去，秦国不交出城来，那么错在秦国了。我说，宁可叫秦国担这个错儿，咱们可不能不讲道理。"赵惠文王说："先生能到秦国去一趟吗？"蔺相如说："要是没有可派的人，那我就去一趟。秦国交了城，我就把玉璧留在秦国；不然的话，我一定完璧归赵。"

赵惠文王当时就拜蔺相如为大夫，派他到秦国去。

蔺相如带着"和氏璧"到了咸阳。秦昭襄王听说赵国送玉璧来了，非常得意地坐在朝堂上。蔺相如恭恭敬敬地把玉璧献了上去。秦王看完了，十分高兴。他把玉璧递给左右，大伙儿传着看，又交给后宫的美人们瞧了一回，大臣们都给秦王庆贺，一起欢呼万岁。蔺相如一个人冷冷清清地站在一边等着。等了老大半天，也不见秦王提起那 15 座城的事。他想："秦王果然不是真心实意地想交换。可是玉璧已经到了他手里，怎么能拿回来呢？"他急中生智，上前对秦王说："这块玉璧，看着虽然很好，可是有点小毛病，别人不容易瞧出来，让我指给大王瞧一瞧。"秦王就叫手下的人把玉璧递给蔺相如。

蔺相如拿着玉璧，往后退了几步，靠着柱子，瞪着眼睛，气哼哼地对秦昭襄王说："大王当初派使者送国书的时候，说是情愿拿出 15 座城来换赵国的玉璧。赵国的大臣们都说：'这是秦国骗人的话，千万不能答应。'我反对说：'老百姓还讲信义，何况大国的君王？我们哪能以小人之心度君子之腹呢？'赵王这才斋戒了 5 天，然后叫我送来。这是多么郑重的一回事啊。可是大王太不恭敬了。拿着这块玉璧随随便便地叫左右传着看，还送到后宫去给宫女们玩儿，没把它重视得像 15 座城一样。从这点看来，我知道大王没有交换的真心诚意。为了这点，我把这块玉璧拿了回来。大王要是逼我的话，我宁可把我的脑袋跟这块玉璧在这根柱子上一起撞碎！"说话之间，他就拿起玉璧来，对着柱子要撞。秦昭襄王连忙向他赔不是，说："大夫别错怪了我的意思。我哪能说了不算呢？"他立刻就叫大臣拿上地图来，指着说："从这儿到那儿，一共 15 座城，全给赵国。"蔺相如一想："可别再上了他的当！"他就对秦王说："好吧，不过赵王斋戒了 5 天，又在朝堂上举行了一个挺郑重的送玉璧的仪式。大王也应当斋戒五天，然后再举行一个接受玉璧的仪式。要这么恭恭敬敬地尽了礼，我才敢把玉璧奉上。"秦王说："就这么办吧。"他只好叫人把蔺相如送到客房去歇息。

蔺相如拿着那块玉璧到了客房。他想："过了 5 天，仍然得不到那 15 座城，可怎么办呢？"他就叫一个手下的人扮成买卖人的模样，把那块玉包着系在身上，偷偷地从小道跑回赵国去了。

过了 5 天，秦昭襄王召集大臣们参加接受玉璧仪式。他想借着这个名目来向各国夸耀。朝堂上坐满了人，非常严肃。传令官喊着说："请赵国的使臣上殿！"蔺相如不慌不忙地走上殿，向秦王行了礼。秦王见他空着两只手，就对他说："我已经斋戒了 5 天，这会儿举行接受玉璧的仪式吧。"蔺相如说："秦国自从穆公以来，前后 20 多位君主没有一个不重用善于欺诈的人。孟明视欺骗了晋国，商鞅欺骗了魏国，张仪欺骗了楚国……过去的事一件一件地都在那儿摆着。我也怕受欺骗，对不起赵王，已经把那块玉璧送回赵国去了。请大王治我的罪吧！"

秦王大发雷霆，嚷嚷着说："你说我不恭敬，我就依了你的话斋戒了5天。今天举行仪式，你竟把玉璧送回赵国去了。是你欺骗了我还是我欺骗了你？"他气呼呼地对底下人说："把他绑上！"蔺相如和颜悦色的对秦王说："慢着！让我把话说完了。天下诸侯都知道秦是强国，赵是弱国；天下只有强国欺负弱国，绝没有弱国欺负强国的道理。大王真要那块玉璧的话，请先把那15座城交割给赵国，然后再打发使者跟我一块儿到赵国去取那块玉。赵国得到了15座城之后，绝不敢不顾信义，得罪大王的。我的话说完了。好在各国的使者都在这儿。他们都知道是我得罪了大王，不是大王欺负了弱国的使者。"

秦国的大臣们听了这篇话，你瞧着我，我瞧着你，大伙儿都不做声。各国的使者都替蔺相如捏一把冷汗。两边武士正要去绑他，秦昭襄王喝住他们，说："不许动手！"回头对蔺相如说："我哪能欺负先生呢？一块玉璧不过是块玉璧，我们不应该为了这件小事，伤了两国的和气。"他很恭敬地招待了蔺相如，让他回去。

西方的霸主

典出《史记·秦本纪》。

三十六年，穆公复益厚孟明等，使将兵伐晋，渡河焚船，大败晋人，取王官及鄗，以报崤之役。晋人皆城守不敢出。于是穆公乃自茅津渡河，封崤中尸，为发丧，哭之三日。

公元前625年（周襄王二十七年，秦穆公三十五年，晋襄公三年），孟明视要求秦穆公发兵去崤山，报仇雪耻。秦穆公一口答应了。孟明视、西乞术、白乙丙三位大将率领着四百辆兵车朝晋国开去。晋襄公接到报告，就派中军大将先且居去迎敌。先且居是先轸的儿子。先轸因为向晋襄公啐了唾沫，老是觉得愧对国君。后来狄人前来侵犯，先轸打败了他们以后，竟自己跑到狄人的阵营，脱下盔甲，叫他们射死了。他是借着敌人的手来惩办他侮辱国君的大罪。晋襄公痛失良将，大哭一场，拜他儿子先且居为中军大将。

由于晋国早有准备，所以两国的兵马一交手，孟明视又打了个败仗。这叫他懊丧极了。虽然这次秦军不似上次败得那么惨，可是孟明视的这份懊丧却比上次还厉害。他那争强好胜的个性受到了严重的打击。他愕然发觉自己实在不是什么了不起的人物。上次的失败，他始终认为是中了晋国人的圈套，而不肯认输。他总以为如果晋国人能够给他们机会，让大家跑出又小又窄的山沟，在空地上明刀明枪地比个高下，他一定能把对方打得跪地求饶。然而，这次晋国人并没有埋伏，交战的地方也不是在山沟里，他竟又被打败了，还能有什么借口呢？他认输了。于是自己上了囚车，再也不敢奢望国君能免他死罪。

谁知秦穆公依旧有他自己的盘算。他清楚孟明视的才干，也很知道他的缺点。秦穆公认为，一向在顺风里驶船的不一定是好船夫，他宁可把国家的大船交给遇过大风浪、翻过船的人。孟明视在什么地方受到挫折，秦穆公就要他在什么地方重新站起来。他对孟明视说："咱们一连吃了两个败仗，我不能责怪你。我自己要负最大的责任。我只注重兵马，没有留意到国家政治以及老百姓的苦衷，这怎么行哪！你要知道，一个国家的兴亡成败不是一个人的事，打胜仗也不是你一个人的功劳，打败仗也不是你一个人的过错。全体将士兵卒、全国的人，甚至连一个火夫，都荣辱与共。我怎么能光怪你一个人呢？"

孟明视听完秦穆公这一番话，内心激动极了。他觉得自己对于君主、对于国家，好像欠下了一笔极大的债，他决意用他的每一滴血、每一分精神来偿还。他把家财全部拿出来，送给阵亡将士的家属；他再也不要求吃大鱼大肉了，而是跟小兵一起过着劳苦的日子。他们吃粗粮，他也吃粗粮；他们啃菜根，他也啃菜根。他天天训练兵马，埋头苦干。他再也不仗恃自己的神勇蛮力了，而是重每一个小兵的力量。两年来，他好似变了一个人，他不再那么冒失、任性、莽撞了。

那一年冬天，孟明视获得报告，说晋国联合了宋、陈、郑三国往秦国的边界上来了。他嘱咐将士们好好守城，却不许他们跟晋国开打。先且居向秦国人挑衅，说："你们已经道过谢了，我们也来还礼吧！"秦国人听了都气得摩拳擦掌，想跟晋国人拼个你死我活。孟明视却不声不响，依旧操练兵马，只把晋国的侵犯当成边界上的小事，终于让他们夺去了两座城。秦国有人指责孟明视贪生怕死，甚至有人请秦穆公撤换将军。秦穆公说："你们先别急，孟明视他自有主张。"可是孟明视到底有什么主张呢？附近的小国和西戎部族，目睹秦国接连打了 3 个败仗，都以为秦国气数已尽，再也不听秦国的使唤了。

公元前 624 年夏天，孟明视请秦穆公一起去攻打晋国。他说："这次要是不能复仇雪耻，我绝不活着回来！"秦穆公说："咱们连续败了三次，别说中原诸侯不把咱们放在眼里，就连西方的小国跟西戎的部族都不服从咱们了。如果这次再打个败仗，我也没有脸面回来了。"君臣二人商量好了以后，孟明视挑选了国内的精兵，预备妥五百辆兵车。秦穆公拨出大量的财帛，把士兵的家属全都安顿好。士兵们个个精神抖擞，全国的老百姓也都同仇敌忾。在大军出发当天，国里的男女老少全来送行。年迈的父母、年轻的妇女都嘱咐他们的儿子、丈夫说：

"不打胜仗，可别回来呀！"

大军渡过黄河后，孟明视对将士们说："咱们这次出征，只能前进，不能后退！我想把这些船全烧了，你们认为怎么样？"大家异口同声说："烧吧！赶快烧吧！打了胜仗，还怕没有船吗？如果打了败仗，还有脸回家吗？"全体将士都下破釜沉舟的决心。

孟明视本人自愿当先锋，打头阵。士兵们憋了好几年的苦闷、委屈和仇恨，眼看就要一股脑儿进发出来了。

不到几天的工夫，他们不但夺回了上次失陷的那两座城，还攻占了几座晋国的大城。警报传抵绛城（晋国的都城，在山西省翼城县），晋国人心惶惶。赵衰、先且居都成了缩头乌龟，不敢出面迎敌。晋襄公只好下令："只许守城，不准跟秦国人开打！"秦国的大军在晋国的土地上威风八面地找人打仗，可是没有一个晋国人敢出来跟他们拼命。最后，有人对秦穆公说："晋国已经屈服了。主公何不上崤山收埋死士的尸骨，洗雪从前的耻辱。"秦穆公就领着大军开赴崤山，只见遍地白骨森森，好不凄惨。他们把尸骨收拾起来，用草垫衬着埋在山坡下。秦穆公穿上孝衣，亲自祭祀阵亡的将士，见景生情，忍不住放声大哭。孟明视、西乞术、白乙丙三个人更是连哭带喊，悲不自胜。全体士兵没有一个不动容落泪的。

西方的小国跟西戎的部族，一听说秦国大败了中原的霸主，都争先恐后地去进贡，很快就有二十几个小国和部族归附了秦国。秦国扩充了一千多里土地，做了西戎的霸主。周襄王也打发大臣到秦国去，赏给秦穆公十二只铜鼓，承认他是西方的霸主。

永垂不朽

典出《左传·襄公二十四年》。

大上有立德，其次有立功，其次有立言，虽久不废，此谓之三不朽。

春秋时代，有一次，鲁国的穆叔到晋国去，晋国的范宣子接见了他。在交谈中，范宣子问穆叔道："'人死了也不会朽'这句话作何解释？"穆叔想了一阵回答说："据我所知：最高的是德行上有所建树，其次是建立功业，再其次是树立言论。能做到这样，虽然死了，也久久不会废弃，这就叫做'三不朽'。"

后人把"虽久不废，此谓之三不朽"说成"永垂不朽"，用来表示永远传于后世而不朽；用以形容光辉的事迹或伟大的精神永远流传，不会磨灭。

"宋嫂鱼羹"轶事

宋嫂鱼羹，又叫"赛蟹羹"，是一道在杭州享誉800多年，至今仍为人交口赞赏的传统名菜。

宋靖康二年，宋高宗在杭州称帝。高宗在位36年，不思收复失地，一天到晚寻欢作乐。后来，索性让位于孝宗，自己退居德寿宫养老，他常常爱乘大龙舫船在西湖中游荡。原来在汴京做鱼羹的宋五嫂，也逃难来到临安，在钱塘门外开了个鱼羹店谋生，因为这里的鲤鱼不像黄河金鲤那样肥嫩，所以，她烹制的鱼羹并不怎么引人注意，生意很是萧条。

有一天，宋五嫂听说赵构的龙船又开到西湖里了，她想，反正店里生意清淡，倒不如乘此机会兜揽些生意，便乘只小船尾随龙舟而去。说来事也凑巧，有一个在赵构身边的太监认出了宋五嫂，连忙向赵构献媚说，他找到一个在汴京烧鱼羹拿手的厨娘。赵构一听大喜，连忙召宋五嫂上了龙舟。

宋五嫂来到赵构面前，赵构装模作样地询问一番。宋五嫂回想起老百姓逃难流离之苦，便一语双关，借烹制鱼羹来暗中讽喻。她说，原来以跳龙门名闻天下的黄河鲤鱼，躲到风平浪静的西湖里来求安逸，于是肉也粗了，味也淡了，让大家都厌了。现在，只有把专门吞噬小鱼的鳜鱼，捉来剥皮、剔骨、粉身、烧鱼羹，才能得到大家的欢心。宋五嫂一边说着，一边把早已准备好的一条鳜鱼，按照自己的方法烧了一碗鱼羹呈上，让赵构品尝。赵构明知宋五嫂话外有音，言有所指，而自己又无言可对，只好装聋作哑。他慢慢吞吞地吃完了鱼羹，对宋五嫂烹调鳜鱼的高超技艺称赞了一番，又拿出一大笔钱赏赐了宋五嫂。

不久，这件事传开了。主张收复失地的人赞扬宋五嫂机智勇敢，而那些苟且偷安，醉生梦死的人，则因为皇上赞赏此菜，也跟着凑热闹。大家都来吃宋五嫂的鱼羹，就这样，"宋嫂鱼羹"远近闻名。

技艺篇

阿坤巧烹龙凤腿

典出民间故事。

慈禧太后对饮食十分讲究，要是吃得不称心，就要发脾气。有一天，小太监端上几盘京邦大菜，她扫了一眼，鼻孔里"唔"了一声，手一摆说道："又是老一套！"一句话，吓得厨师们心里直哆嗦，连忙重新做了几道湖广名菜端上去。可是她又一甩袖子说："端下去！"这可更难煞了御膳房一班厨师们，商量来商量去，也想不出什么好名堂来。这时，御厨里有一位苏州厨师姓王名阿坤。他想，"鲜"字拆开是"鱼"和"羊"，何不用鱼和羊来试做一道新鲜菜呢？于是，他就以鱼肉、羊肉为主、配上虾仁、香菇、冬笋和各种佐料，拌和在一起，放在笼屉里蒸熟，然后再做成一只一只的鸡腿形状，再滚上一层蛋粉，下油锅里一氽，再将其每一只的细头插上熟笋，乍一看，就像鸡腿一样，"鸡皮"油光锃亮，连毛孔都隐约可见。慈禧觉得这道菜的样子很新鲜，便夹起一只尝了尝。顿时笑逐颜开，她认为这道菜不仅味道鲜美，而且干中有卤、脆中有柔，便亲自赐名"龙凤腿"。

后来，王阿坤告老回乡，又把这道菜的烹调技艺带回苏州，传给一家菜馆。这家菜馆的老板为招徕顾客，挂起了"慈禧御赐名菜龙凤腿"的牌子，从此成为名菜。

八仙过海，各显神通

典出民间故事。

八仙，是古代民间传说中的8位神仙，他们是：

汉钟离：相传姓钟离名权，他受铁拐李的点化，上山学道。下山后又飞剑斩

虎、点金济众。最后与兄钟离简同日升天，度吕纯阳而去。

吕洞宾：名岩，号纯阳子。相传为唐京兆人，也有说是河中府（今山西永济县）人。唐朝会昌（公元 841～846 年）年间，两举进士不第，因此浪游江湖，遇钟离权授以丹诀，时年已 64 岁。他曾隐居终南山等地修道，后游历各地，自称回道人。

铁拐李：相传姓李名玄，曾遇太上老君得道。神游时因其肉身误为徒弟火化，游魂无所依归，乃附在一个饿死者的尸身上还阳。他蓬首垢面，坦腹跛足，并用水喷倚身的竹杖，变称铁杖，故称铁拐李，又叫李铁拐。

张果老：相传他久隐中条山，往来汾、晋间，唐武则天时已数百岁。武则天曾派遣臣相召见他，他装死不去。后人复见其居恒州山中。他常倒骑白驴，日行数万里，休息时即将驴折叠，藏于巾箱。曾被唐玄宗召至京师，演出种种法术，授以银青光禄大夫，赐号通玄先生。

韩湘子：相传是韩愈的族侄，性情狂放，曾在初冬时于数日内令牡丹花开数色，每朵又有诗一联，韩愈大为惊异。

蓝采和：传说他常身穿破衫，一脚着靴，一脚跣露，手持大拍板，行乞闹市，乘醉而歌，周游天下。后闻空间有笙箫之声，忽然升空而去。

何仙姑：相传是唐广州增城女子，住在云母溪。年十四五岁时，食云母粉而成仙。她行动如飞，日往山中采果奉母。

曹国舅：相传他姓曹名友，宋代人。本为国舅，因其弟仗势作恶，恐受连累，遂散财济贫，入山修道。后由钟离权、吕洞宾引入仙班。

以上这八大仙人，传说中都是些神通广大的人物，他们在过海时，各显各的神通，顺利渡过。

后人用"八仙过海，各显神通"比喻在集体生活中，各有各的办法或本领，来完成共同的事业。

百步穿杨

典出《战略策·西周策》。

楚有养由基者，善射，去柳叶者百步而射之，百发百中。

战国时，楚国有一位将军叫养由基。他射箭的技术非常高明，到了出神入化的地步，人称"神箭将军"。

养由基射箭极准，能百步穿杨。也就是说，他能站在一百步开外，一箭射穿小小的一片杨树叶子，见过的人都惊叹不已。

他射箭不仅是准，而且极为刚劲有力。有一次，人们将7层铠甲叠在一起让养由基去射。他一箭射去时，竟把又厚又重的7层铠甲穿透，真是天生神力。

楚王有一只心爱的白猿，它非常聪明，善解人意，楚王常常将它带在身边玩耍。有时候楚王要射箭，就叫白猿站在对面的柱子前面，白猿不仅不害怕，反而轻而易举地将楚王射过去的箭接住，放在手里玩弄。

有一天，楚王叫养由基来射箭，也让白猿站在柱子旁接箭。但是，这只通人性的畜生知道养由基的箭术非凡，它无论如何是接不住养由基射去的箭的。于是，它害怕极了。当养由基刚刚开始调整弓弦时，白猿已经吓得半死，抱住了柱子凄惨地豪哭起来。楚王见白猿如此可怜，便不让它接箭了。

后人用"百步穿杨"形容射击、射箭技艺精湛，本领高明。

扁鹊换心

典出《列子·汤问》。

鲁公扈、赵齐婴二人有疾，同请扁鹊求治。

扁鹊治之，既同愈，谓公扈、齐婴曰："汝曩之所疾，自外而干府藏者，用药石之所已。今有偕生之疾，与体偕长，今为汝攻之，何如？"

二人曰："愿先闻其验。"

扁鹊谓公扈曰："汝志强而气弱，故足于谋而寡于断；齐婴志弱而气强，故少于虑而伤于专。若换汝之心，则均于善矣。"

扁鹊遂饮二人毒酒，迷死三日，剖胸探心，易而置之，投以神药；既悟，如初。二人辞归。

于是，公扈反齐婴之室，而有其妻子，妻子弗识；齐婴亦反公扈之室，有其妻子，妻子亦弗识。二室因相与讼，求辨于扁鹊，扁鹊辨其所由，讼乃已。

鲁国公扈和赵国齐婴二人有病，都去请扁鹊给他们医治。

扁鹊替他们治病，都给治好了，扁鹊便对公扈、齐婴说道："你们先前所得

的疾病，是从外表侵入到五脏六腑，原是药物所能治好的。现在你们都得了一种先天的病，与你们的身体一同生长着，如今我再为你们治疗一下怎么样？"

二人说："我们愿意先听听这病的实情。"

扁鹊就向公扈说："你的心智有余，气质很弱，所以你多智慧，却欠果断；齐婴心智不足，气质坚强，所以智慧少而好专断。假若把你们的心互换一下，就两方面都很好了。"

扁鹊就给二人喝了毒酒，让他们像死了似的昏迷3天，由着他剖开胸膛，挖出心来，互相换置，再敷上神效的药；他们醒来后，和从前一样正常。两个人便都告辞回去。

于是，公扈回到了齐婴的家，去寻他的妻子，但妻子不认识他；齐婴回到了公扈的家，去见他的妻子，妻子也不认识他。

两家因此互相争讼起来，去求扁鹊辨认是非；扁鹊便把治病换心的经过告诉了他们，争讼才停止了。

这则寓言是说，心是人的主宰，形体是服从心的指挥的。心换了，形体的外表即使没变，而精神实质却都跟着心变了。剖胸探心，易而置之，这种作为外科手术的大胆设想，在医理上可并不能一律视为荒诞之言。魏世华佗能剖肠易胃，湔洗五脏，中国古代医学发展已有如此辉煌成就，攻心之议也就并非不可思议的了。

程咬金的武艺

典出《说唐》。

程咬金，字知节，济州东河（今属山东）人。他出身贫苦，原是江湖上的流浪汉，性格憨直粗野，刚烈好斗。隋末，他随从李密参加瓦岗军，后来归顺唐高祖李渊，但是有时仍然流露出不甘屈服的神情。

程咬金结识尤俊达后，入伙为盗。尤俊达问他会使用什么兵器，程咬金说："小弟不会使别的兵器，平常劈柴的时候，就把斧头提起舞舞弄弄，所以会使斧头。"尤俊达叫家丁取出一柄八卦宣花斧，重六十四斤，一路路地教程咬金斧法。不料，程咬金心性不通，学了第一路，忘记了第二路；学了第二路，又忘记了第一路。

当天夜间，程咬金在睡梦中，遇见一个老人教他骑马弄斧。这个老人举斧在手，一路路使开，把六十四路斧法教会了。程咬金觉醒起来后，想把梦中学到的斧法演习一番，没有马，便将厅上的一条板凳当马骑。他取一条索子，一头缚在板凳上，一头缚在自己颈上，骑了板凳，双手托斧，满厅乱跑，舞弄起来。尤俊达在房内被惊醒，从厅后门缝一看，只见月光照人，如同白昼，程咬金在那里骑着板凳，舞弄斧头，甚是奇妙，比日间教不会的时节，大不相同，心中大喜，便走出来，大叫"妙啊"！程咬金正舞到兴头上，突然被这一喝声冲破，结果只学得三十六路，后边的路数却忘记了。

正因为这样，程咬金的武艺，会使斧头，而他使用斧头，只是头三下厉害，后面就没有劲了。

"程咬金的武艺"，比喻本事不大，只会那两下子。

操舟若神

典出《庄子·达生》。

　　颜渊问仲尼曰："吾尝济乎觞深之渊，津人操舟若神。吾问焉，曰：'操舟可学邪？'曰：'可。善游者数能。若乃夫没人，则未尝见舟而便操之也。'吾问焉而不吾告，敢问何谓也？"

仲尼曰："善游者数能，忘水也。若乃夫没有之未尝见舟而便操之也，彼视渊若陵，视舟之覆犹其车却也。覆却万方陈乎前而不得入其舍，恶往面不暇？以瓦注者巧，以钩注者惮，以黄金注者殙。其巧一也，而有所矜，则重外也。凡外重者内拙。"

颜渊问仲尼说："我曾经渡过觞深这个水潭，那摆渡的人驾船的技巧真是神妙。我问道：'驾船可以学会吗？'他回答说：'可以。擅长游水的人是由于反复学习才学会的。至于那些会潜水的人，即使平时没见过船，一旦见到就可以灵便地驾驶它。'我问的问题他不直接回答我，请问他说的话是什么意思？"

仲尼说："擅长游水的人反复学习就会，是由于熟悉了水性，对水不怀恐惧。至于会潜水的人没见过船就能驾船，那更是由于他看水就像陆地一样，看待翻船就像大车在上坡时打了滑倒退几步。即使翻掉船的种种危险同时出现在面前，照样沉着镇定，心里丝毫不受影响；这样，到哪里不轻松自如呢？一个搞赌博的人，用瓦块当赌注的时候，赌起来心灵手巧；用随身物品作赌注的时候，心中便有所顾忌；用黄金作赌注的时候，失去黄金的恐惧会搞得他心神昏乱。赌的技巧本来是一样的，而由于心里有了负担，表现出来的技巧就大不一样，这就是看重外物的结果。凡是看重外物的人内心一定是笨拙的。"

后人用"操舟若神"比喻只有抛掉得失之心，才能在各种复杂情况下充分发挥自己的技巧技能。

楚王田射

典出《郁离子》。

楚王田于云梦，使虞人起禽而射之。禽发，鹿出于王左，麋交于王右。王引弓欲射，有鹄拂王旃而过，翼若垂云。王注矢于弓，不知其所射。养叔进曰："臣之射也，置一叶于百步之外而射之，十发而十中，如使置十叶焉，则中不中非臣所能必矣。"

一次，楚王在云梦打猎。他让虞人把飞禽走兽轰起来，供自己射猎，当飞禽出现的时候，只见楚王的左边跑来一只鹿，右边窜出几只麋。他正要开弓射箭，又发现一只天鹅从他头顶的大旗上掠过，两只挥动的翅膀好像垂在天空的白云。楚王眼花缭乱，箭搭在弦上，却不知该射哪一个。

大夫养由基上前说："我射箭的时候，百步之外放一片树叶，能够十发十中；如果放上十片树叶，能不能射中，那就很难说了。"

"楚王田射"的典故告诉人们，集中精力，专心一意，才能把事情办好。贪多嚼不烂。什么都想干，往往什么也干不成。

春蚓秋蛇

典出《晋书·王羲之传》。

子云近世擅名汇表，然仅得成法，无丈夫气，行行若萦春蚓，字字如绾秋蛇。

梁朝的萧子云，自幼喜欢书法。他的书法虽出于近世，却独具一格，因而是闻名于长江一带。但当时有人却有不同看法，认为萧子云的书法没有骨气，每行字都像春天的蚯蚓，每个字都像秋天蜷曲的蛇。

后人用"春蚓秋蛇"比喻书法拙劣。言其字像春天的蚯蚓和秋天的蛇的行迹一样，弯弯曲曲的。

绰绰有余

典出《孟子·公孙丑下》。

我无官守，我无言责也，则吾进退，岂不绰绰然有余裕哉？

战国时，齐国大夫坻蛙担任灵丘县令，干得有声有色。过了一段时间，他想去国都担任谏官，就辞去了灵丘县令。他做了好几个月的谏官，却始终没向齐王劝谏过。

一天，孟子去见坻蛙，对他说："谏官是可以进言的官，你做了几个月，却始终没提过建议，看来你不适合做这样的官。"

坻蛙听了孟子的指责，心里很不好受，他知道齐王的脾气很不好，怕说了也不起作用，就很少劝谏。现在经孟子这么一说，才感到自己没尽到职责。于是，他向齐王辞去了谏官。

这件事齐国人知道了，纷纷议论说："孟子替坻蛙考虑得不错，但为什么不替自己好好考虑一下呢？他屡次向齐王进言，齐王不用，他却厚着脸皮不走，这难道是嫉妒吗？"

公孝子把这些议论告诉了孟子，孟子满不在乎地说："我听人说，一个有官职的人，如果没尽到职责，就应该辞官；有进言责任的人，如果进言未被采纳，也应该离去。而我呢？既无官职，又无进言的责任，我的进退岂不是绰绰有余裕吗？"

后人用"绰绰有余"、"绰有余裕"形容某人办事有能力，足以应付。也可用以形容金钱、财物等充裕。

大笔如椽

典出《晋书·王珣传》。

东晋时，宰相王导的孙子王珣很有才华。20 岁时便被大司马桓温聘为主簿官。有一次桓温想试一下王珣的才学。那天，官员们在一起议论政事。事前大家都有所准备，王珣也写好了发言稿。桓温派人悄悄拿走了王珣的稿子，后来王珣发觉了，却并不慌张。轮到发言时他仍从容不迫，滔滔不绝地讲完了自己的观点及主张，王珣的口才使在场的人都很佩服。从此，桓温将重要的文字工作都交给他处理。

有一天夜里，王珣做了一个梦，梦见有人给他一支大笔，粗大得像架在屋梁上的椽子。王珣被梦惊醒了，马上告诉家里人说："一定又有用得上我这支大手笔的时候了。"

不久孝武帝去世了，写讣告、哀策、谥议等一系列繁重而又重要的文字工作全由王珣承担了起来。王珣把这一切都做得很好，博得了大家的好评。

"大笔如椽"原指所用的笔有椽子那么大。后比喻笔力雄健或大手笔之作。

雕虫小技

典出汉代扬雄《法言·吾子》。

或问："吾子少而好赋？"曰："然。童子雕虫篆刻。"俄而曰："壮夫不为也。"

又见唐代李白《与韩荆州朝宗书》。

至于制作，积成卷轴，则欲尘秽视听，恐雕虫小技，不合大人。

韩朝宗是唐朝玄宗时候的人，曾经做过荆州刺史。他非常爱护青年文士，乐于提拔后进的人才，有不少青年经过他的推荐，都出人头地有所成就。所以，社会上的人非常敬慕他。

当时鼎鼎大名的大诗人李白，曾经写了一封信给韩朝宗，希望得到他的赏识，并且希望他为自己推荐一份工作。

李白写给韩朝宗的信，就是文学史上有名的《与韩荆州书》。信中除对韩朝宗的为人学问大大地赞颂一番外，就是述说自己的志愿以及写作方面的情形。信的末尾说："恐雕虫小技，不合大人。"这是一句谦虚的话，意思是说，恐怕我所写的文章，微不足道，不符合大人的口味。

后来的人便借用"雕虫小技"这句话，比喻微小的技能，多指文字技巧。

范川庄的故事

范川庄是明代宗安人，家境贫穷，但十分爱好绘画，所作的画非常生动逼真。

有人要把范川庄荐到京城作画史，范川庄认为自己的水平还远远不够，决心拜师学画。他来到南京，听说有个姓陈的画家画得很好，就登门求见，并说："我家里很穷，只打算给你当个听差的，每日替你洗砚研墨，观摩你作画，只要有我吃住的就行。"姓陈的画家答应了。一天，他看那位画家作画，并不怎样高明，只不过是一时的虚名，就想画一张画与他一较高低。他就借着去河边洗砚的时候，假说遇见了鬼怪，气喘吁吁地跑回来。那画家问他怎么回事，他说："我刚才遇见鬼怪了！"那画家问他是什么样子，他说："那样子说不清楚，还是用纸画一下吧！"于是便舒纸挥笔，顷刻画出了屈、伸、奔、跳、拉、扯等形态的怪物来。那画家惊叹道："你画得这样好，真应该是我的老师了。"范川庄看到人家态度非常诚恳，自己反而不好意思了，便悄悄地离开了陈家。

范川庄回到家里，正逢过年，可家徒四壁，身无一文，怎么过年呢？一位邻居责怪他不该在这种时候回来。范川庄想了想说："没有关系，我有一鹅，你到街上替我卖一下，就能解决问题了。"他取纸画了一张奋翅欲奔的鹅。邻人说："快除夕了，谁还要这张画？"他说："不妨，你只要见富家人有赶鹅过来的，就将我这张鹅贴在墙上，便会有人买这张画。"邻人照着他的话来到街上，见有一位牧鹅少年赶鹅过来，连忙将画的鹅贴在墙上。群鹅见了，都大叫着举起翅膀打算跟这只鹅跑，牧童怎么轰也轰不走。于是鹅的主人就用重金买下这幅画，拿画在前边引路才把这群鹅赶回家。这样，范川庄和邻居一起过了一个丰盛的除夕。

飞鸟惊蛇

典出《法书苑》。

> 飞鸟出林，惊蛇入草。

草书始于汉代，当时通行的是草隶，即草率的隶书。后逐渐发展成为"章草"。到汉末，相传有一个叫张芝的书法家脱去了"章草"中保留的隶书笔划形迹，上下字之间的笔势，往往牵连相通，偏旁相互假借，成为"今草"，即一般所称的草书。

到了唐代，草书又有新的发展，出现了笔势连绵回绕，字形变化繁多的"狂草"。据载，唐代有一位僧人叫释亚楼，善草书，他曾自题一联："飞鸟出林，惊蛇入草。"意思是说，草书要写得活泼生动，犹如鸟儿飞射出林，惊蛇窜入草丛。

后人用"飞鸟惊蛇"称赞优美的草书。

干将莫邪

典出《吴越春秋·阖闾内传》。

春秋时，越国铸的剑最好，因越国不仅出产的金铁（铜锡矿石）质地好，而且有不少铸剑高手，其中最为著名的就是干将。

干将与欧冶子共同拜师学铸剑。他俩曾合作铸过 3 口铁剑，称为"龙渊"、"泰阿"、"工布"。后来干将在吴国与一个叫莫邪的女子结成夫妇，以为人铸造农具等为生，有时也铸剑。

吴国出产的金铁，质地不及越国，设备也受到限制，所以干将在这里铸的剑，比不上先前与欧冶子合作铸造的，但比当地工匠所铸的剑毕竟要强多了。

公元前 514 年，阖闾即吴王位后，要干将为自己铸一两口品质特别优良的剑，为此特地辟出一个铸剑场，调来许多工匠，还征发了 300 名童男童女，专门为铸剑的炉子装炭鼓风。

干将接连铸了好几把剑，都被阖闾退回来，说是质地比不上他拥有的欧冶子所铸的剑。干将对来人申辩说："要铸质地好的剑，一定要有质地好的金铁、合适的火候和高超的技术，三者缺一不可，我的技术与师兄欧冶子不相上下，但这里的金铁和火候比不上越国的。"

阖闾这才同意再给3个月的铸剑时间。

但是两个月过去了，炉子中的金铁还是没有熔化。一天，莫邪问干将："金铁至今没有熔化，是不是质地有问题？"

"是啊，先师当年最后一次铸剑时，也碰到这个问题，后来，先师偕同先师母跳入炉火之中，才熔化金铁，铸出了好剑！"

"这样不是要烧死了吗？"

"铸不出好剑，越国的大王也要处死他们的。"

莫邪说："既然先师母能做到这样，那我也能做到这样！"

干将想了想，说："也许可以不必把身子全投入炉火之中，我以为如果把头发和指甲投入，也可能使金铁熔化。"

于是，莫邪立即剪断头发，剪下指甲，将它们投入炉火之中。果然，在300名童男童女不断地装炭鼓风下，金铁渐渐熔化。最后，两口好剑铸成了。一口满饰龟甲纹的是雄剑，称为"干将"；另一口满饰水波纹的是雌剑，称为"莫邪"。两口剑均锋利无比，质地超过了阖闾拥有的欧冶子铸的那口剑。

后人用"干将莫邪"比喻贤才美器。

甘拜下风

典出《左传·僖公十五年》。

君履后土而戴皇天，皇天后土，实闻君之言，群臣敢在下风。

春秋时，晋国因为闹灾荒，国内缺粮，便派使臣到秦国买粮。秦穆公和大臣经过商量，决定答应晋国的要求，并派了不少人，把大批的粮食送到晋国。过了一年，秦国国内闹灾荒，晋国倒是五谷丰收。这时秦国又派人到晋国买粮。可是，晋惠公不但不肯卖粮食给秦国，反而想趁着秦国的灾荒，派兵侵犯秦国。

公元前645年，晋惠公果然派兵进犯秦国。秦国国君秦穆公见晋惠公这样忘恩负义，便亲自带领大军前来迎战。经过一番激烈的战斗，晋军战败，晋惠公和大将韩简都当了俘虏。晋国的大夫披头散发，跟随着晋侯。秦穆公见他们垂头丧气的样子，便对他们说："你们为什么这样凄凄惨惨的，我这次带着你们的国君

回秦，不会把他怎么样的。"晋大夫连连作揖，对秦穆公说："君王踩着后土而顶着皇天，皇天后土都听到了您的话，我们甘拜下风。"

后人用"甘拜下风"这个典故比喻打心眼里佩服，自认不如对方。

弓人之妻

典出《韩诗外传》。

齐景公使人为弓，三年乃成。景公得弓而射，不穿三札。景公怒，将杀弓人。弓人之妻往见景公曰："妾蔡人之子，弓人之妻也。此弓者，太山这南乌号之柘，骍牛之角，荆麇之筋，河鱼之胶也。四物者，天下之练材也，不宜穿札之少如此。且妾闻奚公之车不能独走；莫耶虽利不能独断，必有以动之。夫射之道，在手若附枝，掌若握卵，四指如断短枝，右手发之，左手不知。此盖射之道。"景公以为仪而射之，穿七札。蔡人之夫立出。

齐景公叫人做弓，三3年才做成。景公拿着这张弓去射箭，射不穿铠甲的三层铁片。景公大怒，要杀做弓的人。做弓人的妻子去见景公说："我是蔡国人的女儿，做弓人的妻子。这张弓，是用从泰山向阳坡上找来的桑柘木、骍牛的角、楚国麇的筋、黄河里的鱼皮熬制的胶做成的。这4种材料，是从天下精选出来的好材料，用这种材料做成的弓不应当只射穿这样少的铠甲片。况且我听说过，奚仲造的车子不能自个儿跑；莫耶宝剑虽然锋利，不能自个儿砍断东西，都必须会有人使用它。射箭的方法，手要像攀着树枝，手掌要像握着鸡蛋，4个指头像断了的短棍，右手射出，左手毫无感觉。这就是射箭的方法。"景公把这些方法作为准则而后射箭，就射穿了17层铠甲片。做弓的人也立即被放了出来。

这篇寓言告诫人们，对于一种先进的工具，自己首先要掌握它的性能，学会使用它的方法，然后再评论其好坏。如果自己不懂，连使用的方法也不会，就妄下断语，轻易否定，是会把宝物当废物的。

中华典故

③

刘庆才　主编

红旗出版社

公输刻凤

典出《刘子·知人》。

公输之刻凤也，冠距未成，翠羽未树。人见其身者，谓之鹢。见其首者，名曰鹤，皆訾其丑而笑其拙。及凤之成，翠冠云耸，朱距电摇，锦身霞散，绮翮焱发，翙然一奋，翻翔云栋，三日而不集，然后赞其奇而称其巧。

公输般雕刻一只彩凤，凤冠、凤爪尚未雕成，羽毛也没有刻完，围观的人就七嘴八舌地妄加非议。看见身子的人，说是野鸭子，看见头的人，说是伽兰鸟，诋毁彩凤的样子丑陋，讥笑公输般技艺拙劣。

等到彩凤刻成，只见翠绿的冠子高高耸立，鲜红的爪子闪闪发亮，彩色缤纷的身子像霞光散射，鲜艳美丽的翅膀像火花迸发。更引人注目的是，彩凤展翅奋飞，振翼有声，在屋梁上回旋飞翔，三天三夜而不落下。这时，这些人才齐声赞叹彩凤的精美奇巧，称颂公输般的非凡技艺。

后人用"公输刻凤"的典故告诫人们，必须注意用全面的、发展的观点去观察和判断事物。不能只看到某一过程、某一局部就指手画脚，轻易下结论。

公输为鹊

典出《墨子·鲁问》。

公输子削竹木以为鹊，成而飞之，三日不下，公输子自以为至巧。墨子谓公输子曰："子之为鹊也，不如匠之为车辖，须臾刘三寸之木，而任五十石之重。故所为功，利于人谓之巧，不利于人谓之拙。"

公输子用竹木削制了一只鹊鸟。做成以后，开动机关，鹊鸟展动翅羽，直上九霄，飞了三天，还没落下来。公输子十分得意，自以为巧极了。

墨子知道后，对公输子说："您呕心沥血制作这只会飞的木鹊，实在不如一个普通匠人做车辖有意义。您看,他们花费很短的时间,使用极少的木料,做成之后插在车轴两端,便可载重负荷,经受五十石的重压。所以说,制作的东西,对人有利益,才能称为'巧';否则,没有实用价值,只能叫'笨拙'罢了。"

后人用"公输为鹊"的典故比喻科学技术上的发明创造是为了提高劳动生产率,造福于人类,没有实际意义的东西,即使做得再精巧,也是毫无实用价值的。

公孙大娘的剑舞

典出《剑器行》。

盛唐开元五年(公元 717 年)在河南郾城的广场上,人山人海,都在翘首驻足等待观看一位名扬海内的民间女艺人舞《剑器》,她就是唐代杰出的民间舞蹈家公孙大娘。她演出时头梳高髻,耳戴明珰,匀称的身材,穿了件贴身锦绣的戎装;朝霞般的脸上,带着几分既英武又秀美的姿色。只见她缓步走上广场,对观众轻施一礼,然后拔出双剑"亮相",骚动人群立刻安静下来。接着她舞起双剑,瞬间银光闪耀,剑影飞驰;她"点步翻身"像后羿射日,引弓欲发;提腿翘足似欲乘风直上九天;悠然间又像矫健的飞龙腾空翱翔;迅猛时勇如震怒的春雷。正当人们心情激动紧张万分时,她渐渐收住双剑,灵巧的身躯像飞鸟轻轻落在枝头,十分怡然自得;停下的双剑犹如无波的江面,凝聚着一道清光。静场片刻,人们才醒悟过来,公孙大娘已经舞完了。掌声、喝彩声一下子有如雷霆般爆发出来。当时在人丛中看得入神的有个 6 岁幼童,他就是后来成为一代诗圣的杜甫。几十年后,杜甫又观赏到公孙大娘的弟子李十二娘表演的《剑器》舞,不胜感慨,即兴写下《观公孙大娘弟子舞剑器行》。诗中回忆了当年公孙大娘舞《剑器》时的神态、气势和情景,十分逼真感人。此外,据当时的草书家张旭和怀素看过公孙大娘的《剑器》舞之后,竟从她淋漓顿挫,刚柔相济的舞姿中得到启发,草书大有进步。

公孙大娘一生的经历也很曲折,她来自民间,对剑舞广征博采,具有精湛的技艺和独特的风格。唐玄宗的时候,她曾在宫廷里侍奉过一段时间,这也正是她艺术生活最辉煌的阶段。后来她又回到民间,有时在广场上献艺,有时在达官贵人家里演出,但最终这位民间艺术家还是因穷困潦倒而默默无闻地死去了。

鬼斧神工

典出《庄子·达生》。

梓庆削木为镶，镶成，见者惊犹鬼神。

秦始皇一统天下之后，大兴土木，建造了很多宫殿楼台，其中有一座"云明台"，尤为宏伟。据说，建造这座台时，有两个工匠不用梯子、支架及绳索，能在空中挥斧弄凿，从子时到午时这么短短的时间内，便全部完工了，所以这座台又称"子午台"。当时人们称这两个工匠精巧的手艺和快捷的工作为"鬼斧"，喻其不是凡人所能做得到的。

西域骞宵国向秦始皇贡献了一个著名雕刻匠，名叫裔烈，秦始皇命他用玉石雕成各种兽类，每雕成一件，他便在那野兽胸前刻上完工日期，但所有野兽一律没刻上眼睛。有一天，秦始皇见两只玉虎没有眼睛，便用笔替它们各加一点，谁知过了几天，那对玉虎忽然不见了。到了第二年，西域有个国家进贡了 2 只白虎，秦始皇发觉白虎胸前都烙有日期，而且都只有一只眼睛，不觉奇怪，叫人一查，和失踪的玉虎雕刻日期相符，便叫人把两只白虎的眼睛挖下来，它们竟又变成玉虎了。人们惊叹于裔烈的技巧，便都称为"神工"。

后来的人用"鬼斧神工"形容制作的技艺高超、精妙。

画工传神

典出《道山清话》。

昔人有令画工传神，以其不似，命别为之。既而又以不似，凡三四易。画工怒曰："若画得似，复是甚模样？"

从前，有一个人让画师给他画一张传神的像，因为画得不像，就叫画师另画一张。后来因为画得不像，又叫画师改了三四次画稿。

画师生气地说："要是画得真像了，那要成个什么样子！"

后人用这则寓言说明中国古代绘画艺术，强调形神兼备，不但要求画得像，还要画出神情和精神。张九龄说，最好的画是"意得神传，笔精形似"。形与神，二者是辩证的统一，不能偏废。如果只强调传神，忽视了形似，画的张三，却像李四，还有什么传神可言？这位画工滥发脾气："若画得似，复是甚模样？"是以传神做借口，来掩饰其技有所不逮耳。传神是重要的，也是必要的，但不得以传神做藏拙的手段。

画虎类犬

典出《后汉书·马援传》。

> 兄子严、敦并喜讥议，而通轻侠客。援前在交址，还书诫之曰："吾欲汝曹闻人过失，如闻父母之名，耳可得闻，口不可得言也。……龙伯高敦厚周慎，口无择言，谦约节俭，廉公有威，吾爱之重之，愿汝曹效之。杜季良豪侠好义，忧人之忧，乐人之乐，清浊无所失，父丧致客，数郡毕至，吾爱之重之，不愿汝曹效也。效伯高不得，犹为谨敕之士，所谓刻鹄不成尚类鹜者也。效季良不得，陷为天下轻薄子，所谓画虎不成反类狗者也。……"

东汉时代，被封为伏波将军的马援，有一次写信教训他的侄儿说："我希望你们在听到有人谈及别人的过失时，能够像听到有人说及父母的名字一样注意，龙伯高是一个敦厚、谨慎的人，我希望你们能够仿效他的品行。杜季良为人豪侠好义，但我却不愿意你们仿效他。因为如果模仿龙伯高不成，仍可以成为一个谨慎的人，像一个刻鹄不成，刻出一只鹜来，仍可以说刻成相类的飞鸟；如果模仿杜季良不成，将会成为一个轻浮的人，像想画一只老虎，却画出一只狗来一样，变成性质根本不同的兽类了。"

"画虎类犬"这句成语，就是出于马援写给侄儿的这封信。因为虎是兽类中的权威者，一般野兽都畏惧老虎；而狗却是卑劣的兽类，只晓得摇头摆尾向人乞怜，所以后人便用"画虎类犬"比喻不切实际地攀求过高的目标，实现不了反而闹笑话。

怀素种蕉练字

　　唐朝是中国佛教大发展的时代，当时有许多僧人，不仅精通佛学，而且有着极其深厚的文化素养。湖南零陵人怀素就是这样一位和尚，他以书法著称于世。他的草书造诣很深，运笔连绵奇逸，结构富于姿采，字形、大小富于变化，然而法度严谨，布局一气呵成。他留传至今的《自叙帖》等一直被历代书家奉为草书中的瑰宝。

　　怀素家境贫寒，年少时就出家到永州镇绿天庵做了和尚，诵经坐禅等佛事之余，他对书法产生了浓厚的兴趣。一个穷和尚，买不起大量纸张，怀素就找来一块木板，涂上白漆书写。写满后，抹去墨迹再行重写。但是漆很光滑，不易着墨。怎么办呢？怀素想了个办法，他在寺院附近开辟了一块荒地，种植了1万多株芭蕉树。芭蕉长大后，他每日摘下芭叶，铺在桌上，临帖挥毫。他写好一张后，就钉挂在墙上，与帖仔细加以对照，分析哪些地方像，哪些地方不像，从中找出不像的原因。这样一张张练下去，直到熟练掌握了，才取下堆放在空室里。天长日久，他练过字的芭蕉叶竟堆了满满一间经堂。

　　由于怀素日夜不停地练字，老芭蕉叶剥光了，小叶又不能摘，摘光了树要死。于是他又想了个办法，干脆带了笔墨站在树前，在悬空的鲜叶上书写。盛夏，太阳就像一个火盆，晒得他汗流浃背；严冬，刺骨的北风卷着鹅毛大雪，冻得他双手皲裂，十指麻木，但怀素还是专心致志，坚持不懈地练字，写完一丛叶子，再写一处。悬空的叶子，必须悬腕悬肘提笔才能写上，对笔力要求极高。他的字一天比一天飘逸苍劲，心里有说不出的快乐与自豪。

鸡鸣狗盗

典出《史记·孟尝君列传》。

　　囚孟尝君，谋欲杀之。孟尝君使人抵昭王幸姬求解，幸姬曰："妾愿得君狐白裘。"此时孟尝君有一狐白裘，直千金，天下无双，入秦献之昭王，更无他裘。孟尝君患之，遍问客，莫能对。最下坐有能为狗盗者，曰："臣能得狐白裘。"乃夜为狗，以入秦宫藏中，取所献狐白裘

至，以献秦王幸姬。幸姬为言昭王，昭王释孟尝君。孟尝君得出，即驰去，更封传，变名姓以出关。夜半至函谷关。秦昭王后悔出孟尝君，求之，已去，即使人驰传逐之。孟尝君至关，关法鸡鸣而出客，孟尝君恐追至，客之居下坐者有能为鸡鸣，而鸡齐鸣，遂发传出。出如食顷，秦追果至关，已后孟尝君出，乃还。

平原君收养门客的消息传到秦国。秦昭襄王叹息着对大夫向寿说："像平原君这么贤明的人，天下少有！"向寿说："不过他比起齐国的孟尝君来，还差得远呢？"秦昭襄王问："孟尝君又是怎么样的人！"向寿说："孟尝君田文继承他父亲田婴做了薛公，就大兴土木，修盖房子，招待天下豪杰。只要是投奔他的，他都收留。他自己吃、喝、穿戴和住处，全跟大伙儿一样。孟尝君的家当就这么快花完了。门客的饭食，当然也不能再像先前那样丰富了。听说有一天晚上，有个客人见了那种饭菜，心里不高兴。碰巧他看见孟尝君独自一个人在上边正吃得香。他一想主人吃的准是山珍海味，就发了脾气，扔下筷子，说：'岂有此理！我干什么到这儿来吃这种东西？'孟尝君连忙拦住他，端着自己的饭菜让他瞧。这位门客一瞧，原来主人吃的跟他的一个样，这才叹了口气，说：'孟尝君这么真心诚意地待我，我还起疑心，我简直是个小人，还有什么脸在这儿住着呢？'说着，他就拔出宝剑，自杀了。

秦昭襄王说："这种人真是值得尊重，怎样才能把孟尝君请到秦国来呢？"向寿说："这没有什么难的。要是大王能够打发自己的子弟去齐国做抵押，然后请孟尝君到这儿来，我想齐国是不会不答应的。等到孟尝君到了这儿，大王拜他为丞相，齐国当然也不好意思不拜咱们的人当齐国的相国。这样，秦国跟齐国联合到一起，要打算收服诸侯，事情可就好办得多了。"秦昭襄王真的就打发自己的兄弟泾阳君到齐国去做人质，请孟尝君上咸阳来。

就在这短短的几天里，孟尝君和泾阳君交上了朋友。齐宣王在公元前 301 年死了，他的独生子即位，就是齐闵王。齐闵王不敢得罪秦国，只好叫孟尝君到秦国去。后来大臣当中有人对齐闵王说："大王既然诚心跟秦国结交，何必把泾阳君留着做抵押呢？"齐闵王于是把泾阳君也送走了。

孟尝君带着一群门客，一块儿到咸阳去。秦昭襄王亲自去迎接他。他见孟尝君威风凛凛，仪表不凡，不由得更加敬仰起来。两个人说了一些彼此敬仰的话。孟尝君奉上一件纯白的狐狸皮袍子作为见面礼。秦昭襄王知道这是很名贵的银狐，非常高兴，向宫里的美人们夸耀了半天。

孟尝君和他的那些门客到了咸阳之后，就有一批秦国的大臣怕秦王重用他，背地里商量怎样排挤他。秦王打算选个日子拜孟尝君当丞相。樗里疾首先反对说："田文是齐国的贵族，手下的人又多，他当了秦国的丞相，一定会先替齐国打算。他要是仗着他丞相的权力暗中谋害秦国，秦国不就危险了吗？"秦昭襄王说："那么，还是把他送回去吧！"樗里疾说："他在这儿已经住了不少日子，秦国的事，他差不多全都知道了。哪能放他呢？不如杀了他，免得将来有后患。"秦昭襄王觉得不能杀，可也不能放，就先把孟尝君软禁起来。

泾阳君为了建立自己的势力，在齐国的时候，跟孟尝君已经交上了朋友。这会儿一听说秦王要谋害他，就替他想法子。他带了两对玉璧送给秦王最宠爱的燕姬，请她想个法子。燕姬装腔作势地说："叫我跟大王说句话倒是不难，你把这两对玉璧带回去，别的谢礼我不要，我只要一件银狐皮袍子就够了。"泾阳君把她的话告诉了孟尝君，孟尝君皱着眉头说："就是那么一件，已经送给秦王了，哪还能要回来呢？"当时就有个门客说："三讨不如一偷，我有办法。"他就跟管衣库的人做了朋友。

有一个晚上这位门客从狗洞里爬进宫里去，找着了衣库去偷那件狐狸皮袍子。他掏出好多钥匙，正在开门的时候，看库的人醒了，咳嗽了一声。那个门客装狗叫，"汪汪"地叫了两声，看衣库的人就又睡着了。那位门客进了衣库，开了箱子，拿出那件狐狸皮袍子，然后又锁了箱子，关上库房，从狗洞里钻出来。

孟尝君得到了这件皮袍子，送给燕姬。燕姬得着了这件宝贝，就甜言蜜语地劝秦王把孟尝君放回去。秦王最后依了她，发下过关文书，让孟尝君回去。

孟尝君得到了文书，急急忙忙地往函谷关跑去。他怕秦王反悔，派人来追；又怕把守关口的人刁难他，他就更名改姓，打扮成买卖人的样儿。

他们到了函谷关，正赶上半夜里。依照秦国的规矩，每天清晨，关口要到鸡叫的时候才许放人。他们只好在关里等天亮。

那边樗里疾听说秦王把孟尝君放了，就去朝见秦昭襄王。他说让孟尝君回去，好比"纵虎归山"，将来准有后患。秦昭襄王果然后悔了，立刻派人去追。那追上去的人赶到函谷关，查问守关的人，说："孟尝君过去了没有？"他说："没有。"还拿出过关文书让他们瞧，果然没有孟尝君的名字。他们才放了心。觉得大概孟尝君还没到。

等了半天，孟尝君还没来，他们有点起疑，就跟守关的人说明了孟尝君的长相，还有他带着的门客的人数，车马的样子。守关的人说："哦！有，有！他们早就过去了，是第一批过的关。"他们又问："你什么时候开的城？我们到这儿，什么都还看不清楚呢。难道你半夜就把城门开了吗？"守关的人一楞，说："我们也正在纳闷呢！城门是鸡叫的时候才开的，可是过了半天，东方才发白。"他们哪知道孟尝君的门客之中各色各样的人都有。有会学狗叫唤的，有会学鸡叫唤的，还有会挖补文书的。孟尝君算计着秦王准得派人追上来，大伙儿愁眉苦脸，

忽然门客里有人捏着鼻子学着公鸡叫了起来。接着一声跟着一声地好像有好几只公鸡叫着。紧跟着关里的公鸡全都叫起来了。关上的人就开了城门。验过了孟尝君的过关文书，让他们出了关口。

以后人们从孟尝君的食客学狗偷东西、又学鸡叫骗过关的故事，引申出"鸡鸣狗盗"这个成语，比喻为达到某种目的而使用一些不正当的小伎俩，也指具有这种技能的人。

纪昌学射

典出《列子·汤问》。

甘蝇，古之善射者，彀弓而兽伏鸟下。弟子名飞卫，学射于甘蝇，而巧过其师。纪昌者，又学射于飞卫。飞卫曰："尔先学不瞬，而后者可言射矣。"

纪昌归，偃卧其妻之机下，以目承牵挺。二年之后，虽锥末倒眥而不瞬也。以告飞卫。

飞卫曰："未也，必学视而后可。视小如大，视微如著，而后告我。"

昌以牦悬虱于牖，南面而望之。旬日之间，浸大也；三年之后，如车轮焉，以睹余物，皆丘山也。乃以燕角之弧、朔蓬之簳射之，贯虱之心，而悬不绝。以告飞卫。飞卫高蹈拊膺曰："汝得之矣！"

甘蝇是古时候有名的神箭手，他把弓一拉开，野兽就倒在地上，飞鸟就掉了下来。徒弟飞卫跟着甘蝇学射箭，本领更超过了他的老师。有个叫纪昌的又跟飞卫学射箭。飞卫对他说："你要先练习不眨眼睛，然后才可以谈射箭。"

纪昌回到家里，仰面躺在妻子的织布机底下，张大着眼睛，死盯着一上一下的脚踏板。两年之后，即便是锥子的尖头刺到他眼眶里，他的眼睛也不眨一眨了。纪昌把自己练功的经过告诉了飞卫。

飞卫说："功夫还没到家，必须锻炼视力才行。直到能把小的东西看得大，把模糊的东西看得非常显著，然后再告诉我。"

纪昌回去用牦牛毛系上一只虱子悬挂在窗户上，面朝南，目不转睛地望着它。10天之间，看见虱子渐渐变大了；3年之后，看那虱子竟有车轮那么大。这时再看其他比虱子大的东西，都好比是山丘。于是就用燕国牛角造的弓，北方蓬梗做的箭，去射那虱子，不偏不倚正穿过虱子的心脏，而悬挂虱子的牛毛并没有射断。他把这情况告诉飞卫。飞卫高兴得跳起来，拍着胸膛说："你已真正掌握了射箭的门道！"

空前绝后

典出《宣和画谱》。

> 顾冠于前，张绝于后，而道子乃兼有之。

晋朝时，有一位大画家叫顾恺之，学问很渊博，绘画闻名于当时。他画人物，从来不点眼珠，有人问其原因，他说：传神之处，正在这个地方。当时被人称为三绝：才绝、画绝、痴绝。

南北朝时的梁国，又出了一位大画家名叫张僧繇。此人善画山水人物及佛像，梁武帝时建了很多寺院佛塔，都命他作画。据说，有一次他在一个寺庙的墙壁上画了四条龙，没有点眼珠，别人问为什么不点睛，他说，恐怕点了眼珠这些龙破壁而飞走，人们再三要求他试一下，他便点了两条，果然破壁飞走，未点的两条仍在。这一传说虽然很荒诞，但说明他作画的功夫是很深的。

到了唐朝，出了一个更加有成就的画家吴道子，他对画山水、佛像造诣很深，笔法绝妙，有画圣之称。据说，他为唐玄宗画巨幅嘉陵江图，三百里山水竟在一天内画好了。他在景玄寺中画了"地狱变相图"，不画鬼怪而阴森逼人，相传看过这幅画改过自新的大有人在。

《宣和画谱》在论及吴道子的作画成就时认为，顾恺之的成就超越前人，张僧繇的成就后人莫及，而吴道子则两者兼而有之。

后人用"空前绝后"这个典故比喻某件事情或某种艺术成就超绝古今。

老妪能解

典出《冷斋夜话》。

> 白乐天每作诗，令一老妪解之，问曰："解否？"妪曰："解"，则录

之；"不解"，则易之。

在唐代的著名诗人中，白居易是位佼佼者。白居易，字乐天，晚年号香山居士。贞元年间，白居易中进士，授秘书省校书郎。后任左拾遗及左赞善大夫。因上表请求严缉刺死宰相武元衡的凶手，得罪权贵，被贬为江州司马。长庆初年任杭州刺史，宝历初年任苏州刺史，后官至刑部尚书。

在文学上，白居易积极倡导新乐府运动，主张"文章合为时而作，歌诗合为事而作"，强调继承《诗经》"风雅比兴"的传统和杜甫的创作精神，反对"嘲风雪，弄花草"而别无寄托的作品。白居易的诗，深入浅出，通俗易懂，历来受到广大人民群众的喜爱，他的长篇叙事诗《长恨歌》《琵琶行》等，在唐诗中是很出名的，得到后人的称颂。

据宋代和尚释惠洪编的《冷斋夜话》记载，白居易作诗时，经常把酝酿好的诗句读给不识字的老妇人听，问她们懂不懂。老妇人说听得懂，他才采纳。否则，他便进一步修改，直到她们能听懂为止。白居易的诗歌"老妪能解"一直被后人传为佳话。

后人用"老妪能解"来形容诗文的通俗易懂。

林冲棒打洪教头

典出《水浒传》。

林冲被高俅父子陷害，刺配充军，来到沧州投奔柴进。

柴进绰号小旋风，仗义好客，久闻林冲大名，能够与之相会格外高兴，特地设宴款待林冲。柴进家里有个武术教师洪教头，见到柴进厚礼款待林冲，心中不服，要同林冲比武。林冲看时，只见那教头歪戴一顶斗巾，挺着胸脯，神气十足，盛气凌人地说："哼，林教头！他敢和我使一棒看，我便说他是真教头！"林冲虽然武艺高强，但因自己是囚犯，又是初来乍到，所以处处退让，不肯占先。洪教头妄自尊大，目中无人，对林冲的退让视为胆怯可欺。柴进一则要看看林冲的武艺，再则想杀杀洪教头的傲气，也同意他们二人比试比试，叫庄客取来二十五两的一锭银子，放在地上，说是谁赢了就送给谁。

正式比武时，洪教头怕林冲争去银子，又怕输了锐气，便连声喝道："来，来，来！"随即将棒劈面打来。林冲往后一退，躲过一棒。洪教头抢上一步，又一棒打下来。林冲又躲过一棒。这时，洪教头脚步已乱了。就在这一刹那间，林冲把棒从下面横扫过去。洪教头措手不及，臁儿骨上挨了一棒，当即撤了棒，扑倒在地，一时挣扎不起来。众人见了，一齐大笑。两个庄客把洪教头扶了起来。洪教头羞惭满面，一拐一瘸地到庄外去了。柴进又把林冲领入后堂饮酒，叫庄客把那锭银子送给林冲。林冲推辞不得，也就收下了。

"林冲棒打洪教头"，比喻专门看准人家的漏洞，抓住弱点动手。

列子学射

典出《列子·说符》。

> 列子学射，中矣，请于关尹子。尹子曰："子知子所以中者乎？"对曰："弗知也。"关尹子曰："未可。"退而习之三年，又以报关尹子。尹子曰："子知子所以中乎？"列子曰："知之矣。"关尹子曰："可矣。守而勿失也！非独射也，为国与身亦皆如之。"

列子学射箭，已经能够射中目标了，他高兴地去告诉关尹子。

关尹子问他："你知道你为什么能射中吗？"列子想了想，回答："不知道。"于是，关尹子对他说："不行，你还没有学好。"

列子回去又练习了3年，然后，又来报告关尹子。

关尹子又问："你知道你为什么能射中吗？"列子毫不迟疑地说："知道。"

关尹子说："行了！你已经学成了。这其中的道理，你应当永远记住，不要忘掉。而且不仅是射箭，治理国家和处世为人都应该这样。"

"列子学射"这个典故告诉我们：办事情不仅要知其然，还要知其所以然，把握事物的规律性。这样，才能克服盲目性，提高自觉性，把事情办得更好。

柳公权巧答唐穆宗

唐代书法家柳公权，字诚悬，京兆华原人，官至太子少师。他性格刚毅，忠直敢谏，人们不仅钦佩他的书法，也十分仰慕他的人品。他的书法，初学王羲之，后遍习各代名家而得益于颜真卿、欧阳询。他的字骨格遒健、结构紧凑刚劲，自成一体，对后世影响极大，与颜真卿并称"颜柳"。自有"颜柳"以后，天下学书者开始习字，莫不宗此二家。

有一次，唐穆宗向柳公权说："我也喜爱书法，常在一些寺庙中见到你的真迹。伫立良久，精心揣摩，但总是写不好，这是什么缘故呢?"柳公权是个聪明人，他想了一下，然后回答道："心正笔犹，正就是写好字的要诀!"唐穆宗听罢，以为柳公权故意取笑他，大有欺君之意，便变色道："哪有臣子讥讽皇上的!"柳公权赶忙说："臣原为布衣之民，承蒙皇上恩泽，拜为右拾遗侍书学士，怎敢讥笑皇上，常言道，'字如其人'。书法与绘画，文学等都一样，都能反映一个人的精神境界。从书法艺术角度来讲，每幅作品都是由'形质'和'神采'两部分组成的。所谓'形质'，乃是可见部分，指字的笔法、间架和整幅字的布局等；所谓'神质'，则是指不可见的部分，包括作者的性格、修养、思想以及写字时的具体感情。人品不高则'神质'不高，'神质'不高则'形质'不高，也就会落笔无法。这与陛下做皇帝管理万民和我们做官各司其职是一样的，人品好的皇帝和官吏自然只会对百姓做好事。"

唐穆宗听完，转怒为喜，点头称赞："先生你是用书法的道理劝谏我的过失啊!"

鲁班门前弄大斧

典出《题李太白墓》。

　　来来往往一首诗，鲁班门前弄大斧。

相传唐代著名诗人李白的墓地在安徽省当涂县境内的采石矶上。一次，明代进士梅之涣到采石矶游览，看到许多游人在李白墓地上题了不少诗句。这些诗句大都写得不好。他想到李白是一代诗人，这些人竟然在李白的墓前题诗，真是不自量力。于是，他也写了一首诗："采石江边一堆土，李白之名高千古；来来往往一首诗，鲁班门前弄大斧。"

鲁班是春秋战国之际的能工巧匠，具有极高的土木建筑技艺。梅之涣借一些人竟然在鲁班面前卖弄用斧头的本领为喻，来嘲笑那些乱题诗的人。

"鲁班门前弄大斧"，比喻在行家面前卖弄本领，过高地估计和表现自己。

洛阳纸贵

典出《晋书·左思传》。

于是豪贵之家竞相传写，洛阳为之纸贵。

西晋的文学家左思，出身贫苦，相貌丑陋，可是文章写得很好。他写一篇《齐都赋》，整整用了1年的时间，更有甚者，为了写好《三都赋》，前后竟花了10年的工夫。

所谓三都，是指三国时期的蜀国京都成都、吴国京都建业和魏国京都邺。他亲自到这3座都城去调查、游览，收集了丰富的资料，积累很多素材，为了便于写作和修改《三都赋》，他就在门户、庭院，甚至厕所等地方，到处都放上纸、笔，想到好的语句，就马上记下来。

经过反复修改，精心推敲，用了10年的苦功，《三都赋》终于写成。他的文章构思奇巧，气魄雄伟，语言优美绮丽，充分表现出三座都城的美丽，壮观，反映出中国劳动人民的智慧和才能以及中国古代光辉灿烂的文化成就。

《三都赋》问世以后，由于文章精彩，一传十，十传百，整个京城洛阳都轰动了。人们争相传抄，竟使洛阳的纸价一下子贵了起来。

后人用"洛阳纸贵"形容文章写得好，广为流传，连纸都涨价了。

卖油翁

典出《欧阳文公文集·归田录》。

陈康肃公尧咨善射，当世无双，公亦以此自矜。尝射于家圃，有卖油翁释担而睨之，久而不去。见其发矢十中八九，但微颔之。

康肃问曰："汝亦知射乎？吾射不亦精乎？"翁曰："无他，但手熟尔。"康肃忿然曰："尔安敢轻吾射！"翁曰："以我酌油知之。"乃取一葫芦置于地，以钱覆其口，徐以杓酌油沥之，自钱孔入而钱不湿。因曰："我亦无他，惟手熟尔。"康肃笑而遣之。

陈尧咨擅长射箭，是当代独一无二的，他也曾凭这招儿自夸。有一次，他在家里的场地上射箭，有个卖油老汉放下担子站在附近斜着眼睛看他射，久久不离去。看到尧咨射出的 10 支箭有八九支射中了，卖油老翁对此只是微微点头表示赞许。

陈尧咨问卖油老翁："你也懂得射箭的技艺吗？我射箭的技艺难道不好吗？"卖油老翁说："没有别的奥妙，只不过手熟罢了。"

陈尧咨气愤地说："你怎么敢看轻我射箭的本领！"

卖油的老汉说："凭我酌油的经验知道这个道理。"于是拿个葫芦放在地上，用铜钱盖住葫芦口，然后用勺子舀油慢慢注入葫芦，油一滴滴地从钱孔流入，钱上却没有沾一点油。于是他说：

"我也没有别的什么技巧，只是手熟罢了。"

陈康肃只好笑着让他走了。

后人用"卖油翁"这个典故比喻熟能生巧。

蒙鸠筑巢

典出《荀子·劝学》。

南方有鸟焉，名曰蒙鸠，以羽为巢，而编之以发，系之苇苕。风至苕折，卵破子死。

巢非不完也，所系者然也。

南方有一种鸟，名叫蒙鸠。这种鸟用羽毛做窝，并且用毛发把窝编织起来，然而却把它系在芦苇穗子上。一阵风吹来，芦苇穗子折断了，鸟蛋也摔破了，雏鸟也跌死了。

蒙鸠的窝做得并不是不完美，而是由于它所系的地方使得它这样的。

这篇寓言启示我们，无论做什么工作，都必须建立在坚实可靠的基础上。没有这样的基础，工作做得再细致也是不可靠的。

米芾悬腕书"蝇头"

典出《提笔法》。

宋代书法家米芾自幼勤奋练字，家中所藏的晋唐名家真迹，他无不日日临摹。有的虽写过三四遍，但自觉还只有一两个字满意。晚上它又必定要把它们收放在一只小箱子里，然后安置在枕边才入寝。由于米芾长年累月地对书法努力追求，探索不息，因此到了38岁终于形成了自己的独特风格。41岁后更进一步博采众长，达到了一个新的高峰。据说他练字的纸可以盛满一两间屋子。

有一次，米芾的朋友陈伯修带着自己的儿子到米家，饶有风趣地对米芾说："我的儿子在学书法过程中碰到了一只'拦路虎'，自己摆脱不了，特向你来求助。"米芾笑着问道："是什么'拦路虎'？"陈伯修的儿子说："悬腕执笔问题！"米芾就传授说："悬腕写字，可使手转动灵活。如不悬腕，紧贴桌面写字，手就无法活动，笔管也就必然运转不灵。"陈伯修的儿子又问道："写小楷也要悬腕吗？"米芾听罢，回首示意书童去拿宣纸。不一会，书童取来纸张，铺在案桌上，然后各用手镇住两端。米芾接着蘸墨挥毫，悬腕书写起来，他用笔端正严谨，虽字形小得像苍蝇的头一样，但章法格局却与大楷一样整齐。陈伯修父子站在一旁出神地看着，互相点头叹赏。于是就向他请教方法。米芾说："这并没什么特殊的秘诀，只要平时将左手平覆在桌面上，右手腕搁在左手背上写，时间长了，抽去左手，右手自会逐渐稳定。"陈伯修父子听后深受启发，高兴地揖揖手，告辞而去。

欧阳询卧看索靖碑

欧阳询是唐代杰出的书法家，也是中国历史上最有名的书法家之一，擅长真（楷）、草、隶、篆各种书体，尤精于楷书，笔势险峻、体态秀逸，遒劲有力，被后世书家称为"欧体"。

欧阳询的书法艺术早在隋末就已名声鹊起，并远渡东海，流传到日本。入唐以后，更是愈加老道，已臻炉火纯青。但是这位一代书法宗师并不满足已取得的成绩，依然读碑临帖，精益求精，力求博各家之长，创建稳定而独特的风格。

有一次，欧阳询外出云游，遍访天下名碑。当他路遇晋代书法家索靖所书的一方章草石碑时，开始粗粗地扫视了几眼，觉得很一般，没什么特别的地方。刚要拨马离去，转念一想，索靖既然被尊为一代书家，想必有他独树一帜的特点，我没发现这个特点怎么能走呢？于是又回到碑前，伫立静观。经过反复琢磨，才发现索靖的字骨峻势豪，体态玄妙，富于变化而不失品格。领悟到妙处，欧阳询不禁连声叹道："妙极、妙极，简直是出神入化，粗看当然体察不到它的妙处啦！

有了这样的体会，欧阳询干脆不走了，站着看累了又坐着看，但仍感不足，于是索性让随从搬来铺盖，卧于碑前，边看边比画，一看竟达三天三夜之久，直到完全领悟了索靖的运笔、间架、布局等特征与方法之后才满意地离开。据说欧体的骨势就有许多是来自索靖的碑书。

蒲元识水

典出《太平御览》。

> 君性多奇思，于斜谷为诸葛亮铸刀三千口。刀成，自言汉水钝弱，不任淬；用蜀江爽烈，……乃命人于成都取江水。君以淬刀，言杂涪水，不可用。取水者捍言不杂。君以刀画水，言杂八升。取水者叩头云："于涪津覆水，遂以涪水益之。"

蒲元有着出众的才智。他在斜谷替诸葛亮制造了3000把刀。刀铸成后，他说用汉江水淬火会使刀脆弱不锋利，不能用。用蜀江水淬火就能使刀清亮刚烈，于是就派人到成都取蜀江水。水取回后，蒲元用它一淬刀，马上说这水里掺杂了涪江水，不能用。取水的人硬说没掺杂。蒲元就用刀划水，然后说，掺了八升涪江水。取水的人连忙跪下叩头说："取水回来时在涪江渡口把水打泼了，就用涪江水来增补它。"

该故事运用夸张手法，说明富有实践经验的可贵。

雀屏中目

典出《旧唐书·高祖太穆皇后窦氏传》。

> 毅闻之，谓长公主曰："此女才貌如此，不可妄以许人，当为求贤

夫。"乃于门屏画二孔雀，诸公子有求婚者，辄与两箭射之，潜约中目者许之。前后数十辈莫能中。高祖后至，两发各中一目。毅大悦，遂归于我帝。

窦毅妻子生了一个女儿，他觉得她很可爱，便精心抚养，到这个女孩子长大了，越发人才出众。窦毅心里特别爱惜这个女儿，更不愿她嫁个平平凡凡的人，于是，便想了一个替女儿招亲的法子。他叫人绣了一双孔雀在屏风上，如有来求婚的人，便叫他拿起弓箭来射，如果在百步以外能发两箭射中孔雀的眼睛，就将女儿嫁给他。这个消息传出去，那些懂得武艺的少年就纷纷来应试。可是孔雀的眼睛太小了，半年来就没有一个人射中。有一天，来了一个姓李的少年，他拿起箭来，把弓轻轻拉开，"嗖"的一箭，便正中孔雀的眼睛。窦毅高兴极了，便将女儿嫁给他。这个箭法高强的人，就是唐高祖李渊。

后人用"雀屏中目"比喻武艺高超。

傻贝子扬威

清光绪时，北京有一个著名棋手，是皇帝的宗室。由于家道破落，他不谋生计，专注于象棋技艺的研究。因其少年时整天呆头呆脑，捧着本象棋书，被人称为傻贝子，成名后他挟象棋走江湖，以傻贝子著称于世。

叶仪、耿四是光绪年间崛起的象棋名家，叶仪凭着实战起家，临场经验丰富。耿四则略有书卷味，熟习象棋古谱。一次，叶仪和耿四在茶社金山居进行象棋对抗赛，围观的人很多。耿四运用熟练的屏风马阵式，力拒叶仪凶悍的当头炮攻势。两人旗鼓相当，中盘过后叶仪虽略有先机，但是无隙可乘。经过兑子，终成和局。旁观棋迷，大都认为和是正着，谁变着便要吃亏。不料却有一人力排众议，认为和棋实在可惜。叶仪打量那人，相貌呆板，瘦骨嶙峋，衣衫破旧，心中很是轻视，但又想讨个究竟，就问那人有何高见。那人怡然答道："假如你能不求兑子，弃车去象，在十几个回合之后，必可获得胜利。"叶、耿全都不相信，就与那人复盘拆解，结果不出所算，使众人大为惊异。

叶仪认为那人不过偶然言中，当日之事，有失他名手的身份，便邀那人对弈。那人也不推辞，当即坐下拉开架式。结果杀得叶仪连连败北，直落三局。在场群众看到名手出丑，都心花怒放，拍手称赞。耿四想替叶仪出出气，也登台比试。那人连出奇招妙算，真有鬼神不测之机，三局之后，耿四已无再战的勇气了。赛后，有认得那人的，拉住他的手，大叫："傻贝！真有你的！"从此傻贝子之名轰动北京棋坛，人们争相传颂他一日连挫两员名手的奇闻。

北京西山卧佛寺有一高僧，佛号了然，棋艺精湛。与一般棋手对弈，或让一马，或让一炮，众所莫及。城里的高手也常到寺里与之角逐，皆为手下败将。有一个太监，听说傻贝之事后，就邀他与了然较量。开始了然要让傻贝一马，傻贝不受。开局时高僧的棋势很盛，大有棋开得胜，马到成功之态。傻贝开局古怪，好像不会象棋，一上来就拱一路卒，把车藏于卒后。了然没见过这种布局，以为是欺着，就运子直捣黄龙。傻贝临危不惧，连连闪将，弃双炮双卒一相一士一马，50余步后，扳回先手，两只车二龙绞尾，将死对方的老帅。第二局，高僧为收复失地，就用尽平生技艺，用马兵炮猛攻。傻贝严守阵脚，毫不紊乱，30步后，转守为攻，双炮过河直逼九宫，双马退到盘端，十几着后，高僧再次败北。傻贝得胜而回，威风八面。高僧了然遭此惨败羞惭难当，第二天就悄然离京了。

善自为谋

典出《左传·桓公六年》。

君子曰："善自为谋。"
又见《南史·王昙首传》。

高帝素善书，笃好不已，与僧虔赌书毕，谓曰："谁为第一？"对曰："臣书第一，陛下亦第一。"帝笑曰："卿可谓善自为谋。"

南齐人王僧虔因为写得一手好隶书，出了名，由于他对待工作和对待别人的态度也出了名，他的友人替他概括出八个字："戒益守满，屈已自容。"意思是说："工作不能做得太巴结，让人家先走一步吧！人家好坏，只要对自己没有影响，何必坚持自己意见。凡事得过且过，别要求太高。有时，为了少找麻烦，委屈一点也不碍事。"

当朝的皇帝齐太祖也是非常爱好书法的。一天，他高兴起来，要在书法上和王僧虔比试比试。这位进退都为自己留一步的人，这次可不肯示弱了。他一笔一捺，特别用劲，写好以后，自己也很满意。但是，当齐太祖要他作个评论，说说谁的字够得上第一的时候，王僧虔愣住了。他顾前顾后，心想，把自己的评作第一吧，不行，怎能说皇上差呢？故意推说皇上的字得第一吧，也不行，如果以后被他发现了是欺骗他的，这也不是闹着玩的。思索了好半天，王僧虔才想出妥当的办法，他左躲右闪圆滑地说："我看，我写的字可以得第一；但是，皇上写的也同样得第一。"齐太祖听了禁不住笑了出来说："王僧虔，你真不愧是一个'精明能干'，专替自个儿盘算的人。"

后人用"善自为谋"形容善于为自己设想打算。

身轻若燕掌上舞

典出《汉书·佞幸第六十三》。

赵飞燕是我国古代著名的舞蹈家，汉成帝时人。

赵飞燕原名宜主，生于富人之家，自小就聪明伶俐，喜好歌舞。而且她还"善行气术"，就是现在所说的气功。后来，宜主家道中落，她被一个叫赵临的人收养，又通过赵临的关系，到阳阿公主家当婢女。从此，她更加下工夫刻苦钻研，精心学习歌舞。因为她的舞姿特别轻盈，所以人们都称她为赵飞燕。在一个偶然的机会，赵飞燕被汉成帝看中立为皇后、专宠后宫。

赵飞燕腰肢纤细、体态轻盈、迎风而舞时，好像就要乘风而去一样。据传汉宫中有一池子，池中有一高出水面四十尺的高台，赵飞燕身着南越进贡的云英紫裙，碧琼轻绡，在高台上表演歌舞。突然起了一阵大风，飞燕随风扬袖，仿佛就要乘风而去一样，成帝急忙叫人拉住赵飞燕，唯恐她飞走。汉成帝怕大风把赵飞燕吹跑，还特地为她筑起了"七宝避风台"居住。

赵飞燕最为著名的恐怕是她的掌上舞了。史书上记载，她"身轻若燕，能作掌上舞"。汉成帝曾特意令人造了一个水晶盘，令宫人托盘，让飞燕在盘上歌舞。赵飞燕凭借她极轻盈的身躯和舞姿，以及很好的控制力，在这小小的"舞台"上潇洒自如地舞蹈。只见她平展双臂，翻飞长袖，右腿微屈而立，左腿屈膝轻提，头部微倾，表情温婉，好一个令人神魂荡漾的美姿！

汉成帝死后，哀帝刘欣封赵飞燕为皇太后，哀帝在位 6 年即死。随即平帝刘衍即位，朝中大臣均指责赵飞燕"失妇道"，没生孩子，断了龙脉等，贬皇太后为孝成皇后，过了一个多月，又被贬为庶人，一代国母，就这样被迫自杀身亡。

赵飞燕的轻盈舞技在我国的舞蹈史上已达很高的艺术水平，特别是她能懂得"用气"控制呼吸，使舞姿轻盈优美，这对后代的舞蹈艺术有深远的影响。

升堂入室

典出《论语·先进》。

> 子曰："由之瑟奚为于丘之门！"门人不敬子路。子曰："由也升堂矣，未入室也。"

子路名仲由，春秋时卞地人。他为人耿直，敢说敢做，常与他人争斗，平时喜欢戴一顶像雄鸡一样的帽子，衣服上佩戴着野猪样式的标志，以此表示自己的勇敢。后来，子路拜孔子为师，但年龄只比孔子小九岁，有时，他还欺负孔子。不过孔子了解他的性格，也不放在心上。

一次，子路问孔子说："有道德的人也崇尚勇武吗？"孔子回答说："仁义是最重要的。有道德的人崇尚勇武就会失去仁义，没有道德的人崇尚勇武就会去抢劫别人的财物。"又有一次，孔子看见子路在自己家里弹琴，就很不客气地指责说："你也太不讲礼貌了，怎么到我家里来弹琴！"

因此，孔子的学生都瞧不起子路。孔子发现学生们的情绪后，就解释说："其实，子路也有他的长处。如果他与衣着华贵坐着漂亮马车的人在一起，自己虽然穿得破烂，但他也不以此为耻辱；如果他治理一个中等国家，虽然他不讲仁义道德，但却可以管理好税赋。他来我这里学习，也学得了不少东西，但还没有真正学到一个读书人应该学习的知识。"

后来，子路去卫国做了大夫，卫国发生内乱，子路感到无颜见人，就上吊自杀了。

"升堂入室"比喻学习所达到的程度有深有浅，后来则比喻学问或技艺已有相当的造诣。

胜任愉快

典出《史记·酷吏列传》。

> 当是之时，吏治若救火扬沸，非武健亚严酷，恶性胜其任而愉

快乎！

在封建社会中，统治阶级和封建文人对于如何治理国家、管理百姓，以便维持其封建统治，有两种不同的理论。一种认为应该用严刑酷吏；一种认为应该用礼仪、德政。孔子就曾经说过：用行政命令来治理老百姓，用刑法来约束他们，老百姓虽暂时能避免犯罪，但还不知道犯罪是可耻的；用德来治理老百姓，用礼来约束他们，老百姓就会有羞耻之心，而且也就守规矩了。司马迁很同意孔子的看法。他认为：法令是治国的工具，但并非根除社会弊病的灵丹妙药。汉以前，各种法律法令多如牛毛，但奸伪层出不穷。当时的官吏只能治标，无暇治本，然本弊不除，则其末难止，若不是严刑酷吏，甚至都不能担起重任，令人满意地去完成任务。西汉开国以后，曾除其前朝的严法，以仁政治国，虽然法令太宽，致使一些坏人漏网，然而百姓却太平无事。由此看来，为政在道德，而不在严刑酷吏。

后人用"胜任愉快"指有能力担任某项任务或工作，而且干得很好。

师文学琴

典出《列子·汤问》。

瓠巴鼓琴而鸟舞鱼跃，郑师文闻之，弃家从师襄游。柱指交钧弦，三年不成章。师襄曰："子可以归矣。"

师文舍其琴，叹曰："文非弦之不能钧，非章之不能成。文所存者不在弦，所志者不在声。内不得于心，外不应于器，故不敢发手而动弦。且小假之，以观其后。"

无几何，复见师襄。师襄曰："子之琴何如？"

师文曰："得之矣！请尝试之。"

于是当春而叩商弦以召南吕，凉风忽至，草木成实。及秋而叩角弦以激夹钟，温风徐回，草木发荣。当夏而叩羽弦以召黄钟，霜雪交下，川池暴冱。及冬而叩徵弦以激蕤宾，阳光炽烈，坚冰立散。将终，命宫而总四弦，则景风翔，庆云浮，甘露降，澧泉涌。

师襄乃抚心高蹈曰："微矣子之弹也！虽师旷之清角，邹衍之吹律，亡以加之。彼将挟琴执管而从子后耳。"

瓠巴弹起琴来，鸟儿飞舞，鱼儿跳跃，郑师之听到这事之后，便抛开家庭跟从师襄学习弹琴。他按指调弦，3年奏不成乐章。师襄说："你可以回家了。"

师文放下自己的琴，叹气说："我并不是弦不能调，乐章不可奏。我心里想的不在弦上面，所向往的不在乐调上。内心里没有深刻的感受，外面也就不能反应在乐器上，所以不敢放手去拨弄琴弦。姑且让我再琢磨些日子，看我以后的情况。"

没过多久，师文再去见他的老师师襄。师襄说："你的琴练得怎么样了？"

师文回答说："摸到门道了！请允许我试弹一弹。"

于是当奏曲调的时候，拨动商弦奏出南吕之音，凉风忽然吹过来，草木结子成实。在奏秋天曲调的时候，拨动角弦以激发夹钟之音，和风慢慢回荡，草木荣华。当奏夏天曲调的时候，拨动羽弦以奏出黄钟之音，霜雪交加，河流池塘猛然冻结，正在奏冬天曲调的时候，拨动徵弦以激发蕤宾之音，阳光炎热，坚冰立即融解。乐章将要奏完的时候，让宫音来总括商、角、羽、徵四弦，便有南风微微吹佛，祥云浮现在天上，甘甜的膏露下降，醴泉从地下冒出来。

师襄高兴得手舞足蹈起来，说："你的琴弹得太精妙了！即便是师旷奏清角，邹衍吹律管，也无法超过你。他们应当带着琴拿着管跟在你的后面当学生了。"

后人用"师文学琴"比喻要使自己在技艺上有精深的造诣，不但立志要高，还须下决心进行长期的刻苦学习。

孙猴子七十二变

典出《西游记》。

石猴要去寻仙访佛，学习本领。他离了花果山水帘洞，漂洋过海，遍寻名山，终于来到灵台方寸山斜月三星洞，拜菩提祖师学道。菩提祖师给他起名孙悟空，要他和众师兄一起专心修炼。

孙悟空聪明伶俐，勤快好学，师父十分喜爱他。一天，菩提祖师又登坛讲道。悟空站在一旁专心听讲，听到妙处，喜得他抓耳挖腮，眉开眼笑，忍不住又蹦又跳。菩提见了，便走下讲坛，在悟空头上打了三下，倒背着手，走进中门，将门关上，撇下大众而去。孙悟空领悟了祖师的哑谜，心想：祖师打我三下，是叫我三更时分前去；倒背着手，走入里面，将中门关上，是叫我从后门进去，单独传授法术武艺。他十分高兴，好不容易盼到夜深人静，大约三更时分，便到菩提祖师榻前，求师父传授给他长生之妙道。菩提见悟空心灵福至，虔诚好学，便将种种法术，一一传授。悟空洗耳用心，加紧修炼。几年过后，孙悟空跟着菩提祖师学会了七十二般变化，武艺高超，神通广大。

"孙猴子七十二变"，比喻本领高超，方法巧妙。

孙悟空进八卦炉

典出《西游记》。

孙悟空大战天兵天将，没有防备太上老君暗中用"金钢琢"打来，跌了一跤，后腿又被二郎神的哮天犬咬住不放，结果被捉住了。

玉帝传旨，将孙悟空剁碎。众天兵把悟空押到斩妖台，绑在斩妖柱上，可是任凭刀砍斧剁，雷打火烧，都不能伤他一根毫毛。玉皇大帝和众仙吏束手无策。这时，太上老君又来献策说："这猴头吃了蟠桃，喝了御酒，又吞了仙丹，运用三昧真火，煅成一块，成了金钢的身体，所以伤损不了他。不如让老道领去，放在八卦炉中，用文火把他熔炼成灰烬。"玉帝即命老君领去。

于是，孙悟空被带到兜率宫，推入八卦炉中。架火童子将火煽起，顿时浓烟滚滚，烈焰熊熊，把兜率宫映得一片通红。孙悟空在炉中被燥热气闷得乱窜乱跳，无法出去。偶然间，他窜到炉中巽宫的部位，这里有风无火，比其他各宫部好受得多。

经过七七四十九天的文武火熔炼，太上老君以为孙悟空在八卦炉内肯定化为灰烬了，下令开炉。万万没有想到，孙悟空在炉内还活着！他双手正捂着脸，在揉眼拭泪，忽听炉顶响动，抬头看见一片光明，当即将身一纵，跳出丹炉，"哗啦"一声，踢倒炉鼎。太上老君赶忙想要抱住，反被摔了个倒栽葱。孙悟空从耳中取出了如意金箍棒，不问三七二十一，一棒把丹炉打得粉碎，然后舞着棒，杀出兜率宫外去了。

"孙悟空进八卦炉"，比喻本来不错，经过锻炼，在原有基础上又有新的提高。

王次仲创"八分"

"八分"是汉隶的一种称呼，是秦始皇末年一个名叫王次仲的人创造的。

传说王次仲是秦代篆书书法家，他小时候就很聪明伶俐，志气很高，博览群书而又善于独立思考，十多岁时，他的学识已很渊博。秦统一中国后，规定使用结构修长，笔画之间空距非常匀称的秦篆。文字虽然统一了，便于各地的文化交流，但这种字体很不便于书写，不必说民间使用，就是官府中的文吏面对堆积如山的公文也只好叹苦。年仅20多岁的王次仲深知文字改革的紧迫性和必要性，于是，他广泛收集各种钟鼎器皿和官方文件上的文字，把它们勾摹出来，按文字相同、形体不同排列在一起，然后反复比较，琢磨，度过无数个日日夜夜，终于创制出一套笔法带波折、撇捺，并向左右分开的"八分"书。

王次仲将这些文字上奏朝廷。秦始皇见了后，认为很简便实用，很利于快速书写，十分赞赏，便征召王次仲到京城咸阳做官，参预书写文书和法令，推广"八分"书。但王次仲生性孤傲，厌恶官场的倾轧和虚伪，3次拒诏，不赴咸阳。这下可触怒了秦始皇，认为他太不恭敬，就派人去抓他，押送赴京。王次仲素知秦始皇的残暴，自料此去凶多吉少，性命难保，就投河自杀了。可是王次仲所创造的"八分"书，却很快流传开来，蔚为风气，开隶书之先河。

王维画石飞高丽

王维是唐朝著名诗人，画家，字摩诘。他自己常说："宿世谬词客，前身应画师。"苏东坡曾说："味摩诘之诗，诗中有画，观摩诘之画，画中有诗。"

王维曾给岐王画过一幅"巨石"的画幅，笔墨酣畅，非常生动，岐王十分珍爱。岐王在余暇的时候经常注视研究这块石头，看着看着，就好似被引入到深山幽谷的幻境，怡然自乐。一天，忽然风雨齐来，雷电大作，只见一块大石，腾空而去，房子里也被撞坏了。岐王见状赶紧到房子查看，只见壁上挂的"巨石"画幅只剩下空轴，才明白那画石受日月风雨的灵气已飞走了。

许多年后，高丽（朝鲜）遣使臣来中国，说在他们国度里的神崇山上。一天忽然飞来一块奇石，上面有"王维"的字印，知道是中国的东西，自不敢留，故遣使臣前来奉还，皇帝命群臣将王维的手迹拿来比较一下，果然分毫不差。这时皇帝才觉得王维的画神妙，开始重视起来，并在各地搜寻王维的画，藏入宫中。

王羲之墨汁当醋蒜

王羲之出身于一个书法世家的门庭。他的父辈及堂兄弟都是当时的书法名手，家学渊源，为他日后成为伟大的书法家奠定了基础。

王羲之少年时常听老师卫夫人讲历代书法家勤学苦练的故事，在老师的影响下，他对东汉"草圣"张芝的书法产生了钦羡之情，决心以张芝"临池学书"的故事来激励自己。

为了练好书法，他常常跋山涉水四处寻找名碑，抄下来。几十年来，他积累了大量书法材料。他在书房内，院子里，大门边甚至厕所的外面，都摆着凳子放着笔、墨、纸、砚，每想到某个字的理想结构，就立刻写下，反复琢磨。他在练字时非常刻苦以至废寝忘食。

有一次，王羲之正兴趣盎然地练字，竟又忘记了吃饭。他的妻子让书僮给他送去一盘刚刚蒸好的馍馍和一碗醋腌大蒜。书僮三番五次地催他趁热吃，王羲之只是点点头应几声："好！就吃！"便又自顾挥毫疾书，书僮无奈，只好请他的妻子去相劝。他的妻子来到书房，看见王羲之手里拿着一个沾满墨汁的馍馍正往嘴里送，直到嚼入口中，发觉又苦又涩，才赶快吐了出来，结果弄得满嘴乌黑。看到妻子，他不好意思地说："喔，错了，吃错了！"原来，王羲之在吃馍馍时，仍琢磨着字的间架，一边想，一边吃，竟把墨汁当成醋蒜，蘸着吃了。

梧鼠学技

典出《荀子·劝学》。

> 腾蛇无足而飞，梧鼠五技而穷。

田野里有一种小动物，名叫梧鼠。据说这种动物学会了 5 种本领，即会飞，会走，能游泳，会爬树，也会打洞，但它的这些本领一样也没学精。会飞，但飞得不高；会走，但走得不快；能游泳，但游得不远；会打洞，但打得不深；会爬树，但爬不到树顶。名义上它学会了五种本领，用起来却一样也不中用。故有"梧鼠五技而穷"之说。

后人用"梧鼠学技"形容人们在学习中贪多而学得不精。

惜墨如金

典出《辍耕录》。

　　作画用墨最难，但先用淡墨，积至可观处，然后用焦墨、浓墨分了畦径远近，故在生纸上有许多滋润处，李成惜墨如金是也。

　　李成是五代宋初的著名画家。他很喜爱读书，读了许多经史，他又喜爱写诗，擅长弹琴、下棋。他最擅长的是画山水。

　　李成特别善于描写北方山野的寒林景色和风雨、明晦、烟云、雪雾等景色。他的山水画特别讲究画面的构图和笔墨的运用。他的笔势锋利，墨法精微，好用淡墨，落笔简练。所以，后人赞扬他说："李成作画不轻易落笔，先用淡墨，后用浓墨，爱惜笔墨就像吝惜金子一样。"

　　成语"惜墨如金"即由此而来。原指作画时用墨先淡后浓，后指写字、作画、作文不轻易下笔，力求精练。

相门有相

典出《史记·孟尝君列传》。

　　文闻将门必有将，相门必有相。

　　战国时，齐国有个贵族叫田文。有一次，田文问他的父亲田婴："儿子的儿子是什么？"田婴回答："是孙子。"又问："孙子的孙子是什么？"答："是玄孙。"又问："玄孙的玄孙是什么？"答："不知道。"（按《尔雅》说：玄孙之子为来孙，来孙之子为昆孙，昆孙之子为仍孙，仍孙之子为云孙。）

　　田文对父亲说："你在齐国为相，已侍奉了三代君王。现在你家财万贯，但家里不见一个有才能的人（田婴有子四十余人）。我听说："将门必有将，相门必有相。现在你和全家都节衣缩食，还在不断积累财富，不知想留给何人。这样下去怎么能行呢？"田婴听了田文的话，便命田文广招门客。后来，田婴死了，田文承袭了他的封爵，封于薛（今山东滕县东南），称薛公，号孟尝君。田文门下的食客招到了数千人，声名闻于诸侯。

后人用"相门有相"指子弟能继承父兄的事业。

须千手观音才好

典出《笑府》。

> 一待诏初学剃头。每刀伤一处，则以一指掩之。已而伤多，不胜其掩。乃曰："原来剃头恁难，须得千手观音才好。"

这个故事说明：如果不下苦工夫学习技术，不精益求精，即使有一千只手也不解决问题。

纪渻子养斗鸡

典出《庄子·达生》。

> 纪渻子为王养斗鸡。
>
> 十日而问："鸡已乎？"曰："未也。方虚骄而恃气。"
>
> 十日又问。曰："未也。犹应响景。"
>
> 十日又问。曰："未也。犹疾视而盛气。"
>
> 十日又问。曰："几矣。鸡虽有鸣者，已无变矣，望之似木鸡矣，其德全矣，异鸡无敢应者，反走矣。"

纪渻子为国王驯养斗鸡。

养了10天，国王便问："鸡可以斗了吗？"纪渻子回答说："尚未训练好。正虚张声势，趾高气扬。"

过了10天，国王又问。纪渻子回答说："尚未训练好。它一发现别的鸡，马上就想去争斗。"

又过了10天，国王又问。纪渻子回答说："尚未训练好。它还是顾盼疾速，露出一副盛气凌人的样子。"

再过 10 天，国王又去探问。这时纪渻子说："差不多了。虽然有别的鸡在它周围鸣叫，它的神色丝毫不变，看去就像一只木鸡了，作为斗鸡的品德已经完备了，别的鸡没有敢和它敌对的，见到它都回头就跑了。"

后人用"纪渻子养斗鸡"说明虚张声势、傲气十足的人往往并无真才实学；而有才德有力量者，反倒不张扬于外表。

一箭中麋，毋曰自能；
百兔未得，未可遽止

典出清朝杜文澜的《古谣谚》。

> 秃剌说："俗谚云：'一箭中麋，毋曰自能；百兔未得，无可遽止。'"

元朝有个叫秃剌的大臣，自以为功劳大，资格老，对皇帝常常很不礼貌，甚至在许多人面前流露出轻视皇帝的看法。一次，他陪同皇帝去游湖，皇帝一时高兴便去划船。秃剌说："划船很危险，你不要去划。"皇帝笑道："不要紧，我划过的。"秃剌说："俗谚讲：一箭射中一只麋鹿，你不要自己以为很行——这可能是碰巧射中的；即使你射中许多兔子，只要还未达到百发百中的水平，也不可停止练习。'你划船还差得远呢！"皇帝听了他的训斥，气得要命，以后找一个机会，把秃剌杀了。

后人用"一箭中麋，毋曰自能；百兔未得，未可遽止"劝人们不要自满，学本领要精益求精。

羿射不中

典出《符子》。

> 夏王使羿射于方尺之皮，径寸之的。乃命羿曰："子射之。中，则赏子以万金之费；不中，则削子以千邑之地。"羿容无定色，气战于胸

中，乃援弓而射之，不中。更射之，又不中。夏王谓付弥仁曰："斯羿也，发无不中，而与之赏罚，则不中的者，何也？"付弥仁曰："若羿也，喜惧为之灾，万金为之患矣。人能遗其喜惧，去其万金，则天下之人皆不愧于羿矣。"

夏王指着一块一尺见方、靶心一寸的兽皮箭靶对神箭手后羿说："请射吧！如果射中了赏您万金；如果射不中，就削掉你千户的封邑。"

后羿听了夏王的话，脸色变化不定，神情十分紧张，气息急促难平。慌乱之中，挽弓射去，第一箭没有射中，第二箭跟着又落了空。

夏王问付弥仁："这个后羿，从来都是箭无虚发，而今天和他约了一个赏罚条件就射不中了。这是什么道理呢？"付弥仁回答道："后羿所以这样，那是因为情绪波动影响了他的射技，万金厚赏造成了他的失误。人们如果能够不计较得失，把赏罚置之度外，那么谁能都够成为无愧于后羿的神箭手了。"

"羿射不中"的典故告诉人们，没有正确的思想作指导，纵然有高超的技艺，也不能得到充分的发挥。就像后羿，本来他的射术是很好的，只是因为背上了患得患失的思想包袱，结果屡射失误。

游刃有余

典出《庄子·养生主》。

> 彼节者有间，而刀刃者无厚。以无厚入有间，恢恢乎，其于游刃必有余地矣。

《庄子·养生主》说：文惠君有一个厨子叫庖丁，他替文惠君杀牛的时候，只用手一触，用肩一倚，用足一踏，用膝一靠，就听到皮和骨头脱离的声音，他用起刀来，都是恰到好处。文惠君道："咦，真妙呀！你的技术怎么高明到这种地步呢？"庖丁把刀放下来，对文惠君说道："我所以技术好，是因为知道了用刀的道理。我刚学杀牛的时候，眼中所见的全是牛，3 年之后，就没有看见过全牛。现在，只要凭我精神的感觉，就能够知道牛身骨骼的组织，自自然然地支解开来，不必再用眼去看牛，这是因为熟能生巧。好的厨师，一年换一把刀，因为他是用刀去硬割；差一点的厨师，一个月换一把刀，因为他用刀去硬砍。我现在

所用的刀，已经十几年了，所杀的牛也有数千只，然而我这把刀，看起来好像还是新的，和刚刚新磨出来的一样。牛的骨骼之间是有节的，节当中有空隙的地方，而刀刃并不厚，用不厚的刀刃，剖向有空隙的地方，自然觉得这个空隙很大，刀刃在里面转动，还有空隙呢！"

后人用"游刃有余"比喻技巧熟练高超，做事轻而易举。

运斤成风

典出《庄子·徐元鬼》。

一天，庄子送葬，经过从前经常与自己辩论的惠施的墓地，不由得百感交集，对随从的人们讲了一个故事：

楚国都城郢有一个人，一次不小心在鼻尖上沾了一点石灰，他就请匠人用斧头帮他砍掉这点石灰。

匠人不慌不忙地挥动斧头，只听"呼"的一声，像一阵风一样砍过去，石灰一点儿不剩地被砍掉，而鼻子一点儿也没有伤着。那个郢人也面不改色地挺立在那里。

宋国国君宋元公听说此事后，十分好奇，召见那个匠人说："请你对我也试试砍掉鼻尖上的石灰。"

匠人回答："小人确实曾做成过这件事，但是能和我这样合作的人已去世很久了。我再没有合适的对手配合了。"

庄子说完这个故事，感慨地说："自从惠子死了以后，我已经没有辩论的对手了，再也没人和我辩论了。"

庄子最后称赞了匠人的高超技艺，又称赞了郢人的勇敢沉着，堪称是匠人的合作良友。

后人根据这个故事引出了成语"运斤成风"。运：挥动。斤：斧头。"运斤成风"指挥动斧头砍下去就是一阵风。比喻技艺极为熟练。

造父习御

典出《列子·汤问》。

造父之师曰泰豆氏。造父之始从习御也，执礼甚卑，泰豆三年不告。造父执礼愈谨用，乃告之曰："古诗言：'良弓之子，必先为箕；良冶之子，必先为裘。'汝先观吾趣。趣如吾，然后六辔可持，六马可御。"

造父曰："唯命所从。"

泰豆乃立木为涂，仅可容足；计步而置，履之而行。趣走往还，无跌失也。造父学之，三日尽其巧。

泰豆叹曰："子何其敏也！得之捷乎！凡所御者，亦如此也。曩汝之行，得之于足，应之于心。推于御也，齐辑乎辔衔之际，而急缓乎唇吻之和，正度乎胸臆之中，而执节乎掌握之间。内得于中心，而外合于马志，是故能进退履绳而旋曲中规矩，取道致远而气力有余。诚得其术也，得之于衔，应之于辔；得之于辔，应之于手；得之于手，应之于心。则不以目视，不以策驱；以闲体正，六辔不乱，而二十四蹄所投无差；回旋地退，莫不中节。然后舆轮之外可使无余辙，马蹄之外可使无余地；未尝觉山谷之险，原隰之夷，视之一也。吾术穷矣，汝其识之！"

造父的老师名叫泰豆氏。造父刚开始跟从他学驾车时，十分谦卑，而泰豆3年不给他传授技术。造父的礼貌愈加恭谨，于是泰豆便告诉他说："古诗说过：'好的弓匠人的子弟学其技艺时，一定要先学习做箕；擅长冶金者的子弟学其技艺时，一定要先学习做裘。'你先看我快步走路。走得像我那样，然后才可以手拿六根马缰绳，驾驭六匹马的车。"

造父说："完全按你的教导办。"

泰豆便竖起一根根木桩子作道路，大小仅够脚踩住；按照脚步的间隔安放在路上，踩在上面行走。快步来回跑，从未失足跌倒。造父学习它，3天就掌握了全部技巧。

泰豆感叹说："你多么灵敏啊！掌握得这样快啊！大凡驾车这件事，也是这样的。前时你走路，得之于脚，应之于心。推广到驾车，步法协调由辔衔约束，速度快慢用嚼口调度；御车的度数，掌握在心中，控制在手上。内得于心，而外合马的脾性，因之能做到进退全乎绳墨，旋转舞蹈合于规矩，跑到远方而还有余力。真正掌握驾车的技术，应当是：马嚼控制是顺应着缰绳，缰绳掌握得好，是顺应手的操纵；手的熟练动作，是服从心的指挥。那就可以不用眼看，不用马鞭驱赶；理得心安，体热端正，六根缰绳不乱，二十四只马蹄跨出去不会有差错；旋转进退，没有不合于节度的。这样，车道的大小能容纳车轮就足够了。道路宽窄能容纳马蹄也就可以了；不会觉得山谷的危险，原野的平坦，把它们看成一个样。我的技术给你全部传授完了，你记住它吧！"

后人用"造父习御"说明学习各样技术，必须严格训练基本功。要掌握驾车的技术，得先在仅可容足的木桩上练习快跑，做到趋走往返无跌失。

詹何之察

典出《韩非子·解老》。

> 詹何坐，弟子侍。有牛鸣于门外，弟子曰："是黑牛也而白额。"
>
> 詹何曰："然，是黑牛也，而白在其角。"使人视之，果黑牛而以布裹其角。
>
> 以詹子之术，婴众人之心，华焉殆矣！

詹何坐，学生们围绕着他。忽然听到一头牛在门外叫，一个学生说："这一定是一头白额的黑牛。"

詹何说："是的，那是一头黑牛，不过白色在牛角上。"于是，派人到门外去看，果然是一头黑牛，而牛角是白布裹着。

用詹何这种论事的方法，来迷惑一般人，似乎很高明，然而实在太愚蠢了。

后人用"詹何之察"比喻没有根据，妄加猜测，不是研究问题的正确方法。即便偶然猜中了，这种唯心论的先验论的东西，也是极其有害的。

张丞相草书

典出《冷斋夜话》。

> 张丞相好草书而不工，时流辈皆讥笑之，丞相自若也。一日得句，索笔疾书，满纸龙蛇飞动，使侄录之。当波险处，侄罔然而止，执所书问曰："此何字也？"丞相熟视久之，亦自不识，诟其侄曰："胡不早问？致吾忘之！"

张丞相喜欢写草字，但他写的草字不合规范。当时，同辈的人都讥笑他，可是张丞相却安然自得，毫不在乎。有一天，他想起了一些诗句，马上要来笔飞快地写，写得满纸像龙飞蛇舞一样，就叫他的侄儿抄写下来。他侄儿抄写时，遇到曲折难认的地方，不知如何是好，便停了下来，拿着他写的草字问："这是什么字呀？"张丞相仔细看了好一阵，自己也不认识，却骂他侄儿说："为什么不早问？现在我也忘了它是什么字了！"

这篇寓言讽刺了写字潦草，有时连自己也不认识的人。同时对做事马虎随便而又自以为是的人也是一种嘲笑。

张衡脚绘怪兽图

提起张衡，人们就想起地动仪。大家都知道张衡是东汉时代杰出的科学家和文学家，殊不知，这位扬名神州的英才，还是个出色的丹青翰墨能手呢。

相传东汉时，今河北满城县山中的深潭里有一个怪兽，叫"骇神"。它人面猪身，相貌极为丑陋可怕，但却很善良。这个消息传到京城，传到皇帝的耳朵里，他很想知道这个怪兽到底是什么样子，就派张衡到满城县走一遭，给怪兽画张像让他看看。

当张衡来到满城山中的深潭边，见"骇神"怡然自得地高卧在潭边的岩石上，正在晒太阳。他大喜过望，连忙打开画夹，正要对着这个丑怪物下笔，只听"扑通"一声，"骇神"已经一头扎进了深潭。这下可急坏了张衡，忙问当地人这是什么缘故。当地人回答说："这怪物很狡猾，它怕人们把它的像画走，所以才藏了起来。""它为什么怕人画呢？""它知道自己长得丑，怕人笑话它，不敬它。"

张衡听了当地人的话后，就把画具摆好，把素帛铺在地上，恭恭敬敬地拱手站在那里静静地等着。不一会儿，"骇神"果然又探头探脑地钻出水面，它看张衡对它很尊敬，就跳上岩石冲着他笑。张衡见此情景，依然拱手而立，却甩掉鞋袜，用脚趾蘸着墨，轻捷地在素帛上画起来。不久，一幅栩栩如生、维妙维肖的"骇神"图跃然纸上。

张衡回到洛阳，把这张用脚画的画献给皇帝，皇帝听了他作画的经过，大加称赞。一时，人们都称张衡是"全才"、"奇才"。

张天师捉妖

张道陵是龙虎山中历代主持道教的正一天师第一代始祖。原名张陵，字辅汉，东汉末年沛国丰（今江苏丰县）人，是张子房第八世孙。

传说张陵七岁时，便能解说《道德经》，对河图谶纬书籍，无所不通。16岁，博通五经。他"身长九尺二寸，庞眉广颡（额），朱项绿眼，隆准（高鼻梁）方颐（颊），伏犀贯顶，垂手过膝，龙蹲虎步，使人望之可畏"。张陵曾任江州令，后来对仕途心灰意冷，专心修炼，欲求长生不死之术。有个名叫王长的愿拜他为师，二人前往四川鹤鸣山修道。公元141年（永和六年），张陵作道书二十四篇，并用符水咒法为人治病，创立道派，入道者须交五斗米，所以称"五斗米道"。后来，道教徒尊他为"天师"，世称"张天师"。他的后裔袭承道法，居龙虎山。

传说，张天师擅长降鬼驱邪。一天，张天师来到西城，看见一队人群熙熙攘攘，前面鼓乐引导，后面众人拥着一人赤身绑缚。原来这里有个妖怪，好饮人血。村里每年都要杀人祭祀，否则，妖怪大兴风雨，毁苗杀稼，殃及人畜。张天师见了，心中不忍，对众人说："你们将他放了吧！"众人说："怎能放了？他因家贫，情愿舍身充祭，卖得我们五千钱，葬父嫁妹，钱已花尽；再说没人供神吮血享用，怪罪下来，如何是好？"天师说："放了他，我代替。我自愿承担，死而无怨。"众人商量，反正是一条性命，便放了那人。张天师被众人拥进神庙后，独自瞑目静坐以待。半夜三更，一阵狂风，妖怪来到，一见有人，便要攫取。只见张天师口耳眼鼻中，都放出红光，罩定了妖怪。妖怪大惊，忙问："你是何人？"张天师说："我奉上帝之命，管摄四海五岳诸神，命我分形查勘。你是何方孽畜，敢在这里虐害生灵？罪孽深重，天诛难免！"妖怪方欲抗辩，只见前后左右都是张天师的影形，红光遍体，唬得妖怪眼缝也开不得，叩头求饶，立誓永不生事害民，最后受戒而去。从此，西城革去人祭，再未受妖怪侵害。

"张天师捉妖"，比喻为最擅长的技术或工作。

张旭学书观万物

典出《送高闲上人序》。

唐代书法家张旭，字伯高，吴郡人，精通各种字体，草书尤为知名。他性格豪放，嗜好饮酒，传说常在大醉后手舞足蹈、摇头晃脑地狂走一番，然后回到桌前，提笔落墨，一挥而就。有人说他疯颠，给他取了一个"张颠"的雅号。其实他却很细心，他认为在日常生活中所接触到的事物，都能启发人的书法体会。有一次，张旭外出游览，在路上看到一位书生与挑夫在争道，凝视片刻，便领悟出书法布局要主次分明，互相避让的道理。又有一次，张旭看了民间舞蹈家公孙大娘舞剑，在寒光剑影中，她那娇美的动态，刚柔交织的舞姿，使他意气飞扬，从此写字笔法变得流畅自如，不拘一格。张旭还认为，自然界中的山水崖谷、飞禽走兽、日月星河、雷霆霹雳等，也能影响书法的变化。因此每有闲暇，他必仔细观察，偶有所获，即熔铸于自己的书法艺术之中，从而形成了"变动犹鬼神，不可端倪"的新风貌。盛唐时人们把他的草书，与李白的诗词，裴旻的剑舞合称"三绝"。

赵孟頫画马

典出《元史》。

赵孟頫字子昂，别号松雪道人，是宋太祖赵匡胤的十一世孙。他善于画山水、人物和马。他画的马非常有名，而更奇特的是他画马的方法。

李公麟之后，画马就数赵孟頫了。他对于马有很深的研究，相传他在画马的时候，除了仔细观察外，还经常蹲在地上仿效马的各种姿势，认真地琢磨，慢慢地体会马的性格，争取在画马时不仅做到形似，还要神似，以达到"形神兼备"的境界。当时有个郭佑之称赞他说："人们只晓得拿他来比李公麟，哪知他的艺术早已在古代画马名家曹不兴、韩幹之上了。"

赵孟頫对自己画马的成就也颇得意，曾经说："我从小就喜欢马，自以为可以把马的性格表现出来，别人说我比曹、韩画得好，那是过分夸奖了，但如果李公麟不死，我的作品是可以和他比一比的。"

赵人持的

典出《韩非子·说林下》。

羿执鞅持，操弓关机，越人争为持的。弱子扞弓，慈母入室闭户。故曰："可必，则越人不疑羿；不可必，则慈母逃弱子。"

羿右手戴着扞，双臂戴着臂套，拿上弓，拉满弦时，敌国的人也敢于争着替他拿靶子。小孩子拉弓射箭时，他的母亲就要躲入家里关紧门户。这是因为：因其必定能射中靶心，即便敌国人对羿也毫不疑惧；不能必中靶心，所以慈母对亲

生子也要躲避。

后人用"赵人持的"比喻一个人的本领高低，别人看得清清楚楚。人们的评价如何，也要靠自己的实际本领来决定。

赵襄主御马

典出《韩非子·喻老》。

赵襄主学御于王于期，俄而与于期逐，三易马而三后。襄主曰："子之教我御术未尽也。"

对曰："术已尽，用之则过也。凡御之所贵，马体安于车，人心调于马，而后可以进速致远。今君后则欲逮臣，先则恐逮于臣。夫诱道争远，非先则后也。而先后心皆在于臣，上何以调于马？此君之所以后也。"

赵襄子向王良学习驾车的技术，随后便和王良竞赛，换了3次马，3次都落后。襄子说："你没把技术全教给我。"

王良回答说："技术已经全教完了，是您使用有过错。凡驾驭马车关键在于，马匹要安于驾车，人心要集中于调马，然后才可以加快速度，到达远方。现在您落后时想的是要追上我，领先时又恐怕被我超过。驾车赛跑这件事，不是领先就必落后。而您不论先后心思都在我的身上，更凭什么去调理马匹？这就是您落后的原因了。"

后人用"赵襄主御马"比喻在竞赛中让胜负得失的杂念束缚着自己，就不可能充分发挥自己的技术，必不能获得好成绩。

织锦回文

典出《晋书·列女传》。

苏蕙是我国南北朝时一位有名的才女。她的丈夫窦滔，起先在前秦皇帝手下当秦州刺史，后来因为得罪了符坚，被流放到西北的沙漠地区去充军。苏蕙对丈夫的爱仍然始终不渝，日夜祈祷丈夫能早日归来。

苏蕙善于写诗，于是，她把对丈夫深切的思念之情，倾注到自己的诗中，写下了一首首情真意切、哀婉动人的诗。

这样过了几年，苏蕙写的诗越积越多，她又将诗反复修改，使这些诗组成回文旋图诗。这回文诗共 841 个字，排成纵横各为 29 字的方图，循环反复地读，可以得到 3752 首诗。回文诗传开后，见到的人无不称奇，赞之为绝代手笔。

过了些日子，苏蕙想把这回文诗寄到丈夫的手中，她怕写在纸上在路途中会损坏，就用五色丝线把回文诗织在一块锦缎上。这锦缎长宽各八寸，织成后，鲜艳夺目，苏蕙就把它称为织锦回文诗。

不久，苏蕙想尽办法，终于把织锦回文诗寄到了丈夫窦滔手中。窦滔一首首地颂读妻子写的诗，深切地感受到妻子对自己的一片深情，感动不已。

"织锦回文"是说将回文诗编织在锦上。借指妻子的书信或情诗，或称颂女子词工意美的佳作。

智过君子

典出《雪涛谐史》。

语云："贼是小人，智过君子。"余邑水府庙，有钟一口。巴陵人泊舟于河，欲盗此钟铸田器，乃协力移置地上，用土实其中，击碎担去。居民皆宫然无闻焉。

又一贼，白昼入人家，盗磬一口，持出门，主人偶自外归，贼问主人曰："老爹，买磬否？"主人答曰："我家有磬，不买。"贼径持去。至晚觅磬，乃知卖磬者，即偷磬者也。又闻一人负釜而行，置地上，立而溺。适贼过其旁，乃取所置釜，顶于头上，亦立而溺。负釜者溺毕，觅釜不得。贼乃斥其人曰："尔自不小心，譬如我顶釜在头上，正防窃者；尔置釜地上，欲不为人窃者，得乎？"此三事，皆贼人临时出计，所谓智过君子者也。

俗话说："贼是小人，智慧却超过君子。"

一座城市里有一座水府庙，庙中有一口大钟。巴陵人在河边停船，想盗窃这口钟去铸造农具，就共同把大钟移放到地上，用土填满了中空地方，然后猛力击破担走了。当地的居民连一点声音也没听见。

　　还有一个贼，大白天溜进一人家里，盗走了一块磬，拿出大门时，主人突然从外面归来，那贼赶忙问主人："老爹，买磬吗?"主人回答说："我家里有磬，不买!"贼就径直拿走了。到了晚上，主人寻不见磬了，才知道在大门口卖磬的人，就是那偷磬的贼呀!

　　又听说有一个人背着一口锅走路，放在地下，站在那里小便。正好碰见一个贼走过身旁，贼便拿过那口锅来，顶在自己头上，也站在那里小便。背锅的人小便完了，到处寻锅不得。贼便从旁斥责他说："你自己不小心，像我这样把锅顶在头上，正可以提防盗窃；你把锅放在地下，能不被贼偷走吗?"

　　以上三件事，都是盗贼临时生计脱身，这就是所谓的"智过君子"呀。

　　后人用这则寓言说明："尺有所短，寸有所长。"盗贼不劳而获，损人利己，在任何社会里都是被否定的，但是他们盗窃时随机应变的"智慧"，也可以使正直的人从中得到启发。

肿膝难任

典出《韩非子》。

　　伯乐教二人相踶马，相与之简子厩观马。一人举踶马，其一人从后而循之，三抚其尻而马不踶。此自以为失相。其一人曰："子非失相也，此其为马也，踶肩而肿膝。夫踶马也者，举后而任前，肿膝不可任也，故后不举。子巧于相踶马而拙于任肿膝。"

　　伯乐教两人相看有踢踏习惯的马。

　　一天，他和这两人一起前往越简子的马房去实际观察。

　　其中一人认出一匹踢马，另一人走到马的身后，连续拍了三次马的臀部，马都不踢一下。

　　辨认的人以为自己相错了。

　　另一人却说："您并没有相错。这确是一匹踢马。只是它现在前腿肩胛筋骨损伤，膝盖肿胀。凡是踢马，举起后腿踢踏时，重心便落在前腿上。而这匹马，前膝肿痛，不能支撑全身重量，所以后腿举不起来，不能踢了。您很会辨认踢马，却看不出它前膝肿胀。"

　　"肿膝难任"这个典故诉我们学习科学，观察事物，必须要全面观察认真掌握事物之间的内在联系。否则，就不能够正确深刻地认识事物，灵活掌握科学知识。

左右开弓

典出《元曲选·白仁甫〈梧桐雨·楔子〉》。

臣左右开弓，一十八般武艺，无有不会。

唐代时，有一个节度使叫安禄山，营州柳城（今辽宁朝阳南）胡人，本姓康，字轧荦山，因他的母亲嫁突厥人安延偃，故改姓安，更名禄山。安禄山懂6种少数民族语言，骁勇善战，被幽州节度使张守收为养子。

唐天宝十年（公元751年），张守派安禄山领兵6万进攻契丹，打了败仗，被押送回京城长安，请唐玄宗处置。唐玄宗见安禄山膀大腰圆，问："你的武艺如何？"安禄山回答说："我射箭能左右开弓，十八般武艺，没有不会的。我还懂六种少数民族语言。"玄宗听了很高兴，开玩笑地说："你的肚子这么大，里面是什么东西呀？"安禄山说："没有别的东西，只有一片赤诚之心！"唐玄宗听了愈加高兴了，不但没有追究他战败的责任，反而增加了对他的宠信。后来，安禄山兼任平卢、范阳、河东三节度使，有重兵15万。天宝十四年（公元755年）冬，安禄山在范阳起兵叛乱，南下攻陷洛阳。次年称雄武皇帝，国号燕，年号圣武，但只一年，就被他的儿子安庆绪杀了。

"左右开弓"这句成语，原来是指双手都能射箭，后来用以比喻双手都能操作或几方面都在进行。

双管齐下

典出《唐朝名画录》。

惟松树特出古今，能用笔法，尝以手握双管，一时齐下，一为生枝，一为枯枝……

唐代画家张璪，以善画山水松石闻名于世。他作画时，必先屏息静坐，灵感一来，挥笔疾如雷电，彩墨淋漓，顷刻而成。与他同时代的另一位画家毕宏，久闻张璪画松独具一格，请求一开眼界，张璪答允当众挥毫。只见他双手各握一笔，左右一齐开动，同时落墨。两手所画之物迥然不同，各有妙趣。在场众人，齐声称绝。更令人叹服的是，张璪用的竟是两支秃笔，兴之所至，还以手指代笔，蘸墨在纸上纵横摩按、揉擦，把松树的苍劲、山石的凝重、泉水的流动，表现得活灵活现。

张璪画完，投笔离座。毕宏上前请教张璪师从哪位名家，张璪谦逊地回答道："我以大自然为师，长期审察世上万物，使物在心中，才能达到得心应手的境界。"

毕宏细细玩味张璪的话，佩服地感叹道："张公画松，非他人所能及，我辈从此可以搁笔了！"

后用"双管齐下"比喻一件事同时采用两种办法或两件事同时进行。

快马健儿，不如老妪吹篪

典出杨衒之《洛阳伽蓝记》。

羌人反叛，包围了秦州，刺史王琛急得如热锅上的蚂蚁，在堂屋上团团转，束手无策。正在这时，一位美丽动人的女子走了进来，向王琛道过万福，说："老爷，我有办法降服羌人，请派我去！"

王琛见是婢女朝云，感到十分惊讶，说："你一个小女子能对付得了强悍的羌人骑兵？"摇摇头，挥手叫她退下。

朝云说："我善于吹篪，不妨让我试试！"王琛实在没办法就答应了。

第二天，由一名军官送朝云到羌人反叛者活动的地区。朝云假扮成贫穷的老妇，沿路乞食而去。她一边慢慢地走，一边吹着篪，"呜呜"的声音，如泣如诉，感人肺腑，催人泪下。那些反叛者听到了这熟悉的曲调和哀婉的乐声，心中不由得涌起了一阵悲凉。家乡的茅屋老井、山川田野，父母长辈、兄弟姐妹，又都历历在目，他们纷纷走到一起痛哭流涕，说："我们在这儿当寇贼，是何苦呢？何苦离乡背井，滚爬在这样的荒山野岭？"他们手牵手，到刺史王琛府上投降。

秦州的百姓知道了这件事，就相互传着一句话："快马健儿，不如老妪吹篪。"老妪：老妇人。篪：古代乐器名。形容音乐的感人力量。

军事篇

哀兵必胜

典出《老子》第六十九章。

　　祸莫大于轻敌，轻敌几丧吾宝。故抗兵相加，哀者胜矣。

《老子》第六十九章，是老子关于军事问题的一篇论述。其主要论点是：

不要发动侵略战争；

各国统治者都懂得"柔胜刚"的道理，天下就将没有战争；

抗击侵略者决不可轻敌；

反侵略的国家必胜。

老子说："古代用兵的人有这样的话：我不敢做主动发动战争的'主'，而要做被迫进行战争的'客'。我不敢进入别国领土一寸之近，可以退回本国领土一尺之远。王侯能这样'守柔'，国家就将没有战争。这就是说，在军事行动中，可以没有行伍，不用严阵；可以不用缠起衣袖，露出胳臂，表现出武打的架式；手里可以不拿兵器，可能不战而胜，要捉的敌人，可能根本没有了。这就是'柔弱胜刚强'的道理。如果真有敌人来攻，则万万不可轻视。灾祸莫大于轻视敌人。轻视敌人，差不多要丧失我们国家的土地、人民和主权。两国举兵相争，受侵略而怀着悲愤心情的一方（哀兵），必将打胜仗。"

后人用"哀兵必胜"的典故比喻被压迫、受欺侮而奋起反抗的军队一定能打胜仗。

百战百胜

典出《孙子·谋攻篇》。

是故百战百胜，非善之善者也；不战而屈人之兵，善之善者也。

《谋攻篇》是孙子兵法上卷的第三篇。主要论述如何用计谋征服敌人。

孙武认为，领导战争的法则是：使敌人举国完整地屈服是上策，起兵去打破那个国家就差些；使敌人全军完整地降服是上策，击破敌人一个军（古时以12500人为一军）就差些；使敌人全旅（古时以500人为一旅）完整地降服是上策，击破敌人一个旅就差些；使敌人全连完整地降服是上策，击破敌人一个连就差些；使敌人全班完整地降服是上策，击破敌人一个班就差些。因此，百战百胜，还不算是高明，只有在进行具体战斗之前，就能够使敌人处于必败的地位，才算是高明中最高明的。

"百战百胜"就是打一百次仗，胜一百次，即每战必胜。

后人用这个典故比喻每战必胜，所向无敌。

兵不血刃

典出《荀子·议兵》。

故近者亲其善，远方慕其德，兵不血刃，远迩来服。

《议兵》是战国时的思想家、哲学家荀子论述军事问题的一篇论文。荀子认为，战争是为了"禁暴除害"，它的胜利是建立在政治上争取民心，取得人民支持的基础上的。因此，军事手段与政治手段应当结合起来。有时，政治方面的工作搞得好，可以起到军事上所起不到的作用。

荀子认为：用兵的目的在于禁暴除害，而不在于争夺。仁义之兵统治的地方，就会达到大治的局面，仁人之兵所经过的地方，人民就会得到教化，就好像得了及时雨，没有人不高兴的。尧伐驩兜，舜伐有苗，禹伐共工，汤伐有夏，文王伐崇，武王伐纣，都是以仁义之兵行于天下。因此，近处的人都喜爱他们的美德，远方的人都仰慕他们的仁义。这样，军队用不着刀兵相见，远近的人就都来归服了。德行如果达到这样好的程度，它的影响就会遍及到四方远近的地方。

人们常用这个典故形容未经血战就获得了胜利。

兵无常势，水无常形

典出《孙子·虚实篇》。

> 夫兵形象水。水之形，避高而趋下；兵之形，避实而击虚。水因地而制流，兵因敌而制胜。故兵无常势，水无常形。能因敌变化而取胜者，谓之神。

用兵作战的情形就像水流一样，水的流向是避高而就低；作战的动向是避开敌方坚实之处而攻其薄弱环节。水因地形而制约其流向，用兵则要依据敌情而决定其制胜的方针。所以说，用兵作战没有固定不变的方式方法，就像水流没有固定的形状一样。能依据敌情变化而取胜的，就叫用兵如神。

在这里，孙武根据自己多年来的作战经验，提出了用兵打仗应当根据敌情决定取胜的方针，不能墨守某种既定的作战方法。他认为，同自然界的流水一样，战争的情况也是千变万化的。因此，指挥者只有根据战局的变化，采取灵活机动的战略战术，才能因势利导，夺取战争的胜利。

步步为营

典出《三国演义》。

> 渊为人轻躁，恃勇少谋。可激劝士卒，拔寨前进，步步为营，诱渊来战而擒之：此乃反客为主之法。

刘备统率大军前去攻取汉中。守将夏侯渊得知消息，便差人报知曹洪；曹洪星夜赶去许昌，禀知曹操。曹操闻之大惊，遂起兵 40 万亲帅抵敌。不一日，曹操军至南郑，曹洪向他汇报战斗情况。曹洪说张郃被打得大败，夏侯渊知大王兵到，今固守定军山，未曾出战。曹操说不出战是怯懦，赶快叫夏侯渊进兵。夏侯渊得令，便派夏侯尚引3000军前去诱敌。蜀将黄忠见曹兵前来叫阵，即派牙将陈式出战迎敌。夏侯尚与陈式交战，不数合，尚诈败而走，式赶去，行到半路，两山上滚木擂石打将下来，不能前进。正准备撤回时，背后夏侯渊突至，把陈式生擒了去。部卒多降。有败军逃回，报知黄忠，黄忠慌忙去找法正商议。法正说："渊为人轻躁，恃勇少谋。可激劝士卒，拔寨前进，步步为营，诱渊来战而擒之，此乃反客为主之法。"黄忠用其谋，遂把各种物资赏与军士，军士欢声满谷。黄忠军步步为营，每营住数日之后又前进。之后，黄忠又生擒了夏侯尚，占据了杜袭守卫的阵地。为此，夏侯渊怒不可遏，立即要出战黄忠。张郃劝夏侯渊说："这是法正的计谋，将军不可出战，只宜坚守。"夏侯渊拒不听从劝谏，分军围住对方，大骂挑战。任凭夏侯渊百般辱骂，黄忠就是不出战。下午，法正见曹兵倦怠，乃令军士鼓角齐鸣，顿时喊声大振，黄忠一马当先，驰下山来，犹如天崩地塌之势。夏侯渊措手不及，被黄忠一刀砍为两段，黄忠斩了夏侯渊，曹兵大溃，各自逃生。

后人用"步步为营"形容进军谨慎。有时也用来比喻行动、做事谨慎。

出其不意

典出《孙子·计篇》。

攻其无备，出其不意。此兵家之胜，不可先传也。

《计篇》是孙子兵法上卷的第一篇，是孙武军事思想的概述，主要论述决定战争胜败的各项基本条件。

孙武在论述到军事家取胜的办法时说：打仗是一种奇诡多变的行动，要因时、因地、因事制宜，临机决断。实际能打而向敌人表示为不能打；实际准备要打而向敌人表示为不想打。准备从近处进攻，而表示为将从远处进攻；将从远处进攻而表示为将从近处进攻。敌人贪利就用利诱，乘敌人混乱而夺取胜利。敌人坚实，应严密戒备；敌人强大，应避开他们的锋锐。敌人暴躁易怒，就扰乱他，使之轻举妄动；敌人卑怯，就设计使之骄傲而丧失警惕。敌人安稳，就设法使他疲劳被动；敌人内部团结，就设法离间他。要以神速的行动，乘敌人不及防备、意料不到之时进击。这就是军事家取胜的办法，不能预先做作出死板的规定。

后人用"出其不意"的典故比喻在敌人意想不到的时候进行袭击。

从天而降

典出《汉书·周勃传》。

> 涉曰："……将军何不从此右去，走蓝田，出武关，抵雒阳，间不过差一二日，直入武库，击鸣鼓。诸侯闻之，以为将军从天而下也。"

汉文帝时，有一年匈奴侵犯边境。汉文帝命周亚夫为将军，陈兵细柳。

汉文帝带领大臣们去慰劳军队。到了细柳周亚夫的驻军营地，见军士全部铠甲在身，手执兵刃，严阵以待敌军。皇帝的侍骑先驰到军营，守卫营门的士兵说："将军有令，不能随便进入军营！"侍骑重新拿着皇帝的令牌来到营门，守门兵士才放他们进营。但军吏又拦挡车骑，说："军内有规定，营内骑马不得奔驰！"汉文帝只好按辔缓行。皇帝一行人来到中营，周亚夫将军才出来，他向皇帝作了一个揖说："铠甲在身，不能叩拜，请允许我以军礼拜见！"皇帝离营后，大臣们就议论纷纷说："周亚夫太傲慢了，对陛下也不恭敬……"汉文帝却赞扬周亚夫说："他是真正的将军。"不久汉文帝便提升周亚夫为中尉。

汉文帝生了重病，临终前告诫太子说："记住，国家有了危险要任用周亚夫，这个人可以安定朝廷的。"

汉景帝即位后，任命周亚夫为车骑将军。汉景帝执政才3年，吴王和楚王就开始谋反。周亚夫受命带兵去平叛。

周亚夫领兵出征，走到霸上，赵涉拦住他诚恳地说："你这次去平叛吴王和楚王，事关重大呀！吴王刘濞很强，他养了许多勇士，组成了敢死队。他知道你率兵去打他。他预先必有伏兵，你最好走右边的路线，过蓝田，出武关，到雒阳，迟不过一二日，可以直入武库，击鼓鸣金，诸侯听见了会以为将军从天而下，必然惊慌失措……"

周亚夫接受了赵涉的意见，派精兵去断绝了吴王、楚王军队的粮道。吴、楚军内缺乏粮食，将士恐慌。周亚夫趁机击败吴军。吴王刘濞逃跑到江南，1个月后被越人斩首了。

"从天而下"后演变为为成语"从天而降"。

短兵相接

典出《楚辞·九歌·国殇》。

操吴戈兮被犀甲，车错毂兮短兵接。

又见《史记·季布栾布列传》。

季布母弟丁公，为楚将。丁公为项羽逐窘高祖彭城西，短兵接，高祖急，顾丁公曰："两贤岂相厄哉！"于是丁公引兵而还，汉王遂解去。

秦末楚汉相争的初期，汉王刘邦攻占彭城（今江苏徐州）。楚王项羽从山东回军南下包围彭城，刘邦大败而走，项羽的部将丁公率军紧追。追到彭城之西，汉军不得不接战，两军挥剑阵前搏杀，形势非常危急，刘邦看情形很难脱身，便回头对丁公说："你我都是英雄，何必苦苦相逼呢？"丁公听了这话，便卖了个情面，引兵退去，刘邦才得脱身。

短兵相接意思是说丁公追逐刘邦到彭城之西时，两军迫近，用刀剑等短兵器交接战。古时打仗的兵器，弓箭称为"长兵"，刀剑称为"短兵"，近身作战，必须用短兵器，故叫做"短兵相接"。

其实，这个典故应该追溯到战国时楚国大诗人屈原所著的《九歌》，他在描写古代战争的《国殇》篇中，便已有"短兵接"的说法，所以司马迁不过是最早把它当做成语来运用而已。

后人"短兵相接"这个成语形容敌我逼近，战斗激烈。

疾风扫落叶

典出《三国志·魏志·辛毗传》。

以明公之威，应困穷之敌，击疲弊之寇，无异迅风之振秋叶矣。

北朝时,初步统一了北方的前秦皇帝苻坚,打算一举消灭南方的东晋王朝,统一中国。这时候他的弟弟苻融及一些有见识的大臣都劝他不可贸然从事,主要理由是:东晋当时比较安定、强大,而前秦王朝的军队是各少数民族联合的队伍,人数虽多,各族士兵却各怀异心,这场战争是没有必胜把握的。可是苻坚却十分自信,他说:"我率领百万大军南下,投鞭可以塞断江流,较其强弱之势,犹疾风之扫落秋叶耳。"于是命令大军出发。军队的前锋已抵淮南,后军还未出都城,迤逦八百多里。苻坚和苻融亲临前线。这时,东晋派出了它最精锐的"北府兵",由大将刘牢之为前锋,以谢玄为前锋大都督,率8万人迎战。在洛涧这个地方与前秦军相遇。刘牢之说:"要乘敌军还未到齐的机会作战,等待观望必死!"于是大呼进击,一下子杀掉前秦军1万多,大大地挫伤了秦军的锐气。这时苻坚亲率援兵20余万人赶到,两军夹淝水对峙。苻坚登上高山望敌,看见晋军队伍严整,说:"啊!这也是劲敌啊!"谢玄请求秦军略微退一点,好让晋军渡过淝水来决战。苻融想到兵法中有"等待敌人渡过来一半时攻击敌人"的说法,便同意谢玄的请求,挥军后退。这时,后面的部队不知道为什么队伍后撤,而前秦军中的汉族官员乘机造谣,大呼"前秦军败了",于是军队大乱。晋军乘机渡水攻击,苻融奔下山来整顿队伍,马跌倒了被晋军杀死。于是,前秦军大溃,一败不可收拾,互相践踏抢逃,死伤不计其数。逃兵望见八公山草木,都以为是埋伏的晋兵,听见风声鹤唳也以为晋兵追来了。这一战就是历史上著名的以少胜多的"淝水之战"。战后,前秦精锐丧尽,苻坚也被人杀死。

后人用"疾风扫落叶"或"秋风扫落叶"比喻军队力量强大,以迅猛之势扫除溃败的军队或腐朽的东西。

坚壁清野

典出《三国志·魏书·荀彧传》。

东汉末年,军阀混战。曹操派人接父亲来兖州,结果他父亲在路上被徐州牧陶谦的部将杀死。于是,曹操与陶谦结下很深的怨仇。

公元194年,曹操亲率大军进攻徐州。曹操大军出征后,他的下属陈昌太守张邈等乘后方空虚,发动叛乱,暗中迎接军阀董卓的部将吕布来当兖州牧。曹操的谋士荀彧留守兖州,料到张邈作乱,立即布置军队,保住了下鄄城等三城。直到曹操率军从前线赶回,才陆续收复一些失地。

不久,徐州牧陶谦病死。曹操想先夺取徐州,回过头来再收拾吕布。他把自己的想法告诉荀彧。但荀彧却认为当务之急是先对付吕布，巩固根据地。他先对曹操说明巩固根据地的重要性："从前汉高帝保住关中、光武帝占据河内，都是先建立巩固的根据地，从而控制天下。有了巩固的根据地，进可以胜敌，退可坚守，所以他们虽然有困难失败的时候，但最后还是完成了统一的大业。"

接着，荀彧分析了曹操目前的处境："将军本来是凭借兖州起事，在这里打了不少胜仗，平定了山东的祸乱，老百姓无不心悦诚服。况且兖州是天下的战略要地，现在虽然受到破坏，但还是容易凭借它来保住自己。这里等于是将军的关中和河内，不能不首先使它平定。如果现在丢开吕布去东征徐州，多留兵则东征兵力不够，少留兵则要动员老百姓来保城。这样，老百姓连砍柴都不能去。如果吕布乘虚侵犯，民心会保不住。那时只有鄄城等三城可以保全，其余都不是自己所有，这样等于没有兖州。还要考虑到，如果徐州攻不下来，您将归向何处呢？"

荀彧见曹操皱起眉头在沉思，便有意停了一会儿，然后再说道："再说，陶谦虽然已经死去，但不等于徐州就容易攻下来了。他们将吸取往年失败的教训，互相结盟依靠。现在徐州那里都已经收获麦子，他们一定坚壁清野，并以此来等待将军。将军进攻不得取胜，一无所获，用不了 10 天时间，10 万大军不战自困！"

曹操听了荀彧的分析，决定停止东征徐州，而是先集中力量收麦子，然后再与吕布作战。不久，吕布失败逃跑，兖州也平定了。

坚壁：坚固壁垒。清野：清扫田野。"坚壁清野"形容使敌人攻下城堡后一无所获。

金城汤池

典出《汉书·蒯通传》。

> 先下君而君不利，则边地之城皆将相告曰："范阳令先降而身死"，必将婴城固守，皆为金城汤池，不可攻也。

秦朝末年，陈胜领导的农民起义军打下阵县（今河南淮阳）以后，派一个叫武臣的人为将军，带 3000 士兵渡过黄河，攻打河北各地。武臣一过黄河，攻打城池，招兵买马，使起义军的力量迅速扩大。但也有不少城池防守严密，守城者据险顽抗。东郡范阳（在今山东省梁山县西北）是起义军攻打的一大目标。范阳令徐公非常害怕，传令兵士日夜提防，加强守备。这时，有个叫蒯通的人来见徐公，劝徐公派他去见武臣，以免城破人亡。徐公派蒯通去见武臣。他见了武臣后说："你知道范阳令徐公为什么不肯投降吗？就是因为怕投降了也被你杀掉。如果你真的把已投降的徐公杀了，其他城池的守将就会互相转告说：'反正投降也是死，还不如据城固守。'这样，那些城池就可能像金城汤池（金属铸造的城郭，滚烫的护城河）一样坚固，再攻起来就难了。如果你能优待徐公，其他城池的守将定会纷纷来降。"武臣接受了蒯通的建议，优待了范阳令徐公。其他城的守将见此，果然纷纷来降，武臣没费多大劲，就得到了30多座城池。

后人用"金城汤池"的典故比喻城防坚固，极难攻入。

立于不败之地

典出《孙子·形篇》。

> 故善战者，立于不败之地，而不失敌之败也。

孙武是春秋时期著名的军事家，他留下的《孙子兵法》是中国最早、最杰出的一部兵书。他在兵法书"形篇"这一章中，这样写道：

"古时候善于作战的人，能设法发现对方的弱点，发动攻势，用不着反复布置兵力，也用不着拼力厮杀，就能顺利地获得胜利。古时善于防守的人，以山川之阻，丘陵之固，使对方无法进攻；善于进攻的人则是依据天时的变化，水火的因素，在对方没有防备的条件下，以迅雷不及掩耳的速度发动攻击。因此说，善于打仗的人获得胜利，不一定非有突出的智慧、超人的武功不可。他们所以能百战百胜，不发生一点差错，是由于他们施展自己的长处，克制对方的短处，使对方处在失败的地位上。因此可以说，善于作战的人，应该使自己立于不败之地，还要抓住导致对方失败的机会。"

后人用"立于不败之地"来形容在任何情况下都不会失败。

令行禁止

典出《荀子·议兵》。

> 以守则固，以征则强，令行禁止。

《议兵》是荀况的一篇军事论文。荀况从加强地主阶级专政、统一天下的政治需要出发，总结了战国末期兼并战争的经验，提出了自己的军事思想。他认为，进行统一战争是为了"禁暴除害"，它的胜利是建立在政治上争取民心，取得人民支持的基础上的。

荀况指出：单纯的兼并并不难做到，但要保持和巩固下去就很困难了。他列举了历史上许多能夺人之地而不能固守的事例后，指出只能兼并不能巩固，那就一定会得而复失；不能兼并又不能巩固其原有的土地、政权，那就一定亡国。如果得到了土地而且能够使它巩固下来，然后再去进行兼并，那么再强大的敌人也不在话下。用礼来巩固士；用政来巩固民，这才是最大的巩固。如果能达到这样的政治局面，用来守住国土就会十分巩固；用来征讨别国就会十分强大，就会令行禁止。这样王者的事业就完备了。

后人用"令行禁止"（意即有令就行，所禁必止）来比喻纪律严明。

千军万马

典出《梁书·陈庆之传》。

陈庆之是南北朝时梁朝的著名战将。有一年，梁武帝授命陈庆之率军进攻北魏。陈庆之一路攻城占池，所向披靡，率军赶到荥阳城下，立即对守城的魏兵发动猛攻。但由于荥阳城防守坚固，梁军连攻数天都被击退。

这时，北魏的大批援军相继赶到，梁军腹背受敌，形势万分危急。陈庆之见部下士气低落，就召集起三军将士，鼓舞大家说："我自北伐以来，攻克魏城数十座，而诸位将士们杀死的魏兵也不可计数。现在，魏兵有30多万，都把我们看成不共戴天的仇敌。可我军才7000人，我们只有与敌人拼死一战，才有可能获救啊！否则，大家的身家性命就难保了。"

陈庆之的一番话使梁军士气大振，结果荥阳城一下子就被梁军攻克了。陈庆之乘胜杀到洛阳城下，洛阳守军不战而降。当时，陈庆之麾下的将士一律身着白色战袍，在洛阳城中往来驰骋，显得十分威武。魏人见了，无不感慨，就编了一首民谣：名师大将莫自牢，千军万马避白袍。

后人用"千军万马"形容兵马很多或声势浩大。

前徒倒戈

典出《尚书·武成》。

会于牧野，罔有敌于我师，前徒倒戈，攻于后以北，血流漂杵。

商朝的纣王是个暴虐的国君。人民对他非常痛恨。

当时，周国是商朝的附属国。周国的国君周文王精心治理国家，积极准备力量，决心消灭纣王。他很得人心，因此许多诸侯国都背离商朝，归附了周国。

周文王死后，他的儿子武王继位。周武王决心继承父亲的遗志，完成灭商的大业。

公元前 1066 年，武王率领兵士 4.5 万人，勇士 3000 人，战车 300 辆，出征讨伐商纣王。各诸侯国纷纷响应，出兵参战。

周武王指挥大军向商朝别都朝歌，即现在河南省淇县发起猛烈的进攻。他没有遇到多大抵抗，就攻到牧野，即现在河南省汲县北部，距朝歌只有七十里路。周武王在牧野召开誓师大会，列举了纣王的种种罪状，号召将士团结战斗，奋勇杀敌。

此时，商纣王正在和妃子饮酒取乐，突然听到周武王进攻的消息，慌了手脚，匆忙率领 70 万大军，赶到牧野迎战。商军官兵不愿替纣王打仗，战斗一开始，纣王前锋部队的士兵就倒转矛头，配合周军，反戈向纣王杀去。结果商军大败，死伤无数，尸体堆积如山，血流成河。纣王走投无路，自焚而死，商朝灭亡了。

后来人们从这个故事中引出"前徒倒戈"和"血流漂杵"两句成语。"前徒倒戈"用来比喻军队背叛，调转枪口攻击自己；"血流漂杵"用来形容战争中死伤众多，血流成河。

人有酤酒者

典出《晏子春秋·内篇·问上》。

人有酤酒者，为器甚洁清，置表甚长，而酒酸不售。问之里人

其故。

里人云："公之狗猛，人挈器而入，且酤公酒，狗迎而噬之，此酒所以酸而不售也。"

有个人是个卖酒的，他的酒器收拾得很干净，酒店的招帘挂得很长，可是酒却卖不出去，以致发了酸。他便问村里人是什么缘故。

村里人说："你的狗太凶猛，人家提着壶来，要买你的酒，而你的狗却迎上去咬人家，这就是你的酒直到变酸还卖不出去的原因呀。"

景公问治国何患，晏子第二次回答说是由于有"猛狗"。说完之后，又发挥说："夫国亦有猛狗，用事者是也。有道术之士，欲千万乘之主（向君王求职），而且事者迎而噬（咬）之，此亦国之猛狗也。"

这篇寓言的旨意，是讽喻国君勿为左右嬖佞所蔽，勿为用事权贵所遮，不要给奸邪钻了空子，要能任用有道术之士。

深沟高垒

典出《孙子·虚实篇》。

> 故我欲战，敌虽高垒深沟，不得不与我战者，攻其所必救也。

又见《韩非子·说林下》。

> 将军怒，将深沟高垒；将军不怒，将懈怠。

《虚实篇》是孙子兵法中卷的第二篇，主要论述如何使敌虚而我实，达到战斗中以实击虚，夺取胜利。

孙武说："进攻时，要使敌人不能抵御，就要急冲敌人空虚之处；退却时，要使敌人不能追击，就要退得迅速，使敌人无法追及。如果我军想打，敌人即使坚守深沟高垒，也要逼他打，要去进攻他不能不去援救的要害之地。如果我军不想打，就要划定地区坚守，使敌人想与我交战也不可能。这就要设计迷惑敌人，使他不知道向哪个方向前进。"

"深沟高垒"即指军队扎营时，把壕沟挖深，把壁垒筑高。后人用"深沟高垒"比喻防御工事的坚固。

师直为壮

典出《左传·僖公二十八年》。

> 晋师退。军吏曰："以君辟臣，辱也。且楚师老矣，何故退？"子犯曰："师直为壮，曲为老，岂在久乎？微楚之惠不及于此，退三舍辟之，所以报也。背惠食言，以亢其仇，我曲楚直。其众素饱，不可谓老。我退而楚还，我将何求？若其不还，君退臣犯，曲在彼矣。"

春秋时，晋楚两国都很强盛，其他的小国如宋、郑、曹等国一向都屈从于楚国，但后来宋国忽然背叛了楚国改投晋国。楚国立即出兵伐宋。宋国在强兵压境的时候，派使者求救，晋文公听了大夫先轸的话，一面叫宋国去劝秦、齐两国和楚国交涉，一面将曹、卫两国君扣留起来作为要挟。楚将子玉派人去通知晋兵说："你们送曹、卫君回去，重新把曹、卫恢复，我也就解除对宋国的围攻。"晋文公把楚国使者囚在卫国，又暗中答应恢复曹、卫两国，于是曹、卫便与楚国断绝关系。

子玉听到这个消息非常生气，便指挥军队进攻晋兵，晋兵奉令后撤。军官很是不满，晋大夫狐偃说："出兵而理直者，就是壮盛的；理亏者，就是衰落的，何必在乎时间的长久？我们若无楚国的恩惠（晋文公曾得楚君之助，得以回国接君位），到不了今天，退九十里避开他们，就是为报楚国旧日的恩惠。若我们忘恩失信，以仇怨相对，那么，我们理亏，他们理直，他们的士气很旺盛，不能算衰落。如我们退了以后，他们仍要进军，那就是他们理亏了。"

后人便将狐偃的这句名言"师直为壮"引为成语，指出兵理由正当，因而斗志旺盛，战斗力强。

失之东隅，收之桑榆

典出《后汉书·冯异列传》。

冯异是东汉著名的将领，跟随光武帝刘秀南征北战，立下赫赫战功。

一年，刘秀身陷重围，连夜带兵突围南逃，来到饶阳县无蒌亭。这时天降大雨，寒风凛冽，将士们都饥寒交迫，人人灰心丧气。冯异见此情景，就亲自带人冒雨找来了柴禾、干粮，烧了一大锅热气腾腾的菜汤。刘秀等人吃完，恢复了精神，重新斗志百倍地踏上征程，终于脱离了险境。

刘秀称帝后，封冯异为征西大将军，命他率军会同邓禹、邓弘军队一同西进，讨伐占据在关中地区的赤眉军。

当时赤眉军屯兵 20 万，兵势强大。冯异建议先派人去赤眉军中诱降，涣散敌人军心，然后由邓禹、邓弘二将领军打击东边敌人，自己率军西进，对赤眉军两边夹击，方可确保战斗的胜利。但邓禹、邓弘二将求功心切，没听冯异的劝告，仓促领兵攻击赤眉军，结果大败而归，损兵三千。

冯异闻讯，忙率军转移，等候战机。几天之后，冯异在渑池设下埋伏，让手下士兵换上赤眉军的装束，藏在路旁，诱敌深入。赤眉军入了圈套，冯异一声令下，顿时伏兵四起，杀得赤眉军人仰马翻，四散奔逃。

渑池一战，冯异消灭了 8 万敌人，大获全胜，这个捷报传到京城，刘秀立即写了一封诏书，送到前方表示慰问。刘秀在信中说：前方将士打了胜仗，非常辛苦，虽然开始时你们像斗败了的鸟儿，垂着翅膀逃到溪坂，但最终在渑池振翼高飞起来了，真可谓"失之东隅，收之桑榆"呀！

东隅：日出的地方，也指早晨。桑榆：落日所照的地方，也指日暮。比喻开始时在这一方面失败了，但最终却在另一方面取得了成功。

孙子练兵

典出《史记·孙子吴起列传》。

孙子武者，齐人也。以兵法见于吴王阖庐。……阖庐曰："可试以妇人乎？"曰："可。"于是许之，出宫中美女，得百八十人。孙子分为二队，以王之宠姬二人各为队长，皆令持戟，……即三令五申之。于是鼓之右，妇人大笑。……复三令五申而鼓之左，妇人复大笑。……乃欲斩左右队长。吴王从台上观，见且斩爱姬，大骇，趣使使下令曰："……愿勿斩也。"孙子曰："臣既已受命为将，将在军，君命有所不受。"遂斩队长二人以徇，用其次为队长。于是复鼓之。妇人左右前後跪起皆中规矩绳墨，无敢出声。

伍子胥请来了孙武，一同去见阖闾。阖闾从朝堂上跑下来迎接孙武。随即问他用兵的方法。孙武把他自己写的 13 篇兵法送给他。阖闾叫伍子胥从头到尾朗诵一遍。每念完一篇，阖闾就不停地点头称赞。他对伍子胥说："这 13 篇兵法真是扼要精粹，好极了！可是咱们吴国国小兵微，怎么办？"孙武说："有了兵法，只要大王有决心，不仅男子、就是女子也行。男男女女，全都能够打仗，还愁什么人马。"阖闾笑着说："女人怎么能打仗，这不是笑话吗？"孙武一本正经地说："大王要是不相信，请先拿宫女们试一试。我如果不能把她们训练得跟士兵们一样，我愿意认罪受罚。"阖闾于是派了 180 名宫女，让孙武去操练。孙武请阖闾挑出两个爱妃当队长。阖闾也答应了。最后，孙武请求说："军队首重纪律。虽说拿宫女们试试，也得讲究纪律。请大王派个执掌军法的人，再给我几个武将当助手。不知道大王答应不答应？"阖闾全都答应了。

180 名宫女全都穿戴着盔甲，手执兵器，在操场上集合。孙武首先出了三道军令："第一，队伍不许混乱；第二，不许吵吵闹闹；第三，不许故意违背命令。"接着，他把宫女们排成了两队，操练起来。那两个妃子队长以为她们穿上军衣，拿着长枪、短刀，是出来玩的，就带头嘻嘻哈哈地不听使唤，其他的宫女也跟着笑闹成一团。她们或坐、或站，或摆姿弄势，或来回奔跑，根本不拿训练当回事。孙武于是传令，叫她们归队立正。其中还有人说说笑笑，不听命令。孙武传了 3 次令，那两个妃子队长和宫女们还是嬉笑如故。孙武大怒，瞪着眼睛大声地跟那个执掌军法的人说："士兵不听命令，不服约束，按照军法应当怎么处治？"军法官连忙跪下，说："应当斩首！"孙武就发出命令，说："先把队长正法，做个榜样。"武士们就将两个妃子绑起来，吓得宫女们全都花容失色。

阖闾在高台上远远瞧着她们操练，忽然看见两个妃子被绑上了，立刻打发人拿着"节枝"（代表君王权力的一根手杖）去求救，叫他传令，说："我已经知道将军用兵的才能了。这两个妃子是我最心爱的，请饶了她们吧！"

那人急急忙忙地来见孙武，传出阖闾的命令。孙武对他说："军中无戏言。我既然受了大王的命令做了将军，就得由我管理军队。要是不把犯法的人治罪，以后我还能够指挥军队吗？"他还是把这两个妃子正了法，另外又挑了两个宫女当队长，重新操练起来。这批宫女在孙武严厉的训练下，居然操练得有模有样。

阖闾虽然佩服孙武的兵法，却仍不大愿意重用他。伍子胥对阖闾说："大王打算征伐楚国，领导各国诸侯，做一番惊天动地的大事业，就非得有个像孙武那样的大将不可。"阖闾经他这么一说，才拜孙武为大将，又称呼他为军师，吩咐他准备征伐楚国的事情。

孙武提议说："大王如果打算发兵远征，就必须先除掉内患才行。王僚的兄弟掩余在徐国，烛庸在钟吾（在江苏省宿迁县西北），他们两人随时都可能衔恨

到吴国来报仇。咱们必须先铲除他们,然后再发兵。"阖闾和伍子胥都赞成他的主张,就派遣两个使臣分别去要求那两个小国交出逃犯来。徐国和钟吾不乐意,把掩余和烛庸都放了。阖闾怒不可遏,立刻命令孙武发兵去征伐这两个小国。孙武追上了掩余和烛庸,把他们杀了,又将徐国和钟吾并吞了。阖闾想乘胜打到郢都去。孙武说:"不能让士兵们太劳累。先休息休息,逮到个好时机再去打,才能够百战百胜。"

这个故事讲述了治军必须纪律严明,带兵要遵循法则。

天下无敌

典出《孟子·离娄上》。

> 夫国君好仁,天下无敌。

又见《庄子·说剑》。

> 臣之剑十步一人,千里不留行。王大悦之,曰:"天下无敌矣!"

有一次,有人去问孟子:"怎样才能做到天下无敌。"

孟子说:"现在有些弱小国家想以强大的国家为师,但又以接受别人的命令为耻,这就好比学生以接受老师的命令为耻一样,这行吗?"来访者问:"不以强国为师就没有别的办法了吗?"孟子沉思了一下回答说:"当然不是说只能以强大的国家为师,因为我们可以文王为师。以文王为师,强大的国家只需五年,较小的国家只需七年,就一下可以得到统治天下的大权。""怎样才能做到以文王为师呢?"来访者问。孟子说:"这就是要施行仁政。孔子说过:仁德的力量,是不能拿人的多少来计算的。如果君主爱好仁德,则'天下无敌'。"

后人用"天下无敌"来形容战无不胜,哪里都没有能抵挡的。

危在旦夕

典出《三国志·吴书·太史慈传》。

太史慈是东汉末年人,家境贫寒,多亏孔融接济他们,他母亲才把他拉扯成人。

黄巾农民起义爆发后，这时身为北海相的孔融，在都昌被农民军将领管亥的部队团团围住，形势万分危急。太史慈的母亲对他说："儿啊，如今孔大人遇到危难，你该去帮帮他！"

太史慈越过了封锁线，只身潜入了都昌城。农民军将都昌城围得越来越紧，孔融坐立不安，更加焦急。有人提议，平原相刘备为人重信义，急人所难，不如再派人突围去向平原相报信求援，请刘备赶快来解围。孔融面有难色，说："主意倒是不错，可无奈这城被围得水泄不通，前几次突围送信的人，死的死，伤的伤，没有一个人冲出去。"

这时，太史慈站了出来，向孔融请求出城送信。

第二天，都昌城紧闭多日的城门突然打开了，只见太史慈披挂一新，纵马驰出，身后只跟了两名骑兵。城外围军一时惊骇，竟不知如何对付是好。太史慈下马滚入沟堑，搭弓射箭，连中两名敌兵，随着跃身上马，一溜烟进了城，城门又紧紧地关上了。

此后几天，太史慈天天如此骚扰围军一番，围军只当这是守军的杀伤战术，渐渐习以为常，不加警惕。可是第五天早上，城门一开，太史慈飞马加鞭，竟然直冲围军而去，围军急忙躲闪，居然给他让出了一条路。等到围军醒悟过来，太史慈早已越过重围，朝远处急驰而去。

太史慈到了平原郡，见到了平原相刘备，告急道："今北海孔大人被围，孤军无援，危在旦夕，请您马上派兵相救。"说罢，递上孔融的亲笔信。

刘备读罢信，当即派出 3000 名精兵跟随太史慈去援救孔融，解了都昌城之围。

旦：早晨。夕：傍晚。旦夕：指时间极短。"危在旦夕"指危险就在眼前了。

一成一旅

典出《左传·哀公元年》。

春秋时期，吴王夫差为了替父亲报仇，率兵攻打越国，把越王勾践和他的 5000 名残兵败将围困在会稽山上。勾践听从了大臣范蠡的主张，打算求和。

勾践便派大臣文种到吴王营里去求和。夫差打算同意，可吴国大夫伍子胥坚决不肯。他告诫夫差说："古语说得好，'建树德行最好是不断培植，去掉毒害最好是消除干净'。"接着，他就给夫差讲了夏朝时期的一个故事。

夏朝的时候，过氏部落首领浇杀了斟灌，攻打斟郡，灭了夏朝的后相，后相

的妻子后缗逃走了，后来生下了一个儿子，名叫少康。少康逃到有虞部落里，做了官。酋长还把两个女儿嫁给少康为妻，并将纶邑封给他。纶邑虽然地方不大，只有十里见方，人口也只有 500，也就是所谓的一成一旅。但少康到那里以后，广施恩德，安抚下属，积极训练军队。当时机成熟了，就率兵攻打过国、戈国，灭了它们，恢复了夏朝的天下。这就是"少康中兴"的故事。

伍子胥讲完这个故事后，接着又说："如今的吴国不如当时的过国，而越国却超过了少康的纶邑。假如将来上天让越国强大起来，对吴国将是极大的威胁。我们如果不乘胜消灭勾践，将后患无穷啊！"

可是夫差早被胜利冲昏了头脑，根本听不进伍子胥的意见，还是同意了越国的求和要求。伍子胥失望地对大臣们说："唉！越国用十年生息繁衍，再用 10 年教育训练，20 年后一定会来报仇的。"

20 年之后，越国真的强大起来，勾践率兵打败了吴国，并且连吴王投降都不允许。吴王懊悔莫及，只得自杀而死。

古时以方圆十里为一成，以士兵 500 人为一旅。"一成一旅"比喻力量虽小却有所建树。

一鼓作气

典出《左传·庄公十年》。

> 既克，公问其故。对曰："夫战，勇气也。一鼓作气，再而衰，三而竭。彼竭我盈，故克之。"

齐桓公采信鲍叔牙的话命管仲为相国。

这个消息传到鲁国，鲁庄公十分气愤。他开始操练兵马，打造兵器，企图报仇。齐桓公知道了，想先趁鲁国措手不及时攻过去。管仲劝阻他说："主公刚即位，军政都还没安定，不宜急着用兵遣将。"但是齐桓公不听劝告，他一心想耀武扬威，证明自己的能力远远超过公子纠，以使大臣们心悦诚服。如果按照管仲的意见，先使政治、军事、生产等一件件都上了轨道，那还不知道要等到哪年哪月，他叫鲍叔牙当大将，率领大军直逼鲁国的长勺。

鲁庄公愤慨至极，对施伯说："齐国欺人太甚了！咱们跟他们拼了！"施伯说："我推荐一个人，保证他对付得了齐国。"鲁庄公迫不及待地问："谁？"施伯回答："这人叫曹刿，能文能武，是将相之才，要是咱们诚心去请曹刿，他也许愿意效命。"鲁庄公就叫施伯尽快去招请曹刿。

施伯见到曹刿,把本国遭人欺负的事向他说明了,又用犀利的言词刺激他,想叫他出来替国家出点力气。曹刿终被他说动了,就跟着他去见鲁庄公。鲁庄公问他用什么法子可以击退齐国人。他说:"这很难说,打仗全凭随机应变,没有一成不变的法则可以依循。"鲁庄公很赏识他,就和他带着大军直驱长勺。

鲁国的兵马到了长勺,摆好阵势,和齐国的兵营遥遥相对。鲍叔牙因在乾时一役大败鲁庄公的人马,难免有几分轻敌之心,即刻下令击鼓进兵。鲁庄公一听对方鼓声震天,就叫鲁兵也摆鼓对敌。曹刿制止他,说:"等一等,他们上次打赢了,现在锐气还很旺盛,一直想再大干一番,咱们不如暂时以静制动,别跟他们交手。"鲁庄公就下令:"不准喧嚷!不准开打!严阵以待!"齐国人在鼓声催促下冲了过来,却只遇到钢铁般的阵容挡在眼前,没办法打杀进去,只得退后。过了一会儿,齐国又打鼓冲锋,鲁国仍然不动声色,未见一个人杀出来。齐国人找不到对手交锋,悻悻然退回去了。但鲍叔牙仍然兴致勃勃,他说:"他们不敢打,八成是在等救兵。咱们再冲一次,看他们上不上!"于是齐军第三次擂鼓。那些士兵连冲了两次,以为鲁国人只守不战,已经兴味索然,但军令不能不服从,只好勉强跑过去。谁知这时对方忽然鼓声大作,鲁国的将士霍地喊杀而出,刀砍箭射,打得齐国兵马七零八落,溃败而逃。鲁庄公想追过去,曹刿说:"慢着,让我瞧瞧再说。"他就站在兵车上,极目远望,又下车审视齐兵的车印和脚印,再往四周瞧了瞧,才跳上车,说:"追吧!"他们一连追了三十多里,抢获敌人的辎重和兵器无数。鲁庄公大败齐兵后,问曹刿:"头两次他们击鼓进兵,你为什么不许咱们也击鼓呢?"曹刿说:"打仗全凭一股气势。击鼓就是叫人打起劲来,头一次的鼓,力量最盛;第二次的鼓就差了;到了第三次,鼓就是震天价响,也不能带动兵马的劲头了。趁着他们松懈的时候,咱们'一鼓作气'打过去,怎么会不赢呢?"鲁庄公一再点头表示赞同,但是他依旧不明白为什么对方逃了,还不尽快追上去。曹刿解释说:"敌人逃跑也许是诈,说不定前面还有埋伏,非得瞧见他们旗倒了,车子乱了,兵也散了,才能确定他们已经溃不成军,也才能放胆地追上去。"鲁庄公十分佩服曹刿。

迎刃而解

典出《晋书·杜预传》。

昔乐毅藉济西一战以并强齐,今兵威已振,譬如破竹,数节之后,皆迎刃而解，无复著手处也。

晋武帝时，有一个叫杜预的人，不但学问非常渊博，而且见识又很广，他做了7年度支尚书，贡献很多。当时的人都称赞他无所不能，叫他"杜武库"。后来他调任镇南大将军，都督荆州军事，建议攻伐吴国，待到出兵以后，只用十天的时间，就接连占领了长江上游许多城市；紧接着又占领沅、湘两水以南一带的州郡，并俘虏了吴军督孙歆以下的文武官员200多人。这时，有人说吴国是强劲的敌人，不能一下子完全打败；而且时值夏季，河水正在泛滥，恐怕有疫病流行，应该等到来年春天再集中力量攻打。但杜预坚定地说："从前乐毅由于在济西打了一仗，就吞并了强大的齐国。现在我们士气旺盛，用这样旺盛的兵力去打吴国，犹如去破竹，等到劈破几节之后，下面便都'迎刃而解'，不会有碍手的地方了。"结果他带着队伍继续进军，真好像破竹子一样顺利和迅速，终于把吴国灭掉了。

后人用"迎刃而解"来形容处理事情（学习上、工作上、或人事上等）很容易。

有始有终

典出《战国策·齐策》

燕昭王始终认为乐毅是知己，乐毅也真心实意地去报答他。燕国的大夫骑劫，因为自己有点武艺，又懂得些兵法，早就想掌握兵权。就因为在他上面还有乐毅，他不能马上如愿。

骑劫和燕太子乐资一向亲密，就对他说："齐王已经死了，齐国就剩了莒城跟即墨两处，其余的地界全在燕国军队的手里。乐毅能在半年之内打下70多座城，为什么费了好几年工夫还打不下这两座城呢？这里头准有鬼。"太子点了点头，没言语。骑劫接着又说："他要是存心打下这两个城，早就可以打下来了。听说他怕齐国人心不服，因此想拿恩德去感化他们。等到齐国人真正归附了他，他不就当上齐王了吗？"太子乐资把这话告诉了燕昭王。燕昭王一听，蹦了起来，怒气冲冲地打了太子20板子，骂他是个忘恩负义的畜生。他说："先王的仇是谁给咱们报的？昌国君的功劳简直没法儿说。咱们把他当做恩人还怕不够尊敬，你们还要说他坏话？就是他真做了齐王，也是应该的呀！"

燕昭王责打太子之后，打发使者拿了节杖上临淄去见乐毅，立他为齐王。乐毅非常感激燕昭王的心意，可是他对天起誓，情愿死，也不愿接受这封王的命令。使者回报燕昭王。燕昭王感动得直流眼泪。

太子乐资为了乐毅挨了20板子。这件事虽然他不愿意计较，可也没办法忘记。公元前279年（周赧王三十六年，燕昭王三十三年，齐襄王五年，楚顷襄王二十年，赵惠文王二十年，秦昭襄王二十八年），燕昭王死了。太子乐资即位，就是燕惠王。俗语说，"一朝天子一朝臣"，燕惠王信任骑劫正像燕昭王信任乐毅一样。他还算顾全大局，没把乐毅当成仇人。可是燕国人已经上了齐国人的当，听信他们散布的谣言，到处地传着说："乐毅本来早就当了齐王了，为了不愿辜负先主，就没敢做王。如今新王即位，乐毅可就要做齐王了。要是新王另外派个将军来，莒城和即墨就完了！"

燕惠王听信了这种流言，就把乐毅调回来，派骑劫为大将去接替乐毅。

乐毅倒是比伍子胥更有见识，他相信"善始者不必善终"，再说他和燕昭王的交情可以说已经是有始有终的了。要是他回到燕国，万一给新王杀了，丢了一条命倒不算什么，只是太对不起燕昭王了。最后他说："我原本是赵国人，还是回老家去吧。"他就逃到赵国。赵惠文王封他为望诸君。

骑劫当了大将，接收了乐毅的军队。他把乐毅的命令全改了。燕国的君臣都有点不服气，可是大伙儿敢怒不敢言。骑劫到了大营，休息了3天，就去围攻即墨，围了好几层，可是城里早就有了准备。守城的将军田单，把决战的步骤已经很周密地布置好了。

后人用"有始有终"这个成语比喻办事有头有尾，不半途而废。

玉汝于成

典出《正蒙·乾称篇》。

> 贫贱忧戚，庸玉女于成也。

北宋哲学家张载，字子厚，凤翔郿县（今陕西眉县）横渠镇人，世称横渠先生。他青年时代学过兵法，曾想组织一些人收复被西夏夺去的洮西失地。后来，在范仲淹的引导下，张载专心研究学问，并逐渐形成了自己的哲学思想。张载曾当过崇文院校书，后讲学关中。宋神宗熙宁二年（1069年），张载回到横渠镇，并在那里读书治学。

横渠镇地处穷乡僻壤，自然条件很差。张载家中收入不多，生活很清苦。但是，张载面对清苦的生活却怡然自得。他认为，只有艰苦的环境，才能磨炼人们的意志，帮助人们取得成功。正是在这种思想的指导下，张载刻苦自励，成了一位颇有成就的学者。他的哲学思想及其著作《正蒙》《经学理窟》《易说》等，对后世产生了很大影响。

据记载：张载在家乡治学期间，曾把《正蒙·乾称篇》的一部分写在书房的两扇门上，左书《砭愚》、右书《订顽》。后由理学家程颐将《砭愚》改称《东铭》；将《订顽》改称《西铭》。在《西铭》中，有一句话叫做"贫贱忧戚，庸玉女于成也"。意思是说，贫穷低贱和令人忧伤的客观条件，其实可以磨炼人的意志，用来帮助你达到成功。这是张载一生治学的宝贵经验，也是一句警世之言。

后人将"贫贱忧戚，庸玉女（汝）于成也"，写成"艰难困苦，玉汝于成"，用以激励人们在艰苦环境中努力奋斗，取得成功。

振臂一呼

典出《文选·答苏武书》。

死伤积野，余不满百，而皆扶病，不任干戈。然陵振臂一呼，创病皆起。

西汉时，匈奴屡次侵略边境，汉武帝在忍无可忍之下，派李陵率领 5000 人马去抵抗。李陵遇到了顽敌，孤军深入敌阵。以 5000 人马，对抗匈奴 10 万大军，等于以卵击石，以肉投饿虎，但李陵凭着他的英勇，身先士卒，却把敌人打得人仰马翻，并杀了他们的主将。后来匈奴动员了全国的人马来对付李陵。当时，李陵的部队陷在众寡悬殊的恶劣情势下。敌人熟识地形，又有精锐的骑兵参战，一个人抵抗着千百个敌人。兵士们都忍住创痛，争先奋勇地杀敌，直至死伤积野，剩下几十个人，还不肯放下武器。这时，李陵仍挥动着手臂，号召残余的兵士们努力杀敌，直到箭射完了，刀折断了，大家手无寸铁的时候，失去了天时地利的条件，依然不肯投降，还徒手和敌人拼个你死我活。李陵的英勇，部下视死如归的精神，实在令人无限感动！

在《李陵答苏武书》中，曾经叙述当时恶战的情景，其中有"振臂一呼，创病皆起。举刃指房，胡马奔走"的句子。后人就用"振臂一呼"来形容在战斗情绪低潮时，奋起呼喊，以提高士气。

壮士解腕

典出《三国志·魏志·陈泰传》。

　　古人有言："蝮蛇螫手，壮士解其腕。"

　　陈泰是三国时期魏国的将领，曾担任过游击将军、并州刺史、尚书右仆射等官职。

　　陈泰在代理征西将军时，有一年蜀将姜维、夏侯霸分兵三路进攻魏国边境。雍州刺史王经连忙向陈泰报告。当时姜维率领几万兵马，到达罕地方，准备直取狄道。陈泰命令王经进驻狄道，结果王经作战失利，遭到惨败。只有1万多士卒退到狄道城内坚守，其余的都逃散了。姜维乘胜把狄道城围住。陈泰领兵昼夜兼往，路上与邓艾的兵马汇合，一同进往陇西。邓艾对陈泰说："如今王经军队受到很大挫伤，姜维打胜了，士气很高涨。他们的气势不可阻挡，再说我们是继续在败军之后，将士信心不足，所以依我看，不如暂时放弃狄道城不管，避开姜维的锋芒。待他松懈下来以后再找机会救援狄道，这样可以自保，失去局部保全整体。古人说过：毒蛇咬手，壮士就把手腕子砍下去，以便保护身体不被毒害。《孙子兵法》上不是也有兵有所不击、地有所不守这样的话吗？我的意见请你斟酌！"

　　陈泰沉吟了半响，摇摇头说："不行啊，王经已经败了，若让姜维趁胜进兵向东，占据栎阳，积存粮草，收降残兵，招纳羌人、胡人，与我们争夺关、陇要地，那我们就被动了。现在必须速成，要迅雷不及掩耳那样袭击他！"

　　陈泰说服了邓艾，派兵进入高城岭，夜里偷偷登上狄道东南的高山，点燃烽火，吹起号角。狄道城内守兵看见援军已到，士气倍增，纷纷请战，姜维看援军来得这样快，以为必有奇谋，心中惊惧，便下令撤军。于是狄道城也就解围了。

　　后人以该文中的"壮士解腕"作为一句成语，比喻当机立断，不要因为犹豫而因小失大。

走马看花

典出《登科后》。

唐朝时候，有一个诗人名叫孟郊，一直到将近 50 岁才考中进士，欢喜之余写了一首《登科后》诗，其中有"春风得意马蹄疾，一日看尽长安花"之句，"走马看花"这句成语，便是从孟郊那首诗中的字句演变而来的。

关于这成语，在民间曾流传着一个有趣的故事。传说有个名叫贵良的小伙子，是个跛子，他想找个漂亮的妻子，便托朋友华汉做媒。刚巧有个名叫叶青的姑娘，鼻子有些缺陷，也托华汉给他找个如意丈夫。华汉心想正好把这两人配成一对夫妻。于是他叫贵良骑马从叶青门前走过，叫叶青拿一朵鲜花遮住鼻子，装作闻香的样子。叶青看到贵良骑在马上的那种年青英俊样儿，心里着实欢喜；贵良看着叶青鲜花遮羞，眉目清秀的容貌，也万分中意。一直到结婚的那天，两人再次见了面，谈起当初"走马看花"的情景，彼此才醒悟过来。

"走马观花"本来形容登科后得意愉快的心情，引申为观赏游览之乐，后来又比喻草草观察，不细看其究竟；或比喻人们的学习态度只作表面的涉猎，而不及细看其底蕴。

第四卷

境遇篇

霸陵呵夜

典出《史记·李将军列传》。

还至霸陵亭，霸陵尉醉，呵止广。广骑曰："故李将军。"尉曰："今将军尚不得夜行，何乃故也！"止广宿亭下。

西汉名将李广与匈奴打过 70 多次仗，屡立奇功，声名显赫。匈奴人很怕他，称他为"汉朝的飞将军"。有一次李广作战失败，被匈奴人抓去当了俘虏。他虽想办法逃了回来，但按当时的法律是犯了大罪，该被杀头。但皇帝念他功劳大，只是罢了他的官，贬为平民。李广闲居在蓝田南山中，一去数年。

李广喜欢射箭，隐居时，也经常与友人一起外出射猎。有一回，他误将草中的石头当成老虎，一箭射去，竟将箭深深地射入石中。李广真不愧为一代名将，箭术精湛，神力惊人。

一天晚上，李广带了一个随从出去射猎，又和别的人喝了不少酒，夜深了才往回走。归途中路过霸陵亭，遇上了霸陵县尉。县尉也喝了酒，醉醺醺的。当时的规定是夜晚不准在外行走，县尉就呵斥李广，不准他再往前走。李广的随从很不服气，就对县尉说："你知道这是谁吗？这是原来的李将军啊！"县尉却不买账，他大声叫道："就算是现任的李将军，也不能违反规定夜间行路，更何况是原来的李将军呢。"

在一个小小的县尉面前，名满天下的李广没有办法，只好与随从在霸陵亭住了一夜，第二天才返回家中。

后人用"霸陵呵夜"的典故形容失势后受到欺凌冷遇，也用来抒写失势后的郁闷心情。

白虹贯日

典出《史记·邹阳列传》。

　　昔者荆轲慕燕丹之义，白虹贯日，太自畏之。

　　战国时，燕国太子丹想刺杀秦始皇，物色了一个叫荆轲的刺客。一天，荆轲对太子丹说："感谢太子对我的热情款待，我愿为太子去刺杀秦王。但我想了很久，用什么方法去取信秦王，接近秦王呢？我想，最好带上燕国督亢地区的地图和樊将军的头颅去秦国，这样，秦王必然接见我，我就可以利用这个机会杀死秦王。"

　　太子丹犹豫地说："樊将军得罪了秦王，从秦国逃出来投奔我，他的一家人因此被秦王杀害了，我怎么忍心割下他的头颅呢？没有其他的方法吗？"

　　等太子丹走后，荆轲私下见樊将军，骗他自杀，取得了头颅，用一个盒子把它装好，然后又在赵国购得一把锋利无比的匕首，淬上毒药。于是，荆轲带着樊将军的头颅、燕国督亢的地图和赵国匕首准备出发。

　　临行的那天，燕太子丹见荆轲不愿动身，就对他说："荆大侠，太阳就快下山了，不知你是否愿意在今天出发？"荆轲一听，不高兴地说："我本想等一个朋友，但迟迟不来。既然太子催促，那我就动身吧！"说完，荆轲愤然登上车子，不辞而别。这时，太子丹仰望天空，发现一道白色长虹横跨在蓝天之下，他不禁全身猛地一震，叹息说："这次行动一定要失败啊！白虹是不祥的预兆！"

　　后来荆轲刺杀秦王失败了，太子丹沮丧地说："唉，我早就知道了！"

　　后人用"白虹贯日"表示不祥的征兆。

败军之将

典出《吴越春秋·勾践入臣外传》。

　　范蠡曰："臣闻……败军之将，不敢语勇。"
　　又见《史记·淮阴侯列传》。

广武君辞谢曰："臣闻败军之将，不可以言勇；亡国之大夫，不可以图存。"

楚汉相争时，汉将韩信用背水之阵击败了赵军并俘虏了赵国的广武君李左车。韩信知道李左车是个人才，便向他请教攻燕伐齐的策略。李左车开始不愿说，他对韩信说："我听说打了败仗的将军，没有资格谈论自己的勇敢；亡了国的臣子，不能希望保存自己的生命。"后见韩信诚心求教，才阐述了自己的见解并被韩信采纳。

后人用"败军之将"的这个典故比喻打了败仗的将军，后常用以讽刺失败的人。

别无长物

典出《晋书·王恭传》。

恭曰："吾平生无长物。"南朝·宋·刘义庆所著《世说新语·德行》中说：王恭对曰："丈人不悉恭，恭作人无长物。"

东晋时期，有一个叫王恭的人，字孝伯，他做过大官，曾经担任过丹阳尹、中书令、太子詹事等职。王恭生活非常简朴、清廉，为官正直、敢言。

有一次，王恭随父亲光禄大夫王蕴，从盛产竹子的会稽（今浙江绍兴）到了东晋都城建康（今江苏南京），他的同族王忱去看望他。两人坐在一张六尺长的竹席上，亲密地交谈。王忱很喜欢这张竹席，他心想，王恭从盛产竹子的会稽来到这里，一定带了不少这样的席子。于是便开口向王恭要这张竹席。王恭爽快地答应了，派人把竹席送给王忱。因为王恭只有这一张竹席，所以以后他只好在草席上读书、吃饭。

王忱知道这个情况以后，非常吃惊，感到很过意不去。他找到王恭，非常抱歉地对他说："我原来以为你有好几张竹席，所以才开口和你要了一张，实在没有想到你只有这一张。"王恭回答说："您太不了解我，我王恭在生活上没有什么追求，从来就没有什么多余的东西。"王忱听后，对王恭的廉洁简朴的美德，更加敬佩。

成语"别无长物"即由以上记述演化而来。长物：指多余的东西。这句成语形容此外再也没有多余的东西了，空无所有。"别无长物"亦称"一无长物"、"身无长物"等。

病入膏肓

典出《左传·成公十年》。

公疾病，求医于秦。秦伯使医缓为之。未至，公梦疾为二竖子，曰："彼良医也，惧伤我，焉逃之？"其一曰："居肓之上，膏之下，若我何？"医至，曰："疾不可为也！在肓之上，膏之下，攻之不可，达之不及，药不至焉，不可为也。"公曰："良医也！"厚为之礼而归之。

春秋时代，晋景公有一次生病，十分严重，国内所有的名医，都没有办法医治，只好向临国请求名医。那时秦国有一位很高明的医生，姓秦名缓，字越人，又称扁鹊先生。于是景公派使者去请他，使者到了秦国，和秦伯商量，秦晋两国因为有婚姻上的关系，所以秦伯就教秦缓去医治景公。

秦缓还没有到达晋国之前，景公做了一个梦，梦见他的病变化成为两个童子。其中一个童子对另一个童子说："秦缓是秦国的良医，如果他到来，恐怕会伤害我们，我看我们还是逃避他好。"另一位童子回答说："怕什么呢？我和你分居在肓的下面，他就没有办法奈何我们。"

景公醒来以后，觉得非常奇怪。

秦缓到了晋国，替景公诊视了一番后，对景公说："你的病已经很重，没有办法医治了，因为你所患的毛病有两处：一处在肓的上面；一处在肓的下面，这两个地方是药方所达不到的，所以没有办法了。"景公听秦缓说出来的病源，恰恰和梦中两个童子所说的话一样，不禁赞叹道："唉！你真是一位好医生呀！"叫人送了很厚的礼物给秦缓，送他回去。

膏肓：中医学中人体部位的名称，膏指心下部分，肓指心脏至隔膜之间。旧说膏与肓之间是药力达不到的地方。后来用"病入膏肓"指病情非常严重，没有办法医治。或者指事态非常严重，已经无法挽救了。

不名一钱

典出《史记·佞幸列传》。

及文帝崩，景帝立，邓通免，家居。居无何，人有告邓通盗出徼外铸钱。下吏验问，颇有之，遂竟案，尽没入邓通家，尚负债数巨万。长公主赐邓通，吏辄随没入之，一簪不得著身。于是长公主乃令假衣食。竟不得名一钱，寄死人家。

汉朝汉文帝当政时，朝廷有一个宠臣，名叫邓通。邓通本来没有什么本事，不过是一个撑船的把式。只因为皇帝做了一个梦，邓通便飞黄腾达了。

原来，一天夜里，汉文帝刘恒做了一个梦，梦见自己往天上飞，可怎么也飞不上去，这时来了一个戴黄帽儿的年轻人，从后面往上一推，就把他推上天去了。他忙回头一看，看见推他上天的人是从身后往前穿着衣服，带子在后面的。一觉醒来之后，他就到处找梦中推他上天的那个年轻人。一天，他看见了邓通，觉得他与梦里的人一模一样，心里非常欢喜，便将邓通安排在自己身边，视为心腹。赏给他几十万钱，又封他为上大夫的官职。然而邓通无德无才，只会奉承皇帝，陪皇帝游玩。

一天，汉文帝派一个相面的人去给邓通相面，相过面之后，他告诉皇帝说："邓通这个人很贫穷，将来他会饿死。"

汉文帝心里很不安，忧虑地说："能让邓通富起来的只有寡人呀，我怎么会叫他受穷呢？"说完，汉文帝下令把蜀郡严道的一座铜山赐给邓通，允许他自己铸钱。这一下邓通可发了大财。他铸造的铜钱布满天下，人人都知道有"邓氏钱"。

邓通从此对汉文帝更加感恩戴德，言听计从。有一年汉文帝背上生了一个疮，流脓流血不停。邓通见此觉得孝顺皇帝的机会到了，便天天进宫去，用嘴巴替皇帝吮吸脓汁。

一次皇太子刘启来问候皇帝病情，皇帝说：

"我的疮流脓流血，你来帮我吮吸一下吧，这样我会舒服一些……"

皇太子见疮口脓血模糊，腥臭难闻，禁不住一阵恶心。他又不敢违旨，只得硬着头皮吮吸一口。邓通却高高兴兴地吮吸起来，脸上露出谄媚的奸笑。皇太子

看到这副媚态，十分讨厌，从此忌恨在心。

汉文帝死后，皇太子刘启即位，称为汉景帝。刘启免掉邓通的官职，让他回家闲居，不久有人告发邓通私自铸钱。刘启派御史查办，结果邓通的家产全被没收，邓通还负了几万钱的债务，顷刻之间便成了穷光蛋，吃饭、穿衣都要依靠别人救济，不久便死了。

成语"不名一钱"后来被人们用以形容极端贫穷，一个钱也没有。

大器晚成

典出《三国志·魏书·崔琰传》。

东汉末年，有个名叫崔琰的人，剑法很好。他特别喜欢交朋友。可是，有些人却认为他不学无术，除了舞刀弄棒，学问上一窍不通。一次，他去拜访一个很有学问的人，主人让管家出来告诉他说："主人正在潜心读书，无暇闲谈。"崔琰知道人家是嫌他没知识，感到无比羞愧，暗自下了决心，一定要好好读书，成为一个能文能武的人。从此，崔琰虚心拜师求学，学问逐渐增多起来，当时独霸北方的袁绍就把他招为谋士。

袁绍被曹操所灭后，曹操久闻崔琰才干，劝崔琰归顺自己。在曹营中，崔琰出了不少主意，很受曹操器重。有一次，曹操和他商量，想立小儿子曹植为太子。崔琰说："自古以来，都是立长子为太子。您立曹植，曹丕心里不服，大臣们也不服，这就种下了祸根。纵观古今，因为废长子立次子引起的骨肉相残还少吗？请主公三思而行！"曹操十分佩服崔琰的公正。

崔琰有个堂弟叫崔林。崔林年轻时一事无成，亲友们都看不起他，可是崔琰却很器重他，他凭自己的经历常对人说："才能大的人需要长时间才能成器（大器晚成），崔林将来一定会成器的。"后来，崔林果然成才当上了大官。

"大器晚成"原义为大才需经过长期磨炼方能成就，现指成名较晚的人。

得其所哉

典出《孟子·万章》。

昔者有馈生鱼于郑子产，子产使校人畜之池。校人反命曰："始舍之，圉圉焉；少则洋洋焉，攸然而逝。"子产曰："得其所哉！得其所哉！"

春秋时，郑国的子产是一位有德有能的政治家。他从郑简公时开始执政，经过定公、献公到声公，前后 20 多年，把郑国治理得相当不错。而且，子产还是一个很有仁爱之心的人。

有一次，有人送了一条大鱼给子产。看见这条活蹦乱跳的大鱼，子产舍不得杀了吃。于是，他把管池子的人叫了来，命他把大鱼放到池子里去。管池人觉得把鱼放掉太可惜，就偷偷将它煮来吃了。然后，他还编了一大套很生动的谎话去回报子产。他说："我已经遵照您的吩咐把鱼放到池子里去了。刚把它放进池里时，它昏沉沉地不大活动；过一会儿，它摇摇尾巴，慢慢游动起来；又过了一会儿，它变得十分灵活，一溜烟地游走了。"子产听了管池人的话，十分满意，连连说道："得其所哉！得其所哉！"管池人心中好笑，出来后悄悄对别人说："人人都说子产是聪明的能人，我看不怎么样。我已经将那条鱼煮来吃了，他还高兴得直说：'得其所哉！得其所哉！'"

孟子曾把这个故事讲述给别人听，他还说那个管池子的人编造的谎话实在太形象，十分合乎情理，以至于连聪明过人的子产也上当受骗了。

后人用"得其所哉"的典故形容一个人的境遇符合自己的心愿。又用"各得其所"形容每个人都有了合适的去处。

鼎足之势

亦作"鼎足而居"，典出《史记·淮阴侯列传》。

诚能听臣之计，莫若两利而俱存之，三分天下，鼎足而居，其势莫敢先动。

楚汉相争时，具有卓越军事才能的大将韩信投归刘邦以后，很快改变了楚强汉弱的局面。韩信握有重兵，成了一个"右投则汉王胜，左投则项王胜"的举足轻重的人物。

当时，有一个叫蒯通的人，深知天下为刘邦还是项羽所得，韩信是个关键。蒯通又从历史的教训中总结到，大凡帝王，只能与之共患难，不能同享乐。因此，他劝韩信不依附也不损害刘邦和项羽的任何一方，而是和他们三分天下，形成三足鼎立的局势，以图日后夺取天下。韩信没有听从蒯通的劝告。在刘邦得胜以后，终因谋反罪被吕后诛杀。临死前，韩信想起了蒯通的劝告，十分后悔地说："我不该不听蒯通的劝告，以至死在妇人小子之手。"

"鼎足之势"比喻三方面分立的局面。

方寸已乱

典出《三国志·蜀书·诸葛亮传》。

庶辞先主而指其心曰："本欲与将军共图王霸之业者，以此方寸之地也。今已失老母，方寸乱矣！"

"方寸"，指心脏。古代人以为一个人全身思想行动的器官由心脏主持，便将心脏误为主理身体的最重要部分，而不知道脑子才是真正的指挥者。

三国时代有一个叫徐庶的人，年轻时爱击剑，任侠仗义，好打不平。后来一心一意在学问上下功夫，很有成就，机智谋略，为当时的人所称道。刘备知道了徐庶是个有谋略的人，便请他在自己手下做事。当时曹操把徐庶的母亲扣在曹营，他只得向刘备辞别，他指着自己的心对刘备说："我本来想和将军及诸位一起共同努力，建立王霸的事业，因为我心里一向倾佩你；现在我的老母被俘了，我的心混乱得很，对你们的事业没有帮助，我在这里向你告别了。"离别时，徐庶特别推荐诸葛亮给刘备以代替自己，刘备才三顾茅庐将诸葛亮请出来做军师，创了一番事业。

后来的人便将徐庶所说的话，引申为成语"方寸已乱"，用来形容心中非常紧张，六神无主，再没有心思来办事了。

飞将数奇

典出《史记·李将军列传》。

猿臂善射，实负其能。解鞍卻敌。圆阵摧锋。边郡屡守，大军再从。失道见斥，数奇不封。惜哉名将，天下无双！

李广是汉代的名将，在抵抗匈奴的战争中屡建奇功。他擅长骑射，勇敢果断，以少胜多，出奇制胜，曾打败过多次匈奴的入侵。匈奴的将士对李广又惧怕、又敬佩，称他为飞将军。有一年，匈奴入侵上郡，皇帝派朝廷内官跟随李广出兵抵抗。内官几十名骑兵发现3个匈奴骑兵，就向他们进攻。3个匈奴兵用箭射他们，把几十匹马全射倒了，还伤了一个内官。余下的人都跑来找李广。李广知道这3个匈奴人必是神箭手，便亲自率领百骑去追赶。李广张弓放箭，射中二人，活捉一人。这时李广士卒发现迎面山上有匈奴的几千骑兵，正在观察动静。汉兵见敌人那么多，自已才100多人，十分惧怕，纷纷主张逃走。李广制止说："谁也不许动！我们离营地几十里路，假如现在撤回去，匈奴骑兵追赶我们，我们就全完了。我们不动，匈奴会以为我们是诱兵之计，必不敢贸然来追。"李广命令下马解鞍，就地歇息。匈奴果然没敢来追。半夜时分，匈奴害怕汉军设有伏兵，就偷偷把骑兵带走了。李广平安地回到了营地。

还有一次，李广出雁门关迎战匈奴，因敌兵太多，汉军败退，李广被匈奴俘虏。匈奴首领单于知道李广是汉朝名将，下令说："要李广活着来见我！"匈奴骑兵用两匹战马拉成一个网袋，托着李广。李广当时有伤在身，无法行动。匈奴兵看守也很放心。

李广在两马之间的网袋上躺着，一动不动，佯装死去。行至十几里时，李广突然跳起，推倒身旁马主的看守，跃上马背，往南飞驰。匈奴100多个骑兵急忙追赶，李广举弓射杀，终于逃回汉营。

李广待人和气，对部下和士卒很友爱，每次得了封赏，都分给士卒享用。所以大家愿意跟他去作战。

李广为汉朝抗击匈奴，作战几十次，建立大小功劳无数次。可是却得不到朝廷重视，升官加爵都没有他的份儿。李广的堂兄弟李蔡，能力不如李广，声望更在李广之下，开始是和李广一样做着小官。可后来却官位升到丞相。李广对这些很烦恼，常与朋友说："我李广不比别人差呀，为什么以功封邑都没我的份儿呢？还是我的命运不佳呀！"后来，李广60多岁时出征匈奴，因为受到排挤和挫折，他自杀而死。

《史记》上在列举了李广的功绩后，评论李广说："可惜天下无双的名将啊，由于命运不好，得不到封赏呀！"

成语"飞将奇数"意思是命运不好。后人用这句成语比喻有才能的人遭遇不佳。

风中残烛

刘因，字梦骥，元时初年睿城（现在河北省容城县）人。他非常聪敏，并且肯下苦功读书。著作有《静修集》《四书集羲精要》等。

他在幼小的时候就死了父亲，一向对母亲很孝顺，成人以后，曾在朝廷任右赞痒大夫。后来他因为母亲生病，就辞去了官职，回家侍奉母亲。

不久，朝廷又叫他去做官，他却不愿意再去。有人问他为什么放弃做官的机会，他回答说："我母亲已经 90 岁了，好比是'风中残烛'，我怎么可以远去贪图一时的富贵呢？"

"风中残烛"比喻在风中烧残的蜡烛，容易熄灭。人们用来形容老年人精力衰竭，在世不久。"风中残烛"也有人叫"风前之烛"。年老病弱，朝不保夕时又可说成"风烛残年"。

负郭无田

典出《史记·苏秦列传》。

使吾有洛阳负郭田二顷，吾岂能佩六国相印乎？

战国时，东周洛阳有个人叫苏秦，字季子。他本来穷困潦倒，连自家兄弟、妻子、嫂子也瞧不起他，对他很冷淡。

后来，苏秦周游列国，到处宣传他的"合纵"之说，即让六国缔约，合力抗秦。六国的君主接受了他的政治主张，封他为相，为纵约长，主持联合抗秦的事务。

当苏秦任六国之相，北上向赵王复命时，行经故乡洛阳。一路上车马众多，声势显赫，各路诸侯都以王侯之礼派遣使者相送。连周宣王听说后也感到恐慌，赶紧派人清扫街道，并派人到郊外慰劳。

苏秦衣锦荣归，一家人见他如此威风，都对他刮目相看。以前对他冷淡倨傲的兄弟妻嫂等人，如今变得毕恭毕敬，连抬头正视他都不敢，只是小心翼翼地跪在地上服侍他。

对比从前在家里的待遇，苏秦感叹地说："同是一个人，富贵了亲戚就敬畏他，贫贱时亲戚就鄙视他。更何况别的人呢！"想到正是因为贫困，才促使他努力奋斗，终于成功，于是，他又庆幸道："假如当初我有靠近洛阳城郭的两顷良田，便会安心过着丰衣足食的日子。那么，我又怎么能佩上六国相印呢？"

后人用"负郭无田"来表示家中没有产业。

高枕而卧

典出《战国策·魏策一》。

> 为大王计，莫如事秦；事强大之秦国，则楚、韩两国不敢妄动；无楚、韩之患，"则大王高枕而卧，国必无忧矣。"

战国时期，张仪为了使齐、楚、燕、赵、韩、魏六国事秦，便去游说魏王。张仪到了魏国，魏王接见了他。他对魏王说："贵国地方不过千里，士卒不过30万；既无山川之险，又无丰富的产物。况且魏国地处楚国之北，赵国之南，韩国之东，齐国之西。因此，你亲近其中任何一国，其他三国都可能联合起来向你进攻；你反对其中任何一国，则其他三国也可能联合起来反对你。可见你们的处境十分困难，十分危险。"魏王皱了皱眉头说："那么先生有什么办法改变我国的处境呢？"张仪沉思良久才说："为大王计，莫如事秦；事强大之秦国，则楚、韩两国不敢妄动；无楚、韩之患，则大王高枕而卧，国必无忧矣。"魏王听说"事秦"，心中十分不悦，但又不好形之于色，只好婉谢道："先生的意见很好，可惜寡人有些愚蠢，还不敢立刻作出决断，等我和臣子们商量之后，再向先生请教。"张仪听后，便辞魏王而去。

后人用"高枕而卧"表示把枕头塞得高高的安安心心地睡觉，现在比喻思想解除武装，放松对敌人的警惕。

公冶非罪

典出《论语·公冶长》。

春秋时期，有一个人叫公冶长，他是孔子很赏识的学生，不仅十分聪明，还懂得鸟语。

有一次，公冶长从卫国返回鲁国，走到两国交界处，听见鸟儿们相互招呼，前往清溪吃死人肉。走不多远，公冶长看见一个老婆婆在路上哭，问她哭什么，她说："我儿子前不久出去了，至今没有回来，恐怕已经死了，不知他在什么地方。"公冶长说："我方才听见鸟儿们要到清溪吃肉，怕是您儿子吧？"

老婆婆前去一看，果然是她儿子死在清溪边。她将此事报告了村中官吏。村官想："如果公冶长没有杀人，他又怎么会知道此事呢？"于是将公冶长逮捕入狱。在狱中，公冶长解释自己没有杀人，而是能听懂鸟语，才知道死了人。狱吏说："那么我们就试试你，如真能听懂鸟语，就释放你；如果听不懂，就让你偿命。"

公冶长被关在狱中六十天。一天，有麻雀飞到狱墙上吱吱喳喳地叫，公冶长听了，脸上现出笑容。狱吏问他笑什么，他说："麻雀唧唧喳喳地说，白莲水边有一辆装粮食的大车翻了，公牛折断了角，地上的粮食打扫不干净，麻雀互相招呼去啄食。"

狱吏不信，派人去看，果然同公冶长讲的一样。后来又发现他听得懂燕子的言语，于是信他无罪，将他释放。

后人用"公冶非罪"的典故形容无辜蒙冤或入狱。

苟延残喘

典出明代马中锡《东田文集·中山狼传》。

今日之事，何不使我早处囊中，以苟延残喘乎？

战国时期，赵简子在中山这个地方打猎，有一只狼被射中了。这只受了伤的狼拼命地逃命。跑着跑着，碰见了一位墨家人物东郭先生。狼苦苦哀求东郭先生救它一命。它见东郭先生背着一个大口袋，便说："今天这种情形，你何不让我赶快钻进袋中，苟延残喘以保性命？"东郭先生经不住狼的哀求，把狼装入了袋中。等到赵简子追来询问狼的下落时，东郭先生推说不知道，骗走了赵简子。可是，狼从袋子里出来以后，竟要吃掉东郭先生。幸亏这时来了一个老农，才设计打死了这只恶狼。

后人用"苟延残喘"比喻暂时勉强维持生活。

关公战秦琼

传说山东大军阀韩复榘给他父亲办生日，找了很多名演员，要连唱 3 天戏。

开演头一天，演员正唱着，韩复榘的父亲突然站起来大喊："别唱啦，把管事的叫来！"他问管事的："你们唱的什么戏？""是关公千里走单骑，过五关斩六将。"韩复榘的父亲问："关公是哪里人？"管事的答："山西人。""山西人为啥到俺山东来打仗？有俺的命令吗？"他很不满地说："为啥不唱俺山东的英雄？俺山东有好汉秦琼，他俩谁本事大？叫他俩比试比试，来一出《关公战秦琼》！"

一个在唐朝，一个在汉朝，哪能搁在一块呢？管事的只好讲："这出戏我们不会。""不会？那全别唱了！全不让走，饿你们 3 天，不管饭，看你们会不会。"管事的一听害怕了，连忙到后台跟大家商量。老板一想：来 200 多人，3 天不管饭，怎么办？给他唱！没词，上台现编。演关公的不变。演刘备的，改扮成秦琼。两人上台一见面，秦琼问："来将通名。""汉将关羽。你是何人？""唐将秦琼。""为何前来打仗？""我知道为什么？"演员心里一生气，"唉"的一声叹了口气。这一"唉"，坏啦！按戏台上的规矩，这算"叫板"。后台的一听，还有唱的，便敲起锣鼓，拉起胡琴。唱什么？只好现编。于是"秦琼"唱道："我在唐朝你在汉，咱俩打仗为哪般？""叫你打来你就打，你要不打——"扮关公的指着韩复榘的父亲，"他不管饭！"

"关公战秦琼——乱了朝代"，比喻把时代搞乱了。讽刺不懂历史，知识贫乏。

黑云压城城欲摧

典出《雁门太守行》。

> 黑云压城城欲摧，甲光向日金鳞开。角声满天秋色里，塞上燕脂凝夜紫。

李贺是我国中唐时期的一个很有才华的诗人。当时，唐朝国内藩镇割据，边境上外族时有骚扰，李贺站在爱国主义的立场上，对抗击外族侵略的将士们给予了赞颂。这首诗就是描写北方边塞上一座城池被外族军队包围之后，在十分危急的情况下守城将士下定决心，坚决守卫，誓死报国的壮烈情景。原诗共八句，这是前四句，意思是：战事危急得就像浓厚的乌云笼罩，要把整个城池压毁一样，战士的铠甲在阳光照射下金光闪烁。在一片秋天的景色里，军中鼓角齐鸣，双方战斗激烈，边塞上战士鲜血染成的犹如胭脂一样的红土在夜里显得更加火红，凝成了紫色。

后人用这个典故比喻恶势力的一时猖獗及其造成的紧张局面。

猢狲入布袋

典出《归田录》。

梅圣俞以诗知名三十年，终不得一官职。晚年与修《唐书》，书成，未奏而卒，士大夫莫不叹息。其初受修《唐书》，语其妻刁氏曰："吾之修书，可谓猢狲入布袋。"刁氏对曰："君子仕官，亦何异鲇鱼上竹竿耶！"闻者皆以为善对。

北宋梅圣俞是个有名的学者和诗人，为人澹泊，不追求功名利禄，和老妻两人居住在乡村里，读书、写文章、和邻居谈谈说说，觉得很自在，30 年没做一官半职。可是他有学问的名气很大，连皇帝也知道梅圣俞是个品学皆优的人，因此特地下圣旨，召他到京城去修《唐书》。他心里不愿意却又不敢违抗皇帝的任命，于是叹着气对妻子说："我这一去，真可说是'猢狲入布袋'了。"猴子是好动的，被塞进布袋该多难受？他妻子也笑道："你一生不愿做官，这一去恰如'鲇鱼上钓竿'，有得苦吃呢！"

后人用"猢狲入布袋"比喻野性受到约束，十分不情愿。

娇生惯养

典出《红楼梦》。

自幼娇生惯养的，何尝受过一日委曲，如今一身重病，一肚子闷气，又没有亲爹娘，她这一走，是不能再见面了。

王夫人怕丫头们教坏了宝玉，于是来了一次大清洗，凡她认为不可靠的统统赶出去。一个名叫蕙香的丫环，聪明伶俐，只因她与宝玉是同日生的，王夫人便认定她是一个"没廉耻的货"，被赶了出去。芳官是个唱戏的，王夫人认定唱戏的女孩子更是狐狸精，被赶了出去。其余唱戏的女孩子们，一概不许留在园里，统统弄出去嫁人。晴雯是侍候宝玉的丫头，她什么罪也没有，只因长得特别漂亮，便安上"妖精"的罪名被逐。宝玉见晴雯正在重病，四五天水米不曾沾牙，硬被从炕上拉了出去，心中极为难受。当着王夫人的面，宝玉不敢多言，王夫人一走，他便倒在床上大哭起来。袭人劝宝玉道"哭也不中用，……太太不过偶然听了别人的闲言，在气头上罢了。等太太气消了，你再求老太太，慢慢的叫进来，也不难。"宝玉说道："怎么我们私自开玩笑的话太太知道了呢？怎么太太单不挑你和麝月、秋纹的不是呢？"袭人听了这话，低头半日，无可回答。宝玉笑道："你是头一个出了名的至善至贤的人，他两个又是你陶冶教育的，焉得有什么该罚之处？"袭人细揣宝玉的话，知道宝玉怀疑她告了密，竟不好再劝，因而叹息到："天知道罢了！此时也查不出人来了，白哭一会子，也无益了。"宝玉听了，冷笑几声，然后说道，晴雯"自幼娇生惯养的，何尝受过一日委曲，如今一身重病，一肚子闷气，又没有亲爹娘，她这一走，是不能再见面了。"说着，越发心痛起来。

后人用"娇生惯养"（娇：宠爱。惯：纵容、姑息）形容从小过分受父母的宠爱和姑息，没有受到教育和锻炼。

寄人篱下

典出《南史·张融传》。

丈夫当删诗、书，制礼乐，何至因循寄人篱下。

南北朝时的齐国，有一个叫张融的人，字思光。此人长得体短貌丑，但精神清澈，思维敏捷。他家境虽贫，但能勤奋自学，其记忆力和理解能力都很好而且滑稽多辩。齐高帝萧道成对他很厚爱，常说："此人不可无一，不可有二。"

有一次，高帝赐给张融一件衣服，张融前去向高帝请安。短短的一段路，张

融走了很长时间。帝问何故，张融说："我是从地下升到天上来，按理是不能快走的。"张融擅草书，并常常为此自我欣赏。高帝曾说："你的书法很有骨力，但无二王（指东晋书法家王羲之、王献之父子）的笔法。"张融说："二王还不具备我的笔法呢！"

武帝继位以后，有一次张融请假东游。武帝问他住在何处。张融说："我住的地方说是在陆上，但没有屋子；说是在船中，但船下又无水。"后来，武帝问张融的哥哥张绪。张绪说："他住在一条泊在岸上的小船里。"武帝听罢哈哈大笑。

永明（齐武帝的年号）中叶，张融染病时作门律，并自作序言。序言中，他阐述了自己从事文章著述的情况。文中说：大丈夫应当删诗书，制礼乐，文章著述自成一体，不能寄人篱下地因袭别人。

"寄人篱下"即像麻雀一样，寄居在人家的篱笆底下生活。后人用"寄人篱下"故比喻依附别人过生活。

将信将疑

典出《吊古战场文》。

> 人或有信，将信将疑。

唐玄宗李隆基时，封建统治集团对内实行残酷的剥削和压迫，对外不断发动战争，天宝十四年（公元755年）又爆发了安史之乱。战争给人们带来了灾难，不少人家妻离子散，家破人亡。当时，有一个叫李华的人，字遐叔。他21岁进中士，官至吏部员外郎。安禄山攻陷长安时，李华被俘，并被迫接受了凤阁舍人的官职。安史之乱平息以后，他被贬为杭州司户参军，后来辞职隐居。

李华目睹了战争给人民带来的灾难，写了一篇《吊古战场文》，借描写一个古战场的凄惨情景，对战争进行了谴责。文中写道：天下民众，谁无父母？谁无兄弟？谁无夫妇？他们生前没有受到帝王的什么恩惠，为什么要害他们呢？他们存亡死活，家里人都不知道。有人传来消息，家里人将信将疑。大战之后必有荒年，人民又要流离失所。怎样才能避免这种祸害呢？只有实行王道，使四夷各为天子守土。

后人用"将信将疑"指不敢轻信，有些相信又有些怀疑。

尽善尽美

典出《论语·八佾》。

子谓韶："尽美矣，又尽善也。"谓武："尽美矣，未尽善也。"

孔子35岁那年，鲁国国内发生动乱，君臣之间争权夺势，闹得百姓不得安生。孔子怕遭到灾祸，带着少数几个弟子逃到齐国。

齐国的国君和大夫对孔子很尊敬，盛情地款待他，并且请他欣赏音乐。

有一天，齐国的乐人专门为孔子演奏"韶"的乐章，很得孔子的欢心。孔子听得入了迷，竟一连许多天都在回味着"韶"的音律，把肉的味道都忘记了。他一遍又一遍地说："真想不到呀，音乐感人之深竟能达到这样的地步！"

这时候有人问孔子说："先生，韶乐您欣赏过了，武乐您也听了，现在请您发表一下看法，是韶乐好呢？还是武乐好啊？"

孔子不假思索地说：

"当然是韶乐好呀，它的声音、旋律美极了，而且表达的意思也极好！至于武乐嘛，声音也是很不错的，但意思不够美……"

因为韶乐是虞舜时代的乐曲，孔子向往那个时代，所以极力赞美韶乐；武乐是周武王时代的乐曲，因为周武王的天子之位是由讨伐商纣而来，孔子不赞成，所以对武乐也有看法。

成语"尽善尽美"就是由此而来，意思是形式和内容、外表和实质都好到了极点，后来人们用它形容事物达到最美好的境地。

景差为相

典出《说苑·政理》。

景差相郑，郑人有冬涉水者，出而胫寒。后景差过之，下陪乘而载之，覆以上衽。晋叔向闻之曰："景子为人国相，岂不固哉！吾闻良吏居之，三月而沟渠修，十月而津梁成，六畜且不濡足，而况人乎？"

景差在郑国当相国时，有个郑国人在严冬季节，赤着双脚蹚水过河。待走出水面后，两条小腿已经冻僵了。

恰好景差坐车过来，连忙把这个人扶上自己随从的车子，又给盖上一件衣裳。

晋叔向听说后，议论道："景差身为相国，实在低能。我常听人讲，贤德的官吏所管辖的地方，三月就要疏通河沟渠道，到十月就得修复渡口桥梁，六畜尚且不再蹚水，何况人呢？"

"景差为相"的这个典故告诉人们，要从根本上解决问题，而不能头痛医头，脚痛医脚。景差作为相国，如能教国人早把桥梁修好，全国的人民都不会在冬季涉水渡河了。

空空如也

典出《论语·子罕》。

> 有鄙夫问于我，空空如也。

有个人对孔子十分崇拜，一次他碰见孔子，便十分热情地打招呼，并极为恭敬地说："您知识渊博，真了不起啊！"孔子听后，有些惭愧地说："我有知识吗？没有。"那人连忙说："您何必客气呢？"孔子说："我不是客气，而是确实知识贫乏。比如，有一次我到乡下去，但见碧野千里，一派繁忙景象。有的人在采桑，有的人在种地，他们驾轻就熟，干得很有条理。当我走近一群种地的农夫时，他们停下锄头，笑嘻嘻地和我打招呼。他们以为我很有学问，便七嘴八舌地谈开了。有个农夫问我一个问题，我却一点也不知道。"孔子停了一下接着说："他那个问题，我反复思考了很久，从正反两个方面加以推究，才有所领悟，然后才尽量地告诉了他。"那个人听了孔子的这番话，很诚恳而有礼貌地说："您这种谦逊的美德很值得我们学习！"

后人用"空空如也"形容一无所有。

困兽犹斗

典出《左传·宣公十二年》。

公曰："得臣犹在，忧未歇也。困兽犹斗，况国相乎！"

春秋时，有一年楚国和晋国作战，因晋国的几位将军不服从元帅荀林父的命令，结果大败而回。荀林父自己请求判死罪，晋景公准备答应了，大夫士贞子劝阻说："这是不相宜的。从前城濮之战，楚国败了，晋兵吃了楚军 3 天的粮食，文公脸上还带着愁容，左右的人问他道：'应当欢喜的事反而忧愁，难道应该忧愁的事反而欢喜吗？'文公说：'得臣（楚国宰相，城濮之战役时的楚军元帅）还在，不能就此放心呀！一头野兽被困住了还要挣扎，何况一国执政的人呢？'后来楚国杀了得臣，文公方才露出欢喜的笑容，说：'再没有人害我了，现在算是晋国又胜一次，楚国又败了一次了。'因为这样，楚国两代都兴不起来。……荀林父正是国家的柱石，怎么可以杀死他呢？……"景公觉得士贞子的话很有理由，就免了荀林父丧师辱国的死罪，还将他原来的官职恢复。

后来的人，便将晋文公所说的比喻，引为"困兽犹斗"，用来形容即使处在最困难的情况下，也还是要尽力挣扎，起来抵抗。另外也形容那些坏人或坏的集团，在被压制得将要溃灭时，还要做无谓的顽抗。

狼狈不堪

典出《博物典汇》。

狼前二足长，后二足短，狈前二足短，后二足长，狼无狈不立，狈无狼不行。故以为颠蹶困顿之喻。

又见晋代李密《陈情表》。

臣欲奉表奔驰，则刘病日笃；苟顺私情，则告诉不许。……臣之进退，实为狼狈。

李密的品德、文才都高，很有名气。晋武帝司马炎仰慕他的品行才学，几次三番去召请他做官，都被拒绝。

原来李密生下来 6 个月时，就死了父亲，4 岁时，母亲又被舅舅逼迫改嫁了。所以全靠祖母刘氏，抚养长大。他家境并不好，刘氏经过千辛万苦，才把他养大，供给他读书，到李密年长时，他的祖母已很老了。李密为了服侍他，不忍出去做官。

晋武帝不断下诏书去叫他，他写了一封很恳切的信给晋武帝，信里有这样的几句："我生下来只有 6 个月，慈爱的父亲就死了，4 岁时母亲被舅舅迫着改嫁，祖母刘氏，看我可怜，亲自扶养我长大，我家里既没有兄弟，又没有叔伯，孤苦伶仃……我当时要是没有祖母刘氏，不会活到今天，祖母刘氏今天要是没有了我，靠谁去服侍她的残年呢？所以我如不出去做官的话，又违背你的旨意，我今日的处境实在狼狈不堪呀……"

狼、狈是二种兽名，狼前足长，后足短；狈后足长，前足短，所以必须同进同出，同行同止。狼狈不堪，是形容人们的处境非常艰难、窘迫。

离群索居

典出《礼记·檀弓》。

> 吾离群索居亦已久矣。

孔子的学生子夏因儿子死了，把眼睛都哭瞎了。曾子去安慰他。他哭哭啼啼地对曾子说："天哪！我有什么过错呀！为什么要受到这样严重的惩罚呢？"

曾子劝慰他说："你怎么能说自己没有过错呢？你退居西河，一味炫耀自己，使西河的老百姓只知道有你，而不知道有老师孔子，这是你的过错之一；你死了父亲却不声不响，大家都不知道，这是你的过错之二；现在你的儿子死了，竟伤心得把睛眼都哭瞎了，前后对比，情况完全两样，这是你的过错之 3，总起来说，你不尊师，不孝父母，却偏疼爱自己的儿子，这不是 3 件大罪过吗？"

子夏听了忙向曾子跪拜说："我离开朋友单独生活已经很久了，因而听不到朋友的规劝，放松了自己的修养。"

后人用"离群索居"来说明离开群众而孤独生活。

李斯叹黄犬

典出《史记·李斯列传》。

　　斯出狱，与其中子俱执，顾谓其中子曰："吾欲与若复牵黄犬俱出上蔡东门逐狡兔，岂可得乎！"遂父子相哭，而夷三族。

　　李斯，秦朝名相。秦始皇东巡死后，李斯和赵高一起，逼死太子扶苏，拥立胡亥做了秦二世皇帝，自己做了丞相。他先是阿谀奉承秦二世胡亥和赵高，后来又反对赵高专横独断。赵高就诬陷他和他的长子李由阴谋造反，并派人把他捆起来，关在监狱里。

　　在狱中，李斯遭受了毒打，被一连打了1000多棍，直打得他皮开肉绽，痛楚不已。他忍不住痛，就被迫承认了企图造反的罪行。不过他心里想："现在我姑且承认，等皇上派人来审讯时，我再说明真相。"

　　赵高明白了李斯的想法，派了十多个心腹，假装成皇上派来的人，轮流去反复审讯李斯。李斯真以为皇上派来的人，就说出了真实情况。殊不知，他得到的又是一顿毒打。后来秦二世果真派人来验证他的口供，为了免遭皮肉苦，他只好承认有罪，并写下了供词。

　　秦二世二年七月，李斯被判处腰斩，在都城咸阳大街上示众。李斯蓬头垢面地从狱中出来，回头看了看身后的一大家子人，都因受自己的牵连，都要处以死刑。李斯不禁仰天长叹，泪流满面。他对二儿子说："儿啊，我和你再牵着黄狗，到蔡东门外去追逐野兔，恐怕永远不可能了！"说罢，父子二人痛哭起来。

　　接着，李斯的三族亲人全被杀害。

　　后人用"黄犬之叹"表示因做官而招来横祸，事到临头后悔已迟。

林冲买宝刀

典出《水浒传》。

　　一天，林冲到阅武坊巷口，见到有个男人在卖刀。他凑上前去，接刀一看，吃了一惊，失口叫声："好刀！"问要卖多少钱。那人说："索价三千贯，实价两千贯。"林冲说："值是值得两千贯，不过没人买。若是一千贯，我便买。"两人经过一番讨价还价，最后那人叹口气说："金子做生铁卖了。一千贯就一千贯，一文钱也不要少了我的。"林冲就这样买下了这把宝刀。他将宝刀带回家里，翻来覆去，看了再看，越看越喜爱。心想：高太尉府中有把宝刀，我几次要借看都不让，这回我自己也有了这把宝刀，将来再和他比试比试。

第二天中午，有两个当差的来叫林冲，说："太尉钧旨，说你买了一把宝刀，要你拿去同他的宝刀比比看。太尉就在府里等你。"林冲暗想：这又是什么人告诉了他？只好带着宝刀，跟随他二人进府来到厅前。林冲立住了脚，两个当差的又说："太尉一直在里面后堂内坐着。"三人转入屏风，到后堂，不见太尉，林冲又住了脚。两个当差的又说："太尉一直在里面等你，叫引教头进来。"又过了两三重门，来到一个周围都是绿栏杆的地方。两个当差的引林冲到堂前，说："林教头，你在这里稍等一下。我们进去禀报太尉。"

林冲哪会想到：太尉高俅的干儿子高衙内想霸占他的妻子，便使出了种种阴谋诡计要陷害他。林冲眼看着这两个当差的进入堂内，自己拿着刀，立在屋檐前，左等右等，不见出来。他心中有些疑虑，就偷偷地掀着门帘，探头往堂里一看，只见檐前额上写着四个青字：白虎节堂！林冲猛然省悟过来，吃惊地说："白虎节堂是商议军机大事的地方，怎么能够无故辄入？"连忙转身要走，只见高太尉从外面进来。林冲见，手执宝刀，向前拜见。高太尉大声喝喊："林冲！没有人叫你，怎么胆敢辄入白虎节堂？你手里拿着刀，是不是来刺杀我呀！"林冲急忙辩解说："刚才两个当差的叫我来，说是大人要我拿刀来比比看。"高太尉矢口否认说："我哪有叫人找你？是你手执利器，擅入节堂，想杀害我！"高太尉喝令左右排列军校，将林冲抓起来，投进监牢，刺配沧州。

"林冲买宝刀——中了诡计"，比喻遭到他人狡诈计谋的暗算。

令反侧子自安

典出《后汉书·光武帝纪上》。

刘秀曰："令反侧子自安。"

后汉光武帝刘秀在和王郎争夺河北的战争中，敌强我弱，他部下的官吏为了自保，私下和王郎通信，人数竟达数千人。谁知后来王郎全军竟被刘秀消灭，这些信件全部落到刘秀手里。他的谋臣请刘秀逐个检查，把所有曾写信通敌的人杀掉，以纯洁队伍。刘秀不肯，反而一把火当众把信件焚毁，说："让这些害怕追究、翻来覆去睡不着觉的人安心吧。"

200 年以后，三国时期，曹操和袁绍在官渡对峙。袁绍兵力 10 倍于曹操，曹军人人自危，也有许多人私下写信通敌。结果，袁绍大军被曹军打败，这些信件也全部被曹操缴获，曹操也学刘秀的办法，一把火当众把信件烧了，说："令反侧子自安。"

又隔了七八百年，五代时郭威打败了敌人李守贞，搜得了一批人和敌军来往信件，他的主簿官王溥劝他："愿一切焚之，以安反侧。"郭威听从了这个建议，也把这些信烧了。

在上叙 3 件事中，有一个基本情况是相同的：即战争仍在继续，全国还未统一，自己力量还不够强大，需要巩固内部，笼络人心，不能株连过广，削弱自己。

吕蒙正赶斋

典出《吕蒙正风雪破窑记》。

吕蒙正，是宋朝洛阳城里的一个穷书生。他栖身城外的破窑里，苦读诗书，等候考试。这天，吕蒙正到城里散心，正从一座彩楼下经过，突然一个绣球从空中滚落在他怀里。他赶紧撩起破长衫裹住绣球。原来是刘员外搭彩楼让女儿月娥抛绣球选婿。刘月娥是个才貌双全的小姐，她看到吕蒙正虽然衣衫褴褛，但相貌端正，气宇不凡，心里暗自拿定主意，就把绣球抛给了他。刘员外对着这个叫化子似的女婿，细细审视一番，微微皱起眉头，劝说女儿打发他走算了。哪知月娥态度坚决，宁肯吃苦也不悔约，恼得刘员外大骂："好吧！你不听我言，就赶出家门！"他命丫环梅香把月娥的首饰、衣裳都取了下来，嫁妆、金钱也一概不给，让她去过苦日子。刘月娥拜别父亲，跟着吕蒙正离了刘家大院。

吕蒙正和刘月娥，就在破窑里结成夫妻，两人互敬互爱，生活虽清贫但过得极和美。吕蒙正每天到城内街上摆字摊，赚些钱买几个烧饼，又到白马寺赶斋讨两碗饭，带回家同妻子一起吃。话说洛阳城的白马寺，是天下有名的寺院，院内和尚多，吃饭前都要打钟。吕蒙正每天听到钟响就赶到，和尚们开饭他也跟着讨两碗饭，这叫"赶斋"。这天，吕蒙正听到白马寺的钟声响了，又去赶斋，谁知赶到寺里斋饭已经开过。老和尚告诉他："秀才，从今后，我们先吃饭后打钟了。

有言道'满堂僧不厌，一个俗人多'。我们这斋饭舍给过路的和尚吃，你一个俗人天天来怎么行？你堂堂须眉，不去应举考试，赖在这里讨斋饭吃，真不害臊！"吕蒙正听了，非常懊恼，便提笔在庙堂墙上写道："男儿未遇气冲冲，懊恼和尚饭后钟。"

吕蒙正回到了窑里，看见妻子正在哭泣，满地是破锅破碗。月娥说是她父亲刚来吵闹，把这些穷家当都摔了。夫妻二人正在发愁，刚好友人寇准来对吕蒙正说："有个老朋友借给一百两银子，可给弟妹留二十两过日子，剩下的钱我们上京赶考去吧。"结果，吕蒙正和寇准双双得中，吕蒙正中了状元，任洛阳县令，寇准留在朝内做官。

吕蒙正回到洛阳，首先到破窑里把刘月娥接到官衙内住。上任第三天，照例要到白马寺进香，和尚们忙得团团转。吕蒙正看到当年他写的两行诗，和尚已用碧纱罩着，想起昔日赶斋被辱的困窘，感慨万分。他命人撤去纱罩，凑成全诗为："男儿未遇气冲冲，懊恼和尚饭后钟。从来任凭尘土暗，今朝始得碧纱笼。"

吕蒙正写完，对老和尚说："世态炎凉，从来如此，我也不怪罪你。假如不是那时你敲饭后钟，让我投食无门，我还不会进京赶考呢！"正说着，小和尚跑来报告：洛阳城刘员外来拜见大人！吕蒙正怒气冲冲地说："我不认得这么个丈人，你替我把他赶走！"恰好，寇准这时也从京城来寺进香，并要吕蒙正一起见见恩人刘员外。吕蒙正怒气未消，愤愤地说："我和他无恩无义！"寇准哈哈大笑，说出了真情。原来当初月娥选婿之后，刘员外见吕蒙正气宇不凡，是个有才志的人，但怕他贪恋富贵，不求进取，故意将他夫妻赶走，后来见到吕蒙正安于清贫，不肯发愤，便叫白马寺断了他的斋饭，又到破窑里砸了他的家当，并拿一百两银子让寇准说动吕蒙正进京赶考。这时候，吕蒙正才如梦初醒，连忙一齐赶到门外，迎接丈人刘员外。

毛颖

典出《韩昌黎文集》。

毛颖者，中山人也。其先明眎，佐禹治东方土，养万物有功，因封于卯地，死为十二神。尝曰：吾子孙神明之后，不可与物同，当吐而生，已而果然。明眎八世孙獳，世传当殷时居中山，得神仙之术，能匿光使物，窃姮娥，骑蟾蜍入月，其后代遂隐不仕云。居东郭者曰䨲，狡而善走。马韩卢争能，卢不及、卢怒，与宋鹊谋而杀之，醢其家。

秦始皇时，蒙将军恬，南伐楚，次中山，将大猎以惧楚，召左右庶长与军尉，以连山筮之，得天与人文之兆。筮者贺曰："今日之获，不角不牙，衣褐之徒，缺口而长须，八窍而趺居，独取其髦，简牍是资，天下其同书，秦其遂兼诸侯乎！"

遂猎，围毛氏之族，拔其毫。载颖而归。献俘于章台宫，聚其族而加束缚焉。秦皇帝使恬赐之汤沐，而封诸管城，号曰管城子，日见亲宠任事。

颖为人强记而便敏。自结绳之代，以及秦事，无不纂录。阳阴卜筮占相、医方、族氏、山经地志、字书图画、九流百家、天人之书，及至浮图老子外国之说，皆所详悉。又通于当代之务，官府簿书、市井贷钱注记，惟上所使。自秦皇帝，及太子扶苏、胡亥、丞相李斯、中车府令高，下及国人，无不爱重。又善随人意，正直邪曲巧拙，一随其人。虽见废弃，终默不泄。惟不喜武士，然见请亦时往。累拜中书令，与上益狎。上尝呼为中书君。上亲决事，以衡石自程。虽宫人不得立左右，独颖与执烛者常侍。上休，方罢。

颖与绛人陈玄、弘农陶泓及会稽楮先生友善，相推致，其出处必偕。上诏颖，三人者，常侍不待诏，辄俱往，上未尝怪焉。后因进见，上将有任，使拂拭之，因免冠谢。上见其发秃；又所摹画不能称上意。上嘻笑曰："中书君老而秃，不任吾用。吾尝谓君'中书'，君今不'中书'耶？"对曰："臣所谓尽心者。"因不复召，归封邑，终于管城，其子孙甚多，散处中国夷狄，皆冒管城；惟居中山者，能继父祖业。

太史公曰："毛氏有两族，其一姬姓，文王之子，封于毛，所谓鲁卫毛聃者也。战国时有毛公、毛遂，独中山之族不知其本所出，子孙最为蕃昌。《春秋》之成，见绝于孔子，而非其罪。及将军拔中山之豪，始皇封诸管城，世遂有名，而姬姓之毛无闻。颖始以俘见，卒见任使。秦之灭诸侯，颖与有功。赏不酬劳，以老见疏，秦真少恩哉！"

毛颖是中山地方的人。他的祖先叫明眎，辅佐夏禹平治东方的土地，养育万物，立下了功劳，因而被封在东方，死后成为十二神之一。他曾经说道："我的子孙是神明的后代，不能跟其他的凡人一样，应当从口中诞生出来。"后来果然是这样。明眎的第八代孙獳，相传殷商时代住在中山，得到了神仙的法术，能够隐藏在光亮的地方，能够驱使其他的生物，曾经偷到在东郭的，名叫獳，壮健善跑。它跟著名的猎犬韩卢比赛谁跑得快；韩卢比不上它，恼羞成怒，跟名叫宋鹊

的良犬一道谋杀了獳，并把它的全家都杀死了，还剁成了肉酱。

秦始皇在位时，将军蒙恬向南攻打楚国。部队在中山地方驻扎下来，准备开展大规模的打猎活动，借以威吓楚国。他召集左右的庶长和军尉，用蓍草占了一个连山卦，得了一个"天与人文"的兆头。占卦的人祝贺道："今天所要猎获的，既不生角，也不生牙，是个穿着粗毛短衣的家伙，嘴唇长着缺口，还有着长长的胡须。身体有八个孔，经常盘腿坐着。人们特地取下它那毛里面的长毫，靠着它在竹筒或木片上进行书写。今天得了它，普天下将会采用同一种文字，秦国也许就要兼并所有的诸侯国家了！"

开始打猎了，人们围住了整个毛姓的种族，拔掉它身上的长毫，把毛颖用车子装了回来。然后在章台宫向皇帝进献俘虏，把毛姓的种族聚集拢来，并束缚在一起（即做成笔）。秦始皇帝让蒙恬赐毛颖沐浴，把他封在管城（即笔筒），称做管城子。他一天比一天获得亲信和宠爱，担任着重要的职务。

毛颖这个人记忆力很强，做事敏捷。自从上古结绳时代起，一直到秦代，大大小小的历史事实，没有不被他编撰、记录下来的。阴阳、占卦、看相、医术、宗族、山经地志、字书图画、九流百家，有关天理、人事的书籍，以及佛教、老子和外国的传闻异说，都是他所十分熟悉的。

毛颖又通晓当代的世务、官府的簿记和文书、买卖场所有关货物钱财的记载等。不管做什么，一切都听从秦帝的吩咐。从秦始皇帝到太子扶苏、胡亥，丞相李斯，中车府令赵高，下面一直到全国的人，没有不喜爱和看重他的。

毛颖又善于听从人们的意旨，正直或者邪恶，巧捷或者笨拙，一切都随着那任用他的人。有时虽然遭到废免或抛弃，也始终默默无声，无所发泄。唯独不大喜欢武士们；但如果受到邀请，有时也去走走。

毛颖最后升上了中书令的职位，跟秦始皇帝越来越亲近。始皇帝曾称他为中书君。始皇帝亲自批阅文书，决断国家大事，往往用石为单位来衡量每天上报的竹筒、木片。这时，即使是皇宫中的人也不允许站立在始皇皇帝的左右，唯独毛颖跟执掌蜡烛的人能经常侍候在他的身边。

毛颖跟绛县人陈玄、弘农人陶泓，以及会稽的楮先生友谊很深，互相推引，外出或留在家里，总是一同行动。始皇帝每次召见毛颖，陈玄、弘农和楮先生等3人不需等待皇帝的命令，总是一同前往，始皇帝也从未责怪过他们。后来，毛颖有一次进见始皇帝，始皇帝准备交给他一个重要的任务。毛颖取下帽子，表示敬谢。始皇帝发现他的头发已脱光了，并且他所摹写出来的书画也不能完全符合始皇帝的心意。始皇帝笑哈哈地对他说："中书君老了，头发也脱光了，不能胜任我的工作了。我曾经说您适合担任书写任务；现在，您恐怕不适合书写了吧？"毛颖回答说："我是一个尽自己的心力来做事的人。"始皇帝也就没有再召见他。

毛颖回到自己的封地，死在管城地方。他的子孙很多，分散地住在东方和西方，都冒着"管城"的称号。只有住在中山地方的这一个支系，能够继承他父亲和祖父的基业。

太史公说道：毛氏有两族，另一族姓姬，是文王的儿子，封在毛的地方，这就是鲁卫的毛聃。战国时候还有毛公和毛遂。唯独中山这一族不知是哪儿发源的，最为兴旺和昌盛。《春秋》这部书删定成功后，孔子因为自己衰老而放弃了笔，并非毛颖有过错。等到蒙恬将军围攻毛氏的种族，拔下他们的长毫，又由始皇帝封他们在管城地方，他们也就在世界上有了名声，而毛氏中姓姬的那一族的情况怎样，却再没有人听说过了。

毛颖开始以俘虏的身份得到始皇帝的接见，终于受到了任用。秦国吞灭诸侯各国，毛颖也有一份功劳。但是秦国对他的赏赐却抵不了他所做出的贡献；最后，他又因为年老而被疏远，秦国对于他真可说是少恩啊！

"中山毛颖"比喻文人的功劳与遭遇，寄托了一定的不平之感。

宁戚叩牛

典出《淮南子·道安训》。

公元前 680 年，齐国的国君齐桓公派相国管仲带着一队人马去接陈国和曹国的军队，准备联合起来讨伐宋国。管仲到了一座山，看见一个放牛的人，骑着牛，用手敲叩着牛背，唱着山歌。管仲一听，这个放牛人唱的歌竟是骂齐桓公的，就把他叫了过来。管仲问他叫什么名字，为什么骂齐桓公。那人回答说："我叫宁戚，是卫国人。听说齐国的相国管仲是个了不起的人，我很想在他那里干一番事业。可是苦于没有人引见，因此只好为人放牛。"宁戚又讲了自己骂齐桓公的道理。

管仲对宁戚说："我就是管仲，我给你写一封信，你拿着去见齐桓公，他的大队人马就在后面，他一定会重用你的。"

管仲走后，宁戚在那儿等了三天，果然齐桓公带着大队人马到了。宁戚若无其事地手摇着草帽，轻轻叩敲着牛背，又唱起了讽刺齐桓公的歌来：

> 沧浪水，白洋洋，
>
> 大鲤鱼，尺半长；
>
> 恨尧舜，碰不上，

肚中饥，身上凉；

路难行，暗摸索，

哪天呀，天才亮？

齐桓公知道了，立即把宁戚抓来审问："你是什么人？胆敢讽刺朝廷？"

宁戚不慌不忙地说："我叫宁戚，是个看牛的，唱唱歌又犯什么法呢？"

齐桓公说："上有天王治理天下，下有我会合诸侯，大伙团结，百姓安定，你怎么胆敢说'恨尧舜，碰不上'；还说'哪天呀，天才亮'？难道说我们治理天下是黑暗统治吗？"

宁戚理直气壮地说："我问你，你会合诸侯在北杏开会的时候，为什么宋国的君臣要半夜偷着跑了？你在柯地会盟的时候，为什么鲁国的大将曹沫要杀你？尧舜时代会有这种事吗？你年年发动战争，打了东边又打西边，闹得老百姓妻离子散，家破人亡，这叫安定团结吗？这样的统治能算是光明的吗？"

齐桓公听后大怒，立即叫人绑了宁戚，要杀他的头。可宁戚哈哈大笑了起来："桀王杀了关龙逢，纣王杀了比干，今天你又杀了我，我成了第三条好汉啦！"

齐桓公想了想，松了宁戚的绑："我只是为了试试你的胆量呀！"这时，宁戚才拿出管仲的信。齐桓公看完信，仔细回想了一下宁戚唱的歌和刚才的一番话，觉得宁戚确实是个有胆有识、不可多得的人才，于是笑着问："你为什么不把管仲的信早拿出来呢？"

宁戚笑着说："国君挑人才要试试他的胆量，我也得帮国君试试他的肚量啊！"齐桓公听罢哈哈大笑了起来，连夜在烛光下拜宁戚为大夫。后来，宁戚果然为齐国立了不少战功。

后人用"宁戚叩牛"比喻有才之人沦落而做低贱之事。

牛衣对泣

典出《汉书·王闲传》。

> 章疾病，无被，卧牛衣中，与妻决，涕泣。后章仕宦历位，及为京兆，欲上封事，妻又止之曰："人当知足，独不念牛衣中涕泣时耶？"

汉朝时候，在山东泰安有个读书人，名叫王章。人很聪明，性格耿直。他的妻子更是通情达理，非常贤慧，经常鼓励丈夫发愤读书，为国家效力。

有一年，王章和妻子一起住在京都长安读书求学，日子虽说很清苦，但夫妻恩爱，生活也还快乐。王章学问长进很快，妻子心里当然很高兴。

一天夜里，王章突然病了，浑身发烧。因为家里衣物被褥很不齐全，所以根本没有什么东西给王章盖上。妻子只得把平日里用乱麻编织的席子给丈夫盖在身上。这样的麻席子是用来给牛披盖的，农户称它是"牛衣"。可是因为家境贫寒，只能给丈夫盖牛衣，妻子心里很不是滋味。她暗暗地流下了几滴眼泪。

王章病得昏昏沉沉，想到自己的病一定很重，家里又无钱治病，很可能会病死的。他越想越悲哀，越想越难过，禁不住呜呜咽咽地哭起来。

王章妻子心情更是凄楚万分。可她想，哭泣有什么用呢？应该劝他鼓起勇气，打起精神来，病才会好，才会取得功名呀！所以她狠了狠心，严厉地批评丈夫说："夫婿啊，现在在朝廷做官的人，论才能有几个能比得上你呢？得了一点病就这样失魂落魄，像女人一样哭哭啼啼，这是多么卑怯呀！有志向的人，应该精神振奋、百折不屈啊！"

妻子的激励产生了效果，从此王章更加发愤，才学愈加深厚，不久便被朝廷召为官吏。开始做谏大夫，后来又做中郎将，并且当上京兆尹。

王章做官以敢于给皇帝提意见而闻名，他常常不避皇亲国戚，谁做错了事，犯了章法，他就揭发谁，即使是自己的好友、恩师也不例外。可是他却为此遭到排挤、诬陷。他的妻子看到这种状况，就劝丈夫说：

"夫婿，你已经做上京兆尹的高官了，官职难道还嫌小吗？人应该知足，你为什么不想一想披着牛衣夜里哭泣的日子呢？"

王章说："这是不同的两回事嘛，你们女人知道什么！"

王章仍然我行我素，又去告发专权乱政的重臣王凤。王凤大将军是皇帝的亲戚，怎么动得了呢？结果王章被捕下狱，最后丧了性命。王章一直到死，还不知道自己犯了哪条罪过。王章死后，他的妻子和家属被撵到广西合浦，以采珍珠度日，生活反倒清静多了。

成语"牛衣对泣"便是由这来的，后来人们用它形容夫妻生活贫苦悲观、不知振奋。

披星戴月

典出《冤家债主》。

这大的孩儿披星戴月，早起晚眠。

春秋时，鲁国有一个人姓宓名不齐，字子贱，他是孔子的弟子。在单文做县官时，他坐在公堂上，一面弹着琴，一面吩咐他的僚属办理公事，自己从来不出衙门，却能把单文治理得很好。后来宓子贱离职，巫马子期接任单文的县官，巫马子期很勤劳，工作非常认真。经常天还没有亮披着星星出门，一直到月亮很高才回来。无论什么事情，不分日夜，都要亲自去办理，所以也把单文治理得很好。

巫马子期觉得自己治理单文，费了许多劳力和精神才能办理好，宓子贱整天只是坐在堂上弹弹琴，也能把单文治好，有点不明白其中的道理，于是跑去见宓子贱，问道："你每天只弹弹琴就能治理单文，为什么呢?"宓子贱回答他说："我是任用能干的人，你是亲自去费精力的；任用能干的人替我办事，我自然就安逸了，你样样事情都要亲自去做，那自然就辛苦了。"子期说："噢！我的施政方法，实在还不够啊！"

由这个故事，后人把子期早上披着星出去，晚上载着月回来，引为成语"披星戴月"，形容早出晚归或连夜奔波，极其辛劳。

贫无立锥之地

典出《汉书·食货志》。

富者田连仟佰，贫者无立锥之地。

战国时，楚国丞相孙叔敖在快病死的时候，对儿子说："我死了，你必定贫困。实在活不下去时，可以找优孟帮忙。"几年后，他儿子挑柴上街卖时，遇见了优孟，就对他说："我是孙叔敖的儿子，父亲临死时嘱我穷得没法时找你。"优孟说："你等着我的消息吧，别离开本地。"有一天，楚王请客，优孟扮成孙叔敖向楚王敬酒，语言、神态无一不像孙叔敖，楚王大惊，以为孙叔敖复活了，想请他做丞相。优孟说："等我回去和老婆商量一下，3天后回您的信。"3天后，优孟复来，说："我老婆讲，千万别答应，楚相做不得。如孙叔敖做宰相时，尽忠又廉洁，使楚国雄霸天下。他死了，儿子穷得没有立锥之地，挑柴过日子。"楚王大愧，感谢优孟告诉他这情况，立即把孙叔敖的儿子找来，把他封在寝丘，拨400户人家的税收让他养活母亲和祭祀孙叔敖。

后人用"贫无立锥之地"比喻穷得连竖着放一根锥子的地方也没有。

气息奄奄

典出《陈情表》。

> 刘日薄西山，气息奄奄，人命危浅，朝不虑夕。臣无祖母，无以至今日；祖母无臣，无以终余年，母孙二人，更相为命。

公元 263 年，司马昭派遣钟会、邓艾等灭蜀之后，第二年他的儿子司马炎就废除魏帝曹奂，建立了西晋王朝。晋武帝司马炎为安抚蜀汉士族，便对汉蜀的旧臣采取笼络收买的怀柔政策，征召他们去洛阳任职。李密在徘徊犹豫之中，决定暂时不去。于是以尽孝祖母为名，写了《陈情表》。他在《陈情表》中说："……而今祖母刘氏的病日愈沉重，正像太阳快往西山落下去了一样。她只有一丝儿气了，生命非常危急，早晨都很难料到她能不能活到晚上。我没有祖母，也就没有今天；祖母没有我，她也无法度过晚年。我们祖孙二人是相依为命的啊！"

晋武帝看了他的《陈情表》后，为了维护其"以孝治天下"的幌子，就答应李密的请求，免于应征，并在生活上予以优厚的照顾。

后人用"气息奄奄"来比喻人或事物接近死亡。

千载难逢

典出《韩昌黎全集》。

晋代李唐宪宗很崇拜佛教，听说一所寺院里有一块佛骨——释迦牟尼的遗骨，便打算隆重地把它迎进宫里礼拜。刑部侍郎韩愈认为这样做很不妥当，便上了一篇奏章《谏迎佛骨表》加以反对。

唐宪宗十分恼怒，要将韩愈处死。后来，亏得宰相为韩愈说情，才改为贬职，到潮州去任刺史。

宪宗后来改革了前朝的一些恶政，中央政权的统治有所加强。韩愈于是写了《潮州刺史谢上表》，恭维宪宗是扭转乾坤的中兴之主，并且建议宪宗到泰山去"封禅"。封禅，是一种祭祀天地的大典。秦始皇和汉武帝都举行过这种大典，韩愈提出这个建议，是把宪宗作为有杰出贡献的帝王来看的。在这道表中，韩愈还

隐约地表示，希望宪宗让他也参加封禅盛会，并说如果他不能参加这千年难逢的盛会，将会引为终身的遗憾。

后来，宪宗把韩愈调回京都，让他担任吏部侍郎。

"千载难逢"指一千年也难遇到一次。形容机遇十分难得。

茕茕孑立，形影相吊

典出《陈情表》。

> 外无期功强近之亲，内无应门五尺之童。茕茕孑立，形影相吊。

期功：旧时丧服名，血缘关系相当近的亲属穿，这里指近亲。强近：强为亲近。茕茕：孤独的样子。孑立：孤立。吊：安慰。全句意思是说外没有比较亲近的亲属，内没有应声开门的儿童，孤苦伶仃，只有形体和影子相伴相慰。

后人用"茕茕孑立、形影相吊"这个典故比喻一个人孤苦伶仃、无依无靠。

曲突徙薪

典出《汉书》。

> 臣闻客有过主人者，见其灶直突，傍有积薪。客谓主人："更为曲突，远徙其薪，不者且有火患。"主人默然不应。俄而家果失火，邻里共救之，幸而得息。于是杀牛置酒，谢其邻人。灼烂者在于上行，余各以功次坐，而不录言曲突者。人谓主人曰："向使听客之言，不费牛酒，终亡火患。今论功而请宾，曲突徙薪亡恩泽，焦头烂额为上客耶？"主人乃寤而请之。

有这样一个故事：有一个人去探望朋友，看到朋友家里炉灶上的烟筒砌得太直，旁边又堆着干柴，他便对主人说："要把烟筒改成弯曲的形式，并且把柴堆移得远些。不这样，将会引起火灾。"主人听了默不作声。不久，主人家的房子果然着了火，邻居都赶来抢救，幸好把火扑灭了。于是主人杀牛备酒，酬谢他的

邻居。被烧伤的人都坐在上席，其余的人也按出力的大小依次入座，却没有请那个建议他改灶搬柴的客人。这时，有人对主人说："如果你听了那位客人的话，不但不要破费牛酒，房子也不会引起火灾。今天，你论功请客，怎么可以忘记那位劝你改灶搬柴的朋友呢？难道提出预防意见的人没有功劳，只有救火受伤的人才能当上宾吗？"主人听了，这才醒悟，去请了那位朋友。

这个故事说明防患于未然，十分重要。但是，人们往往重视抢救，而忽视预防；重视筋骨之劳，而忽视筹划之功。

燃眉之急

典出《三国志通俗演义·诸葛亮舌战群儒》。

> 近闻玄德弃新野，走樊城，败当阳，奔夏口，无容身之地，有燃眉之急。

汉献帝时，曹操做丞相，挟天子以令诸侯，专权恣肆达到顶点。各地汉室的皇族，见曹操专权恣肆，都起来反抗，东吴孙权也独立不听号令。曹操想统一天下，依次打败了刘表、刘琦，与刘备在新野等地交战，刘备因地狭兵少，无法支持。孙权见曹操大兵压境，也有点惶恐起来，派鲁肃到刘备那里探听消息，并和刘备商议，刘、孙两方联合起来，共同抵抗曹操。但是孙权的文臣们，见曹操兵力强大，不敢抵抗，都主张投降。因此，鲁肃邀请诸葛亮同赴东吴，游说孙权出兵。诸葛亮到东吴以后，孙权帐下的谋士纷纷起来和他辩驳。张昭是谋士中的领袖，他带着责问的口气对诸葛亮说："我们很久以前就知道，先生居住在隆中的时候，常常把自己比成战国时的管仲、乐毅。管仲相桓公，使桓公成为诸侯的盟主，乐毅替燕出兵伐齐，攻下70余座城，现在刘备得到你之后，不但不能帮助他强大起来，反而失去了新野，丢弃了樊城，富阳长城吃了败仗，又逃到夏口去，像燃眉一样的焦急，你哪里比得上管仲、乐毅的万分之一呢？"

后人用"燃眉之急"比喻事情万分危急。

忍辱负重

典出《三国志·吴志·陆逊传》。

国家所以屈诸君使相承望者，以仆有尺寸可称，能忍辱负重故也。

陆逊是三国时期吴国的著名将领，曾任荆州牧、丞相等官职。

公元221年，蜀主刘备为了从孙权手里夺回战略要地荆州，为结拜兄弟关羽报仇，亲自率领部队攻打东吴。战争开始，蜀军接连取得胜利，深入吴境达五六百里，一直打到夷陵（今湖北省宜昌市东），连营数百里，声势十分浩大。吴主孙权任命年轻有为的陆逊为大都督，带领5万人马，前往迎战。陆逊在吴将中资历较浅，归他指挥的诸将如朱然、潘璋、宋谦、韩当、徐盛、鲜于丹、孙恒等，有的是跟随孙氏征战多年的老将，有的是皇亲贵戚。他们都很傲慢，对年轻的书生陆逊当上都督很不服气，甚至不肯服从陆逊的命令，陆逊十分着急。

有一次，陆逊召集众将，他手中紧握宝剑，高声说道："刘备天下知名，连曹操都有些怕他。现在他率大军进攻吴地，是我们的强敌，决不可以轻视他。希望众位将军以大局为重，同心协力，共同消灭来犯之敌。我虽然是个书生，但主上任命我为大都督，你们只好服从。主上之所以委屈诸位将军，使你们屈尊于我，就是因为我还有一点微薄的能力，能够忍受屈辱，挑起重担。今后，希望你们各负其责，不容推辞，军令如山，违者必按军法从事。"经陆逊这么一说，诸将心中虽有不服，但行动上再也不敢违抗。

陆逊指挥军队坚守七八个月之久，一直不与刘备决战。后来，蜀军疲惫，骄傲轻敌，陆逊乘机利用顺风进行火攻，大破蜀军，歼敌万余人，取得夷陵之战的重大胜利。刘备败退白帝城，不久病死。从此，东吴诸将十分佩服陆逊的才能。

成语"忍辱负重"即由此而来，意思是能忍受屈辱，担负重任。

日暮途穷

典出《史记·伍子胥列传》。

始，伍员与申包胥为交，员之亡也，谓包胥曰："我必覆楚。"包胥曰："我必存之。"及吴兵入郢，伍子胥求昭王，既不得，乃掘楚平王墓，出其尸，鞭之三百，然后已。申包胥亡于山中，使人谓子胥曰："子之报仇，其以甚乎！吾闻之'人众者胜天，天定亦能破人。'今子故平王之臣，亲北面而事之；今至于死人，此岂其无天道之极乎？"伍子胥曰："为我谢申包胥曰：'吾日暮途远，吾故倒行而逆施之。'"

战国时代，楚平王的太子建有两个先生：一个叫伍奢，一个叫费无忌。费无忌替太子到秦国去接秦女来结婚，待接来之后，因为秦女长得很美丽，费无忌怂恿平王收做了妃子。费无忌虽因这件事取得了平王的宠信，但怕将来平王死了，太子建继任国君对他不利，就常在平王面前说太子不是，平王听信谣言，把太子调到边境城父去。后来又把伍奢监禁起来，并派奋扬去杀太子。幸亏奋扬秘密通知太子，使他逃到宋国去了。

可是费无忌心还不甘，还要杀害伍奢的两个儿子（伍尚和伍员），派人骗伍奢的两个儿子说，只要他们到都城去，便可饶伍奢不死，否则便要杀害伍奢。伍尚明知有杀身之祸，还是去了；伍员（伍子胥）却毅然出走，忍受不少屈辱，克服不少困难，逃到了吴国。过了十多年，帮吴王阖闾打到楚国都城郢。这时平王已死，伍子胥要报父兄之仇，掘坟开棺，拖出平王尸体，亲自用鞭子狠狠地打了300下。伍子胥的朋友申包胥知道了这事，叫人送信去责备他报仇报得过分了。伍子胥对那送信人说："你替我告诉申包胥，就说我仿佛是一个行路的人，天已经晚了，而路途还很遥远，不得不颠颠倒倒地走路，违背通常的情理做事。"

后人便引用"日暮途远"或"日暮途穷"这句话，譬喻人处在穷迫的境地之中，没有一点解救的办法。

如鸟兽散

典出《汉书·李广传》。

陵叹曰："复得数十矢，足以脱矣，今无兵复战，天明坐受缚矣，各鸟兽散，犹有得脱归报天子者。"

李陵是汉代著名的"飞将军"李广的孙子，善于骑射，礼贤下士，深得将士喜爱。汉武帝刘彻也很赏识他，经常夸他有李广的风度。

有一年，汉武帝派他去讨伐匈奴，他自愿带领5000步卒深入浚稽，直捣匈

奴老巢。

　　李陵的部队到达浚稽山，与匈奴单于的部队相遇。单于用 3 万骑兵围住李陵，李陵命汉军在营外列阵，前排执戟、盾，后排持弓弩。单于看汉军兵少，便直奔汉营。李陵命将士击鼓开战，千弓俱发，喊声四起，匈奴兵应弦而倒，死伤无数。单于见事不妙，命令部将率 8 万骑兵一齐向汉军攻击。李陵寡不敌众，且战且退，退到一个狭谷里。汉军受伤的人很多，受轻伤的士兵仍然坚持作战。

　　这时候，汉军中一个叫管敢的人因为受了长官的大骂，一气之下投降了单于，并且报告了汉军的机密：

　　"李陵没有后援，箭快用完了，就剩下李陵和成安侯部下还有些箭，他们一共才 800 多人，走在前边，打着白色旗和黄色旗，你们可以派骑兵打败他！"

　　单于果然派了精兵，将李陵堵在山谷中，大叫："李陵快来受降！"

　　因为李陵的部队处在谷底，单于在山上，形势很不利。单于用石头、木棒袭击汉军，汉军死伤惨重，已经无法前进。

　　天黑以后，李陵数一数人数，活着的人不多了，便悲痛地与他们说：

　　"我们注定失败了，这样下去谁也活不成了，你们别跟我走了，有勇气的去和单于拼吧……"

　　汉军的将官劝他说："将军，别悲伤，你的大名威震匈奴，天命不会让你死的，你以后还可以设法回汉。从前不是也有过汉将被俘以后重新回到家乡的吗？皇帝也是以礼相待的。"

　　"不，我不死在战场就不是壮士！"

　　李陵下令放倒军旗，把珍宝埋入地下，然后对将士们说：

　　"现在还剩下几十只箭，完全可以逃脱的，不要等待天亮以后被他们俘虏去。你们像鸟兽那样各自散去逃命吧，能有几人回去报告皇帝也是好的。"

　　李陵给每个军士带上两升粮食、一块冰。半夜之后，他让兵士们各自走开，他自己上马驰出山谷，单于用几千骑兵追赶他，成安侯韩延年中箭落马，李陵被俘。

　　成语"如鸟兽散"便是由此而来，意思是像鸟兽那样四处飞奔逃散，现在用它形容溃败逃散。

上无片瓦，下无插针之地

典出《景德传灯录》。

　　此人，上无片瓦，下无卓锥。

时间已经是深夜了，寺内的讲经堂内还灯火通明。几个老和尚坐在讲经堂内讲经说法。夹山和尚问："什么样的人才算有了道呢？"

船山和尚顺口笑道："有道的人，他心中一无所有；他头上连瓦也没有一片，脚下连插锥子那样小的地方也没有。"另一个和尚点点头说："我们出家人就是这样，要想学道，就必须什么都不想，只能一心想着成佛。"

后人把"上无片瓦，下无卓锥"说成"上无片瓦，下无立锥之地"或"上无片瓦，下无插针之地"，用来形容人穷得头上无一片瓦（无住房），脚下连插针的地方（耕地）也没有。

身轻言微

典出《后汉书·孟尝列传》。

> 臣前后七表言次故合浦太守孟尝，而身轻言微，终不蒙察。

东汉时候，浙江会稽上虞县有一个寡妇，对年老的婆母非常孝顺。丈夫死后，她一个人砍柴烧饭，侍奉婆婆，村里人都夸她是一个好媳妇。后来，她的婆母因为年老去世。

这位寡妇有一个小姑，这个人心肠歹毒，为人刁钻，对自己母亲不但不敬、不孝，反而说她受嫂嫂虐待。老人死后，她竟然到县衙告状，说嫂嫂毒死了老婆婆。县令是一个昏庸之辈，不加调查就判了寡妇死罪。当时在县衙内担任户曹小官的孟尝，知道这是一起冤案，急忙报告太守，可太守根本不当回事儿，孟尝又气又恨，哭着离开官衙，辞职不干了。寡妇终于冤枉而死。

两年之后，换了一个新太守，孟尝向他告发寡妇蒙冤受难。新太守惩办了诬诌贤妇的小姑，郡中百姓无不拍手称快。不久孟尝到合浦当太守，他制定了采珠的一些法令，保护珍珠母贝，珍珠产量逐年提高，使贫穷的合浦又繁荣起来。当地的采珠人和百姓交口称颂他的功绩。

孟尝有一个同乡，名叫杨乔，当时在朝廷做尚书。他很了解孟尝，因此曾七次向皇帝推荐孟尝，但汉桓帝都没有理睬。杨乔又第八次给桓帝上书，说：

"臣下前后7次向陛下举荐合浦太守孟尝，但因为我职位低下，言语也就微不足道，始终得不到采纳。孟尝确实是一个品行高尚的人，为百姓做了许多善事。他是难得的清廉之士呀，如果选到陛下左右，一定能帮助陛下成就大业！"

中华典故

可是汉桓帝仍然不采纳杨乔的建议。孟尝不愿做官，他以生病为由，请求免职还乡。听说孟尝要弃官归家，老百姓成百成千地拦路阻挡，不让他辞官。郡吏们也拉住车辕，极力挽留他。可是孟尝决心不再当官，他在夜里偷偷坐上渔民的小船，一个人悄然离去了。

成语"身轻言微"即由此而来，意思是地位低下的人说的话也不被人所重视。

身在曹营心在汉

典出《三国演义》。

晋代李关羽和刘备在战场上失散后，关羽在曹操营中暂时存身，却日夜思念着刘备。曹操待关羽甚厚，三日一小宴，五日一大宴，又送美女十人使侍关公，关公尽数送入内门，令服侍嫂嫂。一日，曹操见关公所穿绿战袍已旧，乃取异锦作战袍一领相赠。关公接受了，穿于衣底，上仍用旧袍罩之。曹操笑着说："为何如此俭朴？"关公说："旧袍乃刘兄所赐，不敢以丞相之新赐忘兄长之旧恩啊。"曹操听了，心中不悦。忽一日，曹操见关羽的马很瘦，问："你的马因何而瘦？"关公说："贱躯颇重，马不能载。"曹操令左右备一马来。那马身如火炭，状甚雄伟，这正是赤兔马，并鞍辔送与关公。关公再拜称谢。曹操不悦说："我以前送美女金帛，你未尝下拜。今天我赠马，就喜而再拜，为什么贱人而贵畜呢？"关公曰："我知道此马日行千里，今幸得之，一旦知道兄长下落，可一日而见面矣。"曹操听后愕然。

曹操对部将张辽曰："吾待关公不薄，而彼常怀去心，何也？"张辽乃往见关公。关公曰："吾深感丞相厚意，只是吾身在曹营，心念兄长，未尝去怀！"张辽曰："兄言差也，刘备待兄未必过于丞相，兄何故只怀去志？"关公说："我虽然知道曹公待我甚厚，然吾与刘备誓共生死，不可背之。"张辽说："你该怎么办呢？"关公说："愿从于地下。"张辽回去告知曹操，曹操感叹到："事主不忘其本，乃天下之义士也。"

这就是关羽"身在曹营心在汉"的故事。

后人用"身在曹营心在汉"比喻人身在这一营垒，心却在另一个营垒。

尸居余气

典出《晋书·宣帝纪》。

> 司马公尸居余气，形神已离，不足虑也。

魏废帝嘉平时，曹爽当了大将，掌握了全国的军权，骄奢无度，任情恣肆地享乐，当时很多人向他规劝，他都不听，他所恐怕的只有太傅司马懿。

当时，河南主官李胜是曹爽的亲信僚属，他被调任到荆州去做刺史时，知道曹爽最怕的是司马懿，便向司马懿去辞行，想顺便侦察司马懿的行动。司马懿特地装出生病的样子，叫两个婢女扶持着，衣服一半落在地上，用手指指口，表示口渴，婢女给他吃粥，他装出没有气力去接碗的样子，就用口在婢女手上喝着吃，粥都流在胸前的衣服上。李胜见他这个样子，说："我以为是你的老毛病复发，哪里晓得你的身体衰弱到这个地步呢？"司马懿有气无力地说："我年老多病，就要死了，你要到并州去，并州地方接近胡人，你要好好的防备，我恐怕不能再和你见面了，我的儿子，请你好好的照顾他们。"李胜说："我是去荆州，不是并州。"司马懿故意的胡言乱语了一阵，李胜见他神志不清，回去报告曹爽说："司马懿尸居余气，形神已离，大概就快死了，不必忧虑他了。"

后人用"尸居余气"指一个人已接近死期。也形容人暮气沉沉，碌碌无为。

室如悬磬

典出《国语·鲁语上》。

> 室如悬磬，野无青草，何恃而不恐？

齐孝公是战国时实力比较强大的诸侯，有一次，他出兵去征伐鲁国，鲁君想派人用言语去说服齐国，制止齐国的侵略，但想不出用什么话去说服，便去问展禽。展禽说："我曾经听别人说过，处在大国的地位，才可以教导小国，处在小国的地位，只能服侍大国，这样才能消除战争，没有听说用言辞去止战乱的。假如做了小国，还很自大的话，那只有惹起大国的恼怒，增加乱事，现在乱事已经开始，不是言辞所能收到效果的。"于是展禽派乙喜拿膏沐去犒劳齐军，并说道："我们的君主没有才干，不能妥善管理边界上的事情，使你们动怒，劳累你们的军队露宿在我们的境地上，所以命令我来犒劳贵国的兵士。"齐侯说："你们鲁国现在才恐慌吗？"乙喜答道："小人是很恐慌了，君子却并不恐慌。"孝公说："你们室如悬磬，田野里连青草都没有生长，怎么还说不恐慌呢？"

室如悬磬表示很贫穷。后人用"室如悬磬"形容贫穷到了极点。

死灰复燃

典出《史记·韩长孺列传》。

其后安国坐法抵罪，蒙狱吏田甲辱安国。安国曰："死灰独不复燃乎？"田甲曰："然即溺之。"居无何，梁内史缺，汉使使者拜安国为梁内史，起徒中为二千石。田甲亡走。安国曰："甲不就官，我灭而宗。"甲因肉袒谢。安国笑曰："可溺矣！公等足与治乎？"卒善遇之。

西汉时有个韩安国，他在梁孝王前做中大夫。当汉景帝因霜事不满孝王时，他跑去见景帝的姐姐，诉说孝王对景帝和窦太后的忠心和怀念，使孝王重获景帝和窦太后的宠信；他因此得赏千金财物，并因此而名闻全国。有一个名叫田甲的狱吏侮辱他，他十分气愤地说："死灰独不复燃乎？"意思是说，失败了就不能振作起来吗？可是田甲却斩钉截铁地回答他："如果你复燃，我就撒一泡尿浇灭它！"不久，梁地内史官的位置空出来了，朝廷见韩安国已经坐了一个时期的监牢，罪已办过了，便让他允任，而且薪俸很高。田甲知道了这件事，非常害怕，偷偷地跑了。韩安国严厉地对人表示，如果田甲还不赶快回来，一定杀掉他的全家。田甲得到了这个信息，就光着身子跑去向韩安国当面请罪。安国笑说："你可以拉尿了。"韩安国不但没有惩罚田甲，而且后来还对待田甲很好。

后人就根据这个故事里面韩安国所说的"死灰不复燃乎"这句话，引申出"死灰复燃"一句成语，用来此喻人失败了又重新振奋起来，或用作说明已经销声匿迹的事情又重新出现和发展。

四面楚歌

典出《史记·项羽本纪》。

项王军壁垓下，兵少食尽，汉军及诸侯兵围之数重，夜闻四面皆楚歌，项王乃大惊曰："汉皆已得楚乎？是何楚人之多也!"

项羽和刘邦原来约定以鸿沟（在今河南荥阳县）东西两边为界限，互不侵犯。后来刘邦听从张良和陈平的规劝，觉得应该趁项羽衰弱的时候消灭他，就又和韩信、彭越、刘贾会合兵力追击正在向东开往彭城（即今江苏徐州）的项羽部队。公元前202年十二月，汉王刘邦率领汉军，将项羽的楚军重重包围在垓下（今安徽灵壁东南）。楚军长期被困，粮食吃尽，几次突围，都未奏效。一天夜里，包围在四周的汉军阵地上，传来了阵阵歌声。项羽侧耳一听，大吃一惊！原来汉军唱的尽是楚地民歌。项羽号称西楚霸王，不仅楚地是他的大后方，而且楚军中最精锐的8000名江东子弟兵，也都是楚地人。楚霸王听到这四面楚歌，暗想："汉军难道完全占领了楚地？他们哪来的这么多的楚人?!"其实，这四面楚歌，是刘邦的谋士张良为了涣散楚军的军心，故意叫士兵们学唱的。楚军士兵听到四面楚歌，也都以为家乡被汉军占领了。有的为乡音感动，引起共鸣，也哼唱起楚歌；有的思念父老乡亲、妻子儿女，竟然泣不成声。楚军经不起这四面楚歌的攻心战，逃的逃，降的降，最后突围时，跟随在楚霸王后面的只有800来人，到了乌江，仅剩20余名骑兵，而追赶的汉军却有好几千人。楚霸王终于在乌江边自杀了。

后来人们用"四面楚歌"形容穷途受困，四面受敌，处境孤危。

孙二娘开酒店

典出《水浒传》。

武松替兄报仇，杀了西门庆、潘金莲之后，投案自首，被刺配解往东平府发落。这一天，两个公差押解武松来到孟州十字坡。时逢六月，炎炎烈日当天，三人走进大树旁的一家酒店歇脚。只见一个妇人起身迎接说："客官，本家有好酒好肉，要点心时，还有好大的肉馅馒头！"

武松和两个公差进到里面，要了酒肉馒头来吃。武松拿过一个肉馅馒头掰开一看，叫道："酒家，这馒头是人肉的，还是狗肉的？"那妇人嘻嘻笑说："客官休要取笑，清平世界，荡荡乾坤，哪里有人肉的馒头，我家馒头是黄牛的。"武松说："我在江湖上，多听人家说，'大树十字坡，客人谁敢那里过？肥的切做馒头馅，瘦的去填河！'"那妇人说："客官从哪里听来这话？这是你自己捏出来的。"武松说："我见这馒头馅肉有几根毛，像人小便处的毛一般，以此疑忌。"那妇人名叫孙二娘，绰号母夜叉。她的父亲原靠拦路抢劫为生。她学得一身武艺，招婿菜园子张青。孙二娘和张青夫妻二人，在孟州道十字坡盖些草屋，卖酒为生，实际上是只等客商过往，有哪入眼的，便把些蒙汗药与他吃了便死，将大块好肉，切做黄牛肉卖，零碎小肉，做馅子包馒头。孙二娘在酒店里招揽客人，张青每日也挑此去村里叫卖。这日，孙二娘见武松戏言耍弄她，便笑着寻思：这贼配军死期将近，倒来戏弄老娘！她不动声色，暗地里用蒙汗药酒将他三人灌倒在地，叫人先把两个公差拖走。她自己动手要拖武松，没想到反被武松打倒在地。原来武松没有真正饮下药酒！孙二娘被按压在地上，痛得直叫："好汉饶我！"恰好她丈夫张青归来，帮她解了围。双方互通名姓，都是江湖好汉，于是言归于好。后来，孙二娘夫妇和武松也先后投奔梁山。

"孙二娘开的酒店"，比喻危险境地，不能进去。

孙悟空戴上紧箍

典出《西游记》。

孙悟空大闹天宫，被如来佛施法压在五行山下。直至500年后，唐僧三藏要往西天取经，路过五行山，才救出孙悟空，收作徒弟。

孙悟空跟随师父，一路上过江涉水，爬山越岭。一日，师徒二人正往前行，忽听路旁唿哨一声，闯出六个大汉，拦路抢劫，不由分说，举起刀枪打来。孙悟空大怒，取出金箍棒，对准六贼，一棒一个，全都打死了。唐僧见了，申斥他说："出家人宁死不敢行凶，像你这样暴横，去不得西天，当不得和尚！"孙悟空一生受不得气，见唐僧唠叨不休，早按不住心头的火气，撂手不干，纵云向东离去。

唐僧无奈，独自牵马行进。路上，遇见观音菩萨化为老婆婆，将一件锦衣和一顶花帽交给他，还教了他"紧箍咒经"，说："等猴子回来给他穿戴。他若不服使唤，你就默念'紧箍咒'，他便有法无用了。"

孙悟空离了师父，一路想来，感到后悔，觉得还是保唐僧去西天取经，才是正理，便又转身回来找师父。唐僧把锦衣、花帽给他穿戴上，然后心中默念那"紧箍咒经"。刚念一遍，猴子就叫："头痛！头痛！"又念了几遍，痛得猴子竖蜻蜓，翻筋斗，耳红面赤，眼胀身麻，躺在地上打滚，不住地乱抓嵌金的花帽。唐僧怕他把金箍扯断了，就住口不念。说来很灵，孙悟空的头立刻就不痛了。悟空摸摸头，似有一条金线，紧紧地勒在头上，取不下，扯不断，像是生了根似的。他的猴性又起，愤愤地说："我这头痛，原来是师父咒的。"取出金箍棒，要向唐僧打来。慌得唐僧连忙又念起紧箍咒。猴子顿时头痛得跌倒在地，丢下铁棒，只得苦苦哀求："师父，我再也不敢了！"从此，孙悟空下定决心，保着唐僧去西天取经。

"孙悟空戴上紧箍"，比喻被人束缚住，纵有本事也用不上。

孙悟空遇到如来佛

典出《西游记》。

孙悟空大闹天宫，天庭一片混乱。玉皇大帝无法，只好派人去请如来佛前来降伏。

如来佛即唤阿傩、迦叶二尊者相随，来到灵霄殿外。只见变做三头六臂的孙悟空，把那根金箍棒舞得像个风车叶子一样，不见人形，众天神根本无法近他身边。如来佛上前喝令："停息干戈！"孙悟空收了法象，现出原形，怒气冲冲，不把如来佛看在眼里。他说："要想停息干戈倒也容易。常言说，'皇帝轮流做，明年到我家'。只要玉帝搬出去，把天宫让给我就行了。"如来佛听了，一阵冷笑，问："你这猴精，有何本领，敢占天宫？"孙悟空答道："我能七十二变，一个筋斗十万八千里。"如来佛把手一伸，说："你若一筋斗翻出我的手掌，我就劝玉帝让位给你。"悟空不知是计，心中暗暗笑着："我一筋斗十万八千里，如何跳不出去？"于是，如来佛伸开像片荷叶般的手掌。孙悟空把金箍棒藏在耳内，将身一纵，站在如来佛手上，说了声："我去也！"便跳在空中，像风车般地打起筋斗云，拼命往前冲。忽然见到前面有五根肉红柱子，撑着一股青气。孙悟空断定已经到了天的尽头，才停下来。他恐怕空口无凭，拔下一根毫毛变作毛笔，在中间柱子上写下"齐天大圣，到此一游"8个大字。而后，转身打起一个筋斗云，仍回原处，站在如来佛掌心，悟空说："我去了又回来，这回该叫玉帝让位了吧！"

如来佛却说："你根本不曾离开我的手掌。"悟空不服，要拉如来佛去看他留下的字迹。如来佛笑着说："你看我手指上是什么？"悟空朝前一看，大吃一惊！原来如来佛右手中指上，真有他写的那 8 个字。墨迹还未干呢！"哪有这种怪事！我就不信。"孙悟空想再去看看，纵身正要跳起，如来佛眼疾手快，翻掌一扑，悟空被推出西天门外。如来佛将五指化作金、木、水、火、土五座联山，把孙悟空紧紧地压在五行山下。

如来：是佛教名词，梵文"多陀阿伽陀"的意译，为佛教的开创者释迦牟尼的一种称号。"如"谓如实。"如来"即从如实之道而来，开示真理的人。佛常用以自称。如来佛是《西游记》中的人物，神通广大，佛法无边。"孙悟空遇到如来佛"，比喻逃脱不了的厄运。

天低吴楚，眼空无物

典出元代萨都剌《念奴娇·登石头城》。

> 石头城上，望天低吴楚，眼空无物。指点六朝形胜地，惟有青山如壁。

有一次，元代诗人萨都剌登上石头城瞭望四方，触景生情，回顾往事，感慨万端，因填《念奴娇·登石头城》一首。这首词的开头几句是：

> 石头城上，
> 望天低吴楚，
> 眼空无物。
> 指点六朝形胜地，
> 惟有青山如壁。

这几句词的意思是：登上石头城的高处，遥望吴楚一带，天向下垂，空荡荡的一片，什么也没有。长江中下游，历来是豪杰争斗的地方，而今豪杰不知何处去了。指点汉魏六朝以来的形胜地方，而今就剩下如壁的青山了。

后人用"天低吴楚，眼空无物"来形容众叛亲离、土崩瓦解的局面。

万死一生

典出《贞观政要》。

隋朝末年，义军四起，李渊奉旨到山西、河东，镇压起义军。李世民那时才18岁，便参加了对义军的作战了。义军对隋朝的官军，开始了强大的反攻。黄河下游及江淮间广大的地区，几乎全被起义军控制住了。

留守在太原的李渊，虽是隋朝的官，但并非亲信，隋炀帝杨广还派了人到太原监视他的行动。李世民劝父亲："现今盗贼一天天地多起来，遍天下俱是，您奉诏讨贼能讨得尽吗？您讨不尽还是有罪的。"李世民怂恿父亲起兵自立。李渊终于被说动，在太原起兵，立国号为唐，从镇压起义军转而利用了起义军。

隋炀帝这时已在扬州被他的亲信宇文化及等谋杀，隋朝跟着灭亡了。从此唐军展开了统一中国的战争。

在李世民手下都是些出身低微的人，像尉迟敬德、秦叔宝、张亮，有的是教授生徒的儒生，有的是驰名的文士，再加上房玄龄、杜如晦、李靖等，李世民和这些人出生入死，身经无数战役，才把天下打定。所以李世民曾说："这些人跟随我打仗，非常艰苦，逃出万死，而遇一生。"

后人就把此话演化成"万死一生"的成语。

望尘莫及

典出《南史·孝义传》。

吴庆之，字文悦，濮阳人也，寓居江兴。宋江夏王义恭为扬州，召为西曹书佐。及义恭诛，庆之自伤，为吏无状，不复肯仕，终身蔬食。后王琨为吴兴太守，欲召为功曹，答曰："走素无人世情，直以明府见接有礼所以奔走岁时，若欲见吏，则是蓄鱼于树，栖鸟于泉耳。"不辞而退。琨追谢之，望尘莫及矣。

吴庆之，字文悦，南朝宋时濮阳人（今安徽省灵璧县）。王义恭在扬州做太守的时候，曾请他担任类似现在秘书的职务。后来王义恭因事被皇帝杀了，吴庆之觉得自己没有辅佐的能力，从此就不再出来做官。不久，王琨就任吴兴（今浙江省吴兴县）太守，打算请吴庆之做功曹。他便对王琨说："我一向不懂得什么事情，只因为从前的太守很看得起我，所以才奔走了一些时候。假如你还要我做官，那简直是把鱼食放在树边，把鸟放在水里。"吴庆之说完这话，也不告辞，拔腿就走。王琨连忙跟在他后面追赶，但只见前面扬起的灰尘，已经赶不上他了。

后人用"望尘莫及"比喻在某方面远远赶不上别人，远远地落后。

危如累卵

典出《史记正义》。

晋灵公造九层之台，费用千金，谓左右曰："敢有谏者斩。"荀息闻之，上书求见。灵公张弩持矢见之。曰："臣不敢谏也。臣能累十二博棋，加九鸡子其上。"公曰："子为寡人作之。"荀息正颜色，定志意，以棋子置下，加九鸡子其上。左右俱慑息，灵公气息不续。公曰："危哉，危哉！"荀息曰："此殆不危也，复有危于此也。"公曰："愿见之。"荀息曰："九层之台，三年不成，男不耕，女不织，国用空虚，邻国谋议将兴，社稷亡灭，君欲何望？"灵公曰："寡人之过也乃至于此！"即坏九层之台也。

春秋时代，晋灵公为了个人的享受，强拉了大批的老百姓，耗用了大量的钱财，建造九层的高台。他怕臣子们劝说阻止，就预先下了不许规劝的命令。荀息知道了这件事，跑去见他。灵公知道了，便拿出弓，举起箭，等着他来，准备只要他一开口规劝，就把他射死。荀息明知情势很紧张，但装做轻松愉快的样子声明说："我不敢规劝什么，我只是来表演一个小技艺：我能够把 9 个棋子堆起来，上面加 12 个鸡蛋。"灵公觉得很有趣，立时撤了弓箭。荀息定了定心神，严肃认真地先把九颗棋子堆起来，然后又把鸡蛋一个个加上去。旁边在看的人担心会掉下来，都害怕得屏住了呼吸；灵公也惊慌得紧促地叫："危险！危险！"荀息却慢条斯理地说："这有什么了不起的危险，还有比这更危险的哩！"灵公说："我也愿意看一看。"这时，荀息不再做什么别的表演，而是立定身子沉痛地说："为了建造九层的高台，3 年没有成功。国内已经没有男人耕地，没有女人织布了。同时，国库也已空虚，临近的国家将要侵略我们。国家总有一天要灭亡的，你还打算怎么样呢？"晋灵公这才醒悟，立即下令停止造台工程。

在古代，由于皇帝的专制，臣子们都不敢直言规劝，所以常常有用譬喻的方法，来使皇帝醒悟。这些譬喻不但恰到好处，而且内容丰富，表现了我们祖先的出色智谋。后来的人，就根据荀息累积鸡蛋的惊险技艺这件事，引申成"危如累卵"这句成语，用来开窍极为危险的局面或形势。

味如鸡肋

典出《三国志·魏书·武帝纪》。

> 夫鸡肋，弃之可惜，食之无所得，以比汉中，知王欲还也。

曹操带兵攻打汉中，驻在斜谷界口，不能取胜，进退维谷。进，又无法取胜；退，又怕丢了面子。正在为难的时候，恰好厨师送上一碗鸡汤来，汤里有几根鸡肋。曹操看见鸡肋，引起了一阵感触。这时，部将夏侯惇来问夜里的口令，曹操随口说道："鸡肋！鸡肋！"口令传出之后，杨修就去整理行装，准备回去。别人觉得奇怪，便问他为啥这样干？他回答说："鸡肋这东西食之无肉，弃之可惜。出这口令是用鸡肋比喻汉中，看来是想退兵了，所以我先把行李收拾好，免得临时忙乱。"后来曹操果然下令班师回朝。

后人用"味如鸡肋"比喻对事情的兴趣淡薄，或所得实惠不多。

无计可施

典出《三国演义》。

> 王允曰："贼臣董卓，将欲篡位，朝中文武，无计可施。"

东汉末年，何进将自己的妹妹献于灵帝当了皇后，自己任大将军。灵帝死后，何进立少帝刘辩，他自己则专断朝政。外戚专权引起了宦官的不满。为了巩固自己的权势，何进与袁绍等共谋诛杀宦官，并召凉州豪强、大军阀董卓进京协助。

昭宁元年（公元189年），董卓率兵进入洛阳。这时，何进因所谋之事泄露，已被宦官杀了。董卓进京后，废了汉少帝，立刘协为帝，就是汉献帝。董卓自己则专断了朝政。因曹操和袁绍等起兵反对，董卓挟献帝西迁长安，自任太师。他残暴专横，纵火焚洛阳周围数百里，使生产受到严重破坏。

中华典故

董卓的专权与横暴，引起了朝中文武大臣的不满，但大家又惧怕他的权势，敢怒不敢言。司徒王允见此情景，便想出一条连环计来除掉董卓。他对府中的歌女貂蝉说："董卓这个老贼，妄图篡权夺位，朝中文武大臣对此无计可施，我想先把你配给吕布，然后再献给董卓，让他们互相争斗，借吕布之手杀掉董卓。"貂蝉答应了王允的要求，并依计行事。董卓果然被王允、吕布所杀。

"无计可施"指想不出什么办法来。

无可奈何

典出《史记·范雎列传》。

范雎既相，王稽谓范雎曰："事有不可知者三，有不可奈何者亦三。宫车一日晏驾则事之不可知者一也。君卒然捐馆舍，是事之不可知者二也。使臣卒然填沟壑，是事之不可知者三也。宫车一日晏驾，君虽恨于臣，无可奈何。君卒然捐馆舍，君虽恨于臣，亦无可奈何。使臣卒然填沟壑，君虽恨于臣，亦无可奈何。"

范雎当上了秦国的宰相，当年曾经救助过他的王稽官职原封未动，因此王稽有些不大满意。有一天，王稽去找范雎说：

"我以为人世间的事情，不可知道的有三件：一是皇帝不知哪天忽然驾崩归山；二是您不知什么时候离开人世；三是我自己不知哪天死在山沟里。人世间还有无可奈何的事情三件：皇帝死了，他虽然恨臣子也无可奈何了；您离开人世，君恨于臣也无可奈何；我死在山沟里，群恨于臣也是无可奈何了……"

范雎听了王稽的话，心里很不是滋味，便到秦昭王那里去说：

"陛下，王稽是有大功劳的臣子呀，若不是他的庇护，我来不到秦国；若不是您的圣贤，我也不会当上宰相。今天我做了宰相，而王稽却不见提升官职，我心里过意不去呀……"

"好吧，那就提王稽为河东郡守吧！"秦昭王满足了他的要求。

范雎本是魏国人，先在魏中大夫顺贾家里做门客，后来顺贾怀疑他暗中勾结齐国，将他打得半死，扔进厕所里，他逃命后改名为张禄隐藏起来。正巧秦昭王派王稽到魏国访寻贤人名士，有人将范雎推荐给他。王稽夜里与范雎谈得很投机，便约他到秦国去，范雎高兴地答应了。

王稽和范雎乘车进入秦国，走到湖县的时候，碰上秦相国穰侯的车马。

范雎担心地说："我听说穰侯是很专权的，反对接纳别国的宾客，如果知道我来了，他肯定不会放过我的，我还是藏在车里吧！"

穰侯果然把车马停下来，问王稽：

"你这次去魏国有何收获？有没有带来宾客呀？他们是只会乱人耳目，毫无益处呀！"

王稽恭敬地回答："哦，我什么人也没有带回来，您说得对……"

穰侯走远了。范雎跳下车子，对王稽说："我看穰侯这个人很狡猾，一会儿一定回来检查车子，我还是躲开走吧！"

果然不出范雎所料，穰侯没走多远，突然折回来搜索王稽的车子。他没有查出人来，才放心离去。

范雎在王稽的保护下，安全地进了咸阳城，接着拜见了秦昭王，取得了秦昭王的信任，后来做了秦国的宰相。

王稽将范雎请来秦国，是有功劳的，所以他才向范雎说了那番话。

成语"无可奈何"就是由这而来，后人用它表示虽心中不乐意，但亦没有办法。

无立锥之地

典出《庄子·盗跖》。

> 盗跖大怒曰："丘来前！夫可规以利而可谏以言者，皆愚陋恒民之谓耳。今长大美好，人见而悦之者，此吾父母之遗德也。丘虽不吾誉，吾独不自知邪？且吾闻之，好面誉人者，亦好背而毁之。今丘告我以大城众民，是欲规我以利而恒民畜我也，安可久长也！城之大者，莫大乎天下矣。尧舜有天下，子孙无置锥之地，汤、武立为天子，而后世绝灭；非以其利大故邪？"

春秋时期，鲁僖公有一个大夫，姓展名禽，字季，谥号惠。人称下季，又称柳下惠。柳下惠有一个弟弟叫盗跖，真是一个江洋大盗。孔丘去劝说盗跖，想叫他改邪归正。盗跖不肯接见他，还把他大骂一通，说，如果孔丘再不滚回去，就把他的心肝掏出下酒吃。孔丘仗着自己是柳下惠的朋友，再次请守门人通报，

说："我与柳下惠是朋友，请求到帐幕之下，见盗跖将军一面。"守门人又进去通报，盗跖说："叫他进来!"孔丘一溜小跑，毕恭毕敬地进去了。盗跖大怒，伸着两脚，手按宝剑，圆睁双目，说："孔丘，你过来! 你所说的话，如果符合我的心意，就不杀你；如果不符合我的心意，我就叫你死!"孔丘说："天下有 3 种美德：长得高大魁梧，美好无比，老人小孩富人穷人见了都喜欢，这种美德是上等的；通晓天文地理，对万事万物都有明察，这种美德是中等的；勇敢剽悍，刚毅果敢，能够聚众率兵，这种美德是下等的。只要具备了其中一种美德，就可以称帝为王了。如今将军您有三种美德，身长八尺二寸，满面红光，唇如丹漆，牙齿整齐，声如洪钟，然而却名叫盗跖，我认为是不合适的，如果您肯接受我的建议，我就为您南使吴、越，北使齐、鲁，东使宋、卫，西使晋、楚，我将说服这些国家，为您建造起数百里大城，给您采邑数十万户，尊将军您为诸侯，从而使天下罢兵休卒，共享太平。这是圣人才士的行为，也是天下人的愿望。"

盗跖大怒说："孔丘，你靠前站! 能被利益打动，能被花言巧语说服的人，都是愚昧浅陋的顺民。我身材高大，容貌美好，人人见了都喜欢，这是父母遗传给我的美德。虽然你不夸奖我，难道我自己还不知道吗? 况且我听说，喜好当面恭维人的家伙，也喜好在背后诋毁人。今天，你说要给我造大城，又给我数十万户民众，这是想拿利益引诱我，叫顺民们畜养我，怎么能够长久呢? 大城再大，也不会比天下大。尧舜拥有天下，而他们的子孙却穷困到极点，没有立足之地；商汤和周武王贵为天子，而断子绝孙。这不是因为他们获利太大了吗?"

"无立锥之地"就是从这个故事来的。"立锥之地"，形容地方极小。人们用"无立锥之地"形容穷困到了极点，也可用来形容无立足之地。

心如死灰

典出《庄子·齐物论》。

南郭子綦隐机而坐，仰天而嘘，荅焉似丧其耦。颜成子游立侍乎前，曰："何居乎? 形固可使如槁木，而心固可使如死灰乎? 今之隐机者，非昔之隐机者也。"

战国时代，有一个人叫子綦。古人纯厚质朴，多以居处为号，子綦居住在南郭，因此号叫南郭，人们称之为南郭子綦。他是楚昭王的庶弟，楚庄王的司马官。南郭子綦怀道抱德，清静寡欲，淡于名利。有一次，南郭子綦凭几而坐，凝神遐想，仰天而叹，表现出一副忘却外物的超然沉静的神态。他有一个弟子，姓颜名偃，字子游，谥号成，人称颜成子游。颜成子游侍立在南郭子綦身旁，说："怎么回事呢？固然可以使形体像干枯的树木，难道也应当把心变得像熄灭的灰烬吗？您今天凭几而坐的样子，与过去凭几而坐的样子不同啊。"

"心如死灰"本指内心枯寂平静，不为物欲情感所动，现在多用它形容精神消沉，意志消磨。

一败涂地

典出《史记·高祖本记》。

> 刘季曰："天下方扰，诸侯并起，今置将不善，一败涂地。吾非敢自爱，恐能薄，不能完父兄子弟。此大事，愿更相推择可者。"

秦朝时候，沛县县令叫泗水亭长刘邦押送一批老百姓到骊山做苦工。不料走到半路上，接二连三地逃走了很多，刘邦想：这样下去，不等到骊山，就一定会逃光，自己免不了要被治罪，他想来想去，索性把没有逃跑的都释放了，自己和一些不想走的人躲在芒、阳二县交界的山泽中。

秦二世元年，陈涉在大泽乡起兵反秦，自称楚王。沛县令想归附，部属萧何和曹参建议说："你是秦朝县令，现在背叛秦朝，恐有些人不服，最好把刘邦召回来，挟制那些不服的人，那就好办了。"沛县令立即叫樊哙去请刘邦。可是当刘邦回来时，沛县令见他领有近百人，怕他不服从自己的指挥，又懊悔起来。于是下令紧关城门，不让刘邦进城。刘邦在城外写了一封信，绑在箭上射给城里的父老，叫沛县父老们齐心杀了县令，共同抗秦，以保全身家。父老们果真杀掉县令，打开城门，迎接刘邦进沛县，并请他做县令。刘邦谦虚地说："天下形势很紧张，假若县令的人选安排不当，就会'一败涂地'。请你们另外选择别人吧！"但最后，刘邦还是当了县令。

"一败涂地"本来是一旦破败，就要肝脑涂在地上的意思，但后人则一直借用它说明失败之后，而至不可收拾的情势。

一筹莫展

典出《宋史·蔡幼学传》。

> 宁宗即位，诏求直言，幼学奏：九重深拱而群臣尽废，多士盈庭而一筹不吐。

南宋时温州瑞安有个蔡幼学，他是当时著名学者陈傅良的学生。由于他勤奋努力，进步很快，一般人都说他的文章比他老师写得好。

宋光宗时，他曾任校书郎。光宗死后，宁宗继位。宁宗为了广开言路，便征求君臣的意见，并要求他们直言不讳。蔡幼学上书宁宗说："要想当好皇帝，必须做好3件重要的事：一事亲，二任贤，三宽民。要办好这三件重要的事，最重要的就在于讲学。近年来，一些坏人制造和平言辞来排斥好人，因此，大臣们想有所作为又怕别人说他故意多事；忠心之人想尽力做一些有益的事，又怕违背了圣旨而遭到不幸。这样就使您一人孤立在上，而把君臣抛在一边，其结果是有志之士充满了朝廷，而朝廷却一点办法也拿不出来。"

后人把"一筹不吐"说成"一筹莫展"，用来表示一根算筹也摆布不开，比喻一点办法也没有。

一发千钧

典出《与孟尚书书》。

> 百孔千疮，随乱随失，其危如一发引千钧，绵绵延延，寝以微灭。

韩愈，字退之，唐朝邓州南阳人，是当时的大文豪，主张文以载道，以复古为革命，用散文代替骈文，有文起八代之衰的功劳。他很反对佛教。唐宪宗要派使者去迎接佛骨入朝，他上表谏阻，得罪了皇帝，被贬到潮州去当刺史。他在潮州结识了一个老和尚，由于很谈得来，所以两人往来比较密切，而外间的人都传说韩愈也相信佛教了。

他的朋友孟郊当时做尚书，是最不信奉佛教的，因此得罪宪宗皇帝被贬谪到吉州。到了吉州后，孟郊也听到人们传说韩愈已经信起佛来，于是特地写信去问韩愈。

韩愈接到孟郊的信后，知道因他与和尚往来，才引起别人发生了误会，马上回信向孟郊解释，并对当时在朝的一班大臣们信奉佛教、不守儒道、一味拿迷信来迷惑皇帝大加抨击。他对皇帝疏远贤人，使儒道堕落，颇为愤慨。信中有这样的话："百孔千疮，随乱随失，其危如一发引千钧……"

这是比喻一件事情，到了极危险的地步，好像一根头发，系着一千斤重的东西。现在一般人凡是遇到最危险的事情，往往就拿这句话来形容。

一寒如此

典出《史记·范雎蔡泽列传》。

范雎是春秋时期魏国人。开始在中大夫须贾手下做事。有一次，范雎跟随须贾出使齐国，齐襄王很赏识范雎的才干，赠送给范雎很多东西，范雎百般推辞不敢接收。谁知须贾一口咬定范雎泄露了魏国的机密，才获得了齐王的信任。回到魏国后，范雎遭到无辜迫害，被打断了肋骨。范雎只得装死，随后逃到了秦国。几年后，范雎当上了秦国的丞相，秦昭王给他取名为张禄。

一次，魏国听说秦国将要攻打魏国，派须贾去秦国打探消息。范雎得悉须贾来到秦国，便穿上破旧的衣服去见须贾。

须贾见了大吃一惊，问："范叔是否为秦国来做说客的？"

"没有，我是逃到这里来避祸的，怎么还敢到处游说呢？"

须贾听说他靠做小买卖为生，很同情范雎的遭遇，便留下范雎喝酒。几杯酒下肚，须贾长叹一声："想不到范叔竟然一寒如此！"就取一件绸袍送给范雎。须贾向范雎打听秦国丞相张禄的情况，并表示要见张禄。范雎答应了。后来须贾认出张丞相就是范雎时，吓得急忙磕头谢罪。

范雎因须贾有赠袍之谊，遂放须贾返回魏国。

一身两役

典出《梁书·张充传》。

一身两役，无乃劳乎？

中华典故

南朝齐有个人名叫张充，喜欢打猎。有一天他出外打猎，左手牵着猎犬，右臂上站一只鹰，神气十足，十分潇洒。他父亲张绪看见了便幽默地说："你一个人同时做两件事，岂不太劳累了吗？"张充连忙跪下对他父亲说："常言道：三十而立，我今29九岁了，请允许我明年改吧。"张绪说："过而能改，那就好了。"第二年张充发愤学习，博览群书，后终被征为散骑常侍、金紫光禄大夫。

后人用"一身两役"表示一个人兼两种职务，或一个同时干两项工作。

易子而食

典出《左传·宣公十五年》。

> 宋人惧，使华元夜入楚师，登子反之床。起之曰："寡君使元以病告，曰：'敝邑易子而食，析骸以爨；虽然，城下之盟，有以国毙，不能从也。去我三十里，唯命是听。'"子反惧，与之盟，而告王。退三十里，宋及楚平。

鲁宣公十四年（公元前595年）九月里，楚庄王因宋国杀了楚国过境的使者申舟而亲自率兵攻打宋国。宋国所处的地位，本来就不好，它是处在齐、晋、楚三大强国的中间，而且又无险可守，所以宋人对战争有深刻的感受，认识到战争加在他们身上的痛苦。

宋国人民英勇坚毅，坚决守城，绝不向强大的敌人屈服。楚兵从第一年的九月围困宋国首都，一直到第二年的五月，还是不能将宋国攻下。楚王准备收兵回国了，楚大夫申犀（申舟的儿子）说："毋畏（申舟）知道一定会死，都不敢不遵楚王的命令，现在你倒不愿答应申舟的诺言了。"孙叔敖此时正替楚王赶车，就说："我们在这里修筑房屋，并且把种田的人打发回国去，宋国知道我们预备久围，自然会听命了。"楚王按照孙叔敖的话办，宋国人果然害怕起来。宋王便派元帅华元单身偷进楚国军营，直入楚国元帅子反的卧室，将子反劫持说："我国人民已困苦到交换着吃孩子的肉，拿骸骨来当柴烧了，但我们决不作城下之盟，若是退兵三十里，那就无不依从。"后来宋国终于向楚国求和了。

后来的人便把《左传》中"城中易子而食，析骸以爨"引申为成语"易子而食"，来比喻在战争中因被围困，粮源断绝，外无援兵，内无粮草，只能将小孩子掉换来充饥了。另一种意思，便是形容人人无法生存，困苦到了极点。

有心栽花花不开，无意插柳柳成荫

典出《醒世恒言》。

常言道："有意栽花花不开，无心插柳柳成荫。"既张木匠儿子恁般聪明俊秀，何不与他说，承继一个，岂不是无子而有子。

元朝有个大官的儿子叫魏鹏，自幼在浙江与贾家女儿娉娉订了婚，父亲死后举家回归襄阳家乡，音讯遂绝。魏鹏长至18岁，聪明好学，熟于经史，不想屡次考试不取，心中郁闷。母亲恐成疾，遣其去浙江，一则访师问友，二则开豁心胸，三则找贾家议定婚期。那贾家只有老夫人和女儿在家，听说魏鹏到来十分欢喜，留住款待十分周到，只是不提起婚姻之事。那娉娉有西子之容，倾城之色，两人朝夕过从，眉梢眼底大有滋味，逐渐诗词奉和，情意日深，又得两婢牵引，遂山盟海誓成了眷属。从此无夕不欢，往来频数，只瞒了贾老夫人。不期光阴易过，夏暑将去残，家中来信催魏鹏回去秋试。魏鹏无奈，与小姐絮絮叨叨洒泪而别。回家已将入试之时，魏鹏哪有心思考校文字？试时随手写去，平平常常，绝无一毫意味。那试官偏生昏了眼睛，歪了肚皮，只顾圈圈点点起来，竟然高中了，果是："有心栽花花不开，无意插柳柳成荫。"

待得廷试，魏鹏是被母亲逼迫去京，一心想念娉娉，又有什么好文章写得出来？不想试官说他文字稳当，不犯忌讳，是平正举业之文，又中在甲榜，派为江浙儒学副提举。魏鹏甚是得意，匆匆赶去钱塘，首具袍笏拜见贾老夫人，和小姐相见，悲喜交集。遂寄寓贾府，从容议及婚事。谁知贾老夫人只此一女，时刻不见尚且思念，若嫁他乡，誓死不允，几番请人转寰，那贾母绝不松口。恰值魏母病逝，魏鹏只得回去奔丧。这番生离，娉娉几番哭得死而复生，终日饮恨染成一病，竟一命呜呼了。魏鹏得此凶信，设位祭道："你为我而死，我何忍相负？惟终身不娶以慰芳魂。"伏地大哭，死而复苏。

他两人的深情感动天帝，三年后竟命娉娉借尸还魂，夫妇偕老，此事宣传关中，遂成佳话。

后人用"有心栽花花不开，无意插柳柳成荫"这个典故比喻一心谋求的事不

中华典故

能成功，随意办地事却意外的获得好结果。

羽毛未丰

典出《战国策·秦策一》。

　　秦王曰："寡人闻之，羽毛不丰满者，不可以高飞，文章不成者，不可以诛罚，道德不厚者，不可以使民，政教不顺者，不可以烦大臣。"

　　战国的游士苏秦，是个有才干发努力的人，他用连横的策略去游说秦惠王，对惠王说："大王的国家，西边有蜀和汉中的富饶；北有胡地的皮革和代地的良马；南边有巫山和函谷的要塞；而且土地肥沃，人民富有，兵多将广，地广物博，积蓄丰富，地势又利于攻守，可以说得上是天然的宝库，天下的雄国了。加以大王这样贤能，士民这样众多，如果能够善于运用，把兵士训练起来，一定可以兼并诸侯，吞灭天下，自己称帝的，我诚心地把这些好处向您说明，请大王留意。"

　　秦惠工说："我听别人说过：'羽毛未丰，不可以高飞；法令未成，不可以诛罚；道德没有博大的，不能叫百姓去战争；政教不顺民情的，不可以烦劳大将。'现在你很有诚意不远千里而来，辛苦地来指教我，我很感激你，但你所说的，让我慢慢再考虑吧！"

　　后人用它来比喻年轻的人没有经验，缺乏本领自立。也指职位低微的人，拥护他的人还不多，势力薄弱，地位不高，一切还要依赖人家，不能够独自奋飞。

遇事生风

典出《汉书·赵广汉传》。

　　所居好用世吏子孙新进年少者，专强壮蜂气，见事风生，无所回避，率多果敢之计，莫为持难。

汉朝时候，涿郡（今河北省涿县）有个姓赵名广汉的人，初时在郡里做个小官，因为办事认真廉洁，后来一直升到京兆尹（专管京城的行政长官）。那时，恰逢汉昭帝去世，京城新丰县的京兆官杜建负责管理昭帝的陵园。这个杜建交游广阔，他和他的朋友一起利用职权做着非法的勾当。这事被赵广汉知道了，便暗示杜建改变作风，但杜建却置若罔闻，赵广汉便将他们逮捕。事情发生以后，京城里的达官贵人都来求情，赵广汉一向厌恶这般贵人们平时为非作歹，包庇坏人的丑恶行径，为了防止更多的麻烦，即刻将杜建杀了。于是京里的达官贵人都对赵广汉望而生畏。

汉宣帝时，因为不畏权势，一心为国，赵广汉很得宣帝重用。他爱用新进的世吏子孙，这些年轻人最爱逞一时的锐气，逢着一点事儿就将它迅速扩大，完全没有回转的余地。最后，赵广汉终被贵戚们害死。

遇，逢也；生风，即风生，喻迅速而不可当。"遇事生风"形容好事的人，遇到一些小事端就兴风作浪，把事情扩大。

债台高筑

典出《汉书·诸侯王表序》。

> 分为二周，有逃债直台。颜师古注："周赧王负债，无以归之，主迫债急，乃逃于此台，后人因以名之。"

春秋时期楚考烈王听说信陵君大破秦军，就想起平原君和毛遂请他当合纵抗秦的纵约长事来。他怕秦国，不敢答应，后来架不住毛遂一逼，他才叫春申君带着兵马去抵抗秦国。过了几天，春申君带着军队回来了，一点儿功劳也没立下。考烈王叹息着说："赵公子所说的合纵计策实在不错，可惜咱们没有像魏公子那样的大将。"春申君一听，心里头有点不服气。他想："我一向学着孟尝君、平原君、信陵君，收养了不少门客，怎么会跟不上他们呢？"他就厚着脸皮，对考烈王说："上回不是赵公子他们公推大王为纵约长吗？如今秦国打了败仗，威风下去了。大王这时候就该掌起纵约长的大权来，赶紧打发使者去约会各国，再能够得到周天子的同意，借着他的号令去征伐秦国。大王能够这么办，就比齐桓公、楚庄王的功业大得多了。"考烈王经春申君这么一鼓动，又引起了当霸主的瘾来了。当时就派使臣们到成周去请求周赧王下令征伐秦国。

周赧王向来软弱无能。虽然挑着天子的旗号，却还不如列国里最小的诸侯呢。真正被他管辖的土地不过几十个县。哪知道光是这么个小小的天下，还分成两半。河南巩县一带叫东周；河南王城一带叫西周（平王东迁的时候把镐京叫西周，洛阳叫东周；到了周赧王的时候，原来的东周又分成了东、西两周）。东周由东周公治理，西周由西周公治理。不光各自独立，时常还要你欺我、我压你地彼此攻打。天子只不过是个高高在上的大傀儡。

周赧王接见了楚国的使臣，高兴得差一点儿掉下眼泪来。他正在气恨秦王欺负他，三番两次地要想打通三川来抄他的老窝。难得有这么个替他打抱不平，他哪能不答应呢？他立刻以天子的名义叫楚国去约会列国诸侯。

周赧王把楚国的使臣们打发走以后，叫西周公准备出兵，跟着各国一块儿去征伐秦国。西周公把西周的兵马集合起来，东拼西凑地好容易把军队都拢在一块儿，数了数，老老少少，一共还不到6000人。这哪像话呢？白起一个晚上杀死的赵国投降的士兵就有45万。这6000多人能做什么事？但不管怎样，出去替人家壮壮声势也是好的。周赧王和西周公就决定把这6000人送出去加入合纵抗秦的阵营。

6000人一集合起来，就发生了几件难事：第一件，那些破旧的兵车得修理修理；第二件，拉车的马不够了；第三件，人和马吃的粮草一点儿没有着落。库房里拿不出这笔打仗的开销来，周天子就向那些富裕的商人、地主去借钱，给他们立字据，说明这回借的钱是作为军饷用的，等到打仗回来，拿战利品作为担保，连本带利一起归还。军饷、军费很快就有着落了。

公元前256年，西周公带了6000人马到了伊阙，驻扎下来等候各国诸侯的大队人马。可是韩、赵、魏三国刚跟秦国打了仗，元气还没恢复，没有出兵的力量；齐国跟秦国一向是很不错的，不愿意发兵；只有燕国和楚国派了几队人马来。这回合纵抗秦的计划又失败了，西周公也只好原封没动地带着他那6000人马回城去了。

周赧王出了一回兵，一仗没打，什么东西都没得着，军饷可全耗费完了。那些账主拿着字据在宫门外头向天子要账。要账的要不着钱，也见不着欠账的，哪能答应呢？这一下，弄得周赧王跑又没处跑，躲又躲不了。他只好到高台上去躲账。于是人们将那座高台称为"避债台"。

后人就把这件事引申为成语"债台高筑"，形容人欠债很多，没有办法偿还。

置之度外

典出《后汉书·隗嚣公孙述传》。

> 帝积苦兵间，以嚣子内侍，公孙述远据边陲，乃谓诸将曰：且当置此两子于度外耳。"

东汉初年，虽然光武帝（刘秀）已重新建立了汉朝，但还有很多人拥有重兵，占据个个州郡，要与刘秀争夺天下；或者表面虽然臣服朝廷，而仍想保留自己占有的地盘，伺机而动。光武帝既已重复汉室，自然不能坐视这种割据的局面继续下去，决心要使全国统一。前后经过 5 年的时间，光武帝把函谷关以东的割据势力全部荡平，最后只剩下甘肃的隗嚣和四川的公孙述两股势力了。

光武帝鉴于隗嚣表面上已向他称臣，还遣他的儿子在京城洛阳做官，一时不足为患，公孙述远在西南边陲，路途遥远，攻取不易，暂时不想对他用兵，而更主要的，是打了许多年仗，兵力也要休整一下，他在对部下众将官谈到隗嚣、公孙述二人时说："这两个人暂时不必放在心上的。"

后人用"置之度外"比喻对人或事不再重视或不再放在心上。

作祟自毙

典出《子不语》。

> 杭州赵清尧好弈，闻落子声，必与对枰。偶游二圣庵，见道人，貌陋，与客方弈，而棋甚劣，自称"炼师"。赵意薄之，不与交言，随即辞出。是夕上床就寝，有鬼火二团，绕其帐上，赵不为动。俄有青面锯齿鬼，持刀揭帐。赵厉声呵之，旋即消灭。次夕，满床作啾啾声，如童子学语。初不甚分明，细听之，乃云："我棋劣，自称'炼师'，与汝何干，而敢轻我？"赵方知是道士为祟，愈加不恐。旋又闻低声云："汝大胆，刀剑不畏，我将以勾魂法取汝性命。"遂咒云："天灵灵，地灵灵，

当门顶心下一针。"赵闻之，觉满身肉然如欲颤者，乃强制其心，总不一动，兼以手自塞其耳，然临卧则咒声出于枕中。赵坚忍月余，忽见道士涕泣跪于床前曰："我以一念之嗔，来行法怖汝，要汝央求，好取些财帛，不料汝总不动心。我悔之无及。我法不行于人者，反殃其身，故我昨日已死，魂无所归，愿来服役作君家樟柳神，以赎前愆。"赵卒不答。明日，遣人往二圣庵视之，道士果自到。

杭州人赵清尧喜欢下棋，只要听到棋子走动的声音，总要坐下来和人家对局较量。

一天，他偶然到二圣庵游玩，看见一个道士，相貌十分丑陋，正和游客下棋。道士的棋术非常低劣，还自称是有道行的"炼师"，赵清尧心里很瞧不起他，一句话也不和他说，立即转身走了。

当天晚上，他上床睡觉，只见两团鬼火在帏帐上绕动，赵清尧不动声色。不一会儿，一个青面獠牙的恶鬼，手拿钢刀，揭开帏帐。赵清尧厉声呵斥，青面鬼一下又不见了。

第二天晚上，满床铺发出细小噪杂的啾啾声，好像小孩在学着说话。起初还听不太真切，细细倾听，原来是说："我棋术低劣，自称'炼师'，与你什么关系，竟敢小看我！"赵清尧这才知道是那个道士作怪，更加不害怕了。接着又听到一个低低的声音咬牙切齿地说："你好大胆，居然不怕刀剑，我将用勾魂法要你的性命！"接着就念起咒来："天灵灵，地灵灵，当门顶心下一针。"赵清尧听了，顿时觉得浑身肌肉跳动不停，好像在颤抖的样子。他便强忍着控制住自己，一动不动；又用手堵住自己的耳朵，但躺下以后，咒语又从枕头里发出来。就这样，赵清尧坚持忍耐了一个多月，忽然看见那个道士泪流满面地跪在床前说："我因一时恼怒，行了法术恐吓你，要你求饶，好诈取些钱财，不料你总不动心。我后悔也来不及了。我的法术不能侵害人，反过来自己就要遭殃，所以我昨天已经死去，但阴魂没有归宿，愿来服役侍奉，在您家里作个预卜吉凶的樟柳神，用以赎我先前的罪过。"赵清尧始终不予理睬。

第二天，他派人去二圣庵一看，那道士果然已经自杀了。

"作祟自毙"这个典故告诉人们，一切与人民为敌的人，倒行逆施，为非作歹，都不过是自掘坟墓，自套绞索，是不会有好下场的。

罪戾篇

爱身避死

典出《汉书·张敞传》。

处此紧急时刻，不敢爱身避死，愿效忠陛下，竭尽全力以除盗贼，以安百姓。

汉代有个人名叫张敞，汉宣帝刘询时，初任太仆丞，后为豫州刺史。

当时渤海、胶州地方的官吏失职，数年粮食歉收，盗贼蜂起。张敞见此，决心前往平定，于是上书皇帝说："近闻胶州、渤海地方连年歉收，盗贼并起，至攻官寺，到处抢劫；地方官吏，已失纲纪，因而奸宄不禁。处此紧急时刻，不敢爱身避死，愿效忠陛下，竭尽全力以除盗贼，以安百姓。"宣帝看了张敞的上书，十分高兴，就拜张敞为胶东相，赏赐黄金三十斤。张敞到了胶东之后，采用劝善惩恶、有功者赏、顽抗者斩的办法治理胶州，收到了良好的效果。在平乱中因立功而调补为官者数十人，从此盗贼解散，渤海、胶州遂平。

不久后，长安市内，偷盗甚多，宣帝又令张敞去治理。张敞采用走访长安父老，教育利用偷盗者的头头，奖惩结合等多种办法，很快地制服了盗贼。当时人们对此评论说："张敞为人敏疾，赏罚分明。"

后人用"爱身避死"表示贪生怕死，畏缩不前。

跋扈将军

典出《后汉书·梁冀传》。

冲帝又崩，冀立质帝。帝少而聪慧，知冀骄横，尝朝群臣，目冀曰："此跋扈将军也。"冀闻，深恶之，遂令左右进鸩加煮饼，帝即

日崩。

梁冀，字伯卓，其父梁商在汉顺帝时任大将军。梁冀长相凶恶，双肩上耸，一双豺狼般的眼睛，凶光四射，说话口吃，略通文墨。他仗着自己是贵戚身份，浪荡无度。酗酒赌博、放鹰牵狗、跑马斗鸡，无恶不作。公元136年（永和元年），汉顺帝（刘保）拜梁冀为河南尹。他凭借职权更加为非作歹，视王法如同儿戏。洛阳令吕放看不过去，就向梁商报告梁冀的所作所为，梁商十分生气，就责备儿子梁冀。梁冀怀恨在心，派人把吕放杀死了。又怕梁商知道，采取嫁祸于人的办法，残杀无辜百余人。

梁商死后，汉顺帝拜梁冀为大将军。不久，汉顺帝死了，梁冀与妹妹梁太后把尚在襁褓之中的刘炳立为皇帝，这就是汉冲帝。

没过多久，汉冲帝又死了，梁冀把刘缵立为皇帝，这就是东汉质帝。质帝虽然年少，但却十分聪明，他深知梁冀骄傲专横，有一次召见群臣时，眼睛瞧着梁冀说："这是一位霸道的将军啊！"

梁冀听了质帝的话，对质帝憎恶极了，就命令自己的亲信把鸩酒和煮饼献给质帝吃，质帝当天就死掉了。

跋扈：专横暴戾，欺上压下。人们用"跋扈将军"形容专横暴戾、骄狂放肆的人。

绑架

楚怀王见齐、韩、魏三国的兵马来打楚国，只得打发太子横去秦国做抵押，请秦王发兵来帮助。秦昭襄王发兵去帮楚国。三国的兵马就退了。太子横在秦国受人欺负，后来秦国的一个大夫和太子横相斗，太子横把他杀了，接着就跑回楚国。秦国借着这个理由，接连来打楚国，夺了好几座城，杀了好几万楚国人，把楚怀王逼得只好脱离秦国，重新加入"合纵"。他还打发太子横去齐国求救，留在齐国做人质。齐国和楚国联合起来，当然对秦国不利，秦昭襄王就客气地给楚怀王写信，请他去武关（在陕西省商县东）相会，预备当面订立盟约，永远和好。

楚怀王接到秦昭襄王的信，就对大臣们说："秦王请我上武关去订盟约。不去，又要招他怨恨；去，又怕有危险。你们看应当怎么办呢？"大夫屈原从齐国回来的时候，劝楚怀王治死张仪，可是楚怀王终于把张仪放走了。这会儿屈原挡住楚怀王，说："秦国强暴得同豺狼虎豹一样，咱们受了秦王的欺负已经不只一次了。大王一去，一定又会中了他的圈套。"令尹昭睢说："屈大夫的话一点不错，咱们只要加紧防守就是了。大王可不能轻易去敌国！"靳尚说："秦国不是咱们的亲戚吗？咱们把亲戚看成敌人，咱们才打了败仗，死了好些将士，丢了土地。如今秦国愿意跟咱们亲善，彼此帮助，咱们哪能推辞人家呢？万一秦王因此发火，那不就更糟了吗？"楚怀王的小儿子公子兰也说："我姐姐不是嫁给秦国的太子了吗？秦王的女儿不是嫁给我了吗？两国既然成了亲戚，理当亲善才对。"楚怀王是墙头草，随风倒。这回一连打了败仗，就想跟秦国求和，再加上靳尚跟公子兰一唱一和的建议，还有个上官大夫帮着公子兰说话，楚怀王就决定去跟秦昭襄王会见。

楚怀王带着靳尚和几个随从人员到了武关。秦国的大臣出来迎接，说："秦王已经在这儿等了三天了，请进去吧。"他们把楚怀王前呼后拥地接进了武关。到了一个地方，车马站住了。有一个大员，出来迎接，请他换车。楚怀王见他不像是秦王，心里有点怀疑，打算不下车。那个人行个礼，说："大王不必疑惑，我是秦王的兄弟泾阳君。因为秦王身子有点不舒服，不能出门，又怕大王见怪，特地派我来迎接。劳驾，请大王到咸阳去跟秦王见面吧。"楚怀王一听叫他去咸阳，很不乐意。忽然瞧见一大队秦国士兵把他围起来，不由得变了脸色，问泾阳君，说："我是来跟秦王会面的，为什么你们叫这么多士兵把我围起来呢？"泾阳君说："哪有啊？他们是来保护大王的，请您别错怪了。"这时候，楚怀王不由自主地被他们拥上了车。泾阳君和他坐在一块儿。秦国的将军白起带领着大军，沿途上"保护着"。靳尚看着不对头，偷地跑回楚国去了。

楚怀王被绑架到咸阳。秦昭襄王吩咐大臣们聚在朝堂上，叫楚怀王朝见自己。楚怀王感觉受到侮辱，就扯开了嗓子数落说："我把你当亲戚，信了你的话，答应你的请求。亲自上武关来。你假装有病，骗我到咸阳来。如今见了我，不依照诸侯的礼仪来迎接我，这是什么道理？"秦昭襄王说："当然有道理！你以前答应把黔中的土地让给秦国，这件事直到如今还没办。今天劳你的大驾，也就是为了这个。只要你把黔中土地交割清楚，我就送你回去！"楚怀王说："你要土地，不是不能商量，何必弄这套诡计？"秦昭襄王说："不这么着，你哪肯呢？"楚怀王没有法子，只好答应他的要求，说："好吧！我就把黔中的土地让给你！咱们先订立盟约，秦国派一位将军跟我去楚国接收，好不好？"秦昭襄王说："像这种订盟约的把戏，有什么用呢？你先打发个人回楚国去，把黔中的土地交割清楚，等我们接收完了之后，再送你回去。"秦国的大臣们都劝楚怀王答应，楚怀王破口大骂，说："你使出这种欺负人的手段，把我骗到这儿来，还要逼着我割让土地，这……这简直太不像话了！我……我不答应，干脆说，我不认可！你就是把我弄死，我也不答应！"秦昭襄王知道蜡烛不点不亮，锣鼓不敲不响，就把楚怀王押在咸阳，叫楚国拿地来赎。

靳尚跑回楚国，向令尹昭睢报告了经过。昭睢说："大王被他们留在秦国，一时回不来，太子又在齐国。要是齐国跟秦国联合起来。再把太子扣住，咱们楚国可就连个君王都没有了！"靳尚说："咱们就另外立个王子，怎么样？"昭睢说："太子是大王立的，哪能把他废了呢？要是大王回来，说你自作主张，违背他的命令，你担得起这个罪名吗？还是打发人上齐国去，就说大王归天，赶紧请太子回去即位。"靳尚说："我没保护住大王，自己觉得有点惭愧，迎接太子这个差使派我去吧。"昭睢就打发靳尚上齐国去"报丧"。

齐闵王接见靳尚之后，对相国田文说："如今楚国没有君王，我打算把太子横扣在这儿，叫楚国拿淮河以北的土地来赎，你看怎么样？"田文反对说："这哪儿行！楚王的儿子有的是。要是他们另外立了一个当国君，咱们不但得不到好处，反倒落了个坏名声。还是好好地把楚太子送回去吧！"齐闵王一想，这话倒也有理，就把太子横送去了。

太子横即位，就是楚顷襄王。楚国的大臣像昭睢、公子兰、靳尚、屈原等都照常办事。当时打发使臣去通知秦国，说："楚国已经有了国王了。"秦王眼看这次绑架没有成功，又是羞愧、又是气，恼羞成怒，就派大将白起和蒙骜带领着十万人马，从武关出发去打楚国。这一仗楚国被秦国打得大败，死了五万多人，被秦国占了16座城。这么1来，秦国就更威风了。

被押着的楚怀王得到了这个消息，背地里直掉眼泪。他在秦国押了一年多，终于得了个机会，换了一身衣裳，偷着跑出了咸阳。他本来打算逃回本国去。谁知道看守的人向秦王报告，秦王立刻派人去追。一边通知东面边界上的将士们，把秦国通往楚国的路堵住，又派人把楚国的西部也守住。楚怀王就像被猎狗追赶的兔子一样，全身都长着耳朵。一听说东边跑不了，就抄小道往北跑，居然被他跑到赵国的边界上。

鞭贾

典出《柳河东集》。

市之鬻鞭者，人问之，其贾宜五十，必曰五万。复之以五十，则伏而笑；以五百，则小怒；五千，则大怒，必以五万而后可。

有富者子，适市买鞭，出五万。持以夸余。视其首，则拳蹙而不遂；视其握，则蹇仄而不植；其行水者，一去一来不相承；其节，朽墨而无文。掐之，灭爪而不得其所穷；举之，飘然若挥虚焉。

余曰："子何取于是而不爱五万？"曰："吾爱其黄而泽，且贾者云……"余乃召僮汤以濯之，则缩然枯，苍然白。向之黄者栀也，泽者蜡也。富者不悦，然犹持之三年。后出东郊，争道长乐坂下，马相踶。因大击，鞭折而为五六，马踶不已，坠于地，伤焉。视其内则空空然，其理若粪壤，无所赖者。

今之栀其貌，蜡其言，以求贾技于朝，一误而过其分则喜，当其分则反怒曰："余曷不至于公卿？"然而至焉者亦良多矣。居无事，虽过三年不害；当其有事，驱之于陈力之列以御乎物，以夫空空之内、粪壤之理而责其大击之效，恶有不折其用而获坠伤之患者乎？

市场上有个出售马鞭的。有人问他价钱的时候，本来只值五十，他一定要说五万。还价给他五十，他就笑弯了腰；给以五百，就怒形于色；给以五千，就大发雷霆；一定要五万才卖。

有一个富家子弟，到市场上买鞭子，花了五万买了一条鞭子回来。他拿着鞭子向人夸耀。那鞭梢卷缩而不舒展，那鞭把儿歪斜而不直，那鞭的自然纹理也错乱不相承接，那鞭的节疤腐朽墨黑而没有文彩。用指甲一掐，指甲完全隐了进去还摸不到底；拿到手里，轻飘飘的，像挥动着没有重量的物体一样。

有人问他："你是看上了鞭子的哪一点而毫不吝惜那五万钱呢？"他说："我喜欢它颜色黄而有光泽，况且卖鞭人还说了很多优点呢。"人们就叫僮仆烧了滚烫的水来洗那鞭子。一洗，它就收缩干枯，颜色苍白。这才知道，原先的黄色是用栀子染的，那光泽则是涂的蜡。富家子弟很不高兴，但还是拿在手上用了 3 年。后来，他骑马到长安东郊，在长乐坂与别人抢道，两匹马互相踢打起来。富家子弟因而用力打马，鞭子一下便断成五六截，马还是相踢不止，他跌落在地，受了伤。一看那断鞭，里面空空的，纹理像粪土一般，没有一点可取。

有人粉饰他的外貌、言辞，向朝廷兜售他的才能技巧。朝廷看错了而给他超过能力的职务，他就高兴；给他适合能力的职务，反而发怒埋怨："我为什么不能做公卿呢？"然而，这种人达到公卿高位的也真多。处在国家太平无事的时期，即使超过 3 年也无妨害；碰上国家有事，安排他们到要贡献力量的岗位上去处理大事，按他们那空虚腐败，无德无能的情况而要求作出大的贡献、又哪里有不身败名裂并给国家招致祸患的呢？

作者借诈骗牟利的市侩写腐朽无能的官僚，借不识假货的富家子弟写用人不当的朝廷，讽刺深刻，描摹细腻。

病忘

典出《艾子后语》。

　　齐有病忘者，行则忘止，卧则忘起。其妻患之，谓曰："闻艾子滑稽多知，能愈膏肓之疾。盍往师之？"其人曰："善。"于是乘马挟弓矢而行。未一舍，内逼，下马而便焉。矢植于土，马系于树。便，左顾而睹其矢曰："危乎？流矢奚自？几乎中予。"右而睹其马，喜曰："虽受虚惊，乃得一马。"引辔将旋，自践其所遗粪，顿足曰："踏却犬粪，污吾履矣。惜哉！"鞭马反向归路而行。须臾抵家，徘徊门外，曰："此何人居，岂艾夫子所寓耶？"其妻适见之，知其又忘也，骂之。其人怅然曰："娘子素非相识，何故出语伤人？"

　　齐国有个记性不好的人，走路忘记停步，睡觉忘了起床。他的妻子很替他担忧，便对他说："听说艾子善于嬉笑诙谐，富于智慧，能治好一般人难以治好的病，何不去向他请教？"那个人说道："好。"于是便骑着马，挟着弓箭往艾子那里去。走不到三十里，因肚里胀得急，就下马解起大便来。他把箭插入地里，把马拴在树上。解完大便，他向左边看看，瞧见了那支箭，说道："多么危险啊！这支冷箭是哪儿射过来的，差点儿射中了我！"他又向右边看看，瞧见那匹马，高兴地说道："虽说白白地吓了一场，却得到了一匹马。"他牵着马的缰绳，准备骑着马转回去，忽然踏着了自己刚才解下的大便，气得顿脚道："踏着了狗粪，把我的鞋弄坏了，真是可惜！"便赶着马转头向回家的路上走去。一会儿就到了家。他在门外来回地走着，说道："这是什么人住的地方？难道就是艾夫子的房子吗？"他的老婆恰好看见了他，知道他又把自己的住处都忘了，就骂了他一顿，那个人显出十分失意的神情说道："这位娘子，我从来不认识你，你为什么这样开口就中伤别人？"

　　这则寓言生动地描绘了一个患"健忘症"的人的形象，用以讽刺那些对自己的言行不负责的人。

不三不四

典出《水浒》。

　　这伙人不三不四，又不肯近前来，莫不耍洒家？那厮却是倒来捋虎须！俺且走向前去，教那厮看洒家手脚。

　　鲁智深由智真长老的介绍，从五台山寺来到大相国寺。大相国寺智清长老安排鲁智深去守本寺的一个大菜园。开头鲁智深不愿干这个差事，经寺内人员的哄骗说服，他才答应下来。

　　菜园左边有二三十个赌博不成才的破落户泼皮，平常总在园内偷盗菜蔬以养身活命，今知来了个管菜园的鲁智深，便设法要制服制服他，以便今后自由出入菜园。众泼皮商量决定，引诱鲁智深到粪窖边，然后大家一齐动手，把他掀入粪窖去，戏耍戏耍他。计策定后，那二三十个泼皮便拿些果盒、酒礼前来菜园，嘻嘻笑道："闻知和尚新来住持，我们邻舍街坊都来作庆。"鲁智深不知是计，便到粪窖边。鲁智深道："你们既是邻舍街坊，都来廨宇里坐坐。"众泼皮的头领张三、李四拜倒在地，不肯起来，只指望和尚来扶他，便要动手。鲁智深见了，心里早疑忌道："这伙人不三不四，又不肯近前来，莫不耍洒家？那厮却是倒来捋虎须！俺且走向前去，教那厮看洒家手脚。"鲁智深走向前去，张三、李四便动起手来。鲁智深不等他沾身，右脚早起，把李四踢下粪窖去；张三恰待走，鲁智深又起左脚，把张三也踢入粪窖。后头二三十个泼皮见状，惊得目瞪口呆。

　　后人用"不三不四"表示不正派，不像样子。

锄去杂种

典出《史记·齐悼惠王世家》。

　　深耕既种，立苗欲疏。非其种者，锄而去之！

　　西汉时，朱虚侯刘章是汉高祖刘邦的孙子。他20岁时，已经很明事理，对

吕后的篡权感到无比的愤慨。

有一次，刘章陪吕后宴饮，吕后说："你身材高大，威风凛凛，酒令就由你来执行吧！"刘章本不愿意，见无法推托，就说："臣下是将门之后，那我用军法执行酒令。"吕后一时高兴，就答应了。

酒席上，觥筹交错，相互喝叫，大家都很高兴。刘章不断地叫人献上美酒、歌舞。过了一会儿，他对吕后说："我想给太后唱一首耕田歌，不知太后意下如何？"吕后说："要说耕田，你老子还差不多，你生下来就是王子，哪里知道种田了！"刘章说："我试着唱，助助酒兴而已。"吕后平时喜欢刘章，把他当晚辈看待，听他这么说，就答应了。

刘章离开酒席，大声地唱道："耕作要深，播种要密，插禾要稀；如是杂种，定要锄去。"原来，刘邦死时，曾当众立下誓约：不是姓刘的人不能封王。但刘邦死后，吕后大权独揽，私自封吕氏兄弟为王。"非其种"，指的就是吕氏兄弟。

吕后明白刘章所唱的意思，但当着众人的面，不好发作。

后人用"杂种"指混入的坏人或坏东西。

妒贤嫉能

典出《汉书·高帝纪第一下》。

> 项羽妒贤嫉能，有功者害之，贤者疑之，战胜而不与人功，得地而不与人利，此其所以失天下也。

项羽，下相（今江苏宿迁西南）人，秦末农民起义军的领袖。秦二世元年（公元前 209 年），他从叔父项梁在吴地（今江苏苏州）起义。秦亡后，自立为西楚霸王，并大封诸侯王。在楚汉战争中，为另一支抗秦力量刘邦击败，自杀身死。

项羽是一个有勇无谋的武夫。在他起兵抗秦以后，曾有不少贤臣名将，如范增、陈平、英布、韩信等，投靠在他的手下。但他不是看不起他们，就是妒忌这些人的才能，致使这些人不是弃楚归汉就是愤然离去。韩信归汉后，成了刘邦和项羽争斗中致项羽于死地的得力大将。在著名的鸿门宴上，范增劝项羽杀掉刘邦，项羽不但不听，反而中了陈平、刘邦施的反间计，削去了范增的权力，致使范增愤然离去，病死途中。由于项羽不善用人，最后终于成了孤家寡人，演出了一场"霸王别姬"的惨剧。

汉朝建立以后，有一次刘邦大宴群臣。席间，刘邦问："为什么我能取得天下，而项羽就失去了天下呢？"大臣高起、王陵回答说："项羽妒贤嫉能，害功臣，疑贤者，所以失掉了天下。"

"妒贤嫉能"即嫉妒和憎恨贤能之士。后人用这个典故比喻对有才能的人妒忌。

二儒发冢

典出《庄子·外物》。

　　儒以诗礼发冢。大儒胪传曰："东方作矣，事之何若？"小儒曰："未解裙襦，口中有珠。""诗固有之曰：'青青之麦，生于陵陂。生不布施，死何含珠为！'接其鬓，厌其，而以金锥控其颐，徐别其颊，无伤口中珠！"

两个儒生口念诗礼，却在那里挖坟盗墓。在上面放哨的大儒向墓里低声喊道："天快亮了，事情进行得如何？"

墓穴里的小儒回答说："裙子和内衣还没解开……咦！口里还含着一颗宝珠呢！"

大儒一听，喜出望外，念念有词嘱咐说："《诗经》里本来就说过：'麦苗青青，长在山坡。生前不施舍，死后含珠干什么！'你揪着他的头发，压住他的胡子，用铁槌撬开下巴，慢慢别起两颊，千万不要损坏他嘴里的宝珠啊！"

后人用"二儒发冢"这个典故讽刺那些满嘴仁义道德，却行为卑鄙的伪君子。

飞扬跋扈

典出《北史·齐高祖纪》。

　　景专制河南十四年矣，常有飞扬跋扈之。

南北朝时代是门阀士族统治的时代。世家大族特别是皇亲国戚依仗祖先的政治地位和宗族姻亲的党援，享有政治特权，高踞于广大劳动人民之上。对此，一些地方割据势力虽然不敢直接开罪封建皇帝，但对其儿孙们却常常流露出不满情绪。

北魏末年，北魏分成了两个政权，史称东魏、西魏。东魏的军政大权掌握在一个叫高欢的手里。当时，有一个叫侯景的人，是久居河南的一个封建统治头子。他看不起那些依附皇帝老子的权势作威作福的世子（古代天子、诸侯的嫡长子），曾对人说："如果皇帝在，我的行动不敢有异；如果皇帝不在，我不能与那些不懂世事的皇家小子共事。"有一次，高欢的儿子高澄代高欢起草了一份召书，召侯景进见，侯景不来。后来侯景又听说高欢染病，便集聚了一些军队准备在河南屯兵自固。高欢的儿子对此闷闷不乐。高欢问儿子："我虽然身体不好，但看你的面容好像有更大的忧愁，这是什么缘故啊？"儿子没有说话。高欢又问："莫非是害怕侯景背叛？"儿子点点头说："是"。高欢说："侯景专制河南已经 14 年了，他的举动常常越出常轨，不受约束，我还可以制服他，他岂能听你的指挥。现在天下未定，你不要为此忧愁。有一些文臣武将还是听指挥的，他们当中有的可以对付侯景，你要对这些人以礼相待，信任他们。"

公元 547 年，侯景因恐被高澄所杀，降梁，受封为河南王。次年，与梁宗室萧德正勾结，举兵叛乱。

后人用"飞扬跋扈"这个典故比喻意气举动越出常轨，不受约束。现多指蛮横放肆，目中无人。

"妃子投生"的和珅

和珅是清朝乾隆年间的一个恶贯满盈的大奸臣。他任职期间，贪污和搜括的财产折合成银子，达八亿两之多，相当于清政府十年收入的总和。和珅起初只是个宫里的听差。一个偶然的机会使他得以接近乾隆皇帝，此后便青云直上，从御前侍卫一直升到军机大臣。和珅之所以被乾隆皇帝如此重用，除了他善于奉承迎合的伎俩之外，还有一个很少有人知道的原因。

乾隆皇帝还是个少年的时候，他的父亲雍正皇帝有一个很漂亮的妃子。乾隆很喜欢这个妃子，经常跟她玩闹。有一天，这妃子正梳头时，乾隆皇帝走了进去，他想跟妃子开个玩笑。于是，跑到她背后，用手蒙住她的双眼，妃子急忙问："是谁呀？"乾隆皇帝笑而不答，妃子还以为是宫中的丫环逗乐，于是就顺手抄起梳子往后扔过去。这一扔，梳子正好打在乾隆皇帝的额头上，擦破了一块皮。第二天，乾隆去朝拜皇后时，皇后看见了他额头上的伤痕，追问不止。乾隆开始时支支吾吾不肯说出来，无奈皇后追问太紧，他就和盘说了出来。皇后听后，勃然大怒，一个小小的妃子居然敢调戏皇子！于是下旨，命令那个妃子上吊自杀，乾隆皇帝苦苦哀求也无用。

妃子死后，乾隆一直觉得是自己害死了她，对她又怀念又内疚。乾隆结识和珅之后，有一天，他发现和珅的脖子上有两道红印，仿佛被绳子勒过似的。再看看和珅的长相，眉清目秀的很像一个人。他忽然记起了那个死去的妃子，于是便问和珅的生日。原来，和珅的生日正是那妃子死去的日子。这下，一向迷信的乾隆皇帝认准了和珅是那妃子"投生"来的。从此后，乾隆皇帝就对和珅百般宠信，对他的话深信不疑。渐渐地，和珅利用这个荒唐的事件，飞黄腾达起来，成为朝廷中的第一位权臣。

和珅身居要职之后，胡作非为，结党营私，大搞贪污受贿之风。乾隆去世后，嘉庆皇帝继位。那时和珅已经是众所周知的大恶人了。嘉庆四年，和珅被抄家。皇帝宣布了他 20 条罪状之后，命令他自杀了。

鬼鬼祟祟

典出《红楼梦》。

两个人鬼鬼祟祟的，不知说什么。

晴雯得了伤寒，头痛脑热，懒怠动弹。宝玉给房中人说："不要声张，不然太太知道了，又要叫晴雯搬回家去治。家里纵好，到底寒冷，不如在这里。"宝玉接着又说："晴雯在里间屋好好躺着，我叫人请了大夫，悄悄从后门进来诊治。"

医生看病后，一个老婆子把药取了回来。宝玉命丫环就在屋内的火盆上煎。晴雯说："这里煎药，弄得满屋子药气，还是拿到茶房里去煎罢！"宝玉说："药气比一切的花香还香呢！我屋里各色香都齐了，就缺少药香。"一面说，一面命人煨上。一切安排停妥之后，宝玉才去给贾母王夫人请安。

宝玉来到贾母房中时，王夫人、邢夫人、薛姨妈、王熙凤等正在和贾母谈笑。宝玉请了安，坐了一会儿，因惦记着晴雯等，便回到自己的房中。宝玉一踏入房门，药香满室，但不见一人，只有晴雯独卧炕上，脸上烧得绯红。用手一摸，滚烫滚烫的。宝玉见此情景说道："别人去了也罢，麝月秋纹也这么无情，各自去了！"晴雯答道："秋纹是我撵了出去吃饭了，麝月是方才平儿来找他出去了。两个人鬼鬼祟祟的，不知说什么。"

原来平儿来找麝月，是告诉他小丫头坠儿偷了镯子，因晴雯是火爆性子，怕她忍不住气要打骂坠儿，所以把此事悄悄地对麝月说了。

后人用"鬼鬼祟祟"表示行动不光明正大。

沆瀣一气

典出《唐语林·补遗》。

> 崔相沆知贡举，得崔瀣。时榜中同姓，瀣最为沆知。谈者称："座主门生，沆瀣一气。"

唐朝时候，有一个叫做崔沆的人。一次，唐僖宗派他去做主考官，结果他把一个叫崔瀣的人录取了。这两个人都姓崔，而两个单名连起来是"沆瀣"两个字。"沆瀣"两字连在一起，原来正是夜里水气的别名；而崔沆又是崔瀣的主考官；于是当时有一个叫钱希白的人，在一篇文章中说他俩是"座主门生，沆瀣一气"。

这两句话本来只是说明上述座师门生巧合的情况，并没有什么不好的意思，后人借用"沆瀣一气"形容几个人都有同样的坏性情和坏习惯，并且勾结在一起，做不正当的事情。

河清难俟

典出《左传·襄公八年》。

> 周诗有之曰："俟河之清，人寿几何？"

春秋时，楚、晋两国都很强盛，郑国是一个小国，却夹杂在楚、晋之间。它处在两个大国之间，只能采取左右逢迎的政策。有一次郑国公子子国和子耳兴兵侵入蔡国。打了一次胜仗，子国的儿子子产很不以为然，深恐楚国会来讨伐（因蔡国是臣属于楚国的）。不久，楚庄王果然派他儿子公子贞亲率兵攻郑，郑国的当权者子驷、子国等不知所措，有的主张降楚，有的主张等待晋国来援。子驷说："我记得周诗中有这几句诗，大意是说要到黄河水清，人的寿命哪有这么长？既用卜来求人，又向人去问计，做的事已够多了。郑国主持大事的人又多，各有自己的主张，顺得这方的主张；又忽略那方的意见。因此讨论的事情毫无结果。现在楚兵压境，人民的生命处在危急中，不如暂时顺从楚国，让郑国老百姓松口气，不会死在战争里……"郑国向楚投降。

河，是指中国的黄河，因为水中夹杂着大量的泥沙，所以它的水永远是黄色混浊的。旧时传说黄河的水要千年才有一次澄清的机会。俟，等待也。"河清难俟"是说要待黄河的水清，时间太长，哪里等得到呢？

后人用"河清难俟"比喻希望难于实现。

红毛毡

典出蒲松龄《聊斋志异》。

红毛国，旧许与中国相贸易。边帅见其众，不许登岸。红毛国人固请："赐一毡地足矣。"帅思一毡所容无几，许之。其人置毡岸上，仅容一人；拉之，容四五人；且拉且登，顷刻毡大亩许，已数百人矣。短刃并发，出于不意，被掠数里而去。

红毛国曾答应同中国互相进行贸易。我边境统帅见他们人多，不许上岸。红毛国人请求说："赏给我们毡子大的一块地方就够了。"统帅心想，毡子大的一块地方也容不下几个人，就答应了他们。红毛国人把毡子铺在岸上，开头只能容下一个人；拉一下毡子，就能容下四五个人；一边拉毡子，一边登岸。不一会儿，毡子大得有一亩地左右，好几百人已经登岸了。他们突然一齐拿出短刀，进行侵略。因为出于我方意料之外，被他们掠夺去了好几里面积的土地。

这篇寓言揭露帝国主义列强蚕食中国领土的罪行，启示我们一定要提高警惕，识破侵略者的阴谋诡计，坚决保卫祖国领土。

黄台之瓜

典出《新唐书·承天皇帝传》。

高宗有八子，天后所生者四人，自为行而睿宗最幼。长曰弘，为太子，仁明孝友，后方图临朝，鸩杀之，而立次子贤。贤日忧惕，每侍上，不敢有言，乃作乐章，使工歌之，欲以感悟上及后，其曰："种瓜黄台下，瓜熟子离离，一摘使瓜好，再摘令瓜稀，三摘尚云可，四摘抱蔓归！"而贤终为后所斥，死黔中。

唐朝皇帝高宗，身体虚弱，经常生病，于是就把国家大事委托给皇后武则天，让她代他决断处理国事，于是国家行政大权，一时移到武后的手上。武后是一个富有政治天才，怀有极大野心、手段又很残忍的女子，她把原来的太子李忠废除，再立李弘做太子，后来又把太子弘毒死了，再立李贤做太子。李贤也是高宗的儿子，历史上称他为章怀太子。他眼看着武后把太子弘害死了，日夜忧虑，自己知道也总有一天要受害，但是他性格懦弱，不敢明白说出来，于是写了一首歌词交给宫里的乐工们歌唱，希望武后听了能够感悟。这一首歌词是这样的："种瓜黄台下，瓜熟子离离，一摘使瓜好，再摘令瓜稀！三摘尚云可，四摘抱蔓归！"它的意思是：在黄台下边种的瓜啊！它的果实一个个的成熟了！经过一次采摘，瓜是茂盛的，再摘瓜便稀疏了！三次采摘，还可以，四次采摘，只得抱着瓜藤回去了！这分明是一首很可怜的乞命求饶的歌辞，他拿瓜来比拟自己的兄弟。本来兄弟是手足之亲，缺少了一个，也是伤心的，又有什么"一摘使瓜好"和"三摘尚云可"的呢？我们读这一首歌，应该了解到作者所处的境地：他天天在武后的魔掌控制之下，极端恐怖，哀求武后手下留情，期望着今后不再施毒手，过去的不敢计较了，所以还迫得说句"好"和"可以"，可惜章怀太子也难逃厄运，不久武后强迫他自杀了。

后人往往引用"黄台之瓜"来比喻被屠杀将尽的人。

击邻家之子

典出《墨子·鲁问篇》。

譬有人于此，其子强梁不材，故其父笞之。其邻家之父，举木而击之，曰："吾击之也，顺于其父之志。"则岂不悖哉！

古代有一个人，因为他的儿子强暴蛮横不成材，所以父亲就拿鞭子打儿子。邻居的老大爷跑上来，也抡起大木棒帮着打，并且说："我来打他，是顺着他父亲的心意做的。"这样，岂不是很荒谬吗？

这则寓言的意思是反对那些借口助天诛罪而攻伐他国的行为。墨子是承认"天志"的，故以父比天，儿子错了，父亲可以鞭笞，用不着邻父举木而击；他国有乱，自有天诛，用不着邻国兴兵动武。

简子放生

典出《列子·说符》。

邯郸之民以正月之旦献鸠于简子，简子大悦，厚赏之。客问其故，简子曰："正旦放生，示有恩也。"

客曰："民知君之欲放之，故竞而捕之，死者众矣。君如欲生之，不如禁民勿捕。捕而放之，恩过不相补矣。"

简子曰："然。"

邯郸地方的老百姓在正月初一给简子进献斑鸠，简子非常高兴，重重地奖赏他们。有个客人问他是什么缘故。简子说："正月初一放生，表示恩惠之意。"

客人说："老百姓知道您要放生，所以争相把它抓来，死掉的就很多了。您如要让它们活，不如禁止老百姓捕捉。捉来又把它放掉，恩惠已经弥补不了过失呀。"

简子说："是这样。"

后人用"简子放生"比喻放生一个，害死一群，充分暴露了剥削阶级所标榜的仁慈的实质。

狡生梦金

典出《雪涛小说》。

尝闻一青衿，生性狡，能以谲计诳人。其学博持教甚严，诸生稍或犯规，必遣人执之，扑无赦。一日，此生适有犯。学博追执甚急，坐彝伦堂盛怒待之。已而生至，长跪地上，不言他事，但曰："弟子偶得千金，方在处置，故来见迟耳！"博士闻生得金多，辄霁怒，问之曰："尔金从何处来？"曰："得诸地中。"又问："尔欲作何处置？"生答曰："弟子故贫，无资业，今与妻计：以五百金市，二百金市宅，百金置器具、买童妾。止剩百金，以其半市书，将发愤从事焉，而以其半致馈先生，酬平日教育，完矣。"博士曰："有是哉！不佞何以当之？"遂呼使者治具，甚丰洁，延生坐筋之，谈笑款洽，皆异平日。饮半酣，博士问生曰："尔适匆匆来，亦曾收金篚中扃钥耶？"生起应曰："弟子布置此金甫定，为荆妻转身触弟子，醒已失金所在，安用篚！"博士蘧然曰："尔所言金，梦耶？"生答曰："固梦耳！"博士不怿，然业与款洽，不能复怒，徐曰："尔自雅情，梦中得金，犹不忘先生，况实得耶！"更一再筋出之。嘻！从狡生者，持梦中之金，回博士于盛怒之际，既赦其扑，又从而厚款之；然则金之名且能溺人，彼实馈者，人安得不为所溺？可惧也已！

听说有个学生，天生性情狡猾，专会用诡计骗人。

他的老师平素教学非常严厉，学生们稍有犯规，必定派人捉来用杖责打，不肯饶赦。

有一天，这个学生恰好犯了学规。老师追拿很急，坐在彝伦堂下满面怒容地等待着他。过了一会，学生来了，双腿跪在地下，不说其他的事，只说："学生我偶然得到了一千金，正在处置，所以来迟了些！"

老师听说学生得到了这么多金钱，立即消怒，问他说："你的金子是从哪里得来的？"

学生说："是从地上挖出来的。"

又问："你打算怎样处理这些金子？"

学生回答说："弟子家里本来很贫穷，并没有什么资产，现在我和妻子商议着：用五百金买田地，用二百金买宅屋，各用一百金添置器具、买些童仆婢妾。剩下一百金子，用一半买书，我要发愤学习了，另外一半要奉送给先生，以答谢您平时对我的教育，这样就算安排完了。"

老师说："有这样的想法吗？我怎么能担当得起呢？"就呼叫使者摆上宴席，菜肴非常丰富，请学生坐下来，敬酒给他吃，席上说说笑笑，感情融洽，和平时完全不同。喝得半醉，老师忽然问学生说："你刚才匆匆跑来，可曾把金子收藏在小箱子里封闭加锁了？"

学生起身答道："弟子布置这些金使用的计划刚定，被我妻子转身碰醒了，醒过来就不知道金子到哪里去了，还用得着什么箱子呀！"

老师惊异地问道："你刚才所说获得金子，是在做梦呀？"

学生回答说："确是在做梦呀！"

老师不高兴，但已经和他欢饮融洽了，不便再次发怒，便慢慢地说："你倒有高尚的感情，在梦里得到金子，还不能忘怀先生，何况真正得到金子的时候呢！"又一再劝酒，然后把他送了出去。

这个狡猾的学生，拿着梦中的金子，来应对老师的怒狂，既被赦免了顿毒打，又从老师那里得到优厚的款待。可见仅仅是金钱的名声就能使人陶醉受骗，若是实实在在送金子来，人们怎么能不被金钱拉下水呢。唉，真可怕呀！

狡生梦金的故事揭露了学博"持教甚严"的虚伪性及其嗜金似虎的贪婪本质。这不仅是深刻的，而且富有戏剧性，全篇充满了曲折、辛辣的讽刺意味。

九尾狐

典出《郁离子·鲁般篇》。

青丘之山，九尾之狐居焉。将作妖，求髑髅而戴之，以拜北斗而徼福于上帝。遂往造共工之台以临九丘，九丘十薮之狐毕集，登羽山而人舞焉。有老狈见而谓之曰："若之所戴者死人之髑髅也。人死肉腐而为泥，枯骨存焉，是为髑髅。髑髅之无知，与瓦砾无异，而其腥秽瓦砾之所不有。不可戴也。……而况敢以渎上帝！帝怒不可犯也。弗悔，若必受烈祸。"行未至阙伯之墟，猎人邀而伐之，攒弩以射其戴髑髅者，九尾之狐死。

有一头九尾狐狸住在青丘山。它将要兴妖作怪，便找了一个髑髅戴在头上作装饰，向北斗星朝拜，想求得天帝赐福。接着筑了一座共工台，高踞在群山之上，把各山各湖的狐狸都召集来。然后登上羽山，像人一样舞蹈。有一只老狈警告它说："你所戴的不过是死人的骷髅啊，人死以后，肉腐烂化为泥土，只留下枯骨，这便是骷髅。骷髅是完全无知的，与瓦片碎石一样；但又腥又脏，连瓦片碎石也不如，不可以戴在头上。更不能用来亵渎天帝！天帝是不可随便触犯的。如果不改悔，你一定要遭受大祸。"九尾狐没有听狈的话，仍旧戴着骷髅到处跑。它还没有走到阙伯山，便遭到了猎人的拦击。猎人们用弩发箭，集中射击，九尾狐便一命呜呼了。

这则寓言是讽刺那种乔妆打扮而飞扬跋扈，胡作非为的人。

吏人立誓

典出《广笑府》。

一吏犯赃致罪，遇赦获免。因自誓以后再接人钱财，手当生恶疮。未久，有一人论者，馈钞求胜。吏思立誓之故，难以手接。顷之，则思曰："你即如此殷勤，且权放在我靴筒里。"

有一个小官儿，因为贪污受贿犯了罪，碰上大赦没受到处罚。他于是赌咒说："以后再受贿，用手接人家的钱，就长恶疮罢！"过不多久，有一个打官司的人，送他一笔钱希望赢得官司。这个小官儿，因为赌了咒不敢用手接钱。犹豫了一会儿，想出了一个办法说："你既然这样殷勤，就暂且将钱放在我的靴筒里吧。"

这个故事说明：有着某种劣根性的人，常常为自己的老病复发而寻找借口。这则故事还反映了封建官吏贪得无厌的本质。

两面三刀

典出《红楼梦》。

> 嘴甜心苦，两面三刀。

贾琏偷偷娶了尤二姐的第二天，贾琏的心腹小厮兴儿走来请贾琏，说："老爷那边紧等叫爷呢。小的答应往舅老爷那边去了，小的连忙来请。"

贾琏走后，尤二姐便和兴儿拉起家常来了。兴儿坐在炕沿下，一面喝酒吃菜，一面将荣府的事告诉尤老娘和尤二姐。后来不知怎的扯到凤姐身上去了。

尤二姐听了笑道："你背着她这么说她，将来背着我还不知道怎么说我呢！我又差她一层儿了，越发有说的。"兴儿听了忙跪下求饶。

尤二姐笑道："你这小猾贼儿，还不起来！说句玩话儿，就吓的这个样儿。你们做什么往这里来？我还要找你奶奶去呢。"兴儿忙摇手道："奶奶千万别去。我告诉奶奶：一辈子不见她才好呢！'嘴甜心苦，两面三刀'，上头笑着，脚底下就使绊子，'明是一盆火，暗是一把刀'。她都占全了。只怕三姨儿这张嘴还说不过她呢！奶奶这么斯文善良的人，哪里是她的对手。"

后人用"两面三刀"比喻耍两面手法，当面一套，背地一套。

刘邕食痂

典出《宋书·刘穆之列传》。

> 邕所至嗜食疮痂，以为味似鳆鱼。

刘穆之是南朝刘宋王朝的大将，生前因军功封为南康郡公。他死后，儿子刘邕继承了南康郡公的爵位。

刘邕这个纨绔子弟，不仅不学无术，而且骄横无赖。更令人恶心的，是他那食痂（伤口处结成的硬壳）的恶习。

有一次，他到孟灵休家里去。孟灵休身上到处都长着疮。刘邕去时，孟灵休身上的疮痂正好落了些在座位上，他就随手拾起来吃了，那津津有味的样子，仿佛是在吃山珍佳肴。孟灵休非常吃惊，问他何以如此，他竟若无其事地说："没什么，天生的嗜好罢了。"孟灵休觉得这人有些怪癖，就把身上还没有落下来的疮痂都剥下来，给他吃了。

刘邕走后，孟灵休给朋友写信说："刘邕不久前来看我，我被他吃得好苦哟，弄得遍体流血。"

刘邕手下有官吏二百来人，平时，刘邕不管有罪无罪，总把他们抓来轮流鞭打，直打得遍体鳞伤才住手。为什么要这样呢？原来被打的官吏身上伤痕累累，伤好后，就长满了鞭疮痂。这样，刘邕又可以饱餐一顿了。

后人用"嗜痂"或"嗜痂成癖"比喻令人作呕的恶习。

落井下石

典出唐代韩愈《柳子厚墓志铭》。

> 一旦临小利害，仅如毛发比，反眼若不相识，落陷阱，不一引手救，反挤之，又下石焉者，皆是也。

柳宗元，字子厚，是唐宋八大家之一。少年的时候，文章就写得很好，名气很大，后来中了进士，当御史大夫时，因参与新政被贬到雍州去做司马，后又调到柳州去当刺史。他死后，柳州人因为纪念他生前对柳州的功绩，建庙奉祭他。

韩愈是当时的大文豪，他眼见好友柳宗元被小人所谗，郁郁不得志地死去，替柳宗元写了一篇墓志铭。铭中有一段这样说："唉！读书人要到穷困的时候，才能看出他的气节。现在有些人平常居住在黑巷里的时候，大家互相爱慕，用酒食来做游戏追逐，很和蔼地笑语着，好像是能够拿出肺腑给人看的知己；还指着天地，流着眼泪，说着生死与共的话，装得很诚恳可信。但是如果有一天为了点小小的利害便冲突起来，即使像毛发一样的小事，也会闹得翻脸不认人了。你如果被人挤得掉到陷阱里面去，他不但不会求援救你，反而会拿了石头来打击你，这种人是很多的。不开化的人和禽兽尚且还不忍去做的事，他们怎么会自以为做得很对呢？"

后人把文里的意思引申成"落井下石"这个成语，来比喻人家有了祸事非但不救助，反而加以打击。

中华典故

卖国求荣

典出《史记·管蔡世家》。

九年，陈司徒招弑其君哀公，楚使公子弃疾灭陈而有之。

楚灵王正打算假借惩治乱臣贼子的名目侵略蔡国，不料陈国的使臣到了。他向楚灵王报告，说："先君得病死了，公子留即位，特地打发我到贵国来报丧。"楚灵王一听，眼睛即刻转向伍举，好像叫他出个主意似的。伍举觉得这件事另有文章。他想："公子留是陈侯的次子，而且是妃子生的。要是他当了国君，那么长子偃师哪儿去了呢？"当他正疑窦丛生的时候，陈侯的第三个儿子公子胜和偃师的儿子公孙吴一起跑到楚灵王面前，趴在地上哭个不停。公子胜抽抽噎噎地说："哥哥偃师被司徒招和公子过害死了，害得君父也上吊而死。我们没办法，只好逃出来，求大王做主！"

陈哀公（陈成公的儿子，陈灵公的孙子，）有三个儿子：一个叫偃师，年龄最长，是正夫人生的，早已立为太子；一个叫公子留，是妃子生的；一个叫公子胜，是另一个妃子生的。陈哀公宠爱妃子，想废了偃师，把君位传给公子留，可是偃师并没有犯下什么过错，不能无缘无故地废掉他。陈哀公叫大臣司徒招和公子过担任公子留的师傅，对他们说："你们好好地辅助公子留，不要辜负了我这一片心。"他们因此知悉陈哀公有意把君位传给公子留，就拉拢私党，准备将来立公子留为国君。后来陈哀公得了病，缠绵床榻。太子偃师是个孝子，每天都去看望他爹 3 次。司徒招见了，对公子过说："主公病了这么久，趁他还没死，先把偃师杀了，事情就好办多啦。"公子过颔首同意。他们就吩咐刺客利用偃师进来的时候，把他刺死，宫里顿时乱成一团。过了一阵子，司徒招和公子过佯装不知情，大惊小怪地一边叫人搜索刺客，一边宣布说："太子已经死了，主公又病得那么严重，应该先立公子留为国君，以安定民心。"陈哀公听到这个消息，愤怒极了。他埋怨司徒招和公子过不该刺死偃师，更不应该当他已经死了似的、擅自主张立公子留为国君。可是大权操在他们手里，有什么办法呢？他悔恨交集，就上吊自杀了。公子胜和公孙吴眼看这班人刺死太子，逼死国君，都怕遭到毒手，赶忙跑到楚国来避难。

楚灵公听完公子胜和公孙吴两人的报告，就责骂那个使臣歪曲事实。陈国的使臣知道自己辩不过他们，只好紧闭着嘴站在原地。楚灵王传令武士把那个使臣杀了。伍举说："大王既然杀了乱臣贼子的使臣，就应该去征讨司徒招和公子过。这是名正言顺的，谁敢不服。等平定了陈国，再去征伐蔡国。先君庄王的霸业也不过如此。"楚灵王一心想做第二个楚庄王，就发兵跟着公子胜和公孙吴去惩办陈国的乱臣。

公子留听说楚灵王杀了他的使臣，惴惴难安；又听说发兵来攻打他，吓得抛下了君位躲到别国去。公子过看见新君跑了，就对司徒招说："怎么办呢？咱们也跑吧！"司徒招说："怕什么？等楚国大军来了，我自然有办法叫他们退回去。"几天后，楚国的兵马到了。陈国的老百姓本来就替偃师抱不平，现在听说偃师的儿子公孙吴向楚国借了兵马来惩治乱党，当然不会起来反对。

司徒招已经做了准备。公子过却急得焦头烂额，跑去问司徒招，说："你说有办法叫他们退回去。办法在哪里呢？"司徒招淡淡地说："要叫楚国的兵马退回去，并不难；不过，我得先跟你借一样东西。"公子过说："借什么东西？"司徒招说："你的脑袋！"公子过一惊，刚要转身跑开，已经被司徒招左右的人杀了。

司徒招拿着公子过的脑袋，亲自去见楚灵王。他用膝盖走路，跪在楚灵王跟前，磕头如捣蒜，说："这回刺死太子偃师，立公子留做国君，全都是公子过的阴谋。我已经把他杀了，请大王饶我这条狗命吧！"楚灵王看他这么低声下气的，内心难免几分得意。司徒招又往前跪上一步，悄声地说："当年贵国庄王惩办了夏徵舒，火了敝国，把敝国改为贵国的一个县。后来庄王听信了别人的话又把敝国恢复过来，这真是一件非常可惜的事！现在敝国的国君死了，太子也死了，公子留跑了，敝国已经没有国君了。大王干脆把敝国再改为贵国的一个县。这不仅对贵国有好处，对敝国也有好处。您看好不好？"楚灵王欢喜极了，说："难得你想得这么周到。这样吧，你先回去给我收拾宫室。"司徒招听了，心上一块大石头总算落了地。他磕个头，欢欢喜喜地回去了。

司徒招理直气壮地吩咐手下的人打扫宫室。他一面支使着大家，一面想："陈国虽然断送在我手里，我却是第一个当上楚国大臣的陈国人。俗话说'识时务者为俊杰'，那些后投降的人，当然全归我手下！我的功劳这么大，楚王一定会重用我，说不定叫我当个县公。我若当上个县公，不就等于当了陈国的君主吗？更何况我是为了求太平才这么做的。我要是不投降，还不知道要受多少苦呢！凡是有见识的人绝不会骂我是个奸贼。就算做了奸贼，只要问心无愧就好了。"他越想越觉得有理，仿佛自己是个明智的人物。

第二天，他大清早起来，亲自把宫室预备好了，然后催促着陈国的大臣去迎接楚灵王。楚灵王到达陈国的朝堂上，所有贪生怕死的大小官员都来拜见。楚灵王唤司徒招上来。司徒招得意扬扬地跪下，准备受封领赏。楚灵王对他说："我本来想封赏你，可是大家都愤愤不平，怎么办呢？这样吧，我就答应你昨天的要求，饶你一条狗命，让你到东海去吧！"司徒招好似当头挨了一记闷棍，顿时天旋地转，嗫嚅了老半天说不出话来。楚灵王派了几名士兵把他押走。

公子胜和公孙吴拜谢了楚灵王的"恩德"。楚灵王对他们说："司徒招和公子过虽然都灭了，可是他们的余党很多。他们一定会衔恨向你们报仇，你们还是跟着我到楚国去吧。"这两位想借敌国的兵马来救本国的蠢人也成了俘虏。陈国就这样被楚国并吞，变成了楚国的一个县。陈国人眼睁睁地看着国家亡了，只有摇头叹息。

春秋时期陈国的大臣司徒招为了夺权，弑君杀臣，反被楚国乘机而入，不但加速了陈国的灭亡，自己也落得身败名裂。这说明卖国求荣是没有好下场的。

猫祝鼠寿

典出《雅谑》。

　　一老鼠避一瓶中，猫捕之不得，以须略鼠，鼠因喷嚏。猫在外呼曰："千岁！"鼠曰："汝岂真为我寿？诱我出，欲嚼我耳！"

有一只老鼠躲在瓶子中，猫捕不到它，就用胡须去拂掠老鼠的鼻子，老鼠因而打起喷嚏来。

猫在瓶子外头友好地呼唤说："千岁！"

老鼠说："你哪里真在为我祝寿？不过是想把我诱出来，吃我的肉罢了！"

这则寓言说明对于敌人要认清其本质，不被一时的表面现象所蒙蔽，不被一些花言巧语所欺骗。

冒天下之大不韪

典出《左传·隐公十一年》。

　　不度德，不量力，不亲亲，不徵辞，不察有罪。犯五不韪，而以伐人，其丧师也，不亦宜乎！

春秋时期，郑国和息国位于现在河南省的中部，两国紧密相连，都是比较小的诸侯国。它们与周室同宗，都姓姬。

息国虽然是个很小的国家，可是他的国君却不能与邻国友好相处，经常与毗邻的郑国争吵不休。

公元前712年，息国又与郑国发生了冲突。息国国君很不冷静，不自量力，竟下令派兵攻打郑国。在这场息国与郑国的战争当中，息国没有考虑这次出兵是否正义；没有考虑自己是个小国，不自量力；没有考虑要与自己同姓的、相邻的兄弟国家友好相处；没有分清是非曲直；根本认识不到自己的过错。息国存在这五项致命弱点，自己全然不知，毫不醒悟。息国国君不顾一切后果，盲目指挥息军与郑军作战，结果遭到惨重失败，息君狼狈逃回。后来，息国终于被另一个强大的国家楚国灭掉。

后人在评论息国和郑国这场战争时说：息国国君犯五不韪（5个大错误）而仍然一意孤行，结果遭到惨败，是罪有应得。

成语"冒天下之大不韪"即由此演化而来。冒：冒犯；不韪：不是，错误。意思是指犯了天下最大的错误。现在多指公然不顾全世界人民或全国人民的反对而干坏事。此成语亦可见于清代顾炎武《日知录·卷十三·正始》，书中说，"自正始以来，而大义之不明，遍于天下。如山涛者，既为邪说之魁，遂使嵇绍之贤，且犯天下之大不韪，而不顾夫邪正之说不容两立。"

明目张胆

典出《晋书王敦传》。

今日之事，明目张胆，为六军之首，宁忠臣而死，不无赖而生矣。
又见《宋史·刘安世传》。

初除谏官，未拜命，入白母曰："朝廷不以安世不肖，使在言路。倘居其官，须明目张胆，以身任责，脱有触忤，祸谴立至。……"

宋朝时候有一个叫刘安世的人，字器之，考中进士后，因学问渊博，深得宋王宠信。他性情耿直，做人很讲信义，对事物的见解又相当精辟，所以不久之后，被宋王任命为谏议大夫。这是一个非常显赫的官职，因为这官职负有批评皇帝言行的重任。刘安世被任命为谏议大夫之后，立即回家对他的母亲说："王上不因我的无能而摒弃我，反而委我做谏议大夫。儿子自知没有什么能力，但皇命不可更改，无法推辞得了的，唯有好好的尽做臣子的责任，时时提醒皇上。毫不畏避的对待自己的职责，才是我应该做的事。今后侍奉母亲恐将有所怠慢，务请母亲原谅我！"刘安世做了谏议大夫后，果然耿直进谏，满朝文武都对他敬佩，当时有"殿上虎卒"的美誉。

后来的人便根据上述的记载，将"明目张胆"引为成语，原指有胆有识，敢作敢为，但沿用下来，渐渐变成了贬义，形容公然作恶，无所回避。

男女有别

典出《阅微草堂笔记·故妄听之》。

　　傅显喜读书，颇知文义，亦稍知医药，性情迁缓，望之如偃蹇老儒。一日，雅步行市上，逢人辄问："见魏三兄否？"或指所在，雅步以往。比相见，喘息良久。魏问相见何意，曰："适在苦水井前，遇见三嫂在树上作针黹，倦而假寐。小儿嬉戏井旁，相距三五尺耳，似乎可虑。男女有别，不便呼三嫂使醒，故走觅兄。"魏大骇奔往，则女已俯井哭子矣。

傅显喜欢读书，很通文章礼义，也懂一点医药知识，只是性情迂腐迟钝，看上去就像一个萎靡不振的老学究。

一天，他踱着方步来到集市上。逢人就问："看到魏三兄了吗？"有人指给了地点，他又踱着方步走去。等和魏三相见以后，又定神息气，半天没有开口，魏三问他找自己有什么事，傅显这才说："刚才我在枯水井旁，看见三嫂在树下做针线活，她疲倦了在那儿打盹。您家的小孩却跑到井旁去玩，离井口不过三五尺远，好像值得忧虑，只因为男女有别，不便叫醒三嫂，所以到处找您。魏三一听，非常惊慌，急忙转身奔去。等他赶到时，他的妻子已经趴在井口痛哭儿子了。

后人用"男女有别"的这个典故告诫人们，封建礼教是要害死人的。

牛不能生马

典出《说苑·政理》。

　　齐桓公出猎，逐鹿而走入山谷之中，见一老公而问之曰："是为何谷?"对曰："愚公之谷。"桓公曰："何故?"对曰："以臣名之。"桓公曰："今视公之仪状，非愚人也，何为以公名?"对曰："臣请陈之。臣故畜牛，生子而大，卖之买驹。少年曰'牛不能生马。'遂持驹去。傍邻闻之，以臣为愚，故名此谷为愚公之谷。"

　　齐桓公外出荒郊打猎，追赶一只鹿，走进了一道不知名的山谷。

　　他见到一位老人，问道："这叫什么谷?"

　　老人回答："愚公谷。"桓公又问："为什么叫这样的名字?"

　　老人又答："是因我命名。"

　　桓公说："我看你容貌神态、言谈举止都不像个愚蠢的人，怎么会因你而得名呢?"

　　老人说："请允许我告诉你。我原来喂养着一头母牛，生下的牛犊长大后，我把它卖掉又买了一匹马驹。一个年轻人说：'牛不能生马。'说完就牵走了我的马驹。邻居们听了都认为我很愚蠢，所以就称这山谷为愚公谷。"

　　后人用"牛不能生马"这个典故为那些蒙不白之冤的人鸣不平。就像上面所述老人的马驹本来是卖掉小牛买来的，少年却罗织了一个"牛不能生马"的罪名强加于人，又不允许人家申辩，把马驹抢走。老人蒙冤受害，还被冠以"愚公"之名，实在可怜。

潘金莲给武松敬酒

典出《水浒传》。

　　潘金莲原来是清河县一个大财主家的使女，因年轻貌美，大财主纠缠她，潘金莲不肯依从，告诉主人婆，大财主因此记恨在心，倒赔嫁妆，白白地把她嫁给了武大郎。潘金莲是个水性杨花、不守妇道的女人，见武大郎身材短矮，丑陋难看，不会风流，怨恨自己薄命，暗地里爱偷汉子，像臭狗屎招苍蝇一样，惹得一班奸诈的浮浪子弟常来纠缠。结果，武大郎在清河县住不下去，只好迁居到阳谷县。

武松因打虎留在阳谷县当都头，遇见哥哥武大郎，来到家里拜见嫂嫂。

潘金莲见了武松一表人才，自己心里寻思着："武松与他是嫡亲一母兄弟，这个三寸丁谷树皮，三分像人，七分似鬼，我却倒霉才嫁给他。你看武松，却生得这般英俊、高大，我若嫁给他，才不枉了为人一世。"

于是，她劝武松搬到家里来住，殷勤款待。武松每日到县衙门办事，不论归迟归早，潘金莲顿羹顿饭，欢天喜地地服侍武松，还时常用言语来撩拨他。武松是个硬心直汉，却不见怪。

一天，潘金莲特地备下酒肉，打发武大郎出去卖炊饼，专等武松回来饮食。

武松归家，要等哥哥回来一起吃，那妇人说："你哥哥每日自己出去做买卖，等他不得，我和叔叔自饮三杯。"话说未了，早暖了一壶酒来，敬上一杯给武松，说："叔叔满饮此杯。"武松接过手来，一饮而尽。那妇人又斟了一杯酒来说："天色寒冷，叔叔饮个成双杯。"接着，又连斟了三四杯酒饮了。那妇人也有三杯酒落肚。

潘金莲一心想要勾诱武松，只管把闲话搬来诱惑、挑动，不看武松心里不快，还不识趣地斟一盏酒来，自己呷了一口，剩下大半盏，看着武松说："你若有心，吃我这半盏残酒！"不料，武松劈手夺来，泼在地上，大骂说："嫂嫂，不要这般不识廉耻！俺武二是个顶天立地、嚼齿戴发的男子汉，不是那等败坏风俗、没有人伦的猪狗！"

"潘金莲给武松敬酒"，比喻办事的动机不好，不是出于善良的心意。常指女人想勾引男人。

欺世盗名

典出《荀子·不苟》。

> 是奸人将以盗名于暗世者也，险莫大焉。故曰：盗名不如盗货。

春秋时，卫国有个大夫叫史，又名史鱼。他曾多次劝说卫灵公，但所提意见没有被采纳。后来，史鱼病重，临死时，他告诉他的儿子，在他死后不要把尸体

装进棺材，要实行"尸谏"。卫灵公知道后，对史鱼大加赞扬。孔子也说他是个"正直"的人。

战国时，齐国有个贵族出身的人叫田仲，又叫陈仲子。他的哥哥是一位食禄万钟的富翁，但田仲离开了哥哥，靠织草鞋为生，自命清高不凡。

战国时的思想家、哲学家荀子认为，史鱼、田仲的行为实际上是欺世盗名。荀子说："没有比盗名这种行径更邪恶的了，它甚至比盗货更恶劣。"

"欺世盗名"指用不正当的手段欺骗世人，窃取名誉。

齐人骄妻

典出《孟子·离娄下》。

从前，齐国有一个人和一妻一妾生活在一起。每天早晨，齐人总是睡足了才起来，然后就出门去了，回来时吃得酒足饭饱。妻子问他去哪里，他说："还去哪里呢？那些有钱有势的人请我吃饭呀！"时间久了，妻子觉得可疑，便对妾说："我家丈夫每天出去，总是吃饱喝足才回来。问他跟谁一起，他总说是有钱有势的人招待他。这就怪了，怎么只是别人请他，从来没见他请回一个来我们家做客？我想明天暗中跟在他后面，看他究竟去了什么地方。"妾说："行，我也觉得奇怪。"

第二天早晨，妻子暗中随丈夫外出。走遍城中，都不见任何人与丈夫交谈。终于，丈夫在拐了几个弯之后，走到东郊乱坟丛中，向前来祭供死者的人乞讨祭供后残剩的酒食；如果不够，又抬头东张西望，到别处乞讨。原来这就是他"酒足饭饱"的方法！

妻子回家把所见到的情况告诉了妾，并叹息道："我们嫁了他，希望寄托终身，日后能得到幸福，想不到他竟在背地里干出这种下流的勾当！"妻妾二人十分悲伤，一边抱着痛哭，一边咒骂丈夫。

不一会儿，丈夫从外面回来了。他不知道自己的丑行已经败露，还扬扬得意地在妻妾面前自我夸耀，然后骂她们说："你们这些女人啊，真没有用！平白无故哭什么？你看我，每天都有人请我吃酒吃肉！不管你们，我要睡觉去了。"他一边走，一边自言自语地说："唉，今天那家人真有钱啊！"

妻、妾见丈夫这样无耻，哭得更伤心了。

"齐人骄妻"指齐人在妻妾面前骄傲、炫耀。后世借这个典故讥讽那些权贵，他们表面上扬扬得意，背地里却干了许多不可告人的勾当。

翘袖折腰舞悲欢

典出《西京杂记》。

刘邦被封为汉王，建都南郑时，得到一个才貌绝佳的戚姬，即戚夫人。戚夫人多才多艺，不仅舞姿出色，歌声也十分动听，还擅长弹瑟、击筑。

刘邦当了皇帝以后，常与戚夫人在宫中歌舞作乐，史书上说，戚夫人"善为翘袖折腰之舞，歌出塞入塞望归之曲"。戚夫人常击筑，刘邦则随乐高唱《大风歌》相和："大风起兮云飞扬，威加海内兮归故乡，安得猛士兮守四方！"

戚夫人虽多才多艺，才貌出众，专宠后宫。但是，在当时的社会，一个舞妓是得不到应有的尊重和地位的。高祖的皇后——吕后阴险毒辣，对戚夫人由忌生恨，戚夫人也常为自己的命运担忧，经常哀求刘邦废太子——吕后的儿子刘盈，改立自己的儿子赵王如意为太子。刘邦也认为刘盈仁弱，不像自己，如意才像自己。无奈吕后在朝中势力强大，他的两个哥哥都是朝中大将，最后，吕后请出刘邦敬重的四位老人，请求他们赞同册立刘盈为太子，并愿意日后辅佐他。刘邦无奈，召戚夫人说："我想改立太子，但连四老都自愿辅助刘盈，羽翼已长成，难改动啊！"戚夫人闻之悲恸欲绝，想到吕后将成为自己真正的主宰，更是不能自已，痛哭流涕。人们常常在欢快的时候起舞，而戚夫人更多的是在悲伤的时候舞蹈，戚夫人在悲痛中跳起了楚地的舞蹈，刘邦用楚地民间音乐的调子伴唱："鸿鹄高飞，一举千里，羽翼以就，横绝四海，又可奈何……"道出了刘邦被形势所迫，不能改立太子无可奈何的心情。

公元前195年四月，太子刘盈即位，即汉惠帝。这时，吕后更加肆无忌惮，她视戚夫人及其子赵王如意为眼中钉，于是，下令把戚夫人的头发剃了，给她穿上罪人的衣服，囚禁起来，让她终日春谷。戚夫人忍受着残酷的折磨，一面春谷，一面唱歌，有些类似现在民间的杵歌，歌中唱道："子为王，母为虏，终日春薄暮，常与死为伍，相离三千里，当谁便告汝？"吕后得知戚夫人唱这种歌，更加恼怒，下令召赵王如意入宫，并用毒酒把赵王害死。随后命人斩断戚夫人的手脚，挖去眼睛，熏聋她的耳朵，又给她喝哑药，把她丢在厕所里，称为"人彘"。戚夫人再也不能一展她婀娜的舞姿和美妙的歌喉。过了几天，狠毒的吕后召惠帝看"人彘"，惠帝知这是戚夫人后大哭不止，从此病倒，惠帝虽是吕后之子，但也不能容忍母亲使用如此毒辣的手段残害戚夫人，以后终日饮酒，不理朝政。

千百年来，人们对戚夫人的遭遇寄予了深切的同情，她那杰出的舞蹈——"翘袖折腰舞"和悲哀时跳的"楚舞"及被囚禁时唱的"杵歌"都久久为人传诵。

请君入瓮

典出《资治通鉴·唐纪》。

武则天做皇帝的时候，朝中有两位专管刑事审判的酷吏，一个叫来俊臣，一个叫周兴。他们二人用刑都十分残酷。不少犯人一听到他俩的名字，就已魂飞魄散，就连朝中权势显赫的大臣对他们二人都敬畏三分，不敢冒犯。

有一天，宫内有人到武则天那儿，状告周兴等密谋造反，武则天勃然大怒，立即召来俊臣进宫，让他去审问周兴。

来俊臣接了这个棘手的案子，回到家中，思考了好半天。他知道，周兴此人阴险狡诈，绝不会轻易服罪，自己搞得不好，反而会被他反咬一口，弄得身败名裂。于是，他决定设一个圈套，用计让周兴不打自招。

当天晚上，来俊臣就邀周兴到家中饮酒，周兴已闻到一点风声，两人见面，周兴异常警觉，小心谨慎地与来俊臣交谈。来俊臣见此情形，就装作闲谈的样子问周兴："周兄，我最近接了个案子，犯人死不认罪，你看用什么办法才能叫他开口招供呢？"

周兴见来俊臣谈的话题与自己无关，就放松了戒备，不假思索地说："这事太容易啦！你只要拿一口大瓦瓮来，在它四周点燃木炭，把瓦瓮烧热了，叫犯人站进去，还怕他不老实交代吗？"

来俊臣听了，便吩咐手下狱吏抬来一口大瓦瓮，照周兴说的办法在四周点上大火。瓦瓮渐渐烧红了，散发出阵阵热浪，令人燥热难耐！周兴热得汗流浃背，气喘吁吁。他正想告辞离去，来俊臣蓦地站起身来，拿出圣旨，对他呵斥道："宫里有状子告发你，皇上命我审你，现在，就请君入瓮吧！"

周兴这时方知中了圈套，吓得面如土色，忙跪倒在地，叩头认罪。

君：对人的尊称，相当于"您"。瓮：一种陶制的容器。"请君入瓮"比喻用某人整治别人的办法来整治他自己。

雀儿肠肚

典出宋代陈思道《后山谈丛》。

曹武肃王密奏曰："孟昶王蜀三十年，而蜀道千余里，请擒孟氏而赦其臣以防变。"太祖批其后曰："你好雀儿肠肚。"

宋朝初年，宋太祖灭了后蜀，诏令把后蜀国王孟昶以及后蜀的大臣们都送到京城开封来，一一封了官职。这时，大臣曹彬密奏道："蜀国建立已 30 多年了，根基深厚。蜀地离开封远达千里，一旦孟昶逃了回去，后患无穷。况且蜀国的人听说孟昶还活着，就可能借用他的名义叛乱。所以，蜀国的大臣们可以赦免，孟昶不能让他活着，应该立即杀掉。"宋太祖看了他的奏文后，哈哈大笑，在奏文后面批了几个字："你好雀儿肠肚。"仍然封孟昶为秦国公，他的两个儿子也封为节度使。因此，历史上都称赞宋太祖宽厚。

后人用"雀儿肠肚"这个典故比喻人的肚量太小，不能宽宏大量。

鹊巢鸠占

典出《诗·召南·鹊巢》。

维鹊有巢，维鸠居之。

各种鸟类都有一种共同的本领，能够用口衔着泥和草，用来在树上筑巢居住，只有鸠鸟是例外。鸠不会自己筑巢，只凭着体力比较强，用武力欺凌别的鸟类，霸占其他鸟的巢来居住。所以《诗经》有云："维鹊有巢，维鸠居之。"本来这句成语在《诗经》里的原意是用鸠来比喻当时的女子，指那时候的女子都没有谋生的本领，但在结婚后，住到夫家却有现成的享受，正如鸠不懂筑巢来居一样。

后人用"鹊巢鸠占"比喻那些没有真实本领，只凭借势力或用阴险的手段，而占据别人地位的人。

人面兽心

典出《列子·黄帝》。

夏桀殷纣鲁桓楚穆，状貌七窍皆同于人，而有禽兽之心。而众人守一状以求至智，未可几也。

据说杨朱有一次在梁国遇上老子，便将老子请到家里，梳洗完毕后跪伏在地上，向老子请教，老子给他讲了这么一个道理：

看人看事，不应该看他的外表如何，主要应该看他的心智。圣人都是看心智的，而不看外表。然而庸人俗子只看外表，外表与我不同的，我就疏远他。假如看人，只要有身子、手、脚、头发、牙齿，你都说他是人，然而这种人不一定没有一颗兽心。他虽然长着一颗野兽的心，但外表与人一模一样，你也会亲近他；那些长有翅膀，有角、有爪、能飞、能跳的是禽兽。然而禽兽未必没有一颗人心，它们虽然有人心，但外表不与人相同，你还会疏远它的。过去的伏羲氏、女娲氏、神农氏、夏后氏，全是蛇身人面、牛头虎鼻，没有人的外表，可他们却有至高无上的圣德。夏桀、殷纣、鲁桓、楚穆这些家伙，形状外表都与人相同，可是却长着禽兽的心。如果人们只看外表而以为他们也有德行，那不是上当了吗？禽兽之心智也有与人相似的地方，例如它们会找东西吃、雄雌相偶、母子相亲、逃避敌害、躲寒就温、居则成群、行则有列、幼者居内、壮者居外、觅食相助、遇害群鸣……可是禽兽的心智远不如人，人故而可以使唤它们。黄帝与炎帝的时候，让熊罴狼豹上战场作战，让雕鹰鸢鸟协助攻敌，这是用力量驯化禽兽的结果。尧帝就不同了，他使用音乐令百兽跳舞，使用箫、笛让凤凰来仪、百鸟唱歌。这些全是上古之人的神圣所在，他们知道万物的情态，了解异类的声音，才能驯化它们，只有圣人才能做到啊！"

杨朱听了老子的这番话，对他更加佩服。

后人就从该文中引出成语"人面兽心"，用来比喻外貌和善，内心却极端凶恶、卑鄙。

司马昭之心，路人皆知

典出陈寿《三国志·魏书·三少帝纪》。

三国鼎立时期，魏国的相国司马昭权盖朝野。魏帝曹髦眼看自己成了傀儡皇帝，十分愤怒。一天，他秘密召来亲信大臣王沈、王经和王业，商量如何除掉司马昭这个心腹大患。曹髦愤愤地说："司马昭之心，路人皆知。我早晚要被他废掉，不如先下手除掉他！"说完，他写了一份讨伐司马昭的诏书。

王经等人知道曹氏王权大势已去，就劝阻曹髦。曹髦哪里肯听，他把诏书朝地上一抛，坚定地说："我决心已下，死不改变！"说着，拔出宝剑，召来宫中侍卫 300 多人，准备前往司马昭官邸，去与司马昭决一死战。王经等人见此情景，唯恐祸及自身，忙去给司马昭通风报信。司马昭即刻命亲信贾充带卫兵杀向王宫，不一会儿工夫，就把曹髦的人马杀得四散而逃。

曹髦见势不妙，高叫："我是天子，你们想造反吗？"

卫兵一听，都停步不前了。贾充也大喊了一声："司马相国养你们何用？就是为了除掉曹髦啊！谁杀了曹髦，赏金万两！"于是众兵一齐挥戈向前，眨眼工夫就将曹髦斩成了肉酱。

司马昭除掉曹髦后，自封为晋王。他死后，他的长子司马炎终于建立了司马氏的西晋政权。

后人用"司马昭之心"比喻人所共知的阴谋和野心。

丧心病狂

典出《宋史·范如圭传》。

如圭独以书责桧以曲学倍师、忘仇辱国之罪，且曰："公不丧心病狂，奈何为此？必遗臭万世矣！"

秦桧是南宋投降派的代表人物。他是政和进士。北宋末朝任御史中丞。靖康二年（1127 年）被俘到北方，成为金太宗弟挞懒的亲信。1130 年随金军至楚州（今江苏淮安），被挞懒遣归。他却诈称杀死防守士兵，夺船逃回。绍兴年间两任

宰相，前后执政十九年，主张投降，为高宗所宠信。他杀害抗金名将岳飞，主持和议，决定向金称臣纳币的政策，为人民世代痛恨、唾骂。

有一次，金国的使者来到南宋京城，会谈议和条件。使者倚仗金国在军事上的优势，出言荒谬，态度傲慢，向南宋政权提出许多无理的要求，遭到朝野主战派官员的强烈反对。校书郎兼史馆校勘范如圭更是悲愤欲绝。他和秘书省的十几个同僚一起，痛骂金国使者，怒斥投降派卑鄙无耻。他们写了一份慷慨激昂的奏章，准备上书宋高宗，反对屈辱求和。但是，奏章写好之后需要签名的时候，人们害怕秦桧等人的淫威，担心遭到投降派的打击报复，于是纷纷打起退堂鼓来。

范如圭见这些人如此胆小怕事，又气又恨，于是他独自一人写了一封信给秦桧，痛斥他丧权辱国、卖国求荣的罪行。信中指责秦桧说："你秦桧如果不是丧失理智，言行荒谬，像发了狂一样，怎么能够干出这种卑鄙可耻的事情呢？你必定遗臭万年，被子孙后世所唾骂！"

成语"丧心病狂"便来源于此，意思是丧失理智，言行悖谬，像发了疯一样。

杀人不眨眼

典出宋代普济《五灯会元》卷入《圆通缘德禅师》。

> 宋大将军曹翰入庐山寺，缘德禅师不起不揖。翰怒呵曰："长老不闻杀人不眨眼将军乎？"师熟视曰："汝安知有不惧生死和尚邪？"

宋初有一个大将叫曹翰，他性情粗暴，又喜欢喝酒，而且还很残忍。杀人对他来说是家常便饭，根本不当回事，连眼睛也不眨一下。因此，他自称"杀人不眨眼将军"。

宋太祖平江南时，曹翰带领人马渡过长江，闯入庐山寺。寺庙里的和尚早已逃的逃，躲的躲了。曹翰进庙一看，只有一个老和尚端端正正地坐在那里。等他进来，老和尚泰然自若，根本不理睬他。曹翰非常生气，大吼一声道："你没听说过'杀人不眨眼将军'吗？"老和尚毫不畏惧，瞪眼直视曹翰，然后从容回答："你知道有'不惧生死的和尚'吗？"

原来，这位老和尚便是当时著名的高僧缘德禅师。曹翰见吓不倒老和尚，有些无可奈何，便改用比较和气的态度问缘德："这庙里还有没有别的和尚？你能把他们叫出来吗?"缘德见曹翰态度软了些,也就慢吞吞地指着架上大鼓说:"敲这面大鼓,和尚们听到后就会来这里集合。"曹翰拿起鼓槌,使劲地敲了几下大鼓。可是过了好一阵,仍不见有和尚来。他便质问缘德:"怎么敲了鼓还是没有人来?"缘德说:"你怀有杀人之心,所以他们不敢来。"他站了起来,用鼓槌轻轻敲了几下大鼓,不一会儿,躲藏起来的和尚就出来了,逃避在外的和尚也都回来了。

后人用"杀人不眨眼"形容歹徒穷凶极恶,任意杀人,而且毫不在乎。

申公豹嘴

典出《封神演义》。

申公豹心地狭窄阴险,惯于搬弄是非,专耍两面手段,与正义为敌。他处处同师兄姜子牙作对,诱使殷效、殷洪弃正归邪,助纣为虐,使殷、周之间的斗争更加复杂化。

殷效、殷洪是纣王与元配姜后所生的一对兄弟。狐狸精化身的妲己妒忌心重,用毒计谋害姜后,并要斩杀殷效、殷洪兄弟俩。殷效、殷洪刚要被斩,为九仙山桃源洞广成子和太华山云霄洞赤精子所救,分别收为徒弟。

后来,赤精子叫殷洪下山,帮助姜子牙伐纣扶周。他担心殷洪是纣王亲生儿子,不肯伐纣佐周。殷洪却坚决地说:"师父在上,弟子虽是纣王亲子,我与妲己有百世之仇。父不慈,子不孝。他听妲己的话,挖掉我母亲的眼珠,烙焦我母亲的双手,使我母亲惨死在西宫。弟子时时饮恨,刻刻痛心,得此机会拿住妲己,以报我母沉冤,弟子虽死无恨!"赤精子见他态度这样坚决,便把洞中所有宝物都送给他,让他下山帮助姜子牙。

殷洪在半路上遇见申公豹。申公豹问他往哪里去,殷洪说奉师命,往西歧助武王伐纣。申公豹说:"岂有此理!纣王是你的父亲,世间哪有子助他人,反伐父亲之理!"殷洪争辩说:"纣王无道,众叛亲离,虽有孝子慈孙,不能改其过失。"申公豹笑着说:"你上了人家的当啦!你是成汤后裔,虽然纣王无道,也无儿子征伐父亲之理。何况他百年之后,这王位还不是你的?"殷洪又说:"妲己杀害我母亲,我怎肯跟仇人在一起呢?"申公豹说:"'怪人须在腹,相见有何妨。'你得了天下,任你怎么样去报母亲之仇,何必一时自失机会?"结果,殷洪被申公豹说服了,改助周伐纣为助纣伐周,并且用师父送他的宝物反过来打他的师父。他的哥哥殷效奉师父广成子之命,下山助周伐纣,途中也被申公豹一番花言巧语说服了，反过来助纣伐周。后来，殷效、殷洪兄弟两人都死于非命。

后人据此总结出歇后语："申公豹的嘴——搬弄是非。"比喻在别人背后乱加议论，引起纠纷；或把别人背后说的话传来传去，蓄意挑拨。

使心用心，反害其身

典出《醒世恒言·大树坡义虎送亲》。

莫要贪图利己，谋害他人。常言道：使心用心，反害其身。

韦德是福州人，自幼随父母在浙江绍兴做生意，娶妻单氏，两夫妻感情极深。这年韦德的父亲死了，他思念故乡，便与单氏商量，变卖了家产，雇了一只船，带了父亲的灵柩回泉州。船家唤作张稍，不是善良之辈，见韦德囊中充实，又见单氏生得美丽，便起了坏心。这日船到江郎山下，张稍只推没柴，定要韦德相伴上山砍柴。引到深山之处，四顾无人，韦德低头捡柴，被张稍一斧正中左肩，再一斧砍在头上，血如泉涌，眼见活不了。张稍柴也不要了，飞奔回船，对单氏说："没造化，你丈夫被大虫衔去了，亏我跑得快，脱了虎口！"单氏一头哭，一头想道："闻得虎遇夜出山，不想白日里出来伤人！况且两人同去，偏他全没些损伤？"便对张稍说："我和他夫妻一场，如今他被虎吃了，少不得存几块骨头，烦你引我去捡回来安葬，也表夫妻之情。"立逼着张稍引路，复进山去。先前砍柴是走东路，这次张稍怕单氏看见尸首，却走西路，东张西望，走够多时，日色渐晚，忽地真正跳出一只白额虎来，把张稍一口衔着背皮，跑入深林中去了。正是"使心用心，反害自身"。单氏惊倒在地半日方醒，认着旧路一步步哭将转来，走到与东路相接处，只听一人唤道："娘子，你如何却在这里？"回头一看，只见韦德血污满身，正从东路踉跄走来——原来韦德虽被斧伤，一时闷绝，张稍去后，却又醒转，扯破衣衫将头裹缚停当，这才挪步下山，巧遇韦氏。当下回船，雇人撑船自回泉州去了。

后人用"使心用心，反害自身"这个典故比喻凡是存了坏心，使了卑鄙手段残害别人的人，到头来都不会有好结果。

隋珠弹雀

典出《淮南子·览冥训》。

> 譬如隋侯之珠，和氏之璧，得之者富，失之者贫。高诱注：隋侯见大蛇伤断，以药敷之。后蛇于江中衔大珠以报之，因曰隋侯之珠，盖明月珠也。

典又出《庄子·让王》。

> 今且有人于此，以隋侯之珠，弹千仞之雀，世必笑之。是何也？则其所用者重，而所要者轻也。

有一天，隋侯和他的侍从们出游，中途见到一条大蛇，被人拦腰斩断，在路上打滚，显出非常疼痛的神情。隋侯于心不忍，生了恻隐之心，叫侍从去取专医跌打的续骨药膏，把它医治好。蛇痊愈后，缓缓地向山中移去。后来，这蛇衔了一粒很大的珠子，献给隋侯，以报答他的救命大恩。那粒珠子光滑圆润，光芒四射，后来人们把它称为隋珠。

后来庄子在"让王篇"里说："以隋侯那样宝贵的珠子，去弹击栖息在很高地方的麻雀。失去的是那么贵重，得来的却是这么细微，不是会被世人讥笑吗？"

后人用"隋珠弹雀"比喻使用金钱或物品不适当。

孙权杀关公

典出《三国演义》。

东吴孙权斩杀关公父子，收回荆州等地，了却了一桩心愿，心里十分高兴。

这时候，张昭提醒孙权说："主公杀掉关羽父子，是个失策，江东祸害不远了！关羽与刘备桃园结义，誓同生死。现在刘备有两川兵众，还有像诸葛亮这样足智多谋的军师，以及张飞、黄忠、马超、赵云这样勇猛的将领。如果刘备知道关羽父子被杀，必定发动全部兵马，奋力报仇，到时候，恐怕我们东吴难于为

敌！"孙权一听，恍然大悟，后悔地说："我失策了！现在怎么办？"张昭献策说："曹操拥有百万大兵，虎视华夏，刘备要报仇，必定与他约和。如果曹、刘二处联兵而来，东吴危在旦夕。不如我们先派人将关羽的首级转送给曹操，让刘备认为是曹操指使我们杀掉关羽的，这样刘备必然痛恨曹操，蜀兵就会攻向曹魏，不会对着东吴。我们可以坐山观虎斗，从中渔利。这是上策。"孙权依计，派遣使者将关羽的首级用木匣装着，连夜送给曹操。

曹操的主簿司马懿，一眼就看穿了孙权的阴谋。他告诉曹操："这是东吴移祸的计谋，千万不要上当。我们可以将关羽的首级制配一个香木的身躯，依照大臣的规模举行礼葬。这样，就是刘备知道了，也不会责怪我们。他必然深恨孙权，尽力南征。我们可以观其胜负：蜀胜则击吴，吴胜则击蜀。"曹操依计，才没有中孙权移祸的计谋。

"孙权杀关公"，比喻把祸事（罪名、损失、负担等）移到别人身上去。

贪污勒索

典出《史记·管蔡世家》。

> 昭侯十年，朝楚昭王，持美裘二，献其一于昭王而自衣其一。楚相子常欲之，不与。子常谗蔡侯，留之楚三年。蔡侯知之，乃献其裘于子常；子常受之，乃言归蔡侯。蔡侯归而之晋，请与晋伐楚。

吴王阖闾并吞了徐国和钟吾之后，蔡国和唐国派使臣到吴国来。伍子胥对阖闾说："蔡国和唐国一向归顺楚国。如今这两国一同打发使臣到这儿来，我推测必是跟楚国有了摩擦。如果我们能够拉拢这两国，进攻楚国就方便得多了。"阖闾和孙武都急欲听一听这两个使者说的话。

蔡、唐两国的使臣一见阖闾就央告说："楚国令尹囊瓦贪污勒索，欺压蜀国，这下又发兵来攻打唐国，请求大王主持正义，赶紧发兵去救。以后，我们愿意永远归附贵国，年年纳款，岁岁朝贡。"吴王阖闾一时听得有些糊涂，就问两位使臣到底是怎么一回事。他们就将经过情形巨细无遗地述说了一遍。

原来楚国令尹囊瓦非常爱贪小便宜，老是跟一些属国索要东西。大家都有点嫌恶他。有一次，蔡昭侯和唐成公朝见楚昭王，囊瓦收了他们按照惯例送给他的礼物后，又向他们要其他的东西。蔡昭侯有两件极其贵重的银鼠皮袄，一件送给了楚王，一件留着自己穿。唐成公有 2 匹千里马，一匹送给了楚王，一匹留着自己用。囊瓦见了这两件宝贝，一直想据为己有。他打发人去跟这两位国君要。蔡昭侯和唐成公很不高兴，硬是不送给他。囊瓦就在楚昭王跟前使花招，说："听说蔡国和唐国私通吴国，打算来进犯咱们。咱们索性把蔡侯和唐侯扣留在这儿，也许能揭穿他们的阴谋。"当时楚昭王还在稚龄，无论大小事全由囊瓦做主。如此一来，两位国君就被软禁在楚国。一禁就是 3 年。

唐成公的儿子见他父亲久未回国，派人去打听。派去的人把囊瓦扣留唐成公的事打听清楚以后，劝唐成公把那匹千里马送给囊瓦。囊瓦得到了千里马，对楚昭王说："唐是个小国，没有多大的力量。唐侯已经在这儿押了 3 年，他哪儿还有胆量再得罪咱们呢？让他回去吧！"楚昭王就把唐成公放了。

蔡昭侯见唐成公送了千里马就获释回国了，他也把那件银鼠皮袄送给囊瓦。囊瓦就对楚昭王说："蔡国跟唐国一样，唐侯既然放回去了，总不能单单扣押蔡侯，饶了他吧！"于是，蔡昭侯也回国了。

蔡昭侯出了郢都，义愤填膺地发誓说："我不报仇，绝不再踏上楚国的土地！"他回到国内，立刻去向晋国借兵。晋定公把这件事秉报了周朝的天子。周敬王（公元前 519～前 477 年）派卿士刘卷去跟晋定公联系。晋定公会合了宋、蔡、齐、鲁、卫、陈、郑、许、曹、莒、邾、顿、胡、滕、薛、杞、小邾等一共 18 路诸侯，代替天子去征伐楚国。各国的诸侯都恨囊瓦恨得牙痒痒，也都想借这个机会重振中原的威风。谁料到自称为中原霸主的晋国，那时候竟也充斥着贪官污吏。晋国的大将荀寅也是个贪小便宜的人。他认为这次会合诸侯去打楚国是为了帮助蔡国，这功劳可非同小可，就派人先向蔡昭侯要求谢礼，说："听说蔡侯把名贵的银鼠皮袄送给了楚国的君臣，为什么就不送给我们？我们千里迢迢发兵来打楚国，不知道蔡侯用什么来慰劳军队？"蔡昭侯回答说："就因为楚国令尹贪污勒索，欺压属国，我才来归附贵国。要是将军主持正义，宣扬霸主的威信，帮助弱小的诸侯，把楚国灭了，那么整个楚国就是谢礼。"荀寅听了这席话，满脸涨得通红。

公元前 506 年，18 路诸侯的兵马都驻扎在召陵（在河南省郾县东），由于一连下了十几天倾盆大雨，一时不能进兵。恰巧天子的使者刘卷罹病，躺在床榻起不来。范鞅和荀寅本来就跟囊瓦一样，都是地地道道的贪夫，这次没从蔡侯那儿得到好处，已经有点快快不乐。他们就借着这个理由向各国诸侯说："大雨下个没完没了，害病的人越来越多，不如暂时回去吧！"各国诸侯看晋国不愿做主，顿时心灰意冷，各自散回本国去了。

蔡昭侯大失所望，垂头丧气地带着自己的兵马回去，路过沈国时，想起了沈国不愿发兵，也不去开会，满肚子的闷气就向沈国发泄，把它灭了。

楚国的令尹囊瓦听说蔡国把沈国灭了，就亲自带着大军去攻打蔡国。有人对蔡昭侯说："晋国已经靠不住了，中原其他的诸侯更不必说了。咱们索性到吴国求救去。伍子胥很早就想向楚国报仇，他们必定能大力帮助咱们。"蔡侯就打发使臣去约会唐成公一起到吴国去求救兵。

后人用"贪污勒索"比喻利用职务上的便利贪婪地获取财物。

天罗地网

典出《水浒传》

> 天可怜见，惭愧了，我母子两个，脱了这天罗地网之厄！此去延安府不远了，高太尉要拿我也拿不着了。

高俅因踢得一脚好球，深受端王宠爱，做了端王的随从。后来，端王当了皇帝，就提拔他做了殿帅府太尉。高俅选定良辰吉日就职，殿帅府所有公吏衙将，马步人等，尽来参拜，开报花名。高俅一一点过，只有八十万禁军教头王进生病未到。高俅为此非常生气，便派人把王进抓来审问。幸好王进的部下为他求情，才免遭惩处。但是，王进心里明白：他父亲王升曾与高俅交过手，并把高俅打翻在地；而今高俅得志了，自己受他管辖，他要报仇，可了不得。

王进回到家中，便与母亲商定，三十六计，走为上策。于是母子二人离开东京，往延安府方向逃去。在路上遇到了不少艰辛困苦。有一天行至途中，天将黑了，王进挑着担儿，跟在娘的马后，与母亲说道："天可怜见，惭愧了，我母子两个，脱了这天罗地网之厄！此去延安府不远了，高太尉要拿我也拿不着了。"

后人用"天罗地网"来比喻对罪犯进行缉捕的布置十分严密，亦指包围甚严，使敌无法脱逃。

同恶相助

典出《史记·吴王濞列传》。

> 高曰："同恶相助，同好相留，同情相成，同欲相趋，同利相死。"

西汉初，汉高祖刘邦封了一大批同姓王。刘邦本想借此进一步巩固刘氏政权，但由于分封的这些王侯手中的权力很大，封地大的王国"跨州兼郡，连城数十"，吴、楚、齐三国竟征收租赋，煮盐铸钱，严重地威胁了西汉王朝的中央集权的统治。

为了打击诸侯王的势力，到了文帝和景帝时，采纳了贾谊、晁错的建议，逐步削减了王侯的封地。削地直接影响了诸侯王的利益，吴王刘濞准备起兵造反。汉景帝 3 年（公元前 154 年），刘濞派出使者打着惩办晁错的名义，约会楚王、赵王和胶西王共同起兵。吴王刘濞的使臣应高来到胶西王刘印处，劝他共同起兵反叛。应高对刘印说："憎恶一致，就要互相求助；喜好一致，就应共同努力以达目的；利益一致，就是舍弃性命也在所不辞。现在，我们吴王和大王忧喜相同，都担心晁错等人欺瞒天子，侵夺诸侯，所以请大王一起起兵讨伐。"

后来，吴王刘濞果然联合楚、赵、胶东、胶西、济南、淄川六国以"请诛晁错以清君侧"为由，发动了武装叛乱。汉朝中央派周亚夫为太尉率军平叛，仅用了三个月，便将这场叛乱平息了。

"同恶相助"原意为憎恶一致，就要互相求助，后来常用来形容坏人互相勾结。

跖犬吠尧

典出《国策·齐策六》。

> 跖之狗吠尧，非贵跖而贱尧也，狗固吠非其主也。

战国时，齐相国田单有一谋士，名叫貂勃，有辩才。他奉使到楚国，楚王待以上宾之礼。齐王面前有九个佞臣，他们恨田单禀政，不能为所欲为，就借貂勃之事，在齐王面前说田单的坏话："貂勃不过是一个使者，楚王对他如此重视，只因为他是田单的亲信。而田单心怀不测，对黎民救穷济困，施恩播德，收买人心，并暗与各国英豪交结，隐有篡逆之心，大王应该加以重视。"他们的话使齐王困惑不解。

田单知道了这个消息，自己脱去官服，披发赤足，裸露着上身，到齐王面前请罪。齐王怒气稍微平息了一些，对田单说："你对寡人无罪，你只要能尽臣子的礼节就行了。"貂勃回齐，齐王赐宴，并传呼："叫相国田单来!"貂勃立即离座叩头："请问大王，大王比周文王孰优?"

齐王说："寡人怎能比得上文王。"

貂勃又说："大王比齐桓公如何?"

齐王说："寡人也比不上桓公。"

貂勃说："大王诚有自知之明。但文王得吕尚，尊之为太公。桓公得管仲，尊之为仲父，今大王得安平君（安平君是田单的封号），而且呼之为田单，岂是仁君待贤臣之道?以功而论，从古到今，有谁能超过安平君的呢?当年大王不能守先王之绩业，燕国兴兵犯齐，连下齐70余城，大王逃往莒邑山中。安平君以即墨一小城，残卒7000名，擒燕国主将骑劫，恢复齐国全部失地。那时安平君果有自立之心，谁敢阻止?但安平君以大王为重，于山中建栈道，迎大王回都，大王复得君临齐国。今齐国以安平君为相，国泰民安，大王竟不以安平君之功为功，开口闭口田单田单，此亡国之音也。当然，大王是听信了佞臣之言，才对安平君这种态度，如大王不及早杀了佞臣，齐国危矣。"

齐王大悟，当即杀了那些佞臣，向安平君谢罪，并加田单的封地，邑万户。

貂勃为田单在齐王前说了这么多好话，但他与田单未识时，却尽说田单的坏话。田单备了酒筵，请貂勃赏光。即席致词："田单有何开罪于先生的地方，蒙先生如此过奖?"当然田单这"过奖"二字是既谦虚又讽刺。

貂勃竟把自己比作狗，他说："盗跖（帝尧时的大盗）养的狗，见到尧吠之不已，尧非不贤，而跖非贤，跖犬竟然吠尧，为的这只犬是盗跖所豢养，所以它帮着它的主人，去咬他主人所不喜的人。"

田单听后，即向齐王推荐了貂勃，齐王任命他做了重要的官职。

后人用"跖犬吠尧"比喻奴才为主子效劳。

亡命之徒

典出《旧唐书·乐彦桢传》。

唐朝末年，乐彦桢有个不争气的儿子叫乐从训，经常在外和一帮狐朋狗友饮酒作乐，聚众生事。乐彦桢对此痛心疾首。

一次，乐从训听说都统王铎调往沧州，要经过魏州境内。他对王铎的家财垂涎已久。于是，用重金诱惑王铎家的歌女，说出王铎的行走时间和路线，便纠集了一批凶徒设置埋伏。等王铎一行走进他们的包围圈，便蜂拥而上，乱砍乱杀。

乐从训等人杀死了王铎，抢了王铎的金银财宝和歌女之后逃之夭夭。

后来，乐从训胆子更大了，他召集了500多个亡命之徒，为非作歹，弄得周围鸡犬不宁。州府上下为此议论，纷纷要求惩办他。乐从训听到风声，连夜逃走了。

这时，乐彦桢被任命为六州都指挥使兼相州刺史。赴任后，乐从训便打着老子的旗号，收集兵器，索取钱帛，滥杀无辜，州府怀疑乐彦桢图谋不轨，便罢免了他，推举都将赵文㺭出来主持州事，乐彦桢又气又恨，不久病死。

乐从训带了3万余人来到城下，气势汹汹地问罪。赵文㺭胆小怕事，按兵不动。上司怀疑赵文㺭与乐从训串通一气，又罢免了赵文㺭。罗弘信自告奋勇出来充任节度使，率军出击，杀得乐从训片甲不留，终于消除了地方一害。

"记命之徒"原指逃脱户籍改姓换名，逃亡在外的人，现指不顾性命冒险作恶的歹徒。

为富不仁

典出《孟子·滕文公上》。

> 为富不仁矣，为仁不富矣。

滕文公想要维持他的政权，便想懂得一些治国的道理，于是他去请孟子给他讲讲治国之法。孟子告诉他，要维护自己的统治，就得想法缓和一下国内的阶级矛盾。其办法之一就是使赋税正常，要有一定的赋税制度，并劝滕文公不要穷征暴敛，以缓和人民的反抗。他还引鲁国正卿阳虎的话说："要发财就不能讲仁爱，讲仁爱就发不了财。"

后人用"为富不仁"来形容一心为了发财，不择手段地对人民进行残酷的剥削。

无中生有

典出《老子》。

> 天下万物生于有，有生于无。

《老子》第四十章是老子的宇宙论。他指出了道（宇宙本体）的两个特点：第一是循环运行，第二是行动柔和。又指出，宇宙的形成过程是：道生天地，天地生万物。老子指出：循环往复，是道（宇宙本体）的运动；柔弱是道的运用。天下万物生于有形体的天地，有形体的天地生于无形体的道。

老子这里所说的"有生于无"本是他哲学思想的用语，含有事物可以互相转化的朴素辩证思想。后来，人们从中引申出成语"无中生有"，已经完全改变了原意，常用来形容凭空捏造。

兄弟让位侄儿抢

典出《史记·伍子胥列传》。

伍子胥说吴僚曰："楚可破也，愿复遣公子光。"公子光谓吴王曰："彼伍子胥父兄为戮于楚，而劝王伐楚者，欲以自报其仇耳。伐楚，未可破也。"伍子胥知公子光有内志，欲杀王而自立，未可说以外事，乃进专诸于公子光，退而与太子建之子胜耕于野。

又见《史记·吴太伯世家》。

四年，王馀昧卒，欲授弟季札。季札让，逃去。于是吴人曰："先王有命，兄卒弟代立，必致季子。季子今逃位，则王馀昧后立，今卒，其子当代。"乃立王馀昧之子僚为王。

有一天，吴国公子光的心腹被离遇见了伍子胥。两人一见如故，相谈甚欢。但不知怎么阴错阳差，公子光还没听说这件事，吴王僚反而先知道了。被离只好带着伍子胥去见吴王僚。吴王见他相貌不凡，又听说他是楚国大臣的后代，本领高强，就拜他为大夫。

伍子胥时时刻刻想劝吴王僚出兵攻打楚国，就是找不到机会。刚好有一次，吴国和楚国在交界的地方发生冲突，因为楚国的养蚕户老是越过边界到吴国这边来采桑叶。为了这么一点小事，边界上的士兵就互打了起来。伍子胥就趁机劝吴王僚派公子光领兵去进攻楚国。公子光反对，说："伍子胥劝大王进攻楚国，并不是真正为了吴国。他只不过想给他父兄报仇罢了！大王千万不要为了他的私事，轻易地跟别的国开战。就是要攻打楚国，也得预先估量一下自己的力量，更得挑选一个适当的时机，才能马到成功。伍子胥一心想报仇，哪儿会顾虑咱们的处境呢？"吴王僚依从了公子光，打消了伐楚的念头。伍子胥揣想公子光在吴王面前数落他，必定别有用意。他就向吴王辞职。没想到吴王竟赐给他一块小小的土地，准他辞了职。从此以后，伍子胥和公子胜只好搬到乡下去住。

公子光私自带了些粮食和布匹，到乡下去看望伍子胥。"明人不必细说"，伍子胥早就洞悉公子光反对吴王发兵的原因；公子光也早就明白伍子胥辞职的心意。公子光见到伍子胥就开门见山地说："先生在楚国及在这儿，一定有一些好朋友吧。先生可曾遇见过像您这样的人才？"伍子胥说："我算得了什么？我哪儿比得上勇士专诸呢！"公子光一听见"勇士"，就问："先生能给我引见引见吗？"伍子胥说："他家离这儿不远，明天我叫他来拜见您。"公子光说："怎么叫他来呢？先生辛苦一趟，陪我去拜会他吧。"他就跟伍子胥一起乘车到专诸家去。专诸见伍子胥随同一位公子进来，赶紧迎了出去。伍子胥给专诸引荐公子光，专诸连忙向公子光拜见问好。公子光取出许多金银财宝作为拜见的礼物。专诸不收。后来还是伍子胥劝解，他才勉强收下。从此以后，他们三个人结成了好朋友。公子光见专诸家境清寒，每月总不忘打发人送点银钱粮食，也时常亲自去看望他。专诸心里非常感激。

有一天，公子光独自去看专诸。专诸觉得很不好意思，说："我是个粗汉，受了公子这么大的恩典，叫我怎么报答呢？我猜想公子一定有什么为难的事情要我去办吧！"公子光说："不错，我有极大的冤屈。我打算请你设法把吴王僚刺死。"

专诸说："这话怎么说呢？吴王僚是先王夷昧的儿子，公子干嘛要去害他？"公子光说："先王夷昧的王位，照理应当由我来继承。"

原来吴国本是第四等诸侯国，也就是公、侯、伯、子、男当中的子爵，跟中原诸侯比起来，它的地位是低的。到了公元前585年，吴子寿梦即位，自称为吴王。他殚精竭虑，整顿政治，发展生产，操练兵马。吴国就一天天地强盛起来了。后来晋国想利用吴国去牵制楚国，派申公巫臣（就是屈巫）领着一队兵车到吴国，教导吴国人射箭、驾车和用兵车打仗的方法。吴国学会用兵车打仗之后，收服了许多临近的小国和部族，又开垦了不少荒地，愈来愈令人刮目相看了。所以，那时候共有3个大王：一个是周王，就是天子；其余两位就是楚王和吴王，由于他们自称为王，因此中原诸侯都认为他们是"假王"。

吴王寿梦有4个儿子：老大叫诸樊，老二叫馀祭，老三叫夷昧，老四叫季札。

兄弟四个都很杰出，可是寿梦认为小儿子季札最贤明。寿梦临死前，对四个儿子说："你们四人中既贤明又能干的要数季札，如果他能当国王，一定能将吴国治理得很好。我要立他做太子，可是他无论如何不答应。既然这样，我给你们一个命令：我死了之后王位就传给诸樊，诸樊再传给馀祭，馀祭再传给夷昧，最后夷昧再传给季札。这样一来，季札虽是小兄弟，也能有做国王的份。你们要明白，我这样嘱咐你们，并不是我偏爱季札，而是为了咱们国家的前途啊！谁要是违背我的命令，就是不孝之子。"

大儿子诸樊立刻要将王位让给季札，他说："这是父王的本意啊！"季札坚决地拒绝。他说："父王在世的时候，我不愿意做王，父王归了天，我反而来抢兄长的王位，你想我能这么做吗？您若一定要逼我做王，我只好躲到别的国家去了。"

诸樊拗不过他，只好即了位。他想："我要是活到老才死，然后把王位传给二弟，二弟传给三弟，三弟之后才轮到四弟，那四弟还有机会做王吗？我得另想办法才行。"他亲自带着士兵去攻打楚国，有意让自己死在战场上。他打了个胜仗，自己被敌人射死了。大臣们依照寿梦的命令，把二公子馀祭立为吴王。馀祭很了解他哥哥诸樊的心意。他说："哥哥并不是真的死在敌人手里，他是故意去寻死的，为的是要尽快将王位传给季札。"他也求告上天，让他早点儿死。后来馀祭亲自带兵去打越国，他也打了个胜仗，自己却被越国的一名俘虏刺死了。

二公子夷昧想把王位直接让给季札，还说当初季札访问徐、鲁、齐、郑、卫、晋诸国的时候，中原的诸侯和大夫没有一个人不佩服他的才能和品德。他在鲁国听了列国的音乐，就一一指出优点，淋漓尽致地发挥了他对于各国音乐的理论。他在郑国和子产做了朋友，两个人交换了衣带作为纪念。他访问徐国的一段经过更令夷昧感动不已。原来季札和徐君谈话的时候，徐君很羡慕地瞧着季札随身携带的那口宝剑。徐君虽然没说出来，季札却早已知道他非常欣赏它。季札很想送给他，可是他还得到别的国家去访问，路上少不了它。等到季札回来，再经过徐国时，徐君已经死了。季札就到徐君坟前去祭奠。临走的时候，他解下宝剑，把它挂在徐君坟头的树上。随从的人对他说："徐君已经死了，您还送他干什么呢？"季札说："话不能这么说。我心里早已经答应送给他了，怎么能够因为他死了就失信呢？"夷昧为了这件事，更加敬服季札。馀祭死后，夷昧就请季札即位。季札宁死也不肯做王，夷昧只好即位。季札帮助夷昧，劝夷昧认真地做些富国利民的事情，整顿朝政，爱护百姓，跟中原诸侯交好。因此，吴国太太平平地过了几年好日子。

公元前527年（周景王十八年），夷昧得了重病。临死的时候，他要季札继承他的王位，但季札都躲了起来。这么一来，王位让给谁呢？公子光是寿梦的大儿子诸樊的长子。据他说，他祖父的命令到季札做王为止。季札既然躲起来，这王位就该由他继承。不料夷昧的儿子僚却继承了王位，季札又出来辅助他。公子光处心积虑想刺死吴王僚，为的是重新承续长子即位的传统。

玄石好酒

典出《郁离子》。

昔者，玄石好酒，为酒困、五藏熏灼、肌骨蒸煮，如裂，百药不能救，三日而后释。谓其人曰："吾今而后，知酒可以丧人也，吾不敢复饮矣！"居不能阅月，同饮至，曰："试尝之。"始而三爵止，明日而五之，又明日十之，又明日而大，忘其故，死矣。故猫不能无食鱼，鸡不能无食虫，犬不能无食臭，性之所耽，不能绝也。"

从前，玄石嗜好饮酒，被酒损伤了身体。腹中五脏火烧火燎，肌肉骨骼像被热锅蒸煮过，全身像散了架一般。吃了各种药物都不见效，过了3天，症状才消除了。他对人说："我从今天开始才知道酒可以使人丧命，从今以后我不敢再喝酒了！"过了半个月，他又喝酒，对人说："我只是尝一尝。"刚开始只喝三杯，第二天又喝五杯，到了后天又喝十杯，以后，又开始大肆喝酒，忘记了以前醉酒生病的事情。不久他就死去了。所以，猫不能没有鱼吃，鸡不能没有虫子吃，狗改不了吃屎，本性沉溺在其中是不能改变的。

后人用"玄石好酒"说明人的本性难改。

阎王开店——鬼来了

典出《斩鬼传》。

唐朝状元钟馗，因唐德宗皇帝嫌他貌丑，自刎而死。唐皇帝封他为驱魔大神，遍行天下，专斩妖邪鬼怪。钟馗受了封号，空中谢恩毕，提着宝剑，插着笏板，悠悠荡荡，向南走去，一直来到了酆都城。只见一个判官领着两个小鬼，高声问道："你是哪方魂魄，来这里何干？"钟馗回答："俺家钟馗，驱魔大神是矣！今特来酆都斩鬼，烦你通报阎王。"判官急忙飞跑到森罗殿上禀报，阎王下令迎请。钟馗来到殿前，阎王早已下坐相迎，问道："尊神至此，有何见教？"钟馗答道："俺奉唐皇帝之命，遍斩妖魔鬼怪。俺想酆都城群魔麇集，阎王开店，大鬼小鬼都来，特地来此斩鬼。"阎王说："此处妖邪固然不少，却都是些服毒鬼、上吊鬼、淹死鬼、饿死鬼之类。鬼魅虽多，经理的神灵却也不少。除了孤家阎罗王自理之外，还有秦广王、初江王、宋帝王、伍官王、变成王、泰山王、平等王、都市王、五道转轮王，分居地府十殿，统称为'十殿阎王'；又有左三曹，右三曹，七十二司，并无一个游魂鬼魅敢与祟。尊神要斩妖邪，倒是阳间最多，何不去斩？"钟馗听了大笑说："阳间及光天化日，又有王法约制，岂容妖魔鬼怪存在？"阎王告诉他："尊神只知其一，不知其二。大凡人鬼之分，只在方寸间。方寸正的，鬼可为神，方寸不正的，人即为鬼。君不见古为忠臣孝子，何尝不以鬼为神呢！那些阴险叵测、奸佞之辈，哪能称之是人呢？"钟馗恍然大悟，连声说："是！是！是！但不知这些鬼怪叫什么名字？"阎王令判官将此等鬼簿献给大神过目。钟馗展开一看，只见上面记的是：假鬼、奸鬼、涎脸鬼、遭瘟鬼、轻薄鬼、诓骗鬼、醉死鬼、伶俐鬼、色中饿鬼……临了是个楞睁大王。钟馗看完，惊讶地说："不料世间有这些鬼魅，不知今在何处？"阎王说："无有定踪，散居四方，但凭尊神驱除就是。不过驱除办法不可一概而论，该诛者诛，该抚者抚，要量其情节轻重、罪恶大小，斟酌施行。"钟馗又问："阳间鬼魅，单凭小神恐怕独力难支，如何是好？"阎王说："孤家这里有含冤、负屈两个英雄，各具文武之才，另有白泽一坐骑，再拨三百名阴兵，统归尊神驱使。"于是，钟馗拜谢阎王，飞身上了白泽，提着宝剑，插着笏板。含冤、负屈二鬼也骑了骏马，率领三百名阴兵，浩浩荡荡往阳世间去驱邪斩妖了。

阎王来源于梵文"焰摩罗王"的汉译，是印度古神之一。原意为"地狱的统治者"或"幽冥界之王"。佛教称阎王为主管地狱的神，是鬼王，能判人生前之罪，加以赏罚，又叫"阎罗"、"阎罗王"、"阎王爷"。鬼为迷信的说法，指人死后的灵魂。实际上，人世间并没有鬼。本文所谓的鬼，泛指为坏人或指问题、困难、祸害等不好的东西。"阎王开店——鬼来了"，比喻来的不是好人。

一斗米，十斤肉

一次，秦王政问臣属李斯："我要兼并六国，统一中原，先生可有什么高见？"李斯说："韩国离秦国最近，又最软弱。可以先从那儿下手。"

秦王政听了李斯的话，叫内史腾带了10万兵马去攻打韩国。韩王安（桓惠王的儿子）吓得直打哆嗦，叫公子非（就是韩非子）上秦国去求和，情愿割让土地，当秦国的属国。韩非子是荀卿的弟子，跟李斯是同窗好友。李斯还认为自己比不上他。韩非子从前也劝过韩王安，献过计策，打算叫韩国转弱为强，转危为安，只是韩王安不能用他。这次情况吃紧了，才派他到秦国去。韩非子到了咸阳，一心想做秦国的臣下。他写了几篇文章献给秦王政。秦王政很钦佩他的才能，可是这时候秦王政正信任李斯，听了李斯的话把他扣起来。后来李斯还送他一份毒酒。韩非子问看监牢的人："我犯了什么罪呀？"他回答说："一个鸡笼里容不下两只公鸡！人家碰见像公子这么有才干的人，只有两个办法：不是重用，就是害死，根本提不到什么犯罪不犯罪。"韩非子叹息了一会儿，自杀了。

韩王安听说公子非死了，更加害怕了，就投降了秦王政，情愿当他的臣下。秦王政答应了，叫内史腾退兵。韩国既然归顺了秦国，秦王政又想起韩非子来了。可是他已经死了，秦王政不免有点怪李斯。李斯说："大王别心疼他了。我来推荐一个人，论他的才干，要比韩非子强！"秦王政说："他在哪儿？"李斯说："他正巧在咸阳。不过他的脾气很古怪，随随便便去召他是不行的。"秦王政就像招待贵宾一样地派人去请他。

秦王政请来的是个大梁人，叫尉缭。秦王政很恭敬地问他："怎么样才能够统一天下，请先生指教。"尉缭说："如今各国大权全在大夫手里。这是说，大臣们并不是个个都忠于国君的。再说做官的差不多都是贪财的。大王只要花上二三十万两金子，就能够把他们收买过来。要是能够把各国的大臣收买过来，诸侯不就完了吗？"秦王政当时就给尉缭五万两金子让他去花。尉缭又把他的门生王敖推荐给秦王，他又请秦王派大将桓齮带了10万兵马去攻打魏国。

魏景闵王（安僖王的儿子）听说秦国军队来了，立刻打发人到赵国去求救，还拿邺郡3座城作为谢礼。赵悼襄王于是派大将扈辄带着5万兵马先去接收邺郡三座城。扈辄接收了邺郡，还没布置好，桓齮的军队已经到了。一开仗，扈辄就败下来了。3座新得来的城被秦国军队夺了去。这还不算，另外又丢了赵国自己的几座城。

扈辄退到平阳（在河南省临漳县西），赶紧派人去请求赵悼襄王再派救兵来。赵悼襄王召集了大臣们，叫他们出主意。大臣们都说："以前赵国只有廉颇大将能够打得过秦国。除了他以外，要算庞煖了。如今庞煖死了，廉将军倒还在大梁闲着。要打算打败桓齮，除非把廉将军再请出来。"大夫郭开反对说："廉将军已经是70岁的人了，哪能再打仗呢？再说以前因为大王不信任他，他才赌着气跑了。如今再把他请来，反倒彼此不便。"

原来当初廉颇骂过郭开是个小人，郭开就在赵悼襄王跟前说他的坏话。赵悼襄王才把廉颇的兵权收回。廉颇气哼哼地说："我自从伺候惠文王一直到如今，已经40多年了，一向没打过败仗。他竟听了小人的话，把我的兵权夺了去。这怎么能叫我受得了呢？"他就赌着气跑了。魏王虽然收留了他，可是不敢用他。廉颇只好闷闷不乐地在大梁住着。这回赵国遇见急事，大臣们都劝赵王把廉颇请回来。郭开跟廉颇有私仇，并且他已经接受了尉缭的门生王敖送给他的三千两黄金。因此，郭开在赵悼襄王跟前直说廉颇不中用。

赵悼襄王听了郭开的话，本来不用再费心了。可是扈辄打了败仗，找谁去抵挡桓齮呢？他就说："要不然先派人去慰问廉颇，要是他还能够当大将，咱们再去请他。"郭开不便再开口，心里却怕廉颇真回来。

赵悼襄王打发宦官唐玖带着一副名贵的盔甲和4匹快马，到大梁去慰问廉颇。郭开偷偷地把唐玖请到他家喝酒，说是给他送行。喝酒的时候，郭开送了他二千两黄金。唐玖一楞说："无功不受禄，这叫我怎么能收呢？"郭开说："受禄就有功。我有一件事情拜托您。您收下礼物，我才敢开口。"唐玖说："大夫有什么指教，尽管说吧。"郭开说："廉将军跟我素来有点仇恨。这回您去看他，要是他身子骨儿不结实，那就不用说了。万一精神还是挺好，请您回报君王的时候，就说他……拜托拜托。"

唐玖到了大梁，见了廉颇。廉颇开口就问他："秦国打到赵国了吧？"唐玖说："将军怎么知道？"廉颇说："我在魏国已经好多年了，赵王从来没跟我通过音信。如今突然给我盔甲、马匹，想必一定有用我的地方了。"唐玖故意说："将军恨不恨大王呢？"廉颇说："我整天整夜地想念着本国，怎么能恨大王呢？"两个人随便谈了一会儿。廉颇请唐玖吃饭。他故意在唐玖面前卖弄，狼吞虎咽地吃了一斗米、十斤肉。又把赵王送的盔甲穿上，跳上马，来来回回地跑了几回，对唐玖说："你瞧我跟年轻的时候差不多吧？请在大王面前多替我说几句好话。就说我情愿把我晚年的精力全拿出来报效国家。"

唐玖回到邯郸，对赵悼襄王说："廉将军虽然年老，饭量可真好。可惜老年人得了肠胃病。跟我坐了一会儿工夫，倒拉了三回屎。"赵王叹口气，说："战场上哪能老忙着出恭呢？可惜廉将军老了！"廉颇再也得不着为国效劳的机会了。

廉颇回不了本国，郭开无拘无束地做他那卖国的勾当。他对尉缭派来的王敖说："我瞧赵国非常危险，魏国也保不住。先生是魏国人，我是赵国人，万一敝国和贵国都亡了，咱们上哪儿去呢？"王敖说："我已经有了着落了。要是大夫愿意的话，我能把您推荐给秦王。"郭开说："秦王能重用我吗？"王敖笑说："大夫还蒙在鼓里呢！秦王知道大夫能够管理赵国，才派我来跟您结交，要是赵国亡了，秦王还得请您管理赵国的事呢。"说着，他又拿出七千两黄金交给郭开，对他说："秦王托大夫拿这点礼物去结交贵国的大臣。"

王敖辞别了郭开，回去禀报秦王政，说："五万金子还富余四万。我拿一万金子结交了一个郭开，拿一个郭开就能够了结赵国！"秦王政就又催着桓齮进兵，赵悼襄王急得病死了。赵悼襄王的嫡长子是公子嘉。后来，赵王爱上了邯郸城里的一个妓女，跟她生个儿子——公子迁。他就废了公子嘉，立公子迁为太子，叫郭开做太子迁的师傅。如今赵悼襄王一死，郭开就奉太子迁即位，封给废太子嘉三百户，他自己当了相国。君臣俩非常投缘，常在一块饮酒作乐，反倒不把眼前的困难放在心上。公元前234年，桓齮把平阳打下来，赵国的大将扈辄和十几万人全都被杀了。桓齮乘胜一直打到了邯郸。

后人用"一斗米，十斤肉"比喻人虽然老了却还很有饭量，很能干。

一丘之貉

典出《汉书·杨恽传》。

> 恽曰："若秦时但任小臣，诛杀忠良，竟以灭之，令亲任大臣，即至今耳，古与今如一丘之貉。"

汉朝有一个名人叫杨恽，他的父亲是汉昭帝时的丞相杨敞，母亲则是大史学家司马迁的女儿。杨恽自幼便受到良好的教养，未成年时就成了当朝的名人。汉宣帝时大将霍光谋反，杨恽最先向宣帝报告，事后被封为平通侯。当时在朝廷中做郎官的人，贿赂之风极炽，有钱的人可用钱行贿，经常在外玩乐；无钱行贿的人，甚至一年中也没有一天休息。杨恽做中山郎后，便把这些弊病全部革除，满朝官员都称赞他的廉洁。但他因少年得志，又有功劳，便骄傲自满，结果与太仆戴长乐（长乐是宣帝旧友，最得信任）结怨。

有一次，杨恽听见匈奴降汉的人说匈奴的领袖单于被人杀了，杨恽便说：

"遇到这样一个不好的君王，他的大臣给他拟好治国的策略而不用，使自己白白送了命，就像秦朝时的君王一样，专门信任小人，杀害忠贞的大臣，结果国亡了。如果当年秦朝不如此，可能到现在国家还存在。从古到今的君王都是信任小人的，真像同一山丘出产的貉一样，毫无差别呀！"

后来的人用"一丘之貉"来比喻同类没有差别，像在同一个山丘里生长的貉一样，形体都是相同的。这个成语在应用时都是用来形容反面的事物，含有不屑一谈和讥诮的口吻。

衣食父母

典出《广笑府》。

优人扮一官到任，一百姓来告状，其官与吏大喜曰："好事来了！"连忙放下判笔，下厅深揖告状者。隶人曰："他是相公子民，有冤来告，望相公与他办理，如何这等敬他？"官曰："你不知道，来告状的，便是我的衣食父母，如何不敬他？"

后人用这则寓言说明官吏把告状的视为衣食父母，不是他认识到应该秉公执法，为民伸冤，而是把告状的看成是敲诈勒索的对象，任意向他们索取贿赂以满足自己奢侈腐化生活的需要。

用计而自杀

典出《龙门子凝道记》。

秦人有申生者，饥饿于燕，甑生尘矣。权贵人移粟，起之，且荐于上，以渐至于言官。权贵人势衰，申生辄背去，别附相国。相国恶权贵人欲劾之，申生久与之游甚习，遂历疏其阴事。疏已，往告权贵人曰："御史将不利于公，予虽同列，弗能独沮。即沮，不过以死争，于公亦无益尔。奈何？"权贵人曰："子幸告我，是弗后我昔日之心也。吾悉出七宝于庭，幸子略免之。"申生收以归。越四三日，复哭而往。权贵人问之，弗答，益加悯。权贵人大惊曰："将赤我族耶？"申生乃徐曰："公哲士，岂不自知？而必侯予言也。"申生盖利其货，欲劝自杀以灭祸。权贵人中其计，自经几绝，左右救之获免。明日文出，但黜还田里，无他异也。权贵人上马去，连呼申生之名者三。自是燕人无不秽申生之行。未几，其身见祥，官簿录其家。龙门子闻而叹曰："人心之险，有如是哉！大行之，巫峡之暴迅，殆康庄耳！人心之险，有如是哉！其初用计以杀人，卒乃自杀其身，是尚无天道哉？"

秦国有个名叫申生的人，在燕国贫困饥饿，家里锅灶都落满了灰尘。有一位权贵人施舍粮食，并把他推荐给皇上，从此境况好转，一直当上朝廷的谏官。后来，那位权贵人的势力衰微了，申生也就背叛离开，另去攀附当朝的宰相。宰相很憎恶那位权贵人，打算揭发他的罪状，而申生由于长久和权贵人在一起，很熟悉他的情况，便分条陈述了他的隐秘私事。陈述完毕之后，竟去告诉权贵人说："御史将要对你弹劾，我和他虽是同等官职，但我不能帮你了。"权贵人中了他的计，自己上吊差一点死去，幸亏左右侍从们把他救了下来。第二天政府的文告贴出来了，只不过是贬黜回乡而已，并没有其他的变故。

权贵人上马登程而去，连声高叫了三次申生的名字，表示愤慨，自那以后，燕国人没有一个不唾骂申生的污秽行为的。过了不久，申生就被杀掉了，官署公告没收了他的家产。

龙门子听说后，叹了一口气说："唉，人心的险恶呀，有这个样子的吗？太行山的高峻艰险，巫峡水的急骤迅猛，相形之下，也不过是广阔平坦的大道罢了！人心的险恶，有这个样子的吗？当初施展阴谋诡计杀人，最后却杀害了自身，这难道真的没有天理了吗？"

"是尚无天道哉！"是作者一句极为义愤的话，并不是迷信天道鬼神。人民的裁判、社会的公理，也就是"天道"的体现。像申生这种居心险恶、灭绝人性、见利忘义、看风使舵的家伙，一旦丑行毕露，就会民怨沸腾，他不会有什么好结果的。

当然，寓言中申生所陷害的对象，还只是个权贵人，充其量是狗咬狗的斗争，社会意义并不很大，这也是作品局限性之所在。如果对待广大被剥削、被压迫的劳动人民群众，忘掉了他们的救命之恩，狼子野心，以怨报德，并反过来坑陷他们，那就无可置疑必将遭致"自杀其身"的可耻下场。

欲加之罪，何患无辞

典出《左传·僖公十年》

春秋时期，晋献公在子女中偏爱小儿子奚齐。但是奚齐不通世事，晋献公很为他担心。晋献公病重以后，便找来大夫荀息，嘱咐道："奚齐年小幼稚，他给立为国君，他的兄长们肯定不服，你要替我好好保护他……"

荀息流泪答道："大王请放心，我愿竭尽全力地保护他。"

晋献公死后，奚齐继承君位。申生、重耳、夷吾这 3 个公子私下里常常发泄不满，刺客里克深知 3 个公子的心思，闯进宫去，把奚齐和另一个公子卓给杀了。荀息跪在奚齐的尸体前痛哭，大骂里克"决不会有好下场"，然后就拔剑自杀了。

后来，公子夷吾在争夺君位的斗争中，借助秦国、齐国的军事力量，排斥申生和重耳，当上了晋国国君，号称晋惠公。晋惠公觉得里克是个隐患，便派人把里克抓了起来，要杀掉他。在杀他之前，晋惠公派人去对里克说："没有你的支持，我今天做不上国君。但是你杀死了两位公子，逼死了一位大夫，也犯下了死罪。我作为国君，如果不杀了你，怎么能令天下人信服呢？"

里克说："不杀掉两位公子，你怎么能当上国君？如今你想除掉我，随便找个罪名加在我身上，还不容易吗？这就是'欲加之罪，何患无辞'啊！"说完，他就被砍下了脑袋。

患：忧愁、担心。辞：言辞，这里指借口。要想加罪于人，何愁没有借口。指随心所欲地诬陷人。

再作冯妇

典出《孟子·尽心章下》。

晋人有冯妇者，善搏虎，卒善士则。之野，见众逐虎，虎负隅，莫之敢撄。望见冯妇，趋而迎之。

晋国有个人姓冯名妇，原来是个打虎能手，后来不干这行了，他发誓说：

"今后死也不再和野兽打交道了。"一天他到野外溜达，见一群人正在追捕老虎，老虎跑到一座山下，背靠山角，与人们斗，没有人敢迫近它。打虎的人见冯妇来了，都十分热情地前去迎接他，希望他来帮忙。冯妇见此情景，就卷起衣袖参加打虎。冯妇威力不减当年，经过一场激烈的搏斗，老虎终于被冯妇打死了。为此，很多人都称赞他为人民除了一害，但那些作为士的人却讥笑他不遵守自己的誓言。

后人把这个故事概括为"冯妇再出"或"再作冯妇"，用来表示重操旧业，又干起过去干的行业来；也用来讽刺别人旧习难改，说话不算数。

真假汉鼎

典出《龙门子凝道记·司马微》。

洛阳布衣申屠敦。有汉鼎一，得于长安深川之下，云螭斜错，其文烂如也，西邻鲁生见而悦焉，呼金工象而铸之，淬以奇药，穴地藏之者三年，土与药交蚀，铜质已化，与敦所有者略类。一旦持献权贵人，贵人宝之，缲宾而玩这。敦偶在坐，心知为鲁生物也，乃曰："敦亦有鼎，其形酷肖是，第不知孰为真耳。"权贵人请观之，良久曰："非真也。"众宾次第咸曰："是诚非真也。"敦不平，辩数不已。众共折辱之。敦嗫不敢言。归而叹曰："吾今然后，知势这足以变易是非也！"

洛阳平民申屠敦有一尊汉鼎，出土于长安深川。汉鼎上云和螭交错的纹饰，鲜明清晰。他的西邻鲁生见到以后十分喜爱，唤来铜匠仿照着也铸了一尊，用一种特殊的药物浸染后，挖了个坑，埋入地下。3年后，由于药物和泥土的锈蚀，鼎表面的铜质起了变化，与申屠敦的那尊真汉鼎大致一样。

一天，鲁生将这个假汉鼎献给一位权贵。权贵如获至宝，便大宴宾客，让大家共同欣赏。当时，申屠敦恰好也在座。他心里知道是鲁生的那尊，就说："我也有一尊汉鼎，形状很像这个，但不知哪一尊是真的。"权贵立即请他搬来，左右端详了很久，开口道："不是真的！"众宾客也一个接一个地说："的确不是真的！"申屠敦心中不平，据理分辩，众人竟群起攻讦，冷嘲热讽，甚至羞辱，他便不敢再作声了。

回到家里，申屠敦叹息说："我今天才知道权势的威焰，可以颠倒是非，混淆真假啊！"

"真假汉鼎"的典故告诉人们，权势之所以能够颠倒黑白，混淆是非，是因为趋炎附势的人多啊。

郑袖不妒

典出《战国策·楚策》。

"魏王遗楚王美人，楚王悦之，夫人郑袖知王之悦新人也，甚爱新人。衣服玩好，择其所喜而为之；宫室卧具，择其所善而为之。爱之甚于王。王曰："妇人所以事夫者，色也；而妒者，其情也。今郑袖知寡人之悦新人也，其爱之甚于寡人；此孝子之所以事亲，忠臣之所以事君也。"郑袖知王以己为不妒也，因谓新人曰："王爱子美矣！虽然，恶子之鼻。子为见王，则必掩子鼻。"新人见王，因掩其鼻。王谓郑袖曰："夫新人见寡人，则掩其鼻何也？"郑袖曰："妾知也。"王曰："虽恶，必言之。"郑袖曰："其似恶闻君王之臭也。"王曰："悍哉！"令劓之，无使逆命。

魏王送给楚王一位美人，楚王十分惬意。

夫人郑袖看到楚王宠爱新人，于是也极力装出喜欢新人的样子。服饰玩物，新人爱好的，都给送去；宫室卧具，凡新人喜欢的，一概让出。真是体贴入微，关怀备至，疼爱之情胜过楚王。

楚王感叹道："女人之所以能够取悦于自己的丈夫，凭借的是她们的美色。而相互妒忌，则是她们的本性。如今郑袖知道我喜欢新人，其爱怜之心比我还深，这样的美德就如同孝子服侍双亲，忠臣侍奉君啊！"

郑袖知道楚王已不再怀疑自己妒忌了，便马上施展手段，借刀杀人。她对新人说："楚王很爱您的美貌，可是不太喜欢您的鼻子。今后你见楚王时，如能把鼻子掩住，你就会倍加得到君王的欢心。"新人依言而行，每次见了楚王都捂着鼻子。

楚王很纳闷，去问郑袖："新人最近见我，老是捂着鼻子，不知是什么缘故？"郑袖说："妾知道。"但又故作状态，欲言又止。楚王看她吞吞吐吐的样子愈加怀疑，催促说："即使是难听的话也没关系，你直接说吧！"郑袖这才说："好像是厌恶君王的臭味。"楚王气得七窍生烟，骂道："不识抬举的贱人！"随即下令把新人的鼻子割掉，不得违命。

后人用"郑袖不妒"的典故说明：阴险、狡诈的人干坏事，总是把自己的真情实意隐藏起来，装出另一副嘴脸，笼络人心，骗取信任，然后在背后搞阴谋，施诡计，借刀杀人。郑袖就是这种两面派的一个典型人物。

直走横行

典出《广笑府》。

新军到配所，管军官多方巧索，故意令其前呵。军从之，官骂曰："如此是我跟你矣！"复令后拥，军从之，又骂曰："如此是我为你引导矣！"新军受挫不知所处，跪而问曰："当如何行乃是？"官曰："你若送我些月钱，任你直走横行。"

后人用这则寓言说明贪官污吏敲诈勒索的方式是极多的，故意找茬儿给小鞋穿是其中的一种。新配军在前不是，在后不是，左右为难，只有送些月钱才能免去刁难。可叹，可叹！

交往篇

饱不忘饥

春秋时期，秦穆公立公子夷吾做了国君（就是晋惠公），不但没有获得丝毫好处，反而受了他的气。后来在夫人穆姬的劝解下，他才允许与夷吾讲和，夷吾还把公子圉送到秦国作抵押。秦穆公对待公子圉很厚道，还把自己的女儿怀嬴嫁给他。公元前638年，公子圉听说他父亲病危，生怕君位传给别人，就偷偷摸摸地跑了回去。第二年夷吾一死，公子圉做了国君，也不跟秦国往来。秦穆公很后悔当初失算，竟立了夷吾。现在夷吾死了，公子圉又是个寡恩负义的人；因此，他决心立公子重耳做国君，就把他从楚国接了来。

秦穆公和穆姬都很欣赏公子重耳的人品。他们要跟他结成亲戚，想把他们的女儿怀嬴改嫁给他。怀嬴说："我嫁了公子圉，还能再嫁给他的伯父吗？"穆姬说："有何不可！公子重耳是个贤人，要是咱们跟他结亲，对双方都有好处。"怀嬴默默思索了许久，终于点头答应了。秦穆公就叫公孙枝去说媒。赵衰、狐偃他们巴不得能够跟秦国交好，都力劝公子重耳答应这门亲事。结果，一大把年纪的重耳又做了新郎。

当大家正在高高兴兴吃喜酒的时候，狐毛、狐偃哭丧着脸来见重耳，要他去给他们报仇。原来公子圉即位后，就下了一道命令，说："凡是跟随重耳的人必须在三个月之内回国，改过自新。过了期限，全以死罪论处；父兄不叫他们回来的，也有死罪。"狐毛、狐偃的父亲狐突就是因为不肯叫他们回去，而被他杀害了。重耳把这件事告诉了秦穆公，秦穆公立刻决定发兵替女婿打进晋国去。刚巧晋国的大夫栾枝打发他儿子栾盾到秦国来。栾盾对公子重耳说："公子圉杀害忠良，虐待人民。朝廷上除了吕省、却芮以外，其余的大臣像韩简、却溱……和我们一家人，全都打算起事，只等公子一到，就做内应。"秦穆公于是调派大军，叫丕豹作先锋，亲自带领着百里奚、公子絷、公孙枝等护送公子重耳回晋国去。

公元前636年（周襄王十六年、秦穆公廿四年、楚成王三十六年），他们到了黄河，打算坐船过河。秦穆公分了一半兵马护送公子重耳过河，自己留下一半在黄河西岸作为接应。他对公子重耳说："公子回到晋国，可别忘了我们夫妇俩啊！"说着眼泪夺眶而出。重耳对他更是依依不舍。

临上船的时候，那个负责管理行李的壶叔，小心翼翼地把一切东西全搬到船上。他还忘不了从前饿肚子、煮野菜的情景，连吃剩的冷饭、咸菜，穿过的旧衣破鞋，都舍不得扔弃。重耳瞧在眼里，哈哈大笑，对他说："你也太小家子气啦！我马上就是国君，要什么有什么，这些破破烂烂的东西留着干嘛？"说着就叫手下的人把那些东西全丢到岸上去。狐偃目睹这一幕，就拿着秦穆公送给他的一块白玉，跪在重耳面前，说："如今公子过河，对岸就是晋国。内有大臣，外有秦国，我非常放心，所以想留在这儿，做您的外臣。奉上这块白玉，聊表我一点心意。"公子重耳愣了一下，说："我全靠你帮助，才有今天。咱们一起吃了十九年的苦，现在回去，有福同享，你怎么倒不去了呢？"狐偃说："从前公子在患难中，我多少有点儿用处。现在您回去做国君，自然另有一批新人供您使唤。我就好比旧衣、破鞋，还带去做什么呢？"重耳毕竟是聪明人，听了这话，满脸涨得通红，马上说："这都是我的不对！我可不是忘恩负义的人。我绝不会忘了你的功劳。我可以对天发誓！"说完，吩咐壶叔重新把破烂东西装上船，表明自己是个暖不忘寒，饱不忘饥的人。

他们渡过了黄河，接连攻取了几座城。公子絷劝吕省、却芮他们投降。吕省他们也自觉力量不够，就跟公子絷订立盟约，投降了。只有勃护卫着公子圉逃往别的国家去了。晋国的大臣们迎接了公子重耳，立他为国君，就是晋文公。晋文公43岁逃往狄国，55岁抵达齐国，61岁到了秦国，即位的时候已经62岁了。

后人用"饱不忘饥"比喻富贵时不忘贫困之交。

闭关却扫

典出《恨赋》。

> 至乃敬通见抵，罢归田里，闭关却扫，塞门不仕。

东汉初年，有一位辞赋家叫冯衍，字敬通，京兆杜陵（今陕西西安东南）人，曾从刘玄起兵。更始三年（公元25年），赤眉军攻入长安，刘玄投降，不久被绞死。刘玄死后，汉光武帝刘秀招降冯衍等人，并任命冯衍为曲阳县令。冯衍虽然很有才华，在任曲阳令时也立过功，但由于刘秀的一些大臣毁谤他，所以迟

迟得不到升赏。

后来，冯衍升为司隶从事，但又因交通外戚被罢免。免官后，他回到故乡京兆杜陵，过着穷困潦倒的生活。由于社会炎凉，人生坎坷，仕途险恶，冯衍回乡后，闭门自保，不敢再和亲戚朋友来往，最后潦倒而死。

南北朝时梁文学家江淹对冯衍等人的遭遇十分同情，他写了一篇《恨赋》来抒发自己的同情之心。赋中写到冯衍回乡后"闭关却扫，塞门不仕"，意思是说，闭上大门，扫除车迹，不与外界来往。

后人用"闭关却扫"来表示不与外界来往。

伯牙鼓琴

典出《吕氏春秋》。

伯牙鼓琴，钟子期听之。方鼓琴而志在泰山，钟子期曰："善哉乎鼓琴，巍巍乎若泰山。"少选之间，而志在流水，钟子期又曰："善哉乎鼓琴，汤汤乎若流水。"钟子期死，伯牙破琴，终身不复鼓琴，以为世无足复为鼓琴者。

春秋时有个叫伯牙的人极擅长弹琴，是天下闻名的高手。

伯牙善于弹琴，而他的朋友钟子期则善于听琴。一次，伯牙弹起一支曲子，意在吟咏高山。钟子期听其声抑扬铿锵、刚劲有力，就说："好啊！这一曲气势雄壮，就像泰山一样巍峨峻拔。"伯牙又弹起另一支曲子，意在吟咏流水。钟子期听其声舒缓自如、流畅明快，就赞叹道："妙呵！这一曲浩浩荡荡，就像江河水奔流不息！"

一天，伯牙与钟子期到泰山之北游玩，遇上了一场暴雨，他们只好到山岩下面避雨。伯牙取得琴来弹奏。开始时，弹的是山风阵阵，大雨淋淋；然后表现风声更紧，暴雨如注；最后弹出山崩石裂，惊天动地……每奏一曲，钟子期便用准确的语言将乐曲的意境描绘出来。以致伯牙也十分感叹："你对琴声的理解力实在太奇妙了！对曲子的描绘都与我心中所想的一模一样。我无论有什么心思都逃不过你的耳朵。你真是一个难得的知音呵！"

后来，钟子期死了，伯牙拉断了琴弦，摔碎了琴。他说："知音都没有了，我还弹什么琴呢？"于是终生不再弹琴。

后人用"伯牙鼓琴"或"高山流水"的典故形容琴曲高妙；或指朋友间心意相通。又用"知音"的典故比喻知己朋友。

驳逐客令

典出《史记·秦始皇本纪》。

> 长信侯作乱而觉……王知之，令相国、昌平君、昌文君发卒攻。……尽得等。卫尉竭、内史肆、佐弋竭、中大夫令齐等二十人皆枭首，车裂以徇，灭其宗。及其舍人，轻者为鬼薪。及夺爵迁蜀四千余家，家房陵。……十年，相国吕不韦免。……大索，逐客。李斯上书说，乃止逐客令。
>
> 李斯因说秦王，请先取韩以恐他国，于是使斯下韩。韩王患之，与韩非谋弱秦。

春秋时候，吕不韦为了一个落难的王孙异人，真是倾家荡产，费尽心机，给他争到了太子的地位，又给他娶了赵姬，生了秦王政。赵姬本来是吕不韦介绍给异人的，如今当上了太后，当然也是吕不韦的一党。他的权势可想而知了。秦王政是中国历史上真正了不起的人物。他的聪明、智慧、见解和魄力都很突出。但年轻时候，一切事情全由吕不韦和太后做主。

一到22岁上，他就要执掌大权，自己做主，反倒觉得吕不韦是碍手碍脚的人了。

公元前238年（秦王政九年），太后赵姬跟长信反，附和他们的人也不少。

秦王政剿灭了这群乱党，杀了嫪毐，又把他私通太后所生的两个小孩子也全杀了。案子重的抄灭了20多家，比较轻一点的四千多家都被迁到巴蜀去了。

又过了一年，秦王政觉得自己已经有了实力，而且眼看着吕不韦的主张和做法跟他不对头，就拿出主子的手段来，要把吕不韦也拿来治罪。吕不韦也像孟尝君、信陵君、平原君、春申君一样，养了三千多门客，其中有学问的人也不少。吕不韦叫几个能够编书的人，根据他的意见，写了一部书，叫《吕氏春秋》，大约有二十多万字。这部洋洋大篇的著作是在秦王政八年的时候才写成功。吕不韦看了很满意，把整部书在咸阳市城门公布，还出了一个赏格：有谁能够在这部书上增加一个字或删去一个字的，赏一千金。一来，那部书在当时也实在写得不坏；二来，谁那么大胆敢修改文信侯的文章？可是秦王政就不能同意《吕氏春秋》所提出的主张。什么"天下不是一个人的天下，天下是天下人的天下"。这种话是跟秦国100多年来所奉行的商鞅的主张大不相同，不合秦王政的口味。秦政不能同意吕不韦的主张和做法，就借着之前的造反案件，旧事重提，说吕不韦与叛变有牵连。

没想到朝廷上的大臣多半都跟吕不韦有交情。大伙儿禀告说："文信侯辅助先王，立过大功；再说他对于叛变的事也许有点嫌疑，可是没有真凭实据，哪能就办他呢。"

秦王政碰了个钉子，可是他决不后退，也不跟钉子硬碰，他会绕着弯儿走。他听了大臣们的话，把吕不韦放了，但收回了相印，叫他回到本国去。

各国诸侯一听到文信侯离开了咸阳，都打发使臣去请他当相国。秦王政怕他到了别国对秦国不利，就写了一封信给他。那信上说："太后的叛变跟你有关。我不忍治罪，让你回国，原本是宽大为怀，给你一个悔过的机会。你反倒跟各国诸侯的使臣来往，你哪对得起我的一番好意呢？请你带着家眷搬到巴蜀去吧。我划给你一座城，给你养老。"吕不韦知道秦王政决不能把他放过去。要真是信了让他养老的话，那未免太天真了。再活下去只有多受罪，他就喝毒酒自杀了。

秦王政杀了吕不韦，把他的门客都轰走了。他疑惑着："别国的人为什么跑到秦国来做官呢？"一个人不能爱护本乡本土，还能爱护秦国吗？再说，秦国的事，他可以叫秦国人来办；秦国的朝政应当由他自己来管。他越想越有道理，就下了一道命令："凡是别国来的客人不许住在咸阳。凡是在秦国做官的别国的人，一概免职，三天之内离开秦国。谁要收留别国的人一概治罪。"

这道"逐客令"一出来，所有别国的人都给轰出去，这其中就包括楚国人李斯。他本来是儒家的大师荀卿的弟子，一向在吕不韦的门下，吕不韦把他推荐给秦王政，秦王政曾经拜他为客卿。这回李斯被轰出咸阳城外，非常懊恼。一路上他还想着办法。如果因为他是吕不韦一派的人而给秦王轰出去，那他以后不提吕不韦也行啊。只要秦王能够用他，别说是吕不韦，就是他老师荀卿的主张，他也能扔了。左思右想，他决定再撞一回大运。就写了一个奏章，叫秦国人去送给秦王政。秦王政拿过来一瞧，上头写着：

从前穆公搜罗人才，在西边得到了由馀，在东边得到了百里奚，从宋国迎接了蹇叔，从晋国迎接了丕豹和公孙枝。由馀、百里奚、蹇叔、丕豹、公孙枝都不是秦国人，可是穆公用了他们，收服了20个小国，当了西方的霸主。孝公用了魏国人公孙鞅，改革制度，移风易俗，人民增加了生产，国家因此富强。惠王用了张仪，征服了三川、巴蜀、上郡、汉中、郢都这些地方，扩张了好几千里的土地，粉碎了六国合纵的计策。昭王用了范雎，废了穰侯，轰走了华阳，加强了国家的势力，实行远交近攻的计策，一步步地扩大了地盘。这都说明穆公、孝公、惠王、昭王都是借着外来的人，做了大事。要是这四位君王不搜罗人才，不重用外来的人，秦国哪能像今天这样富强？这么看来，外来的人并没有对不起秦国的地方，凭什么要轰走外来的人？再瞧大王所喜爱的东西吧：昆山的白玉、随县的明珠、吴国的宝剑、北狄的快马、江南的金银、西蜀的丹青、齐国的绸缎、郑国、卫国的音乐——这些大王所喜爱的东西，没有一件是秦国出产的！如果不是本国的人不用，不是土产的东西不要，那么，孔雀毛编成的旗子就不能用；鳄鱼皮蒙成的鼓就不能打；宫女们的玉簪、珠圈、绣花的衣裳、五彩的飘带，都得扔了；王宫里精美的象牙装饰品都应当改为粗糙的木器；音乐队里的丝弦乐器都得废除，一概改成秦国的瓦盆。可是大王不光是喜爱这些好看的装饰、好听的音乐，并且还把赵国的舞女、郑国和卫国的美女都收在后宫里。这是为什么呢？还不是为了享福作乐吗？凡是能够享福作乐的东西，就是别国的也要，并且比起本国的还加倍地爱；一提起人才来，就不分是非曲直，凡不是秦国的就轰出去。这么说来，大王单单看重音乐、珠子、玉器、美人，反倒看轻了有关国家兴亡的人才了！我听说土地广的粮食多，国家大的人口多，军队强的勇士多。泰山不把泥土扔了，所以能够堆得那么高；大海容纳了小河流，所以能够变得那么深；王者不拒绝众百姓，所以能够发扬他的德行。如今大王轰走外来的人，天下的英雄豪杰只好跑到别的国家去了。大王轰走别国的人就是给敌国增加了力量。将来秦国的危险跟祸患那还用说吗？

秦王政一边念着，一边不断地点头。他立刻收回逐客令，派人叫回李斯，把他官复原职。

后人用"驳逐客令"比喻用花言巧语说服别人，使自己留下来。

卜昼卜夜

典出《左传·庄公二十二年》。

> 臣卜其昼，未卜其夜，不敢。

春秋时候，有一年陈国的国君杀死了太子御冠，陈国的公子敬仲逃亡到齐国。齐桓公对敬仲很恭敬，想拜他为齐国的卿士。可是敬仲婉言辞谢道："我是逃奔而来的客人，如果得到您的宽恕，在您宽厚的政治庇护下，得以免除罪过，

这便是君王的恩惠，我已经感到满足了，怎么还敢接受卿士这样高贵的官位呢？如果我不知满足而应允下来，很快就会招来官员们的谴责，所以请您免了吧！"

齐桓公不勉强他，改让他担任工正的职务，负责管理各种工匠。敬仲工作很是尽责。

齐桓公与敬仲经常在一块饮酒闲聊。有一天，敬仲请齐桓公到家喝酒，两人越喝越高兴，一直喝到天黑。齐桓公觉得还没尽兴，便吩咐仆人说："把蜡烛点上，再喝几杯！"

敬仲是很懂得礼仪的，他觉得再喝下去是不合礼仪的，便委婉地说："我只知道白天招待君王，不知道晚上陪饮呀！实在不敢再留您喝下去啦！"齐桓公只得告辞而去。

后人把敬仲的话引申出"卜昼卜夜"这一成语，指昼夜相继。

不打不相识

典出《水浒传》第三十八回。

> 戴宗道："你两个今番却做个至交的兄弟，常言道：不打不相识。"

宋江、戴宗、李逵三人在江州浔阳楼上喝酒，宋江想喝鲜鱼汤。李逵跳起来说："我去讨两尾活鱼来给哥哥吃，船上打鱼的不敢不给我。"走到江边看时，约有八九十只船都系在绿杨树下。李逵喝了一声："船上活鱼拿两尾给我。"渔人应道："我们等不见渔牙主人来，不敢开舱。"李逵便跳上一只船去，把竹笆篱一拔，伸手去船板底下摸时，哪里有一条鱼。原来船尾开半截大孔放江水出入，养着活鱼，却把竹笆篱拦住，李逵一拔把鱼都放走了。那七八十渔人都奔上船，拿竹篙来打李逵。李逵大怒，两只手一架，早抢了五六条在手，一似扭葱般都扭断了。正热闹时，只见一个人从小路走来，赶上去大喝道："你这厮要打谁？"李逵也不回答，抢过竹篙便打。那人抢上来夺了竹篙，李逵便一把揪住那人头发，直把那人头按下去，提起铁锤般拳头，去那人脊梁上擂鼓也似打，那人哪里还能挣扎？幸亏宋江来劈腰抱住李逵，戴宗喝道："使不得！"那人一道烟走了。

宋江、戴宗正埋怨李逵时，只听背后有人骂道："黑杀才，今番来和你见个输赢！"回头看见那人撑着只渔船只是骂。李逵大怒，吼了一声跳到船上，说时迟，那时快，那人把竹篙往岸边一点，双足一蹬，船便箭也似的投江心去了，那人口里说道:"且不和你厮打,先教你吃些水。"两只脚一晃,船底朝天,两个好汉都撞下江去。只见那人把李逵提将起来,又淹将下去,何止淹了数十遭。戴宗问众人:"这大汉是谁?"众人道:"便是本地渔牙主人,浪里白跳张顺。"戴宗便叫道:"张二哥不要动手,这大汉是俺们兄弟,上岸来说话。"张顺认得戴宗,便放了李逵抓上岸来。戴宗指着李逵问张顺道:"你认得他吗?"张顺道:"小人如何不认得李大哥?只是不曾交手。"李逵道:"你也淹得我够了。"张顺道:"你也打得我好了!"戴宗道:"你俩今天做个至交的弟兄。常言说得好:'不打不成相识。'"

后人用"不打不成相识"比喻不经过冲突,相互了解不深。

不知其人,视其友

典出《荀子·性恶》。

> 传曰:"不知其子视其友,不知其君视其左右。"靡而已矣,靡而已矣。

冯唐很老了,还只当个中郎署长。一天,汉文帝偶然坐车经过该署,见到冯唐,问起才知冯唐是赵地的人。汉文帝非常钦佩原赵国大将李齐、李牧、廉颇,说:"如果现在有这样的大将,我还用担忧匈奴的入侵吗?"冯唐说:"以我看,您就是有廉颇、李牧也不能用啊!"汉文帝大怒,站起来就走。过了一会儿,又把冯唐找去说:"你为什么当众侮辱我?就算我有错,你不会私下避开人向我说吗?"冯唐说:"请您原谅,我不学无术,一点也不懂忌讳。"文帝问:"你怎么知道我即使有李牧等贤将也不能用呢?"冯唐说:"过去李牧守边防,所有收入都拿来治军、赏军人,一切处分,国王从不干扰他,所以李牧才能不受牵制,北逐匈奴,破东胡,灭澹林;西抗强秦;南逐韩、魏;使赵国十分强大。现在云中太守魏尚,他也把一切收入用以治军,军队士气强盛,匈奴不敢走近云中郡。曾经有一次和匈奴作战,杀伤敌人甚多,只因为报功时把杀死的敌人数报错了6个,您便削了他官职,让他坐牢,又处分他服劳役1年。我以为您的做法过严,赏太轻,罚太重,一个魏尚都不能用。所以我说:"您即使有李牧也不能用啊!"汉文帝听了,当天就派冯唐带命令去赦免魏尚,并恢复他云中太守官职。升冯唐为车骑都尉。

司马迁说："谚云：'不知其人，视其友'，冯唐能够称颂魏尚，真是不偏不党的君子啊！"

"不知其人，视其友"是说如果不知道某个人的品质如何，只要看看他所交的朋友是怎样的人就行了。

不自食其言

典出《龙门子凝道记》。

昔吴起出遇故人，而止之食。故人曰："诺。"起曰："待公而食。"故人至暮不来，起不食待之。明日早，令人求故人，故人来，方与之食。起之不食以俟者，恐其自食其言也。其为信若此，宜其能服三军欤？欲服三军，非信不可也！

从前，吴起出门遇见了老朋友，便留他吃饭。老朋友答应说："好吧！"吴起说："我等着你一起来吃。"

老朋友到晚上还没有来，吴起便不吃饭等候他。到了第二天早晨，派人去找老朋友，老朋友来了，才和他一起吃饭。

吴起不吃饭等待老朋友这件事，是他怕自己说了话不当话呀。他守信用到这般程度，所以他才能够统率三军的吧？因为要三军服从他，非有信用不可！

后人用这则寓言说明言必信，行必果，不仅是兵家将领必备的治军条件，同时也是常人待人接物的高尚品德。取信于民，言出法随，更是一切政治家获得民心的保证。对人对事，不食其言，看来是件小事，但它的影响却是难以估量的。

曹邱之责

典出《史记·季布传》。

战国时，楚国人曹邱生是一个很会说话的辩士，专门喜欢结交当时的权贵，他平时和窦长君要好。季布是当时很有名誉的人，知道曹邱生和窦长君很要好，恐怕窦长君上他的当，特地写了一封信给他，告诉他说曹邱生不是一个好人，叫窦长君疏远他。

曹邱生回到窦长君那里，请他写一封介绍信给季布。窦长君因季布不喜欢曹邱生，所以不肯写，后来经他再三要求，才勉强为他写了。曹邱生拿了那封介绍信去见季布，季布听曹邱生要来见他，起初心里很不乐意。后来曹邱生到了，见着季布，作了一个揖说："我们楚国有人说：'得了黄金百斤，不如得了季布一诺。'你怎么有这样好的名誉，传遍于梁、楚呢？完全是我平时替你宣扬的呀！我们是同乡，我替你宣扬，你为什么反要拒绝我呢？"季布听了他的话，欢喜得不得了，把他当上宾看待，送了很多东西给他，因此，他的名声越发大了。

后来人们把"曹邱之责"作为引荐的代称。

陈雷胶漆

典出《后汉书·独行列传》。

> 太守张云举重孝廉，重以让义，前后十余通记，云不听。……重后与义俱拜尚书郎，义代同时人受罪，以此黜退，重见义去，亦以病免。

东汉时，有一个人叫陈重，是豫章宜春人。他有一个好朋友叫雷义。两人少年时代同在一起读书学习，每天形影不离。

二人长大后，太守知道陈重有才德，便将他举为孝廉。但是，陈重觉得雷义的品行比他更高，应当是雷义做孝廉。于是，他写信给太守，请求把孝廉让给雷义。

太守不同意，陈重前后写了十几封书信去，态度很坚决。最后，太守也感动了，就在第二年将雷义也举为孝廉，让他们俩一同在郎署为官。

后来，官府又将雷义推举为茂才。这一次是雷义认为品德不如陈重，心中惭愧。

于是，雷义向刺史建议，把茂才让给陈重。然而刺史不按他的主意做。雷义十分为难，去，对不起朋友；不去，对不起刺史。无奈，他就假装得了疯病。为了装得逼真，让刺史相信，他成天披头散发，满街乱走。这样一来，刺史只好取消了对他的荐举。

陈重和雷义的故事，在当地广为流传。人们对他俩的友谊十分赞赏，说"胶与漆黏在一起，可谓非常牢固，但是，仍然比不上陈雷二人的友情。"

后人用"陈雷胶漆"的典故形容友谊真挚牢固。

成也萧何，败也萧何

典出司马迁《史记·淮阴侯列传》。

韩信是汉初的名将，发现韩信具有将才的是萧何。

韩信原来在项羽手下当一名侍卫官，不受重用，便投奔刘邦。开始刘邦只派他做一名管军粮的小吏。可是萧何偶然与他谈了一次话，发现韩信才能出众，胸怀韬略，是难得的人才，便想举荐他。可是，韩信见刘邦长期不理睬他，感到失望，就逃走了。萧何发现韩信走了，连夜追赶，总算把韩信追了回来。

刘邦对萧何的行为不理解，问："逃跑的将士有几十个，你不去追，为什么就追韩信一人？"

萧何向刘邦解释："逃走几个将领没什么要紧，还可以招来。可是韩信是天下无双的将才，你想将来与项羽争夺天下，非此人不可呀！我劝你快下决心任用韩信吧！"

"好吧，我叫他做将军！"刘邦听信了萧何的话。

可萧何却不满意，说："做将军？不行，不行，这样留不住他，大材小用啊！"

"那就任命他为大将军，怎样？"刘邦说，"派人把韩信叫来吧！"

"不行，不行，"萧何焦急地说，"你总是那样轻慢无礼，封大将军怎么能像招呼小孩子那样呢？你要选择一个吉利日子，带上礼物，举行盛典，郑重其事地任命人家为大将军，韩信才会心悦诚服，全军将士也会服从！"

韩信后来为刘邦出谋划策，率兵征战，屡建奇功，使刘邦统一天下，建立了汉朝。

刘邦做了皇帝以后，对韩信很不放心，担心他会谋取自己的皇位，就借故解除了他的兵权。韩信也觉得自己受人怀疑不受信任，不如反叛。韩信和陈豨秘密结为同盟，相约起事。韩信的密谋让吕后知道了。吕后找萧何商量，萧何想出一条计策，叫人去通知韩信，说有人刚从刘邦那里来，报告陈豨已被诛灭，朝廷要庆贺一下，请韩信务必到场。

韩信没有料到这是一个骗局，他刚入宫，就被武士捆绑住，拉进长乐宫的钟室，将他斩首了。

因为韩信能为汉朝建立功勋，是与萧何的举荐分不开的；韩信最后失败被杀，又是与萧何分不开的。所以人们说韩信"成也萧何，败也萧何"，指帮助他的和败坏他的是同一个人。

臭味相投

典出《吕氏春秋·孝行览·遇合》。

　　人有大臭者，其亲戚、兄弟、妻妾、知识无能与居者，自苦而居海上。海上人有说其臭者，昼夜随之而弗能去。

有一个浑身恶臭的人，他的父母、兄弟、妻妾、朋友没有一个能和他住在一块的，他自己感到苦恼而住到海上去了。可是海上却有喜爱他的臭气的人，日夜跟着他而离不开。

后人用"臭味相投"比喻物以类聚，人以群分。思想道德行为腐朽不堪、为社会所不齿的人，偏偏也会有欣赏他、追逐他的，这就叫臭味相投。

倒屣相迎

典出《三国志·魏志·王卫二刘傅传》。

　　时邕才学显著，贵重朝廷，常车骑填巷，宾客盈坐。闻粲在门，倒屣迎之。粲至，年既幼弱，容状短小，一坐皆惊。

汉献帝的时候，朝廷上有个叫蔡邕的人，当着左中郎将的大官。蔡邕是当时很有学识的人，很受皇帝的器重。他家里的客人很多，常常是宾客盈门，来往的车马挤满了街巷。一天，家人来报告蔡邕说，门前来了一位叫王粲的客人。蔡邕一听到王粲的名字，立刻丢下屋里的客人，慌忙跑出去迎接，急得他竟把鞋子穿倒了。

一会儿工夫，蔡邕将王粲请进客厅。客人们一见这位来客，不禁惊呆了。原来王粲是一个少年，身材又瘦又小，大家奇怪蔡邕做着这么大的官，对于一个孩子怎么还要亲自去迎接呢？

蔡邕看到大家的惊愕神色，赶忙介绍说："这位是王粲，才能出众，我不如

他呀！我家里的全部书籍和文章，都应该赠送给他。"

王粲果真是智力超群，有一次他与朋友同行，见路旁有座石碑。朋友问他："您能够把石碑上的碑文背诵下来吗？"王粲笑着说："能！"于是他从头背到尾，一字不差，那位朋友非常惊讶。

有一天，王粲看人下棋。忽然棋盘上的棋子被人碰乱了，无法再下。王粲伸手将棋子摆好，与散乱之前一模一样，周围看棋的人都被王粲的记忆力惊呆了。下棋的一个人以为这是王粲偶然碰上了，不相信是他真的记住了棋局，于是便把棋盘盖起来，让王粲另外摆一局。结果两局棋子完全相同，大家无不信服。

王粲的文章也写得好，他曾经写下 60 多篇诗歌、辞赋。后来他做了魏国的侍中，死的时候才 41 岁。

"倒屣相迎"是倒穿着鞋迎客人，形容迎客的急迫，或形容对来客的热情欢迎。有时也用来比喻对客人的尊贵。

东道主人

典出《左传·僖公三十年》。

　　若舍郑以为东道主，行李之往来，共其乏困，君亦无所害。

春秋时代，晋国公子重耳，逃亡到郑国的时候，郑国曾把城门关起来，不让他进去。后来重耳回国做了国君，总也忘不掉这件事情，时刻想要报仇，就约会秦国出兵攻打郑国。郑文公很害怕，派烛之武去劝说秦穆公退兵。秦国将士不准他进去，他止不住在城外放声大哭起来。兵士们把他抓到秦穆公面前，问他为什么哭，他说："我为郑国哭也为秦哭。郑国在晋国的东边，秦国在郑国的西边，郑国一亡，晋国更强，秦国就显得弱了。帮人家攻打别国的土地，反而削弱自己国家的力量，聪明人是不会做的。"

秦穆公听了，吃惊起来，连声说道："对，很对！"

烛之武又说："要是秦国现在肯撤兵解围，郑国就脱离楚国，像臣子一样服侍秦国，如果让郑国作为秦国东边道上的主人，那么，也可以供应秦国人在旅行来往中所缺乏的东西，对你毫无害处呀！"穆公听到这里，十分高兴，便同郑国订盟，派将军杞子、逢孙、扬孙三人去郑国驻防，自己带着大军秘密回国。晋国见秦国背盟，不得不撤兵，郑国之围遂解。

后来，人们根据"若舍郑为东道主"，就把"东"作为主方，"西"作为客方。因而住屋的屋主叫"房东"；人们出钱请客，称主人为"东道主人"，或叫"东道主"、"东道"。

东家之丘

典出《三国志·魏志·邴原传》。

崧曰："郑君学览古今，博闻强识，钩深致远，诚学者之师模也。君乃舍之，蹑屣千里，所谓以郑为东家丘者也。君是不知而曰然者，何？"

另据《孔子家语》。

孔子的西邻不知孔拓为何人，只有人问及孔子的，他都称呼孔子为"东家之丘"。

东汉时候，有一位很著名的学者，名字叫邴原，当时跟他学习的弟子有几百人。邴原不做官，不攀高结贵，以学识和品格著称于世，很受人们的仰慕。

邴原少年时代很苦，11岁时死了父亲。家里一贫如洗，他又是孤儿，生活十分艰难。邴家的邻居是一位教书先生，一天邴原边哭边走过他的家门。先生见邴原哭得很伤心，便问："你为啥哭呀，快告诉我！"

"我看别的孩子跟你读书真羡慕，可我没有父兄，拿不起学费，不能跟你读书，所以很伤心……"

先生被他的求学精神感动了，便安慰他说：

"只要你有志气，肯下功夫学，我不收你的钱，明天就过来读书吧！"

邴原学习很用心，一冬之间就背诵完了《孝经》《论语》，先生很喜欢他。

几年之后，邴原想离开家乡到外地投拜名师。他积攒了一点旅费，背上书袋，投到安丘县的孙崧门下，孙崧推辞说：

"邴原啊，不是我不收你，我实在是不合适呀，你的家乡就有一位著名的大学者郑玄，他住在高密县，和你家同属青州。郑玄纵览古今，博闻强识，是当今学子的楷模。你却舍弃他而跋涉千里跑到这来，岂不是像从前孔子的邻居，不晓得他的名气，只认识他是东家的那个'丘'吗？如今你不也是把郑玄看作是'东家之丘'了吗？"

邴原辩解说："先生之言实是苦口的良药，但您没有理解我的心意。人各有志，所追求的不一样。所以才有登山采玉的，有入海采珠的。能说登山的人不知道海的深浅，入海的人不知道山的高矮吗？先生说我将郑玄看成了东家之丘，那一定以为我是西家的愚夫啦？"

"不，不，"孙崧连忙解释，"你们那里的人许多都是我认识的，不过没有像你这样的求学者。你有很高的志趣，我不如你呀，我送你一些书，另请高明吧！"

邴原只好收下赠书，告辞孙崧，另外求学去了。

后来人们就用"东家之丘"比喻不认识近在身边的知名人物。

飞熊入梦

典出《六韬·文师》。

商朝末年的周文王姬昌，手下虽然有不少贤人，但还缺少一个能文能武、极有才干的人作为辅佐。因此，他渴望找到这样一个人才。

当时，有个能人，名姜尚，号飞熊，文武双全。他虽已 70 岁，但还想建立功业。他知道周文王为人贤明，就经常去渭水河边钓鱼，希望有朝一日在那里遇上周文王，为文王所用。

一天晚上，周文王做了一个梦，梦见一只生有双翅的熊飞进自己的怀中。第二天，周文王叫太史编占卜，太史编占卜以后，就把占卜结果编成歌词，唱给周文王听：

> 快快上渭水北岸打猎，
> 一定有个大大的收获。
> 不是螭（传说中一种像龙的动物），
> 也不是龙；
> 不是虎，
> 也不是罴（熊的一种）。
> 得到个能人是公侯，
> 他是老天爷赏你的大帮手。

周文王高兴极了，就带领人马，到渭水北岸去打猎，果然在那里遇到了姜尚。周文王发现他学问渊博，见识超群，又得知他号飞熊，正是自己一直要寻访的人才。于是，周文王就拜姜尚为太师。

后人称姜尚为姜太公。周文王死后，姜尚又辅佐他的儿子周武王，终于灭了商朝。

"飞熊入梦"指梦见长着翅膀的熊。后用来比喻帝王将得到贤臣辅佐的征兆。

风雨同舟

典出《孙子·九地篇》。

> 当其同舟而济，遇风，其相救也如左右手。

孙武，是春秋时期的一位军事家，字长卿，著有《孙子兵法》十三篇，《九地篇》是孙子兵法下卷的第二篇，主要论述在九种不同地区如何用兵。孙武认为，战争不外乎在散地、轻地、争地、交地、衢地、重地、圮地、围地、死地这九地进行。他从客观实际出发，既抓住地区的地理条件，又考虑了士兵的作战条件，主张在不同地区采取不同的用兵措施，适宜地利用地形，发挥士兵的战斗力。

孙武说：善于用兵的人，就像率然那样。"率然"是恒山（有些本子作"常山"，此据山东临沂出土的汉简）地方的一种蛇。这种蛇，打它的头部，尾部就来救应，打它的尾部，头部就来救应，打它的中段，头尾部都来救应。那么，用兵能像率然那样吗？回答是肯定的。吴国人和赵国人本来是仇敌，但是当他们同乘一条船渡河，遇上大风浪的时候，就像一个人的左右手那样互相救援……所以，善用兵的人，能使大军手拉手地像一个人一样，这是因为形势所迫，使全军不得不如此。

后人用"风雨同舟"这个典故比喻共同经历苦难。

感戴二天

典出《后汉书·苏章传》。

　　顺帝时，迁冀州刺史。故人为清河太守，章行奸。乃请太守，为设酒肴，陈平生之好甚欢。太守喜曰："人皆有一天，我独有二天。"章曰："今夕苏孺文与故人饮者，私恩也；明日冀州刺史案事者，公法也。"遂举正其罪。州境知章无私，望风畏肃。

　　汉代有一位叫苏章的人，他的官职做到冀州刺史。苏章有一个旧朋友，是清河郡太守，清河郡又正好是冀州的属郡。苏章有一次出外视察，到了清河郡，查到他的老友竟然犯有贪污枉法的罪行，证据确凿。那郡守因缘着私人的友谊关系，大排筵席，准备好好地请苏章一下，苏章也欣然去赴会。郡守在热烈酬谢之余，满以为在这官官相护之下，经过杯酒言欢，天大的事都可以消释于无形。他一面怀着感恩戴德的心情，一面带着傲视旁人的神态，恭维苏章说："人人都只有一个天，我却有两个天。"他的意思以为他自己犯了严重的贪污案，本该处死的，只凭着老友的宽恕、包庇，便等同另有一个天把他重新诞生出来。怎奈苏章又温和，又严厉，公私分明地回答他道："今天喝酒，是为着私人的友谊；明天办案，是遵照国家的法令。"结果终把这个贪官治罪正法，冀州官吏的风纪一时廉洁起来。

　　现在，我们常常把从危险中、艰难中、疾病中挽救人的人，称颂为"感戴二天"，和"恩同再生"有同样的意思。

高朋满座

典出《滕王阁序》。

　　十旬休暇，胜友如云；千里逢迎，高朋满座。

　　唐初，有个有名的诗人叫王勃，他6岁时就会作文章，辞藻美丽，后来成为初唐四杰之一。王勃的父亲福畸，因事被贬在交趾做官，王勃想念父亲，打算去看望他。

途中，王勃路过江西南昌，去拜会南昌的都督阎伯屿。刚好这天阎伯屿在滕王阁大宴宾客，王勃因此也参加了宴会。阎伯屿有个外甥，也有点才学，想借机让他出出风头，叫他把当日聚会的情形作一篇文章。事前，阎都督先客气了一番，请来宾们执笔。王勃不明白阎都督的意思，自恃才高，毫不客气地作了一篇，作成以后，所有宾客都很佩服，惊异他的天才。在这篇序里，有两句说："千里逢迎，高朋满座"。

后人根据王勃的话，用"高朋满座"来形容尊贵的客人很多，也泛指客人很多。

割席绝交

典出《世说新语·德行》。

　　管宁、华歆共园中锄菜，见地有片金，管挥锄与瓦石不异，华捉而掷去之。又尝同席读书，有乘轩冕过门者，宁读书如故，歆废书出看。宁割席分坐，曰："子非吾友也。"

东汉灵帝时有三个读书人，一个叫华歆，一个叫邴原，一个叫管宁，他们同在一个地方读书，又很要好。当时的人说他们三个人好比是一条龙：华歆是龙头，管宁是龙肚，邴原是龙尾。

有一次，管宁和华歆一起在菜圃里锄草，忽然发现一块金子。当时管宁仍然挥动锄头，他把金子看得和地上的砖瓦一样；而华歆就不禁动心了，立即拾起金子，放在一边。又有一次，管宁和华歆正一同坐在席子上读书，忽然有坐着轿子的官员从门前过去。管宁仍然照常读书，华歆却忍不住放下书本跑出去观看。管宁看他这样不专心读书，又羡慕做官的人，加之上次发现他见金子动心的事，于是马上坚决地割断坐着的席子，分开坐位，对华歆说："你不是我的朋友。"

后来的人，凡遇朋友之间因为意气不投，而感情破裂，断绝往来，称为"割席绝交"。

刮目相看

典出《三国志·吴志·吕蒙传》裴松之注引《江表传》。

初，权谓蒙及蒋钦曰："卿今并当涂掌事，宜学问以自开益。"……蒙始就学，笃志不倦，其所览见，旧儒不胜。后鲁肃上代周瑜，过蒙言议，常欲受屈。肃拊蒙背曰："吾谓大弟但有武略耳，至于今者，学识英博，非复吴下阿蒙。"蒙曰："士别三日，即更刮目相待……"

三国时吴国有个将军吕蒙，从小贫穷无依，除了苦练武功，从没有读过书。有一天，孙权对吕蒙及蒋钦两人说："你们两人现在是当朝的执政人，应该读点书增加学问才好。"吕蒙说："我在军队里常觉得事务工作太多，恐怕没有读书的机会。"孙权说："你以为我要你成为经学博士吗？你只要多看点前人留下的记录、经历之类的书就行了，你事务多，哪里赶得上我的事务多呢？……孔子说：'终日不吃、终夜不饮，都没有益，最好是读书。'汉光武帝在作战时还手不释卷，曹操也自称老而好学。你们为什么不能勉励自己呢？"

于是吕蒙开始发愤苦读，他所发现的义理和见解，连旧有的专家都赶不上。后来鲁肃代替了周瑜的职位，去和吕蒙商量事情，鲁肃抚摩着吕蒙的背说："我以为你这位老弟只有武术而已，谁知到了今天，你的学问这样广博，已经不是从前在吴下的吕蒙了。"吕蒙说："跟一个人分别了三天，就应该对他另眼相看呢！"

后人便将吕蒙回答鲁肃的话引申为成语"刮目相看"，比喻对人另眼看待。鲁肃对吕蒙所说的"非复吴下阿蒙"一句，后来也引申为"吴下阿蒙"一句成语，比喻学识浅薄的人。

管鲍分金

典出《史记·管晏列传》。

管仲夷吾者，颍上人也。少时常与鲍叔牙游，鲍叔知其贤。管仲贫困，常欺鲍叔，鲍叔终善遇之，不以为言。

管至父的侄儿叫管仲，相貌魁梧，气宇轩昂，而且博学多识，颇有雄才大略。

管仲有个好朋友叫鲍叔牙。他们俩一起做生意，管仲的资金少，赚了钱后，管仲多拿一份利润，鲍叔牙手下的人不平，都说管仲贪心、占人家便宜。鲍叔牙却袒护他说："话不能这么说，他家里穷困，比我缺钱，我心甘情愿多分点给他。"这就是"管鲍分金"这句成语的由来。

他们俩也一起打仗，每次出兵，管仲总是躲在后头；退兵的时候，他却跑在前头。很多人都笑他贪生怕死。

鲍叔牙又为他辩解，说："老实说，像他这么有勇气的人，天下还少有呢！只因为他母亲年迈，又缠绵病榻，他当然得好好保命来奉养她，他哪儿是真的不敢打仗呢？"管仲听了这些话，就感叹地说："唉！生我的是父母，了解我的，只有鲍叔牙啊！"于是他们便结为生死之交。

后人用"管鲍分金"这个典故比喻不贪恋钱财，能为别人着想。

管鲍之交

典出《史记·管晏列传》。

> 管仲曰："吾始困时，尝与鲍叔贾，分财利多自与，鲍叔不以我为贪，知我贫也。吾尝为鲍叔谋事而更穷困，鲍叔不以我为愚，知时有利不利也。吾尝三仕三见逐于君，鲍叔不以我为不肖，知我不遭时也。吾尝三战三走，鲍叔不以我为怯，知我有老母也。公子纠败，召忽死之，吾幽囚受辱，鲍叔不以我为无耻，知我不羞小节而耻功名不显于天下也。生我者父母，知我者鲍子也。"

春秋时，颍上有二人，一名管夷吾，字仲，一名鲍叔牙。叔牙较富，夷吾则贫。他们二人合伙做生意，赚的钱，夷吾要拿三 2/3，叔牙则拿 1/3，说到本钱，叔牙出得比夷吾多，夷吾则不过点缀而已。因而，鲍叔牙的家人颇为不平。鲍叔牙说："仲非贪此区区之金，只因他的家贫，我自愿多出本钱，少取利钱。"他们二人商量事情，往往夷吾想出的办法都不能行，人笑其愚，叔牙说："人有遇有不遇，如果管仲遇到了机会，谋可定计，则万无一失了。"

后来，管夷吾曾 3 次出任，3 次被逐，叔牙不但不以其为不肖，反说："哎，只是时机没有到啊！"

管仲居官以后，领兵出征，他总是作战在后，撤退在先，人们都嘲笑他。叔牙说："仲有老母在堂，留身奉养，岂真怯敌之辈也。"

齐襄公有二子，长子名纠，次子小白。管夷吾事子纠，鲍叔牙事小白，后来子纠事败，管夷吾被囚受辱，人以为耻，叔牙说："仲不修小节，而耻功名不显于天下也。"所以后来管仲说："生我者父母，知我者鲍叔。"

后人用"管鲍之交"形容知心好友相互信任，不计得失，情谊深厚。

患难之交

典出《玉堂丛语·荐举》。

仲举与文贞在武昌，因患难之交，讷黑窑匠以一文。

魏齐听说秦昭襄王向魏安僖王要他的脑袋，连夜逃到赵国投奔平原君赵胜去了。魏安僖王打发人送范雎的家眷到咸阳，还送了千两黄金、一千匹绸缎给他家眷，托他们带个话，就说"魏齐已经偷跑到赵国去了。魏国实在是没办法。"范雎把这事禀告了秦昭襄王。秦昭襄王说："秦国跟赵国向来有交情，当初在渑池会上又结为兄弟。我还把王孙异人送了去做抵押，为的是叫赵国跟秦国不再为难捣乱。如今赵王居然敢收留丞相的仇人，丞相的仇人就是我的仇人，这回非去征伐它不可了。"他亲自统领着 20 万大军，带了大将王翦去攻打赵国。很快地打下了 3 座城。

这时候，蔺相如已经辞职了，赵孝成王拜虞卿为相国，叫大将廉颇去抵挡秦兵，又打发人到齐国去请求救兵。齐国派大将田单带领着 10 万大军去救赵国。廉颇和田单都是出名的大将，他们联合起来，王翦未必能占上风。

王翦禀告秦昭襄王说："赵国重用廉颇跟平原君，短期内不容易打下来，再说又加上个齐国。咱们不如暂且先退兵，以后再说吧。"秦昭襄王说："我捉不到魏齐，回去哪有脸见应侯呢？"他就打发使者去对平原君说："这回我们到贵国来，就是为了魏齐。只要贵国把他交出来，我们立刻退兵。"平原君回答说："魏齐根本就没到我这儿来，请别听外面的谣言。"

秦国的使者来回跑了三四趟，平原君说什么也不认账，弄得秦王一点法子也没有。要是开仗吧，又怕齐国和赵国联合在一起，秦国未必赢得了；退兵吧，魏齐就捉不到了。他前思后想地费了好几天工夫，最后想出个主意来。他给赵孝成王写了封信，说："敝国和贵国原来是兄弟，多年交好。我因为听人说魏齐住在平原君家里，才到这儿来要。如今魏齐既然真没在贵国，我何必又多这份儿心呢？这回我们打下来的 3 个城，照旧归还给贵国，咱们还是照旧交好吧。"赵孝成王也打发个使者去给秦昭襄王道谢。田单听说秦退了兵，就回齐国去了。

秦昭襄王回到函谷关就给平原君写了一封信，请他到秦国来一趟，大伙儿聚会聚会，交个朋友。平原君拿了那封信去给赵孝成王看。赵孝成王没有主意了。相国虞卿就拿从前楚怀王和孟尝君做例子，主张不去。大将廉颇拿当初蔺相如做例子，主张还是去好。赵孝成王岁数小，又是胆量小，不敢得罪秦国，最后还是打发平原君去了。

平原君到了咸阳，秦昭襄王特别亲热地招待他，天天喝酒谈心。两个人很"投缘"，交上了"朋友"。秦昭襄王给平原君斟了一杯酒说："我有件事情跟您商量。要是您肯答应的话，就请干了这杯酒。"平原君说："大王的命令，我哪敢不听从。"他就把那杯酒干了。秦昭襄王说："从前周文王得到了吕尚，尊他为太公；齐桓公得到了管仲，尊他为仲父。如今我这儿的范君就是我的太公，我的仲父。这样，范君的仇人就是我的仇人。如今魏齐躲在您府上，请您打发个人去把他的脑袋拿来，替范君报了仇，我必定感激您这份情义！"平原君说："酒肉朋友不足道，患难之交才可贵。魏齐是我的朋友，他如今有了难处，正是要朋友帮忙的时候。要是他真在我那儿，我也不能做出'卖友求荣'的事，何况他并不在我这儿。"秦昭襄王翻了脸说："您一定不把他交出来，那我可就不能放您回去了！"平原君说："全凭大王。大王叫我来喝酒，我就遵命来了。如今大王威胁我，我也不在乎。好在是非曲直，天下自有公论！"

秦王知道平原君决心不交出魏齐来，就把他软禁起来。一面又给赵孝成王写了封信去。那封信上说："平原君在敝国，我的仇人魏齐在平原君家里。请把魏齐的人头送来，我就把平原君送回去。要是贵国一定要偏护魏齐，那我只好亲自带领大军上贵国来要我的仇人。请大王原谅！"

赵孝成王接到这封信，连忙召集大臣们，对他们说："咱们为了别国的一个亡命徒，把秦国得罪了，害得平原君扣在秦国，弄得赵国眼看就要受到兵荒马乱的祸患，这太说不过去了。"大臣们觉得这话很对，都同意派兵把平原君的家围困起来。谁知道平原君的门客早就偷偷地把魏齐放走了。

后人用"患难之交"这个成语比喻经历过灾祸、苦难考验的交情。用来形容最亲近的朋友。

黄耳寄书

典出《晋书·陆机传》。

> 初机有骏犬，名曰黄耳，甚爱之。既而羁于京师，久无家问，笑与犬曰："我家绝无书信，汝能赍书取消息不？"犬摇尾作声。机乃为书以竹筒盛之而系其颈，犬寻路南走，遂至其家，得报还洛。其后因以为常。"

西晋时有一个著名的文学家叫陆机。他的家乡在浙江会华亭，而自己在京城洛阳做官。由于相隔路远，通信很不容易。

陆机喜欢打猎，他养了一条快犬叫黄耳。它性情聪慧，能听懂人语。曾有人将它借出三百里外，它竟认识路自己跑回家。陆机很宠爱黄耳，让它随时跟在身边。

有一次，陆机很久没有收到家信。他对黄耳开玩笑地说："你能带上我的书信跑回老家，替我传递消息吗？"没想到黄耳听懂他的话，表现出乐意的样子，又是摇尾巴，又是"汪汪"地叫。

陆机试着写了一封信，用竹筒装上，套在黄耳脖子上。黄耳沿着驿路，向家乡方向跑去。它饿了捉些小动物吃，遇到江河，就向过渡的人摇着尾巴表示亲近，让人带着它上渡船过河。

就这样，这条聪明的狗跑到了陆机的家。一进大门，它就用嘴衔起竹筒，向人们"汪汪"直叫。家人打开竹筒看到陆机的信，真是又惊又喜。等人们看完信，黄耳又向人直叫，像是在要求什么。陆机的亲人明白了它在要求回信，便写好信照原样装入竹筒，仍然系在黄耳脖子上。黄耳又带上它沿来路跑回洛阳，向主人复命。

黄耳送信，来回只花了 25 天。而若用人传递，则需要 50 天时间。以后陆机就常常让黄耳送信。

鸡犬之声相闻，老死不相往来

典出《老子》。

> 邻国相望，鸡犬之声相闻，民至老死不相往来。

《老子》第八十章是老子的政治论。在这一章中，老子以简练的语言描写了一个他想象的社会。这个社会国小人少，和原始社会中的小部落差不多。这个社会不要提高物质生活，不要发展文化，人民无欲无知，没有乱事，国与国之间没有战争，邻国彼此可以互相望见，鸡狗的叫声可以听见，但两国人民直到老死都互不来往。

根据老子的这些论述，后人引申出了"鸡犬之声相闻，老死不相往来"，比喻人或单位之间互不联系，互不交流情况。

交浅言深

典出《战国策·赵策四》。

> 服子曰："公之客独有三罪，望我而笑，是狎也；谈语而不称师，是倍也；交浅言深，是乱也。"

战国时期，赵国有个人名叫冯忌。有一次，他去见赵王，想陈述自己关于治国的意见。

当他见到赵王时却欲言又止。赵王觉得奇怪，就问他这是为什么。他回答说："听说有人给服子引荐了一个人，服子接见了那个人之后，对引荐的人说：'你有三罪：望我而笑，是态度不庄严；在言谈中不称师，是违背了常礼；交浅而言深，是乱了常理。'那人却说：'望人而笑，是态度和蔼；言不称师，是一般说法；交浅而言深，是对人忠实的表现。'我和大王初次相见，可否让我谈谈自己的意见?"赵王说："那好，有意见就谈吧。"于是冯忌便说："听说大王想买马，有此事吗?"赵王回答说："有这回事。""为什么还没有派人去买呢?"冯忌

问。赵王说："没有识马的人。""为什么不派建信君去呢?"冯忌又问。赵王说："建信君有国事,并且他不会相马。""那为什么不派纪姬去呢?"冯忌再问。赵王说："因为她是妇人,并且也不识马。"冯忌又故意问道:"马的好坏与国家的安危有什么关系呢?"赵王说:"没有什么关系。"冯忌说:"既然没有什么关系,那就希望大王以国事为重,多多考虑国家的安危与人民的疾苦。"赵王听了冯忌的话,默而不语。

后人用"交浅言深"表示对交情不深的人恳切地加以规劝。

见笑大方

典出《庄子·秋水》。

吾长见笑于大方之家。

秋天水涨的时候,无数小溪的水都汇集于大河,大河被灌满了,一片汪洋,景色十分美丽。这时河伯欣然自喜,以为天下的壮观完全在自己这里。他在自得之余,也想去别处看看,于是顺流东下,到了北海。河伯朝东一望,不见边际。这时他转过脸来,望着海出神,感慨叹息。他沉思片刻后叹道:"俗话有这样的说法,而且我曾经听说,有些人自以为孔丘的见闻少于他,同时又看不起伯夷的德行。开始,我还不相信有这样狂妄自大的人,现在我看到了你的博大无穷,才知道自己的狂妄可笑。我如果不到你这里来看一看,那就糟糕了。我将永远被那些有学问、有见识的人讥笑。"

后人将"吾长见笑于大方之家"压缩为"见笑大方",表示被内行的人笑话,一般作自谦之词;也作"贻笑大方"(贻:赠给,留给。贻笑:把笑送给别人,即惹人笑)。

解衣推食

典出《史记·淮阴侯列传》。

楚已亡龙且,项王恐,使盱眙人武涉往说齐王信……韩信谢曰:

"臣事项王，官不过郎中，位不过执戟，言不听，画不用，故倍楚而归汉。汉王授我上将军印，予我数万众，解衣衣我，推食食我，言听计用，故吾得以至于此。夫人深亲信我，我倍之，不祥。虽死不易！幸为信谢项王。"

秦朝末年，天下人纷纷起来反抗暴秦，韩信也带了一把刀去参军。最初投在项梁部下，项梁死后，在项羽部下做个小官，很不得志。后来投到汉王刘邦麾下，由于萧何的推荐，韩信被汉王重用了。他不但替汉王攻占了很多地方，连楚国的龙且也被他杀了。项羽听到了这消息，很为震动，便派人去劝他脱离刘邦，和自己联合，反对汉王，分全国土地自立为王。

韩信对使者说："我从前在项王部下，官员不过一个郎中，言不听，计不从，所以我才投到汉王下面来。汉王授给我上将军的印绶，拨几万军队给我指挥，还亲自脱下衣服给我穿，又将他吃的东西让给我吃。我说的话他非常信任，我订的计策他照样实行，因此我才有今天这样的成就和光荣。人家这么信任我，我宁死也不愿意背叛汉王的，请你替我答谢项王吧！"

后来的人便将韩信所说的"解衣衣我，推食食我"引申为"解衣推食"，用来形容在上位的人对待下属能够同甘共苦，穿衣吃饭都能与下属相共。现在也常用来形容以至诚待人的情形。

金石为开

典出《西京杂记·第五》。

> 李广……复猎于冥山之阳，又见卧虎，射之。没矢饮羽，进而视之，乃石也，其形类虎。退而更射，更镞䂎折而石不伤。余尝以问扬子云，子云曰："至诚则金石为开。"

西汉名将李广善于骑马射箭，作战异常勇敢，人称"飞将军"。有一天，李广到冥山南麓打猎，突然发现草丛中伏着一只老虎。李广赶紧张弓搭箭，用足力气射去，但老虎一动也没动。等了一会儿，李广走近一看，原来草丛中不是老虎，而是一块形状很像老虎的大石头。李广再去看刚才射出的箭，只见连头带尾都嵌进了石头里。李广不相信自己会有那么大的力气，往后退了几步，把弓拉得

满满的又向石头射去，但一连几箭怎么也射不进去。李广走到石头前面，拾起刚射出的几支箭，只见有的箭头破碎了，有的箭杆折断了，而石头一点也没伤着。

为了这件事，有人去请教扬雄，扬雄回答说："诚心诚意，就是像金石那样坚硬的东西也会受到感动的。"

后人用"金石为开"比喻对人真诚产生的感动力。

近朱者赤，近墨者黑

典出《北堂书钞》。

> 夫金木无常，方圆应形，亦有隐括，习与性成，故近朱者赤，近墨者黑。

晋朝的大臣傅玄是个品学兼优的人，为人正派，很受皇帝尊重，任为太子少傅。

皇太子府里属员很多，有宫女、太监以及一大批为太子办事的官吏。这些人当然百般讨太子欢喜，阿谀逢迎，陪着太子玩耍，太子要怎样便怎样，在这样的环境中，是很难学好的。为此，傅玄很忧虑。有一天，他给太子讲课的时候，讲道："想做一个好人，做一个好皇帝，那么，你一定要多接近正派人。譬如，什么事物常接近朱砂，就会被它染红；多接近墨，就会被它染黑。对自己则一定要要求很严，行为要端正，这样，周围的人才会跟你学，正派人才会围绕到你身边来。譬如声音清亮，回声就一定和美；自己站得直，影子就一定正。你如果多接近正人君子，那么符合德义的话就听得多，自己的行为就会逐渐符合规范准则。但是，倘若你多接近小人、坏人呢，那就譬如进入卖鲍鱼的店一样，时间久了，你就闻不到兰花的芳香了。"这一番话被皇帝知道了，认为非常好，就命令把它写在屏风上，放在太子的房里，让他每天读一遍。

后人用这一典故说明环境可以影响、改变人的习性。

敬而远之

典出《论语·雍也》。

> 敬鬼神而远之，可谓知矣。

秦秋末期，以孔丘为代表的儒家提倡一种含意极广的道德规范——仁。孔子认为，仁包括恭、宽、信、敏、惠、智、勇、忠、恕、孝、悌等内容，其实行的方法是"己所不欲，勿施于人"和"己欲立而立人，己欲达而达人。"有一次，孔子的学生樊迟问怎样才算智。孔子说："致力于老百姓应该遵从的道德，尊敬鬼神但要远离它，就可以说是智了。"樊迟又问怎样才算仁，孔子说："仁者先做艰苦努力，而后获得结果，便可以说是仁了。"

后人从"敬鬼神而远之"一语中引申出"敬而远之"，指既不得罪，也不接近。

开诚布公

典出《三国志·蜀志·诸葛亮传评》。

诸葛亮之为相国也……开诚心，布公道。

诸葛亮是三国时蜀汉的一位政治家和军事家。曹丕代汉以后，他支持刘备称帝，自任丞相。建兴元年（公元 223 年），刘备之子刘禅继位，诸葛亮被封为武乡侯，领益州牧。政事无论大小，都由他决定。诸葛亮当政期间，励精图治，赏罚分明，为当时和后人所称道。

《三国志》作者陈寿在为诸葛亮做传记以后，曾写下了一段十分赞赏的评语，说他当丞相时，爱护百姓，秉公办事，诚心待人，坦白无私。

后人把"开诚心，布公道"引申为"开诚布公"，比喻发表或交换意见时态度诚恳，坦白无私，真诚坦率地谈出自己的看法。

枯鱼过河

典出《古乐府·枯鱼过河泣》。

枯鱼过河泣，何时悔复及！作书与鲂鲐，相教慎出入。
离水的鱼啊，望着河水哭泣，

如今后悔啊，哪里还来得及；

捎信寄语啊，水中的鲂和：

牢记教训啊，出入不可大意！

后人用"枯鱼过河"这个典故比喻古代被鱼肉的劳动人民在危难中相互爱护的深厚情谊。

兰根白芷，渐之滫中

典出《荀子·劝学》。

兰槐之根是白芷，其渐之滫，君子不近，庶人不服。

汉武帝的儿子刘旦封在燕地为王，燕地在北国边，接近少数民族地区，不讲什么礼让。太子死了，刘旦想当太子，写信给武帝流露了自己的愿望。武帝大怒，说："应该把儿子送到文化发达、讲礼义的地方去受教育，我竟把刘旦送到燕地，当然教育太少，竟然争起地位来了！"于是把送信的使者杀了，以警戒刘旦。汉武帝死后，刘旦因为不能继承皇位造起反来，被惩处，自杀而死。

《史记》作者司马迁说："谚语讲：'兰根白芷，渐之滫中。'燕王刘旦本质不一定坏，但处境不好，少了教育，所以才落得这个下场！"

谚语的意思是：白芷、兰根都是香草，泡在臭洗米水里，慢慢地香气也没有了。

后人用"兰根白芷，渐之滫中"比喻环境对人的影响极大。

两人一心

典出《燕书》。

越人甲父史与公石师交，甲父史能计而弗决，公石师善决而计疏，各合其长，事无留行，人两而一心也。因语相侵，离去，政辄败。密须奋泣谏二人曰："君不闻海虫有水母乎？水母无目，资虾以行，虾亦资

水母食，两不能无也。水母姑置之，又不闻有琐珐乎？腹藏蟹，饥则蟹出求食，归则琐珐饱，否乃死，蟹失所巢，亦两不能无也。琐珐故置之，又不闻夏屋有鼹鼠乎？与邛邛岠虚比，为邛邛岠虚啮甘草，即有难，邛邛岠虚负而走，亦两不能无也。鼹鼠故置之，又不闻西域有共命之鸟乎？枳首一体，性多妒，饥则争啄，一俟其瞑，殄毒草害之，及下嗌，皆毙，亦两不能无也。是皆山海虫尔，不足怪。虽人亦有之，北方有比肩之民，迭食而迭望，失一则死，亦两不能无也。今二人甚类之，其所异者，彼以形，此以事尔。奈何离去？"二人相顾曰："微奋言，吾等将愈败。"骥然如初。

越国人甲父史和公石师交往甚厚。甲父史非常善于谋划，但优柔寡断，公石师善于决断但用计粗疏。两人便把各自的长处合起来，办事没有不成功的。人是两个，心却是一个。后来，因为言语冲撞互相争吵，两人分手，自理政事就常遭失败。

密须奋哭着劝谏二人说："你们没听说大海里有水母吗？水母没有眼睛，依靠虾子帮它走路，虾子也依赖水母吃食过活，两个不能失掉任何一方呀！水母的事情暂且放在一边，你们曾听说过琐珐这种动物吗？肚子里藏着螃蟹，饥饿了，螃蟹就爬出去寻找食物，回来后琐珐就饱了，否则就要饿死，螃蟹也失去了自己的巢窝，这也是双方不能失掉一方呀！琐珐的事姑且放在一边，你们不曾听说夏屋山的的鼹鼠吧？它与邛邛岠虚靠近生活，为邛邛岠虚咬取甘草，一碰到灾难，邛邛岠虚就把鼹鼠背起来逃跑，这也是两方不能失掉任何一方呀！鼹鼠的事情暂且不提，你们不曾听说西方有一种共命鸟吗？一个身子两个头，性情多忌，饥饿了两个头就互相啄咬，等到一方打盹了，另一方就衔来毒草杀害对方，及至毒草咽下喉咙，两个头就都死了，这也是双方不能失掉一方呀！以上这些都是山虫海物罢了，不足为怪。在人类中也有同样的事情，北方有一种肩膀并生的人，轮流着吃饭又轮流着望路，失去任何一方就会立刻死去，这也是双方不能失去任何一方呀！现在，你们二人的事情很像上面所说的这些例子，你们和他们的区别，只不过是形体不同，而事情的实质却是完全相同呀！你们为什么要分手呢？"

两个人听了互相看望着说："假使没有密须奋这一番话，我们将会越来越倒霉了！"于是，两人和好如初。

后人用这则寓言说明团结谋事，事必成；共同创业，业必竟。如果彼此倾轧，必致两败俱伤，永无兴旺之时。吴越同舟，灾难临头，尚且释仇为友；本是亲密挚友，更当携手言欢，决不可一言不合，辄相乖离。像甲父史和公石师，一听密须奋之谏言，即"骥然如初"，可谓善悟者矣。不然，非特相离，反相成仇，正可给敌人以可乘之机，最后被逐个消灭！

两友极厚

典出《笑禅录》。

"甲乙两友，平素极厚。一日，甲偶病，不胜愁苦。乙来问云：'兄是何病？所须何物？我皆能办。'"

甲云："我是害了银子的病，只得二三钱便够了。"乙即佯为未闻，乃吞咽云："你说甚么？"

颂曰：黄金以佛法，佛法似黄金；觅时了不可得，吾已与汝安心。

有两个关系极好的朋友。一天，甲得了病，乙来问候，问道："你得了什么病？需要什么？我都能帮你。"

甲说："我得了银子病，有二三钱就够了。"乙假装没听到，问道："你说的是什么？"

后人用这则寓言说明平素相交极厚的朋友，遇到急难相求，竟"王顾左右而言他"，所谓深厚完全是虚假的。《庄子·山木》云："且君子之交淡若水，小人之交甘若醴；君子淡以亲，小人甘以绝。""甘若醴"，看上去甜甜蜜蜜、亲亲热热，实际上不过是表面"亲昵"而已，弄不好就经不起考验，"甘以绝"了。"君子淡以亲"，因为无利故淡，道合故亲。这样的交情像两水相合，十分自然、融洽。"吃喝朋友不长久，相互利用无真友"，说的就是这个道理。

路遥知马力，日久见人心

典出《争报恩》。

我少不得报答姐姐之恩，可不道路遥知马力，日久见人心。

浙江淳安县锦沙村徐家三兄弟，老三徐哲早亡，留下妻颜氏和二男三女。老大徐言和老二徐召商量道："你我各只一子女，老三倒有五个，将来男婚女嫁，

分起家产来，你我岂不吃亏？不如即今三股分家为是。"他两人欺着颜氏是个寡妇，私下将田产搭配停当，只拣不好的留给侄子，牛马却归了自己，却把老仆阿寄夫妻当成牛马分给颜氏。那颜氏拗不过，只是啼哭。亲友明知分得不公，哪个肯出头说话？却说阿寄年已50多岁，心想："原来拨我在三房，一定是道我没用了。我偏要争口气，帮这孤儿寡母做个事业起来。"便和颜氏商量道："老奴年纪虽大，路还走得，苦也受得，那经商道业也都明白，三娘急急收拾些本钱，待老奴去做生意，营运数年，怕不挣起个事业？"颜氏依言，变卖得十二两银子，交付阿寄去了。

阿寄就从淳安乡里收购些生漆，放船运至苏州，正遇缺漆，不到三日卖个干净，足足赚个对本对利。返程又籴六十担籼米，运至杭州，又赚了十多两银子，如此数次往返，已赚得六七倍利息，再去收漆，已是大客人了。本大利大，一年有余，长有两千余金。于是将银两裹好，晏行早歇，非止一日，回到家中。颜氏见着许多银两，喜出望外。徐言兄弟听说阿寄归来，特来打听音讯，待见颜氏竟用一千五百两银子购下良田千亩，庄房一栋，吓得伸出了舌头，半日也缩不回去。

正是：路遥知马力，日久见人心。

颜氏得阿寄忠心经营，10年之后，家私巨万，便将家产分出一股与阿寄的儿子，两家子弟叔侄相称。

后人用"路遥知马力，日久见人心"比喻真正的友谊或情谊是经得起时间的考验的。

莫逆之交

典出《庄子·大宗师》。

子祀、子舆、子犁、子来四人相与语曰："孰能以无为首，以生为脊，以死为尻，孰知死生存亡之一体者，吾与之友矣。"四人相视而笑，莫逆于心，遂相与为友。

子祀、子舆、子犁和子来四人都主张万事万物顺应自然，认为天地间"无"是最崇高的。有一天，这四人聚在一起，热烈地讨论着"无"的崇高和伟大。最后，四人取得一致的看法："无"就像人的头一样，起着至关重要的作用。分别时，四人互相望着笑着，认为他们心心相通，友谊将天长地久。

过了一些时候，子舆害病了，子祀去探望。子舆与出门迎接时，弯着腰，勾着头，高耸起两肩，背上长着 5 个大脓疮。由于过分地弯着腰，脸只好紧贴着小肚子，但他却坦然地牵着子祀的手。

子祀见子舆闲适平静，就随口问道："你对你的病一点也不忧虑吗？"子舆说："为什么要忧虑呢？人的生死，本来是上天安排好了的，所以，我只要顺应自然就行了。"

不久，子来又害了病，神情非常痛苦，眼看就要死去。子犁来看子来，见子来的妻子悲伤地啼哭。子犁大声地喝开子来的妻子，坐在床边和子来说道："唉，你的妻子真不懂事！伟大的造物主正在变化你，怎么能随便惊动呢？"

子来感激地说："假如一个铁匠正在打铁时，火炉中的一块铁突然跳了起来，那铁匠一定认为是不祥之兆。天地是一个大熔炉，阴阳是一个伟大的铁匠。我现在正在被天地铸造着，怎么会表示出痛苦呢？"子犁紧紧握着子来的手，说："我们真是知心朋友！"

莫：没有抵触，形容思想感情一致。"莫逆之交"指彼此情投意合，友谊深厚。

轻诺寡信

典出《老子》。

在《老子》第六十三章中，老子运用朴素的辩证观点，提出了防患于未然的主张。

老子说：有道者的作为，若无所作为。他办事情，若无事情可办。他玩味问题，若无问题可玩味。他把小事看成大事，把少事看成多事，用恩德报答仇恨。他考虑难事是在此事还是简单的时候；处理大事是在此事还是细小的时候。这是因为天下的难事一定由简单开始；天下的大事一定由细小开始。所以圣人永远不处理大事却能成就大事。人们轻易应允别人的要求，一定很少遵守信约。把事情看得容易，一定招致困难。所以圣人把一切事情均看得有难处，所以永远能克服困难。

"轻诺寡信"指轻易许下诺言的，很少守信。

穷鸟入怀，仁人所悯

典出《魏氏春秋》。

> 政投原曰："穷鸟入怀。"原曰："安知斯怀之可入邪！"

邴原是个行侠仗义的人，品格高尚，眼见汉末政治混乱，董卓和曹操等奸雄相继把持朝政，心中极为不满，和挚友管宁等相约不做官，过隐居生活。这时，有个叫刘政的人得罪了权贵，连夜逃跑，被追捕得走投无路，求邴原掩护，说道："我就像被老鹰追得精疲力竭的小鸟，飞到你怀里躲藏，你能可怜我、保护我吗？"邴原毅然把刘政藏了起来，一藏几年，直至危险过去，才让他出来。《颜氏家训》中评论这件事说："穷鸟入怀，仁人所悯，况死士归我，当弃之乎？"意思是说走投无路的鸟儿扑入怀中来，有慈悲的人尚且怜悯它，何况遭到危难的人来求你，你能弃而不顾吗？

后人用"穷鸟入怀，仁人所悯"比喻对于境况极困难而求保护的人，不可推托不顾。

曲高和寡

典出《文选·对楚王问》。

> 客有歌于郢中者，其始曰《下里巴人》，国中属而和者数千人；其为《阳阿薤露》，国中属而和者数百人；其为《阳春白雪》，国中属而和者不过数十人；引商刻羽，杂以流徵，国中属而和者不过数人而已。是其曲弥高，其和弥寡。

春秋战国时代，楚国大夫宋玉文章写得深奥，许多人看不懂，所以很少人称誉他，因此楚王疑心他行为不检，就问他是不是有对不起百姓的地方。宋玉回答说："有一个人在都市里唱歌，他起初唱的是乡下通俗的歌曲，人们容易懂，跟着他唱的有几千人；后来他唱起阳阿的挽歌来，高深了一点，跟着他唱的只有几百人；后来他唱起比较深奥的阳春白雪来，跟着唱的只有几十人；到最后他唱的歌用了商调和羽调，还夹杂着曲中最高的徵调，懂的人更少得可怜，能够跟着他唱的，只有寥寥几个人。这完全是因为曲太高，唱和的人自然就很少的缘故。所以鸟中有凤凰，鱼中有大鲲。凤凰可以飞上九千里，背朝着青天，飞翔在云端的上面，藩篱上的小麻雀，哪里会知道天有多高呢？鲲鱼早上还在昆仑山的山脚下，晚上已经在孟诸的大泽里了，溪沟中的小鱼，哪里会知道汪洋大海的深远呢？不但只有鸟中的凤凰，鱼中的大鲲有这种情况，人也是这样的。"

后人用"曲高和寡"指作品或言论的格调越是高雅，越难以被人们理解和接受，或比喻知音难得。

屈原与"诚实稻"

在屈原的故乡湖北秭归，有一种金梗稻，颗粒饱满，颜色金黄，做出来的米饭清香可口。当地人管这种稻叫"诚实稻"。这个名称的由来流传着一段与大诗人屈原有关的故事。

屈原被流放之前，曾担任过楚国的左徒（相当于宰相）。有一次，楚怀王派他到秭归选拔人才。屈原回到故乡后，决心选出对国家有用的真正的贤能之才。于是，他出了文题，考核前来应举的500多人。

试卷批阅完毕，屈原发现了一件咄咄怪事：500多份试卷中竟然有99份成绩优秀，而且程度不分上下，都应列为第一；另外有一名稍差些，可列为第二。这样，一下就能选出100名人才，真是不可思议。屈原把这99名考生的试卷反复审阅，觉得其中有鬼。他想可能是自己出题时不小心，被奸诈之人偷看，泄了出去。那另外的一名是不是跟这99名一样呢？真是真假莫辨，良莠难分啊！

屈原苦苦思索，终于想出了一条妙计，可以检验出谁是真正的人才，谁是弄虚作假的小人。屈原让手下人把这一百人的名字写在大红榜上张贴出去，宣布他们都中选，但必须进行复试。

复试那天，这100人都到了。其中99名都兴高采烈，衣着华丽；另一名布衣草鞋、像个庄稼汉，他便是第二名，叫昭汉。

屈原走出来，对众人说："你们考试的成绩都不错，但还须再考一遍。现在发给你们每人100粒金梗稻种，你们带回去种，秋收后再来。到时候，谁收得最多，谁就中选。"

众人便带着这100粒稻种回家去了。

秋收终于来到，复试开始。屈原和手下的人一个个地仔细检验。那名列第一的99个人所收的稻粒都黄灿灿的，大而饱满。粒数有几千粒、几万粒、甚至有十几万粒，一个比一个多。屈原直摇头叹息。

最后轮到了昭汉。他抱着一个小土罐，里面只有一小把谷粒。

屈原两眼登时一亮，高兴地问道："年轻人，你收了多少粒？"

昭汉有些不好意思，却又坚定地说："99粒。屈大夫，我带回你给的稻种后，发现只有3颗是能生长的。我一直细心地浇水、施肥，每时每刻都惦记着。最后，每株稻子结了33粒，加起来一共99粒。我的收成不够好，望屈大夫见谅。"

谁知，屈原激动地拍了一下昭汉的肩膀，高兴地说："诚实的小伙子，你中选了！"

那99人都愤愤不平，嚷嚷起来。

屈原转身对众人说："我发给你们的稻种，只有3颗能生长，其余的都被蒸过，根本不能生长。唯一按照我要求做的，只有昭汉这位诚实的青年。而你们那些收成高达几千几万粒的稻子是怎么长出来的呢？"

这99名作弊的考生，顿时哑口无言，垂头丧气。

屈原巧妙地用金梗稻分辨出真假，选拔出了真正的人才。此后，当地人便管这种稻叫"诚实稻"，告诫后人做人要诚实。

如鱼得水

典出《三国演义》。

刘备三顾茅庐请来了孔明，就像对待师长一样，十分尊敬他。两人感情深厚，一起吃饭，一起睡觉，整天讨论天下大事。刘备的结义兄弟关羽和张飞心里不服，对刘备说："孔明年幼，有什么才学？兄长太厚待他了！"刘备说："我得到孔明，好像鱼儿得到水一样。你们以后不要再这样说了。"

一天，有人送牦牛尾来，刘备亲自结在帽子上。孔明进来看见，很严肃地对他说："您不再有远大的志向，只能做这种事吗？"刘备赶忙把帽子丢在地上说："我只是借它来解除我的忧虑。"孔明说："您自己考虑与曹操相比如何？"刘备说："我不如他。"孔明说："您的兵众不过几千人，万一曹兵来到，用什么去迎击他呢？"刘备说："我正在忧愁这件事，还没有一条好计策。"孔明说："赶快招募民兵，我亲自教他们操练，可以待敌而战。"

不久，曹操命夏侯惇引兵 10 万，杀奔新野。张飞听到消息，对关羽说："现在就让孔明去迎敌吧。"正说着，刘备召二人。刘备问他们："夏侯惇引兵到来，如何迎敌？"张飞说："哥哥怎么不让'水'去？"刘备说："智谋要靠孔明，争斗必须二位兄弟，怎么可以推诿？"刘备授以孔明剑印，让他发令。孔明一一调派完毕。关羽问："我们都去迎敌，不知道军师做些什么？"孔明说："我只坐守县城。"张飞一听，大笑说："我们都去厮杀，你却坐在家里，好不自在！"刘备见状，说："岂不闻'运筹帷幄之中，决胜千里之外'？三弟不可违令。"张飞冷笑而去。众将领也不知孔明的韬略，虽然听令，都怀有疑惑。结果博望坡一战，杀得曹军尸横遍野，血流成河。孔明收军，关羽、张飞都称赞说："孔明真是一位英杰！"

"刘备遇孔明——如鱼得水"，比喻与人相处十分融洽或环境对自己很适合；也比喻得到十分需要的、不可缺少的助手。

入幕之宾

典出《晋书·郗超传》。

> 郗生可谓入幕之宾矣！

东晋的时候，有姓郗的父子俩，父亲叫郗愔，儿子叫郗超。郗愔很能聚敛钱财。儿子郗超却常把家中的钱拿出去施舍给穷人，为此父亲十分心疼。

郗超还很有学识，对天下的形势分析得很准确。他结交了许多读书人，整天凑在一块畅谈天下大事。晋朝的征西大将军桓温很赏识郗超，便请他做了参军。桓温对郗超的见解常常是心悦诚服的。当时担任主簿的王珣也很有能力，与郗超一起成了桓温的左膀右臂。所以桓温手下的人都说："长胡子的参军，短胡子的主簿，能令公喜，能令公怒。"

一天，谢安与王坦之到桓温军中商讨国事。桓温告诉郗超："你躲在军帐幕后听听，日后也可以帮我参谋参谋。"郗超就躺在幕后床上，偷听他们谈话。谢安和桓温正谈到高兴处，忽然一阵风吹进来，将帐幕吹开一个角，暴露了郗超。桓温觉得很难为情，可谢安却开起了玩笑，说：郗超可算是躲在幕后的宾客啊！"郗超的字叫喜宾，谢安的话是一语双关，说得大伙哄笑起来。

"入幕之宾"原指暗中参预机要的人。后用以指称幕僚。

三生有幸

典出《僧圆泽传》。

圆泽是位得道的禅师，住持惠林寺，他有一个俗家朋友姓李名源。二人知心知音，知交至深。一日，二人相约去参拜青城山、峨眉山，却在路线问题上发生了分歧。圆泽希望走陆路，取道长安斜谷入川，李源却坚持从湖北沿江而上。因为早年李源曾经捐家产改建惠林寺，二人曾经约定，以后意见一致的时候，则唯圆泽是听，意见不一致时，则都要由李源定夺。所以最终决定买舟入川。圆泽自知后果，叹道：行止固不由人。

船到南浦。扁舟泊岸。河边有位身着花缎衣裤的妇人正在取水。圆泽当时落泪，对李源说："那是我下一辈子的亲娘，她姓王。我得走了，给她做儿子去了。3天后你来王家看我，我会对你一笑作为证明。再过13年的中秋夜，请你到杭州天竺寺外，我一定来与你见面。"

李源将信将疑。到了黄昏，圆泽圆寂，王家的婴儿也呱呱落地。3天后李源去看婴儿，婴儿果然微笑。李源回到惠林寺，寺里的小和尚说圆泽早已写好了遗嘱。13年后，李源如约从洛阳到杭州西湖去赴圆泽的约会，果然又听到故人化为牧童后的心声："三生石上旧精魂，赏月吟风不要论。惭愧情人远相访，此身虽异性常存。"

后人用"三生有幸"比喻有特别的缘分。或朋友间在一种偶然的机会里或特殊的环境中相识，成为知己，又能够帮助自己。

善搏与善噬

典出《尹文子·大道下》。

康衢长者，字僮曰"善搏"，字犬曰"善噬"。宾客不过其门者三年。长者怪而问之，乃实对。于是改之，宾客复往。

康衢给他的仆人取名叫"善搏"，给他的狗取名叫"善噬"。宾客因此整整有3年再不登门拜访。老先生觉得奇怪，去询问他们，宾客们才如实回答。于是赶

紧把名字改了，宾客又往来如初。

后人用"善搏与善噬"说明名是反映实的，名实必须相符；由于名实不符，因名而害实的情况，在现实生活中也是常有的。在这种情况下，就必须"正名"。

势不两立

典出《三国志·吴志·周瑜传》。

　　今数雄已灭，惟孤尚存，孤与老贼势不两立。
又见《战国策·楚策一》。

　　楚强则秦弱，楚弱则秦强，此其势不两立。

　　曹操消灭了北方各大军阀势力之后，率领数十万大军进攻南方，企图一举消灭孙权和刘备势力，统一天下。当时，刘备退守夏口，只有2万余人的兵力。孙权的精兵也不超过3万，与曹操的兵力对比，相差悬殊，形势十分危急。孙权召集文武大臣，商讨对付曹操的办法。张昭等大臣认为，曹操兵力强大，拥有水陆兵数十万，而且挟天子以令诸侯，现在又占据荆州这一长江战略要地，顺流而下，其势难挡，因此主张投降。

　　吴国名将、前部大都督周瑜和鲁肃等人坚决主张抵抗。周瑜指出，曹操人数虽然众多，其实并不可怕，因为他有许多弱点。曹操虽然假称汉相，其实是汉贼。曹操的后方还没有完全安定下来，马超、韩遂在关西的势力是他的后患，因此曹操很难在南方持久作战。曹操的士兵大多是北方人，他们不善于水战，不习惯南方的水土气候条件，必然生病，减弱战斗力。因此，完全可以战胜曹操，决不能投降。周瑜请求孙权拨给他3万精兵，迎战曹操。

　　孙权采纳了周瑜的意见，确立了联合刘备共同抗击曹操的方针。他激动地拔出佩剑，砍去奏案的一角，愤怒地说："我和曹操这个老贼决不能并存，有他就没有我，有我就没有他！谁再敢提出投降的主张，这个奏案就是他的下场！"

　　孙权、刘备联合抗击曹操的方针确定之后，周瑜率军联合刘备兵马协同作战，以后经过赤壁之战，用火攻战术，大破曹军。从此，魏、吴、蜀三国鼎立的局面开始形成。

　　成语"势不两立"即根据以上的记载形成，指双方矛盾尖锐，不能并存。

守望相助

典出《孟子·滕文公上》。

　　死徙无出乡，乡田同井，出入相友，守望相助，疾病相扶持，则百姓亲睦。

　　滕文公派他的使臣毕战去问孟子关于井田制度的问题。孟子对毕战说："滕君选派你来问我，是对你的信任啊，你一定要好好地干。"毕战听了很高兴。他说："我们滕国也打算实行井田制。"孟子高兴地说："很好，实行仁政一定从划分并整理田界开始，田界划正确了，给人民分配田地，制定官吏的俸禄都毫不费事了。"毕战说："我们滕国太小，不用设多少官吏吧？"孟子说："滕国虽小，却得有官吏和老百姓。没有官吏，老百姓则没有人管；没有老百姓，也就没有人养活官吏。我建议：郊野用九分抽一的贡法，城池用十分抽一的贡法。公卿以下的官吏应有供祭祀的圭田，每家五十亩；如果他家还有剩余的劳力，一个劳力可再给二十五亩。无论埋葬或搬家，都不离开乡土。同住在一井田的各家，要彼此友好和睦相处，'守望相助，疾病相扶持'。其办法是：每一方里的土地为一个井田，每一井田有九百亩，当中一百亩是公田，以外八百亩分给八家作为私田。这八家共同来耕种公田。先把公田耕种完毕，再来料理私人的事务。"毕战说："您说得好，我回去一定如实地转呈我的国君。"孟子笑了笑说："我说的不过是一个大概，至于怎样去做，那就在于你的国君和你了。"毕战听了满意地告辞而去。

　　后人用"守望相助"表示邻近各村落之间守护、瞭望，互相帮助，以对付来犯的敌人或其他灾患。

束缊请火

典出《汉书·蒯通传》。

　　初，齐王田荣怨项羽，谋举兵畔之，劫齐士，不与者死。齐处士东

郭先生、梁石君在劫中，强从。及田荣败，二人丑之，相与之深山隐居。客谓通曰："先生之于曹相国，拾遗举过，显贤进能，齐国莫若先生者。先生知梁石君、东郭先生世俗所不及，何不进之于相国乎？"通曰："诺。臣之里妇，与里之诸母相善也。里妇夜亡肉，姑以为盗，怒而逐之。妇晨去，过所善诸母，语以事而谢之。里母曰：'女安行，我今令而家追女矣。'即束缊请火于亡肉家，曰：'昨暮夜，犬得肉，争斗相杀，请火治之。'亡肉家遽追呼其妇。故里母非谈说之士也，束缊乞火非还妇之道也，然物有相感，事有适可。臣请乞火于曹相国。"乃见相国曰："妇人有夫死三日而嫁者，有幽居守寡不出门者，足下即欲求妇，何取？"曰："取不嫁者。"通曰："然则求臣亦犹是也，彼东郭先生、梁石君，齐之俊士也，隐居不嫁，未尝卑节下意以求仕也。愿足下使人礼之。"曹相国曰："敬受命。"皆以为上宾。

汉代有一个大名鼎鼎的辩士，名叫蒯通，他受齐国丞相曹参的重视。所以，有的人想找曹参办事，就请蒯通从中沟通、说情。

早在汉王刘邦和楚霸王项羽争夺天下的时候，齐王田荣怨恨项羽，谋划起兵造反，所以征召齐国人入伍，不服从的立即处死。齐国隐士东郭先生和梁石君也在被征召之列，被迫入伍。后来，田荣兵败，这两个隐士因为自己参与叛乱而感到羞耻，双双进入深山隐居起来了。有人想把这两个人推荐给曹参，就来请蒯通帮忙，对他说："您在曹相国面前，可以随意批评朝政的不足和过失，可以向他推荐贤能的人。在这些方面，齐国没有一个人敢同您相比。您也知道梁石君和东郭先生比一般人强多了，为什么不把他们两个推荐给曹相国呢？"蒯通回答道："好吧。我的家乡有个妇人，与村里大娘们关系很好。一天夜里，妇人家丢了肉，婆婆认为是她偷了，盛怒之下要把她赶走。清晨，妇人向村里的大娘们告别，向她们诉说了被赶走的缘由。一位大娘说：'你慢慢走，我一定想办法让你们家里人请你回来。'说着，这位大娘捆起一束乱麻，到妇人家去借火种，说：'昨天夜里，我家里的狗得到一块肉，互相争斗咬死了，特来借火煮狗肉吃。'妇人家的人听了，立即派人追赶妇人，请她回来。当然，这位老大娘并不是辩士，通过捆乱麻、借火种的办法促成妇人回家，也不见得高明。但是，事物都有相通之处，办事要有一个适当的点子。看来，老臣我要办成东郭先生和梁石君的事，还得向曹相国借'火种'呢。"于是，蒯通去见曹参，对他说："有两个女人，一个女人的丈夫刚死了3天，她就嚷着要嫁人，另一个女人的丈夫死后，她独居守寡从不出门。如果让您从这两个女人中取一个做老婆，您娶谁？"曹相国回答道："我宁肯娶那个守寡的女人。"蒯通说："娶妻是这样，选取大臣也是这个道理。东郭先

生和梁石君是齐国的俊杰之士，他们隐居不仕，从来不卑躬屈膝谋求升官发财。希望您派人优礼相待，请他们二人出山。"曹参说："愿意接受你的建议。"随即派人把东郭先生和梁石君请来，待为上宾。

缊：碎麻。束：把乱麻搓成引火绳。请火：乞火。"束缊请火"的意思是把乱麻搓成引火绳，向别人借火把它点着。人们用"束缊请火"比喻帮助他人解决困难，也可用来比喻向别人求助。

水火不相容

典出《三国志·蜀志·魏延传》。

延既善养士卒，勇猛过人，又性矜高，当时皆避下之。唯杨仪不假借延，延以为至忿，有如水火。

魏延是三国时期蜀国的一员大将，刘备入蜀以后，派他镇守汉川，为镇远将军、汉中太守。他十分得意，对刘备说："假若曹操举天下的兵马来攻打，我为你拒敌境外；若是 10 万兵马来到，我为你把他们吞下去！"

刘备听了更加高兴，又拜他为镇北将军，封他都亭侯，几年以后，魏延打败魏国的雍州刺史郭淮，因而升迁为前军师征西大将军，进封南郑侯。

魏延屡建战功，晋官加爵，渐渐自傲起来，连诸葛亮也不放在眼里。魏延常对部下说："诸葛亮胆子太小，不敢给我兵马去打潼关。如果我领 5000 精兵，带粮五千担，循秦岭而东，不用 10 天可到长安。敌兵听说我到了必然会逃跑，那么不出 20 天，咸阳以西一举可定……"人们看到魏延这般骄傲，都让他几分，故意躲开他。唯有长史杨仪不迁就他，经常争吵，魏延因此对杨仪忌恨在心，两人如水火不相容。有一次魏延做一个梦，觉得有些奇怪，便问占梦人赵直：

"我梦见头上生出角来，是吉还是凶？"

赵直骗他说："是吉相呀，麒麟有角而不用，这是预兆敌人不用打就会自败呀！"

魏延听了满心欢喜，自庆自贺，以为成功在望。赵直却偷偷告诉别人说："角字上边是'刀'，下边是'用'，头上用刀，必有凶事，大家瞧着吧！"这年秋天，诸葛亮病危，自料难愈，便找长史杨仪、护军姜维等人作身后安排。叫他们不要为其发丧，先撤兵回蜀，免得遭敌兵追击。不过几日，诸葛亮死去。蜀军秘

不发丧，杨仪按诸葛亮临终部署叫魏延领兵断后，迅速回师。可魏延一听，火冒三丈，大叫："丞相死了，我自健在，你们尽可将丧还葬，我当率诸军击贼。难道一个人死了就荒废了天下大事？我魏延何人，竟听你杨仪的指挥，做断后的将军？"

魏延拒不听从上遗命举兵击杀杨仪。杨仪早有准备，率兵迎战，最后打败魏延，将他斩首。

后来人们用"水火不相容"比喻彼此互不相容。

说人喜嗔喻

典出《百喻经》。

过去有人，共多人众坐于屋中，叹一外人德行极好，唯有二过：一者喜嗔，二者作事仓卒。尔时，此人过在门外，闻作是语，便生嗔恚，即入其屋，擒彼道已过恶之人，以手扑打。傍人问言："何故打也？"其人答言："我曾何时喜嗔、仓卒？而此人者道我恒喜嗔恚、作事仓卒，是故打之。"傍人语言："当今喜嗔仓卒之相即时现验，云何讳之？"

过去，有个人跟很多人一起坐在房子里，他赞美另一个人品德很好，只可惜有两个缺点：一是喜欢发怒，二是做事急躁。当时，被说的人恰好在门外经过，听了这话，便发脾气，马上进屋抓住那说自己有缺点的人，用手去打。旁边的人问他："你为什么打他呢？"那人回答说："我什么时候喜欢发怒和急躁了？这个人却说我常常喜欢发怒、做事急躁，所以要打他。"旁人说："你现在的态度就是喜欢发怒、做事急躁的表现，为什么还要隐讳呢？"

错误是一种客观存在。对待错误的正确 态度是用行动去改正它，而不能用拳头、用威压去封住别人的口。

土相扶为墙，人相扶为王

典出《北齐书·蔚景传》。

景有梁下马，文襄求之，景不与，曰："土相扶为墙，人相扶为王，一马亦不得畜而索也。"

北魏大臣高欢被封为文襄王，大权在握，有废除魏王、自立为帝的野心。另一大将尉景看透了他的意图，有意投靠他。尉景有一匹马，能追风逐日，神骏异常。高欢十分喜欢，便向他索取。尉景故意不给他，并且说："俗谚讲：'土相扶为墙，人相扶为王'，你我应该互相扶助。我有一匹好马，你也放不过，你的心胸为何这么狭窄呢？"高欢听了，悚然变容，向他告罪，并深相结交。后来，他的次子高洋废魏王自立为北齐皇帝，很得尉景的帮助。

后人用"土相扶为墙，人相扶为王"比喻人们应该相互帮助才能成大事。

推心置腹

典出《后汉书·光武帝纪》。

> 降者更相语曰："萧王推赤心置人腹中，安得不投死乎！"

王莽夺取政权以后，引起了天下许多人起兵反对；并且拥立刘玄做天子，刘秀在昆阳把王莽打得大败，刘玄派他做破虏大将军。后来王莽死了，刘秀又攻破邯郸，杀掉自称天子的王郎。刘玄见刘秀接连立了大功，又封他为萧王。刘秀觉得北方还有敌人，不能安享太平，就又带兵进攻铜马军，在鄡地打了一个大胜仗。正在受降的时候，高湖和重连军队从东南方前来援救铜马军，也被刘秀打败了。

这时，刘秀把这些败军改编成自己的部队，原来带兵的将官，也都派有官职。但投降的官兵觉得从前是刘秀的敌人，恐怕将来会被刘秀消灭，心中都很不安。刘秀知道了他们有这种疑虑，就叫将官仍然各回自己的营寨照旧统率原来的部队，而自己只带着很少的随从在各营之间巡察、指挥和安排。投降的人看到刘秀对他们一点不戒备，把他们当成自己人似的，不禁欢喜地互相在私底下说："萧王推赤心置人腹中，我们怎能不为他出力呢！"从此以后，投降的官兵，再没有不心悦诚服的了。

以后，人们根据这个故事里投降官兵颂扬刘秀的话，引申出成语"推心置腹"，用来说明人们用非常诚恳和坦率的心意待人。

第四卷

中华典故

八一七

乌合之众

典出《后汉书·耿弇列传》。

耿弇自幼好学，为人敏锐有计谋，善于骑射，对出兵布阵之事很有研究。公元23年，王莽建立的新朝败亡了，汉哀帝刘欣即位。各地将领纷纷起兵，独揽地方政权，改换郡守、县令。耿弇的父亲耿况认为自己的官职是王莽所设置，心里很不安。此时21岁的耿弇便告别父亲到哀帝那儿去，趁机带去贡品，以求地位稳固。

一天，耿弇在路上偶然遇到一王姓之人，此人诈称是汉成帝的儿子子舆，在邯郸起兵。这时跟随耿弇的官吏孙仓、卫包等都说："刘子舆是成帝的儿子，是汉室的正统，咱们应该归顺他才有出路。失掉这个机会不归顺，我们又到哪里呢？"

耿弇按住剑柄说："刘子舆这小人，早晚是个降虏罢了。我到长安，参与国家组织的渔阳、上谷的军队，出入太原、代郡，往返数十日，回来领兵收拾这些乌合之众，像摧毁朽烂的木头一样。我看你们不识好歹，很快便会遭到灭族之祸。"

孙仓、卫包两人不听耿弇的话，投奔了王姓之人。

耿弇途中听说刘秀在卢奴，于是投奔了刘秀，得到刘秀的信任，多次克敌制胜，为刘秀平定天下立了汗马功劳。

"乌合之众"指像乌鸦那样暂时聚合。比喻临时拼凑起来的队伍，毫无组织纪律。

息壤在彼

典出《战国策》。

武王曰："请与子盟。"于是与之盟于息壤，果攻宜阳。五月而不能拔也，樗里疾、公孙衍二人谗争之王。王将听之，召甘茂而告之。甘茂对曰："息壤在彼！"王曰："有之。"因悉起兵，复使甘茂攻之，遂拔宜阳。

息壤是战国时代秦国的一个邑名。那时秦武王和甘茂在息壤缔结了一个盟约，合力出兵攻打韩国。可是，他们把韩国的宜阳城围困了 5 个月的时间，不断地攻城，仍然没有办法把宜阳城占领。秦王见久攻不下，因此提议暂时收兵回国，等待时机。甘茂却不同意休战，他知道秦王灰心了，将会背约罢兵，便指着息壤的方向对秦王说："息壤在彼。"秦王知道甘茂这话的意思，就是提醒他不要忘了在息壤所签订的盟约。于是，他们再鼓起余勇，把国内的精兵都调到宜阳来作战，继续和甘茂合力猛烈攻城，不久，终于把宜阳攻陷。

"息壤在彼"是教人遵守信约，勿背诺言。

相人之友

典出《韩诗外传》。

楚有善相人者，所言无遗。美闻于国中。庄王召见而问焉，对曰："臣非能相人也，能相人之友者也。"

楚国有一个善于看相的人，他说的话没有一点差误，美好的名声传遍了全国。楚庄王于是召见他，问他看相的秘诀。他回答说："我不是真正能从相貌判断一个人的好坏吉凶，而是看一个人交什么朋友来判断他的为人。"

惺惺惜惺惺，好汉惜好汉

典出《水浒传》十九回。

林冲道："此言差矣！古人道：'惺惺惜惺惺，好汉惜好汉。'量这一个泼男女、腌臜畜生终作何用？众豪杰且请宽心。"

山东梁山泊聚集着一群好汉，为首的是白衣秀士王伦。此人心胸狭窄，本领低微，生怕有能力的人来夺了他的权位，因此，当初武艺超群的林冲上山时，便受尽他的刁难、推挡，林冲心中早就窝了气。这一天，又有以晁盖为首的 7 名好汉来入伙，王伦设宴款待，饮酒中晁盖说出杀了许多官兵的阮氏三雄如何豪杰，王伦便有些颜色变了，心中好生不自在。林冲瞧在眼里。次日天明，便来拜会晁盖等，说道："今日山寨天幸得众多豪杰到此相扶，似锦上添花。王伦心怀妒贤嫉能，但恐众豪杰势力相压。小可只恐众位生退让之意，特来早早说知。今日看他如何相待。倘若有半句话参差时，尽在林冲身上。"晁盖等道："不可教头领与旧弟兄犯颜。若是可容即容；不可容时，我等登时告退。"林冲道："此言差矣！古人道：'惺惺惜惺惺，好汉惜好汉。'量这一个泼男女、腌臜畜生终作何用？众豪杰且请宽心。"自上山去了。

没多时，小喽罗到来相请。酒至数巡，食供两次，晁盖与王伦盘话，但提起聚义一事，王伦便把闲话支吾开去。饮酒至午后，王伦回头叫小喽罗："取来。"只见一人捧个大盘子里放着五锭大银。王伦便道："感蒙众豪杰到此聚义，只恨敝山小寨是一洼之水，如何安得许多真龙？聊备些薄礼，万望笑纳。烦投大寨歇马，小可亲到麾下纳降。"晁盖道："小可久闻大寨招贤纳士，一径特地来入伙。若是不能相容，只此告别。"说言未了，只见林冲双眉剔起，两眼圆睁，大喝道："前番我上山时，你也推粮少房稀，今日又发出这等话来，是何道理？"晁盖等道："头领息怒，王头领以礼发付我们下山，又不曾热赶将去，我等自去罢休。"林冲道："这是笑里藏刀、言清行浊的人，我其实今日放他不过。"王伦喝道："你看这畜生，倒把言语来伤我，却不是反失上下？"林冲把桌子只一脚，踢在一边，抢起身来，掣出把明晃晃的刀来，一把拿住王伦，去心窝里只一刀。可怜王伦做了半世强人，今日死在林冲之手。正应古人言："量大福也大，机深祸亦深。"

"惺惺惜惺惺，好汉惜好汉"，惺惺：聪明人的意思，意与"同声相应、同气相求"同。

休戚相关

典出《国语·周语下》。

　　晋国有忧，未尝不戚，有庆，未尝不怡。……为晋休戚，不背本也。

晋国有一个叫姬周的人，在单国襄公手下做事，他虽身处异国，但对自己祖国的情况非常关心。当他打听到晋国有可忧的事，就整日发愁；有可喜的事，就满怀高兴。单襄公对他很敬重，尤其赞美他的高尚品德。当单襄公病重时，特地嘱咐他的儿子顷公说："姬周能够和他的祖国共享欢乐和痛苦，可说是不忘其本，他将来回到晋国去，一定会得到他的国人的爱戴，你要好好地对待他。"

后人根据这个故事中单襄公所说的话，引出成语"休戚相关"或"休戚与共"，用来比喻彼此的忧喜祸福紧密相连，形容彼此关系密切，利害一致。

雁足捎书

典出《汉书·苏武传》。

我国汉朝的时候，有一位著名的外交官，名叫苏武。他在公元前 100 年，接受汉武帝的命令，作为使节到北方的匈奴去。匈奴的贵族们让苏武投降匈奴，不要再回汉朝去了。可是苏武死也不肯归顺，他正义凛然地对他们说："我是堂堂的汉朝使者，岂有投降之理！"匈奴的君主单于就将苏武囚禁在阴山的冰窖中，不给饭吃，不给水喝，想用这个残酷的手段，逼他投降。苏武只好嚼雪吞毡、捕鼠为食，但绝不投降。单于又把他送到遥远的北海，就是现在的贝加尔湖，让他在那个寒冷而没有人烟的湖边牧羊。就这样苏武在那里含辛茹苦地度过了 19 个年头，始终没有屈服。

后来，到了汉昭帝即位的时候，汉朝同匈奴和亲友好，昭帝便要求匈奴放回苏武。可是单于欺骗昭帝说，苏武早已经死去了。有一次，汉朝的使节到了匈奴，匈奴有一个叫常惠的人，晚上偷偷地去见汉朝使者，告诉他们苏武并没有死，仍在北海牧羊。常惠又给他们想出了一条计策，说："你们这样同单于说：'我们的汉昭帝在上林动物园打猎，射中一只大雁，发现大雁的脚上拴着一封信，打开一看原来是苏武写的，说他仍在北海牧羊。'"汉朝使者听从了常惠的建议，就照样和单于说了。单于听说竟有雁足捎书的奇事，十分惊慌，以为这是有神仙在帮助苏武，于是赶紧把苏武送回汉朝。

后来人们从中概括出"雁足捎书"这句成语，用来比喻传送书信。南宋女词人李清照曾在一首《一剪梅》词中写道："红藕香残玉簟秋。轻解罗裳，独上兰舟。云中谁寄锦书来？雁字回时，月满西楼。花自飘零水自流。一种相思，两处闲愁。此情无计可消除，才下眉头，却上心头。"其实，大雁是不具有传书的本领的，它不能像鸽子那样充当信使。

"雁足捎书"有时也说成"雁足传书"。

杳如黄鹤

典出《黄鹤楼诗》。

黄鹤一去不复返，白云千载空悠悠。

在长江岸边武汉市蛇山的黄鹄矶头，曾经有过一处著名的古迹——黄鹤楼。传说古人费祎成成仙升天，经常骑着黄鹤，在此楼休息，因而得名。黄鹤楼相传始建于三国吴黄武二年（公元 223 年），历代屡毁屡建。唐崔颢、李白及宋陆游等均有题诗。

关于黄鹤楼，还有一个美妙的传说：从前有个名叫荀的人，有一次他在楼上游玩休息，忽然看见西南天空云朵散开，不知是什么东西由云端飘然而下，转眼就飞到楼上。原来是骑着黄鹤的仙人从天而降。荀走上前去，与仙人攀谈起来，彼此都很愉快。不久，仙人告辞，骑上黄鹤，腾空而起，一眨眼便消失在云彩之中。

这个故事在《述异记》卷上有记载，书中说："荀憩江夏黄鹤楼上，望西南有物飘然，降自霄汉，俄顷已至，乃驾鹤之宾也。宾主欢对，已而辞去，跨鹤腾空，眇然而灭。"

后来，唐朝的诗人崔颢根据这个传说，为黄鹤楼题过一首诗，著名的大诗人李白对此赞叹不已。崔颢的《黄鹤楼诗》这样写道：

> 昔人已乘黄鹤去，
> 此地空余黄鹤楼。
> 黄鹤一去不复返，
> 白云千载空悠悠。
> 晴川历历汉阳树，
> 芳草萋萋鹦鹉洲。
> 日暮乡关何处是？
> 烟波江上使人愁！

由此形成成语"杳如黄鹤"，比喻一去便无影无踪。有时也用来比喻人或物下落不明。

一饭千金

典出《史记·淮阴侯列传》。

　　韩信常数从其下乡南昌亭长寄食，数月，亭长妻患之，乃晨炊蓐食。食时信往，不为具食。……信钓于城下，诸母漂，有一母见信饥，饭信，竟漂数十日。信喜，谓漂母曰："吾必有以重报母。"母怒曰："大丈夫不能自食，吾哀王孙而进食，岂望报乎！"后来韩信帮助刘邦取得天下，被封为楚王，信至国，召所从食漂母，赐千金。及下乡南昌亭长，赐百钱，曰："公，小人也，为德不卒。"

　　帮助汉高祖打平天下的大将韩信，在未得志时境况很是困苦。那时候，他时常去城下钓鱼，希望碰着好运气，便可以维持生活。但是，这毕竟不是可靠的办法，因此，时常要饿肚子。幸而在他钓鱼的地方，有很多清洗衣物的老婆婆，其中有一位，很同情他的遭遇，不断地救济他，给他饭吃。韩信在艰难困苦中，得到那位仅能以双手勉强糊口的老婆婆的恩惠，很是感激她，便对她说，将来必定要重重的报答她。那老婆婆听了韩信的话，很不高兴，表示并不希望韩信将来报答她。后来，韩信替汉王立下不少功劳，被封为楚王。他想起从前曾受过老婆婆的恩惠，便命从人送酒菜给她吃，更送给她黄金一千两答谢。

　　成语"一饭千金"就出于这个故事。后人用它喻指知恩图报的典故。

一钱不值

典出《史记·魏其武安侯列传》。

　　夫无所发怒，乃骂临汝侯曰："生平毁程不识不直一钱，今日长者为寿，乃效女儿嗫耳语！"

　　灌夫字仲孺，西汉时人。他性情刚直，讲究信义，说出的话一定做到。他常侮慢地位比他高的官员；而对地位比他低的，越是贫贱，他越敬重。因此，当时很多有才能而无地位的人都喜欢接近他。

灌夫喜欢喝酒，并且常因喝醉了使性子。有一天，丞相田蚡结婚，他喝了不少酒。一会儿，他走到田蚡的面前敬酒，田蚡说："我不能喝满杯。"灌夫见他不肯痛快喝酒，便语带讽刺地说："你虽是一个贵人，但也应喝完我敬的这杯酒。"田蚡还是没有干杯。灌夫讨了一顿没趣，就走到临汝侯灌贤面前敬酒。这时，灌贤正对程不识（曾任边境太守，后改任大中大夫）的耳朵说话，没有对他表示出欢迎的样子。灌夫心里本来有气，看见这情形，再也忍不住了，立即骂灌贤说："我一向说程不识不值一钱，今天在这里你竟和他学妇人们的样子咬耳朵根子！……"

自此以后，人们对于别人有轻视鄙弃的意思，说这人一无长处，就说"一钱不值"或"不值一钱"，即毫无价值之意。

一衣带水

典出《资治通鉴·陈纪》。

隋文帝杨坚独霸中原后，想消灭长江中下游以南地区的陈国，统一中国。

他秘密派遣兵士装扮成行路人，来到陈国，偷偷顺风放火。江南多是茅屋竹舍，一处着火，便会成片烧光；储积在房屋里的粮食也随之全部烧成灰烬。等陈国人重新修建好后，他们又去烧。几年时间过去了，陈国财力损失巨大。同时，在南方农作物收获的时节，杨坚又派遣一些人马南下，佯装要袭击他们。陈国恐惧万分，迅速召集全部军队，兵分六路，沿长江南岸各个战略要地一线铺开，准备决一死战。这时隋文帝却又把自己的部队召回，从而使陈国成熟的农作物全部烂在田里。

公元587年，后梁尚书令萧岩等人投降陈国。隋文帝非常气愤，对众官说："陈国人生活在水深火热之中，我作为百姓的父母官，怎么能被一条衣带那样宽的江水阻隔而坐视不管呢？"于是下令大造战船，把造船余下的木片都投到江里去。

陈国知道了这些情况，想想当时又是农作物即将成熟的季节，一定是杨坚故技重演，也不做什么准备。结果隋军压境，陈国被打得措手不及，终于灭亡了。

"一衣带水"指相邻很近，仅一水间隔。比喻江流狭窄，彼此之间极其邻近，不足为阻。

一语为重百金轻

典出《商鞅》。

自古驱民在信诚，一语为重百金轻。今人未可非商鞅，商鞅能令政必行。

商鞅是战国时期的一位政治家，卫国人，公孙氏，名鞅所以也叫卫鞅。他先为魏相公叔痤的家臣，后来来到秦国。秦孝公六年（公元前 356 年，有的说在秦孝公三年），他被任为左庶长，开始了历史上著名的商鞅变法。新法公布后，为了让人们相信制定的革新措施，商鞅下令在国都南门外立了一根三丈高的木柱，声言谁能将此柱搬到北门，赏十金。起初，人们感到疑惑和奇怪，没人敢搬。后来，商鞅又宣布，能将此柱搬到北门的，赏五十金。有个人抱着试试看的态度将木柱搬到了北门，商鞅果然赏给他五十金。这件事轰动了国都，广大群众都相信商鞅的话，认为他推行新法，说话算数。

宋代的王安石也是一位力主革新的政治家。他针对当时一些人非难和指责商鞅的行为写下了这首诗，对商鞅表示了高度的赞扬。全诗的大意是：自古以来管治、驱使百姓在于信诚，说话算数；商鞅就言行一致，以实现诺言为重，以百金为轻。今天的一伙人，不要非难、指责商鞅吧，商鞅不畏权势，不怕险阻，能使自己制定的政策法令通行无阻。

后人用"一语为重百金轻"比喻言行一致，言必信，行必果。

以貌取人

典出《史记·仲尼弟子列传》。

孔子闻之，曰："吾以言取人，失之宰予；以貌取人，失之子羽。"

子羽和宰予都是孔子的学生，但在最初时，孔子对待他们二人的态度是完全不同的。子羽的外貌长得很不好看，他第一次去拜见孔子时，孔子对他的印象就不好。孔子心中想道："这个人生得这么丑，一定没有出息。"因此就对他冷淡，不好好地教导他；子羽没法，只得退学了。

宰予生得眉清目秀，仪表堂堂，又能说会道，孔子一见，便喜欢了他，以为他一定很有才气，所以便很用心的教导他。哪知子羽因为被孔子轻视，回去后发奋努力，刻苦求学，后来成为一个很有名的学者，很多青年都投到他门下去。而宰予呢，却读书不专心，又很懒惰，早晨人家都起身了，他还赖在床上，孔子气得称他为一块朽木。后来宰予虽然靠他的口才当上齐国的宰相，却因与人共同作乱而被处死了。孔子接受了这个教训，说："吾以言取人，失之宰予；以貌取人，失之子羽。"意思是说：宰予的事告诉我，不能凭说话来衡量一个人；子羽的事告诉我，不能凭容貌来衡量一个人。

后来的人，便将孔子的话引为"以貌取人"，指以外貌作为衡量人的标准。

义不容辞

典出《三国演义》。

> 张昭曰："可差人往鲁子敬处，教急发书到荆州，使玄德同力拒曹。……且玄德既为东吴之婿，亦义不容辞。"

东汉末年，曹操、刘备、孙权三股割据势力形成了三足鼎立的局面。由于曹操势力较大，又"挟天子以令诸侯"，所以刘备采纳了诸葛亮的建议，连联孙抗曹，并将计就计，娶孙权的妹妹孙尚香为妻，加强了刘孙联盟。建安十三年（公元208年），刘孙联军在赤壁大败曹军，孙权地位更加巩固，刘备也据有了荆州大部分地区。

赤壁之战以后，曹操经过了一段时间的休整，决定再次亲率大军南征，遂发兵30万，直取江南。孙权得到消息后，急忙召集文臣武将商量对策。谋士张昭说："刘备曾受恩于鲁肃，可以派人到鲁肃那里，让他赶快发信到荆州，请刘备出兵共同抗曹。刘备是我们东吴的女婿，让他出兵助吴，对他来说是义不容辞的。如果刘备前来援助，江南便无祸患了。"

孙权同意了张昭的建议，让鲁肃写信给刘备。刘备接到鲁肃的信以后，马上派人请来诸葛亮进行商量，并回信鲁肃，让他转告孙权，不用害怕，刘备自有退兵之计。

后人用"义不容辞"指道义上不允许推托和拒绝。

萤光之火

典出《水浒传》。

> 小人家下萤光之火，照不亮人，恐后误了足下，我转荐足下到小苏
> 学士处，久后也得个出身。足下意向如何？

河南开封有个浮浪子弟名叫高俅，自小不成家业，只好刺枪使棒，踢得一腿好拳脚，乱学了一些诗、书、词、赋。其人没有正当职业，每日寻花问柳，使钱赌博。有一次因帮王员外的儿子耍狂，被员外告到府尹那里，府尹责他20棍杖，刺配出界发放。开封府的人民不容他在本地居住，高俅无可奈何，便到淮西临淮州一家赌房替柳世权帮闲。后来，宋哲宗赦宥罪犯，高俅思量要回开封。柳世权有个亲戚董将士在开封府开药铺，于是写封信介绍高俅前去投奔。董将士见高俅是个浮浪子弟，没有信行，便送他一套衣服，并写封信介绍给苏学士。临行时，董将士对高俅说："小人家下萤光之火，照不亮人，恐怕误了足下，我转荐足下到苏学士处，久后也得个出身。足下意向如何？"高俅十分高兴，便往苏学士处去了。

后人用"萤光之火"来比喻力量不足，能成之事不大。含有谦逊之意。

有缘千里能相会

明朝苏州出了个才子，名唐寅，字伯虎，聪明盖世，书画音乐无一不精绝，中了解元后，绝意功名，放浪诗酒，平日心中喜怒哀乐都寓之画中，每一画出，人均重价争购。

这一日，他坐在阊门游船上倚窗独酌，忽见有画舫从旁摇过，内有一青衣小鬟眉目秀艳，体态绰约，注视唐寅，掩口而笑。唐寅神荡魂摇，问舟人，乃知是无锡华学士府眷。自古道："有缘千里来相会。"唐寅急命坐船尾随画舫，日夜不离，次日到了无锡，那画舫进城去了。

唐寅奋然登岸，办下旧衣旧帽，竟投身华学士府为仆。华学士见他生得文

雅，况又知书习文，便欲留他为公子伴读，问他要多少身价，唐寅道："身价不敢领，只要求些衣服穿，侍候老爷中意时，赏一房好媳妇足矣！"学士更喜，问其姓名，道叫康宣，乃改其名为华安，送至书馆。除伴读外，一应往来书札辄令代笔，繁简恰当，学士从未增减一字，宠信日深。华安从容打听，乃知青衣小鬟名叫秋香，是华夫人贴身丫鬟。内外有隔，年余竟不得一见，计无所出，常自悒闷。适学士家中主管病故，学士命华安暂代。月余，出纳谨慎，毫忽无私。学士更加喜爱，遂将许多丫鬟唤到中堂，命择一人为妻，以安其心。华安见二三十个丫鬟各盛饰装扮，独秋香依旧青衣，昔日丰姿宛然在目。华安指道："若得穿青衣小娘子为妻，足遂生平。"华学士、夫人遂择了吉日，亲自主婚，两人成婚。夜半，秋香问华安道："与君颇面善，何处曾会来？"华安笑道："娘子想想看。"秋香凝视久之，忽地省悟，道："向日苏州阊门游船中见的可就是你？"华安道："好厉害的眼睛，我苏州唐解元也，为小娘子旁舟一笑，不能忘情，故屈身为仆，一年至今。"乃将学士所赠之物，一一封存，同秋香连夜回苏州去了。

后人用"有缘千里能相会"的这个典故比喻真正意气相投的人，尽管原来互不相识，甚至相隔千里，一旦认识了，便能成为知己或情人。

与人为善

典出《孟子·公孙丑上》。

取诸人以为善，是与人为善者也。故君子莫大乎与人为善。

子路是孔子的学生，孟子很赞赏他。孟子说子路很好，别人指出他的错误，他就高兴。不过孟子认为子路还是不及禹、舜。他说："禹听了好话，就给别人敬礼；舜就更不得了，常常抛弃自己的不是，学习别人的优点以为善事。他种庄稼，做陶器，当渔夫一直到天子，没有哪个优点不是从别人那学来的。吸取别人的优点来弥补自己的不足，然后去做好事，这就等于偕同别人一道行善。所以君子的最高德行，就是偕同别人一道做好事。"

后人用"与人为善"来表示与别人一道做好事。现指批评同志时要采取善意的态度，帮助他进步。

张飞战关公——忘了旧情

典出《三国演义》。

公元 200 年（汉献帝建安五年），曹操出兵攻打徐州。刘备兵败，投奔袁绍。关公保护刘备的家眷，被迫归附曹操。张飞逃入芒砀山中。三个结义兄弟失散，各不相顾。后来，关公得知刘备去处，立即挂印封金，拜辞曹操，保护着刘备的甘、麋两位夫人，千里走单骑，过五关斩六将，脱离许都，往汝南找刘备。

张飞逃入山中后，住了月余，下山攻占古城，招军买马，积草屯粮，权且安身。关公路过古城，得知张飞在此，喜出望外，派孙乾入城通报，叫张飞出来迎接两位嫂嫂。张飞却披挂持矛上马，带着一千余人出城。关公望见张飞到来，非常高兴，连忙把手中大刀交给周仓，徒手拍马迎来。只见张飞圆睁环眼，倒竖虎须，吼声如雷，挥着长矛刺向关公。关公大吃一惊，慌忙闪过，大叫："贤弟何故如此？难道忘了桃园结义兄弟情谊？"张飞大骂："你背叛兄长，投降曹操，封侯赐爵。今天又来骗我。你既然无情无义，有何面目再来见我！"关公说："你原来不知，我也难说。现在有二位嫂嫂在这里，请贤弟自己问问她们吧！"两位夫人听见，忙揭帘叫张飞："三叔不要错怪好人。二叔因不知你们的下落，暂时栖身曹营。如今得知你大哥在汝南，特地不避险阻，送我们到这里。"张飞还不相信，说："二位嫂嫂不要被他们瞒骗过去，待我杀了这个负义的人，然后请嫂嫂入城。"

这时候，一支曹军人马赶来追关公。张飞以为关公带兵前来捉他，更加大怒，挺起八丈蛇矛便又刺过来。关公急忙止住说："贤弟且慢！你看我斩了来将，以表我的真心。"张飞说："你果有真心，我这里敲三通鼓，便要你斩来将！"关公二话没说，取过大刀，纵马迎上前去。一通鼓未尽，关公刀起，曹将蔡阳头已落地，其他追兵也尽散去。张飞也向从许都来的士兵问了关公的情况。这时，他才相信，迎请关公和两位嫂嫂入城，设宴贺喜，各诉别后情景。

"张飞战关公——忘了旧情"，比喻翻脸不认老朋友，抛弃了过去的情谊。

忠信得罪

典出《战国策·燕策一》。

　　有远为吏者，其妻私人。其夫且归，其私之者忧之。其妻曰："公勿忧也。吾已为药酒以待之矣。"后二日，夫至，妻使妾奉卮酒进之。妾知其药酒也：进之则杀主父，言之则逐主母。乃阳僵弃酒。主父大怒而笞之。

　　故妾一僵而弃酒，上以活主父，下以存主母也。忠至如此，然不免于笞。此以忠信得罪者也。

　　有一个人在远方当小官。他的妻子在家与人私通。丈夫快回家时，那奸夫很担忧。他妻子说："您不要担忧，我已经做了毒酒来等他了。"两天后丈夫回来了。妻子叫侍妾捧了一杯酒献给丈夫。这侍妾知道它是毒酒。敬，就会毒死自己的主人；说，又会赶走家里的主母。她左右为难，便假装跌倒把酒泼了。那主人不知内情，大发脾气，把她打了一顿。

　　这侍妾假装跌倒泼了酒，既救了主人的命，又保全了主母，忠诚到这种地步，但却免不了鞭打。这便是因为忠诚而得罪啊。

　　这个故事说明在封建社会里，忠而获罪，信而被疑，是非颠倒，好人遭殃，这类事情是经常发生的。这个故事告诉人们：要善于分辨忠奸，不要为表面现象所迷惑。

忠言逆耳

典出《韩非子·外储说左上》。

　　夫良药苦于口，而智者劝而饮之，知其入而已己疾也；忠言拂于耳，而明王听之，知其可以致功也。

　　又见《史记·留侯世家》。

　　且忠言逆耳利于行，良药苦口利于病，愿沛公听樊哙言！

楚汉相争时，项羽和刘邦约定以鸿沟为界，东面是楚，西面是汉。订约以后，刘邦引军而去，占领了秦都咸阳。他看到秦国的宫殿里声色犬马，富丽堂皇，便想留住下来。这时，汉将樊哙劝刘邦不要贪恋这些东西，因为这些东西正是秦亡国的祸根。起初刘邦不听樊哙的劝告。谋士张良对刘邦说："秦朝残暴无道，你才得以推翻了它而占据了咸阳。你刚入秦，就贪图享乐，这是帮助坏人做坏事呀！忠言虽然不好听但有利于行动，好药虽然很苦但有利于疾病。愿你听从樊哙的劝告。"经张良这么一说，刘邦放弃了享乐，还军霸上，最后终于消灭了项羽，建立了西汉王朝。

　　"忠言逆耳"这句成语意思就是忠实的劝告。往往让人听起来不舒服。后人用这个典故比喻劝人听取不同意见。

失策篇

按图索骥

典出明代杨慎《艺林伐山》。

古代相马家伯乐看儿子一年一年长大了，便开始教他学习《相马经》，儿子十分勤奋，早晨起来就抱着经书大声读起来。

一天，他对父亲说："我已经全部掌握相马技术了。要找千里马，只要看额头是不是端正，眼睛是不是闪闪发光，四个蹄子是不是又大又正，你要是不信，我就给你找一匹回来。"

他刚走到家门口的一方池塘边，突然，看见草丛中跳出一头癞蛤蟆。他喜出望外，蹲在旁边仔细端详起来，把心中所记的千里马的特征反复默读了几遍，边看边照，对，额头丰满，还隆起来呢！眼睛也闪光，精神得很哩！腿要四条，一、二、三、四，好，也符合；再看蹄子，可惜，太小了。他摇摇头，但转念一想，父亲不是经常说过瑕不掩瑜吗？其他三点都符合，就这点欠缺，这不能说它不是千里马吧？

他兴高采烈地把它捉回家里，大声喊道："父亲，我找到了一匹千里马！只是四个蹄子不像书上说的又大又正。"

父亲见是癞蛤蟆，非常生气，举起巴掌就要打，但想到这个大头的儿子向来愚蠢，便转怒为笑，和气地说："孩子，这匹千里马喜欢跳跃，不喜欢奔驰，不能够拉车。"

儿子听了连连点头，摇着大脑袋，得意地说："就是嘛，我也看出来，都是因为蹄子不大不正。"

后人用"按图索骥"比喻办事拘泥于教条，像按照图样去买马一样。

矮子看戏，随人说妍

典出《朱子语类》二十七。

　　其有知得某人诗好，某人诗不好者，亦只是见已前人如此说，便承虚接响说取去，如矮子看戏相似，见人道好，他也道好。乃至问著他那里是好处，元不曾识。

旧时农村演出"草台戏"，都是在露天搭台，台不很高，人们都挤在一起站着瞧。有个矮子也去看戏，他前面的人长得高，视线都被挡住了，他一点儿也瞧不见，只听得前后人们喝彩，说演得真好。矮子也大声叫好。其实他一点也未看见，只是随声附和而已。所以明朝李贽在《续焚书》中说："我小时候，听人家说：'孔子是圣人，是值得尊敬的。'因此我也尊敬孔夫子，至于他为什么是圣人，哪些地方值得尊敬，却一点也不懂，不过是：'矮人看戏，随人说妍'而已。"

后人用"矮子看戏，随人说妍"比喻人无主见，随声附和。

半路上杀出个程咬金

典出《说唐全传》。

　　隋帝的皇杠前后三次都是在半途被劫，不管押运军官如何本领高强，都被半路上杀出来的程咬金三斧头杀得大败。

隋朝末年，天下大乱，大盗尤俊达想抢隋帝的皇杠（皇帝派人押运的银子，由于银子是装在打通了的竹杠里的，所以叫皇杠），便到处物色武艺高强的助手，一找找到了程咬金。程咬金很穷，为了养活老母亲，在市上卖竹笆子过活。尤俊达把程母接到庄上奉养，便带着程咬金去劫皇杠。隋帝的皇杠前后3次都是在半途被劫，不管押运军官如何本领高强，都被半路上杀出来的程咬金三斧头杀得大败。

后人用"半路上杀出个程咬金"比喻一件事被人横加干扰，出乎意外地遭到失败。

杯弓蛇影

典出《晋书·乐广传》。

晋朝时候，有一个叫乐广的人。一次，请一位朋友到家里喝酒。那位朋友很高兴，可是当他端起酒杯一饮而尽的时候，突然看见酒杯里有一条游动着的小蛇，他感到十分厌恶，可是一下子已经把酒喝进肚子里去了。喝完酒他很难受，总觉得肚子里有一条小蛇，因此回到家中就病倒了。

乐广听到朋友生病的消息和病因，心想："酒杯里怎么会有蛇呢？"于是，他就到那天喝酒的地方仔细察看。

原来，在客厅的墙上，挂着一把漆了油彩的弓，弓的影子恰巧落在那位朋友放过酒杯的地方。于是，他就派人请那位朋友再来喝酒，并说保证能治好他的病。那位朋友来了，乐广请他仍旧坐在他上次坐的地方。那位朋友非常不安，端起酒杯往里一看，只见那条小蛇仍然在酒杯里活动！他心情特别紧张，浑身直冒冷汗。

这时，乐广指着墙上的弓，笑着说："你看，这哪里是什么蛇？只不过是墙上那把弓的影子罢了。"说完，他把墙上的弓摘下来，酒杯里的"蛇"果然不见了。那位朋友弄清了真相，消除了疑虑和恐惧，他的病马上就好了。

"杯弓蛇影"指弓的影子投入到杯中，人以为杯中有蛇。形容因疑虑而引起不必要的紧张和恐慌。

闭门造车

典出《〈中庸〉或问》。

轨者，车之辙迹也。辙迹在道，广狭如一，无有远迩，莫不齐同。古语所谓"闭门造车，出门合辙"，盖言其法之同也。

朱熹《〈中庸〉或问》里有这么两句话："古语所谓'闭门造车，出门合辙。"

它的意思是说：把门关起来造车，把材料逐件造好后，只要件件合乎规矩，再拿到门外去合拢起来，使用时也能和路上的车辙完全相同。

"闭门造车"有正面和反面两层意义。在正的方面，就是说天下的事情，差不多是相同的，只要样子没有变，懂得规矩，自然不会发生错误，到处可以行得通。所以尽管关着门造车，拿到外面去应用，仍然是适合车辙的。反的方面，就是说天下的事理没有穷尽，而且各地的情形不同，习惯互异，自己关着门一个人做，不管做得怎样好，拿出去，未必适合人们的需要。

现在人们所引用的，大多数是用反面的意义，比喻不依据实际情况，单凭主观想象办事。

宾卑聚之勇

典出《吕氏春秋·离俗览》。

齐庄公之时，有士曰宾卑聚，梦有壮子，白缟之冠，丹绩之旬，东布之衣，新素履，墨剑室，从而叱之，唾其面；惕然而寤，徒梦也。终夜坐不自快。

明日召其友而告之曰："吾少好勇，年六十而无所挫辱。今夜辱！吾将索其形，期得之则可，不得半死之。"

每朝与其友俱立乎衢，三日不得，却而自殁。

齐庄公时候，有个勇士叫宾卑聚，一天晚上梦见有个彪形大汉，戴着白帽子，系着红帽带，身穿粗布衣服，脚登白色鞋子，佩着黑色的剑套，来到跟前大声斥骂他，还唾了他一脸口水。宾卑聚猛然惊醒，发现不过是一场恶梦。为此整夜感到不愉快。

第二天他找来自己的朋友告诉他说："我小时就很勇敢，到了60岁还没有受过屈辱。现在竟然在梦中受了屈辱！我要按照梦里人的形状寻找他，找不到他我将要为此而死。"

于是每天早晨都和他的朋友一块站在四通八达的大路上，找了3天没找到，就回家自杀了。

后人用"宾卑聚之勇"比喻梦并不是客观现实的真实反映，然而这个寓言中的宾卑聚，却把梦中的事情当真起来，为了不受梦中人的侮辱，居然自杀了。

不知轻重

典出《韩非子·外储说左上》。

　　楚人有卖其珠于郑者，为木兰之柜，熏以桂椒，缀以珠玉，饰以玫瑰，辑以羽翠，郑人买其椟而还其珠。

　　春秋时代，楚国有一个商人，专门卖珠宝的，有一次他到齐国去兜售珠宝，为了能让珠宝畅销，特地用名贵的木材造成许多小盒子，并把盒子雕刻装饰得非常精致美观，使盒子散发出一种香味，然后把珠宝装在盒子里面。

　　有一个郑国人，看见装珠宝的盒子既精致又美观，问明了价钱后，就买了一个，打开盒子，把里面的宝物拿出来，退还给珠宝商。

　　这个郑国人只知道盒子的好看，却不晓得珠宝的价值实在要比盒子的价格高多少倍。

　　后人用"不知轻重"比喻办事情分不出重要与不重要，缺乏章法。

驳象虎疑

典出《管子·小问》。

　　桓公乘马，虎望见之而伏。桓公问管仲曰："今者寡人乘马，虎望见寡人而不敢行，其故何也？"管仲对曰："意者君乘驳马而盘桓，迎日而驰乎？"公曰："然。"

　　管仲对曰："此驳象也，驳食虎豹，故虎疑焉。"

　　齐桓公骑马出游，有一只老虎远远望见就趴在地上。事后，桓公问管仲说："今天我骑马出游，老虎望见我吓得不敢动，是什么缘故呢？"

　　管仲回答说："料想君王必是骑驳马闲游，迎着太阳奔跑吧。"

　　桓公说："是这样。"

　　管仲说："这是因为驳马很像驳，驳能吃老虎和豹子，所以老虎疑惧了。"

后人用"驳象虎疑"比喻为假象所惑而发生错觉。

藏贼衣

典出《笑得好》。

　　有一贼入人家偷窃，奈其家甚贫，四壁萧然，床头只有米一坛。贼自思：将这米偷了去，煮饭也好。因难于携带，遂将自己衣服脱下来，铺在地上，取米坛倾米包携。此时床上夫妻两口，其夫先醒，月光照入屋内，看见贼返身取米时，夫在床上悄悄伸手，将贼衣抽藏床里。贼回身寻衣不见。其妻后醒，慌问夫曰："房中好像有响声，恐怕有贼吧？"夫曰："我醒着多时，并没有贼。"这贼听见说话，慌忙高喊曰："我的衣服，才放在地上，就被贼偷了去，怎的还说没贼？"

　　后人用这则寓言嘲笑了企图谋算人反被人谋算的可耻下场。这个脱衣裹米的贼是作茧自缚，他虽然"贼喊捉贼"，也终免不了束手被捉。

池中物

典出《晋书·刘元海载记》。

　　蛟龙得云雨，非复池中物也。

　　西晋末年的刘渊，字元海，匈奴族人，世袭匈奴左部帅官职。他年少时喜欢读书，对诗、经、史、兵法等无不通晓，而且有独到见解。比如他曾批评汉高祖刘邦手下的谋臣萧何与陆贾不懂军事，周勃和灌婴两个武将缺乏文才。刘渊认为：对任何一件事情不懂，都是君子的耻辱。因此，他努力习武，决心做到文武全才，后来练到武艺精绝，勇力过人，尤其擅长射箭。

　　有一次，朝廷需要一员大将带兵去平定凉州。晋惠帝便召集群臣商议。大臣李熹推荐了刘渊，说："陛下如能调动匈奴五部的人马，再任刘渊为大将军，凉州一定会在短期内平定。"另一位大臣孔恂当即表示反对："李公的意见我不同

中华典故

意，派刘渊去有很大的弊病。"李憙勃然大怒道："匈奴人如此强悍，骁勇善战，加上刘元海通晓兵法，是良将之才。他奉皇帝的圣旨平定凉州，宣传朝廷的威德，哪有什么害处？"孔恂回答说："刘元海如果平了凉州，恐怕他就不会乖乖放手，那时他就如同蛟龙得到助威的风雷云雨，势力强大，不会再是过去小池子中的鱼虾，陛下将无法控制了。"晋惠帝认为孔恂说得在理，就放弃了派刘渊外出带兵的打算。

后来，刘渊起兵反晋，成为十六国时期汉国的创立者。

后人用"池中物"的典故比喻处于狭小的地方，目光短浅、无所作为的人；或比喻受条件限制，暂时不能施展才干的人。

翠鸟移巢

典出《古今潭概》。

翠鸟先高作巢以避患。及生子，爱之，恐坠，稍下作巢。子长羽毛，复益爱之，又更下巢，而人遂得而以之矣。

翠鸟起先为了躲避灾祸，总是选择很高的地方营巢筑窝。等它孵出小鸟以后，因为特别喜爱它们，只怕从高处摔下来，便移到稍低一点的地方筑窝。后来，小鸟长出了美丽的羽毛，大鸟就更加喜欢它们了，于是又向下移巢，结果人们很容易地把它们捉走了。

"翠鸟移巢"这个典故告诫人们，办事情要注意以一种倾向掩盖另一种倾向。翠鸟移巢，没有看到高低各有利弊。

大王的架子

典出《史记·乐毅列传》。

公元前 284 年（周赧王三十一年），燕国的大将乐毅、秦国的大将白起、赵国的大将廉颇、韩国的大将暴鸢、魏国的大将晋鄙，各人带着本国的兵马，按照约定的日子会合到一起。燕国的乐毅担任上将军，统率着五国的兵马，浩浩荡荡地向齐国进攻。

齐闵王一听说五国的军队一起来打齐国，就亲自带着大队人马，赶到济水的西边去对敌。上将军乐毅跑在赵、韩、魏、秦各国兵马的前头，到最接近敌人的地方去指挥作战。四国的将士一见，个个拼命往前打，把齐国的军队打得死的死、伤的伤，剩下的只能往后退。齐闵王大败，跑回临淄，打发人连夜到楚国去请求救兵，说愿意把淮北一带的土地送给楚王，作为谢礼。

赵、韩、魏、秦四国的将士打了几回胜仗，各自占领了齐国的几座城就心满意足地驻扎下来，不愿意再接着往下打了。乐毅认为夺下来的城由他们几国守住，也挺好。他自己带着本国的军队接着往下打。沿路宣扬燕国军队的纪律，安抚齐国的人民，一直打到齐国的都城临淄。

齐闵王急得没有办法，只好带着几十个亲信的文武大臣，偷偷地从北门逃出去，跑到卫国去了。卫国原本是个小国，这时候，只剩了濮阳（在河南省清丰县南）一块地盘了，哪敢得罪大国的君王呢？卫君恭敬地好像臣下伺候君王一样地招待着齐闵王。齐闵王为了要摆出大王的架子，见了跪在地下的卫君，连理也不理。这种神气简直把卫国的大臣们气炸了肺。他们虽然是小国的大臣，可是打打落水狗的胆量还是有的。当天晚上，齐闵王的行李就被人拿走了。第二天，齐闵王肚子饿了也没有人去理他。他知道情形不对，再待下去非得受到卫国的暗算不可，就没精打采地带着大臣夷维、太子法章等几个人，慌里慌张地跑了。

他们跑到鲁国的郊外，鲁君派人去迎接，首先碰上了夷维。夷维最懂得怎么样对傲慢的主人摇头摆尾，怎么样对谦虚的底下人汪汪乱叫。他叫鲁君像招待天子一样地来招待齐王。鲁国的君王一听，觉得又可笑，又可气，干脆把城门一关，不让他们进城。齐闵王没办法，只好跑到别处去了。可是谁也不敢迎接这位爱摆臭架子的"天子"。夷维建议说："听说莒城还没丢，不如先到那边去吧！"他们到了莒城，在那儿招兵买马，准备把守这座城。

乐毅打下临淄后，就把齐国的库房和当初齐国从燕国抢去的财宝，都弄到燕国去。燕昭王亲自到济水慰劳将士，把昌国城（在山东省淄川县东北）封给乐毅，称他为昌国君，又叫他去攻打齐国其余的地方。

乐毅出兵也就有半年工夫，接连打下了齐国80多座城，只剩下莒城和即墨这两处还顽强地抵抗着。乐毅一想："单靠着武力，收服不了齐国的民心。民心不服，就算把齐国全打下来，也守不住。好在齐国只剩下两座城了，也不能再成什么大事，不如拿恩德去打动齐国人，叫他们自己来投降。"于是，他废除当初齐王所定的苛刻的法令；减轻人民的捐税；尊重他们的风俗习惯；保存他们固有的文化；优待地方上的名流；给齐桓公修建庙宇，还郑重其事地祭祀他。齐国的大小官员们一见燕国人这么对待自己，非常感激。但莒城和即墨还顽强地守着，一心一意地等着楚国的救兵。

楚顷襄王见齐国的使者来求救兵，还把淮北的土地送给他作为谢礼，他就派大将淖齿带着 20 万大军先去接收淮北，对他说："只要对楚国有利，你只管瞧着办。"

淖齿到了莒城，齐闵王高兴得好像得到了一位救命恩人似的，立刻拜他为相国，请他主持抵抗敌人的大事。齐闵王到了这步田地，还不改变他那种独断专行的作风，还不愿意听别人的意见，不愿意使用齐国人自己的力量，还妄想别国的军队替他打胜仗。淖齿一见燕国军队强盛，反倒暗中打发心腹去见乐毅，说："大将淖齿愿意帮着贵国把齐国灭了。事成之后，请贵国让我做齐王。"乐毅答应了。

淖齿跟乐毅接头之后，就在离莒城几里地的鼓里操练兵马，请齐闵王去检阅。齐闵王得意扬扬地带着夷维到了鼓里。只见楚军士气旺盛，配备整齐，不由得又摆起大王的架子来了。正在他得意的时候，淖齿叫人把他绑起来，宣布他的罪状。齐闵王低着脑袋，一声不敢言语。夷维抱着他哭了一顿。淖齿先把夷维杀了，然后把齐闵王抽了筋，活活地吊在房梁上，过了三天，他才断了气。

后人用"大王的架子"比喻盲目自大，狂妄无礼的人。

颠倒黑白

典出《史记·屈原列传·怀沙赋》。

> 变白以为黑兮，倒上以为下，凤凰在笯兮，鸡鹜翔舞。

屈原，名平，是战国时楚国人，曾在楚怀王手下任过左徒（官名，参与议论国事，发布号令，出则接待宾客）。由于屈原很有才能，楚怀王曾经非常信任他，但也因此引起了一些朝廷官员的妒忌并对他进行了诬陷。楚怀王终因听信谗言而疏远了屈原。屈原对当地奸佞横行、正人被摈斥的情况非常愤慨，作了《离骚》和《怀沙赋》这两篇留传后世的名传。在《怀沙赋》中，他以盲目的人看不到明白的人所看到的东西为喻，感慨地写到：把白作为黑，把上看成下，凤凰被关在笼子里，而鸡鸭乱舞。

后人用"颠倒黑白"比喻歪曲事实，混淆是非。这句成语含贬意。

独坐穷山，引虎自卫

典出晋代常璩《华阳国志》。

> 刘主至巴郡，巴郡严颜拊心叹曰：此所谓"独坐穷山，放虎自卫"者也。

刘璋是汉朝的皇亲，被封为西川益州牧，管理着今天四川和湖北西部一大片地方。汉末虽然天下大乱，他的地盘却因地势险固，物阜民富，比较安全。汉中太守张鲁和刘璋有杀母之仇，时刻想来进攻他，刘璋深以为忧。这时有人向刘璋建议："您的同族兄弟刘备是个英雄，近在荆州，兵强马壮，不如和他结盟，并请他带兵来帮助我们防备张鲁，岂不是很好？"刘璋非常同意，决定派人去请刘备。这时，大臣王累反对道："不可，不可，张鲁力量不大，用不着害怕他，不过是疥癣之疾；你把刘备请进来，那是心腹大患了。刘备宽以待人，柔能克刚，英雄莫敌，远得人心，近得民望。有诸葛亮为谋士，关羽、张飞等勇将，若召得他来，以部属待他，刘备怎肯伏低做小？若以客礼待他，又一国不容二主。因此，绝对不能召请他来。"但是刘璋为人懦弱，很怕张鲁打来，又认为刘备是亲戚，决不会贪图他的地盘，所以不听王累的忠告，把刘备请来了。这件事被刘璋的大将严颜知道了，他长叹道："这真如谚语所说的：独自坐在穷山沟里，感到害怕，却叫老虎保卫自己，这不是请老虎来吃掉自己吗？"

刘备被邀请进西川后，收买人心，广施德政，扩大力量，果然不久，便控制了整个西川。

后人用"独坐穷山，引虎自卫"比喻自招祸患。

罚人吃肉

典出《古今谭概》。

> 李载仁，唐之后也。避乱江陵高季兴，署观察推官。性迂缓，不食猪肉。一日，将赴召，方上马，部曲相殴。载仁怒，命急于厨中取饼及猪肉，令相殴者对餐之。复戒曰："如敢再犯，必于猪肉中加之以酥！"

唐朝有个叫李载仁的，是唐皇族的后裔。为了逃避战乱，跑到占据湖北一带的大军阀高季兴那里做了观察推官。李载仁生性迂腐，行为迟缓，从来不吃猪肉。有一天，他将去接受上司的召见，正待上马，随从的家仆对打起来了。载仁大怒，命令立即从厨房里拿来大饼和猪肉，罚那打架的面对面吃下去。还郑重其事地警告他们说："以后如果胆敢再打架，就要在猪肉里面加些酥油来重重地惩罚你们！"

这个故事告诉人们：不能根据自己的好恶来判断天下的好恶。

飞蛾扑火

典出《梁书·到溉传》。

研磨墨以誊文，笔飞毫以书信。如飞蛾之赴火，岂焚身之可吝。

南朝梁时，有一位左民尚书叫到溉，梁武帝萧衍很器重他。溉有个孙子叫到荩，自幼聪明，善于诗文，深为梁武帝赞赏。

有一次，梁武帝和到溉开玩笑说："你的孙子是个才子，你的文章是不是你孙子代你写的。"并且写了一首《连珠》赐给到溉，共6句，以上是前4句，意思是：砚台磨出墨汁来行文，毛笔飞动毫锋来写信，正如飞蛾投火一样，自己焚身也丝毫没有什么可吝惜的。

后人用"飞蛾扑火"这个典故比喻自取灭亡。

割肉相啖

典出《吕氏春秋》。

齐之好勇者，其一人居东郭，其一人居西郭，卒然相遇于途，曰："姑相饮乎？"觞数行，曰："姑求肉乎？"一人曰："子，肉也；我，肉也。尚胡革求肉而为？"于是具染而已，因抽刀而相啖，至死而止。

勇若此，不若无勇。

齐国有两个自诩为勇敢的人，一个住在城东，一个住在城西。有一天，两人在路上相遇，说："我们姑且去喝杯酒吧！"喝了几杯之后，一个说："买点肉来吃，好吗？"另一个说："你身上有肉，我身上也有肉，还要另外买肉干什么呢？"于是，两个人就拔出腰刀来，你割我的肉吃，我割你的肉吃，直到死了才罢休。

像这样悍勇，倒不如没有勇气的好。

后人用"割肉相啖"说明有勇无谋，只能白白牺牲。

狗乃取鼠

典出《吕氏春秋·士容》。

> 齐有善相狗者，其邻假以买取鼠之狗，期年乃得之，曰："是良狗也。"
>
> 其邻畜之数年，而不取鼠。以告相者，相者曰："此良狗也。其志在獐麋豕鹿，不在鼠。欲其取鼠也则桎之。"
>
> 其邻桎其后足，狗乃取鼠。

齐国有个人，很会挑选狗。他的邻居委托他买一条会捉老鼠的狗，花了整整一年光景，他才买来一条狗，说："这是一条很好的狗。"

他的邻居养了这条狗好几年，却从来不见它去捉老鼠。邻居便把这情况告诉相狗的，相狗的说道："这是一条很好的狗。它想捉的是那獐、麋、野猪和鹿，而不是老鼠。你一定要叫它捉老鼠，就必须把它的脚束缚起来。"

于是，他的邻居当真把这条狗的后腿束缚起来，狗这才开始捉老鼠。

这个故事说明了：空有满腹才华，如果没有施展的场所，也只能白白浪费。

汉阴丈人

典出《庄子·天地》。

子贡南游于楚，反于晋，过汉阴，见一丈人方将为圃畦。凿隧而入井，抱瓮而出然用力甚多而见功寡。

子贡曰："有械于此，一日浸百畦，用力甚寡而见功多，夫子不欲乎？"为圃者仰而视之曰："奈何？"

曰："凿木为机，后重前轻，挈水若抽，数汤，其名为槔。"

为圃者忿然做色而笑曰："吾闻之吾师，有机械者必有机事，有机事者必有机心。机心存于胸中，则纯白不备；纯白不备，则神生不定；神生不定者，道之所不载也。吾非不知，羞而不为也。"

子贡往南方的楚国去游历，回晋国途中，经过汉水南岸，遇见一位老人正要去浇菜园子。只见他从挖开的一个隧道下到井里，双手抱一只大瓮汲水出来灌园，万分吃力而功效甚微。

子贡说："我有一种机械，一天可灌一百亩地，用力少而见效很大，老人家您不用它吗？"浇园子的老汉抬头望了望他说："什么样的机械？"

子贡说："在木头中凿一个机关，后半重前半轻，用它提水就像抽引一样，接连不断，水流泛溢奔流，名叫桔槔。"

浇园子的老汉勃然大怒，一下变了脸色，讥笑说："我从我的老师那里听到说，有机械的人一定有投机取巧之事，有机巧之事的，一定有机变巧诈之心。胸中存留着机心，人的纯粹洁白的天性就受到破坏；纯粹洁白的天性不完备，就会心神不定；心神不定的人，是不可能得道的。我并非不知道桔槔这种机械，我是耻于做这种事情！"

后人用"汉阴丈人"比喻顽固分子反对新事物，往往会拿出一套歪道理为自己的守旧行为辩护。

猴子搏矢

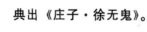

典出《庄子·徐无鬼》。

吴王浮于江，登乎狙之山。众狙见之，恂然弃而走，逃于深蓁。有一狙焉，委蛇攫搔，见巧乎王。王射之，敏给搏捷矢。王命相者趋射，狙执死。

王顾谓其友颜不疑曰："之狙也，伐其巧，恃其便，以敖予，以至

此殛也。戒之哉！嗟乎！无以汝色骄人哉！"

吴王坐着船在长江里游玩，登上一座猴山。很多猴子看见了，都十分害怕地跑掉，逃到深深的荆棘丛里去。唯独有一只猴子，从容不迫地跳来跳去，在吴王面前表现它的灵巧。吴王拿起弓箭射它，它敏捷地接住了箭。吴王命令助手们一齐追射，那只猴子就被射死了。

吴王回头对他的朋友颜不疑说："这只猴子啊，夸耀它的灵巧，仗恃它的敏捷，来对我表示骄傲，以至于这样死去了。应该警惕啊！不要拿你的神气对人骄傲啊！"

这篇寓言说明喜欢卖弄聪明，表现自己，爱耍傲气的人，有时是要栽大跟头的。

金眼睛

典出《雅谑》。

> 党进命画工写真。写成双怒，责工曰："前日见你画大虫，尚用金箔贴眼，偏我消不得一双金眼睛乎？"

党进命令绘画工匠给他画一张像。画成之后，党进大怒，责骂绘画工匠说："前天我看见你画大老虎，尚且用金粉纸贴在它的眼睛上，难道我还受用不得一双金眼睛吗？"

后人用这则寓言说明绘画和任何艺术一样，有它自己的艺术规律。画老虎时，用金箔贴眼，可以增加老虎凶猛的情态，使人产生虎视眈眈的感觉。如果画人也用金箔贴眼，那不成了恶魔厉鬼了吗？党进是个有权有势的人，就是没有艺术修养。他不懂装懂，利用权势对画工乱干涉，瞎指责。有权势，无才能，这种矛盾统一在党进这一类人的身上，他们所到之处，必然会给人们带来哭笑不得的灾难。

拒谏饰非

典出《荀子·成相》。

拒谏饰非，愚而上同国必祸。

《成相》是荀况晚年的作品。在这篇文章中，他借用若干历史故事，塑造了他理想中的圣王和贤相的形象。文中写到：君主好忌妒和处处都想胜过臣下，这样大臣们就没法进行规劝了，必然要遇到灾祸。君主评论臣下的过错，要看他所做的事是否违背了尊崇君主，安定国家和推崇贤人。君主拒绝规劝，掩饰自己的错误，臣下阿谀奉承，附和君主的意思，国家必然遭到祸害。

后人用"拒谏饰非"指拒绝别人的劝告，掩饰自己的错误。

空中楼阁

宋朝有位大学问家叫沈括，字存中，浙江湖州人，宋仁宗时考中进士，后来做到韩林学士一官。他学问渊博，对当时的掌故、见闻，以及天文、卜算、音乐、医药等，无不通晓。在他所著的《梦溪笔谈》一书中，曾有这样一段记载："登州（今山东蓬莱县）四面临海（渤海），春末及夏季时，远远可以见到空中有城市楼台的形状，当地的人将它叫做海市。"这种情景，便是人们所称的"海市蜃楼"，其实是因为那个季节时，海水的温度低于空气，故空气海面密而空中薄，远山、船舶、城市、楼台的光线除了直射到人的眼中外，又射到空气稀薄的地方，再曲折反射到人的目中。在沙漠中也有这种虚幻景象，沙漠上白天地面热，故下层空气薄于上层，光线反射，便有池畔草木映在水中的形状。

后来清朝人翟灏将沈括所说的话引证为"空中楼阁"，常常比喻脱离实际的幻想或虚幻的事物。

鲁肃上了孔明的船

典出《三国演义》第四十六回。

鲁肃，字子敬，三国时东吴谋士，和周瑜同辅孙权，后任水军都督。他谋略周密，深识大体。曹操东下时，他力排众议，坚决主张联刘抗曹。周瑜猜忌褊狭，处心积虑想杀害孔明。鲁肃考虑到当时正是用人之际，如果杀了孔明，不仅被曹操耻笑，而且会削弱东吴的力量。这表现了鲁肃待人宽厚，处事谨慎和政治家的远见与风度。

一次，周瑜借口军中急需弓箭，限令孔明十日内监造 10 万支箭，工匠和原料又不给足，到时孔明造不出箭，按军法处死。限期的第三天夜里，孔明暗地请鲁肃一同前去取箭。鲁肃不知道孔明施的什么计谋，便糊里糊涂地跟着他上了草船。当草船抵近曹营，军士擂鼓呐喊时，鲁肃大惊，害怕曹兵出战，自己难以脱身。孔明却笑着说："现在雾气迷天，我料想曹操必然不敢出战。"令摆酒菜，要和鲁肃对饮。鲁肃心里像十五个吊桶提水——七上八下的，哪里吃得下！没想到，孔明巧用天时，草船借箭，不费江东半分之力，满载而归。

"鲁肃上了孔明的船"，比喻不明事理，或对事物的认识模糊，盲目地跟着别人。

盲人骑瞎马，夜半临深池

典出《世说新语》。

> 盲人骑瞎马，夜半临深池。

东晋时期，桓玄掌权，家中常常是宾客满座，饮宴至深夜。有一天，在酒席上行酒令。规定每个人讲两句诗，表达一个非常危险的境界。一人说："月黑杀人夜，风高放火天。"大家说："不错，是吓人。"又一人说："昼日则鬼见，暮卧则梦闻。"大家说："不错，也吓人。"一人道："大虫口中夺脆骨，骊龙项下夺明珠。"大家说："不错，这也是要命的事。"轮到一个参军时，他脱口说道："盲人骑瞎马，夜半临深池。"大家一声不吭。原来桓玄瞎了一只眼睛，最恨人家说什

么瞎子、盲人。良久，桓玄涩声说道："你怎么当面讥刺我是盲人呢？"于是酒宴不欢而散，第二天，参军的官也被免了。

后人用"盲人骑瞎马，夜半临深池"比喻人们办事乱碰瞎闯，危险之至。

名读书

典出《笑林》。

车胤囊萤读书，孙康映雪读书。一日，康往拜胤，不遇，问何往。门者曰："出外捉萤火虫去了。"已而胤答拜康，见康闲立庭中，问："何不读书？"康曰："我看今日这天不像个下雪的。"

车胤集起萤火虫读书，孙康借雪光读书。一天，孙康去拜望车胤，没有遇到，问他到哪里去了？看门的人说："到郊外捉萤火虫去了。"

不久，车胤去答拜孙康，看见孙康悠闲地站在庭院里，便问道："为什么不读书呢？"

孙康说："我看今天这天气不像是个下雪的样子。"

囊萤、映雪读书，本来表现了能充分利用一切时间和条件刻苦攻读的精神，但是如果离开了这种精神实质，离开了客观效果，放着大好时光不利用，却去捉萤火虫，或者等着老天下雪，片面地追求形式，搞花架子，既骗人，又害己，是不会有好结果的。

目不见睫

典出《韩非子·喻老》。

臣患智之如目也，能见百步之外而不能自见其睫。
又见《史记·越王勾践世家》。
吾不贵其用智之如目，见豪毛而不见其睫也。

战国时，越王无疆当国，他想与当时的其他国家争霸，就对外使用武力，准备北面向齐国用兵，西面对楚国侵略。齐威王知道越国要向齐国进攻，就派了个说客向越王说："越国不去攻打楚国，大既不能称王，小也不能称霸。我想越国之所以不去攻打楚国，是因为得不到晋国的支持。"越王说："我对晋国的希望是维持中立，不想和他们两军相对，难道晋国还会来攻夺我的城池吗？"接着他又分析了当时各国的情况后，对晋国的不趁时机去掠取楚国的土地，认为十分失算。

齐国使者听了越王的见解，说："我觉得越国没有亡国倒真是侥幸的事，大王你看得多么虚浅！我一点不重视那种运用智慧像使用眼睛的做法，眼睛虽然能看清楚细微的毛，却看不见自己眼睑上的睫毛。现在，你只看见晋国的失计，却看不见越国本身的错误，只期待晋国去瓜分楚国，又不能和他联合，怎么能够全凭希望呢？大王不如现在出兵去攻打楚国，先夺长沙一带产米区（楚国在今湖南、湖北地方）和竟泽陵的产木材的地方，那么就可以建立霸王的基础。"越王被齐国的说客打动了，便放松齐国而移兵攻楚。

后来的人，便将齐国使者所说的话引申为成语"目不见睫"，意思是眼睛看不见自己的睫毛，比喻目光短浅，没有自知之明。

牛缺遇盗之戒

典出《列子·说符》。

牛缺者，上地之大儒也。下之邯郸，遇盗于耦沙之中。尽取其衣装车马，牛缺步而去。视之，欢然无忧吝之色。盗追而问其故。

曰："君子不以所养害其所养。"

盗曰："嘻！贤矣夫！"

既而相谓曰："以彼之贤，往见赵君，使以我为，必困我。不如杀之。"乃相与追而杀之。

燕人闻之，聚族相戒曰："遇盗莫如上地之牛缺也！"皆受教。

俄尔其弟适秦，至关下，果遇盗；忆其兄之戒，因与盗力争，既而不如，又追而以卑辞请物。

盗怒曰："吾活汝弘矣，而追吾不已，迹将著焉。既为盗矣，仁将焉在？"遂杀之，又傍害其党四五人焉。

牛缺是上地的一个大学问家。他一次出门要到邯郸去，走到耦沙遇见了一伙强盗。强盗抢尽了他的衣物车马，牛缺却大踏步走了。看起来高高兴兴的，没有一点发愁和吝惜的神色。强盗便赶上去问他是什么缘故。

牛缺说："君子不拿供养自身的东西去危害他所供养的身子。"

强盗说："真是知理通情呀！"

但众强盗随后又互相商量道："凭他这样的才德，去见赵国君王，谈到了我们的这种行为，一定要与我们作难。还不如把他杀了好。"于是，他们便赶上牛缺，把他杀掉了。

燕国有人听说了这件事，便召集起他的家族来，互相警戒说："碰见强盗可千万别学上地的牛缺呀！"大家都接受了这个教训。

不久，这人的弟弟要到秦国去，到了函谷关下，果然遇到强盗。想起哥哥对他的警戒来，便和强盗大力争夺财物。争夺不来，又赶上去向强盗们说好话请求还给他东西。

强盗们大怒道："我留你条活命就够宽宏大量了，你还不停地追赶我们，这样，我们的行踪就要暴露了。既然做了强盗，哪里还管得到发善心呢？"于是就把他杀了，并且连他的亲友四五个人也都一起杀死了。

这一则寓言讽刺了教条主义者抱住书本不放，经验主义者硬搬老一套，这都是不从实际出发，不分析具体情况，不区别具体对象，死板地运用理论原则，机械地对待经验教训。从牛缺和燕人的遭遇里，可以获得不少启发。

赔了夫人又折兵

典出《三国演义》。

刘邦的军队进了洛阳，他假惺惺地上演一出为义帝发丧的把戏，以笼络人心。然后，出兵东击项羽，表示替义帝复仇。这时，项羽的兵力全在山东，所以给了刘邦很大的方便，一帆风顺地进占了楚国的彭城。

到了彭城，刘邦不再"袒而大哭"，也忘掉自己的"约法三章"，整天忙着收集货宝，挑选美人，或者摆酒设宴，大吃大喝，又跟初进阿房宫一样飘飘然起来。士兵们也涣散软弱了。项羽军队为了挡住背后的汉军，连夜从山东赶回来。楚军人数只有3万，可是一与刘邦交战，不到半天，便把刘邦的五六十万大军，杀得落花流水。来不及逃走而跳入河中溺死的，就有十多万。可怜刘邦落得魂飞魄散，只顾自己逃命，好容易在乱军中冲出来，像丧家之犬似的逃到妻子的哥哥周吕侯那里，才勉强镇定下来。这时，不但他接收的货宝美人重新还给了项羽，连自己的父母妻子也都做了楚国的俘虏。真是赔了夫人又折兵。

后人用"赔了夫人又折兵"比喻想占便宜，结果连本也赔进去了。

欺软怕硬

典出《史记·宋微子世家》。

> 八年，齐桓公卒，宋欲为盟会。十二年春，宋襄公为鹿上之盟，以求诸侯于楚，楚人许之。公子目夷谏曰："小国争盟，祸也。"不听。秋，诸侯会宋公盟于盂。目夷曰："祸其在此乎？君欲已甚，何以堪之！"

宋襄公通知列国诸侯，请他们共同护送公子昭回齐国去即君位。诸侯当中，有的主张多一事不如少一事，干脆就让公子无亏继续做国君；有的不敢得罪宋国，认为开一次大会也无所谓。不过，多数诸侯并不把宋国的通知放在心上。到了开会的日子，只有卫、曹、邾3个小国带了点兵车来赴会。宋襄公就领着四国的兵车打到齐国去。齐国的大臣高虎、国仲懿等全是见风转舵以求自保的人。当初立公子无亏，说他是长子；如今眼看四国兵马麇集城下，就改口说公子昭本来是太子。他们杀了公子无亏和竖刁，赶走了易牙，投降了宋国，迎接公子昭即位，就是齐孝公。四国的诸侯完成了这份工作，得了谢礼，就退兵回去了。

宋襄公算是成功地踏出了做霸主的第一步。接下来，他打算号召诸侯，继承齐桓公的事业。但他生怕大国瞧不起他，就先邀约曹、邾、滕（在山东省滕县西南）、鄫（在山东省峰县东）四个小国，开个会议。到了开会当天，曹、邾两国的国君准时赴会；滕侯婴齐迟到、鄫子则根本没到场。宋襄公觉得这两个小国太傲慢了，身为小国竟不肯好好地听大国的话，简直是无礼。于是他摆出一副霸主的姿态，打算给他们一点颜色瞧瞧。宋襄公问滕侯婴齐为什么迟到。滕侯婴齐见他一脸凝重，吓得一哆嗦，低声下气地赔着不是。宋襄公瞧他如惊弓之鸟般，就有点儿过意不去；可是为了维持霸主的神气，他将滕侯婴齐关起来，不准他会盟。鄫子得到这个消息，心知事态不妙，吓得连夜启程赶来，可是已经迟了3天。宋襄公大怒，叫骂说："我刚提出会盟，小小一个国竟敢迟到3天，不好好处治他，怎么行呢？"公子目夷（字子鱼，宋国的相国，宋襄公的庶兄）一再阻挡他，可是宋襄公已拿定了主意。他杀了鄫子，把他当成祭品，祭祀睢水。

宋襄公杀了鄫子后，更妄自尊大了。被拘押的滕侯婴齐千方百计地托人向宋襄公求情，又送了他一份很厚的礼，宋襄公才释放了他。

就因为宋襄公杀了鄫子、押了滕侯，前往与会的曹共公大为不满。不到"歃血为盟"的日子，他就不告而别了。这可惹恼了宋襄公，光是会合4个小国，就已经是如此乌烟瘴气，怎么还能号令大国呢？宋襄公左思右想，认为要一个个地去收服小国，实在太费事了，他打算先请出一个大国来，再利用它去收服小国。但是当时楚成王已经会合了齐、鲁、陈、蔡、郑等国，订立了盟约，宋襄公还能去联络哪一个大国呢？虽然秦国和晋国还没给楚国拉过去，可是他们位处偏远，向来不跟中原诸侯会盟。怎么办呢？他思索了一会儿，突然灵机一动，自言自语地说："就请楚国出来吧！"他把这个主意告诉了大臣们，公子目夷自然竭力反对，宋襄公干脆不理他。

宋襄公打发使臣带着厚礼去见楚成王，请他到宋国的鹿上来跟齐国、宋国先开个三国会议，商量会合各国诸侯的办法。楚成王居然答应了。

公元前639年2月，齐孝公昭先和宋襄公在鹿上相见。齐孝公是靠着宋襄公的扶持才做了国君的，当然忘不了他的大恩，言行举止间对他特别恭敬。过了几天，楚成王也到了。

三位国君依序就坐。宋是公爵，坐第一位；齐是侯爵，坐第二位；楚是子爵，坐第三位。宋襄公拱了拱手，说："我打算会合诸侯，共同扶助王室。恐怕人心不齐，意见不一致，所以想借重二位的大力，一起号召诸侯，到敝国盂地（在河南省睢县东南）开个大会，日期就定在七月吧！"然后，就请齐、楚两位国君发表意见。齐孝公和楚成王推让了许久，都不肯表达看法。宋襄公就说："二位国君如果不反对我的提议，就请在通告上签名吧！"说完，就把预备好的通告先递给楚成王。楚成王认真一瞧，上面除写明会盟的意义之外，还附带说明要学习齐桓公的办法，开的是"衣裳之会"，最后则签着宋襄公的名字。楚成王说："有您签名就够了，就这么发出去吧。"宋襄公说："陈国、许国、蔡国都跟你们二位订有盟约，所以要借重你们。"楚成王说："那么请齐侯先签吧！"齐孝公为了宋襄公先把那通告递给楚成王，心里已经快快不乐了，这下再由楚成王让给他，他就赌气似地说："敝国就像宋襄公手下的人一样，没有什么影响力。贵国威震八方，您不签字，事情就不好办！"

楚成王微微一笑，签了字，交给齐孝公。齐孝公说："我历经颠沛流离，能保住自己的国家已是万幸！哪儿有资格号召诸侯？有了楚国签署就成了。"他对宋襄公的重楚轻齐耿耿于怀。宋襄公没觉察到这一点，把齐孝公的冷言冷语当成真心话，就将通告收了起来，请他们下半年早点来。

到了秋天，宋襄公驾着车马到盂地去开大会。公子目夷说："楚是蛮族，难以揣测他的意图，万一他心口不一致那可怎么办？主公总得带点人马去，才能叫人放心哪！"宋襄公瞪了他一个白眼，不以为然地说："什么话？约好了开'衣裳之会'，怎么可以自己失信于人？"公子目夷只好空手跟着他去赴会。

他们到达会场时，楚、郑、陈、蔡、曹、许等国已在场等候，只有齐孝公和鲁僖公还没露面。齐孝公是抱怨宋襄公，鲁僖公是不屑与蛮族打交道。宋襄公见楚成王左右全是文臣，没有一个武将，就教训公子目夷说："你瞧瞧！下次可别再以小人之心度君子之腹了！"

七国的诸侯准时开会，宋襄公说："今天诸君到敝国来开会，我们非常荣幸。我们想效法齐桓公的精神，尊重王室、济弱扶倾，大家订立盟约，息兵罢战，共享天下的太平。不知道诸君认为怎么样？"楚成王率先站起来，说："很好！很好！但不知道谁是盟主？"宋襄公理直气壮地说："这用不着多说！不是看爵位的高低，就是论功劳的大小。"楚成王说："宋是公爵，第一等诸侯；可是我已经做了多年的王了。王总比公爵高一等吧！"他就毫不客气地跑过去，大摇大摆地坐在第一个座位上，气得宋襄公暴跳起来。公子目夷扯一扯他的衣袖，叫他沉住气。可是他哪儿办得到呢？他费了九牛二虎之力，眼看就要当上霸主了，怎么能轻易让给别人哪！他挺着胸脯，说："我是正式的公爵，你是自称为王，你这头衔是假的！"楚成王脸色大变，说："既然知道我这楚王是假的，你请我这假王来干什么？"楚国的大夫字子玉也在一旁大声说："今天开会，只要问问众位诸侯，是为了楚国而来的呢？还是为了宋国而来的？"

陈国和蔡国的国君向来害怕楚王，齐声说："楚国！楚国！"楚王听了，哈哈大笑，指着宋襄公说："听见了没有？你还有什么话可说？"宋襄公当众受辱，气乎乎地还想争论，就瞧见子玉和楚国大将斗勃脱去外衣，露出闪闪发亮的铠甲。他们从腰际拔出两面旗子，向台底一挥动，一批楚国的"文官"，立刻剥去外衣，一个个全变成了武士，蜂拥扑上台来。台上的各国诸侯吓得魂不附体。楚国人不由分说地把宋襄公拖了去，公子目夷趁乱成一团时跑了。

后人用"欺软怕硬"比喻欺负软弱，害怕强横。

起死回生

典出《史记·扁鹊列传》。

扁鹊曰："越人非能生死人也，此自当生者，越人能使之起耳。"

战国时代，有位名医叫扁鹊。有一次，他路过虢国，正好碰上虢国太子突然患病死了。他知道死者的情况后，就自告奋勇地去进行抢救。扁鹊仔细观察了太子之后说："太子并没有真死，还有救活的希望，这是一种昏迷症，名叫尸蹶。扁鹊于是用针灸疗法使太子苏醒转来，然后再给他服汤药。服药不久，太子的病就全好了。这消息传出去后，人们都称赞扁鹊"能生死人"。但扁鹊却谦逊地说："我没有什么本领，那是因为太子没有真死，所以才能把他救活。"

后人把称赞扁鹊的话说成"起死回生"，用来表示使死人或死东西复活，多用来形容医术高明；也用来形容挽救了看来没有希望的事情。

琴谕

典出《宋文宪公集遗编》。

楚、越之交恒多山，山民齐氏者，不识琴，问人曰："何谓琴？"或告之曰："琴之为制，广前狭后，圆上方下，岳首而越底，被之以丝，则铿铿然泠泠然可听也。"齐悦曰："是知琴也。"一日，适通都大邑，见负筑来者，亟趋视之，惊曰："是不类广前狭后、圆上方下者耶？"反侧视之，良久又曰："是不类岳首而越底者耶？"以指横度之，则亦有声出丝间。复曰："是又不类铿铿泠泠之可听者耶？"遂力致其人而归，师之三年，蚤夜不辍，自以为尽其技也。乡之告者偶过焉，闻其声，辄瞿然曰："子习者筑也，非琴也！不然，何若是嘈杂淫哇也？"因出琴鼓一再行。齐氏闻之，蹙额曰："子绐我矣！澹乎若大羹玄酒，朴乎若菁梓土鼓，不足乐也。予所嗜者异乎是，若鸾凤之鸣，若笙箫之间作，若燕、赵美人之善讴。吾不知子琴之为筑，吾筑之为琴也！请终乐之！"嗟夫！琴之为器，人所易识，山民乃以筑当之，则夫误指乡愿为君子，日爱之而不知厌者，尚何怪乎？

楚国和越国之间连绵多山，山民中有一个姓齐的人。他没有见过琴，便问别人说："什么是琴呀？"有人告诉他说："琴制作的样子，前面宽后面窄，上面圆下面方，头部隆起，底部有小孔，浮面覆盖着丝弦，弹起来铿铿作声，弦音清越，非常好听。"齐氏高兴地说："这就知道什么是琴了。"

一天，他往大城市去，看见一个人背着一把筑走来，急忙跑上去看，吃惊地说："这不像前宽后窄、上圆下方的那种乐器呀？"反复观察了它，许久又说：

"这也不像翘首而底下有小孔的样子呀?"用手指横弹了一下,也有声音从弦上发了出来。又说:"这又不像是铿铿作声、弦音清越悦耳的呀?"于是尽力说动那人跟他一起回去,向那人学了 3 年,早晚也不休息,自以为把他的技艺都学到手了。

先前告诉他什么是琴的那个人偶然走过他的家门,听见他弹筑的声音,就吃惊地说:"你所学的是筑呀,不是琴呀!不然的话,为什么会发出喧闹嘈杂的声音来呢?"接着就拿出琴来弹了又弹。齐氏听后,忽然皱起眉头说道:"你欺骗了我!你弹的声音淡然无味,简单朴素像用桴槌敲击土鼓,不会引起我的兴趣来呀。我所爱好的和这个并不相同,它像鸾鸟和凤凰的鸣叫声,像笙和箫的轮番吹奏,像燕国和越国美人的歌唱。我在乎得你的琴是筑,我的筑是琴。请尽我自己的乐趣吧!"

唉!琴作为乐器,人们原是很容易辨认的,而山民齐氏却用筑当成琴,反去把言行不符的乡愿错当成道德高尚的君子,并且天天惜爱而不厌倦,这难道不奇怪吗?

这则寓言的讽喻性,是具有普遍意义的。

肉食者鄙

典出《艾子杂说》。

艾子之邻,皆齐之鄙人也。闻一人相谓曰:"吾与齐之公卿,皆人而禀三才之灵者,何彼有智,而我无智?"一曰:"彼日食肉,所以有智;我平里食粗粝,故少智也。"其问者曰:"吾适有粜粟钱数千,姑与汝日食肉试之。"数日,复又闻彼二人相谓曰:"吾自食肉后,心识明达,触事有智,不徒有智,又能穷理。"其一曰:"吾观人脚面,前出甚便,若后出岂不为继来者所践?"其一曰:"吾亦见人鼻窍,向下甚利,若向上,岂不为天雨注之乎?"二人相称其智。艾子叹曰:"肉食者其智若此。"

艾子的邻居都是齐国粗俗的人。

听见一个人对另一个人说:"我和齐国的公卿大夫,都是人,也都禀受了天、地、人三才的灵智,为什么他们就有智慧,我就没有智慧呢?"

另一个人说："他们天天吃肉，所以有智慧；而我们平日尽吃些糠糟，所以缺少智慧呀。"

那个问话的人说："我恰好有籴米的钱数千，姑且让我们天天吃些肉试试看。"

过了几天，又听见那两个人对话说："我自从吃肉以后，心志清楚、聪明通达，碰见什么事情都有智慧，不仅有智慧，而且还能穷尽其道理。"

一人说："我观察到人的脚面，向前出甚为便利，如果向后出，岂不要被跟随来的人踩着吗？"

另一人说："我也发现人的鼻孔向下长着甚为便利，如果向上长，岂不要被天上落下的雨水灌注进去吗？"

两个人便互相称颂起他们的才智来了。

艾子听后感叹着说："唉！吃肉人的智慧，不过如此罢了！"

后人用这则寓言说明人的智慧，主要依靠主观努力，通过社会实践的锻炼，通过理论学习的修养而培养出来的，决不取决于吃肉的多少。《左传》庄公十年，记载曹刿论战，曾指出："肉食者鄙，未能远谋"。意思无非是说那些养尊处优、做官当老爷的人，由于脱离实际和群众，往往变得十分愚蠢；相反，倒是整天在现实斗争中磨练的小人物，往往具有无穷的智慧。

舍本逐末

典出《吕氏春秋·上农》。

民舍本而事末则不令，不令则不可以守，不可以战。

又见《战国策·齐策四》。

齐王使使者问赵威后。书未发，威后问使者曰："岁亦无恙耶？民亦无恙耶？王亦无恙耶？"使者不悦，曰："臣奉使使威后，今不问王，而先问岁与民，岂先贱而后尊者乎？"威后曰："不然。苟无岁，何以有民？苟无民，何以有君？故有问舍本而问末者耶？"

战国时，齐王派遣使臣去访问赵威后，威后还没有把信拆开，先问使臣说："贵国那里的庄稼好吗？人民好吗？君王好吗？"使臣心里很不愉快地回答说："我是奉命来问候你的，你不问王，先问庄稼和人民，难道是先贱而后贵吗？"威后说："你的观念错了，没有庄稼哪里会有人民，没有人民，哪里来的国君呢？难道先舍根本去问末事吗？"

"舍本逐末"意思是放弃根本的、主要的，而只追求细枝末节，原指忽视农桑，从事工商，比喻轻重主次颠倒。

使羊将狼

典出《史记·留侯世家》。

汉高祖刘邦得了天下，不久就有两件大事让他很不放心：一是群臣争功，各怀不满；二是太子懦弱猥琐，不是帝王之相，将来要把江山社稷交付给他，真难相信这个儿子能挑起这副担子。为了这两件事，刘邦常常寝食不安。

汉高祖十一年，陈豨、韩信相继谋反，刘邦迅速平定叛乱，政局暂时平静。

刘邦觉得自己的身体渐渐不行了，更忧虑继位的问题。他还有一个小儿子赵王如意，是宠妃戚夫人所生，聪明机灵，刘邦十分喜欢他，所以一心要废长立幼。但这件事要付诸实施，却很有些麻烦，首先吕后那里通不过，其次是张良等老臣暗中帮着吕氏出主意，维护太子，刘邦只得暂时不提此事。

第二年秋天，另一异姓王——英布又发动叛乱。可是刘邦正在生病，就打算让太子统兵，前往平定英布。这个安排，对太子显然不利，因为与他同去平乱的许多将领，都是曾经与刘邦一起打天下的老将，让懦弱的太子统领他们，这帮人必然不肯为他出力，那么，太子要平定叛乱就根本不可能。无功而回，太子肯定要倒霉。

吕氏为此十分焦急，她哭着对刘邦说："这英布，是个猛将，善于用兵。您手下的许多大将都是过去与你平辈的人，现在您让太子统率他们，这跟用羊统率狼没什么两样？你想，那些人肯听太子的调遣吗？再说，英布如果知道你竟派太子率军，更无所畏忌。所以我劝陛下抱病出征，即使在兵车上躺着指挥，各将敢不尽力吗？您虽然辛苦一些，比派太子去强得多。"

刘邦一想，自己这个儿子确实不堪大用，只得自己亲自统率军队，平定了英布叛乱。

"使羊将狼"是说叫羊去指挥狼。弱者领导强者，后果不良。

食笋煮箦

典出魏《笑林》。

汉人有适吴。吴人设笋，问是何物。语曰："竹也。"归煮共床箦而不熟，乃谓其妻曰："吴人辘辘，欺我如此！"

汉地有一个人到吴地去。吴地的人置办竹笋来招待他。他不认识，问道："这是什么东西？"吴地人回答说："这是竹子。"他觉得滋味不错，回家后便拿着床上的竹席去煮，却怎么也煮不烂。于是对他妻子说："吴地人真狡诈啊，竟然这么欺骗我。"

吃了笋子便煮竹席的人不一定有；但是满足于一知半解，不调查清楚便鲁莽从事，乃至碰了钉子反而责怪别人欺骗了他的人，却可从这则故事中吸取教训。

驷马难追

典出《五代史记·晋书·高祖皇后李氏传》。

五代时期，石敬瑭起兵反唐，请求北方契丹的支援，契丹主耶律德光亲自率军大败唐兵，册立石敬瑭为皇帝，国号为晋。

天福七年（公元942年），高祖石敬瑭去世，他的儿子石重光即位，史称出帝。石重光不善治理国家，又遭遇严重的旱灾和蝗灾，民不聊生，饿殍遍野。皇太后李氏多次训诫出帝，出帝都听不进去，等到外族入侵，晋国已是不堪一击。

开运元年（公元944年）春，契丹进犯晋国，出帝石重光率军抵御，又派人致书耶律德光，请求重修旧好，被耶律德光拒绝。双方屡屡交战，晋军节节败退。耶律德光派降将张彦泽率领先锋骑兵两千人进入京城，屯兵于明德门外，京城陷入一片混乱。石重光召来学士范质，对他说："昔日先帝起兵太原时，想选择一个儿子留守太原，契丹皇帝看中了我，他们应该比较了解我。你为我草写降表，说说过去的事，也许能让我们母子活下来。"

范质草写降表，石重光自称"孙臣"，称呼耶律德光为"翁皇帝"，表示自己全家低头认罪，等待处理。

范质又为太后草降表，自称"晋室皇太后新妇李氏妾"，上表说："张彦泽率军进城，承蒙皇帝阿翁降书安抚，先皇帝当年处于危难时，皇帝阿翁亲自征战，挽救了石氏，立了我晋朝社稷。不幸先帝去世，嗣子继位，没有好好治理国家，兵结祸连，终于到今天这个地步。过去的事已经发生，驷马难追。今蒙皇帝阿翁的抚慰，对我们有再生之恩，今上表请罪。"

耶律德光接到出帝和太后的降表，回信说："你们不必忧虑，保证你们有一个吃饭的地方。"

耶律德光降石重光为光禄大夫，封为"负义侯"，命人将他们举族遣送到黄龙府去。

驷马：共拉一辆车的四匹马。四匹马拉的车子，跑得很快。比喻既成事实，无可挽回。

宋襄公之仁

典出《左传·僖公二十二年》。

> 宋公及楚人产战于泓。宋人既成列，楚人未既济。
> 司马曰："彼重我寡，及其未既济也，请击之。"公曰："不可。"……既陈而后击之，宋师败绩，公伤股，门官歼焉。国人皆咎公。公曰："君子不重伤，不擒二毛。古之为军也，不以阻隘也，寡人虽亡国之馀，不鼓不成列。"子鱼曰："君未知战。"

春秋时，宋襄公企图称霸诸侯，在公元前 638 年夏，亲自带兵伐郑。郑向盟国求救。楚乘宋全力攻郑而国内空虚之时，出兵攻宋。宋襄公得知这一情况，迅速率军回援。

这年十一月，宋、楚军在泓水相遇。

当时，宋军已经在泓水集合好队伍，严阵以待，而楚军正在渡河。宋司马子鱼认为正是出击楚军的最好机会，因此，他向宋襄公建议说："楚军人多，我军人少，等他们渡过再战，对我军不利，不如趁楚军现在尚未渡完，立即发动进攻。"宋襄公摇摇头说："不行，仁义之师怎么能在别人半渡的时候出击呢？"过了一会儿，楚军已经渡完，但未排成行列，队伍混乱不堪。子鱼又向宋襄公建议进攻，宋襄公又摇头拒绝了。

等到楚军全部排好行列，擂着战鼓开始进攻后，宋襄公才下令出击。楚军勇猛善战，又人多势众，呐喊之声响彻云霄。宋军在强大的攻势下，只好败退。在逃跑中，宋襄公身旁的卫兵被杀死，自己腿上也中了一箭。

战争结束后，宋人都责怪宋襄公坐失良机，但他仍固执地说："仁义之师不攻击受伤的士兵，不俘虏头发花白的敌人。古时候打仗，不在险要的地方伏击敌军。宋国是商的后代，更要讲仁义道德，怎么能向没有排列好的敌军进攻呢？"子鱼反驳说："君王是不懂打仗啊！战争中机会最难得，有了就应该抓住。训练士兵时，要他们懂得什么是耻辱，用羞耻激发起勇气。如果不攻击受伤的士兵，那么，最初就不要伤害他们；如果不俘虏头发花白的敌人，那么，何必同他们打仗，干脆把他们供养起来。战争本来就是残酷的，如果军队进攻敌人时凭借的是仁义，那么，您也不会受箭伤。"

后人用"宋襄公之仁"说明盲目地对敌人仁慈，结果使自己吃大亏。

贪小失大

典出《吕氏春秋·权勋》。

贪于小利以失大利者也。

古时蜀国（今四川）是一个很富庶的地方，沃田遍野，谷满仓库，金银财帛，更是数不胜数。可是蜀侯却是个贪得无厌的人，还想要更多的金钱、美女。

秦国是蜀国的邻国，秦惠王见蜀国如此富有，早有吞并的野心，只因两国交界之处，不是悬崖，便是险道，很难出兵进攻。后来，秦惠王针对蜀侯贪便宜的个性，命人雕刻一头大石牛，披红绸、戴绿花的把它放在通往蜀国的道路上，并不断往前移。同时，又派人在石牛经过的路上放置了一块块的黄金，而且放出风声说这是一头会排泄黄金的金牛。奉惠王还派人向蜀侯说，为了两国的友好，愿将金牛送给他。

蜀侯信以为真，便派了身强力壮的近卫军去开山填谷，筑起一条路来让金牛通过，秦军等路开好了，便顺着新路迈进，将蜀国消灭了。蜀侯为了贪小利，连国家也失去了。

后人将这段故事的最后一句"以贪小利失其大利也"简化为"贪小失大"，用来形容贪图小的便宜，遭受大的损失。

同室操戈

典出《左传·昭公元年》。

休见而叹曰："康成入吾室操吾矛以伐我乎？"

春秋时，判国大夫徐吾犯的妹妹长得貌如天仙，举止文静。郑国的公孙楚和公孙黑两兄弟都去求亲。公孙楚先送去订婚的聘礼，徐吾犯答应了。公孙黑再送去聘礼时，徐吾犯只好婉言谢绝。不料公孙黑竟威胁说："如果你不答应，我将派人来抢你妹妹。"

徐吾犯对此忧心忡忡，公孙家族在郑国势力强大，怎么敢得罪呢？他将此事告诉了子产，子产说："公孙兄弟应该以礼相让，怎么急起来了呢？这是郑国政治混乱的表现啊！事已如此，不如让你妹妹自己决定。"

于是，徐吾犯请来了公孙兄弟，然后让妹妹在帘幕内观察。公孙黑穿得鲜艳华丽，一副贵公子的派头，出门时向徐家的人施舍了不少钱财。公孙楚一身戎装，左手握弓，右手拿箭，出门时向上一箭射中天上的飞鸟，向下一箭射死池中的游鱼，然后跳上战车奔驰而去。

徐吾犯的妹妹说："公孙黑的确英俊，但缺乏大丈夫的气概。男人应该有男人的样子，女人应该有女人的样子，夫妇才能和顺。"最后，她嫁给了公孙楚。

公孙黑不服。一天，他全副武装闯进公孙楚家，要杀弟弟，夺他妻子。公孙楚大怒，手握长矛向哥哥刺去，两人就在室内拼斗起来。最后，公孙黑斗败负伤逃跑。

后人将公孙兄弟相斗的事概括成"同室操戈"，比喻已经激化了的家庭内部矛盾或社会内部纷争。

玩火自焚

典出《左传·隐公四年》。

夫兵，犹火也；夫戢，将自焚也。

春秋时，卫国有一个叫州吁的人，是卫庄公的宠妾所生的儿子。此人喜欢谈兵黩武。庄公死后，桓公继位。公元前719年，州吁杀死桓公，自立为君。并联合宋、陈、蔡等国攻打郑国。鲁隐公问大夫众仲州吁前途如何，众仲回答说："逞强好战，就好比玩火，如不急时收敛，结果必然把自己烧死。"后来，州吁果然被卫国大夫石碏诱到陈国，被陈人杀死。

后人用"玩火自焚"这个典故比喻干冒险的或害人的勾当，最后受害的还是自己，有搬起石头砸自己的脚之意。

罔两问景

典出《庄子·齐物论》。

罔两问景曰："曩子行，今子止；曩子坐，今子起。何其无特操与？"景曰："吾有待而然者邪！吾所待，又有待而然者邪！吾待蛇蚹蜩翼邪！恶识所以然，恶识所以不然。"

半阴影问影子说："刚才你走动，现在你停止不动；刚才你坐着，现在你站立起来。你怎么这样没有独立的性格呢？"影子说："我因为有所依赖才这个样子的啊！我所依赖的东西，又要有所依赖才这个样子的啊！我所依赖的不过就像蛇腹下的横鳞、蝉背上的羽翅啊！我怎么能够晓得何以要这样？怎么能够晓得何以不这样呢？"

影子是不会思想，也没有思想的。它有活动，却无"特操"。这个寓言说明：完全不认识所以然或所以不然，只是有待而然，那便成了影子。

我今何在

典出《应谐录》。

一里尹管解罪僧赴戍。僧故黠。中道，夜酒，里尹致沉醉酣睡。已取刀其首，改缚己索，反缚尹项而逸。凌晨，里尹寤，求僧不得，摩其首，又索在项，则大诧惊曰："僧故在是！我今何在耶？"

有个里长押解一名犯罪的和尚到边境去服役。和尚本来很狡猾。走到半路上，夜里喝酒，里长喝得大醉，睡得很熟。和尚就取刀剃光他的头发，并把拴自己的绳索拴在里长的脖子上，之后就逃跑了。天刚亮，里长醒来了，找和尚找不到；摸摸自己的头光光的，又有绳索套在脖子上，于是大为惊讶，说："和尚本来在这儿！我如今在哪里呀？"

这篇寓言讽刺那些玩忽职守、丧失警惕，忘掉了自己究竟是干什么的人。

吾失足容

典出《权子·志学》。

> 一人足恭缓步如之，偶骤雨至，疾趋里许，忽自悔曰："吾失足容矣，过不惮改可也。"乃冒雨还始趋处，纡徐更步过焉。

一个人迈着方步，四平八稳地走着。天降大雨，他小步快走了一里多路，心里猛然一动，自己后悔起来，说："啊呀，我有失行步的仪容。有错误不怕，改了就好。"于是，又冒雨返到开始快走的地方，重新迈着方步，四平八稳地走起来。

后人用"吾失足容"这个典故讽刺那些墨守陈法、循规蹈距的人，就像这个讲究足容的人一样迂腐可笑。

削足适履

典出《淮南子·说林训》。

> 夫所以养而害所养，譬犹削足而适履，杀头而便冠。

春秋时代，楚灵王之弟弃疾受臣子朝吴的怂恿，趁灵王出兵征伐徐国的机会，杀死了灵王的两个儿子。灵王听到了这变故，上吊而死。弃疾起初还不知道灵王已死，又因为有两个哥哥，不敢马上继承王位，于是拥立他哥哥的儿子子午做国君，后来知道灵王已死，又采用朝吴的奸计，逼迫子午自杀，自己做了国君，称为平王。

晋国国君献公因为宠爱骊戎所献的美女骊姬，把她立为夫人，还打算立她所生的儿子奚齐做太子。但骊姬感到太子申生很得民心，又有他哥哥重耳和夷吾的扶助，不敢一下子这样做，便用计挑拨献公和他这三个儿子的关系。后来献公果真听信诡言，赐申生自杀，并派兵捉拿重耳和夷吾。

以上两则故事，都是因听信谗愚和挑拨，以致兄弟逼死哥哥，父亲杀死儿子。于是《淮南子·说林篇》有这样一段话：骨肉之间本来是互相亲爱的；但如果有阴险奸恶的坏人从中挑拨，即使父亲也会杀死儿子。由于听信诡言而杀死自己的骨肉，正好像是"削足而适履，杀头而便冠"。

这两句话的意思是说：鞋子小了，就把脚削小一点；帽子小了，就把头削一点。为了适应鞋子和帽子的尺寸，而不惜刻肌伤骨。后来人们用"削足适履"比喻无原则地迁就凑合，愚蠢地生搬硬套。

掩耳盗铃

典出《吕氏春秋·自知》。

百姓有得钟者，欲负而走，则钟大不可负。以椎毁之，钟况然有音。恐人闻之而夺己也，遽掩其耳。

有人在范氏家里看见一口钟，想背起走。可是钟既大又重，怎样也背不动。于是他找了一个钟锤，用力地往钟上敲去，打算把钟敲坏了，再一块块地拿着回去。不料当铁锤敲到钟上的时候，忽然发出了一阵宏亮的响声。他怕别人听见这种响声就会有人来夺钟，于是赶紧用两只手先捂住自己的耳朵。以为只要把耳朵捂住，不管钟声怎样响亮，也不会让人听见了。其实他只欺骗了自己：只要他敲钟，别人并没有捂住耳朵，自然能听见钟声。

后人用"掩耳盗铃"来比喻人自作聪明，原想欺骗别人，实际只是欺骗了自己。

羊质虎皮

典出汉·扬雄《法言·吾子》。

　　羊质而虎皮，见草而悦，见豺而战，忘其皮之虎矣。

　　动物中以羊最为驯良，常受别种动物的欺侮，虎最凶恶，常捉别的动物来吃。但是，世界上实在找不出一只羊质虎皮野兽，这不过是假设比喻：说有些人本来是羊一样的素质，却爱好扮成虎一样威猛，从外表看，这种人虽像一只虎，但内里仍是如羔羊般懦弱。表示外表好看，里面却空虚而不实际的意思。

　　后人用"羊质虎皮"比喻外强中干或徒有虚名。

养虺成蛇

典出《魏书·高崇传》。

　　北魏时，高道穆初入官场，担任御史之职。他能不畏强暴，秉公执法，官声很好，后加官为太尉长史，领中书舍人。后来，元颢领兵攻打北魏，逼近北魏庄帝所在地虎牢。群臣们惶惶不安，大多数人劝魏庄帝离开虎牢，赶赴关西。

　　魏庄帝犹像不决，问道穆怎么办。道穆回答道："由于连年战乱，现在关中田园荒芜，满目断墙残垣，陛下怎么可以去得呢？臣以为元颢虽然声势很大，但是并没有什么可怕，之所以能长驱直入我境，主要原因是我们没有一个智勇双全的统帅。倘若陛下能带领各路人马御驾亲征，重金招募人才，重赏有功之人，加上臣等竭尽全力，我想打败元颢是毫无疑问的。"

　　道穆停了一下，见魏庄帝神色凝重，知道他怕危险，不想亲征，便接着说："陛下，如果您认为今天与元颢硬拼成败难测，不是万乘至尊必须冒险的时候，那么可以轻车北渡，征召大将军天穆、龙城侯尔朱荣两军合于荥阳，与虎牢形成犄角之势，不消十天半月，一定可以把元颢打败。陛下，臣以为所谓的万全之策，也不过如此了！"

　　魏庄帝舒展眉头，当夜带着高道穆悄悄来到河内郡北，命道穆连夜秉烛写诏书几十份，四处张贴，让大家知道皇帝的去向。

不久，尔朱荣和天穆都带兵前来勤王。过了些日子，天气突然热起来了。尔朱荣想返师，等到秋天再说。

道穆对尔朱荣说："元颢凭借他有限的兵力，一下子占据了京洛，使皇帝陛下深受颠沛流离之苦，将军你拥有百万大军，完全可以分兵河畔，缚筏造船，然后直接渡河捉拿群贼，使陛下回到京都。

尔朱荣连连点头，道穆又说："俗话说得好：'一日放纵敌人，可能会导致几代人的灾难。'现如果将军还师于晋阳，使元颢有了喘息的机会，征兵天下，铸造兵器，那么就等于养虺成蛇，将来连懊悔都来不及了！"

尔朱荣说："我应当改变我原来的决定，照高君的主意办！"

虺：小的毒蛇。"养虺成它"是说养毒蛇反受其害。比喻放纵敌人将自食恶果。

一叶障目

典出《晋书·顾恺之列传》。

桓玄尝以一柳叶给之曰："此蝉所翳叶也，取以自蔽，人不见己。"恺之喜，引叶自蔽，玄就溺焉，恺之信其不见己也，甚以珍之。

顾恺之是晋朝时候著名的画家，他画的人像惟妙惟肖，呼之欲出。他画完了一张人像，几年也不画人的眼睛，旁人问他这是为了什么？他回答说："我不画眼睛也照样传神！"他画的画，被人们视若珍品，保存起来。

顾恺之为人随和、性格诙谐，别人都愿意与他交往，有时也开开玩笑。当时流传一个关于"蝉翳叶"的传说，说蝉儿躲藏的地方，上面有一片叶子盖着，所以别的虫子、鸟雀都瞧不见它。这片树叶子叫做"蝉翳叶"。如果人得到"蝉翳叶"，用它遮蔽自己，别人就看不见他。因此人们都将"蝉翳叶"当成宝贝。

有一天，顾恺之的朋友桓玄，捡来一片柳树叶子，送到他面前，一本正经地说：

"这是一个蝉翳叶，可以隐身，用它遮住眼睛旁人就看不见你！"

顾恺之非常高兴，他信以为真，就把柳树叶子挡在眼睛上，这时桓玄故意东找西找，大声呼唤顾恺之的名，口里焦急地说：

"你在哪呀？我怎么看不见你呀！"

隔了一会儿，桓玄故意对着他撒尿，装得像看不见他的样子。顾恺之真以为蝉翳叶能隐藏身子，所以将它珍藏起来。

中华典故

后人用"一叶障目"比喻目光被眼前细小事物遮蔽，看不到大处、远处。"一叶障目"也说成"一叶蔽目"。

以凫为鹘

典出《艾子杂说》。

　　昔人将猎而不识鹘，买一凫而去。原上兔起，掷之使击，凫不能飞，投于地，又再掷，又投于地，至三回，凫忽蹒跚而人语曰："我鸭也，杀而食之，乃其分，奈何加我以掷之苦乎?"其人曰："我谓尔为鹘，可以猎兔耳，乃鸭耶?"凫举掌而示，笑以言曰："看我这脚手，可以搦得他兔否?"

　　从前，有个人要去打猎，想买一只兔鹰。可他从没见过兔鹰，结果，买了一只水鸭子，兴致勃勃地带上走了。

　　他来到野外荒原，看见一只兔子从草莽中蹿出，立刻抛出鸭子让它去追击。鸭子不会飞，一头栽到地上。这人提起来又扔向空中，鸭子照旧又跌在地上。

　　鸭子被折腾了三番五次，忽然摇摇摆摆走到这人面前说起话来："先生，我是水鸭子，杀了吃肉，才是我的本分。为什么非要掷来掷去，让我皮肉受苦呢?"

　　这人惊讶地问："我以为你是兔鹰，可以抓兔，怎么会是鸭子呢?"

　　鸭子举起脚蹼，笑着说："您仔细看看我这手脚，能够抓兔子吗?"

　　后人用"以凫为鹘"讽刺那些不求甚解，粗心大意的盲干家。

亦步亦趋

典出《庄子·田子方》。

　　颜渊问于仲尼曰："夫子步亦步，夫子趋亦趋，夫子驰亦驰，夫子奔逸绝尘，而回瞠若乎后矣。"仲尼曰："回，何谓邪?"曰："夫子步，亦步也;夫子言，亦言也;夫子趋，亦趋也;夫子辩，亦辩也;夫子驰，亦驰也;夫子言道，回亦言道也;及奔逸绝尘而回瞠若乎后者，夫子不言而信，不比而周，无器而民滔乎前，而不知所以然而已矣。"

颜回是孔子最得意的学生，聪明而好学，性情温和，从不犯重复的错误。乐观而安贫，孔子时时称赞他的贤德。有一次，他对孔子说："夫子步亦步，夫子趋亦趋，夫子驰亦驰，夫子奔逸绝尘，而回瞠若乎后矣。"步：是缓步而行；趋：是快步的走；驰：是快步而跑；奔逸绝尘：是飞快的奔跑，只见脚步扬起的灰尘；瞠若乎后：是惊异地看着你的背影。颜回这几句话的意思是说：老师慢慢地走，我也慢慢地走；老师急速地走，我也急速地走；老师快速地跑，我也快步地跑；老师飞快地奔跑，我只能从你脚步扬起的灰尘中看着你的背影了。

这段话后来演化成"亦步亦趋"，现多用来比喻学生应向老师学习，老师怎样做，学生也跟着怎样做，是教人向有学问、有本领的人学习。现多比喻人们什么事都模仿别人，学别人的样，而自己不去创造；甚至不辨好坏，盲目的模仿别人的生活、动作和态度。

永某氏之鼠

典出《柳河东集·三戒》。

永有某氏者，畏日，拘忌异甚。以为己生岁直子，鼠，子神也，因爱鼠，不畜猫犬，禁僮勿击鼠。仓廪庖厨，悉以恣鼠，不问。

由是，鼠相告，皆来某氏，饱食而无祸。某氏室无完器，无完衣，饮食，大率鼠之余也。昼累累与人兼行，夜则窃啮斗暴，其声万状，不可以寝，终不厌。

数岁，某氏徙居他州。后人来居，鼠为态如故。

其人曰："是阴类恶物也，盗暴尤甚，且何以至是乎哉！"假五六猫，阖门，撤瓦灌穴，购僮罗捕之。杀鼠如丘，弃之隐处，臭数月乃已。

呜呼！彼以其饱食无祸为可恒也哉？

永州有个人，畏惧阳光，禁忌得非常厉害。因为自己出生的那年是子年，老鼠就是子神，因此他偏爱老鼠，家里不养猫和狗，并禁止僮仆打杀老鼠。粮仓厨房，全都任凭老鼠放纵横行，并不过问。

由于这个缘故，老鼠们相互传告，全都跑到他家里来，吃得饱饱的而又一点灾祸也没有。于是，这个人家里没有一件完整的器具，衣架上没有一件完好的衣服，凡是吃的喝的大都是老鼠吃剩下的。白天老鼠常常和人一起行动，夜里就偷咬东西打架斗殴，吵闹的声音千奇万状，弄得人不能睡觉，但这个人始终不感到讨厌。

过了几年，这人搬到别的州郡去住。以后另一家人搬进来了，老鼠依旧闹得很凶。

新搬来的人说："这群见不得阳光的坏东西，偷窃打闹得太厉害了，究竟是怎么弄到这步田地的呢？"便向人借了五六只猫，关上门，撤除砖瓦，用水浇灌老鼠洞，又雇了些人到处搜寻追捕。最后杀死的老鼠堆积如山，把它们扔到偏僻的地方，臭味数个月之后才散尽。

唉！这些老鼠以为它们吃饱喝足又无祸灾的日子会长久不变吗？

这则寓言讽谕了"窃时以肆暴"而"卒迫于祸"的人物。老鼠作为一种"阴类恶物"，专门从事破坏和危害人类的活动，对它们只能斩尽杀绝，决不能姑息纵容。

余姚先生

典出《笑府》。

> 余姚师多馆吴下，春初即到，腊尽方归，本土风景反认不真，便见柳丝可爱，向主人乞一枝寄归种之。主人曰："此贱种是处俱有，贵处宁独无耶？"师曰："敝地是无叶的。"

余姚先生一年时间大多在吴下教书，每年都是初春就到了吴下，腊月快完了才回来。对自己家乡的风景反而记不得了。他见吴下的柳枝十分可爱，于是就去向主人要一枝，准备捎回去种在自己的家乡。主人说："柳树这种低贱的树种到处都有，怎么只有您家乡没有呢？"余姚先生说："我家乡的柳枝是没有叶的。"

后人用"余姚先生"比喻静止的、只凭直觉、教条机械的认识事物的态度是没有出息的。

越人学远射

典出《淮南子·说山训》。

越人学远射，参天而发，适在五步之内，不易仪也。

世已变矣，而守其故，譬犹越人之射也。

越国人学习射远箭，却仰天发矢，结果，刚好射在五步以内的近处，而又不知道改变这个错误的射法。

时代已经变化了，却保守着老一套，就好像越人学远射一样呀。

这则寓言讽喻了泥古不化、袭故守常的行为。

造酒

典出《雪涛谐史》。

一人问造酒之法于酒家。酒家曰："一斗米，一两曲，加二斗水，相参加，酿七日便成酒。"其人善忘，归而用水二斗、曲一两、相参和。七日而尝之，犹水也。乃往诮酒家，谓不传与真法。酒家曰："尔第不循我法耳。"其人曰："我循尔法，用二斗水，一两曲。"酒家曰："可有米么？"其人免首思曰："是我忘记下米。"

噫！并酒之本而忘之，欲求酒，及于不得酒，而反怨教之者之非也！世之学者，忘本逐末，而学不成，何以异于是？

有个人向专门造酒的人家问造酒的方法。酒家说："用一斗米，一两曲，加两斗水，掺和在一起，酿造七天，便成了酒。"那个人很健忘，回来后只用一两曲与两斗水和在一起酿造。过了七天去尝，还是水，便去责怪酒家不把真法子传给他。酒家说："你不过没有遵照我的法子罢了。"那个人说："我是照你的法子，用了两斗水，一两曲。"酒家说："你用了米吗？"那人愣住了，低下头想了一阵才说："是我忘记下米了。"

连造酒的原料都忘了，怎么会造出酒来？等到造不出酒时，反而埋怨教他的人不对。世界上有些求学的人，忘本逐末，终于学不成什么，与这个人有什么不同之处呢？

这个故事说明：舍本逐末，必定劳而无功。

自欺欺人

典出《笑林》。

从前有一个南方人，家里很贫穷，但总幻想有朝一日成为一个有钱人。后来，他不知从何处找来一本汉代淮南王刘安论方术的书，就认真地读了起来。当他读到书中"如果谁得到螳螂捕蝉时用来掩护自己的叶子，就可以隐藏他的身体"时，非常高兴，就天天等在一棵大树下，伸长脖子看着头上的叶子。一天，他终于看到一只螳螂躲在一片叶子的后面准备捕蝉，他赶紧爬上树去摘下叶子，但下来时不小心将叶子掉在了地上。他四下里找，可是地上已经有很多落叶，怎么也分辨不出掉下的那一片。他只好把地上的树叶都扫回家，一片片地拿来挡在自己面前，问他妻子说："你看得见我吗？"妻子不知丈夫在玩什么把戏，一一回答说："看不见。"

这人高兴极了，连忙把叶子装在口袋里。

第二天一早，这个人带着叶子来到城里。当他看到市场上有人在卖东西时，就摸出叶子来放在胸前，然后伸出手去拿东西，不想被当场捉住，并送往官府。官府的人觉得很奇怪，就问他说："你为什么要在光天化日之下偷别人的东西呢？"这人只好哭丧着脸把事情的经过说出来，官府的人听了哈哈大笑起来。

后人称这种既欺骗自己，也欺骗别人的行为为"自欺欺人"。

坐井观天

典出《庄子·秋水篇》。

又见韩愈《原道》。

坐井观天，曰天小者，非天小也。

　　废井里住着一只青蛙，有一天在井边上碰见了一只从东海里来的海鳖。青蛙说："你看，我多快乐呀！高兴的时候就在井栏边上跳跃一阵，累了就睡在井里的砖洞上休息，或者就露出头来泡在水里，或者在泥地里散步也很舒服。看看那些蚌蟹与蝌蚪谁能比得上我呢？井里这样自由自在，快乐得意，我又是这里的主人，还是请你来井里观赏一下吧！"海鳖听了就想进去看看，可是左脚还没有完全伸进去，右脚就被井栏绊住了。于是海鳖对青蛙说了海的广大无边，青蛙才吃惊地知道井外还有这样广阔的天地，快乐的世界。

　　后人用"坐井观天"比喻眼界狭小，所见有限。

第五卷

名人篇

郭沫若北京故居

名人景点

郭沫若故居

位于什刹海前海西街 18 号。这里曾是清代恭王府的马厩，后屡加修葺，改建为庭院式四合院建筑。占地面积约 7000 平方米，建筑面积为 2279 平方米。

郭沫若同志于 1963 年迁入居住，并于 1978 年在此病逝。

故居于 1988 年对外开放。故居大门的金字匾额由邓颖超同志题写，院内影壁上有郭沫若同志亲笔题诗。故居内部，郭沫若同志的卧室、办公室、客厅均以复原陈列形式再现了他生前的生活与工作场景，其他房间设有郭沫若同志生平陈列和展示其学术成果的专题展览。

1982 年，故居被国务院公布为全国重点文物保护单位。

名人简介

郭沫若

郭沫若，原名郭开贞。1892 年 11 月 16 日生于四川省乐山县沙场。

1923 年毕业于九州帝国大学医学院。他回到祖国后，放弃学医，从事文学创作。1926 年，参加北伐战争，担任国民革命军总政治部副主任。1927 年 8 月，参加南昌起义，同时加入中国共产党。

1937 年，抗日战争爆发以后，创作了多部历史剧和大量诗文。如：《棠棣之花》《屈原》《虎符》《孔雀胆》《南冠草》《高渐离》等。1949 年当选为全国文联主席，继续从事文艺创作。

中华人民共和国成立后，他先后任中国科学院院长兼哲学社会科学部主任、人民代表大会常务委员会副委员长、全国政协多届副主席。他是中国著名的历史学家、作家、诗人、剧作家、考古学家、古文字学家、社会活动家，中国文化战线上继鲁迅之后又一面光辉旗帜。

名人逸事

郭沫若开玩笑

1945年，我国著名漫画家廖冰兄在重庆展出漫画《猫国春秋》，当时在渝的许多文化名人如郭沫若、宋云彬、王琦都应邀前往，参加首展剪彩仪式。

席间，郭沫若问廖冰兄："你的名字为什么这么古怪，自称为兄？"版画家王琦抢过话头代为解释说："他妹妹名冰，所以他名叫冰兄。"郭沫若听后，哈哈大笑，说："噢，我明白了，郁达夫的妻子一定叫郁达，邵力子的父亲一定叫邵力。"一句话引得满堂宾客捧腹大笑。

老舍故居

名人景点

老舍故居

故居位于灯市西口丰富胡同19号。老舍故居是一座普通的四合院。

老舍先生在这里生活了长达十六年。他的《龙须沟》《方珍珠》和《茶馆》等著名剧本、小说均在这里完成。老舍先生还在这里写作了多达几百万字的曲艺、散文、杂文和诗歌等。

名人简介

老舍

老舍生于1899年2月3日，逝于1966年8月24日，满族，原名舒庆春，字舍予，北京人。曾任政务院文教委员会委员，全国人大代表，全国政协常务委员，中国文联副主席，中国作协副主席、书记处书记，北京市人民委员会委员，北京市文联主席等职。1951年北京市人民政府授予他"人民艺术家"称号。

著名作品有《四世同堂》《骆驼祥子》《国家至上》《面子问题》《桃李春风》

《龙须沟》《茶馆》等。

名人逸事

谦虚幽默舒舍予

一次老舍家里来了许多青年人，请教怎样写诗。老舍说："我不会写诗，只是瞎凑而已。"

有人提议，请老舍当场"瞎凑"一首——

大雨洗星海，长虹万籁天；

冰莹成舍我，碧野林风眠。

老舍随口吟了这首别致的五言绝句。寥寥二十字把八位人们熟悉并称道的文艺家的名字"瞎凑"在一起，形象鲜明，意境开阔，余味无穷。青年们听了，无不赞叹叫绝。

诗中提到的大雨即孙大雨，现代诗人、文学翻译家。洗星海即洗星海，人民音乐家。高长虹是现代名人。万籁天是戏剧、电影工作者。冰莹，现代女作家，湖南人。成舍我曾任重庆《新蜀报》总编辑。碧野是当代作家。林风眠是画家。

作家楼适夷有次去看望老舍。"最近写些什么？"楼适夷问道。

满族出身的老舍笑着说："我正在当'奴才'，给我们的'皇帝'润色稿子呢！"

徐悲鸿故居

名人景点

徐悲鸿纪念馆

位于新街口北大街 53 号，于 1982 年建成开放，1983 年 1 月 31 日正式对外开放。纪念馆馆舍为灰绿色两层楼房，占地面积 2180 平方米，建筑面积 3250 平方米。馆藏主要是徐悲鸿生前在不同的时期所创作的彩画、油画和素描。另外还收藏有从唐、宋、元、明、清到五四运动各个历史时代的书画、碑帖、拓片和其他一些美术作品。

纪念馆共设有七个展厅，分别展出徐悲鸿的中国画、油画、素描、水粉画等遗作和遗物。陈列室中还展出了徐悲鸿当年的画室和起居室，陈列着画家当年使

用的画板、画架、颜料和一张既是办公桌有时又是画案的普通桌子。墙壁上悬挂着徐悲鸿的老师、法国著名画家达仰的照片以及徐悲鸿与印度诗人泰戈尔的合影；徐悲鸿去世前一星期和他夫人廖静文在北海公园的合影。

名人简介

徐悲鸿

徐悲鸿（1895—1953）是兼用中西艺术之长的现代绘画大师，美术教育家。江苏宜兴人。在绘画上，徐悲鸿主张现实主义美术，强调写实，提倡师法造化。擅长素描、油画、中国画。兼工人物、花鸟、走兽、山水，尤善画马，作品表现了中华民族坚韧不拔的进取精神。

代表作有油画《田横五百士》《九方皋》《漓江春雨》《晨曲》《泰戈尔像》《奔马》等。徐悲鸿于 1953 年 9 月 26 日卒于北京。

鲁迅故居

名人景点

鲁迅故居与鲁迅博物馆

故居位于阜成门内西二条 19 号。中华人民共和国成立后，鲁迅故居对外开放。上世纪 50 年代建成鲁迅博物馆并对外开放。90 年代将鲁迅博物馆扩建，馆舍占地面积 11000 平方米，建筑面积 7500 平方米。

鲁迅故居为三开间小四合院，是鲁迅于 1924 年亲自设计的样式。同年 5 月他迁居此处，至 1926 年 8 月去厦门时离开。故居有北房四间、南房三间，北房中间的一间斗室，称为"老虎尾巴"，是鲁迅当年的工作室兼卧室。这些房间均已按照当年鲁迅居住时的情景进行复原陈设。

故居东侧是鲁迅博物馆。馆藏文物 3 万余件，其中 2 万余件是鲁迅文物，包括他的著作和翻译作品的手稿、诗稿、书信手稿、日记手稿和手书诗幅等墨迹。另外还有鲁迅辑录的古籍手稿、藏画、历代碑刻拓片等遗物，还有鲁迅好友中知名人士的手稿和藏书等。

博物馆的基本陈列是"鲁迅生平展"，该展览以编年方式根据鲁迅生前的活动分界，完整地介绍了鲁迅一生的生活、思想和工作。

名人简介

鲁　迅

鲁迅（1881—1936），中国现代伟大的文学家、思想家和革命家。原名周树人，字豫才，浙江绍兴人。

鲁迅的一生，对中国文化事业作出了巨大的贡献：他领导、支持了"未名社"、"朝花社"等文学团体；主编《莽原》《语丝》《奔流》《萌芽》《译文》等文艺期刊；热忱关怀、积极培养青年作者；大量翻译外国进步文学作品和介绍国内外著名的绘画、木刻；搜集、研究、整理大量的古典文学，编著《中国小说史略》《汉文学史纲要》，辑录《会稽郡故书杂集》《古小说钩沈》等。1936 年 10 月 19 日因肺结核病逝于上海，上海上万名民众自发举行公祭、送葬。

中华人民共和国成立后，鲁迅著译已分别编为《鲁迅全集》《鲁迅译文集》《鲁迅日记》《鲁迅书信集》，并重印鲁迅编校的古籍多种。1981 年出版了《鲁迅全集》。北京、上海、绍兴、广州、厦门等地先后建立了鲁迅博物馆、纪念馆等。鲁迅的小说、散文、诗歌、杂文共数十篇（首）被选入中、小学语文课本。小说《祝福》《阿 Q 正传》《药》等先后被改编成电影。

名人逸事

鲁迅式的幽默

1934 年，国民党北平市长袁良下令禁止男女同学、男女同泳。鲁迅先生听到这件事，对几个青年朋友说："男女不准同学、同泳，那男女一同呼吸空气，淆乱乾坤，岂非比同学同泳更严重！袁良市长不如索性再下一道命令，今后男女出门，各戴一个防毒面具。既免空气流通，又不抛头露面。这样，每个都是，喏！喏……"

说着，鲁迅先生把头微微后仰，用手模拟着防毒面具的管子……大家被鲁迅先生的言谈动作逗得哈哈大笑。

梅兰芳故居

名人景点

梅兰芳纪念馆

纪念馆位于西城区护国寺街 9 号。馆舍为一座古代建筑，两进的四合院，占地面积 716 平方米。

梅兰芳纪念馆于 1986 年纪念这位京剧艺术大师诞辰 92 周年之际对外开放。

该馆的馆藏文物达 3 万余件，主要为梅兰芳大师生平、艺术活动和国际文化交流活动的历史资料、照片和实物。

故居的陈列部分为复原展览，另有以图、文和实物组成的介绍梅兰芳大师生平的陈列和专题展览。这里的陈列品多为原件。

梅兰芳纪念馆于 1984 年被列为北京市重点文物保护单位。

名人简介

梅兰芳

梅兰芳（1894—1961），本名澜，又名鹤鸣，小名裙子、群子，字畹华，又字浣华，别名缀玉轩主人，艺名兰芳，祖籍江苏泰州。清光绪二十年九月二十日（1894 年 10 月 22 日）出生于北京李铁拐斜街的梨园世家。1961 年 8 月 8 日病逝于北京，终年 68 岁。他是我国现代杰出的京剧表演艺术家，也是一位受人尊敬的社会活动家。他把毕生的精力都献给了祖国的艺术事业，为祖国戏曲艺术的发展和国际文化交流作出了卓越的贡献，成为享誉中外的著名艺术家。

名人逸事

梅兰芳安排子女前程

梅兰芳特别注重观察和了解每一个孩子独特的爱好和兴趣，并在此基础上，结合孩子的性格，帮助他们确立今后的生活和工作的方向。

他的长子梅葆琛生性稳重，乐于思考，于是，梅兰芳便为他在理工科方面发展提供条件，后来，梅葆琛果然考上名牌大学的建筑系，日后终于成为有名的建

中华典故

筑师。

梅兰芳最钟爱的小儿子梅葆玖自幼心灵手巧，极具艺术家的潜质，加上嗓音和形象俱佳，真是继承梅兰芳创立的"梅派"艺术的最佳传人。但是，即使如此，梅兰芳也并不急于让他少年习艺，而是直到梅葆玖大学毕业，才让他正式随剧团学艺。正因为此，梅葆玖终于成为极有修养和独特魅力的表演艺术家。

梅兰芳先生善于育子成才，经常有人向他请教培养子女的经验。每当此时，梅兰芳先生总是莞尔一笑，淡淡地说："尊重孩子就像尊重观众一样！"

齐白石故居

名人景点

齐白石故居

故居在西城区辟才胡同内跨车胡同 13 号。故居坐西朝东，面积 204 平方米，是一座三合院带跨院的住宅。齐白石自 50 岁后直至逝世前寓此。三间北房是当年的"白石画屋"，因屋前安有铁栅栏，又称铁栅屋。北房檐下悬挂有齐白石撰刻的长 3.3 米、高 0.84 米的篆体"白石画屋"横匾。大字尚依稀可见。故居现为北京市重点保护文物。齐白石墓位于海淀区海淀乡魏公村西南。碑文为李苦禅所书。

名人简介

齐白石

齐白石（1863—1957），湖南省湘潭县人，中国画大师。原名纯芝、字渭清，后改名璜，字濒生，号白石，别号借山吟馆主者、寄萍老人等。年青时作过木工。擅长诗、书、画、印。文化部于 1953 年授予他"人民艺术家"称号，1955 年又荣获国际和平奖金，1963 年被列为世界文化名人。

名人逸事

齐白石为何爱画虾

抗日战争时期，北平伪警司令、大特务头子宣铁吾过生日，硬邀请国画大师齐白石赴宴作画。

齐白石来到宴会上，环顾了一下满堂宾客，略为思索，铺纸挥洒。

转眼之间，一只水墨螃蟹跃然纸上。

众人赞不绝口，宣铁吾喜形于色。

不料，齐白石笔锋轻轻一挥，在画上题了一行字——"横行到几时"，后书"铁吾将军"，然后仰头拂袖而去。

1937 年，日本侵略军占领了北平。齐白石为了不受敌人利用，坚持闭门不出，并在门口贴出告示，上书："中外官长要买白石之画者，用代表人可矣，不必亲驾到门，从来官不入民家，官入民家，主人不祥，谨此告知，恕不接见。"

齐白石还嫌不够，又画了一幅画来表明自己的心迹。画面很特殊，一般人画翡翠时，都让它站在石头或荷径上，窥伺着水面上的鱼儿；齐白石却一反常态，不去画水面上的鳕鱼，而画深水中的虾，并在画上题字："从来画翡翠者必画鱼，余独画虾，虾不浮，翡翠奈何？"齐白石闭门谢客，自喻为虾，并把做官的汉奸与日本人比作翡翠，意义深藏，发人深思。

纪晓岚故居

名人景点

纪晓岚故居

纪晓岚故居位于珠市口西大街 241 号。纪晓岚故居内有"阅微草堂"，是一所两进四合院，有一间屋子为船型，当年匾额上书题"岸舟"二字，另一间像过厅式的屋子，当年就挂有"阅微草堂"的匾。1958 年建为"晋阳饭庄"。故宅中旧物有藤萝和海棠，藤萝在前院，海棠在后院，大门前还有浓阴古槐，为宣武区重点保护文物。

名人简介

纪晓岚

纪晓岚（1724—1805），名昀，字晓岚，河北献县人。清学者、文学家。官至礼部尚书、协办大学士。领衔编纂《四库全书》，写了 200 卷的《四库全书总目提要》和《阅微草堂笔记》。

名人逸事

纪大烟袋

纪晓岚一生最大的嗜好，首推吸烟。为吸烟方便，他特意制作了一杆硕大无朋的烟袋，烟杆长近二尺，烟锅大似瓷碗，据说，若是装满一锅烟丝，足足可抽两个小时。因此，当时即有"纪大烟袋"的雅号。关于这杆烟袋，还有这样一则故事。一天，纪晓岚上朝回来，不慎将烟袋丢失，一家人都替他着急，他却胸有成竹，吩咐家人第二天只管到旧货市场去找。大家都将信将疑，第二天一大早便直奔旧货市场，果然不出所料，顺利找回。原来，纪晓岚料想如此硕大的烟袋，他人绝无用处，只能当做废品售卖，以换几个小钱。结果恰如其言，烟袋仍然物归原主。自此而后，"纪大烟袋"之名越叫越响，也越传越开了。

著书黄叶村，巨笔写红楼——曹雪芹香山故居

北京的秋很美，香山的秋更美。

驱车从西直门出发，沿一条蜿蜒曲折的公路西行，约一个小时便可到达香山脚下。下车甫定，顿觉秋高气爽。抬头远望，峰峦重重叠叠，云岫争竞秀岩；山间则层林尽染，金枫飒爽，把整座山都映得通红通亮，金黄的树林中点缀着簇簇野雏菊，仿佛一位少女的裙裾镶有花边的下摆，在晨风中甚是婀娜迷人。心中的惊奇略微平定，侧耳细听，水声淙淙，百鸟悠鸣，秋之萧瑟全然远去，浑身上下清清爽爽。晨雾缭绕的云峰间、密林中，偶有一二古寺、塔楼，或金碧辉煌，或古旧朴拙，为香山迷人的秋景增添了一分难得的古韵。

香山一带，诸峰如簇，西面有金山、鞍子岭、燕子岭等峰，西南有山神庙、木兰坨、马鞍山……整个山脉走势呈"区"字状。山势西北高，东南、西南较低，像一道半环形的屏障拱卫着京城。明朝时，这一带青松苍郁、山明水秀，为

北京地区的风水宝地，明王朝选此为皇家陵园，并驻守了许多护陵卫队。清代康熙之后，香山又成为皇帝们游玩行猎的禁苑御园。清王室在此兴建了"三山五园"的巨大工程。"三山"指香山、玉泉山、瓮山（今万寿山），"五园"则是圆明园、畅春园、清漪园、静明园、静宜园。一时间，殿堂、楼阁、廊庑、寺庙林立，规制宏丽、蔚然壮观。著名的有卧佛寺、碧云寺、乾隆阅武楼、活雕楼等。皇帝的禁御园不是随便什么人都能居住的，这里主要居住的是满族旗人。旗人居住地又被称为"旗地"，按八旗的名称分区域（"旗"实际上相当于汉人的户籍），每旗都设有专人管理，称为"旗营"。属于哪个旗的人只能分在哪个旗营内，不得擅自越界，这称为"拨旗归营"。"镶黄旗"、"镶白旗"、"正蓝旗"、"正红旗"等，便是那个时代留下的痕迹。

在香山桃花沟的正白旗村内，参天古树掩映着一座古屋，为正白旗村39号，是清代著名小说家曹雪芹的故居。

曹雪芹（？—1763或1764）名落，号雪芹、芹圃、芹溪，因长篇小说《红楼梦》而名著千秋。《红楼梦》是曹雪芹"数易其稿、增删十载"的呕心沥血的著作，是我国文学史上最优秀的长篇章回小说，中华民族传统文化的瑰宝。宝黛刻骨铭心的爱情悲剧、荣宁二府合演的封建末世的挽歌，以及无数女子悲苦命运的哀叹……都无不使一代又一代的读者为之动容。

很多学者都认为，《红楼梦》其实就是曹雪芹身世的真实写照；又有人认为，《红楼梦》中贾宝玉的原型是清代满族婉约词人纳兰性德……不管如何，曹雪芹曲折、凄苦的现实命运肯定影响到他的创作，他的身世正如《红楼梦》中的贾宝玉一样盛极而衰。曹氏家族在康熙时期曾显赫一时，其祖父曹寅曾为康熙的伴读，后任江宁织造，统管江南的纺织、盐业；寅死后，其父曹颙（早亡）、叔父頫继任江宁织造，可以说，曹家祖孙三代是当时的隆盛家族。然而，雍正皇帝上台后大肆残杀、打击异党，曹家因和雍正的死敌八太子允禩有勾连，亦遭到查封、抄家，由荣华盛世的顶端跌落下来。是时，18岁的曹雪芹，告别温柔富贵之乡——南京，到达北京，几经辗转，寓居于北京西山一带，过着飘零寥落的生活，在这里，他倾旷世之才情创作了《红楼梦》，直至去世。

小说这一文体在封建社会一直被视为"末流"，难以和诗文比肩，因而小说家的命运亦寂寞得多。由于记载他们生平事迹的资料极少，他们的身世很少为后人所知晓。曹雪芹则更是如此，红学家们对其生卒年、祖籍、行踪是考证不已、争论不休，至于认定香山正白旗村39号为其故居，亦是几经周折。

1971年4月，住在正白旗村39号的一位名叫舒成勋的老人，偶然在他家的墙壁上发现了几首诗和对联，并题有"拙笔学书"、"拙笔"的字样。舒成勋老人十分惊奇，便上报了北京市文物管理处。这位"拙笔"究竟是谁呢？1977年，在一个年轻工人张行的家中又发现了两个破书箱，其中一个书箱上刻有一丛兰花和一方嶙峋怪石，并有一首题名为《题芹溪处士句》的诗："并蒂花星瑞，同心友谊真。一拳顽石下，时得露华新。"另一个书箱上同样也画有一丛兰花，还有一些条目、诗句，落款为"拙笔写兰，乾隆二十五年岁在庚辰上已"，这些字迹与舒成勋老人家中墙壁上的字迹十分相似，因而，可以断定，两个"拙笔"实为同一人，那么这位"拙笔"又是谁呢？舒成勋老人又据满族语音及其他相关材料认为"拙笔"就是"鄂比"，是一个在香山号称"醉鬼张三"的人，与曹雪芹有着深厚的友谊；此外，舒成勋还力举了其他几条证据，确认正白旗村 39 号就是曹雪芹的故居。

不过，直到现在，红学界对此仍有不同意见。但不管怎样，在没有其他更为可靠的材料发现之前，我们还是认为正白旗村 39 号为曹雪芹的故居。

题壁诗发现后，正白旗村 39 号成为了红学家、文学爱好者、游人参观的热点。1984 年北京市文物局将其辟为曹雪芹故居纪念馆，游人络绎不绝，人们都想借此来缅怀这位历史上最伟大的小说家。

正白旗村现为北京植物园所辖范围，古木繁茂，环境清幽，走在由深厚的落叶铺就的山路上，发出"窸窣"的声音，恍若空谷足音。正白旗村所在的桃花沟是在金山三环套一带，处于燕儿岭与龙首峪之间，不远处便是著名的卧佛寺，密林中，晨钟悠扬，回荡于整个峡谷。

曹雪芹故居门前矗立着三棵老槐树，郁郁苍苍，其中有一棵还歪着脖子，极富情趣，仿佛在恭候游人的到来。过去香山一带常流传一些关于曹雪芹和《红楼梦》的夯歌小曲，其中就有一句唱到了这棵歪脖子古槐："门前古槐歪脖树，小桥溪水野芹麻。"这是认定 39 号为曹雪芹故居的又一重要证据。

雪芹故居为一青砖围墙围成的一方院落。走入院中，可见老屋三间，整洁朴素，基本反映了清代旗人的住宅特征。西首一间曾为雪芹书斋，名为"抗风轩"，现室内陈列着一些简陋的桌凳。这里也是舒成勋老人发现题壁诗的地方。当时的题壁诗已剥落，现在刻在墙上的诗句是后来复制上去的，其中有鄂比赠给曹雪芹的对联，读来令人深思：

远富近贫以礼相交天下少，

疏亲慢友因财绝义世间多。

东面一问是雪芹的居室，床、桌、凳、椅均依旗人的生活习惯而布置。这间居室曾是雪芹哭儿泪尽而逝的地方。乾隆二十七年中秋，雪芹唯一的爱子病死，他痛苦万分，终日以酒浇愁，狂饮沉沦，不久便病倒了。1763 年 2 月 12 日，大雪纷飞的除夕之夜，在邻家阵阵的喜庆爆竹声中，雪芹在其续弦夫人芳卿的守护下，破壁残灯，凄然离世。脂砚先生在《石头记》(《红楼梦》) 重评本第一回中曾作过这样的批语："能解者方有辛酸之泪，哭成此书。壬午除夕，书未成，芹为泪尽而逝。余尝哭芹，泪亦待尽！"清宗室诗人永忠亦哭之："传神文笔足千秋，不是情人不泪流。可恨同时不相识，几回掩卷哭曹侯！"雪芹曾说《红楼梦》中的林黛玉是为"还泪"而来，并为其预设了在爆竹声中凄然而逝的悲惨结局，却没想到，这一切都成了谶言。

故居中间是一间小堂屋，设有神龛，两壁挂有一些字画，为后人怀念曹公所作。三间正屋外，西面穿过一院门，现另辟一屋，为文物展览馆，其中珍藏有题壁诗的真迹残片以及《红楼梦》的传世版本。

曹雪芹约在1754年（乾隆十九年）移居桃花沟。按照旗营规定，他每月领"月例银"四两，每个季度米一石七斗，分派三间草房，生活极端贫困。传说，雪芹去世后，邻里一位老太婆为祭奠他，但苦于无纸钱，便将他的书稿作纸钱焚烧，所以，《红楼梦》只留下了八十回，而后四十回便化作了灰烬。这一传说当然不足为信，却可见曹公居于桃花沟时的辛酸。虽然贫寒，但曹公从不乞羡于富贵，宁愿于清风明月、诗酒中逍遥，好友敦诚曾有一诗写道："劝君莫弹食客铗，劝君莫叩富儿门。残杯冷炙有德色，不如著书黄叶村（桃花沟又称黄叶村）。"

曹雪芹就这样日日行走于香山一带，采药、赏景，有时还带有纸笔，随时写下突如其来的灵感。香山的景物潜移默化于他的《红楼梦》中。正白旗村西北，乱石荆棘中有一块奇绝独特的巨石，名为"元宝石"。"元宝石"上清水潺潺流过，这块宝石就是《红楼梦》中开篇写到的巨石，也是贾宝玉名字的由来。据说香山一带以前还盛产一种天然黑石，人们常到此地捡拾，用于描眉打鬓，此石虽黑，但不污手，十分洁净。"黛"即为黑玉之名，所以这种出之于煤山而不染的黑石又被认为是林黛玉的原型。更为绝妙的是，《红楼梦》中的"木石前盟"亦有其说法。就在大"元宝石"旁，一块高约两三丈的青石顶部挺立着一棵苍苍古柏，古柏根须一直穿透石底，树生石中的奇观不就是《红楼梦》中的"木石前盟"的真实形象吗？以前有一首打夯歌曾这样唱道："退谷石上松，人称木石缘。巨石嶙峋宝，甘泉溢水甜。山是疯僧洞，山下白鹿岩。曹公生花笔，宝黛永世传。"

香山一带还有很多关于曹雪芹和《红楼梦》的故事，等着您去发掘呢。

鲁迅在北京的故居——北京西三条胡同 21 号

1912 年，应蔡元培先生之邀，鲁迅先生从故乡绍兴来到北平，在教育部任金事之职。初到北平，鲁迅独自住在宣武门南半截胡同西的山阴会邑馆，即绍兴县馆，他的居所就是著名的"补树书屋"，后二弟周作人亦到北平，搬来与鲁迅同住，此时兄弟感情甚好。鲁迅在"补树书屋"度过 7 年苦闷彷徨的日子，抄碑、收集拓片，史料钩沉，他似乎要淡忘政治，埋首于学问研究。但蛰居的生活随着新文化运动的兴起开始解冻，鲁迅撰写了第一篇白话文小说《狂人日记》，接着便是《孔乙己》《药》等，这些白话小说确定了他在新文化运动中的文学地位。鲁迅成为了一名大声疾呼、敢怒敢言的前驱的勇将。

1918 年，鲁迅借钱购置了北京公用库八道湾的一套大宅，举家迁入。然而日子依旧不平静，由于与周作人夫妇失和，鲁迅离开一手经营的八道湾，至砖塔胡同 61 号居住。在短短的几个月里，鲁迅在 61 号狭小的房间中创作出《祝福》《在酒楼上》等一系列著名的短篇小说。

岁月流逝，时间改变了鲁迅先生的这些居所，依稀漫灭间我们很难再找回过去的原貌。但好在时间又是公平的，它仍留给我们能够纪念先生在北平这十几年的事物，那就是北京西三条胡同 21 号的鲁迅故居。

1923 年，鲁迅暂居砖塔胡同，母亲鲁瑞经常白天到鲁迅那儿，晚上再回八道湾，为结束这种辛苦和尴尬的奔波，她希望和鲁迅住在一起。鲁迅十分体谅母亲的苦心，便向友人许寿裳、齐寿山各借 400 元，购买了北平阜成门内大街路北的西三条胡同 21 号房宅。这笔借款直到鲁迅去厦门教书时才还清。

西三条胡同和北京许许多多的小胡同一样悠长、直畅，两边是方方正正的四合院人家，大门一关，里面便是一统的天下，透着地道的京味。西三条胡同东南不远的地方可见一座高耸的白塔，那里是有名的白塔寺。这条胡同原来比较偏僻，自鲁迅来到后，在两年的时间里，改变了它默默无闻的历史，变得不平凡起来，它拥有了青年们的欢声笑语，更拥有了鲁迅先生严峻却炽热的思想情感。今天西三条胡同的鲁迅故居，成为文学青年们缅怀当年文学巨匠的重要地方。

1924 年 5 月，鲁迅迁至西三条 21 号，母亲也一同住进来了。这是先生在北平的最后一站，之所以具有特殊意义，一是 21 号是鲁迅自己动手设计建造的，在这里先生写下了《华盖集》《华盖集续集》《野草》等文集，以及《彷徨》《朝花夕拾》《坟》中的一些重要文章。更为重要的是，鲁迅在此处确定了与许广平的恋爱关系。1925 年许广平亲手绣了一对有"卧游"、"安睡"字样的枕头巾，送与鲁迅，鲁迅勇敢地接受了她的爱，并给予了爱的回报。许广平回忆说："宁不知人待我厚，我亦舍身相报。"作为爱情的信物，这对绣花枕头就保存在鲁迅故居的卧室内，仍完好如新。

原来的 21 号房间空疏，不便于生活、工作，于是鲁迅亲自设计草图，勾勒房间轮廓、布置，共研究出两套预备方案。经权衡比较后，鲁迅放弃了第一种房间密匝的方案，采用了较为清爽、方便的后一种。经建造起来的房宅证明，这套方案既充分体现出北京的民宅地方特色，又符合鲁迅自己"留有余地"、"留有空白"的审美原则。

遵照北京的地方习俗，21 号大门开在东南角，饰以金边黑漆。进门后为一道影墙，绕过去走十来步，经四扇平门就可进入前院。院内南向有三间房，北边也有三间，东西各有两个小厢房，与后院有一夹道小门相通，形成一个四合院式的整体。庭院内有三株小丁香树，是鲁迅亲自买回手植的，那幽幽的清香飘散于院内的每一个角落。南房主要用于会客、藏书，最西边的一间则是客房，女师大风潮时，许广平曾在此避难。鲁迅藏书有自己独特的一套方法，他喜欢用绍兴特制的一种木箱放书，既利于分类查找，而且拎起来便可托运搬走，十分轻便。鲁迅从绍兴带了八只这样的木箱，以后陆续在北平、广州等地按照这种样式打造。这些木箱一只摆一只，摆满藏书室的整面墙壁，像是一大排的组合书柜，整齐有序。

21号就地取材，在原有7间房的基础上改造修建，大大利用了原来的空间，整个建筑没有一丝窘迫紧促之感，舒缓之中又见紧密。除此之外，鲁迅还在房间装修的细节上稍加点缀，更具匠心。他把每间房都用槅断分开，分为明间、次间，槅断用木条组成方格，裱以白纸，饶有日本风味。鲁迅还把房间的门窗漆成鲜艳的大红色，格外地耀眼，似乎代表了先生心中永远燃烧的一团旺火。

在故居最能体现先生独特构思的是"老虎尾巴"。北屋的三间房，东边为母亲鲁瑞所住，西边是前妻朱安所住，正中堂屋是一家人吃饭活动的地方，而"老虎尾巴"便是从正中堂屋向外凸出的一间小小的房间，像是一条小小的尾巴接在后面，人们戏称为"老虎尾巴"，鲁迅却自嘲为"绿林书屋"。这是先生自己精心设计的工作室兼卧室。房间与堂屋用老式桶断隔开，可分可合，夏天通风，冬天不用生火都很温暖。先生还充分利用"借景"的方法，在北墙开有大面的玻璃窗，使后院景物一一纳于眼中，小小斗室，随四季的变化而更换着不同的自然风景。许广平曾描绘道："归来后的印象，是觉得熄灭了通红的灯光，坐在那间一面满镶玻璃的室中时，是时而听雨声的淅沥，时而窥月光的清幽。当枣树发叶结实的时候，则领略它微风振鼓，熟果坠地，还有鸡声喔喔，四时不绝。晨夕之间，时或负手在这小天地中徘徊俯仰，盖必大有一种趣味。"

先生将一张长的三屉桌摆在东墙下，不论上午下午，都能吸收充足的光线。他坐在桌前的老藤椅上，喝着苦涩的浓茶，吸着烟，看着书，然后奋笔疾书。有时累了，立起来在不过7平方米的小屋里走动一下，看一看窗外的景色，思想在光影移换的时空中跳跃，这时，他总能获得更深的触动。《秋夜》中，他写道："在我的后园可以看见墙外有两株树，一株是枣树，还有一株也是枣树"，"默默地铁似的直刺向奇怪而高的天空"。枣树在先生笔下，成为黑夜中正义的灵魂，同时也是先生无声的、顽强的自我象征。在后院先生种了各类植物，碧桃、花椒、刺梅、榆梅、枣树，可惜那两株因《秋夜》而闻名的枣树已经枯死。现在人们所见的小枣树是1995年补栽的，它们还没有完全成熟，带着孩子般的稚气在风中窸窣作响。抚树遥想，这样的快活和愉悦应是鲁迅先生所希望看到的吧！

"老虎尾巴"简洁干净，床铺、桌椅，以及陈列在桌子上的砚台、笔筒、带盖的茶碗、烟灰缸、闹钟等，仅此而已。鲁迅性格随和，不喜欢繁文缛节，因此一切从简，东西实用方便就行。他习惯把东西放得整齐有序，每次写完文稿，便收拾桌上的杂物，将有用的东西归类。

鲁迅所使用的每一件小物件都是普普通通的，放在他处引不起人们的丝毫注意，但它们在鲁迅的生活中却格外重要。那支"金不换"笔是他投向敌人的匕首和投枪；那盏高脚煤油灯，他曾高擎着，导引黑夜中前来寻访的青年们，指明他们脚下的路；那只小钟无数次地把他从微曦的黎明中唤醒，去迎接新的战斗。现在这些普通物品都成了重点保护的文物。

在"老虎尾巴"的西壁上挂着一张醒目的条幅："望崦嵫而勿迫，恐鹈鴂之先鸣。"这是鲁迅从屈原的《离骚》中摘录的诗句，请友人乔大壮书写挂于墙上。先生十分珍惜时光，为夜间保持清醒的头脑，他茶要泡得浓，烟也抽得凶，到夜深之际，仍旧伏案走笔，直至东方泛白，有时倦了，便和衣倒在床上，算是睡过了一夜。

先生的书桌前有一张照片和一幅画，特别引人注目，它们是先生工作的精神动力。照片是藤野先生的，八字须，戴眼镜，黑瘦的脸颊，目光严厉又含着一丝和蔼。鲁迅在《藤野先生》一文中详细追忆了与藤野先生的师生情谊，照片是藤野先生离别时赠与鲁迅的，背后写有"惜别"二字。鲁迅一直把它珍藏身边，每当怠懒或消沉时，抬眼望见藤野先生熟悉的面容，便又振作精神，继续在清冷的夜里守定那一张寂寞的书桌。画名为《五个警察和一个0》，是青年画家司徒乔根据亲身经历所画的炭笔素描。画面是一个憔悴的孕妇手牵 3 岁的孩子，她的身后追着 5 个手举木棍、强壮的警察。孕妇为孩子多讨了一碗粥，便遭到了追打，画家目睹惨剧，愤怒地画下了这幅素描作品。鲁迅在画展上一见当即买下，回来挂在桌前，以此激励自己正视淋漓的鲜血，直面惨淡的人生，大声呐喊，将胸中沉郁的怒火化作燃烧的烈焰，去焚毁这个黑暗的世界。

1926 年，由于在女师大风潮、"三一八"惨案中坚决支持进步的学生运动，鲁迅被北洋军阀的段祺瑞政府通缉，在北京过着逃难的生活，身体和经济陷入困顿。为摆脱困境，同时怀着对南方革命的向往，鲁迅和许广平一起南下，来到厦门执教，两年后又去了上海，今上海也还完整地保存了鲁迅先生的故居。西三条 21 号自先生去后，一直由母亲鲁瑞和前妻朱安女士照管，1943 年鲁瑞去世后，便由朱安一人苦苦支撑。鲁迅与朱安之间虽没有爱情，却有着相互的责任感，鲁迅逝世后，仍嘱托许广平负担朱安的生活，而朱安在孤苦愁病的情况下，也替谢世多年的鲁迅考虑到他在 21 号大量书籍、手稿的归宿问题。朱安给许广平去信，把 21 号故居全部托付给鲁迅唯一的后代周海婴。办完一切事后，1947 年 6 月朱安病逝于 21 号故宅，像影子一样消失在这个寂寞的世间。由于海婴年纪尚小，一时无法接管 21 号，而北平时局又陷于动荡之中，国民党在撤退时肆意破坏文化遗物加上八道湾不时来人收拾故居物什，21 号面临遭到破坏的命运。这引起了鲁迅在京友人的焦虑，也引起北平地下共产党的重视和关怀。他们秘密采取行动，假借军方命令，围住 21 号，不许闲人入内，后又假借北平地方法院的判决，在故居门前贴上封条，从而保护了故居的完整面貌。当我们徜徉于 21 号故居时，心中会浮现出鲁迅先生的音容笑貌，而那些为保护故居而努力的人和事呢，却知者甚少，他们也应该长留于人们的记忆之中。

风雨寂寥苦茶庵——周作人八道湾故居

绍兴是周作人的出生地，而北京却是他的第二故乡。1917 年周作人初来北京，与长兄鲁迅同住在绍兴会馆的补树书屋，1929 年迁入八道湾 11 号，自此再未搬出过，一直到去世。他在北京生活了半个世纪之久。

八道湾 11 号位于北京西直门外，是一个有着三进大院落的四合院房。大门是方形的门楼，入门正前方是一座影壁墙，再往前便是三进开阔的院房。前院有一排坐南朝北的前罩房，共九间，大多是用来会客的。鲁迅曾在这里创作出发掘国民魂灵的小说《阿 Q 正传》。中院有大房三间，鲁瑞和朱安最初分住东西两间，中间一房是家人吃饭和聚谈的堂屋。从中院东侧的夹道绕过去则是后院，亦有房九间，坐北朝南，每三间为一套，周作人一家原住在西头，中间为三弟建人一家，东头是待客用的。后院是周作人亲自开掘的长 3 尺、宽 2 尺的荷池。1922 年，俄国盲诗人爱罗先珂寓居于东屋客房时，由于寂寞曾买了十几只蝌蚪，放入池水中，可又等不及蝌蚪长大，听蛙声一片，便又买了四只小鸭，听嘎嘎的鸭叫。鸭子不知事，一天一天地吃掉了小蝌蚪，爱罗先珂没了"蛤蟆的儿子"，只好一笑了之。这件事被鲁迅写入了《鸭的喜剧》一文，幽默之中，却含着带泪的笑。

八道湾居所最初是由鲁迅独力购买和装修的。1919 年，一家人卖掉了绍兴东昌坊口的周家老宅，全部迁入八道湾 11 号。鲁迅相中八道湾，是觉得它面积大，空地多，房间也多，适合侄子们过来嬉闹玩耍。经过一番整理，购置家具，修配水管，鲁迅一家终于在北京正式定居下来。但在两年多的时间中，八道湾便分崩离析了。1923 年鲁迅与周作人兄弟失和，周作人匆匆递与鲁迅一封信，请鲁迅不要再到后院来，鲁迅欲邀问清楚，周作人却避而不见，兄弟关系正式宣告破裂。带着无比的痛心，鲁迅无法再在八道湾住下去，于是带着妻子、母亲"永久地离开了八道湾"。周建人后来与羽太芳子离婚，迁居上海，八道湾 11 号也就彻彻底底交给了周作人一家。鲁迅在回忆中说："作人心地糊涂，轻听妇人言，我虽竭力解释开，毫无效果，从此友于参商。"这次兄弟失和二人都不愿过多提及，因此其中原因也就成了文坛上一段不太明晰的公案。不过，多数人以为肇因始自周作人的日本妻子羽太信子。在生活习性上，她过于铺张浪费，鲁迅把自己的收入也完全交与弟媳支配，仍是不够开支，于是产生了家庭的内部纠葛。羽太信子轻慢专独，周作人又软弱不定，事态越闹越大。终于，周作人渐渐倾向于妻子，不但抛弃了兄长的友爱，也离弃了五四时期的激进生活，成了苦雨斋中一个寂寞而自娱自乐的老人。

苦雨斋，又名苦茶庵，是周作人为自己后院居所取的别号。它的地势很低，雨天易形成积水的低洼。这大约是苦雨斋的得名吧！院内种着各样的树木、鲜花，门前的一株小丁香还是鲁迅亲手种植。其中，一棵高几丈的白杨树特别引人注目。白杨在周作人的文章中曾多次出现，不是写它的挺拔肃杀，而是以一种闲适的笔调去描绘它的瑟瑟响声。"每逢夏秋有客来斋夜谈的时候，忽闻渐沥声，多疑是下雨，推户出视，这是别种树所没有的佳处。"

整个院子在绿树的掩映下流动着如水般的阴凉和轻爽。微风轻过，时有树叶落地时的叹息声，更衬托出庭院幽幽寂寂的清冷。院内有四条通道伸展在绿荫之中，行人过时，不时分拂低垂下的叶蔓。曲径通幽，苦茶庵正是一座深掩在花木深处的禅房。周作人之友谢兴尧在拜访了苦茶庵之后，写道："没有丝毫朱门大宅的气息，颇富野趣，特别是夏天，地处偏僻，远离市区，高树鸣蝉，天气虽热，感觉清爽。"友人康嗣群亦说："对着门便是一棵很大的白杨，随时都哗哗的在响，好像在调剂这古城的寂寞似的，院子里老觉得是秋天。"苦茶庵给人最初的感觉差不多就是这样：寂静、清幽、一股深入骨髓的离世的孤独。

择正中的甬道前行，正房便是"苦雨斋"。房内有三间屋子，是周作人居住、读书、写作的主要场所。中间的屋子有一张北方特有的炕，冬天时周作人爱坐在炕上和家人闲聊，或顺手从旁边一人多高的几个书架上抽出一本书看上半天。一卷在手，周作人总能忘记所有的一切，时常"把卷沉吟过二更"。对于一个嗜书成瘾的人而言，能坐拥书城，不为俗世所扰便是整个的心愿。即便后来在南京老虎桥坐监狱时，周作人唯一的梦想就是重返苦茶庵，继续挑灯夜读。

左边的屋子就是著名的"苦雨斋"了。墙上挂着沈尹默先生的墨迹"苦雨斋"，用镜框装好，反射出淡淡的白光。一张不大的方桌临窗放着，几张硬背椅放在两旁，桌上笔砚纸笺，整齐清爽，还有一个低矮的书架放着周作人常用的书和他自己的著作。作为书房，苦雨斋似乎过于简陋。但对于枯寂一如老僧般的周作人，这并不重要。每当坐在苦雨斋洁静的书桌前，听院内树叶声如落雨般满天飞扬，周作人总有无限情思喷涌而出，倾泻在笔底。《雨天的书》《永日集》等一部部散文、小品文集从苦雨斋的静思中流出，汇成一条隽永、自然、清新的小溪。

在书斋中，周作人有一镇斋之宝，为1914年在马下桥觅得的"凤凰砖"。凤凰为南齐年号，南齐建国才20年，该砖上刻有"凤凰三年七"的字样，是一件不可多得的古物。周作人无意得来，视若珍宝。砖虽质陋无华，却孕育着一种古雅的情趣，与苦雨斋正相适宜。

这份充满文化灵性的空寂的意境，是苦雨斋独有的，也是苦雨斋主人精心营造和维护的。虽然他极少直白地赞美苦雨斋的美，但对于这里，他不但是"中意这居处和生活"，而且是把自己复杂的思想和灵魂整个儿地融进这片静谧的空寂之中。

兄弟失和后，周作人在八道湾过着单门独户的生活。他把八道湾宅院名为苦雨斋、苦茶庵，自己则号为苦雨翁、知堂老人，决心做一个文化"隐士"，而把苦雨斋从内到外变成平和冲淡的隐庐，往来自然无白丁，"确是隐士清谈之所，绝非庸论扰攘之地"。周作人为人细致，苦雨斋往往明窗净几，纤尘不染。由于早年留学日本四年，爱慕日本人雅洁的生活情调，加之娶了日本妻子，周作人的待客方式也带上几许东洋之风。客人来时，他极有绅士风度地递上一柄日本式纸扇，再奉上一碗淡淡的青绿色的茶。扇风轻凉，茶味清苦，如同苦雨斋冷隽的意境。周作人十分惬意地享受着他自己的小环境，在自己的园地中收获自己的乐趣。对周作人有深刻了解的文学家废名有一段文字：

豆棚瓜架雨如丝，一心贪看雨，一旦又记起了是一个过路人，走到这儿躲雨，到底天气不好也。钓鱼的他自不一样，雨里头有生意做，自然是斜风细雨不须归。我以为惟有这个躲雨的人最没有放过雨的美。

废名笔下，苦雨翁既不一心计较雨中的生意，也记不起赶路的事，而是超于雨幕之外，静静地旁观。他能看出雨的美，因此也就能艺术地生活，诗意地栖居。苦雨斋正是这躲雨的"豆棚瓜架"，苦雨翁避身其下，坐看一天风雨，不谈狐仙鬼道，一心论起佛道。

周作人五十寿辰之时，做自寿诗两首，一时诸多名人唱和，如蔡元培、胡适、林语堂、钱玄同、沈尹默等。其诗如一石投水，引起不同文化人的自我反思。诗一曰：

半是儒家半释家，光头更不着袈裟。

中年意趣窗前草，外道生涯洞里蛇。

诗中寄寓了幽居生活中看似厌世的辛酸苦味，反映出周作人"出家"与"在家"的矛盾心理。周作人终究做不成一名真正的隐士。1937年日军侵华，发动卢沟桥事变，北平沦陷，周作人出任日军统治下的督办伪职，彻底粉碎了他的隐士之梦，八道湾也被烙下无法抹去的耻辱印记。五四时期，周作人与鲁迅曾在此为进步的思潮运动摇笔呐喊，但当八道湾变成苦茶庵之后，激越渐渐趋于平淡，平淡最终也抹上黑色。周作人临死前不久说："我是和尚转世的，只可惜了在自己膜拜的这方世外桃源里也犯下罪行——不知因为八道湾本非净土，还是主人玷污了它。"从骨子里周作人宁愿避免一切滋扰，独享这一隅的孤寂，他为它营造了令人心仪的幽美，也为它带来过荣耀，但可惜的是，他没有和尚的苦修行，也没能守住苦雨斋的清白。

风风雨雨的八道湾几乎承载了周作人整个的文化命运，它的宁静是他精神的憩息所，也是他理想生活的象征。周作人对苦雨斋的爱柔韧而深长。日军攻占北平时，他谢绝朋友的相劝，孤守在风雨飘摇的苦雨斋；北平解放后，从南京出狱的周作人又拒绝了胡适等人相邀去台湾的建议，急不可耐地回到苦雨斋。苦雨斋已成为他灵魂荣辱沉浮的一体。1967 年 5 月，82 岁的周作人在经受一番红卫兵小将的摧残后，凄凉地死在苦雨斋。

作为周作人的重要生活居所，八道湾被保留下来，对世人开放。今天，随着小品文的重新兴起，周作人的许多文章又大受欢迎。那些"具有讽刺情趣的杂感和神秘的象征的诗的散文"，确实已臻于平淡至美的化境。无论是读文论道，还是随笔小思，周作人都能人之深刻，出之简约。在《雨天的书》中，他说："我近来作文极慕平淡自然的境地，但是看古代或外国文学才有此种作品，自己还梦想不到有能做的一天。"其实，周作人的小品文已经跻身于这一意境了。我们曾经以人论文，把周作人散文同其人格样，降低为无品格的帮闲文学，打入冷宫。但应该重新审视的是，周作人虽有降格求生的耻辱一面，却无碍于其文至老渐圆融淳美。也许，周作人的错只在于，不该躲雨的时候躲了雨，不该专注于雨的美的时候，只发现了雨的美。

丹柿小院老舍情——记老舍北京故居

把北京写活了的作家，老舍是第一人。舒乙（老舍儿子）曾下过三个结论：一、"老舍的作品大部分是写北京的"；二、"老舍作品中最精彩的部分是写北京的"；三、"老舍写了一辈子北京"。老舍把他眼中的北京勾勒给世人看，世人眼中的北京也就成了老舍的版本。它冬天干冷，夏天炎热，四季分得清清楚楚；它说话总卷着舌尖，一口快落的京片子；它的胡同直筒筒的，纵横交错，有着极有趣味的名字；它的大杂院方方正正，住着各式各样的人们；它带着一些疏散悠闲，一些海侃山聊时的皮实劲儿，让人们永远咀嚼不尽、回味不尽这浓厚纯正的京风京情，如同嚼一串冰糖葫芦，喝一壶前门大碗茶……

老舍就是这么一个土生土长的北京人，爱北京爱得实心实意。他常说自己的性格、语言是北京塑造成的，自然创作起来也是北京式的。老舍一生的恩恩怨怨几乎全发生在北京，这里给予了他创作的生命，灵魂的根，却也毫不留情地收回对他的厚爱。在野草丛生的太平湖里，老舍纵身荡起的涟漪，最终归于平静，午夜的黑沉淹没了所有的绚烂，希望与真知在冰冷的湖水中沉沦……可老舍始终是热爱北京的，无论是在青岛写《骆驼样子》、重庆写《四世同堂》，还是在远隔重洋的英伦岛上写《人物自述》时，老舍闭着眼睛都能写出北京胡同、四合院里的一草一木、一砖一石，它们已深深融入老舍的精神血脉之中，在灵感勃发或静思默想时，自自然然从他的心胸中流出，倾泻在飞快移动的笔尖下。老舍说："北京不是枝枝节节的一些什么，而是整个儿与我的心灵相粘合的一段历史，一大地方……它是在我的血里，我的性格脾气里有许多地方是这座古城所赐给的。"

老舍，字舍予，1899 年 2 月出生于北京西城小羊圈胡同 5 号（今护国寺街西口北区的小杨家胡同），原名舒庆春。老舍父亲牺牲于八国联军进京时的巷战中，母亲含辛茹苦带着 3 岁的老舍，还有一个哥哥、三个姐姐，住在这条胡同中，靠替人洗衣缝补度日。老舍的童年就在这狭窄的胡同、院子中度过。

胡同真小，小似细弯的羊肚肠子，老舍幽默地将它比喻为"葫芦"，嘴小颈细，肚子里却住了七八户人家，密密匝匝靠在一块。"葫芦"里还长了两棵槐树、两棵枣树和一棵杏树，很是繁茂。这些景致经常出现在老舍以后的散文、小说中。如《四世同堂》更是刻意以小羊圈胡同为背景而构成的一部力作。小小的葫芦天地，仿佛蕴涵了无穷的能量，童年的悲哀和快乐全部沉积为一幅幅永不褪色的图画，珍藏在老舍心中，创作时，回忆中，他时时拿出来，看一看，想一想，就有无尽的话要说。

老舍在北京生活的时间长，活动范围也大，大大小小落脚的地点就有十几处，胡同自不用说，寺庙、教堂、学校，甚而连农民家中都留有他的痕迹。虽然居无定所，却为老舍从各个方面了解北京提供了丰富的视角。新中国成立后，老舍结束了辗转济南、青岛、重庆及英美的生活，从美国讲学回来，满腔热情投入到新北京的文化建设中去。

老舍一家六口正式定居在北京东城遁兹府街丰富胡同 10 号，现改为灯市口西街丰富胡同 19 号，并确定为老舍在北京的故居。

丰富胡同南北走向，19 号正好位于胡同出口处，这是一座北京极为常见的四合院。大门开在东南角，一进去就是一个小小的天井，南侧有两间平房，西厢房则带有一个小院，呈狭窄的长条形。正房位于北面，是老舍夫妇的居室和会客处，也带有一院落，比西院要阔大方正，当中两条交叉的甬道将小院划为十字形，四个畛角各种了四株柿树，这是老舍夫妇搬进后不久种上的。每当金秋送爽，柿子成熟时，整个院子呈现出一片红色。老舍夫妇深爱这彤红的景色，将院子取名为"丹柿小院"。为给心爱的小院增添更多的自然生趣，老舍还栽下了大量的花卉，盆盆钵钵摆满整个庭院，窗台上，墙角下，四棵柿树下更密密匝匝堆簇了一盆盆花草：昙花、蟹爪莲、山影、海棠……连小猫也没了落脚的地方，只好无趣地"上房玩耍"去了。老舍对于培土浇水、施肥锄草等事乐此不疲，像个辛勤的园丁，忙碌在花丛草树之中。他常常写不到一页纸的文字便扔下笔，奔出书房到院中刨刨土、浇浇水，看着各色花朵竞相开放，香气四溢，老舍就觉得无比的满足，有时他会邀几位朋友来丹柿小院赏花，"赶到昙花开放的时候，约几位朋友来看看，更有秉烛夜游的神气——昙花总在夜里放蕊。"

老舍的客厅也被花的海洋淹没。客厅有两间，书柜书架充盈其间，而每个角落里都能发现花的姿影。特别是茶几上摆放的几盆不同品种的仙人掌，颜色各异，舒展肥大的手掌，活泼地装点了闲适的客厅，显示出主人别致、独特的个性情怀。

这样的时光大约是老舍最平静和快乐的日子。在 1951 年至 1958 年间，老舍以蓬勃的激情创作出话剧《龙须沟》《茶馆》，改编戏曲《十五贯》等，他把具有北京风格的语言艺术推至顶峰，最终奠定了语言大师和人民艺术家的崇高地位。

老舍的书房位于客厅东首，中有一门连通，但老舍特意向丹柿小院又增开一门，可直接进人书房，无须绕道客厅，这是老舍独享的宁静空间。书橱嵌在半边的西墙内，前面放着一张硬木做的书桌，面窗而放，便于采光。桌上文房四宝一应俱全，那方墨砚还是传自清初著名戏曲家李渔的稀世珍品，老舍对此爱不释手。郭沫若、于立群两夫妇曾专程拜访丹柿小院和书舍，于立群看过文房四宝后，大为激赏，走笔写下"东风骀荡、北极巍峨"八个大字，郭老也乘兴将自己作的《满江红》一阕词附于字后。

老舍是一个极富生活情趣的人，从丹柿小院益然的景象，不难看出这一点。每天他会按时整理花卉，在自己的书桌上放上一瓶新鲜的花，写作累了时，他就摸出一副骨牌玩耍，摆出各种图案，以此自娱。他曾说自己有三大爱好：养花、看画、写字，却又诙谐地自嘲自己的爱好是眼高手低，养花"只养些好种易活、自己会奋斗的花草"，绘画嘛只限于看，动手的能力极差，"限于画'你是王八'的王八，与平面的小人"，而写字自以为是"一笔不苟，横平竖直，挂起来吧，一串倭瓜，没劲"。其实，在老舍自谦的笑谈中，浸润他丰富的情怀。老舍爱妻胡青絮能画一手好画，尤工花卉写意，而他自己的工笔小楷，严谨端正，也称得上是佳作。他的书房、客厅常挂有条幅、字画，皆出自名家手笔，有时也挂上自己夫妇二人的作品，自得其乐。这些字画隔一段时间就换一次，给房室增添不少情致。老舍与国画大师齐白石还是至交好友，大师名画《蛙声十里出山泉》《芭蕉叶卷抱秋花》便是应"老舍雅命"而作，两人你出题，我挥毫，互相唱和，辉映成趣。

老舍朴实、幽默，热爱自然，热爱生命，热爱着新中国的北京，他用热情的笔赞扬正在发生变化的北京市，但历史的错误却过早地停止了他蓬勃的创作生命，并把他的精神和肉体推向死亡的深渊。"文革"期间，老舍受到了不公平的待遇，批斗、殴打、斥骂、侮辱接踵而至，老舍无法理解眼前所发生的一切，身心俱毁。1966年8月24日，在一顿殴斗之后，老舍拄着手杖，拖着伤痕累累的身躯，孤独地来到北京城西北角的太平湖边，这里"荒凉、安静、带着野味，甚至有点令人生畏"，老舍静静地坐在那儿，从上午到晚上，一动不动，没有人知道他在想什么，是对这个颠倒世界的痛恨，还是在痛苦地思考是非真假？或许他的脑海中还浮现了他喜爱的丹柿小院、文房四宝和字字画画，那些显示生命美丽和活力的事物，更加冷峻地投射出现实的扭曲变形。第二天清晨，老舍尸体被人发现，从湖中捞出，这位伟大的人民艺术家用死亡来宣告他对这个世界的爱永不泯灭。12年后，老舍冤案平反昭雪，上千人自发参加了他的骨灰安放仪式，老舍泉下有灵，应知人民和历史将会永远记住他的悲剧、他的作品和他充满情趣的点点滴滴。柿子红了时，也许老舍会重回故居，抚抚花草，嗅嗅花香，然后提起笔，继续写着他的老北京……

孙中山在上海的故居

与繁华的上海闹市区相比，先生故居所在地——卢湾区的香山路格外宁静。香山路，原属法租界，又称莫利哀路，是为纪念17世纪法国最伟大的戏剧家莫里哀而命名的。小道呈东西走向，路旁齐整地植有两排葱郁诱人的法国梧桐，盛夏酷暑时节，为行人们撑起了一片阴凉。

中山先生的故居位于香山路7号，原来为莫利哀路29号。先生于1918年6月26日由日本返回上海后，住进这间宿舍。那时，民主革命正处于低潮时期。1917年，先生倡导的护法运动在帝国主义和反动军阀的双重镇压下失败了，先生愤而辞去元帅职务，出走日本，继续探寻救国的道路。回沪后，中山先生想总结30余年的革命经验教训，发愤著书，希望以此来"启发国民，唤醒社会"。但一个多月里，先生并无固定居所，起初暂居于法租界环龙路旧址。

莫利哀路29号寓所是加拿大爱国华侨捐赠给先生的。据跟随先生长达十余年的马湘回忆，一天，有四位加拿大华侨同时拜访先生，了解到曾任民国第一任大总统的孙中山竟然连住房都没有，每月还需付房租85元，大为震惊，遂慷慨捐资16000余元，于1919年底买下了这幢楼房，送与先生。中山先生闻知后说："送房子给我吗，不可，不可！我怎能接受你们这样重的礼！"经过十分恳切地劝说后，先生推辞不过，便接受下来了。从此，莫利哀路29号便成了先生起居生

活的居所，也是他从事民主革命活动的重要场所。

中山先生美国的挚友林百克曾对莫利哀路 29 号寓所作了一番生动、细致的描述：

我们经过环法租界运动场的一个美丽的花园，莫利哀路就在那边如图画的竹篱旁终结，灿烂的花在篱落上面开放，在幽雅的路隅第三个门便是伟人的住宅。这住宅并不是一所大屋宇，不过适合中山这样简单生活而已。有一间会客室，过去还有一间舒服的餐室。楼上是读书室和藏书室；加上二三间的卧室和一间大浴室就合成一个最安适而不华贵的住宅。使人不易忘记的是奇巧的阳台，下面是美丽的花园，天气晴朗的时候豁然开敞，家具大半是西式的。

从林百克的回忆来看，中山先生的居所用两个词来概括最为恰当：简易而舒适。遗憾的是，先生的故居在日军侵占上海时遭到了很大的破坏，几乎无法居住，宋庆龄女士也不得不迁居他处。解放后，在党中央和上海市人民政府的关怀下，多次整修、完善，并搜集了中山先生曾使用过的原物，使故居又基本恢复为林百克所描写的面貌。

故居为一座西式小巧的花园别墅，四周以青砖粉墙环绕。进入院门，迎面便是一片碧绿葱郁的草坪，茵茵绿草，柔绵可人。草坪的三面则植有樟树、冬青等常青树木，青草、绿叶，间以一些月季、蔷薇点缀，使整个院落充满了浓浓的春意。中山先生经常在草坪上读书、锻炼，接见客人。1922 年 9 月 4 日，中山先生在寓所召开有中国共产党人参加的讨论改组国民党的会议，因为客厅太小不能容纳更多的同志，中山先生便临时决定把这块草坪当做会场，很多同志都席地而坐，献计献策。1924 年 5 月 5 日是中山先生就任非常大总统纪念日，国共两党的同志又在这片草坪上合影留念，其中有毛泽东、邓中夏、恽代英等人，这张珍贵的照片还珍藏在先生的故居之中。

先生的居宅是一幢深灰色的两层小楼房。房外的墙壁上爬满了紫藤、爬山虎等攀藤植物，使这幢小楼显得更为优美。楼下为一间会客室和一间餐厅，以及西式洋楼特有的由四个高大圆拱护围、几乎横贯楼房东西的长廊式阳台。这个别致精美的阳台使小楼与其前面的草坪浑然合一，仿佛浓浓的绿意欲延伸到屋内。小楼的楼上有办公室、卧室、浴室和客房。

走进客厅，首先可见东面墙壁上悬挂着中山先生的遗像。此像摄于 1924 年 1 月，那时，先生虽须发斑白，但精神气质仍十分饱满，深邃的目光中透露出实现自由、民主的大中国的无限憧憬。遗像下端为一壁炉，先生生性畏寒，冬日炉火须旺，他就偎于炉边，捧书而读。壁炉旁边还陈列着一把军刀，遥想当年，先生手持宝刀，指点江山，是何等的峥嵘啊！客厅的北面墙壁上挂有一张照片和一幅油画。照片是 1921 年中山先生与夫人宋庆龄乘坐广东省自行研制的第一架飞机时的留影。中山先生常号召科技救国，他对自己的家乡能够研制先进的飞机感到

中华典故

无比的自豪和喜悦，特意拍照留念。壁上的油画是画家司徒乔的作品，画的是中山先生逝世后在北京西山碧云寺安葬的情形，画面上的人们庄严沉痛，充分地表达了对革命先行者无尽的哀思。

中山先生生前十分关注祖国文化科技的发展，他曾在寓所接见岭南大学的学生并告诫他们：革命的基础就是要有高深的学问，只有发达的科学技术才能使苦难深重的民族摆脱半殖民地半封建的深渊。先生自己也身体力行，勤奋钻研，广学知识。他曾设计一条从广州经贵阳、成都至昆明的铁路线，并亲自用毛笔勾画了一幅全国铁路修筑蓝图。这张铁路图现挂在由客厅通经二楼的楼梯口边。可惜，先生在有生之年，没有能实现他的宏伟蓝图。也许，今日祖国繁荣畅达的铁路事业能使先生的英灵感到些许慰藉吧！

沿扶梯登楼，便可进入到二楼的办公室。室内的墙壁上悬挂有 12 幅地图，其中有两幅是先生亲手绘制的。先生常伫立于地图前，沉思中国革命的进程和未来。据宋庆龄女士回忆道："我的丈夫有许多书，他的室内四壁挂满了各种地图。每晚，他最喜爱铺开画的山水、运河图，弯腰勾出渠道、港口、铁路等等。"在这间小小的办公室内，中山先生殚精竭虑，描绘出他心目中祖国的理想蓝图。办公室的中央还存放书桌和椅子，桌上则摆放着先生曾用过的砚台、毛笔、印泥盒等等。中山先生一生酷爱读书，他曾对一位日本友人说："余一生嗜好除革命之外惟读书而已。余一日不读书，即不能生活。"中山先生即使在革命最为困难的时候，也毫不悲观，仍手不释卷。在他看来，如果不读书，便"追不上时代"而成为"落伍者"。先生治学十分严谨，今天中山大学的校训"博学、审问、慎思、明辨、笃行"便是由他题写的，这也正是他治学精神的体现。故居的办公室内、过道边，至今摆满了先生遗留下来的书籍，政治、军事、经济、历史、文学无所不有，足见先生涉猎之广，学识之博。

办公室的隔壁是先生的卧室，室内中央挂着一张他和夫人的合影。卧室外连通小小的阳台，陈列着一张沙发和一张圆桌，桌上有围棋和棋盘。中山先生生前酷好下围棋，在纵横交错的棋盘上，他腾挪变化，正如他领导中国革命那样运筹帷幄，决胜于千里之外。

先生生活极有规律，清晨起床后常和宋庆龄在花园中打网球、跑步锻炼身体。在搬进这座寓所之前，由于长期的奔波操劳，先生患有严重的胃病和急性眼膜炎，去日本治疗也未能痊愈。在寓所幽静舒适的环境里，加上宋庆龄无微不至的照顾，几个月后，他的身体便康复了。先生生活十分俭朴，饮食清淡。有一次，唐绍仪来访，先生和他谈得十分投机，不觉已至午饭时间。中山先生挽留唐君吃饭，并派人去买了一只卤鸡来招待他。席间，唐绍仪很快便将鸡吃完了。他以为还有什么佳肴，便静坐等待。先生见状十分愧疚地说："简慢得很，没有好的菜款待。"最后，只好从厨房中拿出点咸鱼给唐绍仪吃。中山先生衣着亦十分朴素，夏天穿长衫，冬日则着中山装，却又十分整洁。平日，先生出入无自备车辆，只有临时雇用马车。有一次，先生与宋庆龄女士外出购得一大堆书，由于书籍太沉，须雇用马车，但身上已无分文，只好从随从处借四角钱付了车费。

在莫利哀路 29 号寓所，中山先生的革命思想发生了重大的转变。他精心研读了马克思、恩格斯、列宁等革命导师的经典著作，逐步由一个旧民主主义者转变为新民主主义者，这是他一生最伟大的转变。在这里，先生曾先后接待过李大钊、林伯渠、瞿秋白、毛泽东、邓中夏、恽代英等中国共产党的重要代表，还曾与列宁派来的代表举行愉快坦诚的谈话。这些会谈直接促成了国共两党的第一次合作，中山先生领导的国民党的纲领也由旧三民主义转变为新三民主义。

1924 年 11 月，中山先生由广州北上，准备在北京召开国民会议。中途在上海故居小住，在寓所的草坪上，中山先生举行了一个简单的记者招待会。他明确表达了与旧军阀和帝国主义势不两立的决心。随后，便扶病北上，离开了他曾居住了五年的居所。几个月后，中山先生在北京逝世了。他临终前仍念念不忘地嘱咐："和平、奋斗、救中国……"

邹韬奋的上海故居——万宜坊 54 号

邹韬奋，原名邹恩润，1895 年 11 月 5 日出生于福建永安一个没落地主官僚家庭，祖籍江西。1912 年，入上海南洋公学（上海交通大学前身）攻读大学机电工程科，1914 年转入上海圣约翰大学学习文科。毕业后，韬奋在上海出版界、报界工作，成为一名优秀的新闻记者、编辑。抗战期间，韬奋在恶劣的环境下，坚持进行大量的抗日救亡报道，后被国民党非法逮捕，出狱后曾两度流亡，逃离上海。1943 年 3 月，因患耳疾，秘密潜回上海治疗，确诊为脑癌，1944 年 7 月 24 日在上海医院不幸去世，年仅 50 岁。

邹韬奋在上海度过了他的大半生，从年轻时的求学生涯开始，到成为一名马克思主义者，甚至死后也是长眠于上海龙华烈士陵园，他在上海所经历的道路是"中国知识分子走向进步，走向革命的道路"。

邹韬奋 17 岁时便到上海，旧上海的十里洋场、灯红酒绿没有使他贪图享乐，丧失斗志，反而他更好地利用了在上海读书的大好机会，勤奋励志，把握人生机遇，奋斗出一条自己的路。在南洋公学时，邹韬奋几乎年年都是免除学费的"优行生"，唯一的一次例外还是因为他太优秀了，为使其不骄傲自满，暂停物质上的奖励。尽管有着出类拔萃的学业成绩，韬奋还是停止了在南洋公学的求学，他发现自己的兴趣其实在于社会学、新闻学，因此决定弃理从文，入圣约翰大学。

这是人生大胆而关键的一步，它意味着韬奋独立自主人生的开始，从此他敢于去想，也敢于去做，最终实现了成为一名新闻记者的梦想。韬奋主编过《生活》周刊、《大众生活》周刊、《抗战》等多种报刊，受到广大读者的热烈欢迎。由他撰写的文章贴近时事，切中时弊，短小精悍，情理充沛，更是说出了人们所不敢说的真心话、大实话。由于韬奋及其报刊在社会舆论界的巨大影响力，他遭到了国民党政府的监视和迫害。他一步步地认清了国民党统治的实质，转而接受了共产主义思想，要为人民大众谋福利。韬奋开始了一生中最为重要的质的转变。这段时期大多是在上海法租界吕班路万宜坊 54 号寓所中度过的，这里便是韬奋的上海故居。

故居今在重庆南路 205 弄 54 号，解放后被修复开放。它是邹韬奋在上海诸多居所中的一处，1930 年与沈粹缜结婚后才迁居至此，一共度过了 6 年时间。

故居是临街的一座法国式两层新式里弄住宅，方正的门窗，黄色的围墙，一个狭窄的长方形院落。院内生长着一株高过屋顶紧贴在墙边的树，伸出绿色的枝条，探过围墙。街道屋舍俨然，整齐而幽静，行人三三两两，很少向这幢法式建筑投来过多注视的目光。也许他们已习惯了这夹道的街景，也许拔地而起的新厦已使它黯淡了昔日的光彩，人们匆忙的身影掠过 54 号，掠过这里曾经发生过的人和事。54 号无声地矗立着，看着上海日新月异的变化，也回味那值得纪念的风雨六年。正是这六年使它永远以这样的姿态定格于历史的画格中，成为又一个令人缅怀和追忆的精神园地。

穿过院子，一楼的房间是邹韬奋的会客厅兼餐厅，较为宽敞。房间的四周陈放着沙发、茶几，中间则是一张小圆桌，沿桌放有四张靠背椅子，这是用来吃饭的。韬奋经常在这里和朋友们亲密交谈，有时谈兴正浓，留朋友在家吃饭，蔬菜淡酒，以佐谈资。韬奋性格开朗热情，律己虽严，待人却是一腔真情。1934 年，在管理生活书店期间，韬奋以"律己之严、治事之勤、爱人之诚、知人之明"受到书店员工的爱戴。一次，一位职员因伤寒病逝，他抚棺痛哭不止，痛惜失去了一位好同志、好朋友。韬奋常说，自己性格特急，眼睛近视，生性发起来容易得罪人。其实他不过是热心对着朋友，冷眼脾睨敌人。1931 年，他不顾阻挠，在报上公开披露了国民党政府委员、大夏大学校长王伯群强娶大夏女学生保志宁，并用 50 万元购置新屋一事。王伯群惊慌之下，派人带 10 万元秘密到 54 号寓所贿赂韬奋，被韬奋愤而斥出，又将此事加以曝光。韬奋以为"编辑可不干，此志不可屈"，报纸是主持正义的舆论机关，具有大公无私的独立精神，主编者的人格若不失，刊格亦不会失，韬奋爱憎分明的情感赢得了朋友和读者的尊敬。1936 年，国民党制造了"七君子事件"，逮捕了民主同盟会七位爱国民主人士，韬奋便是其中之一。入狱时，狱中青年听说《生活》周刊主编邹韬奋在此，让床铺的让床铺，写信的写信，他们都是韬奋的热心读者，都曾被文章深刻的内容和澎湃的情感所打动，能在狱中和敬仰已久的作者见面，并一起进行抗战爱国斗争，激动之情无以言表。韬奋与这些年轻的狱友们结下了深厚的友谊。韬奋的去世对爱他的朋友们、读者们是一个沉重的打击，不仅新闻界失去了一位知必言、言必行的正义斗士，朋友们也失去了一位敢说真话的诤友。在他去世两年后，举行了一个正式的安葬会，沈钧儒亲自主持葬礼，陶行知一字一泣地痛念悼文，大家声泪俱下，无比怀念这位敢作敢为、是非分明的昔日知交。

故居二楼为前后两间。前间稍大，是邹韬奋夫妇的卧室。房内放置了一张大床，靠西的墙边放了一张梳妆台，一个大衣橱。另一墙角边则是一张小圆桌，左右两边各配置一把椅子，用来闲时对坐聊天的。整个房间充满了宁馨和平的生活气息，看得出主人为生活做过一番精心设计。由于沈粹缜是韬奋自由恋爱的第二位妻子，韬奋从前妻病逝的痛苦中恢复过来，十分珍惜这次婚姻。沈粹缜是一位美术教师，端庄贤惠，细心地照料韬奋的饮食起居，小到衣袜大到整理手稿，均一一代为料理。孩子们也是韬奋生活中不可缺少的快乐，虽然工作忙，他还是会尽量抽空陪孩子们玩乐，有时孩子哭闹，他便停止手中的工作，躺到地板上假哭，直到把孩子逗笑。韬奋的大女儿邹嘉骊现任"邹韬奋纪念馆"的副馆长，纪念馆就位于与54号毗邻的53号。每日上班，嘉骊都要从54号经过，进入一墙之隔的53号，对着童年居所的萧萧故墙，以及纪念馆内父亲的照片、故物，她总会陷入对父亲无限深情的追忆之中。目前，她正在整理父亲的文稿和纪念文集，对嘉骊来说，这是纪念父亲的最好方式。

二楼后间十分狭小，是个面积不过7平方米的小亭子间，房内贴墙放了三个书橱，上面一排排放满了各种书籍。韬奋爱读书，忙时亦不辍，而且范围极广，古今中外无不涉猎。青年读书时，韬奋最爱读报刊文章，一度痴迷《申报》黄远庸的特约报道和梁启超主办的《新民丛报》，为读它们不惜旷课，这对韬奋进入新闻界有至关重要的影响。韬奋英文也很好，担任过英文教师，后又因英文被黄炎培看中，介绍入中华职业教育社任英文秘书，从此转入衷心向往的新闻事业。书橱上就陈列了许多英文原著。

在书橱旁边有一张书桌，一张靠椅，这里就是韬奋奋笔疾书的简陋之所了。他经常白天出去工作，晚上钻入亭子间伏桌写稿，通宵达旦，不知疲倦。他的时间总是不够用，别人上班看着计时器煎熬，韬奋则是争分夺秒，痛恨时间太少。韬奋文章力求简约，写起来却十分的认真负责，用的全是真情，因此不管消息、报道、特写都感人至深。特别是抗战期间，他常怀着一腔炽烈的爱国情怀，全身心地投入新闻报道之中，文章或沸腾激昂，或沉痛悲愤，动情之处不知是血是泪。他曾在报上撰文为救亡募捐，一时间孩子妇人、卖菜的小贩、挑担的村夫纷纷掏出积蓄，要为国家献出一分钱一分力，场景尤为感人。

1936年，韬奋因"七君子事件"入狱八个月，从他被警察带出54号寓所的

那一天起，他差不多就算与居住六年的故居告别了。出狱后，他辗转重庆、香港，从此离开了万宜坊54号。韬奋一直向往延安，但因病重未能成行。就在抗战胜利前夕，韬奋快要走到生命的尽头时，他又回到了上海。陈毅同志要求不惜一切代价挽救他的生命，但为时已晚。韬奋自知时日无多，强忍剧烈的病痛，在病床上写下5万余字的《患难余生记》。文章写完后不久，韬奋怀着对祖国、对同胞挚诚的爱，离开了人世。临终前他留下遗嘱：遗体献给医学研究；要求中共中央审查他的一生，"如其合格，请追认入党"。党中央接受了韬奋庄重的要求，认为这是"吾党之光荣"。

韬奋从一名苦学生开始，就志愿做一个主编，一个合格的新闻记者。他奉行"推母爱以爱我民族与人民"，用手中的笔为民请命，为人民的利益而奋斗。"韬"指韬光养晦，"奋"指奋斗不息，韬奋以这个笔名纵横于新闻界内，捍卫真理和正义。毛泽东同志在韬奋的悼文中写道："热爱人民，真诚地为人民服务，鞠躬尽瘁，死而后已，这是邹韬奋先生的精神，也是他之所以感动人的地方。"这是对韬奋先生的崇高评价。

为纪念韬奋先生，除故居、纪念馆对外开放外，原圣约翰大学（今华东政法学院）的教学主楼"怀仁堂"已改名为"韬奋楼"，楼高三层，为别致的西洋式风格，顶层外墙挂有一面大钟，仍保留着韬奋读书时大致原貌。如今进进出出的青年学生们时时会想起，曾经有一位与他们一样年轻的时代学子在此刻苦求学过，他的正义、热情、坚强和广博的爱是代代青年取之不尽的精神源泉。

云中的家——徐志摩故居

德国诗人荷尔德林曾问道："在一个贫乏的时代，诗人何为？"

在今天普遍缺乏诗人的年代，我们又何为呢？我们唯一拥有的只能是追怀——对已逝的诗人不断的回忆和神往。也许只有这样，我们才能为漂泊已久、倦怠疲惫的心灵找到暂时的宁静港湾。

徐志摩就是这样一位值得我们去追忆的诗人。

徐志摩（1896—1931），浙江海宁人，现代文学史著名的诗人。其诗、其人都充满唯美、浪漫色彩。胡适先生说，他的一生就是对"爱"、"自由"、"美"的追求，他将全部的生命都付与了"单纯信仰"。尽管"单纯信仰"一次次无情地将"虚幻"的一面抛掷给他，但他依然恪守着心中的理想，追求完美的爱情，体验自由的飞翔。他自己曾说："爱是实现生命的唯一途径。"只有在爱与被爱的途中，诗人的生命意义才能得到彰显。在我看来，徐志摩的一生回答了荷尔德林的问题，那就是：在贫乏的年代，诗人应该在追求理想的途中不断彰显生命的意义。

每一次阅读徐志摩以及他那一首首精美的诗歌，我们似乎都能感受到一个个洁白的精灵在天空中轻盈地飞翔，而当我们走入位于上海市延安路诗人的故居时，用手摩挲着因日久年深而泛黄的墙壁，我们的感觉就越发真切和深刻了。

我一直以为，诗人徐志摩是居于"云"中的，这是从他的诗歌中得来的印象。志摩的诗中，"云"这一意象出现频繁。无论是喜是忧，是爱是恨，是怨是怒，沮丧或是欢愉……他都喜欢寄情于云端。如《黄鹂》中"冲破浓密，化一朵彩云"；《哀曼殊斐》中"此日我怅望云天，泪下点点"；《再别康桥》中"我挥一挥衣袖，不带走一片云彩"等。尤其是那首精美绝伦、韵味隽永的《偶然》，诗人更是以"云"自喻，抒发内心丰富而复杂的情感：

> 我是天空里的一片云，
> 偶尔投影在你的波心，
> 你无须讶异、无须欢欣，
> 转瞬间消灭了踪影。
> 你我相逢在黑夜的海上，
> 你有你的，我有我的方向，
> 你记得也好，最好你忘掉，
> 在这交会时互放的光亮……

这首诗写的是一段美丽而短暂的情缘，诗人如同一片云，飘然地投入到爱人的心中，而正当爱人心潮涌动时，他又如同云一般飘然离去。美丽的情缘不过是一场偶然罢了，每个人也只是另一个人生命中的匆匆过客。在诗人看来，人的真正存在的意义就在于像云那样自由自在。

作家刘振声曾评论道："志摩的为人，那比他的散文还有趣……那潇洒劲，直是秋空的一缕行云，任风的东西南北吹，反正他自己没有方向。"他总是幻想着飘游于云间，以求无边的轻盈潇洒。然而，"云"只能是他梦想的家园，她是如此的脆弱和虚幻，一阵狂风过后，她便立刻支离破碎，消失得无影无踪。于是，诗人只有从现实中找到些许慰藉，努力营构爱的小屋，使这样的小屋充满了如云般的浪漫和自由。

上海市迁福熙路（今延安中路）923号的居所，便是这样一间如在云中的家园。这间居所是1926年他和陆小曼完婚后租借的，在这里两人度过了如梦如幻、如醉如痴的蜜月期，徐志摩亲昵地呼之为"香巢"。

徐志摩倾注了太多的热情在"香巢"的建构上，他看房子，装潢室内，购置家具，力图把"香巢"变成他爱情的理想国。在初居"香巢"之时，他也确实感受到无限的爱的甜蜜，美丽的环境，美丽的心上人，美丽的梦想，哪一样不令他

陶醉得如行云端呢？他沉溺于这所云中的家。

"家"是一幢欧式的小洋楼，有着整洁大方的外观，豪华高贵的装潢，即使在今日看来，也是足够的富丽堂皇。徐志摩选中它，恐怕与早年留学英国，亲近欧美建筑之风有关。小楼高两层，楼顶有西洋哥特风格的三角阁楼，乍一看，类似于一座小型的天主教堂。楼房两侧开有多扇木百叶窗，从早至晚，屋内的光线总是柔和的，空气也是清新的。小楼的大门为雕花的半环形拱门，入门楼下一层是陆小曼父母的居室，二楼则是徐志摩、陆小曼二人的起居室。1926 年，徐、陆在完婚后，很快从家乡海宁来到上海，起初住在环龙路（今南昌路）花园别墅 11 号，后来，又托朋友四处打听，才以月租金 100 元租到这幢洋房。从二楼精心的装置中，我们可以发现，对于这次婚姻，徐志摩的憧憬和幻想都带有云的浪漫和虚幻的气息。

二楼的前厢房是徐、陆二人的新婚卧室。一进门就矗立着一面镶木边的落地长镜，镜子左侧为一壁炉，仿佛仍散发出冬日室内的融融暖意。壁炉沿上摆放着当年两人的结婚照片，照片中陆小曼身着曳地衣裙，白色的披风如一袭白云，从头一直流淌在地上，妩媚动人，光艳无比。站立一旁的徐志摩，清秀的脸庞上焕发出满足、幸福的表情。卧室正中摆放着一张宽阔的大铜床，两边各有一个方形床头柜，一盏精巧的圆罩台灯装点出别致。天花板正中悬有一华美的吊灯，低低地垂下乳白色的灯盏，更增添出室内豪华之气。为使爱的"香巢"永远保持浪漫和温馨的情调，徐志摩别出心裁，把所有的家具漆成柔和的粉红色，置身其中，配上几点灯光，爱情仿佛化成了一团迷朦温情的云，让沉迷的人儿忘却了身外的世界，心儿随云一起悠悠荡荡……

与卧室相连的是书房，中间开了一扇宽大的门，使两间房间看起来更加宽敞明亮，徐志摩曾亲切地称陆小曼为"眉"，为表达对她的爱，书房也以"眉"命名，叫做"眉轩"。徐志摩亲自书写了"眉轩"二字的条幅，装裱好挂于书房左侧墙壁上，字迹清秀隽永，代表了志摩心中涓涓流淌的爱。每当从文稿上疲倦地抬起头来，看见"眉轩"二字，他好像看见陆小曼秀丽的脸庞，激情和灵感顿时涌荡心头。书房极具欧化风格，舒适的沙发，漂亮的茶几，地面铺着厚厚的绒毯，右边几乎整面墙全为雕花木窗，隔上一层透明的纱窗，整个房间弥漫的是充满书卷气息的性灵之爱。徐志摩在这里写下了大量的致陆小曼的信、诗以及日记，后来结集出版为《眉轩琐语》，为当时人们盛传的美谈。

围绕二楼古香古色的走廊，还可到志摩的会客厅，里面家具的式样不同于卧室的温馨、书房的别致，一律的中式桌椅、坐榻，两壁挂有字画，风格是端庄的、古朴的。徐志摩在此会见过许多现代文学史上的著名作家，如胡适、郁达夫、梁实秋等。印度伟大的诗人泰戈尔还在志摩的"香巢"中桓留过几日，双方均留下了美好的回忆。

这样一幢洋溢着浪漫气息的爱之屋，是徐志摩多年以来梦寐以求的。在经历三次感情的波折之后，徐志摩懂得爱的艰难与幸福。第一次婚姻，徐志摩奉父母之命与张幼仪成婚，由于缺乏爱情基础，1922年他不顾父母、社会的巨大压力，与张离婚。徐志摩父亲出于愧疚和同情，收张幼仪为女儿。张幼仪也曾居住在故居之中，离婚后二人的感情反而较之前更加好。第二次情感对象是有才女之称的林徽音。在英国留学期间，志摩苦苦追求，终不成功，林嫁给了梁启超的儿子梁思成，志摩爱情的理想顿时陷入"虚幻"、"缥缈"之中。徐志摩生命中的第三个女性就是陆小曼。在北平的上流社会交往中，徐志摩遇到了这位有夫之妇，即刻坠入爱的旋涡，并于1926年结婚。他们的婚姻遭到除郁达夫、胡适之外几乎所有朋友、亲人的反对。尤其是梁启超不但写信予以阻挠，而且在婚礼上也以老师身份大声训斥了徐志摩。徐志摩的父亲徐中如也十分反对这桩婚姻，后来虽应允，却提出三个交换条件，一是结婚费用自理，二是必须由梁启超出面证婚，三是婚后必须回家乡与翁姑同住。徐志摩全部应承下来，但婚后不久，便无法就缚于居于老家的限制，匆匆携陆小曼来到上海。徐志摩为自己能成功地获得理想中的爱情，并营构了属于两人的温馨世界而无比欢欣。他骄傲地说："我毕竟胜利了——我们击败了一股强悍无比的恶势力，就是人类社会赖以为基础的无知和偏见。"

然而，"云"总是虚幻多变的。很快爱情被现实击得支离破碎，云中的家失去了粉红色的梦幻，它的墙椽被陆小曼的鸦片烟熏黑。家已是乌云笼罩。徐志摩再次陷入无边的困惑之中。

首先，现实动荡的时局使他丧失了辨别是非的判断力。1927年，当农民起义、武装革命点燃中国大地，而国民党进行反动镇压之时，一贯具有小资产阶级情调的徐志摩发泄对革命的不满，他认为这"实在是一场奇怪而好看的把戏"，是"一场拙劣的滑稽表演"。他的言论遭到了鲁迅等革命文艺家的猛烈批判，徐志摩没有想到单纯的信仰、自由和美是无法建立在没有根基、若有若无的云中的。

更为重要的是，他开始怀疑起他和陆小曼之间的爱了。陆小曼出身名门，生活奢华，雇佣了多名佣人，还有专门的按摩师翁端午。后在翁端午的诱惑下，吸毒成瘾，甚至与其发生暧昧关系。徐志摩感到所渴盼的爱情离他越来越远，他在给陆小曼的一封信中，痛苦地写道："你真的不知道我曾经怎样渴望和你两人并肩散一次步，或同出去吃一餐饭，或同看一次电影，也叫别人看了羡慕。但说也奇怪，我等了几年，竟然守不着一个单个的机会。"曾经幻想如云般轻盈自在的诗人，不得不容让陆小曼爱交际的性格，出入于各种酒会、舞会之中，把霜浓月淡的觅诗时光，消耗在仕女们金光的鞋袜和花哨的裙裾上。徐志摩开始负债累累，颇丰的收入不能满足陆小曼的开销。为了家计他不得不奔波于北平、上海、南京等多所大学任教，还在新月书局、中华书局兼职。浪漫的诗人从云端重重地摔到尘世的土地上了，他关心起钱的问题，为它睡不着觉，不知如何弥补开支。

诗人困顿无比，他快要守不住这云中的家，这不是他所想要得到的爱和理想。

于是，徐志摩想要逃离，逃离上海乌云笼罩的家。他多次劝陆小曼迁居北平，但已习惯了十里洋场的陆小曼怎样也不愿离开上海，而他又无法离开自己深爱的女子，于是，他以另一种方式"逃离"了。1931年10月19日，徐志摩为了节省开支，搭乘由南京开往北平的免费邮机，途因大雾，飞机撞在山东济南市郊党家庄附近的白马山上。霎时间，在一团火红的云中，诗人消逝了，也许在天堂的那一边，他会找到真正属于自己的云中的家。

诸葛亮"故居"

名人景点

武侯祠

武侯祠位于四川成都南郊，占地37300余平方米，是国内纪念蜀汉丞相诸葛亮的主要胜迹，也是成都市一个主要的旅游参观点。初与刘备昭烈庙相邻，明初武侯祠并入昭烈庙。1672年重建，形成现存武侯祠君臣合庙。

武侯祠建于唐，唐朝大诗人杜甫曾有诗写到它："丞相祠堂何处寻，锦官城外柏森森。"现在的武侯祠是清康熙年间重建的。它同先主庙、刘备墓相毗连。武侯祠主体建筑分大门、二门、刘备殿、过厅、诸葛亮殿五重，严格排列在从南到北的一条中轴线上。

一进大门，浓阴丛中，矗立着六通石碑，其中最大的一通唐代"蜀汉丞相诸葛武侯祠堂碑"，有很高的文物价值，被称为"三绝碑"。唐朝著名宰相裴度撰碑文，书法家柳公绰书写，名匠鲁建刻字，都很精湛，因此被称为三绝碑。碑文对诸葛亮短暂而悲壮的一生，作了重点褒评，竭力赞颂诸葛亮的高风亮节，文治武功，并以此激励唐代的执政者。

出刘备殿，穿过挂有"武侯祠"匾额的过厅，便到了诸葛亮殿。殿内正中有诸葛亮头戴纶巾、手执羽扇的贴金塑像，像前的三面铜鼓相传是诸葛亮带兵南征时制作，人称"诸葛鼓"。鼓上有精致的图案花纹，为珍贵的历史文物。出诸葛亮殿往西可到刘备墓，史称"惠陵"。

出"惠陵"是"武侯祠文物陈列室"，由郭沫若书题。陈列有出土的蜀汉文物复制品和三国历史图片。武侯祠的字画、对联甚多，其中以宋代爱国名将岳飞书写的《出师表》和现代书法家沈尹默书写的《隆中对》最引人注目。曾有人给武侯祠题碑道：

门额大书昭烈庙，世人多道武侯祠；

由来名位输勋业，丞相功高百代师。

这碑文很能说明诸葛亮在人们心目中的地位，只有"一世坚贞"才能换来"千秋涕泪"啊！

名人简介

诸葛亮

诸葛亮（181—234），字孔明，三国蜀汉琅邪郡阳都人（今山东省沂水县）。少年时父母双亡，逐随叔父避乱荆州，隐居于南阳隆中，常自比管仲、乐毅，爱唱《梁父吟》，结交庞统、徐庶等名士。其智谋为大家所公认，人称"卧龙"。

刘备屯兵新野时，徐庶为幕僚，向刘推荐诸葛亮。刘备三访其庐，诸葛亮才与其相见，并立刻提出了著名的《隆中对》——即占据荆、益二州，联合孙权，对抗曹操，统一天下的建议。深得刘备的赞赏，自此成了刘备主要辅佐。后助刘备败曹操于赤壁，佐定益州，使蜀与魏、吴成鼎足之势。曹丕代汉为帝后，刘备也称帝，诸葛亮出任丞相，总理国家大事，关羽镇守荆州。

章武三年（223）春，刘备在永安病危，将刘禅托付诸葛亮。后主即位，诸葛亮受封武乡侯。当时全国的军、政、财，事无大小，皆由诸葛亮决定。

诸葛亮执政后，首先要办的第一件大事是恢复与东吴的外交关系。诸葛亮派尚书邓芝出使东吴，说服孙权与蜀联合，与魏断绝关系。

建兴三年（225）春，诸葛亮率大军兵分三路征伐南中。诸葛亮对叛军首领孟获采用攻心战术，七擒七纵，使其心悦诚服。平叛战斗结束后，诸葛亮将南中四郡分为六郡，叛乱中心建宁郡被分得最细，起用大量土著大姓为官吏，达到不留军队、不运粮草，又能治理该地的目的并设立庲降都督，掌管南中军政。

建兴十二年（234）二月，诸葛亮第五次北伐，以大军出斜谷，据五丈原（今陕西岐山县南四十里）。此次出兵，事先与东吴约好同时攻魏。但东吴迟迟不发兵，迄至五月，孙权才派陆逊、诸葛瑾率兵屯江夏、沔口（今湖北汉口），进攻襄阳，孙权自己则率大军围合肥新城。对此，魏明帝的策略是先挫败东吴。他亲率水军东征，让西守的司马懿坚守不战，让蜀军粮尽自退。但当孙权得知魏主的意图后，认为己方成了主战场，吃了亏，即令全线撤军。诸葛亮鉴于以往的教训，分兵屯田，打算久驻。这年八月，诸葛亮突患急病，暴卒于前线，时年54岁。蜀军全线撤军。诸葛亮在生前留下遗嘱："葬于汉中定军山，就在山坡中挖一个坟，坟坑可装下棺材便行了。穿平常的衣服，不随葬器物。"

名人逸事

天下第一计——空城计

三国时期，诸葛亮因错用马谡而失掉战略要地——街亭，魏将司马懿乘势引大军 15 万向诸葛亮所在的西城蜂拥而来。当时，诸葛亮身边没有大将，只有一班文官，所带领的 5000 军队，也有一半运粮草去了，只剩 2500 名士兵在城里。众人听到司马懿带兵前来的消息都大惊失色。诸葛亮登城楼观望后，对众人说："大家不要惊慌，我略用计策，便可教司马懿退兵。"

于是，诸葛亮传令，把所有的旌旗都藏起来，士兵原地不动，如果有私自外出以及大声喧哗的，立即斩首。又教士兵把四个城门打开，每个城门之上派 20 名士兵扮成百姓模样，洒水扫街。诸葛亮自己披上鹤氅，戴上高高的纶巾，领着两个小书童，带上一张琴，到城上望敌楼前凭栏坐下，燃起香，然后慢慢弹起琴来。

司马懿的先头部队到达城下，见了这种气势，都不敢轻易入城，便急忙返回报告司马懿。司马懿听后，笑着说："这怎么可能呢？"于是便令三军停下，自己飞马前去观看。离城不远，他果然看见诸葛亮端坐在城楼上，笑容可掬，正在焚香弹琴。左面一个书童，手捧宝剑；右面也有一个书童，手里拿着拂尘。城门里外，20 多个百姓模样的人在低头洒扫，旁若无人。司马懿看后，疑惑不已，便来到中军，令后军充作前军，前军作后军撤退。他的二子司马昭说："莫非是诸葛亮家中无兵，所以故意弄出这个样子来？父亲您为什么要退兵呢？"司马懿说："诸葛亮一生谨慎，不曾冒险。现在城门大开，里面必有埋伏，我军如果进去，正好中了他们的计。还是快快撤退吧！"于是各路兵马都退了回去。

[评析]

空城计是《三国演义》里特别精彩的一个计谋，历来为人们津津乐道。空城计是一种"虚而虚之"的心理战术，在战争的紧急关头和力量虚弱的情况下运用这种战术，故意以空虚无兵之势示敌，就可能使敌人疑中生疑，怕中埋伏，从而达到排危解难的目的。

这个智谋故事见于《三国演义》第九十五回"马谡拒谏失街亭武侯弹琴退仲达"。

中华典故

④

刘庆才　主编

红旗出版社

杜甫故居

名人景点

杜甫草堂

杜甫草堂是杜甫的故居，坐落在成都市西郊的浣花溪畔，占地面积24公顷。

杜甫在安史之乱后于公元759年由甘肃颠沛流离到了成都，靠了友人的帮助在城西浣花溪畔营建了草堂。他在这里居住了将近四年，写下了240多首诗篇。《春夜喜雨》《茅屋为秋风所破歌》等就是在这里写的。为了纪念这位伟大的诗人，北宋以来，就有人在诗人故居处建园立祠，供人瞻仰。当年杜甫居住的草堂早已不存在了。现在的草堂，实际上是后人为纪念杜甫而建的一所优美园林。

草堂总面积为200100平方米，其间檐廊结构布局紧凑，位于诗史堂中的铜色杜甫像，恢弘古朴，工部祠堂内供奉有杜甫的泥塑像，栩栩如生，让人顿生敬慕之情。草堂内，小桥、流水、梅园、竹林交错庭中，另有春之梅、夏之荷、秋之菊、冬之兰可赏，置身其中，让人可发思古之幽思，又享大自然之浪漫。

杜甫草堂主要建筑自前至后有大廨、诗史堂、柴门、工部祠、"少陵草堂"碑亭等。大廨里陈放着国画杜甫堂全景和杜甫生平介绍。诗史堂正中是杜甫行吟的雕塑之像，壁柱间悬挂着历代石刻杜甫像的拓片、木刻板和纪念诗人的对联；两侧陈列室展出近代书画家的"杜甫诗意画"和书法。工部祠内有杜甫彩塑像，明、清石刻像和两通"少陵草堂图"碑刻。后人把在四川当过地方官的宋代著名诗人黄庭坚和陆游，也塑像配祀祠内。工部祠左边的"草堂书屋"和右边的"恰爱航轩"，陈列着宋代以来各个时期的古版杜甫作品和各种外文译本。

杜甫草堂内溪流环绕，竹木葱茏，台池阁掩映在花木丛中，是一处颇有特色的祠宇园林。

茅屋为秋风所破歌

杜　甫

八月秋高风怒号，卷我屋上三重茅。

茅飞渡江洒江郊，高者挂胃长林梢，下者飘转沉塘坳。

南村群童欺我老无力，忍能对面为盗贼。

公然抱茅入竹去，唇焦口燥呼不得，归来倚仗自叹息。

俄顷风定云墨色，秋天漠漠向昏黑。

布衾多年冷似铁，娇儿恶卧踏里裂。

床头屋漏无干处，雨脚如麻未断绝。

自经丧乱少睡眠，长夜沾湿何由彻！

安得广厦千万间，大庇天下寒士俱欢颜，风雨不动安如山！

呜呼，何时眼前突兀见此屋，吾庐独破受冻死亦足！

名人简介

杜 甫

杜甫（712—770），字子美，河南巩县人，因其在诗歌创作上所取得的辉煌成就而被誉为中华"诗圣"。他的诗流传到现在约有1400多首。

名人逸事

杜甫与轿夫

一次，唐代大诗人杜甫雇了四个轿夫抬着他到民间巡视。

路过梅岭，天气突变，下起了大雪。当时有一个轿夫见雪生情，情不自禁想吟几句诗，可是由于念书不多，想了半天也想不出一句好诗来。他看着漫天飞舞的片片雪花，脱口吟出："片片片片片片片。"杜甫在轿内听了禁不住诗兴大发，便和道："雪落梅岭形不见。"那个轿夫一听，心想，好诗呀！听人说当朝杜少陵才思敏捷，出口成诗，难道这轿内的人便是不成？于是便问道："此人莫非杜少陵？"杜甫立即答道："然然然然然然然。"

这便成了一首很有趣味的诗：

片片片片片片片，雪落梅岭形不见。

此人莫非杜少陵？然然然然然然然。

一代名妓薛涛故居

名人景点

望江楼

望江楼位于成都九眼桥锦江岸边，相传唐代女诗人薛涛曾在此汲取井水，手制诗笺，留下了许多幽怨动人的诗句。明清两代先后在这里建起了崇丽阁、濯锦楼、浣笺亭、五云仙馆、流杯池和泉香榭等建筑。民国时辟为望江楼公园，成为市内著名的风景点。

望江楼公园最宏丽的建筑是高 39 米的望江楼，又称崇丽阁，共四层，上两层平面为八角形，下两层为四方形。每层的屋脊、雀替都饰有精美的禽兽泥塑和人物雕刻。阁顶为鎏金宝顶，丽日之下，金光闪闪，耀眼夺目。设计巧妙，飞檐翘角，雕梁画栋，雄伟壮观。登楼远眺，锦江春色，尽收眼底。此外，吟诗楼四面敞开，三迭相依；濯锦楼两层三间，状如舟船。一阁两楼与毗连的五云仙馆，构成极富四川风格的园林建筑群。

据说薛涛用这里一口古井的水制作了一种红色的小笺，其色彩绚丽且又精致，唐著名诗人韦庄还曾向她乞求呢。现古井还在，旁立有碑石，上书"薛涛井"三字，为清康熙时成都知府翼应熊的手迹。

历代的诗人墨客，名流雅士，对薛涛以崇敬的心情，留下了不少的诗词赞咏，联语挽歌。并进一步在薛涛坟附近，修建了纪念薛涛的亭台楼馆，把它臆定为"薛涛故居"，形成今天"望江楼公园"，供广大旅游者旅览凭吊，纪念我国文坛上这位杰出的女诗人。

名人简介

薛　涛

薛涛是唐代名妓和女诗人，字洪度，约生于唐大历五年（770），祖籍长安，出生于成都。其父薛郧宦居成都时去世，薛涛由母亲抚养。当其及笄之年已辩慧知诗，兼撤擅书法，描眉涂粉，才貌超群，真如元稹所称："锦江滑腻峨眉秀，幻出文君与薛涛。"她与母亲生活无靠，十分艰难，故她只得早早加入乐籍，成为官妓。唐代各地官府及军镇均设有乐官，官妓居于其中。她们专为官府服务，献艺侑觞，甚至私侍寝席。当时成都的最高地方长官剑南西川节度使韦皋特别赏识薛涛，常命她来侍酒唱和，接应宾客，可能还成为私人秘书。韦皋准备奏请朝廷任命薛涛为"校书郎"，虽未批准，但人们从此戏称她为"女校书"了。从韦皋、高崇文、段文昌到李德裕，西川节度使共历 11 届，他们均与薛涛有诗酒往来，关系极为特殊。她晚年居于成都碧鸡访，宅边遍种菖蒲，建有吟诗楼，大约 73 岁去世。段文昌为她撰写了墓志，可惜未流传下来。

马超遗迹

名人景点

新都马超墓和马超碑

新都是古代从成都市秦所经的第一个驿站，因地当要冲，被誉为成都的"北门锁钥"。三国蜀汉时期，诸葛亮曾在此驻军、屯田、演练兵法，故境内在屯田遗址军屯镇，弥牟镇（原属新都）有八阵图，城南二里还有蜀汉名将马超墓。今知马超墓有二，一在新都，一在陕西勉县。《三国演义》第九十二回记载诸葛亮北伐行至今陕西勉县，致祭于马超墓。但真墓究竟何在，尚待考证。

马超死于蜀汉的极盛时期，其墓规模宏大，但年代久远，原貌已不复睹。明代四川按察使杨赡、成都知府王九德、新都知县邵年齐等，为使马超墓不致湮没，乃于墓前立碑，道旁立华表。清代雍正十二年（1734），知县陈铭在马超墓四周立界石，严禁在界内樵采、耕种、侵葬。道光十七年（1837），知县张奉书又重新丈量墓地，共三亩一分七百四毫。墓周栽植柏树，砌筑围墙，招佃看守，春秋祭扫。并在道旁重立"汉故征西将军马公讳超字孟起之墓"标志碑，以壮观瞻。

清代保护马超墓最著者，当推四川提督马维祺。他曾在法越之战和川边平叛中屡立军功，光绪帝赐官一品，赏穿黄马褂。宣统元年（1909），马维祺到川北巡视军务，因仰慕马超的卓识殊勋，遂绕道新都城南拜谒马超墓。他见马超墓园倾圮、碑字漫灭，感触神伤，乃慷慨捐资，在墓前重修了献殿三间，亲自书写"英风常振"匾额，撰书了《马公墓志》刻石以存，使马超墓再具规模。马维祺对马超墓如此重视，不仅因为他们都姓马，都与少数民族有血缘关系，都是历史上四川统兵的骁将，最根本的原因正如马维祺所说，是为了"崇先贤而励后来也"。

马超墓坐北向南，封土高约 6 米，直径约 12 米，墓后有环状土丘，古柏森森。墓室宽约 3 米，深约 10 米，内有石门、石案、石棺台等，雕刻精美。马超墓早年即被盗掘。民国时期，曾在成都武侯祠写下"两表酬三顾，一对足千秋"名联的尤俊，曾在新都留下"将莫遇马威侯"的联语，抒发了对马超墓被盗掘的感伤之情。解放后，这里办起马超村小学。"文革"期间，马超墓遭到彻底破坏，墓石全被取空，仅存墓后环状土丘及碑刻两通。

名人简介

马　超

　　马超（176—222），字孟起，右扶风茂陵（今陕西兴平）人，出身于凉州豪门。东汉末年，马超随父马腾起兵，后于建安十九年（214）投奔刘备，封平西将军，迁骠骑将军、领凉州牧、进封斄乡侯，病逝于蜀汉的极盛时期，追谥威侯。马超英勇善战，名满天下，地位仅次于蜀汉先主刘备的两个义弟关羽、张飞，而高于黄忠和赵云。

名人逸事

爆笑三国之马超篇

　　话说马超为报父仇，攻打曹操。曹操在潼关之战与马超一战惨败，仓皇逃窜。马超在后面追。追得曹操脱了长袍，割了长髯。两个人一个在前面跑，一个在后面追。最终曹操还是被马超追上了。曹操绝望地下了马，无力地跪在地上，等候马超处置。只听得马超大笑数声后，道："哈哈哈！终于抓到你了！好，现在轮到你抓我了，不准偷看哦！"

赵子龙祠

名人景点

子龙庙

　　子龙庙位于大邑县城东银屏山麓，距成都56公里，三国时蜀国名将赵云死后葬于此，后人建祠祭祀。

　　正殿有赵云戎装塑像，附近有当年赵云在此训练士卒的演兵场。庙前立"汉顺平侯墓碑"，赵云墓即在庙内。墓道有石人石马，石门上苔藓丛生。据庙内道士说，民国二年（1913）有军阀某部营打开石门入内查看，该庙也有人随入洞内，见有铁套棺悬于岩壁上，地室内有兵器架、万年灯缸等。以后，再无人进去过。

　　这里还有一件趣闻：解放前，每年春二三月，子龙庙要大摆筵宴，唱戏一

月。这笔巨大开支，全由刘家（刘文彩）祠堂支付。刘家为何这样慷慨？他们认为赵云是刘备的大将，长坂坡保阿斗，对刘备有传宗接代延续天下之功。而今刘家后代，出了"军长"、"主子"，饮水思源，怎能不对子龙将军酬德报功呢？当然，刘家所花的钱，也是从人民身上搜刮来的。

名人简介

赵云

赵云（？—229）三国时蜀国将领，字子龙，常山真定（今河北正定）人。以勇敢善战著称。初从公孙瓒，后来归顺刘备，为主骑。公元208年，曹操取荆州，刘备败于当阳长坂，弃妻子南逃。赵云身抱刘备幼子刘禅，奋力救出甘夫人。当他身负重伤，冲出重围，见到刘备时，刘备把婴儿扔在地上，说："为一孺子，险折我一员大将！"刘备念其功，封为牙门将军。不久，赵云又随刘备夺取成都，平定益州，历任翊军将军、中护军、征南将军，封为博昌亭侯。建兴五年（227），随诸葛亮驻汉中。第二年，随军取关中，分兵拒曹真主力，寡不敌众，退回汉中，一年后病死。他曾以数十骑拒曹操大军，被誉为"一身是胆"。

卓文君遗迹

名人景点

文君井

文君井（泉）位于四川邛崃县城文君公园内。

相传此井泉是汉时卓文君与司马相如烹茶卖酒用水之地。近代文学家郭沫若有言曰："卓文君与司马相如的故事，实系千秋佳话，故井犹存，令人向往。"据史载，司马相如，西汉成都人，辞赋家，只因早年父母双亡，孤苦一人，来到临邛（今邛崃），投靠当时身为县令的同窗好友王吉。王吉为此设宴款待，其时司马相如结识了临邛首富卓王孙。后来，卓为故作风雅，请司马相如到家做客。相如在卓家逗留期间，抚琴自娱，优雅的《凤求凰》曲飘进卓王孙之女、年轻寡妇卓文君房中，终使文君心潮起伏，夜不成眠，为慕相如才志，冲破礼教束缚，趁月夜，穿花径，隔窗听琴。相如喜得知音，便在一个朦胧的夜晚，俩人私奔成都，结为夫妇。后重返临邛，以卖酒为生。每当工余闲暇，常汲取门前井水，品茗相叙。后人为纪念卓文君不顾封建礼教，忠贞爱情，以及她与成都才子司马相如汲井烹茶的故事，遂将此井泉定名为文君井。

据《邛崃县志》载：文君井"井泉清冽，甃砌异常，井口径不过两尺，井腹渐宽，如胆瓶然，至井底径几及丈。"形似一口埋入地下的大瓮。

文君井泉水清澈明亮，终年不涸不溢，用此泉水烹茶，清香甘醇，实是醉人。如今，井旁有石坊一座，题刻"文君井"三个大字。文君井南数米是当年卓文君梳妆打扮的遗址。井北面的炉亭，是卓文君夫妇当年卖酒烹茶的亭子。在井旁的曲径回廊处，还有一座琴台，相传为当年司马相如抚琴弹奏《凤求凰》之地。1957 年 10 月著名文学家郭沫若到邛崃，忆古思今，作诗一首，题《文君井》。诗曰："文君当垆时，相如涤器处，反抗封建是前躯，佳话传千古。会当一凭吊，酌取井水中，用以烹茶涤尘思，清逸凉无比。"现已将此诗刻在石壁上，立于文君井东，成了当地的一大人文景观。

名人简介

卓文君

卓文君，西汉临邛（今邛崃市）大富商卓王孙的女儿。美丽聪明，精于弹琴，善作诗文，是一个远近闻名的才女。

卓文在丧夫后家居，后与司马相如相恋，二人私奔逃至成都。因家贫，又返回临邛开了家酒铺，文君当垆卖酒，相如则做打杂。后卓王孙碍于面子，接济二人，从此二人生活富足。

司马相如（前 179—前 117），西汉辞赋家，字长卿，蜀郡成都（今四川成都）人。

黄继光烈士纪念地

名人景点

黄继光纪念馆

黄继光纪念馆坐落在四川省中江县城东，分纪念性景区、陈列展览区。纪念性景区由以下几部分组成：由董必武题写馆名的大门楣在前；黄继光扑向敌人枪眼瞬间的雕像跃立在高处；郭沫若题字"凯歌万代"立在像后；邓小平题字"特级英雄黄继光"刻在像下；题字下镶有 5 幅浮雕反映黄继光生平事迹；浮雕左右双建中朝友谊亭，内悬董必武和郭沫若题写的对联。

陈列展览区由五个陈列室组成，通过 500 余件实物、图片、组画和模型详细介绍黄继光从一个贫苦农民的儿子成长为特级英雄的光辉历程，歌颂他胸怀全局、奋不顾身的大无畏气概，展示他高度的爱国主义、国际主义和革命英雄主义精神。

名人简介

黄继光

黄继光（1930—1952），四川中江人，1951 年参加中国人民志愿军。1952 年 10 月 20 日在朝鲜江原道金化郡上甘岭战役中，黄继光所在的营奉命夺取某高地，当连续攻下敌人数处阵地后，被敌人一个集团火力点所阻。黄继光挺身而出，要求担负爆破任务，勇敢地冲向敌人地堡。当他掷完手雷，打垮几个火力点后，发现还有一个火力点在顽抗，就忍着重伤剧痛，跌倒了爬起来，毅然直扑上去，以胸膛堵住敌人正在扫射的机枪射孔，使部队完成攻克高地的任务，全歼敌人两个营，自己则壮烈牺牲。根据黄继光生前的申请，部队党委追认他为中国共产党党员。中国人民志愿军领导机关为他追记特等功，授予"中国人民志愿军特级英雄"称号，并荣获"朝鲜民主主义人民共和国英雄"称号及金星奖章、一级国旗勋章。

名人逸事

整理黄继光遗体的经过

当年战场女卫生员披露："在整理黄继光的遗体时，我们发现他的胸膛前被火药烧黑了，弹洞像蜂窝似的。后背脊骨被子弹打断，肉被带出来，形成一个很大的血洞。他身上背着的手电筒和水壶也挨了敌人的不少子弹。衣服上的鲜血早已干了，紧紧地粘在他的身上，是我用剪刀一个地方一个地方慢慢剪开，然后用热水慢慢地润着一块一块地撕下来，可在给他穿新衣服的时候，他那高高举起的双手把我们难住了，怎么整也整不下来，怎么办呢？我们一合计，决定用几个汽油桶烧水，用热水毛巾捂他的手臂。捂到了第三天，黄继光的双臂及整个身子都软了下来，四肢都能够活动了，我们方才给他穿上了一身崭新的中国人民志愿军军服，然后将其装进了一口从祖国运来的棺材里。"

苏东坡父子故居

名人景点

三苏祠

三苏祠是北宋时期著名文学家苏洵、苏轼、苏辙父子三人的故居，位于眉山市西南隅纱縠行内。北至成都 60 公里，南距乐山、峨眉均 60 余公里，是成乐旅游线上的一处重要景点。元代改宅为祠，祭祀三苏。明洪武年间扩建，明末毁于兵火，仅存五碑一钟。清康熙四年（1665 年）在原址按明代规模重建，尔后历代均有增益补修，现占地面积 56800 平方米。1984 年 4 月成立"眉山三苏博物馆"。

三苏祠整个祠堂红墙环抱，绿水萦绕，古木扶疏，翠竹掩映，形成了"三分水二分竹"的岛居特色。三苏祠总建筑面积有 11500 平方米，主要建筑有正门、前厅、公殿、启贤堂、来凤轩、厢房、云屿楼、披风榭、瑞莲亭、百坡亭、碑亭、抱月亭、快雨亭、式苏轩、景苏楼、绿州亭、半潭秋水一房山、采花舫、南堂、疏竹轩、绿筠轩、西门等。正殿、启贤堂、瑞莲亭为清康熙年间所建，近现代所建和修葺都以清代康熙四年的建筑为模式，使之成为一组典型的完整的四川清代古建筑群。殿堂部分由三进四合院组成，虽按轴线处理，但两边却运用了均衡而不严整对称而有自由变化的手法，有收有放，灵活多致。

三苏之中，尤其苏轼，为我国文学史上的一代巨擘。他以多才多艺的天才和无比的创造能力，成为我国文学史上旷世无比的多面手，完成了宋代文学改革，使宋代文学成为继唐代文学之后的又一个高峰。他的散文平易自然，流畅婉转，挥洒自如，如行云流水，是"唐宋八大家"中重要一家。他的诗歌题材广阔，内容丰富，"有必达之隐，无难显之情"，开创了与唐诗特点交相辉映的宋诗特点，为宋代成就最高的诗人之一。他的词既豪放坦荡，又清旷婉丽，开创了豪放词风；他的书法与绘画，独辟蹊径，自成一家。

三苏祠自明、清以来就收藏有一批文物，50 年代建立三苏纪念馆后，更为广泛地征集有关三苏的文物。迄今馆藏文物共有 5188 件，其中历代刻印的三苏文集及有关古籍书 3256 件（册），字帖拓片 578 件，明清及近现代书画 1002 件，陶瓷及其他类 352 件，碑亭收藏 68 种 145 通碑刻，是三苏研究、陈列展览的珍贵资料。

名人简介

苏轼

苏轼是我国北宋文学家、书画家。字子瞻，号东坡居士。宋代眉州（今四川眉山）人。父苏洵、弟苏辙都是著名古文学家，世称"三苏"。嘉佑进士，任凤翔府签判，主张改革弊政。神宗时反对变法，但在密州、徐州任上抗洪灭蝗、赈贫救孤，颇多政绩。后以"谤讪朝廷"贬黄州。哲宗时任翰林学士，出知杭、颖、扬、定四州。徽宗初遇赦召还。诗、词和散文都代表北宋文学最高成就。

苏轼的诗大都抒写仕途坎坷的感慨，也有反映民生疾苦、揭露现实黑暗之作。诗风豪迈清新，尤长于比喻。与黄庭坚并称"苏黄"。

苏轼的词题材广泛，记游、怀古、赠答、送别、说理无不入词，对严格的音律束缚也有所突破，促进了词的发展。名作有《念奴娇》《水调歌头》等，开豪放词派的先河，与辛弃疾并称"苏辛"。

苏轼散文中议论文汪洋恣肆，记叙文结构谨严，明白条畅，如《石钟山记》《放鹤亭记》等与《赤壁赋》《后赤壁赋》同为传诵名篇。与欧阳修并称"欧苏"，是"唐宋古文八大家"之一。文学思想强调"有为而作"，崇尚自然，摆脱束缚，"出新意于法度之中，寄妙理于豪放之外"。致力提拔后进，黄庭坚、秦观等均出其门下。苏轼还擅长行、楷书，与黄庭坚、米芾、蔡襄并称"宋四家"。他的书法得力于王僧虔、李邕、徐浩、颜真卿、杨凝式，而自成一家。自云："我书造意本无法"；又云："自出新意，不践古人。"黄庭坚说他"早年用笔精到，不及老大渐近自然"；又云："到黄州后掣笔极有力。"晚年又挟有海外风涛之势，加之学问、胸襟、识见处处过人，而一生又屡经坎坷，其书法风格丰腴跌宕，天真浩瀚，观其书法即可想象其为人。人书并尊，在当时其弟兄子侄子由、迈、过，友人王定国、赵令畤均向他学习；其后历史名人如李纲、韩世忠、陆游，以及明代的吴宽、清代的张之洞，亦均向他学习，可见影响之大。苏轼在绘画方面画墨竹，师文同，比文更加简劲，且具掀舞之势。米芾说他"作墨竹，从地一直起至顶。余问：何不逐节分？曰：竹生时，何尝逐节生？"亦善作古木怪石，米芾又云："作枯木枝干，虬曲无端；石皴硬，亦怪怪奇奇无端，如其胸中盘郁也。"均可见其作画很有奇想远寄。其论书画均有卓见，论画影响更为深远。如重视神似，主张画外有情，画要有寄托，反对形似，反对程式束缚，提倡"诗画本一律，天工与清新"，并明确提出"士人画"的概念等，为其后"文人画"的发展奠定了理论基础。存世书迹有《黄州寒食诗》《赤壁赋》《答谢民师论文》与《祭黄几道文》等。存世画迹有《古木怪石图卷》；又近年发现的《潇湘竹石图卷》

当亦系他的作品。诗文有《东坡七集》，词有《东坡乐府》等。

名人逸事

"酒色财气"苏东坡

在河南开封相国寺内的墙上，题有四首嵌有"酒色财气"的绝句，读来饶有兴味。相传当年苏东坡与好朋友佛印和尚在相国寺对饮，酒酣兴至，佛印即兴题诗曰："酒色财气四堵墙，人人都往墙里藏，若能跳出墙垛外，不活百岁寿也长。"苏东坡不以为然，立即和诗一首："饮酒不醉最为高，见色不迷是英豪，世财不义切莫取，和气忍让气自消。"不久，宋神宗和宰相王安石游相国寺，看到墙上这两首绝句，颇觉新鲜。宋神宗要王安石也和一首，王安石稍加思忖便吟道："世上无酒不成礼，人间无色路人稀，民为富财才发奋，国有朝气方生机。"此绝句赋予"酒色财气"以积极向上的色彩，宋神宗看后赞叹不已，不觉也诗兴大发，挥笔题道："酒助礼乐社稷康，色有生灵重纲常，财足粮丰国家盛，气凝大宋如朝阳。"

张飞遗迹

名人景点

汉恒侯祠

汉恒侯祠，又名张飞庙，位于阆中市保宁镇西街。原祠历经火废，现存祠庙为明清重建的一组四合庭院式的建筑物。由大门、敌万楼、牌坊、大殿、后殿、厢房和墓冢等组成，占地2万余平方米。

汉恒侯祠正门悬挂"汉恒侯祠"大木匾，内塑张飞战马，上刻有唐宋八大家之一曾巩撰著的《恒侯庙记》碑。大殿5间，殿内正壁塑有清嘉庆年间追封张飞为"恒侯大帝"的冠冕坐像，左壁有张飞使用的兵器丈八矛和点钢鞭。左厢房陈列着1000多件珍贵的历史文物。右厢房内有张飞生前重要事迹的6组塑像。后殿为墓亭，塑有张飞威武像，范强、张达跪于两侧。张飞墓高8米，东西径22米，南北长32米。冢上林木葱茏，碧草成茵。汉恒侯祠为三国文化旅游线上的重要景点之一。

名人简介

张　飞

张飞，字翼德，三国时期蜀汉五虎上将之一。东汉末年从刘备起兵，刘备定益州称帝后，封张飞为车骑将军领司棣校尉，任巴西太守，镇守阆中。公元221年，张飞被部将所杀，葬于阆中，被追谥为恒侯，阆人慕张忠勇，于墓前建阙立庙，以礼祀之。

郭沫若乐山故居

"绥山毓秀，沫水钟灵"——郭沫若沙湾故居

> 我最爱的是在月光之下，
> 那巍峨的山岳好像要化成紫烟；
> 还有那一望的迷离的银霭，
> 笼罩着我那寂静的家园
>
> ——《峨眉山上的白雪》

1928年初，一个冬日的黄昏，远离故土的诗人郭沫若端坐于书桌前，望着窗外纷纷飘落的雪花，忽忆起千里之外的家园，那如银乍泻的月光、滔滔不绝的大渡河水和一座座秀美的山峰，勾起了他无限的诗情。诗人遂提笔写下了这首真挚感人的诗篇。

郭沫若的故乡在四川省乐山市。乐山，旧称嘉定府，位于川西盆地的西南部，奔腾激越的大渡河水在这里汇入到宽阔平缓的岷江。大渡河又称沫水，郭沫若为寄托他对故乡的挚爱，依沫水与其一条支流若水（即青衣江）组成自己的笔名。古嘉定府早在北周武帝宣政二年（579）就已建立州治。城西北有一片茂密的海棠林，相传是蜀王杜宇临终前传位给宰相开明，开明就将蜀国定都于嘉州，并在此遍植海棠。海棠花开时节，漫山红遍，香飘千里，分外迷人，所以嘉定府又素有"海棠香国"的美誉。

乐山城四面皆山，尤以北面凌云九峰最为瑰丽。远远望去，九峰如利剑、如春笋、如玉柱般直上云霄，巍峨壮观。山势之美，令人不得不叹服大自然造物之伟力。古城与九峰之间有一条明媚清澈的小河蜿蜒流淌，滋润着一代又一代的嘉州人民。如果你能在烟雨朦胧中走进嘉州古城，定会以为是置身于明清的水墨画

卷之中，那澄净的河水，清秀的山峰也定会使你涤除内心久淤的沉渣。"天下之山水在蜀，蜀之山水在嘉州。"这里，自古以来便是文人雅士流连忘返、游玩不倦的胜地。李白著名的诗句"峨眉山月半轮秋，影入平羌江水流"就是写这里美轮美奂、如诗如画的月景。宋代的文豪苏轼曾在城北山上建有一读书赏景的书楼，现称为"东坡读书楼"。遥想当年，苏轼凭栏而眺嘉州全景，其羽扇纶巾、气定神闲的神情实在令人神往。乐山城外不远，还有一处举世闻名的景观——乐山大佛。佛像高达71米，为世界之最。

从乐山城西沿着大渡河行约40公里，有一座并不起眼儿的市镇——沙湾镇。这个1000多年里寂寂无名的小镇，因为诞生了我国现代著名的文学家、学者郭沫若而声名远播了。沙湾，依山傍水，风景如画，东面有水流湍急的大渡河，西面是"秀绝天下"的峨眉山。峨眉第二峰，俗称"二峨"，又名绥山，所以当地百姓常用"绥山毓秀、沫水钟灵"来描绘故乡的风土人情。

沙湾镇和四川盆地的其他乡镇一样，古朴整洁。小镇由一条主街道纵贯东西，街面由青石板铺成，两侧人家的屋檐向外伸展，即使雨天，亦不必撑伞，沿屋檐行走可以避雨。离镇中心不远有一座一开三间青瓦木板墙的院落，大门上方写着"贞寿之门"四个大字，这便是郭沫若的故居。郭家为一中等地主家庭，据族谱记载，他的先祖系福建宁化县人。清朝初年，因生活贫寒，"背着两个麻袋上川"。至郭沫若父辈，善于经营店铺，家业逐渐旺盛起来，因而故居的建构和装饰在沙湾小镇上还算颇有名气。

故居前面原为临街铺面，是当年郭父经营的商行"郭鸣兴达号"所在地。铺面后是一个天井，旁置几盆兰花，与青瓦粉墙相辉映，显得素朴雅洁。越过天井，进入主屋正厅，中央高悬一幅匾额，上题"光启亲仁"四字。匾额下方陈列有一尊郭沫若的半身塑像，郭老挺身端直，两眼奕奕有神。正厅左侧还展出郭沫若不同时期的照片，其中一幅摄于日本九州帝国大学医学院的照片最为引人注目，只见照片中的郭沫若托腮沉思，眼中充满了对真理和光明的憧憬。正厅左侧是一间约14平方米的小室，里面陈列着古香古色的大木桌、条桌，桌上摆着一些佛像和精致的花瓶。1892年9月27日，郭沫若便诞生在这间屋里。

主屋的第三进北厢房，为郭沫若父母的居室。在其对面，则是郭沫若与原配夫人张群华结婚时的洞房，猩红绣花帐帘的木床、暗红漆的木箱、梳妆台，仍依当年的样式摆放。这些故物都是张群华嫁至郭家时的嫁妆。但郭沫若无意与这位志向不合的旧式女子结为夫妻，五天之后，便离家出走，从此，张群华终日独守空闺，将自己的青春和爱情埋葬于这间小小的房里。后来的郭沫若每每提及这段婚姻，内心充满了无限的同情，认为张群华是封建礼教的牺牲品，并经常过问她的生活境况。

在沙湾，郭沫若度过了天真烂漫的儿童时光。故乡优美的自然景物涵养了他丰富而敏感的诗情，粗犷、质朴的民风又培育了他叛逆不羁的气质。郭氏旧居坐北朝南，背对着巍峨秀美的峨眉峰。峨眉山由大峨山、二峨山、三峨山诸峰组成。从郭家这一角度望去，大峨山隐藏于二峨山后，仅露出一小尖顶，仿佛一位少女越其妹妹的秀额在脉脉含情地望着小巧别致的沙湾镇；三峨山则像横卧于大渡河边的一位少女，正在漂洗着长发，而低缓流淌的水声，又如少女的浅吟低唱，优美动人。

静听着大自然的天籁，餐吸着流荡于峨眉诸峰的灵气，小沫若的内心世界很早便对自然有一种独特的禀悟。他常与飞鸟、昆虫、游鱼、江水……相嬉相逐，在他的眼中，自然中的一切都是充满着灵性和生活节奏的，就如同他自己跳跃鼓荡的心灵一般。

沙湾地形偏僻，是土匪出没的地方。沙湾的土匪不像其他地方的土匪那样无恶不作，相反，却怀有浓厚的乡情，还常劫富济贫，因而，往往是官府的"眼中钉"。郭沫若小时候经常和比他大五六岁的、后来成为了土匪头子的杨三和尚等玩耍，他们身上粗犷、叛逆的气息潜移默化地影响了小沫若的性格。后来郭沫若曾说，我身上的叛逆性格，是和家乡的"土匪"分不开的。有一次，小沫若和五哥在河边放风筝，突然，正被县衙追捕的杨三和尚跑过来，低声对小沫若说："差人来了，请费心遮掩着。"说完就躲在旁边的草丛中。过了一会儿，果然走来了几位差人，喝问小沫若："小鬼，看见一个光头从这里走过吗？"小沫若若无其事地摇了摇头，差人悻悻地走开了。可以说，故乡淳朴、粗犷的民风是郭沫若叛逆性格的种子，在他后来曲折坎坷的人生历程中，他反叛"父母之命、媒妁之言"的旧式婚姻，反抗学校的旧势力，反抗国民党反动派的黑暗统治，如一只涅槃的凤凰在烈火中求得新生。

故居的后面，有一片花圃，园内花香馥郁，绚烂夺目，有金黄的美人蕉、秋菊、月月红等。在花丛中还有五棵亭亭玉立的樱花树，格外引人注目，这是日本人民在参观故居时赠送的，象征着中日两国人民的友谊。后园内有一间面积不大的房屋，是郭家的私塾——绥山馆。绥山馆是郭沫若的父亲煞费苦心开办的，目的是为了让儿孙辈们能受到最好的教育。绥山馆是四川境内典型的私塾，在沙湾镇也算颇有名气。门前蹲伏着两只石狮，门上悬挂"绥山馆"三个大字，两旁一副对联"雨余窗竹图书润，风过瓶梅笔砚香"是对馆外景色、馆内读书生活的生动写照，远处巍峨的绥山，园内泛着阵阵幽香的花果竹木、琅琅的书声使斯景斯物又平添了一份雅趣。馆内现摆放当年郭沫若上学时用过的品字形方桌三张，三张大桌间又有一张小方桌和一把小木椅，据说，这就是他当年的课桌。郭沫若四岁半时，内心充满好奇，主动要求入私塾学习。在"先圣孔子"神位前，他点燃一对蜡烛三炷香，磕了几个响头，拜见了老师，便懵懵懂懂地成为了"读书人"。私塾的生活可没有小沫若想象的那么有趣。他的老师名叫沈焕章，是当地一位颇有名望的先生，学识渊博，对学生要求极为严格。入学后的第一天，生性好动的郭沫若便遭到了沈先生的"体罚"，三天过后，他不堪忍受"塾规"，便逃起学来。后来，在父亲的胁迫下，他又回到了学堂。私塾生活枯燥乏味，沈先生要求每个学生白日诵经，晚上读诗，从启蒙读物《三字经》《百家姓》等到深奥难懂的四书五经，都必须烂熟于心。即便郭沫若聪颖过人，但毕竟年龄幼小，所以，常因背不出书而挨打，屁股、掌心常是青痕斑斑。在这种严酷的"书刑"下，小沫若也渐渐地懂得了许多，尤其是打下坚实的国学基础。

郭沫若入私塾的第二年，即1898年，北京发生了戊戌政变，资产阶级维新改良思潮也波及到沙湾这个偏僻的乡镇，"自由"、"民主"的思想如一股清风在这个古老平静的乡镇激起了阵阵波澜。开明的塾师沈焕章先生也积极进取，在家塾中大胆进行改革，开设了一些有关自然科学和外国历史的课程，郭沫若开始接触到《地球韵言》《史鉴节要》等书，这些全新的知识开启了他的思维，扩大了视野。沈先生还特意在家塾的墙壁上挂了一幅《东亚地舆全图》，由红、黄、绿等颜色描绘的东亚各国的疆域图，虽潦草不堪，但对于闭塞已久的人们来说，却一新耳目，在人群中，郭沫若仰望着地图，幻想着大洋彼岸的世界。

1906年，13岁的郭沫若考取了乐山高等小学。这是他第一次走出偏僻贫穷的沙湾镇，接触到外面精彩的世界，这之后，他又上成都、上海，到日本留学，探求真理和光明的道路。然而，他始终没有忘记家乡，正如《峨眉山上的白雪》中还写道：

> 啊，那便是我的故乡，我别后已经十有五年。
> 那山下的大渡河的流水，是滔滔不尽的诗篇……

不要说是15年，就是在白发苍苍时，郭沫若又何曾忘记自己的故乡呢？

韩愈活动遗迹

名人景点

祭鳄台

在潮州城外北堤中段有一个古渡头，叫鳄渡。该段江面宽阔，沿江堤边木棉树挺拔伟岸。昔日金秋季节，渡船来往于两岸，可以一面风使三面帆，一副"轻舟渺渺道清风，载向西来载向东"的秋风送帆美丽景观。据说韩愈当年到潮州后，深知民之疾苦："皆口恶溪有鳄鱼食民物产，民是以穷。"亲自去观察后，写了一篇《祭鳄鱼文》，并叫他的部属秦济杀了一猪一羊，到北堤中段鳄鱼经常出现的地方，点上香烛，宣读祭文，限期叫鳄鱼徙归大海。当时，潮人倾城而出，人山人海，鸦雀无声。只听韩愈严厉宣布："鳄鱼！鳄鱼！韩愈奉天子命到这里来做刺史，为的是保上庇民。你们却在此祸害百姓。如今姑念你们无知，不加惩处，限你们在三天之内，带同族类出海，二天不走就五天走，五天不走就七天走，七天不走，便要严惩不贷。"宣毕将祭文焚化连同猪羊投入溪中，拜祭鳄鱼。相传，当日拜祭了鳄鱼，晚上恶溪骤起暴风雨，雷鸣电闪。数日后，溪水尽退，鳄鱼不得不迁徙去大海。宋以后，潮人崇祀韩愈，便把秋风送帆的特有景色"鳄渡秋风"作为潮州八景之一。

名人简介

韩愈

韩愈（768—824），字退之，河南河阳（今孟州市）人，唐代文学家、哲学家。"唐宋八大家"之首。韩愈一生，在政治、文学方面都有所建树。

名人逸事

"推敲"之谊

唐代诗人贾岛第一次到京城时，在驴背上吟得一联诗："鸟宿池边树，僧敲月下门。"对句中"敲"字，颇费斟酌，一会儿想用它，一会儿又想用"推"字，反复比较，沉吟未决。正当他再三吟哦，会神体味的时候，迎面遇上京兆尹骑马而来。贾岛不知回避，冲撞了坐骑，结果被随从拿下，捉到京兆尹的面前。贾岛连忙跪拜求饶，并说明实情。不想京兆尹正是当时的大文人韩愈，他问明情由，不但不责怪贾岛，反而和颜悦色地问他吟的是什么诗，贾岛具实相告，韩愈想了一想说："还是用'敲'字好。"说完，又请贾岛回府谈诗，于是两人并辔而归，流连论诗，所谈十分投机。

以后，"推敲"一词就成了认真修改、斟酌字句的赞语。

饶宗颐故居

名人景点

饶宗颐学术馆

在潮州古城区的下水门城脚，有一座被誉为"翰墨书香"的饶宗颐学术馆。

该馆始建于1993年11月，是第一个潮籍名人学术馆。该馆占地面积450多平方米，建筑面积700平方米。学术馆坐北朝南，大门上有启功题字的"饶宗颐学术馆"横匾，文气斐然。楼内第一层层厅以"誉传寰宇耀名邦"为题，介绍饶先生历年行迹及主要学术贡献；第二层题为"墨渖丹青动艺林"，陈列了饶先生的书画作品；第三层展厅则以"旷世奇才饶宗颐"为题，从"博大精深"、"预流导路"、"勤奋自励"三个方面，对饶先生的学术成就及治学精神，予以述评、介绍；第四层则为小型会议厅。此外，尚有收藏图籍的"书巢"及再现历史环境的"选堂读书处"等设置。

名人简介

饶宗颐

饶宗颐先生，字固庵、伯濂，号选堂，1917年出生于潮州城的一个书香世家。在60多年的学术生涯中，先生笔耕不辍，学富五车，涉猎的学科主要有（敦煌学、甲骨学、词学、史学、目录学、楚辞学、考古（金石）学、书画艺术等。被国际汉学界誉为"导乎失路的汉学大师"。拥有世界多个国家的汉语言教授、研究员、院士等头衔。名城潮州既诞生了商界巨子李嘉诚，又出了个被誉为"北钱（钟书）南饶（宗颐）"学界泰斗的国学大师饶宗颐先生，确实是潮州的骄傲。

名人逸事

饶宗颐谈养生之道

记者：有人曾经把您和清末大学者龚自珍和王国维相提并论。

饶：与他们二位比较，自不敢当，但我的好处是活得长命，龚自珍只活到

49 岁，王国维先生 50 岁，以他们 50 岁的成绩，和我 87 岁的成绩比较，是不够公平的；但龚自珍也的确"火气"大了一点，要不，可以更长命，成就更大。学问其实是积微之功，在于点滴之积累。人的生命如同蜡烛，烧得红红旺旺的，却很快熄灭，倒不如用青青的火苗更长久地燃烧来得经济。

孙中山中山市故居

名人景点

孙中山故居纪念馆

中山市东南 29 千米的翠亨村，是中国伟大的民主革命先行者孙中山的诞生地。孙中山 1866 年 11 月 12 日诞生，他于 1893 年在这里拟《上李鸿章书》，1895 年在此与陆皓东商讨救国方针，决定组织广州武装起义。故居建于 1892 年，是孙中山亲自绘图设计的一幢中西合璧的两层楼房，占地面积 400 平方米，建筑面积 200 平方米。西式门口，筑有七个穹形门楼，屋内是中国民间传统的建筑形式，现在屋内陈设仍按原貌摆放。庭院有一颗酸子树，是孙中山自檀香山带回种子亲手栽种的。

1956 年在故居前开辟公园，增添了园林设施，有石山、喷池和绿化树木等。1966 年为孙中山先生诞辰 100 周年，在故居旁兴建了陈列馆，陈列孙中山先生在家乡活动的图片和实物，系统介绍他革命的一生。在来宾接待室里，还可聆听到孙中山 1924 年宣传新三民主义的讲话录音。

名人简介

孙中山

孙中山名文，字德明，字逸仙。广东香山（今中山市）人。早年在檀香山、广州、香港等地求学；创立兴中会和同盟会，提出了"驱逐鞑虏，恢复中华，建立民国，平均地权"的革命纲领。1911 年 10 月 10 日武昌起义后推翻了满清统治，结束了封建帝制。于 12 月 29 日被推举为中华民国临时大总统。1912 年 1 月 1 日在南京清朝两江总督署就任大总统职，并组建了中华民国临时政府，颁布了《中华民国临时约法》等一系列政策法令。"二次革命"失败后流亡日本，于 1914 年成立中华革命党，任总理，继续武装讨袁。1919 年将中华革命党改组为中国国民党。1924年1月在广州召开中国国民党第一次全国代表大会，决心实行联俄、联共、扶助农工三大政策，并接纳中共党员参加国民党；创建黄埔军校，建立革命武装。1925年3月12日在北京逝世。

名人逸事

孙中山的"八字"

1913年，孙中山发动讨伐袁世凯的"二次革命"失败了，不得不避居日本，组织中华革命党，继续奋斗。

当时，追随孙中山革命的一些同志，对革命前途感到迷惘，其中有几个自称会推算"八字"的人，很想知道孙中山出生的年、月、日、时，以便推算出'孙中山什么时候才能否极泰来，打倒袁世凯。于是他们委托和孙中山一向交情甚好的马世伯去问孙中山。孙中山听了原委，又气又好笑，他严肃地对马世伯说："你们年轻人，为什么也迷信'八字'这一套。难道我的'八字'不好，你们就不想革命了？你回去告诉他们，我的'八字'就是'打倒军阀，继续革命'！"

南越国王遗址

名人景点

南越国王墓

南越国王墓位于广州市区北部的象岗山，即"中国大酒店"附近。这是1983年秋发掘出土的西汉南越王第二代国王赵眜的陵墓，是中国考古的一次重大发现。

名人简介

南越王

南越国是西汉初年，在广州建都的岭南地区的第一个封建王国（前204—前111）。它的第二代王赵眜自号"文帝"，在位16年（前137—前122）。

陵墓中出土的1000余件珍贵文物中有八枚印章很引人注意。一颗铸刻精巧、款式奇特的"文帝行玺"金印，是目前见到的最早最大的一枚西汉金印，也是至

今唯一的汉代帝王之玺，堪称国宝。墓中还出土了数千件，包括各种类型的随葬品。其中以雕刻精美的玉器和青铜器最为珍贵。该墓是岭南地区目前已知规模最大的一座石室墓。

第二代南越王墓的发现，为研究秦汉时期岭南地区的开发、经济文化的发展及南越王的历史，提供了重要的实物资料。

洪秀全故居

名人景点

洪秀全故里

洪秀全故里在花县禄村。这里现在保存有洪秀全年轻时读书和教书时的"书房阁"、亲手种植的龙眼树以及"洪氏宗祠"，还有解放后修建的设有"洪氏宗祠"里的"洪秀全纪念馆"。馆内按照洪氏从事革命活动的不同时期，以图片和实物，简要生动地介绍了他的一生。

名人简介

洪秀全

洪秀全（1814—1864），太平天国革命领袖。原名仁坤，花县人，农民家庭出身的知识分子。清道光二十三年在此创立了"拜上帝会"，次年，先后写了《原道救世歌》《原道醒世训》和《原道觉世训》等革命文献，并提出"天下一家，共享太平"等有关政治、经济以及男女平等一系列主张。为太平天国革命运动奠定了理论基础。

1851 年 1 月 11 日，在广西桂平金田村举行起义，建号太平天国，称"天王"。1864 年 6 月逝世。

梁启超新会故居

广东新会县位于美丽的珠江三角洲南端，距离广州市约百余公里，它的闻名缘于一次悲壮的历史事件和近现代史上一位杰出人物的诞生。

新会县南部的崖山，位于银洲湖出海口的东岸，与西岸汤瓶山对峙而出，形成一道敞开的天然门户。宋末元初，南宋皇太后杨氏、太傅张世杰先后在此蹈海而死，丞相陆秀夫背着南宋最后一个小皇帝赵昺，也绝望地从崖山口纵身跃进南海，滔滔的海水无情地淹没了宋朝的一息命脉。崖山口上这壮烈的一幕永远刻在了南宋遗民们的心中，成为难以平息的伤痛，后来凭吊者们也借此痛洒忧国忧民之泪。明代岭南遗民陈恭尹有诗为证：

> 山木萧萧风更吹，两崖波浪至今悲。
>
> 一声望啼啼荒殿，十载愁人拜古祠。
>
> 海水有门分上下，江山无地限华夷。
>
> 停舟我亦艰难日，畏向苍苔读旧碑。

千古伤心同此一地，人们追古思今，怎能不作楚囚之悲呢？山上有祭祀杨太后的慈元殿，纪念文天祥、陆秀夫、张世杰的三忠祠，还有南宋叛臣张弘范"灭宋于此"的耻辱石。三忠祠前门镌刻了"天地正气"四个大字，在碧海青天之下，辉映千古。

斗转星移，时间到了清光绪四年，即公元 1878 年，一个 5 岁的稚童在祖父的带领下泛舟至崖山，专程进谒慈元殿、三忠祠。从祖父慷慨沉痛的叙述中，孩子知道了崖山口无比惨烈的一幕，老人深情地吟咏起陈恭尹的那首吊古伤怀诗，孩子被打动了。也许他还小，还无法深刻理解国难深重者们的痛苦，但在他幼小的心中，那股充盈于天地间的浩然正气开始激荡，回旋。

这个顽童就是近代著名的政治家、思想家、学者——梁启超。

梁启超（1873—1929），字卓如，号任公，别号沧江，又号饮冰室主人。他的故乡坐落在新会县茶坑村，北面是绵延起伏的奎山，似锦屏般环住了半幕天宇，南向正是崖山海口，波涛汹涌，拍打岸边，卷起千堆雪。千百年来，温和的略带咸味的海风吹过这个偏于海隅的宁静小村，质朴的人们过着聚居耕渔的生活，谁也不曾想到，古老的村庄会出现一位影响近现代中国历史进程的伟大人物。

茶坑村村口羁马里，矗立着一座文昌阁，阁高三层，两重飞檐，外由四根石柱托住斗栱，檐角瓦脊嵌上了玻璃瓦筒，给阁楼镶上一道碧绿的边，外形颇为壮观。在第二层楼顶上，嵌着一青石条块，上刻"奎楼"二字，梁启超少年时曾于此读书，时名"宏文社学"。茶坑村后有一座不算高的山，郁郁葱葱，风景秀美，梁启超时常登山游玩。沿蜿蜒的山路往上去，不久便可见一座七层的砖石塔，名曰"凌云塔"。塔体呈六边棱形，塔基处已蔓生了层层青苔。12 岁时，梁启超与弟弟登临凌云塔，俯瞰四周，迸发出无限诗情。他当即赋诗一首：

> 朝登凌云塔，引领望四极。
>
> 暮登凌云塔，天地渐昏黑。
>
> 日月有晦明，四时寒暑易。
>
> 为何多变幻，此理无人识。
>
> 我欲问苍天，苍天长默默。
>
> 我欲问孔子，孔子难解释。
>
> 搔首独徘徊，此理终难得。

此诗广为传诵，显示了梁启超与众不同的思想与抱负。少年如同问天的屈原、临水的孔子，对万物的生长更替产生了好奇和疑问，他穷天极地，却得不到答案，不禁陷入了莫名的苦闷之中。这种积极而朦胧的思索萌发了他早年自觉叛逆的一面。事实证明，长大后的梁启超以"少年中国"之新理论，急风暴雨似的向沉闷保守的古老中国发出挑战，其新思想、新风格整整影响了一代中国知识分子。青年时代的毛泽东亦曾拜梁启超为"楷模"，对他的文章"读了又读，直到可以背出来"。

梁启超的故居隐没在茶坑村深处，佳木葱茏，绿树扶疏。故居房屋具有广东本地的乡土风味，青砖黑瓦，楼阁俨然。故居已是百年老屋，虽然几经修缮，仍无法掩盖岁月剥蚀的痕迹，斑驳的墙壁，古旧的屋椽，年久的栏杆，无不显示它的日久年深。这里曾经居住过梁启超父祖几代人。祖父梁延后慈祥和蔼，是村中唯一一位老秀才，父亲梁宝瑛严厉板正，读过书，却屡试不第，过着半农半儒的生活。梁启超是家中长子，天资聪颖，异于常人。4 岁始读四书五经，8 岁学为文，9 岁能缀千言，10 岁赴新会县试，获第一，12 岁入广州院试，一举夺魁，高中秀才，17 岁又在广州中举，受到主考官青睐，招为妹夫。老屋沐浴着"神童"带来的耀眼光辉，欣喜地装满了梁家人锦绣的前程梦想。而今，这缕光辉穿透历史厚重的帷幕，依然闪烁，不过它不再属于科举神童的传奇经历，而是成年梁启超在积极探索治国道路的过程中，所散发出的灿烂光芒。

推开故居的木门，四方的天井落下日月的光华，一个古色古香的厅堂坐落在正中。这是梁家会客活动的主要场所，现在已被辟为陈列室，四周陈设了梁启超用过的一些故物，如笔、砚、茶杯、信件、印章等，厅中则是梁启超的一座半身塑像，西装笔挺，神采奕奕，凝视远方的双眼似在探索，又似在沉思。正厅两旁的耳厢房，各有两座小小的楼阁，这里是梁家的居室。扶梯而上，楼阁修有几曲栏杆，回廊游走，给普通的老屋平添了几分雅致。小时梁启超常偎于祖父膝下，背靠栏杆，听老人讲爱国志士的故事，这大约是童年最早的启蒙教育，对梁启超的一生影响深远。

在正厅的偏房，另有一展厅，原是梁家厨房，墙壁上挂着一幅幅介绍梁启超生平的照片。从青年时的立志维新，到流亡海外时的进退维艰，从北洋军阀统治时的宦海沉浮，到最后息影政坛，专心治学，梁启超的足迹遍及大江南北、五湖四海，他的身影永远留存于这张张珍贵的历史画面中。

纵观梁启超复杂多变的一生，大多处在政治斗争跌宕起伏的漩涡中，几乎贯穿了整个近代中国的政治风云。他主张变法维新，极力呼号"雪祖宗之愤耻，恢华夏之声教"，用带有情感的笔触去喊醒沉睡国人的灵魂；他主张社会改良，向西方求学真理，以期"开民智、兴民权"，改变旧中国的羸弱老态。但在清末民初政坛的激烈斗争中，梁启超又表现得"善变"不定，难以捉摸。他鼓吹过君主立宪，打出保皇旗帜，却又反对复辟逆潮，抛弃虚君主张。他曾当过袁世凯的司法部长、段祺瑞的财政部长，最终又看破他们的独裁实质，决裂离去；他跟从过康有为，其后却与康师反目对垒，分道扬镳；他联合过孙中山，却因改良还是革命，终而倒戈投袁，寄身于北洋政府，是非成败、历史功过梁启超集于一身，人们很难根据他的某一片断来对其定论。毁也罢，誉也罢，几十年来，心劳力绌，奔走呼号，梁启超就是这样一个坚持自我理想、为信仰奋斗终身的真实的人。他有诗人般的激烈情怀，有演说家的热情喉舌，也有政治家的敏锐和才干，但往往诗人气质是无法与政治机心完全结合在一起的，在二三十年代多事之中国，梁启超涉身江湖，曾数次被玩弄权术的政客们欺骗，真诚地相信他们美丽的谎言，维新救国、民主共和，但在真相败露时，只能陷入幻想破灭的绝望之中。1918 年，梁启超摒弃百事，专心研究与著述，留下了 1400 万字的洋洋巨著，学术范围涉及宗教、文学、美学、教育、史学、文化史、哲学、人权、统计学等多门学科，显示了"百科全书"式的非凡气派。晚年梁启超在清华大学就任导师，深受欢迎，每逢上课，不但教室座无虚席，而且走廊、过道、门外都挤满了虔诚的学生。但此时栖身清华园的梁启超意志却十分消沉，妻子的病吟、儿女的涕泪、世间的群盗相噬，变乱如麻，无不使他颓然气尽，"几不知人间何世"。1929 年 2 月，梁启超溘然长逝于天津饮冰室书房，终年 57 岁。

梁启超像一条流动澎湃的河流，从新会崖口的南海边流出，奔流于千山万水之间，每过一段路途，都会呈现出变幻的姿态和气势，时缓时急，时起时落，时而呼啸如万马齐奔，时而低哑如幽泉鸣咽。但正如流水始终在河床的胸怀中流淌一样，梁启超爱国救国的治世理想始终如一，他的每一次历史际遇，都是在这条宽大的精神河床中，撞击翻滚出的朵朵浪花，有的浪花如泡沫似的，消失得无影无踪，有的却和着历史奔腾不息的长河，一同向前奔去，奔向大海无边的怀抱。

"独立之精神，自由之思想"
——陈寅恪中山大学故居

说起现代学术大师，少不了提到陈寅恪先生；去美丽的中山大学校园（又名康乐园），也一定得去他的故居——东南区一号小楼看看。大师及其故居，提升着整个中大的人文精神。

季羡林先生曾这样评价过陈寅恪：

陈先生是学术巨人，在他领域之内，无法超越，原因就是我们后人不可能有他那样的条件，总的倾向是可以超越的，但又不可以超越。

季先生所说的"那样的条件"该是指寅恪先生深厚的家学渊源以及他所依托的学术背景。寅恪先生的祖父陈宝箴曾为光绪皇帝的老师，在湖南大兴维新思潮；其父陈三立则是中国古典诗歌最后有影响的流派之一"同光体"的著名诗人。在先辈的影响下，寅恪和他的兄弟们均酷好读书，在很多方面均有极高建树。其兄陈师曾是国画大师，创造了漫画题材，还曾慧眼发现了绘画天才齐白石；二兄隆恪旧体诗颇工，著有《同照阁诗抄》。可以说陈氏家族，三代皆显赫一时。除此，寅恪先生和王国维、胡适、郭沫若等是旧学锐变，新学始昌时的一代学人，他们的血液既浸润了传统学术的精华，又注入了东渐西学的因子。所以，他们既有极为扎实的国学功底，又不失开阔敏锐的学术眼光。寅恪先生早年负笈东瀛，留学欧美，在巴黎大学、柏林大学、哈佛大学学习，掌握了 15 种以上的域外语言，其中有些还是已经消亡的中亚、北亚的古文字，尤其对被称为"绝学"的梵文的掌握，更是达到炉火纯青的境界。吴宓先生早在 1919 年美国哈佛大学认识寅恪先生时就曾说："合中西新旧学问而统论之，吾必认寅恪为全中国最博学之人。"寅恪先生在语言学、史学、文学、宗教学、突厥学等诸多领域均有极高的造诣，先生"既渊且广"的学识如一座高峰，后人难以企及，先生所提倡的"独立"，"自由"，"学术不为人忙"的纯正学术精神，更是为后学者所景仰。

康乐园是我所见到的最为美丽的大学校园。从充斥着废气和嘈杂喧闹的大街

进入校园，仿佛一下子进入到一片绿色的海洋，空气清新了，耳根也清静了。接天的绿叶、遍地的青草绿遍了整座校园，绿透了人们的心底。绿海茫茫中，一座座别具情调的红石砖房如一叶叶红帆船静静漂浮，更为整个校园增添了无穷的生趣；而那静穆传神的先贤铜像以及学养深厚的教授、充满求知欲的青年学子，又无不使这所历史悠久的名校散发出厚重的人文气息。大学的意义，在这里得到了完美的体现。

寅恪先生的故居——东南区一号是康乐园中林荫深处的一栋红色小楼。小楼有上下两层，坐南朝北，正对着学校办公大楼——大钟楼。据说，小楼最初是由一名美国人出资兴建，既有欧式风味，又不失东方古典情调，红墙、碧瓦、拱窗，在绿树青草的辉映下显得格外醒目，远远望去，仿佛一位平易和蔼的长者正看着身边走过的人、发生的事。稳重中透出闲逸，古雅而又生机盎然，静谧而不孤绝。

小楼位于一个低矮的小山坡上，有三条小径可通往小楼：南面为青草丛中一条石子路，西面则有一条红砖小道，东面则为那条著名的白色水泥路。早在40年代中期，寅恪先生的视力开始严重衰退，到后来只能辨清光影，学校为方便先生行走，特意修砌了这条小道，并涂上白漆，以策安全，这条小路在学生中又被称为"陈寅恪小道"。以前的中大学生，经常能看到先生在家人的搀扶下，拄着拐杖散步的身影。先生的背有点弯曲，步子亦很缓慢，似乎总在思考着什么。可惜先生后来膑足，散步的次数就很少了。

从东侧，推开一道绿色木栅栏，沿白色的"陈寅恪小道"便可来到小楼大门。门前是一片如茵的草地，几株参天的棕榈树，门的左侧则有几丛修竹，青翠欲滴，微风过后，光影婆娑，竹叶潇潇，真令人洗心郁视，澄心静虑。一株茂盛的藤榕蔓延于门廊，枝枝叶叶，将大门装点成一道绿色的门洞。

寅恪先生在这栋小楼内居住了18年之久，是他后期著述、教学的主要场所。1949年1月19日，先生应岭南大学校长陈序经之邀，受聘于岭大历史、中文两系的兼职教授，乘"秋瑾"号轮船抵达广州。后来院校调整，岭大撤销，原中山大学迁入康乐园。1952年夏，先生迁入东南区一号二楼。居住在一楼的是他的助手黄萱女士及其丈夫周寿恺。

居于东南区一号期间，陈寅恪先生培育了大批后来在学术上卓有建树的学生。在小楼后面有一条向阳的长廊，三面均有半圆的拱窗，一张长方形的书桌摆放其间，旁边堆满了书籍。那时，先生病眼残足，体弱多病，深感无力"续命河汾"。他曾作了一首诗表达了内心的苦闷，诗云：

道穷文武欲何求，残废流离更自羞。

垂老未闻兵甲洗，偷生争为稻粱谋。

招魂楚泽心虽在，续命河汾梦已休。

忽奉新诗惊病眼，香江回忆十年游。

"续命河汾"之典出于隋末大儒王通在黄河、汾水交界广招弟子，讲学传道。从先生无可奈何的自叹中，可以看出，延续学术薪火、光大传统国学是先生一生矢志不渝的理想。寅恪先生从1926年开始在清华大学研究院传道、授业、解惑，直至晚年寓居岭南"续命河汾"，桃李无数。据一些曾亲聆先生指导的学生回忆，先生待人和蔼可亲，从不摆大师架子，每次上课，都要家人或保姆沏茶，甚至还拿出葡萄酒给学生品尝。先生上课自成风格，常由一些极小的问题引入，循循诱导，旁征博引，得出扎实的结论。有一次，先生开始便提出一个问题：杨贵妃是否以处女的身份入宫的？当时，一个思想保守的人听了甚觉无聊，就没有上先生的课，可是他哪里知道，寅恪先生是以这个问题导入探讨唐代的婚姻制度。由于先生的学问实在精深、博大，一般的学生难以领会，所以前来上课的绝大多数是副教授以上的人物。寅恪先生因而就有了"教授的教授"的美誉。寅恪先生40多年的授业生涯中，入室弟子很多，较为著名的有蒋天枢、杨联升等人。而曾聆听其教诲的更是无数，如吴宓、朱自清、季羡林等先生均受到寅恪先生的影响。

东南区一号是康乐园中极为寻常的一座红砖房，虽朴实、简陋，但因为其中住了一位蜚声中外的一代学术大师，一时引得大批名人前来寻踪拜访。他们沿着白色的"陈寅恪小道"，叩开故居的大门，和大师倾心交谈。1956年春天，国务院副总理陈毅同志偕夫人张茜至故居访问寅恪先生，两人晤谈甚欢；时任中共中央中南局书记的陶铸同志亦常到此看望先生，关心他的健康情况，还有胡乔木同志、周扬同志，学者吴宓先生、向达先生等等，那时，东南区一号充满了春意。大批名人在此留下的足迹，更使这座小楼充满了人文色彩。

然而，在"文化大革命"期间，寅恪先生和小楼遭到红卫兵的无数冲击，日夜处于风雨飘摇之中。1966年夏天，红卫兵撵走了先生得力的助手黄萱女士，后又赶走了他的三名护士，只留下一人，而且还由先生自己出资。已达77岁高龄的寅恪先生足膑目盲，又缺人扶持，无法自理，常摔倒在家中的地板上，夫人唐篔去扶他，但体弱年老，两人遂又重重摔倒，其惨状实令人辛酸。红卫兵们还经常冲击东南区一号，从阳台爬进二楼，把大字报贴在故居的大门、墙上、床上，并抄走了许多贵重物品、书籍和先生呕心沥血写就的书稿，顿时，这个曾充满温馨、浓郁学术氛围的小楼变得孤寂、凄凉起来，满目皆是漫天飞舞回旋的白色大字报。先生和他的夫人只好"蜷缩"在小楼中听着对面大钟楼的高音喇叭里疯狂传出的"打倒反动学术权威陈寅恪"的口号。先生难以忍受这种精神摧残，便用棉花团塞住两耳。可红卫兵发现后，他们又特意在他的床头装上有线广播，每天清晨便播放令人窒息的声音。为达到目的，红卫兵还逼迫先生写所谓的交待材料，先生心脏病复发，便由唐筼代写，可无知的红卫兵却三番五次以"不彻底"为由，多次逼迫他。然而在那个是非混淆、黑白颠倒的年代里，还有一些善良的、富有良知的人们依然在维护着大师的尊严，其中，最为感人的是原历史系主任刘节教授。一次，红卫兵欲抬先生去大礼堂批斗，可先生无法站立，哪能受此折磨，刘节教授便代表先生前去挨斗，批斗会上有人问刘节有何感想，刘节教授正义凛然地回答道："我能代表老师挨斗，感到光荣。"

寅恪先生和夫人唐筼在红卫兵残忍的折磨下，顽强地活着。红卫兵见整不垮他，便又迫使先生迁出东南区一号。1969 年春节后，已届耄耋之年的先生从东南区一号小楼搬出，住进了西南区 50 号。几个月后，先生便去世了。据一些知情的同志回忆，如果先生不搬出东南区一号，肯定还能多活几年。看来在先生的心目中，东南区一号已经成为了他的精神家园。

寅恪先生一生致力于学术，从不将其作为"谋稻粱"、"进官阶"之途径，并努力使传统学术从政治意识形态的附庸地位解脱出来。他在清华大学为自沉的王国维先生所写的挽铭中提倡的"独立之精神"、"自由之思想"，其实也就是他自己为人和治学的根本。他一直恪守着自己的理想，为学术开掘出一方净土。晚年，他虽体弱病残，仍著述不辍，在黄萱女士的协助下，在东南区一号，他为我们留下了《论再生缘》《柳如是别传》《金明馆丛稿》等足以光照千古的学术巨著。

现在的东南区一号一楼已成为中山大学审计处和人才交流中心办公的地方，不知道那些操纵着数字的办公人员在大师的故居办公的感想如何？我去拜访大师故居的那天，正好碰到一对中年夫妇带着他们十五六岁的女儿从小楼经过，似乎并不知道这是大师的故居。当他们走到左侧的绿色木栅栏时，看到了一块写着"陈寅恪故居"及简介先生生平的深红色大理石石碑时，不禁叫道："这儿是陈寅恪故居！得回头看看。"

是的，我们真的应该回头看看，看看大师的足迹以及他给我们留下的座座精神丰碑，而不应只是一直昂首朝前……

辛弃疾故居

名人景点

辛稼轩纪念祠

位于大明湖南岸遐园，建于 1961 年，坐北朝南，是一座三进院落的民宅式建筑。大门正中是挂着陈毅同志的金字匾额"辛稼轩纪念祠"。东西厢房悬挂着辛弃疾塑像。展柜中陈列着辛弃疾的生平事迹介绍和他的代表作以及后人研究他的重要文献资料。两侧陈列着辛弃疾生平大事简表、生平活动示意图，以及辛弃疾的故里、旧居和陵墓遗迹等照片资料。

名人简介

辛弃疾

辛弃疾（1140—1207），南宋词人。原字坦夫，改字幼安，别号稼轩居士。与苏轼齐名，并称"苏辛"。历城（今山东济南）人。历任湖北、江西、湖南、福建、浙东安抚史等职。一生坚决主张抗击金兵，收复失地。在各地任上他认真革除积弊，积极整军备战，又累遭投降派掣肘，甚至受到革职处分，光复故国的大志雄才得不到施展，一腔忠愤发而为词，由此造就了南宋词坛一代大家。

名人逸事

辛弃疾与药名词

辛弃疾早年就擅长填词，据传，他在新婚之后，便赴前线抗金杀敌，疆场夜静闲余，使用药名给妻子写了一首《满庭芳·静夜思》，来表达自己的思念之情：

云母屏开，珍珠帘闭，防风吹散沉香，离情抑郁，金缕织硫黄。柏影桂枝交映，从容起，弄水银堂。惊过半夏，凉透薄荷裳。一钩藤上月，寻常山夜，梦宿沙场。早已轻粉黛，独活空房。欲续断弦未得，乌头白，最苦参商，当归也！茱萸熟，地老菊花黄。

词中共用了云母、珍珠、防风、沉香、郁金、硫黄、柏叶、桂枝、苁蓉、水银、半夏、薄荷、钩藤、常山、宿沙、轻粉、独活、续断、乌头、苦参、当归、茱萸、熟地、菊花等 24 个中药名，表达了情意绵绵的思念之情。

李清照故居

名人景点

李清照纪念堂

济南趵突泉公园内漱玉泉北侧，有近年所建中国历史上最杰出的女作家、婉约派词人的卓越代表李清照的纪念堂。

纪念堂系仿宋建筑，大门上挂着郭沫若写的"李清照纪念堂"匾额，堂前还有他题写的楹联："大明湖畔趵突泉边故居在垂柳深处；漱玉集中金石录里文采有后主遗风。"陈列厅里展陈着女词人的画像和著作，还有他父亲撰文的碑石拓片和她丈夫登泰山的题名刻石拓片，以及当代著名学者作家叶圣陶、冯沅君、臧克家、夏承焘、唐圭璋等人的题字等。

名人简介

李清照

李清照，宋代著名女词人，号易安居士，山东济南人。父亲是文学家李格非。李清照早年生活在文化空气浓厚的家庭里。18岁时，与太学生赵明诚结婚。赵明诚著有《金石录》，李清照写了《金石录序》，详细地记载了夫妻共同生活和对书画金石的爱好。她前期的词章，多数是描写闺中的生活情趣及大自然的绮丽风光，风格清新明丽。

北宋灭亡后，李清照夫妇仓皇南渡。公元1129年，赵明诚在建康（今南京市）病故，她只身经历了国破家亡的痛苦，因此后期的作品多反映战乱痛苦的生活，感时伤怀，怀旧思乡，风格沉郁凄怆。李清照词的艺术特色，主要在于运用朴实的白描手法，善于写细腻的感情变化，语言明白如话。在宋代词人中，卓然自成一家，如《漱玉词》。

名人逸事

丈夫不如妻子，古已有之

相传宋代著名女词人李清照和丈夫赵明诚经常互相唱和诗词。历史上的南宋朝廷，国家离乱，人民涂炭，李清照和赵明诚先后相继逃亡在江南。在她与丈夫离别的日子里，为了表达自己思念丈夫的缠绵感情，写了一首词《醉花阴》。写好以后，她就把它寄给了自己的丈夫赵明诚。赵明诚接到了这首词，被妻子的思念之情所感动，也写了一首词来抒发自己的感情。赵明诚这首词写得很长，一共有五十多句，中间引用了妻子词中"莫道不销魂，帘卷西风，人比黄花瘦"三句。写好以后，他便把词拿给自己的好朋友陆德夫看。陆德夫对他的词反复吟咏，琢磨玩味了很长时间，最后对他说："虽然你的词写得这么多，可是依我看，只有三句最好！"赵明诚一听愣了，心里想：怎么？写得这么多，只有三句最好？于是就急忙追问是哪三句。陆德夫回答说"莫道不销魂，帘卷西风，人比黄花瘦。"赵明诚听了，连连称赞朋友的眼力。因为他自己知道，这三句本来就不是自己的创造，而是从妻子《醉花阴》词中引用过来的，难怪朋友一下子就挑了出来，看来自己的词还是远远赶不上妻子的词。

戚继光故居

名人景点

戚继光纪念馆

戚继光纪念馆位于蓬莱水城东岸，南对高大雄伟的振扬门，北与太平楼遥相呼应，占地面积 3220 平方米，系中轴对称二进式仿古建筑。东西两侧分别建有四柱斗拱飞檐碑亭，亭内分别立"忠"、"孝"字碑，二字相向，碑皆高 3 米，宽 1 米，碑背分别镌刻戚继光生平和戚景通生平。

水师府为二进式院落，每进有正厅和东西厢房各一，且有回廊相联结。正厅、厢房皆单檐，琉璃瓦覆面，脊置六兽，皆有前明廊连于回廊。正厅屋面开山，厢房屋面歇山。整个纪念馆展厅内容以展现民族英雄戚继光保国卫民、戎马一生为主线。

名人简介

戚继光

戚继光（1528—1587），明代抗倭名将，民族英雄，杰出军事家。字元敬，号南塘，晚号孟诸，山东蓬莱人（一说祖籍安徽定远，生于山东济宁）。

嘉靖四十年（1561），倭寇大举侵犯台州，戚继光率领所部九战九捷，取得举世闻名的台州大捷。倭寇们心惊胆战，给戚继光取了个名字叫"戚老虎"。戚家军威振中国海疆，倭寇望风而逃，危害已久的倭患终被荡平。

万历十一年（1583），因遭朝中权贵排斥，戚继光被调到倭患早已荡平的广东任镇守，郁郁不得志，三年后即告老还乡，回到山东蓬莱。万历十六年（1588），逝世于蓬莱故里。

名人逸事

戚继光妙计退敌

这一年，董狐狸探得了戚继光染病在床，于是率兵杀奔三屯营。

当时，病中的戚继光身体很虚弱。他认为在主帅不宜出战的情况下，正面迎敌难操胜算，于是权衡形势，很快制定了退敌之策。他召集众将，一一做了布置，而后披挂停当，登上西门看楼，坐在"戚"字大旗下，静待董狐狸到来。

董狐狸见戚继光无恙，已胆怯了三分，随后试探道："你城中兵力空虚，即便有所布置，怎奈我5000精兵！"

戚继光长叹一声，说道："你如此执迷不悟，居然因个人恩怨而不惜再燃烽火。"说罢，大手一挥，三屯营城头树起无数旗帜，大批守兵盔甲鲜明，火铳、大炮一齐对准了城下。

董狐狸这一惊吃得不小，忙不迭地引军退出两箭之地……

实际上，城内的兵力的确不足2000。

"千年邹鲁圣人家"之一——曲阜孔子故居

不到曲阜，不知历史之久远；不到曲阜，不知儒学之繁盛；不到曲阜，不知孔子之伟大。但是，纵然有了这样的思想准备，乍到曲阜，人们还是被这里的重重楼阁、道道门坊、丛丛碑林所震撼，仿佛一下子置身于古老文明的源头。

曲阜的历史得从商朝开始溯源。商时曲阜就已建国，周武王伐纣灭商后，赐封鲁地，把它归于周公旦名下，其都城正在曲阜。周公之子伯禽代父就封，把大量的礼乐文献带到曲阜，曲阜成为除周都镐京外文化最昌盛的城市。春秋末，孔子诞生于此，开创并倡导了儒家学说，成为千百年来中国文化的主流，至今仍有深远的影响。孔子被尊为"圣人"，历代前去朝圣观拜的人们在孔子故里修建了孔庙、孔府、孔林，以凭寄对孔子无比的热爱和尊敬，曲阜的文化也就基本以"孔子"为中心，一代代积淀、繁衍。如今曲阜的文物胜迹不胜枚举，约有二三百处，其精华大多集中在曲阜城内有关孔子的建筑和故迹中。

孔庙在曲阜街心，是为纪念祭祀孔子而建的。孔子死后第二年，鲁哀公将孔子故宅立为祠庙，每年都要祭奉。当时基宅不大，只有3间庙舍，内藏孔子生前所用的"衣、冠、琴、车、书"。之后，历代王朝不断扩建孔庙，仅大规模的修筑就有15次，其余中小规模的不可胜数。现在人们所见的孔庙是在明清两代的

基础上完善起来的，因此大多数建筑具有明清时代的风格。它与北京故宫、承德避暑山庄并誉为中国古代三大建筑群。但故宫是帝王之居，皇宅深院，缺乏平民家巷的亲切；河北避暑山庄美则美矣，到底为帝妃专享，仅能做游乐之所。孔庙在三者之中，可谓是尽善尽美，不论是建筑上的宏丽，还是历史文化的涵容量，都足以让每一个中国人骄傲。

孔庙的建筑仿造皇宫之制，共分为九层庭院，每人一道门则为一进院落，层层深入，如登九重青天。整个建筑群落沿南北中轴线依次排列，成左右对称式结构，共包括三殿、一坛、三祠、两庑、两堂、两斋，有 466 间房舍、54 座门坊、2000 多块碑碣。从空中俯瞰孔庙，南北长达一公里，亭台殿宇，层层叠叠，苍松古柏，郁郁葱葱，气象十分壮观。

2000 多年来，去孔庙朝谒的人不知有多少，上至九五之尊，下到贩夫走卒，都曾向孔庙顶礼膜拜。据说西汉史学家司马迁到此，"祈回留之，不能去云"，后郭沫若将此事写进他的孔庙游记中，以表达同样留恋孔庙盛景的心情。第一个参拜孔庙的皇帝是汉高祖刘邦，他把皇室江山的稳固和儒家文化紧密联系起来，大礼祭祀孔子。他的子孙们沿袭了这一传统，认为"汉四百年命脉，全在此"，到曲阜祭祀孔庙的活动就这样愈演愈烈。清代乾隆帝曾经八次御驾亲临曲阜，朝拜孔庙，并四处留下墨迹。孔庙在人们的心目中越来越神圣和高大，成为封建社会思想与文化精神的象征。

从孔庙留存的许多文物遗迹中，我们仍可想见昔日的繁荣景象。孔庙大成殿东庑保存有 40 块汉魏隋唐宋元时的碑刻，22 块汉魏六朝石刻，刻工古拙朴实，堪称"孔庙一绝"。西庑陈列的 100 多块汉画像石刻，人物造型栩栩如生，艺术精良，是研究汉代政治、生活不可多得的资料。

位于第五进院中的奎文阁，以藏书丰富、建筑独特而闻名于世。奎文阁始建于宋，原名藏书楼，意指孔子学富五车，文章汗牛充栋，天下书籍皆渊源于此。金朝时改名奎文阁。阁高三层，飞檐翘立，斗拱重重，特别是拔地而起的童柱笔直撑住顶层檐柱，平座自童柱探出半边，是古代建筑史上绝无仅有的孤例。奎文阁虽为木质结构，却十分坚固。清康熙年间，曲阜发生大地震，房屋倒塌了十之八九，而奎文阁却安然无恙。目前，奎文阁奇特的建筑方式和稳固的内部结构已引起有关专家的重视。奎文阁前还立着 2 座御碑亭，亭内外共有 4 幢巨型御碑石，安坐在龟趺之上，竟高达 6 米。其中最著名的为明成化碑，为明宪宗所立，碑框盘龙绕日飞旋，碑文书法端正谨严，是珍贵的文物遗产。过奎文阁后，有一狭长庭院，为孔庙第六进，如丛林般屹立着 13 碑亭、53 幢石碑，从唐至民国均无遗漏，而碑上书法真草楷隶篆，风格各异，集古今书法之大全。

孔庙的主体建筑是大成殿，过大成门入第六进院即可见到。大殿坐落在两层护栏的台基之上，重檐九脊，黄瓦红垣，十分整肃庄严。殿头双重飞檐之中，竖有一块海蓝色题匾，上有三个贴金大字"大成殿"，为清雍正皇帝手书。大成殿与故宫太和殿、岱西宋天贶殿并列为"东方三大殿"。最能体现大成殿特色的是四周廊下28根明代雕龙石柱，每根石柱云龙飞绕，遍体晶莹，柱身饰以波形火饰，无一雷同。传说，乾隆亲临大成殿，守殿人员把石柱全部用红布包裹，他们害怕乾隆责怪这里的雕柱竟比皇宫还精美，故而不让他看到石柱的柱身。雕龙石柱巧夺天工，确实令人叹为观止。在大成殿的庭院内，植有几株高大的杏树，吐露着洁白或粉红的花朵，幽香满院。一旁设有杏坛，孔子曾在杏坛讲学，收弟子三千，出七十二贤人，儒学一派自此大盛。回望大成殿内，孔子与弟子、后世传人塑像济济一堂，儒学之源远流长由此可见。

孔庙第九进，即最后一进院落为圣迹殿，殿内墙壁上嵌有孔子从出生到入葬的120幅绘画刻石，连成一长卷完整的孔子传记图。想了解孔子生平的人，可从此获得知识和艺术上的双重享受。画上孔子刚出生时形质丑陋，被父亲遗弃尼山，为雌虎哺乳所救；幼时孔子头上圩顶，故取名为丘，他生于尼山，故又字仲尼；孔子青少年时家贫却好学，曾"韦绝三编"，翻断了三本穿书用的牛筋绳，他还说"三人行，必有我师"，问师于老聃、师弦等，以拓展知识面；至中年，孔子在杏坛广设私学，聚徒讲习仁礼学说，大受欢迎，50岁闻名鲁国，就任司寇、司空之类的显要官职；54岁时孔子辞官，带着门徒周游列国，一路上牺牺惶惶，试图劝说战争中的君王们停止干戈，以仁政治国，由于知其不可为而为之，终未实现心中理想；14年后，孔子失望而归，在家教学，删诗定礼成《春秋》，成为一代教育家、思想家、政治家；60岁时孔子在西山看见一只异兽，知命已不长，事业未竟，伤心而泣，不久孔子果真去世。孔子一生述而不著，其言论均由弟子们收集记载于《论语》一书，薄薄一册，功垂千秋。目前孔府中珍藏有一幅元代赵孟頫所绘的《三圣图》，画中孔子端坐，曾参、颜回分侍两旁，三人衣纹流畅，若行云流水，若用放大镜仔细辨认，这些衣纹竟组成了一部完整的《论语》。画家造诣之高自不必说，而《论语》能从政治领域走向艺术世界，足见其本身所蕴涵的文化意义。圣迹殿还悬有顾恺之、吴道子所画的孔子小影图和凭几图。孔子面带亲切和煦的笑容，慈目蔼眉，令人如坐春风。他在凭几授徒时会不会想到，由他手植的这颗儒家思想大树，会在他身后如此繁茂，竟遮蔽了这个东方古国千年文化历史的天空。

"一荣俱高贵，一圣尽封神"，当年的简斋陋室，如今换尽高宅阔院，无论何朝何代，孔门氏族享尽了皇家级待遇。孔子后代搬出了已作为祭祀用的故宅小院，搬进气派豪华的"衍圣公府"，即孔府。郭沫若曾写诗道："孔府宠然何所观，衙门模样海同宽。毫无诗书礼乐气，只有清明元宋官。"较之先祖孔子、孔极，孔门后代子孙确实鲜有成就者，不过孔府由于在政治上享有特殊地位，在各朝各代的更迭动荡之中，保存了不少宝贵的文献和生活资料，被称为"孔府档案馆"。就此而言，孔氏子孙无愧于孔子对历史文化的关心和贡献。

当人们迷失于孔庙、孔府的巍峨伟烈之时，在高殿华宅的掩蔽下，有一道小门，夹于孔庙与孔府之间，没有引起人们更多的注意，而它却是孔子故宅最古老的证明。门的上方曾经悬有"孔子故宅门"五个大字，今已不存。故宅门灰瓦红漆，都是后人所加，门内有御碑亭一座，刻有乾隆撰写的故宅门赞。虽然故宅门已被不断加宽加高，颇有门坊的高大气象，但一想起孔子曾由此门进进出出，人们总觉着有一种说不出的平易和亲切之感。

由门向里便是孔子真正的故宅地了。故宅闲静、疏朗，往来的游人不多，院中显得颇为静谧。院子里植有一株唐槐，两株宋银杏，这是为纪念孔子杏坛讲学之功而种的吧！古银杏展开半亩浓荫，无私地予以荫凉，一如孔子"前人栽树，后人纳凉"的宽容胸怀。

故宅的北端有五间房，名诗礼堂，是孔子当年教育儿子孔鲤的地方。相传，孔鲤不知诗礼，一日从堂前闲步走过，被孔子唤住。孔子既不责斥，也不多语，只说："尔知诗乎？""尔知礼乎？"两个简短而威严的问句，就使得孔鲤恭敬从命，三月后知诗达礼了。孔鲤一生天资所限，没有多大建树，好在孔鲤之子孔伋能延续孔子一脉，创思孟学派。故宅东面立着一面孤壁单垣，前面的石碑上刻有"鲁壁"二字。这块壁外形朴实无华，却是儒家文化史上传奇般的功臣。秦始皇焚书坑儒时，孔子九世孙孔鲋将《尚书》《礼记》《论语》等儒家经书藏于故宅壁内，至死未曾取出。直到西汉时，经书无意间被人发现，从壁中取出，这时天上隐隐传来金石丝竹之声。经文用蝌蚪文写成，极难辨识，它的真伪仍是学者们关心的一个课题。"鲁壁"是后人为纪念孔鲋藏书于壁而修建的，它成为保存文化的一面象征性的坚壁。

诗礼堂后还有一口水井，用雕花石栏围住，内立"孔子故宅井"石碑一座。如果说故宅其他原貌已随漫长的岁月烟消云散，而这口井却留下孔子活动的真实印迹。凭栏望内，井沿蹭圆，沿口边青苔苍痕，处处点点，让人平生几许追思。井水被誉为"圣水"，乾隆祭拜时，曾饮井中之水，他说："我取一勺，以饮以思。鸣乎宣圣，实我之师。"好大喜功、善于标榜的乾隆此时倒没有吹嘘，孔子授人以学，如洒甘霖，像井中之水汩汩涌出，后人因被恩泽，饮水思源，谓之圣水，实不为过。

平常的故宅小院当年活动着孔子、家人及他的弟子们，它目睹过孔子如何努力去做一位合格的丈夫、父亲和老师。被尊为"圣人"的孔子其实也是一个有着真实情感的平凡的人。他哂笑过子路的轻率，为颜回的早逝痛哭不已，怆呼：

"天丧予，天丧予！"他多么希望能够实现春服既成，浴乎沂水的和平生活。但是，孔子内心的痛苦和理想却为争名逐利的人们所淡忘，即使后世立碑无数，又何以改变他悲剧性的一生呢？透过人们祭拜时缭绕的香火，遥去的孔子也许更需要人们一颗爱人的、素朴的心。

"千年邹鲁圣人家"之二——邹县孟子故居

继孔子之后，深刻影响儒学发展的第二个代表人物是战国时期的孟子。在他那里，儒家思想得到不断充实、完善，孟子也因而被誉为"亚圣"。

孟子的故乡为山东邹邑（今邹县），距孔子故乡曲阜南去不过 25 公里。邹鲁之地向来文化昌盛、学养深厚，在这相距咫尺的两地间，竟先后诞生了两位影响巨大、深远的思想巨人，这不但是中国文化史的一件盛事，也使得寂静的邹鲁之地成为热闹的朝圣地。今天邹县已通京沪铁路线，南来北往的游人不断，人们可以在饱瞻孔庙盛景之后，顺路停驻邹县，领略一番亚圣故土的山川风情。

邹县的车站颇有特色，小而玲珑，整洁有序，站前是一座耸立的石碑，上面镌刻着两行楷书大字"孟子诞生地"、"孔子诞生地"，四周刻以丛丛花卉，云龙飞绕作为框饰，古色古香，气韵生动。这遒劲的书体气势，加上孔孟本身厚重的历史分量，足以使每一位漫不经心的游客肃然升起无限的敬意，一欲从 2000 年的古城小邑中发掘其所包容的深刻文化内涵。

既是亚圣故乡，历代君王自然要为其修庙立碑，为其陵墓筑造孟林，为其子孙后代盖建孟府。与孔庙的建筑群落相比，孟庙总体格局相差无多，只是规模小些罢了。这大概是封建帝王祭祀圣人固有的一套建筑程序，礼节文饰虽然烦琐，却有着相当的规束力和象征性。孔孟之光之所以泽被后代，一部分也是依靠了这些固定的庙祭仪式。在宏丽的颂诗乐章中，在香火氤氲的步步进叩中，无论君王还是平民，都集中在这里，向着文化和思想的缔造者、倡导者顶礼膜拜，中国文化也随着这一整套的朝圣礼节而源远流长……

孟庙原本位于邹县东北的孟子墓旁，由于距城中较远，不便于往来祭祀。北宋宣和年间移至邹县南门外。孟庙最初建于宋仁宗景祐四年，这是孟子开始受到重视，并加以推崇的时代。宋人推复圣学，精研儒学思想，程派理学代表程颢、程颐提出"四书"，列《孟子》为其一，之后大理学家朱熹又作《四书集注》，为《孟子》一书的广泛流传推波助澜，孟子的地位就这样一步步得以提高巩固。至元代，孟子被追封为邹国亚圣公，仅次于圣人孔子了。孟庙经过了元明清各代的

几十次修缮，已是重檐斗拱，殿宇森然，共有五进院落，殿庑堂阁约 70 间，而苍松翠柏，掩映其中，更增加了孟庙的博大气象。

穿门坊、过庭院、观殿宇、赏碑亭是游览孟庙的四部曲，各有各的雅趣，各有各的故事。匆匆掠影，如跑马观花者，只可观赏它的古雅幽深，难得其中三昧。倘若闲庭信步，细细游观，对了解孟子及孟学不啻于一次生动具体的教学。

门坊，对于中国古典建筑艺术来说，有含蓄之美，既可以起到遮挡的屏障作用，不致让后面的建筑一览无余，同时它又有着供人瞻仰和纪念的功能。孟庙的门坊大多为明清风格，其命名较孔庙有更多学问的个性色彩。如"养气门"取自于孟子"我善养吾浩然之气"的名言，"知言门"源于《孟子·公孙丑》"我知言"之句，而"继往圣"、"开来学"二门坊则体现了孟子承继孔子，开启后学的地位和贡献。每每逡巡于门坊柱下，抬眼间便是孟子的名言警句，令人不禁遐思千里，赞服孟子的宏学博洽。

孟庙的庭院松柏环绕，四处流翠，不见得十分的阔大，却幽深静谧，处处显永了一种自然的古风。在第三进院"知言门"南，有一棵奇异的"柏抱槐"，古槐从柏树中穿过，却各自生长出浓密的枝叶，似一对孪生兄弟，又似恋人热情地拥抱。这两株古树至今年年吐绿，成为孟庙一道独特的自然景观。而位于亚圣殿学院中，也有一件自然伟力的作品，那就是"天震井"。据闻，清康熙年间，大殿右边阶石突然塌陷，形成一口深井，人们听见惊雷轰鸣，便取名"天震井"，认为这是天公见孔子、曾参、颜回庙殿前均有一口井，为示公平，才用雷劈出孟井。其实"天震井"不过是地陷形成的"地震井"罢了，其井幽深，倒也有些神秘。

孟庙的主体建筑是位于第四进院中的亚圣殿，专门供奉孟子巨身塑像，与其配享的还有孟门弟子乐正子，祭祀者一般在这里举行正式的参拜仪式。亚圣殿坐落在宽大的台基平面上，歇山顶式，双层飞檐，绿瓦红甍，配上金色的"亚圣殿"匾额，十分壮丽。殿廊下围绕着 28 根高擎的大理石雕柱，柱底用莲花底座托出，柱身翼龙游翔，牡丹怒放，刻工精细。殿正中悬挂着清雍正、乾隆帝亲题的手书，极彰孟子继往开来之功。

位于后院的孟母殿，是游人喜欢驻足流连的一大去处。倒不是庙殿的本身有什么奇特之处，而是因为孟母是人们津津乐道的良母形象。殿东侧立有一尊孟母刻像石，传为孟子亲手所刻，随母下葬，后从孟母墓中发掘而出。殿外西首则立着一块石碑，镌"母教一人"隶书大字，为民国年间立，令人立刻联想起孟母教子的故事。

少时，孟子天资过人，却十分贪玩，孟母痛心之下，用刀割断织布，声色铮铮，教育不懂事的儿子不要像残布断匹一样，荒废了学业。"孟子惧"，从此早晚勤学不息。为了给孟子创造一个良好的学习环境，孟母还不惮辛苦，果断地三迁其居，造就了一代圣人。孟子故里原在邹县以北12公里一个名叫凫村的小村落里，其家住在山林之中，邻近墓地，孟子从小看到人们出殡下葬，便喜欢模仿送葬筑埋的游戏，这在当时是对葬者的大不敬，孟母见状，决定迁舍于邹县城内西北区。这里是店商云集的地方，生性好模仿的孟子又顽皮地学起商人的叫卖、交易，孟母无奈之下，再次迁舍，搬至城南门的子思学宫旁。子思，即孔子之孙孔饭，孟子时，学宫主要由子思的门人执掌，这一次孟子模仿的只能是儒学的诗书乐礼了。孟母终于松下一口气，再未迁居。"近朱者赤，近墨者黑"，在孟母三迁的故事里，这句话成为令后人警醒的金玉良言。不过，孟子少年天真憨顽的性格，以及那些可笑又可爱的模仿，又使我们向这个供奉在香案上的神圣老者走近了一大步，他原来也曾是个烂漫稚气的少年。今天，孟母三迁之地均有故居遗址，为后人所建。其中凫村之孟子故居，有房3间，为翠柏环拥，环境优美，旁边有孟母桥、孟母井和孟母林，孟子能成圣人之学，孟母之功确实不可埋没。

在孟母殿和亚圣殿之间，是供奉孟子父亲孟激的启圣殿。孟子3岁时，孟激去世，其知名度远远不如孟母。启圣殿内保存了一些珍贵的石刻精品，其中秦时的《峄山碑》、汉代王莽新政的《莱子侯碑》，因为年代久远、碑体古拙，为不可多得的文物遗迹。殿前东侧还有一块高大的石碑《孟子圣迹图碑》，大多取材于《孟子》一书及有关孟子的史书或传闻，为明代洪武年间所刻。它真实生动地向人们展示了孟子一生大致的活动，如齐宣王、梁惠王问孟子，公孙丑问孟子，孟子门人，孟母断机等事件。

从孟子与诸侯君王的政治交往中，我们可以发现，孟子有极好的辩才。这一点不同于孔子，孔子教人言简意赅，点到即止，孟子则善于循循诱导，使对方入我彀中而不知就里，最后滔滔千言、气势磅礴地说服对方。在孟子说齐宣王以仁政治国时，他运用诱问、类比、追击等多种论辩技巧，使齐王时而默默无言，时而顾左右而言他，大有捉襟见肘之势。从这点看，孟子称得上是辩论的鼻祖了。不过，孟子善辩之风却不凌厉逼人，他的目的在于以理服人、仁政爱民，因而言谈之中总使人有回旋的余地，透出儒者的宽容风范。孟子的政治命运比孔子幸运一点点，他聪明地提出"仁者为王"的口号，以迎合君侯称王称霸之心，因而君王总喜欢问政于他。但一碰上实行仁政的实质性问题，孟子最终的结局也与孔子一样的落寞与悲哀。春秋战国的战火和兵戈不可能允许一位仁者去实现他的政治方略，孔子失败了，孟子也无法成功。

这幅《孟子圣迹图碑》比孔庙的《孔子圣迹图碑》年代还要早些，人们通过这样一种特别的方式来纪念他。站在巨大的青色石碑前，历史仿佛也在这里凝固。它用刻刀来保留曾经有过的生命，唤起后人无穷的追思，这条条刻线不正凝注着它生生不息的精神命脉吗？

孟子死后，其墓地一直不知葬于何处，直到北宋景〉右年间，孔子四十五代孙孔道辅才在邹县城郊四基山发现孟子墓，已经凋零破败，年久弗治。不久，孟墓得以整治，不但配有享殿、碑林、御桥等，在方圆千亩的土地上还种了上万株松柏槐枫，春去秋来，四时常青。孟子身后历经了千年的沉寂，终于成了显学人物。

其实，回顾孟子一生，为实现仁政理想，颠沛流离，连连碰壁，是根本顾不上个人的隐显沉浮的。战国时，百家竞出，孟子有纵横家的胆魄和法家的智谋深虑，凭其雄才伟略，出色的辩才，不难变通仁学德政，以求个人的仕途进阶。但孟子云："富贵不能淫，贫贱不能移，威武不能屈。"抱着耿耿大丈夫气概的孟子是不会因环境的改变而熄灭对理想的追求的。在鱼和熊掌不可兼得的两难情况下，孟子舍鱼而取熊掌，也就代表了舍生取义、杀身成仁。抛开帝王诸侯具有政治权术气味的祭祀目的，后人对孟子人格及孟学的景仰，恐怕更多的在于这股激荡天地、永世长存的浩然正气！

"岂爱秋坟鬼唱诗，呕心端为刺当时"
——蒲松龄故居

中国的封建文化在很大程度上可以说是科举文化。对绝大多数士人来说，"学而优则仕"，科举考试是他们施展才学、扬名显赫、光宗耀祖、实现"兼济天下"雄心的唯一途径。但是，由于封建社会本身难以根除的痼疾，很多士人都将自己全部的生命耗于呆板腐朽、缺乏生气的八股考试之中，他们像清代小说家吴敬梓笔下的范进一样连年蹭蹬场屋，煎熬着生命。"学而优则仕"，在他们那里成了"学而优则穷"。

蒲松龄就是其中一个。

蒲松龄（1640—1715），字留仙，一字剑臣，别号柳泉居士，世称聊斋先生，山东淄川（今山东淄博）人，清代伟大的短篇小说家。其著作《聊斋志异》以讲鬼说狐、奇特诡谲的浪漫主义手法，深刻反映了封建末世的现实生活，将古代文言小说推向了艺术的高峰。

蒲松龄的远祖曾为元代总管，明万历以来蒲氏家族"科甲相继"，虽不显贵，但也算是书香门第、诗礼簪缨之族。至其父辈，家势却呈中落之势，父亲蒲槃不得不弃读从商，但仍难以维持生计，只好将家产分与四个儿子。蒲松龄自幼聪明伶俐，记忆力超群。蒲槃几乎将所有光复家业的希望都寄托在他的身上，不断地向他灌输科举功名的思想，亲自教授他习作八股时文。因此，蒲松龄自小便热衷功名，幻想着"荣登天子堂"。一开始，他的仕途似乎极为"坦荡"。19岁那年，他应童子试，以县、府、道第一名的成绩成为博士弟子员，并且为当时的大诗人施闰章所激赏。一时间，蒲松龄意气风发，踌躇满志。

在顺利考中秀才后，蒲松龄又先后六次参加了乡试，却落得了"年年文战垂翅归，岁岁科场遭铩羽"的结局。最后一次竟是51岁的"高龄"。那年，他头场考试名列第一，后因考官舞弊陷害，最终又名落孙山。这样尴尬的结局，对一个年过半百依然热衷于功名的老人来说，意味的是无休止的苦恼和羞辱。生命似乎也毫无意义了。

"诗人不幸诗家幸"。也许，中国社会少了一名清官，却又实实在在的多了一位名垂千古的文学家。这一次的科举失败，并没有使蒲松龄沉沦潦倒。他反而更加清醒地认识到官场的污浊、黑暗，也更坚定了绝意仕途的决心。从此，他走上了"山林自适，怡然天籁，以著述自娱"的真正能彰显生命的道路。他安居于"聊斋"，深入民间，收集了大量传说、异闻，创造性地将自己对现实的愤慨和鞭挞寄寓于那些鬼神花妖的故事中。这正如他自己所说，《聊斋志异》是一部"孤愤之书"。

故居"聊斋"位于今淄博市淄川区蒲家庄。其实，蒲松龄创作《聊斋》的居所是在离蒲家庄约百里之遥的西铺村。从33岁至71岁，蒲松龄在其好友毕际有家教书达38年之久。毕际有是一个极富正义感的清官，因忤怒上司而被罢官回乡。他素来仰慕蒲松龄的人品和才华，遂援请其为私家塾师。他对蒲松龄的坎坷遭遇极为同情，并对蒲创作《聊斋志异》给予了极大的帮助。他特意在自己宅园中辟出一间居室供蒲松龄居住，并名之为"绰然室"。就是在这间小屋中，蒲松龄创作了大半部《聊斋》。蒲松龄也十分珍重这位忘年知交，毕际有去世后，他曾作了一首诗祭之，其中一句"海内更谁言我放，泉台无路望人归"表达了他痛失知己的无限哀恸。

今天所见到的蒲家庄的"聊斋"故居，是"文革"后修葺的。设计者和建筑者均别具匠心，努力使故居中的一花一木、一门一廊，与蒲松龄的身世及《聊斋志异》中的人和事联系起来。游览故居，如读《聊斋》一样，充满了浪漫奇异的色彩。

故居的前面为一座门楼，青砖灰瓦，朴实无华。黑漆的大门上端悬有"蒲松龄故居"的匾额。拾阶而走，跨过门槛，一眼便能看到几株参天的古柏和依依拂地的垂柳。据说，其中一株古柏为蒲氏当年亲手栽种，其盘根虬曲，枝桠苍劲，

正如蒲松龄正直孤傲的铁骨。庭院中间，有四个异石堆砌而成的"山"、"明"、"水"、"秀"四个象形大字，构思新颖，别具意趣。信步向前，"石字"的后面是一座花坛，坛内植有数种色彩鲜艳、芳香馥郁的花卉，据导游介绍，这些花卉都是《聊斋志异》中曾写到的"花神"。那日正值初秋季节，菊花绽放，红白相映，遂令人想起了《黄英》中的"菊精"———一位姓陶的青年。陶君酷爱菊花，几近痴狂，他家的庭园、窗台、屋顶，均植满了各式菊花。陶君性又嗜酒。某日，与朋友赌酒，各饮百壶，至夜酣醉，眠于菊丛中，化为一株绚烂美丽的菊花。第二日清晨，复为人形。陶君便知自己是"菊精"。后来，陶君再次饮酒化为菊花，但不幸被人拔根掐叶，凋零萎谢，终不能复原。多年后，人们为了纪念这位"菊神"，就将菊花诗意地称为"醉陶"。现在我们常说的"陶醉"的典故正是出于此呢！花坛中还有初夏盛开的牡丹，据说是《葛巾》中葛巾、玉版姊妹的象征……看着这些争奇斗艳的花朵，你会想起那一个个传奇动人的"聊斋"故事。

庭园的后面为两道八棱门。门上缠绕着爬山虎、金银花等植物，青翠欲滴，俨然为别致优美的花洞。穿过八棱门，便进入后院了。后院有3间正房，即为著名的"聊斋"。"聊斋"两侧分置两棵结满红色果实的石榴树，为整洁素朴的故居增添了几分亮色。进房中，"聊斋"的匾额和蒲松龄的画像赫然入目。画像是蒲氏74岁时请江南著名的肖像画家朱湘麟所作。他十分喜欢这幅画，曾题字曰："尔貌则寝，尔躯则修，行年七十有四，此两万五千余日成何至，而忽已白头？奕世对尔孙子，亦孔之羞。"很显然，这是他的谦词。或许，对于科考为官、光宗耀祖来说，蒲松龄是自惭形秽的，但对于整个中国的文学事业，一部《聊斋》则足以让他彪炳史册，谈何"羞"呢？画像中蒲松龄身着素色官服，银须飘飘，眉宇间露出一股浩然之正气。画像传神写照，惟妙惟肖，正如他自己所说："对灯取影真逼似，不问即知谁何人。"

"聊斋"是蒲松龄呕心沥血、殚精竭虑创作《聊斋志异》的"见证人"'。他常子夜独坐，或苦思冥想，或挥笔疾书，或把玩赏读，为其中的人物歌哭笑骂。据说，一天深夜，蒲氏正独自写作，忽然门外的树木轰然作响，如一阵急促的叩门声，蒲氏以为鬼魅花妖入宅，然不惧怕，开门察看，方知天风大作。对艰苦卓绝的创作历程，蒲松龄曾在《聊斋志异》序中有一段自述：

"……子夜荧荧，灯昏欲蕊，萧萧瑟瑟，案冷凝冰，集腋为裘，妄续幽冥之录，浮白载笔，仅成孤愤之书；寄托如此，亦足悲矣！嗟乎！惊霜寒雀，抱树无温，吊月秋虫，偎阑自热，知我者，其在青林黑塞闻乎！"

读罢这段文字，不禁令人心旌摇荡，面对故居中的斯景斯物，仿佛他青灯下的孤影，徘徊于青林黑塞间的幽魂穿过沉沉的黑夜直抵人的面前。蒲松龄并非是"妄续幽冥之录"，独爱花妖鬼魅，其目的还是为一吐内心的不平之气，揭露社会现实之黑暗。这正如蒲氏画像两侧郭沫若手书的对联写道："写鬼写妖高人一等，刺贪刺虐入骨三分"。

"聊斋"两侧的偏房还珍存着当年蒲松龄亲手用过的故物，如雕花木桌、书架、笔砚、铜烟袋、图章……还有"绰然室"的匾额和照片。故物依存，斯人已去。也许，若干年后，这些故物亦会随着时间之水的磨洗而消逝，但我想，蒲松龄的精神和他的《聊斋志异》却将是永恒的。

在故居的西侧，是一间蒲松龄著作陈列馆。蒲松龄一生除创作《聊斋志异》外，诗、文、词、赋、曲等亦颇丰。陈列室中展出了《聊斋志异》的不同版本，手抄本、木版、石印、铅印以及几种外文版，几乎搜罗了至今所能发现的所有版本，是研究蒲松龄和《聊斋志异》必不可少的珍贵资料；另外，陈列室还存有文集、诗集、词集、杂著等多卷。

离故居一箭之遥，还有一处纪念蒲松龄必去的景点——柳泉。柳泉，因一口清井、一片柳林而得名。清代，柳泉是山东半岛的青州、登州、莱州通向省府济南的必经之地。蒲松龄为了搜集创作素材，常在柳树下铺一张破旧的芦席，泡好清茶，备有烟叶，不停地招呼那些旅途困顿者停步歇息。他免费为他们递烟送茶，询问他们家乡的风土人情和奇闻逸事。这些奇闻逸事正如源源不断的柳泉水一样成为了他创作《聊斋志异》的源泉。现在的柳泉已建成一别致小巧的公园。清泉的旁边还屹立着茅盾先生当年拜访蒲松龄故居时留下的手迹"柳泉"两字的石碑。蒲松龄曾为蒲家庄的龙王庙撰写的碑文中，对"柳泉"作了精彩的描绘："（柳泉）水清以冽，味甘以芳，酿增酒旨，瀹增茗香……深丈许，水满而溢，穿瓷石，汩汩出焉，故土人又名满井。泉涓涓自流、自溢、自波折，听呼者牛马之。其出边，江者渊之，流者溪之，夏潦秋霖，客水相续，则泱泱然可矣。""柳泉"的四周筑有石栏，供游人憩息。夏天，人们常至此歇凉聊天，继续着蒲松龄的"聊斋故事"。

碧海蓝天"天游园"——康有为青岛故居

1917 年底，康有为因拥戴溥仪复辟，被北洋政府通缉，躲入北京的美国公使馆。美国人派专车秘密把他送至天津。康有为欲拜谒前清恭亲王溥伟，第一次来到了青岛。很快他便被这里美丽的滨海景致所打动，深深地迷恋上了青岛，他盛赞道："绿树青山，碧海蓝天，中国第一。"一见钟情似的，康有为预感到他和青岛会有一段不解之缘。

果然，6年后康有为再到青岛时，他已从政治的旋涡中抽身出来，试图过一个安适的晚年，他在青岛租下了福山路6号原德国人的提督楼，准备把这里作消夏避暑的一处"行宫"。第二年，康有为买下此宅，命名"天游园"，再次写诗夸赞青岛：

> 海气苍苍岛屿迥，山巅楼阁杭崔嵬。
>
> 茂林峻岭百驰道，重入仙山画里来。

康有为为自己挑中了崂山县城东南象耳山作为墓地，决定去世之后，长眠于此。1927年3月，他被北伐军的炮火从上海赶到了青岛，临行前收拾好手稿、礼服，把照片分赠给工友，最后巡视一遍上海"莹园"，似乎要彻底离开上海，永远不再回来。18日，康有为至青岛，31日因食物中毒病逝于"天游园"，被葬于自择的墓地——李村象耳山，永远对着心爱的绿树青山、碧海蓝天。

青岛真的成了康有为天游的仙山海国，是因为青岛的美丽，还是因为康有为的多情，或许是冥冥之中，有一种说不清的缘分把他们紧紧拴在了一起，默然相许终身。不论怎样，康有为为青岛添上了浓墨重彩的一笔。

青岛的今天更加美丽了。温和轻柔的海风拂荡着整座城市，碧蓝的海水掠过点点白鸥，依照山势而建的青色马路波浪似的起伏，一座座红顶白墙的德式小楼层叠在错落有致的城区。来青岛观光旅游的人们不断增多，每年夏季，数不清的人们躺在细软的沙滩上，享受着海水的抚摸，看着白色的浪花一朵朵涌来。

欢乐的人们已经忘记了，有一个同他们一样陶醉于海滨美景的近现代思想文化巨人，正在大海的一边，静静地观望这热闹的一切。

沿青岛市南区福山支路前行，不多久就能看见一幢德式风格的三层楼房，绛红色的屋顶缓缓倾斜，海蓝色的玻璃在阳光下闪耀出海水的光泽。因为是向上的坡路，楼房的第二层才与路面平行，远远望去，像童话世界中的小矮房。青岛的房子是最有特色的，于此足以可见。它就是康有为青岛别墅——天游园。

故居四周被精致的围栏隔成一个独立的大院，入内的门柱前挂着康有为弟子、艺术大师刘海粟题写的"康有为故居"门牌。踏上楼前石砌的人字形楼梯，极目远眺，宽阔的大海，澎湃的浪涛，鳞次栉比的各式建筑，尽收眼底，谁都会迷恋上眼前这秀丽的岛城风光，无怪乎康有为先生会在此购宅定居。

晚年的康有为从公车上书的痛哭陈词，百日维新的沧海惊波，流亡海外的励志报国，张勋复辟的一场闹剧中平静下来。共和的历史车轮无情地碾碎了他立宪的梦，他已经老了，无法跟上时代的步伐，也看不清应该走的路。尽管曾是叱咤风云的时代最强音，而当弟子梁启超都已从保皇转向革命的时候，他却仍抱着末代皇帝的牌子不放，这注定了他政治生命的彻底结束。康有为开始在别墅、山水、寿辰和小妾中寻找填补寂寞的方式。他喜欢热闹，70岁时举办了盛大的寿诞宴会，四方人士齐来恭贺，连末代皇帝溥仪也亲赐御匾"岳峙渊清"一块，玉如意一枚；他到老仍不失风流，50 岁娶 17 岁的少女何旃理为三夫人，后收 16 岁的日本少女鹤子为四夫人，之后又是五夫人廖定徵。61 岁时康公在杭州西湖游玩，无意看见一美丽的浣纱女，便心生爱意，苦苦追求，终于娶之为六夫人。

康有为各地的别墅也很多。1913 年他从日本须磨浦懒园回到上海，先是以每月百元租了新闸门辛家花园，住了七八年后，在上海愚园路购了 10 亩地，建起一座宽敞豪阔的花园住宅"游存庐"，内有两座西式洋楼，一座中式楼房，园内池塘、木桥、假山、茅亭，十分优雅别致，加上樱、梅、桃、紫藤、玫瑰等花木的装点，更衬托出楼宅的旖旎风光。"游存庐"现已是上海愚园新村。1920 年，康有为又在杭州西湖边的丁家山上建了"一天园"，这是他最为得意的别墅，依山傍湖，风景宜人。园内依山势，以翠竹为篱，分为内园、外园，是一座典型的江南园林。在北伐军占领杭州后，该园以"保皇余孽，占据公产"为名被没收，一度湮没在抗日的战火之中，但今日得以复观。在建"一天园"的同时，康有为还在上海杨树浦修盖了"莹园"，可临览松江胜景，远眺东海波涛。此园设置比较简单，一年多后就转售给了日本人。青岛"天游园"是他的最后一座别墅，"种菜闭门吾将老，倚槛听涛我坐忘"，也许是大海不舍昼夜的奔流，鼓动不息的波浪，最终打动了他落寞的心灵，康有为选中了青岛作为最后的憩息地。"天游园"曾经住过几个提督人物，但都被枪毙，人们视之为凶宅，迷信风水的康有为此次却没有顾虑太多，他低价购进此楼，准备加以修改，遍种花树，但一切尚在进行中，他就逝世在这里，永久地在此聆听大海的呼唤。

走上故居人字阶梯，穿过拱形正门，大厅中央安放着康有为全身坐像，像前写着他的生平简介。康有为（1858—1927），字广厦，广东南海人，故称南海先生，曾策划戊戌变法运动，是近代改良派领袖，变法运动失败以后，流亡欧美、日本 16 年，宣扬保皇立宪，救国振兴，受到海外华侨的热烈欢迎。1913 年奔母丧回国，继续保皇运动，走上落后保守之路，1927 年逝于青岛。

大厅两侧是宽敞的地板外走廊，穿过左右外走廊，可进入内走廊，内走廊分别有 8 个房间，左边第一间是大会客室，室内摆放了 4 套楠木的雕花太师椅和沙发，气度非凡。据说康有为来青岛时，当时居住青岛的恭亲王溥伟欲举家北迁大连，二人私交甚笃，溥伟便将家具赠送给了康有为。大会客室对面的房间，现辟为"康有为故居图片实物展览室"。展室内，展出了康有为生平的各类历史照片和部分实物。图片以翔实的资料和丰富的内容，介绍了康有为坎坷奋斗、孜孜不倦的一生。展室还陈列了康有为撰写的"大同书"手稿以及许多后人研究康有为的文章、著作。

故居右侧为康有为的起居室。室内陈列着精美的木制床、梳妆台、木柜、太

师椅和圆桌，一扇朱红的木制屏风将 20 多平方米的起居室隔为明间与次间。闲居时，康有为爱独坐在窗边，面对着潮起潮落，回忆几十年的风风雨雨留给他的漫长思绪，心中不知是悲还是喜。生命的最后时刻，康有为也许感到了繁华散尽后无边的冷漠和空虚……

在大会客室与卧室之间，有一道扶手木梯通上二楼。二楼现被辟为"康有为藏品珍品展室"、"小会客室"和"天游园书室"。"藏品珍品室"内陈列了康有为珍藏的数十种国内外艺术珍品，有新加坡的鳄鱼雕刻、青花双龙方盒、印盒、景泰蓝烟碟、宜兴茶具等。康有为海外流亡期间，就喜欢收藏古董古器，他希望给闭塞的中国多带回一些新奇的、有价值的东西，打开国人的眼界。他所收集的意大利石雕人像、西班牙金银软剑、庞贝软石、锡兰贝叶经曾在国内轰动一时。可惜的是，康有为没有想到自己所引进的外国货并非一律都是好的，最确实的例子就是不适合中国的君主立宪制。

不过，康有为在政治上的是非功过却无法抹杀他在书法、诗文、教育上的辉煌业绩。藏品室旁的书法作品展览，就有好几帧康有为亲笔书写的书法作品。康有为是近代书法大家，他的书法纵逸自如、似放实收，每个字无曲不直、无直不曲，极富个性特色，时称"康体"，他所收的弟子徐悲鸿、刘海粟、萧娴也都在艺术上取得极高的造诣。

藏品珍品展室对面是天游园书房，这里是康有为进行书艺和撰写文章的地方。"天游"是清末皇帝溥仪所赐的匾额，康有为自命为天游化人，取意于《列子·周穆王》"千变万化、不可穷极"，即千古不化的意思。书房内摆放着桌椅、书柜，一应俱全，两个写有"万木草堂"字样的书箱柜更是惹人注目。这大概是从广州万木草堂带过来的，康有为一直珍藏至今。1890 年，康有为给光绪皇帝上书失败后，失意地回到广州，决定创办一座新式学堂。他第一个提出德、智、体全面发展的教育方针，并在"万木草堂"的教学中予以实践。德育上，"万木草堂"要求学生"志于道"、"据于德"、"依于仁"、"游于艺"；智育上，摒弃当时流行的四书五经、陈腐八股，而以孔学、佛学、陆王心学为体，以史学、西学为用；体育上，"万木草堂"在中国首开其端，将它列入教学内容。"万木草堂"教学注重各式启发教育，没有严格的考试制度，师生常济济一堂进行讨论，因此深受人们的欢迎，越办越红火。这个时期，康有为还结识了梁启超，收他在万木草堂学习。"万木森森散万花"、"万木森森万玉鸣"，康有为出色的教育成就，为近代中国封建蒙昧的文化制度开启了一道通向文明的大门。"天游园书房"的一侧是二楼小会客厅，客厅陈设紧凑而温暖，是康有为会见好友和授徒讲课的另一场所。

康有为的青岛故居，为青岛的人文景观增添了一个宝贵的文化因子，随后延绵传递，众多文化巨匠，闻一多、老舍、洪琛、沈从文、萧军、萧红等随之纷纷出现在美丽的岛城。青岛拥有了令世人瞩目的文化大军，康有为泉下有知，会为青岛乃至整个中国的文艺繁荣而深深高兴的。

王勃与滕王阁

名人景点

滕王阁

滕王阁位于南昌市的赣江边。唐高宗永徽四年（653），唐太宗李世民之弟、滕王李元婴都督洪州时所建，故名滕王阁，原阁规模很大，高九丈，共三层。东西长八丈六尺，南北宽四丈五尺。

因王勃的《滕王阁序》名垂千古。历时 13Do 多年，历代屡毁屡兴达 28 次，1962 年又毁于兵灾，仅存一块"滕王阁"青石匾。经过南昌市民的几年努力，1989 年重阳节，滕王阁终于新矗于赣江之滨。

现在的滕王阁整体布局已发生巨大的变化，它在南昌城西形成了一片规模宏大、配套设施齐全的仿古建筑群落。从东面榕门路口进入，一座高大的四柱七楼宋式彩绘大牌楼敞开热情的胸怀迎接四方游客，往里 50 米，穿过一排碧瓦丹柱仿古店铺，便进入了滕王阁园区，宽阔的阁前广场衬托着一座巍巍崇阁，滕王阁便完全展现在你的面前。

这是根据古建筑大师梁思成 1942 年所绘草图，并参照"天籁阁"所藏宋画《滕王阁》建筑而成，滕王阁的主体建筑九层，净高 57.5 米。下部是象征古城墙的约 11 米高的大台座，台座之上取"明三暗七"格式，其两翼为对称的一级高台，高台上部为游廊，游廊南端为"压江亭"，北端为挹翠亭。主体建筑丹柱碧瓦，画栋飞檐，斗拱层叠，门窗透，其立面似一个倚天的"山"字，而其平面则如一只展翅欲飞的大鲲鹏。

滕王阁因是文人雅士吟诗作赋、歌舞宴筵的场所，故而新建的滕王阁内陈设无不突出文化楼阁的特征。"滕王阁"正匾系苏轼的墨迹，正门不锈钢长联"落霞与孤鹜齐飞，秋水共长天一色"为毛泽东手书。其余匾额、槛联，或集古人书法精华。或为当今名家珍品，各类大型壁画，浮雕，均体现"物华天宝"、"人杰地灵"的主题。汉白玉浮雕《时来风送滕王阁》，再现"初唐四杰"之首王勃之风仪神采。古老的编钟、乐器及青铜祭品、礼器等，平添了新阁古雅气氛。登阁纵览，春风秋月尽收眼底，近可以见仿古商业街迁回曲折，错落有致，西侧赣江、抚江浩浩，流远年长天万里，西山横翠，南浦飞云，长桥卧波，令人心旷神怡。

名人简介

王　勃

王勃（650—676），唐代诗人。字子安。绛州龙门（今山西河津）人。王勃与杨炯、卢照邻、骆宾王以诗文齐名，并称"王杨卢骆"，亦称"初唐四杰"。

名人逸事

《滕王阁序》诞生记

滕王阁新修完毕，府帅阎伯屿于重阳节在滕王阁宴请宾僚，八方人士，济济一堂。阎公有意在此盛会上显示女婿文才，便提前让吴子章写就一篇《滕王阁序》，待到宴会上亮出来，以为即席赋就。宴会上，阎公果真拿出笔墨，送到一个个宾客面前，请为《滕王阁序》。众宾客在都督阎公面前岂敢放肆，都一一辞谢。唯有王勃，接过纸笔，慨然应允。王勃少年气盛，自然引起了阎公的不满，并表现出不屑一顾的神情。遂令侍从看着王勃下笔。开始，阎公听到"豫章故郡，洪都新府"，摇头诮言道"此亦老生常谈"，接着听到"星分翼轸，地接衡庐"，便默然沉吟起来，开始领略到其中的不凡了。等听到"落霞与孤鹜齐飞，秋水共长天一色"时，阎公十分震惊，大呼曰："斯不朽矣！"并盛赞王勃，赠锦缎百匹。这富有传奇色彩的情节，一时传为佳话，后世还将这个故事敷衍成话本、杂剧，流传至今。

寂寞青云居——八大山人与青云谱故居

记得上大学时曾观看某省电视台举办的有奖知识竞赛，一位男选手过关斩将，胜利在望。最后主持问了一个问题："八大山人是谁?"这位选手略微迟疑了一会儿，答道："是古代八位隐居山林、餐霞饮露的诗人。"顿时，场下嘘声四起。这位选手自知出了"洋相"，耳腮通红，羞愧难当……

当时，年少轻狂的我毫不客气地对这位选手所表现的"无知"嗤之以鼻。可现在想来，这位青年所受到的嘲弄实在有点"无辜"。如果你在繁华喧嚣的都市随意问几个人："你知道八大山人是谁吗？他又是干什么的？"那么，你所得到的回答不是摇头不知，就是满脸的漠然、不屑。

八大山人，这位大半生独来独往、苦闷躁动、孤傲狂狷的艺术大师留给后人的意义究竟是什么呢？难道生前寂寞的他，至今还是如此孤独、落寞吗？

带着这些疑问，我走访了位于江西省南昌市南郊的青云谱八大山人故居纪念馆。

提起南昌，人们马上便会想到初唐天才少年王勃那篇卓绝千古的《滕王阁序》。文章极尽铺陈渲染之能事，描绘了"物华天宝，人杰地灵"的豫章故郡（南昌的古称）的美好，而其中的"落霞与孤鹜齐飞，秋水共长天一色"一联更是妇孺皆知。滕王阁因而成了南昌城的象征，凡至南昌的游人，必要登楼抒怀，抚今追昔，领略一番王勃所描绘的美景。相比之下，南昌城南端的青云谱则显得清冷得多了。青云谱与滕王阁，一南一北，一冷一热，这两处南昌城最具人文色彩的景观却落得了如此不同的命运。

从市中心至八一广场乘公交车向南约 40 分钟便可到达青云谱。这里远离闹市，幽静古朴，一座座村庄安然地隐现在茂盛的树丛之中。青云谱地处一湾碧水侧畔，池内，荷花映日，分外火红；几只白鹅、灰鸭悠游于水面，漾起层层涟漪。从闹市区来的游人至此，颇有"柳暗花明又一村"之感，倍觉心旷神怡。

青云谱原为一座道观。相传 2500 多年前，周灵王之子王子晋曾在这里修身炼丹，焚香养神。从此，这儿便成了道士方家们隐居修身之所。王子晋之后几百年，西汉南昌太尉梅福受窦太后影响，崇尚黄老，厌倦仕宦生涯，辞官隐居于此。东晋时，名将许逊至南方治理洪水，慕名而来，不久便沉醉其中，皈依道教，并当上了青云谱的住持，倡导道教净明派，建太极观一座，现在青云谱的圆门上刻有"净明真境"四个大字，即是指此地为道教净明派的正宗和发祥地。明代，太极观更名为太乙观。1662 年，八大山人 36 岁时来到此处，不久就任观内住持。他将太乙观易名为青云圃，后为青云谱。于是，青云谱的名字遂沿用至今。

青云谱历经几千年的风雨沧桑，数遭劫难。现在的青云谱是在江西省人民政府的关怀下，依照原有的道观模式设计修缮的。院内主要是以关帝殿、许祖殿、吕祖殿为主体，辅以一些环廊和楼台阁榭。关帝殿，朱檐碧瓦、雕梁画栋、气势轩昂、恢弘壮观，殿内供奉着民间英雄——关羽的巨型塑像，塑像中的关公身着绿袍、面如重枣、卧蚕眉、丹凤眼，令人顿生几分敬畏；许祖殿、吕祖殿与关帝殿相比，规模略小，但又别有格调。每逢年节，一些信徒常至此祭拜这几位道教偶像。各大殿中供有各式香炉，如盘龙香炉、舞凤香炉。香火旺盛时，真可用着名玉京山步虚词来描绘："稽首礼太上，烧香归虚无。"在舒缓悠扬、缥缈优美的步虚声韵中，香客们祈福降临、保佑平安。

八大山人，为何会来到这香雾缭绕、道气森森的道教圣地——青云谱呢？这得从他的身世说起。

八大山人，原名为朱耷，约生于明天启六年（1626），约卒于清康熙四十四年（1705），是明太祖朱元璋第十七个儿子宁王朱权的后代。朱棣政变篡权后，朱权为躲避明成祖朱棣的猜忌，只好偏居豫章洪城，在艺术的世界中来营构自我心灵的天地。他作的《太和正音谱》是后来的词曲家填词作曲的案头书，自此，在他的身上少了政治家的心机而多了艺术家的气质。朱耷继承了其先祖的艺术因子，自幼便显露出超出常人的文艺天赋，尤为重要的是，优裕的环境使他能终日摩挲、赏玩前人遗留下的艺术珍品，从而启发他的艺术灵性。

然而，一场浩劫使他拥有的富贵荣华顿时烟消云散。朱耷19岁那年（即明崇祯十七年，公元1644年），李自成的农民起义军势如破竹般攻占北京，崇祯皇帝走投无路，自缢于煤山，200多年的大明基业就这样倾覆了。随后，满族又打败了明朝的余脉和李自成的起义军，占领北京，建立了新的政权——清朝。

瞬间，朱耷由一个养尊处优的王孙贵族蜕变为一介寒民，他的生活空间和心灵世界随着故国家园的灭亡而彻底地颠覆了，绝望、苦闷的情绪笼罩在他的心头，成了他大半生的基调。为躲避清廷对明朝王室人员的残害，饱含屈辱、悲愤的朱耷只能佯装病狂、寄情山水，借画笔来抒写自己残落、飘零的心灵，宗教也成了他心灵的最佳庇护所。23岁时，朱耷"遁奉新（南昌郊外）山中削发为僧"，在山林野外中徜徉了十余年，他竖佛称师，宣讲佛法，一时门徒影从。他甚至依元代画家赵子昂的《八大人觉经》而称号为"八大山人"，并解释道："八大者，四方四隅，皆我为之，而无大于我也。"后来，他深感无力恢复故国江山，又将"八大山人"四字缀成"哭之"、"笑之"，表现他对现实世界无奈和愤懑之心。

可是，清静无为的佛门世界怎么也不能消解他内心的苦闷和抑郁。若干年后，"颠狂"的朱耷又蓄发娶妻，转归于道教。从那以后，一个青衫道袍、头顶蓑笠、脚履芒鞋的老者常流连于南昌附近的名寺古观、山林溪水之间。青云谱成了他孤独心灵暂时的家园。

青云谱中八大山人当年起居的地方又称为"黍居"。"黍居"为一长方形的小厅堂，简陋的摆设和清静的氛围正是这位厌倦俗世的道士、艺术大师的理想居所。他常在此焚香静养，以求平衡心灵与现实的强烈冲突。"黍居"正厅中悬一幅八大山人的画像，素淡清癯，一双黑白分明的双眼映现出他复杂矛盾的内心世界，苦闷中掠过一丝超然，恐惧中又含有无比的孤傲……

故居的附近还有一间八大山人书画艺术陈列馆。馆内收藏着他绝大部分画作。虽很多为后人摹作，但或多或少体现出他的画风。八大山人的绘画主要继承了明代后期陈道复、徐渭等人潇洒活泼、纵逸飘散的风格，在充分掌握水、墨、纸的性能的基础上，将中国古典写意画技术运用得炉火纯青，几乎臻于出神入化之境。他笔下的残山、剩水、枯树、荒村、虫鱼、花鸟……虽草草勾勒、设墨简单，但无不意境悠远，令人回味无穷。他画中的每一根线条，每一块墨，每一片空白都浸润了他无限的情思。比如，他常用方硬斫削的笔势来画小鸟和游鱼的眼睛，又黑又圆的眼睛怒睁，眼珠直抵眼眶的上边缘，表现了一种白眼朝天、倔强孤傲的神态，毫无疑问，这是画家个人心灵的写照。其中有一幅题名为《鸭图》的画给我留下了深刻的印象。一块巨石下，一只灰色的野鸭抬头仰望，白眼圆睁，仿佛向压在其上的巨石作无休止的控诉。整幅画画面构图新颖别致，寓意深远，强烈的黑白对比中显示了艺术家孤傲、奇崛的个性。

晚年，八大山人一度离开了青云谱，过着野鹤闲云般的生活。死后，他的追慕者在山林野壑间寻得他的尸骸，将他葬于青云谱附近。解放后，因建八大山人纪念馆，又将其坟茔移入青云谱。从三大殿向东，穿过一道游廊，有一座优美清静的小花园，在花园的东南角，八大山人就长眠于此。花园内古木参天、修竹摇曳，与恢弘气派的三大殿相比显得精美得多。这样的环境使得苦闷躁动了大半生的八大山人在九泉之下终于获得了一个相对宁静的归宿。

的确，青云谱与滕王阁相比是清静得多。也许，这种清静更加适合八大山人这样孤独、落寞的艺术家，而热闹则似乎又更相宜于王勃那骈丽华美的辞章。不过，在同样奇崛、独具个性的艺术家中，八大山人又是"热闹"得多了。在他死后不久，郑板桥作诗祭道：

> 国破家亡鬓总皤，一囊诗画作头陀。
>
> 横涂竖抹千千幅，墨点无多泪点多。

在郑板桥那里，八大山人获得了无限的"同情"，一句"墨点无多泪点多"是他艺术的最佳评价，当代的国画大师齐白石先生则更是对他佩服得五体投地，恨自己未能早生 300 年，为他磨墨理纸。

这样一位以生命写艺术、以艺术为生命的艺术家，你能找得出什么理由，不去纪念、瞻仰他吗？

中山陵

名人景点

中山陵景区

中山陵前临苍茫平川，后踞巍峨碧嶂，气象壮丽。音乐台、光化亭、流徽榭、仰止亭、藏经楼等纪念性建筑，众星捧月般环绕在陵墓周围，构成中山陵景区的主要景观，不仅寄托了海内外捐赠者对孙中山先生的崇高敬意和缅怀之情，而且都是建筑名家之杰作，具有极高的艺术价值。

中山陵位于紫金山南麓，伟大的革命先行者孙中山先生的灵柩于 1929 年 6 月 1 日奉安于此。中山陵依山而筑，墓地全局呈"警钟"形图案，谒陵至此，"革命尚未成功，同志仍须努力"的遗训萦绕耳畔。墓室距广场高差 70 米，拾级而上，高山仰止之情顿生。

祭堂为中山陵主体建筑，融中西建筑风格于一体，高 29 米，长 30 米，宽 25 米，祭堂南面三座拱门为镂花紫铜双扉，门额上分别刻有"民族"、"民权"、"民生"。中门上嵌有孙中山先生手书"天地正气"匾额。

祭堂中央供奉中山先生坐像，出自法国雕塑家保罗·朗特斯基之手，底座镌刻 6 幅浮雕，是孙中山先生从事革命活动的写照。

藏经楼地处中山陵东面密林高阜，是一座仿清代喇嘛寺的古典建筑。藏经楼包括主楼、僧房和碑廊三部分，面积达 3000 多平方米，现辟为孙中山的经典收藏处，还展出"奉安大典"等珍贵史料。

李香居与桃花扇

名人景点

香君故居

李香君故居坐落在夫子庙钞库街 38 号，被列为市级文物保护单位，自从开放后，访香君故居者络绎不绝，这里接待了许多文化名人，留下众多墨宝手迹。有个回乡省亲的台胞参观了媚香楼后，说："想不到大陆还有这样的奇葩异苑。"一位原驻美使馆海军武官参观后，提笔写："千古传奇，江南绝景。"

当你乘坐画舫，荡漾在岸柳如烟的秦淮河上，过了文德桥，就会看见在岸边有一座小巧的红楼，那就是明末歌妓李香君的妆楼——媚香楼。如今这里是李香君故居。

香君故居是一座三进两院式的明清建筑，全院尽现书法、绘画、楹联、篆刻、假山、塑像、园林小景、石刻砖雕、壁画挂灯等艺术精品、供游人观赏。

名人简介

李香君

李香君（约1617—1647），明末苏州人，她与董小宛、陈圆圆、柳如是等被称为秦淮八大名妓。

唐伯虎故居

名人景点

唐寅祠

原名唐解元祠，位于阊门内桃花坞廖家巷前新街10号准提庵（又名七子庵），明万历十年（1582）僧旭小在此构禅房数楹，天启六年（1626）杨大瀓创精舍于此，供奉准提佛像，名为准提庵。

唐寅祠在准提庵大殿东偏，原系楼阁建筑，楼额"天章阁"，清道光间圮，后改建平屋，即现存建筑。面阔三间，进深十三界，分前后三段，前后系硬山造，中为单檐歇山造。屋不甚高，开间颇小，局促卑隘。东壁嵌有唐寅弘治十八年（1505）撰书《桃花庵歌》，原刻已漫漶，清道光十一年（1831）摹刻一石，嵌于原刻之左。另有《六如居士画大士像》、蒋和书《般若波罗密多心经》、蒋和画《竹石图》、僧莲峰撰书《准提庵八咏》等碑。

名人简介

<h3 style="text-align:center">唐　寅</h3>

唐寅（1470—1523），字伯虎，一字子畏，号六如居士，吴县（今属江苏）人，明代著名画家，"吴门四家"之一。明弘治十一年（1498）赴南京乡试，中解元，"领解皇都第一名"。次年，唐寅进京会试，因江阴举人徐经贿赂案牵连，被下诏狱。后谪往浙江为吏，不耻就官，遂纵酒浇愁，放浪颓唐，傲世不羁。31岁时开始"千里壮游"，足迹遍及今江苏、安徽、江西、湖南、湖北、福建、浙江七省，历时10月。壮美的河山，激励了他奋发的情怀；贫困凄苦的生活，逼迫他开始了卖画的生涯，终于成为一代著名画家，与沈周、文征明、仇英齐名画苑，被后人称作"明四家"，并工书法、诗文，后人有"江南第一风流才子"之誉。

名人逸事

<h3 style="text-align:center">感觉苏州</h3>

清逸

提起苏州总是说几句，例如水乡泽国、人家尽枕河、东方威尼斯之类的。但是所有这些词都不及一个清逸。在苏州城行走是要把速度放慢的，窄的巷，绿的树，白的墙，还有悄悄从墙的这一边伸展到另一边的藤蔓，在这样一种意境的街市走过，带过的一阵风都能够惊醒周遭万物。最是苏州城里的老巷，磨的有些光溜的青石，微微的木质味道，还有门口斑斑青苔的石头狮子，这些才是苏州最深的梦。虽然，时代生活的代表——广告牌也进驻了这座老城的建筑，但终究还是没能破坏这份感觉，这是最让人羡慕的。

语言

苏州人的吴语听起来很黏，好听但不好懂，普通话还是有用武之地。

鉴真大师纪念佛地

名人景点

<h3 style="text-align:center">鉴真纪念堂</h3>

唐代鉴真大师，历尽艰险东渡，是中日文化交流的先驱者。由梁思成主持设

计的鉴真纪念堂为唐代风格的建筑，于 1963 年鉴真圆寂 1200 周年时奠基，1973 年建成。纪念堂由门厅、碑亭、回廊和正堂组成，由我国著名建筑学家梁思成参照鉴真在日本的主要遗物唐招提寺金堂设计建筑，典雅古朴，保存了唐代的建筑艺术风格。殿中端放着鉴真大师像，两侧挂有四幅绢本壁画，分别是西安大雁塔、肇庆七星岩、日本九洲秋妻屋浦和奈良唐招提寺金堂，向人们展示了鉴真生活和经历过的地方。纪念堂中的坐像仿鉴真圆寂前塑造的干漆夹纻像制作而成，神态安详而坚毅。

名人简介

鉴　真

鉴真（688—763），扬州人，自幼聪颖好学。14 岁出家入寺，40 多岁时即为一代高僧，主持大明寺。自公元 743 年接受日本佛教界邀请起，鉴真先后六次东渡，历时十年，艰辛备尝。在日本，他传道弘法，声誉卓著，影响甚大，为中日文化交流作出了重要贡献。

扬州八怪遗迹

名人景点

扬州八怪纪念馆

"扬州八怪"是清代活跃在扬州画坛上的一批具有创新精神的画家。扬州八怪纪念馆是宣传和弘扬扬州八怪艺术成就的专业纪念馆。纪念馆占地 4452 平方米。现存古建筑明代的楠木大殿，今辟为主展厅，展示 18 世纪扬州的风土人情、便利的交通、繁荣的经济……"八怪"因此孕育而生。东西廊房及珍品陈列厅，陈列有"八怪"书画及扬州书画家代表作，供游客品赏。还有金农寄居室复原陈列，展现"八怪"书画创作生活的历史氛围。馆内保存有千年古树，增设了假山水池，绿草如茵，洁净清幽，是扬州独具特色的参观游览景点。

名人简介

扬州八怪

继"四僧画家"之后，又崛起一个革新画派——"扬州八怪"。实际上，当时活跃在扬州画坛上的重要的画家并不止八人，约有十六七人，"八"并非确数。按最早的记载有金农、黄慎、郑燮、李鲜、李方膺、汪士慎、高翔和罗聘。所以称他们为"怪"，是因为他们在作画时不守墨矩，离经叛道，奇奇怪怪，再加上大都个性很强，孤傲清高，行为狂放，所以称之为"八怪"。

扬州八怪生前即声名远播。其中以郑燮最为著名，乾隆八年，弘历见到郑燮所作《樱笋图》，即钤了"乾隆御览之宝"朱文椭圆玺。乾隆十三年，弘历东巡时，封郑燮为"书画史"。而李鲜、李方膺、高凤翰、李勉，先后分别为康熙、雍正、乾隆三代皇帝召见，或试画，或授职。罗聘尝三游都下，"一时王公卿尹，西园下士，东阁延宾，王符在门，倒屣恐晚；孟公惊座，觌面可知。"

名人逸事

狗肉计

郑板桥酷爱吃狗肉，凡乡邻朋友将狗肉送他，刻即挥毫作画奉谢。然而富商大贾以千金求索，却从不见诺。当时，有个叫甄小泉的盐商日夜苦思冥想，终于使出一计。一次，板桥出门赏竹，听得从远处传来悠扬的琴声，于是循声寻找，原来一个十分幽雅的大庭院中，有一位童颜鹤发的老翁在弹琴，书童在一旁煮狗肉。板桥闻到狗肉的香味，顿时眉开眼笑地问："先生也爱吃狗肉？"老翁答："百味唯有此最佳，你若喜欢，就请吃吧。"于是板桥就大嚼起来。他发现粉墙上空空荡荡的，就问："为何不挂些字画？"老翁答："没有好的，板桥先生字画，盛名已久，不知果真如何？"板桥笑着说："鄙人郑板桥，给你画两张怎么样？"顷刻间就为老翁留下了许多书画。

翌日，盐商设宴请客，并以此画炫耀，板桥得知，方知中了"狗肉计"。

秦少游遗迹

名人景点

秦观祠

秦观祠在武进县洛阳公社洛阳镇。

据秦氏考者回忆：祠在洛阳河西西巷门外，前后三进，每进五楹，东西两边有厢房。前进大门有秦淮海先生祠"门额"，中进为"顺德堂"，后进有"整齐严肃"匾额，正中供奉秦观（少游）牌位，左右配祀秦观的儿子秦湛（处度）和五世孙秦宗贤（思齐）的牌位。庭院内"桐荫如盖，松柏敷荣"。抗日战争期间，祠大部坍废。解放后，建为粮库。现仅存后进一带及两边厢房。

名人简介

秦　观

秦观（1049—1100）北宋词人，字少游、太虚，号淮海居士，别号邗沟居士，高邮人。曾任秘书省正字，兼国史院编修官等职。因政治上倾向于旧党，被视为元祐党人。绍圣后累遭贬谪。文词为苏轼所赏识，是"苏门四学士"之一，卒于藤（今广西藤县），归葬高邮。

名人逸事

著名的洞房之夜

相传苏小妹是北宋大文学家苏轼之妹，人极聪慧，民间流传许多有关她的故事。其中以"对联难夫"的故事传诵最广。秦观，字少游，诗词名家，元丰年间进士。传说他娶苏小妹为妻，苏小妹出了三个难题，答对了方准入洞房。前两题是猜诗谜和赋诗，秦观略略凝思，一挥而就。第三题出个对联的上联。秦观自诩五六岁便会对句，岂会被难倒。仔细看上联写着"闭门推开窗前月"，便有点傻眼。此联看似平常，实则出得很巧妙。秦观左思右想，不得其对。已交三更，仍对不上，更加着急。却说苏轼此时尚未曾睡，望见秦观在庭院团团踱步，口里只管叨念"闭门推出窗前月"。苏轼急切思之，亦未有好对。忽见秦观走到一个盛

满水的花缸前，他灵机一动，心中有了数，远远往缸中投进一块瓦片，水溅到秦观脸上。水中天光月影，纷纷漪动。秦观当下醒悟，提笔写下"投石冲开水底天"，破了第三个难题，终于得进洞房。

大地山川的骄子——徐霞客与江阴故居

"无限风光在险峰"，越是奇绝之处，风光越是瑰丽，这个道理人人皆知。可是大多数人却在险山恶水之前，望而却步了，无缘领略那神奇的风光。400多年前，一位从江南小村中走出的普通读书人，战胜了胆怯，不畏艰险，徒步跋涉了大半个中国，他"手攀星岳，足蹑遐荒"，探洞溯源，蹈死不悔，并坚持以日记形式记下了沿途的山川条理、地质地貌、风土人情，他对中国自然地理学的贡献是无与伦比的，他的艰苦卓绝的探险经历和无所畏惧的献身精神也被称为"自古以来，一人而已"，他就是中国地理史、旅游史上的奇才骄子——徐霞客。

徐霞客，名弘祖，字振之，霞客是他通用的别号，1586年生于江苏江阴县南畅岐。据闻，霞客少时眉宇间带有一股云霞之气，聪明异常，出口成章，提笔成文，但他好的不是经书八股，不是科举仕途，而是《山海经》、游记、史籍一类的奇书，常常用经书盖在上面，偷偷玩读。自那时起，徐霞客的心中便积蓄起五岳四海之志，云霞或许就暗示了他的一生将以山水为志趣，在碧海苍梧、青天白日之间云游霞居。

徐霞客"万里遐征"的路，每次都是从故乡村口的河埠头开始的。

江阴县位于江苏省东部，南面临长江，再往南一百余里处就是烟波浩渺的太湖。长江过江阴之后，江面渐而大开，滚滚东去，直入东海。在江海湖泊的滋润之下，江阴地理条件优越，沃野良田，交通便利。由于与南京、无锡两地相去不过百余里，交往十分频繁，促进了江阴地区商品经济的繁荣。明代中后期，这里纺织业较为发达，徐霞客的家中就有织布机多张，其母王氏率婢女们织布出售，收入颇丰。徐家织出的布又轻又薄，如同蝉翼，在市场享有一定的名气，买家往往一眼就能识出。徐霞客能出门远游，与其母以纺织为业，经营家什分不开。

徐族在江阴是以诗书传家的名门望族，至祖父徐治家道中落，迁至南畅岐村。这是一个只有几十户人家的小村落，背山依水，风景旖旎。村子南面原来有一条潺潺流淌的沈塘河，一进村口，便可见一架石桥横卧在水面上。桥名胜水桥，由三块石板铺接而成。后来，由于河水阻断，石桥与两岸道路脱节，石桥也

就形同虚设了。远远望去，几亩方塘上，一道青灰色石板桥似随水波轻晃，勾起人们无限的遐思。明代时，沈塘河岸建有船埠头，来来往往的人们从这里登船而去，很是热闹。徐霞客出游，便是从此出发，多少次顺水舟去，溯洄舟来，故乡的小桥流水，炊烟人家在他视线中，渐渐模糊又渐渐清晰。徐霞客生长在故里，死亦千里归还故里，虽游子般浪迹天涯，却终究属于停靠他生命之舟的港湾。在桥墩内侧，后人镌刻了一副对联："曾有霞仙居北坨，依然虹影卧南阳"，寄托了对徐公深情的思念。

向村内沿一条小路行进，朴拙的农村屋舍中忽见一座较新的青灰砖房，那就是徐霞客纪念馆。大门前有两尊石狮，神态安详，竟不同于他处石狮的威猛。也许除了镇卫纪念馆之外，它更多地具有祈福之意。纪念馆内的"晴山堂"，是徐霞客为其母重病初愈而盖建的，它取的是"四月清和雨乍晴，南山当广转分明"之意。"晴山堂"共有3间，陈列着有关徐霞客的文物资料，墙壁上则镶嵌着当年的"晴山堂石刻"，共76块。这些铭刻在石板上的诗文出自80多位知名人士，是徐霞客遍请天下朋友，为其母题诗撰文、为其家族立传而留下的，后徐母去世，徐霞客又请人录刻于石，以传后代。经历了400多年依然完好的石刻，是研究徐霞客身世家族的重要资料，站在堂内，环望石板青青，刻字清晰，不由令人感念万分。

徐霞客生性爱好自然山水，几近痴迷，这一半得自明山丽水的钟灵，一半却来自父母的影响。父亲徐有勉淡泊名利，好游四方，常带二三童仆往来苏杭秀美之地。他最不愿与权贵交往，每有显贵来访时，或蔽于林中，或放舟太湖，宁可与自然相亲，不与达官为伍。徐霞客19岁时，父亲因被群豪相欺，途中又为群盗袭击，气绝身亡。世间的险恶乖桀使少年霞客厌弃尘俗，专意问奇于名山大川。徐霞客之母王氏对霞客的影响更大。王氏开通明智，她不迷信鬼神，自己开了纺织作坊，操持家业，竟使家道恢复如旧，生活富裕。她还支持儿子远游，不鼓励他跻身仕途，在徐霞客出门后，她辛苦照顾家里，免除霞客的后顾之忧。她还亲手为第一次登上旅程的儿子，缝制了一顶仿古远游冠，以壮行色。在八十高龄之际，徐母还兴奋地与儿子同游宜兴、句容诸县的峰洞，为表示身体健康，常行走在前，以激励儿子继续远游的志向。母亲精神和物质的支持，使得徐霞客能够漫游名山胜水，走上一种与众不同的生命征途。霞客对母亲的情感同样也十分深厚，一次在朋友家吃饭，席间有一盘青豆，霞客一见，顿时想起去世的母亲也种过青豆给家人吃，不禁泣不成声。母子情深如此。在晴山堂正中，塑有一"徐母教子"的铜像，安放在"晴山堂"木匾之下。母亲手抚其背，霞客屈膝依偎母侧，两人面对着面，正在依依絮语。

从纪念堂出来向北走不远，便是徐霞客故居。故居原有九进房屋，其间饰以

"怪石伟木"，又搭有"豆花棚架"。徐父、徐母平素以居家治圃为乐，父亲喜欢把平日收集的一些奇石、异木，放置在寓所旁的空地上，既美化了环境，又可自娱自赏，而徐母则爱种蔼豆，每年都在院中搭上棚架，让蔼豆的藤叶顺着绳架慢慢爬上，铺满整个架顶。望着绿荫如盖，果实累累，一家人的心中都充满了沉甸甸的收获感。豆棚架下，徐母鸣机织布，一边还不忘教导子孙。儿子长大出门远行时，她倚架盼归；归来后，又在架下听儿子讲外面广阔而奇妙的世界。这张豆花棚架成为徐霞客回忆母亲时最温馨的影像。后来他专门请人为母亲画了一幅豆花架下织机的《秋圃晨机图》，四处请名家题诗，如董其昌、朱万钟、黄道周等，并付之石刻，这些就是"晴山堂石刻"的一部分。

如今，"怪石伟木"、"豆花棚架"已无遗存，九进房屋也是今人修复的仿造品。唯一属于徐霞客当年故物的，大概要算故居屋外的那一株遒劲苍老的古罗汉松。此松原是栽在盆景之中，徐霞客亲手将它移植在地上，培土浇水，使它不断成长为一株枝繁叶茂的郁郁青松。400多年过去了，古罗汉松青了又枯，枯了又青，仍保持着一股旺盛、顽强的生命力。

故居屋内陈放着有关的文物资料，以及徐霞客考察地的照片，以供人们更加详细、深入地了解徐霞客其人其事和他对地理学的杰出贡献。这些资料、照片表明，徐霞客及其游记代表了我国古代自然地理学的最高峰。他已超过了17世纪学者的研究方法，达到20世纪野外勘探家所能达到的水平。人们读过他的游记后，不得不惊叹于他敏锐细致的观察、真实精确的记录和生动流畅的叙述。明末清初学者钱谦益极为赞赏地说："霞客先生游览诸记，此世间真文字、大文字、奇文字。"现代学者竺可桢教授亦言："欲求如霞客之以求知而探险者，在欧洲并世盖无人焉。"对徐霞客出于求真知的目的，而不避艰险、探幽测险的科学献身精神作出更高的评价。

成功的花儿，人们只注意它的明艳娇丽，往往忽视它的开放是在荆棘或血汗之中。徐霞客为远游考察付出了常人所不能忍受的艰辛与痛苦，特别是有生之年的最后一次出行。此时霞客已是五旬老人，母亲下世，儿子独立成家，已无家事牵挂。为考察西南"昆仑海外"的山川地貌，他决定趁身健体康之时，再次出征。他不顾妻子的阻拦，从沈塘河的船埠头，登舟而去。一路食宿皆无保障。吃的是干粮，有时以野菜为食，睡的地方也很简陋，时常"卧无草"、"卧无榻"，不得已之下还与猪栏、牛圈为邻。一次路上断粮，友人刘北有准备宴请徐霞客，徐公闻之，立即去信："百杯之招，不若一斗粟，可以饱数日。"刘北有十分感动，连忙送上钱粮，以备旅途之用。艰苦的条件常常使徐霞客病倒。他用土方治之，第二天稍好后又上征程，有时行期不能延误，便抱病上路，攀岩入穴，毫不示弱。一路上徐霞客曾多次历险。在游至广西融县真仙岩后洞时，徐公秉烛在洞内边行边观察，忽然看见一条巨蛇横断在路中，不见首尾，也不闻声响。徐公稳定心神，大着胆子从蛇身上越过，继续向前勘察。自然的艰险在徐公看来倒好对付些，难的是沿途盗贼不断，人心叵测，往往让人防不胜防。徐霞客为人爽朗，不拘小节，路上被人骗走银两数次，最苦的是湘江被劫的一次。崇祯十年一个冬夜，徐霞客乘舟至湘江停泊，夜间群盗执刀剑火炬，杀入舱内，混乱中徐霞客赤身跃入江中登岸，时已身无分文。巨大的挫折下，徐霞客依旧没有丧失西行的勇气和决心。他拒绝了友人劝其返家，觅金重来的劝告，四处筹措钱粮，十天后，又迈开双脚，踏上漫漫西行之路。

4 年的考察成就，远远超过了前 29 年的游历，徐霞客收集了西南地区大量的实地资料：岩溶、洞穴、地热、水文、动植物，每日他都不顾疲倦、疾病，点起昏暗的小油灯，或燃亮松脂、枯柴，记下一天所考察的具体情况，这些日记汇集起来都能把桌几淹没。可惜徐霞客终因足病不能行，取消了去缅甸的计划，怅然返家。回来后病日甚一日，他已无力再整理游记了。每天，他用手轻轻摩挲一方怪石，目光停滞在窗外无边无际的天空。不久后，徐霞客长逝于病床上。

徐霞客墓今在故乡的怀抱中，原墓冢在"文革"期间尸骨俱毁，荡然无存，唯留下一块花岗石墓碑，上书"明高士霞客徐公之墓"，顶端刻有"十七世"字样（表明徐霞客乃家族十七代子孙），字迹饱经风霜侵蚀，已有些漫漶不清。人们在纪念馆后，又重建了徐霞客墓冢，将残存的石碑立于冢前。墓地青石拱围，苍松翠柏，前面矗立着一座徐霞客白色石像。他手执游记，长衫飘飘，目光正视远方，似乎仍在渴望着再一次的出游。他那颗不朽的心停留于山峰的顶巅，苍穹的边缘，在不尽变化的旅途中去挥洒生命的激情。

他是大地山川的儿子。

章太炎先生故居

名人景点

章太炎故居和纪念馆

故居建于清末民初，属中式宅院，位于余杭仓前老街，现为章太炎纪念馆。太炎故居坐北朝南，面水临街，是一个前后四进加一过道的大宅院，占地约 700 平方米，建筑面积 811 平方米。前三进为太平天国之前章太炎曾祖父所建，最后一进楼房建于民国初年。院内由前厅、正厅、卧室、书房、厨房及天井等组成。

临街的第一进房曾开过培昌南货店，属章氏义庄，是太炎祖父为赈济族人、乡里而开设的。第二进为正厅，虽很破旧，仍不失高昂轩敞之貌，现为太炎先生事迹陈列室。第三进为"扶雅堂"，两层三开间，为章太炎当年的卧室等。第四进为太炎先生长兄章椿柏先生故居。

太炎故居是至今保存完好且不可多得的、集清代木雕之精华的所在。无论是"扶雅堂"的漏窗，还是后屋的"牛腿"，抑或是正厅的木饰，雕嵌镶饰技艺精湛，镂镂剔绘巧夺天工。

运河边，老街上，观文物，赏木雕，太炎先生故居就是一段历史，一种文化。

章太炎纪念馆位于西湖南屏山下，占地 1.5 公顷，建筑面积 1000 平方米，环境清幽，布局具有江南园林风格。这里是我国唯一集章太炎生平展览、文物收藏、学术研究于一体的名人博物馆。

名人简介

章太炎

章太炎，名炳麟，浙江余杭人，近代民主革命家、思想家、国学大师。周恩来总理评价他"学问与革命业绩赫然"。

名人逸事

"臭味"相投索墨宝

章师最喜欢吃的东西，是带有臭气的卤制品，特别爱好臭豆腐，臭到全屋掩鼻。但是他的鼻子永远闻不到臭气，他所感觉到的只是霉变食物的鲜味。

有一位画家钱化佛，是章府的常客，带来一包紫黑色的臭咸蛋，章师见到欣然大乐，当时桌上有枝笔，他深知化佛的来意，他就问："你要写什么，只管讲。"当时化佛就拿出好几张斗方白纸，每张要写"五族共和"四个字，而且要他用"章太炎"三字落款，不要用"章炳麟"。章师不出一声，一挥而就。隔了两天，钱化佛又带来一罐极臭的苋菜梗，章师竟然乐不可支，又对钱化佛说："有纸只管拿出来写。"化佛仍然要他写"五族共和"四字，这回章师一气呵成写了四十多张。后来钱化佛又带了不少臭花生、臭冬瓜等物，又让他写了好多张"五族共和"，前后计有一百多张，章师也不问他用处如何。其时三马路一枝香番菜馆新到一种"五色旗"酒，这是北京欢场中人宴客常见的名酒，这酒倒出来时一杯混浊的酒，沉淀了几分钟，就变成红黄蓝白黑五色，其实红色黄色是一种果子油，蓝色是薄荷酒，白色是高粱，黑色是颜色流体，放在一起，所以会沉淀为五种颜色，当时此酒轰动得不得了。钱化佛念头一动，想出做一种"五族共和"的屏条，汉文请章师写，满文请一位满族人写，蒙回文请城隍庙一个写可兰经的人写，藏文请一个纸扎铺的人写，成为一个很好的屏条，裱好之后，就挂在番菜馆中，以每条十元售出，竟然卖出近百条，化佛因此赚了一笔钱。

郁达夫故居

名人景点

风雨茅庐

建于 30 年代，属中式花园别墅，位于大学路场官弄 63 号，原为著名作家郁达夫私宅，雅称"风雨茅庐"，后为民居，现为办公场所。

1933 年春，作家郁达夫受国民党当局的政治迫害，举家迁移杭州。他举债购进了杭州官场弄 63 号南侧一块空地，建起"风雨茅庐"，并由著名学者马君武题匾。

"风雨茅庐"系郁达夫自己设计，布局分正屋和后院两部分。进大门，两侧有五六间平房，穿过天井，有三间正屋，坐北朝南，正中一间为客厅，有后轩。厅东西为卧室，三面回廊。正屋东北有卫生间、厨房等。正屋与后院以花饰砖墙相隔，后院建平房三间，为书房和客房。离地半米，四周筑有台阶和回廊的一排三开间砖房，以及用影墙圆门隔开的另几间书房，加之假山花木的庭院，是一座典型的中式平房别墅。

名人简介

郁达夫

郁达夫（1896—1945），名文，字达夫，生于富阳满洲弄。

郁达夫是著名的新文学团体"创造社"的发起人之一，他的散文、旧体诗词、文艺评论和杂文政论也都自成一家，不同凡响。

郁达夫在文学创作的同时，积极参加各种反帝抗日组织，先后在上海、武汉、福州等地从事抗日救国宣传活动。1938 年底，郁达夫流亡至苏门答腊，因

精通日语被迫做过日军翻译，其间利用职务之便暗暗救助、保护了大批文化界流亡难友、爱国侨领和当居民。后被日本宪兵残酷杀害，终年49岁。

名人逸事

郁达夫的"快短命"

现代著名作家郁达夫有一次请一位在军界做事的朋友到饭馆吃饭。饭毕，饭馆侍者到他们饭桌边收费，他就从鞋垫底下抽出几张钞票交给他。他的朋友很诧异地问："郁兄，你怎么把钱藏在鞋子里呀？"

郁达夫笑笑，说："这东西过去一直压迫我，现在我也要压迫它。"

有一次，郁达夫应邀演讲文艺创作，他上台在黑板上写了"快短命"三个大字。

台下的听众都觉得很奇怪，他接着说："本人今天要讲的题目是《文艺创作的基本概念》，黑板上的三个字就是要诀，"快"就是痛快；"短"就是精简扼要；"命"就是不离命题。演讲和作文一样，也不可以说得天花乱坠，离题太远，完了。"

郁达夫从在黑板上写那三个字到说完话的时间，总共用了不到两分钟，正合乎他所说的三原则——"快短命"。

一棵奇崛葱郁的青藤——徐渭故居"青藤书屋"

徐渭故居——"青藤书屋"在浙江省绍兴城西南的前观巷内。

那日，值初冬季节，阳光显得格外亲切。前观巷内飘着淡淡的绍兴黄酒的香味，几个小孩在巷角玩起了"跳房子"的游戏，一些悠闲的老人也走进了阳光之中。一切仿佛还停留在久远的画格之中，绍兴城的寻常巷陌总是给人以无尽的思索，让人们去寻访它，亲近它。

徐渭有一幅名画，为《醉仙图》：雪天，江流茫然自失。江岸两个豆大的人形，一童一叟，凄然地站立。在他们的后面，是一巨形酒瓮，大得几乎与整幅画面不成比例……整幅画均逸笔勾勒，淡墨细笔中营造出悠远的意境。在去"青藤书屋"前，我和朋友提到了这幅画，特别强调了这一巨瓮。朋友便对我说："看来拜访'青藤道人'须携壶陈酒，方能与之神交啊！"徐渭爱饮酒，人所皆知。可那天，我没携陈酒，只是背负着一捆沉重的照相器材，心想：这是否会唐突了这位奇绝之士呢？我心惴惴然。

书屋的前面有修竹数竿，不算齐整，却也青翠撩人，在微风的吹拂下越发显得伟岸峭拔了。正门为一圆形石门，加上两边粉白的砖墙相映衬，颇有几分园林的雅趣。圆门上端镌刻着"青藤书屋"四字，字体清秀劲拔，与前面几竿修竹相映。圆门的右侧还有一扇狭长小门，亦可通往屋内。

穿过圆门，便进入到一个清幽的小院。地面铺有齐整青砖，两侧植有花木，蔷薇、月季、芍药等在阳光下更加娇艳动人。

"青藤书屋"是一间面积不大的平房，中间隔以一墙，分前后两厅。徐渭在此居住时名为"榴花书屋"，后来明末清初的画家陈洪绶在此居住时依徐渭的号而更名为"青藤书屋"。徐渭一生别号较多，著名的有"天池山人"、"青藤道人"等，在此都可以找寻个中缘由。

书屋的旁边有一泓清水。据说，池水旱年不涸，骤雨不溢，徐渭曾称："此池通泉，深不可测，水旱不涸，若有神异。"他十分喜爱这泓清泉，常在此洗面濯发，以水为镜，一览自己的面容。他还给这方颇为奇异的清池取了富有诗意的名字——"天池"，意为"天赐之池"。后来，他又以"天池山人"为别号，以示对它的喜爱。"天池"中矗立着一方石柱，上刻"砥柱中流"四字，传为徐渭亲手书写。

"天池"右侧，是一座由青石砖砌成的花坛，坛中赫然挺立着一株青藤。藤叶郁郁葱葱，大如手掌，经年不枯；藤枝则道劲峥嵘，盘旋而上，状如虬松。青藤枝枝叶叶，蔓延四周，几覆盖方池。这株青藤是解放后重建"青藤书屋"时栽种的。相传，徐渭一次至深山游玩，于嶙峋乱石中见一株青翠蔓延的青藤仍顽强生长，便小心地将其挖掘出来，种在自家门口。他用"天池"中的清水精心浇灌，青藤长势旺盛。他十分高兴，又将自己别号为"青藤道人"。于乱石中顽强生长的青藤实际上已成为了徐渭的代称，这正如菊之于陶渊明，梅之于林和靖，莲之于周敦颐。明末清初的爱国文士黄宗羲游览"青藤书屋"曾作了一首《青藤行》，其中有这样几句：

> 此藤苟不遇文长，篱落粪土谁人知？
> 斯世乃忍弃文长，文长不忍一藤弃。

大意是说：深藏山间的青藤是因文长（徐渭的字）的发现而为人所熟知，可青藤依旧，文长却不知魂归何处。徐渭一生爱藤如命，他所创立的画派亦被称为"青藤画派"，影响了八大山人、郑板桥、石涛、吴昌硕、齐白石等后世画家。尤其是郑板桥对他崇拜得五体投地，直欲为"青藤门下一走狗"。而齐白石则说："恨不生三百年前，为诸君磨墨理纸。诸君（指徐渭、八大山人、吴昌硕等）不纳，余于门外饿而不去，亦快事也。"这是郑、齐的肺腑之言，绝无夸饰。

过"天池"，拾门阶而上，便进入书屋正厅。前厅的正中悬挂着陈洪绶题写的"青藤书屋"匾额，古朴典雅，意趣盎然。匾额下端挂有一幅徐渭的画像，这是据明刻本《徐文长逸稿》插图复制而成，画像中的徐渭头戴青巾，双目圆睁，眉宇间凛然透出一股不平之气。他曾作的一篇《自书小像赞》亦挂于东面墙壁上，上云：

吾生而肥，弱冠而羸不胜衣。既立而复渐以肥。乃至于若斯图之痴痴也，盖年以历于知非。然则今日之痴痴，安知其不复羸之，以庶几于山泽之癯耶？而人又安得执斯图以刻身而守林？噫！龙耶，猪耶？鹤耶，兔耶？蝶栩栩耶，周蓬蓬耶？畴知其初耶。这一段文字描述了他的体态由肥而羸，又由羸而肥的变化过程，在幽默自嘲的语气中，我们能深味出他悲凉、凄惨的生活境遇。徐渭生于明正德十六年二月初四（1521年3月12日）。刚满百日，父亲徐鏓便病故。因系庶出，徐渭幼小便受到家庭的歧视。虽天资聪颖、文思敏捷，但20岁后，先后八次参加乡试，均落第而归。后因胡宗宪一案牵连，深感生活无望，精神彻底崩溃，在狂乱中，他曾用利斧击破自己头部，用3寸长的铁钉刺入耳中，还曾用锤子击碎自己的肾囊，"九死辄九生，丝断复丝续"。最后，他怀疑妻子张氏不贞，将她打死，被捕入狱，在牢狱中度过了7年非人的生活。

正厅靠南是一排方格长窗，窗前摆着具有明代特色的黑漆长桌和椅子，窗明几净，纤尘不染。窗棂上则挂着一幅徐渭亲笔书写的横匾"一尘不到"。徐渭虽一生境遇悲苦，但仍操守高洁，誓不与污浊官场势力同流。他唯一的一次涉足官场是应胡宗宪之邀做了他五年的幕僚。幕府生活虽稍稍改变了他的境遇，但毕竟还是身不由己，少不了要做些违心的应答文字，目睹许多不平等、不公道的事，这常使他感苦恼和激愤。他曾写诗云："短檐侧目处，天际看飞鸿"，表达了对自由生活的向往。

书屋的后厅现已辟为徐渭文物陈列室，展出了许多诗文书画。徐渭一生著述颇丰，于书法、绘画、诗文、戏曲等领域均有极高的造诣，他曾自称："吾书第一、诗二、文三、画四。"其实在后人看来，他的艺术成就当为"画第一、文第二、诗第三、书第四"。对于他的诗文，明代公安派大家袁宏道曾有一段极精辟的评介："其胸中又有一段不可磨灭之气，英雄失路托足无门之悲，故其为诗，如嗔如笑，如水鸣峡，如种出土，如寡妇之夜哭，羁人之寒起。当其放意，平畴千里，偶尔幽峭，鬼语秋坟。文长眼空千古，独立一时，当时所谓达客贵人，骚士墨客，文长皆叱而奴之，耻不与交，故其名不出越，悲夫！"的确，文如其人，他的诗文是他疏狂奇傲、耿直刚烈的性情的反映。他的诗、文、曲著作均已收入到《徐文长全集》，现陈列室存有自明代以来的不同版本。一些名画如《驴背吟诗图》《黄甲图》《墨葡萄图》等，均也悬于陈列室的壁上。

徐渭晚年的生活十分凄苦，生计十分艰难。由于贫病交加，常常卧床不起，只能以变卖家产及书画度日，数千卷藏书因而斥卖殆尽。他的儿子不在身边，只有一只狗陪伴着他。万历二十一年（1593），徐渭把一生所历的大事写成《畸谱》一卷后，在贫困和疾病中死于稿荐之上，时年73岁。他以一个"畸"字作为自己一生的总结，是对自己不合流俗狂狷孤傲一生的肯定，也表达了他至死亦不悔的执著信念。

徐渭死后50年，明代的另一位杰出画家陈洪绶因敬慕他的才华和人格，特地从诸暨移居于"青藤书屋"。他修葺了行将破败的书屋，题写了匾额，并作了一首《扫除青藤书屋有感》：

> 野鼠枯藤尽扫除，借人几案借人书。
>
> 五行未下潸然泪，二祖园陵说废墟。

诗写得异常深沉，表达了作者对50年前那位奇绝超拔的天才艺术家的无限哀思。可惜，后来陈洪绶亦不能常常"打扫""青藤书屋"了。清初，清兵南下，有高尚民族气节的陈洪绶不肯出仕清廷，为避迫害，不得已弃书屋而隐遁于山林。

陈洪绶死后，"青藤书屋"被雷电击中，几近倾坍。

乾隆五十八年，浙江文人陈无波购得此屋，并召集越中诸多文人捐资，重新扩建了书屋，以纪念徐渭。他们将书屋分为八景：天池、自在岩、孕山楼、浑如舟、酬宇堂等，并请乾嘉学派大师钱大昕题写匾额。可惜，八大景观在战火纷飞的年代基本被炸毁。

今日的"青藤书屋"是20世纪80年代重新修建的，并被列为省级文物保护单位，吸引着愈来愈多的游客前去参观。

那株顽强的青藤也将越来越葱郁……

秋风秋雨愁煞人——秋瑾故居"和畅堂"

到达绍兴时，已近黄昏，天空飘起了迷濛的秋雨，这座古老的历史文化名城越发显得空灵而神秘。我找了家旅馆安顿下来。房间的温暖使我一会儿便沉沉入睡了。半夜，西风正紧，雨也越下越大，我从梦中惊醒，异乡的况味顿涌心头。我点了支烟，听着风声、雨声以及远处隐约的汽车的轰鸣声，蓦然，想起了"秋风秋雨愁煞人"的诗句，仿佛置身于20世纪初那段刀光剑影、黑暗沉深的岁月。一个英姿勃勃、神采动人的女子，携一柄雨伞，腰佩宝剑从黑夜中向我走来……

她就是秋瑾。

我决定明天便去拜访这位充满传奇色彩的"鉴湖女侠"。

第二天清晨，我乘公共汽车沿解放路向南，在和畅堂路口下车，往里走约500米，便到了秋瑾的故居。故居又名"和畅堂"，原是明代大学士朱赓的别墅，面积极大，当时便有"朱半城"之称。1890年，秋瑾的祖父秋嘉禾从外地辞官回到绍兴老家，购置了这间住宅，时年秋瑾16岁。

"和畅堂"对面是一条清澈秀美的小河——箪醪河。河上，乌篷船穿梭来往。河的对岸是一片碧绿田畴，北面则是林木苍翠的塔山，西面则为清波荡漾的鉴湖，环境古雅清幽。然而，就在这里，90多年前，上演了中国近代史上惊心动魄而悲壮刻骨的一幕。

或许来得太早，故居的大门还没开启。我只好在旁边观看，力图寻找那个时代的痕迹。故居是粉白的墙，灰色的瓦，古朴而洁净。大门上悬挂着"秋瑾故居"的匾额，是何香凝女士题写。何女士同样也经历过那个血雨腥风的年代，为革命奔走呼告，秋、何二人可谓灵犀相通了。字体隽秀然笔力又分外遒劲挺拔，情意藏而不露，正是秋瑾性格的写照。

我最早知道秋瑾，是在影片《秋瑾》中。由李秀明扮演的秋瑾给我留下了极为深刻的印象。那时候，看电影似懂非懂，便不厌其烦地问大人："秋瑾家里那么有钱，她还闹什么革命呀？"大人们的解释总是似是而非，记得当时，秋瑾即将被刽子手杀害的那一刻，我不敢正视，躲进了大人的怀中。随着观众的一片惋惜和痛骂声，我知道，秋瑾牺牲了。我内心顿时觉得不是滋味，像失去了什么。后来上大学，读近代文学史，接触了秋瑾的诗以及关于她的传记作品，了解到当时的社会环境，秋瑾的音容相貌就更清晰地浮现于眼前，小时候的疑团也渐渐被化解了。

秋瑾出生在一个仕宦家庭，然而优裕的生活并不能使她精神无忧。秋瑾的祖父秋嘉禾曾在福建某地任地方长官，常与洋人打交道，在那个年代，与洋人打交道就意味着屈辱。在忍辱负屈后，秋嘉禾回到家长吁短叹，而小秋瑾又爱寻根究底，哄祖父开心，久而久之，外来的民族压迫在她幼小的心灵中播下了仇恨的种子。1891年，秋瑾14岁，她随其父秋寿南至湖南湘潭。1896年秋瑾19岁时，她的父亲把她嫁给了当地的富家子弟王廷钧。王是一个没落的纨绔子弟，刻薄、吝啬，与秋瑾"伉爽若须眉"的性格水火不容。于是婚后的秋瑾郁郁寡欢，以前的蓬勃朝气荡然无存。她曾写了一首题名为《梅》的诗，以排遣内心的愁怨：

> 本是瑶台第一枝，谪来尘世具芳姿。
> 如何不遇林和靖，飘泊天涯更水涯。

诗中以梅自喻，叹息知音难觅，只能飘泊在天涯、在水边。凄隋凄婉伤感，感人至深。还有如"敲棋徒自谱，得句索谁和？""却怜同调少，感此泪痕多"，这些诗句表现的都是不幸的婚姻给她带来的无尽孤独和惆怅。1894年，"戊戌变法"爆发,谭嗣同、唐才常等一批维新人士在湖南开办"时务学堂",办起《湘报》《湘学新报》,维新思潮遍布整个湖南。寂寞深闺中的秋瑾在一个偶然的机会里接触到维新思想,之后便如饥似渴地阅读有关报刊书籍,最终于1904年4月,在朋友的帮助下,她冲出封建礼教樊笼,踏上了东渡日本的轮船,开始了两年的留学生活。

"吱——呀——",开门声打断了我的思绪,我抬头一望,一位中年妇女开启了故居的大门。

走进故居,越过天井,向前是故居的第一进平屋。平屋中间是一间宽敞的堂屋,当时是会客用的。堂屋正中上方挂着"和畅堂"的匾额,字如其人,清隽挺拔。堂屋西面一间是秋瑾少年时代诵读诗文的地方,里面摆放着圆桌、椅子等家具,壁上挂有一些字画。在这里,杜甫、陆游等诗人的那些忧国忧民、沉郁顿挫的诗句,常使少年秋瑾心潮澎湃,击案而起。读书之余,她还跟随武艺高强的舅舅学剑骑马,练就了健康的体魄和坚强的意志。后来东渡扶桑,秋瑾购得日本倭刀,佩于腰间,雄姿英发,侠骨丹心,被人称为"鉴湖女侠"。在这间书屋,秋瑾还曾和徐锡麟等人商讨创办《中国女报》等重大事宜,为妇女的解放和唤醒广大的劳苦大众而殚精竭虑。堂屋东面的一间是餐室,墙上悬有秋瑾的挚友吴芝瑛赠送给她的对联:"英雄尚毅力,志士多苦心"。吴芝瑛,一位和秋瑾一样对未来充满憧憬的新女性,在物质上和精神上均给秋瑾以极大的帮助和鼓励,她的对联可谓高度地概括了秋瑾的品行和志趣。与餐室相连的,是一间耳房,这是秋瑾生前的卧室。据管理人员介绍,室内的摆设均是依照原样。卧室中有一张秋瑾曾睡过的旧式红漆雕花木床,还摆放了一些桌椅,床头则挂着一张秋瑾少女时代的男装照片,她手提一把黑布凉伞,一双清澈的眼眸充满对美好生活的渴望。墙壁的另一侧悬挂了她常佩的日本倭刀,虽刀已入鞘,但我仿佛仍能感受到当年秋瑾以此直指黑暗腐朽势力的凛凛刀光。卧室的后面则为一间狭长的密室,当年这里曾暗藏了许多重要的革命文件和用于起义的枪支弹药。在秋瑾遇害后,刽子手之一的贵福曾派兵到秋家查抄,幸好,这间密室未被发现,避免了一场更为惨无人道的血腥屠杀。

穿过堂屋,有一间明亮的厅堂,中植花木,雨后,常青花木更显鲜绿,生机益然。明堂的前面是故居的第二进,现为秋瑾烈士文物陈列室。第一室介绍了秋瑾生活的时代背景及其青少时期的情况,第二室则展出了秋瑾在日本时的诗词、信札、文稿、照片等重要资料,第三室则是秋瑾回国后的革命事迹展。

秋瑾是在1906年初乘"长江号"从日本归国的。她先是经陶成章辗转介绍,至吴兴南浔浔溪女校教日文。在女校,她一方面教学,一方面发展更多的女同胞起来抗清复国。秋瑾的举动和言论招致了反动校方的猜疑和反感,他们四处散布流言讽刺她。秋瑾闻知愤然而去。之后秋瑾到上海和一些光复会成员创立了"锐进学社"，四处筹款，创办《中国女报》，在《女报》发刊词中，秋瑾写道：

我中国之黑暗何如？我中国之危险更何如？我中国女界之黑暗更何如？我女界前途之危险更何如？予念及此，予悄然悲，予抚然起，予乃奔走呼号于我同胞诸姐妹，于是有《中国女报》之设。……

她把《女报》视为"迷津筏"、"暗示灯"，意在使处于迷津中的中国妇女通往光明的彼岸。1907年初，秋瑾正式接管由徐锡麟、陶成章创办的大通学堂，主持学堂的各项具体事务。为了做好武装起义的准备，她常奔波于金华、诸暨等地，宣传联络。经过几个月，起义准备基本就绪，最后时间定为5月26日。但后来，安徽策划起义的徐锡麟刺杀安徽巡抚恩铭失败，被捕就义，浙东地区形势骤然十分严峻，清廷爪牙四处捕杀革命党人。6月4日，绍兴知府贵福带领清兵包围大通学堂，秋瑾等十几人为掩护其他同志离开，与清兵展开激战，终因寡不敌众，被捕入狱。在狱中，面对贵福的审讯，秋瑾大义凛然，痛斥清廷走狗。当山阴知县李钟岳让秋瑾写口供时，秋瑾想到革命尚未成功，而同志则惨遭杀戮，悲愤交加，愁绪万千，遂提笔写下了"秋风秋雨愁煞人"七个字。6月6日黎明前，黑暗沉沉，秋瑾在绍兴城中心的古轩亭口英勇就义。

秋瑾被害后，举国震惊。留日和旅欧学生纷纷发电，谴责清政府的暴行。之后，许多名人均题词以祭奠这位烈士。这些题词现大都陈列在故居第三进，其中有周总理、孙中山、宋庆龄、郭沫若等人的题词。孙中山先生题赠"巾帼英雄"的匾额，并撰写楹联："江户矢丹忱，重君首赞同盟会；轩亭洒碧血，愧我今招侠女魂。"郭沫若的题词是："秋瑾不仅为民族解放运动，并为妇女解放运动，树立了一个先驱者的典型。"这些题词都表达了人们对这位巾帼英烈的诚挚缅怀和崇高的敬意。正像范文澜先生所说："秋瑾永远不曾死……她成了千古不朽的伟人。"

从"和畅堂"出来，已经中午。我乘车至绍兴市中心，来到了古轩亭口，这是秋瑾当年慷慨就义的地方。轩亭口是贯通南北的大街和府横街的交接处，"轩亭"现已荡然无存，取而代之的是"秋瑾烈士纪念碑"，这七个大字由蔡元培先生撰写。

沿府横街向西南方向，有风景秀丽的山峰，这就是府山。府山的西南面则有"风雨亭"。"风雨亭"始建于30年代初，解放后又重新修建。"风雨亭"也是凭吊秋瑾的地方。亭名就是取自秋瑾的绝命词"秋风秋雨愁煞人"中的"风"、"雨"二字。亭柱上刻有孙中山先生写给秋瑾的挽联。亭子四周则松树葱翠，郁郁苍苍。站在亭前，极目远眺，绍兴城的全貌尽收眼底。

那个灾难深重、血雨腥风的绍兴城已成为历史，今天的绍兴则以崭新的面貌奔向新的未来。我想，这才是给这位巾帼英烈最好的慰藉。

鲁迅绍兴故居

许多作家都爱回忆自己的童年生活，用笔去追溯脑海中或深或淡的旧的轨迹。在《从百草园到三味书屋》《社戏》《故乡》等散文中，鲁迅先生也以亲切的笔调描写了少年生活中的许多故事，关于快乐和痛苦，梦想与憧憬……

从文章中，我们朦朦胧胧知道了绍兴城流淌的河水，青黛的山峦，还有去外婆家的安桥头，四角高墙的庭院和百草园、三味书屋。那是一个孩童眼中的世界，它带着稚气、童真和无限的生机，强烈吸引着成熟的和未成熟的人们。

鲁迅先生是浙江绍兴人，1881 年 9 月 25 日，出生于城内东昌坊口新台门周宅内。这里就是构成他少年生活的整个背景。

东昌坊口是一条东西走向的长街，西起十字路口，东至张马桥，范围较大。往北可通长庆寺、土谷祠，向南可至都亭桥，西去则可以发现久负盛名的咸亨酒店。这些地方，熟悉鲁迅小说的人肯定是耳熟能详的。土谷祠里住着拖着辫子要闹革命，革命不成反被杀头的阿 Q；长庆寺中有鲁迅的第一个师父，极具叛逆性格的龙祖和尚及其弟子；咸亨酒店则有唯一穿长衫站着喝酒，成为众人笑柄的孔乙己。走在这条街上，总怀疑冷不丁地会看见阿 Q 与小 D 打架，孔乙己被打断了腿，艰难地走着……鲁迅夫人许广平在回绍兴鲁迅故居时，曾感慨地说："仿佛此中有熟人，呼之欲出。"其实又何止于此呢？广平先生在进入故居内参观时，面对似曾相识、陌生却又熟悉的一切，霎时间百感交集，那种情感又绝非言语所能表达的。

故居新台门约建于百年以前，是周氏聚族而居的地方。"台门"是绍兴房屋的一种特称，凡屋舍比较齐整规划的，都可称作"台门"。它往往是家族聚居在一起，或以姓氏为名，或以官为名。绍兴台门的正门样式有些讲究，如果两扇门是黑油的杉木实榀门，代表颇有资产的人家，如果是六扇或八扇的丝竹台门，就可能是书香门第了。鲁迅故居新台门原本是六扇黑油的丝竹门，上面挂着祖父周福清的"翰林"匾额，代表读书人家。1913 年丝竹门被封掉，周家把西侧临街的边门扩大为两扇黑漆的石库门。但此时周氏一族已渐趋衰落，这两扇沉重的黑石库门不过徒然地装饰了门楣。1918 年，鲁迅从北京返乡，与族人商议，把新台门卖给了东邻富户朱阆仙。朱氏接手后，拆建了其中一部分房舍，所幸鲁迅一家的居舍未在其中。解放后，当地政府拨专款，根据鲁迅亲友的回忆，重新修复了新台门，原有的家什用具也尽可能从多处找回，按当年的位置摆好。现在让我们一起走进故居，去寻找当年那个孩子的世界，感受他丰富的心灵。

从石库门进去，过小天井，穿长廊，就到了桂花明堂。两株新生的金桂正舒畅地抖动枝叶，在风中欢笑，送来阵阵清香。小时候，一家人夏夜纳凉，鲁迅躺在树下的小板桌上，祖母摇着芭蕉扇，在一旁轻柔地讲着"猫是老虎的师父"、"水漫金山"的故事。那时，小鲁迅似懂非懂，他看着一天星斗，如水的月光，只是觉得世界的美妙和神奇，常常会在祖母喃喃的叙说中不知不觉地睡去。稍稍长大后，鲁迅喜欢上抄书、摹贴和画画，桂树下的阴凉和清幽又成了他干这些细活的最好的场所。新台门卖给朱家后，桂树被砍去。1961 年，在原来的位置上又重新补种了小金桂树，今已亭亭如盖。

从桂花明堂进去，是一方小石板明堂，也即天井，它的北面有两间狭小楼房，这就是鲁迅一家的居所。楼下西边的一间，是祖母蒋氏和保姆长妈妈住的。蒋氏是祖父周福清的第二个妻子，聪明善良，幽默风趣，知道很多的民间传说、笑话，总是讲与鲁迅兄弟听。鲁迅最初知道白娘娘与许仙的故事，便是从继祖母那儿听来的。从那时起，鲁迅对白娘娘产生了同情和喜爱，对法海则是憎恨和厌恶。在以后《论雷峰塔的倒掉》一文中，鲁迅将少时的爱憎情感也融在里面，作了一次痛快而深刻的发挥。

楼下东边用了一层木隔板分成前后两个房间。前半间是会客、吃饭的地方，俗称"小堂前"。堂前摆着一张旧式的八仙桌，鲁迅幼时曾在这里看书、写字。留日归国后，鲁迅任教于绍兴师范学院，也在这里伏案疾书过。那时，到鲁迅家中看望最多的是范爱农、许寿棠、陈子英等人。范爱农头戴黑毡帽，脚着钉靴，农夫打扮。他的嗓门大，爱喝酒，也爱发牢骚，青眼少而白眼多。鲁迅和他成了莫逆之交，常坐在八仙桌旁聊天对饮，"醉后常谈些愚不可及的疯话，连母亲偶然听了也发笑"（《朝花夕拾·范爱农》）。范爱农生就傲骨，生活却穷困不堪，鲁迅去京后不久，他便落水而死了。鲁迅悲痛之下，连写三首《哀范君三章》诗，"风雨飘摇日，余怀范爱农"，"故人云散尽，我亦等轻尘"，诗中沉痛愤慨，情透纸背。

小堂前后面的半间是鲁迅母亲的卧室，屋内的一切基本都是当年的原物。紫红色的雕花大木床贴墙而放，鲁迅就诞生在这张床上。床旁边是鲁迅少年藏书用的红色皮箱，大多装了些图画美术书。鲁迅十分喜爱画画，常用过年的压岁钱和平日积攒下来的零用钱买一些带绣像、图画的书，用纸蒙上，细细地描下来。鲁迅对书有一种特别的癖好，平时收拾得整整齐齐，看过后又一本本叠好放回箱内。买书时鲁迅也是一丝不苟，凡有点污渍，便不惮辛苦，三番五次回去退换，直到满意为止，有一次还为此与书店伙计争吵，最终拿到一尘不染的新书。在临窗的一张合桌上，铺着一块褪色的红毡毯，上面放着鲁迅母亲用来做针钱活的针、尺、剪、银顶针、小熨斗等物。鲁迅母亲喜欢临睡前看几本书，常戴了眼镜，在灯下读一些弹词、演义、小说，如《天雨花》《再生缘》。她虽没读过书，却识字，凡家中有的书，她都愿意拿来读一读；有时还到外面购回几本新出的章回小说。至今，合桌上还散放着《聊斋》《封神演义》等书，仿佛在等着主人回来拾读。

鲁迅的卧室位于楼上靠东的一间房子，设置简朴，一床一桌一椅而已。这是鲁迅在绍兴任教期间所住，平时他在校休息，周末回家，先到母亲房中聊天，之后才上楼到自己房间，埋头抄录搜集来的一些史书、文学、植物学的著作，后来汇辑成《会稽郡故书杂集》和《古小说钩沈》，特别是后者成为鲁迅学术研究的一大代表著作。

故居最引人注意的莫过于百草园了。由楼屋向北过通道，穿走廊，视野忽地开阔起来，一个平展阔大的园子呈现在眼前。没来过百草园的人或许以为它是一座花木繁盛、姹紫嫣红的江南园林，但实际上它只是一片极普通的菜园地，约二亩大小，春夏种点蔬菜，秋后作晒谷场，冬天就成了人迹罕至的荒园。对于少时的鲁迅来说，这片大人看来寻常的园地，却成了他的乐园，知名的和不知名的花草植物，藏在草木间许许多多的小动物，它们是园子的主人，也是孩子们快乐的精灵。在《从百草园到三味书屋》中他描写道：

我家的后面有一个很大的园，相传叫作百草园。……其中似乎确凿只有一些野草，但那时却是我的乐园。

不必说碧绿的菜畦，光滑的石井栏，高大的皂荚树，紫红的桑椹，也不必说鸣蝉在树叶里长吟，肥胖的黄蜂伏在菜花上，轻捷的叫天子（云雀）忽然从草间直窜向云霄里去了。单是周围的短短的泥墙根一带，就有无限趣味。

美在于一双善于发现的眼睛。在只能眼望"四角的天空"的深宅高院中，孩子们尽情地发掘这唯一裸露的自然天地，百草园每一处每一角隐藏的秘密都被他们找到，蟋蟀的鸣叫，油蛉的低唱，泥土中的何首乌，井沿旁的青草……如今那道约半人高的泥墙还矗立在园西，上面爬满了青藤和杂草，墙脚上有一块界石，镌着"梁界"二字，大概是指西邻的梁家吧！童年的鲁迅若在，又会在此发现多少快乐呢？

鲁迅童年的另一片乐园在三味书屋。出故居向东行半里路，跨过一道古朴的小石桥，从一扇黑丝竹门进去，就到了三味书屋。

书屋是一间坐东朝西的房子，中间挂着一幅"三味书屋"匾额，下面是《松鹿图》，"一只肥大的梅花鹿伏在古树下"，鲁迅第一次被领至三味书屋，便朝这幅图跪拜过。房正中放着一张八仙桌，上面几部线装古籍是私塾先生寿镜吾的藏书。书桌四周有八九张不同式样的学生桌，是学生们各自从家中带来的。鲁迅母亲给鲁迅备了一张屈桌，今放在东北角墙下。鲁迅 12 岁入绍兴城最严厉的私塾三味书屋，拜方正、质朴、博学的寿镜吾为师。尽管五年的私塾生活单调刻板，但鲁迅还是能在这有限的空间中，利用一切暇余继续他的快乐。在老师读书入神时，他和几个同学用纸糊的盔甲在指甲上游戏，有时悄悄溜到书屋后的小园子里，折腊梅寻蝉蜕，抓苍蝇喂蚂蚁，还偷偷在上课时用荆川纸蒙在绣像上描红。

童年无忧无虑的快乐总是易逝的。鲁迅祖父因科场受贿案入狱，父亲周伯宜不久重病在床，家道中落。作为长子的鲁迅几乎每天出入于当铺和药店之中。一次误了时间，寿先生极严厉地批评了他，鲁迅用刀在书桌一角着力刻了一个"早"字，提醒自己不能迟到。这件事直到晚年，鲁迅还清楚地记着，并告诉了许广平。1956 年，许广平来到三味书屋，打着电筒找到书桌角上的"早"字，久久摩挲，不忍离去。

18 岁时，鲁迅入南京水师学堂学习，离开了故乡，也告别了天真灿烂的童年和初尝人事艰难与痛苦的少年时光、讲故事的长妈妈，会竹作、捕鸟的庆叔，海边来的好伙伴闰土，以及六一、六四、寿先生统统留在了记忆的深处。每当夜阑人静的时候，听秋虫吟唱，夏蝉嘶叫，鲁迅会打开上了锁的记忆之门，进入到悠深的过去，游一游百草园，和熟悉的人们聊一聊美好的往事……

"笔飞弄"中的教育家——蔡元培与绍兴故居

如果说，用"人杰地灵"、"钟灵毓秀"等词去形容一些并不起眼儿的地方有过誉之嫌的话，那么，用它们来描述绍兴的山山水水、人文风物则实在是当之无愧了。那里的山，那里的水，明丽澄澈，如诗如画，自不必多说。就连一条条略显倾圮的老街，亦如同一张张泛黄的老照片，散漫着淡淡的思旧情绪。倘若你有幸徜徉于铺有青石板幽长迷蒙的巷道中，那鳞次栉比的木制阁楼、参差不齐的屋檐、斑驳褪色的粉墙……定然会让你神往不已，超越时空的幻异感如丝如缕般萦绕心间。你会情不自禁地叩开一扇扇门扉，寻觅其间发生的故事，追忆故事中的人。

一条极为寻常的小巷，却住过一位极不平凡的人。

小巷有个极富诗意的名字——"笔飞弄"。相传东晋大书法家王羲之曾在这里抽韵拈毫，盘旋走笔，引得四方八邻皆奔走相看，一时小巷被挤得水泄不通。王羲之死后若干年，也许是为追忆这位"书圣"，怀古的人们又附会出一个极为美丽的故事：一天，紫气东来，一位须发飘飘的老者驾云而至，从空中散放出一支支彩笔……由此，"笔飞弄"的名字便一直延续至今。"笔飞弄"的命名无疑是对这条四处弥漫着浓厚文化气息小巷的最好诠释。1500多年后，当人们还津津乐道于王氏疏散飘逸的遗风时，"笔飞弄"里又诞生了一位杰出的文化人——近代著名的政治家、教育家、学者蔡元培。

说到蔡元培，人们便会立即想到北京大学。是他开创了百年北大的优秀传统。1917年至1923年，蔡元培先生担任北大校长，他极力倡导"思想自由"、"兼容并包"的办学方针，彻底改变了老北大腐朽、专制、空疏的学风，使自由、民主、科学的精神深深地植根于这所中国第一学府的每个角落，北大也由此而成为全国学术、思想的中心。蔡元培先生倡导教育救国、思想救国的道路，积极推动中国的近代化进程，是五四爱国运动的精神领袖之一。陈独秀先生曾回忆道："五四运动是中国现代社会发展之必然产物，无论是功是罪，都不应该归到哪几个人；可是蔡先生、适之（胡适）和我，乃是当时在思想言论上负主要责任的人。"蔡元培先生以他丰富的学识，开阔的眼光，高尚的人格以及积极献身于祖国文化事业的精神赢得了后人的尊敬。毛泽东主席曾高度评价道："学界泰斗，人世楷模。"蔡元培所倡导的民主、自由的思想激励着一代代青年反对专制，争取自由。

一抹残阳淡淡地斜射到幽深的"笔飞弄"，古韵犹足。面对着斯景斯物，不禁触怀慨叹。在这川流不息的历史长河中，逝去的是不可逆转的时间和一个个短促的个体生命，留下的却是先辈们生命活动的痕迹和他们生命意识升华中所形成的沉甸甸的文化积淀。

蔡元培的祖籍本在浙江诸暨，明中叶移居山阴（即绍兴），后几经辗转，至道光年间，其祖父蔡廷桢始在"笔飞弄"购置土地，兴建院宅。蔡家世代以经营当铺、钱庄为业，家境较为宽裕，然而并不奢华。故居是绍兴城内极为普通的三进结构的宅院，但设计颇为独特。一般的浙东三进宅院均处于同一中轴线上，蔡家宅院的三进却分坐不同的方位。推门而入，越过一间并不宽敞的门厅，便可进入天井。天井空旷宁静，空气流通较为畅便，地上铺有齐整石板，中庭植有两棵长青棕榈，典雅别致。门厅左右两侧是堂屋和坐楼，均为砖木结构。坐楼分上下二层。楼下为客厅，宽敞明亮，里面陈放几张茶几，几条椅凳，右侧墙壁挂有几幅写意花鸟画，左边则是几幅书法作品，厅堂正中则为一巨幅山水画，显示出浓厚的文化气息。

蔡元培的父亲蔡宝煜一辈七兄弟，其父居长，按传统风俗，长者居左，因而坐楼的左侧为蔡元培一家居住。楼上一间为其父母的卧室，里面陈列着他们曾使用过的故物：一张雕花木床，几张桌凳，梳妆台……简洁、明快。蔡宝煜是当地一家钱庄的经理，承其祖上遗德，待人宽厚、友善，常周济他人。有一次，钱庄年终盘点，蔡宝煜发现获利较多，便多给店员伙计发放了薪金，伙计们十分高兴，却引得钱庄老板极为不满。老板责令蔡父赔偿，蔡宝煜由此终日忧郁，最后竟成疾至死。从这件事可以看出蔡父的善良和宽厚，绝无半点商人之狭隘和势利。蔡母周氏，亦贤惠能干，宽阔仁慈，尤其是在丈夫去世后，独立承担起家庭的全部重任。亲友中有人提议筹款作为孤儿的教育费用，蔡母婉言谢绝。她常教导小元培要"自主"，宽于待人而"不苟行"、"不妄言"。蔡元培后来回忆道："我母亲最慎于言语，将见一亲友，必先揣度彼将怎样说，我将怎么对。别后，又追想他是这样说，我是这样对，我错了没有。且时时选择我们可能了解的，讲给我们听，为我们养成慎言的习惯。"良好的家庭教育给小元培至深的影响，使他自小便养成了宽厚、谦逊、温和的品性，而这种性格十分有助于他后来所从事的教育事业。据他自述，他性格上的宽厚为父亲之遗传；不苟行，不妄言，则得诸母亲。

蔡元培十分热爱自己的父母。19岁那年，其母胃病复发，生命垂危。元培从他人处得知以臂肉煎药，可使母亲延年，他便效之，偷偷地从自己的左臂割下一片肉和药敬呈母亲。这虽然于事无补，翌年，其母便溘然长逝，但剜臂疗亲的故事却成为当地的佳话。其母去世后，元培悲痛欲绝。他坚持执寝苫枕块的古制，家人劝阻，他竟于夜深人静后，自挟枕席赴棺侧而眠，以表达内心无限的哀思。

故居内还有一问家塾格外引人注目，房中摆放着蔡元培小时候用过的桌、椅、砚台。周家虽世代为商，读书考取功名者甚少，但也并不荒废读书。祖父蔡廷桢还十分酷爱读书。据说，蔡廷桢夏夜读书，为避免蚊虫叮咬，遂将两脚置于盛水的瓮中。这一方法为蔡元培所仿效，一时传为佳话。蔡元培6岁即人私塾，塾师姓周，教小元培读发蒙读物《百家姓》《千字文》《神童诗》等。元培生性聪颖，又勤奋刻苦，很快便博得严师的好感。其父去世后，家道中落，无力延请塾师。后又几经迁转，14岁时，转到距家半里远的探花桥经馆求学，师从当地颇有名望的王懋修先生。元培读书十分勤奋，常废寝忘食。一次，小元培在楼上读书，突然小楼起火，家人惊骇不已，急唤他下楼，而他仍然专心致志沉浸于书中，全然不知。他的叔父冲上楼去，抱起他便跑，才幸免于难。近十年的私塾学习，使蔡元培打下较为深厚的国学根底，深谙中华文化传统的精粹。所以，他后来在学习西方文化的热潮中并不冒进狂热，而是十分清醒理智地提出了"中西合用"、"兼容并包"的正确主张。

少年元培一直未能离开故乡绍兴，直到19岁，他随六叔至杭州参加乡试，才第一次领略到外面世界的精彩。这一次乡试虽然失利，但他并未坠志，四年后，他以第23名的成绩考取举人。1892年，又以第34名考取贡士，被光绪皇帝授为翰林院庶常馆庶吉士，两年后，又被封为翰林院编修。然而日益深重的国难使这位翰林内心感到极端的苦闷，他游历了南方各省市后，眼界大开，决心不仕清廷，辞职回乡，开始了探索救国救亡的道路。回乡后，在友人的帮助下，他办起了新式学堂——中西学堂，大胆变革传统的教育体制，增设了许多西学课程。虽然在顽固守旧势力的忌恨下，蔡元培最终愤然辞职，没有将中西学堂办成理想中的新式学校。但是，中西学堂却是中国近代教育改革的一种伟大尝试，它预示着轰轰烈烈的社会变革即将到来。后来，蔡元培回忆起中西学堂不无感触地说："中西学堂教的不但是我国的旧学而且有西洋学科。这在中国教育史上还是一种新的尝试。"

离乡后的蔡元培为了实现他教育救国的理想，四方奔波，很少再回到故乡绍兴了，即使回来，亦是小住几日，便匆匆离去。但是，在他的心目中，故乡一直是他精神的庇护所，他常回忆起故乡的事，故乡的人。1939年，即他去世前的几个月，在贺其夫人50岁生日的一首诗中表达了对故乡无限的思念：

> 邛蜃生涯十六年，耐劳嗜学尚依然。
> 岛居颇恨图书少，春到欣喜花鸟妍。
> 儿女承欢凭意匠，亲朋话旧煦心田。
> 一尊介寿山阴酒，万壑千岩在眼前。

首句是回忆16年家居的读书生涯，次句则说，此身在岛（香港），春暖花开，遥想故乡是否依然。三、四句则回忆着故乡的亲朋、醇酒和万壑千岩的美景。然而，元培最终未能返归故乡，1940年3月5日，蔡元培先生在香港去世。

剑气箫声——龚自珍杭州故居

少时读龚自珍的名篇《病梅馆记》，深为作者以医天下病梅为己任的热情和精神所感动，真的以为龚自珍的居所内有一座专为"病梅"而设的梅馆，这些梅花均自然生长，各竞娇妍意趣，曲有曲之美，直有直之节，无半点人为的斧斫、扭曲之痕。后来亲自去了他的故居，方知少年的想法原来子虚乌有，梅园只是开在文学世界中的奇葩。龚自珍意在以梅喻人，呼吁尊重人才，尊重人性，还大地苍生以自由和生趣。

龚自珍一生如飞鸿雪雁，辗转飘零于大江南北，杭州、苏州、徽州、上海、北京等均有他居留的痕迹。江浙之秀美风物和燕赵之刚风烈气铸就了他融柔和多情与雄伟豪迈于一身的性格，而"箫心"、"剑气"的完美融合又使他成为中国文人人格的典型代表。

散落在各地的龚自珍故居，因时光的磨洗或战火的焚毁现绝大多数已湮没无闻了，唯有杭州的一处仍保存尚好。

杭州，乃龚自珍的故乡。1792年农历七月初五，龚自珍出生于杭州马坡巷龚道台府，旧府原为一家富翁的别业，转卖给龚家后，其祖父龚怀垲把它修建成一栋别有情致的居宅。龚自珍出生三天后，龚府上下为他"洗三"祈福，正当歌舞升平、莺歌笑语之际，马坡巷口突然传来了一阵高昂的箫声，尚未睁开眼睛的龚自珍猛然惊颤了一下，大哭起来。龚府上下一阵紧张，其母段夫人连忙将他贴胸抱紧，然而，随着箫声的一阵胜似一阵的激昂，龚自珍的哭声也越来越大……最后，直到箫音远去，他才逐渐平息下来。从此，"箫"便与他结下了不解之缘。

龚自珍的故居处于绿树掩映之中，因而又名为"绿荫小榭"。故居是解放后重新修复的，现辟为龚自珍纪念馆，因此要完全重睹旧日风貌已不可得，但纪念馆内展出的大量有关他生平、事迹、诗文资料可使我们大致领略这位开近代风气的大思想家的风采。徜徉于其间，遥想龚自珍的坎坷曲折的一生，令人慨叹良多。唯一感到遗憾的是，设计者们没有将那片文学中的梅园化为现实，移植于馆苑之中，以体现其铮铮傲骨和激昂之气。

故居占地疏阔，在一片如荫的花木中，屋舍院落排列整齐有致，静穆中渗透着灵气，如江南古典园林一般。整个故居以居中的正厅为主体，东西房各别有意趣。东首一间为龚自珍的书房，房内陈放着仿清家具，桌、凳、椅均古香古色，典雅别致，书桌上陈列着笔、墨、纸、砚等是龚自珍生前故物。尤为引人瞩目的是墙壁上悬有一箫一剑，使人追思不已。龚自珍曾身佩剑箫，啸傲于山林间，泛舟于湖海上，奔波于路途中。剑、箫是他平生最爱之物，也是他人格的象征。剑，代表他豪迈纵横、犀利爽落、任侠使气的一面，而箫则是积蕴他心底的丝丝柔情与怀才不遇的哀怨。有一次，他和妻子泛舟于杭州西湖，倾听着远处画舫中传来悠悠的箫音，胸中耿耿剑气和怀才不遇的惆怅直搅得他心血如潮，面对落霞溶溶、峰峦叠翠的西湖风光，吟哦了著名的《湘月》一词：

天风吹我，堕湖山一角，果然清丽。曾是东华生小客，回首苍茫无际。屠狗功名，雕龙文卷，岂是平生意？井乡亲苏小，定应笑我非计。

才见一抹斜阳，半堤香草，顿惹清愁起。罗袜音尘何处觅？渺渺余怀孤寄。怨去吹箫，狂来说剑，两样销魂味。两般春梦，橹声荡入云水。

清代学者洪子骏评此词说："'怨去吹箫，狂来说剑'二语，实难兼得，自古未曾有也。""箫"和"剑"一柔一刚，本为对立，然在龚自珍的身上却得到完美的融合。他的诗词中，还多次写到了剑、箫，如"来何汹涌须挥剑，去尚缠绵可付箫","按剑因谁怒，寻箫思不堪","一箫一剑平生意，负尽空名十五年"……

一箫一剑，不仅伴走一生，也是他坎坷曲折一生的生动写照。少年的龚自珍就立志高远，希冀通过仕途来实现淳清社会、改良社会的理想，然而，却屡遭挫败。希望幻灭后，他的性格发生了巨大的变化，将几年来辛苦写成的八股时文几千篇付之一炬，而开始出入于青楼、赌场之中，想借此聊消胸中的惆怅和怨恨。他与朋友歌哭笑骂，愤世嫉俗，曾自号为"狂生"、"狂客"，以示对当时趋炎附势、欺上媚下的奴性的蔑视。

然而，在那"万马齐喑"的年代，再锋利的宝剑也只能龙吟在匣，而无法化为如长虹贯日般的耿耿壮气。龚自珍唯有借"箫"来倾诉心中的怨恨。据说，他3岁时便学会了吹箫，无论抚箫自弄，还是闻箫过耳，都会使他心神摇荡，痴迷而难以自禁。他对与"箫"有关的人和物均十分迷恋，作诗填词好用"箫"韵，闻"箫"寻访更是常事。据说，龚自珍曾在一次酒宴上偶遇一名叫"灵箫"的名妓，便痴情地爱上了她，后来，几经波折，为灵箫赎身并娶为侧室。"箫"寄寓了他柔婉动人的爱情，更是他内心抑郁不平之气的象征。他在科考失利后，常独自一人在房中吹箫或至楼台馆阁听箫。但是，呜咽低沉的箫声无论如何也消磨不了他内心的不平，在哀怨缠绵背后总是显露出凛凛剑气，有时，这种剑气便会直冲云霄。1839年，龚自珍结束宦游生涯，在返乡的途中，看到田园荒芜，生灵涂炭，内心涌动的剑气发挥到了极致，他写下了著名的《己亥杂诗》：

> 九州生气恃风雷，万马齐喑究可哀！
>
> 我劝天公重抖擞，不拘一格降人才。

这首诗揭露了时政的黑暗，同情民生的艰苦，为知识分子的不平遭遇而嘶声呐喊，可谓"剑气"中隐含着箫怨，"箫声"中飞扬着四射的剑气。

书室内还陈放着22幅水墨丹青图，从少年的英才勃发到暮年的弄笔著述，连缀了诗人曲折复杂的一生。"一箫一剑平生意，负尽空名十五年"，此诗虽不是龚自珍的临终结语，但环睹丹青四面，剑箫在壁，这两句诗又可以说是龚自珍一生的最好注释。

故居正厅宽敞明亮，曾为龚家的会客室。厅堂正中悬挂着著名书法家沙孟海先生书写的匾额"剑气箫声"，字体挺拔独秀，笔势苍劲有力，隐隐中流荡着刚柔相济之气。厅堂两侧放置着一些普通的桌椅，整洁、朴素，与龚自珍修身洁行的家风相得益彰。正厅的四角还陈列着龚自珍文集和研究者们的论著，其刻本从清同治、宣统年间至民国的均有，十分珍贵难得。正如正厅门联所题：

> 胸中韬略，袖里经纶，放眼迎来新世界；
>
> 世上疮痍，人间疾苦，挥毫化作老波澜。

龚自珍为后人留下了一笔巨大的精神财富和文学遗产，其《己亥杂诗》组诗、

《明良论》《乙丙之际著议》，纵论时事，生气淋漓，今日读来，亦能振奋人心。

作为晚清思想解放的先声，龚自珍的奋声疾呼确实有发聋振聩的警世作用。在19世纪中叶那极富苍凉悲壮色彩的历史的晨昏线上，龚自珍以特有的敏锐，清醒地认识到，封建"衰世"已经到来，并且大胆地提出"一祖之法无不敝"，主张学习外来的先进文化以御外侮。这种卓绝千古的见识，敢于创新的勇气，成为了那个时代的象征，后继者们踩着他的足迹，不断探求救亡新治的真理，将他视为"精神导师"。故居正门的抱柱长联写道："振聋发聩，批尽两千年专制腐败黑暗，梁任公视作前驱；荡气回肠，谱成五十度春秋倜傥风流，柳亚子誉为第一"。此联对龚自珍的一生概括和历史地位的评价可谓精确公允。龚自珍首先从泱泱大国的自我迷恋中清醒过来，看到了封建社会的庞大肌体如同"鼠壤"一般千疮百孔，行将崩溃。他猛烈地抨击了君主制度的极权统治，主张师友般开明的君臣关系，反对绝对的服从和权威。他犀利的笔触直指封建社会的各个阴暗面，思想文化、政治制度、经济措施、土地政策和军事机构等等，无情地鞭挞了它们的腐朽和弊漏。这些富于灵光的思想，无异于一道惊电划破了沉沉夜空，让诸多忧患之士看到了黎明的第一道曙光，也使得顽固的腐朽的当权者如针刺在背，他们以"楷法不中程"的荒谬理由，取消了龚自珍名列优等的考试成绩，将他排挤出京。带着一车书籍文稿和伤痕累累的心，龚自珍收拾起跻身仕途以匡扶正义的雄心壮志，绝尘而去，流落在苏杭一带的湖光山色之中，消磨平生。虽然如此，他的内心仍不忘天下生民、家国大事，奔走呼告，身体力行。晚年，他坚定地支持林则徐的禁烟运动，与林互通信件，为其出谋划策，并愿意随同林则徐南下抗英，挥剑斩仇。1841年8月5日，龚自珍在苏州丹阳书院惊闻英军攻占镇江，好友裕谦投江殉国的噩耗后，夜不能寐，口吐鲜血，倒在书桌前，年仅58岁。

剑气隐没，箫声顿息，龚自珍就这样猝然而又悲壮地结束了生命，那片殷红的鲜血带着时间所不能消逝的悲愤和痛苦，激励着后来者奋勇前行。回望故居正厅沙孟海先生的"剑气箫声"的匾额，我似乎又感受到了那森森剑气，幽幽箫鸣……

烟雨中的"缘缘堂"——访丰子恺故居

我很喜爱丰子恺先生的画和文，朴实生动，简约传神，渗透着无穷的情思。20世纪30年代，先生的漫画盛行一时，曾有小报出一戏谑之题，曰："丰子恺画画不要脸。"先生大惊，急览下文，原来是极力称赞先生之漫画传神写照，不用勾描面部，而人物形神毕肖，先生不禁一笑了之。爱屋及乌，不自觉地我又喜欢上先生故居"缘缘堂"。

喜欢它，还有其他原因。首先，这个名字念来上口，滋润圆滑，一点儿也不涩嘴；其次，它的意思好，随意自然，又带一丝老顽童似的调皮劲儿，让人一见就觉得投缘而亲切。可是说喜欢也是纸上谈兵，一直无缘亲身去"缘缘堂"，只能在书中、照片里摹想一下它的风神。然而，机会真的来了，一次我去杭州开会，会议结束后还空出一天时间，想到丰子恺在书中写道，故乡石门湾在杭州与嘉兴之间，相距无几，且离京沪铁路约30公里，由杭州去不到一小时，如不愿乘车，还可取道运河，也只要几小时便可到达，沿途风光优美，可一饱眼福，何不趁机圆一圆"缘缘堂"之梦呢？想到这里，我迅速收拾行装，登上了杭州至桐乡县的火车。

"缘缘堂"位于桐乡县的石门湾镇，镇子小巧而清秀，依河而建，运河至此忽转一大弯，镇子因而得名"石门湾"。

石门湾真是一个好地方。

我的家就在这富有诗趣画意而得天独厚的环境中。

这是我父祖三代以来歌哭生聚的地方。

我的脑中闪现出丰子恺先生对故乡深情的描述。先生对故乡之爱可谓深矣！小桥、流水、大树、长亭，以及遍地的桑麻林，都是先生儿时的游乐之所。先生爱垂钓、养蚕，学着父亲极细致极文雅地吃蟹，又跟着玩伴用拔去毒刺的长蜈蚣吓唬人。先生有六姐一妹，是家中唯一的男息，在诸姐妹的呵护下，享受着贾宝玉似的待遇。这一切的快乐和幸福令先生无法挥去对故乡的依恋。在30岁，事业取得成就之时，先生忽起莼鱼之思，绝俗世而去，离职返乡，筑"缘缘堂"奉母养亲，一心一意享受起故乡的风土人情和家庭的天伦之乐。先生深爱石门湾的气候，温和宜人，不温不燥，时时刻刻都觉着春意融融，要不是日军侵华的炮火烧到石门湾，迫使先生携家出逃，说不定先生真的要在石门湾度过清闲的一生。"缘缘堂"在丰家出逃后，被日军炮弹夷为平地，先生闻之，悲愤纪文伤悼：《还我缘缘堂》《告缘缘堂在天之灵》《辞缘缘堂》，表达了对日军暴行的一腔愤怒和怀念昔日缘缘堂生活的深切之情。1985年，"缘缘堂"在石门湾政府和广洽法师的资助下，得以重建，恢复了旧日景观。

"缘缘堂"本是在丰子恺童年所住的老屋后面，原系一座染坊店，名曰丰同裕，1898年11月9日，丰子恺出生于店内。丰家依靠祖上积业，小有资产，丰子恺父亲丰鐄是清王朝最后一代科举人，闲居无事，设私塾授徒，6岁时丰子恺入家塾读书。42岁时丰鐄得肺病去世，家道渐趋衰落。母亲钟氏贤惠能干，担当起严父慈母的双重责任。丰子恺印象中母亲总是嘴角含着一丝慈祥的笑容，眼中却闪现出严肃的光辉，令人又爱又畏。建新屋是母亲的一桩心愿，丰家老屋已渐衰颓，门坍壁裂，无力再荫护庞大的丰家。她向木匠借了一根六尺杆，在老屋后的一块空地上比画合计，筹算新屋的面积。由于资金不足，新屋未落成前，母亲就去世了。后"缘缘堂"费金6000，终得建成，但母亲拿着六尺杆，弯腰丈量空地的身影成为丰子恺心中无法抹去的隐痛。

走在去"缘缘堂"的青石板上，天下起濛濛细雨，路面被雨水浸润得十分清亮，不远处，一幢黑白明净的楼屋笼罩在烟雨迷离之中，屋顶似乎袅袅地升起一片淡淡的水汽，我的心中蓦然升起"似曾相识燕归来"的感觉，"缘缘堂"就在眼前。

它有着清晰的棱角，笔直的线条勾勒出方正的外形，不似普通江南民舍飞翘的檐头。它的建筑混合着古典与现代风格之美，仿佛告诉人们，它是独特的，明快的，是主人精心设计出来的一幅纯美的画。丰子恺先生在起屋之初，确实有着自己的深意，他力图使每一根屋椽，每一个房角，都体现一种光明正大的美，都能代表自己纯正坦白的心性品格，屋与人相映成趣，融为一体。为了达到这种效果，丰子恺不惜折费工本，拆拆造造，村中人当时均引为奇谈。对此，丰子恺先生有他自己的解释：

我不是骚人，但确信环境支配文化，光明正大适合我的胸怀，可涵养孩子们好真、乐善、爱美的天性……倘秦始皇要拿阿房宫来同我交换，石季伦愿把金谷园来和我对掉，我决不同意。

"缘缘堂"高大轩敞，却也深沉朴素，正如丰子恺先生返璞归真的心一般，没有华美的装饰，"一切的因袭、奢侈、烦琐、无谓布置与装饰，一概不入"，体现的只是全体正直。"缘缘堂"是丰子恺灵肉谐合的一件纯粹的艺术品，正是把它作为精神寓所，灵魂的影像，丰子恺才会如此注重它自然、纯洁、坦诚的美。

"缘缘堂"是一幢一式三间的楼屋，朝南有房三间，中间为厅堂，西边是主人的书斋，东边是食堂。正厅地面铺着大块的方砖，窗明几净，很是清爽。在朝门的壁上悬有一幅暗木色的匾额，上面为先生好友马一浮先生所题的"缘缘堂"篆书大字。"缘缘堂"之名实得于一次随缘的巧合。丰子恺在上海立达学院教书时，有陋室一斗，乞恩师弘一法师赐名，弘一在小纸团上写了许多丰子恺喜欢的字，让他随手拈取，结果两次均为"缘"字，"缘缘堂"于是也就因缘得缘了。丰子恺十分喜欢这个名字，也就把它带到了新居。匾额之下，挂着清代吴昌硕的一幅老梅图，虬枝红梅，意态淋漓，两边配有两副对联，大的是弘一法师所题："欲为法诸本，心如工画师"，小的则为丰子恺自己所题："暂止飞鸟才数子，频来语燕定新巢"，大约表达了"缘缘堂"新成时的喜悦心情。正厅两边的墙上还挂着十多幅吊屏，取自佛经《大智度论·十喻赞》，仍为弘一法师的手书。弘一法师，原名李叔同，是一位奇人高僧，与丰子恺私交甚厚。出家前原为上海一富家少年，多才多艺，曾出过国，当过教师，做过道士，最后竹杖芒鞋，入了佛门。1914 年，丰子恺就读于浙江第一师范学校时，李叔同执教其绘画、音乐，其品格修行对丰子恺一生产生了巨大的影响。丰子恺选择漫画，倾向佛教，都是在弘一的言传身教下进行的。丰子恺曾说人生有三种境界，其一为物质的，满足的是肉体的需求；其二为艺术的，满足的是心灵的渴望；其三则是佛的，它真正抛去狭隘的自我，把无私的爱洒遍人间。自己虽受业弘一法师，却无法达到弘一法师的真如境界，只能通过艺术，这个最与佛贴近的途径，去生活。"缘缘堂"的建立多少是他决意艺术人生的一个表现。

漫步于"缘缘堂"的厅室楼房，我仿佛穿行在书画墨宝所建构起的艺术空间中。弘一的书法，沈曾植的古画，还有缘缘堂主人兴之所至时的条幅"草草杯盘供语笑，昏昏灯火话平生"，无微不至地传递出丰子恺自足而温暖的平常心。在主人的书斋兼卧室中，亦洋溢着那种散漫于生活、勤俭于画文的艺术气息。雨天朦朦的光洒落在那把古旧的藤椅和宽大的书桌上，我倚门望着，在稀薄的亮色中，先生提笔挥毫的身影隐隐地浮现于我的视野。

丰子恺先生艺术地活着，因此把生活中的每一点滴都布置得艺术十足。在堂前的天井，他种了芭蕉、樱桃、蔷薇，门外植了两株桃花，后堂的院落装点了冬青、桂树、葡萄棚、秋千架，檐前铁马鸣响，朱楼映衬粉墙，无处不流动着诗情画意。春来，"红了樱桃，绿了芭蕉"，燕子呢喃，花香满园；夏日，桂树飘香，芭蕉覆荫，小院内与友对酌，秋千上与孩子们相嬉；秋天，明月高照，月色如水，与楼下水门汀连成一片湖色，渗透着丝丝清凉；冬日，在炭炉上暖着普洱茶，烘年糕，煨白果，一家人围炉夜话，无比温馨。五年的四季轮回，"缘缘堂"带给丰子恺无尽的艺术享受，也使他的艺术创作登上了一个高峰。

最令丰子恺不能忘怀的是与孩子们在"缘缘堂"度过的快乐时光。丰子恺爱孩子爱得直率坦诚。孩子们淘气调皮的举动，天真无邪的话语总能惹动他无限的怜爱，而那些可笑的小小的争吵，他也视为可爱和童真。他宽容地看着孩子们，为他们做文，为他们作画，为他们遮风挡雨，甚至他不愿意孩子们长大，被复杂的世事污浊了纯真的童心。有时成长中的孩子表现知书达礼的一面，他不是高兴，而是感叹童真的心一去不返了。丰子恺有一双澄澈的双眼，一颗水晶般剔透的心，它能反射出世界的尘渍，能纯净人们的心灵，它是真，亦是爱。

烟雨中，"缘缘堂"更加空灵缥缈起来，宛如一幅线条流畅的画。丰先生曾有《人散后，一钩新月天如水》的漫画，画中竹帘高卷，新月斜挂，人散茶凉。"缘缘堂"斯人去矣，该有一幅怎样的画才能勾勒出它的正直、明净和韵致呢？

一座"不设墙的茅盾文学博物馆"
——茅盾与乌镇故居

　　每一个拜访乌镇的人，都恍若置身于茅盾书中的世界。那双开间门面的"广货店"，不就是林家铺子？那古旧的石桥不就是老通宝曾经蹲过的地方？还有女人们浆洗用的石阶埠头和那条小火轮与乌篷船曾经并行的市河，它们都静静地躺在那儿，让人无限回味地咂摸那旧日的身影。小镇的风物人情如此清晰地流淌在茅盾小说的字里行间，流淌在他深情、优美的追忆散文之中，就这样，乌镇带着亲切的笑容，带着江南水乡古镇的温柔韵致一点一点融入人们的心中。

　　孕育乌镇灵气的，大概首推那条从镇中穿过的市河。当年茅盾住在上海，往来于嘉兴、乌镇、上海之间，总爱乘着小火轮，取道水路，慢慢顺河回到家乡。沿河的风貌给了茅盾许多的灵感和体验，他的许多小说和散文都是以这条河为背景展开。市河将乌镇分为东西两界，旧时河西为乌镇，属湖州府乌程县，河东为青镇，属嘉兴府桐乡县，1950 年两镇合并为一，为桐乡县统辖，称为乌镇。仔细追溯起来，茅盾生于河东青镇，其故乡应为青镇。但长久以来，乌、青两镇以河为带，早已不分彼此，更何况这条河，以及沿河而枕的两岸人家构成了茅盾早年生活的整个地理和文化环境，乌镇也就理所当然地成为茅盾的故乡。穿流的市河是整个的经脊，与左右小河相通，河道交错，水街相连，河上石桥横卧，飞架东西，河岸人家林立，拥夹着那条不知疲惫的市河。市河，又名本溪，南与金牛、白马二河相通，北边澜溪、紫云二塘，碧波顷动，水光粼粼，而乌镇就在这水泽环绕之中，摇荡了千年。第一声长篙入水，第一声微波拍岸，宛如它梦中甜美的叹息，那般令人无来由地心醉。中年时茅盾飘泊异乡，一直忘不了故乡那特有的空灵的水声，"午夜梦回，可以听得橹声欸乃，飘然而过，总有点难以构成形象的罢"。这飘然的橹声伴随他度过少处的生活，也进入他成年的梦，成为一生乡情的系念。

　　乌镇是古老的，处处陈留着历史的遗迹。从遥远的春秋时期，到今天的乌镇，它的一草一木，一砖一石都仿佛浸透了历史的绵长与厚重。"唐代银杏宛在，昭明书室依稀"，这是茅盾写给故乡《西江月》词中的两句，他为乌镇历史文化的积淀而骄傲。银杏树位于市河西岸，植于唐朝，距今已有已有 1000 余年了，它是乌镇历代变迁的活的见证。树皮黑褐苍老，树身需要数人合抱，虽然千年的风雨已使它呈现斑驳的老态，但从未击垮它挺拔的身躯，在乌镇的水土培育下，它依然顽强地伸展着巨大的枝叶，忠实地守卫着乌镇的子子孙孙。距银杏一箭之遥的便是昭明室牌坊。书室约建于南朝梁时，为昭明太子萧统读书所在，现已湮没无存。乌镇人为纪念萧统，便修建了这座牌坊。牌坊正面有一石匾，镌"六朝遗胜"四个大字，字迹苍老遒劲，古风犹存，下面自左向右有"梁朝昭明太子同沈尚书读书处"一行小字，镌在一深褐色石条上。沈尚书是指六朝文学家沈约，也系乌镇人，曾于昭明书室读过书，牌坊镌刻此事，将乌镇文化的传承昭于后代，使子孙们永远铭记这里曾经有过的辉煌，永远沿着这条珍视传统文化的道路走下去。牌坊曾经饱受风霜摧残，到抗战前夕几乎摇摇欲坠，解放后，乌镇人积极进行抢修，并把它巧妙嵌入墙内，与乌镇剧院连成一体。"文革"期间，为避免故石牌遭到横扫四旧的厄运，乌镇人急忙将它刷上石灰，掩去字迹，直到粉碎"四人帮"后，珍贵的故石牌题匾才重见天日。在欣闻昭明书室牌坊度过大难之后，茅公激动不已，当即写下了那首洋溢着游子关爱故乡之情的《西江月》。

乌镇原来还有两座塔，都是昭明太子为他的母亲祈福而建。东西两塔隔河相望，逾越千年，西塔终因年限已久于光绪年间倒塌，所幸东塔在乌镇人的保护下至今仍屹立河畔。东塔又名寿圣塔，高十几丈，分七层，缘塔而上，眺望四周，乌镇水乡风光尽收眼底，别有一番情趣。东塔"月华池"边还留有三间平屋，为宋代诗人陈与义（号简斋）寓居乌镇的读书遗址。东塔和简斋先生读书处成为乌镇人凭吊先贤、寄托幽思的必到之地，许多诗篇佳作因此流传。据说，茅盾上小学时，曾作过一篇《游寿圣塔记》，记叙了一次登游东塔的活动。可以想知，那耸峙碧空的古老东塔，那依池而建的质朴书斋，和着浓得化不开的墨香，使得茅盾幼年的心灵便深深浇漑了浓郁和空灵交融的水乡文化。

乌镇和茅盾如此密不可分，它的古老与厚重，它的水秀和灵气，滋润了这个聪慧的江南少年，也成为他文学灵性的根源。在茅盾笔底，众多的文物胜迹，众多的水乡风俗，众多的小镇平民一齐涌人，组成一幅流动的水墨画面，它标志了茅盾小说独有的品格。

有人称，乌镇是一座"不设墙的茅盾文学博物馆"，那么茅盾故居自然是这所博物馆的中心。

1896 年夏，茅盾出生在乌镇观前街一所江南集镇可以常见的普通民房内。这种房子中间有一长方形天井，围绕天井，四周建有两层楼房，如骑马绕圈一般，底层与二楼各房彼此连接，有层墙隔开，当地俗称"骑马楼"。故居一面临街，开有一排门窗，少时的茅盾喜欢趴在窗沿上，看街上的热闹景象。每逢城隍会、赛会，镇上的人们沿街游行，锣鼓齐鸣，喧声鼎沸，惹得他心痒难禁，非但只看看了事，更要亲自参加。9 岁时，茅盾父亲病重，祖母让茅盾扮作"犯人"

随会队绕镇一周，向神赎罪以求得父亲好转。茅盾高兴不已，走了十多里路，竟一点也不觉得累。但"'犯人'只能跟在出会行列的末尾，一路所见只是前面'抬阁'的背影和两旁围观的人群，实在没有趴在我家老屋的窗台上看下面经过的队伍来得有意思，而且在窗台上连'抢轿'的场面都能看得一清二楚"。但茅盾父亲的病并没有因为儿子的"赎罪"而好转，一年后，他在老屋去世，终年34岁。

现在人们所看到的茅盾故居还不只这一栋老式房屋，在老屋后面，还有三间平屋。平屋原来是一座两进间的房子，被称作新屋，第一进间是曾祖父在梧州供职时寄钱购买的，第二进间共有四间房，"是知道曾祖父决定告老还乡回家以后，匆匆忙忙把原来半旧的房子拆掉，重新修盖的"。但1934年时，茅盾把新屋全部拆掉，用稿费重新建了这三间平屋。他把在上海住得不习惯的母亲接回故乡，而自己亦可在这新辟的天地中重享水乡温柔的怀抱，暂离尘嚣，静心创作。平屋仿造日本式平房建筑样式，从构思设计到房屋制图全由茅盾一手操办。与老屋相反，平屋三面是天井，三面有窗，其中向阳的一面是整排的大玻璃窗，阳光映射，十分明亮，完全不同于老屋一面开窗的封闭。平屋另开有正门，入门第一间为会客厅和储备室，雕花的漆椅靠墙摆放，中有一张四方桌，光亮可鉴。再进去一间为茅盾母亲的起居室，用宽大的玻璃窗隔为前后二间，颇有现代居室风格。第三间就是茅盾的书室了。此间也分为前后两半，与前者不同的是，隔层用落地的书橱作为板壁，从正中开一门，人从书中穿行，足见设计者的匠心。门的左边为木制书橱，用来储藏珍贵的线装书籍，右边则为玻璃书柜，透明敞亮，大多放置一些精致的手装书。现在茅盾书房已作为茅盾文学作品的陈列室，两扇大书橱里整齐排列着茅公各个时期、各种版本的小说和各类文章，《子夜》《林家铺子》《春蚕》《残冬》……人入其中，仿佛在书本架构起的文学空间中与这位数十年前的大师不期而遇。另有茅盾手迹复制品和各时期的生活照片，更使人们贴近了与茅盾的交流，心灵顿时在真实与虚构的世界中变得丰富和活跃起来。可惜的是，茅公虽建有此屋，前后居住不过两次，淹留时日均不太久，1936年后他再也未回故里，而他的母亲一直居住此处，直到平静地死去。

老屋门前观前街现仍有一条青幽的石板路，是乌镇人专为纪念茅盾而保留的。在纵横的水泥路中，它延伸着悠长的、怀旧的情韵。路踩得久了，石板略有些滑润，人走在上面，鞋跟清亮地敲打着石面，声音空寂单调。若是一人踽踽而行，这情景立刻把你带到二三十年代的江南古镇，误以为对面跑来的顽皮少年就是少时的茅盾。向左走石板路，可到茅盾幼年就读的立志小学。8岁时，茅盾成为乌镇第一所"新式的小学"的"第一班"学生，结束了家塾、私塾的求学生涯。三年后他以优异的成绩升入乌镇植材高小学习，同十七八岁的小伙子们一起读书，由于年纪小，功课好，他引起了全校师生的注意。一次会考，茅盾作文《试论富国强兵之道》，侃侃道来，少年意气飞扬其中，国文老师看后不禁低语："十二岁小儿，能作此语，莫谓祖国无人也。"另有一国文老师曾亲昵地抚着茅盾的背，说："你将来是个了不起的文学家呢！"至今桐乡县文化局还珍藏着茅盾在故乡高等小学堂就读的两本"文课"，文课涉及时论、史论、策论、经义、散文等，用笔沉雄纵横，竟不似一个年仅十二三岁的少年所为，茅盾之后圆熟自如的文学功底自此时已可见肇端。

故居中的老屋到 80 年代仍有居民居住，却已不是沈氏子族了。为保存故居起见，老屋被重新修缮，如今每一个乌镇人和来乌镇瞻仰茅公的游人们都能重新领略它旧日的风貌。

市河日夜长流，银杏千年依旧，茅盾故屋成为乌镇文化的又一重要组成，生于斯长于斯的茅盾已和乌镇历史的血脉不可分割。寻觅在这个"不设墙的茅盾文学博物馆"中，你会发现茅盾有幸生于乌镇，乌镇亦有幸拥有了茅盾。

心潮——王国维与海宁故居

海宁，浙江钱塘江江口、杭州湾北岸的一个宁静的江南古城。不知什么时候起，这里的山川风物忽地染上一种文化的灵气，人们变得聪明、会读书起来。由明入清，"学而优则仕"者层出不穷，尤以"海宁陈家"著名。陈家一族共出过 3 位大学士，13 位尚书、侍郎，32 位进士，103 位举人，康熙帝都因此啧啧称奇。宁静的古城开始成为博带冠冕者的聚集地，连皇室也来凑一下热闹，民间传闻，乾隆帝弘历还是海宁陈家之后哩！

除了文化的繁荣昌盛外，海宁还有一处吸引人的地方，那就是雄伟壮观的钱塘江大潮。每年农历八月十八日，登上海塘大堤，看大潮自远及近，如一道银线慢慢翻滚成惊天巨浪，铺天盖地而来，人们不禁心旌摇荡，目眩神迷。观海潮是海宁的一件盛事，许多外地游客不远千里，特地赶到海宁欣赏这道自然的奇观。清代诗人黄仲则就有诗赞曰："伟哉造物此巨观，海水直挟心飞腾"，"鹅飞一白尚天际，倾耳已是风霆生"。潮水奔腾，气势伟烈，带动了人们一颗颗不甘平凡的心，和大潮一起飞腾。

1877 年 12 月 3 日，在海宁的潮水已经平息的三个月后，伴随着那温柔的波涛声，海宁诞生了近现代史上一位著名的学术大师，他就是王国维。

在今天学人的心目中，王国维是一座难以逾越的高峰，仰之弥高，钻之弥深。他的一生涉猎极广，研究极丰，在哲学、历史、艺术、科学的诸多领域中都取得了突破性的成就，短短 50 年，王国维给后人留下了 20 卷《观堂林集》，包括小学、地理、史学、制度等学术论文 170 篇，另有校书近 200 种，其论著的丰富和精深，近现代学者几乎无人能及。难以想象，一个人能在有限的短暂生命里释放出如此巨大的学术能量，而王国维却从容自如，圆融贯通，达到了他自己所说的至高境界——"蓦然回首，那人却在灯火阑珊处"。

在几千年的旧学城垒上，王国维"灿然地放出了一段异样的光芒"。然而，这道绚丽夺目的光辉，如流星稍纵即逝，过早地消失在阴霾的人世间。怀着谜一般的心情，王国维悄悄地，却从容地自沉于北京颐和园的昆明湖内，终年 51 岁。

王国维，字静安，又字伯隅，号礼堂、观堂。在浓厚的诗书乡风的濡染下，他自幼就在浩瀚的经书典籍中陶炼，古文功底深厚。4 岁时，王国维母亲凌氏去世，父亲王乃誉从儒入商，时常出远门，他和姐姐、祖姑母一起生活，性格渐趋内向。9 岁那年，父亲再娶，在盐官镇西门周家兜盖了一栋新屋，不久迁居至此。

王国维旧宅本在镇内的双仁巷。这条巷子至今仍在，只是现代钢筋水泥的建筑中，无法寻觅王宅的青砖灰瓦了。双仁巷的得名来自一段壮烈的历史故事。唐代安史之乱时，颜真卿弟兄二人率部反抗叛军、浴血奋战。由于寡不敌众，颜果卿被缚至安禄山面前，破口大骂，慷慨就义。德宗时，颜真卿又被叛军缢死，死时也极为悲壮。海宁人民为纪念这两位英雄，建双仁祠以告慰英灵，双仁巷之名也就流传下来。王国维在这条古巷生活了 9 年，从人们的传说中了解了这段往事。清末民初的动乱年代中，他坚持以学术救中国，苦心孤诣，耿耿忠介，与双仁巷的千年遗风或多或少有些关系。

周家兜新居一直保存完好。海宁人十分珍视自己所拥有的文化遗产，1985 年市政府拨专款重新整修了王国维故居，新建台门和围墙，1992 年又列故居为海宁市级文化保护文物，为众多缅怀王国维的人们提供了一处良好的场所。

从杭州沿钱塘江溯江而上，百余里就到了海宁盐官镇。王国维的故居在镇西，正对着钱塘江口，相去不过几百米。在故居内就可以看见钱塘江面水天一色，浩渺苍茫，远近人家参差错落，时有炊烟几缕，袅袅升起，组成了一幅优美的江南水乡图。

故居是一座两进三开间的砖木瓦房，在当时的周家兜算是颇为气派。王父经商，蓄有中产之资，有余力修建新房，虽然居所的宅院不大，却方正齐整，俨然是一家书香门庭。

父亲对王国维的期望很高，由于自己失意仕途，也就希望儿子光耀诗书门楣。王国维 11 岁时，王乃誉奔父丧回海宁，再未出过远门。每天他等着小国维从私塾回来,晚上在灯下亲自指导儿子诗文、功课,夜深不辍。但王乃誉又并非一般迂腐冥顽的读书人,他兴趣广泛,爱好书、画、诗、文、金石,这些都对少年王国维有着潜移默化的影响。16岁时,王国维一举考中秀才,与三位同窗并称"海宁四才子",而且"冠绝侪辈"。但此时,新学渐兴,王国维在时代热潮的冲击下,亦焕发出少年意气,他不再攻举子业,弃八股、帖括,转而嗜史学,好读时务。王乃誉也十分开通明智,支持儿子的选择,与王国维一起秉烛夜读《时务报》,商讨时事。王国维从一名旧文人走向了新学者之路。1898年,一心向往新学的王国维离开了海宁,来到上海参加了《时务报》工作。他在后来学术上取得的辉煌成就,是对父亲期望的最好回报。

故居四周是一道一人多高的白色围墙,隔墙仰望,只见苍渺的天空下,裸露着一片深灰色的瓦顶,像是一张悠久的老照片,蕴藏着那无数陈年的往事。

入门第一进是三间平屋,一个小小的院落。院子里铺着光滑的青石板面,左右墙角的灌木丛中簇拥着两株小树,生得一团浓绿。宽敞的堂庭中央立着王国维先生的一尊塑像。先生一袭长袍,一副黑边眼镜,面容清癯,肃穆庄严,让人蓦然望去,顿时生出敬畏之情。王国维自幼就立身谨严,不善与人交谈,不苟言笑,父亲王乃誉称他"仁讷",弟弟王国华说他"寡言笑",而在清华园任教时,学生对他亦是敬畏有加。王国维上课时话亦不多,主要由学生讲,自己一旁静听。若学生求问时,他知之为知,不知则答"不甚清楚",或默然相对良久,燃烟沉思,再告之知或不知。他性格质朴,毫无华饰,总是灰色长袍,罩衫,一顶瓜皮小帽,一双方口布鞋,从没有穿皮鞋、戴绒帽、西装革履的西式打扮。最能体现他偏执性格的是他脑后那根长辫,民国建立已有十余年,他仍在清华园内拖着唯一一根辫子,旁若无人地行走。这不是他标新立异,而是王国维觉得辫子的长短与学术的高低毫无关系,他不愿被人硬拉去剪辫子,也就留下了令后人莫衷一是的话柄。由于先生特立独行的性格,时称清华园中的"学术怪杰"。

平屋中还展出了"怪杰"所取得的非凡学术成就和有关王国维的研究文集。书香之中,先生的塑像更加庄重和严肃。

故居的第二进是二层楼房和东西厢房,院子是一个方形的天井,极普通的民家宅院。楼下花格木门双双对开,敞出一间不太亮堂的客厅。厅内雕花太师椅,陈旧的木板墙,嘭嘭地走在里面,听足音缭绕,令人觉着不小心走入了19世纪的故事里。沿木梯上楼,就到了王国维少年时的居室。透过南墙边一排木格窗,日光淡淡地洒落在地板上,室内的家具被涂上一层微明的亮色。那个寡言少语的孩子曾经坐在窗边,听钱塘江水不息的鼓荡声,潮起潮落,触发了他敏感而忧郁的情思。他独坐不动,任余晖星星点点落在微蹙的眉头,紧闭的嘴角,镀成一幅恒久而清晰的剪影。

王国维是伴着潮水走向成熟的。他有水的灵气和深沉，有水自由不羁的精神，却也有和水一样流不尽、斩不断的愁思。王国维曾写过不少有关钱塘潮水的诗，其中一首"千秋壮观君知否？黑海西头望大秦"，让罗振玉击节称赏，继续挽留考试不及格的王国维在东文学社学习外语，开始了两人一生复杂的友谊。由于"体素羸弱、性复忧郁"，王国维身上更多的是少年早熟和沉郁的气质。潮水的变幻涨伏引起了他内心的潮汐，他深深感悟到，生命的律动不也如同潮水的消长一样起伏轮回，永无止歇吗？在诗中，他写道："潮起潮落，几换人间世？""人间孤愤最难平，消得几回潮落又潮生"。人生一世，此时快乐，彼时又烟消云散，如同春秋有序，潮汐涨落。王国维感到了生命的脆弱和痛苦。在以后接触到德国哲学家叔本华的悲观主义思想时，少年时对自然生命的体验更加沉重和坚固了，它不绝如缕，延绵于王国维丧母、丧妻、丧子的坎坷的一生。直到生命最后，隐藏在他心底的潮水开始搅动翻滚，越来越汹涌，仿佛掀起一阵阵巨浪把他的身心卷起，抛向浪尖，撞击在坚硬的岩石上，顿成千片万片。王国维走向了深沉的死亡情境。

然而，王国维之死又并非源于单一的痛苦思想，他还有海潮予以的自由独立之精神。他一生视学术为生命，为此竭力捍卫学术研究的自由和独立，绝不允许世事的滋扰、政治的压制、社会的变荡妄意地侵犯他的灵魂。但单凭个人的力量，王国维无法摒弃一切强权的影响，在遗书中他写道："五十之年，只欠一死，经此世变，义无再辱。"之所以不能忍辱，不是为个人的生死名誉，而是不能忍辱在世变中，丧失了学术研究的尊严和自由。对王国维之死，世人有过多种猜测，但同为清华园的四大导师、先生挚友陈寅恪说："先生以一生见独立自由之意志，非所论于一人之恩怨，一姓之兴亡。""惟此独立之精神，自由之思想，万千万纪，与天壤而同久，共天光而永光。"确是知己之言！

今天，入清华大学"清华园"门，在西侧科学馆的南土山坡上，由梁思成设计、陈寅恪撰文的"海宁王静安先生纪念碑"高高屹立。浓密的槐荫倾泻在淡黑色的碑身上，过往的学生时时投来敬重的目光。"自由之思想，独立之精神"已成为清华学子的学术灵魂。

钱塘潮水落落涨涨，海宁故居旧貌依然，站在二楼用心聆听潮水的王国维已魂归于水。故居中有一帧黑白照片，极能传出他的神髓。先生仍是平常打扮，眉宇间流露出淡淡的忧郁和疑惑，神态却是冷眼旁观，超然于世。他的唇微张，似要问什么，而终没有说出口。先生的问题也许无人知晓，也无人能答。远处潮水轻柔波动，日光下闪动着粼粼的银光，先生内心的潮汐也该平静如斯吧！

天一阁散记

素有"诗礼簪缨、人杰地灵"美誉的越中大地，曾有过许许多多的藏书楼，如"海源阁"、"皕宋楼"、"世学楼"、"淡生堂"等。这些古朴典雅，弥漫着书卷气息的书楼是越中大地一道独特的人文景观，历代文人雅士均心仪有加，不辞辛劳寻路探访。然而，由于无情的战火、水患虫蠹、人为拆迁等原因，这些书楼绝大多数已湮没于历史的尘埃之中，人们只能从一些典籍和传说中去寻觅它们过去的痕迹。

值得庆幸的是，在浙江宁波，至今仍较完整地保存一处藏书楼——天一阁，可供游人领略古藏书楼的风采。

细心的读者或许会问："为何要将作为藏书楼的天一阁写入这一本描述名人故居的书中呢？"

也许，在绝大多数人的眼中，天一阁的建造者范钦算不上"名人"，但在略知文化史的人看来，范钦却是一个不折不扣的名人。更为重要的是，在文化人的心目中，天一阁不但为饱受战火毁焚、水害虫蠹的珍贵文化典籍提供了一方宁静的居所。而且她400余年风雨飘摇的经历也是中国传统文化生命流程的生动写照。"天一阁"中的人和事，读来总是令人深思、神往。

因而，我难以割舍这久存于文化人心中的"情结"。

天一阁位于宁波市中心，是现存最古老的藏书楼，因其古籍浩瀚、历史悠久，素有"南国书城"、"宁波明珠"之美称。现在的天一阁集藏书、文物展览、旅游观光于一体，1982年2月，人民政府将其列为全国重点文物保护单位，使这座古老的藏书楼又焕发出新的光彩。

天一阁是一园林式结构的小型建筑群落，里面有藏书楼、亭台、假山、池沼等景观，外面则为一粉墙环绕。园内大门两侧盘坐着一对清代石狮，威严勇猛，镇守着大门；大门挂有由国画大师潘天寿所书"南国书城"、沙孟海题"古阁藏"的题匾，两旁则有对联相应：天一遗形源长垂远，南雷诗意藏久尤难。南雷是指清初大学者黄宗羲，黄宗羲曾登临天一阁后发出慨叹："读书难，藏书尤难。藏之久而不散，则难之难矣。"对联写出了天一阁的历史之悠久以及表达了人们对她的尊敬之情。

天一阁始建于明嘉靖四十年，即公元1561年，已历四百多年风雨。建阁主人范钦，是一位极为普通的封建社会官员，却又是一个独具慧眼的文化人。范钦

27岁时考中进士，曾任过嘉州知府、广西参政、福建按察使、云南右布政使及陕西、河南等地官员，最高官至兵部右侍郎。他为官清正廉明，曾忤怒于奸臣严世藩，为避难辞官还乡。在他为官期间，他广泛收集各地书籍，凡地方志、文人付梓行世的诗集、文集，他都想方设法求之，藏书量最多时达到74000余卷。如何妥善保存这些书籍，成了困扰他心头的问题。他合计了多年，决定建造一座阁楼，于是，一场宏伟浩大的工程开始了。为了建一座一流的藏书楼，范钦不惜耗费巨资，还遍访了越中各大藏书家，学习他们先进合理的藏书技法，并且请来了当地一流的工匠，精心制作。历时几年，终于建成这座宏伟的藏书楼。

进入天一阁，首先看到一幅气势非凡的《溪山逸马图》，画面上八匹骏马矫健豪迈、昂扬奋进，是民间艺人胡普成的作品。骏马图左边为1980年新建的阅览室，读者可以在此读书阅报；右边则有一直门，门上写着"春随人意"的字样。穿过直门，便可看到主藏书楼。藏书楼原名为"东明草堂"，现称"宝书楼"，楼前凿有一方池塘，池塘与月湖沟通，这是范钦当年为防火而专门设计的。"火"、"潮"、"虫"是藏书家的三大心病。颇为"迷信"的范钦为了防火特意依据《易经》中的"天一生水"之句将书楼命名为"天一阁"，其意就是祈求天雨能浇除那些防不胜防的火患。"宝书楼"分为上下两层，为了防潮，范钦又依《易经》中"地六成之"之句在楼下用木板隔为六间，楼上则用书柜辟为六间，使得书籍获得了良好的通风条件。另外，他还在各书柜下用石灰石性质的石头垫置，以防止地面的潮气侵蚀珍籍。更为绝妙的是，范钦还依据古书记载，采用含有异香的芸草来驱除蠹虫。

为了藏书的安全，范钦又制定了许多家规，如规定抽烟酒后切勿登楼，不准擅自开启书楼，不准女子登楼，不准外人登楼，更不允许将书籍借出藏书楼。

明中叶，坊间刻书业十分昌盛，藏书、读书之风极为盛行。据说，宁波有一位嗜书成癖的钱姓女子，十分喜爱芸草驱蠹的功用，曾亲手绘有精美芸草图案数百本，并将自己更名为绣芸。这位钱绣芸听说天一阁内藏有大量书卷，并且采用芸草驱蠹，为了解真相，便央求叔父宁波知府丘铁卿作媒委身嫁与范家子弟。然而，由于范氏族规禁止妇女登楼，这位以自己的婚姻为代价的奇绝女子至死也没有实现自己的心愿，她只能逡巡于天一阁的门外，向这座神圣的书楼投去无限哀怨抑郁的目光。

钱绣芸这种近乎偏执、痴狂的行为对我们今天的读书人来说，无疑有极大的鞭策和警醒作用，她的命运又使我们感到深深的悲凉。在藏书楼不远处，人们为纪念她，特意建有钱绣芸塑像，让她永远地"注视"这座她为之疯狂的藏书楼。

除钱绣芸之外，还有无数的"望楼兴叹"者，他们怀着朝圣般的心情来到天一阁，然后又无奈惆怅地离去。他们内心肯定因范氏的无情族规和"自私狭隘"

感到愤怒。然而，范氏家族的"自私"对于整个中华民族的文化事业来说又是最大的无私。自天一阁建成之后，范氏家族把她视为自己生命的一部分，竭尽全力地延续她，发展她。正因为如此，数以万计的珍籍才能保存至今。

范钦死后，天一阁传到他的大儿子范大冲身上。范大冲变卖了自己的田产，努力维护着天一阁，并履行范钦的遗嘱："代不分书，书不出阁。"他还将进入天一阁的重重大门的钥匙分交给各房掌管，因而，每一次进入天一阁，都必须召开一次规模不小的家族会议，而对于外姓人来说，进入天一阁更近乎成了一种"神话"。

"神话"延续了100多年，终于在清代康熙年间被打破。此时，天一阁的主人是范钦的曾孙范光文。范光文是范氏家族最后一位杰出的代表。他不但妥善保存了祖上遗留下来的基业，还添置了不少书籍；更为有意义的是，他把天一阁建造成为一个园林式的院宅。他利用奇形怪状的山石堆砌成的"九狮一象"的形象至今仍环绕在书楼的两侧，平添了一份雅趣。在书楼的四周，他还种植了名木修竹、奇花异草，使人文景观与自然景观得到了完美的统一。一时间，天一阁名声大噪。

1673年，天一阁迎来了一位特殊的文化使者——大学者黄宗羲。按常规，外姓人是严禁登楼阅书的。但开明的范文光十分仰慕黄氏的学问、人格、节操，召集全族开会商讨是否让黄宗羲登楼，经过激烈地争论，范光文最终决定为黄宗羲开启这扇向外人关闭了百余年的门扉。黄宗羲登楼，看到书楼中藏有如此多的罕见善本古籍，激动不已。他夜以继日，几乎翻阅所有藏书，并编有天一阁藏书书目。

这是天一阁有史以来接洽的第一位范氏家族以外的人。从此，天一阁所涵融的文化精义渐渐地扩散到华夏大地。乾隆年间，因编修《四库全书》，乾隆诏谕天下各大藏书家要踊跃献书。皇帝的圣旨传到范氏家族，引起了轩然大波。按范钦的遗嘱"书不出阁"，如果将书楼中的书籍献出，那无异于出卖祖宗，则实为可耻。然而，忠孝自古难以两全。最后，经家族会议商定，决定呈献600余种古籍。这600余种古籍中有近百种被编入《四库全书》，300余种编入四库存目中。乾隆皇帝闻知后，亲自下诏褒奖天一阁，并且谕令浙江地方官绘制天一阁的图纸，考知其中藏书秘诀，要求保存《四库全书》的南北七大藏书楼均依样而建。

天一阁走到了辉煌的顶点……

然而，辉煌过后便意味着衰微。正如中国的封建社会逐渐腐朽衰落，范氏家族也日益凋零，天一阁开始处于风雨飘摇之中。

首先是鸦片战争期间，一伙英国殖民侵略者闯入天一阁。在英国殖民者惊异和无知的眼光中，天一阁在无声地悲泣，整个中华民族在悲泣。殖民者不管三七二十一，捆掠了一批书卷，这些书卷有的流散在英国牛津大学图书馆、博物馆，有的则不知其终。

后来，太平天国义军进驻宁波，一些盗贼趁乱潜入书楼，又偷走了部分典籍。

更为严重的一次，一位名叫薛继渭的小偷勾结范氏家族的不肖子孙，潜入天一阁，偷走了大批书籍，并将它们暗运到上海，以获取微薄的钱钞。

天一阁饱经沧桑，脆弱的书卷在暴徒与盗贼的蹂躏下吹散在空旷的风中。到了解放初期，7万余卷丰厚浩瀚的藏书零落地只剩余不足 1/5，约 13000 余卷，其中还有很多因水渍无法揭开，或被虫蛀得千疮百孔。

面对如此的景况，九泉之下的范钦和他的后继者们不知会有一种怎样的感想？是否会慨叹"早知如此，又何必当初呢"……

然而，与其他藏书楼相比，天一阁又是幸运得多。海源阁的藏书毁于军阀匪徒之手，皕宋楼的藏书则被外人掠夺殆尽。党和政府十分重视天一阁。在渡江战役时，周恩来就曾下令南下大军必须保护好天一阁。解放后，人民政府多次拨专款修缮天一阁，并且重新整理了书籍。经过几次大规模的整修扩建，天一阁现占地面积达 900 多平方米，藏书量达 30 万卷，其中善本书目有 8 万卷之多，其中所藏的宋元以来的刊本、抄本和稿本尤为珍贵，而最具特色的是明代的登科录和地方志。

在天一阁不远处，还有一处范钦故居，供游人纪念这位古代文化的保护者。与恢弘瑰丽的天一阁相比，范钦故居显得简易得多，范钦一生以藏书为产业，将绝大部分家资用于这没有短期回报的书楼建设和书籍购买。但是，天一阁又实际上可称为他的"家"，因为他的整个心灵居于其间。

从天一阁出来，日近西天，余晖脉脉，洒落在古老凝重的楼阁上。望着这位历经沧桑的"文化老者"，我试图以不同的身份去感受她，范钦、钱绣芸、黄宗羲、乾隆……无论他们身份、地位如何不同，对浩瀚书卷的钟爱却是同一的。我想象着他们登临天一阁时的心情，想象着书籍在不同人们的心灵世界投射的光和影。

西施故居

名人景点

西施故里

西施故里位于诸暨市城关苎萝村，为古代越国美女西施的故乡。苎萝村边，浦阳江缓缓流过。江边有沙孟海题写的摩崖石刻——浣纱。建有西施殿，为纪念西施而建。殿内主要有大殿、范相亭、郑旦亭、古越亭、沉鱼池、画眉桥及西施塑像和浣纱女群像等。

名人简介

西 施

西施，名夷光，春秋战国时期出生于浙江诸暨苎萝村。天生丽质。

时越国称臣于吴国，越王勾践卧薪尝胆，谋复国。在国难当头之际西施忍辱负重，以身许国，与郑旦一起由越王勾践献给吴王夫差，成为吴王最宠爱的妃子。她把吴王迷惑得众叛亲离，无心国事，为勾践的东山再起起了掩护的作用，表现了一个爱国女子的高尚思想情操。后吴国终被勾践所灭。传说吴被灭后，西施与范蠡泛舟五湖，不知所踪。一直受到后人的怀念。

西施与杨贵妃、王昭君、貂蝉被称为中国古代四大美女，其中西施居首，是美的化身和代名词。

名人逸事

沉鱼之色

"沉鱼"，讲的是西施的故事。当时，有一个叫西施的，是个浣纱的女子，五官端正，粉面桃花，相貌过人。她在河边浣纱时，清澈的河水映照她俊俏的身影，使她显得更加美丽，这时，鱼儿看见她的倒影，忘记了游水，渐渐地沉到河底。从此，西施这个"沉鱼"的代称，在附近流传开来。西施被选送到吴国后，吴王一看西施长得如此漂亮，对西施百依百顺，终日沉溺于游乐，不理国事，国力耗费殆尽。越王勾践乘虚而入，出兵攻打吴国，达到了复国报仇的目的，这里面有西施的很大功劳。

徐志摩故居

名人景点

徐志摩故居

硖石镇干河街 40 号，向来被看做是诗人徐志摩的故居。这幢西式两层楼建

于 1926 年秋，共 20 余间，有冷热水管、电灯、浴室。楼下的深黄印花地砖，是当年从德国进口的。诗人的"婚变"，当时在内不为老父所容，在外不为一般社会舆论所谅。他于是萌生"归隐"之念，于 1926 年 11 月 16 日偕新婚的陆小曼返回故乡，打算在这里度过隐居著书的生涯。但不足一个月，军阀的争战击毁了诗人月下伴美的隐士梦，仓促走避沪上。新居终未能挽住这位中国济慈的诗笔，徒然给后人留下了一段美丽的遐想。

名人简介

徐志摩

徐志摩（1896——1931），现代诗人、散文家。

1921 年赴英国留学，入伦敦剑桥大学当特别生，在剑桥两年深受西方教育的熏陶及欧美浪漫主义和唯美派诗人的影响。

1921 年开始创作新诗。1922 年返国后在报刊上发表大量诗文。1923 年，参与发起成立新月社。加入文学研究会。1924 年与胡适、陈西滢等创办《现代评论》周刊，任北京大学教授。

1931 年初，与陈梦家、方玮德创办《诗刊》季刊，被推选为笔会中国分会理事。同年 11 月 19 日，由南京乘飞机到北平，因遇雾在济南附近触山，机坠身亡。著有诗集《志摩的诗》《翡冷翠的一夜》、散文集《落叶》等，小说散文集《轮盘》、戏剧《卞昆冈》（与陆小曼合写）、日记《爱眉小札》《志摩日记》，译著《曼殊斐尔小说集》等。

名人逸事

徐志摩与金庸是表兄弟

20 年代的"新月派"诗人徐志摩，和当今武侠小说一代宗师金庸（查良镛）同是浙江海宁人，早为人知。然而，他俩是一对表兄弟，这却鲜为人知。海宁袁花查家和硖石徐家，同是名门望族。两家祖辈素有来往，早结姻亲。1915 年前后，查家"敬业堂"赫山房查枢卿成亲，娶徐申如的堂妹徐乐为妻。徐乐嫁到查家后，先后生下良铿、良镛、良钰、良镐四子和良琇、良璇二女，查良镛是老二。年幼时，良镛常随父母到舅家做客，与回乡度假的表兄徐志摩做伴。1931年，表兄遇难身亡，翌年春上，灵柩迎回硖石安葬，查良镛随母前往吊唁。从此，表兄的形象深深刻印在他的记忆中。

1992 年 12 月 3 日，金庸一回到家乡海宁，便来硖石西山麓徐志摩墓前，与夫人林乐怡双双向诗人默哀，献上鲜花，然后深深地弯腰鞠躬。他缓缓地说："我的母亲是徐志摩的堂姑妈，他是我的表兄。他死得很早，我和他接触不多，但印象深刻。我读过他的新诗，看过他的散文，都是很优美的，对我教益很深。听说为他新建了墓地，早就想来凭吊，今天终于如愿。"

包公故里

名人景点

包公祠

包公祠位于合肥城东南的包河公园香花墩，是我国历史上清官代表人物包拯的祠堂，包河风景区面积 30.5 万方米。明嘉靖已亥年（1539），在包公幼年读书的河心香花墩上修建了包孝肃公祠，正殿端坐八尺高的包公塑像，王朝、马汉、张龙、赵虎侍立两旁，并置有龙头、虎头、狗头三铡；两边厢房陈列着包公墓出土文物，包括《家训》及包氏家谱等展品。

祠东六角亭有一口井，传说贪官污吏喝了井水会头痛难忍，故名"廉泉"。包河东南的松柏丛中是包公及其夫人、子孙的墓园。河东大岛是为浮庄，楼台亭阁、水榭长廊、石峰拱桥，曾为明清徽派建筑结构，雕梁画栋，古色古香。包河风景区庄严肃穆，环境优美；湖面波光涟漪，游艇荡漾；两岸垂柳婆娑，嘉木葱茏，是人们拜谒先贤、观赏游览的好去处。为纪念包公千年诞辰，在包河公园原有的基础上重新规划建设包公文化园。包公文化园除了现在的包公祠、包公墓等景点外，还将新建青天阁、包公纪念馆、功德广场、水面喷泉等。园林小品，有梅花山、牡丹园、杜鹃园、藏幽园、盆景园、独秀峰等胜景，各种奇花异草，争妍斗艳。园内鬼斧神工的假山怪石、小桥流水、水榭回廊、楼台亭阁，皆相隔在举步之间。游人入园，曲径探幽，如入仙境。现已开辟为风景优美的包河公园。

名人简介

包　拯

"理冤狱，关节不通，自是阎罗气象，赈灾黎，慈悲无量，依然菩萨心肠。"这是合肥包公祠里的一副对联，它十分精练而又形象地概括出包拯的独特品格。包拯（999—1062），宋代庐州合肥县东乡（今肥东县解集乡）包村人，是北宋时

期著名的政治家，因为官清廉，关心百姓疾苦，不畏权贵，刚直不阿而名扬四海，永载史册。

名人逸事

包公巧断浮尸案

包公知池州的腊月一天，发现江面上浮尸一具，奇怪的是尸体只是上下浮动，并不随流而下。包公命差役打捞起来，原来尸首被麻绳扣在一扇石磨上，死者右手还抓着一把带头皮的头发。包公命知县审理此案。知县查明那扇石磨是祝圣寺庙产，当即差衙役去寺中捉拿当家法师玄灵和尚，但得知玄灵老僧已投井身亡。知县以"凶犯谋财害命，江浮冤尸，畏罪自杀"为由，呈州府销案。

包公私访回来，见县官草草结案，呈折中破绽百出，当即命衙役鸣锣，传谕全城："包公升堂审磨盘罗！"消息传开，轰动全城，男女老少都涌到州府衙门前面，观看包大人断奇案。包公见全城百姓到的差不多了，传令："凡今天来看断这桩血案的乡亲，不管男女老少，必须人人头顶青天，手抚心口，脱帽解巾，以敬神灵！"围观的百姓纷纷脱下帽子或解下头巾，包公居高临下，看得明白，只见一个头缠黑头巾，脸青眼肿的家伙缩头想溜，当即一拍惊堂木，大喝一声："凶犯哪里逃，拿下！"衙役抓住那家伙，扯去头巾，头顶上果真少了一撮头发，连头皮都撕掉了。

原来，杀人凶犯名叫王九，系当地有名的无赖。死者原是江北的一家客商，赚了许多银两，准备回家过年。途中到王九家借宿，王九遂起谋财害命之心，趁商人熟睡之机，双手卡住他的脖子，商人拼命挣扎，打肿了王九的脸，打青了王九的眼，抓下了王九的一把头发，仍不免一死。王九扛着尸首往江边去，路过祝圣寺，偷了寺中一扇石磨，把尸首拴在石磨上，抛进大江里。哪知他做贼心虚慌慌张张地没有把麻绳扣紧，江水一冲，麻绳松颈，尸体浮出水面。王九听到包公打捞浮尸的消息，吓得魂不附体，因为他偷石磨时被玄灵法师看见了，自知难逃包公之手，把心一横，一不做、二不休，把玄灵法师推到井里，杀人灭口，来个死无对证。但是王九哪里想到商人手中的头发与和尚的光头为料事如神的包公提供了破案的线索。

三国周郎遗迹

名人景点

周公山

位于肥西县焦婆乡境内，海拔 183 米。山上绿化苍翠，环境优美。相传三国东吴名将周瑜幼年时在此读书，后人为纪念周瑜，故以"周公"为山名。山顶原有周瑜庙，内塑周瑜像及其坐骑白马。清嘉庆《合肥县志》："周公山有周瑜庙，周瑜读书处。"山东南部有周瑜洗砚池，池广丈余。今周瑜庙已圮，洗砚池尚在，池水清澈可鉴。山麓有村，名蒋家湾，为周瑜幼年同窗蒋干故里。汉献帝建安十三年（208）赤壁之战前夕，蒋干受曹操之托，前往东吴劝降周瑜，反被周瑜使反间计，导致曹操赤壁惨败。

名人简介

周 瑜

周瑜（175—210），字公瑾，庐江舒县（今安徽舒城）人。三国时期吴国著名将领、战略家，在孙氏开基立业，创立鼎足三分格局的过程中，起了重要的作用。周瑜出身士族，堂祖父周景、堂叔周忠，皆为东汉太尉。其父亲周异，曾任洛阳令。周瑜"长壮有姿貌"（《三国志·吴书·周瑜传》）。周瑜志向远大，自幼刻苦读书，尤喜兵法。他生逢乱世，时局不靖，烽火连延，战端四起，于是总想廓清天下，后经过沙场拼杀，终成就一代名将。

欧阳修遗迹

名人景点

欧阳修纪念馆

"醉翁之意不在酒，在乎山水之间也"，北宋庆历年间，担任滁州太守的欧阳修曾在琅邪山上，寄情山水，写下了不少名篇佳作。日前，一座欧阳修纪念馆在安徽省滁州市琅邪山上建成。欧阳修在"庆历新政"失败后被贬滁州，其间他写下千古名篇《醉翁亭记》，这成为琅邪山文化底蕴的精髓。为了纪念欧阳修，滁州市政府从上个世纪 60 年代筹建纪念馆之初，就征集到郭沫若先生的亲笔题字。在新落成的纪念馆内，陈列着重塑的欧阳修雕像以及欧阳公生平所画的 30 幅画。欧阳修纪念馆目前已正式对外开放。

名人简介

欧阳修

欧阳修（1007—1072），字永叔，号醉翁，晚年又号六一居士，吉水（今江西永丰）人。天圣八年（1030）进士。官至枢密副使、参知政事。欧阳修是北宋诗文革新的领袖，一代文宗，名列唐宋八大家。

名人逸事

欧阳修答对过关

欧阳修在 12 岁那年四处求学。一天傍晚，他行至襄阳城下，见城门已关，便向城头一个把守老兵拱手施礼道："烦请老伯开门，读书人远道而来，进城求宿。"老兵说道："既是书生，我出一联，对得出，放你进城；对不出，明晨再进。"欧阳修答道："遵命。"老兵念道："开关早，关关迟，放过客过关。"欧阳修一听这上联，便接上说："出对子容易，对对子难啊，请先生先对吧。"老兵大声道："我是要你对的！"欧阳修笑道："学生已经对过了。"老兵一想，恍然大悟，立即下城楼开了城门。这幅对联是：

开关早关关迟放过客过关，
出对易对对难请先生先对。

黄宾虹先生故居

名人景点

黄宾虹故居

故居在歙县西潭渡村。林木葱郁，景致优美。为清代建筑，砖木结构房屋，

正屋是三开间楼房，前有庑廊和天井。

黄宾虹先生1865年出生于浙江省金华市，光绪二年（1876）回家乡参加童子试后，在这里生活了近30年。这幢砖木结构的民宅，建于康熙年间，已有300多年的历史了，系黄宾虹祖上所建，现存有铸园、卧室和画室三部分。

正屋宾虹题名为"宾虹草堂"和"虹庐"，庑廊前有小院，庭院西侧台阶边有一块玲珑剔透太湖石的建筑是"玉森斋"。人称之为"石芝室"或"石芝阁"。黄宾虹先生不但是杰出的艺术大师，还是一位坚强的爱国主义战士。故居的"铸园"就是因为1907年黄宾虹秘密参加推翻清王朝的革命活动，在此为同盟会铸造钱币，支援抗清斗争而得名。国家拨款对黄宾虹故居进行了全面整修，并征集了众多的资料陈列展出，对外开放。故居被辟为"黄宾虹纪念馆"。现书房、卧室基本保持原样。

名人简介

黄宾虹

黄宾虹生于1865年，于1955年去世，名质，字朴存，号宾虹，祖籍歙县，是与齐白石齐名、享有"南黄北齐"之誉的国画大师。

名人逸事

不用手画画的画家

从89岁的秋天直到90岁的夏天，黄宾虹因患白内障双目视力急剧下降，读书和写作只有借助于放大镜，然而就在这段半失明的时间里，画家的艺术和思想奇迹般的臻于化境。

黄宾虹此时的画，已不再是用手画，而是用心在画。在目力不济的昏暗中，以他80年书法的用笔基础，挥写着他的澄明的心境，于无法中有法，乱而不乱，不齐之齐，不似之似，笔墨达于出神入化的境地。这一时期的作品，更趋抽象，更加黑重。经过一生不间断的努力，黄宾虹终于找到了一种黑厚浓重的风格面貌，实现了自己"浑厚华滋"的审美理想，成为近代山水画的一代大师。

诗仙李白到此一游

名人景点

马鞍山太白楼

位于古镇采石矶西南一公里处，面临长江，背依翠螺山，浓荫簇拥是一座金碧辉煌，宏伟壮丽的古建筑。与湖南的岳阳楼、湖北的黄鹤楼、江西的滕王阁并称"长江三楼一阁"，素有"风月江天贮一楼"之称。太白楼原名谪仙楼。

旧志载，始建于唐元和年间，因记载过简，不得其详。目前能够确认兴建较早的时间为明正统五年。清康熙元年重建，易名为"太白楼"，又将神霄宫旁的李白祠移建于此，形成楼阁和璧的格局。1956年，被列为安徽省重点文物保护单位。

太白楼主楼三层，一层为厅，二层为楼，三层为阁。前后分两院，前为太白楼，后为太白祠。太白楼大门门额上蓝底金书"唐李公青莲祠"，门两侧蹲一对石狮，雕刻精细，形态活泼。进门两壁回廊嵌有清代重建纪事及李白生平碑刻。三楼檐下高悬"太白楼"匾额，字体遒劲，为郭沫若手笔。

名人简介

李 白

李白（701—162），字太白，号青莲居士，祖籍陇西成纪（今甘肃秦安），幼时随父迁居，绵州（今属四川江油）人。唐玄宗时供奉翰林。后赐金放还，漫游各地。"安史乱"中，曾入永王李磷府，因磷败而以"附逆"罪流放夜郎，中途遇赦东还，晚年飘泊东南一带，卒于当涂（今属安徽）。其诗与杜甫并为唐一代之冠，享誉甚隆。宋本《李太白集》不载其词。《尊前集》收录"李白词"12首，然颇多伪托。

名人逸事

铁杵真的能磨成针吗？

杜甫曾这样评论过大诗人李白写的诗，"笔落惊风雨，诗成泣鬼神"。意思是说，李白要是提笔写诗，风雨都惊动了，诗写成之后，连鬼神都感动得哭泣。

那么，李白是不是天生就那么聪明？是不是他从小就懂得刻苦学习？都不是。李白小时候很贪玩。经常逃学。

有一天，李白在逃学的路上，看见一位老妈妈正在磨一根很粗的铁棒，李白很奇怪，不明白老妈妈磨这根铁棒干什么，于是他就走上前很有礼貌地问："老妈妈，您磨这根铁棒干什么呀？"老妈妈头也不抬，还在一个劲儿地磨："我的绣花针丢了，我要把它磨成一根针！"李白一听吓了一跳，说："这可太不容易了！"老妈妈抬起头来："铁棒磨成针是不容易，可是，时间长了就可以磨成针了。"

从铁杵磨成针，李白想到了做学问。只要肯下工夫，再难的事也做得到。只要坚持不懈，持之以恒，自己的学问就一定会有长进和建树。以后，李白再也不逃学了，他每天苦读诗书，终于成为中国诗歌史上最伟大的诗人。

古徽州的适之宅——胡适与绩溪故居

地处皖、浙、赣三省交界的古徽州，早在唐代大历四年即建有府治。这里，青山隐隐，碧水悠悠，嘉木森森，百鸟往还；凡五里十里之内，便有一二古朴宁静的村落。尤其是名闻遐迩的徽州民居，更是古老大地的一道独特亮丽的风景。那依山傍水的白墙青瓦，错落有致的马头墙，流金溢彩的雕梁画栋，以及布满厅堂门楣的诗画对联，无不散发出浓厚的人文气息和淡雅馨香的古典情调。

古徽州，土地十分贫瘠，耕地甚少。为了生存，徽州人不得不背井离乡，四方经营。他们的足迹几乎遍布大半中国，他们的"盐商"几乎垄断了全国的食盐贸易。在明清两代，"徽商"这一名号便名扬四海。俗话说："无徽不成镇"，足见徽州商人在中国社会发展中所起的巨大作用。

古徽州辖治六县，最北的是绩溪县，较其他郡县更为落后。然而，就在这个偏僻狭窄的小县城中，走出了许许多多的名人志士，有拼死为民族英雄岳飞辩诬的南宋抗金名将胡舜陟，有撰写《苕溪渔隐丛话》的明代大学者胡仔，有一门三尚书的胡松、胡富、胡宗宪，还有晚清徽墨制作大师胡开文，而今则有国家副主席胡锦涛，所以，绩溪自古便有"邑小士多，代有闻人"的美称。

在这些"闻人"中，还有一位现代文化史上的风流人物——胡适。

胡适故居坐落在绩溪县西面约 20 公里的上庄村。上庄村现因胡适而改名为"适之村"。上庄村是一个典型的古徽州村落，古风尚存。她依山傍水，古朴静谧，似一婴孩安睡在山洼之间，又似一个气度悠闲的隐士，不愠不火，却又博大深邃。村落的房舍布局错落有致、淡雅明快；村前村后，树木葱郁；村内则有长满青苔的石板路纵横交错；村口，偶见荷锄的老农和横笛牛背的牧童踏着落日的余晖，走在回家的路上。人与自然相悦相亲，和谐共处，传统的"天人合一"思想在这里得到了最完美的诠释。

胡适故居始建于光绪二十三年，即1897年。那时，他的父亲已经亡故，胡家在上海经营的几家店铺相继倒闭，家境渐衰。故居是胡适二哥胡绍之遵其父"略事雕刻，以原存朴素"的遗训勉力经营而成。即便如此，"瘦死的骆驼比马大"，故居仍具有一定规模，精致中透露出几许恢弘。故居是古徽州典型的民宅，由粉白的马头墙封砌，屋顶为具有浓郁地方特色的硬山顶式。整座院落坐北向南，总面积约为275平方米，由两个三合院组成，分前后两堂，二楼有一通梯连接。

胡适于光绪十七年十一月十七日（1891）出生在上海。那时，他的父亲胡传在上海做官，全家均住在那里。后来，胡传又被征调至台湾，胡适亦随家辗转至海岛，于1895年2月，方由台湾经上海回到上庄村。直到外出求学以及后来的短暂停歇，他在上庄村前前后后约度过了九个春秋。

故居的大门极为简陋，是由水磨青砖雕凿砌筑。门楼四角则略加雕饰，翼角腾空，鳌鱼展翅。楼檐下端又以墨、赭两色雕绘成各式图案、花鸟、虫鱼、人物，画面繁简相间，线条流畅简约，体现出设计者淡雅、素朴的审美情趣。推门而入，可见一小巧庭院，院内以兰蕙、乱石、修竹略施点缀，更显清新雅致。院内原有一方天井，可餐吸吐纳日月之光华。庭院内墙两侧，则绘有一些人物故事，凡刘备招亲、姜子牙钓鱼、太白醉酒等均生动传神。

胡适小时候体弱多病。他的母亲冯顺弟十分疼爱他，生怕街坊四邻的小孩伤及他，不许他外出与别人家的小孩胡搅蛮玩，所以，胡适总是显得文绉绉的，"像个先生的样子"，甚至被乡人唤为"糜先生"（糜是胡适的乳名）。故居门前的小庭院是胡适童年唯一的乐园。有一次，小胡适在小院内与同族小孩玩"掷铜钱"、"打鳌"的游戏，玩兴正浓时，一位长辈走过来说道："糜先生也玩'掷铜钱'呀！"胡适一听，顿时羞愧难当，觉得有失"先生身份"，转身便钻进书房读书去了。没想到，这位"糜先生"日后果然成为中国一流的先生。

故居前堂辟为三间，中间为客厅，里面陈设有会客用的桌椅，素朴洁净，厅堂正中墙壁则挂有对联，两侧板墙、隔扇，雕有清一色兰蕙为主体的图案，几乎均是逸笔草草，不事雕琢，而兰蕙的淡雅馨香似充溢满堂。东面为胡适母亲的卧室，里面存着一些当年的故物，西首一间小屋曾是胡适开蒙的塾馆。胡适四岁半从外乡回来，入私塾学习。他自幼聪明过人，过目不忘，在入私塾之前便已认识一千多个字，所以不算"破蒙"的学生，不需念《三字经》《千字文》《神童诗》

等发蒙读物。据胡适后来回忆，他所读的私塾教材都是他父亲生前选定的，如《学为人师》《原学》《律诗六钞》《诗经》等，其中《学为人师》还是他父亲亲自选编，有"黾黾于学，诗道勿失"的句子，告诫小胡适要勤奋读书，甚至成了他以后读书的座右铭。胡父死后，抚养、教育孩子的重任就落到母亲冯顺弟肩上。冯顺弟把所有的希望都寄托在他的身上，以高薪为胡适请了当地最好的塾师。她给予了胡适最大的母爱。一次，胡适患有眼疾，冯顺弟听人说用舌头舐能医好，胡母便不厌其烦地去舐，后来，眼疾果然神奇般的医好了。

私塾的后面还有一间客房，仅供客人居住，平日少有人进去。一次偶然的机会，小胡适进入客房，在废纸堆中发现一本破书，这是一本清代木刻板的金圣叹评点的《第五才子书》，虽已残缺不全，但胡适还是好奇地打开了书，开篇即是"李逵打死殷天赐"。以前，在戏台上，胡适就知道了李逵，并早把他当做心目中的英雄。于是，他就站在那里，一口气地将它读完，直到天色渐暗，母亲唤他吃饭为止。从此，胡适喜欢上了看小说，他想方设法借来了《三国演义》《七剑十三侠》等通俗小说，偷偷地读，从这些书中，胡适获得了无穷的乐趣和丰富的文学知识，为他以后从事文学事业打下了坚实的基础。

故居的西上房曾是胡适小时候的居室，也是他和结发之妻江冬秀完婚的洞房。"洞房"内，雕花木床、朱漆的五斗柜以及古香古色的梳妆台等物，据说都是依当年的情景摆设的。面对斯景斯物，使人又不得不提起几十年前的那段有趣的婚姻。1917 年，胡适从美国留学返乡前，其母便私自为他定下了这门亲事，对方是本乡一位农村姑娘。本来，胡适的心目中曾有几名恋人，但由于他素来"孝顺"，对其母的安排几乎言听计从。结婚那日，胡宅敲锣打鼓，十分热闹，全村的人都来争看这位"洋博士"的结婚盛况。胡适也意趣盎然，诗兴大发，挥毫题写一联，裱于自己洞房门口两侧，云："三十夜大月亮，廿七岁老新郎"。诗联颇为值得玩味，调谑中又含几分无奈。这位新文化运动的闯将在自己婚姻大事上如此地循规蹈矩，"革命"、"改良"的意识荡然无存。

故居的后堂布局与前堂大致相同，但规模略小，东侧为厨房，西侧曾为其二哥的居所。

胡适在 1904 年春天离开家乡至上海求学。临别时，深爱他的母亲送他出门，胡母为了鼓励他，装出很高兴的样子。可胡适深知她内心的辛酸，就这样，他向着不可知的人海中寻求自己的生活。后来，他曾返乡三次，每次都匆匆离去，前后和他的母亲在一起不足六个月。他的内心充满了无限的愧疚，早在上海公学读书时，他就曾作了一首古诗，以表达深切的思乡之情，题名为《秋日梦返故居》：

秋高风怒号，客子中怀乱。

抚枕一太息，悠悠归里闾（家乡）。

入门祥慈母，母方抚孙玩。

齐儿见叔来，牙牙似相唤。

拜母复入堂。诸嫂同炊爨。

问答乃未几，举头日已旰。

方期长聚首，岂复疑梦幻？

年来历世故，遭际多忧虑。

耿耿苦思家，听人讥斥鴂。

全诗读来如一首汉乐府民歌，平易晓畅，在一些家庭琐事的回忆中寄托思乡之情。

刘备临终故地

名人景点

白帝城

位于瞿塘峡口的长江北岸，距重庆市区 451 公里。据传西汉末年，公孙述割据四川，自称蜀王，因见此地一口井中常有白色烟雾升腾，形似白龙，故自称白帝，遂于此建都，并将紫阳城名改为白帝城。现存白帝城乃明、清两代修复遗址。

白帝城东依夔门，西傍八阵图，三面环水，雄踞水陆要津，为历代兵家必争之地。白帝城是观"夔门天下雄"的最佳地点。历代著名诗人李白、杜甫、白居易、刘禹锡、苏轼、黄庭坚、范成大、陆游等都曾登白帝，游夔门，留下大量诗篇。李白"朝辞白帝彩云间，千里江陵一日还，两岸猿声啼不住，轻舟已过万重山"的诗句，更是脍炙人口。故白帝城又有"诗城"之美誉。

三国蜀汉皇帝刘备讨伐东吴，兵败白帝城，忧伤成疾，临终前在白帝城永安宫向丞相诸葛亮托孤。白帝庙内现陈列有"刘备托孤"大型泥塑。庙内还陈列有瞿塘峡悬棺内的文物和隋唐以来 73 块书画碑刻，以及历代文物 1000 余件，古今名家书画 100 余幅。其中"竹叶字碑"诗画合一，风格独特；"三王碑"镌凤凰、牡丹、梧桐，精美华丽，堪称瑰宝。

名人简介

刘 备

刘备（161－223），字玄德，河北涿县人，汉景帝之子中山靖王刘胜的后代，为三国蜀汉开国君王。东汉灵帝末年，三顾茅庐始得诸葛亮辅佐。后与孙权联合大败曹操于赤壁，取得益州与汉中，自立为汉中王。221年，于成都即位称帝，国号汉，年号章武。伐东吴兵败，损失惨重，退回白帝城，因病崩逝，享年62岁，谥号昭烈帝，史称为刘先生。

名人逸事

曹操为啥头疼

曹操请刘备吃饭，席间，刘备放了一个屁，很是尴尬。身后赵云忙说："诸位莫怪，屁从云中来。"关羽不甘示弱，上前一步说："屁从羽（雨）中来。"张飞嚷道："屁是飞来的。"说罢众人哈哈大笑。送走刘备等人后，曹操对部下说："刘备属下见主公有个闪失，都争先恐后地抢着承担，真是忠心耿耿。此事轮到你们，能办到吗？"众人道："这有何难。"几日后刘备请曹操，席间，曹操憋了半天，好不容易放个小屁。曹操部下早已等候多时。许褚抢先说道："屁是褚（猪）放的。"曹操气得直瞪眼睛。徐晃说："不对，屁是晃出来的。"曹操正要发怒，谋士郭图看曹操生气了，大声顺道："你们说的都不对，屁是图（吐）出来的。"曹操当时两眼一翻，晕过去了。从此曹操就得下了头疼的毛病。

张飞庙祠

名人景点

张飞庙

位于长江南岸飞凤山麓，离重庆市区382公里，与云阳县城隔江相望，是为纪念三国名将张飞而建的祠宇。相传勇毅刚直的张飞急于为义兄关羽报仇，被部将张达、范疆所害，其头颅被抛于江中。有渔人夜得张飞托梦，到江中打捞张飞头颅，意外捞到一罐金子，于是用此金造了张飞庙。据史载，张飞庙始建于蜀汉

末年，后经宋、元、明、清历工扩建，已有 1700 多年历史。

庙前临江石壁上书有"江上风清"四个大字，字体雄劲秀逸。庙内塑有张飞像，珍藏有汉唐以来的大量诗文碑刻书画及其他文物数百件，多为稀世珍品。素有"三绝"（文章绝世、书法绝世、镌刻绝世）之盛誉，号称"文藻胜地"、"巴渝一胜境"。三峡大坝建成以后，此庙将会被淹没。届时将在南岸仿原庙建筑，修建一座新张飞庙。

张飞庙面江背山，依山取势，由一组匠心独运的古建筑组成，气势宏伟壮丽。主要建筑有正殿、旁殿、结义楼、望云轩、助风阁、杜鹃亭和得月亭等 7 座。前 5 个建筑为纪念张飞庙而建，后两个建筑为纪念唐代诗人杜甫在此客居两年而建，是难得的文武合庙。

名人简介

张 飞

张飞（? —221），字翼德，涿郡（河北涿县）人，三国时蜀汉名将。

名人逸事

张飞和曹操是亲戚

曹操和张飞是家喻户晓的历史人物，这两个分处不同阵营的死对头竟然是亲戚！

据研究，曹操和张飞的亲戚关系是通过夏侯渊一家搭建起来的。据《三国志·魏书·武帝纪》注引《曹瞒传》及《世语》二篇："（曹）嵩，夏侯氏之子，夏侯惇之叔父，太祖（曹操）于惇从父兄弟。"从血缘关系来看，曹操其实就是夏侯氏的后代，他手下的头号大将夏侯惇就是他的堂弟，另一员大将夏侯渊也是他的族弟。另据《三国志·魏书·诸夏侯曹传》注引《魏略》："建安五年（200），夏侯渊堂侄女、夏侯霸之妹出行樵采，为张飞所得。飞知其良家女，遂以为妻，产息女，为刘禅皇后。"论起辈分来，张飞算是夏侯渊的堂侄女婿。曹操是夏侯渊的族兄，而张飞是夏侯渊的堂侄女婿，那么，张飞也可以说是曹操的堂侄女婿。不仅如此，就连蜀汉后主刘禅（张飞的女儿就是他的皇后），也算是曹操的隔房侄孙女婿。

西夏王陵遗址

名人景点

西夏王陵

位于银川市城区西35公里处的贺兰山东麓，方圆50平方公里的西夏陵，是西夏历代帝王的陵寝，俗称"昊王坟"。这里布列着9座帝王陵墓和207座宗室、王公大臣的陪葬墓。其规模与河南巩县宋陵、北京明十三陵相当，是中国现存规模最大、地面遗迹保存最完整的帝王陵园之一。

西夏帝王陵墓见诸史籍的有：太祖李继迁裕陵、太宗李德明嘉陵、景宗李元昊泰陵、毅宗李谅祚安陵……

陵区是仿河南省巩县的宋陵建造的。第一座陵园都是一个完整的建筑群体，陵园四角筑有角台，高大的阙台雄踞神道两侧。园内曾有鹊台、碑亭、神墙、角楼、月城、内城、陵台石像等，形成气势壮观的地面宫殿。陵园公元1227年被毁。现幸存的一列列神墙、鹊台、角楼依旧矗立，特别是那些黄土筑的八角塔形陵台高达20多米，被外国游人誉为"中国的金字塔"。

名人简介

李元昊

李元昊（1003—1048），西夏王朝建立者，西平王李德明之子。1032年继王位，1038年在兴庆府（今银川城区）建立大夏国，筑台受册，继皇帝位。1040年在好水川（今宁夏隆德县境）大败宋军。1044年在贺兰山北大败辽军。大夏建国后，注重军事、农牧业和文化艺术的发展，国力逐渐强盛，形成与辽、宋相互对峙的局面。1048年，李元昊在宫廷斗争中被刺身亡。

感觉宁夏

宁夏作为中国版图最小的一个省份，仿佛祖国母亲怀中珍爱的宝贝儿。难怪近千年前，强横一时的西夏王国以此地为根基，开拓了纵横万里的辽阔疆土。面积只有5.18万平方公里的宁夏回族自治区居住着全国回族人口的1/5，将近200万人，被称作中国的伊斯兰省。宁夏中南部地区每个村社中矗立的美丽的清真寺，路边男人的白色小帽子构成了一道独特的风景线。

文成公主遗迹

名人景点

日月山

日月山位于湟源西南 40 公里，属祁连山支脉，长 90 公里，海拔最高为 4877 米。日月山山峦起伏，峰岭高耸，兀峰白雪皑皑。低处则红土覆盖，红岩垒垒，所以唐朝时叫赤岭。

日月山，古今闻名，传说众多。其中流传最广，最为感人的莫过于文成公主进藏的故事。

相传，唐太宗为了汉藏人民世代和好，将自己的宗室女儿文成公主许配给了藏王松赞干布。文成公主一行由江夏王李道宗、藏相禄东赞陪同，从京都长安迤逦西行，来到了日月山。

当公主登上山顶，举目环顾时，但见山麓两边竟是截然不同的两个世界：一边是雨打芳草萋萋，一边是雪压枯草惨惨；一边是烟雨飘摇枝新，一边是玉鳞纷飞草叶枯，甚至连这里的日月，也没有家乡那样明亮、温暖，不禁心潮起伏，愁思万缕，潸然泪下。

唐太宗听说公主怀乡思亲，不肯西进，为了替女儿解愁，特意铸造了一面日月如意宝镜送上此山，说是如果公主想家，打开宝镜，可以从中看到家乡父母、故里山河。护送的吐蕃大相怕公主见到亲人，思故不进，便暗中将日月宝镜换成了石刻日月镜。公主拿起镜子来看，怎么也看不到长安城里的父母，以为是父皇薄情而在有意欺骗她。公主潸然泪下，泪水流成了倒淌河，由东向西汇入碧波万顷的青海湖，于是一气之下，将石刻日月镜抛在一边，毅然西进。后来人们便把赤岭改名为日月山。唐代开元年间，唐王朝和吐蕃王国还在日月山顶树立过汉藏和好碑，藏汉两族以日月山为界，和睦相处，并把日月山作为茶马互市之地。

名人简介

文成公主

文成公主（？—680），唐太宗养宗室女。贞观八年（634），吐蕃赞普松赞干布遣使求婚。贞观十五年，太宗令李道宗主婚，持节护送公主入藏。松赞率部亲迎于河源。入藏时，携带金银器皿、丝绢、营造工技和医药书籍以及工匠等，使汉族先进生产技术及文化，大量传入西藏，对藏族社会发展起了一定推动作用，并对汉、藏两族人民友好关系有所促进。

香妃墓冢

名人景点

香妃墓

又名阿帕霍加墓，位于喀什市东北 5 公里处的浩罕村，占地面积约 2 万平方米，始建于 1640 年前后，距今已 350 多年，是一座典型的伊斯兰式古老的陵墓建筑。据说，墓内葬有同一家族的五代共 72 人，第一代是伊斯兰教著名的传教阿吉·买合买提·玉素甫霍加。其长子伊斯兰教白山派首领阿帕霍加亦葬于此。因其声望高于其父，故墓名改为现名。现为国家级重点文物保护单位。陵墓由门楼、小礼拜寺、大礼拜寺、教经堂和主墓室五部分组成。主体建筑主墓室在陵园东部，造型宏伟壮观，风格庄严华丽，为整个建筑群之冠，也是新疆最为宏大精美的陵墓，主墓方体圆顶，高 26 米，底面横长 39 米。其圆拱直径达 17 米，无任何梁柱；墓室四周的墙上，由绿色琉璃砖贴面，间以黄蓝二色瓷砖镶嵌，瓷砖表面绘有彩色图案，还有阿拉伯文警句。墓室内的墓台上，排列着白底蓝花琉璃砖包砌的坟丘，晶莹素洁。传说霍加后裔中，有一个叫伊帕尔汗的女子，是乾隆的妃子。由于她身上有一股浓郁沙枣花香，人们称之为"香妃"。香妃死后亦葬于此，故人们又称该墓为"香妃墓"。阿帕霍加墓是我国古代维吾尔族建筑艺术的典范。

名人简介

香妃

香妃，维吾尔人叫她"伊帕尔汗"，维吾尔语"香妃"之意。她的原名叫玛箐黎兹姆（或称买木热，艾孜木），生于 1734 年，卒于 1788 年，终年 54 岁。她自幼体有异香，被乾隆赐名"香妃"。

名副其实的"香消玉殒"

玛慕黎兹姆进京入宫后，乾隆皇帝出于猎奇心，对她十分宠爱，朝夕相伴，通宵歌舞。其他嫔妃非常嫉妒，不约而同找乾隆之母——皇太后进谗言，说香妃身上的香味是妖气，她用妖气迷住了皇帝。如果不加劝阻，将危害龙体圣安。皇太后几次找乾隆谈话，劝其疏远香妃，乾隆笑着说：香妃身上的香气不是什么妖气，是她经常吃一种花的缘故。太后问是什么花，乾隆说：据她自己讲是一种铜杆杆生长银叶子的金花花（指沙枣花，这是有意编造。其实香妃之香或是抹了外国的香脂，或是异常的狐臭）。太后说："那你拿来给我看看。"乾隆说："这种花生在香妃的家乡。"太后以为乾隆故意骗她，还是疑心不死。有一次，趁乾隆外出，太后把香妃找来，两边站有挂剑武士，她吓声问道："伊帕尔汗，你可知罪？"香妃说道："启禀太后，臣妾何罪？"太后怒冲冲地说："你把妖气带进宫中，扰乱了朝纲，罪不容诛！"香妃分辩道："臣妾是人，何来妖气？"太后举起酒杯，命道："喝下去，是人是鬼，立见分晓。"香妃接过酒杯，一饮而尽。等乾隆赶来，香妃已香消玉殒。

维族大诗人墓

玉素甫·哈斯·哈吉甫墓

坐落在喀什市内体育路，占地 965 平方米。墓主是 11 世纪中期的维吾尔族诗人、学者玉素甫·哈斯·哈吉甫。他生于 1019 年，卒于 1080 年左右。1070 年前后，他用古回鹘文写成了一部长达 13000 余行的叙事长诗《福乐智慧》。这部长诗内容丰富，语言生动，涉及当时政治、经济、文学、历史、地理、数学和医学等，是一部大型历史文献，对后世的文学创作产生了巨大影响，受到国内外史学界的重视。陵墓坐北朝南，呈长方形，正门宽 4.2 米，高 8 米，正门两侧各有一座高达 8.7 米的圆柱形塔楼，陵墓由墓葬群、门楼和主墓室组成。主墓室外方内圆，上覆穹窿顶，顶正中有一个小塔楼。陵布局独特、宏伟，装修古朴、肃穆，具有浓郁的民族风格。

"克孜库尔干"

名人景点

公主堡

位于塔什库尔干城南的明铁盖峡谷内，当地塔吉克人称它为"克孜库尔干"。意为"公主堡"。古堡所在山头山势峻险，北侧有山沟可通皮斯岭大坂，海拔4000米。是丝路南道上的咽喉。唐三藏经过这里时，曾听到一个动人的故事：当地的渴盘陀国王自称至那提婆瞿坦罗，意为"汉日天种"。传说曾有一位波利斯国王，娶了一位汉族公主。迎亲队伍回到这里，因战乱遇阻，找到一处孤岭危峰住下，周围严密禁卫，任何外人不能上山。不想过了3个月，公主却有了身孕。迎亲使团十分惶惧。据公主贴身侍女称，每天中午，有一个俊伟男子从太阳中骑马下来与公主相会。迎亲使团无法复命，就在孤峰上筑城。公主至期产子，王子继位为王，成了这片地区的统治者。

国王因母是汉土之人，父乃日天之种，故自称汉日天种。保留至今的古堡废墟，南面为一东西向土墙，长150米，高约10米。堡墙以土石与树枝相间垒筑。堡墙内有居住遗迹13处。从古堡所处地势分析，主要是一处军事性质的工程，与保卫古代丝绸之路交通安全有关。后倚高耸蓝天的皮斯岭达坂，突兀高耸，险峻挺拔，有城垣、重门、地穴和石室，当地塔吉克人称它为"克孜库尔干"。它来源于当地人民中流传的一个神话故事，据说一个中国汉族公主曾在此与太阳神结合，实则为保卫古丝绸路交通安全所设的一处军事工程，建于南北朝。

王阳明遗迹

名人景点

阳明祠

阳明祠位于市东扶风山麓，始建于清嘉庆十九年（1814），此祠是为纪念明

代哲学家、教育家王守仁而建。祠内殿廊相接，林木葱茏，清幽宜人，诗文碑刻甚多，文物荟萃，引人注目。

名人景点

王守仁

王守仁（1472—1528）是明中叶著名哲学家、教育家，世称阳明先生。王守仁认为教育的目的是明人伦。他主张从"致良知"入手，通过教育，把个人的私欲灭掉，保存各人固有的天理"良知"，养成封建道德品性。教育就是要陶冶人格。"操于其心者，其动妄；荡于其心者，其视浮；歉于其心者，其气馁：忽于其心者，其貌惰；傲于其心者，其色矜。"

王守仁从"致良知"出发，在教学原则上提出许多值得重视的见解：一、重视躬行实践，认为真知必须行，应在行动中学习，以求真知；二、重视独立思考，认为教学是要引导学者"各得其心"，学习贵于"自求"、"自得"，学问要旁人"点化"不如自解化；三、主张循序渐进，他认为学习必须"从本原上用力，渐渐盈科而进"；四、主张因材施教，认为教师教人如医生治病，要辨症施治，"夫良医之治病，随其病之虚实强弱，寒热内外，而斟酌加减，调理补泄之，要在去病而已"。

名人逸事

王守仁看花

先生游南镇，一友指岩中花树问曰：天下无心外之物，如此花树，在深山中自开自落，于我心亦何相关？先生曰：你未看此花时，此花与汝心同归于寂，你来看此花时，则此花颜色一时明白起来，便如此花不在你的心外。

这里，王守仁谈的是花的存在与花存在的意义的问题，亦是认知活动与审美活动的问题。依认知活动，作为客观存在的花，在山中自开自落，独立地存在于人的主观意识之外。无论你看到它与否，它总会存在于此，与我心无关。并且，花的颜色在科学实验中不可能出现"一时明白起来"的现象。此时的花，只能是作为一个与主体无生命交流，毫无"意义"的自在之物而存在，"与妆心同归于寂"，不是对象，不是价值实体。但在审美活动中，由于审美主体心灵的情感投射，审美主客体的意向性活动，才使那种"与汝心同归于寂"的毫无生命意义的存在物生成为审美对象，才有了花存在的意义，"此花颜色一时明白起来"。由于"我"的体验（看），此时的花就有了我的"良知"（生命），与我的生命无间隔地

一气流通，并成为确证我的生命存在的对象。因此"花"就不在审美主体之外了，而是审美主体的喜怒哀乐等生命活动的显现。"花"的意义的获得正是审美体验作用的产物。

王若飞故居

名人景点

王若飞故居

王若飞故居是我党老一辈无产阶级革命家王若飞诞生和度过童年时代的地方。

故居坐落在安顺老城北街（现中华北路202号），整座建筑坐西朝东，呈"甲"字形布局。进了临街的门楼，是一条狭长的过道。在过道的尽头是小巧雅致的朝门，朝门檐下有一块黑底烫金字的横匾，"王若飞故居"几个大字是聂荣臻元帅所题。朝门上还有一块横匾，上面是王若飞的手迹："一切要为人民打算"，几个闪光大字，过了朝门，向右进入故居，故居是一座由正房、对厅房、南北厢房合围的四合院，占地900平方米，一座影壁花台，将院坝分成前后两院。

故居陈列的是王若飞的生平事迹展览，展览共分八个部分，在三个憩厅展出，系统介绍了王若飞光辉的一生。第一展厅分为三个部分，第一部分展出王若飞青少年时期，在达德学校求学期间以及辛亥革命、护国运动中进行革命活动的资料；另有王氏家庭的祖宗牌位，以及王若飞青少年时用的文房四宝。第二部分展出王若飞在日本、法国留学和进行革命活动的照片，以及在白色恐怖下，领导无锡地区农民暴动的资料。第三部分展出王若飞在狱中的革命斗争，与黄齐生之间的通信来往。

第二展厅分为三个部分，第一部分展出王若飞回到延安，在整风运动和土地革命运动中的资料。第二部分展出王若飞在重庆谈判期间的照片，和毛泽东、周恩来等领导人在一起工作的珍贵照片。

第三部分展出王若飞遇难后，中共中央领导人、民主人士、爱国将领的题词、悼文、悼词；解放后社会各界缅怀先烈、瞻仰王若飞故居以及中央领导同志参观故居的情景。第三展厅是各个时期党和国家领导人的亲笔题词。王若飞故居正房是供人们仰怀先烈、举行各种宣誓活动的地方。堂屋正中，挂着王若飞巨照，四周簇拥着一丛丛美丽的鲜花。两边条幅书写董必武同志的诗句"磊落胸怀照日月，冷清头脑战风雷"。堂屋两边是王若飞和黄齐生先生的生平简介；正房左右次间，堂屋半间，陈列的是王若飞祖父留下的清代家具。故居整个展线长87米、有照片82张，文字14幅，实物191件，领导人题词20幅。

名人简介

王若飞

王若飞（1896—1946），原名运生，字继任，贵州安顺人。1922年与周恩来等在巴黎发起成立旅欧中国少年共产党，同年转入中国共产党。曾任中共中央秘书长、八路军副参谋长。中共五大、七大上当选为中央委员。1946年2月到重庆参加同国民党谈判，4月8日，由重庆返延安途中，因飞机失事在山西兴县黑茶山遇难。

名人逸事

王若飞妙解佛经

1931年10月，王若飞同志被捕入狱。监狱长韩渐逵来到监狱，问王若飞："我送给你的佛经看过了吗？"

"看过了，早就熟读了。"王若飞答。

"有什么心得？"

"很有收获。"

"是啊，苦海无边，回头是岸，快跳出苦海吧！"

"不但我要跳出苦海，而且还要引导大伙跳出苦海呢！你说好不好？"

"那好极了！那好极了！真是佛法无边，金石为开，阿弥陀佛！"

王若飞问道："不过，监狱长，你知道苦海在哪里？"

韩渐逵愣了一下，不知道该怎么回答。

王若飞说："苦海就在你的脚下，苦海就是无止境的剥削，就是国民党的反动统治，就是你们的监狱、刑场、法庭和你们所有的罪行，我们一定要填平你们造成的苦海，把人民带到幸福的世界！"

韩渐逵知道上了当，羞得满面通红，气愤地说："你污辱圣灵，曲解佛经！不准你胡言乱语！"

王若飞望着敌人的丑态，以胜利者姿态哈哈大笑。

在此王若飞先从表面上顺从典狱长的观点，使对方失去警惕，然后趁对方得

意洋洋、喜形于色之时，突然话锋急转直下，对"苦海"作出恰当的解释，给典狱长以突如其来的沉重一击，使对方在还没有回过神来之时，已是目瞪口呆，哑口无言。

茅台酒故里

名人景点

茅台国酒文化城

远在汉代，仁怀人民就酿出了被汉武帝誉为"甘美之"的佳酿，而茅台酒自1915 年获巴拿马金奖以来，声名远扬。一座反映茅台酒的发展、酒文化的精髓，体现汉、唐、宋、元、明、清及现代建筑风格，集雕塑、碑刻、楹联、文物为一体的堪称目前世界上最大的酒文化博物馆——"国酒文化城"已成为酒乡旅游一道亮丽的风景线。

名人逸事

周恩来与尼克松谈茅台

1972 年 2 月 21 日晚，人民大会堂宴会厅里宾主云集。尼克松及夫人、基辛格等由周恩来陪同坐在可以容纳 20 人的主宾席的大圆桌旁。

在中国人的宴会上，无休止的祝酒是必不可少的一项重要内容，招待尼克松、基辛格这样的贵宾用的茅台酒据说已贮存 30 年以上。当服务员将那古雅的水白陶瓷酒罐打开，一股特殊的芳香悠悠溢出，沁向四周。

"这就是驰名中外的茅台酒，酒精含量在 50 度以上。"周恩来举起面前的一个小酒杯向尼克松介绍。当时的国宴，每个客人面前至少摆上大、中、小三个酒杯，每个酒杯都斟得满满的，其中必有国酒"茅台"，其余的是各种名牌葡萄酒，另外还要上橘子水、矿泉水。

"我听说过您讲的笑话。说一个人喝多了，饭后想吸一支烟，可是点火时，烟还没有吸燃，他自己先爆炸了。"尼克松讲到这里，不等翻译译出，自己先笑了。

周恩来也开怀大笑，他当真拿来火柴，划着之后，认真点燃自己杯中的茅台酒，用愉快的声音说："尼克松先生，请看，它确实可以燃烧。"

周恩来的表演将尼克松总统迷住了。尼克松回到华盛顿以后，曾得意地向他的女儿特里西娅表演茅台酒的利害，当他把一瓶茅台倒在碗里，点着了火。岂知蓝色的火焰跳跃着，竟不熄灭，他大为骇然；碗炸开了，吐着火苗的茅台酒流满了桌面，基辛格曾经幽默地提到此事：美国第一家庭的成员奋勇协力，慌忙救火，才把火扑灭，防止了一场国家的悲剧。

做完茅台酒的表演后，周恩来端起了服务员新换上的酒杯，茅台酒早在1915年巴拿马万国博览会上已扬名四海，但是，1972年2月21日，星期一的晚间，在人民大会堂举行的国宴上，电视摄像机拍下了周恩来与尼克松满脸喜悦地用茅台干杯的镜头，并向全世界播送，更使茅台酒伴随着这个历史性的"干杯"而名震世界。

尼克松一次又一次朝周恩来的酒杯投去目光，终于问了一句："我听说您的酒量很大？"

周恩来笑了笑，带着回忆的神情："过去能喝。红军长征时我曾经一次喝过25杯茅台。"周恩来把酒杯捏在手指间，注目着转动酒杯，"比这个杯子大。"尼克松吃了一惊，继而疑惑地问："可是今天你没喝？"周恩来点头："年龄大了，医生限制我喝酒。不能超过两杯，最多三杯。"

尼克松说："我在书里曾经读过这样一段故事，说红军长征途中攻占生产茅台酒的茅台镇，把镇里的酒全部喝光了。"

周恩来眨动双眼，目光里流露出对往昔的眷恋，说："长征途中，茅台酒是我们看做包治百病的良药，洗伤、镇痛、解毒、治伤风感冒……让我们用这万能良药'干杯'。"

霍元甲故里

名人景点

霍元甲故居

南河镇小南河村是清末爱国武术家、精武之祖霍元甲的故乡，至今保存霍元甲故居和陵园。占地1万平方米，含陵墓、纪念碑、牌坊、陈列厅、演武场和故居等，已成为增进国内外精武友人来往的纽带和弘扬民族精神的爱国主义教育基地，同时，也是世界各地数万精武门人恭仰和朝拜的圣地。故居位于小南河村中心，东西长11.6米，南北长12米，总计占地139.2平方米，其中建筑面积46

平方米。故居内陈列着霍元甲务农时使用过的农具、练武用的兵器、生活用品、家具、文房四宝以及霍元甲创办的精武会会旗等实物和资料。霍元甲的陵墓距小南河村约 400 米，占地 8580 平方米，墓基建筑面积 1763 平方米，霍元甲的棺木于 1989 年 4 月 29 日迁葬于此。整座陵墓由神道、石狮、享殿、石牌坊、寝园组成。整体建筑采用了轴线对称布局，中轴线为神道，盾形台基上布有红、黄、蓝三个立体五星花坛，标志精武会宗旨——德、智、体全面发展。方形须弥座，拔地 1.8 米，四周镶有 1 米高的汉白玉香案置放在墓碑之前，墓圈由毛骨石垒砌，盘石封沿，宝顶为垛斧是石工艺，总高 3.5 米。南侧后神道通向松林。霍元甲的棺木即葬于此，墓前树立高 1.5 米，阔 0.75 米墨色墓碑一通，碑阳镌刻"霍元甲之墓"，碑阴镌刻着霍元甲生平简历，霍元甲陵墓四周果木林立、郁郁葱葱，形成一簇绿色花环，幽静肃穆，于灰白基调的陵墓相映，令人肃然起敬。

名人简介

霍元甲

霍元甲（1857—1909），清末武术家，字俊卿，静海（今属天津）人。精技击，家传"迷踪拳"。1907 年在上海先后击败俄国力士和日本武士。1909 年创上海精武体操学校（精武体育会前身）传授技艺，同年遭日本浪人毒害。

名人逸事

乱世英雄霍元甲

1901 年，一俄国力士在天津自称"世界第一大力士"，并说"第二是英国人"，"第三是德国人"，霍元甲闻知后，愤然说："我国竟无一人吗？"便挺身而出，前往较量。俄国力士被他的大无畏气概所慑，知非霍的对手，便老老实实登报更正后逃去，大长了中国人的志气。

1909 年冬，西洋大力士奥皮音在上海北四川路 52 号阿波罗影戏院表演健美时口出狂言，要与华人较量，并以轻蔑的口吻称华人为"东亚病夫"。引起了同盟会骨干陈其美及农劲荪、陈铁生、陈公哲等爱国人士的极大义愤，经商议邀请霍元甲到沪与奥皮音比试。1909 年 12 月下旬，霍元甲偕弟子刘振声抵沪与奥皮音比武。据当时《时报》刊登张园主人设擂比武广告说："中国大力士霍元甲君为北省拳术之冠，去年在敝园演技三日无不称赞。"奥皮音闻讯托词要去外埠，故相约于次年春比高低。

1910 年 4 月，霍元甲偕其徒刘振声第二次抵沪，经数度商洽，订立生死条款，再一次约奥皮音在张园搭架擂台比武。但奥皮音害怕霍元甲的高强武艺，仍失约未到，不战而遁。自此，霍元甲成名大振，扬名沪上。同盟会成员陈其美运筹帷幄，顺势提出"希望十年内训练出千万名既有强健体魄，又有军事技能的青年以适应大规模革命运动和改良军事的需要。"经商议，决定创办中国精武体操会（上海精武体育会前身），农劲荪任会长，霍元甲主持武术技击训练并习军事。1910年6月以霍元甲的名义在《时报》上刊登上述消息。我国第一个民间体育组织诞生了。霍元甲曾偕徒刘振声应邀与日本柔道师切磋技艺时不慎误伤了对方，无意中与日本人结下怨恨。正当霍元甲主持精武体操会精心培养骨干，以图大展伟业之机，却遭到日本人的陷害，误服了日人的"慢性烂肺药"，不幸英年早逝，为精武事业献出了宝贵的生命。霍元甲是精武体育会的先驱和精神支柱。

吉鸿昌故居

名人景点

吉鸿昌故居

吉氏故居在天津和平区花园路5号，是一所三层小洋楼，又名红楼，是吉鸿昌在天津进行抗日活动的住所。该楼建于1917年，砖木结构，孔机砖清水墙，旧时沙得利工程公司设计，总建筑面积1000余平方米，是吉鸿昌将军于1930年以有余堂名义购自德善堂。楼房首层作为接待用，卧室、客厅则设在二楼，三楼为秘密印刷处。

名人简介

吉鸿昌

1895年10月18日，吉鸿昌生于河南省扶沟县一个贫苦家庭。幼年时他在乡塾里读过书，因家境窘迫，不满18岁便投到冯玉祥部下当兵，从此开始了戎马生涯。吉鸿昌为人忠实、机敏、果断，具有典型的军人性格，而临阵的勇猛，尤出一般人之上，因此很受冯玉祥的赏识。

1933年5月，中国共产党领导组织了察哈尔民众抗日同盟军。吉鸿昌回国任前敌总指挥，当时抗日队伍面临无法解决粮秣、被服的重重困难，吉鸿昌就变卖家产，将所得6万元支援军需，他坚信"师出有名，强虏必败"。有一次，部队出发前，他向全体官兵讲话："有贼无我，有我无贼，非贼杀我，即我杀贼，半壁河山，业经改色，是好男儿，舍身报国。"说罢，挥刀上马，队伍浩浩荡荡向察北进军。吉鸿昌率部所到之处，敌人闻风丧胆。他们连克康保、宝昌、沽源、多伦等城，在克复多伦时，激战五昼夜，吉鸿昌亲率突击队歼灭守敌，收复失地，这一胜利，震惊中外，迎头痛击了"抗日必亡"的谬论，粉碎了日本帝国主义不可战胜的神话。

正当同盟军全部收复察省失地，准备出兵热河，收复东三省时，亲日派勾结日本帝国主义联合向同盟军围攻，一场轰轰烈烈的人民抗日烈火被扑灭了。吉鸿昌辗转回到天津继续进行反帝斗争。

名人逸事

国破尚如此，我何惜此头

1934 年 11 月 9 日，吉鸿昌在天津被特务行刺受伤被捕，他面对"立时处决"命令，镇静安详地向敌人要了纸墨笔砚，挥笔疾书，写了自己怎样走上革命道路，历数国民党反动派祸国殃民的罪行。在给妻子胡洪霞的遗嘱中写道："夫今死矣，是为时代而牺牲。"

殉难前，吉鸿昌身披斗篷，从容走上刑场，他用树枝作笔，以大地为纸，写下了浩然正气的就义诗："恨不抗日死，留作今日羞，国破尚如此，我何惜此头！"然后对刽子手们厉声说道："我为抗日而死，不能跪下挨枪，我死了也不能倒下！给我拿椅子来我得坐着死！"他巍然坐在椅子上像泰山一般。他又向拿枪的敌人说："我为抗日死，死得光明正大，不能在背后挨枪，你们在我眼前开枪，我要亲眼看到敌人的子弹是怎样打死我的。"当刽子手在吉鸿昌面前举起枪时，他扬眉瞪目，高呼："抗日万岁！""中国共产党万岁！"英勇就义，时年 39 岁。

梁启超天津故居

名人景点

梁启超故居

梁启超是中国近代很有影响的人物，一生著作甚丰。他于民国初年在天津意租界西马路（今河北区民族路）购得一块地皮，面积约 2668 平方米，于 1914 年建成一所住宅，此后又建一所书斋——饮冰室，住宅为二层西式楼房，前后共有两幢。前楼为主楼，带地下室。一、二层各有 9 间居室。整体建筑分为两部分，东半部为梁氏专用，有小书房、客厅、起居室等；西半部是家属住房。后楼为附属建筑，有厨房、锅炉房、贮藏室、佣人住房等。前楼与后楼有走廊、天桥连接。整所建筑面积 1100 余平方米，主楼为砖木结构，水泥罩面，塑有花纹，异形红色瓦顶，石砌高台阶，双槽门窗，整所建筑相当讲究，有花园、汽车房、传达室等。

饮冰室在今河北区民族路 46 号，与住宅（民族路 44 号）相连，建于 1924 年，是一所浅灰色两层小洋楼。楼内正面有三个小拱厅，门前两侧是石台阶，当中有蓄水池，池中雕一座石兽，口中喷水常年不断。一楼正中为大厅，大厅周围 5 间房子除 1 间为杂房外，其余为书房和图书室。二楼靠西北角也是 1 间大厅，靠东南角有几间主要作卧室或图书资料室。梁氏后期就住在这里从事著述。

梁氏的饮冰室由意大利建筑师白罗尼欧设计，为天井外廊式带封闭罩棚。建筑造型别致，正中大厅实际是天井院的罩棚，罩棚高出屋顶，用花玻璃镶成。该所建筑共有房 34 间，建筑面积 949.5 平方米。

名人简介

梁启超

梁启超，字卓如，号任公，又号饮冰室主人，是戊戌变法主要成员之一，与康有为齐名，近代史称"康梁变法"。辛亥革命后曾先后出任北洋政府司法总长、币制局总裁、财政部长等职。

名人逸事

梁启超的爱情

梁启超 17 岁那年参加广州乡试，榜列第八名举人。当时主持会试的主座是清末著名的维新派李端棻，他赏识梁启超的才干，将堂妹李惠仙许配给了梁。于是李惠仙与梁启超订了婚。

李惠仙是京兆公李朝仪的女儿，正所谓大家闺秀。梁启超次年京师会试落第，随康有为在万木草堂学习。但李惠仙甘愿下嫁穷书生，在北京完婚，几个月后便随梁启超回到了熊子乡。当时梁家生活贫寒，结婚的新房还是从同族人临时借的，但这位出身高贵的新夫人毫无怨言，操持家务，敬养老人，与梁启超相敬如宾，感情非常融洽。

"百日维新"梁启超和康有为逃往日本。李惠仙扶老携幼避居澳门。梁启超在日本，读书写作十分繁忙，但一封封家书不断，与同经忧患的妻子对话，字里行间洋溢着深厚的情谊。他还将一张身穿和服的照片寄给妻子，信中说："衣冠虽异，肝胆不移，贻此相对，无殊面见矣。"

在以后的20多年生活里，李惠仙治理家务，井井有条，使梁启超以全部精力投注治学著述，取得丰硕的成果。1924年9月夫人逝世，他悲痛万分，涕泪纵横，步行好几里回宣武门外回灵。不久在《苦痛中的小玩意》一文中，他这样表达了夫人逝世后的心情："风雪蔽天，生人道尽，块然独坐，几不知人间何世。哎，哀乐之感，凡在有情，其谁能免？平日意态兴会淋漓的我，这也嗒然气尽了。"

为纪念他的夫人，梁启超做了一篇饱含悲痛之情的《祭梁夫人文》："我德有阙，君实匡之；我生多难，君将扶之；我有疑事，君摧君商；我有赏心，君写君藏；我有幽忧，君噢使康；我劳于外，君煦使忘；我暗君和，我揄君扬；今我失君，双影彷徨。"

米芾故居

名人景点

米公祠

米公祠，原名米家庵，位于古樊城柜子城上，隔汉水与襄阳小北门相望。始建于元朝，明末毁于战火，现存全部建筑系清康熙至雍正年间重建。它是为纪念我国北宋时期杰出的书画大师米芾而修建的祠宇。

名人简介

米 芾

米芾（1051—1107），字元章，人称"米襄阳"、"米南宫"、"米颠"。米芾擅诗文、工书画、精鉴赏，多才多艺，而其书画的成就尤为突出，自成"沉着痛快"的"刷字"艺术的新风貌，被誉为一代宗师，与苏轼、黄庭坚、蔡襄并称为北宋四大书法家。其绘画，创制了"米氏云山"，他创作的山水画因其有独特的气韵，人称"米家山水"。

小知识：米芾书法鉴定窍门

米芾对书法的分布、结构、用笔，有着他独到的体会。要求"稳不俗、险不怪、老不枯、润不肥"，即要求在变化中达到统一，把裹与藏、肥与瘦、疏与密、简与繁等对立因素融合起来。章法上重视整体气韵，兼顾细节的完美，成竹在胸，书写过程中随遇而变，独出机巧。米芾的用笔特点，主要是善于在正侧、偃仰、向背、转折、顿挫中形成飘逸超迈的气势、沉着痛快的风格。字的起笔往往颇重，到中间稍轻，遇到转折时提笔侧锋直转而下。捺笔的变化也很多，下笔的着重点有时在起笔，有时在落笔，有时却在一笔的中间，对于较长的横画还有一波三折。勾也富有特色。

秦始皇陵

名人景点

秦始皇兵马俑博物馆

1974 年，秦始皇陵兵马俑坑的发现震惊世界。这一建在公元前 3 世纪的地下雕塑群以恢弘磅礴的气势，威武严整的军阵，形态逼真的陶俑向人们展示出古代东方文化的灿烂辉煌，无论建造年代、建筑规模与艺术效果无不堪与"世界七大奇迹"媲美。于是，"世界第八大奇迹"之誉不胫而走，成为秦始皇陵兵马俑的代名词。

秦始皇兵马俑博物馆是我国最大的遗址博物馆，除一号坑、二号坑、三号坑保护陈列大厅外，还有兵马俑坑出土文物陈列室和秦陵铜车马陈列室。

名人简介

秦始皇

秦始皇（前 259—前 210）即嬴政，秦王朝的建立者。公元前 246—前 210 年在位。公元前 230—前 221 年，发动了统一全国的战争，先后灭掉韩、赵、魏、楚、燕、齐六国，建立了中国历史上第一个统一的多民族的中央集权封建国家。

中华始祖黄帝陵

名人景点

黄帝陵

传说黄帝活了 110 岁，天宫中的玉皇大帝派了一条巨龙接轩辕黄帝升天。人们把黄帝连同巨龙团团围住，依依难舍。巨龙驮着黄帝昂首腾空。慌乱间，有人扯住黄帝一块衣襟，有人拽下一只靴子，有人拉住了黄帝佩剑。后来，人们把这些黄帝的遗物埋葬在桥山之巅，这就是黄帝陵的由来。

黄帝陵位于黄陵县，距西安 190 公里。黄帝陵为中华民族人文初祖轩辕黄帝之墓。陵墓隐于苍翠古柏之中，为群山环抱，是全球华人拜陵谒祖之圣地，系国家重点保护的第一号墓葬。

名人简介

华夏始祖——黄帝

华夏始祖——黄帝，是距今约 4700 多年前我国远古社会的传奇领袖。据史籍记载，他的母亲附宝因感受一团环绕北斗星的电光，怀孕 24 个月后出生了这位划时代的英雄。

他姓公孙，因长于姬水，又姓姬，号有熊氏，曾居轩辕之丘，又号轩辕氏。他是黄土高原上的远古英雄，崇尚土德，所以后世尊为黄帝。相传他有 25 个儿子，分别得 12 个姓，后来的唐、虞、夏、商、周、秦都是这 12 姓的后代。苗、戎、狄、毛、匈奴等少数民族也承认是黄帝的后裔，所以，黄帝被视为中华民族的共同祖先。

黄帝首先以惩罚邪恶、一统天下的伟绩载入史册。在远古时代，中国北方西部是黄帝族活动地区，中部是炎帝族活动地区，东部是东夷族活动地区，中国南方则是苗蛮族活动地区。后来，社会发生动乱，南方苗蛮族乘机攻打炎帝族。黄帝族与炎帝族都是少典族的后代。炎帝战败，向黄帝求援，黄帝族与炎帝族联合击败并擒杀。此后，黄帝"经五十二战而天下咸服"，开创了前所未有的一统天下局面。

根据远古史籍记载，黄帝还是智慧的化身。人们把掘井、熟食、铸鼎、衣裳、冠冕、灶具、陶器、酿酒、舟楫、车辆、柞臼、宫室、历法、算数、镜子、货币、几案、嫁娶、礼仪、兵法、弓箭、文字、图画、音乐、中医、指南车等等包括日常生活中的诸多器械，政治领域中的典章制度，风俗习惯中的婚丧嫁娶等等，都归功于黄帝或他妻子、臣下的发明。

乾陵与"无字碑"

名人景点

乾　陵

乾陵是唐高宗李治和女皇武则天的合葬墓。位于陕西省乾县城北6公里的梁山上。为全国重点文物保护单位。乾陵以山为阙，气势雄伟。乾陵周围原有内外两重城墙。经调查勘探，找到了内城墙、四门、献殿和城墙角楼遗址。乾陵地面设置遗留至今的主要是陵墓石刻。朱雀门外东西两边有两座大碑。左为"述圣记碑"，碑高6.3米，共七节，故又称为"七节碑"。右为"无字碑"，高与"述圣记碑"相等。初立时碑上未刻一字，故曰："无字碑"。乾陵内部建筑情况，据《新唐书·严善思传》载："乾陵玄阙石门，冶金固隙。"非常坚固。经勘察，墓道长63.1米，宽3.9米，全用石条填砌，从墓道口至墓门共39层石条，各层石条均用铁栓板固定，并灌注白铁。据文献考证和勘察，乾陵内部所藏文物极多，且没有盗掘痕迹。

名人简介

一代女皇武则天

武则天（624—705），并州文水人，唐高宗李治的皇后，唐代女政治家。性巧慧，多权术。贞观年间，武氏以美貌应召入宫，始为才女，赐号武媚，时年14岁。655年，立武氏为皇后。690年，废睿宗李旦自立为则天皇帝，改国号为周，改元天授，史称"武周"。705年，宰相张柬之乘武则天年老病危，拥立中宗复位，尊武氏为"则天大圣皇帝"。同年冬，武氏死，享年82岁，遗诏"去帝号，称则天大圣皇后。"

名人逸事

武则天发明了"裙子"

一天，武则天看着自己过于肥胖的双腿，心里很是烦恼，实在不想看见这讨厌的两条腿了，思来想去，想用一块缎子把腿盖住，这样别人就看不到了，于是她用一块缎子在镜子前比画来比画去，后来干脆用缎子前后一裹，前后都看不见腿了，走起路来又飘逸又好看。她高兴极了，赶忙让人加工制作，然后让宫女们穿上走一圈儿让她看看。她又进行了改进，让人给她做了一条穿上，觉得很满意。但穿了这东西，该叫它什么名字呢，大家都请她起个名字，武则天想来想去，想到身上穿的这些衣服，什么袍啊、袄啊、褂啊，都有个"衣"字旁，她灵机一动，有了：我是一国之君，这个衣服是我君王发明的，干脆给"君"字加个"衣"字旁，叫"裙子"吧，让人家知道这是我这个女皇帝发明的。

后来裙子从宫中传到了民间，民间女子也穿上了裙子。

杨贵妃遗迹

名人景点

华清池

华清池位于临潼县城南骊山北麓的唐华清宫故址上，距西安 30 公里。是国家级风景名胜区的全国重点文物保护单位，著名的旅游胜地。

华清池历史悠久，相传西周曾在这里修建过骊宫。秦代在这里砌起石宇，名叫汤泉宫。唐玄宗天宝六年（747）大肆扩建，治汤井为池，环山列宫殿，宫周筑罗城，改名"华清宫"。因宫在温泉之上，又叫"华清池"。天宝十五年（756年）安禄山起兵反唐，盛极一时的华清宫遭兵火之灾毁于一旦。华清池现存建筑多系清代和解放后所建。1958 年进行了大规模的修葺和扩建，此后又新添了中外友好书法碑林、唐诗三百首陶瓷艺术馆、梨园宫等景点，增建了新浴池、华清池宾馆、骊山索道等旅游服务设施。1982 年发掘出唐华清池御汤遗址博物馆，由御汤、贵妃汤、星辰汤、尚食汤和太子汤组成。贵妃池遗址上的保护建筑为四方形拱顶，其他几座为长方形宫殿建筑。

华清池的温泉非常有名。周、秦、汉、隋、唐，曾是皇家沐浴所，杨贵妃也

曾"春寒赐浴华清池，温泉水滑洗凝脂"。华清池现在 4 个泉眼，每小时总流量 110 多吨，水温常年 43℃。水中含有多种矿物质有机物质适宜沐浴疗养，并能治风湿症、关节痛、皮肤病和消化不良等多种疾病。现在 2 座宫殿式的浴室，设有男女浴池 20 多处，有单人池、双人池、家庭池，可同时供 100 多人洗浴。

名人简介

杨贵妃

杨贵妃（719—756），唐代蒲州永乐人（陕西华阴县人）。通晓音律，能歌善舞。天宝四年（745）入宫，得唐玄宗宠幸，封为贵妃。后安史之乱，唐玄宗逃离长安，途至马嵬坡，六军不肯前行，说是因为杨国忠（贵妃之堂兄）通于胡人，而致有安禄山之反，玄宗为息军心，乃杀杨国忠。六军又不肯前行，谓杨国忠为贵妃堂兄，堂兄有罪，堂妹亦难免，贵妃亦被缢死于路祠。安史之乱与杨贵妃无关，她成了唐玄宗的替罪羔羊。

名人逸事

马嵬坡——玉环的最后心愿

唐明皇被迫在御林军的护卫下，携杨贵妃逃离长安，南下西蜀，途中驻扎马嵬驿。御林军统领陈元礼诛杀了杨国忠，于是发生了唐明皇、杨贵妃和陈元礼之间的争论。次日六军不发，狂呼要杀杨贵妃。唐明皇与陈元礼紧急磋商，就战乱的责任问题，坚决为杨贵妃辩护，并要以身抵挡欲闯贵妃营帐的军士，这一切，都让杨玉环看见了。在陈元礼实在控制不住局面、危及皇帝生命安全的关键时刻，杨玉环挺身而出，甘受白绫，做安史之乱的替罪羊。她与唐明皇诀别，唯一的要求是把她葬在梨树之下。她以自己的死，换来了御林军继续前进。

炎帝遗迹

名人景点

炎帝陵

宝鸡是中华民族的发祥地之一。据史料典籍记载，考古发掘佐证，距今约

5000 多年前，炎帝部族就繁衍生息在这里，因此宝鸡被誉为"炎帝之乡"。炎帝陵座落在宝鸡市南郊 7 公里处的常羊山顶。

黄帝之方志载：神农生于蒙峪，沐浴于九龙泉，长于姜水，采药天台之山。其地均在姜水流域。早在唐代以前，这里就有规模宏大的神农庙、炎帝祠，今神农坑、九龙泉、神农骨台等遗址依然可见。从古至今，每逢古历七月七日炎帝祭日，这里祭奠者络绎不绝。天台山也以其优美的原始景色及内涵丰富的人文景观，于 1994 年 2 月被国务院公布为国家重点风景名胜区。

坐落在常羊山上的炎帝陵雄伟、神圣、肃穆、古雅、幽静，成为炎黄子孙谒陵拜祖的圣地。

名人简介

炎帝

炎帝是中华民族的始祖之一，在人类历史的发展中有着不可磨灭的功绩。史书载：帝在位百一二十载，传八世五百余年。始祖身号炎帝，代号神农，母任姒游常羊（山）感生帝，长于姜水，因以为氏。炎帝以农为本，制作耒耜，教民耕稼；创立日中为市，开创原始贸易；遍尝百草，和药济世，发明原始医药，并为此献出了伟大的生命。因此，被我国民间尊为农业之神、太阳之神、医药之神，与黄帝共同被尊奉为华夏人文始祖。

伏羲氏遗迹

名人景点

天水伏羲庙

伏羲庙又名太昊宫，俗称人宗庙，位于天水市西关，为甘肃省级文物保护单位。

天水是羲皇故里，人文始祖伏羲氏诞生于此，并创绘八卦，演绎卦义，促进了人类文明的发展。天水伏羲庙始建于元至正七年（1347 年），临街而建，两门三进，占地 3700 亩。庙内自南向北有牌坊、庙宇、月台、碑亭、主殿、古柏等。殿宇排列对称整齐，布局规则严谨，坊、亭、庑、殿疏密有致，沿主轴线布局对称，雕梁画栋，巍峨壮观。中院内太极殿内有伏羲泥塑彩绘像，后院先天殿原祀

神农，内塑神农像一尊。

庙院原有苍柏64株，系按六十四卦列植，沧桑之变，现仅幸存37株，苍柏古槐，龙枝虬干，依然苍劲挺拔，荫郁参天。相传正月十六日是伏羲派喜神给人们消灾灭祸，根除百病，倘若哪一株树落叶最多，即是喜神树。

伏羲氏是传说中的三皇之首。每年农历正月十六日，相传是伏羲诞辰。天水人民纷纷前来朝拜，表示对这位人文始祖的无限敬仰。每年农历五月十三日（伏羲文化节）举办规模盛大的公祭典礼。

卦台山

卦台山位于天水市渭南西部北道区约50公里，相传为伏羲氏画八卦的地方。明正德十二年（1517年），巡按冯时雍奏请立庙于州北三阳川卦台山上，建有许多庙宇以纪念伏羲。现只存山门、戏楼、午门、钟楼、西殿和伏羲大殿三间。大殿正中塑有全身贴金，身着树页的伏羲大像一尊；右侧塑一振翼欲飞，造型奇特的龙马；左侧有一八卦图，龙马负图自河中出，为秦川八景之一。

卦台山上有伏羲创绘八卦的画卦台，因此此山又叫"画卦台"。明胡宗《卦台记》载："成纪之北约三十里，曰三阳川，其西北隅有台焉，羲皇画卦台处也。"又云：三阳者"朝阳启明，其台光莹；太阳中天，其台宣朗；夕阳返照，其台腾射。"由此成为天水名景"三阳开泰"。

卦台山山势突兀高耸，渭水环流山下。渭河中心有滩地数处，形似太极图样，滩河交界，有一大石，不方不圆，似柱如笋，傍实中虚，如画太极，名为分心石。与画卦台隔河相望有龙马山，山上有龙马洞，每逢云雾封洞时，给人以龙马出没之感。

相传伏羲为创文字，上观日月飞禽，俯察山石走兽，每时每刻，苦思冥想。一日，他正在卦台山上凝思嘹望，忽见对面山洞里云雾滚滚，有一身着花斑，两翼振动的龙马翻腾，与渭河中呈太极图形的分心石相映，不禁灵机触动，立即在卦台山上创画了代表自然界"天、地、水、火、山、雷、风、泽"八种自然现象的八卦文字，卦台山由此而得名。卦台山也是海内外炎黄子孙朝宗拜祖的场所。

名人逸事

伏羲文化

我国古史传说时代的"三皇"中的伏羲，诞生于天水。伏羲为三皇之首，风姓，其母华胥氏。史载："华胥于雷泽履大人迹，而生伏羲于成纪。"即今秦安、秦城一带。后徙至陈仓（今陕西宝鸡），又都于陈（今河南淮阳），死后葬南郡，说明天水是名副其实的"羲皇故里"。

据《三皇本纪》记载：伏羲"有圣德，仰则观象于天，俯则观法于地，旁观神明之德，以类万物之情，造书契以代结绳之政。于是始制嫁娶，以俪皮为礼。结网罟以教佃渔……养牺牲于庖厨"。伏羲通过仰观俯察，了解自然万物，所画八卦是用八个符号分别代表天、地、水、火、风、雷、山、泽，利用八卦进行占卜吉凶，希望得到神意的显示，正是这种对世界的初步认识和把握方式，孕育着中国哲学的萌芽，奠定了中国乃至东方文化思想的一个重要特征。这也是后来《周易》的思想基础。造书契即以符号来代替先民用结绳以记事；以俪皮为礼，改革了古代婚姻制度；结网罟，开始了原始畜牧业；同时伏羲与女娲共同发明琴瑟，创作乐曲，以用于礼仪、宗教、占卜、巫术等活动。此外，伏羲还立九部、设九佐，以龙纪官、号曰龙师。禅于伯牛，钻木取火，教民熟食；制历法，定节气，消息祸福，以测吉凶；尝百药，制九针，以拯天疾，开创了中华最早的文明。

生的伟大，死的光荣——刘胡兰纪念馆

名人景点

刘胡兰纪念馆

全国重点烈士纪念建筑物保护单位——刘胡兰纪念馆，坐落在山西省文水县刘胡兰村（原名云周西村）村南。文（水）祁（县）公路从纪念馆北墙通过，东接大运公路，西连 307 国道，将该馆与山西中部的晋祠、卦山、玄中寺、武则天纪念馆、杏花村汾酒厂、晋商宅院（乔家大院、渠家大院、曹家大院等）、平遥古城等景点连在一起，形成一条旅游热线。

刘胡兰纪念馆前身为刘胡兰陵园，始建于 1956 年，后多次扩建，现占地面积 6.3 余平方米，位居全国个人烈士纪念馆首位。主要建筑物由毛泽东主席题词纪念碑、刘胡兰事迹陈列室、七烈士纪念厅、刘胡兰雕像、陵墓和观音庙等组成。整体建筑以纪念碑与陵墓为中轴线对称分布，凝重典雅。

为纪念刘胡兰英勇就义 50 周年，1996 年又实施了较大规模的维修改造工程，增设了刘胡兰事迹影室，纪念刘胡兰就义 50 周年书画室以及党和国家领导人的题词碑。在中国革命战争年代献身的英烈中，刘胡兰是唯一的一位由毛泽东、邓小平、江泽民三代领导人题词的革命烈士。

刘胡兰纪念馆是中宣部命名的"全国百个爱国主义教育示范基地",是民政部、团中央命名的"全国青少年教育基地"、"爱国主义教育基地",是国家教委(现教育部)、团中央、民政部、文化部、国家文物局、解放军总政治部联合授予的"全国百个中小学爱国主义教育基地",也是山西省、吕梁地区确定的"爱国主义教育基地"、"德育基地"和"国防教育基地"。

名人简介

刘 胡 兰

刘胡兰(1932—1947),原名刘富兰,1932年10月8日出生于文水县的一个中农家庭。8岁上村小学,10岁参加儿童团。曾任文水县云周西村妇救会秘书,第五区"抗联"妇女干事。1947年1月12日,年仅15岁的刘胡兰,怀着对共产主义的坚定信念,视死如归,从容地躺在敌人的铡刀下,为中国人民的解放事业献出了宝贵的生命。毛主席为她题词:"生的伟大,死的光荣。"

名人逸事

重演就义一幕

时间:1947年1月12日上午。

地点:山西省文水县云周西村村南观音庙西厢房内。

人物:刘胡兰,女,山西省文水县云周西村人,6月加入中国共产党,为候补党员。大胡子,真实姓名为张全宝。

大胡子:"你叫刘胡兰?"

刘胡兰:"我就是刘胡兰。"

大胡子:"你给八路做过些什么工作?"

刘胡兰:"我什么都做过!"

大胡子:"你就不怕可惜了你十几岁的年纪?刘胡兰,只要你当众说上句'今后不再给共产党办事',我就放了你。"

刘胡兰:"那可保不住,要杀就杀,要砍就砍,再活十几年,我还是这个样!"

大胡子:"绑出去铡了!"

几个匪军一拥而上,动手捆绑刘胡兰。

刘胡兰:"绑松一点!跑不了!"

刘胡兰被押到大门口。

大胡子："停下!"

刘胡兰："还是那事儿? 不用谈了!"

说罢, 刘胡兰带着不屑的神情, 大踏步地走向了刑场。

一代名相狄仁杰

名人景点

狄梁公街

狄梁公街, 原名狄公祠街, 因该街有奉祀唐初名相——梁国公狄仁杰的祠堂, 故得此名。当年的狄公祠并不在太原城中, 也不在今天的狄梁公街。"旧祠在(城南)狄村", 即南距太原城十里之遥的狄仁杰故里。随着时代的推移, 狄村的狄氏人家先后迁徙, 不知所处, 狄公祠亦因无人祭祀、维修, 逐渐破落。一直到明代, 才将狄公祠由狄村的废址上迁入城中崇善寺北端东侧。

名人简介

狄仁杰

狄仁杰(607—700), 字怀英, 今山西太原人。为武则天晚年最敬信的大臣之一。圣历三年(700)九月病卒, 武则天为举哀, 罢朝三日, 赠文昌右相, 谥文惠。

名人逸事

美色当前, 坐怀不乱

狄仁杰年轻时, 生得面如冠玉, 眉清目秀, 相貌英伟。这年, 他赴京应考途中投宿旅店, 夜静灯下读书。突然一位美艳少妇来到他房里, 原来是旅店主人的媳妇, 结婚不久, 丈夫去世, 日间见狄仁杰俊秀非凡, 春心澎湃难以克制, 候至晚间以借火为由向狄仁杰调情。不料狄仁杰友善地说:"见你如此艳丽动人, 使我回忆起老和尚的话。"少妇好奇地追问, 狄仁杰借机开导她说:"赴京前在寺中寄居读书, 寺中老和尚见我相貌, 曾经警戒我'当你见到美貌艳姿, 淫念冲动之时, 如果将美女想象为吸血的狐狸精、毒蛇鬼怪; 一旦与她交合, 不仅被吸取精

血，精气枯竭，且百病交侵，受尽病魔折磨。倘若能这样设想，淫念欲火就会静止得如清凉的寒冰了'。所以刚才初见你那撩人动情的丰姿艳容，正当欲火冒升之时，老和尚的话立刻在耳边响起来，炽热的欲火即刻下降。你上有年老的公婆，下有年幼的儿子，都需要你一人承担照顾，如果与我通奸，随我而去，公婆、幼子将顿失依靠。"少妇听了，感动得流泪满面，再三拜谢而别。

貂蝉遗迹

名人景点

貂蝉故里

貂蝉故里在忻州市东南三公里的木芝村，位于从太原或忻州去禹王洞的途中。木芝村原盛产木耳，故名木耳村，后因村中槐树下发现一株千年灵芝，遂改名叫木芝村。村中传闻，早在貂蝉出生前三年村里的桃杏就不开花了，至今桃杏树依然难以成活，是说貂蝉有羞花之貌的缘故。村中原有过街牌楼、前殿、后殿、王允街、貂蝉戏台和貂蝉墓。时过境迁，这些建筑都成了废墟，墓冢在浩劫中又夷为平地。遗址中常有古代砖、石构件、铜币、陶瓷残件出土，据说都与貂蝉有关。

现在旅游景点叫貂蝉陵园，是近年乡民在墓地原址上复原筑砌的。陵园位于村之西南，占地面积4000余平方米，四周围以红底黄瓦波浪式龙形围墙，在麦海茫茫中，光艳夺目。门檐上悬"貂蝉陵园"横匾，两侧有"闭月羞花堪为中国骄傲；忍辱步险实令须眉仰止"金文楹联。陵区北院内建拜月亭和凤仪亭，后部建青石墓台，台前有貂蝉像碑，在飘带动态下，貂蝉步履闲雅，婀娜多姿，犹有"闭月羞花"之貌。南院建仿古建筑20间，辟为"貂蝉彩塑馆"，反映貂蝉"不惜万金躯，何惧险象生"惊天动地的一生。

乡民传说，桃园三兄弟得势后，便把貂蝉送回故里，老死后就埋在这里。又说貂蝉扑剑自戕，关羽得知后将遗体护送回故乡安葬。所以后殿有关羽像，殿前有表示貂蝉演戏的戏台，都是报答关羽拒杀和护送之恩。另在定襄县东南的中霍村是吕布故里，有"霍清泉"、"智擒赤兔马"、"歪脖子树"等民间传说，都与吕布有关。所以民谚有"忻州没好女，定襄没好男"，是说因为有貂蝉和吕布之故，从此，忻州再也生不出好看的女人，定襄也生不出帅气的男人了，当然这只是传说。

名人简介

貂　蝉

貂蝉，中国古代四大美人之一，古籍上虽没有记载，但文学作品中多有描述，为汉末三国纷争中重要人物之一。罗贯中的《三国演义》对貂蝉作了进一步的描写和刻画，影响颇大，民间传说尤为动人，成为家喻户晓、妇孺皆知的"人中杰"、"女中英"。据学者考证：貂蝉，姓任，小字红昌，出生在并州郡九原县木耳村，15岁被选入宫中，掌管朝臣戴的貂蝉（汉代侍从官员的帽饰）冠，从此更名为貂蝉。汉末宫廷风云骤起，貂蝉出宫被司徒王允收为义女。不久董卓专权。王允利用董、吕好色，遂使貂蝉施"连环计"，终于促使吕布杀了董卓，立下功勋。之后，貂蝉为吕布之妾。白门楼吕布殒命后，曹操重演"连环计"于桃园兄弟，遂赐予关羽。貂蝉为不祸及桃园兄弟，"引颈祈斩"，被关羽保护逃出，当了尼姑。曹操得知后抓捕貂蝉，貂蝉毅然扑剑身亡。

司马光故里

名人景点

司马光祠

司马光祠占地百余亩，被国务院确定为全国重点文物保护单位。主要包括两部分：

忠精粹德之碑

司马光去世后，哲宗御篆碑额"忠精粹德之碑"，令翰林院学士苏轼撰文并书。大碑身长二丈四尺五分，属国内之罕见，号称"亚洲第一碑"。碑楼原为三层木结构，清末改为砖塔式结构，重檐歇山顶，给人以威武雄壮之感。

杏花碑亭

绍圣间，司马光被人诬为异党，忠精粹德之碑遭到损坏，残碑埋入土中。50余年后，埋碑处忽生杏树一株，曲枝缭绕，誉为怪木。

林则徐故居

名人景点

林则徐纪念馆

林则徐纪念馆在福州市澳门路，有一片临街而立，红墙环绕的建筑，祠门向东，第一道为屏墙，左右设两边门。第二道为牌楼形墙，设一大门，额横书有"林文忠公祠堂"，进门为一条石铺通道，左右分排列着青石文武翁仲及马、羊、虎等。

道半跨有三楹仪厅，厅后通道直达碑亭。碑亭为正方形，内立三座青石碑，成品字形。一为圣旨，一为御赐祭文，御赐碑文，均林则徐卒时所赐，在清光绪三十一年（1905）建祠时补镌。祠厅在碑亭北侧，外有围墙，厅正中祀林则徐遗像，楣上挂道光帝御书"福寿"匾额等。

亭后有两座三间排平屋，东西相对，中隔一堵花墙，均作客厅用。再后为一列曲尺形双层楼房，北楼计九间排，西楼三间排原供家族子弟攻读之用，内有"丰井"古迹。1982 年冬辟为林则徐纪念馆。

名人简介

林则徐

林则徐（1785—1850）中国清代爱国政治家、思想家、诗人。鸦片战争时期主张严禁鸦片、抵抗西方资本主义侵略，坚持维护中国主权和民族利益，缴获和焚毁大批鸦片，并粉碎了英国侵略者的多次武装挑衅，表现了伟大的爱国主义精神。史学界称他为近代中国"开眼看世界的第一人"。字元抚，又字少穆，晚号俟村老人。福建侯官（今福建福州）人。出身贫寒家庭，为官清廉正直，关心民隐，为民众所称颂。

名人逸事

林则徐"愿闻己过"

林则徐年轻时候，一边刻苦攻读史书，重视爱国情操，一边认真练习楷书，写了许多对联。起初，他出任江苏廉访史时，严格要求自己，绝不做老百姓深恶痛绝的"狗官"。为了表明这一观点，他就给自己的大堂上榜书了一幅对联：求通民情，愿闻己过。上联号召人们揭发贪官污吏，他将主持正义，大胆处理；下联鼓励人们给自己多提意见，他将虚心接受，坚决改正。后来，林则徐又升任两广总督，责任更加重大。那时，帝国主义者用鸦片毒害中国人民，清朝政府腐败无能，不敢抵抗，只好让大量白银不断外流。

林则徐目睹这种情况，极为气愤。于是，他于1804年勇敢地挺身而出，坚决查禁鸦片，并给自己的府衙又亲笔写了一幅对联：海纳百川有容乃大，壁立千仞无欲则刚，这幅对联形象生动，寓意深刻。上联谆谆告诫自己，要广泛听取各种不同意见，才能把事情办好，立于不败之地；下联砥砺自己，当官必须坚决杜绝私欲，才能像犬山那样刚正不阿，挺立世间。林则徐提倡的这种精神，令人钦敬，可为后人之鉴。

严复故居

名人景点

严复故居

严复故居坐落于福州市鼓楼区朗官巷20号，整座建筑分主座、花厅两部分，总占地面积625平方米。1991年，市政府将严复故居公布为名人故居，予以挂牌保护。

名人简介

严 复

严复（1852—1921）中国近代启蒙思想家、翻译家，传播社会学的先驱者。福建侯官（今闽侯）人。主要传播近代西方启蒙思想，系统地将西方的社会学、政治学、政治经济学、哲学和自然科学介绍到中国。1866年入福州船政学堂学习。1877年被派赴英国学习海军。1879年回国，任北洋水师学堂总教习，后升总办。1897年在天津创办《国闻报》宣传资产阶级新文化。1906年任复旦公学校长。1908年任审定名词馆总纂及资政院议员。曾任北京大学校长。

名人逸事

最早反对早婚的人

从 12 岁开始的婚姻生活影响到严复"禁早婚"的观点。严复强调过早结婚无论对个人、国家与种族都不好。在《法意》案语，严复说："中国沿早婚之弊俗，当其为合，不特男不识所以为夫与父，女不知所以为妇与母也。甚且舍祖父余荫，食税衣租而外，毫无能事足以自存。"对严复来说早婚的弊病是子嗣过多，养育欠佳，导致恶性循环，所谓"谬种流传，代复一代"。

名人景点

郑成功故乡纪念馆

郑成功故乡在福建南安县石井镇。村口西隅，矗立着一座古朴肃穆的庙宇式建筑物，这就是以原来的郑成功祖居宗祠修建而成的"石井郑成功纪念馆"。

步入纪念馆朱漆大门，凝视展厅上高悬的"延平郡王"、"威风雄烈"馏金额匾，顿觉一般雄风吹入胸中，荡起一腔民族豪情！展厅中，有后裔子孙民代珍藏的郑成功夫妇并坐画像原件和郑成功亲笔题书的字幅真迹，30 年代出土的郑成功头发、玉带、蟒袍残片和铜币真品，以及记述郑成功复台史绩的《台湾外记》《从片实录》《明季南略》等。还有郑军将士当年使用的兵器、螺号等。

民族英雄郑成功

名人简介

郑成功

郑成功是我国伟大的民族英雄，名森、字明俨、号大木，福建省南安石井人，出身于官商家庭。1624 年农历七月十四日，诞生于日本长崎县平户市千里浜。郑成功自幼聪明敏捷，15 岁的廪生，21 岁考入南京国子监太学，气宇轩昂，才华横溢，获得师长称赞："此人英雄，非人所得比。"

郑成功一生最伟大的功绩是收复台湾，驱逐荷兰侵略者和大规模开发台湾。永历十五年（1661）十二月廿三日，他率军数万人，把荷兰侵略者从我国宝岛台湾赶走。收复台湾以后，他率官兵积极开发，同时采取各种措施加紧巩固台湾海防，坚守阵地，免于荷兰侵略者"复仇"重占台湾。

名人逸事

郑成功名字的由来

郑成功儿时名福松，7岁自日本回国，教师给他起名森，寓深沉整肃、丛众茂盛之意。21岁那年，郑成功到南京进入国子监就学，老师钱谦益非常喜欢郑成功，为他起名"大木"。

明政权覆灭后一些明朝遗臣在福州拥立唐王为帝，建号隆武。隆武帝非常赞赏郑成功的才华，他叹息说："惜无一女配卿，卿当忠吾家，勿相忘也！"皇帝以女儿给人做妻子，在封建时代是最高的荣誉，为了表示对郑成功的宠爱，隆武帝将当朝最尊崇的朱姓赐给郑成功，并将原名"森"改为"成功"。从这时起，郑森的名字就成了朱成功。在民间，人们尊称他为国姓爷。

当地风俗

"送顺风"与"脱草鞋"是我国各地盛行的饯行与洗尘民俗与闽南侨乡人文环境相结合而产生的地方习俗，既有民族文化的传承美，又有地方特征的变异美。它是在亲人离乡出国前、返国回乡后，送去涂红的鸡蛋、箍着红纸圈的面线，还有用红头绳系住双脚的大公鸡，加上一番吉祥的话语组成的侨乡独特风俗。

关羽遗迹

名人景点

关 林

位于洛阳市南郊8公里处的关镇，镇因关林而得名。关林是埋葬三国时期蜀将关羽首级的地方。关林始建于明万历二十四年（1596），是一处宫殿式建筑群、古柏成林，隆冢丰碑，气派巍巍。关林的主要建筑均在中轴线上，依次为舞楼、大门、仪门、甬道、拜殿、大殿、二殿、三殿、石坊、八角亭，最后为关冢。

八角亭建于清康熙五年（1666），构筑奇巧，别具一格。亭内有龟趺座石碑一通，高4.8米，碑头雕龙，额题"勒封碑记"四字。碑的正面书题"忠义神武灵佑仁勇威显关圣大帝林"，为历代帝王对关羽的最高封号。旧时帝王墓称陵，王侯墓称冢，百姓墓称坟，圣人墓称林。关羽被尊为"武圣"，故其墓称"关林"。关林俗称关帝冢。相传，孙吴杀害关羽之后，怕刘备起兵报仇，遂以木匣盛关羽首级，送往洛阳。企图嫁祸于曹操。曹操识破其计，刻沉香木为躯，以王侯之礼葬于城南。

关羽被过去历代王朝尊为"武圣"，是民间信仰者"忠、勇、仁、义"之楷模。关林古庙会已有400多年历史，前往关林朝圣之海内外游客络绎不绝。

名人简介

关羽

关羽（？—219），字云长，三国时河东（今山西解县）人。为蜀汉大将，辅佐刘备成大业，曾大破曹军，威震一时。官历"前将军"、"汉寿亭侯"，后吴将吕蒙袭破荆州，被杀，谥"壮缪侯"。因其为人忠直仁义，广受民间崇祀，尊其为"关公"，亦称为"关帝"、"关圣帝君"、"武圣"。

名人逸事

关羽和张飞比力气

话说三国时期，刘备、关羽、张飞"桃园三结义"之后，张飞对自己排在第三位总感到不服气。有一天，兄弟三人饮酒聚会，张飞喝了不少酒，趁着酒劲提出要与关羽比力气，想出出这口气。

他提出：谁能把自己提起来，谁的力气就大。说罢，他用双手紧抓自己的头发，使劲向上提。尽管他使出了最大的力气，憋得满脸黑紫，甚至把头发都拔掉了一大把，结果还是不能使自己离开地面。最后便气呼呼地坐到自己的椅子上去了。

关羽想了一下，找来一根绳子，把绳子的一端拴在自己腰上，另一端跨过一个树杈，双手使劲向下拉，结果身体慢慢离开了地面。关羽胜了……

岳飞庙祠

名人景点

岳飞庙

岳飞庙位于开封县朱仙镇，距市区 22.5 公里，始建于明代，明清多次修葺，占地约 6000 平方米。现存大殿一座，为明代建筑。朱仙镇岳飞庙建于明成化十五年（1479 年），与汤阴、武昌和杭州岳飞庙称为全国四大岳飞庙，享誉中外。

朱仙镇岳飞庙曾吸引了于谦、乾隆皇帝、杨成武、朱穆之、胡耀邦等历史名人到此瞻仰留墨。此庙经明、清多次整修和重建。1987 年人民政府又拨款整修，现庙占地 12320 平方米，由石山、铁铸跪像、碑廊、拜殿、正殿、寝殿和岳飞及家人的彩绘塑像组成。为了纪念民族英雄岳飞诞辰 888 周年，整修后的岳飞庙已于 1991 年 11 月 15 日开放。岳飞庙为河南省文物保护单位。

名人简介

岳飞

岳飞（1103—1142 年）字鹏举，相州汤阴（今河南）人，为宋朝名将。公元 1129 年，金兀术渡江南进，攻陷建康，岳飞坚持抵抗，于次年收复建康大破金兵于郾城，心复郑州、洛阳等地，两河（淮河、黄河）义军纷起响应，复欲进军朱仙镇，惜宰相秦桧力主和，乃一日降十二道金牌，召还，诬以"莫须有"的罪名而死于狱。1162 年，宋孝宗时诏复官，谥武穆，宁宗时追封为鄂王，改谥忠武。

全真教祖王重阳遗迹

名人景点

延庆观

河南省文物保护单位，在开封城内西南隅，包公湖东北，原名重阳观，是为

纪念道教中全真教的创始人王重阳逝世此地而建。

延庆观现存玉皇阁一座。玉皇阁又名通明阁，座北向南，通高15.80米用青砖和琉璃瓦件构成，结构严谨，富于变化，共为三层，下层为方形，四坡顶，室内下方上圆，四角砌出密集斗拱，顶似蒙古包，中层呈棱状，八面壁体上附加相互连接的八座悬山式建筑山面。上层为八角阁室，南北各辟一门，室内置玉皇及左右侍臣石雕像。阁顶作攒尖式，琉璃瓦顶上施铜质火焰玉珠。结构奇特，色彩绚丽。建国后，多次进行维修，并因地制宜逐步恢复一些殿堂，现已建成的有三清殿、配殿等，是国内罕见的道教建筑。

名人简介

王重阳

王重阳（1112—1170），字知明，号重阳子，陕西咸阳人。作为宋朝遗民，他对金人残暴的民族压迫强烈不满，于是自称得道，佯狂垢淤，在终南山南时村掘地为穴，封土高数尺，居于其中，号"活死人墓"，以此表示对金人统治的愤懑和不合作。后赴山东宁海等地传教，创立全真教。他在道教史上的最大贡献是融道、儒、佛家的思想于一炉，倡导"三教平等"成为道教中兴的关键人物。金世宗大定九年，他率丘处机等四弟子西归终南，途经开封，住在今延庆观所在地的一家王氏旅店，次年无疾而终，他作有千余篇诗词传于后世。为纪念他，后人在其逝世地建了一座重阳观，成为在此地修建道教宫观数百年兴衰史的开端。金末观废，元代重建，赐名"大朝元万寿宫"。明洪武六年（1373）部分修复，改名延庆观。

赤帝遗迹

名人景点

祝融殿

祝融殿在祝融峰上，处衡山最高峰，海拔1290米。相传祝融生前居此峰，死后亦葬此峰。隋唐时，这里建有天光观，明万历年间（1573—1620）在祝融峰建开元祠，祀祝融。清乾隆十六年（1751）改建为殿，光绪七年（1881年）重建，石墙铁瓦，颇为奇特。在峰顶可远眺百里之外，令人心旷神怡，早观日出，蔚为奇观，为衡山之"一绝"。

名人简介

祝 融

祝融是我国古代神话中的"赤帝"，即发明钻木取火的燧人氏，被黄帝封为司徒，主管南方事物。他住于衡山，葬于衡山。

屈原故里

名人景点

屈原墓

屈原墓位于玉笥山东 5 公里处的汨罗山上，12 个小山似的封土堆散布在 1500 平方米的山坡上，这些土堆前立有"故楚三闾大夫墓"或"楚三闾大夫墓"石碑，是为屈原 12 疑冢。据传公元前 278 年的农历五月五日，屈原投江自沉，汨罗江边的百姓纷纷划着各自的龙舟往屈原投江处，想抢救这位爱国诗人。人们担心江中的鱼虾啃噬屈原，在划船前往营救世主的同时，纷纷把自己船上的粽子投向江中喂鱼虾，由此形成了中华民族端午节赛龙舟、吃粽子的习俗。但是一代爱国诗人还是无法抢救生还，屈原投江几天后才被渔民打捞上来，头部已被鱼虾噬去一部分，其女儿女婿便给他配上半个金头埋葬，女婿担心有人掘墓盗金头，遂以罗裙兜土筑疑冢，遇神助一夜间竟筑成 12 座疑冢。

屈原这位杰出的爱国诗人，在 2000 多年的历史长河中，一直是中华民族尊崇、学习的榜样，他的"路漫漫其修远兮，吾将上下而求索"将永远激励中华民族向前迈进。

名人简介

屈 原

屈原（约前 340—约前 278），战国时楚国政治家、文学家。名平，字原，出身楚国贵族。初辅佐怀王，做过左徒、三闾大夫。后因楚国政治腐败，国都郢为秦兵攻破，遂投汨罗江而死。他创造出骚体这一新形式，以优美的语言，丰富的想象，富有积极的浪漫主义精神，对后世影响很大。

一位令毕加索叹服的画家——齐白石故居

白石老人有一首题名为《过星塘老屋题壁》的诗，诗云：

白茅盖瓦求无漏，遍岭栽松不算空。

难忘儿时读书路，黄泥三里到家中。

诗写得极为平易、浅显，却在不经意间流露出无限的辛酸和慨叹。

星塘老屋是白石老人家乡的故居，位于湖南湘潭白石铺杏子坞星斗塘，约距湘潭市区 50 公里。湘潭是湘江中游的一个重要城市，因此地产莲，故又被称为"莲城"。这里，粗犷淳朴的民风和奇崛秀美的自然风光孕育出 20 世纪叱咤风云、名震寰宇的毛泽东、彭德怀等一代历史伟人，因而，湘潭又有"伟人的摇篮"之美誉。

艺术伟人则当属齐白石。

齐白石（1863—1957），原名齐纯芝，号渭清、濒生，后改名齐璜，别号借山吟馆主者、寄萍老人、白石老人、三百石印富翁等，是我国当代著名的国画大师。他循徐渭、八大山人、石涛、郑板桥、吴昌硕一路，继承了明清以来中国文人写意画传统，同时又努力吸收民间艺术的养分，大胆创新，形成了极具个性特征的画风，使中国画在 20 世纪又获得了新的生命力。

1864 年 1 月 1 日，齐白石出生于湘潭白石铺星斗塘一个农民的家庭。星斗塘的得名缘于一个美丽的传说。在很久以前，杏子坞一带常年干旱，庄稼禾苗均已枯死，一个仙人闻知后，便从天上掷下一块大石头，把地面砸了一个大坑，变成了一个水塘，使这里的人们能饮水灌溉，水塘的名字便称为星斗塘。齐白石的家境十分贫寒，祖孙三代仅居一间茅舍，这便是上面那首诗所提到的星塘老屋。星塘老屋建于清代咸丰年间，是湘中典型的农家居宅，土墙茅顶（70 年代，齐白石的侄儿以瓦换茅），坐西朝东。历经一个多世纪的风风雨雨，老屋已呈倾颓之势。1996 年，星塘老屋被湖南省人民政府列为省级文物保护单位。虽然如此，老屋也没有得到妥善的管理和修缮，如今，老屋中仍居住着白石老人侄儿一家。远远望去，除了门顶悬挂着"齐白石故居"的匾额可以告知人们这里曾居住过一位世界级的艺术家外，老屋和其他农舍别无二致。也许，简陋和破旧才是老屋的"本色"，这样，也就更能唤醒游人们沉睡已久的记忆，从而使他们更易于走入那个充满黑白色调的历史情境之中。那已被蹭圆的门槛，凹凸不平的地面，斑驳剥落的土墙，会使你不由地遐想，哪儿是白石老人留下的痕迹呢？据说，白石老人的侄儿现在使用的一张雕花木床和一些桌凳还是他当年做木工时的"杰作"哩！

星塘老屋的四周均植有树木，绿意逼人，青翠欲滴，树荫下，几个毛绒绒的小鸡正悠闲地在地上啄食；树上，鸟儿啁啾，夏蝉长鸣。离老屋不远便是清澈的星斗塘，池塘的前面则是栽有禾苗和莲花的农田，这一派景象不由得使人想起了陶渊明笔下的农家田园生活，恬静、闲适。白石老人也曾有诗写到故居四周的景致："宅边枫树林，独坐无邻里。忽闻落叶声，知是秋风起。""杏子坞外山，闲行日将夕。不愁忘归路，且有牛蹄迹。"

齐白石在星塘老屋居住了 36 年之久。在这里，他既享受到了天真烂漫的童趣，也品尝到了贫困生活的艰辛，而坎坷曲折的学艺道路又使得这位艺术大师的生涯充满了传奇色彩。

齐家生活窘迫，常缺衣短食，不得不租种大量的田地以维持生计。齐白石很小的时候便是一个能干的家庭好帮手。11 岁时，他每日带着二弟上山放牛、砍柴，闲暇的时候便捉昆虫、采野花、摘野果，或是取下挂在牛角的书来读，就这样，他断断续续地诵读完了一部《论语》。后来他作了一幅牧牛图，并题诗曰："星塘一带杏花风，黄犊出栏东复东。身上铃声慈母意，如今亦作听铃翁。"白石老人曾自称为"佩铃人"，便是由此而来。据说，齐白石年幼体弱多病，算命先生说他是"水星照命"，须提防水，便能"逢凶化吉"。于是，他的祖母就在他的颈项系一小铜铃，每当夜幕降临，铃声响起，家人便知道他已安全归来。白石老人十分珍爱这枚铜铃，常带于身边，可惜在兵荒马乱的年代不慎遗失，他就重新买了一个系于腰间，并刻有一个名为"佩铃人"的印章，以示对祖母无限的怀念和对童年生活的追忆。常年生活在淳朴宁静、风景如画的乡间，小白石对自然风物和农家生活的野趣有了一份特殊的禀悟。山间四时的物候变化仿佛一股流荡不息的灵气充盈于他童稚的心灵。山花、野草、飞鸟、虫鱼、家禽、菜蔬、流水、浮云……在他的眼中，人格化了，情趣化了。他纵身于其中，与它们相摩相荡、相亲相爱。他常仔细地观察花蕊和花瓣的形状，树叶、树枝的长势，鸟儿的飞翔，鱼儿的游泳，这一切都成为了他日后艺术创作永不枯竭的源泉。他笔下的山水、花鸟、虫鱼所具有的丰富情状在画史上是独一无二的。众所周知，白石老人画虾是千古一绝，这和他童年时常钓虾、捕虾有很大的关系。他曾回忆道：湘潭的农村，儿童们常用小棉花团为饵钓虾。有一次，他从田间归来，在星斗塘边洗脚，突然被草虾咬了一口，流了血，从此他便再也不敢到塘边洗脚，对虾产生了敬畏之情，以后，他只好在池塘边细细地观察虾的丰神。没想到，童年敬畏的虾儿，竟成了他画中的一绝。

星塘老屋是白石老人童年、青年时的现实家园，又是他晚年的精神家园。他定居北京后，故乡亲人的音讯渐疏，其思乡之情愈切，多次在梦里返回故土家园，"一夜梦归人不觉，闭门深处发梨花"。1935年，白石老人与女儿齐良芷最后一次返回故乡，见到日益破败的老屋，而故人却不知魂归何处，老人极为痛心。他在老屋中稍住了几日，祭扫了祖母、母亲的坟茔，便匆匆离去。晚年的白石老人因对故土家园深沉真挚的爱恋几乎染上了"病态"般的"怀乡病"，他常自言自语，或大声叫喊："我要回湘潭，我要见他们去。""我要回到星塘老屋去！"

白石老人的学艺道路和他的生活一样充满了坎坷和艰辛。孩童时，他的祖父教会了他识字读书，又送他上了私塾，可不到一年，便因家贫辍学。15岁时，白石跟随当地一位姓周的师傅学木匠，专雕花鸟、人物，很快技艺便超过了师傅；20岁时，偶尔得到一本残缺的《芥子园画谱》，始学摹绘画；27岁，湘潭颇有名望的画师胡沁园看中了他的艺术潜质，收其为徒，教他画工笔花鸟。经过几年勤学苦练，加上天资卓绝，画艺大进，在湘潭一带开始小有名气。

1917年，齐白石应大诗人樊樊山之邀至北京发展。初到北京，齐白石穷困潦倒，其画并不为世人所赏。他在琉璃厂的南纸铺叫卖画作，其价格仅两元半银币。一次，他的润格画偶然传到当时北京的画坛领袖陈师曾手上，陈为他所表现出的艺术资质大为叹赏，便循迹造访。陈师曾看了白石的一幅《借山图》后，作诗评之，其中末句为："画吾自画自合古，何必低首求向群。"在陈师曾的启发和点拨下，品格较高但过于拘泥法度的齐白石决定"衰年变法"，闭门十载，自创红花墨叶一派。后来，陈师曾携其画至东京展览，轰动东瀛。他的画价格一下涨到1200多元，他也成为国际国内令人瞩目的画家。

齐白石到北京后，因生活拮据，常辗转居所，四方寓居。成名后，他才有了足够的资金，在西城区跨车胡同15号购买了房屋。从此至其去世，他差不多都居住于此，跨车胡同15号（现为13号）成了他在北京最为有名的故居。

跨车胡同狭窄笔直，粉墙斑驳，年代遥深，是北京城一条极为普通的小胡同。这一带以前又被称为"高岔拉"。为什么会有这么一个古怪的名称呢？有的人认为，"高岔拉"是满族语的汉译词；有的人认为，"高岔拉"可能是"高栅栏"的讹转音。据《白石老人自述》中说：在"高岔拉"的西面有一处叫"鬼门关"的地方（现已改为"贵人关"），传说是明代官方的刑场，为监禁在押的罪犯，那里筑有一围较高的栅栏，所以称为"高栅栏"。后来，人们为了图个吉利，又将"高岔拉"更名为"高华里"。

跨车胡同一带以前是否有"高栅栏"已不可确考了。白石老人的故居四周倒真正是有一道铁栅栏，这是白石老人在抗战时为防不测而修建的。故居是一座北京典型的四合院，三面平屋，一面围墙，围起了一方整洁宁静的院落。院落不大，却也演绎了许许多多悲欢离合、令人回味不已的故事。故居院落有几棵老树，几处花台，白石老人夏天常在此消暑，与家人朋友纳凉聊天；冬天则带着水獭帽子，紧围水獭颈巾，手持红色手杖，吸取阳光的温暖。故居最著名的就是以铁栅栏围起的三间画室，三明一暗，现陈列着白石老人曾使用过的桌凳、文房四宝及色彩染料，墙壁则挂有他的艺术佳作。

冬去春来，花开花谢。白石老人在这三间画室中创作出数以万计的艺术珍品，他曾说自己："一天不画画心慌，五天不刻印手痒。"对他来说，画画、刻印、作诗就是他的生命。他全身心地投入到艺术创作之中，以极其认真的态度去对待每一个细节。他常对家人说："说话要说人家听得懂的话，画画要画人家看见过的东西。"又说："作画妙在似与不似之间，太似为媚世，不似为欺世。"不"媚世"，不"欺世"，这既是他的人生准则，也是他的艺术态度。有一次，著名作家老舍来到他的居所，以《芭蕉叶卷抱秋花》为题，求他作画。白石老人因年岁已高，记不清新长成的芭蕉叶是向右还是向左卷，而且北京当地又无芭蕉可供观察，于是只好笑着对老舍说："只好不要卷叶，不能随便画呀！"在他 99 岁高龄时，为了画一幅和平鸽图去参加世界和平运动大会，他还特意买了几只鸽子在故居的院子里饲养，每天仔细观察鸽子的神态、动作，然后神会于心。他和其他几位艺术家合作的和平鸽图，在世界和平大会上获得一致好评，世界和平理事会也因此授予他"世界文化名人"的称号。

白石老人在近一个世纪的漫长生涯中，不仅表现出高超卓绝、勇于创新的艺术才华，而且还以高尚奇绝的民族气节为世人所敬重。1937 年，卢沟桥事变，年逾七旬的白石老人为表达对日本侵略者的仇恨，在故居的大门上贴有"绝画"的告示："白石老人心病复发，停止见客。"还在大门内贴有一张警句："从来官不入民家，官入民家主人不祥。"可无奈因名声太大，"官"还是入了他的家。据白石老人的儿子齐良石先生回忆：有一天，一个叫郑文轩的人，大概是财政局的官员，负责印钞的，带领一个日本武官，气势汹汹地闯入齐宅，向白石老人要画。白石老人坚决不卖给日本人，日本人只好悻悻而去。白石老人虽说"绝画"，但抗战期间还是画了很多画来讽刺嘲笑侵略者、汉奸走狗，最著名的一幅是《看你还横行几时》，画面上一只笨拙的螃蟹向下爬行，象征着汉奸卖国贼行将灭亡的必然下场，寥寥几笔活画出他们的丑态。

白石老人在跨车胡同居住了 31 年之久，其间仅有一次短暂的迁离。那是在1955 年的春天，一些别有用心的人妄想迫害白石老人，逼他迁离故居，单独住在雨儿胡同。在雨儿胡同，亲人和朋友每看望他一次均要登记。他的精神也受到了强烈的刺激，常大叫："打、打、嘀、嘀、打，吹号的声音，杀头的人来了。"

齐良石先生曾痛心地回忆雨儿胡同说："在这座寂寂沉沉的院落里，曾上演了一幕泪水斑斑的往事啊！"幸好，在敬爱的周总理的关怀下，一年后，白石老人又回到跨车胡同——他真正的家。可是，雨儿胡同的梦魇仍时常萦绕在他的脑海中，一年半后，也就是 1957 年的秋天，白石老人与世长辞了。

沈从文与凤凰

青龙山和南华山像两道巨大的屏障，护卫着这座处于湖南与贵州相邻之地的小城；清流浩荡的沱江在城北缓缓弯了一个不规则的半圆形之后，才依依不舍地飘向东南远方。显然是因为山区不乏石材和就地取材之便，小城的城墙是用粗砺坚实的巨石砌成，呈圆形，因地势蛰伏在山坡上。城墙石上苔藓厚重，不少地方都已坍塌；城中的大多数街道，则是用青红两种色调的石板铺就，石板路光滑，石料都微呈凹状，与城墙一起在诉说着岁月的流逝。同一壁青山隔江相对的是一条长长的河街。河街临水一边的建筑几乎是清一色的吊脚楼。所谓"吊脚楼"，顾名思义，就是它们的基础是由一根根粗大的木头组成；这些木头深扎在河水之中，支撑起整座楼屋，远远望去，座座楼屋就像在"踩高跷"。河街另一面的房屋则同一般的房屋没有什么两样，青砖灰瓦，矗立地表，大多数还围有白色的院墙。

小城最热闹的地方是位于城东门的长桥。长桥两边排列着 20 多间店铺，卖着各式各样的商品。平时这里就是熙熙攘攘的，到了集市的日子，更被挤得水泄不通。离长桥不远有一座高大建筑，叫万寿宫。万寿宫的正面左侧，立着一座白塔，同样古香古色。

这座小城就是凤凰。它原来叫镇筸。在清王朝的 200 多年间，它一直是湘西最重要的城镇，湘西的最高军事机构辰沅永靖兵备道就设在这里。中国的历史迈入现代以后，这座古老而美丽的湘西小城越发声名远扬。这不仅是因为它的奇山异水和蕴蓄在其中的独具特色的人文景观，更是因为它哺育出了中国的一代文豪沈从文。

沈从文原名沈岳焕，字崇文，1923 年后改名为从文。1903 年沈从文出生在凤凰城中营街的一栋颇气派的院落里。

湘西民风彪悍，人以尚武为荣。沈从文的祖父沈宏富少年时即以刚勇闻名乡里，稍后从军，26 岁时已官至贵州提督。沈从文的父亲沈宗嗣亦遵从母命入伍，曾因战功而成为大沽炮台的一名将官，后来虽然因故没有成为职业军人，但说沈从文出身军人家庭，显然无甚不当之处。

可是沈从文却未能从祖辈和父辈身上承传到强健的体魄，他自幼多病孱弱，命运之神兴许有意将他塑造成一个更擅长于运用笔墨的文化大师。

高小毕业后，母亲仍然要他像祖辈父辈一样走从军之路。微雨中母亲泪流涟涟，送子上路；沈从文深切体味到母亲望子成才的意愿，也就毅然地穿上军服，背起行囊，开始了他的军旅生涯，虽然这一年他还不满 15 岁。

旧军队的所作所为是可想而知的，士兵们除了充当一线杀人机器外，就是吃喝嫖赌。沈从文由于能写会算，入伍不久就升任上士司书，因此所处的生活环境又与一般的士兵乃至下级军官不同，起码他没有直接参与过战场杀戮。三年后所在部队被打散，沈从文重归故里，稍驻转投在芷江的舅父处谋职，并追随舅父和姨父习字作诗；姨父的公馆里收藏着不少林纾译述的外国小说，使沈从文有机会阅读到包括英国 19 世纪伟大的批判现实主义作家狄更斯的小说在内的诸多域外文学作品，他身上的"文学细胞"兴许是从这时开始被激活的。也就在 19 岁的这一年，他因恋爱受挫，离职出走，遂在保靖再度从戎，出任靖国联军第一司令部司书，翌年迁任统领官书记。这种较高层次的工作，使沈从文有更多的机会去学习文化知识，报馆的兼职校对则使他阅读到大量的新文学书刊。

本来行伍对于沈从文来说，当初就带有相当程度的"母命难违"的无奈。到了 1923 年，沈从文已 21 岁，是一个有完全独立思考能力的青年人了。于是他离开保靖，同在沅陵的父母道别之后决然北上，去北京"找理想，读点书"。他报考燕京大学未遂心愿，却不气馁，去了北京大学旁听，一面开始练习写作。

俗话说"坐吃山空"。川资本来不丰的沈从文住在公寓用度自然日窘。他想以写作得到稿酬来补缺，可是谈何容易，像无数初涉文坛的文学青年一样，每天迎接他的都是无情的退稿甚至是冷酷的奚落。偌大的北京城，简直没他的立足之地，使得生性坚韧的他，也近乎绝望。

看来命运之神对沈从文还是有情的。1924 年 11 月的一天上午，风雪交加，蜷缩在冰窖般的小屋里艰难写作的沈从文迎来了一位意外的客人，这位客人就是当时已以名作《沉沦》等享誉文坛的大作家郁达夫！

郁达夫不仅亲自造访时处卑微的沈从文，给沈从文留下了精神的温暖与物质的帮助，而且以自己的声望给予沈从文巨大的事业关怀。郁达夫当夜即挥毫写下《给一个文学青年的公开状》，愤激地呼吁社会应向沈从文这类的青年伸出援助之手。郁达夫还向当时有名的《晨报副刊》推荐沈从文的作品。正是在这段时日，沈从文终于见到了自己的文章被印成铅字。

郁达夫的提携对于沈从文来说无疑是件幸事，对于中国现代文学来说无疑也是件幸事；尽管此后的沈从文在其他方面难免还有许多波折甚至劫难，但事实是他自此正式步入文坛，创作一发而不可收；他身上蕴藏着的巨大的文学潜能同渊始于凤凰城的湘西文化的可贵滋养，在这时得到了融合与外化的最佳形式，中国现代文学也自此有了沈从文这样一位无人可取代的杰出作家！

到了20世纪30年代，沈从文不仅已经成为一位风格成熟的作家，而且成为当时被称为"京派"的代表性人物。

所谓"京派"，是指30年代主要由一批出自北大、清华、燕大的学者、作家组成的文学流派。在中国30年代特定的现实背景之下，他们崇尚欧美文艺复兴以来的人文观念，融合自己在中国传统文化中养就的雍容、恬淡的审美追求，反对文学的政治化和商业化倾向，提出要维系文学的健康与尊严，倡导一条超脱的纯文学的创作路子。而沈从文的中篇小说《边城》和在此基础上形成的"边城系列"，则是京派作家文学创作观的具体体现。

在《边城》中，人们看到了以凤凰城为代表的湘西世界：

清澈的溪流倒映着白塔的影子，一个独户人家由祖父、孙女翠翠和一只善解人意的黄狗组成。祖孙俩以在溪上摆渡送客为生，环绕着他们的除了碧水青山清风朗月之外，就是边民古朴豪爽的风俗心态。端午节赛龙舟，因健壮俊美而获有"岳云"绰号的青年水手傩送，在翠翠情窦初开的心中激起了波澜。傩送是管理码头的船总的小儿子。这位船总虽然具有调排码头一切事宜的权力，但公正热情，开朗爽直。傩送自然也注意到纯美得像溪水一样的翠翠。可是哥哥天保同样心仪翠翠，已经托媒人向翠翠家提亲。祖父深知要尊重翠翠的心思，让兄弟两人到山上唱歌，由翠翠从中选择。天保自知逊色，离家远行，不幸葬身水流。傩送千里寻找兄长遗体不得，又一时无法将翠翠娶进，也远去外乡。祖父面对变故，不堪深忧孙女的处境而去世，遗下翠翠孤守坟茔。她整日望溪流思故人，可傩送呢，"也许永远不回来了，也许'明天'回来"……

《边城》无疑代表了沈从文创作追求的一个重要方面，也较为集中地代表了京派作家乃至30年代自由主义文学思潮与左翼文学思潮相抗衡的基本思想取向。

30年代是沈从文创作的高峰期，他自己称之为"一生生命力最旺盛的那几年"，正是在这一时期创作的作品，奠定了他在中国现代文学史上的地位。

然而生活并不像沈从文认定的是"情绪的体操"、"情绪的散步"的小说那样唯有诗情画意。1937年7月7日，卢沟桥的炮火宣告了抗日战争的全面爆发。7月28日，日本军踏进文化古都北京。8月12日，沈从文也顾不得矜持了，装扮成商人，与北大、清华的一批学者、教授南下流亡。他辗转到大西南的昆明，出任西南联大中文系教授。但艰辛的流亡生活并没有从根本上改变沈从文的生活态度和文学观念，他依然对政治抱漠然态度，对注重宣传鼓动作用的抗战文艺颇有微词。自然，也同30年代一样，左翼作家给予他激烈的指责与批评。

抗战胜利，西南联大解散，沈从文受聘于北大，从而结束了他"相当长，相当寂寞，相当苦辛"的昆明生涯。

外寇被驱，内战又起。作为一个有良知的作家，沈从文忧黎民，恨战争，却不了解战争具有不同的性质。他依然天真地以人性去看待和理解政治，依然从根本上固守着自由主义的文学观念。虽然他也在思索，但处于巨变中的时代根本不可能留给他太多的时间。"三大战役"摧枯拉朽般击溃了国民党政权，沈从文无可避免地被指斥为鼓吹"第三条路线"的代表，一位文化界的泰斗级人物甚至将沈从文定性为"一直有意识地作为反动派而活动着"。

结果是可想而知的。1949年7月召开的第一次全国文代会，连当时的"京派"文学批评家李健吾都是代表，可沈从文被排斥在外。紧接着，北大中文系取消了他讲授的课程。

沈从文被安排到历史博物馆工作。

窗外雨涟涟，沈从文叹息：雨愁人得很……

但自此，他兢兢业业地在历史博物馆工作，从事文物的管理、鉴定、研究和讲解，并撰写了不少文物方面的学术论文。

其间，他多次被邀重操旧业，甚至被提请担任北京市文联主席，但经再三思考，他都没有接受。像蚕要吐丝一样，骨子里都是创作激情的沈从文何尝不想提笔？但他似乎更明白自己与时代的距离。

塞翁失马，焉知非福。事实证明沈从文的不再从文是明智之举。"反右"，他躲过了；就是那场史无前例的浩劫，他的遭际相形之下，也比他的昔日文友乃至文坛对手幸运得多。1982年5月，沈从文在改革开放的春风中重归故里凤凰城。

自从离开故乡，沈从文大概只在1934年探望病危的母亲时重返过一次，这一次相隔的时间已近乎半个世纪。

齐梁洞、阿拉营、黄丝桥，还有那清清的沱江水，余晖中的吊脚楼……一切仍然是那么熟悉，亲切。那不是凤凰城北门吗？照相机咔嚓一响，留下了满头银发的沈从文以此为背景的照片。沈从文表情凝重。他在追忆几十年风雨兼程的岁月？他在体味故乡母亲的抚慰？

在国内外掀起的"沈从文热"中他曾被提名为诺贝尔文学奖的候选人，但他却保持着清醒，一再提醒人们："不要宣传我……要提防有人枪打出头鸟。"

就在说这话的三天之后，沈从文因心脏病复发而悄然辞世。具体时间是1988年5月10日下午，享年86岁。

沈从文的辞世的确是悄然的，因他生前一再嘱咐过亲友。

沈从文逝世四周年之时，他的夫人和亲属将他的骨灰护送回凤凰。沈从文的根，在凤凰。听涛山的黄土，沱江的清波，最后一次也是永远地拥抱着她们的

儿子。

据说，如果不是骤然去世，那一年的诺贝尔文学奖的得主就是沈从文（诺贝尔奖有规定，不授予去世的人）。这是沈从文的遗憾，更是中国文坛的遗憾。

空留青冢向黄昏

名人景点

昭君墓

位于呼和浩特市南部 9 公里，大黑河南岸。墓封土堆占地 1.3 万平方米，墓高 33 米。墓前有平台及阶梯相连，与中原地区汉代帝王陵墓的形制颇近。第二层平台及墓顶各建有一亭。伫立墓顶，极目远眺，阴山逶迤峥嵘，平畴阡陌纵横，墓草青青，古木参天。

名人简介

王昭君

王昭君，名嫱，出生于湖北省兴山县城南郊坪村。宝坪村又叫昭君村。汉元帝时，昭君被选入宫。西汉竟宁元年（前 33）匈奴呼韩邪单于（国王）入朝求和亲，昭君自愿请行远嫁匈奴，昭君来到塞外，被封为宁胡阏氏（王后）。她在这里住穹庐、披毡裘、食畜肉、饮熏酪，十分尊重当地人们的习俗，做了许多和睦两族关系的事情，深受当地人民的爱戴。后世人为了纪念她，挑土为她夯筑了这座墓。昭君墓周围景色宜人，加上晨曦或晚霞的映照，墓地的景色似乎时时都有变化。民间传说昭君墓一日三变，"晨如峰，午如钟，酉如纵"，更增添了昭君墓这一塞外孤坟的神秘色彩。民间传诵着许多关于王昭君的美丽传说，每当入秋后，各处草地都已枯黄，唯有昭君墓上的草保持着青色，故称昭君墓为"青冢"。因此，"青冢拥黛"也成了呼和浩特的美景之一。

交通指南

在市内乘专线旅游车，"昭君墓站"下车即可。

名人逸事

昭君出塞

公元前 33 年，呼韩邪单于到长安，要求和亲。元帝许。汉朝和匈奴和亲，都得挑个公主或者宗室的女儿。这回，汉元帝决定挑个宫女给他，他吩咐人到后宫去传话："谁愿意到匈奴去的，皇上就把她当公主看待。"后宫的宫女听说要离开本国到匈奴去，都不乐意。有个宫女叫王嫱，号昭君，长得美丽，有见识。她自愿到匈奴去和亲。元帝遂择日让呼韩邪单于和王昭君在长安成亲。

王昭君在汉朝和匈奴官员的护送下，离开了长安。她骑着马，冒着刺骨的寒风，千里迢迢地到了匈奴，做了呼韩邪单于的阏氏。封"宁胡阏氏"，希望她能为匈奴带来安宁和平，昭君远离自己的家乡，长期定居在匈奴。她劝呼韩邪单于不要去发动战争，还把中原的文化传给匈奴。从这以后，匈奴和汉朝和睦相处，有 60 多年没有发生战争。难能可贵的是，当呼韩邪单于去世后，她又"从胡俗"，再嫁给呼韩邪单于的大阏氏的长子，虽然这和中原的伦理观念相抵触，但她从大局出发，珍惜汉与匈奴的友谊。王昭君在匈奴生育了一男二女。昭君的卒年和卒地，史书没有记载。

"昭君出塞"是汉匈历史上一次重要的事件。王昭君与西施、杨贵妃、貂蝉并列为中国古代四大美女。

乌兰夫故居

名人景点

乌兰夫纪念馆

1992 年建成，坐落在呼和浩特市西郊植物园内，是一座具有独特民族风格的巍峨建筑。乌兰夫纪念馆展览面积 1400 余平方米，分为序厅及八个展室，两个展廊，最大展线长度近 1000 米。序厅正面为高三米的乌兰夫汉白玉坐像，左右两壁上为四组高 5.5 米，宽 3.5 的大型仿汉白玉浮雕，以参加反帝爱国运动、武装斗争、经济建设和各族人民大团结为内容，刻画了乌兰夫在 65 年的革命生涯中为祖国统一、民族解放，为中国革命和建设，为各族人民的平等、团结、共同繁荣、发展做出的杰出贡献。从第一到第八展室，以历史唯物主义的观点系统地展现了乌兰夫光辉战斗的一生。

名人简介

乌兰夫

乌兰夫（1906—1988），蒙古族，1906 年 12 月 23 日出生于内蒙古土默特左旗塔布村。历任内蒙古及中央领导职务，长期致力于民族工作。领导内蒙古地区工农业建设，发展内蒙古地区的文化、教育、医疗、科技事业，主持起草民族区域自治法，为各民族共同繁荣作出了卓越贡献。

名人逸事

乌兰夫与成陵之谜

上世纪 50 年代初，乌兰夫曾经来拜谒成陵。乌兰夫对看门人说，他有一个请求不知道说出来合不合适，看门人说，有什么你就说吧！乌兰夫迟疑了片刻说，他想打开棺木看一看，不知道行不行。

看门人也迟疑了一下，最后说："你当然可以看！因为你就是今天蒙古人的汗！"

这样，摒去左右，乌兰夫走进了停放棺木的那间密室。

这停放在成吉思汗陵密室里的棺木中，到底是装殓着大汗本人的遗骸呢，还是只是一个衣冠冢，或者是像民间传说的那样，放着成吉思汗的两个马镫？这一直是一个谜。

那么，乌兰夫在打开棺木以后，看到了什么呢，是真身吗？

看门人说，乌兰夫在走出密室之后，神色严肃。看门人也问了这个问题。但是，乌兰夫什么也没有说。而他，也就不敢再问了。

乌兰夫是这个世界上，唯一有理由打开和曾经打开过这棺木的人，如今，随着他的作古，这个秘密则还作为秘密继续存在着。

成吉思汗遗迹

名人景点

成吉思汗陵

成吉思汗陵坐落在内蒙古伊克昭盟伊金霍洛旗甘德利草原上，距东胜市 70

公里。

成吉思汗陵规模不算大，占地约 5.5 万平方米，但颇有特色，是我国内蒙古的一处主要旅游景点。

名人简介

成吉思汗

成吉思汗是古代蒙古首领、杰出的军事家、政治家，他在统一蒙古诸部后于1206 年被推为大汗，建立了蒙古汗国。他即位后展开了大规模的军事活动，版图扩展到中亚地区和南俄。1226 年率兵南下攻西夏，次年在西夏病死。元朝建立后，成吉思汗被追尊为元太祖。

成吉思汗是位伟大的历史人物，因而他的陵寝对旅游者也有很强的吸引力。

一代天骄成吉思汗（蒙语意为"像大海一样伟大的领袖"），西方很多崇拜者称他为"全人类的帝王"。

成吉思汗 1162 年出生于蒙古部乞颜孛儿只斤氏的一个贵族家庭，本名铁木真，成吉思汗一名是后来统一漠北草原、荣登大汗宝位时臣下奉上的尊号。

约在 1189 年，铁木真被拥戴为蒙古部乞颜氏首领，称汗。在以后的十几年里，逐步统一了漠北草原。1206 年，成吉思汗荣登大汗之位，宣布建立大蒙古国。统一的蒙古民族开始形成。

此后成吉思汗展开了大规模的对外征服战争。先是进攻中原的女真族金朝，迫使金将首都从今天的北京南迁到开封，困于河南狭窄之地。随后因蒙古商队被杀，于 1219 年大举西征中亚的伊斯兰教强国花剌子模（都城在今乌兹别克斯坦撒马尔罕），将其灭亡，前锋军队一直打到俄罗斯南部和乌克兰一带。西征返回途中，成吉思汗又发起了对党项族西夏政权的进攻。于 1227 年死于军中，时年66 岁。

成吉思汗的子孙继续其对外扩张事业，灭西夏，灭金，发动了第二、第三次西征，建立起一个疆域空前庞大的世界帝国。

名人逸事

一代天骄身埋何处

悬念一：中箭、患病、雷电所击、被刺，死因多多；
悬念二：内蒙古、甘肃、宁夏，不知死于何地；
悬念三：证明葬身之地石窟尚缺直接证据。

成吉思汗死后究竟葬于何处，到现在为止还不能完全确定，这也成为了一个千古之谜。之所以如此，主要是因为古代蒙古族特殊的葬制造成的。蒙族与汉族一样实行土葬，但在地面上不留坟冢、碑记一类的标志物。《黑鞑事略》一书中专门讲到蒙古人"其墓无冢，以马践踏，使如平地"的习俗。按照加宾尼的说法，蒙古人的这种埋葬方式可能还有保密的目的——埋葬后将墓穴填平，"把草仍然覆盖在上面，恢复原来的样子，因此以后没有人能发现这个地点"。

一代名相魏征纪念地

名人景点

魏征公园

魏征公园位于晋州市区西南部，是晋州人民为纪念祖籍晋州庞表村的大唐贞观名相，被后人誉为"千秋金鉴"的魏征兴建的。始建于1994年10月，1996年月10月一期工程完工并正式对外开放。公园占地面积706万平方米，是一座集纪念、观赏、娱乐于一体的综合件公园。

整个公园以魏氏宗祠为主体，主要景点有魏征像、千秋金鉴大殿、兼听阁、载舟湖、金镜山、"民本、国宁"双桥、"思危"双亭、魏征返里垂钓处、重阳登高处、相苑牌坊等。园内建筑全部为仿唐古式建筑、飞檐斗拱、气势庄严。魏征祠陈列有魏征身为政治家、思想家、文学家、史学家事迹的彩色壁画、雕刻及名家书写的牌匾、楹联。

公园以独特的斜线多轴设计手段，配以湖光山色、小桥流水、亭台楼榭。花木掩翠中，给人以南北融合、古今一体、小中见大的感受。第二期工程——聚义瓦岗寨、步行桥、魏祠正门、世界魏氏恳亲影壁、魏征故里牌坊、魏征谏言和历代名人颂魏征的墨宝、碑、廊等景点正在筹建。

名人简介

魏 征

魏征（580—643），字玄成，馆陶（今广元市剑阁县）人，是我国历史上一位杰出的政治家和思想家。

魏征深谋远虑，勤于朝政，敢于劝谏皇帝，革除弊端，很受太宗赏识。贞观三年，魏征升迁做了"秘书监"、"参预朝政"，居宰相之职。

后来魏征去世，太宗常对身边的大臣们说："用铜作镜子，可以端正衣冠；用历史作镜子，可以知道历代兴衰更替；用人作镜子，可以明白自己的得失。如今魏征去世，就失去一面镜子了！"

名人逸事

魏征直言敢谏

有一次，唐太宗问魏征说："历史上的人君，为什么有的人明智，有的人昏庸？"

魏征说："多听听各方面的意见，就明智；只听单方面的话，就昏庸（文言是'兼听则明，偏听则暗'）。"他还举了历史上尧、舜和秦二世、梁武帝、隋炀帝等例子，说："治理天下的人君如果能够采纳下面的意见，那么下情就能上达，他的亲信要想蒙蔽也蒙蔽不了。"

唐太宗连连点头说："你说得多好啊！"

由于唐太宗重用人才，能采纳大臣的直谏，政治比较开明，唐朝初期经济出现了繁荣景象，社会秩序比较安定，历史上把这段时期称作"贞观之治"。

窦建德与窦王殿

名人景点

北岳庙

位于曲阳县城西，建于北魏宣武帝时期（500—515），为祭祀北岳恒山之所。现存主要建筑为元代遗物，有御香亭、凌霄门、三山门、飞石殿（遗址）和德宁之殿。两侧还有一些碑亭。德宁之殿是北岳庙的主体建筑，坐落在中轴线北部，殿基高大，周围有白玉石栏杆，前有月台。据传，隋朝末年，农民起义军领袖窦建德曾率部转战于曲阳一带，军纪严明，赈济百姓，深得民心。后世人为了纪念他，就把德宁殿称为"窦王殿"。殿内东西檐墙上绘有巨幅"天宫图"。东墙为"龙与雨施"，西墙为"万国显宁"。在大殿内扇面墙的背面，还有高大的壁画，长约 27 米，为北岳神出行图。壁画相传为元人仿唐朝大画家吴道子的画风所绘。东西两壁的"天宫图"，画面完整，布局疏密得当。东壁的巨龙，形体蜿蜒，两

眼光亮，须发柔美，四爪苍劲，若浮若动。西壁的飞天神，相貌狰狞，肌肉粗健，荷载而视，顺风飞奔，势若腾云驾雾。传说飞天神与赵县原柏林寺大殿壁画上的水，皆出自吴道子之手。天宫图壁画具有鲜明的时代性和独特的艺术风格，在中国绘画史上占有重要地位。

名人简介

窦建德

窦建德（573—621），清河漳南（今山东武城东北）人，隋末河北农民起义军领袖。年轻时豪侠义气，曾为里长。唐高祖武德元年（618）称夏王，建都乐寿，改名五凤，国号夏。619 年，攻破聊城（今山东聊城），杀宇文化及。迁都沼州（今河北永年东南），随即大量选用隋官僚，建立各项制度，又遣使到洛阳朝见隋越王杨侗，并与王世充结好。620 年，李世民出击王世充，困逼洛阳。他率众驰援，在虎牢（今河南荥阳西北）决战，兵溃受伤被俘，被杀于长安。

苦瓜和尚遗迹

名人景点

靖江王府

靖江王府是明太祖朱元璋的侄孙朱守谦被封为靖江王时（洪武五年，即1372 年）修造的王城。依独秀峰营建，洪武二十五年（1392）建成。王府按照朝廷对藩王府所作的规定构筑，其主要建筑前为承运门，中为承运殿，后为寝宫，最后是御苑。围绕主体建筑还有四堂、四亭和台、阁、轩、室、所等 40 多处，占地 197800 平方米，规模宏大。

从建文到明代覆灭的 257 年中，这里住过十二代 14 位藩王。据明王士性《广志绎》载："宗室二千人，岁食藩司禄米五万两，故藩贮不足供，而靖宗亦多不能自存者。"可见这个家族的人口之多，盘剥民脂之巨，地方财政负担之重。清代顺治十四年（1657）建贡院。1921 年，孙中山集师北伐曾驻节于此。现为广西师范大学校址。

独秀峰巍然矗立，王府旧物，唯余承运殿前的雕栏与"云阶玉陛"，有道是

"无情最是此中山，阅尽王孙只等闲"。

名人简介

石　涛

石涛（1642—约1718）清代杰出画家。原名朱若极，削发为僧后，更名元济、道济，自称苦瓜和尚，他的别号很多，还有大涤子、清湘陈人、靖江后人等。广西全州人，明靖江王朱赞仪十世孙，父亨嘉因自称监国，被唐王朱聿键处死于福州。时石涛年幼，由太监带走，后为僧。

名人逸事

大画家石涛与苦瓜的不解之缘

历史上吃苦瓜最有名的人物，当首推明末清初的画家石涛。他本姓朱名若极，字石涛，是明藩靖江王朱赞仪十世孙。石涛后入湘山寺为僧，法名原济或作元济，又号苦瓜和尚。

石涛为什么叫"苦瓜和尚"？

传说，他餐餐不离苦瓜，甚至还把苦瓜供奉案头朝拜。他对苦瓜的这种感情，与他的经历、心境有密不可分的关系。

石涛生于明朝末年，15岁时，明朝灭亡，父亲被唐王捉杀。国破家亡，石涛被迫逃亡到广西全州，在湘山寺削发为僧。以后颠沛流离，辗转于广西、江西、安徽、江苏、浙江、陕西、河北等地，到晚年才定居扬州。他带着内心的矛盾和隐痛，创作了大量精湛的作品。最为人推崇的，是他画中那种奇险兼饶秀润的独特风格，笔墨中包含的那种淡淡的苦涩味。一种和苦瓜极为近似的韵致。

李宗仁故里

名人景点

李宗仁故居

李宗仁故居位于临桂县两江镇。建于1921—1928年，占地4560平方米。为

四合院式砖木结构二层楼房，由安乐第、将军第、学馆、三进客厅、后院组成，共有大小厅房 113 间。富有浓厚桂北民居建筑特色。曾任国民政府代总统的李宗仁数度来此居住。

名人简介

李宗仁

李宗仁先生是我国著名的爱国人士，广西桂林人（1890—1969）。1925 年 7 月，李宗仁联合黄绍竑、白崇禧统一广西。1926 年 7 月，国民革命军出师北伐，李宗仁历任第七军军长，中路军兼左路军总指挥，第四集团军总司令，率部转战湘、鄂、赣、皖、苏，屡克顽敌，被誉为"钢军"。

全面抗战爆发后，李宗仁出任第五战区司令长官，于 1938 年 4 月指挥中国军队保卫津浦线，与日寇血战台儿庄，歼敌一万余人，取得轰动中外的台儿庄大捷。

1948 年 4 月，李宗仁当选国民政府首届副总统，1949 年 1 月任代总统，致力于国共和谈。同年 12 月携夫人郭德洁离开祖国赴美寓居。

1965 年 7 月 20 日，在中国共产党"爱国不分先后，爱国一家"的政策感召下，李宗仁偕夫人郭德洁回归祖国，晚节可风。

海瑞遗迹

名人景点

海瑞墓园

位于海口市西郊滨涯村，为国家级重点文物保护单位。

海瑞墓园建筑庄重古朴，正门有一座石碑坊，横书"粤东正气"阴刻丹红大字，花岗石铺成的 100 多米长的墓道，两旁竖立着石人、石羊、石马、石狮、石龟等石雕。墓道中间还有三间石牌坊，庄严肃穆。

海瑞墓园始建于明万历十七年（1589），是皇帝派许子伟专程到海南监督修建的。据说，当海瑞灵枢运至现墓地时，抬灵枢的绳子突然断了，人们以为这是海瑞自选风水宝地，于是将其就地下葬。海瑞墓高 3 米，圆顶，墓前有 4 米高的石碑。海瑞墓室后扩建了"扬廉轩"，其亭柱上挂有海瑞写的两副对联，其一是

"三生不改冰霜操，万死常留社稷身"。轩前有海瑞塑像，轩后有"清风阁"，展示海瑞的生平事迹和陈列有关文物。整个墓园，绿草如茵，葱郁苍翠的椰树、松柏、绿竹四季常青。

名人简介

海瑞

海瑞（1514—1587），字汝贤，另字国开，号刚峰，琼山市府城镇金花村人。举乡试入都，恩赐进士，初任南平教谕，后升任淳安知县、兴国知县。在任内推行清丈、均徭，廉洁自恃，人言"布袍可脱粟"。明世宗嘉靖四十五年任户部云南司主事。当时世宗宠信方士，专意斋醮，妄求长生不死之药，忽朝失政，无人敢谏，只有海瑞冒死上疏，犯颜直谏，震惊朝野，被罢官入狱，世宗死后获释。隆庆三年（1569）任应天巡抚，任内曾主持疏浚吴淞江、白茆河，大力推行"一条鞭法"，遭到张居正等人的反对，被革职回乡。

海瑞一生刚直不阿，居官期间，平反了一些冤狱，被誉为"海青天"，亦称"包公再世"、"南包公"，他72岁时出任南京都察院右金都御史，仍力惩贪污官员，不久病逝于住所。死后，朝廷赐祭八坛，赠太子少保，谥号忠介，遣官员许子伟护灵柩归葬。出殡那天，南京城里万人空巷，商者罢市，农者辍耕，大众夹道送殡，哭奠者百里不绝。

张云逸大将军纪念地

名人景点

张云逸大将军纪念馆

张云逸将军纪念馆位于文昌县城文昌中学南面，1992年为纪念张云逸将军诞辰100周年而建。纪念馆坐东朝西，高8米，宽12米，顶分双层，饰碧绿色琉璃瓦。门楣正中镌刻着聂荣臻题的"张云逸纪念馆"六个金色大字。大门和陈列室中间是张云逸全身铜像，总高8米。传神的形象尽现其大将风采。基座上面镌刻着彭真题写的"张云逸大将"金字。铜像后面陈列室展出史料照片、图表、绘画书稿实物，全路系统地介绍了张云逸光辉战斗的一生。整个纪念馆自成一体，布局严谨，馆内绿草如白花木扶疏，环境幽雅。

名人简介

张云逸

张云逸（1892—1974），中国人民解放军高级将领，大将军衔，军事家。生于广东文昌（今属海南省）头苑区造福乡上僚村。他戎马一生为中国的解放事业作出了重大贡献。1974年11月19日在北京病逝，终年82岁。

萧红故居

名人景点

萧红故居

萧红故居原面积为7125平方米，分东西两个院落。东院为萧红家自己使用，大门南开。两院共有房舍30间，东院8间，西院22间。东院5间房后有一近2000平方米的菜园，即萧红在她小说里所说的后花园。

名人简介

萧红

萧红（1911—1940），出生于黑龙江省呼兰县一个地主家庭。这位30年代在文坛上崛起的巨星，柳亚子赞美她"有掀天之意气，盖世之才华"，鲁迅、茅盾也给了她"中国最有前途的女作家"之美誉。

名人逸事

鲁迅对她"评头论足"

萧红说："周先生，我的衣裳漂亮不漂亮？"

鲁迅先生从上往下看了一眼："不大漂亮。"

鲁迅先生在躺椅上看着她：

"……人瘦不要穿黑衣裳，人胖不要穿白衣裳；脚长的女人一定要穿黑鞋子，脚短就一定要穿白鞋子；方格子的衣裳胖人不能穿，但比横格子的还好；横格子的，胖人穿上，就把胖子更往两边裂着，更横宽了，胖子要穿竖条子的，竖的把

人显得长，横的把人显得宽……"

杨子荣烈士纪念馆

名人景点

杨子荣烈士纪念馆

杨子荣烈士纪念馆位于海林市东山烈士陵园的青松翠柏之中，是为了纪念著名侦察英雄杨子荣烈士而建。1981年4月5日正式开放。烈士纪念馆陈列着烈士生平事迹的图片及遗物等。

纪念馆的后山坡是烈士陵园，园中耸立着烈士纪念碑，碑为花岗岩砌成，石廊铁索环绕，庄严肃穆，碑后20米处是杨子荣烈士陵墓，墓前碑石用花岗岩凿制而成，高3.1米，象征着杨子荣烈士牺牲时31岁。

名人简介

杨子荣

杨子荣，1917年生于山东胶东。1945年秋参加八路军胶东军区"海军支队"，后加入中国共产党，为建立巩固的东北根据地，杨子荣在一年多的剿匪战斗中，大智大勇，英勇奋战，立下了许多战功。1947年2月初，只身打入匪穴，里应外合，活捉了匪首"座山雕"。荣立三等功。2月23日在海林北部梨树沟山里闹枝子沟追剿残匪的战斗中英勇牺牲。杨子荣的团参谋长曲波同志根据杨子荣的事迹创作的京剧《智取威虎山》，更使这个英雄的名字家喻户晓。如今，杨子荣烈士陵园已成为游人必至之地，杨子荣烈士纪念馆也被黑龙江省委、省政府批准为省级爱国主义教育基地。

名人幽默

杨子荣与秃鹫

儿子开始学习了，总是缠着我让我给他讲故事。这实在是让我很为难。因为我现在已经很少看故事书了。只好翻出了脑袋里边的记忆，给他讲一些我小时候看过的书中的故事，这恰恰是他们这一代人根本没有机会接触的。

有一次，我给他讲了小说《林海雪原》中《智取威虎山》一段故事。儿子听了以后心满意足地走了。

可是过了几天，儿子找我说："爸爸，你讲的好像不对了，你说座山雕是一个人，可是书上说座山雕就是秃鹫。"

原来我疏忽了，我只好再告诉他，"座山雕"是那位土匪头子"崔旅长"的外号。

大清关外龙兴故地

名人景点

沈阳故宫

坐落于沈阳市沈河区中心，为清入关前的皇宫。沈阳在后金时称盛京，在清时又是陪都，故它又称"盛京宫阙"或"陪都宫殿"。沈阳故宫建于1625年，是后金第一代汗努尔哈赤开始修筑。努尔哈赤死后，第二代汗皇太极继续修建成功。占地6万平方米，有70多座建筑和300多个房间，在中国现存皇室建筑群中，其规模之大和保持完好仅次于北京故宫，雄居第二。

后金天聪十年（1636），金主皇太极改国号为清，称皇帝，其大典即在此举行。清迁都北京后，这里又成了清帝东巡时临朝听政的地方。与崇政殿遥遥相对的大清门，是沈阳故宫的正门。大清门内的甬道两侧，有两座配殿，东称飞龙阁，西称翔凤阁。崇政殿东侧，还有一座太庙，这是清帝祭祖的地方。

名人简介

皇太极

爱新觉罗·皇太极，是努尔哈赤的第八子，生于明万历二十年（1592），在位17年，卒于清崇德八年（1643）。庙号"太宗"。

即位不到十年，他就统一了整个东北，并南下朝鲜，西征蒙古，屡挫大明官兵。皇太极博览群史，气度恢弘，军事上有勇有谋，政治上极富开拓精神，既有强烈的民族意识，又十分向往汉族文化，兴利除弊，优礼汉官，堪称"上承太祖开国之绪业，下启清代一统之宏图"的创业之君。他猝死于清军入关前夕，未能实现夺取全国政权的夙愿。

名人逸事

孝庄、慈禧美貌大比拼

根据历史学家介绍，能被选入宫中做妃子的，相貌都不会差。皇太极的皇后孝庄被野史称为"玉儿"，就是因为相貌出众；而更有野史记载慈禧貌美如花。如果一定要分个高下的话，慈禧的相貌肯定要比孝庄略胜一筹。

从现存的慈禧照片和画像上看来，慈禧晚年非常有风度，而孝庄的画像就体现不出这一点。皇太极当初选孝庄入宫时，更多的是出于政治目的，而慈禧则是咸丰皇帝从成千上万的美女中选出来的，相貌如何，不言自明。

奉系军阀张作霖父子故居

名人景点

张氏帅府

张氏帅府又称"大帅府"、"少帅府",是原奉系军阀张作霖及其子张学良的官邸及寓所,位于沈阳市朝阳街少帅府巷48号。

张氏帅府始建于1914年,1933年基本建成。占地面积36000平方米,建筑面积27000平方米。分为东、中、西三个院落。内有仪门、会客厅、书房、花园、大青楼、小青楼、赵四小姐楼、边业银行等建筑。建筑风格既有中国传统式,又有中西合璧式、欧式、日式。

由于张氏帅府曾是本世纪初东北地区的政治中心,在这里发生的许多事件都与我国的近代历史息息相关,从而使它声名远扬。

1948年11月沈阳解放后,这里成为辽宁省图书馆和省文联、作家协会的办公地。政府拨巨款对帅府建筑加以维修,使其面貌焕然一新。1988年张氏帅府被公布为省级文物保护单位,同年12月成立了"张学良旧居陈列馆",对外开放,接待海内外游客观光。

名人简介

张学良

张学良(1901—2001),生于今辽宁省台安县,字汉卿,号毅庵。

1928年5月至12月,主持东北易帜后,出任东北边防军司令长官和东北政务委员会主席,从此开始了他的政治生涯。1929年1月枪毙杨宇霆、常荫槐,巩固了执掌东北军政大权的地位。

1936年1月至4月经过与李克农、周恩来会谈,走上了联共抗日的新道路。1936年12月12日,与杨虎城一道,对蒋介石实行兵谏,这就是震惊中外的西安事变。西安事变制止了国内战争,促成了第二次国共两党联合抗日局面的初步形成。后来蒋介石背信弃义,将张学良长期幽禁起来。1991年3月,张学良携夫人赵一荻赴美国探亲观光,从此结束了长达半个多世纪的幽禁生活。2001年10月15日张学良将军因病抢救无效,在美国夏威夷逝世,享年101岁。

名人逸事

张学良的养生之道

张学良是现代中国历史上的一位独特的政治人物。他的经历极不平常，特别是被幽居五十余载，是一般人承受不了的，但他竟能保持长寿健康，主要原因是：

1. 适应生活环境，接受命运的安排。

2. 依靠夫妻恩爱之情：在漫长的岁月里，一直有赵四小姐陪伴，形影不离，同甘共苦，相依为命。

3. 性格幽默：他多次说："我一生有三爱，爱打麻将，爱说笑话，爱唱老歌。"可见乐观与幽默给了他无穷的生命活力。

张学良在他92岁高龄之际，自己总结了八个字：信心，顺服，感谢，等候。

雷锋故居

名人景点

抚顺雷锋纪念馆

雷锋纪念馆位于辽宁省抚顺市望花区，占地56700平方米。1964年建馆，主要烈士纪念建筑物有雷锋纪念碑、雷锋塑像、雷锋墓和雷锋事迹陈列馆。藏有毛泽东、邓小平、江泽民等党和国家领导人为雷锋题词手迹和雷锋遗物、照片等文物400多件。雷锋纪念馆设施先进，环境幽美，是宣传雷锋、研究雷锋、纪念雷锋的活动中心。雷锋纪念馆是全国首批重点革命烈士纪念建筑物保护单位。

名人简介

雷锋

雷锋（1940—1962），中国人民解放军全心全意为人民服务的楷模，共产主义战士。湖南长沙人。1960年参加中国人民解放军，被编入工程兵某部运输连四班，当汽车兵，同年加入中国共产党。在入伍不到三年的时间里，荣立二等功一次、三等功两次，被评为节约标兵，荣获模范共青团员称号，出席过沈阳部队共青团代表会议。1962年8月15日因公殉职。1963年1月7日国防部命名他生前所在的班为"雷锋班"。同年3月5日毛泽东亲笔题词"向雷锋同志学习"。

名人逸事

雷锋曾是"业余歌手"

据当年的雷锋连司务长杨丰普说，雷锋虽然以帮助他人来充实自己的人生，但他也有另外一种青春小伙子的活泼可爱劲儿。雷锋特别爱唱歌，"他没事就爱哼点什么小曲，特别是当时的'流行歌曲'，我就听过他唱的那首《唱支山歌给党听》，一点不跑调，有滋有味的。或许是在他心里有着一种对党深深的感激与尊敬吧，他唱得感情特真挚，'台风'自然、洒脱，俨然一个当红的'大腕儿'。"

虽说雷锋只是个"业余歌手"，但在长达三个月的巡回演出中可没听他出过错，高音也拔得上去。杨老笑着评价雷锋说："他还真有点歌唱天赋。"

伪满康德皇帝溥仪故居

名人景点

伪满洲国皇宫

伪满洲国皇宫位于长春市东北角，光复路3号，占地13万多平方米，是清朝末代皇帝爱新觉罗·溥仪充当伪满洲国傀儡皇帝时的宫殿，也是中国清朝末代皇帝爱新觉罗第三次"登基"时的宫殿，应说是中国封建王朝的最后一个宫殿。从1932年到1945年，溥仪在这里生活了14年。今天人们习惯叫它"伪皇宫"。

伪皇宫正门叫"莱薰门"，西侧大门叫"保康门"。皇宫分内廷和外廷两部分，内廷是溥仪及其家属日常生活的区域，是溥仪及其后妃居住的地方，主要建筑有缉熙楼、同德殿；外廷是溥仪处理政务的场所，主要建筑有勤民楼、怀远楼、嘉乐殿。此外还有花园、假山、养鱼池、游泳池、防空洞、网球场、高尔夫球场、跑马场以及书画库等其他附属场所。

宫内展有溥仪及众妃们的腊像。偏殿有日本侵华及从皇帝到平民图片展。

1932年9月15日，就是在"勤政爱民"的勤民楼里签订了经溥仪认可的"日满议定书"，将伪满洲国的国防、治安全部委托给日本人，并由日本人管理伪满的铁路、港湾、水路、空路，日本军队所需的各种物资、设备由伪满政府负责

供应。东北主权被拱手相让。

名人简介

溥仪

溥仪（1906—1967），清末代皇帝、伪"满洲国"皇帝。满族，醇亲王载沣之子。3 岁时（1908）被立为皇帝，年号"宣统"。1911 年被迫退位。

1934 年称伪"满洲帝国"皇帝。1945 年日本无条件投降后，溥仪与其他伪"满洲国"战犯一起被苏联政府移交给中国政府，1959 年经特赦令予以释放。后任全国政协文史资料委员会专员，1964 年任中国人民政治协商会议第四届全国委员会委员。1967 年 10 月 17 日在北京病逝。著有《我的前半生》。

名人逸事

末代皇帝哭着登基

清朝末代皇帝溥仪于 1908 年底登基时，年仅 3 岁，他的父亲载沣把他抱到宝座上。当大典开始时，鼓乐大作，吓得小皇帝啼哭不止。载沣无奈，只好哄着小皇帝说："别哭，快完了，快完了！"……

3 年之后，清朝果然完了，中国历时 2000 多年的封建统治至此结束。

杨靖宇烈士殉难纪念地

名人景点

杨靖宇烈士墓

杨靖宇将军殉国地位于黑龙江省靖宇县城西南 7 公里处。1940 年 2 月 23 日，由于叛徒出卖，杨靖宇将军在此地遭日军围困，经过激烈交战，终于壮烈牺牲。为纪念人民英雄杨靖宇将军，在他殉国的地方相继修建了纪念碑和纪念塔，纪念塔刻有朱德题词"人民英雄杨靖宇同志永垂不朽"。庄严肃穆的靖宇殉国地，是缅怀老一辈无产阶级革命家丰功伟绩的参谒圣地，是进行爱国主义和革命传统教育的重要场所。现已列入省第一批重点文物保护单位。

名人简介

杨靖宇

著名抗日民族英雄杨靖宇（1905—1940），河南确山县李湾村人。原姓马，名尚德。1927年加入中国共产党，曾任确山县农军总指挥、中共哈尔滨市委第一书记、南满省委书记、东北抗日联军第一路军总司令兼政委等职。1940年2月于吉林省濛江县被日寇包围，因寡不敌众，壮烈殉国。为纪念他，1946年，东北人民政府将濛江县改名为靖宇县。

名人逸事

日本军人回忆杨靖宇将军

金井回忆道："我也只见过杨将军一次，而且近在咫尺，那就是杨将军的人头。""遵照关东军司令部的命令，我们日军军医切开杨将军的腹腔——严密封锁了几个月，冰天雪地，弹尽粮绝，东北抗日联军的将士们吃什么呢？"

"当我们的军医切开杨将军的胃时，不由得惊呆了，里面全是没消化的树皮和草根。关东军司令部感到杨将军虽然死了，但是还有巨大的威胁，于是命令把杨将军的头颅砍下来示众，让关东军部队、附近的中国居民和监狱里的中国人来看，告诉他们：抗日的话，这就是下场！但我总感觉杨将军的影响力反而更大了，他作为抗日军人的形象已经植根于中国国民和我们日本士兵的心中。"

钱南园故里

名人景点

钱沣墓

钱沣墓位于昆明市官渡区金殿至黑龙潭公路中段的沿水河畔，系钱沣与夫人崇氏的合葬墓。墓体为圆形，直径5米，高2.4米，碑残，仅余"府君太君墓"字样。钱沣墓1987年公布为昆明市文物保护单位。

名人简介

钱沣

钱沣（1741—1795）字东注，号南园，云南昆明人。清乾隆进士，居官清廉，刚正不阿，以弹劾陕西巡抚毕沅、山东巡抚国泰、乾隆嬖臣和坤而名声天下。钱沣工书画，尤善画瘦马，乾隆六十年（1795）病逝于北京云南会馆，次年归葬故里。

名人逸事

瘦马御史斗和珅

清乾隆年间，监察御史钱沣，保奏好友御史浦霖，免于弹劾之罪，奉昭随钦差军机大臣和珅，并令其折罪的浦霖同去山东济南，查钱沣弹劾山东巡抚国泰、布政史于易简国库亏空一案。浦霖之妹莲心，执意随兄一同前往。

钱沣常骑瘦马，一身清廉，善写字、画马。丧妻多年，对母竭尽其孝，此去前途未卜，命仆人阿长借钱为老母安排日后生活，与母挥泪离别，钱母申明大义，嘱托儿子放心前去，完成圣命。

和珅倚仗皇威，与国泰、于易简相互勾结，贪污国库银两，为逃避钱的查案，设计充填库银，强逼师爷做下假账，并毒死师爷，为钱沣设下重重障碍。钱沣不畏权势，微服私访，从"醉八仙"酒店店主口中探得真情。师爷之妻李氏为保真账四处躲藏，钱命阿长暗中保护。莲心对钱沣暗生爱慕，向钱求"瘦马图"，钱沣深知宦海风云莫测，只能婉拒莲心的一片爱恋之情。

和珅、国泰用金钱、官爵及莲心的性命逼迫浦霖走上变节贼船，钱沣悲愤交加，面临杀头之祸，在莲心、李氏的帮助下，终于查明案情。国泰、于易简就地正法，浦霖无颜面对朋友、妹妹，自刎而死。和珅金蝉脱壳，"凯旋"而归。钱南园将"瘦马图"赠与莲心，一同回京复命。

唐继尧故里

名人景点

唐继尧墓

唐继尧墓位于昆明市圆通动物园内，1931年由云南省政府修建。墓为丘形土堆墓，墓径18米，高5.8米，墓前有石阙三楹，另有石标、石狮等。墓碑两侧有孙中山、黎元洪等给唐授勋的碑铭。唐继尧墓1987年公布为云南省文物保护单位。

名人简介

唐继尧

唐继尧（1882—1927），云南会泽人，曾留学日本，加入同盟会，回国后任云南陆军讲武堂教官，1911年参加昆明辛亥重九起义，1915年12月在护国运动中与蔡锷通电讨伐袁世凯，任护国军第三军总司令，1927年病逝。

闻一多故居

名人景点

闻一多旧居

闻一多旧居位于昆明市区西仓坡6号原西南联大宿舍内，建筑为云南常风的三坊一照壁民居。殉难处在大门前左边十余米处。1946年7月15日，民主同盟在府甬道"民主周刊"社集会，怒斥国民党杀害李公朴先生罪行。会后，闻先生在其长子闻立鹤陪同下返回，行至大门口，即遭国民党特务开枪伏击，一多先生饮弹身亡，立鹤负重伤。1983年，闻一多旧居及殉难处公布为昆明市文物保护单位。1987年昆明市五华区政府于殉难处立碑，记述震惊中外的"李闻惨案"。

名人简介

闻一多

闻一多（1899—1946），原名闻家骅。现代诗人、学者、民主斗士，被称为他的"三重人格"。新诗集《红烛》《死水》是现代诗坛经典之作。对《周易》《诗经》《庄子》《楚辞》四大古籍的整理研究，被郭沫若称为"前无古人，后无来者"。他一身正气，抗战蓄髯八年。1946年夏在昆明遇刺身亡。

名人逸事

闻一多——脚皮教子

闻一多先生教子方法也别出心裁，堪称一绝。

据曾经跟闻一多先生一起到少数民族地区进行采风的马学良先生回忆："那时每天记录完毕以后，回到宿营地，稻草铺在地上，闻一多先生老叫我同他在一起整理文献。我们点着蜡烛，整理完才睡觉。他总是支着一只脚，挑脚上的水泡。挑完了，他把挑下来的脚皮，用一个小袋子装好。"

从水泡上挑下的脚皮可谓登不得大雅之堂，一般人避之而唯恐不及，可为什么闻先生却视之如宝呢？后来，马学良先生才知道闻一多先生这些脚皮的用处：等到它们集到一定数量的时候，就将其寄给自己的孩子，目的是让孩子们记住闻先生所受的苦。

作为一个父亲，闻一多先生没有给自己的孩子留下万贯家财，然而，满袋的脚皮，满腔的父爱，是后代们一世都用不尽的精神财富。

聂耳墓

名人景点

聂耳墓

聂耳墓位于西山太华寺与三清阁之间的山坡上。

聂耳墓 1980 年 5 月 13 日迁葬于此，有徐嘉瑞撰《划时代的音乐家聂耳之墓》石碑竖于墓前。1954 年重修时，更换新碑。新墓地背负青山，前俯滇池，呈月琴状。二十四级石阶象征聂耳 24 岁的生命，7 个花圃象征七声音阶，墓穴位于月琴盘的发音孔上。月琴盘顶端竖 7 块晶莹的墨石，由郭沫若手书"人民音乐家聂耳之墓"。墓前有用汉白玉雕成的聂耳像一尊，背后护墙上的浮雕表现了当年中国人民在《义勇军进行曲》的鼓舞下团结抗战，前赴后继的光辉岁月。聂耳纪念馆内陈列了聂耳的生平文物、照片等许多实物资料，出售他创作的歌曲带子。纪念馆周围松柏苍翠，环境清幽。

名人简介

聂耳

聂耳（1912—1935），原名守信，字子义，云南玉溪人，生于昆明，自幼爱好音乐。1931 年到上海加入明月歌舞团。1933 年加入中国共产党，积极参加左翼音乐、戏剧、电影等活动，作有歌曲《义勇军进行曲》《前进歌》《毕业歌》

《大路歌》等。1935年7月17日在日本神奈川县藤泽市鹄沼海滨游泳时，不幸溺水身亡。1938年将其骨灰安葬于西山碧鸡山麓。

名人逸事

四只耳朵的音乐家

其实聂耳的原名并不叫聂耳，而叫聂守信。那么聂耳的名字是怎么来的呢？这里还有一段有趣的故事。

聂耳天生听力特别好，这也可以说是音乐家的天分吧。他不但有音乐天分，而且他又具有表演的才能，善于模仿各种人的声音和表情。有一次在明月歌舞团的联欢会上，他不仅表演舞蹈，还模仿各种人讲话的声音，还有一个更精彩的节目就是表演两只耳朵分别一前一后地动，这点是一般人难以做到的，他这一举动把大家逗得大笑起来。从此他就在歌舞团出了名，成了大家公认的"耳朵先生"。他的听力好，也是促成这个外号的原因之一吧。当时他自己觉得这外号很富于幽默感，干脆改名为"聂耳"了，并在自用的便笺上印上了"耳、耳、耳、耳"，他的名字便由这四个耳字组成了，这样成了习惯，人们倒把他的原名聂守信给忘了。

聂耳在创作上最注重生活的体验和感受，大家都会唱的《卖报歌》就足以证明了这一点。那是在1933年的秋天的一个傍晚，他约朋友周伯勋出去走走，他边走边对朋友说：这条路上有一位卖报的小姑娘，卖报时喊的声音很动听，想让周伯勋也听一听。当他们走到吕班路（现在的上海重庆南路）口时，果然看到了一小姑娘走来走去，匆忙地卖着晚报，她声音清脆、响亮，有条理地叫卖着报名和价钱。聂耳走过去买了几份报，同时跟她聊了起来，知道她父亲有病，家庭生活困难。在回家的路上聂耳沉重地说："很想把卖报儿童的悲惨生活写出来，要请田汉或者安娥写词。"

过了几天，安娥把词写好了，聂耳找到了那位小姑娘，把歌词念给她听，然后问她有没有不合适的地方，小姑娘想了一下说："都挺好，但如果能把铜板儿能买几份报的话也写在里边，我就可以边唱边卖了。"聂耳回去立即和安娥商量，在歌词中添上了"七个铜板能买两份报"的句子。后来那位小姑娘真的一边唱一边卖，她的歌声使她的生意也好了起来。现在聂耳早已去世了，但那位小姑娘还活着，已成为白发斑斑的老人了。人总是要死的，但聂耳的《卖报歌》将长存于世。

兰廷秀故里

名人景点

兰茂墓

兰茂墓位于嵩明县城南杨林镇南。墓为石砌圆形土冢，高约 2 米，直径约 10 米，坐西向东。现存墓碑为 1936 年所立，碑心题刻袁嘉谷书"明兰隐君墓"。墓前有兰公祠，始建于明代，清康熙年间重修，现存正殿 3 间，左右耳楼各 3 间，门楼 3 间，中为天井。祠内存名人碑记、楹联多块。1982 年墓和祠均重修，并在祠内建立兰茂纪念馆，陈列有关兰茂的文物和资料。兰茂墓及祠 1983 年公布为云南省文物保护单位。

名人简介

兰茂

兰茂（1397—1476），字廷秀，号止庵，嵩明杨林人。学问渊博，深通经史，精研医学、理学、诗文等，未应科举，一生教书行医，著述甚多，死后乡人立墓建祠纪念。

名人逸事

滇药之父——兰茂

云南白药、美肤冲剂、红黑丸……它们的诞生都得益于一本明代药学巨作——《滇南本草》。

兰茂，人称其为"布衣科学家"。他在滇南本草中记载了 544 种地方性中草药，至今疗效显著。如最早载于《滇南本草》可"发散疮毒"的石椒草，经过研究后制成"复方黄石感冒片"和"复方抗炎片"等。"云南白药"的主要成分重楼、独定予；丽江的"虎潜丸"，腾冲的"曼陀罗药水"等云南名药的主要成分都载于《滇南本草》。著名植物学家号征镒曾为书中所记的植物做了详细的分类和审定。在日本，《滇南本草》对该国植物学的影响也已载入史册。楚图南的一生崇敬兰茂，1982 年他为新修的兰公祠提了对联："神农后裔，滇南乡贤。"

作为我国现存较完整的地方性本草著作,《滇南本草》被历代云南人"滇中奉为至宝"。500年来,不仅其药物学方面的内容日趋完善,而且在地名研究、酒文化以及历史研究等方面都具有颇高的价值,被称为"药物学的《红楼梦》"。

绿色的云南养育了滇南名士兰茂,他在药物学、音韵学、文学等方面成为一代宗师。在西部的开发中,云南天然药物的开发首当其冲。当我们再次翻开《滇南本草》,也许还能发现更多的滇药之谜。

郑和故里

名人景点

郑和公园

郑和公园原名月山公园,位于滇池南岸晋宁县昆阳镇的月山,距昆明60公里。郑和公园是以纪念明代伟大的航海家郑和为主题而修建的纪念性园林。因昆阳是郑和故里,其父马哈只墓又在月山上,故于1979年改为今名。

从公园的大门而入,两侧为郑和七下西洋的浮雕。园址南北长500米,东西宽400米,250余亩林园中,松林、柏林、果林郁郁葱葱。公园主要景观有"望海楼"、高8.5米的郑和全身塑像、郑和纪念馆、仿郑和七下西洋的大宝船而建的三保楼,被誉为云南碑刻第一林的郑和碑林,郑和古里亭以及郑和之父马哈只的陵墓。山上遍植奇花异木,北望滇池,烟波浩渺,风帆点点。

名人简介

郑和

郑和(1371—1435),原姓马,名和,小字三保,回族,生于昆阳。明初,入宫做宦官,人称"三保太监"。郑和从1405年到1433年的28年间,明成祖派郑和带领船队27800余人,七次出使西洋(今中国南海以西,亚洲南部及印度洋沿岸的国家和地区),历30余国,最远曾达非洲东岸、红海。郑和每到一地,都以丝绸、瓷器、铜铁器和金银等物,换取当地的特产。有的国家和地区还派使者随船来到中国,促进了国际间的交往。三保太监下西洋,是世界远航史上的创举,传为"明初盛事"。郑和是世界远航史上的第一人,比发现新大陆的哥伦布早80年,比麦哲伦环球航行早100年。

名人逸事

麻将是郑和下西洋时发明的吗？

麻将是中国人发明的一种娱乐工具，深受国人喜爱，无人不晓。但麻将的发明与郑和七下西洋有关，这恐怕鲜为人知。

据说，太仓是皇帝的粮仓，粮食多了麻雀就多，许多士兵整日整夜守粮仓，枯燥乏味，有人就用泥巴打麻雀。太仓方言管麻雀叫麻将，打中了叫"红中"，打不中叫"白板"，打多了叫"一束"，把麻雀拎在桶里烧来吃，叫"一筒"，风来了麻雀飞走了，叫"东南西北风"，把麻雀卖了叫"发财"……

有人在看粮仓时在地上用泥土做成长方形的泥牌，取名"麻将"，并把上述的名称标在麻将牌上，麻将就这样发明了。后来太仓成为郑和下西洋的起锚地，郑和招募了许多太仓人随船，于是，麻将就在船上打开了。

杜文秀故里

名人景点

杜文秀墓

下兑村杜文秀墓，建于民国六年（1917），1956年重修，1983年改建，墓坐南面北，呈伊斯兰式歇山顶墓体，侧面为长方形，高5.7米，石墓墓座高1.5米。墓碑题"总统兵马大元帅杜文秀之墓"，碑阴刻阿拉伯文。墓周围有青石栏杆，原墓保存在墓座内，长约4尺，宽约2尺。1983年被列为省级重点文物保护单位。

杜文秀以大理为政治、经济中心，将原清大理提督衙门改建为元帅府，厚墙高楼，雕檐黄瓦。后又在元帅府周围筑有360米石砌围墙，称为紫禁城，文武官员多在此办公。元帅府原有大门、二门、大堂及南北厢房、后厅。起义失败后，云贵总督岑毓英曾对帅府进行拆改，部分建筑也被清军将领占据，今仅存大门和后厅，1988年又重建二门和大堂，总面积为1.2万平方米，围墙也只存南墙172米。帅府坐西向东，大门三开间，硬山顶，门前有十五级台阶。

大门内原有两重过厅，今已毁。二门为石砌拱形，上部有大理石雕饰。二门内为四合院，大堂为楼房，面阔5间，即当年的白虎堂，堂上悬有"政在养民"、

"伐暴救民"、"惠荸苍洱"等匾额，多为各地所送。堂前悬挂着"提三尺剑以开基，推心置腹，重见汉高事业；着一戎衣而勘乱，行仁讲义，俨然周武功勋"楹联。

大堂两侧有侧门，各入南北侧院，一进小院为当年的客房，二进小院为当年的住房。原元帅府南花厅现辟为碑林，安置大理古碑 60 多通。

名人简介

杜文秀

杜文秀（1823—1872），字云焕，号白香，云南永昌（今保山）人，回族。清咸丰六年（1856 年），正当太平天国席卷大江南北之际，云南也爆发了回民起义。当时楚雄石羊银矿汉、回因争矿发生冲突，事态不断扩大，清政府压制回民，引起各地回民的武装反清。杜文秀在蒙化（今巍山）联合回、汉、白、彝等族，亦起兵反清。9 月 16 日，攻克大理府城；10 月 17 日，被推为"总统兵马大元帅"，将帅府设在大理城的清提督署内，建立大理政权。杜文秀提出"连回汉为一体，竖立义旗，驱逐鞑虏，恢复中华，剪除贪污，出民水火"的纲领，实行整顿吏治、严肃军纪、减轻赋税、鼓励农耕、发展生产，提倡文教等一系列政策，强调各民族"宜一视同仁，不准互相凌虐"。因此，杜文秀得到各族群众支持，势力逐步扩展到滇西、滇南 50 余州县，动摇了清政府在云南的统治。

随着太平天国的失败，杜文秀大理政权亦日益危急，为扭转局面，同治六年（1867 年），杜文秀发兵 10 万东征，占领楚雄等 20 余州县，进围昆明，与清军提督马如龙相持一年有余。继而，云南布政使择硫英由曲靖回援，义军战事失利，精锐被歼，情势逆转，杜文秀退守大理。同治十一年（1872 年）十一月，清军攻入大理，杜文秀服药自杀。清军将领杨玉科取下杜文秀首级，连同帅印衣冠，派人送至省城。据说，夸硫英将其首级悬竿示众，后葬于楚雄。杜文秀尸身被当地人葬于下兑村回族墓地。杜文秀起义坚持了 16 年又 2 个月，是云南近代史上规模最大，时间最长、影响最深远的反清斗争。

西藏历代佛教圣地

名人景点

布达拉宫

布达拉宫坐落在西藏拉萨西北角玛布日山（红山）上，它是一座融宫殿、寺宇和灵塔于一体、规模浩大的宫堡式建筑。布达拉宫始建于唐贞观中期，吐蕃赞普松赞干布与唐联姻，为迎娶文成公主而首建此宫，后世屡有修筑。今天气势雄伟的布达拉宫是清顺治二年（1645）达赖五世统一西藏受清朝册封后修建和重建的。1988 年国家拨款进行大规模维修，历时五年，使布达拉宫再现了它原有的艺术光辉。

布达拉宫依山垒砌，主楼高 119 米，十三层，东西长 420 米，南北宽 300 米，房屋近万间。主体建筑分红、白两宫，红宫居中，白宫横贯两翼。红宫有历代达赖喇嘛的灵塔和各类佛堂及经堂；白宫部分是达赖喇嘛处理政务和生活居住的地方。从东部山脚沿着之字形的石阶拾级而上至彭措多大门，经幽暗弯曲的走廊，即进入宽阔的东平台——德阳厦。过去每逢喜庆节日，总要在此举行跳神和歌舞表演。由东平台扶梯直上即为上楼去各殿的松格廊廊道，廊道内雕梁画栋，满布壁画。

东大殿是白宫最大的宫殿，清朝驻藏大臣曾在此为达赖喇嘛主持坐床、亲政大典等仪式，是西藏地方进行重大宗教、政治活动的地方。红宫内环绕正殿共有八大祭堂，每一祭堂各有一座灵塔，其中以五世和十三世达赖喇嘛的灵塔最为奢华。塔身全部用金皮包镶，通体饰以珠宝玉石镶嵌的各种图案。

从灵塔穿过一小门便进入西大殿，它是红宫内最大的一座殿堂——五世达赖喇嘛的享堂，一些重大的佛事活动均在此举行。红宫的最高层叫"萨松郎杰"，殿内供有乾隆帝画像及皇帝牌位。清代，各世达赖每逢藏历年初一和皇帝过生日都要来此朝拜。在白宫的最高处，有历代达赖喇嘛生活起居的东西两套寝室，分别称东、西日光殿，内设经堂、客厅、经室、卧室，陈设非常豪华。

布达拉宫宫顶是一个金碧辉煌的艺术世界，浮光跃金，辉煌夺目。

"布达拉"是梵语的音译，又译作"普陀罗"或"普陀"，原指观世音菩萨所居之岛，因而布达拉宫俗称第二普陀罗山。布达拉宫始矗立于红山之腰，依山而建，海拔 3700 多米，与山势融为一体。东西长 360 米，南北宽 140 米，主楼高达 117 米，占地面积 36 万平方米，建筑面积 13 万平方米，外观 13 层，墙体全部由花岗岩砌成。

布达拉宫始建于公元 7 世纪，于今已有 1300 多年的历史。据说，当时吐蕃王朝正处于强盛时期，吐蕃王松赞干布与唐联姻，为迎娶文成公主，松赞干布下令修建这座有 999 间殿堂的宫殿，"筑一城以夸后世"。布达拉宫始建时规模没有这么大，以后个断进行重建和扩建，规模逐渐扩大。成为当今世界海拔最高、规模最大的官堡式建筑群。

布达拉宫起基于山的南坡，依据山势蜿蜒修筑到山顶，高达 110 多米。全部是石、木结构，下宽上窄，镏金瓦盖顶，结构严谨。人们走过拉萨河大桥，高耸

山顶上的布达拉宫雄姿就映入眼帘。朱红色的宫墙，金碧辉煌的宫顶。在蓝天雪山的陪衬上，显得格外壮丽。

布达拉宫由白宫和红宫两部分组成。白宫是历代达赖喇嘛生活起居和处理政务的地方，红宫为宗教活动场所，除了佛殿，还存放有历代达赖喇嘛的肉身灵塔。参观者经"平措堆朗"大门，进入半山的"德央殿广场"，这里是历代达赖喇嘛和僧俗官员观看金刚神舞和藏戏的地方。白宫的主要建筑有"措钦夏"，为历代达赖喇嘛举行坐床典礼的殿堂，上悬清同治皇帝御笔亲赐的"振锡绥疆"的匾额。顶层为寝宫，透光性极好，俗称日光殿。红宫的主要建筑为存放历代达赖喇嘛的灵塔而建，其中以五世达赖喇嘛的灵塔规模最大，塔座塔瓶用11万两黄金包裹，并嵌有各类珠宝1500余颗，价值连城，称为"卓林坚加"，意为"世界第一庄严"。西面有寂圆满大殿（措庆努司西平措）是五世达赖喇嘛灵塔殿的享堂，内壁绘满壁画，其中以五世达赖喇嘛进京觐见顺治帝的壁画最为著名。红宫最高的殿堂为"殊胜三界殿"，供有银铸11面观音1尊，是极为珍贵的文物。法王洞（曲吉竹普）位于红宫和白宫之间，是吐蕃时期的遗构，相传为藏王松赞干布的修行洞，内有松赞干布、文成公主、尺尊公主和禄东赞等人的塑像，是吐蕃时期的艺术珍品。

布达拉宫顶部有七座金光闪闪的金顶，均以斗拱承托，使汉藏建筑风格融为一体。布达拉宫内还保存了极为丰富的历史文物，其中有2500平方米的壁画，近千座佛塔，上万座塑像，上万幅唐卡，还有《贝叶经》等珍贵经文典籍，以及明清两代皇帝赐封的金册、金印、玉印和大量的工艺珍品。建国以后，中央十分重视布达拉宫的维修和保护，并于1989年拨巨款对布达拉宫进行了大规模的维修，工程历时五年，使布达拉宫这一民族文化瑰宝更加璀璨夺目。

名人简介

松赞干布

松赞干布（约617—650），吐蕃国王，又名弃宗弄赞，又名弃苏农。629年登赞普位，定都逻些（今西藏拉萨），削平内乱，降服苏毗、羊同等部，统一青藏高原，在大臣禄东赞协助下正式建立吐蕃王国。发展农牧业生产，制定文字，颁行法令，创设行政和军事制度，设置官品，统一度量衡和税制，从中原及泥婆罗（今尼泊尔）、天竺（今印度）等地引进文化、技术，使吐蕃社会有了迅速发展。641年娶唐宗室女文成公主。遣贵族子弟至长安入国学，并请中原文士掌管表疏；又请蚕种及造酒、碾、纸墨工匠，促进了汉藏文化交流。唐皇封他为驸马都尉、西海郡王。

松赞干布迎娶文成公主的传说

　　这则传说普遍流传在藏族各个地区，真是人人皆知，个个乐道。传说讲的是：藏王松赞干布是个英明有为的赞普，他仰慕唐朝的先进生产技术和文化，又听说皇帝唐太宗有一位贞淑美丽的女儿文成公主，便想求娶来做妃子。于是派出聪明能干的大臣噶尔·东赞率领求婚使团，前往国都长安请婚。不料同时还有波斯、霍尔、格萨和印度等国的使团也来求娶文成公主。各国婚使都希望能迎回贤惠的文成公主做自己国王的王妃，这使唐太宗非常为难。为了做得公平合理，就决定让婚使们比赛智慧，谁胜利了，便可把公主迎去。于是，展开了一连串比巧斗智的场面，先给了使臣们一颗九曲明珠和一条丝带，叫他们把柔软的丝带穿过明珠的九曲孔眼。其他使臣抢先接去，想尽千方百计，可是怎么也穿不过去。这时，噶尔·东赞坐在一棵大树下想主意，偶然发现一只大蚂蚁，便灵机一动，将一根丝线的一头系在蚂蚁腰上，另一头系紧丝带的一端。在九曲孔眼的一边抹上蜂蜜，把蚂蚁放进另一边，蚂蚁闻到蜂蜜的香味，便带着丝线，曲曲弯弯爬去。爬了一阵丝线忽然不动了，原来蚂蚁太累了，在半道休息呢。噶尔挺着急，忙顺着孔眼往里慢慢吹气。这时，蚂蚁也歇过来了，便借助吹气的力量，很顺利地从那边爬出来，由于拉着丝线爬弯弯曲曲的路，特别费劲，所以蚂蚁的腰部都给勒得细细的了。噶尔·东赞见蚂蚁爬出来，高兴极了，赶紧抓住丝线，慢慢拉扯，把丝带也拉过来，穿在明珠上了。噶尔胜利了，又开始了第二场比赛。这时，皇帝叫人牵了一百匹母马和一百匹马驹来，让婚使们分辨出哪匹母马是哪匹马驹的母亲。各位婚使轮流辨认，有的按毛色分，有的照老幼配。有的以高矮比。但是，都弄错了。最后，轮到噶尔·东赞了，他把母马和马驹分开关着，在一天之中，只给马驹料吃，不给它们水喝。第二天，把马驹放到母马群中。马驹都急急忙忙地找到自己的妈妈去吃奶。于是，被噶尔分辨出来了。第三次比赛是认鸡。有一百只母鸡和几百只小鸡，请婚使们指出哪些小鸡是哪只母鸡孵的。这件事又把其他婚使难住了，谁也指认不清。噶尔便把鸡群赶到广场上，撒了很多酒糟，母鸡一见吃食，就"咯咯"地呼唤小鸡来吃，这时大多数小鸡都跑到自己妈妈的颈下啄食去了。但是还有一些顽皮的小鸡，不听母鸡呼唤，各自东奔西跑地去抢食。于是噶尔一边学着鹞鹰的叫声，一边大声喊道："鹞鹰来了！抓小鸡了！"鸡娃听见，以为真的。便都急忙钻到自己妈妈张开的翅膀下藏起来。刹时，广场上一片寂静，只见老母鸡护卫着各自的小鸡，警戒地向四周巡视着，准备抵抗侵袭者。真是一幅奇妙的景象。大家见了，都很佩服噶尔的智慧。

吐蕃王朝创始故地

名人景点

雍布拉康

西藏历史上的第一座宫殿，坐落在距拉萨140公里的乃东县泽当镇东南不远的雅隆河谷的山岗上。这座无任何豪华可言的建筑名为"雍布拉康"，"雍"是尊母，"布"是孩子，"拉康"为庙宇，故可称谓"子母宫"。雍布拉康规模较小，它耸峙山头，面西而立，前部为一幢三层楼房，后部是一座碉堡形式的高层建筑。它是为西藏历史上的第一位王——聂赤赞普而修建的。

名人简介

聂赤赞普

相传公元前237年的一天，雅隆河谷的牧人在赞唐廓西发现了一个英姿勃发的聪慧青年，他的言行举止与本地土著人不同，放牧的人们回聚居地请示如何处置这位男青年。长者派出12个颇为聪明的苯教教徒上山，盘问男青年从哪里来。男青年用手指了指天，长者及教徒们以为这青年是从天上来的，是"天神之子"，格外高兴。12人中为首的便伸长脖子，给这位"天神之子"当轿骑，前呼后拥地把他抬回部落，并把他神化，说他是色界第十三代光明天子下凡，一致拥立他为部落首领。人们尊称他为"聂赤赞普"。藏语中，"聂"是脖子的意思，"赤"是宝座，"赞普"是英武之王。因为他是被牧人驮于颈上请回来的，故称"用脖子当宝座的英杰"。雍布拉康就是人们为聂赤赞普修建的王宫。从此开始，人们就把藏王称为赞普。而聂赤赞普是吐蕃部落的第一个首领，从他开始到西藏历史上第一个王朝——吐蕃王朝建立，一共传了三十二代。

民俗篇

"谢蚕花"、"轧蚕花"
——丝绸之府的蚕乡禁忌

浙江的湖州属于长江三角洲平原地区。这里土壤肥沃，河港交叉，气候温和，自古就有种桑养蚕的悠久历史，被誉为"丝绸之府"。这一带的蚕农有许多具有蚕桑文化特色的习俗。

每年临近谷雨，家家户户开始孵化蚕卵。这之前一般要举行"接蚕花"仪式。男主人将一张蚕花纸（在黄纤纸上插些柏树叶，再插两朵红白相间的纸做蚕花）和一张水印木刻的蚕花娘娘像交给女主人，并轻轻唱道："称心如意，万年余粮。采得好茧子，踏得好细丝，卖得好银子，造几埭好房子。"唱毕，女主人便将蚕花纸和蚕花娘娘像恭恭敬敬地收藏起来。等到蚕茧丰收并卖得好价钱后，再拿出来供请，名曰"谢蚕花"。

农历四月秧青麦黄时节，蚕农进入了春蚕生产的大忙季节。家家户户忙着采桑叶，喂蚕，清除蚕粪，人人脸上都十分庄重，连走路也轻手轻脚，唯恐惊吓了蚕宝宝。养蚕期间，蚕房门窗上，蚕匾蚕架上，都要插上纸花，以期茧子"满室花开"。蚕农的辛勤劳动是确保丰收的关键。蚕经过头眠、二眠、出火、大眠四次蜕皮过程后，便开始上簇做茧。此时丰收基本已成定局，蚕农们要做一种形似蚕茧的米粉小汤圆，叫"茧圆"。一面供请蚕花娘娘，一面互相赠送，互致慰劳。

最使人难忘的是"轧蚕花"。湖州有一座小山丘，名叫含山，长久以来，每年清明，这里附近农村的蚕农，特别是养蚕女，都要到这座小山上走一走，轧轧闹猛，俗称"轧蚕花"。据说，人越多，轧得越热闹，这一年的蚕花就越兴旺，凡到这里轧过蚕花的女子，将来养蚕一定能获得好收成。因此，每到清明，到含山的蚕农像潮水般涌来，附近集上的商贩也纷纷前来设点摆摊，一些外地的戏班杂要，也专程赶来演出。轧蚕花的女子头上插起红红绿绿的蚕花，挤进人群，首先要到山顶庙中参拜，祈求神仙保佑蚕茧丰收；随后人们总要去山顶北侧的仙人潭，捡一块小石头丢向水潭中心，当地人所谓"击中仙人潭，回家养龙蚕"。

蚕乡民谣

首蚕娘娘顶认真，百样事情都要改。青姜改做辣头子，茄子改做落苏筷。

粪笋改做粉一团，扫帚改做擂地光。犬儿改做办念子，猫儿改做官家郎。

老鼠改做夜明珠，青儿改做窝一窝。见了百脚叫蜈蚣，小小花蛇叫秤梗。

肉儿改做天堂地，虫虾改做倒宿娘，豆腐改做白马肉，鸡儿改做太子样。

口头语言改不尽，只有一样不好改，见了婆婆叫娘娘。

在桐乡芝村，旧时有一个规模较大的蚕神庙，人称龙船庙。每年清明时节，当地蚕农就从庙中抬出蚕神，供上神台，祈求蚕桑丰收。祭祀仪式结束后，各地来的船只就在庙前大河中表演各种节目，尽情欢乐。有在船上搭起彩台表演戏曲的，有在船头竖起竹竿由表演者爬上去展示杂技的，有各村选派船只进行快船竞赛的，千姿百态，各呈异彩。如今，龙船庙虽已不存，但芝村龙蚕会作为当地农民的一项民间娱乐盛会，一直延续至今。

蚕花娘娘

蚕花娘娘也叫马鸣王菩萨或马头娘，从前许多庙里供奉着她的神像，有的是一个女子骑在一匹马上，有的是女子身边站着一匹马。传说很久很久以前，有一户人家，母亲亡故，父亲又长期出门在外，只剩下一个姑娘和一匹白马在家里。姑娘有一天对白马说："马儿啊，你能把我父亲接回来，我就嫁给你。"不想，白马真的飞驰而去把父亲接回家了。父亲不愿意让女儿嫁给一匹马，便偷偷地把马射死了，并剥下马皮晾在院子里。姑娘知道了，很是伤心，便跑去看马皮。忽然一阵狂风刮来，那张雪白的马皮竟紧紧地裹在了姑娘的身上。姑娘的头变成了马头模样，她爬到树上，扭动着身子，嘴里不住地吐出亮晶晶的细丝把自己缠起来。从此，"蚕"就诞生了。蚕是由"缠"字变化而来的；同时，姑娘丧命后所栖止的那种树叫做"桑"，也是因为桑跟"丧"谐音的缘故。

蚕乡禁忌

首先，蚕乡在养蚕期间都要"蚕关门"，即禁止生人进入自家蚕室，熟人也只能从边门或后门出入。蚕室内忌有光亮入室，忌风，忌各种臭气，忌烟，忌花花绿绿的衣服，忌大声喧哗，忌在蚕室近处舂捣，忌敲门窗，忌捶锡箔，这些都是为了保持蚕室的卫生和安静。此外还忌说污言秽语，忌未满月的产妇和孝子入蚕室，养蚕人忌吃酒、醋和辛辣之物，也忌吃荤腥等物，蚕换时猛然骤寒，也忌在寒冷中突然过热，这些都将影响蚕丝的产量和质量。有的地方还禁止捧着饭碗入蚕房吃饭，因为饭粒落在地上很像僵蚕。在发现有僵蚕时，一般不能声张，而是悄悄捉来吃掉，这叫"落花眠"。

"女儿酒" 陪嫁
——绍兴地区的传统婚俗

提起绍兴的老酒，一般好酒之人无不垂涎欲滴。绍兴老酒属于中国八大名酒之一，它的色泽金黄澄澈，香气浓郁芬芳，滋味醇厚甘甜。据史籍记载，绍兴酒大约始现于春秋战国时期，当时的越国都城会稽（即今绍兴）已有人酿酒，而且相当盛行。《吕氏春秋》里还记载有"酒醪劳师"的故事：当年越王勾践出师伐吴，越中父老抬着自己酿造的老酒献给勾践，越王下令将酒倒入河中，与军民共饮，全军士气大振，一鼓作气，大破吴军。至今，绍兴人还把这条小河叫做"投醪河"。南北朝时，用银瓶存放的绍兴酒已被列为贡酒，到了唐宋两代，绍兴酒越酿越好，被载入论酒专著《酒经》，从此成为大量进贡朝廷的贡酒。绍兴的酿酒业不断发展与创新，逐渐形成各具特色的花色品种，主要有元红、加饭、善酿、香雪、花雕等五个大类。

长期以来，绍兴酒与当地人的日常生活结下了不解之缘。不管是一年中的四时八节、人生礼仪中的婚丧喜庆，还是亲朋聚会、往来应酬，都离不开以酒做市面，形成了许多绍兴特有的酒风俗，这当中尤以酿制女儿酒最为人们津津乐道。

过去绍兴城乡有一种古老的习俗，谁家生了女孩，做父母的就要酿造几坛酒，用泥封口，埋入地下，待女儿长大出嫁时，将酒取出作为陪嫁。人们称之为"女儿酒"。"女儿酒"是姑娘出嫁时的嫁妆，一般不在喜庆时饮用，而是长期贮

藏，随着岁月久远，夫妻恩爱和睦，才启封饮用；或将"女儿酒"作为贵重礼品馈赠给至爱亲朋。

咸亨酒店

在绍兴众多的酒店中，知名度最高的要数鲁迅小说《孔乙己》中写到的"咸亨酒店"了。如今走进"咸亨酒店"，但见依旧是曲尺形柜台临街安放，柜台上放着豆腐干、盐煮花生米、百叶包等下酒菜，当然还少不了当年孔乙己品尝过的茴香豆。每天，四面八方的宾客络绎不绝地来到这里，捧着瓷碗，津津有味地呷着醇香的老酒，大有"酒逢知己千杯少"之意。

"女儿酒"经过长期贮藏，开坛启封时，香气扑鼻，满室芬芳。由于蒸发浓缩，酒往往只剩下半坛或小半坛了。这时，酒的色泽浑厚、味淡，饮用时要掺进些新酒，味美甘醇。由于"女儿酒"经长年存放，酒精挥发后度数减低，即使饮醉了，也不像新酒容易伤人。所以，随园老人袁枚称其文雅耐品，"犹如名士耆英，长留人间"。

"女儿酒"不仅味醇香郁，就是盛酒的坛子也大有讲究，属专门特制。酒坛上雕塑着"嫦娥奔月"、"龙凤呈祥"等形象，以象征吉祥如意。由于酒坛上雕镂了精美花纹，人们称其为"花雕"。谁家生了女孩，亲朋好友前来祝贺，往往就说："恭喜花雕进门！"如今，"花雕坛"作为一种传统的工艺品得到了珍视和发展。花雕图案采用堆塑彩绘的装潢工艺，人物造型栩栩如生，色泽鲜艳，古色古香，剔透玲珑，花雕酒早已成为人们争购的上等礼品。

绍兴较大的酒店大多设在热闹的大街上，店堂宽敞明亮，布置颇为风雅，四壁装饰有字画对屏，上面书写"醉里乾坤大，壶中日月长"等条幅。酒店临街的粉墙上，一般都写有一个斗大醒目的"酒"字，或者在酒店屋檐下挂上一块"酒"字招牌以招徕顾客。店内摆设大都是柜台、板桌、长凳，风格独特。酒店当街一面设一个赭红色曲尺形柜台，向内的一面装有横木隔断，里面陈列着一盆盆的下酒菜，绍兴土话称之为"过酒配"；向外的一面与街正对的柜台则是做小买卖的，往昔那些俗称"短衫帮"的搬运工、船工、车夫等就站在柜台前，喝完酒就走；时间充裕的顾客，则可在"内设雅座"的店堂里款款细酌。

"咂酒"、"油茶"

——湖北清江的土家美味

湖北清江是土家族的母亲河，生活在这里的土家族人有着独特的历史文化传统，更有色彩斑斓的民族风情，其中，土家族人的待客饮食习俗就别开生面。

土家族人都有饮酒的习惯，尤其是喜欢喝自己酿制的酒，如五谷杂粮酒、竹根酒、药材酒等。从明清时起，土家人形成了一种特殊的饮酒习俗，这就是"咂酒"。据传喝咂酒起始于明代土家族士兵赴东南沿海抗击倭寇的时候。土家人在欢送子弟奔赴前线时，将酒坛置于道旁，内插竹管，每过一兵咂一口，从此形成习俗。如今"咂酒"已成了土家人款待上客的宴饮方式，又叫吃"咂抹坛酒"，即前面一位客人用竹竿吸酒之后，用毛巾拭抹竿口再让后一位客人吸饮。

"咂酒"一般隔年制作，用糯米等拌上酒曲，封贮于坛中。在上一年9、10月间开始酿制，至次年5、6月启封饮用。家中来了客人，主人就搬出酒坛，放在堂桌正中，将打通了竹节的竹竿插到坛底，主妇倒一碗沸水放在坛侧，就竿吸上一口酒，再倒沸水入坛中，使坛中的酒不欠不溢，称为"恰恰好"。接着，客人轮流吸饮。每位客人吸后，主人就朝坛里加沸水一碗。如果客人一次吸酒过少，一碗沸水倒下去，酒坛中的酒就会溢出，客人就要被罚酒再吸。咂酒时气氛热烈，宾主边喝边聊，酒的度数虽不高，却也往往喝得兴致勃勃，酒酣耳热。

咂酒清香醇厚，是土家人待客的佳品，曾有人做诗赞云："万颗明珠共一瓯，王侯到此也低头。五龙捧着擎天柱，吸尽长江水倒流。"此诗描写"咂酒"时的情景甚为形象，夸张有趣。

土家人好客，每当客人来到寨子，主人就客客气气地迎出来，把客人请进吊脚楼堂屋里坐下，主妇则走进火炉屋，在青条石嵌边的四方形火坑上架起锅，用茶油或猪油炸出一碗碗炒米、芝麻、包米花等。食物炸好后，端出来放在堂屋八仙桌上。接着主妇又在锅里倒进适量的茶油，待油冒青烟时，放一小把茶叶及花椒、胡椒、生姜丝、食盐等佐料，爆炒几下，接着倒入锅内一小瓢冷水，再用锅铲挤压、搅动；再加水稍煮几分钟，撒点葱花、大蒜；汤烧开后，冲进盛有油炸食品的碗中，这样滚热喷香的油茶汤就做好了。

土家族节日列表	
赶年	"赶年",土家族民族特色最浓厚的一个节日。比汉族要提前一天;若是腊月大,为29日;腊月小,为28日。若家里有亡人还要再提前一天过年,人们称之为过"赶年"。
牛王节	各地土家族都有一个重要节日——牛王节,牛王节选择四月初七、四月初八、四月十七日、四月十八日等不同的日子,因地区而异。
六月六节	土家地区内各处六月六节内容不同。

喝油茶汤不用筷子或汤匙,而要连渣带汤一齐喝下去。喝油茶汤需要一定的技巧,否则汤喝完了,而"渣滓"留在碗底,只好以手代筷,那就未免尴尬了。会喝油茶汤的人,在喝汤的同时,连同油炸茶叶、包米花等均匀地喝进口里。其奥妙是边喝边不停地使汤晃动,随着汤的晃动,食物漂浮起来就可趁机喝掉。

油茶汤对土家人来说一日三餐少不了。正如一首歌谣所说:"油茶汤,喷喷香,一日三餐三大碗,做起活来硬邦邦。"甚至还有人说:"只要有碗油茶汤,满桌酒肉也不香。"

土家人还喜欢吃"合渣菜","合渣菜"是他们常年食用的菜肴。合渣是用黄豆磨浆后熬煮而成,它不像加工豆腐那样要用纱布滤渣,而是渣浆不分,所以称为"合渣",也称为"懒豆腐"。土家人日常生活离不了合渣,"合渣菜"也是土家人待客的好菜。

土家族

土家族人自称"毕兹卡",即本地人的意思。土家族的先民与古代巴人有直接的渊源关系。但其来源目前说法不一。一说为古代从贵州迁入湘西的鸟蛮的一部,另说是唐末至五代初年(910年前后)从江西迁居湘西的百艺工匠的后裔。史籍中将湘鄂西一带土家族称为"土人"、"土民"等,清末地方志中开始用"土家"名称。土家族主要分布在湘西和湖北恩施地区,与汉苗等族杂居。语言属汉藏语系藏缅语族,但一般都通用汉语。土家族主要从事农业。土家族妇女的手工刺绣编织精细,尤以手工织锦闻名。

吊　脚　楼

——古风犹存的湘西民居

在湖南湘西地区，沿着公路而行，可以看见崇山峻岭中坐落着大大小小的土家山寨，或依山傍水，或隐身峡谷，一座山寨就像一座立体雕塑群，古朴、壮美。来到土家山寨，最引人注目的是那一幢幢吊脚木楼。

鄂湘等地的土家族大都住在靠山面水的地方，因此造房时往往利用山坡倾斜度较大或者濒临水、沟的一侧，使屋的前半部分临空悬出，从而盖起独特的吊脚楼来。依山的吊脚楼，在平地上用木柱撑起，分上下两层。上层通风、干燥、防潮，是人们的居室；下层是猪牛栏圈或堆放杂物。依河岸或山崖的吊脚楼凌空飞起，楼高三层，楼下一排架空的木柱，有如白鹤伸腿。从中我们可以领会木楼加上"吊脚"两字的含义。尤其那山崖岩壁绝顶上的吊脚楼，撑柱参差不齐地插在岩壁隙缝中，楼悬于岩壁外，云缠雾绕，凌空高耸，犹如神话中的琼楼玉宇，相当令人神往。

吊脚楼是古代干栏建筑的遗存，干栏建筑的原始形态是巢居，即原始时期人类为免受洪水、野兽的袭击而在树上营造的窝巢。随着人类生产力的提高，建筑技术的进步，人们移居地面，在地面上撑起树状的木构高层建筑并有干和栏。如今这种独特的干栏建筑在汉族地区已普遍被砖瓦房屋代替，而在湘鄂西山区土家人那儿得到了保存与发展，独体的木楼变成了与砖瓦正屋相配的吊脚楼。

从前的吊脚楼一般以茅草或杉树皮当盖顶，也有用石板盖顶的。现在，鄂西吊脚楼多用泥瓦铺盖，当地人称"黄土上了屋，子孙都享福"。吊脚楼的建造是土家人生活中的一件大事。第一步要备齐木料，土家人称为"伐青山"。主人请木匠掌墨师傅上山选择中梁、檐柱、檩子、椽角、挑梁等。其中，选择梁木最为讲究，一般要选椿木或紫木树。椿、紫因谐音"春"、"子"而吉祥，意为春常在、子孙旺。同时，选椿树或紫树时要选蔸处发满小树，树枝上有雀鸟做窝的树，据说这样的树做梁木能大发子孙。土家人砍伐时还要"看期"，选定吉日祭祀鲁班，唱《伐梁歌》："天上祭云开，鲁班下凡来。鲁班来到此，正是伐梁时。"

接下来是加工大梁及其他柱料，称为"架下码"。把采伐来的树料放在架上，由掌墨师傅画墨线，然后按尺寸下料。在梁上还要画上八卦、太极、荷花莲子等图案。下一道工序叫"排扇"，即把加工好的梁柱接上榫头，排成木扇。

"立屋竖柱"是最重要的程序。主人选定黄道吉日，请众位乡邻帮忙。上梁

前由掌墨师傅烧香祭酒，敬拜天地神灵，恭请鲁班祖师爷降临相助，称为"祭梁"。然后众人齐心协力用事先准备的撑杆、绳索，撑的撑、拉的拉，将一排排木扇竖起，这时鞭炮齐鸣，左邻右舍均送礼物、匾额前来祝贺。

立屋竖柱之后便是钉椽角、盖瓦、装板壁，楼上还装饰有飞檐翘角，雕龙栏杆，有卍字格的窗门，有金瓜竹节的楼梯柱，有宝塔葫芦的楼屋，且皆以猪血和桐油熬成的光油加以油漆，红光闪亮，防腐防蛀。土家人还在屋前屋后栽花种草，种植各种果树，但是，前不栽桑，后不种桃，因为桑谐音"丧"，桃谐音"逃"，都不吉利。

侗寨鼓楼

到侗家寨子去，远远的最先看到的就是鼓楼。鼓楼一般都建在村寨的中心，是村中最高的建筑物，登临其上，全寨及远近风光尽入眼帘。鼓楼的旁边为芦笙坪，坪边是"先母坛"（即"萨坛"，为祭祀侗族女始祖萨神之所在）。在这组公共建筑的周围，才是各家各户的住屋。

侗族鼓楼以宝塔式最为常见。鼓楼底座宽大，成四方形；顶部锋锐，呈铁尖状。它一般为3、5、9层，最高的达17层。鼓楼的底层宽阔，由8根或16根圆柱支托，四周设长凳，中间安火塘。它是村寨集会议事的地方，村寨的各种约法规章也都在这里讨论制订。过去，每逢村寨里发生什么事情需要聚众商议时，由看守鼓楼的"传事"击鼓，将全寨人召集到鼓楼，议事一般由寨中年长者主持。如寨中遇上火灾，则立即击鼓呼救，一寨击鼓，邻寨响应。

乌 篷 船

——浙江绍兴的水乡风韵

绍兴是著名的水乡，此地河网密布，处处是港湾，处处有桥梁。《越绝书》记载越王勾践的话说："以船为车，以楫为舟。"生在水乡，绍兴人善于用船，也擅长造船。船的种类特别多，其中最令人称奇叫绝的则是绍兴特有的乌篷船。800多年前，陆游在山阴（即今绍兴）隐居时曾在词中写道："轻舟八尺，低篷三扇，占断萍洲烟雨。"这"轻舟八尺，低篷三扇"，指的就是乌篷船。

《乌蓬船》片段

　　你坐在船上，应该是游山的态度，看看四周物色，随处可见的山，岸旁的乌桕，河边的红蓼和白萍、渔舍，各式各样的桥，困倦的时候睡在舱中拿出随笔来看，或者冲一碗清茶喝喝。……倘若路上不平静，你往杭州去时可于下午开船，黄昏时候的景色正最好看，只可惜这一带地方的名字我都忘记了。夜间睡在舱中，听水声橹声，来往船只的招呼声，以及乡间的犬吠鸡鸣，也都很有意思。雇一只船到乡下去看庙戏，可以了解中国旧戏的真趣味，而且在船上行动自如，要看就看，要喝酒就喝酒，我觉得也可以算是理想的行乐法。

——周作人

　　乌蓬船的船蓬多用烟煤和桐油漆成黑色，因此而得名。它的船沿通常较高，船舱铺有一层红漆船板，上铺席子，还备有用竹木精制的枕头。全套船蓬，一共八扇，其中四扇固定，四扇可以开合移动。船蓬用竹篾编织而成，呈拱形，中间夹着竹箬，既可遮阳，又可挡雨，牢固耐用。在第二、四道活动的船蓬移开后，两边用"船沿板"扣在固定的船蓬上，就形成船窗，挂上白色的窗帘，黑白相映，更显雅致。

　　在过去，绍兴的乌蓬船特指那些用摇橹的"三明瓦"和"梭飞"之类的船只。这些船只构造十分精致，在船头上雕刻有似虎头形状的动物"夔"。民间传说夔性喜嗜龙，船民把它的形象雕在船头，使龙不敢作祟，行船可获安全。前舱和中舱之间，设有书画小屏门，写有"寒雨连江夜入吴"之类诗句，画有梅、兰、竹、菊等图案；靠中舱两侧有"十景窗"，舱内可放置桌椅，供游人赏景品茗；后舱设有睡铺和炉灶。这种乌蓬船的船身较为高大，蓬高可容人直立，船尾至少备有两支橹，航速较快。

　　所谓"三明瓦"，即在中舱的两扇定蓬之间又装一扇半圆形的遮阳蓬，三扇蓬的木格子上，嵌着片片一寸见方的薄蛎壳片，既能避雨，又可透光。一般的"三明瓦"都有三个舱，中舱有三扇定蓬。定蓬间有二道明瓦的船叫"梭飞"。"梭飞"比"三明瓦"小，行船速度较快，故得其名。考究的"梭飞"前舱设有厨灶，备有茶酒肴馔，中舱陈设古雅。绍兴水乡景色迷人，旧时一些文人常在船上或舞文弄墨，或行令猜拳。尤其到了清明节前后的扫墓季节，城内城外，乌蓬船连檣接橹，这个季节用船必须早日预订，船价也较贵。

　　如今在绍兴水乡，游人们最常见的倒是独特的乌蓬脚划船，这是一种船身窄、船蓬低、船体轻盈的小船。艄公头戴乌毡帽坐于船尾，双脚一屈一伸划动船桨。当船行进时，船家坐在船尾，左臂腋下夹着一支划桨，劈水当舵，背倚一块直竖的木板，两脚一弯一伸地踏着"跎桨"。因手脚并用，船体轻盈稳定，行进速度较快。有趣的是，船家还在极窄的船沿上，放一碟茴香豆之类的下酒菜，右手握一把小酒壶，呷一口绍兴老酒，嚼一粒茴香豆，劳逸结合，悠然自得。小船一般能容六至七人，客人席地而坐，舒适安稳，甚至还可用手掌拍打水面，作"鸭子戏水"状，更是别有一番野趣。

到绍兴游览的人，为了饱览水乡景色，都喜欢乘坐脚划乌篷船。独雇一舟，拨开乌篷，只见两岸景物缓缓移动，一步一景，应接不暇。一会儿河面豁然开阔，石板纤道逶迤其中；一会儿田野平畴，小桥烟巷，缓缓向船后隐去。耳闻潺潺流水声和"嘎吱嘎吱"的橹声，来往船只招呼声，以及乡野的犬吠鸡鸣声，不管是随波荡漾于河湖之上，还是穿行于桥巷之间，都令人感到兴味无穷。

"筷落地，吃不及"

——赣州地区使用筷子的礼俗

中国人用筷子可以说是世界上的绝活，两根最简单的小棍儿拿在手里，可以任意挟取大至饺子、包子及大块菜肴，小至米粒乃至头发般细的菜丝。外国人常常百思不得其解：中国人的手为什么这么巧？难道两根小棍子里真有什么魔力不成？

筷子是华夏民族独创的进食器具，古代称为"箸"。在《史记》中就曾有"纣为象箸而箕子叹"的记载，可见商代末年就已经有筷子了。箸后来改称筷子，据明代《菽园杂记》中记载，可能是由于民间忌讳，特别是吴越船民们忌讳"住"音，便反其意用"快"称呼它，约定俗成，就都叫"筷子"了。至今考古发现的筷子已有相当数量，而且有竹、木、铜、铁、金、银等多种材料所制。筷子虽然制作简单，但要熟练使用也需要很高的技巧。两根筷子间没有任何连接，全靠大拇指、食指、中指操纵。

在古代，筷子是与其他食具一起上桌的。《礼记·曲礼上》中说："羹之有菜者用箸，无菜者不用箸。"说明筷子是用于取食汤羹中的食物的。后来此种规定渐被打破，是由于筷子使用范围很广，取用各种食品都相当便利；同时筷子制作工艺简单，原料也普通，甚至随便掰两根竹棍便可使用，筷子逐渐成了中国使用最广泛的食具。

在江西赣州，好客的赣州老表就很重视筷子的礼数。在宴会上，客人入座后，切不可急急动筷，只有等主人先握筷，向大家比画一下，以筷邀客说"诸位不用客气，大家请"之后，客人方可动筷进食，否则便是失礼了。每道菜上来后，须等坐在上首的长辈先动筷，并象征性地挟上一筷后，其他人才能用筷。用餐时，若客人不慎落筷于地，得自嘲性地说一句"筷落地，吃不及"，这样主人才会高兴。因为这话语既破了忌讳，讨了口彩，又巧妙地夸赞了主人菜肴的丰盛：菜肴太多以致客人来不及吃，忙乱得连筷子都落地了。餐毕，先吃完的客人要用筷子向全桌未吃完者示意性地指画一下，并说："各位请慢用。"然后把筷儿架放在自己的空碗上，以示"人不陪席筷陪席"。直到在座宾客全部吃完，大家才能将筷子从碗口取下放于桌上，再离席。

赣州人特别在意"碗口筷"的运用，即把筷子平放在碗口上。如果这种"人不陪席筷陪席"的礼节运用的时机不当，说不定会闹得主客失和。主人在宴请亲朋好友时，若一开席就放了"碗口筷"，那就等于在下逐客令，因为那是民间祭祀游魂野鬼时的仪式，用于待客，等于是在奚落客人来讨饭吃了。如果客人在餐毕离席后没把筷子从碗口取下，则是表示还没有吃饱，这对主人是大不敬的。

此外，"长短筷"也在禁忌之列。作为主人，在摆筷子时，千万不能让筷子一长一短。因为赣州民间风俗认为这是在诅咒客人夫妇或其父母不能"双双同到老"。因此，主人在摆筷前，总要把一簇筷子先放在桌面上蹾蹾平，再选出长短一样的筷子依次摆放。主人还要注意避免"杂色筷"，即两根筷子不能是不同的花纹或颜色，因为这意味着家人不和睦，对主客双方都是大忌。

白族筷子趣话

白族人民对筷子十分偏爱，不仅和其他民族一样在生活中离不开它，而且还形成了自己独特的习俗。不管是婚嫁喜宴，还是请客吃饭，主人都要首先敬筷给来宾、客人，以示尊敬，并以筷为内容唱歌。比如在宴请宾客时便唱这样内容的歌：

一张桌子四四方，八大碗菜摆中央，八双筷子摆四边，八人坐四方。

举起筷子拈菜吃，主人我来谢大家，说说笑笑莫忘记，请动筷品尝。

一般请客吃饭，用普通的竹筷子。而在婚礼上使用的筷子，一律都要用红颜色的竹筷。因此，主人家在婚庆之前要砍回一些竹子请人加工成筷，然后用红颜料染红。这一是取红色为吉利，二是借用红字的谐音，取"和睦"之意。而前来参加喜庆婚宴的客人都要把自己使用的那双红筷子带回家，借主人家的喜庆保佑自家"和和气气"、"和睦相处"。有趣的是，新媳妇吃饭要用十多双红筷子扎成一把，据说这样做日后可以多子多福。在婚礼中，白族人家在嫁姑娘时，姑娘要唱"哭嫁歌"和"辞娘歌"。做妈的听了这些歌，虽舍不得女儿出嫁，但还是劝

女儿出嫁，并以筷作比喻唱起这样内容的歌：

一支筷子不成双，一双筷子不是单，一双筷子好吃饭，相依又相帮。

做人不做单筷子，单筷一支难成家，一双筷子才成业，女儿记心上。

端午节，吃粽子

——纪念屈原的民间习俗

农历五月初五是中国民间传统的端午节，湖南汨罗一带的民众在这一天必定要吃粽子，并将粽子撒在汨罗江以祭祀战国时的爱国诗人屈原。

据闻一多先生考证，端午节本是古代中国江南地区的吴越民族——一个龙图腾部族举行图腾祭的节日。而在民间流传最广的，则是关于纪念屈原的传说。屈原生活在战国时代的楚国，后因楚王听信谗言将他削职放逐。当屈原听说楚国都城郢都（今湖北江陵县境内）被秦国攻破后，痛不欲生，于公元前278年农历五月初五这天投汨罗江自尽。江中渔夫闻讯驾舟前来打捞，一个渔夫拿出粽子扔进江里，说是为让鱼虾吃饱了不再吃屈原尸体。一个老医生则向江里倒进一坛雄黄酒想药晕蛟龙水兽以免伤害屈原。这时水面上忽然浮起一条昏晕的蛟龙，龙须上还沾着一片衣襟。人们就将它拖上岸剥皮抽筋以解心头之恨，然后把龙筋缠在孩子们的手腕和脖子上，并用雄黄酒抹七窍，以防蛇虫伤害。这个传说表达了人们对屈原的热爱与怀念，同时又将划龙舟、吃粽子等端午节习俗和纪念屈原巧妙地结合了起来。

吃粽子是端午节的传统风俗。古代粽子又叫角黍，这是因为它的形状有棱有角，内包有糯米而得名。粽子是南方生活环境的产物。人们发现用芦叶等把米包起来煮食，具有一种特殊的清香味，久而久之便成了一种风味食品。魏晋之时，老百姓端午吃粽子已十分盛行。唐代长安有专营粽子的店铺，其馅中有多种果仁。据说唐明皇吃了一种"九子粽"后赞道："四时花竞巧，九子粽争新。"经过千百年的发展，粽子这种方便而又香甜可口的食品，品种越来越多，而且享誉国外，流传到日本、朝鲜和越南等国。

粽子的制作方法很简单，先刷洗粽叶，将糯米淘洗干净后加馅一块用粽叶包裹起来，用棕叶或线绳绑住，放于水中煮熟，即可食用。粽子的形状多为三角锥形和四角枕头形。在制作方法上，中国的粽子有南北之别，馅有咸甜、荤素之分。江南的粽子，以嘉兴、苏州、宁波等地最负盛名，有鲜肉粽子、鸡肉粽子、火腿粽子、豆沙粽子等；北方则以北京的江米小枣粽子为最佳。

其实食粽是一个与防病养生有关的节令食俗。因为粽子一般都是用性味清凉、有芳香味的植物叶子包裹，中国南方用得最普遍的是箬叶，味甘性寒，有清热、止血、解毒、消肿的功效。在南方端午时节气候已略显炎热，此时吃具有清凉解暑功效而又芳香可口的粽子再适合不过了。

悬白艾、菖蒲是端午节活动的重要内容，民间有"清明插柳，端午插艾"的谚语。端午日出之前，人们成群结队到野外采艾或菖蒲，带回来悬在门上，还有人用菖蒲刻出"小人儿"、"小葫芦"等小玩意儿，用五彩线做成装饰品，拴在小孩的脖子上。有的人把艾草编成虎形，或剪彩绸为小虎形状，粘上艾叶，挂在头发上或佩在胸前，称为"艾虎"。白艾是一种药用植物，可祛寒湿，点燃后可驱蚊蝇。菖蒲含有挥发性芳香油，有提神通窍和杀菌作用。

中国大部分地区端午节还有饮雄黄酒的习惯。民间更加相信，雄黄可解蛇虫百脚之毒。端午家宴上，大人都要饮一点雄黄酒。小孩子则在额头上抹点雄黄，或用雄黄酒写上"王"字，可起消毒解痒作用。

端午节

端午节本名端五节，又叫端阳节、天长节。端是"开端"、"初"的意思，初五可称为端五，又因农历以地支纪月，五月为午，因此称五月为午月，五月初五又叫端午。唐代因唐玄宗为八月五日生，为避"五"字讳，"端五"便正式改称"端午"。关于端午节的由来，说法甚多，如：纪念屈原说，纪念伍子胥说，纪念曹娥说，起于三代夏至节说，恶月恶日驱避说，吴越民族图腾祭说等等。以上各说，各本其源。据学者闻一多先生的《端午考》和《端午的历史教育》列举的百余条古籍记载及专家考古考证，端午的起源，是中国古代南方吴越民族举行图腾祭的节日，比屈原更早。

浙南龙灯

——由来已久的民间节庆活动

龙是中华民族最具象征意义的图腾，舞龙又是一种广为流传的民间祭祀和节日庆典活动。在中国古代，民间的各种喜庆场合、迎神赛会和各种庙会上，都要用舞龙来祈求风调雨顺、国泰民安、五谷丰登。

舞龙灯之前先要举行迎龙灯仪式。人们首先要去朝拜龙王庙，以求得一个好年成。同时，在浙南地区，"灯"与"丁"谐音，"迎灯"即"迎丁"，迎龙灯活动也寄托了人们祈盼人丁兴旺的愿望。元宵之夜，人们倾家而出，上街观灯，一条条火龙在大街小巷迤逦而行，庆贺新禧，将浙南各地村镇的夜空点缀得异常瑰丽烂漫，民间称之为"闹龙"。

常见的龙灯有布龙、板龙、平龙等。布龙分红、黄、青、白、黑五色，龙的骨架以竹篾扎制而成，外糊薄纸，内点烛灯。每龙 18 节，每节长约 1 米，用绘有龙鳞的长布连接头尾。舞时，前有一壮士持龙珠逗引，后有 18 个壮士亦步亦趋、时蹦时跳、俯仰翻滚，滚法有"鲤鱼化龙"、"顺反蟠龙"、"四枪交龙"等。人们还在街心摆起烈焰熊熊的火盆，龙灯队前后紧随，快速飞越。这种"飞龙越火"的精彩表演，令人惊叹不已。

当正月十八龙舞收灯时，照例要举行一场大型蟠龙活动，火龙每经过一个祠堂或广场，都要进去盘一盘龙身。这时候，舞龙手们一个个精神抖擞，将自己的技巧发挥得淋漓尽致。只见五龙登场，彼此蟠结，丝毫不乱，一会儿又犹如翻江倒海，气势磅礴，形成极为热烈的壮观场面，引得观众不时发出阵阵喝彩声。

凳板龙，又名档龙，流行于温州一带，是一种较为罕见的木质龙灯。凳板龙分为两种，一种用樟木和梨木等贵重木材雕刻，龙身多达 24 节。在头、尾和每节上都刻有楼台亭阁和许多小型圆雕戏曲人物，如牛郎织女、白蛇传等，刻工精巧，描金绘彩。每节灯板上都装有灯笼，入夜灯亮，人们抬着木板灯笼巡游于乡间，远望去宛如火龙在村中飞舞，时而蟠曲起伏，时而平地回旋，随着阵阵呐喊声和鼓点声，龙盘越旋越快，板上灯光连成一片形成层层火圈，场面极为壮观。

另一种凳板龙，同样也是用木板联成，但造形独特，装饰华丽，龙头、龙尾仿造渔船结构，龙头用一株粗壮的毛竹弯成弓形，作为船的底座，上面用竹篾扎成船形。高大的龙头装有 13 支触角，面额两侧画着两条飞龙，中间写一个"王"字，两盏小巧的灯笼装饰为龙眼。头部往下伸展成为船形，在灯光照映下玲珑剔透、富丽堂皇。当夜间龙灯起舞时，八九个大汉扛着龙头向前奔跑，18 个大汉扛着龙身紧紧跟随，龙尾则远离龙身，时出时没，变幻多端。舞龙活动结束后，灯具并不保存至下年接着使用，而是要进行"拆灯"，即将灯具焚烧，又谓之"送龙上天"。

宁海舞狮

宁海舞狮，俗称"打狮子"、"狮子灯"，迄今已有近千年的悠久历史，舞狮习俗遍及城乡。舞狮通常在正月或喜庆的日子里举行。舞狮可分为金狮、红狮、青狮三种，金狮表示明快活泼，红狮表示威武勇猛，青狮表示温和可爱。表演时，每只大狮子由两人合作扮演，一个把头，一个摇尾；引狮者身穿彩衣，头扎布巾，武士打扮。狮子起舞时的动作有跳、滚、伏、抖毛、直立、倒立等，多为模仿狮子平时的动作。宁海舞狮有自己独特的风格。其中，有表现性格勇猛的武狮舞，以翻滚、跳跃、登高、跌打、踩球、腾越障碍等系列动作为主；也有表现性格温顺的文狮舞，表演时既有剽悍、粗蛮的"抢咬"等激烈动作，又有细腻入微的"交情"等温和动作。

绍兴社戏

——乡情悠悠的地方曲艺

"锣鼓响，脚底痒。"在绍兴乡村，老百姓看起社戏来就像喝老酒一样兴奋。说起来，看社戏在绍兴也是一种古老的习俗了。早在南宋，陆游就在《稽山行》中写有"空巷看竞渡，倒社观戏场"的诗句，记下了乡民观看社戏的盛况。直到今天，在农闲和盛大的节日里，人们还常邀请剧团进村演出，届时全村灯火映天，锣鼓交响，人头攒动，热闹非常。

社戏的"社"，原指土地神，民间以祭社活动为中心，在每个村庄建起社庙，按规定在春秋两季举行祭社仪式。春祭叫"春社"，祈求五谷丰登；秋祭叫"秋社"，庆贺一年丰收。后来发展为以演戏来祭社，这就是社戏的来源。进而人们又把演社戏作为消灾祈福的一种形式，村里若有发生疫病、水火之灾，就以演戏来祈求合村平安；逢有喜庆寿宴也演戏志庆。

每逢演戏的日子村里盛况空前，青年妇女和孩子们都换上了节日的盛装。按当地习俗，每当村里演社戏，要把六亲九眷都请来看戏。村里家家户户杀鸡宰鹅款待亲友，欢乐愉快的气氛和乡民们好客的亲昵之情，令人陶醉。

社戏所演的大多是绍兴的地方剧种，有绍剧大班、新昌高腔、绍兴越剧的笃班等。绍剧大班表演粗犷、音调激越，带有浓郁的乡土气息，特别适合在野外广场上演唱。过去，虽然戏台狭小，道具简陋，却照样使日出而作、日落而息的乡民们看得津津有味，戏台也就成了人们向往和聚集的地方。

由于演出目的不同，社戏有平戏、目连戏等多种形式。平戏主要是为祭神或供奉神位而演的戏，剧目为短小的折子戏。演出时，先是大锣大鼓"闹头场"，时间较长，主要是为让演员有充裕的时间化装，也是向观众发出信号，示意社戏已经"开台"。接着是"闹二场"，一般用小锣、鼓板、管弦之类，有唢呐吹奏曲牌，时间较短，给演员出场作准备。演戏开始，先演"五场头"：《庆寿》《跳加官》《跳魁星》《小赐福》和《掘藏》等讨彩戏，以预祝恭贺"福、禄、寿、喜、财"之意。接下来就演热闹的武打折子戏，只见前场演员赶进赶出，紧做紧翻；后场乐手紧锣密鼓，猛打猛敲，气氛极为热烈，俗称"突头戏"。演社戏没有"突头"，会大扫观众的兴致。

金华斗牛

金华斗牛源起于宋代，旧时每年农历三月三到九月十三是斗牛的旺季，逢集便有小斗，月月必有大斗。每到斗牛盛会，各村或族间会相约择定吉日，张榜告示，通晓乡里。斗牛都是选择未经阉割、身体强健、性情凶暴的公牛。斗牛场地一般选择在广阔、平坦、四周环有小山的水田。斗牛前，须将水田犁平，并灌入适量的水，使泥土柔软又不过于稀烂。斗牛场四角，各以两支青竹弓成旌门，并悬灯结彩，具有一种喜气洋洋的气氛。斗牛开始，双方主人各自迅速抽出牛绳，两牛便红眼竖耳地向对方突奔过去。先是相互虎视眈眈，接着便牛性勃发，把头一低，四角相交，来回冲撞，拼死相抵。它们时而奔跑，时而力顶。善斗的牛，步伐稳健，进退不过数步，几立如山，斗技灵活多变，勇猛强悍。此时看台上喊声震天，水田中泥浆飞溅，实在是惊心动魄。

绍兴社戏的舞台多种多样。庙里的舞台多半为砖木结构，斗拱环峙，彩绘浓饰，古意盎然。戏台台面深广，尽用木板铺成。在这种戏台上演戏，鼓乐声声无烦嚣之感，还别有一种古朴典雅的情趣。而在四面环河的村庄里，戏台大多造在土地庙前的小河里，一半搭在岸上，另一半搭在水面上，俗称"水台"。观众可以站在岸上看，也可以坐在船上看。还有一种临时搭在陆地上的叫"草台"，上支开一张大白布，用以遮阳挡雨，另用数张竹簟把后台围起来，供演员化装、更衣和休息之用，只留前台让观众看戏。

时至今日，中国乡村生活已经发生很大变化，但江南乡民们喜欢看戏的习俗却依然风行。鲁迅在《社戏》中忆及的童年情景依旧可以在绍兴水乡重温："最惹眼的是屹立在庄外临河的空地上的一座戏台，模糊在远处的月夜中，和空间几乎分不出界限，我疑心画上见过的仙境，就在这里出现了。"

赛 龙 舟

——汨罗江上的民间盛会

提起赛龙舟，许多人马上会想象出一幅锣鼓喧天、龙舟你追我赶的热闹场面。端午划龙舟在民间极为普遍。例如在湖南洞庭湖、汨罗江，江西九江、高安，湖北秭归等地区，一年一度的龙舟竞赛就是当地举足轻重的盛事，具有浓郁的地方特色。

中国民间在很早就流传着赛龙舟的习俗，而到了战国时，楚国人民为了纪念爱国诗人屈原，便把龙舟竞渡和纪念屈原联系起来。在湖南汨罗江边，赛龙舟的风俗就起源于这样一个传说：屈原投江之后，当地民众在汨罗江上打捞了三天三夜，也没有找到屈原，原来他的遗体已经顺着江流漂到洞庭湖去了。洞庭龙君得知后忙请扬子江龙君连夜化雪山之水，引起江水倒流，把屈原的遗体送返汨罗江边，被渔民们捞起葬于玉笥山下。从此，渔民们在汨罗江上竞相打捞屈原遗体便发展成后世的端午节龙舟比赛。

在江西高安，打制龙舟先要举行祭祀仪式。待新龙舟做好后，木匠们须将龙舟顺转过来，用红、黄、蓝、白、黑五种颜色叠成的彩布分别钉在龙舟头两边，提一只大公鸡剖开鸡喉，对准龙舟的中心主梁点鸡血，俗称"祭梁"。这时木匠须唱彩词："一进船头生百福，二进船头状元红。"待吉利语讲完，船主须付给唱彩词的木匠红包，以谢他的良好祝愿。而湖北秭归的龙舟比别处扎制得更为精致：龙头高翘，须髯飘拂，二目圆睁，双唇红润，微翘的龙头可以摆动，船身除船底外通体彩绘。

每年临近农历五月初五，各村便挑选出最精壮的小伙做划手，开始紧锣密鼓地训练，准备在端午龙舟盛会上一显身手。端午这天，四邻八乡的百姓们早早便把比赛水面的两岸挤得水泄不通，各路龙舟也从四面八方划向比赛地。每条龙舟上，一律19对划手，一个在船头领号子，一个打腰旗，一个打鼓，一个拖艄（船尾掌舵）。龙舟有的为黄色，有的为黑色，有的为绿色，在江面上构成一幅五彩缤纷、绚丽壮观的图画。

游江歌

三闾大夫啊听我讲，你的魂魄不可向东方。东方有魔鬼数丈，人到那里心受伤。……三闾大夫啊听我讲，平平安安回故乡。故乡儿女怀念你，三闾大夫回

故乡。

随着一声令下，龙舟比赛开始了，顿时湖面像煮沸了一般。在锣鼓和鞭炮声的助威下，各条龙舟如离弦之箭般向前冲去。装饰着龙头的竞渡船乘风破浪，有如蛟龙逐波戏水。只听船上传来有节奏的号子声和锣鼓声，划手们和着号子整齐地划桨，奋力向前，船尾的舵手则不时全身跃起，用脚蹾船，以壮声势。再看岸上，人声鼎沸。观众群情振奋，齐声呐喊助阵，跳的、笑的、闹的，或高兴或焦急，仿佛他们正置身于奥运会赛场，那投入的程度一点也不亚于龙舟上的赛手们。

比赛结束后，获胜船队的水手们兴高采烈，宛如赢得了奥运会金牌，为本村乡亲争得了荣誉。据说这些小伙往往能得到姑娘们的青睐，这倒是参加龙舟赛的一份意外收获呢。这时龙舟上的小伙们又开始表演。他们从两米高的木架上用各种姿势轮流跳入波光粼粼的水中，潜入寻物，惹得围观的群众不时发出叫好声。

屈原故里秭归的龙舟竞渡有一点与别处不同，它的高潮是在竞渡之后的"游江"活动。"游江"时，7条彩舟在对岸排好队，徐缓地向起点线划来。在歌手的领唱下，7条彩舟上的划手用激昂悲壮的音调，唱起古老的《游江歌》。唱到最后，划手们一边挥舞着彩色的短桨向岸上如潮的人群致意，一边向江里扔用五色丝线捆系的粽子，据说这样捆系的粽子才不致被水中蛟龙抢走。此时江面、岸上一片欢呼，热闹异常。

屈　原

战国末期楚国人，杰出的爱国诗人。名平，字原。楚武王熊通之子屈瑕的后代。丹阳（今湖北秭归）人。屈原一生经历了楚威王、楚怀王、顷襄王三个时期，而主要活动于楚怀王时期。屈原因出身贵族，又明于治乱，娴于辞令，故而早年深受楚怀王的宠信，位为左徒、三闾大夫。但是由于在内政外交上与楚国腐朽贵族集团发生了尖锐的矛盾，后来遭到群小的诬陷和楚怀王的疏远。顷襄王二十一年（前278），秦将白起攻破郢都，屈原悲愤难挨，遂自沉汨罗江，以身殉了自己的政治理想。

"功夫茶"

——闲情逸致的休闲习俗

喝"功夫茶"的习俗，大约源于广东潮州、汕头和福建漳州、泉州等地，其喝茶之讲究、茶具之精美、喝茶人的闲情逸致，在中国真说得上是数一数二，这是中国"茶文化"的典型代表之一。在潮汕、漳泉地区，饮功夫茶多为闲情之举，在当地也是交往待客的第一道礼节。

关于"功夫茶"的得名。说法并不统一：一说源于茶名，谓乡人食茶，以武夷小种为主，栋焙次之，工夫、中芽又次之，安溪为下；另一说认为功夫茶因茶具精巧，功夫独到而得名。概括一下，功夫茶的"功夫"，一指技艺，二指时间，三指感觉。种茶制茶得下工夫，泡茶冲茶要好功夫，品茶饮茶得有闲工夫。好功夫与闲工夫的结合，才是真正的功夫茶。

"功夫茶"首先讲究茶具。大如蜜柑、小似橘子的茶壶（潮州人俗称"冲罐"、"苏罐"），以紫砂泥壶为正宗，有一人用、二人用和三人以上用的区分。书房里独饮，用一人壶；夫妇或兄弟对饮，用二人壶；客厅招待朋友，用三人壶。三人壶每次冲出茶汤不多不少正好三杯。如果客人多，也可换用大壶。但更多的时候是三人为一批，各轮一巡。品茶的杯，以白瓷薄胎杯为常见，底平口阔，薄似蝉翼，洁白如玉，所谓"不薄不能起香，不洁不能衬色"。原来，功夫茶越烫越易出香，杯子薄一烫就升温，这也是冲功夫茶为什么每巡均要用滚烫的开水浇杯的缘故。功夫茶中的极品，汤色浅，透明度高，只有洁白如玉的杯子方能欣赏其高雅的汤色。壶求紫砂而杯用白瓷，此为功夫茶具一绝。

"功夫茶"的冲泡方式也别具一格。明代许次纾所著《茶疏》曰："精茗蕴香，借水而发，无水不可与论茶也。"茶之为饮，水最为重，直接影响茶汤的色、香、味。功夫茶所用的水，以泉水为佳，井水次之，其他为下。所用茶叶，以乌龙茶最宜。泡制时先用开水烫壶烫杯，再放茶叶于壶中，而后用开水冲茶。冲时要掌握"高冲"、"低洒"、"刮沫"、"淋盖"、"烧杯热盖"、"澄清"等环节和要领，泡好后方可饮用。饮时还要将四个小茶盅排成方形，杯口相接，略等片刻，提壶转圈注入四个小茶盅中，以保证茶汤浓度一致，这一方法俗称"关公巡城"。淋到最后一点精华时，还要轮流滴注，俗称"韩信点兵"。饮用时，先敬客人和尊长，其他人则待下一轮再喝。一壶茶泡上三至四轮后，再加茶叶，至茶叶满壶为止。循环往复，半日不止，真可谓"壶中日月长"矣。

功夫茶喝惯了容易上瘾。功夫茶的特点是闻起来香，喝下去苦，回过头甘。苦尽甘来，涩后回爽，有曲径通幽、豁然开朗的妙处。因其回甘而有生津止渴之效果，又因其喉底的清爽，忍不住又勾起再喝一杯的欲望。梁实秋先生曾经评价功夫茶："喝功夫茶如嚼橄榄，舌根微涩，数巡之后，好像是越喝越渴，欲罢不能。"

广东早茶

广东人喜欢"饮早茶",此外还有喝"下午茶"和"夜茶"的习俗,所以广州人将喝茶与每日进餐统称为"三茶两饭"。不少茶楼早上五点多钟开门,直到晚上十二点多才收市,俗称"三茶两饭直落"。广东的茶楼既供名茶,又有美点,所以又有"一盅两件"的说法,就是饮茶一盅要佐以点心两道。广东茶楼中供应的有绿茶、乌龙茶、六堡茶和香片等,点心则是干蒸烧麦,叉烧包等广式名点。茶客们在饮茶的间隙谈天说地,交流信息。可以说,早晨上茶楼已成为广东居民的生活习惯和大众时尚。尤其在节假日,许多广东人或携全家老小,或邀亲朋好友,登楼饮茶,品尝美点。

斗　茶

斗茶始于唐代,据考起于因出产贡茶而闻名于世的福建建州茶乡。是每年春季新茶制成后,茶农、茶客们考察新茶优良次劣排名顺序的一种比赛活动。有比技巧、斗输赢的特点,富有趣味性和挑战性。一场斗茶比赛的胜败,犹如今天一场球赛的胜败,为众多市民、乡民所关注。唐叫"茗战",宋称"斗茶",具有很强的胜负色彩,其实是一种茶叶的评比形式和社会化活动。决定斗茶胜负的标准,主要有两方面。一是汤色,即茶水的颜色。二是汤花,即指汤面泛起的泡沫色泽,以及汤花泛起后水痕出现的早晚,早者为负,晚者为胜。

"柴头"、"蜡烛"

——武夷山的民间集会

福建的武夷山市是一个风光如画的城市。这座城市除了旅游业兴旺以外,每年还依照传统有两次盛大的贸易交流大会,它们分别是农历二月初六的"柴头会"和二月二十一日的"蜡烛会"。

柴头会俗称柴棍会。每到会期,当地的农民便带着毛竹、竹叉、凉杆、苗木、家具、农具、耕牛和各种草药等专项物资,汇集到武夷山市进行交流,称得上是规模盛大的集市贸易。来赶柴头会的人,大多是武夷山市附近十几个乡镇的人。此外,邻近县市如邵武、建阳、浦城及江西沿山、上饶、广丰的不少农民也纷纷前来参与交易。每次参加贸易活动的人数可达三四万人。众商家更是积极组织货源利用大会期间进行展销，所以每次柴头会都是盛况空前，热闹非常。

柴头会的起因，有人说是为了纪念清同治五年（1866）的斋教起义，也有人说是纪念清咸丰三年（1851）的抗税斗争。传说这两次斗争农民用竹叉、锄头作武器，打进城里，大灭了统治者的威风。此后每逢二月初六，武夷山市附近十几个乡镇的农民就扛着竹木、农具进城，进行物资交流，久而久之就形成了今天的柴头会。

蜡烛会也是武夷山市的一次大型物资交流会。每逢农历二月二十一日的蜡烛会，武夷山市里又是人山人海。人们牵着耕牛，扛着各种农具、家具和竹制品到市里进行交流。商业部门也不失时机利用会期销售各种生产资料和生活用品，贸易活动空前活跃。

关于蜡烛会的起因，传说是为了纪念一个叫扣冰的和尚。扣冰和尚是唐代人，出生于武夷山关屯，10 岁削发出家。他曾因堵住苏河缺口立过大功，受到朝廷表彰，因而也得到武夷山民众的敬重。扣冰圆寂后，人们将他的肉身供奉在瑞岩寺，每年农历二月二十一日开始，人们举行为期 6 天的纪念活动。供奉活动的最后，人们把扣冰和尚的肉身抬到城里，此时城里要家家燃烛，户户跪拜。次日人们还要满街张灯结彩，沐浴斋戒，再由善男信女们抬护扣冰和尚肉身"游佛"，过后还要放水灯送佛归寺。这一宗教活动热闹异常，人们在看热闹的同时也顺便进行集市交易。

武夷山

位于武夷山市南 15 公里，是中国著名的风景区，有"奇秀甲于东南"之誉。山区面积 60 平方公里，四面溪谷环绕，不与外山相连。主要景点有九曲溪、三十六峰和九十九岩。名胜古迹多集中在九曲溪一带，有冲万年宫、朱熹讲学的紫阳书院，元代的御茶园以及历代的摩崖石刻。九曲溪沿途群峰拔地而起，有大王峰、玉女峰、天游峰、接笋峰、小桃源、水帘洞、流香涧、一线天等，诸峰苍秀奇伟，千姿百态，山光水色，交相辉映。

赶 圩

在广东阳春高留，人们把赶集叫作赶圩。在阳春县城北 10 公里处，每到农历五月初四，就会有一条"怪圩"。高留怪圩的形成，已有几百年的历史。高留

怪圩怪就怪在人们除了在集市上交易物品，还要在高留河中洗浴。圩中摆卖的主要是竹器、木器制品。这些商品的原料都产自当地。相传凡是在高留圩买的竹、木制品，永远不受虫蛀，所以除去本县各圩镇外，邻县新兴、高州、阳江、云浮乃至罗定、恩平等地的群众，届时都争先恐后地前来购买。此外，很多妇女还把家中的小孩子带来到高留河中洗澡。据说这样小孩可以免生痱子，长大后体魄强壮，大人们此时洗手洗脚也可消病去灾。人们买到竹器后，也都拿到河中浸泡，然后才湿淋淋地挑着回去。

土楼、围屋

——福建客家的传统民居

福建永定和南靖两县是客家人的聚居地。进入这两个县境内，可以看到数以千计的土楼拔地而起，这就是福建客家人传统的民居——土楼。这些客家土楼，被誉为"神话般的山区建筑"。它起源于唐朝陈元光开漳时的兵营、城堡和山寨。土楼的外形主要以圆形、方形最为普遍，它们像"地下长出的蘑菇"或"天上掉下的飞碟"，坐落在绿树掩映的山脚下，小溪边，形成了独特的人文景观。

土楼采用生土为主要的建筑材料，再掺上石灰、细沙、糯米饭、红糖、竹片、木条等，经反复糅合、舂压、夯筑而成。土楼一般高三至五层，一层为厨房，二层为仓库，三层以上为居室。土楼造型巨大，具有聚族而居、防盗、防震、防兽、防火、防潮、通风采光、冬暖夏凉等特点。最普通的圆楼，一般直径50多米，三四层高，里面有百余间住房，可居住三四十户，二三百人。而较大的土楼，直径可达七八十米，高五六层，里面有四五百间房，可住七八百人。最令人瞩目和惊叹的是书洋乡田螺坑的一座土楼群。只见四座圆楼围拱在一座方形土楼四周，像四颗珍珠紧挨着母体，形成世界上独一无二的建筑艺术，整体严谨，气度不凡。

永定土楼一般只设一个大门，所有有血缘关系的家庭成员同居一楼。土楼里面既有天井、厅堂、浴室、谷仓、水井，又有学校、诊所和舞台，再加上各种绘画、雕刻等里里外外的装饰点缀，使整个土楼把建筑艺术和文化氛围结合得完美无缺，天衣无缝。土楼墙壁较厚，既防震、防潮、防盗，又起着保温隔热的作用，冬暖夏凉。难怪土楼中的居民在那里居住多少代也不愿离开。

土楼的建造史可追溯到晋唐时期，那时中原战乱，汉人南进。这些后来的所谓"客家人"辗转到了福建山区，那里交通不便，建筑材料缺乏，还时有盗匪抢劫。为了安全和日后的生活，一个或几个客家人家族便联合起来，用当地的黏土、细沙、石灰、竹片、木条等现成材料，精心设计，用勤劳的双手建成既能居住又具有防御功能的土楼。这种建筑的墙筑脚，夯土和木工的完美结合，处处渗透着客家人的聪明才智和文化涵养，但在外人看来却是不可思议和神秘莫测的建筑。

同属客家人，广东梅州地区的围屋也非常有特色。围屋布局严谨，讲究主次对称。外观庄重典雅，富丽堂皇。围屋有殿堂式和围龙式（也作围垄式）两种。最典型的殿堂式围屋是"二堂二横"式。进入大门，沿中轴线依次是下厅堂、天井、上厅堂和后室。上厅堂左右两条巷道，分别穿过南北侧厅，通向左右横屋。就这样，借助厅堂和房间的外墙，把楼上楼下四十多个房间和厅堂、天井、廊道都围在一起。围屋的布局合理，美观实用，整个家族共住一起生活，真是再适宜不过了。

围龙屋大都是殿堂式围屋的扩展。当子孙成人需要扩建房屋时，如果围屋后面地势开阔，有扩展的余地，客家人便从左右厢房接着往上厅堂的后面建造半环形的围屋。典型的有"三堂四横三围"模式，其气势壮观，如游龙围护厅堂，故称围龙屋。龙在过去是中华民族的图腾，现在是中华民族的象征，客家人的围龙屋恰恰体现了中华民族崇龙的文化传统。

惠安女装

——风姿绰约的传统装束

一般来说，中国的少数民族服饰比较重于装饰，而汉族服饰的装饰比较单调。但也有例外的，不信可到福建泉州、惠安，去看看那里惠安妇女的服饰，着实能令人体会到另一种韵味。

惠安一带的男子多出外谋生或出海打鱼，惠安女自然成了建设家乡的主力军。她们开公路、修水利、种田地、补鱼网、敬公婆、教子女，里里外外一把手，真可谓全能媳妇。惠安女因美丽、勤劳、贤惠和一身奇特的服饰而著名，成了惠安的一道独特民俗景观，吸引了众多慕名而来的游客。

惠安妇女的奇特装束主要集中在衣、裤、裤带上的银裤链、头巾和斗笠上。惠安女的上衣颜色有酞青蓝、苹果绿和白底柳花条纹，或者是上绿下白，甚为鲜艳。她们的银裤链一般是结婚时男方必送的礼物。惠安女的斗笠是黄色的，头巾有不同颜色和花纹图案，并缀有式样各异的花朵。惠安女的头巾把脸包得只露出

眼、鼻、口狭小的一部分，而斗笠又戴得很低，如果不仔细辨认，就是熟人也很难一下子认出斗笠下的人是谁。

惠安女无论冬夏，总是把头包紧，露出肚皮，裤子宽大，所以被人称为"封建头，民主肚，节约衣，浪费裤"。在泉州街头，看到惠安女风姿绰约地与自己擦肩而过，立时会感到一股强烈的南国风韵扑面而来。

进入现代的惠安女，她们的服饰比过去有了不少变化。一般来说，她们头戴黄色竹斗笠和花头巾，斗笠涂上黄漆，具有防日晒、防雨淋的作用。花头巾为四方形，一般是白底、绿或蓝色小花，或是绿或蓝底小白花，折成三角形包系头上，有避风沙、御寒保暖和保护发型等作用。

现代惠安女身穿的"节约衫"，比过去的"接袖衫"和"缀做衫"更富有装饰性，即减去过去繁杂的拼接工艺，胸围、袖管收缩紧贴着胸部和手臂，充分衬托出妇女身上的曲线；衣袖长仅至小臂的一半，袖口滚接二环节，一环为黄或金黄色，一环花布；衣长仅至脐位，衣沿是大幅度的椭圆形，向外弯展至袖拢，使腰间五彩塑料丝裤带和银裤链显耀示人，又可避免劳动时弄脏衣沿衣袖。布色在冬春季多蓝、黑色，夏季多苹果绿、白底柳条线或两色套装。妇女婚装则用全套黑色丝绸衣服。

凡四五十岁以上的惠安女多穿汉装"旷（宽）裤"，年轻妇女多穿西装裤，用黑色线布或尼龙布制成。裤式腰围小、臀围大，裤虽狭小，却既美观又便于劳动。此外，年长的惠安女还有在门牙两侧各镶一颗金牙作装饰的习俗，现已不再盛行。

海南斗笠

海南斗笠大致可分为三个品种：罩笠、罩头坡笠和越南笠。罩笠外形像一般草帽，但顶部是平的，圆头下向周围平展伸开，周围约有 1.5 厘米的垂边。罩笠用均匀的薄片竹篾编成，形成网状，夹有蓑叶。罩笠表面涂有桐油，不易渗水，既精巧又实用。罩头坡笠顶尖，沿宽，个头更不一般。外乡人戏称"海南一大怪，坡笠当锅盖"，足见罩头坡笠之大。它的直径一般在 55～60 厘米左右，有"笠中之王"之美称。这种斗笠既是农民在田中劳作时的必备之物，又是当地妇女的嫁妆之一。越南笠是 20 世纪 80 年代从越南传入海南的。它的形状像漏斗，用少许竹条和较多蓑叶粗编而成。越南笠式样古朴，便宜实用，深受海南人的欢迎。

"讴莎瑶"

——瑶族窗前求爱的风俗

在崇山峻岭的粤北地区，勤劳勇敢的瑶族人祖祖辈辈居住在这里，仅在粤北连南瑶族自治县，就有八排二十四冲瑶族同胞，俗称"八排瑶"。这里的瑶族聚居区民风古朴，瑶族同胞热情好客，而且能歌善舞，似乎天生熟谙音律。唱歌跳舞在他们的民俗活动中占据了极为重要的位置，敬神祭祖、过节庆祝，都免不了高歌一曲。不仅如此，唱歌在瑶族人的婚恋中还起着不可或缺的作用。人们在每天劳动之余，除了唱歌作乐外，小伙子还会急不可耐地跑到姑娘窗前唱歌求爱，瑶语称之为"讴莎瑶"。

瑶族姑娘生下来叫莎妹，因此人们把瑶族姑娘统称为"莎瑶妹"，男青年讴歌恋爱也就被称为"讴莎瑶"。

"讴莎瑶"的过程可以说充满了绵绵情意与浪漫情调。如果某位瑶族小伙子有了自己中意的姑娘，他就会每天晚上来到自己心爱的姑娘窗前，用歌声向姑娘倾诉爱情。若姑娘对他也有意，则会用歌声作答，吐露心扉。随着歌声的交流，二人的情意也会加深，姑娘又会从屋里递出小板凳，让小伙子坐下，细唱家常，表露衷曲，直至深夜。两人越唱越亲，到一定火候，姑娘就会走出家门与小伙子相会。小伙子也乘机向姑娘送上一副精致的耳环或一只漂亮的银簪。接过意中人的爱情信物后，姑娘也会把自己心爱的手帕送给小伙子，以示定情。

经过这般窗前月下的浪漫时光，若小伙子对姑娘从心里满意，便会告知父母，由他们请人到女方家说媒。虽说是在边远山区，双方父母绝不会以门第、贫富为理由出面阻拦，而是会尊重儿女的意愿，让有情人终成眷属。当然，在"讴莎瑶"过程中，也有一相情愿、而最终未成功的。如果姑娘对前来求婚的小伙子不中意，就会用歌声婉言拒绝，劝小伙子另找理想的伴侣。为了解决小伙子夜里赶山路的问题，姑娘还会送他一支松明火把，让他照路回家，真可谓"婚嫁不成情意在"。

咬手定情

咬手是苗族青年男女独特的定情方式。每逢农历三月三是苗族同胞们的盛大节日，人们在这一天放歌跳舞，纵情抒怀。如果哪位小伙子相中了心爱的姑娘，他就会用歌声约姑娘晚上到小溪边相会，若姑娘被小伙子的歌声打动，就会准时赴约。到了晚上，山坡上，小溪旁，应约而来的一对对青年男女互相对歌，畅诉衷曲。当小伙子用歌声表达爱慕之情时，姑娘会用一种独特的方式——咬手来回答。然而这一咬却极有文章。若是姑娘狠咬一口，甚至咬出血印，则表明姑娘接受了小伙子的求爱，这一咬就定了情，表示了姑娘的决心。这时小伙子就可乘机送上定情之物。姑娘也会"投之以桃，报之以李"，赠给对方自己的心爱之物，作为爱情的信物。接下来，海誓山盟、信誓旦旦的情歌当然是必不可少的。男女二人会用歌声表示终生相爱、天长地久的意愿。然而，如果姑娘只是象征性地、极有礼貌地在小伙子的手上咬一下，则说明姑娘对男方并不中意，小伙子也就只能另求他欢了。

膜拜"泗州佛"

——闽台地区的爱神崇拜

中国的台湾有一位掌管爱情的神，这就是泗州佛。在台湾各地榕树下的凉亭内常设有小神龛，神龛中便供奉着掌管青年男女爱情的泗州佛。岛上热恋中的男女无不对泗州佛顶礼膜拜，因为他们相信泗州佛会保佑他们爱情永恒，使青年男女永远忠于自己的恋人，忠贞不贰。

闽台民间的泗州佛崇拜，来源于泉州地方的一则传说：宋朝时，泉州洛阳江江面宽阔，水流湍急，时常将过往小船吞没。当时蔡襄任泉州太守，决定在江上建桥，但因河水太过湍急，无法垒成桥基。无奈之下，蔡襄只得设坛，祈求天上神灵相助。蔡襄为民救急解困的精神，感动了南海观世音菩萨，决定助蔡襄一臂之力。有一天，洛阳江上划来一叶轻舟，船头上坐着一位美丽的女子，划船的老翁对岸上的人说："谁能用钱掷中我的女儿，就把她许配给谁。"岸上行人听了老翁的话，便争先恐后地掏出钱币，向姑娘掷去。但雨点般钱币扔来，却连姑娘的衣角都碰不上。渐渐地，钱越积越多，桥墩也随着钱增多而不断增高。就在这时候，来了位泗州商人，他抛出一把银子，其中一枚刚好落在姑娘的发间。老翁只好将船靠岸，与泗州商人一同进凉亭商议婚事。谁知泗州商人一坐下便起不来了。原来，姑娘是观音菩萨的化身，而泗州商人是泗州佛的化身，观音菩萨的好事被泗州佛搅了，便罚他待在凉亭里不准出来。

此后，人们便建了许多凉亭，供奉这位为爱情所驱的泗州佛。泉州的洛阳桥

和安平桥中都有泗州亭，供奉泗州佛。台湾地区盛产榕树，树荫的凉亭内常常设有小神龛，供奉着泗州佛。传说恋爱中的男女如果有谁移情别恋，只要在泗州佛的脑后挖点泥撒在对方身上，对方立刻就会回心转意。不管这一传说是真是假，岛上的青年男女却一直是把泗州佛奉为爱神，崇拜有加，笃信不已。

经过一定时间的热恋，男女双方终于进入谈婚论嫁阶段，虽然有许多台湾地区青年采用现代式婚礼，但岛上的传统婚俗更是热闹非凡。新娘入洞房前要踩瓦，意为破邪；接着要跨火炉，表示生活红红火火；然后新郎新娘拜天地，拜祖先，拜高堂，夫妻互拜，此后才被送入洞房。入洞房后新郎新娘要吃"新娘圆"，喝"合卺杯"，至此典礼告成。接下来的闹新房将使婚礼进入高潮。当然，一对新人也不会忘记爱神的庇佑，他们会不时地向别人宣扬爱神的功德，要不然泗州佛的香火怎么总是那么盛呢？

吵　嫁

在福建西部的客家人中，长期以来就流行着一种奇异的婚俗——"吵嫁"，其场面看起来趣味横生。这种婚礼从迎亲、酒宴到礼仪等各个程序，女方族人都要横挑鼻子竖挑眼，找一些不相干的理由为难。如若迎亲的人敢于反唇相讥，那就等于是火上浇油，这吵架就进入了高潮，几乎吵得翻了天，屋顶都要被吵破了。闹到一定程度，女方长辈会高喊一声："吉时已到，新娘可以上路了。"这时争吵的双方才会偃旗息鼓，转怒为喜，握手言和，互致敬意，好像什么事也没发生过一样。

客家的"吵嫁"婚俗由来已久。在他们看来，结婚娶媳妇是人生一件大喜事，只有吵吵闹闹才会显得喜庆和吉祥。从另一个角度讲，结婚时吵一架（仅仅是象征性的），人们就会消除怨恨和成见，小两口婚后就不会再吵。此乃一劳永逸地"化干戈为玉帛"的良方。

祭拜床脚婆

——广东潮汕的成丁礼

在中国人的传统观念中，孩子从婴儿长大成人（一般指十五六岁），是一个非常重要的阶段，因此许多地区盛行成年礼或成丁礼，形成了一种地域风俗。如广东潮汕地区，儿童不论男女，凡年满 15 岁，都要举行成年礼，这种仪式叫"出花园"。

在潮汕地区，每当婴儿出生，父母都要为他（她）供上一个香炉，作为"床脚婆"神位。以后逢年过节或小孩有了三灾六难，都要祭拜床脚婆，请她保佑平安。传说农历七月七日，是床脚婆的生日，所以到那天更要隆重祭拜。孩子的父母在那天要准备猪肉、鸡、鱼及各种供品，摆满自己的睡床。除新生婴儿外，孩子也必须虔诚跪拜。拜毕，把香炉置于父母的睡床下，床脚婆即由此得名。

到了举行成年礼时，床脚婆还要派上用场。潮汕地区儿童的成年礼一般选在床脚婆生日的前一周。出花园那天，先把床脚婆请出来放到床前一个大竹箩里，然后摆上丰盛的供品。出花园的儿童着新衣新鞋，由母亲带领，在床脚婆神位前焚香跪拜，祭酒三巡，焚烧金银纸。祭拜结束，把供品拿去烹煮，让出花园的儿童坐在大竹箩里饱餐一顿，成年礼宣告结束。

台湾地区也有成年礼，并且也与中国民间传统的七夕节有关。台湾民间将七仙女尊称为"七娘妈"。在台南，儿童在满16岁时要举行成年礼，俗称"做十六岁"。成年礼则选在七娘妈生日那天：农历七月七日。行成年礼的庆典一般在台南中山路七娘妈庙里举行。这是台湾唯一一座供奉七娘妈的庙宇，距今已有100余年的历史。

行成年礼那天，孩子的父母要准备丰盛的供品，并为子女准备一个特制的七娘妈亭。这个七娘妈亭是用竹子扎成框架，外边糊上花纸或神像做成。式样分为一层、二层和三层不等，一般是提前请人定做而成。仪式开始，孩子向七娘妈跪拜，感谢七娘妈16年来庇护平安。然后由双亲手捧七娘妈亭，让孩子从亭子下走过，表示孩子在七娘妈庇护下已长成大人了。仪式后，还要把七娘妈亭和金银纸一并焚烧，以示供献。

穿衣礼

按照海南黎族的传统，男孩出生的第13天，女孩出生的第14天，要举行隆重的穿衣仪式。如果是男孩，到了这个规定的日子，男孩父母就要把村里有威信的长者、道公、老猎手、有文化的人、劳动能手及各家亲戚等请到家中，摆酒庆贺，但这些客人无一例外均为男性。仪式上，婴儿的母亲会把用布裹着的婴儿交给自己的丈夫，请道公念经保护婴儿平安。然后婴儿的父亲可请任何一位客人，两人一起解下婴儿身上裹着的布单，为婴儿穿上第一件衣服。这时婴儿的父亲便当众宣布从即日起男婴有了穿脱衣服的权利了。接下来便请在场文化程度比较高的人为男婴起名。仪式结束后，人们开怀畅饮，为男婴祝福。如若生的是女孩，穿衣仪式要简单些，而且请的全是女客人。

二次拾骨葬

——隆重的客家葬仪

广东梅县是客家人的聚居区，其地的民风民俗有着浓郁的客家特色，如客家人的二次拾骨葬，就与其他地方的民俗完全不一样。据有人推测，这一民俗的起源，可能与客家人由中原躲避战乱、不断南迁的经历有关。

其实，二次拾骨葬是中华民族的古老葬俗之一。战国时期的《列子》及《隋书》等史籍，都记载了古代荆楚地区的一些二次拾骨葬习俗。近代以来，东北鄂温克、达斡尔、赫哲族的一些猎人及萨满死后，常用桦树皮或苇席包裹遗体，放置在木架或高高的树杈上，待两三年之后，尸体腐烂了，再捡拾遗骨，装棺埋葬。而南方的广西壮族，广东、广西瑶族，云南苗族以及福建、浙江畲族，都有二次捡骨葬习俗。先用棺木土葬死者，过了三年五年或更长时间后，挖墓开棺，先从脚骨开始依次往上捡骨，并按顺序装入陶瓷，盖上圆盖，再修永久性坟地埋葬。

客家人行二次葬时，还看重是否能为祖宗坟茔觅得风水宝地，并认为这与子孙后代的兴旺发达关系甚大。所谓风水宝地，据说标准有三：一是要有龙势，即山岭的脉络，发脉雄壮，奔腾有势，落颈俊秀灵活，结基丰实、宽敞。龙势主人丁兴旺。二是要有局，即对景罗列各峰，湾环回托，或旗或鼓，或印或案，皆应为基地所用。局主功名。三是要有水，即基地前面有对逆的江河，但江水又不是直冲基地，而是水口回环带水。水上财路。为此，从前行二次葬时，将先人遗骨装入金盎，若找不到吉地，便把金盎寄放于山间岩穴或田头地坎，以待日后安葬。这种暂时寄存"金盎"的做法，俗称"寄岩子"。

广东客家人的二次拾骨葬的仪式非常隆重，墓地选好后，便于农历八月初一请来安葬师傅，在焚香祭祀后方可掘墓开棺。尸骨不可见阳光，所以拾遗骨要在油纸雨伞遮盖下进行。人们将遗骨一一拾起，并用山茶油擦拭干净，然后再按人体结构、躯肢顺序把遗骨装入俗称"金盎"的陶罐中。最后，将写有死者姓名、生卒年月日的盆形圆盖反扣在金盎上，使用砖块、三合土等砌建永久性的墓地，就完成了二次拾骨葬的全过程。

人死不能复生，但离世如此之久还能再享受这样隆重的葬礼，对死者也算是不幸中之大幸了。

草鞋送葬

在台湾地区，亲人去世后要举行各种仪式进行祭奠，其中送葬的规模颇为浩大，场面也与中国其他地区大不相同。送葬时，由亲人护送棺材前往山上安葬。送葬行列中所携丧仪物品有：整只猪羊、开路神、放银纸钱、铭旗、孝灯、吉灯、凉伞、花圈、五彩旗、纸幡、灵柩；参加送葬人员有：风水先生、小鼓乐队、北鼓乐队、北管乐队、大吹鼓团队、歌仔戏团、二十四孝花车、掌柩旌官、道士、金童玉女、和尚、男性遗族队、送葬亲友、女性遗族队等等，算起来恐怕不下50种。

在送葬队伍中，遗族中的亲属都要穿孝服，男子还要穿草鞋，女子的鞋上则要缝上孝布，遗族队伍边走边哭，为防止女性遗族落得太远，一般要拉一条很长的白布条，由一个男人在前面牵引。送葬的队伍走一段路以后，要找一个适当的地方停下来，由丧主跪地行礼，恳求亲友留步，称为"谢步"。于是，送葬亲友便向灵柩告别，而子孙近亲则一直送到墓地下葬为止。

除夕守岁

——客家人严守的民间习俗

广东的客家人是中原汉人的后裔。他们不但在许多风俗习惯上保持着古代的淳朴豪放，而且在过春节时，也仍然沿袭着中原古风，经过几百年的发展，逐步形成了一套独具特色的传统。

为了迎接春节，客家人从腊月十五便开始作准备。这一天，全家人首先要大搞卫生。腊月二十，他们依例要把冬至酿造的糯米黄酒装入酒瓮，放上红曲，用稻草和谷壳拥埋起来，点火烧炙。这样，黄酒蒸发了一部分水分，变得醇美香甜，更耐贮存。

客家人有腊月二十三祭灶的习俗。过去每到这一天，家家都要在灶台上摆放猪肉、鸡、鱼三牲，以及红枣、花生等干果和醴茶，祭祀"一家之主"，祈求灶神"上天言好事，回宫降吉祥"。保佑全家平安，五谷丰登。此后几天，每家还要为过年而大忙特忙：采办年货，添置新衣，舂制米粉，蒸制年糕，以喻"年年高升"，用粳米粉加酵母，蒸出绽开似花的发酵饭；用红糖水掺入糯米粉，搓成圆丸，炸成香甜可口的煎团子；杀鸡宰鸭，捶打鱼丸、肉丸，蒸梅菜扣肉……真可谓腊月忙年，家家尽欢。

到了除夕上午，族中男子先在祠堂和围屋的大门上张贴新书写的堂号、堂联，悬挂写了堂号的大灯笼。而后，各家在自己的厨房、卧室、仓房的门楣和门边张贴春联和挂门钱。此外，农妇们还伴着锣鼓之声在门坪摆设供案，摆上一应牲醴，焚点香烛，举行祭神仪式。午后，全族人还要到祠堂拜谒祖宗。各家将最好的食品挑来供奉，有全鸡、猪肉、熏鱼和红枣、花生、柿饼、柑橘、苹果、莲子等干果，当然还少不了茶、酒、鞭炮、黄表纸等。祭祖是客家人过年最隆重的活动，许多华侨的后裔子孙也常常携妻带子，在除夕赶回家祭祀祖先，亲睦族人。

吃过年夜饭，全家老少通宵不寐，以迎接新年到来，此即所谓"守岁"。据说只有守岁熬年，来年才会身体强壮，干活更有劲。

孩子们如瞌睡了，阿公阿婆便会设法给他们提神。除了给他们每人发"红包"外，还要一人一个大柑橘，表示"分柑回味"，老少同欢。如剥柑橘吃，则不能一人独吃，要与别人分享，因为只有"分柑同味"，才能全家吉利。待到交子之时，家家户户争相燃放鞭炮。那五彩缤纷的烟花升入夜空，把初春寒夜的天空点缀得分外迷人。此后的种种节日活动还要把这种喜庆气氛延续多日。

等到正月十五日元宵节来临，便迎来了春节的最后一天。在许多中国人心目中，这一天既是高潮，又是尾声，当然要好好热闹一番。在中国台湾省的台南地区，当地民众每年都在这一天以摸春牛的方式来寄托对新一年的美好憧憬。

军坡节

每年农历二月二十日，海南黎族人都要迎来自己的传统节日——军坡节。正如海南民谣中所唱："二月就是军坡期。"该节最初是敬奉乘坡峒主公，但后来海南不同地区军坡节敬奉的对象却不尽相同，如在海南东部地区，人们在军坡节期间敬奉的是大刀关羽和冼夫人。此外，海南军坡节一般还分为"公期"和"婆期"，指的是所供奉的某人或神的生日，而且各个乡村都有自己的"公期"和"婆期"，但主要集中在二三月份。这期间，村民大搞祭祀，供奉公祖婆祖，亲朋好友一起聚餐。舞狮队敲锣打鼓挨家挨户拜祭，热闹非常。夜里，各家还凑份子请戏班剧团来演上几场。

"扛猪赛","打猪赛"

——别开生面的庆丰收方式

在福建福州市闽侯县垒沙村，每年都要举行一次别开生面的"扛猪赛"。

垒沙村共有一千多户人家，清一色全姓唐，是一个大家族，分属32房。该村有一块自留地，被分成了32份，分别由全村32房各自经营一份。各房的那一份再按户轮流耕作。每一房轮到耕作这块地的各户，要喂养一口猪。在每年农历正月十六这一天，各房的那一户都要把所养的猪杀好洗净，抬到本村大王庙中，摆放在天井中的方桌上。每口猪要贴上各房的代号，由村委会组织本村德高望重之人对所有的猪进行一次评比，以最大最肥且健康者为优胜，由村里予以表扬奖励。

第二天，各房便要组织人马参加扛猪比赛了。参赛者由每房出七人，其中一人抬桌子，一人提猪鼻子，一人扛猪背，其余四人各提一腿。司仪人员发炮32响后，各房扛猪的人迅速把猪抬起来，抬桌者立即抽出桌子向大门冲去。第一个冲到大门并用桌子腿把高悬在梁上的大鲤鱼勾下来的，就是胜利者。这时群众欢声雷动，一片沸腾。接着，由优胜者开路，抬猪者把猪抬到本房祖厝，并放在预先拿来的桌子上。然后，其他各房人群举起火把，燃放鞭炮，也冲向本房祖厝。扛猪比赛即到此结束。

扛猪比赛始于何时无从查考，但这里的人们一直把它看作是本村一次隆重的节日，作为特有的习俗流传了下来，每每引来附近村民赞许的目光。

福建地区与猪相关的民俗比赛还有一种"打猪比赛"，主要流行于厦门一带的渔村，举办时间是农历五月初五，其比赛的场面更为有趣。比赛开始之前，组织者预先选取一根三丈多长的圆滚滚的大桅杆，把杆上涂满油脂，使之滑如鳗鱼身背。然后把这根桅杆从一艘大船的船头伸向水面上空，在它的顶端挂上一只竹篾制成的笼子，里面关着一只小猪。笼子的小门半关着，好让里面的小猪被人打着时可跳入水中。比赛胜负的决定是这样的：谁能第一个从桅杆根部爬到桅杆顶端并把笼子里的小猪赶入海中，谁就是胜者，小猪也就作为奖品可由胜者带回家去。由于桅杆十分光滑，参赛者无论怎样小心谨慎，多半要失足落海，功亏一篑。这时岸上和船上的观众连连叫喊助威，欢笑之声此起彼伏。有的地方这种比赛以鸭子或公鸡代替小猪，但仍要按打猪比赛方式进行，而且也称为打猪或捉猪比赛，其场面也同样饶有趣味。

抽陀螺

台湾的大溪陀螺重量极大，一般可重达 6 公斤，就连小孩子和老阿婆玩的陀螺通常也在 4 公斤上下。而大溪那些抽陀螺的行家更不得了，动辄就要摆弄 18 公斤甚至 25 公斤的特大"陀螺王"。为了抽打大陀螺，大溪人独创了一种抽打技巧。由于大陀螺不易抛掷，所以玩陀螺者先要将缠好绳子的陀螺顶尖朝下奋力向前抛去，待陀螺尖着地后，再抓住绳头反身快跑，硕大无比的陀螺就转了起来。这套动作十分费力，玩得多了，对身体自然是一种很好的锻炼。

"盘王节"

——粤北连南地区的祖先崇拜

在广东连南瑶族自治县，自古以来生活着八排四十二冲的瑶族同胞，俗称"八排瑶"。每年农历十月十六日，即为瑶族最重要的节日——"盘王节"（传说中盘古王婆的诞辰）。瑶族人庆祝盘王节的方式，是载歌载舞，特别是斗歌对歌，更是热闹非常。由于生活环境和文化传统的影响，粤北的少数民族同胞能歌善舞，热情好客，民风淳厚，执礼恭亲。仅是通过广东连南瑶族的"耍歌堂"，便可窥其一斑。

到了盘王节这一天，八排四十二冲的瑶胞都要汇聚一堂，祭祀祖先，庆祝丰收，赛歌比舞，称为"耍歌堂"。而每年农历七月七日，瑶族同胞为了庆祝盘古皇诞辰，还要欢度"开唱节"。

每到盘王节时，瑶族山寨一派节日景象。人们都穿上了节日盛装。男子身穿一袭靛蓝色服装，头插白色羽毛，手持红花；妇女们则身着带有红蓝花纹图案的衣衫，头上戴满银饰，手持长柄桐油伞。有客人到达村寨门时，主持人要领队迎接，先唱《迎客歌》；客人入寨敬酒时，要唱《敬酒歌》；客人离去时，还要唱《送客歌》。节庆的第一天主要举行迎神游行的典礼仪式，其间最重要的活动是斗歌与对歌，这些活动一般由男人参加比赛和表演，妇女在一旁观赏，姑娘们则借机物色意中人。一开始先由老歌手领唱《呦嗨歌》，其他歌手附和响应，接着便开始了一轮轮激烈而有趣的斗歌与对歌。

为了烘托气氛，排瑶的长鼓舞表演和比赛也在斗歌时进行。这种舞蹈多由两对长鼓舞手合跳，其中一人起领舞作用，边跳舞边击鼓，舞姿粗犷豪放。入夜，人们舞得更欢，奔腾跳跃，完全进入了忘我的境界。歌坪上燃起篝火，许多人在野外露宿，唱歌饮酒，通宵达旦。青年男女则在约定地点对歌，谈情说爱。就这样，节日上的欢乐气氛，也随歌声不断向远处漫散……

牛王诞

生活在粤北地区的壮族同胞世代耕种为生，牛也就成了他们生存的必需之物。壮族同胞对耕牛十分珍爱、敬重，因此把每年农历四月初八定为"牛王诞"，并在是日举行祭拜牛神、犒劳耕牛等活动，十分隆重。

每到四月初八，壮族同胞家家都要让牛休息，并以上等饲料和糯米糍粑喂牛。牛栏门口披红挂绿，牛头也被戴上了红绸大花，同时还要烧香点烛，祭拜牛神，做五色香饭敬神饲牛等。人们一边祭拜，一边对牛吹奏木叶、笛子，唱赞牛歌。祭拜完毕后，各家各户都要准备丰盛的酒菜，庆祝一番，并以芒草叶包粽子赠送亲友，共祝耕牛兴旺，五谷丰登。

迎春花市

——绽放在大都市的传统风俗

迎春花市是广州市传统风俗，春节逛花市是广州人必不可少的节日活动。广州市美称为"花城"，一年四季，城市里各种鲜花开放，把城市装点得非常美丽。广州人爱花也是有传统的，据说种花业在广州已有一千多年的历史。随着时光的流逝，经济的发展，鲜花已然成为人们生活中不可缺少的重要部分，更吸引了无数文人学者为之挥毫泼墨，大加赞赏。

广州现在的迎春花市，是19世纪60年代初才形成的。这个花市每年春节前夕举办，除夕前三天达到高潮，号称年宵花市。花市所卖花卉品种繁多，除素馨花外，还有桃花、水仙、吊钟、芍药、山茶、剑兰、金橘、腊梅和菊花等上百个品种。走在花市间，但见灯色花光，一片锦绣。望着那一片花海，端详着那散发着香气轻轻颤动的花瓣和舒展着的叶芽，你会禁不住对这些植物中的珍品连声发出赞叹。人们选择和布置这么一个场面来作为迎春的高潮，真是匠心独运！看着繁花锦绣，赏着姹紫嫣红，想起这一日之间广州城忽然变成了一座"花城"，几乎全城人都出来深夜赏花，此情此景让人感到美妙无比。外乡客人也会由衷赞叹：南国的人们也真懂得欣赏这春天的使者。正是"香街十里一城春，笑语喧声入彩门。疑是层峦采蜜使，幻成百万赏花人"。

与广州迎春花市相比，海南海口市春节期间的迎春花市更是多了几分野趣。

原本在飒飒西风里盛开的菊花，却在椰树下的花市上大放异彩。曾经鲜为人知的海南野花刚刚被人们发现，它们自身的潜在价值就引起了行家们的特别重视。有一种被命名为海南樱花的野花，主要生长在昌江黎族自治县境内的自然保护区。由于这种花具有较高的观赏价值，经人工培育后迅速上市，销路极好，被视为花中不可多得的新奇品种。茶花叶绿花红，色彩浓烈，最为青年人所喜爱……既有这么多的花卉品种，如能在家中时时观赏则更为雅致了。于是，送花贺节，就成为海口人的一种时尚。俗语说"花开富贵"，在佳节喜庆之时，送上一盆高雅馨香的鲜花，真是再合适不过了。

军歌会

"军歌会"是海南东方黎族自治县的传统节日，其来历十分悠久。据史载，东汉建武十七年（公元41），伏波将军马援平定交趾（今越南中、北部一带），曾率军进驻海南岛西部和南部海滨一带，后来，留守海岛的将士时常思念故乡，吟唱家乡小调。到了农历五月初五端午节这一天，众将士们则聚集起来歌唱思乡曲调。这样年复一年，日复一日，也就成了地方风俗。他们说话的语调和唱歌的曲调都独具风格，既不同于琼北一带的语言，又不同于黎族语言，人们称之为"军话"和"军歌"。经过近2000年的演变，军话和军歌就形成了"军歌会"。

东方黎族自治县的八所镇、罗带乡一带是历史最悠久的军话地区，当地人自称他们就是当年伏波将军南征将士的后裔。他们也继承了那些将士们的传统，每年农历五月初五都要举行军歌演唱会。传统的军歌古老雄浑，淳朴凝重，仿佛在向人们诉说离乡游子无尽的别离愁绪。近年来，这里的军歌会又被加入新的内容。与古老的军歌相比，会上演唱的现代军歌悠扬抒情，亢奋激昂，充满了阳刚之气，也为人们带来了生活的愉快和生产丰收的喜悦，听后使人赏心悦目。此外，军歌会如今还组织具有民族传统色彩的体育竞技项目，如射箭、打曲棍球等。一些青年男女则开始互相交友，寻找意中人。

妈祖崇拜

——福建沿海的母性神灵

在中国东南沿海地区居民的心目中，妈祖是至高无上的护海女神。在福建、台湾各地，到处都有妈祖的祭祀庙，每年都要举行各种祭祀活动。

据宋代的文献史料记载，妈祖是福建晋代晋安郡王林禄的二十二世孙女。林

姓是福建莆田的望族。妈祖的父亲林惟悫，母亲王氏，多行善积德。一天晚上，王氏梦见观音菩萨慈祥地对她说："你家行善积德，今赐你一丸，服下当得慈济之赐。"于是便怀了孕。王氏将近分娩时，见一道红光，从西北射入室中，光辉夺目，香气飘荡，久久不散。又听得四处隆隆作响，好似春雷轰鸣，地变紫色。王氏感到腹中震动，妈祖于是降生。因生得奇，甚为疼爱。她出生至满月，一声不哭，因此，父亲给她取名"默"。

民间传说妈祖生前精通法术与医术，普救众生，尤其保护渔民，死后仍显灵救难。于是受过她救命之恩的人，便造了一座小庙纪念她。

此后，据说行船的人在海上遇到狂涛汹涌之时，只要大呼"妈祖救命"，海面就会风平浪静。这个消息一传十，十传百，不胫而走，于是妈祖的圣迹很快传遍了东南沿海。老百姓感激她、崇敬她，历代统治者亦多次予以褒封，从夫人封到妃，再封到天后，最后封到天上圣母，使对妈祖的崇拜愈加发展。但在民间仍然俗称她为"妈祖"。

注生娘娘

台湾几乎所有庙宇都祀有掌管生育的授予神"注生娘娘"。民间认为，"注生娘娘"是福建古田县临水乡的陈靖姑，又称"顺天圣母"或"台南夫人"。陈靖姑出生于唐朝大历年间，据说是观世音菩萨的一滴血转世投胎而来。她自幼通晓神灵法术、天资聪颖，曾拜许真人为师，学习剑术和道家驱邪除妖术。传说她怀孕期间，正逢福建闹旱灾。灾民请陈靖姑施法求雨，陈靖姑前往祈雨，岂料动了胎气，流产而亡。临终前，她发誓说："吾死后必为神，救人产难。"果然，她死后不断显灵，救灾去难，为民造福，深得当地人的爱戴。故当地人为其建庙供奉，尊称其为"临水夫人"。在台湾，凡遇有疾病、求子、避邪、难产等情况，妇女都虔诚祭拜"注生娘娘"，以求平安顺遂。

随着时间的推移，妈祖崇拜的影响越来越大，在中国大陆地区，以福建为中心，北至宁波、上海、南京、烟台、天津、秦皇岛、丹东，南到广州、澳门、香港、台湾，甚至内地的江西、安徽、贵州等地，都可见到妈祖庙和祭祀妈祖的活动。在台湾省，信仰妈祖和崇拜妈祖的活动更是到了无以复加的程度。台湾2100万人口中，有近1/3的人信仰和崇拜妈祖，全台湾的妈祖庙有近千座之多。

在东南沿海及港、澳、台等地，妈祖庙（亦称"天后宫"）同样是香火最旺的庙宇之一。逢年过节，成千上万的善男信女都要焚香祭拜，使得大小妈祖庙内人头攒动，香火鼎盛。人们在祭拜之中，诚心祈求天上圣母的庇佑，使家人幸福平安。特别是到了农历三月廿三妈祖的诞辰，各地还要举行形式多样、丰富多彩的庆典活动，成为一年一度的宗教活动高潮。

由于妈祖崇拜，又形成了丰富多彩的妈祖文化和妈祖习俗。妈祖习俗包括妈祖舞、妈祖灯笼、妈祖节后禁捕杀、龙舟挂彩、九重米粿、妇女裤子半截红、妇女船帆式发髻、偷妈祖鞋等，而其中数偷妈祖鞋习俗最为神奇有趣。

民间习俗相信，凡是已婚未育的妇女，若想生育，可到妈祖庙偷妈祖脚上的一只鞋，就能怀孕。偷时先要掷筊杯，若为一阴一阳，表明妈祖同意偷，否则不能偷。偷后三个月如怀孕，应到庙中拜谢。孩子生下满月，应去还愿，并做一双新鞋为妈祖穿上。据说偷妈祖鞋求子十分灵验，所以在妇女的心目中，妈祖的地位更是至高无上。这样一来，妈祖不再仅仅是渔民和行船者及其他各阶层人士的守护神，而且还担当起生育神的职责，可见民间大众对她的期望之高。

妈祖诗

灵妃一女子，辮香起湄洲。巨浸虽稽天，旗盖俨中流。
驾风樯浪舶，翻筋斗千秋。既而大神通，血食羊万头。
封爵遂蔈贵，青圭蔽朱毓。轮奂拟宫省，盬荐皆公侯。
始盛自全闽，俄遍于齐州。静如海不波，幽与神为谋。
营卒尝密祷，山椒立献囚。独于民锡福，能使岁有秋。
每至割镬时，稚耄争取酬。坎坎击社鼓，呜呜歌蛮讴。
常恨孔子后，豳风不见收。君谟与渔仲，亦未尝旁搜。
束晳何人哉，愚欲补前修。缅怀荔台叟，纪述异未周。
吾老毛颖秃，安能斡万牛。

——宋·刘克庄《白湖庙》

儋州山歌

——乡土气息浓厚的海南民间艺术

提起儋州山歌，海南人大都喜形于色，总要在外地人面前大大称赞一番。的确，海南儋州的山歌具有浓厚的乡土气息，带有强烈的地方色彩，风格各异，特色独具，深受当地民众欢迎。

海南儋州山歌的历史非常悠久，早在秦汉时期，儋州山歌已粗具雏形。到了唐代，受当时格律诗和新乐府诗的影响，山歌已基本趋于成熟。至宋代苏轼被贬儋州时，当地已是"弦歌四起"，"夷声彻夜不息"，令这位大文豪感慨万分。随着历史的发展，儋州山歌更为流行，成为人们喜闻乐见、广为流传的艺术形式。

儋州山歌讲究韵律，可唱可谈，朗朗上口。其内容分言情表意、劝世教化、农事医药、讽邪嘲恶、对唱逗趣等数种。歌词多为七言四句，带有浓厚的古风形式，语言含蓄生动，优雅清丽，其修辞方法也多用比、兴的手法。有的歌词质朴、直率，出自普通劳动者之口，有的则明显有经过文人加工润色之痕，但都具有浓郁的乡土气息和鲜明的地方特色。

在海南，儋州山歌有广泛的群众基础，当地人无论是渔民、农夫、小贩、工匠，还是婆姨姑娘、老人小孩，无论是在生产劳作、捕鱼放牧中，还是在休闲乘凉、赶集上圩时，都喜欢放歌咏唱，自娱自乐。尤其在农闲季节、逢年过节或喜庆吉日，男女老少更是欢聚高歌，借此抒情放浪，逗趣取乐。

20世纪90年代初，儋州山歌被文艺工作者加工、改编成山歌剧，使这一支一直开放在荒山野岭上的野花登上了大雅之堂，在文艺舞台上占据了一席之地。山歌剧的剧目以传统历史故事和现实生活故事为基础，精心提炼主题，塑造出一个个感人的形象，歌词生动，曲调优美。经农民剧团演出后，获得了巨大成功。其中尤以古装山歌剧《丁郎》最为突出。这出剧情节感人，演员演艺精湛，深深打动了每位观众的心。

高甲戏

高甲戏是闽南地区的剧种，音乐以南曲为主，兼收傀儡戏曲调和民间小调。伴奏乐器以唢呐为主，后加入洞箫、三弦、二胡，打击乐有锣、鼓、小叫、响盏等。高甲戏的表演，白多唱少，演员擅长武打和丑角技巧。丑角中的不同行当有几十种之多，其表演特点是活泼、轻快、弹跳力好、舞蹈性强、节奏明快、夸张性强，因而高甲戏中的丑角表演艺术被行家们认为是"戏剧艺术宝库中的珍品"。高甲戏剧目来源比较复杂，大部分是从傀儡戏、梨园戏、弋阳腔、京剧等中吸收过来。其中《连升三级》《桃园搭渡》《笋江波》《十五贯》《鸳鸯扇》等传统剧目，久演不衰。

田间"禾楼歌"

——祈求丰收的清远民歌

从广州北上，走不远就是现今的清远市。在这里，不仅可欣赏飞霞洞、飞来寺、飞来峡等八大风景名胜，还能听到优美动听的"禾楼歌"。到清远旅游，如果正赶上晚稻抽穗扬花的季节，那便是"禾楼歌"开唱的时候了。

如果考究"禾楼歌"的起源，民间有一个美丽的传说：相传很久很久以前，清远一带农村的水稻，不管禾苗起初长势多好，到头来总灌不上浆，收获的尽是干瘪的空壳，人们想尽办法都无济于事。有一年稻子要灌浆的时候，附城一带的农民搭起了五彩牌楼，唱起优美的民歌，向上苍述说他们辛酸的遭遇，希望稻谷果实饱满，生活幸福温饱。人们唱了三天三夜，终于感动了天上的"禾花仙子"。她用自己的乳汁喷洒人间，滋润了正在抽穗扬花的禾苗，直到她乳汁喷尽，流出血水。那一年稻谷果然获得了大丰收。乳汁浇灌的结出白米，血水浇灌的结出红米。打那以后，每年 6、7 月间，人们都在田间搭起牌楼，唱起民歌，这种牌楼就是后来的"禾楼"，他们所唱的民歌就是今天的"禾楼歌"。

如今，每当月朗风清的夏夜，稻花飘香的季节，人们就搭起禾楼，唱起"禾楼歌"。但此时人们高唱"禾楼歌"，已不再像过去是为乞求上苍的怜悯，而是以歌声抒发心怀，憧憬幸福美好的未来，迎来一个又一个大丰收。

广东的客家人爱唱歌，无论是在乡村还是城镇，无论是在江河岸边还是在田头山岗，到处都会听到曲调优美、悠长动听的客家山歌。居住在客家地区的人们，不分男女老少，几乎人人都是唱山歌的好手，难怪这里有"山歌之乡"的美誉。

客家山歌曲调丰富，有唱劳动生活的，有唱物产风貌的，但个中的佼佼者是抒发男女爱慕之情的情歌。青年男女对唱情歌时先要唱引歌，发问身世，再唱探情、思求、条件、爱慕，最后唱离别，唱相思，二人的感情距离也随之拉近。其中最动人的当属思求、爱慕、相思之类的情歌，有的情歌这样唱道：

思求：（男）阿妹人才盖一村，两排牙齿白如银。

　　　　　讲话好比黄莺叫，走路好比风送云。

（女）月光甘清风甘凉，看见情郎在井旁。

　　　　家里还有半缸水，假作挑水会情郎。

爱慕：（男）阿哥同妹隔条岗，手拿笠嬷来招郎。

　　　　　手拿笠嬷招三下，魂魄飞到妹身旁。

（女）送郎一条花手巾，朝晨洗面夜洗身。

　　　　手巾肚上七个字，永久千秋莫断情。

相思：（男）岭岗顶上一株梅，手举梅树望妹来。

　　　　　阿妈问俺望脉个，俺望梅花几时开。

（女）梁上燕子双双飞，朝晨同出暮同归。

　　　　阿哥出门无信转，泪汁流干无人知。

山歌中生动的语言把一对情人的炽热感情刻画得淋漓尽致。

客家山歌过去只在山野、田头唱，然而 20 世纪 50 年代以后，客家山歌也堂而皇之地登上了艺术舞台、电台、电视台等大雅之堂，山歌的演唱形式也从独唱、对唱发展到演唱、表演唱、擂台演唱和山歌剧等。现在，每逢中秋节，梅州地区都要举办"山歌节"。客家山歌不仅受到当地人的喜爱，也深受客居海外的华侨们的欢迎。

潮州歌册

潮州歌册又称"潮州歌"或"潮州俗曲"，类似江浙一带的"弹词"或珠江流域的"木鱼书"。它产生于明代，盛行于清代，直至民国初年仍有人创作。现如今已不如过去流行，但许多中老年妇女还会吟唱。歌册作品题材广泛，不少是从戏曲或小说改编而来。内容有描写历史人物的，有反对外来侵略的，有揭露旧社会黑暗的，但绝大多数是反映男女之间爱情婚姻的。比较著名的篇目有《陈三五娘》《临江楼》《乾隆君游山东》《薛仁贵征东》《金狗精》等。

潮州歌册的作者，大部分是过去的落第秀才，间或也有职业艺人，但大多数作品均已佚名。这些歌册多为中篇或长篇叙事歌，篇幅从千行至万行不等。演唱者除民间艺人外，主要是农村妇女。过去潮州一带的妇女，但凡有点儿文化的都会唱歌册，不少人还通过歌册学习文化。

"坎儿井"

——沙漠中结构巧妙的灌溉系统

新疆吐鲁番是一个盛产葡萄和美女的地方，但是因为是盆地，夏季气温极高，盆地内的火焰山更是燥热无比，高温天气一年中长达40多天，气温一般在40摄氏度以上。尽管如此，这里却奇迹般地存在着一片片绿洲，著名的葡萄沟更是出产香甜可口的葡萄。

为什么素有"火洲""风库"之称、气候极干燥的吐鲁番，竟然会出现大片绿洲？原来奥秘就在这里的坎儿井。吐鲁番的坎儿井中外闻名，与长城、运河并列为中国古代三大工程。是坎儿井引出的地下水，使沙漠变成了绿洲，它在吐鲁番的开发史上立下了不可磨灭的功劳。

"坎儿"是井穴的意思，坎儿井之所以能在吐鲁番大量修建，与这里的地理环境和构造密切相关。吐鲁番盆地附近戈壁地下含水层深厚，为坎儿井提供了丰富的水源。由于引水效果独特，新疆其他许多地区也开凿了这种灌溉系统。迄今为止，新疆大约有1600多条坎儿井，分布在吐鲁番盆地、哈密盆地，以及南北疆其他地区，其中吐鲁番的坎儿井数量约占新疆坎儿井总数的75%。据统计，在吐鲁番、鄯善、托克逊三地，现有坎儿井1100多条，总长度达3000多公里。

坎儿井是一种结构巧妙的特殊灌溉系统。它由竖井、暗渠、明渠和涝坝（一种小型蓄水池）四部分组成。竖井的深度和井与井之间的距离，一般都是愈向上游竖井愈深，间距愈长，约有30米至70米，愈往下游竖井愈浅，间距也愈短，约有10米到20米。竖井是为了通风和挖掘、修理坎儿井时提土用的。暗渠的出水口和地面的明渠连接，可以把几十米深处的地下水引到地面上来。一条坎儿井，一般长约3公里，长者可达20—30公里，其间的竖井少则几十口，多则可达300余口。

坎儿井的历史源远流长。汉代在今陕西关中就有挖掘地下窖井技术的创造，称"井渠法"。汉通西域后，塞外乏水且沙土较松易崩，就将"井渠法"传授给了当地人民，后经各族人民的辛勤劳作，逐渐趋于完善，发展为适合新疆自然条件的坎儿井。吐鲁番现存的坎儿井多为清代以来陆续兴建的。据史料记载，由于清政府的倡导和屯垦措施的实施，坎儿井曾得到大量发展。清末因坚决禁烟而遭贬并充军新疆的爱国大臣林则徐在吐鲁番时，对坎儿井大为赞赏。

坎儿井涌出的清泉浇灌滋润了吐鲁番大地，使这里的火洲戈壁染上了生机盎然的绿色，使得西北边疆也能生产出驰名中外的葡萄、瓜果、粮食、棉花和油菜籽等农作物。如今尽管吐鲁番已修建了新型的水利设施，但古老的坎儿井在现代化建设中仍发挥着特殊作用，实在无愧于"生命之泉"的称号。

黄河水车

兰州水车又名天车、翻车、老虎车。兰州境内现存的古代水车为明代嘉靖年间进士段续主持建造。与南方的龙骨水车不同的是，兰州水车外形更加酷似古代的巨大车轮，轮辐直径高大，可将黄河水提升到15米—18米的高处。轮辐中心是粗大的轮轴，以此为中心制成一个巨大的圆轮。圆轮四周斜装有几十个木斗和横板。河水流动时，就会冲击圆轮上的横板，水车车轮便会缓缓转动，同时带动木斗盛满河水，并倾倒入圆轮旁边的水槽内，再顺着水渠流入农田。用这种水车提水灌溉，省工、省力又省钱，一经造成，多年得利，因此历代沿用，经久不衰。

"罐罐馍"

——流誉西北的传统民间面食

来到甘肃平凉地区，不能不尝尝泾川罐罐馍，尝到了罐罐馍保准你一辈子也忘不了。

罐罐馍是泾川县蓝家山的特产，用当地优质面粉精心蒸制而成，其形状上大下小，直立在盘中，如一只倒扣的小罐，色白如雪，面味纯正，香甜可口，精细耐嚼。泾川罐罐馍的制作工艺复杂，要经过和面、发酵、揉制、醒面、二次揉制等20多道工序，从磨面至出笼须历时30多小时。相传康熙帝当年访宁夏路过泾川，曾吃过泾川民间贡奉的罐罐蒸馍，吃毕赞曰："天下扶麦之麦在泾川矣！"遂将罐罐馍定为贡品，使其身价倍增。

泾川是盛产小麦之地，所产小麦分红白两大类，红小麦面粉擀长面最佳，白小麦面粉蒸蒸馍最好。无论何时何地，罐罐馍不失其味醇香、长期存放不馊不霉不变味的特性，放干的蒸馍用开水浸泡，如棉蕾试展，白莲初绽，加上白糖，比豆腐还好吃。除了食用，长久存放的干馍，泡软后还可以敷治一般的烧伤或烫伤。无论是中原还是西北的过客商人，都把罐罐蒸馍视为旅途长备之食物，或探亲访友之佳品。

除了罐罐馍以外，锅盔也是甘肃许多地区常见的面食，极为普通，而静宁县的锅盔却名传省内外。它的外形大而厚，黄亮美观。饼面常饰有"一串龙"、"一朵云"、"一枝花"等图案，让人看着就喜欢。制作这种锅盔，要选用当地旱地出产的红皮冬小麦，嚼之味道微甜。最为独特的是，静宁锅盔不易破碎，也不易变质，适宜长途携带。

平凉砂子馍则是另一种深受人们喜爱的传统面制小吃。它的做法独特，是将上等白面粉制成的饼坯放在加油炒热的小鹅卵石上焙制而成。砂子馍色泽微黄，馍面虽然凸凹不平，味道却香酥松软，而且营养丰富，携带方便，经久耐贮，是居家、旅游咸宜的面食佳品。难怪清代的袁枚在大名鼎鼎的《随园食单》中也对它详加描述，称赞不已。而它的起源，竟然可以追溯到遥远的石器时代，被称为是古代烹饪技术在今天的遗存，号称"古代食品的活化石"。

对新疆维吾尔族人来说，馕是生活中不可缺少的食品，在新疆到处都可以闻到馕的独特香味。馕可以用不同原料制作，用小麦粉烤制的，维吾尔族人称之为"阿克馕"；用玉米面烤制的，被称为"扎克尔馕"。馕的大小也不一，最大的"艾曼克馕"直径可达50厘米，制作一个就要用面粉2千克左右，堪称馕中之王。"吐喀西馕"则个头很小，只有茶杯口大小，做工却非常精细。从厚度上看，则以"格尔德馕"最厚，厚达5—6厘米，别称"窝窝儿馕"；最薄的自然要属薄脆无比的"喀克恰馕"。此外，叫上名的馕还有油馕、甜馕、肉馕等等，口感味道也是各具千秋。

馕不但是新疆各民族十分爱吃的食品，在他们的一些民俗活动中也发挥着不可缺少的作用。例如在维吾尔族人的婚礼仪式上，主婚人会给新郎新娘递上一碗盐水和一小块馕，让他们蘸着盐水将馕吃下，以示海誓山盟，白头偕老。

兰州清汤牛肉面

甘肃兰州的清汤牛肉面，问世于清代光绪年间，经历代传人不断发展创新，才形成了现在的色、香、味、形俱佳的特色。然而要想识别真正正宗的兰州清汤牛肉面，必须从五个方面判别，即一清（汤清）、二白（萝卜白）、三红（辣椒油红）、四绿（香菜和蒜苗绿）和五黄（面条黄亮）。

烤羊肉串

烤羊肉串是新疆各族人民共同喜爱的食物。一般来说其常规制作程序是切肉、上串、入炉、加料，然后几经翻转，便可烤熟食用。烤羊肉串所需传统佐料有三样，即孜然、辣椒面、盐末。比这更加讲究的，应属新疆的喀什及和田地区的烤羊肉串。这里的羊肉串不是把肉串直接放在烤炉上烤，而是和烤全羊一样用蛋黄、孜然粉、胡椒粉、白面粉、姜黄、盐水等调成糊状抹在肉串上再烤。这样烤出来的肉串，脆、香、鲜、美、辣五味俱全，更具鲜嫩、浓香、艳美的特点，即使有时火候稍过肉也不易焦煳。

祝酒歌

——豪爽热情的蒙古族迎客礼

内蒙古阿拉善地区的蒙古族人在迎宾宴席上经常要用歌声来向客人劝酒、敬酒，迎接远道而来的贵客要把马奶酒放在哈达上双手捧给客人。鄂尔多斯地区的蒙古族人家家户户储备陈年酒，有客人来临时要唱着酒歌向客人连续敬酒三巡，祭拜成吉思汗的仪式上则要祭献特制的马奶酒。察哈尔地区蒙古族人在春节拜年时，要先用小杯向客人敬酒，再用大杯敬酒。

除喜爱饮酒之外，西北各民族在饮茶上也都乐此不疲，形成独特的饮茶习俗。他们有句俗语："宁可一日无食，不可一日无茶。"说明饮茶在其生活中的重要性。蒙古族人喜欢砖茶的历史至少已有数百年之久，特别爱喝用砖茶冲煮的奶茶。宾客来临，热情好客的主人会先斟上香喷喷的奶茶，表示对客人的真诚欢迎。如果主人不斟茶，则被视为最不礼貌的行为。

蒙古族牧民的喝茶方法也独树一帜，因而使茶有了一种特别的味道。他们先将适量炒米放入碗里，再加少许奶酪，然后倒入奶茶，慢品缓啜地喝下。待到喝第二碗茶时，再在已经浸泡过的炒米上放上一点酥油、白糖和一些干炒米拌匀，此时再来品尝，那滋味真是香、甜、酥、脆俱全，可口无比，草原牧民生活的甜蜜也在其中体现得淋漓尽致。奶茶同样也是新疆地区各少数民族日常生活中不可缺少的饮料，这是因为居住在牧区或高寒农区的人们肉食较多，蔬菜很少，需要以奶茶来助消化增营养，难怪他们会常饮不断。有些哈萨克牧民冬季时还要在奶茶里放些白胡椒面，使之略带些辣味，从而增强了其驱寒、抗寒的效力。

蒙 古 包

——逐草而居的游牧民居

与从事农耕民族居住于固定房屋的习俗不同，游牧民族常常会以易于搬迁的帐篷式住房为居。在内蒙草原上，蒙古包可以说是这种居住习俗的最典型代表。它那独特的风姿，可说是蒙古族浓郁的民族风俗文化的一个写照。

在《史记》《汉书》等中国古代典籍中，都可以找到这种建筑的"踪影"。《后汉书·乌桓传》中描写北方草原民族"随水草放牧，居无常处，以穹庐为舍。东开向日"。这里所说的穹庐，大概就是今天的蒙古包。《黑龙江外纪》这样记载道："以庐为室，最便撑析。穹庐，国语（即满语）曰蒙古博，俗读博为包。"

蒙古族节日列表		
春节	蒙古族春节称为"白节"，"白节"是一年之中最大的节日。节日的时间和汉族春节大致相符。	蒙古族的节日很多，有春节、端午节、中秋节、重阳节、中元节、那达慕、祭敖包节、祭成吉思汗陵等。
那达慕	"那达慕"是蒙古语的音译，是游戏娱乐的意思。"那达慕"大会一般在农历七、八月举行。	
祭敖包节	一般在农历四、五月择吉日举行。	
祭成吉思汗陵	蒙古族祭奠成吉思汗的习俗。	

历史悠久的蒙古包既实用又美观，特别适合于游牧生活和草原环境特点，因而至今仍为广大蒙古族同胞所钟爱。一座座乳白色的蒙古包，形成一道独有的美景，给内蒙大草原增添了无穷魅力。搬迁时，蒙古包可以随意拆卸；安装时，蒙古包又可以随时随地拔地而起；夏日炎炎，蒙古包可以遮荫纳凉；冬季来临，蒙古包又可挡风阻雪。所以说，蒙古包是蒙古族人充满温馨的活动家园。每当忙完牧场上的活计之后，人们在包内安逸地喝着奶酒，唱起欢乐的蒙古族民歌，歌唱自己的幸福生活，也赞美自己的家乡，心中实在是惬意无比。

蒙古包建筑的构造形式体现了蒙古民族传统的审美意识和富于奇思妙想的智

慧。奇特、明快的风格，使蒙古包外观典雅漂亮。简洁、省料的建筑工艺，又使蒙古包实现了建筑技术与艺术美的高度统一。那片片用细木杆编织的"哈那"网，可伸可缩，构思巧妙；那几十根"乌尼"杆和圆顶上开的天窗"套脑"，更增添了蒙古包"身段"的妩媚；洁白的羊毛毡子又给蒙古包穿上了洁美的外衣。圆形的包体，圆锥形的包顶，既大大降低了对风的阻力，又可防止雪片堆积；一件件拆装方便的"组件"，使这种建筑随时可以迁移到他地。难道还有比这更适合草原牧场使用的居室吗？

东蒙草原上流传着一首关于蒙古包的民歌，歌声表达了蒙古族人民对蒙古包的感情：

因为仿造蓝天的样子，才是圆圆的包顶；

因为仿造白云的颜色，才用羊毛毡制成；

这就是穹庐——我们蒙古族人的家庭。

因为模似苍天的形体，天窗才是太阳的象征；

因为模似天体的星座，吊灯才是月亮的圆形；

这就是穹庐——我们蒙古族人的家庭。

牛皮筏渡河

——黄河上游古老的渡河方式

宁夏、甘肃一带的黄河流域，水流湍急，旋涡甚多，有的地方甚至礁石林立，不能行船。为了解决渡河的问题，这里的人民自古便"缝革为囊"，制成各种渡运工具。

"不用轻帆并短棹，浑脱飞渡只须臾"，这是明代李开先所作《塞上曲》中的诗句。诗中的"浑脱"，就是指"革囊"这种古老的水上交通工具。在唐代以前，人们把这类工具称为"革囊"。但是，这种"革囊"是缝制的，有缝隙，充气后空气容易跑掉，不能持久耐用。到了宋代，人们对其制作方法进行改进，将羊、牛宰后去头，从颈口取出肉和内脏，使整个皮张保持完整。只要往这种牛、羊皮内充气再将吹气口用带子扎紧，充气一次就可以使用很长时间。这种皮筏的制作方法当时被称为"浑脱法"，从此"革囊"便改名为"浑脱"，以后人们又用"浑脱"指称皮筏。

皮筏可分为羊皮筏和牛皮筏两种。制作羊皮筏子需要很高的宰剥技巧，从羊颈部开口，慢慢将整张皮囫囵个儿褪下来，不能划破一点地方。将羊皮脱毛后，吹气使皮胎膨胀，再灌入少量清油、食盐和水，然后把皮胎的头尾和四肢扎紧，经过晾晒的皮胎颜色黄褐透明，看上去像个鼓鼓的圆筒。用麻绳将坚硬的水曲柳木条捆一个方形的木框子，再横向绑上数根木条，把一只只皮胎顺次扎在木条下面，皮筏子就制成了。其中羊皮筏在宁夏和甘肃境内黄河水域广泛使用，成为黄河上游的水上主要运输工具，也是当地的一大独特景观。

皮筏在西北地区之所以如此流行，自然是由于它具有许多其他交通工具所无法比拟的优点。它的重量轻，吃水浅，不怕搁浅，对航道要求也不高。皮筏上的皮囊韧软，不怕触礁碰岸，所以安全性能较强。此外，皮筏的制作工艺简单，操作灵活，没有码头照样能靠岸。最主要的，是它的制作成本低，不消耗能源。难怪自它问世之后，便一直是甘肃、宁夏等地的重要水上交通工具。

但皮筏也有不足之处，它只能顺流而下，不能逆流而上，因此有"下水人乘筏，上水筏乘人"之说。近几年，中国的旅游业迅速发展，宁夏中卫、中宁等地，专门开发了乘皮筏畅游黄河的项目，是一种颇具刺激性的民俗旅游活动。旅游者们登上皮筏子顺波逐流时，随着皮筏的上下起伏和河水在筏缝中的激荡，不时发出惊恐的喊叫。然而没过多久，喊声渐渐消失了。原来他们发觉皮筏既安全又平稳，绝无倾覆落水之虞，于是就放心大胆地稳坐筏上环顾黄河两岸的美景了。

骆　　驼

新疆、内蒙、宁夏等地还有许多地方是大片的荒漠戈壁。这些地方风沙弥漫，难觅水源和植物，恶劣的环境令人望而生畏，许多大型牲畜也无法适应。但是，若以骆驼为脚力，穿行在海浪般起伏的流动沙丘之间，便会使人忧虑大减。骆驼性格温和，具有一种吃苦耐劳的精神，是人类在沙漠中旅行的最可靠伙伴。骆驼四肢很长，蹄子扁平，形状像盘子，脚底有厚厚的肉垫，行走在沙漠中，不会陷进沙地里，十分平稳。骆驼不仅善于夜行，而且善于在沙漠中识别方向和道路。即使遇上狂风怒吼、黄沙滚滚遮天蔽日的天气，骆驼也毫不畏惧。骆驼在沙漠中不吃不喝走上半个月，照样能行走如常。它能够如此忍饥耐渴的秘密，在于其独特的身体构造。沙漠日夜温差较大，骆驼可以自行调节体温，既不会被冻伤，也不会中暑。正因骆驼具有如此多的优点，所以其被称为"沙漠之舟"是当之无愧的。

对歌考女婿

——新疆、内蒙古等地的订亲礼

中国许多少数民族在嫁女时，都要对女婿进行各种方式的考察。这体现了对嫁女儿的重视，同时也是一种生动风趣的活动，是本民族的一种风俗习惯。

新疆的达斡尔族人就有这样的习俗。如有男方托媒人向女方提亲的话，是绝不会一次就成功的，至少要去两次，以便给女方充足的考虑时间。而当小伙子跟随父母第二次去女方家提亲时，女方会派出一位长者，在门口迎接。他会提出一系列的问题来考察这个小伙子的人品、机智和教养，并综合评判他的相貌与言谈举止。只有在各方面都比较满意时，才允许男方进屋，商谈有关婚礼事宜。

在蒙古族婚俗中，在男方来迎亲时，则要以对歌的形式考验男方。新郎在祝颂人、伴郎、媒人等陪同下骑马到达新娘家迎亲时，新娘的家人会用一条丝绸彩带拦住他们。男方队伍中的祝颂人陈述来意后，对歌便开始了。女方家人唱："瞧你弓箭在身，像猎人；看你衣着华丽，又似佳宾。你要去的地方是何方？你要见的亲人是何人？"男方家人唱："某年某月某日，某人和你家姑娘订婚。你家长辈已当众慨允，我们选择今天这吉日良辰，前来迎娶新人。尊敬的二老，友善的乡亲，请给我们订好的妻子放行。"对男方的考验却比这还要困难。他们在对歌完毕后，还要进行神秘有趣的"求骨宴"。"求骨宴"中除新郎外，其他人均为新娘嫂嫂、妹妹等女性。席间新郎要向女方索取标志结婚和信誉的羊踝骨，而女方为考验男方的脾气和求婚的诚意，则会千方百计刁难新郎，新郎必须百般忍让直到她们满意为止。这时她们交出用布包好的羊踝骨，标志成亲。类似考验和斗智场面，在其他一些地方也可以见到。

嫁新郎

这是新疆塔塔尔族的风俗。在新郎"出嫁"的前几天，男方就要把各种结婚用的必需品和新娘服装及新郎的"嫁妆"等送到新娘家，然后在新娘家举行婚礼。结婚当天，新郎在伴郎等人的陪同下，在送亲队伍一路不停的琴声、歌声和欢笑声的"簇拥"下，来到新娘家。婚礼上，人们宰羊炖肉、唱歌跳舞，还要新郎、新娘二人在仪式上当众饮一杯糖水，祝愿他们婚后生活永远甜蜜。婚后，新郎即住在新娘家，时间可长可短，短的只一个月，长的则要一年，甚至要等到第一个孩子出世，才能把妻子"娶"回家。新郎在新娘家生活的时候，岳父、岳母对待他关怀备至，甚至胜过自己的儿子。

内蒙古达斡尔族人订婚后过彩礼时，女方家的守门人要与男方家的陪礼人进行指问答辩；鄂尔多斯蒙古族新郎到女方家迎娶新娘时，守门的伴娘要拦住新郎和伴郎用歌声提出一连串难题；巴林旗的蒙古族新郎接新娘时也会被拒之门外，先由双方的婚礼诗人赛诗助兴。这些场面既表现了双方的聪明智慧，考验了诚意，又把婚礼气氛烘托得格外喜庆热烈，令人难忘。

"火卜"命名

——柯尔克孜族的命名仪式

在中国的许多少数民族看来，孩子出生后的命名是一件非常重要的事情，必须要通过一定的仪式来确定，这样才会使孩子一生幸福。

新疆的柯尔克孜族人为孩子选定名字的过程更有意思，他们通过"火卜"的方式当众选定。在命名仪式上，人们边用火镰敲击火石，边呼唤预先挑选的名字，当喊到某个名字时正好打着火，就将此名确定为孩子的名字，接着还要举行命名宴。

柯尔克孜族婴儿的满月仪式也很有特色，一般在孩子出生的第40天举行，来宾也只限于亲友和本村的妇女。仪式开始时，孩子的祖母或近亲中的一位年老妇人把婴儿放入放有金镯或金戒指的温水木盆中，再让来宾轮流用木勺舀起温水浇在孩子的身上，总数必须浇够40勺。给孩子淋浴完毕后，还要点燃放在餐布上的40支生羊油蜡烛，然后来宾又拿出40个奶疙瘩，用新碗盛放在孩子面前。仪式中涉及这三个"40"，相加起来正好是120。人们相信，这些仪式的举行可以使孩子活到120岁。

维吾尔民间在婴儿出生后会为其举行一个非常有意义的仪式——命名礼。命名礼一般是在婴儿出生的三四天后举行。届时除了请一位阿訇主持之外，只有婴儿的父母及其近亲长辈参加。仪式开始时，主持阿訇跪坐在礼拜时用的羊毛毡上，双手接过用襁褓包裹着的婴儿抱在怀中，眼望着婴儿面孔庄重地宣诵："我对你的右耳呼的是礼拜的召唤，我对你的左耳说的是经文的诠释，这是上天赐给你的名字，你就叫×××吧！"在连呼三次婴儿名字后，阿訇便将婴儿轻轻放在地上并顺势往前一滚，婴儿因此会受惊哭喊，于时场面的气氛从肃穆转为喜悦。接着由在场的成人按辈分和年龄大小依次传抱婴儿进行祝福，直到传到婴儿的父亲手中，再送到在卧室中休息的婴儿母亲手里，命名仪式才宣告结束。

贺　寿

甘肃兰州的人家不但对于高龄老人要贺寿，对于未到老年的各年龄段的生日祝贺也很重视，同样举行"贺寿"活动，寿期根据中国传统的十二生肖依次定在13岁、25岁、37岁……但其中49岁之前的年龄段不称"寿"而叫"本年"，对这些年龄段的人贺寿则称"接本年"。男子一般从37岁开始由至亲晚辈为其接本年，姑娘订婚后尚未出嫁期间，由未婚夫为其接本年，出嫁后则由娘家人为其接本年。从61岁开始，才是真正意义上的老年人寿期。不论男女，每到寿期，亲友、邻居都来祝寿。年龄愈大者，祝寿的形式也愈加隆重。祝寿时，厅堂上要摆设香案、寿桃，燃起寿烛。主宾和陪客则按照辈分依次就座，晚辈们要轮番磕头拜寿，热闹非凡。

"姑娘追"

——开放爽直的哈萨克风情

新疆的哈萨克族人酷爱马上竞技运动，但是这种马上运动不是骑射，而是刁羊和姑娘追。刁羊是一种极富特色的马上角力比赛，若要取胜，既要凭全身力气，又要靠智谋，更要靠骑手和坐骑与本队队友之间的密切配合。双方在比赛中既要比马的速度，也比人的力气和机智，你争我赶的场面非常精彩，经常博得观众的阵阵喝彩。最后若是无人能赶上带羊奔跑的骑手，其所在队便是胜利队。

姑娘追在哈萨克语中叫做"克孜库瓦尔"，一般是在一位姑娘和一位年轻小伙子之间进行的竞赛。他们先骑马双双向指定目标前进，一路上小伙子可以与姑娘开各种各样的玩笑，或者向姑娘尽情表白自己的爱情，甚至可以吻她，而姑娘则不得恼怒或表示反对。到了起跑点后返回时，小伙子要赶紧策马急奔，跑在前头，姑娘则在后面紧紧追赶。如果追不上，小伙子就算赢了；如果姑娘追上了，就举起手中鞭子在小伙子头顶挥舞而落，小伙子就算输了。在姑娘扬鞭抽打进行"报复"时，或轻或重，或虚或实，随心所欲，随情所至，形成"姑娘追"风趣动人的场面，也暗示着姑娘对小伙子是否有意。在哈萨克草原上，还流传着许多有关"姑娘追"的古老传说，更为这种民间传统体育活动增添了诱人的色彩。

在新疆草原上，除哈萨克族的"姑娘追"游戏外，阿合奇和特克斯等地的柯尔克孜族民间还有一种叫"追姑娘"的游戏，它与哈萨克的"姑娘追"游戏规则相反，是女的骑马在前面跑，男的骑马在后面追。对于柯尔克孜牧民来说，这种游戏可以检验一下小伙子是否有本事，是否称得上是真正的男子汉。同时，这种游戏也是柯尔克孜青年男女表达爱慕之情或求婚的最佳机会和方式。

比赛开始时，小伙子可以向姑娘开玩笑、表示爱情，甚至可以求婚。在到达指定地点后，姑娘骑马先跑，小伙子则在后面紧追不舍。这时观看的人群不断起哄、吹口哨，为比赛者鼓劲加油。追上了姑娘的小伙子，有的当众拥抱一下姑娘，有的爱抚地触摸一下姑娘，也有的扯住姑娘的衣角表示自己是真正的男子汉。要是小伙子没能追上姑娘，事情可就不太妙了，他不仅会在众人面前丢脸，其所在村落还要给姑娘发奖品。一般情况下，自然还是小伙子胜得多，姑娘胜得少。因此，柯尔克孜族小伙子差不多都可称得上真正的男子汉吧。

蒙族摔跤

蒙古式摔跤在民间有着广泛的群众基础。这种比赛方式突出了以比力量为主的准则，两雄相争以倒地为负，不受时间限制，经过长期的普及和流传，这种摔跤比赛方式已经成为现代蒙古式摔跤的主流。蒙古族摔跤手的服装比较讲究，下身穿肥大的白裤子，外面再套一条绣有各种动物和花卉图案的套裤。上身为镶有圆帽银钉或铜钉的黑色短袖摔跤衣，蒙古语称为"召德格"，是用牛皮和骆驼毛线缝制而成，耐抓耐磨，有的后背还有圆形银镜或"吉祥"之类字样。跤手的腰间系有彩色绸子围裙，足蹬马靴或镶花的蒙古靴，颈套五彩绢帛项圈"津格"（又称吉祥结、护身结），既是装饰，又是他们等级身份的象征。

崇尚食盐

——奇特的维吾尔风俗

新疆的维吾尔族人不但笃信伊斯兰教，同时还把食盐视为圣物而大加推崇，这种习俗在外地人看来还是非常稀罕的。

维吾尔族人称食盐为"土孜"，把它看得很神圣。其中的原因，一是因食盐在人类饮食生活中必不可少，二是过去人们对食盐的化学原理不了解，他们不知道为什么用一点点盐就能使一大锅饭变得味道可口，因此，他们便认为盐有一种超自然的神力，与人的命运息息相关，于是在他们生活的许多习俗上都反映了这一观念。

维吾尔族节日列表		
肉孜节	也叫"开斋节",在封斋一个月以后开斋的那一天举行。	这些节日大都来源于伊斯兰教,是按回历计算的,每年都在移动,因此有时是在冬季,有时则是在夏天或其他季节。
古尔邦节	在肉孜节后的 70 天举行。	
巴拉提节	也叫"油葫芦节",多在"肉孜节"前 45 天举行,即伊斯兰教历 8 月 15 日之夜。	
冒德路节	又叫"圣纪节"。每年回历 3 月 12 日为纪念伊斯兰教创始人穆罕默德的诞生而举行。	
努吾若孜节	也叫"撒拉哈特曼节"。每年农历春分日这一天,即农历三月廿二日前后。	

维吾尔族人结婚时,新郎与新娘要各吃一块蘸有盐水的馕,其用意在于借助盐的神力传导作用,使新婚夫妇爱情天长地久,含有祝愿婚姻美满幸福、白头到老之意。此外,在维吾尔族民间,还普遍流行着以盐起誓的习俗。在发生民事纠纷或其他激烈的争执时,他们常常会借食盐来赌咒发誓,以此表示某种决心或者对某件事、某句话表示坚决否定。在受到欺辱的时候,他们又会借助食盐的"灵力"来发出诅咒。

维吾尔族民间对盐还有种种禁忌,就连洗碗刷锅的泔水也有忌讳,不能随意泼洒,特别忌讳泼在容易被人践踏的地方,因为在泔水里可能会有盐分含在其中。由于这种忌讳,人们就把泔水倒在较偏僻而固定的地方,这种地方在维族语里叫"亚拉克"。人们走到这里时不能跨越,而只能绕行。这一禁忌体现了维族人对食盐的敬畏,也包含他们对粮食的重视与崇拜。

对于馕等含有盐分的传统食物,维吾尔族人也存在种种禁忌。例如在开始吃饭时,人们要在洗净手后,以彬彬有礼的恭敬态度靠近摆食物的餐布单,跪坐着先作祈祷后才可进食。更有趣的是,盐有时还被维吾尔族人用作"逐客"的工具。当到家里来的客人不受欢迎,或者来得不是时候,主人碍于面子又不好当面下逐客令时,就会悄悄走进厨房,把盛盐的葫芦摇一摇,挪一挪。他们相信通过这样的行动,在食盐神力的作用下,客人会自动告辞离去。而希望以这样的方式,既能实现"逐客"的愿望,又不显得失礼,足见他们心地之善良。

维吾尔族人一般还认为,经常处在逆境的人或倒了邪霉的人,一定是亵渎了食盐的人,可见他们对食盐的敬畏之深。当你来到维吾尔族人家做客时,可千万要当心才好,切莫在食盐上"犯忌",引起不快。

蒙古族禁忌

蒙古族人的热情好客是自古如此的，但前去做客时千万不要因为蒙古族人的热情而无所顾忌，随随便便。因为蒙古族人不仅重视待客之道，对待客时的各种禁忌也从不忽视。在蒙古族地区，居处以西为尊。从入蒙古包后，来客要坐到西侧，把东侧留给主人，如家有老人则例外。客人进帐时脚不能踩门槛，因为那会被认为是踩了主人的咽喉，是对主人的不敬；也不能手提马鞭进门，而要把马鞭立于门外，这是因为蒙古族人认为只有奴才才会拿马鞭进屋。主人敬茶时会起身双手递过，客人则应用右手接过。敬酒时，主人将满满的酒杯托于哈达上敬给客人，而客人则应双手接过，然后用右手中指蘸酒向天、地和火炉方向点酒，再一饮而尽。如不会喝酒也可沾唇示意，决不要推推让让，或把酒洒在地上，那会被人认为是对主人的不敬。

扎耳礼

这是新疆柯尔克孜族女孩的成人仪式，一般在女孩5至7岁时进行。举行仪式时，前来祝贺的宾客只限于女宾。仪式开始时，到场的一位年龄最长的妇女为扎耳的女孩梳起40条小辫，并默诵经文，为女孩祈祷祝福。然后，民间专事扎耳眼的妇女便给女孩施行手术，女孩的母亲则送给女儿一对金质或银质耳环，来宾们自然也要赠送耳环、衣帽、小镜子、羽毛等礼物。行过此礼后的女孩年龄虽然还小，但也要被当做成人对待，不再与父母和兄弟同睡，并要严格遵循男女有别和妇女特有的传统规矩。

宁夏"花儿"

——独具风采的高腔山歌

宁夏地区的"花儿"是一种独具风采的高腔山歌，它以粗犷豪放、坦荡直露著称。因其旋律高亢、嘹亮、婉转、舒展，形式自由活泼，语言朴实，深受回、汉、东乡、撒拉、保安、裕固、土、藏等各族人民喜欢。可以说，"花儿"是中国民歌百花丛中一朵艳丽的花。

"花儿"亦称"少年"，因对歌时男方称女方为"花儿"，女方称男方为"少年"而得名，旧称"野曲子"、"山歌子"，至今已有 300 多年历史了。花儿的起源众说不一，但有一点是肯定的：花儿是在特定的历史条件下，由甘肃、宁夏、青海等地的少数民族与汉族共同创造的，其中回族对花儿的问世作出了特殊的贡献，所以人们一提起花儿，往往称其为"回族花儿"。

花儿在西北各省区均有流传，其中宁夏花儿不同于甘肃、青海等地的花儿。甘肃、青海惯以"令"来命名花儿的曲牌，比如有以地名命名的地区令，以族名命名的民族令，以花名命名的花令等。宁夏花儿则想唱什么是什么，且以"花儿"为所有歌调的统称。从艺术特色上分析，除一般花儿的规律特征外，宁夏花儿还有信天游和民谣成分，甚至还把伊斯兰咏经的音调加了进来，因而形成了一种特殊的风格，演唱起来别具风韵。

花儿的语言，采用了不少阿拉伯、波斯等地的外来语汇，同时大量使用地区色彩很浓的方言、土语据记载花儿形成之初并非使用汉语演唱，而且花儿这一汉语名词也是在明代大量向西北边疆移民，汉民族语言普及到甘肃、青海、宁夏一带以后才出现的。独有的语汇特点，使得花儿具有非常生动活泼的风格。例如"尕"字在西北方言中本是"小"的意思，回族花儿中经常出现的"尕妹子"、"尕花儿"、"尕畦里"、"尕牡丹"等等语汇，不论是唱还是读都令人觉得格外亲切。

宁夏花儿内容兼收并蓄，无不可唱，无论唱什么都可随口而出。其演唱形式分为独唱、对唱、齐唱三种，还有"整花"与"散花"之别，既可抒情，又可叙事，且长于景物描述。在所有宁夏花儿中，情歌尤多，曲调委婉曲折，令人荡气回肠。既是情歌，自然多是男女对唱。如果是集体对唱则更有意思，不但歌声风趣生动，动作也很特别，要把一只手放在耳后娓娓而唱。如今，盛大的现代花儿演唱会，让民间歌手们有了一展歌喉的大好时机。

而今花儿又取得了空前的发展，不再只是民间演唱的艺术。著名的花儿歌舞剧《曼苏尔》的唱词和对白，采用的便是回族人喜闻乐见的花儿形式，这使得花儿这朵具有悠久历史的艺术之花，在回族与其他各族人民的文化生活中越开越艳。

马头琴

马头琴，蒙语为"毛林胡尔"，是深为蒙古族人所喜爱的一种弦乐器，几乎家家都有。据史书记载，它起源于东胡的奚，因而又被称为"奚琴"。这种乐器问世于 1000 多年以前，堪称历史悠久。北宋欧阳修就曾写过"奚琴本出奚人乐"这样的诗句，由此可见它在古代就已远近闻名了。马头琴造型独特，琴声深沉悠扬。它的琴身为木制，长约 1 米，琴杆上端雕有马头。其琴弦和弓弦则都由马尾制成，马尾琴弦共有两束。马头琴的共鸣箱呈梯形，用桑木制成，马皮蒙面。演奏者多为自拉自唱，琴声圆润，低回婉转，唯音量较弱。由于这种乐器具有与众不同的表现力，所以经常被内蒙古牧民用来倾诉自己的心声。

维族歌舞

——天山南北的歌舞艺术

在美丽富饶的天山南北，浩瀚的戈壁沙漠，居住着能歌善舞的维吾尔族人。他们在历史的发展中，创造了绚丽多姿的舞蹈艺术，使这里很早就获得了歌舞之乡的称誉。伴随着丝绸之路上络绎不绝的驼铃声，维族歌舞也驰名中外。

据《史记》《汉书》《大唐西域记》记载，维族歌舞历史很悠久，深为古代中原人民喜爱，对中原乐舞的繁荣和发展起过积极的推动作用。历代诗人文士都纷纷写诗做文，描述维族歌舞的优美技艺，把"连击三声画鼓催"的出场，"左旋右旋不知疲"的旋转，"转身转毂宝带鸣"的踊跃，"扬眉弄目踏花毡"的表演，"弹指、撼头、弄目、掎脚，乍动乍息，或踊或跃"的动作，都写得惟妙惟肖。

时至今日，新疆地区少数民族仍旧继续传承了优良的舞蹈传统，维吾尔族人的歌舞是其中的佼佼者。他们的传统舞蹈种类很多，有大鼓舞、铁环舞、顶碗舞、普塔舞、手鼓舞、摘葡萄舞、"夏地亚纳"舞等等。跳舞对于任何一个维吾尔族人都不是难事，他们的舞姿优美，尤其擅长抖肩、动脖和旋转等极富特色的动作。

赛乃姆是丰富多彩的维吾尔族民间歌舞中风格独特的一种形式，按地域可分为库尔勒赛乃姆、喀什赛乃姆、哈密赛乃姆、库车赛乃姆、伊犁赛乃姆等，其中最有影响的当数伊犁赛乃姆。伊犁赛乃姆的舞蹈动作有碎步、磋步、双腿交插后撤步、踮地移步等舞步，每种都具有独特风格。手的动作在这种舞蹈中也占有重要作用，舞动时一般不超过头部高度，手腕、手掌和手臂的翻动动作有内外小腕花、小动肩等，整个身体也随手臂及舞姿的变化而微微自然摇动，突出体现了伊犁赛乃姆独特的艺术韵味。在表演者尽情即兴舞蹈时，围坐四周的人们的情绪也不断高涨，连声高喊着："凯那！"（加油啊！）"巴力卡勒拉！"（妙啊！）全场如同一片欢乐的海洋。

麦西热甫也是一种维吾尔族民间舞蹈的总称，其中又以多郎麦西热甫名声最响。其名称是特指流传于麦盖提县、巴楚县、阿瓦提县和莎车县等被统称"多郎"地区的民间的麦西热甫，地理位置大致在天山以南叶尔羌河流域。多郎麦西热甫的内容主要分为多郎木卡姆、多郎舞、"黛莱"游戏和诉罚等四种文艺形式，其中的"黛莱"游戏尤为其他地区歌舞娱乐中所少见。

在一段多郎麦西热甫结束后，"黛莱"游戏就开始了。主持人把腰带拧成"黛莱"（一种软鞭），然后把黛莱放在托盘里，随意让一人拿起做游戏开头人。拿到黛莱鞭的人便开始任意寻找"接鞭人"。他会走到一位被邀请人的跟前，向他发出挑战。这时候被邀请者立即起身抢夺黛莱鞭，拿鞭人却不会让对方轻易得到，于是就时而左晃右闪，时而以舞蹈姿势就地转圈。为了迷惑对方，有时他还会故意来个虚晃动作。被邀请者的动作在此期间要与拿鞭人同步，倘若反应迟钝或判断错误没有同时转动，或转错了方向，就会给拿鞭人鞭打的机会，引起观众的哄堂大笑。

冬不拉

"冬不拉"是哈萨克族中最流行的一种弹拨乐器，由音箱、琴杆、琴头等部分构成。传统冬不拉为整块红松木凿成，雕刻精细，多数为两根弦，亦有人使用三根弦。冬不拉流传至今，已出现多种样式。如有铲子形的"阿巴依式冬不拉"，也有马勺形的"江布里冬不拉"，而新式冬不拉，则是结合前两种式样之长制成。据说在哈萨克草原上，几乎每个牧民家里都有冬不拉。有客人来访时，主人就会献上冬不拉，请客人弹唱一曲。

糌粑、酥油茶
——富有藏族特色的食品

青藏高原的农区主要种植小麦，特别是种植青稞麦，所以，这里的居民日常以面食为主。生活在青藏高原南缘的门巴族和珞巴族人喜爱吃的面食有荞麦饼、面糕块、玉米面和鸡爪谷面团等，而分布更广的藏族人则喜食碱面条、麦片粥、肉馅饼和薄饼等。

比较起来，这里最具民族和地域特色的面食，还是藏族等民族普遍喜爱的糌粑。糌粑是一种用青稞麦制成的炒面，其制作方法与中国北方的炒面相似却又不尽相同。它是把青稞麦连皮炒熟后磨成细面但不过筛而成。除了纯青稞麦糌粑外，还有豌豆糌粑和青稞、豌豆混合糌粑。糌粑这种食品营养丰富，携带方便，长期储存不易变质，吃后长时间不饿。吃法也简单，只要有水，不管是茶水、泉水还是雪水，随时随地都可食用，特别适于游牧生活，所以成为藏族等民族日常

生活中的主食，广受欢迎。

糌粑的吃法，基本上是用酥油和茶水将其和成团状后食用。藏族人吃饭一般不用筷子和勺，多用手直接抓食，吃糌粑团也是如此。糌粑在藏族人的生活中占有极重要的地位，它不仅仅是食物，许多藏族仪礼风俗也都离不开它。藏族人结婚和节庆贺喜时，要献上装满糌粑和其他吉祥物的"切玛"或"竹素切玛"（五谷斗）；祭祀神灵时，要望空撒布糌粑；祝贺婴儿出生时，贺喜人要赠送糌粑并在婴儿额头撒上一点糌粑；人去世后天葬时，尸骨也要拌上糌粑喂饲鹫鹰，水葬时则在尸体入水处熏烧糌粑。这一切，都足以说明糌粑在藏族民俗文化中的地位。

在青海东部地区，人们的面食习俗又是另一种风情。这里的人们更喜欢用小麦面粉制作各种面食，与陕、甘等地的食俗相近，但也具有自己的地域特色。例如西宁地区香辣可口的面食"酿皮儿"和长长的"拉条子"，都是他地少见的。

"尕面片"是最受这一地区大众欢迎的面食吃法，其基本做法是将事先准备好的短条面拉长，再用手揪成小小的方块下入锅内煮熟。揪的时候要使面片薄而小，讲究形状、规格匀称一致，俗称"指甲面片"或"雀舌面片"，否则会受到他人讥笑。根据加入调料的不同，"尕面片"也有各种不同的名称，如带汤而食的有"菜瓜面片"、"鸡蛋面片"、"羊肉面片"，不带汤水的有"炒面片"、"烩面片"，其各自风味也各不相同。

"尕面片"还被赋予特有的民俗含义：来了远方客人，有的地方绝对不可请客人吃"尕面片"；为出门人送行，有的地方讲究揪"尕面片"吃，有的地方则要下面叶长长的"拉条子"吃；男方到女方家求婚时，如果女方端上"尕面片"，则表示拒绝，如果端上"拉条子"长面叶，则表示婚事可成。看来，"尕面片"不但味美可口，在当地的民俗活动中的作用也不简单呢。

藏　族

主要聚居于西藏以及青海等地，另外少量分布在甘肃、四川、云南等地的藏族自治州。藏族的先民很早就繁衍生息在雅鲁藏布江中游流域地区。公元 7 世纪松赞干布统辖了整个西藏地区，史称"吐蕃"。元朝把西藏地区置于中央王朝的统治之下，正式设官建制。清政府正式册封达赖喇嘛和班禅额尔德尼，设立西藏地方政府"噶厦"并任命驻藏大臣。藏语属汉藏语系藏缅语族藏语支。有卫藏、康、安多三种主要方言。藏文是公元 7 世纪时参照梵文字体创制的自左向右横写的拼音文字。藏族人普遍信仰藏传佛教。

手抓羊肉

手抓羊肉是青海牧民的特色食品。这里的牧民在将羊宰杀好之后，先将带骨羊肉剁成块并加上盐和花椒煮熟，捞在盘子里端上桌，主人就会宣布可以"开吃"了。只见食客们直接用手抓起香味四溢的羊肉块，蘸上蒜泥、辣椒和醋后，就放入口中大嚼特嚼起来。这种吃法看似原始，实际上也需要一些技巧，否则要想把不同形状骨头上的肉剔吃干净也不那么容易。所以，一些牧民在相女婿时，把手抓羊肉中剔吃难度最大的羊脖子递给小伙子，通过观察他吃羊脖子的本领来判断这个女婿是否合格。

青稞酒

——藏族殷勤待客的上佳饮品

　　青藏高原上的民族，特别是藏族，是一个嗜酒的民族，藏人特别喜爱豪饮，他们酿的酒种类非常多，既有驰名远近的高档白酒（如青海的互助头曲），又有民间土法酿制的低度白酒（如西藏的藏制烧酒——藏酒），而黄酒或米酒的种类更是丰富。

　　然而，要说青藏高原上最有特色的酒，还得数青稞酒。青稞酒，藏语叫做"羌"，是用西藏本地出产的一种主要粮食——青稞制成的。它是藏族人民最喜欢喝的酒，逢年过节、结婚、生孩子、迎送亲友，青稞酒都必不可少。另外，西藏的门巴族人、珞巴族人、夏尔巴人和青海的土族人，也都把青稞酒当做首选酒精饮料。

　　藏族人不但男女老少都爱喝青稞酒，更愿意以青稞酒招待客人。无论何时有客来访，他们都要先向客人敬上三杯青稞酒。酒量大的，尽可把酒喝满三口后再一气干掉。不会喝酒的，用无名指蘸酒向空中弹三下，主人也同样高兴，不再勉强。如果不弹酒也不喝酒，那可是通不过的。这时，主人就会端起酒杯，边跳舞边唱起敬酒歌，直到客人把酒喝下为止。劝酒歌的内容，大多是讲述青稞酒的来历、功效及主人热情招待和尊重客人的心情。此外，有时主人还会即兴现编一些敬酒歌词，使客人难却主人的盛情，痛快地把酒喝下，主客双方也就皆大欢喜。

　　除了饮酒，青藏高原上的各族居民更离不开茶。由于这里气候高寒缺氧，人们食用的肉食也较多，所以需要一种能够醒脑驱寒、增加热量、帮助消化的饮料，而可以担当起这一"使命"的，自然是非茶莫属了。在内地的汉族地区，茶是开门七件事中的最后一件，而在青藏高原上却是每天的头等大事，正如藏族俗语所说："饭可以一天不吃，茶却不能一天不喝。"

　　茶在青藏地区流传的历史也非常有趣。原先这里的居民并不知茶为何物，直到文成公主进藏，才把饮茶的习俗也带到了高原，而且迅速普及，一下子就成了男女老少的"爱物"。从宋代开始，靠近藏区的一些地区的"茶马互市"空前繁荣，内地与藏区之间以茶叶换马匹的贸易如火如荼。这些现象的出现，主要还是源于高原牧民对于茶叶神奇功效的认同。也正是因为同样的原因，茶在这片高原上的饮用范围，要比酒大得多，几乎没有哪个民族的人不喝茶。

酥油茶是青藏地区最为流行的饮料，它几乎与糌粑一样，是这里最具地域风格的饮食种类。无论是做酥油茶还是饮用酥油茶，藏族人可以说是最有代表性，这种茶已经成为他们生活中不可缺少的内容。

酥油茶的制作程序较为复杂，先要把砖茶或沱茶熬煮成浓浓的茶汁滤出，再以适量的茶汁加入一定量的开水和盐，然后倒入酥油茶筒（董莫）中，待放入酥油后，就用专用的活塞式木轴棍（佳洛）上下抽搅，直到酥油全部融化为止。随后再倒入锅内加热，这才成为可口的酥油茶。

喝酥油茶可是藏族人每天早晨必做的"功课"，过去为了方便饮用，他们总是在火钵上煨煮着一壶茶，而今有了暖水瓶就更便利了，将打好的酥油茶灌入其中就可以随时饮用了。家里来了客人，热情的主人总也忘不了用酥油茶招待，而且是随喝随添，使碗中的茶水总是满满的。客人则边喝边赞美主人的酥油茶打得好，临走时更要多喝几口，但却不能将碗中的茶全部喝干。因为这样做表明客人对主人的招待不满意。

虫草、人参果

冬虫夏草简称为虫草，是青藏高原上名贵而又奇异的中药材。它的虫体部分为黄褐色，横生着20—30个环节，腹部有八对足，长约5厘米。虫草是一种滋补药品，用它和鸡、鸭、羊肉等炖在一起，对病后体虚、阳亏体弱很有补益效果。虫草的最主要产区是中国青藏高原和云贵高原，其中以青海省玉树和果洛州境内海拔3500～5000米的高山草原上所产数量最多，质量最好，其特点是虫体色泽光亮，丰满肥大，菌座短小粗壮。

人参果又名鹅绒、委陵菜或厥麻，在藏语中叫做"戳玛"。这是一种既能食用，又能入药的高寒草原特产，在青海省和西藏等地都可以找到它的身影。人参果是多年生草本植物，开黄色小花，块根肥厚，表皮为棕褐色，肉质色白，味甘甜。人参果入药有收敛止血、补血益气、生津利痰之功效，对营养不良、贫血、腹泻等症都有很好的疗效。人参果对生长条件要求不高，适应性强，喜潮湿，耐严寒，野生，不需管理，在入冬以前采挖储存。当地人多用它来制作食品。

碉　楼

——独特的西藏民居

藏族人的石建房屋可以说是颇具代表性的居室建筑。这种房屋的最基本特征是石墙、木柱和平顶，它的外型下宽上窄，好像一座碉堡，因此也称之为碉楼。由于青藏地区石材丰富，藏族的先民在远古时代就已学会使用石头垒房。

藏族平顶房屋的建造方法虽然简单，但也可以组合出多种形式，并且各有不同的名称。如果只建一层，就叫做"陋室"，人住在室内，牲畜则圈养在庭院中的棚圈内。如果建成二层，就叫做"平房"，上层正房设经堂，其余房屋住人，下层则作为伙房、库房和圈养牲畜之用。如果房屋建成三层以上，则被称为"碉房"或"碉楼"，这是因为这种房屋石墙狭窗，远远望去很像碉堡。

碉楼的最上层一般为经堂，供奉佛像，中间一层或几层住人，最下层则堆放杂物和圈养牲畜。这种神、人、畜分层而居的格局，大概反映了藏族人的宗教观念。楼层之间设有陡峭而结实的木梯供人上下，屋顶还要插上经幡，屋旁一般还要设置转经筒。有些碉房的柱头和房梁则用藏族风格明显的绘画装饰，显得格外华美。

帐　房

藏族牧民最常见的帐房为黑色，这种帐篷外的遮盖物是用牦牛毛捻线编织而成，内用一根横梁、两根立柱支撑，一座或为长方或为椭圆的无窗帐房随即拔地而起。夏天，将四周的牦牛褐毡卷起，帐房就成了烈日当空中招来徐徐清风的凉棚。冬天，将褐毡用木橛或羊角在地面钉牢，再用草皮或冻牛粪在帐房四周砌起一圈矮垣，帐房正面则修起一道留有小木门的光滑土墙，帐房又成了密不透风的"暖房"。这种奇特"房屋"在各地牧场几乎随处可见。帐房的式样也是不一而足，有平顶式，也有尖顶式，有马脊式，还有圆顶式。而那种帐顶恰似骆驼双峰的豹皮帐房更是令人啧啧称奇。每当举行赛马会时，藏区草原上就会一下子涌现出成片的帐房，远远望去，既像一座帐篷城市，又像浩瀚的帐篷海洋。

一般藏民卧室内的陈设比较简单，一边是睡卧起坐用的卡垫，一边靠墙放上一排木柜，另一边堆放着粮食和其他各种日用品，柱子上挂着马具或农具。垫子旁摆有长方形矮桌，上面放着茶碗、食具和文具。桌前火钵上炖着一壶酥油茶，浓郁的茶香使屋内弥漫着质朴而温馨的气氛。除了睡觉和走动，藏族人在卧室内

一般习惯在垫子上盘腿而坐。

西藏门隅地区门巴族的房屋建筑也是高耸的碉房式石楼，但与藏族碉房不同的是，这里的石楼不是平顶，而是略微起成人字形房脊，上覆木板或石板并有房檐外伸，现在新修的房屋则大多是以白铁皮做屋顶。

聚居在西藏东南部珞瑜地区的珞巴族人建造的则是干栏式建筑，以竹木为原料，人字形草顶。一般为二层，个别的为三层，屋门一般面向山坡，并且整个房屋不留窗户，为的是防止"恶鬼"进入，但墙壁上仍留有若干洞孔作为射箭孔和传递消息之用。

供珞巴族个体小家庭居住的小栋房屋一般为方形，而供家族和家长制家庭居住的房屋则是长长的一字形长屋。这种长屋分隔为数间到数十间房屋不等，整个长屋长度可达几十米，同一家族的各个小家庭各占一间居室，自立火塘。供未婚青少年男女分别集体夜宿的公房也是长屋，但只是按照氏族或家族划分成若干居住区，每个居住区设立一个火塘。每天吃过晚饭，他们就陆续到这些公房中各自的居住区过夜。

成年梳辫礼

——藏族女孩的成人仪式

藏族对子孙后代的成长非常重视，他们有着本民族独特的成人礼，其中的藏族人为女儿举行的成人礼更是有着本民族的地域特色。

藏族人一般并无重男轻女的习俗，有时对女儿更加看重，所以他们往往要为女儿举行郑重的成人仪式。到了女孩子年满 17 岁时，便被认为进入成年期，父母要为其举行标志成人的"上头"仪式，所梳辫子则多达几十条。

这种"上头"仪式一般在藏历正月初二举行。父母在这天会为女儿准备好各种漂亮服装和装饰品，并请来一位善于梳妆的妇女为她精心梳头打扮一番。只见她头戴"巴珠"，围上彩色围裙"帮典"，愈发显得楚楚动人。亲朋好友此时也会纷纷前来祝贺，向她献上洁白的哈达。随后，姑娘还要前往寺庙拜佛祈祷，家人则设宴招待亲友，歌舞娱乐一天。从此，姑娘的言谈举止处处要像大人，并可以参加男女社交，寻找恋人，乃至谈婚论嫁。

在青海藏区，父母们对女儿的长大成人也十分重视，要为其举行隆重的姑娘成年礼，这种成年礼一般是在姑娘长到 15 岁以前举行，具体日期则要由喇嘛卜测确定。此前的一两天，父母要为女儿购置漂亮的服饰，并专门请来梳妆手艺高超的妇女为她梳起若干条细辫，并把童年式样的发辫辫套改为成年式样的辫套，再戴上漂亮的头饰"达合尼"。亲友们则轮流请姑娘到自己家做客送礼，表示祝贺。

举行仪式那天，姑娘的舅舅还会来对她进行训话，并请喇嘛主持姑娘的净水洗脸仪式。接着，姑娘要分别向神佛、祖先和父母行跪拜之礼。经过这些仪式后，就表示姑娘已经"成人"了。到场的妇女们则为姑娘唱歌庆贺，她们有领有合，尽情表达衷心的祝愿，把成年礼仪式推向高潮。在这种歌声与喜庆气氛中，又一位姑娘结束了童年，走向了可以支配自己生活的成人行列，在场的人们也再次经受了一回民族传统的熏染。

"上马酒"

——土族的待客风俗

好客是青藏高原每一个民族的共有性格，走进青海东部的土族之乡，你会有切身的体验。

土族人视客人到来为福气，无论客人是登门拜访还是前来投宿，他们都会礼待有加。一有客人来临，主人就会隆重出门相迎，并真挚地说道："客来了，福来了！"随后，他们会把客人请进屋中，坐在铺有大红羊毛毡的土炕上，先是以茶点招待，端上一杯加有青盐的浓浓茯茶，再送上西瓜般大小的"孔锅馍"，然后再以丰盛的酒宴进行招待，席间自然也少不了独具土族特色的焖蒸馍"塔呼日"、油面团"亥留"和荨麻饼"哈立亥"。

如果来的是贵客，主人还会在桌上摆上一个风味独特的酥油花炒面盒"西买日"，再用木盘端上肥嫩的手抓羊肉块，上插一把五寸长的切刀，酒壶上也会系上一撮白色羊毛，这可是土族人招待客人的最高礼仪了。

酒宴开始了，主人先要诚挚地向客人敬上满满的三杯酒，土族人谓之"吉祥如意三杯酒"。接着，主人会继续给客人敬酒布菜，一定要让客人酒足饭饱。客人要起身了，主人要在大门口恭敬相送，而他们的送客方式仍是敬酒三杯，这也有一个说法，叫做"上马三杯酒"。当然，如果客人不胜酒力或不善饮酒，主人也不会勉强，只要客人用中指蘸酒三次，对空弹洒三下，主人也会心满意足的。

土族节日列表	
春节	春节是土族最盛大的节日。
观经会	亦称"观经法会",土族语称"蓝迦"。每年农历正月初四日和六月初八、初九日在佑宁寺举行。
晒佛节	每年农历正月十五日举行。
正月十五	每年农历正月十五日过节。
擂台戏	亦称擂台会。每年农历二月初二日在县府所在地举行。
鸡蛋会	每年农历三月初三日或三月初八日、三月十八日,因地而异。
青苗会	每年农历三月至六月,由巫师择日举行。
花儿会	土族传统节日,节日时间因地而异。

从土族人的待客礼仪中,不但可以看到他们接人待物的火热情怀,也反映出这个民族与蒙古族的密切渊源和游牧生活的痕迹,更体现着他们的精神风貌。

献哈达

——注重礼节的藏族风情

藏族是一个格外注重礼节、礼貌的民族,在与人的相互交往之中,处处表现出对他人的敬重和深厚情谊,即使是对常客也要躬身微笑迎送,毫不马虎。

藏族人交往礼仪上的一个最大特点,是表达礼貌的方式,有语言,有歌声,有形体动作,还有实物。在语言上,他们有常语、敬语和最敬语,分别对不同的交往对象使用,称呼别人名字时都要在后面加上"拉"来表示尊敬。在向客人敬酒时,主人会唱起《敬酒歌》,用歌声来表达对客人的尊敬和热情。

在形体动作上,藏族人有磕头礼、鞠躬礼和合掌礼。磕头礼又分为磕长头、磕短头和磕响头,鞠躬礼则分为鞠深躬和点头礼,有时还将鞠躬礼和合掌礼同时并用,合掌时手要高过头顶,以示尊敬。藏族人还十分注重礼品馈赠,凡遇亲朋邻里家有喜庆事,都要送上实物礼品表示祝贺,而受礼者日后必要"礼尚往来",加倍回赠还礼,还礼数量多者可达十几倍,少者至少也得加一倍,足见这个民族的慷慨大方。

最能代表藏族人礼仪风貌的,还要属"献哈达"。献哈达是藏族人最为常用的礼节,所使用的哈达大多为白色,但有时也使用彩色哈达,其颜色有淡黄和蔚蓝，此外还有绿色和红色，加上白色，总共构成五色。

哈达的质地，一般是用生丝织就，稀松如网，讲究的也有用丝绸为材料制作哈达的。哈达的宽度多为 20 厘米左右，但长短规格不一，短的 1 米到 1.5 米，长的竟可达 3 米到 6 米。讲究的哈达上还织有莲花、宝瓶、伞盖、海螺等各种表示吉祥如意的隐花图案。

哈达的使用场合是非常广泛的，其中彩色哈达被认为是菩萨的服装，被看作最隆重的礼物，只有献给菩萨和迎亲制作彩箭时才使用。

许多藏族人在骑马出门时也要带上多条哈达，以备不时之需。如果是当面献哈达，要用双手平举，使哈达与头顶持平或高过头顶，身体则微向前倾，这才是礼貌的表达方式。庆贺亲友新房落成乔迁所献哈达，通常挂在新房的柱子上。

关于藏族人献哈达礼俗的起源，有多种说法。有的说古代汉族以帛为贽，象征着纯洁无瑕的友谊。据史书记载，远古时代"禹合诸侯于涂山，执玉帛者万国"。汉代张骞出使西域路过西藏时，就曾向当地部落首领献帛，后来这种帛就以哈达的形式在藏区流传下来。还有的说哈达的前身是古代西藏法王八思巴会见元世祖忽必烈时带回的一块汉帛，上面织有万里长城的图案和"吉祥如意"字样。无论何种说法，都可说明哈达来自中原内地，而且历史悠久。

珞巴族待客之道

珞巴族虽然地处闭塞，但对远方的来客却热情有礼地接待，丝毫不会怠慢，因为他们一向以留住客人、讨得客人欢心为荣。他们会倾其所有，拿出自己喜爱的肉干、奶渣、荞麦饼、辣椒和米酒等请客人品尝，亲朋邻里也会拿来酒肉送给客人。于是迎接客人的人群络绎不绝，场面格外喜庆热闹。如果贵宾来临，他们还会用轻易不肯拿出的美味——地鼠肉干来招待。为了自卫，珞巴族人过去有在饭菜和酒里下毒的习俗。所以他们在请客时会先喝一口酒，吃一口菜，示示无毒，从而表达待客的诚意。如果客人来到村里时赶上别人家有婚嫁喜事，也会被邀请一起前去祝贺，并与村里人一起饮酒对歌。如果遇上主人猎获野物或村里正在进行"野牛宴"或"青牛宴"等大型活动时，客人也会被请去与大家一起饱餐，并会与家庭成员一样分得一份猎物。即使是路过珞巴村庄的路人，村民也会像对待亲人一样挽留其驻足过夜。如果有客人在村里过夜，全村人又会携带米酒聚集在招待客人的主人家，歌舞劝酒，欢娱通宵。

"拉伊"、"花儿"

——富有地域特色的藏族民歌

音乐才能非凡的藏族人对歌唱普遍情有独钟，创造出了风格多样的民歌形式。而高亢悠扬、演唱技巧高超精湛的山歌，是藏族民歌的代表。这种民歌流传于西藏、青海、四川、甘肃和云南等藏区，具有多种名称。

在那曲和昌都等地，称这种山歌为日鲁、拉鲁、鲁或勒，在安多地区被称为拉伊、拉依或拉夜，在藏北草原还有旋律完全相同的"强盗歌"和"侠客歌"。这是一种放牧时在山间旷野自由演唱的歌曲，同时也是藏族民间的情歌。它的曲调悠长，音域宽广，多颤音，节奏随散曲式结构起伏，是高原牧区独有的歌唱形式。

在平时劳动间隙、节日中和婚礼上，藏族人常以此歌对唱。演唱起来歌声四起，旷野回荡，唱到兴头上还要以舞蹈助兴。在青海的贵德县，每年农历六月还都举行盛大的拉伊歌会。在婚礼上，青年男女经过老人同意并待老人退席后，会借着酒兴通宵达旦进行拉伊对歌，许多情侣便是在这个场合属意定情的。

青海地区的土族人和撒拉族人民间也有一种民歌，叫做"花儿"。青海流行的花儿主要是河洲花儿或河湟花儿，但是与西北其他地区的花儿相比，这里的花儿调令丰富而固定，歌词繁浩，格律严整，具有很强的艺术表现力和感染力。

在青海花儿流行的地区，几乎人人都能唱上几口花儿，为了一展歌喉，痛快对唱，青海的各个民族每年还进行多次花儿会。除了西宁的汉族老爷山花儿会外，青海各地的土族人每年要举行多次花儿会。土族花儿调令有"尕连手令"、"好花儿令"等十几种，结尾均拖长下滑，深沉悠长，令人回味无穷。

每年农历四月和六月，青海循化县都要举行撒拉族花儿会，附近的回、东乡、土、藏、汉等民族也都会赶来参加，使其盛况空前。撒拉花儿一般使用汉语演唱，歌词多为四句，有独唱、对唱和联唱等形式，但因受藏族民歌的影响，其音调普遍带有颤音，听起来悠扬婉转，别有一番韵味。

锅　庄

"锅庄"又称为"果卓"，是流行在西藏地区的一种圆圈舞，最早是围绕火塘而跳，所以被俗称为"锅庄"。这种舞跳时人数不限，不用伴奏和化装，无论在场院里、大门口、空场上还是火塘四周，围成人圈即可跳起来。只见上场舞蹈的人们男女分队围拢，牵手挎臂，边歌边舞，且舞且转，踏地为节，轮流唱和，给人以难以述说的质朴淳厚之感。就这样歌舞通宵达旦，舞蹈者热烈的情绪也丝毫不会减退。原来这是他们消除劳累、抒发感情、表达爱慕的最理想方式。锅庄的起源，是1000多年以前藏族早期的部落盟誓和祭祀仪式，至今已经形成了农区锅庄、牧区锅庄、林区锅庄和宗教锅庄四大类别，舞蹈动作则有雄鹰盘旋、凤凰展翅、双绕手、大磋步、舞袖花、三步一蹲、射箭步等。在藏族民间，这种舞蹈还有羊毛锅庄、吉庆锅庄、兔子锅庄、醉酒锅庄和哑巴锅庄等多种形式。

赛牦牛

——青海玉树的民间竞技活动

在青藏高原，各种家畜不但在人们的生活和生产中占据着重要位置，而且在许多节庆和民间竞赛活动中都离不开它们。如在各种节日期间举办的竞赛活动，毛驴、马甚至牦牛都是竞赛的主角，这些竞赛也是别开生面的。

毛驴是一些藏族人常用的畜力，除了日喀则等地的藏族人在逛林卡时开展毛驴赛跑之外，西藏山南泽当县一带的藏族人每年藏历十一月还要择日举行"娱驴节"，让毛驴们悠闲"过节"，摆出精饲料和茶叶水等让毛驴们尽情吃喝。

每年藏历七月，地处藏北的那曲镇都要在当地草原上举行盛大的赛马会。到时候，无论是骑手还是赛马都打扮得浑身色彩鲜亮，精神抖擞。赛场上的骏马风驰电掣，场下的观众掌声雷鸣，喊声入云，盛况空前，获胜的骑手会像英雄一样得到人们献上的哈达和青稞酒。

青海西宁附近大通、互助和乐都等县的土族人每年农历二月初二也举行盛大的赛马会，比赛内容除了比速度的跑马赛之外，还有一种奇特的"走马"比赛。这种比赛既要比速度，又要比马的走姿。参赛的马在比赛中只能碎步小跑，以优美稳健的步态争取领先到达目的地，但绝不可纵蹄而奔，否则便会被取消比赛资格。要使马具备这样的比赛技能，没有一两年的专门训练是难以成功的。所以每次比赛后，人们都要给获胜的骏马和它的主人披红挂彩，敬酒祝贺。获奖的马也立时身价百倍，成为许多人追求的宠物。

青海玉树地区的藏族人在春节期间也有赛马的习俗，但他们更喜爱的却是"赛牦牛"。比赛的日子到了，主人会给心爱的牦牛精心"梳妆"，在牛角上裹上绫绸，尾巴上系上彩色布条，背上铺上鲜艳的毛毯。骑手们则身穿氆氇衫，头戴狐皮帽，足蹬高筒皮靴，腰配藏刀。来到赛场后，骑手们持鞭跨牛，等待比赛号令。比赛开始了，那些貌似笨拙的牦牛纷纷疾驰如飞，奋力前冲。骑手们仍嫌不快，不断地"快牛加鞭"，直到终点。但也有一些牦牛没有见过这样的阵势，不听主人的命令，不肯前进半步，只是使起倔强的牛性子左窜右跳，逗得众人哈哈大笑。当此之时，跑在最前面的牦牛已经冲过终点。于是冠军骑手的亲朋好友兴高采烈地一拥而上，向他敬上美酒、哈达，然后自豪地簇拥着骑手和牦牛绕场致意，真是出尽风头。见此场景，头次来到高原草场的人，也恨不得骑上牛背驰骋一番了。

射箭比赛

西藏的各少数民族无一例外都喜爱射箭比赛。珞巴族人的射箭比赛一般随意选定树干、树叶、竹竿或在木板上画圈为靶，轮流射击，命中多者为胜。门巴族人的射箭比赛经常采取集体或个人对抗赛的形式，设立两个用芭蕉树干制作的箭靶供双方同时射击，以中箭多少及准确率决定胜负，输方要向赢方敬酒献歌。藏族人的射箭比赛更是特别，比的是响箭，藏语称为"碧秀"，其箭头镂刻有箭哨，在空中飞行时会发出呼啸之声。响箭的箭靶用染色的牦牛毛编织而成，直径约30厘米，分为三环，中心为红色，外圈为黑色，最外层为黄色或白色。射中哪一环，哪一圈靶环便会落地或掀起。比赛时以射中红色靶心落地得分最高，红、黑靶同时落地次之。

仙女大姐

——特色独具的藏戏艺术

在中国的各个民族和地方戏剧中，藏戏有着独特的风格。以戴面具来作为演员的面部化装，是藏戏的一大特色，有着强烈的地域色彩和艺术魅力。

藏戏起源于公元15世纪。据说当时有一个名叫汤冬杰波（也作唐东杰布或汤东杰布）的藏传佛教噶举派僧人，为了造福众生，方便人们出行，立志在西藏的各条河流上修造起桥梁。他想尽办法筹集资金，但三年过去了却没有什么成果。后来，他便在虔诚的佛教信徒中招募了七位容貌俊俏、聪明伶俐、能歌善舞的姑娘，指导她们排练由他自编的具有简单情节的佛教故事歌舞剧到各地演出，以劝导人们捐献钱财作为建桥经费。一般认为，这就是藏戏的雏形，汤冬杰波因此也被奉为藏戏的祖师，而藏戏也被藏族人称为"阿佳拉姆"（意为"仙女大姐"）。

经过不断发展完善，藏戏在17世纪以后已经形成了自己的一套系统完整的艺术形式，成为中国戏曲中的一个特有剧种，并在藏区广为流传，深受藏族同胞的喜爱。藏族民间的藏戏剧团随处可见，除了专演藏戏的雪顿节外，无论其他什么节日或喜庆场合，也不论是在大台小场还是空地广场，都可以就地演出，形式比较灵活。

　　藏戏的伴奏乐器非常简单，只有一鼓一钹，化装也比较简单。为了适应在广场演出较多的需要，藏戏的唱腔大多比较高亢嘹亮，拖腔也很多，风格粗犷有力。通过长、短、悲等不同唱腔的变化，可以细致刻画出剧中人物的形象与情感。此外，武功、舞蹈和各种技艺在藏戏演出中也广泛使用。

　　在几百年的流传过程中，藏戏先后出现了许多传统剧目，至今久演不衰的是著名的八大藏戏。各个剧目的演出时间不等，短的只要几小时，长的可连演几天，但每出戏一般都可分为序幕、正戏和告别祝福仪式三大部分。

　　由于不同地区环境条件的差别，藏戏还逐步形成了多种流派，主要的有属于旧派的白面具派和属于新派的蓝面具派，还有独角戏，目前以蓝面具派影响最大。以戴面具来作为演员的面部化装，是藏戏的一大特色，但作为藏戏流派之一的青海南部的安多藏戏的一些剧团却大多改为直接用油彩在脸上化装，并将唱、白、舞更紧密地结合在一起，增强了戏剧效果。

藏族曲艺

　　藏族的曲艺除了传统的仲鲁、折嘎、评话喇嘛和六弦琴弹唱外，还有近几十年根据内地曲艺形式引进创作的藏语相声。仲鲁又称仲谐，意为故事说唱，内容多为叙述佛经及史诗故事，其表演者被称为"仲堪"；说唱方法既有韵文说白，又有诗歌咏唱，表演形式则有单人演唱、领说齐唱和流动说唱，演唱的曲目则以《格萨尔王》最为著名。折嘎也称为"折巴"、"百巴"等，是一种节奏明快，说、唱、舞结合的表演艺术，多在过年、婚礼、祝寿、乔迁等喜庆场合表演。评话喇嘛在藏语中叫做"喇嘛玛尼"，是一种用唐卡挂图解说佛本生故事和民间人物故事的说唱艺术，演唱者多为喇嘛或尼姑，表演起来韵味十足。六弦琴弹唱是一种载歌载舞、边弹边唱的民间说唱艺术，在各个藏族地区，特别是后藏和林芝地区流传非常普遍。藏语相声是1959年以后藏族艺人根据内地的汉语相声移植创造的曲艺形式，颇受藏族观众欢迎，并多次在国内获奖。

门　巴　戏
——藏南地区的酬神歌舞

　　门巴族虽然是西藏地区的一个小民族，但也有自己的戏剧，这就是门巴戏。门巴戏主要流行于门巴族地区。这种戏剧全面反映着门巴族的文化特征和审美追求，既有门巴族的民族风格，又有藏戏影响的明显痕迹。

门巴戏的传统作品有的是与藏戏共有的剧目，如《诺桑王子》，有的是门巴戏独有的剧目，如《阿拉卡教》。其中有的剧目尚未经过整理定型，保留了戏剧的早期形态，堪称中国戏剧史上的活化石。

门巴戏的起源主要是酬神歌舞，其直接源头据认为是宗教祭祀活动中的巴羌表演，把它加以情节化，就形成了独具一格的门巴歌舞戏剧。门巴戏的伴奏一般只由一人击鼓敲钹，人物道白较少，歌、舞分离，唱时不跳，跳时不唱。

同藏戏相比，门巴戏还有许多鲜明的民族特点。在开场仪式上，藏戏要祈神拜佛，祭敬藏戏祖师汤冬杰波，而门巴戏则由戏师高举苯教护法旗绕场一周，带有浓厚的苯教祈神仪式的色彩。这反映了藏、门巴两个民族在宗教等方面的文化差异，并表明门巴戏更具有原始风貌。此外，门巴戏在演员构成和人数、唱腔、舞蹈语汇、服饰等方面都有所不同，即使与藏戏相同的剧目，其内容和情节也有差异。

门巴戏一般只由 6 名演员扮演剧中主要人物，同时轮流扮演其他配角，唱腔充满婉转悠扬的民歌韵味，常见基本舞蹈动作有 18 种之多，剧中人物穿戴也完全依照门巴族人平时的衣饰习俗，带有鲜明的世俗性。

门巴戏虽然受到藏戏影响，但并未照搬藏戏的模式，而是根据本民族的审美需要和审美心理进行消化吸收，使之成为门巴族民俗文化的重要组成部分。质朴的风貌，浓郁的民族特色，使这一民族戏剧风格突出，耐人观赏。更为可贵的是，门巴戏可以随处演出，演员与观众处于同一平面空间，没有前台和后台、台上和台下的区别。于是演员与观众融为一体，形成平等、和谐的关系。能在这样的气氛中去观看戏剧演出，感受自然是不一般的。

青海平弦

青海西宁地区民间也有多种地方曲艺形式，比较重要的主要有"平弦"、"月弦"、"贤孝"和"打搅儿"等。平弦的词曲典雅，其中"赋予"是最常用和最主要的曲牌，所以又被称为"赋腔"或"青海赋腔"。平弦曲牌的来源不一，最早可以追溯到元代小曲，整个旋律有"十八杂腔、二十四调"之称，委婉柔缓，缠绵悱恻，观众基础非常广泛，因而在西宁曲艺中影响最大。1959 年，西宁的戏曲工作者又以平弦唱腔为基础，创造出了一种新颖的地方戏"平弦戏"，使这种民间坐唱表演登上了戏剧表演舞台。

热贡唐卡

——藏传佛教的绘画艺术

在青海同仁县的吴屯、年都平等几个村庄，聚集着一批民间能工巧匠，他们以绘画为业，世代相传，藏语中将他们称为"热贡索拉"（民间艺人）。这些民间艺人的画作构图完美，工笔重彩，尤其善于使用金粉、朱砂、石膏等为颜料。经历了数百年的发展，他们的绘画艺术已经形成了一个特色独具的流派，因此被称为"五屯（吴屯）艺术"。因为藏语中将这一带叫做"热贡"，因而又被称之为"热贡艺术"。

热贡艺术大约兴起于14世纪初，随着藏传佛教在青海地区的普及，这些村子的居民开始以创作佛教艺术品为生，主要作品形式有壁画、卷轴画（即"唐卡"）和版画。其中影响最大的是唐卡。"唐卡"系藏语，意为用彩缎织物装裱成的卷轴画。唐卡一般在布面和纸面上绘制，而更高级的有珍珠唐卡、彩绘、刺绣、织绵、缂丝、提花、贴花和宝石缀制等约十余种。彩绘的唐卡颜料以金粉、银粉、朱砂、雄黄等矿物颜料为主，也有用植物颜料相配的。

唐卡画的形状，一般为竖长方形。中央画面称为"美龙"，是唐卡画的核心部分。画面四周多用黄红两色彩缎镶嵌，名为彩虹。下方正中镶一块方形的不同颜色的彩缎。画上有天杆，下方有轴。画的下方彩缎略呈梯形，彩缎边沿嵌上红线或白线，轴的两端饰有纯银、象牙、玉石或铜制轴头，轴上雕有龙纹等图案，做工考究。整个画面覆盖着可以揭起的彩色绫子以保护画面，面上还压有两条等长的飘带。画面平常用绫子盖着，在展示时把绫子收在画的上方，有很好的装饰效果。

唐卡的题材包罗万象，有宗教画、传记画、历史画、反映生活习俗的风俗画，也有反映天文历算和藏医藏药、人体解剖图的科学画等等。它们具有通俗性、趣味性、知识性、宗教性、工艺性等特点，故被人们誉为藏族的"百科全书"。

唐卡中最常见的是宗教画——佛像，一般中心位置是主要人物，从画面上角开始，围绕着中心人物，按顺时针方向，与中心人物有关的人物、活动场所或故事布满一周。每轴唐卡画一般描绘一个较完整的故事。画面的景物随故事情节的需要而变化，不受历史、时间、空间的限制。画面人物不受远近透视关系的影响，安排得生动活泼，把整个画面统一在大的基调上，使构图很完整。有的唐卡面积可达几十甚至上百平方米，构图很完整，十分壮观。由于这些工匠们的画风质朴，色调协调，造型生动，内容多以佛像和经变故事为主，所以深受各个藏传佛教寺庙的欢迎，纷纷被请去为佛堂等处作画装饰。

几个世纪以来，在青藏高原、蒙古高原、尼泊尔和印度等地，到处都留下了精美的唐卡艺术作品。如今，如果走进青海的塔尔寺、西藏的布达拉宫、甘肃的拉卜楞寺和北京的雍和宫，欣赏着精美的唐卡，热贡艺人那特有的浓重艺术风格就会扑面而来。

湟中农民画

走入青海河湟地区的湟中县乡村，随处都可以找到当地的农民画家，当人们把他们那泥土气息扑面而来的画作展示出来时，无人不为其精湛的画艺发出由衷赞叹。这些农民画家是在民间艺术与佛教艺术共同熏陶下成长起来的，他们的特点是内地画家所不可模仿的。据不完全统计，这里的农民画家的人数多达近百人，他们忙时拿起农具干活，闲来握笔作画，至今已经创作出数量可观的绘画艺术作品。他们的作品淳朴自然，清新醉人，用色大胆，个性强烈，但又和谐悦目，具有独特的装饰性。五庄乡的藏族农民女画家华生兰的《鸡花圈》等作品还被中国美术馆收藏。

春节溯源

"新年"与"元旦"

在现今人们的印象里，我们所说的"元旦"便是指公历的 1 月 1 日，这一天也被称为新年。但是，在我国长期的传统节日习俗中，"元旦"并不是这一天，而是农历的正月初一（即现今的春节）。

元旦在我国汉语中是一个合成词，"元"是"初"、"始"之意，"旦"是一个象形字，表示太阳从地平线上升起。元旦合称意为"初始的日子"，也就是一年的第一天。我国殷商时代的青铜器上就有"旦"的象形字了。南朝梁萧子云《介雅》诗中有"四气新元旦，万寿初今朝"的诗句；《晋书》中有"颛帝以孟夏正月为元，其实正朔元旦之春"的记载。这是"元旦"一词见诸史籍的较早记录。南宋吴自牧《梦粱录》卷一《正月》条目："正月朔日，谓之元旦，俗呼为新年。一岁节序，此为之首。"

据文献资料记载，中国人过新年已有 4000 多年的历史，它是在虞舜时兴起的。舜成为部落联盟首领后，带领部下人员祭拜天地。从此，人们就把这一天当做岁首，算是正月初一，据说这就是农历新年的由来。但正月初一是从哪一天算起，在汉武帝以前也是不太统一的。夏朝的夏历以元月为正月，商朝的殷历以夏历的十二月为正月，周朝的周历以夏历的十一月为正月。秦始皇统一中国后，又以夏历的十月为端月（因避秦始皇"政"的名讳，故称正月为端月），即十月初一为一年之开始。这就是史书中通常所说的"夏朝建寅，商朝建丑，周朝建子，秦朝建亥"。从汉武帝"太初改历"起，才规定以夏历的正月初一作为一年的开始，这一习惯一直沿用到清朝末年。这就是夏历（农历或阴历）的新年，但不是我们今天意义上的新年（元旦）。

1911 年，孙中山领导的辛亥革命推翻了清朝的统治，1912 年 1 月 1 日建立了中华民国，决定采用公历，并规定公历 1 月 1 日为"新年"，但当时还不叫"元旦"。1949 年 9 月 27 日，中国人民政治协商会议第一次全体会议通过决议，决定采用世界通用的公元纪年法，并将公历（即我们所说的阳历）1 月 1 日正式定为"元旦"。为了区别农历和阳历（公历）两个新年，又鉴于农历二十四节气中的"立春"恰在农历新年的前后，便把农历正月初一改称为"春节"。

"过年"与"春节"

农历年的岁首（正月初一）称春节，俗称"过年"，它是我国传统民俗中最盛大、最热闹、最隆重的节日。按照我国农历，正月初一是岁之元、时之元、月之元，所以称为"三元"；又因为这一年还是岁之朝、月之朝、日之朝，所以又称"三朝"。

在传统民间习俗中，差不多从农历十二月二十三日"送神"那天开始，一直到正月十五元宵节为止，都是春节的范围。岁前家家户户都要打扫卫生，掸灰尘，以期驱邪除秽，干干净净迎新年。除夕之夜，阖家欢聚，一起吃年夜饭，一起守岁，叙旧话新，其乐融融，习惯上称"团年"。岁后迎新纳福，张灯结彩，亲朋好友拜年的活动热闹非凡。节后半月又是元宵节，其时花灯满城，游人满街，盛况空前。各地有舞狮子、耍龙灯、演社火、逛花市、赏灯会等习俗。传统的娱乐活动从除夕一直持续到正月十五元宵节。元宵节过后，春节才算结束。

春节的风俗

燃放烟花爆竹

在古代爆竹最早是一种驱瘟逐邪的音响工具。据汉代东方朔所著古代志怪小说《神异经·西荒经》记载，古时西方深山中有一种怪物，名叫山臊，"身长尺

余"，"性不畏人"，时常偷偷侵害人，"犯之令人寒热"，使人得寒热病。但是它怕火、怕响声，于是人们就把竹筒放到火堆里烧，让燃烧时竹节发出的噼里啪啦的爆裂声，把山臊吓跑。由此可以看出，爆竹最早可以说是起源于早期先民们的避邪驱鬼，具有浓厚的原始宗教色彩，后来慢慢发展为具有喜庆色彩的庆祝工具。

据史书记载，古时爆竹，皆以真竹着火爆之。《诗经·小雅·庭燎》篇中有"庭燎之光"的记载。所谓"庭燎"，就是竹竿之类燃烧后，竹竿爆裂，发出噼噼啪啪的声响，唐人诗中称"爆竿"。陈久金、卢莲蓉在其《中国节庆及其起源》一书中谈到，爆是动词，爆竹即是在燃烧竹子时，使其破裂而发出噼啪之声。火药出现后，人们将硝石、硫黄和木炭等填充在竹筒内燃烧，产生了"爆仗"。到了宋代，民间开始用纸筒和麻茎裹火药编成串做成"编炮"（即鞭炮）。后人卷纸为之，曰"爆竹"。

南北朝时，人们在过年时燃放爆竹就已形成了习俗。对此，南朝梁宗懔在《荆楚岁时记》中说得很清楚："正月一日，是三元之日也。《史记》谓之端月。鸡鸣而起，先于庭前爆竹、燃草，以辟山臊恶鬼。"这也就是后来人们在春节凌晨燃放炮仗的由来。清朝顾禄的《清嘉录》中则直接称之为"开门爆竹"："岁朝，开门放爆仗三声，云辟疫疠，谓之'开门爆竹'。"因此，在新的一年到来之际，家家户户开门的第一件事就是燃放爆竹，以噼噼啪啪的爆竹声除旧迎新。

烟花又称"烟火"或"礼花"。由爆竹演变发展而成。烟花没有爆竹清脆的声响，但却有变幻无穷、色彩纷呈的图案。相传烟花始于隋唐，盛于宋。北宋时烟花制作已很精致，南宋时节日盛行放烟花，宋朝周密《武林旧事》记载："宫漏既深，始宣放烟花百余架。于是乐声四起，烛影纵横，而驾始还矣。"清朝高士奇《灯市竹枝词》中写道："火树银花百丈高，过街鹰架搭沙篙。月明帘后灯笼锦，字字光辉写凤毛。"绚丽多彩的烟花与声声爆竹相辉映，将节日的夜空装点得热闹非凡。

如今，燃放爆竹已成为具有民族特色的娱乐活动。人们除了辞旧迎新在春节燃放爆竹外，每逢重大节日及喜事庆典，诸如元宵节、端午节、中秋节及婚嫁、建房、开业等，也要燃放爆竹以示庆贺。

贴"福"字与倒贴"福"字

春节贴"福"字，是我国民间由来已久的风俗。每逢新春佳节，家家户户都要在屋门上、墙壁上、门楣上贴上大大小小的"福"字。"福"字寓意着"幸福"，还有"福气"、"福运"等含义。春节贴"福"字，无论是现在还是过去，都寄托了人们对幸福生活的向往，对美好未来的祝愿。有趣的是，贴"福"字的风俗，在民间传说中还与明太祖朱元璋的皇后——马皇后的大脚有关。

有一年的过年期间，朱元璋到京城街头民间微服私访。他来到城南一处集市上，见不少人正围观议论一幅年画，年画上画着一个赤脚女子（未缠足），怀里抱着一个大西瓜。这本来应是一幅反映农民丰收年景后喜悦心情的普通年画，但朱元璋看后心中大为不快，他认为年画背后的寓意是"淮（怀抱）西（西瓜）妇人好大脚"，是耻笑淮西妇女脚大，进而是在嘲笑马皇后的"大脚"，因为马皇后是淮西人。于是他不露声色，暗记在心。回宫后，便差人前去查询年画为何人所作，哪些人在围观，并记下住址姓名。对没去参与和嬉笑的民众，就在他们的门上贴一个"福"字。然后命令军士就到没贴"福"字的人家去抓人。

善良的马皇后听说这件事，为避免百姓无端遭受杀身之祸，令全城大小人家必须在天明之前在自家门上贴上一个"福"字。于是家家门上都贴了"福"字，其中有户人家不识字，竟把"福"字贴倒了。第二天，朱元璋派人上街查看，发现家家都贴了"福"字，还有一家把"福"字贴倒了。皇帝大怒，立即下令要把那家满门抄斩。马皇后急中生智，对皇帝说："那家人知道您今日来访，故意把福字贴倒了，这不是'福到'的意思吗？"皇帝一听也有道理，便下令放人，避免了一场大祸。

从此以后，每逢农历除夕，老百姓便在自家门上贴上一个"福"字，以示"安分守己"，以保平安。这种从"避祸"到"祝福"的善良愿望一直流传至今，有时人们为了更充分地体现美好的向往和祝愿，干脆将"福"字倒过来贴，一求吉利，表示"幸福已到"或"福气已到"；二为纪念马皇后。

民间还将"福"字精描细刻，做成各种精美的图案，如白眉老寿星、大寿桃、鲤鱼跳龙门、五谷丰登、龙凤呈祥等。一个简单的"福"字，蕴涵着丰富的民族文化内涵。

压岁钱——驱邪求福的祝愿

春节拜年时，长辈要将事先准备好的压岁钱分给晚辈。压岁钱可在晚辈拜年后当众赏给他们，或者在除夕之夜孩子睡着时，由家长用红纸包起来偷偷地放在孩子的枕头底下，故谓"压岁"。旧时的风俗，压岁钱规定为100枚铜钱，用红绳串好，取"百年长寿"的意思。后来改为给银元或钞票，数目也就不再讲究了。因为"岁"与"祟"谐音，所以民间认为压岁钱可以压住邪祟，保佑孩子们来年平平安安，顺利成长。其实在孩子们的眼中，压岁钱的意义远不止于此。清朝吴曼云《压岁钱》诗中云："百十钱穿彩线长，分来再枕自收藏。商量爆竹谈箫价，添得娇儿一夜忙。"由此看来，压岁钱不仅具有"压邪镇祟"的作用，更牵系着一颗颗童心，串联着丰富多彩的童趣。

春节贴春联：年节喜庆的文字符号

新春时节，家家户户贴在大门两侧的对联叫春联。春联是春节时最主要的民俗之一，也是中国传统文化中的瑰宝。它以其严谨的格律、雅致的韵味、深邃的寓意、喜庆的情趣、优美的形式等独特的艺术形式和丰富的文化内涵，集视觉、听觉和回味为一体，作为年节喜庆表达和渲染的文字符号，深为民众所喜爱。一副好的对联，配上气韵生动的书法，不但可以增添节日的喜庆气氛，还是一件令人赏心悦目的艺术品。因此，每逢春节，家家户户都要精选一副大红春联贴于门上，以期待新的一年平安幸福、兴旺发达。

春联·桃符·门神　春联起源于古代新年为驱鬼祈福而书写的"桃符"。据史料记载，"桃符"在我国周代时就出现了，起初是悬挂在大门两旁的长方形桃木板，古人认为桃木是五木之精，有镇鬼驱邪的功能。后来木板上刻上了门神——传说是能捉鬼的神荼、郁垒。据东汉·应劭的《风俗通义》中引《黄帝书》记载：上古的时候，有神荼、郁垒两兄弟，他们住在东海中的度朔山上。山上有一棵桃树，树枝向周围伸展，方圆足足有三千里，树上有一只金鸡。度朔山上住着各种各样的妖邪鬼怪，天帝怕鬼怪下山到人间去作祟，派了神荼、郁垒两个神将去把守。每天早上金鸡长鸣之时，夜晚出去游荡的鬼魂必须赶回鬼域。神荼、郁垒兄弟俩便在这树下检阅百鬼。如果有恶鬼为害人间，便将其绑了喂老虎。因而，天下的鬼都畏惧神荼、郁垒。

于是在民间，神荼、郁垒也就成为正气和武力的象征，人们用桃木刻成他们的模样，悬挂在大门两旁，神荼手里拿着苇索，郁垒身边牵着猛虎，形象丑恶凶狠，成为令一切妖魔鬼怪都望而生畏的门神。由于我国民居的大门通常都是两扇对开的，所以门神总是成双成对。

到了唐代，门神的位置开始被秦琼和尉迟敬德所取代。对此，《西游记》中有着非常详细有趣的记载：泾河龙王为了和一个算卦先生打赌，结果触犯天条，罪该问斩。玉帝任命魏徵为监斩官，泾河龙王为此向唐太宗求救。太宗答应了他的请求，到了监斩龙王的那个时辰，宣召魏徵与之对弈。没想到魏徵下着下着，打了一个盹儿，唐太宗以为他太劳累，就没有喊醒他。结果魏徵在睡梦里灵魂升天，将龙王斩了。龙王抱怨太宗言而无信，日夜在宫外呼号讨命，闹得唐太宗寝食难安。秦琼、尉迟敬德两员大将，听说皇上受惊，挺身而出，守在宫门保驾，那一夜果然无事。唐太宗体念他们夜晚守门太辛苦，遂命巧手丹青，画二将真容，贴于门上，结果照样管用。这样，这两员大将便成了门神。后来历代沿用下来，于是，这两员大将便成为千家万户的守门神了。其中，手执鞭者是尉迟敬德，执铜者则是秦琼。

到后来，不仅是神荼、郁垒，尉迟敬德与秦琼，一些著名的历史人物如孙武、赵云、岳飞等，一些神通广大、能克敌制胜的神话人物，如《封神演义》中的燃灯道人等，也被奉为门神。而且随着门神构成人员的与日俱增，门神也日趋人间化、智能化，门神的职能也开始由单纯的保护门庭、驱邪避鬼而扩展到人文理性，增加了庆贺新年、祝贺吉祥的内容。

最早的春联　唐代开始在桃符上题写春联。谭蝉雪研究指出，出土的敦煌文献中就有关于唐开元十一年（723）的一些春联，例如："三阳始布，四序初开"、"年年多庆，月月无灾"等等。宋代，写春联更加流行。人们便开始在桃木板上写对联，既不失桃木镇邪的意义，又能表达自己美好的心愿。王安石的诗句"千门万户曈曈日，总把新桃换旧符"，便是这一风俗习惯的形象体现。后来慢慢地，人们嫌桃木板过于笨重，开始逐渐以纸张代替，叫"春贴纸"。

据《宋史·蜀世家》记载，五代后蜀广政二十七年（964）春节前夕，五代后蜀主孟昶下令，要群臣在桃木板上题写对句，以试才华。可是，当群臣们把对句写好给孟昶过目时，孟昶都不满意。最后，他亲自提笔，在桃木板上写道："新年纳余庆，嘉节号长春。"这是我国文字记载下来的最早的一副春联。

明代开始，春节贴春联的民俗开始盛行，这与明太祖朱元璋的大力提倡不无关联。据史书记载，明太祖朱元璋酷爱对联，不仅自己提笔挥毫，还常常鼓励臣下书写。有一年除夕，他传旨：上至公卿百官，下至士庶平民，门上必须贴春联一副，以迎新年。正月初一，太祖微服出巡，看见家家户户交相辉映的春联感到十分高兴。当他行至一户人家，见门上没有春联，便问何故。原来主人是个屠户，不会写，也没有找到人写。朱元璋当即挥笔写下了"双手劈开生死路，一刀割断是非根"的春联送给了这户人家。从这个故事中可以看出朱元璋对春联的大力提倡，也正是因为他的大力提倡，才推动了春联的普遍盛行。据《明史·陶安传》记载，明太祖朱元璋"御制门帖子"赐给翰林院学士陶安，内容为："国朝谋略无双士，翰苑文章第一家"，成为当时最有名的一副春联。

对联文化：中国传统文化独特的艺术表现形式　对联，俗称对子，是由民间贴春联的习俗演变而来的。它言简意深，对仗工整，平仄协调，是中国文字和书法结合的独特艺术形式，民间有"撑天挂地两行字，评古涵今一副联"之说。仔细分类，对联又有不同的称谓。一般地说，挂在柱子上的叫楹联；贴在门上的叫门联；对联升堂入室叫中堂；办婚事贴的对联叫婚联；办丧事贴的对联叫挽联；为老人祝寿的对联叫寿联；恭贺各类喜事的对联叫贺联；新春时节，贴在大门两侧的又叫春联。

对联具有悠久的历史，其魅力在于，它不仅是世界上独一无二的文字与书法完美结合的艺术形式，而且能雅俗共赏。我们看到，从皇帝的金銮宝殿到黎民百姓的家门，从万人敬仰的孔庙到民众祭拜的关公祠，从小桥流水中的亭台楼阁到市井街头上的幌子招牌，对联随处可见。特别是一到过年，家家户户都要贴春联，而春联的内容时常就能反映出主人家的职业特点及主人的人生价值取向。如做官的人家，常常贴"皇恩春浩荡，文治日光华"，表现出不同凡俗和力求光宗耀祖、显赫于人的意愿；读书人家多贴"忠厚传家久，诗书继世长"的对联，强

调书香传统，以期才学并茂；经商做生意的人家，喜欢贴"生意兴隆通四海，财源茂盛达三江"的对联，希望财源茂盛，发财致富；药店多贴"架上丹丸能济世，壶中日月可回春"，"但愿世间人无病，何愁架上药生尘"的对联，表明中国传统医学济世救民的心愿；酒店用"香闻十里春无价，醉卖三杯梦亦甜"的对联；农民们大多贴"五谷丰登年年有余，六畜兴旺岁岁平安"之类的春联，祈求风调雨顺，粮食丰收，全家安康。最有趣的是，春联不仅贴在大门两侧，就连鸡窝边、猪栏旁也会有"六畜兴旺"、"猪羊满圈"的帖子，甚至马车上都能看到一副大红的春联："车行千里路，人马保平安。"可以说，对联传承着中华民族千百年来的习俗，是中国传统文化的结晶，它已深深根植于中国传统文化之中，已成为任何其他形式所不可替代的民俗。

春节晚会对联　2005年，作为中国传统文化瑰宝之一的春联登上了"中央电视台春节联欢晚会"这个大雅之堂。晚会上的18副对联，有的用典精妙，寓意深远，对仗工整；有的意境阔远，交融体现了各自的文化和地域特点，给人们带来了美的享受。

第一组：盛景争春
北京：三海九门　京华迎奥运
上海：一江两岸　世博靓申城

重庆：朝天门　喜迎天下客
天津：天津港　笑纳万国风

吉林：车轮飞转　东西南北追风去
辽宁：钢水奔腾　春夏秋冬入眼来

西藏：雪域春秋　扎西德勒（吉祥如意）
新疆：天山南北　乌鲁木齐（美丽草原）

第二组：世间同春
广东：南海风清　讲述春天故事
广西：漓江水碧　飘来三姐新歌

山东：孔子仁　泰山日　人文典范
山西：关公义　壶口烟　天地奇观

湖南：八百里洞庭　凭岳阳壮阔
湖北：两千年赤壁　览黄鹤风流

河北：万里长城山海关　龙头为首
河南：独门绝技少林寺　天下无双

第三组：联袂贺春

贵州：苗寨黔山黄果树　酒乡赤水
四川：川肴蜀绣锦官城　花径草堂

浙江：饮龙井茶　品江南丝竹
江苏：登虎丘塔　论天下园林

内蒙古：碧草毡房　春风马背牛羊壮
黑龙江：苍松雪岭　沃野龙江稻谷香

宁夏：红黄蓝白黑　五珍献瑞
陕西：字史酒医诗　诸圣流芳

第四组：欢歌迎春

青海：水泽源流江河湖海
甘肃：金银铜铁铬镍铅锌

云南：石林自有高才生　群峰拔地
海南：琼海独具大手笔　五指擎天

安徽：黄山为九州增色
江西：瓷器与中国同名

香港：荆花吐艳香江瑞
澳门：莲蕊临风镜海清

福建：品铁观音　香飘两岸
台湾：拜妈祖庙　情系一家

第五组：盛世大联欢

上下五千年　繁荣盛世庆今日
纵横九万里　锦绣中华兴未来

正月初七·人胜节

正月初七是中国古代传说中的人类生日。民间传说女娲初创世，在造出了鸡、狗、猪、牛、马等动物后，于第七天造出了人，因此，由初一到初六分别是鸡、狗、羊、猪、牛、马的生日，第七天是人类的生日。故正月初七称为人日，亦称"人胜节"、"人庆节"、"人口日"、"人七日"等。

据史料记载，汉朝开始有人日节俗，魏晋后开始重视。《北齐书·魏收传》援引晋董勋《答问礼俗》："正月一日为鸡，二日为狗，三日为羊，四日为猪，五日为牛，六日为马，七日为人。正旦画鸡于门，七日贴人于帐。"说的正是南北朝时期的春节习俗，正月初一要把鸡的画像贴在门上，或者直接把鸡画在门上。这是象征鸡在第一天得到创造。到了正月初七，则把人像贴在帐子上，据说可保家人平安。

古代人日还有戴"人胜"的习俗，人胜是一种头饰，又叫彩胜、华胜，人们用彩纸或金箔纸剪成花形或人形，戴在头发上可以避邪。《荆楚岁时记》中记载："正月七日为人日，以七种菜为羹。剪彩为人，或镂金箔为人，以贴屏风，亦戴之头鬓。"此外，在"人日"这一天还有登高赋诗的习俗。唐代之后，更重视这个节日。每至人日，皇帝赐群臣彩缕人胜，又登高大宴群臣。唐代诗人高适有"今年人日空相忆，明年人日知何处"的名句。

女娲为中国远古的人类始祖，人胜节则是人们对始祖神的崇拜在节日上的反映。民间"人胜节"这天要吃春饼卷"盒子菜"，并在庭院摊煎饼，"熏天"。还要吃芹菜、韭菜、葱、蒜等七样蔬菜合煮的菜肴，称"七宝羹"，据说可以除去邪气，医治百病。其中芹菜和葱寓意聪明，蒜寓意精于算计，芥菜寓意人可以长寿，如此种种。民俗规定，人日要尊敬每一个人，连官府也不能在这一天处决罪犯。

元宵节风俗的形成

元宵节风俗的形成有一个较长的过程。据一般的资料与民俗传说，秦汉时期的方士、道家测算月历时，有"三元"之说：农历正月十五日为上元节（天官赐福日），七月十五日为中元节（地官赦罪日），十月十五日为下元节（水官解厄日）。主管上、中、下三元的分别是"天"、"地"、"人"三官，"三元"日恰好是三官大帝（俗称"三界公"）的诞辰。这三神主宰生老病死、命运气数。天官喜乐，人们为了祈求赐福，故上元节要燃灯。就这样，上元节乃由原本宗教色彩浓厚的求吉、禳灾、避邪，进一步演变成为我国主要的传统节日。我国历代在这一节日有观灯习俗，故又称"灯节"。旧时元宵之夜，城里乡间，到处张灯结彩。届时，不论皇室贵戚还是平民百姓，甚至深闺淑女，均可打破常规，外出观花灯，猜灯谜，出游嬉闹，盛况空前。

另一种说法认为，正月十五在西汉已经受到重视。汉高祖刘邦死后，吕后（雉）临朝称政，吕氏宗族把持朝政。吕雉死后，周勃、陈平等人平叛诸吕，拥立刘恒为帝，称汉文帝。为庆祝周勃于正月十五戡平诸吕之乱，每逢此夜，汉文帝都要微服出访，与民同乐，以示纪念。在古代，正月又称为元月，称夜为"宵"，正月十五又是一年中的第一个月圆夜，所以，汉文帝就把它定为"元宵节"，又称"元夜"或"元夕"。

《史记·乐书》载：汉武帝时，"太一神"的祭祀活动在正月十五，"汉家常以正月上元祭祀太一甘泉，以昏时夜祭，至明而终"。"太一"又称"泰一"、"太乙"，就是太阳神，道教称"太乙真君"。这一天，全城张灯结彩，通宵达旦，被后人视做正月十五祭祀天神的先声。司马迁在"太初历"中把元宵节列为重大节日。不过，正月十五真正作为民俗节日是在汉魏之后。

佛教与元宵灯节

东汉佛教文化的传入，对于形成元宵节的燃灯习俗有着重要的推动意义。汉明帝永平年间（58—75），蔡愔从印度求得佛法归来，称印度摩揭陀国每逢正月十五，僧众云集瞻仰佛舍利，是参佛的吉日良辰。汉明帝为了弘扬佛法，下令正月十五夜在宫中和寺院"燃灯表佛"。至此，在祭祀泰一神的旧说之上，又有了燃灯礼佛的意义。总体而言，元宵燃灯的习俗随着佛教与道教文化影响的扩大，逐渐在中国扩展开来。

元宵节的节期与节俗活动，是随历史的发展而延长、扩展的。唐代元宵节期间，民间兴起了拔河比赛，并成为元宵节日娱乐活动的一项主要内容。元宵节至唐代中期发展成为盛况空前的灯市。唐代的灯会是"上元前后各一日"，到了北宋，放灯时间又增至五夜，起于正月十四，止于正月十八，灯笼的制作比唐代更为豪华，灯会更为兴盛。而且在宋代出现了灯谜，即将谜语系于灯上，使人们在赏灯之际伴以猜谜，更添情趣。明代灯会则是正月初八到十八整整 10 天，成为历代最长的灯节，也形成了全民性的节日。到了清代，灯节假日缩短，但盛况不

减，从正月"十三上灯，十四试灯，十五正灯"，一直热闹到"十八落灯"，整个新春佳节才算落下帷幕。清代最值得一提的是冰灯。因为满族原本居东北黑龙江一带，气候寒冷而冰多，因此有冰灯之俗，满清入主中原后，冰灯也传入中原。现今，我国东北地区特别是黑龙江省在每年元旦到元宵都要举行冰灯会，不过花样早已现代化了。

由于元宵节恰与春节相接，白昼为市，热闹非凡，夜间燃灯，蔚为壮观。至清代，又增加了舞龙、舞狮、跑旱船、踩高跷、扭秧歌等"百戏"内容。特别是那精巧、多彩的灯火，更使其成为春节期间娱乐活动的高潮。

元宵节趣闻——"只许州官放火，不许百姓点灯"

"只许州官放火，不许百姓点灯"是民间十分流行的谚语，它的出现便与元宵灯节有关。

据宋代陆游《老学庵笔记》卷五记载，宋朝有一个州官名田登，因"灯"与他名字的"登"谐音，因此，在他任州官时，不许身边的人在谈话时说到任何一个与"登"同音的字，谁要是触犯了这个忌讳，轻则挨板子，重则判刑。因为"触者必怒"，所以吏卒中有许多人都因不慎犯禁而被仮笞。为避其名讳，平时全州的人也只好称"灯"为"火"。

这一年，元宵佳节即将到来。依照以往的惯例，元宵节期间，州城里都要放烟火、点花灯表示庆祝，官府放灯，民间观灯、赏灯，已成为盛大节俗。为此，州府衙门还要提前贴出告示，让老百姓到时候前来观灯。但是，这官府告示怎么写呢？用上"灯"字，要触犯忌讳；不用"灯"字，意思又表达不明白。在绞尽脑汁之后，写告示的官员只能依平时的习惯，把"灯"字改成"火"字。这样，元宵节官府放灯，许人"入州治游观"的告示就写成了"本州照例放火三日"。起初百姓不明就里，尤其是一些外地来的客人，更是丈二和尚摸不着头脑，还真的以为官府要在城里放三天火呢！大家吓得四散逃去，争着离开这是非之地。等他们明白缘由之后，更是气不打一处来，愤愤地说："只许州官放火，不许百姓点灯，这是什么世道！"这就是"只许州官放火，不许百姓点灯"这一谚语的由来。后来人们便借这一成语，嘲讽抨击那些欺压愚弄百姓而自己却随心所欲做坏事的掌权者。

中国的"情人节"

元宵灯节期间，是男女青年与情人相会的时机，平时足不出户的闺阁女子，往往乘此机会与意中人谈情相会，所以元宵节又被称为中国的"情人节"。古往今来，元宵之夜有无数的"月上柳梢头，人约黄昏后"的千古柔情。辛弃疾著名的《元夕》词便形象生动地展现了元宵灯会"火树银花不夜天"的欢声笑语，情人相约未见，望眼欲穿，"踏破铁鞋无觅处"，而"蓦然回首，那人却在，灯火阑珊处"的意味深长，至今令人回味无穷："东风夜放花千树，更吹落，星如雨。宝马雕车香满路。凤箫声动，玉壶光转，一夜鱼龙舞。蛾儿雪柳黄金缕，笑语盈盈暗香去。众里寻他千百度。蓦然回首，那人却在，灯火阑珊处。"

元宵送灯

元宵节又称灯节，灯与"丁"谐音，因此民间还有元宵节"送花灯"的习俗（简称"送灯"），寓意求子添丁。元宵节前，娘家送花灯给新嫁的女儿家，或一般亲友送花灯给新婚不育之家，以求添丁吉兆。这一习俗许多地方都有，陕西西安一带是正月初八到十五期间送灯，头年送大宫灯一对、有彩画的玻璃灯一对，希望女儿婚后吉星高照，早生麟子；如果女儿怀孕，则除大宫灯外，还要送一两对小灯笼，祝愿女儿孕期平安。

吃元宵的由来

元宵在南方称"汤圆"、"圆子"、"浮圆子"、"水圆"，由糯米制成，或实心，或带馅。馅有豆沙、白糖、山楂等等，煮、煎、蒸、炸皆可。一开始元宵称为"汤圆"，因它漂在碗里，像是一轮明月挂在天际。天上月圆，碗里汤圆，家人团圆，以象征团圆吉利之意。汤圆最初只在元宵节上市供应，久而久之，成为节日食品，便直接呼它为元宵了。因此，吃元宵象征团圆之意，寄托了人们对未来生活的美好愿望。如今每逢元宵节，我国民间仍有吃元宵的习俗。

但"汤圆"（元宵）并不是一开始就成为节令食品的。据记载，唐朝时，元宵节食是面蚕。及至南宋，有所谓"乳糖圆子"出现，这应该就是汤圆的前身了。宋周必大所写《元宵煮浮圆子》诗，内有"星灿乌云里，珠浮浊水中"的诗句。到了明朝，"元宵"的称呼就比较多见了。刘若愚的《酌中志》记载了元宵的做法："其制法，用糯米细面，内用核桃仁、白糖、玫瑰为馅，洒水滚成，如核桃大，即江南所称汤圆也。"清康熙年间，御膳房特制的"八宝元宵"是闻名朝野的美味。据说马思远则是当时北京城内制元宵的高手，他制作的滴粉元宵远近驰名。符曾的《上元竹枝词》云："桂花香馅裹胡桃，江米如珠井水淘。见说马家滴粉好，试灯风里卖元宵。"诗中所咏，就是大名鼎鼎的马家元宵。

传说窃国大盗袁世凯篡夺了辛亥革命的成果后，一心想复辟登基当皇帝，又怕人民反对，终日提心吊胆。一天，他听到街上卖元宵的人拉长了嗓子在喊"元——宵"，觉得"元宵"两字与"袁——消"谐音，有袁世凯被消灭之嫌，联想到自己的命运，于是在1913年元宵节前，下令禁止称"元宵"，只能称"汤圆"或"粉果"。但老百姓不买他的账，"元宵"两字并没有因他的意志而取消，照样在民间流传。

舞龙：华夏文化的象征

舞龙，又名"耍龙灯"、"龙灯舞"，是我国传统的民族舞蹈形式之一。

龙是中国古代文化中地位显赫的祥瑞神物，更是和风化雨的主宰，古代先民们对龙充满了敬畏之情，并逐渐创造出了"龙"的形象，作为华夏族的图腾，现今人们仍称自己为"龙的传人"。先人们崇拜"龙"的本领，认为龙神通广大，能呼风唤雨，消灾除病。在以农业为本的古代社会，要想获得农业丰收就必须风调雨顺，因此，每逢喜庆节日，特别是元宵佳节，各地都有舞龙灯的习俗。

古人很久以前就把龙、凤、麒麟、龟称为"四灵"，而对龙崇拜和信仰的历史则更为悠久。舞龙最初是出现在先民们祭祀祖先、祈求甘霖的仪式上，是承继殷周"祭天"的遗风。汉代开始有了关于舞龙的记载，并开始由原始祭祀仪式演变为民间的娱乐活动。到了唐宋时代，舞龙已是逢年过节时常见的娱乐形式。南宋吴自牧《梦粱录》中记曰："草缚成龙，用青木遮草上，密置灯烛万盏，望之蜿蜒如双龙之状。"这就是一种舞龙。一般来说，所舞的龙用草、竹、木纸、布等扎制而成，龙的节数以单数为吉利，节节相连，外面覆罩画有龙鳞的巨幅红布，多见九节龙、十一节龙、十三节龙，多者可达 29 节。舞龙时每隔五六尺有一人撑竿，龙前由一人持竿领前，竿顶竖一巨球，作为引导。舞龙时，巨球前后左右摇摆，龙首作抢球状，引起龙身游走飞动。一条蜿蜒曲折的彩龙，在舞龙者手中快速翻动，在锣鼓声中昂首摆尾，蜿蜒游走，场面甚是壮观。还有一种"火龙"，用竹篾编成圆筒，形成笼子，糊上透明、漂亮的龙衣，内燃蜡烛或油灯，夜间表演十分壮观。

龙灯的耍法有多种，九节以内的侧重于花样技巧，较常见的动作有：蛟龙漫游、龙头钻档子、头尾齐钻、龙摆尾和蛇蜕皮等。十一节、十三节的龙，侧重于动作表演，金龙追逐宝珠，飞腾跳跃，时而飞冲云端，时而入海破浪，非常好看。在广东惠州地区的舞龙过程中，有些老人，更是携孙带幼在龙的肚子下钻来钻去，谓"钻龙架"，意思是"望子成龙"，为惠州民间一风俗。

舞龙活动自出现以来，一直深受人们的喜爱，每逢干旱便舞龙祈雨，并有春舞青龙、夏舞赤龙、秋舞白龙、冬舞墨龙之说，形成了灿烂的舞龙文化，并随着华人的迁移而传播到世界各地。如今，世界上凡有华人聚居的地方就有舞龙活动，而且方兴未艾，呈现出一种浓浓的东方文化气息。

舞狮：中西文化融合之结晶

狮子为百兽之尊，形象雄伟俊武，给人以威严、勇猛之感。古人将它当做勇敢和力量的象征，认为它能驱邪镇妖，保佑人畜平安。所以，逐渐形成了在元宵节及其他重大活动里舞狮子的习俗，以祈望生活吉祥如意，事事平安。

舞狮，民间也叫"耍狮子"、"狮子舞"，舞狮拜年，又叫舞瑞狮。狮子队敲锣打鼓，边走边舞，所到之处，都会燃放鞭炮表示欢迎。威武的狮子表演翻滚、跳跃、跌扑、朝拜、搔痒等动作，威猛刚劲，充满戏谑情趣，精彩纷呈，滑稽可

笑，给人以极大的美感享受。

中国不是狮子的产地，故舞狮应该是舶来品。《汉书·礼乐志》中有"象人"一说，按当时人的解释，"象人"就是扮演鱼、虾、狮子的艺人。东汉明帝时，佛教传入我国；到了南北朝，佛教大兴，据说佛教中文殊菩萨的坐骑是狮子，随着佛教的流传和影响渐大，狮子逐渐受到民间崇敬。所以，南北朝以后，舞狮在民间日益盛行，到了唐朝，狮子舞发展为上百人集体表演的大型歌舞，并盛行于宫廷、军旅和民间。诗人白居易《西凉伎》诗中对此有生动的描绘："西凉伎，西凉伎，假面胡人假狮子。刻木为头丝作尾，金镀眼睛银贴齿。奋迅毛衣摆双耳，如从流沙来万里。紫髯深目两胡儿，跳舞梁前来致辞。"诗中描述的便是当时舞狮的情景。宋代，有的佛寺在节日开狮子会，僧人坐在狮子上做法事、讲经，以招徕游人。明代张岱在《陶庵梦忆》中，更是生动形象地介绍了浙江灯节时，大街小巷，锣鼓声声，处处有人围簇观看狮子舞的盛况。

在我国，舞狮的形式多种多样，经过一千多年的发展，形成了丰富多彩的舞狮文化，主要有南北两种表演风格。北方狮舞以表演"武狮"为主，小狮一人舞，大狮由双人舞，一人站立舞狮头，一人弯腰舞狮身和狮尾。狮子的外形与真狮很相像，全身狮皮覆盖，人们无法辨认舞狮人的形体。引狮人是古代武士装扮，手握旋转绣球，配以京锣、鼓钹，逗引瑞狮。狮子则表演腾翻、扑跌、跳跃、登高、朝拜等技巧动作，并有走梅花桩、窜桌子、踩滚球等高难度动作。

南方舞狮主要以表演"文狮"为主。这种舞狮由一人舞狮头，一人舞狮尾。狮子的造型、式样、颜色多与北方狮不同。舞狮者穿灯笼裤，上穿密纽扣的唐装灯笼袖衫或背心。狮舞表演时讲究表情，有瘙痒、抖毛、舔毛等动作，惟妙惟肖，逗人喜爱，也有难度较大的吐球等技巧。南方狮舞以广东为中心，并风行于港澳、东南亚侨乡。

元宵节诗词

元夕于通衢建灯夜升南楼

（隋）隋炀帝

法轮天上转，梵声天上来；

灯树千光照，花焰七枝开。

月影疑流水，春风含夜梅；

燔动黄金地，钟发琉璃台。

十五夜观灯

（唐）卢照邻

锦里开芳宴，兰红艳早年。

缛彩遥分地，繁光远缀天。

接汉疑星落，依楼似月悬。

别有千金笑，来映九枝前。

生查子·元夕

（宋）欧阳修

去年元夜时，花市灯如昼。

月上柳梢头，人约黄昏后。

今年元夜时，月与灯依旧。

不见去年人，泪湿春衫袖。

元夕影咏冰灯

（清）唐顺之

正怜火树千春妍，忽见清辉映月阑。

出海鲛珠犹带水，满堂罗袖欲生寒。

烛花不碍空中影，晕气疑从月里看。

为语东风暂相借，来宵还得尽余欢。

二月初一·中和节

出了"正月正"，纷繁热闹的过大年活动渐渐告一段落，但是，传统的民间节日并没有结束。阴历二月初一在过去也是一个比较重要的节日，名为"中和节"，俗称"太阳生日"。这一天要祭太阳，并供太阳糕。所谓太阳糕是用米粉做的圆形面糕，上印太阳图案，顶部装饰一只用江米面捏成的小鸡，五颜六色，精巧多姿。太阳糕最下面是用红绿二色江米面捏成的莲花瓣托衬着，红绿相映，非常醒目。

太阳神，又称日神，是先民最古老的自然崇拜之一。传说太阳为"金乌"，月亮为"玉兔"，故二月初一祭太阳供奉金乌，八月十五祭月亮供奉玉兔。神话说，"日中有三足乌"，故以五彩小鸡象征"金乌"。在我国云南和内蒙古阴山山脉一带，曾发现多处祭拜太阳神的岩画。道教兴起后，多称祭太阳星君或日神。

今天的人们，大多对八月十五中秋节比较熟悉，而二月初一祭太阳的习俗，知之者已甚少了。

中和节最早可溯源于秦汉时期的月晦节。所谓月晦，即正月的最后一天。据《荆楚岁时记》记载，从正月元日至月晦，都是"兀聚饮食，士女泛舟，或临水宴乐"的盛节。月晦节的主要活动临水泛舟宴饮，其用意是：通过在一年之始到水边嬉戏取乐，开怀畅饮，得以舒展身心，消除过去一冬中积下的郁闷，祈祷新的一年里生活平安无厄。《礼记·中庸》说："致中和，天地位焉，万物育焉。"直至盛唐，一直沿旧习举行月晦节。

据《新唐书·李泌传》记载，唐德宗贞元五年（789）接受李泌上书提议，下诏废除正月晦日之节而建中和节，并集百官宴于曲江亭。宴会上，君臣唱和赋诗，其主要内容表现"大地回春，肇始于中和之节"。在这"仲月风景暖，禁城花柳新"、"东风变梅柳，万汇生春光"的良辰佳节，朝野同庆，以期"庶洽朝野意，旷然天地新"，"君臣永终始，交泰符阴阳"。通过这种君臣唱和的仪式，共同期盼国家太平。贞元十四年（798）的中和节，德宗制诗令太子书视百官，序中有"朕以中和之首，纪为令节，听政之暇，韵于诗歌，象中和之容，作中和之舞"之语，集中地体现了设置中和节的本意。这一天，民间以青囊盛百谷果实互相赠送。

中和节祭祀的"句芒（也写作勾芒）神"为春神，是传说中的一种主管树木的神，也称草木神，其形象是人面鸟身，主春事。《山海经·海外东经》中记载："东方句芒，鸟身人面，乘两龙。"晋郭璞注："木神也，方面素服。"东汉班固《白虎通义》说："其神句芒者，物之始生，其精青龙。芒之为言萌也。"句芒作为迎春和万物生长的象征，中和节的祭句芒神带有浓厚的自然崇拜色彩。在周代就有设东堂迎春之事，说明祭句芒之习俗由来已久。后来这种祭祀便与"二月二"习俗结合在了一起，人们在这种春祈中寄托四季平安和五谷丰登的希望。清代"农歌"唱道："中和节庆龙抬头，春祭句芒祈丰收；白天耕田忙播种，夜里切草喂牲口。"这一切均意味着，中和节以后人们便要投入到紧张的春耕备播之中了。

二月初二·龙抬头

"二月二"即指农历二月初二，是汉族民间传统节日。相传三皇五帝皆于此日举行盛大仪式，御驾亲临，率文武百官耕作。于是民间老百姓在这一天惯用龙来称呼各种事物，如称面条为龙须面、食饼叫龙鳞饼等等。后来又称此日为土地生日（土地神，民间也称土地爷，其生日各地不一，有的地方定在六月六，有的地方定在七月七，但以二月二居多），人们常用猪头祭土地庙，所谓"二月二，龙抬头，土地庙前许猪头"，要张灯演戏，焚香设供，意在娱神祈年，寄托四季平安和五谷丰登的希望。

我国民间有"二月二，龙抬头"的谚语。民间传说，每逢农历二月初二，是天上主管云雨的龙王抬头的日子。《说文》卷十一载："龙，鳞虫之长，能幽能明，能巨能细，能短能长，春分而登天，秋分而潜渊。"此时正值惊蛰前后，春归大地，万物复苏，蛰伏在泥土或洞穴中的昆虫蛇兽将从冬眠中醒来，传说中的龙也将从沉睡中醒来，"春分而登天"便是此意，故名"龙抬头"。龙是中国古代文化中地位显赫的祥瑞神物，更是和风化雨的主宰，俗云"龙不抬头天不雨"。二月初既是春回大地、农事开始之时，又是百虫出蛰、蠢蠢欲动之时，龙作为鳞虫之精、百虫之长，龙出则百虫伏藏。因此，人们对龙充满了敬畏之情，二月二便成为表达这种敬畏之情的日子。在这一天，民间都要焚香设供祭祀龙神，求龙神按时播雨，以祈丰年。

大约从唐朝开始，中国人就有过"二月二"的习俗。这天的饮食多以龙为名。吃水饺叫吃龙耳，吃春饼叫吃龙鳞，吃面条叫吃龙须，现在的"龙须面"大概就是由此得名的。而"二月二，龙抬头"的诸多习俗，像扶龙头、引青龙、剃龙头、熏虫儿之举，主要开始于明朝。明朝人刘侗、于奕正《帝京景物略·卷二春场》中记载："二月二日，曰龙抬头，放元旦祭余饼，薰床炕，曰薰虫儿，谓引龙，虫不出也。"此外，民间还有停针、忌磨等禁忌。清朝富察敦崇在《燕京岁时记》里写道："二月二日，古之中和节也。今人呼为龙抬头。是日食饼者谓之龙鳞饼，食面者谓之龙须面。闺中停止针线，恐伤龙目也。"

在北方，二月二叫龙抬头日，亦称春龙节。在南方叫踏青节，古称挑菜节，以其时令正当春暖花开之际，民间自然形成赏花、踏青的习俗而来。白居易有《二月二日》诗："二月二日新雨晴，草牙菜甲一时生。轻衫细马青年少，十字津头一字行。"

二月二也叫"归字节"，出嫁的女儿在这一天回娘家，有民谚说："二月二接宝贝，接不来掉眼泪。"

北方有些地区二月二至三月三还要举办庙会，人们进行祭祀、占卜、巫术、唱戏娱神等活动，祈子祈年。不育妇人将泥人带回家以求生子。

立春节

立春，是一年二十四个节气中的第一个节气，亦叫"春朝"。先秦文献中已有关于迎春礼节的描述，到东汉时正式产生了迎春的礼俗和民间的饮食、服饰习俗。民间百姓对立春日十分重视，将它作为"过年"诸多行事中的一件事。

"鞭春牛"是立春日的重要仪式之一。相传早在周朝时，立春日天子亲率三公九卿诸侯大夫去东郊迎春，祈求丰收，并有了立春日鞭春牛的活动。此后，每年的立春日，官府必须率人马到郊外举行迎春大典。古时的迎春活动，起初是在东郊，因为迎春活动中祭拜的句芒神是东方之神。后来，迎春活动的地点就不止是在东郊了，宫廷内、府衙门前等地都有迎春的活动，活动的内容也越来越丰富。

唐宋时代，各地立春之日盛行"迎春"仪式。立春节前，各州府事先制好泥塑句芒神和土牛，到了立春这一天，由地方官员行香主礼，府、县的官员们都穿着青色礼服，用青色车子，擎青色旗帜，人们吹着牛角号，唱着《青阳曲》，舞动羽毛仪仗，跳着云翘舞，隆重举行迎春仪式，礼拜句芒神，用彩色的棍棒多次鞭打春牛，以鼓励人们耕作。对此，明末刘侗、于奕正《帝京景物略》记载："立春候，府县官吏具公服，礼勾芒，各以彩杖鞭牛者三，劝耕也。"仪典隆重，民众们竞相观看。

立春这一天，我国许多地区还有吃春饼、春卷和生吃红水萝卜一俗，称为"咬春"。据唐《四时宝镜》记载："立春，食芦菔（萝卜古时叫芦菔）、春饼、生菜，号'菜盘'。"杜甫亦有《立春》诗云："春日春盘细生菜，忽忆两京全盛时。"可见唐代人已经开始试春盘、吃春饼了。所谓春饼，其实是一种烫面薄饼，烙熟后可揭成两张，用来卷菜吃的，菜包括熟菜和炒菜。其特点是薄而软，形状根据各人的喜好，可大可小。据《中华风俗志》记载，老北京人吃春饼时讲究到盒子铺去叫"苏盘"（又称"盒子菜"）。盒子铺就是加工出售熟肉、冷荤食品的铺子，店家派人送菜到家。盛"盒子菜"要用福建特产的朱红色金漆扁圆木盒，盒口绘有"子孙万代"、"五蝠捧寿"等吉祥图案。盒里分若干格，格里分别装着切成薄片或细丝的酱肘子、熏肘子、大小肚儿、香肠、烧鸭、熏鸡、清酱肉等熟食。另配几种肉丝炒韭芽、醋烹绿豆芽、素炒粉丝、摊鸡蛋等家常炒菜，一起卷进春饼里吃。当然，也不会忘了备上一碟甜面酱、一碟切细的羊角葱丝。吃春饼的乐趣一半也在自己动手揭饼、抹酱、取菜、卷饼，然后放口大嚼，很有点返璞归真的味道。据说，吃了春饼，试了春盘，春天也就来了。不过现代许多地区已

用面条、饺子代替了春饼、春盘，谓之"迎春饺子打春面"。

立春日如恰逢农历正月初一，是为"岁朝春"，比较难得。民间有"百年难逢岁朝春"之说，须先贺岁，再迎春。立春日如果天气晴朗，岁主丰稔。农谚云："难得立春晴一日，农夫不用力耕田。"

据南宋吴自牧《梦粱录》记载，宋代，在立春的这一天，"宰臣以下"都要入朝称贺。在清代，更有所谓"拜春"的习俗。据清代顾禄《清嘉录》记载："立春日为春朝，士庶交相庆贺，谓之'拜春'。"其仪式的热闹程度，仅次于春节，而"埒于冬至"。现在，立春只作为一个节气而存在，相应的民间习俗只在一定程度上保留着，或者说通过春节的喜庆延续着，而关于立春的礼俗和民俗对许多人来说可能是相当陌生的了。

三月初三·上巳节

中国古代以干支纪日，上巳日指的是三月的第一个巳日，后来将此节日固定于三月三日，故上巳节又名"三月三"。

上巳节起源很早，大概起源于周朝，《论语》中"暮春者，春服既成，冠者五六人，童子六七人，浴乎沂，风乎舞雩，咏而归"的记载便反映了这一习俗。但是，农历三月上旬的巳日每年都是不同的，所以到魏晋时便以固定的三月初三来代替上旬巳日。据南宋吴自牧《梦粱录》记载："三月三上巳之辰，曲水流觞故事，起于晋时。唐朝赐宴曲江，倾都禊饮踏青，亦是此意。"说明带有迷信色彩的上巳"祓禊"，到唐时就主要剩下饮酒踏青的内容了。

上巳节的习俗

上巳节的节俗主要有：一是到水边举行祭祀仪式，并到水中洗浴，古人称为"祓禊"。《周礼·春官·女巫》："女巫掌岁时祓除衅浴。"郑玄注："岁时祓除，如今三月上巳，如水上之类。衅浴，谓以香薰草药沐浴。"《后汉书·礼仪志》记载："三月上巳，官民皆洁于东流水上，曰洗濯祓除，去宿垢，为大洁。洁者，言阳气布畅，万物讫出，始洁之矣。"李露露先生认为，实际上这是一种在郊外水边举行辟邪求吉的宗教仪式，人们希望以这种方式，将不祥与灾祸随着一冬宿垢荡涤而去，祓除过去一年中的污渍与秽气，除灾避邪，以祈全年的身体健康。

二是"会男女"，即青年男女到野外踏青嬉戏，并自由择偶或交合。《周礼·地官·媒氏》中记载："仲春之月，令会男女。于是时也，奔者不禁。若无故而不用令者罚之。司男女之无夫家者而会之。"仲春之会中的青年男女，可以暂时超越在性爱方面的戒律和礼仪，自由地寻求爱侣，满足情欲（"奔者不禁"），这就是所谓的"野合"。应该说，这是上古时期生殖崇拜的遗风，晚至春秋时代，各国仍有流行。《墨子·明鬼篇》载："燕之有祖，当齐之有社稷、宋之有桑林、楚之有云梦也，此男女之所属而观也。""属"有结伴、成群结队的意思，"观"为先秦时期性交之隐语。后人时常以"云梦之会"的画面来隐晦含蓄地表达男欢女爱，便是这一风俗的反映。

上巳节，民间还有许多习俗包含着生殖的意味，比如将鸡蛋或枣子放在水中观其漂流，称"临水浮卵"或"水上浮枣"，谁捡到就可以吃掉，其实就是求子的意思。因此，上巳节又被视为求偶节、求育节。由于疾病等各种原因，并不是每个妇女都能正常生育，古代人们多认为妇女不育是因为鬼神作祟，所以要利用上巳节的沐浴，洗去陈枯，"改柯易叶"，进而治疗不育症。久而久之，沐浴便成为上巳节的重要内容。实际上，这种上巳沐浴，可视为原始巫医治疗妇女不孕的一种手段，即水疗法。名为洁身洗垢，实则驱鬼求育，它是原始的宗教巫术在节日文化中的具体表现。

"曲水流觞"的节日情怀

《晋书·礼志》记载，自曹魏以后，便只用三月三日，不再用巳日。临水祓除逐渐转为临水酒会，即修禊之外还增加了水边宴饮。这是文人雅士们想出的娱乐新招：与会者坐于溪流的两边，盛酒的杯子从上游流下，流到谁的跟前谁就饮，俗称"曲水流饮"。最有名的莫过于《兰亭序》中所说的"曲水流觞"和长安八景之一的"曲江流饮"了。特别是经"书圣"王羲之《兰亭序》揄扬——"流觞曲水，列坐其次，虽无丝竹管弦之盛，一觞一咏，亦足以畅叙幽情"。"曲水流觞"日后成了游目骋怀、畅叙幽情的典范场景。中国传统习俗，朝着文明、美奂的方向演变伸展，在此得到了最典型的体现。

此外，魏晋以后还逐渐增加了踏青、游春、荡秋千等娱乐活动，祓禊基本为游春所取代。民国十九年（1930）改以三月三日为修禊之辰，并废"上巳"之称。

"钻木取火"与寒食节

寒食节在农历三月，清明节之前一两天。按照通行的说法，寒食节期间人们不能生火烧食，只能吃冷食。

关于寒食节的起源有很多说法。一般认为，寒食节的起源应该与古代的钻木取火、换取新火改火的习俗有关。上古时期，人们钻木取火，季节不同，所用木材也不同。春取榆柳之火，夏取枣杏之火，秋取柞楢之火，冬取槐檀之火。这种风俗，大约始于上古，一直沿至宋朝，在唐时最为盛行。换季时就要改火，变旧火为新火。当新火未到之时，需要禁止人们生火。因此，改火前必须备一两天的熟食，待新火取出后才能用以炊事，这期间只能吃凉食或寒食。《周礼·秋官·司烜氏》中说："中春以木铎修火禁于国中。"就是指仲春时节，负责取火的官吏在街上摇着木铎，警告人们禁火。后来在这一时节禁火成为习俗而流传下来。

汉代以前，寒食节禁火的时间较长，以一月为限。汉代确定寒食节为清明前三天。南朝时《荆楚岁时记》载："去冬节一百五日，即有疾风甚雨，谓之寒食，禁火三日。"从先秦至南北朝，寒食都被当做一个很大的节日。唐朝时它仍然是一个很隆重的全国性节日，唐朝王冷然的《寒食篇》中说："秋贵重阳冬贵腊，不如寒食在春前。"换言之，寒食节的重要程度超过了重阳节和年终腊祭。唐朝初年，民间在寒食节扫墓并郊游的习俗已经蔚然成风。唐玄宗李隆基开元二十年（732），朝廷颁布敕令，将寒食上墓行拜扫之礼，定为常式："寒食上墓，礼经无文，近世相传，浸以成俗。士庶有不合庙享，何以用展孝思？宜许上墓，用拜埽礼。……仍编入礼典，永为例程。"

介子推的传说

关于寒食节的起源，民间流传最广的说法是为了纪念春秋时代晋国"士甘焚死不公侯"的介子推。这里面有一个典故。在春秋时期（前770—前476），晋国国君的儿子重耳流亡在外，一群忠心耿耿的臣子跟随扶持。后来，重耳返回晋国，成为著名的"春秋五霸"之一的晋文公，他的那些臣子们也都加官晋爵。唯独介子推，虽然在流亡途中曾立下汗马功劳，但却不愿做官，带着老母亲遁入绵山。晋文公亲自率人来找，介子推避而不见。晋文公就命令手下放火烧山，想逼介子推出山。谁知介子推及其老母亲天性倔强，偏不就范，大火烧遍绵山，却没见介子推的身影。火熄后，人们才发现背着老母亲的介子推已坐在一棵老柳树下死了。装殓时，从树洞里发现一血书，上写道："割肉奉君尽丹心，但愿主公常清明。"晋文公非常伤心，封绵山作介山。为纪念介子推，晋文公下令将这一天定为寒食节。每年的这一天不举火烧食，这便是寒食节的来历。第二年，晋文公率众臣登山祭奠，发现老柳树死而复活，便赐老柳树为"清明柳"，并晓谕天下，把寒食节的后一天定为清明节。对此，《荆楚岁时记》注中有记载："介子推三月五日为火所焚，国人哀之，每岁暮春，为不举火，谓之'禁烟'，犯则雨雹伤田。"

实际上，这种说法纯是附会，因为禁火之俗早在周代已成惯制。禁火期间不能生火做饭，须得事先准备好食物，这种不能加热的冷食就是"寒食"。只是这种附会在汉代出现后传播渐盛，在寒食节的形成和传承过程中影响越来越大。

寒食节与清明节

寒食禁火，把冬季保留下来的火种熄灭了。到了清明，又要重新钻木取火，所得之火称为"新火"。唐代诗人韦庄有诗："寒食花开千树雪，清明火出万家烟。"唐代的皇帝于此日要举行隆重的"清明赐火"典礼，把新的火种赐给群臣，以表示对臣民的关爱。唐人韩尽有《寒食》诗云："春城无处不飞花，寒食东风御柳斜。日暮汉宫传蜡烛，轻烟散入五侯家。"这样清明与寒食就连在了一起，清明的换新火活动成为寒食活动的一部分。

由于寒食与清明时间相连，同时，都有怀念祖先、祭祀前人的情感诉求，这些内在联系加上清明又是节气之一，所以唐以后，清明节的许多习俗便与寒食渐渐相融在一起，在当时人们的观念里，二者已不分彼此。如白居易《寒食野忘吟》中有"乌啼鹊噪昏乔木，清明寒食谁家哭"的诗句。后来，寒食节逐渐为清明节所兼并。晚唐、宋代以后，禁火食冷之俗转衰；到元代此俗大体消亡；到明清，"清明"之称多于"寒食"。而且，寒食节期间不禁火，不强求人们寒食。此后，寒食节禁火寒食之俗，甚至寒食节本身，就渐渐地在我国绝大部分地区消失了。到现代，大多数地方的百姓就只知"清明节"，不知道"寒食节"之名了。而今，我国江南许多地方在清明节这天要吃"青团"——用雀麦草汁与糯米粉糅合而成，内裹豆沙，表面呈青碧色，冷食，很有可能是从寒食习俗延续而来的。

清明节风俗

上巳、寒食与清明三个节日因为时间毗邻，到了唐代，它们慢慢地合而为一了，寒食变成清明节的一部分。其中清明因是节气之一，有着气候、历法等一套制度作依托，地位相对稳固，尤其是后来扫墓渐渐成为清明节专有的习俗，而祭祖的情感积淀显然要比合男女与吃冷食深厚得多，所以，清明节逐渐吸纳了寒食节的相关习俗，成为一年之中十分重要同时又内容丰富的一个节日了。

清明时分，天气转暖，草木复萌，人们常常结伴到郊外踏青、放风筝、欣赏春光，所以清明节有时也被称做"踏青节"。清明寒食期间，民间有禁火寒食、祭祖扫墓、踏青郊游等习俗，另外还有荡秋千、放风筝、拔河、斗鸡、戴柳、斗草、打球等传统活动。其实，扫墓在秦以前就有了，但不一定是在清明之际，清明扫墓则是秦以后的事，到唐朝才开始盛行，并相传至今。扫墓是慎终追远、敦亲睦族及行孝的具体表现，基于上述意义，清明节因此成为华人的重要节日。民间还以面粉、枣泥制成饼，称子推饼，捏成燕子形，以柳条吊在门口，作为怀念介子推的象征。

扫墓

一般说来，每一个传统的岁时节日都有一个突出的习俗主题，像春节的除旧布新、七夕的乞巧、中秋的团圆，而清明节的主题是怀念逝去的祖先——扫墓祭祖。"清明时节雨纷纷，路上行人欲断魂。借问酒家何处有，牧童遥指杏花村。"唐朝诗人杜牧的这首《清明》诗，已成为人们心中清明节的一个特殊符号，吟咏着它，令人情不自禁地产生对生与死永恒的怅惘，并倾注于清明节所特有的习俗——扫墓之上。

中国古代扫墓之习由来已久，相传，先秦已有祭墓，是望墓为坛而祭，后渐变为直接祭于坟前。汉魏时已很重视上坟之礼，但当时尚未成为正式礼制。唐玄宗开元二十年（732），朝廷颁布敕令，将寒食节上墓行拜扫之礼编入"五礼"，永为常式。从唐朝开始，朝廷就给官员放假以便于归乡扫墓。因寒食与清明相接，后来就逐渐传成清明扫墓了，宋朝时开始扫墓多在清明。清明祭祀的参与者是全体国民，上至君王大臣，下至平头百姓，都要在这一节日祭拜先人亡魂，通过祭祖、上坟、扫墓，表示对先人的敬意和哀思。据《梦粱录》记载：每到清明节，"官员士庶俱出郊省墓，以尽思时之敬"。至清朝时，上墓日期规定更不严格，清明前一日直至立夏日，皆是扫墓之日。

扫墓时首先要整修坟墓，要清除杂草，培添新土。这种行为一方面可以表达祭祀者对亡人的孝敬和关怀；另一方面，在古人的信仰里，祖先的坟墓和子孙后代的兴衰福祸有莫大的关系，所以培墓是不可轻视的一项祭奠内容。不仅要给坟头上添添土，还要在上边压些纸钱，让他人看了，知道此坟的主人尚有后人。过去由于寒食禁火的影响，纸钱不焚烧，而是挂在墓地的小树上、竹竿上，或用石块等压在坟墓边。这样，凡是祭扫过的坟墓就有纸幡飘飘，构成清明前后的特有景观。后来，一般不再讲究禁火，就把纸钱烧掉。没有纸钱者，一般就是缺少后嗣的孤坟了。

清明插戴杨柳

旧时每当清明时节，各家的门窗插挂杨柳，妇女头发簪柳梢，小孩头上戴柳圈，寓"思青（亲）"之意。胡朴安《中华全国风俗志》中记载了诸多相关的民间谚语，如"清明戴杨柳，下世有娘舅"；"清明不戴柳，红颜成皓首"等等。清明插柳戴柳有多种说法：民间有把柳枝插在屋檐下可以预报天气之说，一如古谚所云"柳条青，雨蒙蒙；柳条干，晴了天"。

影响较大的说法是，中国人以清明、七月半和十月朔为三大鬼节，清明是百鬼出没讨索之时。柳在人们的心目中有避邪的功用，人们为防止鬼的侵扰迫害，便插柳戴柳。同时，受佛教的影响，观世音以柳枝蘸水济度众生，人们认为柳可以却鬼，而称之为"鬼怖木"。北魏贾思勰《齐民要术》里说："取柳枝著户上，百鬼不入家。"清明既是鬼节，值此柳条发芽时节，人们自然纷纷插柳戴柳以避邪了。

还有一说即为纪念介子推。介子推因拒不做官而被烧死于大柳树下，第二年，晋文公率众臣登山来祭拜介子推的时候，发现那棵被烧毁的柳树竟然死而复活，晋文公便赐老柳树为"清明柳"，并折了几枝柳条，戴在头上，以示怀念，以后群臣纷纷仿效相沿成袭。此后，清明插柳，便成为纪念介子推的一种象征。

荡秋千

秋千是在木架上悬挂两绳，下拴横板而成。人们坐或站在板上，前后摇动，做出种种惊人表演。早在原始社会，先民为了取得食物，常要攀藤上树，荡来荡去，这可以说是秋千的雏形。秋千最初叫做千秋，据说荡秋千早先是北方山戎人为了练习身体灵活性而发明的一种运动。"春秋五霸"之一的齐桓公"尊王攘夷"，远伐山戎，带回了这项游戏活动。后来，荡秋千逐渐成为北方人在寒食节进行的游戏活动之一，再后来也就并入清明习俗了。开始时的秋千只有一条绳子，用手抓住绳子荡来荡去，后来逐渐发展为用两根绳索加上踏板的秋千。到了汉武帝时，宫中以"千秋"为祝寿之词，取"千秋万寿"之意，为了避讳，所以把千秋改为秋千。秋千之戏在南北朝时已经流行。南朝《荆楚岁时记》记载："春时悬长绳于高木，士女衣彩服坐于其上而推引之，名曰打秋千。"

到唐代，荡秋千已经十分普遍，并且成为寒食节及清明节的一项重要活动，参加者主要为女性。唐诗中有不少关于秋千的描写。诗人韦庄曾有《长安清明》诗云："紫陌乱嘶红叱拨，绿杨高映画秋千。"说的是清明春风拂柳之际，三五成群的女子于郊野树下荡秋千，确实充满诗情画意。诗人王健的《秋千词》——"身轻裙薄易生力，双手向空如鸟翼"，"回回若与高树齐，头上宝钗从堕地"等诗句，更形象地描绘了唐代女子在荡秋千时争强好胜，连头上的首饰纷纷落地也顾不得捡拾的生动景象。据《开元天宝遗事》记载："宫中至寒食节，竞竖秋千，令宫嫔辈笑以为宴乐，帝呼之为半仙之戏。"意思是说，宫嫔们把秋千荡得很高，飘飘而下，似仙女从天而降，唐玄宗称之为"半仙之戏"。民间还有女皇武则天后宫荡秋千技压群芳的传说等等。由于清明荡秋千随处可见，元、明、清三代定清明节为秋千节，皇宫里也安设秋千供皇后、嫔妃、宫女们玩耍。

不过，荡秋千并不属于清明节的"专利"，我国的许多地方，正月里元宵节时也有荡秋千的习俗。像河北省武安、涉县、磁县一带，一过正月初十，人们就开始在村街口开阔处和自家院内搭起高低不同的秋千架。从搭成到正月十六，每天都要荡一阵子，其中十四、十五两天是高潮。我国东北地区的朝鲜族，元宵节也有荡秋千的风俗。人们在 10 米高处悬挂银铃，荡秋千时，看谁以身体撞响银铃的次数多。每个村镇都有自己的秋千高手，有时还要举行表演比赛，荡得最高最美的人颇受乡邻的赞扬。

放风筝

清明放风筝是我国古代普遍流行的习俗。风筝以竹枝为骨架，外面用彩纸糊成龙、凤、蝴蝶等各种形状，下系长线，绕于线轴之上。大人小孩手持线轴，因风收放，技术好的能放得高入云端。由于风筝上一般挂以竹哨，凭风而鸣，其声清越，所以称为风筝。又因其常作鸟形，所以在南方通常叫做"鹞子"。曹雪芹在北京西山"穷居著书"时，细究风筝扎糊之法，还写了《南鹞北鸢考工志》一书。书中详细介绍了翼燕、双鲤、彩蝶、螃蟹、宠妃、双童等四五十种风筝的扎、糊、绘、放等技法和工艺。

放风筝习俗具有浓厚的原始宗教色彩，可以说是古代巫术的一个缩影。在古人眼里，清明的风很适合放风筝，放风筝可以放走自己的秽气。清明节后就过了东风的时令，不再放风筝了，所以这一天放风筝的人分外多。唐代，风筝盛行，并定清明节为风筝节，宋以后更是在老百姓中间普及了。很多人在清明节放风筝时，将自己知道的所有灾病都写在纸鸢上，等风筝放高时，就剪断风筝线，让纸鸢随风飘逝，任凭清风把它们送往天涯海角。据说，这既象征着自己的疾病、秽气都让风筝带走了，也能给自己带来好运。因此，在人们眼中，放风筝又是与放晦气联系在一起的。《红楼梦》中便有李纨劝林黛玉放风筝的描写。李纨对林黛玉说："放风筝图的就是这一乐，所以叫放晦气，你该多放些，把病根儿带去就好了。"而当紫鹃要去拾断了线的无主风筝时，探春又劝阻道："拾人走了的，也不嫌个忌讳?"可见古时放风筝是人们消灾祛难的手段，不能去拾别人的风筝，以免沾上别人的晦气。

清人潘荣陛在其所著《帝京岁时纪胜》中把放风筝写得活灵活现："清明扫墓，倾城男女，纷出四郊，提酌挈盒，轮毂相望。各携纸鸢线轴，祭扫毕，即于坟前施放较胜。"清代顾禄的《清嘉录》中也说："春之风自下而上，纸鸢因之而起，故有'清明放断鹞'之谚。"同时，人们也把放风筝作为一项增强体质的体育运动来对待。有如清代富察敦崇的《燕京岁时记》所说，放风筝还能锻炼人的眼睛，增强视力——"儿童放之（风筝）空中，最能清目"。李石在《续博物志》中则认为，"今之纸鸢引丝而上，令儿张口望视以泄内热。"故而放风筝日益成为人们不可缺少的娱乐和体育活动。《北京竹枝词》真实生动地描述了节日期间人们竞放风筝的壮观场面："新鸢放出万人看，千丈麻绳系竹竿。天下太平新样巧，一行飞向碧云端。"

风筝文化

中国是风筝历史最为悠久的国家之一。像《韩非子》中关于墨子"为木鸢，三年而成，飞一日而败"的记载，2000多年前春秋时期公输般"作木鸢以窥宋城"，以及汉时韩信做纸鸢，"以量未央宫远近"等典故，便是早期风筝的雏形。

在中国古代，风鸢曾是战争时通讯和侦探的重要工具。相传在楚汉相争对峙的最后阶段，汉兵先包围楚营，汉将张良借大雾迷蒙之机，从南山之隐放起丝制的大风鸢，并让吹箫童子卧伏其上，吹奏楚歌，同时命汉军在四面唱起楚歌，使楚营官兵思乡心切，不战而散，楚王项羽也自刎于乌江边。至今民间仍留下张良"吹散楚王八千子弟兵"的传说。不过，当时没有纸，只能用竹木制成。汉代风筝也大多是牛皮制的。东汉蔡伦造纸术面世后，始有纸制风筝，出现了"纸鸢"和"鹞子"的称谓。"风筝"的称谓当是五代以后，据明代陈沂的《询刍录》记载，五代时的李邺曾在宫中制成纸鸢，以玩赏纸鸢为游戏，并在纸鸢上装上响笛，放入空中，风一吹，发出近似古筝的声音，所以称为风筝。五代之前，北方习惯称"纸鸢"，南方则多叫"鹞子"。

唐宋以后，风筝的形状已不局限于鹊、鸢、鹞等鸟类，虫、鱼、人、神均有之，明清以后，风筝制作已成为一种十分精湛的手工艺术。风筝的艺术造型大体上有五种，即硬膀、软膀、排子、长串和桶形等。硬膀风筝的骨架坚硬，翅膀挺拔，代表作品是"沙燕"。软膀风筝骨架简练，翅膀比较柔软，出色的有"鹰"、"蜻蜓"等传统作品。排子风筝也分为硬排与软排两种，其造型多为"鼎"、"蝉"等。长串风筝以许多圆形单片串联而成，以"蜈蚣"为典型作品。桶形风筝则以"宫灯"为代表。历经两千多年的历史变迁，具有悠久历史的中国文化已深深融入风筝这一民间工艺之中，其主要的一个表现形式便是将神话故事、花鸟瑞兽、吉祥寓意等表现在风筝之中，形成了独具特色的风筝文化。最著名的有潍坊风筝、北京风筝、天津风筝、四川风筝。

传统的中国风筝上到处可见吉祥寓意和吉祥图案的影子。吉祥寓意如"福寿双全"、"龙凤呈祥"、"百蝶闹春"、"鲤鱼跳龙门"、"麻姑献寿"、"百鸟朝凤"、"连年有鱼"、"四季平安"等，这些风筝无一不表现着人们对美好生活的向往和憧憬。吉祥图案运用人物、走兽、花鸟、器物等形象，以民间谚语、神话故事为题材，主题鲜明突出，构思巧妙，趣味盎然，表达祈求吉祥、消灾免难之意，寄托人们期盼幸福、长寿、喜庆等愿望，富有独特的格调和浓烈的民族色彩。例如，因蝙蝠与"遍福"、"遍富"谐音，故而在传统的北京沙燕风筝中，以"福燕"为代表，在整个硬膀上，可以画满经过美化的蝙蝠，以象征"求福"；画上"祥云鹤寿"、"八仙贺寿"的风筝是寄寓和祝颂长寿；"福禄寿喜"、"双喜福祥"风筝表达喜庆；"龙凤呈祥"、"彩凤双飞"、"百鸟朝凤"风筝象征吉祥等等。多姿多彩的风筝中蕴涵了丰富的传统文化。

清明诗词

清明

（唐）杜牧

清明时节雨纷纷，路上行人欲断魂。

借问酒家何处有？牧童遥指杏花村。

纸鸢

（宋）寇勍

碧落秋方静，腾空力尚微。

清风如可托，终共白云飞。

风鸢图诗

（明）徐渭

柳条搓线絮搓绵，搓够千寻放纸鸢。

消得春风多少力，带将儿辈上青天。

······

我亦曾经放鹞嬉，今来不道老如斯。

那能更驻游春马，闲看儿童断线时。

清江引·清明日出游

（明）王磐

问西楼禁烟何处好？绿野晴天道。

马穿杨柳嘶，人倚秋千笑，探莺花总教春醉倒。

四月初八·浴佛节

　　浴佛的仪式开始于印度，是从求福灭罪的一种宗教要求传衍而来的。我国的浴佛节又名佛诞节、龙华会，是佛教传入中国后兴起的宗教节日。相传四月八日为释迦牟尼的生日，据传说，太子出生后便周行七步，脚踏之处现七朵莲花，且举目四顾，一手指天，一手指地，自言道："天上天下，唯我独尊。"当时天上香花飘落，九龙吐水为太子沐浴，故农历四月初八又名"浴佛节"。在这一天，汉传佛教的信众都要到寺院里去参加浴佛节活动，以此纪念佛祖降生。浴佛节的宗教仪式是念诵经咒，赞佛功德，但最重要也最独特的是浴佛。

　　两晋南北朝时代，浴佛节习俗已在我国各地普遍流行。我国浴佛的日期，古来有几种不同的记载。一是二月八日，一是四月八日，还有一种是十二月八日。在佛祖的诞生、出家、成道和涅槃之日，均有浴佛盛事。据吴言生先生研究，从历史的记载看来，北朝时多于四月八日浴佛。《高僧传》："四月八日浴佛，以都梁香为青色水，郁金香为赤色水，丘隆香为白色水，附子香为黄色水，安息香为黑色水，以灌，以求施利。是日西湖作放生会，舟楫甚盛，略如春时小舟，竞买龟鱼螺蚌放生。"自梁经唐至于辽初，大抵遵用二月八日；宋代北方改用腊八，南方则用四月八日。元代的《幻住庵清规》及《敕修百丈清规》均制定四月八日为释迦如来诞辰，其后南北浴佛的日期就完全一致了。明代的风俗大抵是继承宋代的。据田汝成《熙朝乐事》记明代的风俗说："四月八日，俗传为释迦佛生辰。僧尼各建龙华会，以盆坐铜佛，浸以糖水，覆以花亭。"这种风俗到清代并无多大改变。清代顾禄《清嘉录·四月浴佛》:"僧尼香花灯烛,置铜佛于水盆,妇女争舍钱财,曰浴佛。居人持斋礼忏,结众为放生会,或小舟买龟鱼螺蚌,口诵《往生咒》放之,竟日不绝。"

具体仪式是:僧人们把一手指天一手指地的太子佛像——释迦牟尼佛刚刚降生时的形象请入水钵。钵内盛有撒上花瓣的净水,水钵之上还有用松柏、柳枝及花卉等搭建的佛龛。浴佛时,信徒们鱼贯行至太子佛像前,合掌问讯后,以小勺舀些许净水自太子佛顶徐徐洒下,然后合掌礼拜而退。一般民众则争舍钱财、放生、求子,祈求佛祖保佑。大庙宇内多辟有专用的放生池,供人们放养动物。信徒们将买来的鱼、龟、螺、蚌等水生动物投放水中,终日不绝,借此表达他们的慈悲心怀与对宗教的虔诚。

中国佛教寺院的浴佛活动,到了元代形成正式的仪轨,并以《浴像功德经》为标准,置种种妙香(如牛头旃檀、紫檀、白檀、龙脑、沉香、麝香等等)于净水中,灌沐佛像。这种浴佛传统,除了表达宗教感情上的庆祝和供养外,还有替世间民众求福灭罪的宗教要求。我国的浴佛节又融入了中国传统文化的特点,庙会便是其中之一。北方地区像泰山有妙峰山庙会,南方地区龙华、九华、姑苏等地也均有盛大庙会。浴佛节期间,浴佛、斋会、结缘、放生和求子均是广为流行的民间风俗。

斋会,又名吃斋会、善会,由僧家召集,请善男信女在四月八日赴会,念佛经、吃斋。由于与会者要吃饭,必须交"会印钱"。结缘是以施舍的形式,祈求结来世之缘。民间舍豆结缘,寺院、宫廷也不例外。宫中要煮青豆,分赐宫女、内监及内廷大臣,称做"吃缘豆"。

五月初五·端午节

端午节又名端阳节、重午节。"端"是"开端"、"初"的意思,古人称初一为端一,初五则为端五。端五的"五"字又与"午"相通,按地支顺序推算,五月正是"午"月。又因午时为"阳辰",所以端五也叫"端阳"。五月五日,月、日都是五,故称重五,也称重午。唐代,因唐玄宗生于八月初五,为了避"五"的字讳,便将端五正式改为端午。

端午节还称"浴兰节",因端午时值仲夏,是皮肤病多发季节,古人以兰草汤沐浴去污为俗。早在周朝,就有"五月五日,蓄兰而沐"的习俗。汉代《大戴礼》也有"午日以兰汤沐浴"的记载。

关于端午节的起源,就史籍来看,可谓众说纷纭:一说是纪念屈原;一说是

源于吴越民族图腾祭；山西一带流行纪念介子推说；吴楚两地流行纪念伍子胥说；浙江会稽流行纪念孝女曹娥说等等。这些说法都有一定的地域性和局限性，但大都折射出中国传统文化中所推崇的爱国、忠孝之理念。

纪念屈原说

关于端午的起源，影响最广的说法是纪念屈原说。据史料记载，公元前278年农历五月初五，楚国大夫、爱国诗人屈原听到秦军攻破楚国都城的消息后，悲愤交加，心如刀割，毅然写下《怀沙》，抱石投入汨罗江，以身殉国。沿江百姓得知后，纷纷引舟竞渡前去打捞，沿水招魂。为了避免鱼虾蚕食他的身体，人们将糯米饭或蒸粽糕投入江中，还把雄黄酒倒入江中，以便药昏蛟龙水兽。从此，中国民众便把端午节的龙舟竞渡等习俗与纪念屈原紧密地联系在一起。每逢此节，民间有佩香袋、吃粽子、赛龙舟习俗。划龙船则表示去营救屈原。香袋表示屈原的品德节操高尚如馨，万古流芳；小孩佩香袋还有避邪驱恶之作用。粽子古称角黍、筒粽，原是南方的一种用芦叶把米包起来煮食的风味小吃，后来与纪念屈原联系起来，成为节日食品，并逐渐固定在端午节吃。这些习俗绵延至今。

吴越民族图腾祭说

今天人们都知道，端午节的一项重要节日活动是为纪念屈原举行的"龙舟竞渡"。但龙舟竞渡的习俗，早在屈原之前已经存在。闻一多先生的《端午考》和《端午的历史教育》等文，以翔实的史料考证，端午的起源，是中国古代南方吴越民族举行图腾祭的节日，在时间上比屈原更早。闻一多先生在《端午考》一文中指出：古代的越民族是以龙为图腾的，为表示他们是"龙子"的身份，借以巩固本身的被保护权。他们不仅有断发文身的风俗，而且每年在农历五月五日这一天，举行一次盛大的图腾祭。其中便有类似今日竞渡的游戏，这便是竞渡习俗的由来。但是，龙舟竞渡不仅是越人的习俗，其他民族也有此俗。这在一些出土的战国时代的古物中可以看出端倪。那么为什么纪念屈原说如此深入人心呢？对此，赵东玉先生从民俗的文化选择角度对端午龙舟竞渡予以了诠释。他指出，千百年来，屈原的爱国精神和感人事迹已深入人心，故人们"惜而哀之，世论其辞，以相传焉"，因此，纪念屈原之说，影响最广最深，占据主流地位。

伍子胥忌辰说

伍子胥名员，楚国人，父兄均为楚王所杀，后来子胥逃离楚国，奔向吴国，助吴伐楚，以报杀父兄之仇。吴王阖闾死后，其子夫差继位，吴军士气高昂，大败越国，越王勾践派人请和，目光短浅的夫差允诺。伍子胥力谏夫差，彻底消灭越国，不应接受勾践的讲和。夫差刚愎自用，不予理会。与此同时，吴国的太宰接受了越国所赠的八大美女及金银财宝的贿赂，并在夫差面前谗言陷害子胥。夫差信以为真，赐子胥宝剑，令其自刎。子胥身为忠臣，视死如归，临死前对旁边人说："我死后，将我的眼睛挖出悬挂在吴城之东门上，我要亲眼看着越国军队入城灭吴。"夫差闻言大怒，令取子胥之尸体装在皮革里于五月五日投入大江。因此，相传端午节亦为纪念伍子胥之日。

纪念孝女曹娥说

在浙江一带，流行端午节的起源是为纪念东汉孝女曹娥救父投江而死。曹娥是东汉上虞人，其父曹盱善于"抚节安歌，婆娑乐神"。按汉代吴越地区逢端午节祭祀潮神伍子胥的习俗，这一天都要在舜江（现称曹娥江）上驾船逆潮而上祭祀和迎接潮神。相传在东汉汉安二年（143）五月五日，舜江上举行迎潮神仪式，曹盱不幸溺水而死，尸体亦被浪涛卷走。当时孝女曹娥年仅14岁，昼夜沿江号哭寻找其父，后亦投江。过了几天，她身背父尸，浮出江面。这就是孝女曹娥投江觅父的传说。曹娥的忘我纯孝感动了乡里百姓，继而相传至县府知事。八年以后，汉桓帝元嘉元年（151），上虞县令度尚为曹娥投江救父的事迹所感动，上报朝廷封其为孝女。并下令为之立碑，命人为之做辞颂扬。后人为纪念曹娥的孝节，弘扬孝行，在曹娥投江之处兴建曹娥庙，她所居住的村镇改名为曹娥镇，舜江也被改名为曹娥江。

如今的曹娥庙因曹娥碑而闻名。碑文记载的是曹娥投江寻父的孝行，碑文虽只有400余字，但其"彰孝烈"情旨自溢于言表。相传在碑文风靡全国之时，晋代"书圣"王羲之和宋代著名书法家、王安石女婿蔡卞等人，亦纷纷摹写碑文。尤其是王羲之《孝女曹娥碑》的字本，堪称传世精品。至为惋惜的是，"书圣"王羲之摹写的碑刻早已逸失。现存曹娥庙内的是蔡卞摹写的碑刻。细细观瞻，但见笔走龙蛇，刚劲有力。光绪末科状元、民国时任中国图书馆馆长的刘春霖有一副刻在曹娥庙内的对联，更把曹娥那泓至孝情愫倾诉得可歌可泣："百行孝为先至性感人余热泪，大江流不尽夕阳终古咽寒涛。"曹娥"孝感动天"的孝行世代流传，千古不衰，令曹娥庙成为闻名遐迩的"江南第一庙"。至今，当地民众在每年的农历五月十五至五月二十二都要举行为期七天的曹娥庙会。

端午习俗

从史籍上看，"端午"二字最早见于晋人周处《风土记》："仲夏端午，烹鹜角黍。"南宋梁宗懔所著《荆楚岁时记》对端午节有如下记载："五月五日，四民并蹋百草，又有斗百草之戏，采艾以为人，悬门户上，以禳毒气。是日，竞渡，采杂药。以五彩丝系臂，名曰辟病，令人不病瘟。又有条达等组织杂物以相遗赠。取鸲鹆教之语。"也就是说，农历五月五日这一天，人们到野外去踏青，采艾草悬挂于门户之上，还有龙舟竞渡，外出采摘各种草药。人们要将五彩丝带系于臂膀以避病等等。

除此之外，各地人们过端午节的习俗还有：挂钟馗像，给小孩涂雄黄，饮用雄黄酒，吃咸蛋，击球等。

悬挂钟馗像

世上本来没有神，所谓神都是人们把所敬仰的历史人物，或古代传说中的神话人物神化了的缘故。钟馗便是中国古代诸神中的一位，他总是与阴间恶鬼相伴为伍，在唐朝时就已经是声名显赫的捉鬼大神。每到年节喜庆日子，人们都要张挂他的画像镇鬼驱邪，保护一家大小的平安。这种风俗自唐朝持续至今，一千多年从未间断。

将钟馗像悬挂在厅堂之上，也是民间端午节的重要习俗。人们相信挂钟馗像可以驱"五毒"，避邪祟，以镇宅驱邪。此外，钟馗为道教历史人物，道教以善于驱鬼降妖而著称，五月五日为毒月日，自然会把道教的神仙搬到节日中来，所以这是较晚兴起的信仰。

传说唐明皇（唐玄宗）开元年间，玄宗自骊山回宫，疟疾大发，梦见二鬼，一大一小，小鬼偷杨贵妃之香囊和明皇的玉笛，绕殿而跑。大鬼则捉住小鬼，一口吞下，然后转身向明皇下拜，口中说："臣救驾来迟，望陛下恕罪。"明皇喝问，大鬼奏曰："臣姓钟名馗，为国初时人，生前原是举子，进京赶考未中，愤而自杀。死后立誓要替陛下扫清天下的妖孽恶鬼。"明皇闻言大喜，醒后疟疾痊愈。于是令画工吴道子照梦中所见画成钟馗捉鬼之画像，然后把像挂在宫中避邪驱鬼。后来，这件事传到民间，老百姓家中每到端午节及年底都悬挂钟馗像，做避邪驱鬼之用。钟馗从此成了民间传说中的"鬼王"了。

悬挂菖蒲和艾草

传统节日中的风俗习惯往往体现了浓郁的文化色彩，端午节悬挂菖蒲和艾草风俗便具有代表性。民间认为五月为毒月，初五又是毒日，有"五毒"，即蛇、蜈蚣、蝎子、壁虎、蟾蜍。此月多灾多难，甚至生孩子都会夭折，因此必须采取各种方法预防，避"五毒"乃是过"端午"之初衷。据说虎能够威镇百虫，驱邪避疫。将艾叶悬于堂中，编为虎形或剪为小虎，妇人争相佩戴，以避邪驱瘴；用菖蒲做剑，插于门楣，以达驱魔祛鬼之神效，俗称"蒲剑斩千妖，艾旗招百福"。

有些地方的人们在这天还会喝雄黄酒，或将雄黄酒洒在地上，涂在身上，或在孩子额上写一"王"字，用"百兽之王"的老虎来镇住蛇、蜈蚣、壁虎、蟾蜍、蝎子"五毒"，以示驱毒祛病、避邪驱瘟之意。人们还忙于制作虎形、人孩形、鸡心形、粽子形、菱形、绣球形等各种色彩的香袋，内塞棉花，并掺入香粉，挂在孩童胸前或悬在床帐或摇篮上，谓可驱邪。

六月六，虫王节

六月六民间又称虫王节。六月间气候炎热，百虫滋生，季节上正是农作物害虫繁衍的时期，尤其是蝗虫等，对农业是莫大的威胁。人们一方面利用火烧、网捕等方法积极捕蝗，尽力消灭蝗虫；另一方面则焚香上供，祭祀虫王，以祈求人畜平安，保佑庄稼丰收。这天，可见到田间地头遍插色纸糊的三角旗，上写"风调雨顺"、"国泰民安"等吉祥话，希望能得到虫王保佑，不起虫灾。此外，"小民以食为天，无螟螣自然康乐；百姓望天如岁，有蟊贼幸年驱除"。这个时期也是农家期盼雨水的季节，俗语称"有钱难买五月旱，六月连阴吃饱饭"，而下雨又能有效地抑制虫害的泛滥。因此，每到六月六，我国许多地区民间要进行集会、宰牲、设供、焚香、敬纸，虫王庙里祭虫王，龙王庙里祭雹神，祈求保佑庄稼丰收。如晋北地区的一副对联所言："生蝗灭迹三农泰，旱魃无闻四野安。"如今，宰牲、设供已不再进行了，但民间却习惯在这一天举办开园活动。凡有菜园之处都要邀朋饮酒。

六月六，天贶节

宋代，六月六被人为地定为一个节日，叫做"天贶节"。贶，是赐予的意思。当时的皇帝宋真宗赵恒，十分信奉道教，一心想成仙得道，有一年的六月初六，赵恒突然宣称，上天保佑他，赐给了他一部天书。随后他就把这天定为"天贶节"，并且还在泰山山顶修建了一座"天贶殿"，以示纪念。

到了南宋，朝廷又将六月六日定为崔真君的诞辰。据《梦粱录》载："六月初六日，敕封护国显应福普佑真君诞辰，乃磁州崔府君，系东汉人也。朝廷建观在门外，聚景园前，灵芝寺侧，赐观额名曰显应。其神于靖康时高庙为亲王日，出使到磁州界，神显灵卫驾，因建此宫观，崇奉香火，以褒其功。此日内庭差天使降香设醮，贵戚士庶多有献香化纸。"六月六成了纪念崔真君诞辰的日子。

关于"天贶节"的来历，还有一种说法是：传说唐僧历尽八十一难终于从西天取来佛经，回国时途经大海，佛经落入海中，为水所湿。皇天感其艰辛，便在六月六这天赐以炎热晴天，将被水所湿佛经全部晒干，于是这天被定为"天贶节"。

佛教与道教界都把六月初六称为"天贶节"。

六月六，过小年

在中国传统的节日风俗中，"六月六"是传统农耕文化色彩较浓的一个节日，它的习俗与影响没有清明节、元宵节、中秋节那么普遍，在众多的传统时令节日中算不上一个大节，但在不同的地区，却有着不同的风俗习惯，并体现了鲜明的传统农耕文化内涵。

农历六月初一，是中原农村比较重视的节日。在豫东和豫南，甚至有"六月初一过小年"的说法。特别是在农村地区，更为重视。农历六月初，麦子刚刚打下不久，丰收的喜悦洋溢在农民的心头和眉梢。人们往往把这天当做庆祝丰收、祀求丰年的节日。人们在屋中、院内、麦场里摆上供桌，放上馍、枣山（馍的一种）和桃、李等瓜果，用斗盛满新收的小麦，斗上贴红色的"福"字，然后焚香燃炮，祈求秋季风调雨顺，五谷丰登。

农历六月初一过后，紧接而至的六月初六又是一个大节，民间称"炒面节"、

"望夏节"、"闺女节"等。所以，人们干脆把这两天的活动糅合到一起来进行。从六月初一至六月初六，中原农村的"年"味是浓郁的，时间要持续一周左右。六月初六也日渐成为中原农耕地区的农事节日，被称为"收获节"和"丰收节"。

六月六，鬼哭日

农历六月初六，豫东和豫南大多数地区称它为"望夏节"、"闺女节"。而豫西一些地区却认为这一天是"鬼哭日"，这天鬼在地下难忍酷暑，便嘤嘤哭泣。于是，姑娘媳妇们便剪把扇子插在坟头，表示自己并没有忘记去世的亲人。有一首民谣正验证了在六月初六剪扇子的习俗：六月六，汗水流，剪把扇子插坟头。晚辈都应尽孝道，死者九泉乐悠悠。

六月六，姑姑节

六月六，妇女回娘家也是北方民间重要的风俗。每逢农历六月初六，农村的风俗是请回已出嫁的老少姑娘，好好招待一番再送回去。民谚说"六月六，请姑姑"；"六月六，挂锄钩，叫了大姑叫小姑"。像晋南地区有"六月六，走麦罢"的风俗。每当旧历的六月初六，人们经过紧张劳动，把麦子都收回了家。这时，新婚夫妇带上用新麦面做的几斤重的大月形角子馍，意喻自家又获得了丰收，一起回娘家去。

这一习俗也源自于民间传说。相传春秋战国时，晋卿狐偃因是晋文公的舅父而自恃高贵，刚愎自用，听不进亲家赵衰的苦口良言，当众责骂亲家。赵衰年老体弱，不久因气而死。赵衰的儿子（狐偃的女婿）也因此而对狐偃耿耿于怀。有一年晋国遭灾，狐偃出去放粮，赵衰的儿子就决定乘六月六日狐偃祝寿之际，为父报仇。狐偃放粮期间，亲眼目睹了百姓疾苦，非常后悔自己以前刚愎自用的所作所为。他得知女婿要刺杀自己的消息后，不但不怪罪女婿，还当众承认了自己以前的错误，主动给女婿赔了罪，和解了双方的矛盾。以后每年六月六，他都把女儿女婿接回家来，合家团聚。这事传到民间，百姓争相仿效，也都在六月六接回闺女，图个消仇解怨、免灾祛难的吉利。年长日久，相沿成习，流传至今，人们称为"姑姑节"。

这只不过是一个传说而已。其实，究其真正原因，还在于这一习俗根植于农耕文化的土壤上。妇女回娘家是经常性的，但是什么时候能回，则要取决于具体时节。农忙时节妇女要在丈夫家生活。而农历六月恰值北方农闲期间，便为妇女回娘家提供了方便条件。像北方产麦区，每年六月六前后，小麦就收割完毕，处于农闲阶段，这正是探亲的最佳时期。因此，妇女回娘家是六月六的重要内容。

这段时间，小孩也要跟随母亲去姥姥家，归来时，在前额上印有红记，作为避邪求福的标记。还有的地方煮熟鸡蛋给儿童吃，有的将蛋染红，装入小网袋，悬挂于脖子前。据说孩子们"吃了六月六的蛋，一年四季不生癞，洗了六月六的澡，疥疮痱子不沾身"。

六月六，敬谷神

在河北邯郸西部，武安、涉县一带，还流传着农历六月六敬谷神的习俗。太行山山区种谷较多，且种植时间较早。如果遇到"老天关照"，春季雨水好，到了农历六月初谷子就长得齐腰深，秀出了穗，放眼望去，田野里是一片金黄。因此，这一带有一句农谚：六月六，老汉骑驴看谷秀。这里的习俗，还将六月六叫做小"中秋"，并称"六月六不蒸，扬场没风"。因此，农历六月六这天，家家要蒸馍馍，蒸豆包儿，吃好饭。六月六最时兴吃的好饭是"裹卷"。当地的农民还要在这一天带上香和自家蒸的馍，去自家种的田地祈祷，一方面是为了感激上苍赐给人们粮食，同时也祈求五谷神不要收回人们享用的粮食，并希望五谷神赐给自家好收成。过了六月六，谷穗压了"圈儿"，就只等着开镰收割、扬场打谷了。

在山东威海地区，阴历六月初六这天，人们也用新麦面蒸饽饽敬天，民间有"六月六，看谷秀，碗大的包子一包肉"之歌谣。

六月六的传说

晒龙袍。相传康熙皇帝南巡，每次都要到扬州。有一次他到扬州南郊游玩，突然间暴雨骤至，一时又找不到雨具，尊贵的帝王被淋成了落汤鸡。当他匆匆忙忙赶到一座寺庙躲雨时，偏偏又雨过天晴了。外衣淋湿了，应当借寺僧或是其他百姓的衣服临时替换一下，但帝王岂能穿百姓的衣服呢？康熙只好在寺庙里将外衣脱下，一直待到晒干了才又穿上。这一天正好是六月六，此事传开后，民间便有了"六月六，晒龙袍"之说。

其实，从科学的角度说，农历的六月，南方地区刚刚经历了长达数周的梅雨时期。梅雨期间，阴雨连绵，空气闷湿，使得墙壁和地面湿润欲滴，家中衣物器具也极易生霉，故而一些地区也把这雨季叫做"霉雨"。六月初，"霉雨"一过，阳光高照，马上就进入了高温期，人们便赶紧利用炽热的阳光，曝晒家中的棉衣被褥和换了季的衣服，名叫"晒伏"。"伏"就是伏天，把夏日高温时期分成三段，称为"三伏天"。扬州有谚云："六月六，晒大伏。"或曰："六月六，家家晒红绿。""红绿"，是指家家户户把衣服摊开曝晒，五颜六色，斑斓一片。

晒经书。传说唐僧去西天取经路过通天河时，波涛凶险，多亏一只大鼋把他们师徒驮过去。老鼋托唐僧向西天佛祖打听他为什么上不了天。谁知唐僧见到佛祖时忘了问此事，在返回来过通天河时，被老鼋一气之下掀翻在通天河里，打湿了经书。师徒们无法，只得在岸边的石头上把经书晒干了再走。这一天刚好是六月六。由此寺院都在六月初六天气晴好之日，把所藏的经书翻捡出来曝晒，以利长期库藏。而南方梅雨季节里，衣物生霉，经书也易发霉生蠹，寺院里在每年的六月六日把经书翻开，摊在烈日下曝晒，僧众便把这天叫做"翻经节"。

各地习俗

瑶族晒衣节。我国一些少数民族也有在六月六晒衣物的习俗。每年旧历六月六，广西桂平县的盘瑶要隆重地欢庆一年一度的晒衣节。节日的早上，各家各户的老者指挥年轻人有秩序地把箱子、柜子及衣服、鞋子等搬到房外晒谷坪上，或摊开在竹垫上，或挂在竹竿上，等候烈日曝晒。整个寨子色彩斑斓，成了衣物的"海洋"。晒到三四个小时后再把衣物等放回原处。到了傍晚，全寨人站在晒谷坪上，对着西沉的太阳频频招手，表示对太阳的感激和崇敬。"晒衣节"家家户户要宰鸡杀鸭欢庆，别有情趣。

按湖北鄂西土家族人的传说，农历六月六是"太阳的生日"，要在这一天庆贺太阳的生日，并将家中的衣被诸物拿到太阳下晒一晒，俗称"六月六，晒衣裳"。由于是太阳的生日，人们相信，衣被等物在这一天晒了就不会生虫和霉烂。

贵州的一些地区视六月六为"土地生日"，家家以纸烛、酒肴、雄鸡一只设祭。俗言：土地灵，则虎豹不入境。也有用刚收获的谷物祀青苗神、谷神者，以答谢诸神的佑护。

青海、甘肃、宁夏等地区的各族群众在农历六月六及其前后，各地都要举行一年一度的传统歌节——花儿会。"花儿"是当地山歌的名称，是汉、回、土、撒拉、东乡等族的口头文学形式之一。"花儿"又称为"少年"，唱花儿就叫"漫花儿"或"漫少年"。花儿的声调高亢舒长，即兴编词。内容多是歌唱男女爱情的，分抒情、叙事两种，以前者居多，通常为独唱或对唱的形式。

"七夕"乞巧

农历七月初七夜，称"七夕"，是传说中牛郎织女每年相会的日子。牛郎织女的爱情故事，开始于汉代，七夕节的形成当是在汉代，当时就有"穿七孔针"乞巧、"以瓜果祭牵牛织女"的习俗。

七夕风俗中流传最久、最广的是"乞巧"。乞巧指的是向织女乞求一双巧手、巧艺——乞取智巧的意思，故而"七夕"又称"乞巧节"。神话传说中的织女是玉皇大帝的第七位公主，她美丽聪明，心灵手巧，能织出彩霞般的锦绣，令人间女子羡慕不已。"七夕"乞巧的习俗，便是在民众的这种向往心理下形成的。这天晚上，少女们对着天空的朗朗明月，摆上时令瓜果，朝天祭拜，并举行各种乞巧活动，祈求天上的女神能赋予她们聪慧的心灵和灵巧的双手，让自己的针织女红技法娴熟，祈求爱情、婚姻的姻缘巧配。从原始的宗教信仰角度言之，乞巧的仪式反映了古代先人们对织女桑神的原始信仰。随着时间的推移，这种信仰与民间的牛郎织女神话传说相糅合，发展成我们今时今日的"七夕"乞巧的民间信仰。

乞巧形式

关于乞巧的起源，东晋葛洪的《西京杂记》中有"汉彩女常以七月七日穿七孔针于开襟楼，人俱习之"的记载，这便是我们于古代文献中所见到的最早的关于乞巧的记载。

乞巧的具体方式，历代花样多有翻新，各地风俗习惯也各不相同。有"卜巧"之俗，就是卜问女孩家将来是笨是巧。有"赛巧"之俗，也称穿针乞巧，这是最早的乞巧方式，始于汉，流于后世。即妇女们比赛穿针引线，她们结彩线，穿七孔针，穿得越快，就意味着乞到的巧越多。慢的称"输巧"，"输巧"者要将事先准备好的小礼物送给得巧者。还有投针验巧，这是七夕穿针乞巧风俗的变体，源于穿针，又不同于穿针，是明清两代盛行的七夕节习俗。具体过程是乞巧前一日，女孩子取雨水、井水各半，盛于碗中，露天放一夜，再在太阳下曝晒半天。中午时，将绣花针放在水面上，浮而不沉，然后观看针在水中的影子。"有成云物花头鸟兽影者，有成鞋及剪刀水茄影者，谓乞得巧；其影粗如锤、细如丝、直如轴蜡，此拙征矣。"更有喜蛛应巧，即将捉到的蜘蛛放在小盒子里，到隔天早上，依蜘蛛结网的稀密程度来判断得巧的多少，蛛网结得越密，寓意着乞到的巧越多。明代田汝成《熙朝乐事》便有这样的记载：七夕"以小盒盛蜘蛛，次早观其结网疏密以为得巧多寡"。

乞巧节是古人最为喜欢的节日之一。宋元之际，"七夕"乞巧相当隆重，京城中还设有专卖乞巧物品的市场，世人称为"乞巧市"。乞巧市上车水马龙，人流如潮，"车马不通行，相次壅遏，不复得出，至夜方散"，其盛况并不亚于元宵灯会。

牛郎织女的传说

在晴朗的夏秋之夜，天上繁星闪耀，一道白茫茫的银河横贯南北，银河的东西两岸，各有一颗闪亮的星星，隔河相望，遥遥相对，那就是牵牛星和织女星。《诗·小雅·大东》说："维天有汉，监亦有光。跂彼织女，终日七襄。虽则七襄，不成报章。睆彼牵牛，不以服箱。"这是牛郎、织女神话传说的雏形，这时，织女、牵牛星还只是天河二星，并无神的色彩。到了汉代，牵牛、织女便由星变成了神，有了"鹊桥相会"的说法。汉末古诗"迢迢牵牛星，皎皎河汉女。纤纤擢素手，札札弄机杼。终日不成章，泣涕零如雨。河汉清且浅，相去复几许。盈盈一水间，脉脉不得语"，便形象地刻画了牛郎织女相思相恋、悲欢离合的故事。

相传，下凡的织女与牛郎喜结良缘后，男耕女织，互敬互爱。两年后，织女生下一男一女。然而玉皇大帝闻知织女下嫁人间，勃然大怒。七月初七，王母奉旨带着天兵天将，捉了织女离去，悲痛欲绝的牛郎在老牛的帮助下，用箩筐挑着儿女追上天去。眼看就要追上了，王母拔下金簪一画，牛郎脚下立刻出现一条波涛汹涌的天河。肝肠寸断的织女和挑着一双儿女的牛郎，一个在河东，一个在河西，遥望对泣。他们的忠贞爱情感动了喜鹊，霎时，无数的喜鹊飞向天河，搭起一座鹊桥，牛郎织女终于可以在鹊桥上相会了。王母无奈，只好允许牛郎、织女每年的七月初七在桥上相会一次。

这个美好的传说始于汉朝，经过千余年的代代相传，深入人心。每到七夕将至，牵牛和织女二星都竟夜经天，直至太阳升起才隐退。因而又被喻为人间离别的夫妻相会。后来，每到农历七月初七，相传牛郎织女鹊桥相会的日子，姑娘们就会来到花前月下，抬头仰望星空，寻找银河两边的牛郎星和织女星，希望能看到他们一年一度的相会，祈求上天能让自己像织女那样心灵手巧，祈祷自己能有如意称心的美满婚姻，由此形成了"七夕节"。因为这个节日的主要活动者是女性，也是过去姑娘们最为重视的日子，故而也称为"女儿节"或"少女节"。这是中国许多传统性的节日中，最富有浪漫气氛的岁时节庆，被称为"中国的情人节"。

各地七夕风俗

七夕乞巧的应节食品，以巧果最为出名。巧果又名"乞巧果子"，款式极多。主要的材料是油、面、糖、蜜等，有干烙的，也有油炸的。据《中华节令风俗文化》一书的记载，各地区七夕节的乞巧方式不尽相同，各有趣味。有些地方的乞巧活动，如穿针引线、蒸巧饽饽、烙巧果子，以及用面塑、剪纸、彩绣等形式做成的装饰品等，多是古代乞巧风俗的演变。

像晋南地区习惯用当年产的新麦秸编成一座桥，配以牛郎、织女、男孩、女孩、老牛、喜鹊等编织物，置放案头。或是用彩色纸剪成上述景物，贴在墙上。祈祷后，拿七根绣花针，用彩线来穿针孔，能够一次顺利穿过七个针孔者就被认为乞得了巧。

山东鄄城、曹县、平原等地的风俗十分有趣：七个要好的姑娘集粮集菜包饺子，把一枚铜钱、一根针和一个红枣分别包到三个水饺里。乞巧活动以后，她们聚在一起吃水饺，传说吃到钱的有福，吃到针的手巧，吃到枣的早婚。

今日浙江的杭州、宁波、温州等地，在这一天用面粉制各种小型物状，用油煎炸后称"巧果"。晚上在庭院内陈列巧果、莲蓬、白藕、红菱等。女孩对月穿针，以祈求织女能赐以巧手织技。

在绍兴农村，这一夜会有许多少女一个人偷偷躲在生长得茂盛的南瓜棚下，在夜深人静之时如能听到牛郎织女相会时的悄悄话，这待嫁的少女日后便能得到千年不渝的爱情。

浙江台州地区的人们则于七夕之夜以七色鲜花散置盆中承接夜露，称"接牛女泪"，次晨用以拭目，认为可使眼秀目明。采篱槿叶渍水洗发濯梳具，认为可使头发乌黑有光，不存垢腻。在浙江金华一带，人们为了表达牛郎织女能天天过上美好幸福家庭生活的愿望，七月七日家家都要杀一只鸡，意为这夜牛郎织女相会，若无公鸡报晓，他们便能永远不分开。

在福建，七夕节时要让织女欣赏、品尝瓜果，以求她保佑来年瓜果丰收。大家轮流在供桌前焚香祭拜，默祷心愿，不仅乞巧，还有乞子、乞寿、乞美和乞爱情的。

直到今日，七夕节仍是一个富有浪漫色彩的传统节日。虽然不少习俗活动已淡化或消失，但是象征忠贞爱情的牛郎织女的传说，一直流传民间。

七夕古诗

七 夕

（唐）徐凝

一道鹊桥横渺渺，千声玉佩过玲玲。

别离还有经年客，怅望不如河鼓星。

鹊桥仙

（宋）秦观

纤云弄巧，飞星传恨，银汉迢迢暗渡。

金风玉露一相逢，便胜却人间无数。

柔情似水，佳期如梦，忍顾鹊桥归路！

两情若是久长时，又岂在朝朝暮暮！

民间的"鬼节"

古时候，人们都相信人具有三魂七魄，人死之后，七魄分离，只剩下三魂就叫做鬼了。有德之人，死后有人祭祀，不会伤害人类；但那些没人祭拜的孤魂野鬼，就不一样了。相传七月初一至七月十五，阎王大开鬼门关，阴间鬼魂悉回阳间，探视自己的亲友及子孙，故有"七月半，鬼乱窜"之说。在这段日子里，民间人们为保持生活的平安，婚丧喜庆皆不敢轻举妄动。

七月十五这天，民间家家祭祀祖先。有的在家中或祠堂为祖先烧香，合家叩拜；有的到祖先坟墓上添土、上供、烧香等。天黑之后，携带爆竹、纸钱、香烛，烧些纸钱，鸣放鞭炮，恭送祖先上路，回转"阴曹地府"。届时，每户人家都要供奉瓜果菜饭等，举行各种祭祀活动，祈求地官保佑，对"无家可归"的孤魂野鬼也给予关照；要设醮坛，有僧道诵经，烧煞神钱，打发施赈。这种活动在七月十五日达到最高潮。因此，中元节又称七月半，俗称"鬼节"。现在民间的七月十五，大多逐渐剔除迷信色彩，保留祭奠形式，作为对祖先的缅怀和纪念。

道教的"中元节"

中国岁时节令有所谓"三元"，即正月十五上元、七月十五中元和十月十五下元。农历七月十五日为中元节，是传说中地官的生日，是道家祭祖的日子。据《道家大辞典》记载：道家以七月十五为中元，定为地官大帝诞辰。"地官降下，定人间善恶，道士于是日，日夜诵经济度，饿鬼囚魂亦得解脱。"因此，中元节出自道家典故，祭中元地官赦罪。

按道家传说，有个叫做陈子祷的人与龙王女儿结婚，分别在正月十五、七月十五、十月十五这三天生下了"天官、地官、水官"三子，这"三官"主管人间的赐福、赦罪、解厄三项任务。他们法力无边，分别要在这三天到人间巡游，检查人们的道德品质是好还是坏，然后决定是赐福或者降罪。七月十五这天便是道教的中元地官上天禀告人间善恶以定赏罚的日子。但是，中元节并不仅仅是个奖善惩恶的节日，还是个"赦罪节"，一年中有罪过的人可以在中元节这天通过各种仪礼去检讨自己和请求天、地、人的宽恕。所以，"中元节"又是中国节日中的"忏悔节"和"赎罪节"。

放河灯与普度众生

民间七月十五中元节的一项重要活动是放河灯。河灯也叫"荷花灯"，一般是在底座上放灯盏或蜡烛，中元夜放在江河湖海之中，任其漂流。放河灯的目的，含有普度众生的意思——普度水中的落水鬼和其他孤魂野鬼。按传统的说法，水灯是为了给那些冤死鬼引路的。灯灭了，水灯也就完成了把冤魂引过奈何桥的任务。这与道家的拜"三界公"原本并不相涉，但因为时间的巧合，所以出现了把二者合而为一的现象。清朝王凯泰的诗《中元节有感》中，便有"道场普渡妥幽魂，原有盂兰古意存"的感慨。与此同时，也伴随着相关的游玩活动。清朝庞垲的《长安杂兴效竹枝体》一诗，更形象地描绘了中元夜儿童持荷叶灯结伴游乐的情景："万树凉生霜气清，中元月上九衢明。小儿竞把青荷叶，万点银花散火城。"

上元节是人间的元宵节，人们张灯结彩庆元宵。中元节是鬼节，也同样张灯，但人鬼有别。人为阳，鬼为阴；陆为阳，水为阴。水下神秘昏黑，使人想到

传说中的幽冥地狱，鬼魂就在那里沉沦。所以，上元张灯是在陆地，中元张灯是在水里。

李露露在其《中国民间传统节日——中国民间文化图说》中指出：起初放河灯是由寺院兴起的，后来传入民间。它类似一种宗教仪式，目的是"渡出冥界孤独之魂"，也是一种驱鬼活动。它以斋孤、普度的形式，使孤魂野鬼有一种安慰，以免扰乱人间，保证祭祖的正常进行。

"敬鬼"与古人的时空观

中国的中元节习俗可以说与中国上古的天人观有直接关系。在中国古代习俗中，人们认为人升天为仙，下地为鬼。按照西方文化习惯中的思维理念，鬼神是绝对对立的，天人关系也是彼此不可转换和彼此绝对对立的，现实中的人类无法作用于天地另一时空。但是，在中国古代宗教观中，天地可以互相转换，鬼神位置也可以转换，现实中的人类可以根据自己的作为去改变另一时空的关系。在我国先民们看来，天神和地鬼之间，不是绝对的对立关系，而是可以根据当事人的功德作为去进行转换的。鬼魅、神仙和人类都有善恶之分，这种善恶是可以彼此互相影响作用和转换位置的。天神没有功德，也可能重新下地狱，地狱中的鬼魅如果有功德，也可以脱胎换骨上天成神。人们相信，人间的活人可以根据自己的作为，去改变另一个世界时空中的先人和后人的境遇。比如，当世人可以通过自己对现实世界的贡献、功德去拯救自己先人的亡灵，也可以因此而给后人带来善果。

因此，中元节逐步转变成为祭祀祖先和祈福后人的节日了。

佛教的盂兰盆节与中国的"母亲节"

巧合的是，七月十五日也是佛教的盂兰盆节。盂兰是梵语，意为倒悬（苦难）；盆是汉语，是盛供品的器皿。盂兰盆是以竹竿研成三脚，高三五尺，上端有一盏灯笼，挂上纸钱、纸衣帽一块焚烧，传说这样就可以解救祖先倒悬之苦。

佛教的盂兰盆节起源于《佛说盂兰盆经》这部经典。佛经传说，释迦牟尼的弟子木莲（一译目连、目犍连等）以"天眼通"看到死去的母亲在地狱沦为饿鬼受苦，如处倒悬，便求佛救度。释迦牟尼要他在七月十五备百味饮食供养四方僧众，以出家人的力量，超度他在地狱饿鬼道中受苦难的母亲。木莲在七月十五这天做盂兰盆，于是，佛教僧众集体为木莲母亲念经超度，使得其母脱离了苦海。在佛家弟子看来，这是佛祖本着慈悲的心怀，告示一个孝子如何救母，同时也劝导其他人孝敬父母。因此，佛教七月十五的盂兰盆节，有两层含义：一是教育人们要供养宗教僧众，二是教育人们多做善事，超度先人罪孽，并提倡孝道。后来，在这一天各寺院都举办大规模的诵经和超度亡灵等多种佛事活动，以超荐历代祖先，并有施主斋僧。同时，它也顺应了中国人尊祖尽孝的思想，由此形成了汉传佛寺一年一度的盂兰盆会或盂兰盆节。佛家信众也有在农历七月十五这天，祭祀自己已经死亡的祖先和抚慰孝敬自己还在世的母亲的习惯，因此，七月十五中元节，又被称之为中国的"母亲节"。

就这样，民间的鬼节与道教的中元节、佛教的盂兰盆节有着密切的关系，又有自己独特的色彩。僧、道、俗三流合一，构成了农历七月十五丰富的节俗活动。

中秋节溯源

在中国的农历里，一年分为四季，每季又分为孟、仲、季三个阶段，农历八月在秋季中间，为秋季的第二个月，故称为"仲秋"，因而中秋也称仲秋。中秋节是我国的传统佳节，它有许多别称：因节期在八月十五，所以称"八月节"、"八月半"；因中秋节的主要活动都是围绕"月"进行的，八月十五的月亮比其他几个月的满月更圆、更明亮，所以又叫做月夕、秋节、仲秋节、八月会、追月节、玩月节、拜月节等等。中秋节月亮圆满，象征团圆，因而又叫"团圆节"，是我国仅次于春节的第二大传统节日。

关于中秋节的起源，一说中秋节起源于古代的秋季祭祀土地神的活动。在传统的农耕社会，春播、夏收、秋获、冬藏是主要的劳作形式。土地收成的丰歉对人们来说至关重要，所以人们特别重视土地收成，同时对土地也怀有敬畏之心。因此在春天播种的时候，常常祭祀土地神，祈求丰收，被称为"春祈"。而在秋天收成时，也祭祀土地神，答谢神的庇护，称为"秋报"。八月十五是秋季收获的季节，各家都拜土地神，所以中秋节可能是古代"秋报"的遗俗。

另有一种说法，认为中秋节应溯源于古代帝王秋天祭月的礼制。古代，月亮在人们心中的地位仅次于太阳，自然也被奉为神灵，成为重要的祭拜对象，它反映了远古的人们对日月山川等自然界的敬畏崇拜心理。《礼记·祭法》中就有"夜明，祭月也"的记述。根据史籍的记载，周代已有"中秋夜迎寒"、"秋分夕月（拜月）"等活动。汉代，又在中秋或立秋之日敬老、养老，赐以雄粗饼。晋时亦有中秋赏月之举，不过不太普遍。直到唐代唐太宗正式把八月十五定为中秋节后，中秋节才真正从岁时节日成为固定的民间节日，并发展成为祭月、赏月、玩月的喜庆团圆的盛大节日。据孟元老《东京梦华录》记载："中秋夜，贵家结饰台榭，民间争占酒楼玩月。""弦重鼎沸，近内延居民，深夜逢闻笙竽之声，宛如云外。间里儿童，连宵嬉戏；夜市骈阗，至于通晓。"其中秋赏月之盛况于此可见一斑。至明清时，中秋节已与元旦（春节）齐名，成为我国的主要节日之一。

　　在古代，每逢中秋，人们就用精制的糕饼祭奉月神；祭奉之后，全家人分吃，表示合家团圆欢聚。中秋节为团圆节的记载最早见于明代。明人田汝成《西湖游览志余》中说："八月十五谓中秋，民间以月饼相送，取团圆之意。"中秋夜晚，皓月当空，清辉洒满大地，人们把瓜果、月饼等食物摆在院中的桌子上，仰望天空如玉如盘的朗朗明月，自然会期盼家人团聚。远在他乡的游子，也借此寄托自己对故乡和亲人的思念之情。

中秋节的传说

　　著名民俗学家刘魁立先生曾说过，中国人对月亮具有特殊的情感，在人们眼里，月球这个天体便是与人间世界雷同的一个所在。那里有巍峨的建筑——广寒宫，那里有神圣的植物——砍不倒的桂树，那里有可爱的动物——捣药的白兔，那里有从人间飞到天上、升格为神的嫦娥、吴刚，那里是人间的缩影、人间的美化。对于这样一个天体，我们一往情深，月亮成为我们象征体系中的一个非常重要的对象。我们依据这一象征，纪念和庆祝着一系列重要节日，中秋节便是这一节日纪念体系的一部分。

吴刚伐桂

　　唐代的《酉阳杂俎》一书，记载了"吴刚伐桂"的故事：相传月亮上广寒宫前的桂树生长繁茂，有五百多丈高，下边有一个人常在砍伐它，但是每次砍下去之后，斧头砍入树身，一拔出来，伤口马上就愈合了，根本无法损它一丝一毫。几千年来，就这样随砍随合，这棵桂树永远也不能被砍倒，他也永远不能回去复命。这个砍树的人名叫吴刚，相传是汉朝西河人，曾跟随仙人修道，到了天界，因为懒惰，玉帝就把他贬谪到月宫里去劈柴，以示惩处。李白诗中有"欲斫月中桂，持为寒者薪"的记载。因此又称月亮为桂月、桂轮，称月宫为桂窟、桂宫，并比喻科举考中为"月中折桂"或"蟾宫折桂"，在有桂树的地方还有赏桂、饮

桂花酒的习俗。

嫦娥奔月

"嫦娥奔月"的传说最早记载于《淮南子》。相传，远古的时候，天上出现了十个太阳，烤得大地冒烟，庄稼枯死，民不聊生。有一个名叫后羿的勇士，精于射箭，力大无穷，他同情受苦的百姓，登上昆仑山顶，运足神力，拉开神弓，一口气射下了九个太阳，解救百姓于水火之中。后羿因此受到百姓的尊敬和爱戴，不久，后羿娶了个美丽的妻子，叫嫦娥。后羿为了长生不老，便特地向西王母求取不死之药，他把药带回去后告诉了嫦娥，不料嫦娥却把药偷吃了，飘飘然飞到月宫里去了。后悔不迭的后羿，仰望夜空，无可奈何地呼唤爱妻的名字。这时，他惊奇地发现，这天晚上的月亮特别圆，月光特别皎洁明亮，而且有个晃动的身影酷似嫦娥。后羿忙命人摆上香案，放上嫦娥最爱吃的蜜食鲜果，遥祭在月宫里的嫦娥。百姓们闻知嫦娥奔月成仙的消息后，纷纷在月下摆上香案，向善良的嫦娥祈求吉祥平安。从此，中秋节拜月的风俗便在民间传开了。

玉兔捣药

古代先人们祭月所祭诸神与神物中，最早祭拜的是玉兔。相传月亮之中有一只兔子，浑身洁白如玉，所以称做"玉兔"。早在春秋时代便有了关于月中玉兔的传说，屈原的《天问》中有"厥利维何，而顾菟在腹"之句。这里，"顾"就是蟾蜍，"菟"就是白兔。后来又有了"玉兔捣药"之说。汉《乐府诗集》中《相和歌辞·董逃行》说："采取神药若木端，白兔长跪捣药虾蟆丸。"这里所说的采于若木端而捣制的神药虾蟆丸，便是服后可成神仙的长生不老之药。晋傅玄在《拟天问》中也提到："月中何有？白兔捣药。"

那么兔子又是如何登上月宫的呢？对此有种种不同的传说。

一种传说是，有三位神仙化身为可怜的老人向狐狸、猴子和兔子乞讨食物。狐狸和猴子都有食物济助老人，唯有兔子束手无策。后来兔子说："你们吃我的肉吧！"就跃入烈火中，将自己烧熟。神仙大受感动，把兔子送到月宫内，成了玉兔。

一种说法是，兔仙不忍嫦娥一个人在广寒宫里寂寞度日，便让自己最小的女儿进了月宫，陪伴嫦娥。这些传说反映了人们对善良和助人精神的一种认可和赞美。

还有的传说是说玉兔本身就是嫦娥的化身。因嫦娥奔月后，触犯玉帝的旨意，于是将嫦娥变成玉兔（一说将嫦娥变成了蟾蜍），每到月圆时，就要在月宫为天神捣药以示惩罚。

后来"玉兔"便成为月亮的代名词。古时候，文人写诗作词，常常以玉兔象征月亮。在道教中，玉兔常常与金乌相对，表示金丹修炼的阴阳协调。

"吴刚伐桂"、"嫦娥奔月"、"玉兔捣药"等神话传说，是我们的祖先在缺乏科学知识的情形下，对月亮中的阴影所产生的丰富想象，反映了中国古代人民探究月亮奥秘的强烈欲望，把月亮神话的故事和中秋节联想在一起，给节日增添了浪漫的色彩。

老北京的"兔儿爷"

兔儿爷是地道的北京吉祥物，是老北京独有的民间玩意儿。由于兔子上了月宫，中秋节前几天，老北京的街市上都会卖一种专供儿童祭月用的"兔儿爷"。据资料记载，兔儿爷的起源约在明末，一开始，它是用黄土抟成蟾兔之像，后来，经过民间艺人的大胆创造，兔儿爷的形象大大人格化了，成为兔首人身、手持玉杵的形象。到了清代，兔儿爷的功能已由祭月转变为儿童的中秋节玩具，制作也日趋精致。有的仿照戏曲人物，把兔儿爷雕造成金盔金甲、身披战袍的武士，有的骑着狮、象等猛兽，有的骑着孔雀、仙鹤等飞禽。也有扮成兔首人身之商贩，或是剃头师父，或是缝鞋和卖馄饨、茶汤的等各种市井人物，不一而足。过去老北京的街头，一到八月十五，兔儿爷摊子就摆出来了。大大小小，高高低低，极为热闹。内中折射出浓郁的地方民俗风情文化。

中秋月饼

俗话说："八月十五月正圆，中秋月饼香又甜。"象征幸福团圆的月饼是中秋节不可缺少的节日食品。不过，关于中秋节吃月饼这一习俗的形成，史籍中没有确切的记载。月饼成为中秋节的节日食品，也有一个发展过程。

最初，月饼是用来祭奉月神的祭品，到了汉代已有蒸饼、胡饼、汤饼等点心，但并不是固定的节日食品。相传唐太宗年间，大将军李靖征讨匈奴得胜，于八月十五凯旋，长安城内一片欢腾。当时有个经商的吐蕃人向太宗献饼祝捷。唐太宗接过华丽的饼盒，拿出圆饼，笑指空中明月说"应将胡饼邀蟾蜍"，随后太宗与百官共食圆饼，从此中秋吃月饼的习俗便渐渐形成。"月饼"一词，最早见于南宋吴自牧的《梦粱录》中，那时，它也只是普通的饼形食品，后来人们才逐渐把中秋赏月与品尝月饼结合在一起，寓意着家人团圆。根据民间传说，月饼成为正式的应节食品，则始于明代。

元朝末年，吏治腐败，统治者奢侈无度，民不聊生，抗元义军风起云涌。义军首领之一的朱元璋欲联合各路反抗力量共同起兵，但朝廷官兵搜查得十分严密，传递消息十分困难。军师刘伯温便想出一计策，命令属下把藏有"八月十五夜起义"的纸条藏入饼子里面，再派人分头传送到各地起义军中，通知他们在八月十五日晚上统一行动。八月十五那天，各路义军一齐响应，起义获得成功。为示纪念，自此之后，月饼就成了中秋节必备的食品。中秋节吃月饼的习俗也在民间流传开来。

明代田汝成在《西湖游览志余》中写道："八月十五谓之中秋，民间以月饼相馈，取团圆之意。"以月之圆象征人之团圆，以饼之圆象征人之常生。明代沈榜则在其《宛署杂记》中描述了北京的中秋月饼："大小不等。饼中以果为馅，巧名异状，有一饼值数百钱者。"明末刘侗、于奕正合著的《帝京景物略》也详细描述了中秋祭月的供品：月饼必须是圆的，所供的瓜果则必须切成如莲花般的牙瓣。街市出售月光纸，上面绘有月光照菩萨，下绘月轮桂殿，有一兔人立捣药于其中。祭月后将月光纸焚烧，所供的果饼分给家中的每一个成员。

随着历代的演变，月饼的品种及花样越来越丰富，并成为节日馈赠的佳品。不同地区的月饼，也各有不同的特色，较为著名的有京式月饼、广式月饼、苏式月饼和潮式月饼。就其表皮来说，苏式和潮式为酥皮月饼，苏式油多糖重，松脆香酥；潮式以糖冬瓜为馅，食之松脆滋润。广式和京式则为糖浆面皮月饼。广式重糖轻油，皮薄馅美，不易破碎。京式素油素馅，且多为硬皮。就其饼馅而言，通常有五仁、百果、豆沙、枣泥、莲蓉、蛋黄、冰糖、火腿等，五花八门，品种各式各样。人们用月饼寄托思念故乡、思念亲人之情，企盼丰收、幸福。八月十五吃月饼已经成为中华民族的一种古老而又非常有意义的传统。

根据清人高拱乾的《台湾府志》记载，月饼还是以前台湾学子用来占卜自己未来功名成就的道具呢！清代以八月十五为秋闱，即乡试第三场考试的日子。所以，月饼也取了一些和科举功名相对应的名字。含状元、榜眼、探花饼各一，会元饼四，进士饼八，举人饼十六，秀才饼三十二。参加占卜的学子轮流以六个骰子掷入碗中，各视其点数之多少，来预测其功名的高低。"博月饼"就是为了取状元夺魁的好彩头。

吃鸭子的习俗

我国许多地区都有中秋节吃鸭子的习俗。秋季是鸭子最肥壮的季节，更重要的是，鸭本是凉性食品，具有滋阴养胃、利水消肿的作用，适宜于滋阴养津，以防秋燥。因此，从中医学的角度，以鸭子的营养价值和对人体健康的影响而言，中秋吃鸭也颇有道理。不过，中秋吃鸭子也有不同的传说与文化背景。

一种说法是与元末安徽农民起义有关，杀鸭子即杀"鞑子"，是起事暗号，也是一种同仇敌忾的激励。安徽许多地区流传这一中秋吃鸭子的典故，不过，很少有人去考证其真实性。

我国云南的仫佬族乡亲都要在八月十五这天买饼子、杀鸭子，欢度这个传统节日。传说从前仫佬人居住的地方，山好水好，四季如春。村村六畜兴旺，年年五谷丰登。可是有一年，突然来了"番鬼佬"，到处杀人放火，抢劫奸淫，害得仫佬人日夜不宁。村中有卖糖佬夫妇和儿子三人，决心带头反抗。他们想了一个计谋：以游村卖糖来串联村民，在八月十五晚上一齐动手杀"番鬼佬"。果然大部分"番鬼佬"被打死，一部分跳到河里，都变成了鸭子。仫佬人就把鸭子捉回村，杀掉当做庆祝胜利的美餐。从此，仫佬人为了纪念卖糖佬一家三口，每年八月十五，家家户户都要买饼子、杀鸭子，以此教育后代不要忘记反抗侵略的斗争。

中秋吃芋头

中秋节吃芋头是源远流长的一项习俗，但各地人们在中秋节吃芋头的含义不尽相同。古时，中秋节对农民来说是个重大的节日。北方农村每年只有秋季收获一次稻黍。一到秋收季节，看着一年艰苦劳动的收获，以为是土地神和自己的祖先暗中保佑自己。而且八月十五是土地神的生日，于是便要好好地热闹一番。在八月十五祭神时，有一款贡品是芋头。将整个芋头煮熟装在碟上，以此来祭谢土地神。现在这种谢神仪式已不复存在了，但是中秋节吃芋头的习俗却保留了下来。

南方人在中秋节祭月时使用芋头，据说是纪念元末汉人杀鞑子（指元朝统治者）的故事。当初农民起义，推翻元朝暴虐的统治，是在八月十五夜晚，汉人在杀鞑子起义后，便以其头祭月。后来当然不可能在每年中秋节用人头祭月，便用芋头来代替，至今广东人剥芋头皮时仍称"剥鬼皮"。

祭月·赏月

中秋节是远古天象崇拜——敬月习俗的遗痕。据《周礼·春官》记载，周代已有"中秋夜迎寒"、"中秋献良裘"、"秋分夕月（拜月）"的活动。中国古代帝王的礼制中有春、秋二祭：春祭日、秋祭月，均源于远古先民对日月的崇拜。因此，祭月的礼俗由来甚久。古时天子以天为父，以地为母，以日为兄，以月为姊，天子祭天地、日月有示孝悌的意义，并以此教民。《国语·周语》中即有"古者先王即有天下，又崇立于上帝明神而敬事之，于是乎有朝日、夕月，以教民尊君"的记载。历代的帝王每逢中秋节，必举行隆重的祭月仪式，现存北京的月坛，便是专门用于皇帝祭月的场所。

最初祭月的日子在秋分这一天，秋分这个季节在八月内每年不同，所以秋分这一天不一定有月亮，祭月无月是大杀风景的，逐渐约定俗成，祭月的日子固定在八月十五日。从天文学的角度说，中秋节是太阳经过秋分点时与之最接近的一个满月日，其时秋高气爽，天高云淡，圆月皎洁，在这一天祭月也是有道理的。

赏月的风俗来源于祭月，其风俗由来已久。汉晋之际便有八月十五观江潮或泛舟游江的风俗了，后来与中秋祭月风俗相融合，严肃的祭祀变成了轻松的欢娱，形成了中秋的节日风俗。到了唐代，将中秋与嫦娥奔月、吴刚伐桂、玉兔捣药、杨贵妃变月神、唐明皇游月宫等神话故事结合起来，使之充满浪漫色彩；中秋赏月、玩月颇为盛行，许多诗人的名篇中都有咏月的诗句。宋代的中秋夜更是不眠之夜，夜市通宵营业，玩月游人，达旦不绝。明清以后，中秋节赏月风俗依旧，许多地方形成了烧斗香、树中秋、点塔灯、放天灯、走月亮、舞火龙等特殊风俗。

中秋赏月胜地与情思

月到中秋分外明，每逢佳节倍思亲。中秋之夜，皓月当空，皎洁的月光给了人们无限的遐思和畅想，也留下了许许多多的千古绝唱。有"月上柳梢头，人约黄昏后"的婉约，有"明月出天山，苍茫云海间"的豪放，还有"今夜月明人尽望，不知秋思落谁家"的感慨，更有"海上生明月，天涯共此时"的相思。2003年9月5日新华网刊载了来源于《京华时报》的十处"中秋赏月胜地"，更增添了中秋月下的种种情思：

兰州·冷月——幽思胜地

"天苍苍，野茫茫"的情结凝聚在西北苍凉的月色里，在这样一个举家团圆的日子里，更有一种天涯孤旅的愁绪在心头。

庐山·沐月——浪漫胜地

月照松林是庐山年轻情侣喜欢的去处，也是中秋赏月的好地方。弯弯曲曲的山路，两旁松树成林，当月亮升起来时，正挂在头顶，明月如镜，银色的月光洒满大地……

宜宾·三江映双月——异象胜地

"三江口"位于四川省宜宾市，每到晴朗的中秋之夜，圆月冉冉升空，三江吻合处平静无波，流沙雪白，在波光粼粼的江水中，竟可看到两轮皓月，一明一暗，美不胜收。

桂林·三月——观景胜地

每到中秋之夜，皓月当空，驾小舟驶入水月洞，此处呈现出"水底有明月，水上明月浮；水流月不去，月去水还流"的景观。

杭州·水月——玩月胜地

杭州有三处赏月佳地：水中赏月当是西湖中三岛之一的三潭印月；山景赏月当属位于凤凰山坡的月岩景点；岸边赏月则首推月白风清、水天一碧的平湖秋月。

三亚·天涯明月——传说胜地

三亚市的鹿回头山顶公园是中秋赏月的好地方。时值佳节，登高望远，极目天涯，聆听"鹿回头"的动人故事，传说如诗，美景入画。

黄山·仙月——静心胜地

除了月色以外，身处云海、怪石、松林之中，让人顿忘俗世喧嚣，仿佛置身仙境，不知今夕何年。

大理·访月——风情胜地

大理赏月最好在洱海边，洱海月色波光粼粼，神秘而优美，与苍山雪景相映，人称"银苍玉洱"。

青岛·太清水月——意境胜地

中秋之夜，明月东升，登上青岛崂山太清宫东边的山顶，举目远望烟波浩渺的大海，尽情抒怀，回首眺望太清宫，心静如水。

扬州·二十四桥明月——诗意胜地

"二十四桥明月夜，玉人何处教吹箫？"中秋之夜，皓月升空，驻足二十四桥桥头，仰望天上月，俯看水中月，耳畔仿佛传来若有若无的箫声。

钱塘观潮

据史料记载，汉晋之际便有八月十五观江潮或泛舟游江的风俗了。宋朝在杭州另有一特殊的中秋景观，即钱塘观潮。由于钱塘江口地形类似一漏斗，每当海潮涌至，受到渐进渐狭的地形影响，波浪便重重叠叠堆积成一道水墙，声势极为壮观。苏东坡在杭州任佑府时，曾作过一首《中秋夜观潮》，描述了观潮人数之众多及潮水汹涌之气势：

> 定知玉兔十分圆，已作霜风九月寒。
>
> 寄语重门休上锁，夜潮留向月中看。
>
> 万人鼓噪慑吾侬，犹似浮江老阿童。
>
> 欲识潮头高几许，越山浑在浪花中。

《武林旧事》中的另一段文字则更具体地描述了潮水震撼天地的磅礴气势："方其远出海门，仅如银线，既而渐近，则玉城雪岭，际天而来。大声如雷霆，震撼激射，吞天沃日，势极雄豪。"直至今日，钱塘观潮仍是浙江省中秋节最具特色的观光内容之一。

各地风俗

据胡朴安《中华全国风俗志》记载，我国不同地区过中秋的风俗习惯也大不相同。以江南地区而言，江南一带的民间中秋节习俗多种多样。南京人中秋除爱吃月饼外，还必吃金陵名菜桂花鸭。桂花鸭于桂子飘香之时上市，肥而不腻，味美可口。酒后必食一小糖芋头，浇以桂浆，美不待言。桂浆，一名糖桂花，中秋前后采摘，用糖及酸梅腌制而成。南京人合家赏月称"庆团圆"，团坐聚饮叫"圆月"，出游街市称"走月"。

广东中秋有儿童提灯的风俗。灯的材料有红柚皮雕的柚灯、素馨茉莉花结的花灯，明亮的灯火带着阵阵的花果清香，使人爱不释手。

广东潮汕各地有中秋拜月的习俗，主要是妇女和小孩。晚上，皓月初升，妇女们便在院子里、阳台上设案，当空祷拜。银烛高燃，香烟缭绕，桌上还摆满佳果和饼食作为祭礼。当地还有中秋吃芋头的习惯。八月间，正是芋头的收获时节，农民都习惯以芋头来祭拜祖先。

无锡县中秋夜要烧斗香。香斗四周糊有纱绢，绘有月宫中的景色。也有香斗以线香编成，上面插有纸扎的魁星及彩色旌旗。上海人中秋宴则以桂花蜜酒佐食。

除吃月饼外，四川人在中秋节也杀鸭子，吃麻饼、蜜饼等。烟熏鸭子是川西地区中秋节必备佳品。

福建人有中秋吃鸭子的习俗，因此时正是鸭子最肥壮的季节。福建人用福建盛产的槟榔芋和鸭子一起烧，叫槟榔芋烧鸭，味道非常好。福建霞浦有中秋曳石的风俗。曳石是戚继光发明的，把石块系上绳索，沿街拖拉，虚张声势，用来恐吓敌军。

在福建省厦门市，每年的中秋都会有"会饼博状元"的习俗。其主要内容是：中秋会饼共有 63 块，隐含七九六十三之数，因为 3、6、9 在我国都属吉利数。会饼设有文武状元、榜眼、探花、进士、举人、秀才等，另备 6 个骰子和一只碗，参与者每人轮流掷骰子，根据投到碗里骰子的红豆多寡，可中状元、榜眼、探花、进士、举人、秀才。如果 6 骰相同，则可得桌上全部月饼。

这一习俗有其历史原因。明代，民族英雄郑成功以厦门为根据地训练部队，率兵驱逐了荷兰殖民者，收复了台湾。中秋节前后，士兵们非常思念家中的亲人。为了宽慰士兵离乡背井、思亲想家之苦，激励士兵先国后家、克敌制胜的斗志，郑成功的部将洪旭，便与兵部衙经过一番筹谋，巧设"中秋会饼"让士兵们赏月玩饼、品茗谈天。

从此，这种中秋节玩会饼博状元的习俗，300多年来一直在厦门民间流传。中秋之夜，家家户户都进行这种充满乐趣的活动。

台湾高雄县饲养水鸭的风气很盛。中秋节前后正是水鸭公初长最嫩的时候，美浓地区的客家人往往于中秋节宰食水鸭公加菜，成为当地中秋的特色。宜兰地区中秋节除了吃月饼外，还吃一种叫"菜饼"的食物，菜饼以面粉为原料，中间抹上黑糖烘焙而成。台南地区则有在中秋节吃麻薯的习俗。

赏月佳对

（一）重庆巫峡瑶上有一副妙联：

> 月月月明，八月月明明分外；
>
> 山山山秀，巫山山秀秀非常。

对联运用叠字手法写出了"月到中秋分外明"的特色，与巫山秀色恰好相对。

（二）上海豫园得月楼联：

> 楼高但任云飞过，池小能将月送来。

对联中寓"尺有所短，寸有所长"的道理，通过对联的欣赏示人以哲理。

（三）"生题死对"：

> 半夜二更半，中秋八月中。

这是明末清初文学家金圣叹作的对联。相传金圣叹到金山寺闲游，寺中长老出对子难他——半夜二更半，金圣叹一时对不上，不欢而去。后来，他因哭庙案被杀，临刑时，正是中秋佳节，他猛然想起长老的出句，便对出了下联。历史上称为"生题死对"。

（四）"中秋出句年尾对"：

> 天上月圆，人间月半，月月月圆逢月半；
>
> 今宵年尾，明日年头，年年年尾接年头。

此联道出日月交替、斗转星移之奥妙。据说，一群书生在中秋节欢聚一堂，饮酒赏月，其中一个秀才出上联，让大家对下联，结果无人对上。到了除夕夜，这群书生又相聚饮酒守岁，还是那位秀才对出了下联。中秋夜出句，除夕夜成对，而且工整贴切，令人拍案叫绝，被称做"中秋出句年尾对"。

（五）杨廷和父子对：

一夜五更，半夜五更之半；
三秋八月，中秋八月之中。

过去，一夜分为五更，两小时为一更；古称秋季三个月为"三秋"，即初秋七月（孟秋），中秋八月（仲秋），晚秋九月（季秋）。据传，这一联是明代大学士杨廷和（1459—1529）父子的杰作。相传明代大学士杨廷和自幼聪颖过人，杨廷和8岁那年，其父在中秋之日与客人对饮，饮至深夜，其父出上句让客人对，可是无人对出，在一旁的小廷和随即应对，语惊四座。

人们耳熟能详的中秋对联还有：

中秋赏月，天月圆，地月缺；
游子思乡，他乡苦，本乡甜。

天若有情天亦老；
月如无恨月常圆。

静观万物，欲平天下有如湖；
佳景四时，最好秋光何况月。（杭州西湖"平湖秋月"）

北斗七星，水底连天十四点；
南楼一雁，月中带影一双飞。

咏月诗词

嫦娥

（唐）李商隐

云母屏风烛影深，长河渐落晓星沉。
嫦娥应悔偷灵药，碧海青天夜夜心。

八月十五夜玩月

（唐）刘禹锡

天将今夜月，一遍洗寰瀛。

暑退九霄净，秋澄万景清。

星辰让光彩，风露发晶英。

能变人间世，汗然是玉京。

八月十五夜月

（唐）杜甫

满月飞明镜，归心折大刀。

转蓬行地远，攀桂仰天高。

水路疑霜雪，林栖见羽毛。

此时瞻白兔，直欲数秋毫。

月下独酌

（唐）李白

花间一壶酒，独酌无相亲。

举杯邀明月，对影成三人。

月既不解饮，影徒随我身。

暂伴月将影，行乐须及春。

我歌月徘徊，我舞影零乱。

醒时同交欢，醉后各分散。

永结无情游，相期邈云汉。

十五夜望月

（唐）王建

中庭地白树栖鸦，冷露无声湿桂花。

今夜月明人尽望，不知秋思落谁家？

望月怀远

（唐）张九龄

海上生明月，天涯共此时。

情人怨遥夜，竟夕起相思！

灭烛怜光满，披衣觉露滋。

不堪盈手赠，还寝梦佳期。

中秋月

（宋）晏殊

十轮霜影转庭梧，此夕羁人独向隅。

未必素娥无怅恨，玉蟾清冷桂花孤。

水调歌头·明月几时有

（宋）苏东坡

丙辰中秋，欢饮达旦。大醉，作此篇，兼怀子由。

明月几时有？把酒问青天。不知天上宫阙，今夕是何年？

我欲乘风归去，又恐琼楼玉宇，高处不胜寒！起舞弄清影，何似在人间？

转朱阁，低绮户，照无眠。不应有恨，何事长向别时圆？

人有悲欢离合，月有阴晴圆缺，此事古难全。但愿人长久，千里共婵娟。

重阳节习俗

重阳节主要有下列传统习俗：登高、插茱萸、饮酒赏菊、食重阳糕、开展敬老活动。

登高望远

农历九月，金秋送爽，丹桂飘香，景色宜人，正是游历的好季节。登高远望，既可以陶冶情趣，又有益于健康。九月九日登高的习俗也盛于汉代，《西京杂记》："三月上巳，九月重阳，士女游戏，就此祓禊登高。"后人又为这一风俗染上神话色彩，使得重阳节外出登高成为避祸消灾的一种形式。据南朝梁吴均之《续齐谐记》记载，东汉时有名的仙人费长房，有一天对他的弟子桓景说："九月九日，你的家里将有灾难，你赶紧回去叫家人用红袋盛茱萸系于臂上，外出登高、饮菊花酒，可避此祸。"桓景照师傅所说去做，等到傍晚回家一看，只见家中"鸡牛犬羊，一时暴死"，而人因外出而安然无恙。从此，重阳登高等作为避难消灾的风俗便流传开了，这反映了人们冀望避灾难、求健康的殷切心愿。

插茱萸

茱萸，又名"越椒"或"艾子"，是一种常绿小乔木，果肉可治霍乱，根可杀虫，具有润肝降燥、温中下气、除湿解郁等功能。古人将茱萸视为驱邪之物，认为它可以驱除各种寒热风湿邪气。周处的《风土记》记载："九月九日折茱萸以插头上，驱除恶气而御初寒。"重阳节前后正是茱萸成熟的季节，因此，每逢重阳节，人们或佩戴于臂，或做香袋把茱萸放在里面佩带，还有的插在头上。此风传自远古，至西汉时已有据可考，宋代称茱萸为"辟邪翁"。

到了唐代，重阳节被正式定为民间的节日。而且，唐代的重阳不是一天，而是两天或三天。对此，有李白《九月十日即事》诗为证："昨日登高罢，今朝再举觞。菊花何太苦，遭此两重阳。"同时，插茱萸也成为唐代重阳节不可缺少的一部分。初唐诗人郭震有"辟恶茱萸囊，延年菊花酒"之句；盛唐诗人王维有名作《九月九日忆山东兄弟》："独在异乡为异客，每逢佳节倍思亲。遥知兄弟登高处，遍插茱萸少一人。"在这里，登高与插茱萸也密切地连在了一起，并借"遍插茱萸少一人"，表达了自己深深的怀乡思亲之情。

饮菊花酒

酒是节庆必备之品，重阳节是九月九日，九九与"菊酒"谐音，所以要喝菊花酒。据说，古时菊花酒是头年重阳节时专为第二年重阳节酿的。九月九日这天，采下初开的菊花和青翠的枝叶，掺和在准备酿酒的粮食中，然后一齐用来酿酒，放至第二年九月九日饮用。对此，《西京杂记》中有记载："菊花舒时，并采茎叶，杂黍米酿之，至来年九月九日始熟，就饮焉。"人们相信，喝了这种酒，可以延年益寿。南朝梁宗懔《荆楚岁时记》就有"九月九日，佩茱萸，食逢耳，饮菊花酒，令人长寿"的记载。郭元振有"辟恶茱萸囊，延年菊花酒"的诗句，陶渊明也有"酒能祛百虑，菊能制颓令"的感慨。从医学角度看，菊花酒可以明目、治头昏、降血压、补肝气、安肠胃、利血。农历九月正是菊花盛开之时，观赏千姿百态的秋菊，喝几盅菊花酒，便成为重阳节的乐事。宋代甚至称菊花为"延寿客"。

陶渊明在《九日闲居》诗序文中说："余闲居，爱重九之名。秋菊盈园，持醪靡由，空服九华，寄怀于言。"陶渊明一生以隐居、做诗、饮酒、爱菊出名，性情恬淡，不肯为五斗米折腰，每到重阳节时就陶醉于"采菊东篱下，悠然见南山"的风雅意境之中。后人效仿他，重阳便成为文人雅士饮酒、赏菊、登高、赋诗的节日。故而也有人认为，重阳节饮菊花酒的习俗起源于晋朝大诗人陶渊明。

吃重阳糕

登高是重阳节的重要习俗，登高所到之处，没有统一的规定，一般是登高山、登高塔。但住在江南平原的百姓苦于无山可登、无高可攀，就用米粉做糕点，谓之重阳糕，再在糕面上插一面彩色小三角旗，借以示登高（糕）辟灾之意，而"糕"又与"高"谐音，食之谓可步步高升，于是也便有了吃重阳糕的习俗。据史料记载，重阳糕又称花糕、菊糕、五色糕，制无定法，较为随意。讲究的重阳糕要有九层，像座宝塔，上面还有两只小羊，以合重阳（羊）之意。有的还在重阳糕上插一小红纸旗，并点蜡烛灯。这大概是用"点灯"、"吃糕"代替"登高"的意思，用小红纸旗代替茱萸。当今的重阳糕，仍无固定品种，各地在重阳节吃的松软糕类都称为重阳糕。

重阳节与敬老活动

在国人的传统观念中，九九与"久久"同音，九在数字中又是最大数，有长久、长寿的含义，故而双九也具有生命长久、健康长寿的意思。因此，从古至今，重阳敬老之风绵延不绝。1989年，我国把每年的九月九日定为老人节，传统与现代巧妙地结合起来，重阳节成为尊老、敬老、爱老、助老的老年人的节日。

惠州放纸鹞

纸鹞即现在的风筝。重阳节放纸鹞是惠州民间特有的习俗，也是惠州过重阳节与众不同的重要特征。

惠州民间的纸鹞，多为四方平面，带一尾巴，其形状与民间所贴门神、神位相似。在惠州民间，风筝制作极为简单：采竹一枝弯曲，一枝竖直，撑住一张四方纸，贴上尾巴调好线，即可放飞。有一种不带尾巴，四方状纸稍大，称"阿婆鹞"，以放飞时平稳、安定而闻名。除此之外，其他形状的纸鹞也偶尔有之。重阳这天，惠州人多伴以登高，于城市广场或旷野处放飞风筝，人数之众，可谓壮观。

按我国的传统习惯，放风筝多在清明，惠州重阳节放风筝之来由现在还无从考究。但从惠州的岭南气候来看，时间上有它的合理性。惠州地区清明前后为雨季，春雨不断，这时显然是不适合放纸鹞的。而重阳前后秋高气爽，劲风不断，人们按传统习俗要登高，进行户外活动，此时放纸鹞，天时地利人和，是颇为合适的。

重阳节佳话

"绶衣之节，落帽之辰" 据《晋书·孟嘉传》记载，晋朝永和年间，明帝的女婿桓温为征西大将军，陶渊明的外祖父孟嘉担任参军，很受桓温的赏识与器重。有一年重阳节，桓温在龙山宴请幕僚，吟诗作对，所有的幕僚都穿着作战时穿的衣服。当酒意正浓、诗兴大发的时候，突然刮起一阵风，把孟嘉的官帽吹落，而孟嘉竟丝毫未察，仍在津津有味地饮酒赋诗。中国自古是礼仪之邦，有"君子死，冠不可免"之说，所以官帽落地没有察觉，有伤大雅。桓温趁孟嘉上厕所的时机，令人捡起，并叫参加聚会的孙盛作文嘲笑他，与帽子并放在座位上。没想到，"嘉还见之，即答之。其文甚美，四座嗟叹"。这个故事后来成为重阳最著名的典故，人们登高赋诗，常会想到这个故事，追慕孟嘉的洒脱风流。人们也以"孟嘉落帽"比喻文人不拘小节，风度潇洒，纵情诗文娱乐的神态。所以重阳节又被称为"绶衣之节，落帽之辰"。后人多有诗作论及此事。

王勃与重阳节　据《旧唐书·王勃传》记载：王勃那脍炙人口的《滕王阁序》就是在重阳节这一天写出来的。

唐高宗上元二年（675）重阳节，洪州都督阎伯屿携文武官员欢宴于滕王阁，共庆重阳佳节。当时王勃的父亲担任交趾令，王勃前往探视父亲，九月九日路过南昌时，适逢盛宴而被邀入席。酒兴正酣，阎都督请各位嘉宾行文赋诗以纪欢宴之盛况，其实阎公是想让当时略具诗名的女婿吴子章好好展露一手，吴子章也已经准备妥当，只等当众吟咏，所有的宾客都知道他的用意，因此在座诸公均再三谦让。不料王勃事先并不知道州牧的用心，至王勃之末座时，王勃不谙此道，踌躇应允，令满座愕然。州牧原本心中十分生气，派小吏在旁边看王勃书写，然后和众宾客登阁赏景，吩咐小吏随时通报。很长时间，小吏来报第一句"南昌故郡，洪都新府"，阎都督听后觉得老生常谈，实乃平淡无奇；小吏又报"星分翼轸，地接衡庐"，阎都督默然不语；及至小吏来报"落霞与孤鹜齐飞，秋水共长天一色"，阎都督忍不住拍案叫绝，称赞天才之笔，急令众文武返滕王阁开怀畅饮，尽欢而散。王勃从此一举名震诗坛，此次盛宴，也因此段佳话而名垂文史。

李清照《醉花阴》　九九重阳，登高望远，把酒临风，诗兴勃发，自古以来，留下许多咏重阳的名篇。宋代女词人李清照的《醉花阴·重阳》一词不仅情意深挚，别具一格，独有韵味，而且还留下了一段有趣的佳话。

薄雾浓云愁永昼，瑞脑销金兽。

佳节又重阳，玉枕纱橱，半夜凉初透。

东篱把酒黄昏后，有暗香盈袖。

莫道不销魂，帘卷西风，人比黄花瘦。

这首词是李清照早期和丈夫赵明诚分别之后所写，它通过悲秋伤别来抒发寂寞与相思情怀，写出了她内心孤独凄凉的感慨。据《词苑丛谈》记载，李清照以此词赠丈夫赵明诚。明诚非常欣赏，"自愧勿如"，又一心想胜出，便"一切谢客，忌食忘寝者三日夜，得五十阕"，将李清照的那一阕也抄杂在里面，也不写清作者，拿去给好友陆德夫品评。没想到陆德夫在玩诵再三之后说，只三句绝佳。明诚追问是哪三句，陆答曰："莫道不销魂，帘卷西风，人比黄花瘦。"这三句正是李清照所作。自此以后，明诚对妻子甘拜下风。

重阳诗篇

采桑子　重阳

毛泽东

人生易老天难老，岁岁重阳，今又重阳，战地黄花分外香。
一年一度秋风劲，不似春光，胜似春光，寥廓江天万里霜。

九日齐山登高

（唐）杜牧

江涵秋影雁初飞，与客携壶上翠微。
尘世难逢开口笑，菊花须插满头归。
但将酩酊酬佳节，不作登临恨落晖。
古往今来只如此，牛山何必独沾衣。

九月九日玄武山旅眺

（唐）卢照邻

九月九日眺山川，归心归望积风烟。
他乡共酌金花酒，万里同悲鸿雁天。

九日作

（唐）王缙

莫将边地比京都，八月严霜草已枯。
今日登高樽酒里，不知能有菊花无。

九日

（明）文森

三载重阳菊，开时不在家。何期今日酒，忽对故园花。
野旷云连树，天寒雁聚沙。登临无限意，何处望京华。

十月初一·祭祖节

我国自古以来就有新收时祭奠祖宗的习俗,古人们多在农历十月初一祭祀祖先,给死去的宗亲上坟烧纸。同时,农历十月初一,也是进入寒冬季节的第一天,此后天气渐渐寒冷,这时,一家人都开始添加衣裳。先秦时期的《诗经·豳风·七月》中"七月流火,九月授衣"之句,就反映出当时的朝廷在岁寒之时便有赐衣之制。南宋吴自牧《梦粱录·十月》更有朝廷赐衣之记载:"十月孟冬……朔日,朝廷赐宰执以下锦,名曰授衣,其赐锦花色,依品从效扫松,祭祀坟茔。"由生者的御寒加衣,想到死者的防冷需要,从而觉得也应为在冥间的祖先送衣御寒。因此,祭祀时除了食物、香烛、纸钱等一般供物外,还有一种不可缺少的供物——冥衣。在祭祀时,人们把冥衣焚化给祖先,寓意为已故的祖先送去御寒的衣服,叫做"送寒衣"。因此,我国许多地区以十月初一为"寒衣节",亦称"冥阴节",它与春季的清明节、秋季的中元节,合称为三大"鬼节"。明末刘侗、于奕正《帝京景物略·春场》:"十月朔,纸坊剪纸五色作男女衣,长尺有咫,曰寒衣,奠焚于门,曰送寒衣。"清代顾禄《清嘉录·十月·十月朝》:"月朔,俗称十月朝……人无贫富,皆祀其先,多烧冥衣之属,谓之烧衣节,或延僧道作功德,荐拔新亡,至亲亦往拜灵座,谓之新十月朝。"

孟姜女哭长城与"送寒衣"

民间认为,"送寒衣"这一习俗是源于秦时孟姜女哭长城。据民间传说,孟姜女新婚燕尔,丈夫就被抓去服徭役,修筑万里长城。秋去冬来,孟姜女千里迢迢,历尽艰辛,为丈夫送衣御寒。谁知丈夫却屈死在工地,还被埋在城墙之下。孟姜女悲痛欲绝,指天哀号呼喊,感动了上天,哭倒了长城,找到了丈夫尸体,用带来的棉衣重新装殓安葬。由此而产生了"寒衣节"。

各地"送寒衣"习俗

天津市南皮县"(十月初一)携酒脯登墓祭奠,剪彩纸为衣裳焚之,谓之'送寒衣'";庆云县"十月初一日,无贫富皆登墓送寒衣,名'烧衣节'"。湖南土家族人"十月朔日,剪纸为衣,具酒馔奠于祖,曰送寒衣"。晋南地区送寒衣时,讲究在五色纸里夹裹一些棉花,说是为亡者做棉衣、棉被使用。晋北地区送寒衣时,要将五色纸分别做成衣、帽、鞋、被种种式样,甚至还要制作一套纸房舍,瓦柱分明,门窗俱备。河南南阳也在农历的十月初一送寒衣,这一天,人们到亡人坟墓前焚化纸钱,有的剪纸为衣,在坟墓前焚化,民间俗语"十来月儿，送寒衣"，说的就是这个意思。现今烧纸祭亡灵之习俗仍很流行。豫西民间还有用纸剪衣服，给长眠在地下的亲人烧纸的习俗。人们边烧边说：立了冬，天气寒，棉衣棉裤棉被单。先辈亡灵都来领，暖暖和和过冬天。

老北京时俗也在十月初一日，各家为死去的先人买寒衣纸。它是一种彩色蜡花纸，粉红色的印上白色图案，白色的印上青莲色的图案，黄色的印上红色图案，也有素色的，主要是象征性的东西。一般都裁成布匹形状的长条，也有的剪成衣裤状，有的不剪，直接装在包有纸钱、冥钞的包裹里焚化。人们还把许多冥纸、冥衣封在一个纸袋中，写上收者和送者的名字以及相应称呼，名曰烧包袱。《旧京风俗志稿本》云："十月初一日，京俗为鬼节，谚云：'十月一，鬼穿衣。'盖言天气渐冷，已死之人亦须穿衣也。"

民间"送寒衣"时，还讲究在十字路口焚烧一些五色纸，象征布帛类。用意是救济那些无人祭祖的绝户孤魂，以免给亲人送去的过冬用物被他们抢去。凡送给死者的衣物、冥钞诸物，都必须焚烧，只有烧得干干净净，这些阳世的纸张，才能转化为阴曹地府的绸缎布匹、房舍衣衾及金银铜钱。只要有一点没有烧尽，就前功尽弃，亡人不能使用。所以十月一日烧寒衣，要特别认真细致。

祭祖节送寒衣的习俗，反映了生者对亡人的哀思与崇敬，寄托了人们怀念亲人的深厚淳朴的感情，折射出我国古代传统文化中崇尚的尊祖敬宗、不忘本的优良传统。

十月十五·下元节

农历十月十五，为中国民间传统节日"下元节"，亦称"下元日"、"下元"。下元节的来历与道教有关。按道家习俗，道家有三官，即天官、地官、水官，由于道教把天、地、水诸神人格化，因此道家认为天、地、水三官能主宰人间祸福，即天官赐福、地官赦罪（赦免亡魂的罪）、水官解厄（为有过失的人解除厄运）。三官的诞生日分别为农历的正月十五、七月十五、十月十五，这三天分别被称为"上元节"、"中元节"、"下元节"。下元节，是水官大帝诞辰，也是水官解厄之日。按道家所说，在这一天，水官根据考察，录奏天庭，为人解厄。《中华风俗志》也有记载："十月望为下元节，俗传水官解厄之辰，亦有持斋诵经者。"这一天，道观做道场，僧寺也做法事、诵经等宗教活动。俗家则多备丰盛菜肴，享祭祖先、神灵，并祈求下元水官排忧解难。南宋吴自牧《梦粱录》卷六记载："（十月）十五日，水官解厄之日，宫观士庶，设斋建醮，或解厄，或荐亡。"河北《宣化县新志》："俗传水官解厄之辰，人亦有持斋者。"

李露露研究指出，从文献记载来看，古代关于三元节的禁忌是很严格的，主要是不能杀牲，忌判极刑。《宋史·方伎传》记载："上言三元日，上元天官，中元地官，下元水官，各主录人之善恶，皆不可以断极刑事。"因此，古代朝廷在这一天有禁屠及延缓死刑执行日期的规定。

在民间，下元节这一天也有许多的节庆活动。江苏淮安人在这一天登禹王台祭大禹（大禹被当地人们视为水官大帝），赶禹王宫庙会，人山人海，有各种各样小零食卖。四川客家人家中有新添男丁的，在农历十月十五下元节时要做新丁汆（即传统的红汆，是将汆脆中包以甜豆沙、花生粉、红豆馅，包好的汆团再用"印"印出龟甲的花纹）"祭天公"，以感谢上天赐男丁之福。在祭拜上天后，要把新丁汆分发给邻舍，让大家共同分享快乐。另据《中华全国风俗志》记载，山东、陕西、湖南一些地方下元节祭水官和山神，还祭祀祖先，举行迎神赛会。如陕西凤翔"十月秋成，报答土功，祭献山神，迎赛经月不绝"；湖南宁远"十月十五日，为下元节，迎神赛会之事，多于是节前后行之"。山东邹县"下元日，祀先，毕场功，设醮燕"。在西藏地区，还把下元节视为文成公主生日，"十月十五日，为唐文成公主之诞辰，士女盛装参贺，家家饮酒"。

十二月初八·腊八节

汉朝时，每年农历十二月必定要举行年终腊祭，因此农历的十二月又叫"腊月"或者"蜡月"。十二月初八，俗称"腊八"。早先传说这天是释迦牟尼成道的日子，因此，寺院在这一天都要煮粥祭佛，普济饥民，后来成为民间习俗。其实，"腊八"与"腊八粥"并非佛教遗风，而是土生土长并有特定意义的华夏民俗。

在传统的农业社会中，无论是春耕、夏耘、秋收、冬藏，都十分忙碌，只有冬季才有较多的空闲时间。因此，人们往往在年底举行盛大的祭典表示庆祝，借此驱逐不祥和疠疫，永保平安，并将各种祭祀活动合并在一起进行。孔颖达解释《礼记》时指出："腊，猎也。谓猎取禽兽以祭先祖五祀也。"早在远古时代，华夏先民就在秋收冬藏后，用猎获的禽兽举行合祭万物之神与宗庙的祭礼，以祈福消灾。这种祭祀仪式，夏代称"清祀"，殷代称"嘉平"，周代称"蜡"，秦代称"腊"。因此可以说，汉代以前，人们就重视腊祭，希望借此驱魔除妖、祈求国泰民安。唐代时"腊八节"与佛教尚无直接关系，宋代以后才将"腊八"与"浴佛"联系在一起，并开始普遍盛行起来。当时在民间有所谓"腊八日"，在腊月初八日这天，每座寺庙都要准备五味粥敬拜佛祖，敬完后再分赠给善男信女。大家相信吃了五味粥便可以保佑身体健康。宋朝大文学家苏轼就曾大力提倡吃腊八粥，认为可以延年益寿。

在腊月初八日所煮的粥，就取名叫"腊八粥"。据安徽人传说，朱元璋小时给地主放牛，常因断炊而饥饿。有一天，他在一间小屋内发现一个洞，他伸手下去一摸，却是个老鼠的"粮仓"！掏出来的有大米、黄豆、红枣、栗子等物，于是他把这些五谷杂粮一齐下锅，煮了一锅热粥，喝起来香极了。后朱元璋当上皇帝，整天山珍海味吃腻了，想换口味。腊八这天，他忽然想起儿时从老鼠洞掏粮煮粥的事，当下传令御厨以各色谷果煮粥进食。吃后大悦，并将此粥赐名为"腊八粥"。我国的一些地方志中便有"今俗乃以腊八造粥……实朝廷典礼之常"的记载。

腊八粥在古时是用红小豆、糯米煮成，后来材料逐渐增多，有红枣、莲子、核桃、栗子、杏仁、松仁、桂圆、榛子、葡萄、白果、菱角、青丝、玫瑰、红豆、花生……总计不下20种。人们从中挑拣凑成8种，加上红糖或白糖熬煮成粥。熬制腊八粥时，人们从腊月初七的晚上就开始忙碌起来，洗米、泡果、剥皮、去核、精拣，然后在半夜时分开始煮，再用微火炖，一直炖到第二天的清晨腊八粥才算熬好了。在某种程度上，它是我们祖先"聚万物而索飨"的腊祭遗风在民间的持久传承。这些食物在中医看来，大多具有健脾养胃、补气养血、暖身驱寒的功效，煮成粥后易于消化，适合严冬寒冷季节食用。

腊八粥与佛教

"腊八"也是佛教的盛大节日。"腊八粥"的来历和传说有很多，各地说法不一。在佛家看来，腊八粥传自印度，是佛教的一种宗教节日食品。据佛教传说，佛教的创始者释迦牟尼本是古印度北部迦毗罗卫国（今尼泊尔境内）净饭王的儿子，他见众生受生老病死等痛苦折磨，又不满当时婆罗门的神权统治，便舍弃王位，出家修道。在他苦行修道期间，无暇顾及个人衣食，每天只吃一些麻麦，常年不得温饱。到他学习期满时，已是衣衫褴褛，瘦骨嶙峋，容貌好似枯木一般。他疲惫不堪地走下迦嘟山，坐在河畔，向村人乞讨。有一位牧女把自己带的午餐拿出来给释迦牟尼。牧女的午餐，是由各种食品混合组成的，里面有采来的各种野果。释迦牟尼吃后元气恢复。后来他在菩提树下静坐沉思，于十二月初八日得道成佛。佛教兴盛以后，为了纪念这件事，就规定这个日子为古印度人民"斋僧"和救济穷人而施舍饮食的日子。每年到腊月初七这天，寺院的僧侣们都要取新鲜干果，放入洗净的器皿中终夜熬至天明。将熬成的粥供奉佛祖，届时，寺院僧侣诵经演法，而后喝粥以示纪念。这就是腊八粥的来源，"腊八"也就成了"佛祖成道纪念日"。佛教传入中国以后，腊月初八施舍这件事逐渐变成了熬煮腊八粥的习俗。我国各地佛寺还把腊八粥赠送给门徒及善男信女们，称为"福寿粥"、"福德粥"。传说吃了以后可以得到佛祖的保佑，增福增寿，所以穷人把它叫做"佛粥"。

"冬至大如年"

古人一直把冬至看做节气的起点，而且冬至过后，新年就在眼前了，所以过冬至节的隆重程度不亚于新年，有"冬至大如年"的说法，意思是说冬至的礼俗和年节相差无几。特别是唐宋时代，"冬至"与"岁首"并重。据南宋孟元老《东京梦华录》载："十一月冬至，京师最重此节，虽至贫者，一年之间，积累假借，至此日更易新衣、备办饮食，享祀先祖……一如年节。"另据南宋吴自牧《梦粱录》载："十一月冬至，正当小雪、大雪气候。大抵杭都风俗，举行典礼，四方则之为师，最是冬至岁节，士庶所重，如送馈节仪，及举杯相庆，祭享宗姻，加于常节……此日宰臣以下，行朝贺礼。士夫庶人，互相为庆。太庙行荐黍之典，朝廷命宰执祀于圜丘。官放公私僦金三日，车驾诣攒官朝享。"冬至前一天叫做小至或小冬，冬至叫做长至或大冬，冬至后一天叫做至后。节日三天，百官朝贺，君不听政，民间三日歇市，颇有节庆气氛。

明清时代，冬至皆袭古俗，有"肥冬瘦年"之说。刘侗、于奕正合撰的《帝京景物略》中便有"百官贺冬毕，吉服三日，具红笺互拜，朱衣交于衢，一如元旦"的记载。

冬至祭祖、祭天

每到冬至日，民间祭祠堂之风大盛，百姓在这一天要向父母尊长进行祭拜。在我国一些地方，冬至的前一天称"冬至夜"，一家老少团聚在一起吃冬至夜饭。如家里有人外出未归，要留个座位，摆副碗筷，象征性地盛些饭菜，以示思念。吃夜饭前，先祭祖宗。祭毕，把菜回锅烧一烧，如不烧就吃，说是记忆力要衰退。饭里要放黄豆，叫"元宝饭"，饭碗里预先放两只熟荸荠，吃饭时把荸荠夹出来，叫"钳元宝"。

祭天地活动是古代原始宗教信仰的延续。古人认为，自然界的风、雹、雨、雪等自然现象，均是天神所为。风调雨顺，是天神对人类的赏赐；干旱洪涝则是天神对人类的惩罚。为了摆脱天神的惩罚，博得天神的赏赐，必须尊仰天神，祭祀天神，以祈平安。同时，古人还认为天为阳、地为阴。夏至阳气极盛，却是阴气开始回升之时，所以祭地；冬至阴气极盛，却是阳气开始回升之时，所以祭天。《周礼·春官·绅士》载："以冬日至致天神人鬼，以夏日至致地听物魅（百物之神）。"而皇帝作为天神在人间的代表（天子），必须亲自参加祭天仪式。因此，祭天是冬至节的重要活动，古代皇帝在这天要到郊外举行祭天大典，并且这一礼仪习俗历代一直延续下来，北京天坛公园里的圜丘便是明清时代帝王冬至祭天的场所。古人以三、九为阳数，以重九表示上天的至高无上，所以北京天坛所有的石板、栏杆以及圜丘的直径都是九的倍数，处处象征九天仙界。

此外，按照道教习俗，冬至是道教元始天尊的诞辰，元始天尊是道教最高的神灵，是万神之主，是天地万物的创造者，人们当然不敢马虎。

冬至节食俗

在冬至的应节食品方面，有许多有趣的传统。北方地区冬至有吃饺子的习俗，南方的传统食品有冬至米团、冬至长线面，还有煮食汤圆的习俗。特别是北方地区，每年农历冬至这天，不论贫富，饺子是必不可少的节日饭。谚云："十月一，冬至到，家家户户吃水饺。"吃饺子是怕冻掉耳朵，"饺儿"谐音"娇耳"。这种习俗，是因纪念东汉时"医圣"张仲景冬至舍药留下的。传说张仲景辞去长沙太守之职回到家乡南阳，他看到那些为生活所迫的乡亲们面黄肌瘦、衣不遮体，许多人冻坏了耳朵，就在冬至那天于南阳城东关外搭起医棚，并盘上大锅，亲手熬制一种专治冻伤的"祛寒娇耳汤"，广舍众人。人们吃了"娇耳"，喝了"祛寒汤"，浑身暖和，两耳发热，冻伤的耳朵都治好了。后来人们为纪念张仲景，模仿他汤中的"娇耳"（一种用面皮将切碎的羊肉、药材等包成耳朵模样的小包）制作成现在的饺子。至今南阳仍有"冬至不端饺子碗，冻掉耳朵没人管"的民谣。

山东临沂、邹城等地有"蒸冬"的习俗。临沂用五谷杂粮面蒸窝头，邹城蒸饽饽，传说蒸冬是为了祈祷来年扬场时有风。民谣说："蒸冬蒸冬，扬场有风。"古代蒸冬是为了庆贺阳至，冬至以后阳生，正如杜甫诗中所写"冬至阳生春又来"。山东崂山旧俗，冬至节分两天过，第一天叫"鬼冬"，摆供祭祖，吃水饺；第二天叫"人冬"，吃包子。

在江南地区，冬至日阖家团聚，人们用糯米粉做成米丸，叫做团圆子或冬至团，以象征团圆。搓圆、煮圆、食圆，意在团圆美满，蒸饽饽和蒸窝头也是团圆子的演变。今我国台湾还保留着冬至用九层糕祭祖的传统，以示不忘根本，祝福阖家团圆。

冬至节其他习俗

我国许多地区是以十月初一为"烧纸节"（亦称冥阴节），因为农历十月初一是冬天的第一天，此后天气渐渐寒冷，人们怕在冥间的祖先缺衣少穿，因此，祭祀时除了食物、香烛、纸钱等一般供物外，还有一种不可缺少的供物——冥衣。在祭祀时，人们把冥衣焚化给祖先，叫做"送寒衣"。但也有一些地方在冬至节"送寒衣"。如山东临沂民间认为，冬至是为死者送寒衣、固房屋的日子。家家户户用火纸剪制衣服，焚于墓前，而后添土。浙江绍兴民间也有冬至给死者送寒衣的习俗，这一天，祭奠之后要焚化纸做的寒衣供死者"御寒"。

江苏昆山地区有冬至日祭祖先、赶庙会、喝米酒、朝贺拜节、相互邀请吃饭、接待亲友的习俗。相传看此日晴雨，能预测春节天气。所谓"干净冬至邋遢年，邋遢冬至干净年"。此日，家家磨粉做团子，为祀祖祭灶的物品。

"九九歌"

冬至是北半球全年中白天最短、黑夜最长的一天，过了冬至，白天就会一天天变长。古人对冬至的说法是：阴极之至，阳气始生，日南之至，日短之至，日影长之至，故曰"冬至"。冬至过后，各地气候都进入一个最寒冷的阶段，也就是人们常说的"进九"，我国民间有"冷在三九，热在三伏"的说法。山东即墨民间根据冬至日期在当月的月初、中旬或下旬来预测当年冬天的寒暖，民谣说："冬在头冻死牛，冬在中暖烘烘，冬在尾冻死鬼。"古人还把冬至以后的八十一天分为九段，每段九天，称为"九九"，以分别冬令的气候变化情况，还编了"九九歌"念唱传诵。

明人田汝成《西湖游览志余》卷二十五《委巷丛谈》载有两首"九九歌"，以介绍杭州人在"冬夏二至后，数九以纪寒暑"的情景。"冬至后，一九二九，召唤不出手；三九二十七，篦头吹坏栗（bìlì，一种古代管乐器）；四九三十六，夜眠如鹭宿（晚上寒冷，像白鹭一样蜷曲着身体睡眠）；五九四十五，太阳开门户；六九五十四，贫儿争意气；七九六十三，布衲两头担；八九七十二，猫狗寻阴地；九九八十一，犁耙一齐出。夏至后，一九二九，扇子不离手；三九二十七，冰水甜如蜜；四九三十六，拭汗如出浴；五九四十五，树头秋叶舞；六九五十四，乘凉入佛寺；七九六十三，床头寻被单；八九七十二，思量盖夹被；九九八十一，家家打炭墼。"

江苏常武地区流传的"九九歌"是："头九二九，相逢不出手；三九四九，冻得索索抖；五九四十五，穷汉街上舞；六九五十四，蚊蝇叫吱吱；七九六十三，行人着衣单；八九七十二，赤脚踩烂泥；九九八十一，花开添绿叶。"我国各地通常比较流行的冬季"九九歌"歌词是："一九二九不出手，三九四九冰上走，五九六九看杨柳，七九河开，八九雁来，九九加一九，耕牛遍地走。"

九九消寒图

与"九九歌"相映成趣的，是过去民间广为流传的"九九消寒图"（亦称"九九图"）。据李露露先生研究，九九消寒图的形式多种多样，有九格消寒图、鱼形消寒图、泉纹消寒图、葫芦消寒图、孩儿消寒图等多种。它们既是计算时间的日历，又是精美的装饰品，成为民间喜闻乐见的文娱形式，因此，冬至民间有贴绘"九九消寒图"的习俗。

所谓九格消寒图，是指该图横九格、竖九格共九九八十一格，人们从冬至日起每天一格，在格子里画上一个表示当天天气的圆圈。圆圈画在格子的上、下、左、右四个方位，以显示阴、晴、雨、雪。"九九"格满寒消，故谓"九九消寒图"。韦中权先生撰文指出，该图源于宋末元初，当时南宋爱国志士文天祥被元兵押至大都，正值冬至，他面对敌人，以"人生自古谁无死，留取丹心照汗青"的大无畏精神，潇洒地在牢狱的墙壁上绘画"岁寒三友"之一的梅花以自勉。他在墙上画梅九枝，每枝九蕾，每天将一蕾改缀成花，九九八十一天画满九九八十一朵梅花。既计算着被囚的时日，又表达了自己凌霜傲雪的英雄气概。却不幸在花成寒消之日慷慨就义。后来，人们为了纪念这位可歌可泣的民族英雄，便依据文天祥的意趣，改头换面以圈代梅，构思了"九九消寒图"以寄托哀思，并将这种文化习俗传承下来。

十二月二十三·祭灶节

按传统习俗，每年的农历腊月二十三日（也有种说法是"官三民四船家五"，即官府祭灶在腊月二十三，一般民家在腊月二十四，水上人家则在腊月二十五）是送灶神（也称灶王爷）的日子，也叫小年。祭灶，是一项在我国民间影响很大、流传极广的习俗。旧时，差不多家家灶间都设有"灶王爷"神位。人们称这尊神为"司命菩萨"或"灶君司命"。传说他是玉皇大帝封的"九天东厨司命灶王府君"，是玉皇大帝派到每户家中，监司这一家人平时善恶的神仙，负责管理各家的灶火，并被作为一家的保护神而受到崇拜。

送灶的风俗由来已久，上古的典籍如《礼记》《庄子》中就有关于灶神的记载。东晋葛洪《抱朴子·微旨》中也说："月晦之夜，灶神亦上天白人罪状。"由此可以推测祭灶的风俗可能在春秋战国时期就开始了。灶神是中华文化敬天畏祖的精神表现之一，意味着玉皇大帝的使者，在冥冥之中监督着人们。因此，即使在家中也得谨慎行事，不可违背天理。灶神两旁贴上"上天言好事，下界保平安"的对联，以保佑全家老小的平安。灶王爷自上一年的除夕以来就一直留在家中，以保护和监察一家；到了腊月二十三日灶王爷便要升天，去向天上的玉皇大帝汇报这一家人的善行或恶行。因此，在灶神上天奏报善恶以前，就必须祭祀，祈求灶神升天多向玉皇大帝说一些好话。送灶神的仪式称为"送灶"或"辞灶"，送神时，都要煮甜的汤圆祭拜，或用盘碟盛些糖果和年糕，给灶神"饯行"。据说，年糕性黏，可封住灶神嘴巴，上天不乱禀报；糖是甜的，能让他说尽好话。

宋代范成大的《祭灶词》生动、详细地描述了当时民间祭灶的习俗情态：

> 古传腊月二十四，灶君朝天欲言事。
>
> 云车风马小留连，家有杯盘丰典祀。
>
> 猪头烂熟双鱼鲜，豆沙甘松米饵圆。
>
> 男儿酌献女儿避，酹酒烧钱灶君喜。
>
> 婢子斗争君莫闻，猫犬触秽君莫嗔。
>
> 送君醉饱登天门，勺长勺短勿复云。
>
> 乞取利市归来分。

除了祭灶、送灶，这一天还有送神仪式。一大早，家家户户备牲礼、果品，焚香并烧金纸及甲马，将家中供奉的大小神明一起送上天。这一天最好是有风，以便神明乘着烟火，早刻升天去，因而又有"送神风，接神雨"的说法。